普安县志

1998—2015

普安县史志编纂委员会　编

方志出版社
Publishing House of Local Records

图书在版编目（CIP）数据

普安县志：1998—2015 / 普安县史志编纂委员会编 .
-- 北京：方志出版社，2019.12
ISBN 978-7-5144-3945-8

Ⅰ . ①普… Ⅱ . ①普… Ⅲ . ①普安县—地方志—
1998—2015 Ⅳ . ① K297.34

中国版本图书馆 CIP 数据核字（2019）第 297837 号

普安县志（1998—2015）

编　　者：普安县史志编纂委员会
责任编辑：董　琳
出 版 者：方志出版社
地址　北京市朝阳区潘家园东里 9 号（国家方志馆 4 层）
邮编　100021
网址　http://www.fzph.org
发　　行：方志出版社图书经销中心
电话（010）67110500
经　　销：各地新华书店
印　　制：云南速盈印刷有限公司
开　　本：889mm × 1194mm　1/16
印　　张：62.75
字　　数：1710 千
版　　次：2019 年 12 月第 1 版　　2019 年 12 月第 1 次印刷
印　　数：0001 ~ 3000 册
ISBN 978-7-5144-3945-8　　定价：730.00 元

普安县史志编纂委员会

2018 年

名誉主任委员 农文海　毛仕诚　龙　强　张盛琦　孙有林
主任委员 龙　强　刘启万
副主任委员 李学富　罗娄燕　姜文静
委员 袁　敏　刘应刚　路禧海　谭化江　黄昌富
姚　朗　王　伟　潘晓阳　赵　兴　周　进
黄康国　苏　燚　张普兴　田有才　谭　丽
刘庆荣　李　贤　左　伦　郭世龙　吴松峰
刘礼坤　蒋　锐　邓　凯　周　灿　张崇睿
徐子刚

编纂部

主编 田有才
副主编 秦汉娣
特邀编辑 吴乔贵　张　鑫
总纂 田有才　秦汉娣
编辑 潘　飞　王　艳

《普安县志（1998—2015）》审查人员

（按姓氏笔画排序）

县级初审人员 王　娜　王　艳　王加仁　龙　强　卢顺芬
田有才　匡忠朝　朱　琨　任殿文　安明方
苏　燚　李　杰　李　鑫　李坤洋　李英厅
李学富　杨友武　杨修隽　肖化云　吴立社
吴仕勇　邹林松　张　军　张　鸿　张普兴
陆江平　陈光文　欧阳棋　罗其美　罗娄艳
罗道伟　周　进　赵　兴　姜文静　姚　朗
贺万清　秦汉娣　徐　雄　翁　静　黄太富
黄康国　路禧海　谭化江　谭代全　潘　飞
潘晓阳
州级复审人员 王淑芳　付元友　李正江　唐保华
省级终审人员 车秀琴　史继忠　陆　震　胡　宇　钟　莉
翁家烈　唐玉芳　梁贵钢

凡 例

一、本志编纂坚持以马克思列宁主义、毛泽东思想、邓小平理论、“三个代表”重要思想、科学发展观、习近平新时代中国特色社会主义思想为指导，坚持辩证唯物主义和历史唯物主义的立场、观点和方法，立足实际，实事求是，坚持思想性、资料性、科学性有机统一的原则，全面客观反映普安县的自然、政治、经济、文化和社会等方面的历史与现状，存真求实，通鉴后世。

二、本志为《普安县志》（1999 年版，下限到 1997 年）的续志，记载时限为 1998—2015 年，对少数特殊的事物为保持其完整性，作适当上溯和下延（主要为彩页图片）。以普安县境域为记述范围，越境、越级不书。

三、本志采用述、记、志、传、图、表、录、索引等体裁，以志为主。卷首设综述、大事记，中设自然环境政区、人口民族宗教、土地建设环保、交通邮电、农林牧渔、水利水电、工业、商贸旅游、财政税务、金融、综合经济管理、中国共产党普安县地方组织、政权政协、群众团体、法治军事、人事劳动、民政老龄事业移民安置、教育科技、文化体育、医疗卫生共 20 个专志，卷末设人物、附录。采用篇章节目体。综述提纲挈领，综合县情，突出主线。专志分门别类，横排竖写，述而不论，每篇的无题序中略有评述。不便入正文的事物，附置于专志之后。

四、本志采用语体文，文字、标点符号、数字的使用按国家出版物的规定执行。计量单位的使用，以《中华人民共和国法定计量单位》为准，如平方公里采用平方千米，公里采用千米，公斤采用千克，亩折算为公顷等等。

五、本志统计数据以国家统计部门公布的法定数据为准。统计部门没有统计的，采用业务主管部门的统计数据。乡镇（街道）的有关数据与统计部门公布的法定数据不一致的地方，系统计部门经过平衡所致。

六、本志人地物称谓采用第三人称记述，人物直书姓名，不冠褒贬词语，不在姓名后加身份词；必须说明身份的，首次出现时在姓名前冠以职务（职称）。政区、地名及组织机构，均为当时名称。生物、矿物名称，使用学名。

七、本志人物分为人物传略、人物简介、人物表 3 个部分。人物传略坚持生不立传的原则，收录烈士，获得省部级及以上表彰的先进人物，在普安县担任过正县级实职的领导干部，在普安县当选（下选除外）的贵州省党代表（未征集到）、人大代表、政协委员。人物简介收录受省部级及以上表彰命名的功臣、先进个人，在普安县担任过正县级实职的领导干部（开除党籍、开除公职、自尽的不予收录），在普安县当选（下选除外）的贵州省党代表（未征集到）、人大代表、政协委员。人物表收录获得地厅级表彰的先进个人，在普安县当选（下选除外）的黔西南州党代表、人大代表、政协委员，县属部门（正科级机构）党政主要负责人，乡镇（街道）党政主要负责人。同一人物同时符合多个条件的，级别不同的以最高级别为标准收录，级别相同的以最后结果为标准收录。人物传略、人物简介按出生年月排序。

八、全县国土面积有 2 个数据：国土资源部门以及综述采用全国第二次土地调查数据 1453 平方千米，其他部门使用统计部门的统计数据 1429 平方千米。

九、本志使用部分简语。如“县委”指中国共产党普安县委员会，“县政府”指普安县人民政府，“共青团”指共产主义青年团，省、州、县分别指贵州省、黔西南州、普安县等。

十、本志资料来源于县级各部门、乡镇（街道）撰写的原始稿件，国家、省、州、县有关档案文献，有关书刊以及修志采集的口碑资料，文内均不注明出处。

城镇中心概貌

普安县城（2010 年 9 月 15 日）

普安县城（2018 年 7 月 27 日）

楼下镇政府驻地（2018 年 10 月 25 日）

青山镇政府驻地（2018 年 8 月 24 日）

新店镇政府驻地（2018 年 9 月）

罗汉镇政府驻地（2016 年 6 月 13 日）

地瓜镇政府驻地（2018 年 10 月 25 日）

江西坡镇政府驻地（2018 年 9 月 21 日）

高棉乡政府驻地（2018 年 9 月 21 日）

兴中镇政府驻地（2018 年 9 月 14 日）

白沙乡政府驻地（2018 年 8 月 30 日）

龙吟镇政府驻地（2018 年 9 月 13 日）

普安名片

2011 年 7 月 8 日，中国茶叶流通协会授予普安县中国古茶树之乡称号

2017 年 7 月，中国国际茶文化研究会授予普安红中华文化名茶称号

2017 年 7 月，中国国际茶文化研究会授予普安县中国茶文化之乡称号

2012 年 8 月 10 日，贵州省苗学会授予龙吟镇中国苗族第一镇称号

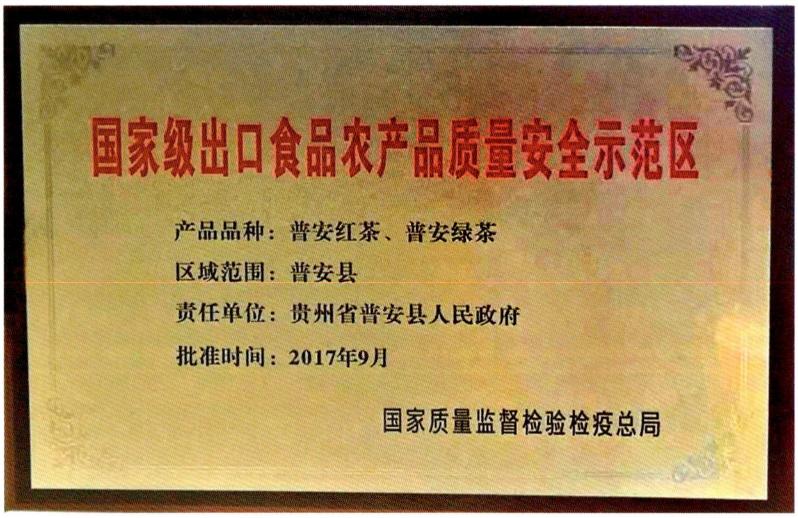

2017 年 9 月，国家质量监督检验检疫总局授予普安县（普安红茶、普安绿茶）国家级出口食品农产品质量安全示范区称号

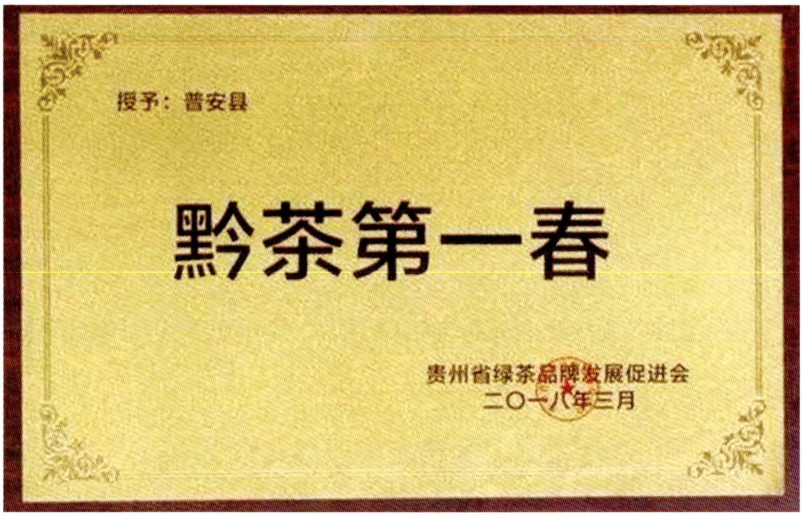

2018 年 3 月，贵州省绿茶品牌发展促进会授予普安县黔茶第一春称号

基础设施与项目建设

2016 年 12 月 28 日，“和谐号”G4136 动车组驶入普安县站，普安县正式进入高铁时代

G60 高速公路普安匝道（2013 年 7 月 6 日）

江西坡高速公路收费站（2016 年 6 月 29 日）

高棉新农村路网（2015 年 3 月 23 日）

河洋大桥（2016 年 1 月 5 日）

东城区（江西坡布依茶源小镇）（2018 年 10 月 9 日）

地瓜镇半坡组搬迁点新貌（2015 年 12 月 19 日）

惠民小区安置点（2018 年 4 月 11 日）

楼下夹马石异地移民搬迁点（2016 年 5 月 15 日）

青山镇范家寨村高坡组美丽乡村建设一角（2013 年 11 月 8 日）

青山镇恢复的古牌坊（2016 年 4 月 11 日）

龙吟镇正门（2016 年 1 月 23 日）

阳光新城（2018 年 5 月 17 日）

兴中镇廉租房和公租房（2015 年 9 月 11 日）

文笔峰景别墅群（2018 年 4 月 18 日）

德依坝子生产路和灌溉沟渠（2013 年 10 月 7 日）

江西坡小微企业园（2016 年 5 月 7 日）

建设中的五嘎冲水库（2018 年 9 月 6 日）

楼下糯东煤矿（2017 年 11 月 13 日）

建设中的火电厂（2018 年 9 月 9 日）

新店光伏电站一角（2018 年 6 月 17 日）

普安横冲梁子风电场（2016 年 5 月 2 日）

普安县人民医院内科大楼和行政楼（2010 年 12 月 27 日）

普安春雨云医院（2016 年 8 月 9 日）

普安县第二中学校园（2017 年 6 月）

普安县第一中学校园（2009 年 5 月 10 日）

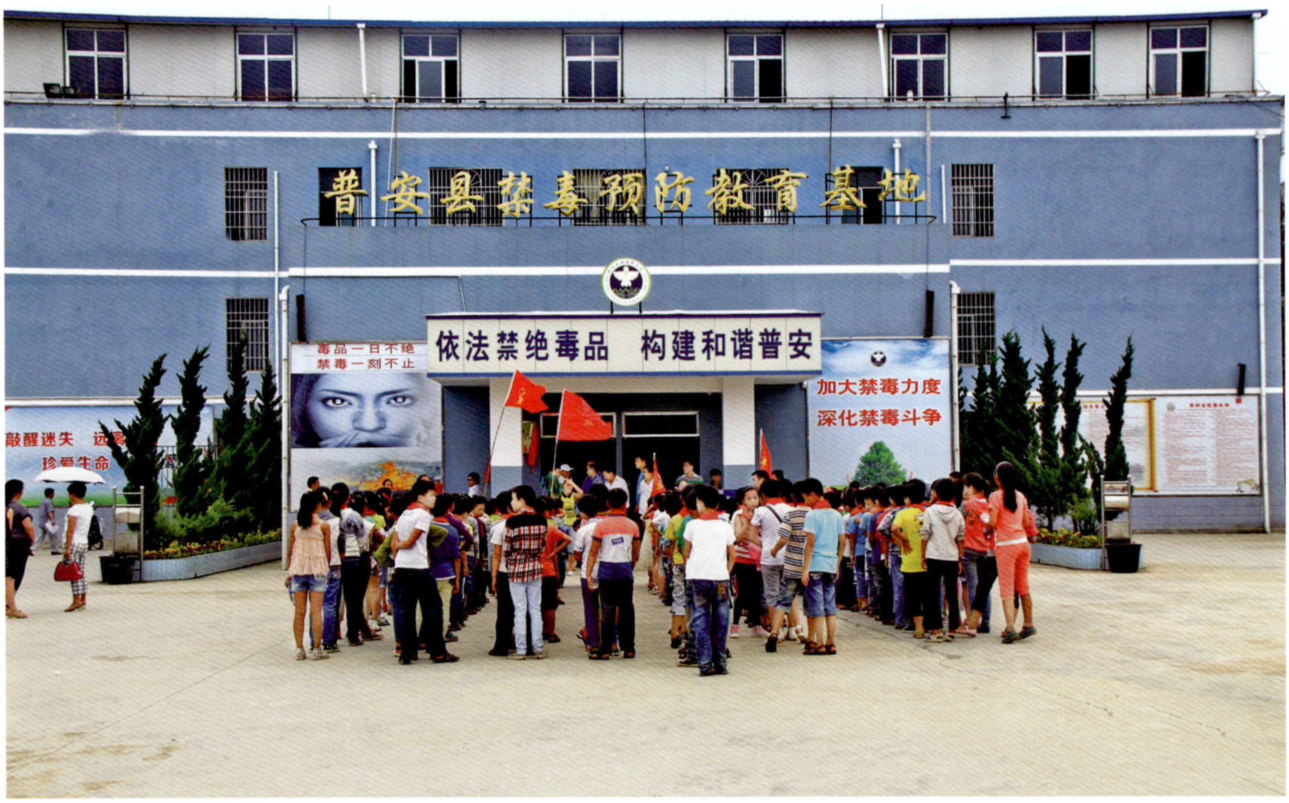

普安县禁毒预防教育基地（2014 年 6 月 25 日）

县城顺丰快递投递点（2018 年 4 月 11 日）

县城公交车站台（2018 年 4 月 11 日）

2015 年建设完工并投入使用的普安县凤凰山殡仪馆

农业产业

北盘江蜜柚基地（2016 年 7 月 11 日）

高棉核桃种植基地（2018 年 9 月 21 日）

江西坡茶叶种植基地（2017年9月11日）

江西坡茶叶种植基地采用机械采茶（2006年1月7日）

岗坡村优质刺梨种植基地（2014 年 8 月 8 日）

海马庄坝子（2013 年 10 月 7 日）

江西坡大棚白及种植（2015 年 5 月 27 日）

红星村大棚蔬菜（2006 年 5 月 19 日）

楼下镇偏坡水稻种植区（2015 年 12 月 19 日）

松林贡米基地（2017 年 7 月 2 日）

泥堡村皇竹草种植基地（2016 年 9 月 1 日）

青山镇何首乌种植基地（2010 年 1 月 1 日）

马家坪四球古茶树保护区（2018 年 10 月 5 日）

青山烤烟种植基地（2013 年 8 月 22 日）

烟叶基地单元物理防治——黄板杀虫（2015 年 7 月 28 日）

雪浦三七基地（2015 年 7 月 9 日）

油菜压青（2017 年 7 月 27 日）

畜牧养殖（2008 年 4 月 10 日）

泥堡循环生态养殖示范园区自动化羊舍（2015 年 4 月 22 日）

泥堡红岩养鸡场（2014 年 5 月 9 日）

长毛兔养殖场一角（2016 年 4 月 8 日）

青山现代生态生猪养殖场肥猪养殖场一角（2014 年 9 月 18 日）

文物古迹

2013年3月5日，茶马古道（普安境内俗称白沙古驿道）批准为第七批全国重点文物保护单位

黄泥田、姚家坡剿匪战斗革命遗址（2010年9月9日）

芭蕉关摩崖（2018 年 9 月 21 日）

2014 年 12 月建成的红军长征纪念馆

红军长征期间驻扎的泥堡村寨（2014 年 5 月 14 日）

2013 年 3 月 5 日，普安铜鼓山遗址成为第七批全国重点文物保护单位

靖氛城遗址残墙（2008年7月24日）

烽火台（2017年11月30日）

江西坡茶场茶庵（2016年1月13日）

泥堡红军标语（2010年9月27日）

龙吟镇箐门口基督教堂（2015年9月10日）

龙国井庄园（2009年9月21日）

龙吟镇文笔村长庆组（黄猫坪）基督教堂（2016 年 4 月 26 日）

九峰寺（2009 年 4 月 20 日）

烈士陵园（2010 年 10 月 13 日）

黄家桥（2011 年 7 月 18 日）

陇家桥（2011 年 7 月 18 日）

普安古城门，唐盘水县城，明新兴所城，清普安县城（2013年7月31日）

美国水井（2014年11月21日）

满文碑（2018年8月21日）

普纳山古战场（2012 年 5 月 23 日）

楼下铁索桥（2010 年 9 月 27 日）

普安同知陈世镇殉难处（2010 年 10 月 11 日）

青山清真寺（2007 年 11 月 25 日）

位于县城劳动街签署和平起义协议的旧址（2014 年 4 月 25 日）

青山四合院群落（2007 年 11 月 25 日）

十里观音洞（2018 年 10 月 16 日）

崧岿寺暨群力织布厂革命遗址（2013 年 5 月 18 日）

位于文笔峰景的文笔塔（2018 年 4 月 18 日）

下桃子湾穿洞遗址（2009 年 10 月 5 日）

营山观音寺（2008 年 12 月 17 日）

小屯清真寺（2017 年 1 月 25 日）

心形铜钺（2010 年 4 月 9 日）

石心形纹模（2006 年 7 月 11 日）

铜戈内陶模（2010 年 4 月 9 日）

喇叭型空首一字格青铜剑
（2006 年 7 月 17 日）

石坠（2006 年 7 月 12 日）

心形铜钺
（2006年7月10日）

剑茎内模
（2006年7月9日）

陶纺轮
（2006年7月12日）

四球茶籽化石（2018年10月11日）

鱼钩范（2006年7月9日）

非物质文化遗产与特产

2012年8月10日，中国苗族第一镇命名大会暨同心节

2015年2月21日，龙吟镇土坎子“跳坡节”上群众用扇子舞出“羊年”字样

2014 年 4 月 2 日，举行四球茶树祭祀仪式暨四球茶开园活动

2015 年 9 月 24 日，首届中国贵州普安红古茶文化节在江西坡轻工业园区举行

2015 年 7 月 18 日，回族群众在清真寺举行“开斋节”

2015 年 4 月 21 日，“万峰林美丽乡村好歌旅游节暨游中国古茶之乡，赏普安布依风情”活动在江西坡茶场举行

2016 年 2 月 29 日，在江西坡茶场举行“多彩贵州”第二届国际山地旅游大会系列活动——2016 年中国贵州·普安红·古茶文化节、黔茶第一春采茶制茶大赛

2017 年 5 月 14 日，举行 2017 年全国健身瑜伽公开赛（普安站）

阿妹戚托表演（2009 年 5 月 9 日）

六斗种苗寨芦笙舞（2009 年 7 月 24 日）

喇叭苗妇女对山歌（2012 年 10 月 9 日）

朵苟展演（2015年7月20日）

布依族斗弹达吟（2008年7月31日）

苗族武教戏（2015年4月22日）

苗族射弩（2009 年 12 月 24 日）

苗家舞蹈（2012 年 10 月 9 日）

河阳布依族服饰（2011 年 1 月 16 日）

苗族采花节服饰初赛（2017 年 1 月 30 日）

彝族嗨马舞（2009 年 8 月 8 日）

布依族刺绣（2009 年 12 月 14 日）

龙溪石砚制作（2015 年 4 月 23 日）

鼎鑫石雕工艺（2017 年 7 月 13 日）

苗族蜡染（2010 年 8 月 27 日）

土法造纸（2011 年 1 月 17 日）

少数民族用品（2016 年 9 月 20 日）

鸡枞油（2016 年 9 月 22 日）

核桃花生乳（2016 年 9 月 22 日）

麻糖（2017 年 6 月 9 日）

绿河酒（2016 年 9 月 22 日）

云片糕（2015年9月24日）

乌米核桃、油辣椒（2016年9月22日）

清真牛干巴（2015年9月24日）

普安红茶（2016 年 5 月 18 日）

普白天麻（2016 年 4 月 8 日）

布依福娘茶（2017 年 6 月 25 日）

普安四球茶土法制作　（2011 年 1 月 19 日）

自然风光

白水瀑布（2018 年 8 月 5 日）

白沙树包石（2014 年 6 月 5 日）

江西坡国际山地自行车赛道（2018 年 10 月 9 日）

江西坡茶叶种植基地风光（2012 年 9 月 12 日）

六斗种“采花洞”（2016 年 2 月 8 日）

龙吟马蹄印（2015 年 9 月 10 日）

罗汉蜂洞（2018 年 6 月 27 日）

江西坡美女山（2018 年 9 月 21 日）

南湖栈道（2016 年 7 月 1 日）

青山绿水南山湖一角（2016 年 7 月 11 日）

白沙古榕树（2018 年 9 月 21 日）

青山四球古茶树（2018 年 10 月 5 日）

白沙杪椤（2018 年 9 月 21 日）

青山穿洞（2018 年 9 月 9 日）

双凤起舞景观（2012 年 11 月 20 日）

青山小营山步道（2018 年 9 月 9 日）

杨梅山水库（2010 年 9 月 8 日）

幸福水库（2018 年 8 月 24 日）

《普安县志（1998—2015）》编纂剪影

2017 年 12 月 14 日，《普安县志（1998—2015）》终审会

在普安县史志办公室参与编纂《普安县志（1998—2015）》人员合影，一排左起：田有才、潘飞，二排左起：王艳、朱彦英、秦汉娣，三排左起：杨修普、吴军、马德林、陈彬

目　录

总　述

大事记

第一篇　自然环境　政区

第二篇　人口　民族　宗教

第三篇　土地　建设　环保

第四篇　交通　邮电

第五篇　农林牧渔

第六篇　水利　水电

第七篇　工　业

第八篇　商贸　旅游

第九篇　财政　税务

第十篇 金 融

第十一篇 综合经济管理

第十二篇　中国共产党普安县地方组织

第十三篇　政权　政协

第十四篇　群众团体

第十五篇 法治 军事

第十六篇 人事 劳动

第十七篇 民政 老龄事业 移民安置

第十八篇 教育 科技

第十九篇　文化　体育

第二十篇　医疗卫生

人　物

附　录

索　引

编纂始末

总　述

一

普安县是全国农业综合开发县、优质烟叶基地县、全国重点产茶县，贵州省茶叶生产基地县、生态畜牧业科技示范县、干果产业项目县、扶贫攻坚示范县。

普安县地处贵州省黔西南布依族苗族自治州北部、南北盘江分水岭地带，地理坐标为北纬25° 18′ 31″ ~26° 10′ 35″ 、东经104° 51′ 10″ ~105° 09′ 24″ 。东接晴隆县，南连兴仁县、兴义市，西靠盘州市，北邻水城、六枝特区。南北最大距离96.55千米，东西最大距离33千米，国土面积1453平方千米。县城东距省会贵阳约197千米（通行公路为沪昆高速公路，公路里程约232千米），南距黔西南布依族苗族自治州人民政府驻地兴义约79千米（通行公路为晴兴高速公路、汕昆高速公路，公路里程约113千米）。

普安县历史悠久，多次更名和改隶。周、秦、汉（建元），属夜郎国。汉元鼎六年（前111），属牂牁郡漏江县。汉元封元年（前110）至东汉末（220），属牂牁郡漏江县、益州郡贲古县。蜀汉（225）至魏景元（260），属兴古郡贲古县。晋泰始至太元年间（265—376），属建宁郡漏江县、贲古县。南朝（420—589）：宋，属漏江县；南齐，属建平郡漏江县；梁、陈，属乌蛮，阿外格。隋（581—618），属牂州、暴蛮。唐武德二年（619），属西平州盘水县。唐贞观元年（627），属盘水县（隶盘州，属戎州都督府）。唐天宝至会昌（742—841）、五代（907—960）、宋宝祐（1253—1258），属于矢部。南宋咸淳六年（1270）、元至元七年（1270），属于矢万户府；宋端宗景炎元年、元至元十三年（1276），属普安路总管府；宋端宗景炎二年、元至元十四年（1277），属普安招讨使司；元至元十六年（1279），属普安宣抚使司；元至元二十二年（1285），属普安路总管府。明洪武十五年（1382）一月，属普安卫（隶云南布政司，旋改隶贵州）；元至元十五年三月（1382），属普安府普安卫；十六年（1383），云南普安军民府普山府、普安军民府普安卫（土、流同治理）；元至元二十二年（1389），属普安军民指挥使司（隶云南都司，后又改隶贵州都司）；二十三年（1390），属贵州都司安南卫（卫治今普安江西坡），同年置新兴（新兴所治，今普安县城）、新城二所，普安隶安南卫；二十五年（1392），迁安南卫治于尾洒堡（今晴隆县城）；明永乐十一年（1413），属贵州布政使司安南卫；明万历三十年（1602），属安顺府安南卫。清顺治十八年（1661），割普安州的马乃、楼下、鼠场三营地和安南卫的新兴、新城二所地置普安县（普安县的体制正式成立）；康熙二十二年（1683）五月十八日，县治由新城所迁至新兴所（今普安县城），同时割安南卫的兴仁、兴让二里及阿计、安逸二营隶属普安县；雍正五年（1727），改隶南笼府；乾隆十九年（1754），置普安县新城巡检司，改新城为新城镇；嘉庆二年（1797），改南笼府名为兴义府，普安县隶兴义府；嘉庆三年（1798），置县丞于新城，知县与县丞分疆进行治理。民国元年（1912），裁新城县丞，以其地分设兴仁县；民国2年（1913），州、厅一律改为县，省下设道，普安县改隶黔西道（道治安顺）；民国3年（1914），调整兴义、兴仁、盘县、普安等县插花地；民国12年（1923），废黔西道，县直隶省；民国24年（1935），全省分建11个行政督察区，第三行政督察区专员公署驻兴仁，普安县隶之。1949年12月，普安县人民解放委员会正式成立，驻地盘水镇，设置5个行政区，区下设2个镇、9个乡。1950年3月，普安县人民政府成立，将原来的5个行政区改成3个行政区。1952年7月，兴仁专区改称兴义专区，普安县随之改隶。1953年4月，普安县划为44个乡镇。1956年7月，兴义专区撤销，普安县改隶安顺专区；同年，普安县第一区更名地瓜区，第二区更名青山区，第三区更名兴中区，第四区更名盘水区。1958年12月，晴隆县辖区全部并入普安县，驻地盘水镇。1959年，实行人民公社化，全县行政区划为8个人民公社、71个管理区。1961年8月，恢复晴隆县，原晴隆县管辖的区、乡全部划归晴隆县，普安县划为地瓜、青山、兴中、盘水4个公社，下辖33个管理区。1962年3月，撤销大公社，复置4个行政区，将33个管理区调整规划为22个公社。1965年7月，恢复兴义专区，普安县划归兴义专区管辖。1967年"文化大革命"中，普安县人民委员会改称普安县革命委员会，隶属兴义地区革命委员会。1979年，改兴义地区革命委员会为地区行政公署，县亦改隶。1981年9月，撤销兴义专署。1982年5月1日，成立黔西南布依族苗族自治州，普安县隶属黔西南州管辖。1984年4月，公社名称全改为乡，盘水镇升格为区级镇。1984年7月，撤销罐子窑和青山2个公社。1986年12月，行政区域划分为4个区、1个区级镇、34个乡、2个乡级镇。1992年1月，撤销地瓜、青山、兴中、盘水4个区，设8个镇6个乡。2007年9月，撤销乡镇设置的44个管理区，将原来设置的167个村、3个社区和下设的1264个村民组整合为75个村、14个社区并下设1094个村民组、169个居民组。2013年，江西坡镇联盟村新寨组调整为新寨一组、新寨二组，全县村（社区）下设1095个村民组、169个居民组。2014年3月，新增江西坡镇茶场社区，全县调整为75个行政村、15个社区，共1078个村民组、186个居民组。2015年1月（贵州省人民政府批复时间，普安县调整时间2015年6月），全县调整为8个镇、2个乡、2个街道，下辖村（社区）、村（居）民组不变。

普安县地处云贵高原向黔中过渡的梯级状斜坡地带，县境呈不同规则南北向长条形。地势特点是中部较高，四面较低，乌蒙山脉横穿中部将全县分为南北两部分：南部地势由东北向西南倾斜，北部地势由西南向东北倾斜。主要山脉有：中部呈西南向东北走向的乌蒙山，南部呈西南向东北走向的卡子坡山，北部呈西南向东北走向的普纳山。这些山脉走向都顺应新老地质构造走向的分布，构成普安地貌骨架。境内最高峰长冲梁子位于中部莲花山附近，海拔2084.6米；最低点石古河谷位于北部，海拔633米。境内河流属珠江流域西江水系，以中部乌蒙山为分水岭，分别汇入西江上游的南盘江、北盘江。全县有大小河流51条，其中河长大于10千米、流域面积大于20平方千米的河流有23条。普安县属亚热带季风湿润气候，其特点是四季分明，雨热同季，春秋温和，冬无严寒，夏无酷暑。1998—2015年，年平均日照时数1434.3小时，年平均气温14.2℃，年平均降雨量1256.7毫米。

县境土壤类型多样，共有9个土类，27个亚类，72个土属，150个土种。其中黄壤是境内主要土壤类型，占土地总面积的40%；其次是石灰土，占土地总面积的17.25%。植物资源有蕨类植物、裸子植物、被子植物、菌类植物等，有古树名木38种767株，有蔬菜类植物361个品种。动物资源有脊椎动物396种，两栖动物29种，鸟类187种，兽类65种。共有28种矿产资源，其中煤、金、铅锌矿产资源十分丰富，其他矿种点多量小。煤预测储量172亿吨，居黔西南之首。常见的自然灾害有干旱、暴雨、冰雹、雷电、凝冻、倒春寒、秋风秋雨和霜冻。1998—2015年，年平均暴雨日3天，年平均冰雹2.6次，年平均雷暴日63天，年平均凝冻13.6天，年平均倒春寒1.2次，年平均秋风秋雨2.5次，平均霜冻日7.6天。

2015年，全县总人口9.76万户34.01万人，人口密度为每平方千米234人。共有35个民族，其中汉族人口24.25万人，占总人口的71.3%；少数民族人口9.76万人，占总人口的28.7%。少数民族中人口较多的有：苗族，占总人口的8.88%；布依族，占总人口的8.85%；黎族，占总人口的5.15%；彝族，占总人口的3.06%；回族，占总人口的2.12%；其他少数民族，占总人口的0.65%。各民族都有自己独特的岁时节庆和礼仪习俗，构成了普安县丰富多彩的地域民族文化。

二

1998—2015年，普安县历届县委、县政府在州委、州政府的领导下，团结带领全县广大共产党员、干部和各族群众，坚持以马克思列宁主义、毛泽东思想、邓小平理论、“三个代表”重要思想、科学发展观为指导，认真贯彻落实党的路线方针政策和各项决策部署，紧紧抓住实施西部大开发和新阶段扶贫开发的战略机遇，大力弘扬“贵州精神”，围绕“两加一推”主基调和“两大”主战略，进一步解放思想，实事求是，开拓创新，抢抓机遇，艰苦奋斗，迎难而上，团结拼搏，真抓实干，较好地完成各项既定的目标和任务，产业结构调整取得重大突破，县域综合实力明显增强，人民生活水平大幅提高，政治稳定、经济发展、民族团结、社会进步，各项事业蒸蒸日上。

经济总量持续快速增长，三大产业结构不断优化。“九五”期间（1996—2000年），普安县经济稳定增长，增幅11%～14%。“十五”期间（2001—2005年），普安县地方财政收入年递增25%以上。

“十五”期末，粮食生产能力稳定在8万吨左右，农业总产值4.42亿元，工业总产值6.43亿元。工业增加值占全县生产总值的比重由“九五”期末的17%提高到27%，第三产业增加值占全县生产总值的比重从“九五”期末的25%提高到32%。三次产业结构从“九五”期末的47∶28∶25转化为2005年的31∶37∶32。农民人均纯收入年均递增7.2%达1688元。

“十一五”期末（2010年），普安县地区生产总值27亿元，为“十五”期末（2005年）的3倍，年均增长24.95%。财政总收入达到5.71亿元，为“十五”期末的3.46倍。社会消费品零售总额5.38亿元，是“十五”期末的3倍。农业生产总值6.85亿元，粮食总产量9.56万吨。工业总产值22.1亿元，年均增长28.01%。三次产业结构从“十五”期末的31∶37∶32调整到17∶41∶42，第三产业产值11.47亿元。城镇居民可支配收入12652元，农民人均纯收入3032元。

“十二五”期间（2011—2015年），普安县地区生产总值从2010年的27.08亿元增加到2015年的60.1亿元，年均增长17.29%，人均GDP从9340元增加到23472元；全县财政一般公共预算收入从2.58亿元增加到8.01亿元，增长2.1倍；社会消费品零售总额增长1.4倍；三次产业结构调整优化为24∶42∶34；粮经比调整优化为47∶53，农业总产值18.57亿元，年均增长9%；第二产业增加值从11.29亿元增加到25.29亿元，年均增长17.5%；第三产业增加值从11.47亿元增加到20.35亿元，年均增长12.15%；城镇化率由2010年的21%提升到2015年的29.76%，年均提高1.75个百分点。

与1998年相比，2015年全县地方生产总值60.1亿元，是1998年的20.72倍。其中第一产业增加值14.45亿元，是1998年的10.7倍；第二产业增加值25.3亿元，是1998年的29.08倍；第三产业增加值20.35亿元，是1998年的29.93倍。规模以上工业总产值（现价）64.78亿元，是1998年的35.21倍。农林牧渔业22.26亿元，是1998年的9.71倍，年均增长15.27%。财政收入12.47亿元，比1998年增长54.34倍。社会消费品零售额7.74亿元（不含石油和烟草），比1998年增加11.60倍。

一是基础设施建设速度加快，发展后劲不断增强。

固定资产投资。全县全社会累计完成固定资产投资292.63亿元，年均增长30.5%。其中“九五”期间投资1.67亿元；“十五”期间随着沪昆高速公路等重大基础设施项目的建成，固定资产投资上升较快，投资12.94亿元，是“九五”时期的2.53倍；“十一五”期间投资47.69亿元，是“十五”时期的2.68倍；“十二五”期间投资52.76亿元，是“十一五”时期的1.11倍。2013年，全县全社会固定资产投资达

45.14亿元，2014年达59.13亿元。2015年，全县全社会固定资产投资创历史最高点达73.80亿元，是1998年8319万元的90.67倍。

水利建设。先后完成4座小（1）型、13座小（2）型病险水库治理工程，开工建设五月天池水库、五嘎冲水库和甲金水库，兴建龙吟镇代家岩、罗汉镇吊洞引水工程和26处提水工程、6个烟水配套工程、12处排洪工程。完成中央财政小型农田水利重点县项目建设。治理中（小）河流4条，9.06千米。新增有效灌溉面积686.67公顷。通过“以工代赈”（政府投资建设基础设施工程，受赈济者参加工程建设获得劳动报酬）人饮、城镇供水改造、“三小水利”（小山塘、小水池、小水窖）、“渴望工程”、“大地之爱·母亲水窖”、“解困工程”、饮水安全（含农村学校）、烟水配套等项目建设，解决15.86万农村人口饮水安全。城镇饮水得到进一步的保障，农村饮水困难面缩小，供水保障率进一步提高。

交通建设。新建G60线普安段、S65线普安段；启动G320线普安段、S313线普安段和S216线普安段改扩建工程。对沙子坡至楼下、沙子坡至马岭（普安段）、普安至水城（普安段）、江西坡至罐子窑、青山至雪浦、下厂河至凉水、盘水至青山、楼下至糯东雨勒等县、乡、村道的公路进行改造。建成罐子窑至白沙、楼下至红岩、江西坡至罐子窑等多条通乡、通村、通组公路和矿区公路。累计投资12.98亿元，新建、改造乡道、村道、组道216条2631.74千米，新建、改造客运站5座，新建、改造桥梁48座。2015年，全县共有过境国道2条共66.2千米，省道5条223.76千米，县道6条共213.34千米，乡道21条共293.45千米，村道133条共505.35千米。公路桥梁113座。公路密度由1998年的579.8千米上升到2015年的1386.78千米。全县90个村（社区）已有82个村（社区）通柏油路或水泥路，县乡村公路通畅率明显提升，基本形成“两高”（高速公路、高速铁路）穿境、国省道贯通、县乡村公路互联、快捷出县的交通网络体系。

城乡建设。“十五”期间，城镇建设取得新进展。县城安居小区、云盘商贸区、馨园小区建成投入使用，完成劳动街、云盘路改造，普天大道主体工程即将完成。青山、楼下、新店等乡镇小城镇建设步伐加快，城镇功能不断完善，城镇化水平不断提高。“十一五”期间，县城新区开发和旧城改造有序推进，垃圾填埋场、污水处理厂、凤凰山殡仪馆等相继投用或开工。青山、罗汉、楼下、龙吟等城镇建设纵深推进，城镇化率从15.1%增长至23.1%。县城“白改黑”工程全面完工，面貌焕然一新。“十二五”期间，深入实施“城镇带动”战略，全力加快城镇建设步伐，城乡基础设施明显改善。坚持规划引领，实行多规融合，高起点规划、高标准建设，完成县域、县城和各乡镇（街道）控制性详细规划、修建性详细规划等。县城经贸片区棚户区改造完成建筑面积11万平方米，完成投资3.5亿元；县城经贸片区旧城改造基本完成。阳光新城、东方新城城市综合体建设有序推进，启动实施县城劳动街片区棚户区改造工程。大力推进省级示范小城镇青山镇和州级示范小城镇龙吟镇城镇化建设，着力打造青山夜郎文化品牌和中国苗族第一镇品牌，城镇化率从“十一五”期末的21%增长至29.76%。全面开展“秩序普安、清洁普安、从我做起”文明行动，争创省级卫生城市，努力创建干净整洁的县城环境和农村宜居生活环境。创新实施“新农村社区”建设，新店、兴中等乡镇启动实施“新农村社区”建设试点工作。大力实施“四在农家·美丽乡村”基础设施建设六项行动计划，建成盘水街道红星村、江西坡细寨村等“四在农家·美丽乡村”示范点。

信息化建设。移动、联通、电信等通信设施提等升级，建成4G站点254个，实现县城、乡镇集镇4G网络全覆盖。城域网扩容增量，光缆线路总长达8500千米，实现自然村通电话、行政村通宽带、邮政乡镇（街道）全覆盖。

“三农”工作取得显著成效。“十五”期间，粮食连续5年获得丰收。烤烟收购从2001年的4150吨增加到2005年的6450吨。茶园面积不断扩大，面积达1393公顷，其生态、经济、社会效益进一步凸显。草场面积逐渐扩大，畜牧业产值从2001年的9000万元增长到2005年的1.5亿元，占农业总产值的31%。以蔬果为主的公路沿线经济产业带发展迅速。营山、坡脚等省、州社会主义新农村建设试点村的建设工作稳步推进。农业结构调整有力地拉动农村经济的发展，农民增收渠道不断拓宽，为建设社会主义新农村奠定良好的基础。扶贫攻坚向纵深推进。紧紧抓住新阶段扶贫开发的机遇，以基础设施、基础产业、基础教育、基层组织建设为重点，集中人力、物力、财力，合力攻坚，整村推进。重点扶持村的基础设施得到改善，基础产业得到巩固，农民素质得到提高，基层组织得到加强，特别是白沙乡得到省委领导帮扶，综合扶贫效果明显。5年全县累计争取到各类扶贫资金4826.26万元，成功解决2.1万人的温饱问题，贫困人口减少到2.4万人。尤其是以农村党员干部现代远程教育站点为代表的劳动力技能培训，为提高贫困群众的素质发挥了重要作用，贫困群众的谋生能力和“造血”功能不断增强。

“十一五”期间，农业结构调整强力推进，以烤烟、茶叶、草地畜牧、干果（核桃）为主的农业特色优势产业不断发展，农业产业化初步形成。

“十二五”期间，围绕“农产富民”战略，大力发展现代山地特色高效农业，做优烤烟、做强茶叶、做大长毛兔、做实核桃产业，巩固草地生态畜牧业，大力发展芭蕉芋产业。烤烟产业的扶贫效益明显；建成三大核桃产业带和示范基地，核桃产业初具规模，总面积达16720公顷；创建兔产业发展风险基金，长毛兔存栏达13.68万只，全力打造全省长毛兔示范基地县；茶园总面积达8067公顷，全面推动普安红茶的宣传推介，与福建正山堂合作，共同打造“正山堂 · 普安红”品牌，“普安红茶”“普安四球茶”获国家质检总局批准列入国家地理标志保护产品，获“中国古茶树之乡”称号。成功举办中国贵州 · 普安红 · 古茶文化节系列活动，到北京马连道茶城、贵阳、上海等地开展“普安红”宣传推介，不断提升普安茶叶的知名度和美誉度。围绕现代服务业发展，狠抓电商产业，获批国家级电子商务进农村综合示范县，县级电子商务综合服务中心、各乡镇乡村电商综合服务站及物流配送网点启动营运。围绕山地旅游发展，全力推进普安县茶文化生态休闲旅游度假景区建设，世界茶源文化广场、国际山地自行车赛道建成投用，江西坡布依生态小镇建设快速推进。成功举办国际山地自行车邀请赛，致力打造“世界茶源地，养心健康城”，快速推进“茶旅健养一体化”建设进程。大力实施民生工程，全力提升社会保障水平。建成南山湖环湖健身步道等一批民生工程。脱贫攻坚工作扎实推进，实现以县为单位和11个乡镇“减贫摘帽”、7个贫困村出列，减少贫困人口5.99万人，贫困发生率从35.7%下降到11.8%。大力推进易地扶贫搬迁，精准落实“五共”（共高、共识、共建、共担、共享）流程工作法，实施乡村发展倍增计划，改“压”为“征”，共商推进。江西坡布依生态小镇安置点完成16栋安置房主体工程；县城惠民小区安置点已有144户530人领到“搬迁钥匙”；搬兴义市马岭龙井苑安置点的36户165人已完成分房，搬迁工作准备就绪，将参加州人民政府组织的集中统一搬迁。

工业经济发展迅速。“十五”期间，以煤炭、电力为主的工业经济不断发展壮大，2005年工业增加值在全县生产总值中的比重已达27%。煤炭工业发展势头强劲，煤矿整合力度不断加大，科技含量不断增强。糯东煤矿正式动工建设，进展顺利；幸福井田精查完成野外作业和详查资料，泥堡、地瓜井田普查工作完成，精查工作正在进行中。2005年，全县原煤产量达352万吨，是2001年的8倍，煤炭已成为普安县的龙头产业。在2006年黄果树瀑布节洽谈会上，与客商签订投资建设普安煤化工基地项目的意向性协议，标志着煤炭工业经济将步入一个全新的发展时期。电力工业保持快速发展势头，建成小水电站25座，装机容量达4.4万千瓦，在建小水电站9座，年设计装机容量4.8万千瓦。

“十一五”期间，成功引进中电国际、河南永煤等大企业。“一园三区”工业园区进入全省100个园区规划和全州14个重点聚集区规划，并顺利启动建设。以煤炭为主的矿业经济稳步发展，年产能达到380万吨。

“十二五”期间，围绕“工业强县”战略，深入开展工业“百千万”工程和服务工业项目行动，紧抓煤炭支柱产业不放松，扎实推进全县煤矿采掘机械化建设，抓好安全监管机制建设，提升安全生产能力。着力推进“一园三区”建设，工业园区基础设施日臻完善，园区集聚能力不断增强，才华手袋厂等项目建成投产，北部石材产业园启动建设，黔海石材厂等一批企业开工建设，青山工业园区、江西坡小微企业创业园等累计完成基础设施投资6.2亿元。

2015年，全县共有规模以上工业企业34家。其中煤矿企业22家，原煤产量566.39万吨，总产值30.02亿元；电力供应企业1家，供应电力2619.61万千瓦时，总产值1.67亿元；精制茶生产企业1家，总产量557.1吨，总产值1.92亿元。总产值（现价）64.78亿元，比1998年增长13.31倍。

二是教育科技、文化体育、医疗卫生事业进一步发展。

教育事业。教育领域提出“振兴经济，教育先行”的方略，继续深化教育体制改革和教育教学改革，建立健全分级管理体制，加强教师队伍建设，增加对教育的投入力度，改善办学条件。“十五”期间，新建85所中小学教学楼和12所农村寄宿制学校，县一中新校园投入使用，控辍保学工作进一步加强。“十一五”期间，农村义务教育各项政策全面落实，“两基”顺利通过省级复查验收，普安一中进入省级示范高中，普安二小新校园建成投用，县职中新校园加快建设。“十二五”期间，大力实施教育振兴计划，教育基础设施明显改善，每个乡镇均建成1所以上公办幼儿园；与香港言爱基金会合作，建成九年制公立学校普安县思源实验学校；县中等职校新校区建成投入使用。狠抓教学质量提升工程，加强校（园）长队伍和教师队伍建设，完善奖惩激励机制，坚持每年教师节召开表彰大会。在继续抓好公办学校的基础上，鼓励民间办学、社会办学，形成学前教育、普通教育、职业教育、成人教育等多层次、多元化的办学体系。2015年，全县有幼儿园20所、193个班，教职工254人，在园幼儿7770人，分别是1998年的6.67倍、4.49倍、3.58倍、3.81倍。小学105所、教学点15个，教职工3366人，教学班950个，在校学生2.96万人；除教职工比1998年增加1.5倍外，其余各项均比1998年有所减少。初级中学13所，比1998年减少8所；教学班385个，是1998年的2.45倍；在校学生1.62万人，是1998年的1.72倍。高中班93个，在校学生5356人，分别是1998年的3.72倍、3.76倍。普通中学专任教师1226人，是1998年的2.33倍。中职学校教职工55人，学生776人，分别是1998年的1.96倍、4.79倍。

科学技术。全县各级实施科技计划项目99个，财政投入科技经费976.53万元。申请专利109项，成果处于全省领先地位。核桃、茶叶新品种（系）选育取得新进展，完成有机茶认证166.67公顷，实现有机茶叶基地零突破。各级科技组织广泛开展科技活动周、科技下乡、科技培训等科普活动。开通公共气象服务平台，开展全县预报预警信息发布。由州气象局影视中心制作的《普安每日天气预报》在县电视台复播，并增加QQ、微信、微博气象信息发布通道。全县兴建8个防雹增雨炮站，开展人工影响天气和防雷等服务。

文体事业。坚持“三贴近”原则，深入开展“三下乡”活动，营造积极向上的文化氛围。经常组织大型广场文化活动、春茶节、“宣传大篷车”下乡巡回文艺演出等群众文化活动。开展民歌普查，采录民歌71首，整理出版《普安民歌集》。文化市场发展较快。全县有书店8家，网吧13家，歌舞厅10家，电玩城5家，音像制品店1家。开展非物质文化遗产（以下简称“非遗”）普查，苗族芦笙舞被评为国家级非物质文化遗产。全县拥有国家级非物质文化遗产1项、省级非物质文化遗产6项、州级非物质文化遗产8项、县级非物质文化遗产19项，发展非物质文化遗产名录传承人国家级12名、省级60名、州级80名。兴建县图书馆，图书馆藏书7.89万册。开展第三次全国文物普查工作，共登录不可移动文物140处，新发现86处。文物保护工作进一步加强，拥有全国重点文物保护单位3项、县级文物保护单位6项。进行网络优化改造，全县实现通过自有光缆干线全部联网，广播电视“村村通”工程顺利完成。县电视台在自办节目中，除办好《普安新闻》外，还开办《小城歌星》《点歌台》《身边人》《法制普安》《普安新秀歌星选拔赛》《小凡说事》等栏目。兴建普安县老年活动中心和休闲体育广场，有足球场、体育健身中心、篮球场及休闲广场。全县有中小学体育场所140个。农村体育、学校体育、老年体育全面开展，每年都举办县级体育竞赛活动。普安县曾荣获国家体育总局授予的“全民健身宣传周”先进单位称号。多次组队参加全州体育赛事并获奖。

医疗卫生。新型农村合作医疗全面推进，有效减轻群众的医疗负担。县人民医院成为全省第一家通过二甲评审的县级医院。建成标准化乡镇卫生院8个，全县76个村均按标准建有村卫生室。与北京春雨医院合作，建成投用全省首家县级春雨云医院，与北京协和医院、解放军总医院等全国顶级三甲医院实现远程会诊。实行医生轮岗交流制度，定期从县城医院拿出部分岗位，解决乡镇优秀人才调进县城问题，充分调动基层医务人员的工作积极性。地氟病防治成效显著。利用中央资金防氟改良炉灶9.19万户，改良炉灶率100%，覆盖84个行政村，受益人口24.37万人。全面开展地氟病防治健康教育活动，接受地氟病防治相关知识125万人次。氟斑牙检出率由原来的68.60%下降到10.25%。

2015年，全县共有4家公共卫生机构，在编人员66人；2家公立医院，共有人员532人，开放床位403张；14个乡镇（街道）卫生院，共有人员313人，开放床位441张；村（社区）卫生室113个，卫生人员183名。民营医疗机构6个，人员169人，开放床位239张；注册个体诊所9所。医疗、防疫、保健医疗卫生体系和县、乡镇（街道）、村（社区）三级医疗卫生网络进一步健全。医疗医技水平不断提高，预防、保健工作进一步加强。2015年，传染病发病率430.85/10万，其中甲、乙传染病发病率324.22/10万，死亡率2.34/10万。加强医药卫生监督管理，在城乡广泛开展爱国卫生运动，城乡卫生面貌不断改善，各种疾病能有效治疗，城乡人民健康水平明显提高。

三是继续深化改革，扩大对外开放，大力招商引资，为经济社会发展注入强大活力。

1998年3月，县委、县政府出台《关于加快企业产权制度改革的决定》，对矿冶公司、煤金公司、物资公司、化肥厂、印刷厂、酒厂、百货公司、民贸公司、烟酒公司、轻工公司、五金公司、顺达公司、盐业公司、医药公司、铁锅厂共15个国有企业进行资产重组，转换企业机制。1999年，企业内部全面推行厂长经理负责制、供销人员承包制、职工报酬计件制，全县20余家企业实行股份合作制试点，县畜牧水产局、粮食局、物资公司、盐业管理局、工业局等相继成立经济实体，由行政管理型向经营管理型过渡。2000—2003年，制定《关于加快推行以厂长任期目标责任制为主的各种形式经营承包责任制的意见》等制度，推进以搞活企业经营机制为重点的改革，加强企业管理。2004—2008年，关闭无证煤矿、整理小型矿井、技改中型矿产、发展大型矿产，解决煤矿整合遗留问题，完成小型水电站的整合转换机制。2009—2015年，推进“三个工业园区”建设，抓好煤炭、电力、电冶、建材、黄金“五大”工业支柱产业，乡镇企业改制全部完成，国有企业、集体企业完成改制70%。在农村，抓好第二轮延长土地承包期限的后续完善工作，稳定土地承包关系。探索和推进土地使用权流转的新机制，鼓励农民将土地使用权向有实力的私营业主、生产大户流转，推进土地的合理聚集，推进小城镇建设。调整和优化农业产业结构，鼓励、支持、发展各类农村中介组织，推进农业产业化经营，加强农业基础设施和生态环境建设。同时，全面完成政府部门机构改革、行政区划调整；深化中小学教师职称制度改革，实行校长聘任制和教师交流轮岗制度；社会养老保险改革、医疗保险改革、医药卫生体制改革、殡葬改革等都取得明显成效。

1998年后，陆续引进如焦化厂、硅铁厂、铁合金厂、电石厂、黄金开采公司等产业。2008年，加大招商引资力度，完善政策配套，全面整治和优化投资环境，强化招商质量。2009年，在普安县“三月三”采茶节招商引资签约仪式上，签约项目19项，协议意向引资24.8亿元。2011年，组团到北京、上海、广东、湖南、湖北、河南、重庆、辽宁、浙江、江苏、山西、山东、贵阳、昆明等地招商引资，累计签约10余个，意向引资193.3亿元。同时实行“一个项目，一位领导，一套班子，一个方案，一抓到底”的项目建设责任制，推进22个重点项目建设。在“2011中国·普安春茶节”招商引资项目签约仪式上，协议引资164.19亿元，涉及项目20个。2012年，出台《普安县招商引资奖励办法》。全年招商引资项目17个，引资164.55亿元，实际到位25.77亿元。2013年，招商引资到位资金67.72亿元，纳入省招商引资管理平台项目80个，重点跟踪招商项目20个，其中当年新签约项目43个、投资总额21.135亿元。当年引进的重大项目有投资52亿元的中电普安电厂，投资103亿元的普安雪浦电厂，投资35亿元的煤制乙二醇项目，投资1000万元的应宏酒厂等。2014年，招商引资到位资金76.02亿元，其中省外、境外、国外到位资金64.88亿，纳入省招商引资管理平台项目107个，重点跟踪招商项目27个。2015年，引进投资规模1000万元以上省外合同项目46个（投产27个），签约投资总额65.57亿元，新增省外到位资金41.29亿元。

四是党的建设全面加强，为经济社会发展提供坚强的政治保障。

“十五”期间，中共普安县委按照中央、省委、州委的部署认真组织开展以实践“三个代表”重要思想为主要内容的保持共产党员先进性教育活动，全县广大党员干部服务人民群众的意识进一步增强，党员领导干部的思想政治素质和理论素养进一步提高，共产主义理想信念更加坚定，基层组织建设进一步加强。严格按照《党政领导干部选拔任用工作条例》的规定，坚持以好的作风选人，选作风好的人，一大批优秀干部被选拔到领导岗位，领导班子建设和干部队伍建设不断加强。县级党代表大会常任制工作不断规范和完善，进一步拓宽民主渠道，扩大党内民主，强化党内监督，密切党群干群关系，并得到中组部、省委和州委的充分肯定。认真落实党风廉政建设责任制，深入开展示范教育和警示教育，依法查处违法违纪案件，纠正部门和行业的不正之风；认真开展清理国家机关公职人员和国有企业负责人入股办矿工作。开展述职述廉和行风评议，向重要部门派驻纪检组、纪检员工作进一步巩固，反腐败关口不断前移，从源头上预防和治理腐败的工作不断加强，教育、制度、监督并重的惩治和预防腐败体系不断完善。

“十一五”期间，以深入开展学习实践科学发展观、创先争优、“三个建设年”（作风建设、环境建设、项目建设）、“四帮四促”（帮助学习领会精神，促进思想统一；帮助理清发展思路，促进科学发展；帮助解决实际问题，促进增比进位；帮助化解矛盾纠纷，促进和谐稳定）和“万名干部下基层、扎扎实实帮群众”等教育活动为载体，切实加强各级班子和干部队伍的思想、组织、作风和制度建设，各级领导班子和干部队伍的思想政治素质、工作能力和水平明显提高，党组织的号召力、凝聚力、战斗力、创造力明显增强。干部人事制度改革深入推进，坚持德才兼备、以德为先的用人标准和正确用人导向，贯彻执行《党政领导干部选拔任用工作条例》，一批德才兼备、想干事、能干事、会干事、干成事的优秀干部走上各级领导岗位，干部选拔任用工作群众满意度逐年上升；“三级联创”（县、乡镇、村）深入开展，基层组织建设不断加强；试行党代表大会常任制工作纵深推进，党内监督得到加强；坚持以改革创新精神推进反腐倡廉建设，初步建立具有普安特色的惩治和预防腐败体系，部门和行业不正之风治理效果明显，警示教育、案件查处等工作得到强有力推进，党风廉政建设进一步加强。

“十二五”期间，认真落实党建工作责任制，督促各级党组织书记履行好“第一责任人”职责，按照“抓党建就是抓关键，抓关键就是抓发展”的思路，切实抓好大党建工作落实。扎实开展党的群众路线教育实践活动、“三严三实”（严以修身、严以用权、严以律己；谋事要实、创业要实、做人要实）专题教育、“两学一做”（学党章党规、学系列讲话，做合格党员）学习教育等活动，干部干事创业的精气神有了明显提升。探索建立流动党员党支部，落实党建带工建机制，抓好企业党组织建设。深化党员“星级创评”工作，不断优化党员队伍结构，纯洁党员队伍，基层基础工作得到有力增强。开展名家普安大讲堂，邀请国内外知名学者、专家对干部进行培训，补齐城镇建设、教育、山地特色农业、项目管理、依法行政等知识“短板”。坚持正确选人用人导向，以实绩论干部，共调整干部1068名，提拔421名。严格落实换届纪律“九严禁”（严禁拉帮结派、严禁拉票贿选、严禁买官卖官、严禁跑官要官、严禁造假骗官、严禁说情打招呼、严禁违规用人、严禁跑风漏气、严禁干扰换届）要求，确保县乡换届风清气正。建立“督导约谈、巡查纠风”制度，有效提高干部的执行力和落实力。建立县委县政府督导员制度，实行刚性督查与柔性督导相结合，推动工作有效落实。开展县委常委下基层到农村“两到四必问”（“两到”：到村必到户、必到学校；“四必问”：必问党建、必问教育、必问治安、必问民生）行动，示范带动各级干部与群众“交友结亲”，帮助群众解决实际困难和问题。严格落实“四位一体”（目标责任、岗位管理、激励保障、约束惩戒）机制，结合“智慧党建云”平台建设，对干部工作实行“痕迹化”管理，打造干部召回管理升级版，共召回不胜任现职干部287名，有效促进干部作风的转变，召回管理的干部中有12名得到提拔。精准选派106名干部到村担任第一书记或主任助理，整顿软弱涣散基层党组织，全面消除“空壳村”。层层压实党风廉政建设“两个责任”（党委负主体责任、纪委负监督责任）。建成反腐倡廉警示教育基地等七大教育基地，建立“两个责任”清单和责任考核机制，深入推进民生特派监督工作。实施领导干部廉政谈话、诫勉谈话、述职述廉述德和常态化约谈等制度，严肃查处违纪违法案件，不敢腐的大氛围基本形成，不能腐、不想腐的机制逐步完善。5年共查处违反中央八项规定问题案件147件157人；给予党纪政纪轻处分291人，被司法机关追究刑事责任14人。

三

1998—2015年的18年，是普安县人民不断解放思想、团结拼搏、抢抓机遇、开拓创新的18年；是牢固树立和落实科学发展观，各项事业迅猛发展的18年；是政治稳定、经济发展、社会进步、人民群众安居乐业的18年。18年的实践，积累了一些宝贵的经验：

必须坚持以邓小平理论、“三个代表”重要思想、科学发展观为指导，解放思想、实事求是、与时俱进、开拓创新，创造性地开展工作，抓住战略重点和关键环节，才能使全县的经济社会实现又快又好地发展。

必须坚持以经济建设为中心，以加快发展为主题，以改革为动力，以稳定为保证，以结构调整为主线，注重发挥比较优势，加大招商引资力度，借助外力培育壮大优势产业，大力发展特色经济，才能拉动全县经济社会又快又好地发展。

必须坚持以人为本，把实现好、维护好、发展好广大人民群众的根本利益作为一切工作的出发点和落脚点，充分发挥广大干部群众的积极性、主动性和创造性，才能实现全县经济社会又快又好地发展。

必须坚持党的领导。要按照“总揽全局、协调各方”的原则，充分发挥党委的领导核心作用，支持人大、政府、政协和各人民团体履行职能，不断增进全县人民的大团结，形成同心同德干事业的强大合力，为实现跨越发展提供坚强保证。

展望未来，普安县拥有18年快速发展所奠定的基础和积累的宝贵经验，其明天将更加美好，一个经济繁荣、文化昌盛、人民富裕、环境优美的普安必将呈现在世人面前。

大事记

1998年

1月，普安县实施水土保持规费征收。

5月，普安县发生牲畜口蹄疫，开始应用疫苗预防牲畜口蹄疫病。

8月，普安县矿冶公司在兴义市顶效开发区征地3.3公顷异地重建黔西南州钙镁磷肥厂，总投资500余万元。

同月，建成并利用PCVSANT单收站平台分析制作天气预报，每天向公众发布24小时天气预报1次。

9月，将全县幼儿园、小学、九年一贯制学校、初中、高中按地域划分为城区（县城所在地）、农村（乡镇政府所在地）两级进行管理。

10月19日，普安县开通数字蜂窝移动电话，号码升到11位。

12月，成立普安县第一届残疾人联合会。

同年，普安县14个乡镇普及程控电话。

同年，办理国有、集体土地使用证，发放土地使用证1654宗。

同年，开始收取征用土地补偿费，耕地每公顷补偿费0.9万元。

同年，启动实施城镇居民最低生活保障制度。

同年，普安县完善土地承包关系（又称为第二轮承包土地），延长土地承包期。

同年，实施成品油价格改革，取消地区差价，实行全省一价、城乡一价。

同年，普安县开展食盐市场专项整治，查获非法流入的工业盐64.9吨。

同年，普安县列为全省以县为单位越过温饱线的贫困县。

同年，启动推进基本实施九年义务教育和基本扫除青壮年文盲（简称“两基”）工作。

同年，对普安县第一中学、普安县第二中学进行合并，普安一中办成高级中学，普安二中办成初级中学，原一中初中部划归二中管理，原二中高中部划归一中管理。

1999年

4月20日，实施龙吟、罐子窑、白沙、高棉、江西坡、三板桥、地瓜、新店8个乡镇7个林业飞播区马尾松飞机播种造林6667公顷。

同月，开通普安县“121”气象信息电话自动答询系统并开始制作电视天气预报节目。

5月，推广EM菌液技术养殖畜禽。

6月，组建普安县泥堡金矿松林分矿。

7月，普安县启动农村电网改造工程。

同月，普安化肥厂停产。

8月，建成年产5万吨钙镁磷肥厂并投入生产。

11月6日，普安县委党校筹办成立贵州省委党校函授大专班普安函授站。

11月，启动开展“讲学习、讲政治、讲正气”为主要内容的党性党风教育活动（简称“三讲”教育活动）。

同年，普安县启动第一期生态环境建设综合治理工程，投资1165万元治理水土流失面积4421公顷。

同年，普安县启动“金盾工程”建设，建设内容包括公安通信基础设施、通信网络、业务应用系统、网络和信息安全保障体系、信息化运行管理体系、公安工作信息化标准规范体系、公共信息网络安全监察管理体系等7个部分。

同年，开征营业税和所得税。

同年，化肥零售价格放开。

同年，对农村分类综合到户电价实行全县统一价，且最高限价为0.72元／度（含三峡基金）。

同年，县城所在地水价由黔西南州物价局收回制定，实行标准为1.55元／吨；乡镇水价由普安县物价部门批准实施。

同年，对供销合作社财务挂账情况进行清理，供销合作社经费纳入县级财政预算。

同年，开展森林资源调查工作。

同年，普安铅矿幼儿园由集体办转为民办，成为全县首家民办幼儿园。

同年，普安县电视台通过租用电信光缆，对全县所有乡镇电视节目传输进行联网，30多套电视节目传输到乡镇。

2000年

1月起，全县国有土地使用由行政划拨、无偿、无限期使用改为有偿、有限期使用。

2月，建立衡器检定标准。

8月，普安县人民政府印发《关于批转普安县征收农业特产税统一相关品目征收标准的通知》，规范计征标准。

11月1日，开展第五次全国人口普查登记。

同年，普安县供电局由六盘水供电局实行行业管理。

同年，贵州亚太公司在普安建立第1个探矿权，即普安泥堡金矿详查。

同年，启动实施大学助学工程项目。

同年，在7个部门和14个乡镇推行纠风工作责任制，开展纠正医药购销中的不正之风，对县属医疗单位、药品购销企业、个体诊所、个体药品经营户开展纠风执法检查。

同年，以农村信用合作联社为主体的正规金融机构开始试行并推广小额贷款。

2001年

1月18日，普安县汽车站由县城金桥市场搬迁至交通路58号。

3月，启动开展“三个代表”重要思想学习教育活动。

4月10日，中共贵州省委党校函授学院批准普安县委党校增设省函授本科班。

7月，查处第一起特种设备违法案件（锅炉超期未检）。

11月，普安县列入全国“十五”水电农村电气化建设县。

12月，普安县获得省级消灭无标生产验收达标县称号。

同年，逐步普及手机和固定电话，寻呼机逐渐停用。

同年，普安县开始实施生态移民搬迁。

同年，普安县职业高级中学与普安一中实行联合办学。

同年，开展土地管理无违法批地、无违法管理、无违法用地的“三无”乡镇创建活动。

同年，普安县被国家扶贫办确认为新一轮扶贫开发重点贫困县，并重新确认普安县贫困乡镇、贫困村和贫困人口。

2002年

1月，启动脊灰强化服苗免疫。

同月，乡镇教师工资由县教育局统一发放，乡镇财政相应调减支出基数。

3月，贵州省文物考古研究所会同普安县文物管理所再次对铜鼓山遗址进行大规模发掘，共发掘出铜、石、玉、骨、陶、铁等各类文物580多件，其中60%以上文物属女性装饰用品。

4月，开通三板桥、青山、楼下、新店、罐子窑、盘水镇、龙吟7个乡镇所在地GSM联通通信基站。

5月，启动农村税费改革，取消乡统筹费、农村教育集资等专门面向农民征收的行政事业性收费和政府性基金、集资、屠宰税。

10月，启动森林分类区划。

11月16日，建立普安县困难职工帮扶中心，各乡镇工会联合会、村工会、部分企事业单位相继成立困难职工帮扶站。

12月31日，建成七要素气象观测自动站。

同月，普安县矿冶公司将水泥厂承包给私人经营，承包金为每年112万元，承包期限5年，经营性质转为国有民营。

同年，启动退耕还林还草和配套荒山人工造林工程，并启动退耕还林补贴。

同年，停征屠宰税。

2003年

1月21日，开通110报警服务平台，成立110防爆巡逻大队。

同月，启动实施城镇职工基本医疗保险。

4月，普安县矿冶公司磷肥厂停产。

7月21日，普安县机构编制委员会对全县各单位机构编制进行清理，共清理出停薪留职人员11人、停职留薪人员10人、借调（借用）人员76人、临时聘用人员293人、临时工115人。

7月30日，在全国首次西部计划志愿者支援西部、服务西部活动中，组织招聘21名普安县户籍2年期支教志愿者到各中小学服务。

8月，启动实施“母亲健康快车”项目。

9月17日，中共普安县委召开九届二次全会，通过《中共普安县县级党代表大会常任制暂行办法》，普安县在全省率先试行党代表大会常任制，确定每年召开1次党代表大会年会。

12月，普安县列为全国首批实施的26个小水电代燃料试点项目的滮水岩、岔河小水电代燃料试点项目启动实施。

同年，中央财政开始对国家级公益林实施生态补偿，普安县获得批准补偿面积9226.7公顷，补偿标准为每公顷每年75元，其中补偿性支出67.5元，公共管护支出7.5元。

同年，新增青山客运站。

同年，对新开发建设项目中占用或者损毁水土保持设施造成水土流失的单位或个人征收水土保持设施补偿费，对造成水土流失无力治理的单位或个人征收水土流失防治费。

同年，成立普安县液化气充装站。

同年，对有害生物疫情进行普查。

2004年

1月1日起，不再征收毛茶、原木、花生、薏仁米、芭蕉芋等品目的农业特产税。

同月，周易纯天然鸡纵油厂生产的普安鸡纵油获国家知识产权局授予的发明专利。

3月，普安县人民政府确定龙吟镇河阳水上自用渡口为水上交通渡口。

7月，罐子窑镇辣子树村罗古菜坪组发生伤寒流行，发病22例，死亡2例。

8月，启动实施“大地之爱 · 母亲水窖”项目。

同月，开展入托、入学儿童查验接种证，查漏补种。

9月，高棉乡棉花寨村小棉花组发生流感流行病例，发病54例，死亡2例。

12月，启动煤炭价格调节基金的征收，由物价部门负责。普安县设置三板桥验票点，征收的煤炭调节基金全额上缴黔西南州煤炭价格调节基金办公室。

同年，实施普安至水城(普安段)74千米柏油路改造工程。

同年，对种粮农户实行直接补贴。

同年，对规定的甲、乙、丙37种法定传染病，实行网络系统直报。

同年，启动农村改厕。

同年，普天学校在盘水镇原打米厂内建立，成为全县首家民办九年一贯制寄宿制学校。

2005年

4月14日，全国小水电代燃料现场会议在普安县青山镇召开。

9—10月，普安县对各单位旷工或者因公外出、请假期满无正当理由逾期不归连续超过15天，或者1年内累计超过30天的人员进行全面清理。

12月8日，16时许，一辆从贵阳出发途经普安县的中巴车在距离普安县城约3千米处发生车祸，当场造成7人死亡、17人受伤。

同年，全面取消农业税征收。

同年，建成煤炭税费监控系统，对经过煤检站的运煤车辆实行电子监控。

同年，普安县普天电冶公司开展技术革新，企业总产值由原来的340万元增加到860万元，安置下岗职工及农民工538人。

同年，实施第一、二批农村电网改造，涉及地瓜、罐子窑、窝沿、盘水、罗汉、高棉、白沙、江西坡8个乡镇。

同年，在全县各级党组织中开展“保持共产党员先进性教育活动”。

同年，启动小水窖工程建设。

同年，实施城区“一户一表”改造工程，向用户收费的标准批复为最高价429元/户。

同年，对全县病虫害防治转入统防统治。

同年，普安县作为小额贷款贴息改革试点县。

2006年

1月15日，普安县首次实施春晖家园计划，举办“春晖行动”——贵州“信合”温暖万名贫困母亲活动。

2月10日，在盘水镇小坡脚发生一起交通事故，当场造成6人死亡7人受伤。

2月28日，煤炭电子验票系统开通。

同月，普安县煤矿由44对整合为25对。

6月，普安济康医院经县卫生局批准设置，成为全县首家民营医院。

8月，在盘水镇大湾村开展为期1年的风能气象资料观测。

9月1日，实施九年制义务教育，不再收取学费、杂费。

11月25日，在高棉乡举行江西坡至罐子窑柏油路建设开工典礼。

同年，贵州亚太矿业有限公司收购普安县煤金公司（国有企业）。

同年，普安县列入“十一五”水电农村电气化建设县。

同年，开始实施对种粮农民需要使用到的化肥、农药、农膜等农资物品进行综合直接补贴。

同年，恢复土地增值税征收。

同年，实施以行政村为主要对象，以经济实用的小型公共体育健身场地设施建设为重点，把体育健身场地和体育健身器材建设送到农民身边的农民体育健身工程。

2007年

2月，成立贵州新宜矿业（集团）有限公司，注册资金4亿元。公司在普安县境内共有恒泰煤矿、郭家地煤矿、补者煤矿、安利来煤矿、鲁兴煤矿、宏兴煤矿6家企业。

3月，建成TWR—1小型天气雷达，指导开展短时临近预警服务和人工影响天气工作。

4月，《贵州省水能资源使用权有偿出让办法》开始实施，普安县启动全县水能资源使用权出让金征收。

9月，撤销乡镇设置的44个管理区，将原来设置的167个村、3个社区和下设的1264个村民组整合为75个村、14个社区，下设1094个村民小组、169个居民小组。

10月29日，泥堡清真寺举行落成典礼。

12月30日，光照电站下闸蓄水，普安县龙吟镇城阳、雄阳、文笔村3个行政村的河洋、桥边、城子、大坪、爱国、小泥、黄寨、高枧8个村民组受益。

同月，全县14个乡镇成立残疾人联合会，89个村（社区）成立残疾人协会。

同年，建成“平安普安”城镇报警与监控系统，监控信号覆盖所有乡镇。

同年，建成“新视通”会议网络系统，14个乡镇接通可视会议电话。

同年，普安县钙镁磷肥厂改制成为民营企业，进行异地技改，建成年产30万吨水泥的生产线。

同年，开始发放油菜良种补贴。

同年，启动能繁母猪补贴。

同年，增加烟叶税收。

同年，普安县列为全省第一批20个茶叶生产重点县之一。

同年，做好农民工随迁子女、农村留守儿童特殊群体的入学教育，在校学习期间与本地学生一样，全面享受九年制义务教育的生活、学习待遇。

2008年

2月12日，普安县遭受五十年一遇的凝冻灾害，时间长达34天，对全县的交通运输、电力、通信、供水等设施造成严重损坏，农业、林业、草地畜牧业等经济损失1.5亿元。

3月11日，启动全县集体林权制度改革。

3月26日，召开全县党的基层组织建设年活动动员大会。

3月28日，气温较高，风力5～8级，火险等级4～5级，13时10分以后，12个乡镇22处发生森林火灾。普安县启动森林防火应急预案，调集县驻军、武警部队和县属各部门（单位）赶赴现场进行扑救。29日4时，火灾被全部扑灭。受灾主要是杉树和灌木林，过火面积463.46公顷，受灾面积339.45公顷，造成经济损失187.431万元，因灾死亡1人。

5月1日，罗汉、雪浦、青山3个乡镇相继遭受冰雹灾害，对农作物和民房造成不同程度的损害。烤烟育苗受损960厢（其中380厢全部毁损），造成约270公顷的烤烟地缺苗；其他农作物受灾面积733公顷，绝收面积约360公顷（主要是小麦、油菜、蔬菜）；损坏房屋125间。造成直接经济损失约370万元。

同日，普安县网络公司正式运营，新建县城有线电视网络，全部实行电脑收费管理系统；新建乡镇有线电视网络，实现县乡有线电视网络全覆盖。

5月11日，宁波市镇海区人民政府、宁波港集团有限公司与普安县政府就2008年对口帮扶项目举行签字仪式。

5月27日，盘水、高棉、罐子窑、白沙、楼下、青山、新店、罗汉、窝沿、三板桥等乡镇不同程度遭受风雹灾害。受灾人口2.8万人，农作物受灾面积1124公顷，绝收面积21公顷，倒塌房屋11间，损坏房屋245间，毁坏耕地104公顷，因灾死亡牲畜24头（只）。造成直接经济损失356万元，其中农业直接经济损失280万元。

6月，普安县第一家食品生产企业——黔西南州富洪茶叶有限公司获得食品生产许可证。

9月28日，举行阳光幼儿园落成典礼。

10月27日，普安县各医疗机构在接诊婴儿食用含三聚氰胺奶粉的3400名患儿中，累计确诊251名婴幼儿因食用含三聚氰胺奶粉患泌尿系统结石病症。

11月18日，窝沿乡新兴小学发现3名学生出现腮腺炎病症症状，并经乡卫生院确诊。至12月19日，累计确诊128名学生感染腮腺炎疫情，后均治愈。

11月28日，新店中学多名学生发生不明原因腹痛、腹泻症状。经县疾控中心对330名可疑学生进行筛查，核实发病学生159例，其主要症状为腹痛、腹泻，临床症状较轻（腹泻仅2～3次）。经卫生、疾控防疫部门初步判定，疑为学生食用发芽马铃薯引起的腹痛腹泻。

同年，启动G60线普安段、西南成品油输油管道普安段等国家重点工程建设。

同年，启动农村贫困残疾人危房改造工程。

同年，新增楼下客运站。

同年，中国电信购买中国联通CDMA移动网络，划转基站32个。

同年，打掉“6·4”涉黑涉恶犯罪团伙，抓获团伙成员28人，缴获自制仿“六四”手枪2支、关公砍刀22把、马刀2把、作案车辆4台，赌资15.8万元。全案逮捕案犯27人。

同年，对8个宗教场所任主要教职人员进行登记备案。

2009年

2月12日，松岿寺修缮工程启动，上级投入资金80万元，县级配套资金30万元。

2月21日，普白林场小河林区发生森林火灾。火灾过火面积470公顷，其中受灾面积270公顷，烧毁生产用房3栋、木电杆3棵，造成直接经济损失169.8万元（林木经济损失168万元），无人员伤亡。

3月7日，举行普安县医院建设项目开工典礼。该项目申请到中央新增资金2200万元，总建筑面积10035平方米，占地面积1081平方米，建筑层数为10层。

3月8日，宁波对口帮扶项目普安九龙水泥厂年产30万吨生产线举行投产点火仪式。

3月14—16日，江西坡、龙吟2个镇连续出现低温凝冻天气。茶叶受灾面积1021公顷，其中江西坡镇995公顷，龙吟镇26公顷，造成直接经济损失202.5万元。

3月29日，普安2009"三月三"采茶节在普安县茶场开幕。在招商引资签约仪式上，签约项目19项，协议意向引资24.8亿元。

同月，普安县启动开展深入学习实践科学发展观活动。

4月15日，青山、雪浦、罗汉、白沙、楼下5个乡镇遭受冰雹灾害，累计受灾人口2.7万人，农作物受灾面积2661公顷，成灾面积908公顷，绝收面积745公顷，受轻伤10人，损坏房屋3759间，造成直接经济损失约825万元。

5月20日，普安县医院创建爱婴医院工作启动。

6月2日，普安县第一次全国污染源普查通过省验收。

6月20—21日，普安县境内普降大暴雨，造成14个乡镇不同程度洪涝灾害。受灾总人口5710人，农作物受灾面积156公顷，房屋倒塌7间、损坏33间，暴雨造成直接经济损失109万元。

6月26—27日，一野狗在雪浦乡兴隆村、雪浦村、隔界河村分别咬伤7人、3人、4人，合计14人。27日，雪浦乡派出所组织警力在隔界河将其击毙。

6月29日，三板桥、罗汉、江西坡、地瓜、白沙、楼下、窝沿、青山8个乡镇不同程度遭受洪涝灾害。受灾人口4.19万人，农作物受灾面积1041公顷，成灾面积908公顷、绝收面积114公顷。因灾倒塌房屋17间，损坏房屋85间，死亡大牲畜3头，临时转移人口1218人，造成直接经济损失708万元。

7月11日，江西坡、白沙、高棉3个乡镇不同程度遭受洪涝灾害，受灾人口1.44万人，农作物受灾面积614公顷，其中成灾面积364公顷，绝收面积46公顷，毁坏耕地面积60公顷。因灾受轻伤1人，倒塌房屋19间，损坏房屋77间，紧急转移人口612人，造成直接经济损失103.5万元。

7月28日，建成普安至晴隆17.2千米、普安至盘县11.3千米光缆线路工程。

9月14日，窝沿乡宏松煤矿在巷道掘进时发现地下温泉。温泉涌水点距地表垂高103米。据初步估计，平均涌水量约每小时700立方米，水温38摄氏度（距水淹井筒至320米处测）。水源样品经送兴义市疾控中心检测，水质达到国家有关卫生标准。

10月26—27日，吟路一级站和黑洞水电站小水电代燃料扩大试点项目通过县政府项目验收小组的验收。该项目受益6221户农户2.73万人。

11月1日，在县二中、盘水二小确诊10例甲型H1N1流感病例。

11月5日，青山百合片区城镇建设开工典礼在青山镇举行。

11月12—18日，贵州省考古专家到普安调查核实第三次文物普查新发现的文化遗址，最后确定14处为新发现的地下文化遗址。

11月13日，普安苗学研究会成立。

11月23日，普安县为反腐倡廉“六大教育基地”授牌。“六大教育基地”分别为普安县反腐倡廉警示教育基地、普安县反腐倡廉法纪教育基地、普安县反腐倡廉示范教育基地、普安县反腐倡廉理论教育基地、普安县反腐倡廉优良传统教育基地、普安县反腐倡廉社会实践教育基地。

12月31日，国家农业综合开发办公室批准普安县为国家农业综合开发县。

同年，启动家电下乡补贴，对农民购买纳入补贴范围的彩电、冰箱（含冰柜）、手机、洗衣机、电脑、空调、热水器（含储水式电热水器、燃气热水器、太阳能热水器）、微波炉、电磁炉9类家电产品给予一定比例（13%）的财政补贴。

同年，启动汽车、摩托车下乡补贴。

同年，增加契税、耕地占用税征收。

2010年

1月1日，普安供电局从六盘水供电局划由兴义供电局管理。

1月4—21日，对14个乡镇非法行医和非法采供血行为进行打击。

2月27日，三板桥镇干部谢光学因扑火救灾牺牲。

4月21日，罐子窑镇普铅小学发生一起疑似食物中毒事件，50名小学生不同程度地出现腹泻、呕吐等症状。

4月26日，窝沿小学被确诊23名学生患水痘。

同月，普安县启动开展“创先争优”活动和宗旨教育活动。

5月16日，中国红十字会、国务院国资委“春雨行动”抗旱救灾“央企援助基金”项目启动暨“春雨礼包”发放仪式在普安举行。中国海洋石油总公司、上海生物制品研究所分别向普安县捐款150万元、20万元。

6月8—10日，中电普安电厂新建工程初步可行性研究报告通过专家团审查。中电普安电厂新建工程位于普安县境内，为煤电联营项目，建设2×600兆瓦超临界燃煤机组。

6月27—28日，全县各乡镇普降大到暴雨，造成白沙、罐子窑、窝沿、盘水、高棉5个乡镇遭受洪涝灾害。因灾淹没房屋8栋，倒塌房屋15间，开裂6间，冲毁桥梁1座，损坏通村通组公路20千米，淹没水田84公顷，玉米受灾87公顷。

6月30日，普安县森林公园温泉度假村举行奠基仪式。

7月4日，打掉1个盗销沪昆高速公路过境货车柴油的犯罪团伙，抓获犯罪嫌疑人2名。

7月9日，普安县布依学会成立。

8月5日，举行盘水民族希望小学新校园镇海教学楼落成庆典仪式。

8月10日，全省农户科学储粮项目启动仪式在普安县青山镇举行。

8月24日，三板桥麒麟煤矿发生冒顶事故，造成4人死亡1人受伤，直接经济损失约600万元。

9月3日，对普安县烈士陵园进行爱国主义教育基地授牌。

9月15日，普安供电局与青山电力公司两家供电企业合并。

9月20日，柿花树小区顺兴阳光城开工建设。

11月1日零时，开展第六次全国人口普查。

11月4日，1名男性青年酒后翻窗进入普安一中，用啤酒瓶将住在1302寝室的高一（14）班的5名学生打伤后逃离现场，其中1名受伤学生经救治无效死亡，造成校园伤害事件。

12月21日，龙吟农贸市场开工建设。

2011年

1月24日，铅厂医院划归普安县人民医院管理。

同日，普安一中学生合唱团在北京参加全国“和谐乐章”2011魅力校园新春音乐会节目录制。

2月24日，贵州省经济和信息化委员会在其会议室主持召开普安县工业园区发展规划评审会，同意通过《普安县青山工业园区发展规划》，属全省重点建设园区。

3月16日，受日本福岛核电站爆炸影响，谣传将造成食盐短缺和涨价，普安县出现不同程度的食盐抢购现象，相关部门及时采取措施维护稳定。

4月1日，由黔西南州人民政府主办，普安县人民政府承办的“2011中国·普安春茶节”在普安县休闲体育广场举行。

4月8日，普安县人民医院通过“二甲”医院评审。

5月30日，总投资3.67亿元的CTC红碎茶生产项目开工仪式在江西坡镇轻工业园区举行。

5月31日，总投资52亿元的中电普安火电厂项目进入实施阶段——中电普安发电有限责任公司挂牌成立。

6月1日，国务院残疾人工作委员会授予普安县“全国残疾人事业工作先进单位”称号。

6月16日，中国茶叶流通协会命名普安县为“中国古茶树之乡”。

8月2日，为应对持续干旱，普安县城开始实行限量供水，按地势高、低2个区域每2天进行轮流供水，对县城金桥市场等低区位每次供水2500吨，对县民政局环城路一带高区位每次供水1000吨，对县城高耗水企业停止供水。

9月1日，杭州报业集团、贵州日报报业集团联手将读者的爱心捐款630万元捐赠给普安县龙吟镇新华小学、民族小学、石古小学、丫口小学、吟塘小学、吟路小学，让2341名小学生享受到在校学习期间的免费午餐。

9月，普安县投入资金4000余万元实施县城主次街道“白改黑”工程，同步建设人行道、斑马线、电子抓拍系统等配套市政设施。

10月4日，普安县城乡居民社会养老保险试点启动。

11月1日，贵州省公路局验收组对江西坡至罐子窑通乡油路改造工程、普安至下厂河油路大修工程进行竣工验收，确认2个项目均合格，同意投入使用。

11月15日，总投资457万元的位于雪浦乡哈马村德依坝子的农业综合开发土地治理项目和2010年实施的“一事一议”财政奖补总投入2504.29万元，惠及14个乡镇62133人、涉及107个项目，顺利通过省验收组测评验收。

12月21日，普安县学前教育、农村寄宿制学校食堂午餐工程和高中阶段教育3项工程通过贵州省人民政府教育督导室、省教育厅督导验收组考核验收。

2012年

1月14日，110千伏新店变电站投运，实现普安县南、北电网的互供互倒。

1月23日，普安县龙吟镇发生一起道路交通事故，造成6人死亡。

3月5日，普安县召开农村义务教育学生营养改善计划启动暨培训会，营养改善计划惠及全县144所中小学52837名学生。

4月19日，青山镇遭受风雹袭击，5村2社区2万余人受灾，其中20余户民房受损，500公顷农作物不同程度受灾，直接经济损失570余万元。

5月5日，启动干旱红色预警。时干旱共造成全县14个乡镇89个村（社区）、399个村民组17.38万人饮水困难，农作物受旱面积1.41万公顷，造成直接经济损失1.55亿元。

6月4日，普安县举行“人口福利 · 生育关怀基金”启动仪式，募集资金80万元。

6月17日，一辆非法营运面包车在行驶途中坠入雪浦乡兴隆村石桥河电站水库，造成9人遇难。

7月25日，楼下镇安利来煤矿发生冒顶事故，58人被困。经连续97小时组织救援，成功将被困人员营救升井。

8月10日，“中国苗族第一镇”命名大会暨2012年龙吟苗族同心节活动在龙吟镇农贸市场举行。

8月21—25日，2012年贵州省残疾人田径锦标赛在贵阳举办，普安县3名参赛残疾人运动员获7枚奖牌，其中银牌1枚。

8月30日，普安县103处农村饮水安全工程建成投入使用，解决农村人口饮水安全1.39万人，农村学校饮水安全0.5万人。

9月8日，“中国苗族第一镇 · 龙吟”农民合唱团赴昆明参加中国首届“吴龙杯”苗族农民合唱艺术大赛。以《半个月亮爬上来》《姹娜姹娜》两首曲目参加比赛，其中《半个月亮爬上来》被指定为大赛颁奖晚会演出节目。获铜奖、精神文明奖和优秀组织奖3个奖项，被大赛组委会授予“苗族合唱之乡”称号。

9月11日，普安县城街道街景立面改造工程初步竣工。

9月24日，投资360万元，全长21千米的跨江西坡、高棉、白沙、窝沿4个乡镇的公路实现全面连接。该公路西起江西坡镇白石村红花湾组，途经江西坡镇下山村、高棉乡许打村，东至白沙乡关厂村和窝沿乡田坝村。

同月，在雪浦乡哈马箐村鸡洞组发现大叶茶古茶树群，共有30余株，最大的一株高12.5米、冠幅14米、树干周长3.12米，是全县发现的最大古茶树。

11月29日，楼下镇能通煤矿发生煤与瓦斯突出事故，造成5人死亡。

12月1日，高寒地区少数民族学校学生冬季取暖工程在龙吟镇新华中心学校启动实施，中央电视台、贵州电视台记者深入学校采访，节目于3日在贵州电视台《贵州新闻联播》栏目播出，于7日在中央电视台农业军事频道《聚焦三农》栏目播出。

12月21日，总投资5000万元的普安县青山百合片区市政工程竣工投用。

12月31日，晴（隆）兴（义）高速公路正式开通运营。

2013年

2月25日，普安县下派第一批同步小康驻村干部共20余人，驻村时间1年。

3月5日，国务院批准第七批全国重点文物保护单位，普安县有2处名列其中，分别是普安铜鼓山遗址，四川、云南、贵州合报的茶马古道（普安境内俗称白沙古驿道）。

4月18日，央视七套《美丽乡村快乐行》栏目摄制组走进普安录制“美丽乡村快乐行——普安古茶香”节目。

5月14日，贵州日报通讯工作会议暨“走普安看变化助发展”采访活动在普安县举行。

同日，贵州省安全生产委员会对停产整顿期间违法组织生产的宏兴煤矿处以罚款1754.8万元，对相关人员给予党政纪处分、问责和经济处罚。

5月20日，“多彩贵州 · 美丽普安文明行动”启动。

6月25日，历时15个月的普安县本土歌曲征集及整理工作全部结束并开机印刷，征集歌曲包括普安历史以来传唱的民歌、山歌及本土人士创作的歌曲共计142首，经组织专业人士评选，共选出72首优秀代表作编辑成册，命名为《激情山水　美丽的家》。

6月26—30日，在贵州省安顺市举行的全国少数民族射弩邀请赛，普安县射弩代表队在大赛中取得团体三等奖，个人立姿、跪姿三等奖。

6月27日，位于罐子窑镇雨谷村、由贵州电网公司投资4247万元建设的110千伏仙鹤输变电工程正式投运。该工程服务罐子窑、窝沿、白沙等乡镇。

7月1日，传达学习《中共中央关于在全党深入开展党的群众路线教育实践活动的意见》精神。

7月2日，贵州兴安煤业公司糯东煤矿120万吨新建项目完工，年内计划产煤60万吨，产值4.2亿元。

7月4日，东风水库发生一起溺水事故，造成盘水一小4名学生溺水死亡。

7月15日，成立普安县见义勇为协会。

8月2日，启动事业单位分类改革。

8月19日，在县文化活动中心召开经贸片区旧城改造启动大会，会后在原检察院办公大楼处启动旧城改造房屋征收现场拆迁仪式。

8月26日，普安县公安局交警大队四中队民警胡洪在楼下镇中队办公室处理一起无牌无证超载违章驾驶二轮摩托车案件时被害。

8月29日，雪浦、青山、楼下3个乡镇遭受夹着少量冰雹的暴风雨袭击。受灾面积684.5公顷，成灾266.67公顷，绝收141公顷，直接经济损失约1000万元。

8月，普安县对80岁以上老人进行调查统计。80～99岁的老人3680人，其中男性1724人，女性2136人；97～99岁的老人16人，其中男性6人，女性10人。核实全县百岁老人9人，其中女性7人，男性3人。

9月3日，高棉、罗汉、新店、青山、江西坡5个乡镇遭暴雨袭击。受灾人口4.18万人，农作物受灾面积712.3公顷，成灾面积358.5公顷；倒损房屋42户，严重损坏农房9间；羊死亡15只。直接经济损失328.6万元。

10月，普安一中与北京市和平街第一中学举行友好学校签约仪式。

11月11日，普安县周易农产品精加工厂生产的“雙辰”牌鸡枞油，通过省名牌评价现场审查专家组审查。

11月27日，实施金桥农贸市场搬迁。

同日，龙吟镇新华中心学校在全县首获省民委、省教育厅联袂授牌为贵州省“双语”和谐环境建设省级示范点。

12月2日，普安县被评为全县农业综合开发优秀县。

12月21日，楼下镇宏兴煤矿工人在一采区运输下山中段掘进放炮时，引起瓦斯爆炸，造成6人死亡，1人受伤。

2014年

1月，普安县启动党的群众路线教育实践活动。

3月3日，召开全县“向惰政宣战、向惰政问责”作风教育整顿活动动员大会。

3月11日，贵州金黔在线报业数字传媒有限责任公司与普安县委宣传部签署合作协议，金黔在线——普安新闻网正式开通，是金黔在线在黔西南州首家开通的县级地方分站。

3月25日，新增设江西坡镇茶场社区，全县调整为75个行政村、15个社区，共1078个村民小组、186个居民小组。

3月28—29日，普安县发生冰雹灾害，分别造成地瓜、盘水、罗汉、三板桥、罐子窑、江西坡、窝沿7个乡镇房屋、农作物等不同程度受损，受灾人口5.86万人，紧急转移安置17人，农作物受灾3314.3公顷，成灾1982公顷，绝收10.6公顷，房屋损坏4575户9939间，直接经济损失约3184万元，其中农业经济损失约2212万元，家庭财产损失约970万元，公益设施损失约2万元。

4月1日，香港言爱基金会代表张鹏飞、刘鹏辉、程晖到普安就捐资援建普安县思源实验学校进行调研并召开交流会。普安县思源实验学校选址在普安县城东新区，占地面积6.67公顷，拟建成九年一贯制寄宿学校，建成后可容纳2400名学生上学及900名学生住宿。

4月2日，农历三月初三，中国普安四球茶树祭祀仪式暨四球茶开园活动在雪浦乡哈马村马家坪组古茶园和江西坡镇宏鑫生态茶园举行。同时开展春茶采摘、茶艺和歌舞表演。

5月26—29日，在开展党的群众路线教育实践活动中，16个收集意见组分赴全县72个县直单位和14个乡镇开展意见收集，共收到县四班子“四风”突出问题865条，县四班子党员领导干部“四风”问题2398条。

7月1日，多彩贵州网上线，原“金黔在线普安新闻网”同步更名为“多彩贵州网普安频道”。

7月17日，普安同步小康扶贫工作座谈会在贵阳举行，省扶贫办分别帮扶实施400公顷无籽刺梨种植项目帮扶资金300万元，200公顷突尼斯软籽石榴种植项目帮扶资金50万元，1.2万只长毛兔养殖项目帮扶资金240万元，小康寨建设项目帮扶资金210万元。

8月21日，青山镇入选中华人民共和国住房和城乡建设部、国家发展和改革委员会、财政部、国土资源部、农业部、民政部、科学技术部联合公布的全国重点镇。

9月1日，普安县中等职业学校新校区正式投入使用。

9月16—18日，普安县出现强降雨天气，农作物受灾面积达1400多公顷，县、乡道路水毁塌方1.5万多立方米，路基缺口5500多立方米，路基下沉4500多立方米。

9月28日，出台《普安县不胜任现职干部召回管理办法（试行）》，对素质能力和现实表现与履行岗位职责不适应、不胜任现职的干部，实行召回管理。

11月15日，普安县观赏石协会成立。

11月18日，普安县与中国三峡新能源公司贵州省分公司筹建处、龙源贵州风力发电有限公司正式签约横冲梁子风电场项目。项目建设规模为42兆瓦，安装20台单机容量2.1兆瓦的风力发电机组，预计平均年上网电量约0.8559亿千瓦时，平均等效满负荷年利用小时数为2038小时，平均容量系数为0.233，项目总投资约3.81亿元。

11月19日，由公安部资助100万元、普安县自筹150万元的青山小学金盾教学楼建成揭牌。

11月27日，普安县党外知识分子联谊会成立。

12月3日，国务院公布第四批国家级非物质文化遗产代表性项目名录和扩展项目名录，普安县苗族芦笙舞入选国家级非物质文化遗产代表性项目名录扩展项目名录。

12月30日，在楼下镇泥堡村中岭五组（泥堡）举行红军长征纪念馆开馆仪式。该馆被命名为黔西南州干部教育实践基地、普安县楼下红军长征革命传统教育实践基地、普安县党史教育基地。

2015年

1月10日，贵州省扶贫开发领导小组授予普安县“贵州省2014年度‘减贫摘帽’县”称号，奖励财政专项扶贫资金1000万元；授予江西坡镇、新店乡、三板桥镇、窝沿乡“贵州省2014年度‘减贫摘帽’乡镇”称号，分别奖励财政专项扶贫资金50万元。

1月23日，贵州省人民政府批复同意普安县乡镇行政区划调整：同意撤销普安县盘水镇、青山镇、三板桥镇、罐子窑镇、窝沿乡、雪浦乡、新店乡、罗汉乡8个乡镇建制，设置新的盘水街道、南湖街道、青山镇、兴中镇、新店镇、罗汉镇。

4月16—22日，普安县组建2个普查组在全县对少数民族特色村寨进行普查。

4月21日，在江西坡镇联盟村万亩茶园举办“万峰林美丽乡村 · 好歌旅游节”系列活动第四站暨“游中国古茶之乡 · 赏普安布依风情”旅游观光活动。

5月28日，普安县获得2015年电子商务进农村示范县项目。

6月1日，召开普安县乡镇行政区划调整动员大会。会议宣读《省人民政府关于同意普安县乡镇行政区划调整的批复》，为新设的盘水街道、南湖街道、青山镇、兴中镇、新店镇、罗汉镇授牌，对行政区划调整有关人员划转作安排。

7月2日，举行贵州报业集团为普安制作的宣传片《眺 · 普安》、微电影《恋 · 普安》首映式，发放宣传画册《品 · 普安》。

7月13日，中华人民共和国住房和城乡建设部、国家旅游局公布第三批全国特色景观旅游名镇名村示范名单，普安县龙吟镇名列其中。

7月22日，普安县获表彰为全省双拥模范县。

8月4日，普安县与贵州森瑞环保有限公司签订普安县磨舍光伏项目投资合作协议。该项目建设选址在楼下镇磨舍村，项目总投资8.7亿元，规划分三期建设，总装机容量为100兆瓦，总用地规模200公顷。其中，一、二期建设装机分别为30兆瓦，投资约5.2亿元；第三期建设装机容量为40兆瓦，投资约3.5亿元。

8月11日，楼下镇政忠煤矿12172探煤巷掘进工作面发生煤与瓦斯突出事故，下井69人，升井56人，其中5人受伤，事故造成13人死亡。

8月19日，普安县人民医院与黔西南州人民医院举行“黔西南州人民医院医疗联合体合作单位”揭牌仪式，签订《黔西南州人民医院区域医疗联合体成员单位合作协议》。

9月11日，普安县人民政府制定《普安县县城限制燃放烟花爆竹实施方案》。规定从11月1日起，县城“夹马石—环城路—惠民小区—环城路—七一饭店—城关加油站—森林公园—高速公路收费站—城东新区—阳光新城—南山路—东风水库”等区域限制燃放烟花爆竹。在限制燃放烟花爆竹区域内，每年元旦节，农历腊月二十八至正月初二，正月十四、十五可以适当燃放烟花爆竹，其余时间一律不得燃放烟花爆竹。限制燃放烟花爆竹期间，城区限制燃放烟花爆竹区域以外的党政机关、事业单位和国有企业也不得燃放烟花爆竹。

9月24—25日，首届“中国贵州 · 普安红 · 古茶文化节”在普安县江西坡小微企业创业园举行。期间，举行集中签约仪式、项目集中开工典礼、民族文化及农特产品（民间工艺品）展示、赛兔活动、参观四球茶树和品茗、项目推介、恳谈系列活动。

9月30日，普安县城首发公交车，开通县城公交车辆试运行。

10月20日，中国茶叶流通协会公布2015年度全国重点产茶县调查结果，普安县获评“2015年度全国重点产茶县”称号。

10月24日，普安县书法家美术家协会成立。

11月8日，普安县五嘎冲水库工程成功截流。

12月9日，中电普安电厂2×660兆瓦新建工程主厂房第一罐混凝土浇筑仪式举行，标志着中电普安电厂新建工程正式开工建设。

12月24日，普安县与阿里巴巴（中国）软件有限公司正式签订农村电子商务合作意向协议，标志着普安县阿里巴巴农村淘宝项目全面启动。

12月31日，由中国三峡新能源公司投资位于普安县盘水街道莲花村横冲梁子新建的普安横冲梁子风电场首台装机容量为1800千瓦的机组投产发电。

第一篇　自然环境　政区

普安县地处云贵高原向黔中过渡的梯级状斜坡地带，县境呈不规则南北向长条形，中部较高，四面较低，平均海拔1400米左右。境内河流属珠江流域西江水系，以中部乌蒙山为分水岭，分别汇入西江上游的南盘江、北盘江。全县有大小河流51条，其中河长大于10千米、流域面积大于20平方千米的河流有23条。

普安县属亚热带季风湿润气候，其特点是四季分明，雨热同季，春秋温和，冬无严寒，夏无酷暑。1998—2015年，年平均日照时数1434.3小时，年平均气温14.2℃，年平均降雨量1256.7毫米。

县境土壤类型多样，共有9个土类，27个亚类，72个土属，150个土种。其中黄壤是境内主要的土壤类型，占土地总面积的40%；其次是石灰土，占土地总面积的17.25%。植物资源有蕨类植物、裸子植物、被子植物、菌类植物等，有古树名木38种767株，有蔬菜类植物361个品种。动物资源有脊椎动物396种，两栖动物29种，鸟类187种，兽类65种。

共有28种矿产资源，其中煤、金、铅锌矿产资源十分丰富，其他矿种点多量小。煤预测储量172亿吨，居黔西南之首。

常见的自然灾害有干旱、暴雨、冰雹、雷电、凝冻、倒春寒、秋风秋雨和霜冻。1998—2015年，年平均暴雨日3天，年平均冰雹2.6次，年平均雷暴日63天，年平均凝冻13.6天，年平均倒春寒1.2次，年平均秋风秋雨2.5次，平均霜冻日7.6天。

普安县位于黔西南布依族苗族自治州北部，南北最大距离96.55千米，东西最大距离33千米，国土面积1429平方千米。1998年，普安县辖8镇6乡，下设42个管理区，167个行政村、4个办事处。经过多次区划调整，至2015年12月，全县设2个街道、8个镇、2个乡，乡镇（街道）下辖15个社区、75个行政村。在长期的历史发展进程中，普安县形成了龙吟镇高阳村箐门口、硝洞村土坎子，江西坡镇细寨村朗寨，地瓜镇岗坡村格拱，青山镇下街社区小屯、营山村和青山社区等特色村寨。

第一章　自然环境

第一节　地质地貌

一、地层结构

县境内出露的地层显示多样，结构复杂，古生代、中生代、新生代的地层均有分布，按其由远古至近的地质年代顺序划分，县境北部地区地层较老，南部地区地层较新。

二、地质构造

普安"山"字形和莲花山大背斜，是县境内地质构造的两大特征。发生于显生宙时期的造山运动，使县境北部的玄武岩层挤压呈北东向褶皱，往北东延伸至晴隆县境，到关岭的花江镇。在兴中格所一带，形成横卧的"S"形脊柱，前弧顶在县城附近，弧形构造展布在县境内，恰似"山"字形。莲花山大背斜，靠其"山"字形的东西方向，交于30度位，主要部分横卧在县境内，经凤凰山一带过莲花山，轴部地形为二叠系下统茅口组；其他出露分布在两翼附近的地带，主要为前二叠系中统峨眉山组。由于造山运动影响，从南北两个方向挤压，于是形成"莲花山大背斜"。

三、地　貌

普安地处云南高原向黔中过渡的梯级状斜坡地带，县境呈不规则南北向长条形，地势特点是中部较高，四面较低，乌蒙山脉横贯中部，将全县分为南北两部分：南部地势由东北向西南倾斜，北部地势由西南向东北倾斜。全县平均海拔1400米左右，一般海拔在1200～1600米之间，相对高差约100～500米。最高点在中部莲花山附近的长冲梁子，海拔2084.6米；最低点在北部的石古河谷，海拔633米；高差1451.6米。县境主要山脉有：中部呈西南—东北走向的乌蒙山（由保冲马草地经莲花长冲梁子到岗坡乌龙山）；南部呈西南—东北走向的卡子坡山（从店子坡经卡子坡到五月朝天）；北部呈西南—东北走向的普纳山（从八大山经普纳山到春岩山）。这些山脉走向都顺应新老地质构造走向的分布，构成普安地貌骨架。

第二节　水　系

普安县河流属珠江流域西江水系，以中部乌蒙山为分水岭，分别汇入西江上游的南盘江、北盘江。入境客水多从盘县西部流入境内。

普安县有大小河流51条，其中河长大于10千米、流域面积大于20平方千米的河流有23条。

一、南盘江流域

河长大于10千米、流域面积大于20平方千米的河流13条，总长189.77千米，流域面积1330平方千米。其中盘县境内流域面积633.8平方千米，普安县境内流域面积696.2平方千米，占全县总面积的48.7%。

楼下河（界河）　全河流域面积1330平方千米，县境内流域面积696.2平方千米，客水633.8平方千米，界河段河长37.6千米，落差217米。

平塘河（包含平塘河、木卡河、歹苏河）　平塘河，全河流域面积328.5平方千米，县境内流域面积280.5平方千米，客水48平方千米，楼下河上游干流河长30.8千米，落差223米。木卡河（属平塘河支河），全河流域面积53.88平方千米，县境内流域面积53.88平方千米，河长12.5千米，落差364米。歹苏河（属平塘河支河），全河流域面积40平方千米，县境内流域面积40平方千米，河长7.4千米，落差260米。

猪场河（包含猪场河、者黑河） 猪场河，全河流域面积240.9平方千米，县境内流域面积25平方千米，客水215.9平方千米，界河段河长4.63千米，落差60米。者黑河，全河流域面积21平方千米，县境内流域面积21平方千米，河长9千米，落差300米。

石桥河（包含石桥河、德依河、海马河、歹苏—下节河、德依小河、阿岗河、绿河、泥堡河） 石桥河，全河流域面积264.8平方千米，县境内流域面积264.8平方千米，河长7.91千米，落差235米。德依河，全河流域面积179.9平方千米，县境内流域面积179.9平方千米，河长3.94千米，落差61.6米。海马河，全河流域面积129.4平方千米，县境内流域面积129.4平方千米，河长1.57千米，落差11.4米。歹苏—下节河，全河流域面积91.9平方千米，县境内流域面积91.9平方千米，河长23.42千米，落差172米。德依小河，全河流域面积50.5平方千米，县境内流域面积50.5平方千米，河长17.2千米，落差293米。阿岗河，全河流域面积23.5平方千米，县境内流域面积23.5平方千米，河长9.75千米，落差70米。绿河，全河流域面积20平方千米，县境内流域面积20平方千米，河长7.8千米，落差78米。泥堡河，全河流域面积59.4平方千米，县境内流域面积38.4平方千米，客水21平方千米，河长16.25千米，落差519米。

小溪散水（包含干流沿岸小溪散水） 全河流域面积87.5平方千米，县境内流域面积87.5平方千米。

二、北盘江流域

河长大于10千米、流域面积大于20平方千米的河流10条，总长184.53千米，流域面积1962.7平方千米，其中：客水流域面积1230.1平方千米，县境内流域面积732.8平方千米，占全县总面积的51.3%。

乌都河（包含乌都河、上寨湾河、大桥河、鱼洞河） 乌都河，全河流域面积1448平方千米，县境内流域面积337.7平方千米，客水1110.3平方千米，界河段河长41.8千米，落差551米。上寨湾河，全河流域面积24.3平方千米，县境内流域面积24.3平方千米，河长8.5千米，落差554米。大桥河（流域含鱼洞河），全河流域面积99.5平方千米，县境内流域面积99.5平方千米，河长16.63千米，落差505米。鱼洞河（大桥河支流），全河流域面积26平方千米，县境内流域面积26平方千米，河长8.29千米，落差181米。

西泌河（包含新寨河、干河、岔河、湾河） 新寨河（流域含干河），全河流域面积223平方千米，县境内流域面积123平方千米，客水100平方千米，河长36.8千米，落差880米。干河（新寨河支流），全河流域面积20平方千米，县境内流域面积20平方千米，河长4.5千米，落差240米。岔河（流域含湾河），全河流域面积153.8平方千米，县境内流域面积134平方千米，客水19.8平方千米，河长22.2千米，落差790米。湾河（岔河支流），全河流域面积58.7平方千米，县境内流域面积49平方千米，客水9.7平方千米，河长10.8千米，落差855米。

北盘江干流（包含石古河、北盘江干流、小溪散流） 石古河，全河流域面积71平方千米，县境内流域面积71平方千米，河长18.75千米，落差585米。北盘江干流，全河流域面积41.4平方千米，县境内流域面积41.4平方千米，河长16.26千米，落差51米。小溪散水（归入竹塘河），全河流域面积26平方千米，县境内流域面积26平方千米。

县境内河流均属雨源性河流，流量的大小随着雨量大小增减。旱季河道基流小，有的甚至断流，洪枯流量相差1:60～1:250。河道比降为16%，陡的58.8%。河道蜿蜒曲折，多穿行于深山峡谷之间，不断出现跌水和瀑布，蕴藏着巨大的水能资源。不足之处是沿河两岸山高坡陡，河床较低，多半是深槽峡谷，导致水低田高，水源与耕地在空间的分布不相适宜，形成枯期遭旱灾，汛期遭涝灾的状况。

第三节 气 候

一、气候类型

普安县属亚热带季风湿润气候，其特点是四季分明，雨热同季，春秋温和，冬无严寒，夏无酷暑。不同的海拔有不同的气候特点，大致可分为河谷温热区、半高山温和区、高山温凉区3个类型。

河谷温热区 包括楼下镇的楼下、糯东、羊屯、泥堡、磨舍，青山镇的博上，江西坡镇的江西坡、细寨，龙吟镇的石古河、乌都河、猴昌河等河谷地区，南湖街道西部，高棉乡的河谷地区，盘水街道的北部，海拔700～1340米，年平均气温15.4℃～17℃，大于或等于10℃的年积温为4800℃～5360℃。

半高山温和区 包括青山镇，罗汉镇的西部，新店镇的西南部，地瓜镇的南部，江西坡镇的西部，盘水街道的东南部，南湖街道的九峰，兴中镇、高棉乡、白沙乡、龙吟镇的部分地区。海拔1350～1640米，年平均气温13.6℃～15.3℃，大于10℃的年积温4000℃～4500℃。

高山温凉区 包括盘水街道的莲花、平桥、小丫口，南湖街道的大湾、十里、保冲，新店镇的花月、波余，高棉乡、白沙乡的大部分及楼下镇的小河。海拔1650～2080米，年平均气温在12℃～13.5℃，大于10℃的年积温3600℃～3900℃。

二、日 照

1998—2015年，平均年日照时数为1434.3小时。2010年日照时数最多为1635.2小时，2000年日照时数最少为1121.9小时，最多年与最少年相差513.3小时。8月日照时数最多，平均为155.9小时；1月日照时数最少，平均为83.5小时，最多月与最少月相差近1倍。

三、气 温

1998—2015年，年平均气温14.2℃。2010年年平均气温最高为14.8℃，2011年年平均气温最低为13.3℃，最高年与最低年相差1.5℃。7月份月平均气温最高为20.8℃，1月份平均气温最低为4.8℃，气温年较差为16.0℃。2011年5月9—10日，年极端最高气温34.6℃。2000年1月31日，极端最低气温 -5.8℃。冬季平均气温6.1℃，春季平均气温14.8℃，夏季平均气温20.3℃，秋季平均气温14.4℃。

1998—2015年普安县月平均气温情况表

表1-1-1 单位：℃

1月	2月	3月	4月	5月	6月	7月	8月	9月	10月	11月	12月
4.6	8.1	11.7	16.0	18.5	19.9	21.0	20.4	18.5	15.1	11.3	6.1

1998—2015年普安县年平均气温情况表

表1-1-2 单位：℃

年份	年平均气温	年份	年平均气温	年份	年平均气温	年份	年平均气温
1998	14.6	2003	14.6	2008	13.6	2013	14.3
1999	14.2	2004	14.1	2009	14.6	2014	14.2
2000	13.5	2005	14.0	2010	14.8	2015	14.9
2001	14.1	2006	14.4	2011	13.3		
2002	14.5	2007	14.3	2012	13.6		

四、有效积温

日平均气温稳定于10℃或高于10℃的初、终日分别为3月30日和11月10日，平均持续期225天，活动积温4121.3℃，活动积温增加163.0℃。日平均气温稳定于15℃或高于15℃的初日最早出现在4月15日，最晚出现在5月4日，终日最早出现在9月11日，最晚出现在10月7日。平均持续期160天，活动积温3122.1℃，日平均气温稳定通过20℃终日为8月22日，稳定通过10℃～20℃活动积温为2698.3℃。

五、风　向

1998—2015年，最多风向为东北风，频率21.3%，其次是东风，频率17%。其中，10月至次年2月，最多风向为东北风偏北风，频率23%；4—8月最多风向为东南偏东风，频率18.3%；3月和9月为冬夏和夏冬过渡月，最多风向分别为东北偏北风和东北偏北风至东风，频率分别23%和28%。全年静风频率13.2%。

六、风　速

1998—2015年，年平均风速1.9米/秒，2010年平均风速最大为3.2米/秒，2005年平均风速最小为1.2米/秒。平均风速最大的属西南偏南风向，为4.9米/秒，其次是东南风向，平均风速3.6米/秒，西南风向风速最小，平均0.6米/秒。18年中，10分钟平均最大风速18.3米/秒，出现在1998年8月16日，风向东北偏北。8级以上大风日年均出现13.2天，2007年大风日出现最多为20天，2008年大风日出现最少为9天。

七、降　水

年降雨量平均1256.7毫米，年降雨日184天。2001年最多为1638.5毫米，2011年最少为668.3毫米。降水主要集中在夏季（6—8月），占全年降水的55.6%，是发生洪涝的主要原因。其次是秋季（9—11月），占全年总量的19.2%，冬季（12月至次年2月）占全年降水量的6.1%，降水比例小，从而易引起冬季干旱。春季（2—3月）占全年降水量19.1%，由于降水集中于夏季，冬半年降水较少，受地形影响，造成雨水不均匀，低洼河谷地带易受春旱和洪涝危害。

1998—2015年普安县月降雨量情况表

表1-1-3　　单位：毫米

年度	1月	2月	3月	4月	5月	6月	7月	8月	9月	10月	11月	12月	全年
1998	22.9	26.9	16.2	41	166.3	172.2	341.7	239.8	89.5	74.6	39.9	18.8	1249.8
1999	29.9	10.8	34.2	85.9	152.5	190.7	301.8	206.6	115.5	107.9	54.9	10.5	1301.2
2000	24.8	25.2	53.2	92.6	80.7	416.2	363.3	320.7	51.3	92.6	26.7	12.2	1559.5
2001	9.4	25.3	21	20.4	159.4	373.1	431.6	250.9	142.4	161.5	32.2	11.3	1638.5
2002	25	28.4	23.4	27.3	21.7	162.6	82.8	13.8	73.4	39.1	189.1	156.5	843.1
2003	20.5	6.1	11.3	119.1	121.4	261.7	251.3	141.5	180.4	53	18.2	53.3	1237.8
2004	45.2	13.3	27.2	94.9	124.4	188.8	316	142.2	104.8	36.7	19.1	14.3	1126.9
2005	42.9	6.2	35.8	62.4	65.7	237	360.8	217.5	179.6	92.7	9.4	35.2	1345.2
2006	11.2	38.1	14.4	16.6	116.2	351.4	160.4	193.1	49.8	240.8	18.9	19.4	1240.3
2007	34.5	18	10.1	80.7	147.8	400	278.7	229.8	147.1	53.6	10	9.7	1420
2008	14.9	22	63.1	19.7	275.5	210.6	279.7	234.9	178.0	69.1	76.1	33.9	1477.5
2009	13.1	3.6	47.6	67.5	159.4	365.9	223.9	181.7	19.8	44.3	12.5	8.5	1147.8
2010	3.1	1	1.8	44.1	176.8	310.9	305.3	126	98.5	59.2	32.8	36.4	1195.9
2011	32.7	8.1	23.6	17.7	51	201.8	27.7	68.1	159.2	41.3	6.0	31.1	668.3

续表1-1-3

年度	1月	2月	3月	4月	5月	6月	7月	8月	9月	10月	11月	12月	全年
2012	19	52.1	141.6	217.9	153.5	94.2	136.8	157.6	79.4	80.7	88.5	70.1	1291.4
2013	10.9	9.1	31.8	63.3	175.6	177.4	79.6	237.6	139.5	83.7	32.5	36.3	1077.3
2014	16.6	26.8	59.3	64.2	31.5	359.3	328.9	181.7	324.0	37.8	45.5	15.3	1409.9
2015	43.9	28.2	32.4	73.5	124.5	117.5	209.3	242.6	362.3	93.1	25.3	37.5	1390.1

1998—2015年，平均≥50毫米的暴雨日数为3天，＞100毫米降水日数为1天。暴雨出现天数最多的年度为2000年、2007年、2012年，均为5天。暴雨出现天数最少的年度为2006年、2011年，均为1天。≥25毫米的天数平均为13天，日最大降雨量2015年9月19日为148.6毫米，其次出现在2009年6月20日，为112.1毫米，其次2013年5月25日的103.7毫米，2012年7月13日101.5毫米，2011年9月8日的101毫米。1小时平均最大降雨强度为40.2毫米，1小时最大降雨强度最大值为2009年6月20日的51.7毫米，1小时最大降雨强度最小值为1999年6月13日的29.5毫米。

第四节　自然资源

一、土地资源

（一）土地面积

1998年，普安县土地总面积1429平方千米。

2010年起，采用2009年第二次全国土地调查数据，全县土地面积1453平方千米。

2010年普安县国土面积分布情况表

表1-1-4

分布地区	总面积（平方千米）	农业用地（平方千米）					非农用地（平方千米）				未利用土地（平方千米）		
		合计	比例（%）	其中			合计	比例（%）	其中		合计	比例（%）	其中水域
				耕地	园、林用地	农副业用地			城镇工业	交通			
合计	1453.51	1215.74	83.63	464.32	515.33	236.09	46.23	3.19	34.78	11.45	191.57	13.18	10.59
白沙乡	84.17	65.24	77.51	19.76	30.6	14.88	1.82	2.15	1.35	0.47	17.08	21.14	0.15
地瓜镇	126.40	115.01	90.98	34.29	62.76	17.96	2.96	2.34	2.23	0.73	8.39	6.63	0.81
高棉乡	67.40	55.13	81.79	21.87	20.04	13.22	2.06	3.05	1.42	0.64	10.17	15.08	0.41
罐子窑镇	84.40	61.26	72.58	20.95	29.56	10.75	2.81	3.33	2.14	0.67	20.29	24.04	0.23
江西坡镇	115.71	105.30	91.01	31.53	64.01	9.76	4.27	3.69	2.76	1.51	6.12	5.28	0.79
龙吟镇	174.58	153.01	87.64	43.18	62.47	47.36	3.74	2.14	2.32	1.42	17.79	10.19	1.10
楼下镇	133.98	114.69	85.60	37.03	54.65	23.01	6.1	4.55	5.20	0.90	13.15	9.81	0.85
罗汉乡	99.88	82.26	82.35	34.98	31.32	15.96	2.57	2.58	1.91	0.66	15.01	15.02	1.17
盘水镇	41.93	32.14	76.65	9.46	18.98	3.7	3.72	8.87	3.04	0.68	6.04	14.40	0.30
青山镇	127.35	107.43	84.36	51.41	36.79	19.23	4.44	3.48	3.59	0.85	15.32	12.02	2.04
雪浦乡	128.82	89.80	69.70	49.64	35.12	5.04	2.15	1.67	1.40	0.75	36.87	2.96	3.82
新店乡	140.17	112.91	80.55	57.04	31.32	24.55	3.23	2.30	2.38	0.85	23.98	17.11	0.57
三板桥镇	63.89	49.36	77.25	23.75	19.96	5.65	2.59	4.05	2.03	0.56	11.92	17.67	0.40
窝沿乡	64.83	49.66	76.60	27.29	18.17	4.2	0.78	1.20	0.16	0.62	14.39	8.32	0.54

（二）土　壤

县境内土壤类型多样，形成因素主要是母质、地形生物气候等自然及人文活动影响。共有山地灌丛草甸土、山地黄棕壤、黄壤、石灰土、紫色土、潮土、沼泽土、红壤、水稻土9个土类，27个亚类，72个土属，150个土种。其中，山地灌丛草甸土占土地总面积的0.09%，该类土壤土层浅薄，矿物质风化度较弱，表层黑色，富弹性，分布在海拔2000米以上的山顶或山脊平缓部；山地黄棕壤占土地总面积的16.3%，分布在海拔1700～2000米之间，耕作土为灰色土亚类；黄壤是境内主要的土壤类型，占土地总面积的40%，广泛分布在海拔1900米以下地带；石灰土主要分布于石灰岩集中出露区域的缓坡、洼地和石旮旯地段，占土地总面积的17.25%；紫色土占土地总面积的3.2%；潮土占土地总面积的0.08%，呈带状分布在河流沿岸，多为高产稻田土壤；沼泽土占土地总面积的0.07%；红壤土占土地总面积的1.08%；水稻土是县境内耕作土壤的主要类型，占土地总面积的5.56%。全县14.28万公顷土壤中，已利用土地11.32万公顷，未利用土地2.96万公顷。

二、水资源

（一）地表水

1. 降　水

县境内年降雨量中部地区较为集中稳定，南部多于北部。全年降水总量20.25亿立方米，其中南部地区10.62亿立方米，北部地区9.63亿立方米。年径流量10.03亿立方米，其中南部地区5.1亿立方米，北部地区4.93亿立方米。

由于雨量逐年减少，温度逐年增高，陆面蒸发量增大，导致径流越来越小。

2. 客　水

全县地形大致为中部高四面低，且四周均以河流山脉为界。外境河流流入县境内的不多，大多流入界河。西边以乌都河为界，西南以楼下河为界，正北以北盘江为界，东面以岔河、新寨河为界，东北以普纳山为界无水入境，东南以卡子坡山脉为界，无水入境，全县界河长126.29千米。其中乌都河41.8千米，楼下河42.23千米，新寨河、岔河26千米，北盘江16.26千米。客水有南盘江流域区的楼下河，流域面积633.8平方千米；北盘江流域的乌都河，流域面积1110.3平方千米；岔河、新寨河流域面积119.8平方千米。年平均径流量为12.57亿立方米。

（二）地下水

1. 地下水

全县地下水可分为基岩裂隙水、碳酸盐岩岩溶水等2个大类，5个亚类，13个含水岩组。采用径流模数法进行计算，北盘江流域区地下水资源面积732.8平方千米，地下水资源量每年1.94亿立方米；南盘江流域区地下水资源面积696.2平方千米，地下水资源量每年1.84亿立方米。

2. 温　泉

楼下镇下补鲁嘎温泉　位于北纬25°31′37″、东经104°53′23″之间，水温36℃～40℃，流量1.4～3公升／秒，水质总矿化度0.168～0.229克／升，总硬度8.79～10.47，PH酸碱度7.12～7.28。

楼下镇泥巴田温泉　位于北纬25°25′32″、东经104°51′11″之间，泉点4个。水温43.5℃～44.5℃，流量1～18.5公升／秒，水质总矿化度0.177～0.183克／升，总硬度8.9～9.2，PH值7.2～7.25。

窝沿热水田温泉　发现有泉点出露，位于盘水街道河边村小坝公路外侧的河床中，其周围的田称“热水田”。

三、生物资源

（一）植物资源

1. 蕨类植物

石松科 石松等。

卷柏科 卷柏等。

木贼科 木贼等。

桫椤科 桫椤等。

阴地蕨科 阴地蕨等。

紫萁科 紫萁等。

瘤足蕨科 瘤足蕨等。

海金沙科 海金沙等。

里白科 铁芒萁、里白等。

膜蕨科 蕗蕨、瓶蕨等。

姬蕨科 碗蕨、鳞盖蕨、姬蕨等。

陵齿蕨科 陵齿蕨、双唇蕨、乌蕨等。

竹叶蕨科 竹叶蕨等。

骨碎补科 骨碎补、阴石蕨等。

肾蕨科 肾蕨等。

蕨 科 蕨等。

凤尾蕨科 凤尾蕨等。

中国蕨科 珠蕨、旱蕨、中国蕨、粉背蕨等。

铁线蕨科 铁线蕨等。

裸子蕨科 凤丫蕨等。

书带蕨科 书带蕨等。

蹄盖蕨科 蹄盖蕨、亮毛蕨、冷蕨、介蕨、蛾眉蕨、角蕨、短肠蕨等。

肿蕨科 肿蕨等。

金星蕨科 金星蕨、假毛蕨、毛蕨、圣蕨等。

铁角蕨科 铁角蕨等。

岩蕨科 岩蕨等。

乌毛蕨科 乌毛蕨、狗脊等。

球盖蕨科 鱼鳞蕨等。

鳞毛蕨科 鳞毛蕨、黔蕨、耳蕨、贯众等。

叉蕨科 肋毛蕨、叉蕨等。

实蕨科 实蕨、刺蕨等。

舌蕨科 舌蕨等。

水龙骨科 水龙骨、盾蕨、瓦韦、骨牌蕨、伏石蕨、毛鳞蕨、石韦、假瘤蕨、节肢蕨、星蕨、线蕨等。

槲蕨科 槲蕨等。

2. 裸子植物

苏铁科 苏铁等，人工引进、用于绿化种植。

银杏科 银杏等，散生、野生，用于造林树种。

南洋杉科 南洋杉等，人工引进、用于绿化种植。

柏　科 干香柏、侧柏、罗汉柏、龙柏、滇柏（人工引进，用于绿化种植）、圆柏（人工引进，用于绿化种植）、刺柏等。

松　科 油杉、华山松、云南松、马尾松、黑松、雪松等。

杉　科 杉木、北美红杉（引种试种）、柳杉等。

罗汉松科 罗汉松（人工引进，用于绿化种植）。

三尖杉科 三尖杉等。

红豆杉科 红豆杉、穗花杉等。

3. 被子植物

棕榈科 棕榈、蒲葵（人工引进，用于绿化种植）、棕竹等。

杨柳科 滇杨、响叶杨、钻天杨、旱杨、龙爪杨、箭杆毛白杨、柳树等。

杨梅科 杨梅等。

胡桃科 化香树、核桃、野核桃、水麻柳等。

桦木科 榛子、光皮桦、华南桦、桤木等。

壳斗科 毛板栗、板栗、罗浮柯、扁刺柯、细叶青冈、麻栎、绵石栎、抱栎、大叶栎、栓皮栎等。

榆　科 榆树、榉树、西川朴、小叶朴、紫弹朴等。

桑　科 有鸡桑、刺桑、蒙桑、黄葛树、无花果、天仙果、楮皮树、榕树、蚕树等。

木通科 野木瓜等。

小檗科 南天竹、小檗（三棵针）、十大功劳等。

木兰科 木莲、厚朴、广玉兰、紫玉兰、白玉兰、深山含笑、缅桂、鹅掌楸等。

蜡梅科 蜡梅等。

樟　科 黔桂润楠、薄叶润楠、竹叶楠、毛黄果皮楠、樟木、滇新樟、毛豹皮樟、猴樟、细毛樟、绒毛勺樟、川桂、檫木、木姜子、红叶木姜子、黄化木姜、钝叶木姜、红皮木姜、香叶树、大叶新木姜等。

海桐科 海桐等。

金缕梅科 檵木等。

杜仲科 杜仲等。

悬铃木科 法国梧桐等。

蔷薇科 绣线菊、火棘、山楂、石楠、枇杷、石斑、红果树、黄脉花楸、绣线梅、木瓜、梨、苹果、花红、海棠、林擒、棣棠、悬钩子、刺莓、月季、玫瑰、蔷薇、李、紫叶李、桃、碧桃、杏、梅、樱桃、樱花、刺梨等。

豆　科 合欢、肥皂荚树、老虎刺、决明、紫荆、羊蹄甲、香槐、藤槐、檀木、刺槐、刺桐等。

芸香科 红花椒、青花椒、野花椒、吴茱萸、枳壳、金橘、柑橘、橙子、柚子等。

苦木科 苦树、臭椿等。

楝　科 香椿、楝等。

金虎尾科　盾翅藤等。

大戟科　乌桕、一品红、桐子等。

黄杨科　瓜子（雀舌）黄杨、大叶黄杨、黄杨等。

马桑科　马桑等。

漆树科　漆树、黄连木、盐肤木等。

冬青科　冬青等。

槭树科　槭树等。

无患子科　无患子、车桑子等。

清风藤科　清风藤等。

鼠李科　雀梅藤、鼠李、枳椇（鸡爪梨）、勾儿茶、枣子等。

葡萄科　地锦、俞藤、蛇葡萄、白粉藤、青紫葛、乌蔹莓、崖爬藤、酸蔹藤、山（野）葡萄、刺葡萄、葡萄等。

木棉科　木棉等。

梧桐科　梧桐等。

猕猴桃科　猕猴桃、藤山柳等。

茶　科　茶（茶组）、茶花、油茶、短柱茶、四球苦茶等。

石榴科　石榴等。

蓝果树科　喜树等。

桃金娘科　桃金娘、桉树等。

五加科　八角金盘、鹅掌柴、长春藤、刺楸、刺五加、楤木、刺楸等。

山茱萸科　灯台树、四照花等。

金缕梅科　枫香等。

安息香科　安息香等。

木樨科　白蜡树、桂花、女贞、迎春花等。

玄参科　来江藤、泡桐、玄参、石龙尾、母草、沟酸浆、通泉草、柳穿鱼、地黄、呆白菜、腹水草、婆婆纳、山罗花、小米草、马先蒿等。

紫葳科　梓树、楸树、菜豆树等。

天南星科　花烛、龟背竹、马蹄莲、海芋、魔芋、独角莲、山珠南星（半夏）、一把伞南星（蛇玉米）等。

凤梨科　凤梨等。

鸭跖草科　鸭跖草、水竹等。

雨久花科　凤眼莲等。

百合科　吊兰、玉簪、萱草（黄花）、芦荟、麝香百合、卷丹百合、香水百合、山丹百合、葱兰、韭兰、胡麻花、虎尾兰、吉祥草、剑麻、天门冬、文竹、山麦冬、万年青、黄精、玉竹、北重楼、七叶一枝花、朱蕉、富贵竹、巴西木等。

石蒜科　君子兰、文殊兰、朱顶红、石蒜、水仙、龙舌兰等。

鸢尾科　鸢尾、唐菖蒲、射干等。

景天科　伽蓝菜、落地生根、瓦松、石莲、景天玉树等。

牛龙牛儿苗科　天竺葵、旱金莲等。

大戟科 一品红等。

凤仙花科 凤仙花等。

锦葵科 锦葵、冬葵、蜀葵、悬铃花、木芙蓉、木槿、桐棉、扶桑等。

藤黄科 金丝桃等。

秋海棠科 秋海棠等。

仙人掌科 仙人掌、量天尺、昙花等。

胡颓子科 胡颓子等。

千屈菜科 紫薇等。

野牡丹科 朝天罐等。

小二仙草科 小二仙草等。

伞形科 柴胡、当归、前胡（姨妈菜）、独活、积雪草等。

杜鹃花科 杜鹃、川西杜鹃、马缨杜鹃、珍珠花、越橘（蓝莓）、白珠树等。

紫金牛科 紫金牛等。

报春花科 过路黄、珍珠菜、仙客来、报春花等。

白花丹科 白花丹、蓝雪花等。

马钱科 醉鱼草等。

龙胆科 龙胆、秦艽、肋柱花等。

夹竹桃科 夹竹桃等。

萝摩科 白前等。

旋花科 飞蛾藤、打碗花、旋花、番薯（红苕）、牵牛、月光花、茑萝、银背藤、菟丝子等。

紫草科 紫草、牛舌草、聚合草、微孔草（粘草子）、琉璃草等。

马鞭草科 马鞭草、马缨丹（五色梅）、紫珠、牡荆、大青等。

唇形花科 香科科、筋骨草、黄芩、薰衣草、夏至草、藿香、荆芥、活血丹、龙头草、夏枯草、糙苏、野芝麻、益母草、火把花、冠唇花、鼠尾草、一串红、迷迭香、蜜蜂花、风轮菜、薄荷、留兰香、地笋、紫苏、水蜡烛、四轮香、山香、香茶菜等。

茄　科 假酸浆、枸杞、酸浆、龙珠、辣椒、假烟叶树、龙葵、珊瑚樱、茄子、阳芋、番茄、树番茄、夜香树、烟草等。

胡麻科 芝麻等。

苦苣苔科 辐花苣苔、马铃苣苔、粗筒苣苔、珊瑚苣苔、半蒴苣苔、石蝴蝶、芒毛苣苔、吊石苣苔等。

爵床科 马蓝、金足草、叉花草、观音草、孩儿草等。

车前草科 车前草等。

茜草科 耳草、钩藤、栀子、红芽大戟、龙船花、粗叶木、鸡矢藤、野丁香、白马骨、薄柱草、拉拉藤、茜草等。

忍冬科 接骨木、直角荚迷、糙叶荚迷、忍冬（金银花）等。

败酱科 败酱、缬草等。

川续断科 双参、刺参、川续断等。

葫芦科 假贝母、雪胆、苦瓜、丝瓜、南瓜、冬瓜、西瓜、黄瓜、金瓜、栝楼、葫芦、佛手瓜、笋瓜、绞股蓝等。

桔梗科　蓝钟花、蓝花参、金钱豹、桔梗、沙参、牧根草、山梗菜等。

菊　科　斑鸠菊、地胆草、泽兰、一枝黄花、鱼眼草、田基黄、秋分草、雏菊、马兰、翠菊、狗娃花、东风菜、女菀、紫菀、飞蓬、白酒草、艾纳香、六棱菊、阔苞菊、花花柴、戴星草、火绒草、香青、鼠麴草、土木香、旋覆花、羊耳菊、苇谷草、天名精、山黄菊、苍耳、银胶菊、百日菊、蛇目菊、沼菊、蟛蜞菊、向日葵、菊芋、金钮扣、金腰箭、金鸡菊、大丽花、鬼针草、牛膝菊、孔雀草、万寿菊、天人菊、春黄菊、果香菊、茼蒿、滨菊、野菊、菊花、甘菊、紫花野菊、三肋果、匹菊、除虫菊、亚菊、青蒿、艾蒿、蟹甲草、兔儿伞、蒲儿根、狗舌草、合耳菊、千里光、菊三七、一点红、瓜叶菊、金盏菊、大吴风草、橐吾、垂头菊、蓝刺头、苍术、苓菊、蓟、麻花头、山牛蒡、矢车菊、风毛菊、大丁草、菊苣、莴苣、厚喙菊、山柳菊、黄鹌菜、假福王草、小苦荬、毛鳞菊、蒲公英等。

兰　科　杓兰、兜兰、头蕊兰、火烧兰、对叶兰、斑叶兰、叉柱兰、角盘兰、无柱兰、兜被兰、手参、阔蕊兰、玉凤花、朱兰、天麻、白及、羊耳蒜、沼兰、山兰、独花兰、虎头兰、建兰、蕙兰、春兰、兔耳兰、带唇兰、虾脊兰、贝母兰、独蒜兰、石仙桃、耳唇兰、石斛、石豆兰、万代兰、蝴蝶兰等。

禾本科　绵竹、慈竹、毛竹、金竹、龙竹、麻竹、紫竹、玉山竹、箬竹、玉米、水稻、麦、高粱、茅草、黑麦草、鸭茅、三叶草、紫花苜蓿、皇竹草、高羊茅等。

4. 菌类植物

鸡纵菌、冻菌、毛草菌、红菌、松菌、黑木耳、白木耳、桂花耳、马屁包、猴头菌、灵芝、天麻、平菇、香菇、草菇、杏鲍菇、竹荪菌、鸡腿菇等。

5. 古树名木

2005年，开展森林资源“二类”调查时，对县境内“古、大、珍、稀”树种进行登记收录，共38种树名767株。

银　杏　42株，主要分布于地瓜镇境内，其他乡镇均有散生分布，树龄均在百年以上，树（胸）围最大为813厘米（位于兴中镇）。

枫　香　19株，树（胸）围最大为530厘米。

酸　枣　16株，树（胸）围最大为493厘米。

朴　树　27株，树（胸）围最大为430厘米。

香　樟　10株，树（胸）围最大为471厘米。

大叶樟　2株，树（胸）围最大为345厘米。

小叶樟　1株，树围282厘米。

麻　栎　23株，树（胸）围最大为446厘米。

榆　树　8株，树（胸）围最大为408厘米。

榕　树　6株，树（胸）围最大为660厘米。

榉　木　11株，树（胸）围最大为511厘米。

核　桃　6株，树（胸）围最大为389厘米。

油　杉　6株，树（胸）围最大为342厘米。

深山含笑　4株，树（胸）围最大为659厘米。

香港四照花　2株，树（胸）围最大为329厘米。

柿子树　2株，树（胸）围最大为238厘米。

锥　梨　2株，树（胸）围最大为496厘米。

大叶女贞　2株，树（胸）围最大为207厘米。

青　岗　2株，树（胸）围最大为408厘米。

南酸枣　2株，树（胸）围最大为205厘米。

云南油杉　1株，树围379厘米。

柏　木　1株，树围121厘米。

清香木　1株，树围157厘米。

三尖杉　1株，树围106厘米。

香　榛　1株，树围314厘米。

合　欢　1株，树围332厘米。

杨　梅　1株，树围179厘米。

无患子　1株，树围139厘米。

白　榆　1株，树围345厘米。

冬　青　1株，树围251厘米。

白　栎　1株，树围282厘米。

柳　树　1株，树围219厘米。

黄　柏　1株，树围345厘米。

苦　楝　1株，树围364厘米。

厚皮树　1株，树围208厘米。

攀枝花　1株，树围320厘米。

四球古茶　518株，主要分布于普白林场。

桫　椤　40株，仅分布于白沙乡。

6. 粮油类植物

杂交水稻　岗优22、Ⅱ优838、特优559、岗优725、汕优联合2号、Ⅱ优7号、宜香10号、绵Ⅱ838、汀优109、国优117、科优21、国优116、金优785、吉香1号、宜香245、宜香2866。

杂交玉米　农大108、兴黄单89-2、兴单6号、临奥1号、单13、黔单16、兴黄单988、兴黄单999、金玉306、强盛11、裕玉207、森玉1号、金玉818、裕玉308、金玉506、金玉819、顺单6号。

杂交油菜　油研10号、黔油18、黔油20、宝油早12。

小麦良种　绵阳26、川麦107、丰优2号、金麦7号、贵麦10号、贵农25。

7. 蔬菜类植物

普安属于立体型自然条件，贵州省内种植蔬菜品种在普安均有种植，共有361个品种。

8. 瓜果类植物

瓜　类　小青瓜、姜柄瓜、南瓜、黄瓜、苦瓜、早熟矮脚青瓜、丝瓜、西瓜、洋瓜等。

豆　类　贵阳白捧豆、四季豆、芸豆、豇豆、胡豆、豌豆（中豌4号、6号）、早熟毛豆、扁豆等。

调味品类　辣椒、冠军2号、长辣7号、委辣妹、灯笼辣、朝天椒、牛角椒、舌椒、芫荽、茴香、生姜、大蒜、蒜薹等。

菜　类　青菜、白菜（品种丰抗58、丰抗60、夏阳白、青口白、紫菜3号、高脏白、山东大白菜、丰抗90、玻璃生、过生芳、四季青、牛皮菜、鸡窝菜、盆子菜、系丰1号、莲花白、春冠、春丰、胜春甘蓝、菜星、菜薹、苋菜、菠菜、日本茼蒿菜、灰菜、芹菜、韭菜、大头菜、花菜、韩春箩等。

茄　类　灯笼红茄、紫红长茄、多年生茄树等。

其他蔬菜 百合、莴笋、慈姑、竹笋、苤蓝、马铃薯、筑米2号红苕、丰糯33等。

果 类 红星蜜柚、夏橙、境橙、武昌桃、燕红桃、金秋梨、黄花梨、板栗、黑桃、杨梅、石榴、刺梨、葡萄、樱桃等。

（二）动物资源

普安境内共有脊椎动物396种，包括鱼纲61种，含3目4科，其中鲤鱼目51种，鲶形目9种，含腮目1种。两栖动物29种，含3目5科，其中龟鳖目3种，蜥蜴目9种，蛇目40种。鸟类187种，其中鹤形目4种，鸽形目2种，鹃形目7种，鸮形目11种，雨燕目2种，旅鸟21种，雀形目133种。兽类65种，含4目13科，其中翼长目13种、灵长目2种、兔形目2种、啮齿目25种、食肉目17种、偶蹄目6种。

珍贵稀有动物 一级保护动物：黑叶猴、黑颈鹤（黑颈鹤偶见于青山镇幸福水库等地）。二级保护动物：云豹、豹、林麝、毛冠鹿、穿山甲、白冠长尾雉、丛林猫、恒河猴、短尾猴、白腹锦鸡、红腹锦鸡。三级保护动物：斑羚、金雕、蟒蛇。

饲养常见动物 猪、牛、马、羊、禽、鱼等。

饲养野生动物 草食类特养动物：梅花鹿、肉兔、野兔等。杂食类经济动物：肉狗、香猪、竹鼠、蛇、猫、牛蛙、美国青蛙等。特禽类经济动物：黑风鸡、白凤鸡、贵妇鸡、珍珠鸡、七彩山鸡、火鸡、褐马鸡、金鸡、宫廷黄鸡、丝光鸡、绿壳蛋鸡、鹌鹑、绿头鸭、野鸭、肉鸽、鸵鸟、观赏鸟等。毛皮经济动物：长毛兔、獭兔等。水产经济动物：银鲫、鳝鱼、泥鳅、七彩鱼、金鱼、田螺、蟹、虾等。昆虫等类动物：蝎、蚁、蚯蚓、黄粉虫、蚕蛹、稻蝗、鱼虫等。

四、矿产资源

普安境内煤、金、铅锌矿产资源十分丰富，其他矿种点多量小，有煤气层、铁、铜、钾、锑、硅、大理石、冰洲石、汞、磷、石膏、黄铁矿、地热、重晶石、萤石、石灰石、页岩等，共28个矿种。

（一）能源矿产

煤是普安主要的能源矿产，具有质优、埋藏浅等特点，主要分布在楼下、地瓜、南湖、盘水、江西坡、白沙和新店等乡镇（街道），包括在土城至鱼塘向斜、旧普安向斜、盘南背斜和牛角山至旧营向斜等几个重要的含煤构造区。预测储量172亿吨，600米以浅储量为54亿吨，规划采用储量32.5亿吨，居黔西南之首，占全州的49.33%，全省排名第六。

（二）金属矿产

金 矿 集中产于县境南部楼下镇的泥堡及其附近，另外在县境中部的保冲、莲花山等地也有分布。泥堡金矿区的尾矿渣和地表残存氧化矿金属资源量950千克。楼下金矿区总计可开采黄金储量金属量31吨，地瓜、保冲、窝沿、兴中、白沙等矿区未勘查，资源储量不明。

铅锌矿 分布于县境北部兴中、白沙、龙吟和高云等地，包括小型矿床4处，矿点16处，较大的有绿卯坪铅锌矿、凉水井铅锌矿和厂上铅锌矿。含铅0.54%～5.93%，锌1.18%～4.99%。保冲的铅金属资源储量2.93万吨、锌3.76万吨，以及白沙铅锌矿区的铅金属资源储量3089吨、锌7125吨。

铁 矿 分布在兴中、白沙、地瓜、三板桥、龙吟等地，探明资源量150万吨。

钾 矿 分布在新店镇烂木桥和青山老太湾，储量约400吨，另有县城近郊的小银丁同类矿点。

（三）非金属矿产

磷 矿 分布在保冲岩壳山至莲花村松林一带，累计探明储量20万吨，工业储量8.6万吨。

石 膏 分布在青山镇密秧田，含膏岩系厚20米，另有新店烂木桥、兴中的上岩脚等同类矿点。

大理石 分布在白沙、盘水莲花、青山金塘、九峰、高棉、雪浦和新田等地，白沙云花玉矿区，面积7.5平方千米，储量上亿立方米，另有青山绿河、金塘、雪浦、三板桥九峰、马场、高棉矿点。

第五节　自然灾害

一、干　旱

1998—2015年，每年11月至次年4月，属于少雨干旱季节，平均降雨量为219.8毫米，仅占全年降雨量的16.2%。3月份，西南大风增多，地面蒸发偏大，3—5月都有不同程度的春旱，影响冬小麦、油菜等冬季作物的生长发育和春耕生产。

2002年3—4月，9.3万人饮水困难，部分小麦、油菜绝收，玉米难以播种，稻谷、烤烟无法移栽，农业直接经济损失2700万元。2005年3—5月，2.3万人饮水困难，农业直接经济损失2660万元，牧业经济损失11万元。2009年9月至2010年5月，为罕见的百年一遇秋、冬、春连旱，造成大部分地区缺水，水库干枯，小麦、油菜绝收，11.7万人、9.6万头大牲畜饮水困难，农业直接经济损失2.63亿元，牧业经济损失4800万元。2011年8—9月，降水较历年平均偏少8成左右，大季作物缺水枯死，15.6万人、4.4万头牲畜饮水困难，农业直接经济损失3.03亿元，牧业经济损失2493万元。

二、暴　雨

普安地形复杂，山地、山间小盆地、洼地多，石灰岩形成漏斗型落水洞，由于洞口较小，加上河道狭窄，遇暴雨山洪暴发，农田易被淹没，人民生命财产受到威胁，是全省多暴雨区之一。

1998—2015年，年平均暴雨日数为3天。其中造成洪涝灾害严重的有2005年7月23日，全县普降暴雨，造成江西坡至高棉公路毁坏，交通中断2个月。2006年6月29日，高棉乡降暴雨，农作物受灾150公顷，直接经济损失50万元，农业经济损失10万元。2008年6月12日，白沙、江西坡、盘水、龙吟等乡镇遭暴雨袭击，倒塌房屋2间，5.13公顷农田被毁，210米灌溉沟渠倒塌，公路塌方100平方米，直接经济损失150万元。2010年6月27—29日，全县普降暴雨，窝沿、罐子窑、白沙部分农田被淹，普（安）水（城）公路窝沿至罐子窑段被洪水冲垮，造成交通中断1天。2014年9月17日18时，普安县受到台风“海鸥”登陆外围的影响，县境内大范围出现强降雨天气，造成一定影响。2015年9月19日8时至20日8时24小时累计最大降雨量148.6毫米，达到大暴雨量级。盘水、南湖街道受灾严重，全县受灾人口3566人，紧急安置44人，农作物受灾112公顷，成灾面积70公顷，毁坏耕地面积8公顷，严重损坏房屋14户27间，一般房屋损坏28户62间，直接经济损失166万元，基础设施损失108万元，家庭财产损失30万元。

三、冰　雹

普安县是贵州省多冰雹县之一，每年都有出现。

1998—2015年，共出现冰雹45次，平均每年2.6次。2005年3—5月，全县各乡镇共出现冰雹8次，直接经济损失800万元。2006年6月3日，龙吟、罐子窑、白沙等乡镇遭冰雹袭击，最大冰雹直径30毫米，密度约30～100颗／平方米，造成146.7公顷农作物受灾，绝收66.7公顷，直接经济损失100余万元。2011年5月1日，龙吟出现直径大于30毫米的冰雹，造成小麦绝收，大部分房屋受损，倒塌房屋2栋，车窗被损，直接经济损失3000万元。2013年3月18日晚6时30分左右，楼下镇受冰雹袭击，楼下镇补者村、泥堡村、坡脚村等不同程度受灾，共造成经济损失128.12万元。2013年4月27日，8个乡镇遭受冰雹袭击。2014年和2015年，县境内均出现冰雹灾害，造成不同程度的损失。

四、雷　电

普安县地形错综复杂，雷电灾害时有发生。

1998—2015年，年平均雷电日63天。最为严重的是2007年5—6月，共发生雷击事故8起：5月30日，罐子窑镇红卫村8头牛被雷击毙。6月5日，青山镇范家寨村1村民遭雷击死亡，青山镇金塘村7名学生在放学回家的路上遭受雷击，1死6伤。6月7日，楼下镇磨舍村1村民遭雷击受重伤，2头牛被击毙。6月8日，地瓜镇2村民遭雷击受重伤，2匹马被击毙。6月8日，江西坡镇东南村2村民遭雷击，1死1伤。6月24日，细寨村2村民遭雷击死亡。2012年6月10日，普安雷电强烈，造成大部分电器受损，部分房屋的屋顶被击穿，直接经济损失800多万元。

五、凝　冻

每年11月至次年3月，普安县均有凝冻灾害出现，对国民经济建设、国防建设和人民生活以及生命财产安全影响较大，尤其对农作物、林业、畜牧、交通、电信、电力的影响较大。

1998—2015年，年平均出现凝冻13.6天，最多年出现33天（2008年），最少年出现4天（2010年）。危害最大的有：2008年1月13日至2月14日，出现百年一遇的凝冻灾害，农作物受灾面积2112公顷，绝收面积65.8公顷，死亡黑山羊80只，房屋倒塌10间，供水中断300多户1000多人，供电中断781户，水表损坏1000块，直接经济损失10万元，电杆折断45棵，直接经济损失60多万元。2011年1月3—22日，凝冻灾害造成300多头大牲畜死亡，森林直接经济损失1亿多元，电杆倒塌、折断100多处，水表、水管损坏多处，县内客车停开3天。

六、倒春寒

每年3—4月，都会出现倒春寒灾害。

1998—2015年，共出现倒春寒22次，平均每年出现1.2次。出现较为严重的有1999年、2003年、2007年、2012年，均出现1次中等强度的倒春寒灾害，造成小麦抽穗扬花受冻，空秕率15%左右，20%的稻谷烂种烂秧，影响夏季作物的生长季节及产量。

七、秋风秋雨

每年8—9月，正值稻谷抽穗扬花、玉米吐丝时期，如遇北方冷空气南下，秋风秋雨将会连续出现3天以上、日平均气温低于20℃的低温天气，轻者造成农作物空壳、秕粒，重则颗粒无收。

1998—2015年，共出现秋风秋雨天气45次，年平均出现2.5次。出现最多年为2003年、2011年、2012年、2013年，均出现3次。最少年为2001年，无秋风秋雨灾害。2002年8月9—22日，秋风造成80%的稻谷绝收，70%的玉米变成“满天星”。

八、霜　冻

霜冻与霜同时发生，每年均会出现。

1998—2015年，平均霜冻日为7.6天，一般初霜期在12月17日左右，一般终霜期2月14日左右。初霜期最早为10月31日（2011年），终霜期最晚为3月5日（2005年）。平均霜期为62.4天，最长为107天（2009年），最短为1天（1998年）。年平均无霜期为299天，最长346天（1998年），最短252天（2009年）。

第二章　政　区

第一节　区　划

一、地名来历

南宋景炎元年即元至元十三年（1276），为庆贺战事平息，一统云贵，元朝廷颁旨赐名，将于矢万户府改为普安路总管府，以示“普天安庆”，寓意为“普天之下，芸芸众生，平安生息”。

二、地理位置

普安县位于黔西南布依族苗族自治州北部，南、北盘江分水岭地带。地处北纬25°18′31″～26°10′35″、东经104°51′10″～105°09′24″之间。东接晴隆县，南连兴仁县、兴义市，西与盘县接界，北与水城、六枝毗邻。普安县人民政府驻南湖街道西街12号，南距黔西南布依族苗族自治州人民政府驻地兴义市遵义路5号约79千米（通行公路为晴兴高速公路、汕昆高速公路，公路里程约113千米），东北距贵州省人民政府驻地贵阳市云岩区中华北路242号约197千米（通行公路为沪昆高速公路，公路里程约232千米），西南距云南省人民政府驻地昆明市正义路与华山南路交叉口约240千米（通行公路为沪昆高速公路、杭瑞高速公路，公路里程约295千米）。

三、国土面积

普安县南北最大距离96.55千米，东西最大距离33千米。

1998年，普安县国土面积1429平方千米（1995年土地利用现状调查数据），其中水域面积9.11平方千米，占国土面积的0.63%。

2015年，国土面积1453平方千米（2009年第二次全国土地调查数据），其中水域面积10.59平方千米，占国土面积的0.73%。

四、区划演变

1998年，普安县辖8个镇6个乡，下设42个管理区，167个行政村、4个办事处，1250个村民组、14个居民组。

1998年普安县行政区划一览表

表1-2-1

乡镇	管理区	行政村（办事处）
盘水镇	—	高兴村、文笔村、大湾村、红星村、东街办事处、南街办事处、西街办事处、北街办事处
龙吟镇	石古管理区	石古村、文毕村、云盘村
	丫口管理区	高阳村、高云村、雄阳村、城阳村
	龙吟管理区	硝硐村、红旗村、排楼村、吟塘村
	吟路管理区	布路村、者恩村、峰岩村、竹溜坪村
罐子窑镇	新光管理区	新光村、红光村、雨谷村
	茅坪管理区	茅坪村、红卫村、小山坡村
	红岩管理区	新民村、红岩村、辣子树村

续表 1-2-1

乡镇	管理区	行政村（办事处）
江西坡镇	江西坡管理区	江西坡村、中心村、高潮村、团结村
	细寨管理区	细寨村、联盟村、东南村、大田村、白水村
	白石管理区	白石村、下山村
三板桥镇	西陇管理区	西陇村、垭口村
	保冲管理区	保冲村、蚂蚁翅村、干冲子村
	九峰管理区	九峰村、十里村、云庄村、板桥村
地瓜镇	地瓜管理区	地瓜村、坪地村、横冲村、鲁沟村、格拱村、石板村
	莲花管理区	莲花村、八字寨村、箐门口村、蜡烛山村
	岗坡管理区	岗坡村、孔家寨村、屯上村、东瓜村
	木卡管理区	上木卡村、下木卡村、洋鸡箐村
青山镇	青山管理区	上街村、平街村、下街村、后街村、小屯村、刘家冲村
	新田管理区	范家寨村、营盘村、歹苏村
	金塘管理区	营山村、海马庄村、下节河村、黄家坝村
楼下镇	楼下管理区	楼下村、补者村、禹歇村、新生村、松林村、摆布村
	泥堡管理区	泥堡村、中岭村、水箐村、堵嘎村、纸厂村、羊屯村、坡脚村、赵屯村
	糯东管理区	糯东村、上屯村、小河村、偏坡村、雨勒村、堵革村
	磨舍管理区	磨舍村、补鲁村
白沙乡	白沙管理区	白沙村、铁厂村、关厂村、中箐村
	五里坪管理区	五里坪村、大小寨村、卡塘村
	白水管理区	白水村、红寨村
高棉乡	高棉管理区	棉花村、冬瓜村、石田村、嘎坝村、拉寨村、阳龙村
	地泗管理区	地泗村、喜打村、喜打坪村、磨玉村、朝阳村
窝沿乡	田坝管理区	田坝村、白果村
	上寨管理区	上寨村、大坡村、官田村
	窝沿管理区	窝沿村、新花村、河边村、富强村、黎明村
	坪桥管理区	坪桥村、大榜村
罗汉乡	罗汉管理区	罗汉村、良子村、戈余村、旧屋村、金竹林村、老山田村
	凉水管理区	凉水村、磨鸪村、海子村、烂田村、小河村
新店乡	新店管理区	新店村、细余村、烂木桥村
	波余管理区	波余村、联合村、三角树村
	花月管理区	花月村、箐口村、雾聋村
	雨核管理区	雨核村、窑上村
雪浦乡	德依管理区	德依村、哈马村、独树村、硐口村、高云村、兴隆村
	雪浦管理区	雪浦村、隔界河村、高庆村、老地村、蒿枝地村
	博上管理区	博上村、龙井村

2004年，撤销盘水镇4个办事处，设置3个社区。

2007年9月，撤销乡镇设置的42个管理区，将167个村、3个社区整合为75个村、14个社区，将1250个村民组、14个居民组整合成1094个村民组、169个居民组。

2014年3月，江西坡镇新增茶场社区，其下辖的新寨组调整为新寨一组、新寨二组。全县调整为75个村、15个社区，下辖1095个村民组、169个居民组。

2015年6月（实际调整日期，贵州省人民政府批准调整日期为2015年1月，下同），撤销盘水镇、青山镇、三板桥镇、罐子窑镇、窝沿乡、雪浦乡、新店乡、罗汉乡等8个乡镇建制，设置新的盘水街道、南湖街道、青山镇、兴中镇、新店镇、罗汉镇。新设置的盘水街道辖原盘水镇高兴村、红星村、云盘社区、普天社区和窝沿乡（除田坝村）及江西坡镇白石村，地瓜镇莲花村，办事处驻云盘社区（贵州省人民政府批复办事处驻普天社区）。新设置的南湖街道辖原三板桥镇和原盘水镇大湾村、南湖社区，办事处驻南湖社区。新设置的青山镇辖原青山镇和雪浦乡，镇人民政府驻下街社区。新设置的兴中镇辖原罐子窑镇和原窝沿乡田坝村，镇人民政府驻新光社区。新设置的新店镇辖原新店乡，镇人民政府驻新店社区。新设置的罗汉镇辖原罗汉乡，镇人民政府驻罗汉村。

区划调整后，全县设2个街道、8个镇、2个乡，乡镇（街道）下辖15个社区、75个行政村。

2015年普安县行政区划一览表

表1-2-2

乡镇（街道）	村（社区）
盘水街道	普天社区、云盘社区、红星村、高兴村、白石村、莲花村、河边村、上寨村、官田村、大榜村、坪桥村、窝沿社区
南湖街道	保冲村、西陇村、云庄村、十里村、九峰村、板桥社区、大湾村、南湖社区
青山镇	营山村、下节河村、黄家坝村、范家寨村、歹苏村、青山社区、下街社区、雪浦村、高庆村、博上村、兴隆村、硐口村、哈马村
罗汉镇	海子村、凉水村、罗汉村、老山田村、戈余村、金竹林村
新店镇	细余村、烂木桥村、波余村、花月村、雨核村、新店社区
龙吟镇	硝洞村、吟塘村、吟路村、高阳村、北盘江村、文毕村、石古村、红旗社区
兴中镇	新光社区、崧岿村、红岩村、小山坡村、辣子树村、田坝村
江西坡镇	高潮村、下山村、细寨村、联盟村、江西坡社区、茶场社区
地瓜镇	木卡村、鲁沟村、屯上村、岗坡村、地瓜社区
白沙乡	铁厂村、红寨村、大小寨村、卡塘村、白沙社区
高棉乡	嘎坝村、冬瓜村、地泗村、朝阳村、喜打村、棉花村
楼下镇	楼下社区、补者村、小河村、糯东村、偏坡村、坡脚村、泥堡村、堵嘎村、磨舍村

第二节　乡镇（街道）

一、南湖街道

（一）政区概况

名称来历　南湖，因办事处驻地有南湖得名。

地理位置　位于普安县中西部，地处北纬25°46′～25°48′、东经104°53′～104°57′之间。东、北连盘水街道，南、西与盘县英武镇、旧营白族彝族苗族乡相接。办事处驻南湖社区南门组，东北距县政府驻地193米（通行公路为南山路、西街，里程380米）。

区划演变　1998年，三板桥镇辖西陇、保冲、九峰3个管理区，下设九峰、十里、西陇、垭口、云庄、保冲、干冲子、蚂蚁翅、三板桥9个行政村，62个村民组。

1998年三板桥镇行政区划一览表

表1-2-3

管理区	行政村	村民组
西陇管理区	西陇村	旧屋基组、陈家坪组、坪地组、大寨组、龙家坟组、龙滩组
	垭口村	水打田组、后山组、节季坡组、苦蒜冲组、养猪冲组、下马基组、上马基组
保冲管理区	保冲村	西坡组、吴家坡组、保冲四组、保冲五组、保冲六组、保冲七组、龙摆尾组
	蚂蚁翅村	新寨组、箐门口组、蚂蚁翅十六组、蚂蚁翅十七组、二道箐组
	干冲子村	广田组、岩头上组、法郎河组、上梅子井组、下梅子井组、干冲子组
九峰管理区	九峰村	一组、二组、三组、四组、五组、六组、七组、六塘组
	十里村	向阳组、马路组、立新组、打坝组、油沙地组、半个箐组、十里上组
	云庄村	高坡组、深沟组、徐家院组、苏家庄组、老盘寨组、后山外组、后山内组、天田组
	三板桥村	板桥十四组、板桥十五组、板桥十六组、长树田上组、长树田下组、山丫口组、芋头凹组、官庄组

2007年9月，撤销设置的3个管理区，将9个行政村整合为九峰、十里、西陇、云庄、保冲5个行政村和板桥1个社区，下设51个村民组、11个居民组。

2015年，撤销三板桥镇，设置南湖街道，辖原三板桥镇和原盘水镇大湾村、南湖社区。共6个行政村、2个社区，下辖59个村民组、18个居民组。

2015年南湖街道行政区划一览表

表1-2-4

行政村（社区）	村（居）民组暨自然村寨
保冲村	一组、二组、三组（刘家坡）、四组、五组、六组、七组、十组、十二组、十三组、十四组、十五组（箐门口）、十六组、十七组、十八组
西陇村	养猪冲组（大寨子、张家寨子、岩头山）、苦蒜冲组（坝子头、袁家寨）、节季坡组（上节季、下节季）、水打田组、后山组、上马基组、下马基组（下马基、河沟头、田家寨）、坪地组（打木其、四角田）、大寨组、旧屋基组、陈家坪组、龙家坟组、龙滩组（半个箐、龙滩田、虎跳河、坟山）
云庄村	十三内组、十三外组、十二组（张家寨子）、十组、九组、天田组、高坡组、深沟组
十里村	半过箐组（王家寨、沈家山、半过箐）、十里组（姚家寨子、十里上）、立新组（立新、观音洞、打磨冲）、打坝组（打坝、谷家寨子）、向阳组（向阳、马路边、大寨子）、马路组、油砂组
九峰村	三组（上组、下组）、四组（寨子路、四组）、五组（陈家寨、沈家庄、尖山）、六组（张家寨子、庙山林）、七组、八组、九组（上组、下组）、六塘组
三板桥社区	一组、二组、十四组（街上、政府背后）、十五组、十六组（瓦匠房、老街）、十八组（官庄、马曹田）、山丫口组（山丫口、黑泥田）、玉头洼组（玉头洼、付家地）、法郎河组（法郎河、龙洞）、十一上组（长树田、老虎田）、十一下组
大湾村	野毛箐组、刘家坡组、高山组、狮子组、东瓜组、平头岩组、一组、二组
南湖社区	东门组、南门组、水田组、望城组、桥边组、西门组、北门组

人口面积　1998年，总人口1.62万人，其中男性8152人，女性8007人；农业人口1.54万人，非农业人口770人；18岁以下4586人，18～60岁6448人，60岁以上5125人。

2015年，总人口3.62万人，其中城镇常住人口7658人，流动人口9605人。总人口中，男性1.85

万人，占51%；女性1.77万人，占49%；18岁以下9237人，占25%；18～60岁2.28万人，占63%；60岁以上4247人，占12%。总人口中，汉族3.09万人，占85%；有彝族、苗族、布依族、白族等12个少数民族，共5316人，占15%。

1998—2015年南湖街道人口情况表

表1-2-5

年份	年末总人口（人）	男性（人）	女性（人）	农业（人）	非农（人）	出生人口（人）	死亡人口（人）	18岁以下（人）	18～60岁（人）	60岁以上（人）	少数民族人口	
											人数（人）	比例（%）
1998	16159	8152	8007	15389	770	238	64	4586	6448	5125	—	—
1999	16249	8337	7912	15409	840	238	65	4591	6472	5186	—	—
2000	16629	8625	8004	15705	924	345	130	4612	6774	5243	—	—
2001	16791	8696	8095	15863	928	286	104	4652	6791	5348	—	—
2002	16932	8715	8217	15386	1546	198	51	4689	3381	8862	—	—
2003	17315	8869	8446	16296	1019	303	155	4742	7148	5425	—	—
2004	17505	8941	8564	16496	1009	280	90	4829	7066	5610	—	—
2005	17679	9192	8487	16866	813	284	110	5542	7150	4987	—	—
2006	18326	9518	8808	17474	852	354	195	7336	7438	3552	—	—
2007	18727	9818	8909	17845	882	469	68	7536	7588	3603	—	—
2008	19094	10003	9091	18128	966	539	243	7645	7267	4182	—	—
2009	19354	10146	9208	18376	978	243	125	7740	6985	4629	—	—
2010	19800	10267	9533	18777	1023	564	231	5806	11821	2173	—	—
2011	19965	10285	9680	19041	924	246	81	5889	11871	2205	—	—
2012	20056	10390	9666	19072	984	192	238	5893	11925	2238	2135	10
2013	20101	11066	9035	19127	974	189	251	6099	11594	2408	948	4.7
2014	20857	11098	9759	19973	884	259	212	6112	12238	2507	2260	11
2015	36230	18519	17711	28572	7658	380	321	9237	22746	4247	5316	14

1998年，辖区东西最大距离12千米，南北最大距离23千米，总面积71平方千米。

2015年，辖区东西最大距离12.9千米，南北最大距离24.3千米，总面积79.05平方千米。

（二）自然条件

地形地貌 属典型喀斯特地貌山区，地势东高西低，平均海拔1350米，最高峰位于云庄村十三组九龙山主峰，海拔1908米；最低点位于南京桥电站罗细河，海拔1200米。

水 文 境内河道属南北盘江水系，流域面积8平方千米。主要河道为罗细河，从西至北流经境内的板桥社区、西陇村龙滩组，境内长5千米，流域面积4.3平方千米。

矿藏资源 境内矿产资源主要有煤、铁、镁、磷、龙溪石砚等。煤炭储量约3.5亿吨，有云庄、麒麟2对煤矿，其中云庄煤矿年产量30万吨。

（三）经济概况

农 业 1998年，耕地面积1025公顷，草地面积250公顷，林地面积2049公顷。粮食总产量4971吨，人均307.63千克。畜牧业以羊、猪、牛养殖为主。饲养羊1354只，年末存栏920只；饲养生猪16540头，年末存栏7220头；饲养牛5680头，年末存栏2638头。年生产肉类425吨，其中猪肉340吨、牛肉30吨、羊肉25吨、鸡肉30吨；年产禽蛋12吨。农业总产值646万元。

2015年，耕地面积1224公顷，草地面积600公顷，林地面积2238公顷。粮食总产量5121吨，人均141.35千克。饲养羊2083只，年末存栏1200只；饲养生猪1.72万头，年末存栏8663头；饲养牛2452头，年末存栏2410头；生产肉类1621吨，其中猪肉1156吨、牛肉214吨、羊肉109吨、鸡肉142吨；生产禽蛋18吨。农业总产值2213万元。

1998—2015年南湖街道农业情况表

表1-2-6

年份	耕地面积（公顷）	草地面积（公顷）	林地面积（公顷）	造林面积（公顷）	粮食总产量（吨）	生猪存栏（头）	牛存栏（头）	羊存栏（只）	家禽存栏（羽）	肉产量（吨）	蛋产量（吨）	农业总产值（万元）
1998	1025	250	2049	62	4971	7220	2638	920	41320	425	12	646
1999	1025	250	2111	404	5356	8354	5356	968	37680	484	8	744
2000	1025	250	2512	417	5002	9250	3980	945	42560	443	11	771
2001	1025	250	2932	232	4636	9314	4471	758	39500	502	9	829
2002	1025	250	3164	263	5432	9925	5140	644	51000	610	35	950
2003	1025	250	3427	242	4775	10840	5203	753	53000	641	41	953
2004	1025	250	3669	51	4909	10860	5099	783	55000	593	42	1154
2005	1025	250	3720	—	4889	10860	5099	793	55600	644	45	1022
2006	1025	250	3720	—	4876	13222	5710	2510	91000	1107	56	1101
2007	1025	250	3720	—	5462	9287	1381	595	53791	265	51	1416
2008	1025	250	3720	—	5573	7939	1694	360	57857	640	64	2106
2009	1025	250	3720	—	5615	8098	2404	514	54726	834	65	2242
2010	815	250	3720	10	5003	8240	2991	2626	56210	1240	64	2048
2011	815	250	3730	—	7954	8958	3540	786	55437	759	60	1714
2012	815	250	3730	—	4796	8356	3210	983	53248	1306	58	1862
2013	815	250	3730	—	5809	10886	3080	2690	56846	1482	35	2024
2014	815	250	3730	—	5806	10886	2080	2690	56486	1428	37	2120
2015	1224	600	2238	—	5121	17240	2410	2083	60321	1621	18	2213

工　业　1998年，有工业煤矿2个。工业总产值987万元。2015年，工业煤矿2个、砂石厂4个、电力公司1个。工业总产值7892万元。

商业贸易　1998年，有商业网点1个，从业人员5人；社会商品零售总额250万元；城乡集贸市场1个，年成交额1860万元。2015年，有商业网点2个，从业人员12人；社会商品零售总额3.25亿元；城乡集贸市场2个，年成交额9670万元。

财政金融　1998年，财政总收入76万元，农民人均纯收入1247元。金融机构各类存款余额9462万元，各项贷款余额4247万元。2015年，财政总收入1531万元，农民人均纯收入8402元。金融机构各类存款余额3.56亿元，各项贷款余额2.17亿元。

1998—2015年南湖街道经济情况表

表1-2-7

年份	工业总产值（万元）	比上年增长（%）	财政总收入（万元）	比上年增长（%）	农民人均纯收入（元）	比上年增长（%）	存款余额（万元）	比上年增长（%）	贷款余额（万元）	比上年增长（%）
1998	987	21	76	22	1274	0.3	9462	16	4247	15
1999	1248	26	98	29	1288	0.2	11062	17	4823	14

续表 1-2-7

年份	工业总产值（万元）	比上年增长（%）	财政总收入（万元）	比上年增长（%）	农民人均纯收入（元）	比上年增长（%）	存款余额（万元）	比上年增长（%）	贷款余额（万元）	比上年增长（%）
2000	1579	27	115	17	1294	0.1	15110	37	5145	7
2001	1726	9	124	8	1301	0.1	16482	9	5987	16
2002	1948	13	131	6	1308	0.1	19834	20	6283	5
2003	2158	11	170	30	1473	11.2	22180	12	6548	4
2004	2684	24	230	35	1566	7.06	24627	11	7146	9
2005	3147	17	285	24	1685	6.07	25493	4	8146	14
2006	3618	15	328	15	1794	9.34	26149	3	8253	1
2007	4179	16	384	17	1979	15.64	26482	1	8576	4
2008	4438	6	471	23	2346	28.7	27145	3	9146	7
2009	4826	9	351.33	-25	2679	12.4	27812	2	9573	5
2010	5175	7	354	1	3058	14.1	28421	2	10482	9
2011	5486	6	486	2	3682	24.44	28756	1	12235	17
2012	6147	12	512.81	42	5461	36.5	29153	1	14625	20
2013	6840	11	640	25	6371	16.2	31365	8	16234	11
2014	7110	12.5	768	22	7345.8	15.3	33560	7	18068	11.3
2015	7892	11	952	24	8402	13	35573	6	21682	10

（四）社会事业

文化艺术　1998年，有文化站1个。2015年，文化站1个，村级文化活动中心6处，各类文化专业户17户，公共图书馆（室）1个，藏书2万册；音乐、美术、书法、摄影及文学业余创作队伍6个102人。保冲村十二组的地方传统民族文化“彝族嗨马舞”历史悠久。

教　育　1998年，有小学8所，在校学生1498人，专任教师90人，小学适龄儿童入学率91%；初中2所，在校学生656人，专任教师32人，初中适龄人口入学率84%。2015年，有小学11所，在校学生2945人，专任教师209人，小学适龄儿童入学率100%；初中4所，在校学生3240人，专任教师196人，初中适龄入学率100%，小升初升学率100%，九年义务教育覆盖率100%。高中1所，在校学生4027人，专任教师240人。

1998—2015年南湖街道教育情况表

表 1-2-8

年度	幼儿园（所）	在园幼儿（人）	专任教师（人）	小学（所）	在校学生（人）	专任教师（人）	初中（所）	在校学生（人）	专任教师（人）	高中（所）	在校学生（人）	专任教师（人）
1998	—	—	—	8	1498	90	2	656	32	—	—	—
1999	—	—	—	8	1501	89	2	601	39	—	—	—
2000	—	—	—	8	1596	97	2	689	37	—	—	—
2001	—	—	—	8	1689	99	2	619	35	—	—	—
2002	—	—	—	9	1756	95	2	828	42	—	—	—
2003	—	—	—	9	1653	96	2	901	40	—	—	—
2004	—	—	—	9	1855	102	2	906	44	—	—	—
2005	—	—	—	9	1876	99	2	896	41	—	—	—
2006	—	—	—	9	1989	101	2	763	43	—	—	—

续表1-2-8

年度	幼儿园（所）	在园幼儿（人）	专任教师（人）	小学（所）	在校学生（人）	专任教师（人）	初中（所）	在校学生（人）	专任教师（人）	高中（所）	在校学生（人）	专任教师（人）
2007	—	—	—	9	2012	97	3	782	46	—	—	—
2008	—	—	—	9	2067	106	3	701	45	—	—	—
2009	—	—	—	9	2181	118	3	747	49	—	—	—
2010	—	—	—	9	2089	105	3	845	47	—	—	—
2011	—	—	—	9	1933	110	3	960	53	—	—	—
2012	1	112	1	9	1567	116	3	936	72	—	—	—
2013	1	112	3	9	1676	146	3	695	75	—	—	—
2014	3	501	21	9	2945	150	3	2787	92	—	—	—
2015	6	1080	46	11	2945	209	4	3240	196	1	4027	240

医疗卫生　1998年，有各级医疗机构10个，其中卫生院1所，村级卫生室9个；床位12张；专业卫生人员12人，其中执业医师1人，执业助理医师1人，注册护士1人。农村安全饮用水普及率18%，农村卫生厕所普及率7%。2015年，有各级医疗卫生机构12个，其中卫生院1所，村级卫生室11个；床位16张；专业卫生人员14人，其中执业医师2人，执业助理医师2人，注册护士4人。农村安全饮用水普及率99.8%，农村卫生厕所普及率98%；合作医疗参保人数1.66万人，参保率99.8%。

体　育　1998年，学校操场7个。2015年，学校操场17个，农民文化广场4个。

广播电视　1998年，有线电视用户80户。2015年，有线电视用户3000户，安装地面卫星户户通接收器用户1011户，电视综合覆盖率99%。

社会保障　1998年，农村五保分散供养40人，支出1.8万元；国家抚恤、补助各类优抚对象8人，支出8000元。2002年，实施城镇最低生活保障54户87人，支出18.48万元。2004年，农村医疗救助98人，支出5万元。2007年，资助参加合作医疗2203人，资助金额4.4万元；临时救助108人，支出4.5万元。2015年，城镇最低生活保障户88户96人，支出46.5万元；农村最低生活保障农户2052户3701人，支出553万元；农村五保分散供养28人，支出4.2万元；农村医疗救助388人次，民政部门资助参加合作医疗338人次，共支出2.4万元；农村临时救济616人次，支出10万元；国家抚恤、补助各类优抚对象75人，抚恤事业费支出30万元。

1998—2015年南湖街道社会保障情况表

表1-2-9

年份	低保			五保		医疗救助		资助参加合作医疗		临时救助		优抚对象	
	户数（户）	人数（人/次）	发放金额（万元）	人数（人/次）	发放金额（万元）	人数（人/次）	救助金额（万元）	人数（人/次）	资助金额（万元）	人数（人/次）	救助金额（万元）	人数（人/次）	支出金额（万元）
1998	—	—	—	40	1.8	—	—	—	—	—	—	8	0.8
1999	—	—	—	42	2	—	—	—	—	—	—	6	0.6
2000	—	—	—	42	2	—	—	—	—	—	—	7	0.7
2001	—	—	—	46	2.2	—	—	—	—	—	—	12	1.4
2002	54	87	18.48	48	2.5	—	—	—	—	—	—	15	1.5
2003	61	102	24.18	45	2.8	—	—	—	—	—	—	22	1.8
2004	68	112	26.34	48	3.1	98	5	—	—	—	—	26	2

续表1-2-9

年份	低保			五保		医疗救助		资助参加合作医疗		临时救助		优抚对象	
	户数（户）	人数（人/次）	发放金额（万元）	人数（人/次）	发放金额（万元）	人数（人/次）	救助金额（万元）	人数（人/次）	资助金额（万元）	人数（人/次）	救助金额（万元）	人数（人/次）	支出金额（万元）
2005	76	126	31.25	54	3.6	121	6	—	—	—	—	32	2.4
2006	85	141	36.42	56	4	142	8	—	—	—	—	36	2.8
2007	2022	2203	48.81	58	4	168	8	2203	4.4	108	4.5	43	2.9
2008	2984	5828	158.6	48	4	195	10	5828	11.65	110	4.8	45	5.5
2009	2846	5681	163.3	43	6.5	186	10	5681	11.36	118	5	41	6.1
2010	2562	5038	197.3	46	5.1	224	10.8	5038	15.11	132	5	38	6.6
2011	2186	4918	288	38	6	151	10.5	4918	24.59	332	6	134	10.3
2012	2249	4253	348.4	42	4.8	136	12	—	—	118	8	99	24.1
2013	2007	3945	326.8	33	4.36	136	12	—	—	130	6	91	29.9
2014	2010	3652	532	24	3.8	142	8	2202	—	98	4.2	68	28
2015	2052	3701	553	28	4.2	388	2.4	388	2.4	616	10	75	30

（五）基础设施

交通运输 1998年，主要交通要道为G320，境内长15千米。2015年，G320过境，境内长19千米，双向2车道，途经板桥社区、九峰村、十里村，通往贵阳、昆明；G60高速公路过境，境内长6.42千米，双向4车道；县镇公路1条，长19千米。客运总量300万余人次，货运总量1300万吨。

邮政电信 1998年，邮政网点1个，乡村通邮率100%。电信服务网点1个，电话交换机总容量100门，固定电话用户43户。2015年，邮政网点2个，投递路线单程总长度24千米，乡村通邮率100%。电信服务网点2个，电话交换机总容量1000门，固定电话用户1200户，电话普及率98%；移动电话用户1万户，移动电话普及率98.2%；宽带接入用户5820户；电信业务收入3000万元。

二、盘水街道

（一）政区概况

名称来历 唐武德二年（619），置西平州盘水县于此得名。

地理位置 位于普安县中部，地处北纬25°25′～25°55′、东经104°00′～104°58′。东连江西坡镇、高棉乡，南接地瓜镇，西与南湖街道、盘县羊场布依族白族苗族乡交界，北与兴中镇毗邻。办事处驻县城云盘社区营盘组，西南距县政府驻地633米（通行公路为西街、南山路，里程970米）。

区划演变 1998年，辖大湾、高兴、红星、文笔4个行政村和东街、南街、西街、北街4个办事处，下设31个村民组、13个居民组。

1998年盘水镇行政区划一览表

表1-2-10

行政村（办事处）	村（居）民组暨自然村寨
东街办事处	红旗组、先锋组、场坝组、营盘组
南街办事处	东门组、南门组、水井湾组
西街办事处	桥边组、西门组、北门组
北街办事处	水田组、向阳组、北街组

续表 1-2-10

行政村（办事处）	村（居）民组暨自然村寨
大湾村	大湾一组、大湾二组、望城组、刘家坡组、野猫箐组、平头岩组、高山组、东瓜箐组、狮子组
高兴村	兰花塘组、小丫口组、王家岩组、汪家河组、长海沟组、吴家岩组
文笔村	文笔组、小岔沟组、小关岭组、小坡脚组、大桥河组、金家山组
红星村	箐坝组、东瓜坡组、尾巴田组、席草沟组、高家冲组（尖山坡、高家冲）、田坝组、鱼塘边组、茅草寨组、代布嘎组、登坡组

2004年，将4个办事处整合为普天、南湖、云盘3个社区。

2007年9月，将4个行政村、3个社区整合为大湾、高兴、红星3个行政村和云盘、普天、南湖3个社区，下设27个村民组、18个居民组。

2015年6月，撤销盘水镇，设置盘水街道，辖原盘水镇高兴村、红星村、云盘社区、普天社区和原窝沿乡（除田坝村）、原江西坡镇白石村、原地瓜镇莲花村，共9个行政村、3个社区，下辖117个村民组、24个居民组。

2015年盘水街道行政区划一览表

表 1-2-11

行政村（社区）	村（居）民组暨自然村寨
普天社区	北街组、向阳组、普天组、水井组
云盘社区	先锋组、场坝组、红旗组、营盘组、小岔沟组、文笔山组、小关岭组
红星村	东瓜组、席草沟组、登坡组、箐坝组、毛草寨组、尾巴田组、高家冲组（尖山坡、高家冲）、代布嘎组、鱼塘组、田坝组
高兴村	汪家河组、小坡脚组、王家岩组、小丫口组、金家山组、大桥河组、兰花塘组、长海沟组、吴家岩组
白石村	红花湾组、老屋厂组、三桥岭组、白石组、大金营组、申关屯组、上水箐组、下水箐组、雪厂组、地巩组、芭蕉关组、坑子组、新桥组
莲花村	蜡烛山组（田坝河、刘家地、蜡烛山）、八字寨组（八字寨、跑马地）、箐门口组（箐门口、大冲头）、莲花组、南山头组（莲花丫口、文家榜、长地头）、村干坪组、山道庆组（水沟河、山道庆）、新坡组、大水井组、水沟河组、大地边组、水井头组、黑坪地组、龙显地组（龙选地、熊家丫口）、洼子头组（黄箐、洼子头）、大丫口组、何家寨组（何家寨、莲花）、沙弯组（岩头、沙弯）、哈梨树组、包包组、大坎子组、老满组（满地、湾子头）、新寨组（大新寨、小新寨、岩脚寨）
河边村	上木浪组、下木浪组、河边组、大地组、茶林组、坪冲组、小坡组、新桥组、大坡组、草坪组、新田组、长田组、中寨组
上寨村	蒋家坡组、上寨上街组、上寨中街组、上寨下街组、谭家湾组、洪冲组、牌坊组、湾子组、马鞍山组
官田村	麻地组、烂田组、大湾组、黎明组、青山坡一组、青山坡二组、青山坡三组、小坝组、跃进组、下油坊组、中油坊组、上油坊组、红花组、沙田组、小寨组
大榜村	大榜一组、大榜二组、大榜三组、大榜四组、大榜五组、大榜六组、沙沟组、箐沟组、张家组、代家组、潘家组、白杨坪组
坪桥村	二层岩组（石桥沟、二层岩）、丫口田组（腐跋地、丫口田、老莫多）、苏家院组、郭家院组、姜家院组、湾地组（姜家院、良子上、窝寨、湾地）、白泥塘组、梳子塘组、坝田组、高坡组、打磨沟组、平洞组、撒司营组
窝沿社区	袁家组、罗家组、谭家组、下杨家组、梁家组、黑石头组、上杨家组、洼子组、尖岩组、新花组、大田组、青岩组、半坡组

人口面积　1998年，总人口2.51万人，其中男性1.29万人，女性1.22万人；18岁以下1万人，18～60岁1.44万人，60岁以上676人；少数民族人口3944人，占总人口的15.73%。

2015年，总人口4.96万人，其中城镇常住人口1.90万人，城镇化率38.27%；流动人口3060人。总人口中，男性2.57万人，占51.8%；女性2.39万人，占48.21%；18岁以下1.44万人，占29%；18～60岁3.11万人，占62.7%；60岁以上4113人，占8.3%。总人口中，汉族4.09万人，占82.5%；有回族、布依族、苗族、彝族、黎族、白族等8个少数民族共8673人，占17.5%；超过1000人的少数民族有回族、布依族、苗族，其中回族2682人，占少数民族人口的30.9%；布依族2428人，占少数民族人口的28%；苗族1070人，占少数民族人口的12.33%。

1998—2015年盘水街道人口情况

表1-2-12

年度	年末总人口	男性（人）	女性（人）	农业（人）	非农（人）	出生人口（人）	死亡人口（人）	18岁以下（人）	18～60岁（人）	60岁以上（人）	少数民族人口	
											人数（人）	比例（%）
1998	25059	12876	12183	13988	11071	565	84	10024	14359	676	3944	15.73
1999	25638	13200	12438	14374	11264	579	113	10113	14767	758	4061	15.83
2000	26211	13494	12717	14744	11467	573	81	10102	15279	830	4194	16
2001	26779	13811	12968	15113	11666	568	94	10005	15835	939	4306	16.07
2002	27260	14073	13187	15409	11851	481	98	10009	16242	1009	4423	16.22
2003	27772	14362	13410	15739	12033	512	124	9879	16776	1117	4519	16.27
2004	28317	14646	13671	16079	12238	545	131	9821	17249	1247	4617	16.30
2005	28826	14916	13910	16423	12403	509	126	9740	17711	1375	4719	16.37
2006	29333	15178	14155	16772	12561	507	91	9608	18245	1480	4833	16.47
2007	29812	15450	14362	17072	12740	479	113	9488	18722	1602	4964	16.65
2008	30264	15696	14568	17356	12908	452	147	9337	19188	1739	5065	16.73
2009	30718	15939	14779	17661	13057	454	147	9186	19608	1924	5186	16.88
2010	31203	16210	14993	17964	13239	485	269	9235	19841	2127	5312	17.02
2011	31703	16460	15243	18298	13405	500	141	9344	20058	2301	5450	17.19
2012	32215	16730	15485	18647	13568	512	198	9496	20246	2473	5588	17.34
2013	32554	16809	15745	18860	13694	339	171	9444	20409	2701	5692	17.48
2014	32772	16920	15852	18961	13811	401	183	9775	20410	2587	5774	17.62
2015	49560	25673	23887	30301	19259	512	259	14372	31075	4113	8673	17.5

1998年，辖区东西最大距离8.4千米，南北最大距离28.2千米，总面积46.37平方千米。其中陆地面积45.87平方千米，占98.92%；水域面积0.5平方千米，占1.08%。

2015年，辖区东西最大距离13.2千米，南北最大距离18.6千米，总面积122.44平方千米。其中陆地面积120.76平方千米，占98.63%；水域面积1.68平方千米，占1.37%。

（二）自然条件

地形地貌　地处乌蒙山区，地势南高北低。最高峰位于莲花山附近的长冲梁子，海拔2084.6米；最低点位于高兴村金家山，海拔1102米。

水　文　境内河道属珠江流域南北盘江水系上游，流域面积20平方千米。境内最大的河流为乌都河，从南京桥至畔河流经境内上寨、河边2个行政村，长13.6千米，境内流域面积63平方千米，年均流量26立方米/秒，主要支流有鱼洞河(窝沿河)、汪家河。

矿藏资源 主要有煤炭、黄金、白云石、石灰石、硅矿和玛瑙石等。

(三)经济概况

农 业 1998年，耕地面积606公顷，可利用草地面积180公顷，林地面积54公顷。粮食作物以玉米、小麦为主。年生产粮食2491吨，其中玉米2100吨、小麦391吨，人均生产粮食76.52千克；蔬菜种植面积50公顷，产量1800吨，产值290万元。畜牧业以猪、禽为主，生猪存栏4078头，禽存栏7.37万羽，人工种草29公顷，推广各种精饲料673吨，肉类总产量363吨、禽蛋产量4吨；马铃薯种植46公顷；累计造林10公顷，其中防护林5.6公顷、经济林4.4公顷，林木覆盖率22.5%。农业总产值436.8万元。

2015年，耕地面积521公顷，可利用草地面积512公顷，林地面积126公顷。粮食总产量2805吨，其中玉米2053吨、小麦752吨，人均56.6千克；蔬菜种植面积113公顷，产量3390吨，产值1017万元，主要品种有大白菜、白萝卜、辣椒、西红柿等。畜牧业以猪、羊、禽为主，生猪存栏6621头，羊存栏1365只，禽存栏9736羽，肉类总产量483吨、禽蛋产量7.4吨。累计造林37.2公顷，其中防护林18.1公顷、经济林19.1公顷，林木覆盖率34.6%。农业总产值1858.5万元。

1998—2015年盘水街道农业情况表

表1-2-13

年份	耕地面积(公顷)	草地面积(公顷)	林地面积(公顷)	造林面积(公顷)	粮食总产量(吨)	生猪存栏(头)	牛存栏(头)	羊存栏(只)	家禽存栏(羽)	肉产量(吨)	蛋产量(吨)	农业总产值(万元)
1998	606	180	54	10	2491	4078	25	—	73683	263	4	436.8
1999	605	203	54	11.5	2517	4010	21	—	75814	273	4.2	453.4
2000	605	217	54	11.8	2525	4115	16	—	78101	296	4.4	491.6
2001	604	222	54	13	2573	4127	23	—	79807	311	4.7	516.5
2002	604	231	76	21.48	2595	4310	15	—	80100	331	4.9	549.7
2003	604	252	89	13.54	2599	4119	12	—	81987	366	5.1	607.8
2004	604	273	76	13	2611	4001	10	40	80991	359	5.3	595.4
2005	603	299	75	12	2637	4081	12	81	82910	371	5.4	620
2006	603	313	71	13	2653	4109	10	109	83210	401	5.6	670.1
2007	602	346	77	13.1	2681	4325	15	130	83400	391	5.8	633
2008	588	366	78	12.1	2700	4815	14	319	82911	403	6.1	636
2009	584	379	82	11	2709	4833	8	400	83111	405	6.3	630
2010	564	383	80	8	2729	5113	10	420	70310	380	5.2	608
2011	544	468	83	31.11	2731	6473	15	850	81810	419	5.6	670
2012	534	491	98	32	2760	6507	20	1150	83910	423	6.4	676.4
2013	528	510	121	32.2	2793	6559	15	3976	84929	441	7.0	711
2014	526	511	122	31.2	2797	6610	16	1894	8582	460	7.2	754
2015	521	512	126	37.2	2805	6621	315	1365	9736	483	7.4	1858.5

工 业 1998年，规模以上工业企业2家，职工189人，规模以上工业增加值1612万元。2015年，规模以上工业企业4家，职工416人，规模以上工业增加值8613万元。

商业贸易 1998年，注册企业91户，个体经商户729户，注册资金861万元。2015年，注册企业307户，个体经商户1043户，注册资金1.11亿元。

财政金融 1998年，财政总收入222万元，农民人均纯收入1010元。金融机构（含农村信用社、邮政储蓄）各类存款余额1165.11万元，各项贷款余额301.24万元。2015年，财政总收入6114万元，农民人均纯收入8063.14元。金融机构各类存款余额7.99亿元，各项贷款余额4772万元。

1998—2015年盘水街道经济情况表

表1-2-14

年份	工业总产值（万元）	比上年增长（%）	财政总收入（万元）	比上年增长（%）	农民人均纯收入（元）	比上年增长（%）	存款余额（万元）	比上年增长（%）	贷款余额（万元）	比上年增长（%）
1998	1612	6	222	12.9	1010	11	1165.11	55	301.24	16
1999	1711	6.1	256	15.32	1131	12	2042.36	75.29	488.48	62.16
2000	1821	6.5	371	44.92	1278	13	2295.03	12.37	575.23	17.76
2001	1945	6.8	435	17.25	1470	15	3571.65	55.63	689.93	19.94
2002	2083.5	7.1	525	20.69	1704	15.9	4852.01	35.85	1048.98	52.04
2003	2246	7.8	578	10.10	2010	17.96	6207.12	27.93	1080.54	3.01
2004	2430	8.2	664	14.88	2168	7.86	9744.76	56.99	1363.2	26.16
2005	2550	4.94	878	32.23	2361	8.90	14460.89	48.40	1549.97	13.70
2006	2750	7.84	697	-20.62	2599	10.08	19007.82	31.44	2179.91	40.64
2007	2930	6.55	651	-6.60	2811	8.16	22091.37	16.22	2568.47	17.82
2008	3245	10.75	1007	54.69	3246	15.47	23574.01	6.71	3252.03	26.61
2009	4130	27.27	991	-1.59%	3576	10.17	26616.46	12.91	3831.44	17.82
2010	4512	9.25	1316	32.80	4072	13.87	31073.53	16.75	4052.21	5.76
2011	5112	13.3	1744	32.52	4720	15.91	39452.59	26.97	1043.76	-74.24
2012	5900	15.41	2685	53.96	6139	30.06	50554.38	28.14	859.69	-17.64
2013	6658	12.85	3520	31.10	6668	8.62	56593.26	11.95	2168	152.18
2014	7076	6.28	4618.9	31.22	7338.8	10.06	67550	19.36	2563	18.24
2015	7637	7.93	6114	32.37	8063.14	9.87	79871	18.24	4771.6	86.17

（四）社会事业

文化艺术 1998年，有村级文化活动中心1个，各类文化专业户2户，公共图书馆（室）1个，藏书1.5万册；音乐、美术、书法、摄影及文学业余创作队伍3个49人。2015年，有文化服务中心1个，文化站2个，村级文化活动中心12个，各类文化专业户4户，公共图书馆（室）2个，藏书3.8万册；音乐、美术、书法、摄影及文学业余创作队6个109人。

教　育 1998年，幼儿园2所，在园幼儿823人，幼儿教师31人；完全小学7所，在校学生2512人，专任教师142人；初中2所，在校学生2050人，专职教师104人；高中1所，在校学生2629人，专职教师86人。2015年，幼儿园5所，在园幼儿2035人，专任教师106人；小学11所，在校生4022人，专任教师237人，小学适龄儿童入学率100%；初中2所，在校生2328人，专任教师131人，初中适龄人口入学率98%，小升初升学率、九年义务教育覆盖率100%；高中1所，在校学生3867人，专任教师190人；中等职业学校1所，教师54人，在校生740人（含联办560人）；各级各类民办学校和教育机构3所。

1998—2015年盘水街道教育情况表

表1-2-15

年度	幼儿园（所）	在园幼儿（人）	专任教师（人）	小学（所）	在校学生（人）	专任教师	初中（所）	在校学生（人）	专任教师（人）	高中（所）	在校学生（人）	专任教师（人）
1998	2	823	31	7	2512	142	2	2050	104	1	2629	86
1999	2	832	32	7	2556	142	2	1930	103	1	2643	93
2000	2	823	36	7	2628	150	2	1912	100	1	2658	100
2001	2	846	34	7	2608	151	2	1778	94	1	2789	98
2002	2	865	31	6	2555	145	2	1878	96	1	2691	103
2003	2	788	31	6	2719	158	2	2211	100	1	2809	108
2004	2	888	35	6	2693	161	2	2280	108	1	2851	110
2005	1	870	20	6	2854	168	3	2758	138	1	2730	121
2006	1	930	20	6	2857	169	3	2422	148	1	2809	146
2007	2	948	27	6	3117	171	2	1970	113	1	2823	161
2008	4	1341	70	6	3084	186	2	2073	103	1	2951	160
2009	4	1244	73	6	3137	183	2	2192	108	1	2860	177
2010	4	1340	76	6	3474	202	2	2379	123	1	2773	178
2011	5	1460	84	6	3807	207	2	2471	128	1	2472	190
2012	5	1466	86	6	4007	220	2	2330	123	1	3048	193
2013	5	1839	94	6	4011	229	2	2310	126	1	3669	184
2014	5	1896	99	6	4029	237	2	2326	126	1	3803	185
2015	5	2035	106	11	4022	237	2	2328	131	1	3867	190

说明：高中，指普安县第一中学，2015年区划调整前，该校属于盘水镇，区划调整后划入南湖街道境域

医疗卫生 1998年，各级医疗卫生机构4个，其中镇卫生院1所，村级卫生室3个；床位263张；执业（助理）医师78人。2015年，各级医疗卫生机构21个，其中街道卫生院2所，村级卫生室16个；床位178张；执业（助理）医师54人；新型农村合作医疗参保人数2.16万人，参保率99.76%。

体　育 1998年，老年活动中心1个，学校操场13个；经常参加体育活动的人员占常住人口的2.5%。2015年，体育休闲广场1个，老年活动中心1个，学校操场17个；经常参加体育活动的人员占常住人口的16%。

广播电视 1998年，地面卫星接收、有线电视用户1980户。

2015年，有线电视用户4526户，安装地面卫星户户通接收器用户9853座，电视综合覆盖率99.8%。

社会保障 1998年，农村最低生活保障户29户56人，发放金额1.1万元；五保供养人员11人，发放金额0.4万元；优扶对象28人，发放金额0.8万元。

2015年，农村最低生活保障户3404户4591人，救助资金837.3万元；城市最低生活保障户317户461人，救助资金285万元；农村医疗救助户1724人，救助资金50.1万元；居民医疗救助8户27人，救助资金5万元；临时困难救助159户502人，救助资金8.9万元；优抚对象268人，发放金额284万元。

1998—2015年盘水街道社会保障情况

表1-2-16

年度	低保			五保		医疗救助		资助参加合作医疗		临时救助		优抚对象	
	户数（户）	人数（人/次）	发放金额（万元）	人数（人/次）	发放金额（万元）	人数（人/次）	救助金额（万元）	人数（人/次）	资助金额（万元）	人数（人/次）	救助金额（万元）	人数（人/次）	支出金额（万元）
1998	29	56	1.1	11	0.4	—	—	—	—	—	—	28	0.8
1999	38	75	1.9	11	0.4	—	—	—	—	—	—	28	1
2000	56	110	3.3	12	0.6	—	—	—	—	—	—	29	1.3
2001	108	215	7.4	12	0.9	—	—	—	—	—	—	30	1.5
2002	280	473	21	16	1.1	—	—	—	—	—	—	30	1.5
2003	308	617	30	16	1.1	993	5.78	409	0.61	173	0.510	30	1.7
2004	490	1125	57	16	1.3	1008	6.01	411	0.66	120	0.584	45	8.3
2005	634	1523	73	19	1.8	1113	6.93	479	0.70	125	0.6	67	13.1
2006	841	1768	103	22	3.4	1300	7.1	513	0.79	140	0.6	70	29
2007	943	1980	143	28	5.3	1328	8	589	0.877	200	2	69	40
2008	2150	2608	250	37	6.7	2410	8	601	0.99	570	6	73	57
2009	2340	2950	270	33	7	1780	36	623	1.7	610	5	75	61
2010	2296	3410	340	33	8.3	1810	40	786	1.99	468	6	75	68
2011	2365	3531	480.79	33	9.8	1680	37	993	2.1	763	6	75	75
2012	2421	3719	613.32	33	10.6	1516	35	1090	3.7	670	6	164	135
2013	2495	3978	656.6	31	12	1371	36	1780	6	393	6	173	168
2014	2553	4036	676.5	32	12.4	1516	40.3	1826	7.4	397	6	176	171
2015	3404	4591	837.3	47	20.4	1724	50.1	2031	9	502	8.9	268	284

（五）基础设施

交通运输 1998年，G320线过境，双向2车道，长7千米。县镇公路2条，总长8千米。客运总量7万人次，日均发送11辆客车，日客运量约730人次。

2015年，沪昆高速公路过境，长5.6千米，双向4车道，有普安1个出口；G320线过境，双向2车道，长7千米。县镇公路2条，总长23千米。年客运总量18万人次，日均发送46辆客车，日客运量约480人次。

邮政电信 1998年，邮政网点1个，投递路线单程总长度8.5千米，乡村通邮率100%。2015年，邮政网点2个，投递路线单程总长度13千米，乡村通邮率100%。电信企业3家，服务网点8个，电话交换机总容量1.2万门，固定电话用户1560户，电话普及率100%；移动电话用户3.60万户，移动电话普及率72.7%；互联网用户3180户。

三、龙吟镇

（一）政区概况

名称来历 以逢十二生肖“龙”日在皮鼓龙场进行集市交易得名。

地理位置 位于普安县北端，地处北纬25°26′～26°6′、东经104°58′～105°4′之间。东连晴隆县长流乡、中云镇、花贡镇，南接普安县兴中镇，西与盘县保基苗族彝族乡、水城县花戛苗族布依族彝族乡相接，北与水城县野钟苗族彝族布依族乡、猴场苗族布依族乡和六枝特区牂牁镇隔北盘江相望，素有普安北大门之称。2015年7月13日，住房和城乡建设部、国家旅游局公布为第三批全国特色景观旅游名镇。镇人民政府驻红旗社区街上居民组，南距县政府驻地28.3千米（通行公路为X636或称为

S216，里程47千米）。

区划演变　1998年，辖龙吟、吟路、丫口、石古4个管理区，下设红旗、吟塘、排楼、布路、者恩、竹溜坪、雄阳、城阳、高云、高阳、石古、文毕、云盘、峰岩、硝洞15个行政村，111个村民组。

1998年龙吟镇行政区划一览表

表1–2–17

管理区	行政村	村民组
石古管理区	石古村	虎田组、庄田组、鱼田组、龙田组、龙向组、中心组、乙心组、齐心组、长田组
	文毕村	大洼田组、大冲头组、齐田组、河田组、麻水井组、小泥组、黄寨组、荒田组、长箐组
	云盘村	上寨组、大洼组、云盘组、罗寨组、新寨组、水坝组、大田组、远甲岭组
丫口管理区	高阳村	新民组、下圳组、向阳组、朝阳组、坪山组
	高云村	峦箐组、大田组、红岩组、前进组、烂泥箐组、跃进组、迎星组、红星组、李家组、高枧组
	雄阳村	对门坡组、新庄组、新田组、红旗组、爱国组、光明组、吴家组
	城阳村	岩山组、桥边组、城子头组、大坪组、河阳组
龙吟管理区	硝硐村	箐门口组、水坝组、酸枣树组、石寨坪组、老厂组、土坎子组、硝洞组、店子上组
	红旗村	圳广组、罗家街组、李家寨组、代家湾组、大坪一组、大坪二组、大黄家组、东打田组、老五里组、共冲组、街上组
龙吟管理区	排楼村	吟保组、大云里组、排楼组、石盘组、民族组、郭家一组、郭家二组、大黄家组、凉水井组
	吟塘村	坳头组、沙子塘一组、沙子塘二组、沙子塘三组、廖家组、六山组、乐园一组、乐园二组、乐园三组
吟路管理区	布路村	竹麻山组、布路组、祭山坳组、麻利田组、罗家坪组
	者恩村	者恩组、罗家屋基组、地泗田组、王家弯组、购寨组
	峰岩村	峰岩组、石灰窑组、恒冲组、大河沟组、上麻地组
	竹溜坪村	代家岩组、杨梅山组、竹溜坪组、小河边组、邓家寨组、下麻地组

2007年9月，撤销4个管理区，将15个行政村整合为硝洞、吟塘、吟路、高阳、北盘江、文毕、石古7个行政村和红旗1个社区，下设100个村民组、11个居民组。至2015年，区划无变化。

2015年龙吟镇行政区划一览表

表1–2–18

行政村（社区）	村（居）民组暨自然村寨
硝洞村	箐门口组、水坝组（干河、洞子头）、酸枣树组、老厂组（上老厂、下老厂）、石寨坪组、硝洞组、店子上组、土坎子组、大河沟组、麻地头组、峰岩组（洞家寨）、恒冲组、石灰窑组
吟塘村	坳头组（庄子上、坳头）、沙子塘一组、沙子塘二组、沙子塘三组、大营里组、排楼组、云堡组、石盘组（岩脚）、民族组、凉水井组、黄家组、郭家一组、郭家二组、六山组（大六山、小六山）、乐元一组、乐元二组、乐元三组、廖家组
吟路村	代家岩组、杨梅山组、竹溜坪组（黄家、邓家、燕塘、瓦屋里）、小河边组、邓家寨组（红岩）、麻地头组（对门）、罗家坪组、麻利田组、纪山坳组、布路组（柿花树）、竹麻山组、者恩组、罗家屋基组、地泗田组（郭家坝）、王家湾组（石龙田　大路边）、购寨组
高阳村	大田组、栾箐组、前进组、烂泥组、红岩组、李家组、红星组、迎新组、跃进组、高枧组、坪山组、朝阳组、向阳组、下圳组、新民组

续表1-2-18

行政村（社区）	村（居）民组暨自然村寨
北盘江村	对门坡组、新庄组（小箐、刘家）、新田组（旧屋基、刘家）、红旗组、爱国组（酸汤田）、光明组（棕树田）、吴家组、岩山组（洞门口、大寨头）、桥边组、城子组、大坪组、河洋组
文毕村	长田组、大洼田组、大冲组、河田组（小余家田）、麻水组、小泥组（大寨）、黄寨组（毕麻庆）、齐田组、芳田组（岩脚）、长箐组、中心组、乙心组、齐心组
石古村	新寨组、上寨组（上寨、岩脚）、大洼组、云盘组、罗寨组（绿豆坪）、远甲岭组、虎田组（田段头、地久）、庄田组、乙田组、龙田组、龙向组、水坝组、大田组（大田、黄梨坪）
红旗社区	圳广组、李家寨组、罗家街组、代家湾组、大坪一组、大坪二组、大黄家组、街上组、贡冲组、冬打田组、老屋里组（上老屋里、下老屋里）

人口面积 1998年，总人口1.77万人，其中男性9284人，占总人口的52.59%，女性8368人，占总人口的47.41%；农业人口1.74万人，占总人口的98.33%，非农业人口294人，占总人口的1.67%；18岁以下7819人，占总人口的44.30%，18～60岁9132人，占总人口的51.73%，60岁以上701人，占总人口的3.97%；少数民族人口1.72万人，占总人口的97.54%。

2015年，总人口2.29万人，其中城镇常住人口2757人，城镇化率12%；流动人口8050人。总人口中，男性1.22万人，占总人口的53.27%，女性1.07万人，占总人口的46.72%；18岁以下6755人，占总人口的29.49%，18～60岁1.38万人，占总人口的60.26%，60岁以上2371人，占总人口的10.35%。境内有苗族、布依族、彝族、黎族、白族、壮族、仡佬族、藏族、回族等16个少数民族共2.26万人，占98.69%。其中，苗族2.21万人，占总人口的96.5%。

1998—2015年龙吟镇人口情况表

表1-2-19

年份	年末总人口（人）	男性（人）	女性（人）	农业人口（人）	非农业人口（人）	出生人口（人）	死亡人口（人）	18岁以下（人）	18～60岁（人）	60岁以上（人）	少数民族人口	
											人数（人）	比例（%）
1998	17652	9284	8368	17358	294	529	21	7819	9132	701	17217	97.54
1999	17686	9335	8351	17331	355	216	80	7812	9226	648	17247	97.52
2000	18565	9866	8699	18109	456	418	93	8198	9615	752	18123	97.62
2001	18890	10108	8782	18375	515	271	111	8245	9816	829	18446	97.65
2002	19101	10239	8862	18606	495	278	97	8278	9956	867	18654	97.66
2003	19159	10094	9065	18733	426	236	114	8298	9983	878	18710	97.66
2004	19310	10184	9126	18856	454	251	118	7110	11052	1148	18859	97.66
2005	19656	10347	9309	19254	402	237	128	7245	10765	1646	19199	97.68
2006	20561	10801	9760	20062	499	234	128	7392	11524	1645	20099	97.75
2007	20679	10808	9871	20137	542	247	164	7045	11851	1783	20208	97.72
2008	21032	11023	10009	20470	562	258	167	7150	12114	1768	20558	97.75
2009	21490	11269	10221	20892	598	274	153	6992	12475	2023	20049	93.29
2010	21908	11550	10358	21271	637	151	40	7093	13029	1786	21431	97.82
2011	22095	11662	10433	21431	664	305	56	6971	13159	1965	21617	97.84
2012	22194	11764	10430	21520	674	293	158	6878	13270	2046	21716	97.85
2013	24182	12710	11472	23498	684	320	149	7826	14231	2125	23701	98.01
2014	22963	12073	10620	21942	751	291	119	7241	13419	2033	22510	93.30
2015	22930	12200	10730	20173	2757	419	111	6755	13804	2371	22609	98.60

辖区东西最大距离7.43千米，南北最大距离24千米，总面积178.5平方千米。其中陆地面积145.15平方千米，占81.32%；水域面积33.35平方千米，占18.68%。

（二）自然条件

地形地貌　属乌蒙山区，地势东北向西南倾斜。最高峰位于高阳村前进组布里箐山，海拔1853.5米；最低点位于文毕村黄猫坪岔河，海拔633米。

水　文　境内河道属珠江流域西江水系，主要河流为北盘江、乌都河、石古河。其中北盘江为境内最大河流，从西至东流经吟路村、北盘江村、石古村，长20千米，流域面积732.8平方千米，占流域面积37.3%；乌都河流域面积337.7平方千米，占流域面积23.3%。

矿藏资源　境内已探明地下矿藏有金矿、铅锌、重晶石、硅、硫铁矿等，主要分布在高阳村、硝洞村、吟塘村、吟路村。

（三）经济概况

农　业　1998年，耕地面积1927公顷，可利用草地面积306.67公顷，林地面积897公顷。粮食作物以稻谷、玉米为主，粮食总产量5852吨，其中稻谷4238吨，玉米1614吨，人均331.5千克；水果种植面积34公顷，产量34吨，产值7.2万元，主要品种有柑橘、梨、桃、板栗等。畜牧业以猪、牛、羊、禽为主，生猪饲养量9512头，年末存栏6161头；牛饲养量9863头，年末存栏9590头；家禽饲养量2.87万羽，上市家禽1.97万羽；山羊存栏7150只；生产肉类478吨，禽蛋40吨。造林114公顷，其中防护林74公顷，经济林40公顷，林木覆盖率33%。农业总产值865.7万元。

2015年，耕地面积2062公顷，可利用草地面积306.67公顷，林地面积2460公顷。粮食总产量8957吨，其中稻谷5529吨，玉米3428吨，人均390.6千克。油料作物种植面积9.4公顷，产量28吨，产值80.64万元；主要品种有油菜、花生、葵花等。生猪饲养量7690头，年末存栏4594头；牛饲养量5183头，年末存栏5018头；家禽饲养量11.31万羽，上市家禽6057羽，山羊2309只；生产肉类662.6吨，禽蛋11.2吨。造林323公顷，林木覆盖率64.28%。水果种植面积103公顷，产量54.10吨，主要品种有梨、桃、锦橙、蜜柚等。农业总产值6174万元。

1998—2015年龙吟镇农业情况表

表1-2-20

年份	耕地面积（公顷）	草地面积（公顷）	林地面积（公顷）	造林面积（公顷）	粮食总产量（吨）	生猪存栏（头）	牛存栏（头）	羊存栏（只）	家禽存栏（羽）	肉产量（吨）	蛋产量（吨）	农业总产值（万元）
1998	1927	306.67	897	114	5852	6161	9590	7150	6619	478	18	865.7
1999	1998	306.67	900	207.3	6351	3508	7902	1968	12500	431	20	942
2000	2017	306.67	912	13	6010	8230	9015	1280	11905	727	21	1004
2001	1956	306.67	923	238	6093	8670	8905	1288	63900	727	21	754
2002	1879	306.67	972	0	4737	8700	8870	1600	55950	595	20	1464
2003	1937	306.67	998	350	5130	8750	8884	1650	57024	742	20	1847
2004	2019	306.67	1006	74	5395	9669	8960	1950	57135	763	2	1298
2005	2031	306.67	1706	873	6851	9860	9480	3200	67450	786	1	1508
2006	2056	306.67	1736	30	8450	11043	10547	3220	69816	807	1	1813
2007	1766	306.67	1756	20	8659	8204	9226	1468	52056	896	1	2019
2008	1210	306.67	1766	10	9137	7723	4317	1216	42125	722	2	1920
2009	1227	306.67	1776	67	9756	6332	5000	13800	42886	777	12	2687

续表1-2-20

年份	耕地面积（公顷）	草地面积（公顷）	林地面积（公顷）	造林面积（公顷）	粮食总产量（吨）	生猪存栏（头）	牛存栏（头）	羊存栏（只）	家禽存栏（羽）	肉产量（吨）	蛋产量（吨）	农业总产值（万元）
2010	1227	306.67	1776	133	8789	7495	6043	16054	42300	788	12	2968
2011	1876	306.67	1788	313	3306	6572	4398	13606	66425	814.4	13	2045
2012	1876	306.67	1798	30	6495	6859	3914	10448	61500	791	14	2918.9
2013	1876	306.67	1800	100	6774	6981	2793	8917	82543	903	11	5926.8
2014	2128	306.67	2137	337.2	8768	5159	5035	3079	84403	806	14	2005.7
2015	2062	306.67	2460	323	8957	4594	5018	445	113142	622.6	11.2	6174

工　业　1998年，规模以上工业企业1家，职工68人，工业总产值1200万元。

2015年，规模以上工业企业9家，职工116人，工业总产值1634万元。

商业贸易　1998年，商业网点107个，从业人员132人；社会商品零售总额2300万元；城乡集贸市场1个，年成交额267万元。2015年，商业网点103个，从业人员433人；社会商品零售总额9200万元；城乡集贸市场4个，年成交额1365万元。

财政金融　1998年，财政总收入104.27万元（其中地方财政收入85.041万元），农民人均纯收入1160.48元。金融机构各类存款余额81万元，各项贷款余额102万元。

2015年，财政总收入1300万元（其中地方财政收入300万元），农民人均纯收入6750元。金融机构各类存款余额9742万元，各项贷款余额1.44亿元。

1998—2015年龙吟镇经济情况表

表1-2-21

年份	工业总产值（万元）	比上年增长（%）	财政总收入（万元）	比上年增长（%）	农民人均纯收入（元）	比上年增长（%）	存款余额（万元）	比上年增长（%）	贷款余额（万元）	比上年增长（%）
1998	1228	23.7	104.27	32.52	1160.48	25.3	81	8	102	11
1999	1720	40	128.16	14.9	1217.83	4.94	106	24	189	46
2000	1458	-15.2	167.35	30.58	1366.85	12.24	230	54	287	34
2001	1690	15.91	177	25	1366.87	1	354	35	325	12
2002	2121	25.5	210	18.64	1250.93	-8.48	478	26	477	32
2003	2206	4	234.4	11.62	1371	9.6	590	19	698	31
2004	2430	8.2	266.31	13.61	1520	10.87	628	6	751	7
2005	2550	4.94	238	-10.6	1633	7.43	814	23	1003	25
2006	2750	7.84	260	9.24	1782	9.12	1654	64	1206	48
2007	2930	6.55	273	5	1955	9.71	2154	30	2562	112
2008	2981	1.74	295.5	8.24	2254	15.29	2758	28	2866	11
2009	3245	8.86	384	29.95	2567	13.89	3439	24	3223	12
2010	4130	27.27	420	9.4	2975	14.73	3826	11	4239	31
2011	6735	63.08	493	17.38	3655	22.86	5179	22	4778	24
2012	9300	38.08	862	74.85	5904	26.1	5642	8	5942	24
2013	6000	-35.48	1079.24	25.2	6425	23.9	7384	30	7257	22
2014	6000	0	1200	11.2	6534	1.69	8600	16.5	9500	30.9
2015	6600	10	1300	8.33	6750	3.3	9742	13.3	14400	51.6

（四）社会事业

文化艺术　1998年，无文化设施。2015年，综合文化站1个，农家书屋8个，农民文化家园2处，乡村学校少年宫1个。

教　育　1998年，学前班1个，在班幼儿40人，专任教师1人；小学8所，在校生2872人，专任教师87人，小学适龄儿童入学率98.1%；初中1所，在校生405人，专任教师14人，初中适龄人口入学率63.6%；小升初升学率98%，九年义务教育覆盖率100%。

2015年，幼儿园2所（民办），在园幼儿555人，专任教师2人；小学6所，在校生1816人，专任教师115人，小学适龄儿童入学率100%；初中1所，在校生686人，专任教师51人，初中适龄人口入学率100%，小升初升学率、九年义务教育覆盖100%；各级各类民办学校和教育机构9所。

1998年，财政预算内教育经费38.93万元，预算内教育经费占财政总支出比例50.6%。

2015年，财政预算内教育经费2210万元，预算内教育经费占财政总支出比例32.7%。

1998—2015年龙吟镇教育情况表

表1-2-22

年度	幼儿园（所）	在园幼儿（人）	专任教师（人）	小学（所）	在校学生（人）	专任教师（人）	初中（所）	在校学生（人）	专任教师（人）
1998	—	—	—	8	2872	87	1	405	14
1999	—	—	—	8	2943	82	1	414	20
2000	—	—	—	8	3312	75	1	559	24
2001	—	—	—	8	3293	91	1	993	31
2002	—	—	—	7	3193	84	1	1039	29
2003	—	—	—	7	3173	104	1	954	38
2004	—	—	—	7	2835	105	1	1208	44
2005	—	—	—	7	2835	103	1	1339	47
2006	—	—	—	7	2871	109	1	1164	44
2007	—	—	—	7	2788	110	1	961	45
2008	—	—	—	7	2602	115	1	852	46
2009	—	—	—	7	2725	115	1	881	49
2010	1	40	3	7	2691	115	1	761	48
2011	1	70	3	7	2733	121	1	731	43
2012	1	85	3	7	2539	114	1	699	50
2013	1	90	3	7	2408	120	1	699	50
2014	1	243	0	6	1762	113	1	698	49
2015	2	555	2	6	1816	115	1	686	51

医疗卫生　1998年，各级医疗卫生机构6个，其中卫生院1所，村级卫生室5个；床位10张；执业（助理）医师9人。

2015年，各级医疗卫生机构9个，其中卫生院1所，村级卫生室8个；床位34张；执业（助理）医师2人；新型农村合作医疗参保人数1.81万人，参保率98.3%。

体　育　1998年，学校操场2个。2015年，体育场1个，学校操场9个，民族射弩基地1个（州级），经常参加体育活动的人员占常住人口的30%。

广播电视　2010年，实施有线电视网络建设和村村通工程。2015年，实施户户通工程，有线电视用户1361户，安装地面卫星接收器用户3317户，电视综合覆盖率97%。

社会保障　1998年，农村五保分散供养107人，支出6540元；农村临时救济93人，支出1700元；国家抚恤、补助各类优抚对象13人，抚恤事业费支出4320元。2000年，城镇最低生活保障户3户3人，支出972元。

2015年，农村最低生活保障户2098户5005人，支出655.79万元；农村五保户76户，分散供养58人，支出18.24万元；农村医疗救助155人次，民政部门资助参加合作医疗5081人次，支出15.54万元；农村临时救济205人次，支出10万元；参加城镇基本养老保险1100人，参加城镇居民基本医疗保险5081人；国家抚恤、补助各类优抚对象63人，支出30万元；城镇最低生活保障户36户58人，支出21.26万元。

1998—2015年龙吟镇社会保障情况表

表1-2-23

年份	低保			五保		医疗救助		资助参加合作医疗		临时救助		优抚对象	
	户数（户）	人数（人/次）	发放金额（万元）	人数（人/次）	发放金额（万元）	人数（人/次）	救助金额（万元）	人数（人/次）	资助金额（万元）	人数（人/次）	救助金额（万元）	人数（人/次）	支出金额（万元）
1998	—	—	—	107	0.654	—	—	—	—	93	0.17	13	0.432
1999	—	—	—	21	0.57	—	—	—	—	65	0.17	17	0.567
2000	3	3	0.0972	76	1.04	—	—	—	—	40	0.17	12	0.567
2001	4	6	0.1944	22	0.15	—	—	—	—	69	0.28	18	1.39
2002	4	6	0.1944	36	0.3	—	—	—	—	93	1.12	29	4.12
2003	4	6	0.1944	45	0.6114	125	3.12	97	0.124	120	0.54	34	4.87
2004	5	8	0.3168	66	4.3125	208	5.43	102	0.178	297	5.63	38	5.35
2005	6	9	0.648	70	4.375	518	10.36	147	0.206	93	5.83	35	11.75
2006	8	10	1.08	81	4.72	518	10.2	236	0.354	281	10.3	40	5.4
2007	634	1580	28.44	92	5.76	150	8.266	247	0.365	512	5.1	20	2.813
2008	772	2300	43.04	106	7.776	164	9.2	266	0.398	56	5.4	56	8.41
2009	861	2300	133.4	103	9.27	213	12.07	371	0.742	233	14.5	41	17.62
2010	1050	4500	178.16	92	7.36	260	16.35	371	0.742	115	6	51	19.75
2011	1516	4496	348.77	82	6.56	265	20.35	371	0.742	159	6	42	17.82
2012	1852	4759	338.58	80	9.6	257	17	4561	22.81	134	6	67	23.39
2013	1852	4759	355.14	83	10.96	203	360	4903	16	116	5	64	32
2014	2034	4941	483.21	80	14.26	182	80	4983	13422	173	6	65	31
2015	2098	5005	655.79	76	18.24	155	10	5081	15.54	205	10	63	30

（五）基础设施

交通运输　1998年，公路总长71千米；客运总量4万人次，日均发送4辆客车，日客运量约120人次。2015年，公路总长140千米（不含普水过境油路36千米），其中柏油路18.4千米；客运总量7万人次，日均发送7辆客车，日客运量约210人次；村村通公路，通组公路基本普及。

邮政电信　1998年，邮政网点1个，投递路线单程最长16千米，乡村通邮率100%。电信企业1家，服务网点1个，电话交换机总容量100门，固定电话用户20户，电话普及率0.02%；移动电话用户1200户，移动电话普及率12%；互联网用户20户；电信业务收入12万元。

2015年，邮政网点1个，投递路线单程最长16千米，每村设有1个代投点，全镇共设有7个代投点，乡村通邮率100%。电信企业1家，服务网点2个，电话交换机总容量1500门，固定电话用户400户，固定电话普及率10%；移动电话用户4700户，移动电话普及率99%；互联网用户352户；电信业务收入103万元。

四、兴中镇

（一）政区概况

地理位置　位于县境北部偏西，地处北纬25°37′44″～25°45′04″，东经104°55′50″～105°01′30″。东连白沙乡，南接盘水街道，西与盘县保基苗族彝族乡隔河相望，北与龙吟镇毗邻。1998年，镇人民政府驻新光社区四组，南距县政府驻地11.6千米（通行公路为X636或称为S216，里程23千米）；2013年5月10日，镇人民政府迁驻新光社区铅矿组，南距县政府驻地13.8千米（通行公路为X636或称为S216，里程26.7千米）。

区划演变　1998年，辖新光、茅坪、红岩3个管理区，下设新光、红光、红岩、新民、红卫、小山坡、辣子树、雨谷、茅坪9个行政村，74个村民组。

1998年罐子窑镇行政区划一览表

表1-2-24

管理区	行政村	村民组
新光管理区	新光村	新光一组、新光二组、新光三组、新光四组、新光五组、新光六组、新光七组、三丘田组
	红光村	上岩脚组、柿花树组、弯腰树组、阿朗刘家组、阿朗代家组、阿朗谭家组、杨柳凹组、陈家寨组、谭家弯组、梨山坪组、大路边组
	雨谷村	李家湾组、白家凹组、大屋仓组、小凹头组、土官田组
茅坪管理区	茅坪村	茅坪组、二茅坪组、响林岩组、楼子上组、蜂子岩组
	红卫村	何家寨组、臭樟树组、唐家组、大槽子组、烂坝组、张家厂组
	小山坡村	苏子坪组、降阶坪组、小山坡组、发菜组、蔗开组、老树榜组、旧屋基组、发丫口组、桃子树组、伍家寨组
红卫管理区	新民村	峰火砖组、两路口组、院子头组、海寨城组、上白市岩组、下白市岩组、谭家寨组、李家庄组、老丫口组、代家箐组
	红岩村	畔河组、石墙地组、猴子地组、格那组、大山组、红岩组、大小井组、李家寨组、坪子头组、格那河组、河沟头组
	辣子树村	丫口组、田边寨组、头箐组、三道箐组、王家寨组、新寨组、罗鼓寨坪组、旧寨（辣子树）组

2007年9月，撤销3个管理区，将9个行政村整合为崧岿、红岩、小山坡、辣子树4个行政村和新光1个社区，下设60个村民组、14个居民组。

2015年6月，撤销罐子窑镇，设置兴中镇，辖原罐子窑镇和原窝沿乡田坝村，共5个行政村、1个社区，下设73个村民组、14个居民组。

2015年兴中镇行政区划一览表

表1-2-25

行政村（社区）	村（居）民组暨自然村寨
新光社区	一组（平街）、二组（上街）、三组（背街）、四组（十字街）、五组（湾子头）、六组（场坝上）、七组（场坝上）、八组（三秋田）、土关田组、李家湾组、白家洼组、小洼头组（绿猫坪、小洼头）、大屋昌组、铅矿组

续表1-2-25

行政村（社区）	村（居）民组暨自然村寨
嵫岿村	谭家组、代家组、刘家组、岩脚组、湾腰树组、立山坪组、大路边组、湾子头组、杨柳洼组、陈家寨组（李家湾、郑家丫口、陈家寨）、柿花树组
红岩村	格那组（格罗坡、格那）、上百岩组、下百岩组、格那河组（田坝头、格那河）、河沟头组（新田洼、河沟头）、李家寨组（天桥丫口、李家寨）、谭家寨组（白泥堡、谭家寨）、大山组（松林坡、石墙坟、大山）、坪子头组（大水井、大田、坪子头）、海寨城组（海龙罐、海寨）、风火砖组（卢家寨）、畔河组、老丫口组、李家寨组（鱼塘边）、两路口组（窖边、两路口）、猴子地组（张家屋基、大路坪子、猴子地）、石墙地组（安鸡洞、石灰窑）、大水井组（荔枝树、黑岩、大水井）、代家箐组（九斗种、代家箐）、院子头组、小红岩组
小山坡村	小山坡组、头茅坪组、二茅坪组、伍家寨组（霸东、伍家寨）、庶开组、响林岩组、楼子上组、旧屋基组（老皇地、旧屋基）、降阶坪组、峰子岩组、发丫口组、发菜组、老树榜组、苏子坪组、桃子树组（葫芦凸、桃子树）
辣子树村	新寨组（石基水井、双巴洞、新寨）、张家厂组、唐家组（黑箐、唐家寨）、旧寨组（祭山脚、旧寨）、罗古菜坪组、大朝子组（打厂坡、大朝子）、烂坝组（老屋基、烂坝）、王家寨组（茶二岩、王家寨）、三道箐组、何家组（石丫口、何家组）、臭樟树组、头箐组（水井门口、头箐）、丫口组、田边寨组
田坝村	胡家组、颜家组、东瓜林组、大洼三组、半坡组、大洼四组、祖坟箐组、河底下组、黄泥水井组、湾子组、白果树组、小竹山组

人口面积 1998年，总人口1.21万人，其中男性6393人，占总人口的57.57%，女性5660人，占总人口的42.43%；农业人口1.16万人，占总人口的96.59%，非农业人口411人，占总人口的3.41%；18岁以下3475人，占总人口的28.83%，18～60岁6984人，占总人口的57.94%，60岁以上1594人，占总人口的13.32%；少数民族2531人，占总人口的21%。

2015年，总人口1.92万人，其中城镇常住人口3650人，城镇化率18.99%。另有流动人口7607人。总人口中，男性1.02万人，占总人口的53.13%；女性9011人，占总人口的46.87%；18岁以下5101人，占总人口的26.53%；18～60岁1.18万人，占总人口的61.4%；60岁以上2319人，占总人口的12.06%。总人口中，汉族1.60万人，占83.44%；有苗族、彝族、布依族、回族4个少数民族共3183人，占16.56%；其中苗族2084人，占少数民族人口的65.47%。

1998—2015年兴中镇人口情况表

表1-2-26

年份	年末总人口（人）	男性（人）	女性（人）	农业人口（人）	非农业人口（人）	出生人口（人）	死亡人口（人）	18岁以下（人）	18～60岁（人）	60岁以上（人）	少数民族人口	
											人数（人）	比例（%）
1998	12053	6393	5660	11642	411	170	56	3475	6984	1594	2531	21
1999	12133	6465	5668	11710	423	135	54	3361	7039	1733	2452	20.4
2000	12210	6538	5672	11784	426	258	78	3415	7059	1736	2564	21
2001	12378	6682	5696	11929	449	114	65	3527	7107	1744	2562	20.6
2002	12446	6673	5773	11982	464	125	47	3567	7161	1718	2464	19.8
2003	15394	8896	6498	12494	2900	159	84	3589	9483	2322	3386	22
2004	15448	8928	6520	12614	2834	200	63	4800	8841	1807	3166	20.5
2005	14485	7767	6718	12549	1936	276	68	4290	8462	1733	2991	20.65
2006	14686	7859	6827	12752	1934	232	82	4165	8713	1808	3128	21.3
2007	15710	8356	7354	13768	1942	200	120	4789	9083	1838	3283	20.9

续表 1-2-26

年份	年末总人口（人）	男性（人）	女性（人）	农业人口（人）	非农业人口（人）	出生人口（人）	死亡人口（人）	18岁以下（人）	18～60岁（人）	60岁以上（人）	少数民族人口	
											人数（人）	比例（%）
2008	16584	8781	7803	14661	1923	289	94	4934	9566	2084	3703	22.33
2009	16727	8861	7866	14724	2003	270	84	4983	9621	2123	3629	21.7
2010	16171	8623	7548	14524	1647	330	328	4830	9634	1707	3377	20.88
2011	15934	8546	7388	14325	1609	154	37	4832	9405	1697	3223	20.23
2012	15892	8366	7526	14320	1572	182	76	4765	9282	1845	3288	20.69
2013	15960	8537	7423	14345	1615	159	36	4852	9375	1733	3293	20.64
2014	19084	10144	8940	17691	1393	240	124	4961	11932	2191	3143	16.47
2015	19224	10213	9011	17753	1471	140	113	5101	11804	2319	3183	16.56

1998年，辖区东西最大距离9.5千米，南北最大距离12千米，总面积91平方千米。其中陆地90.67平方千米，占99.64%；水域0.33平方千米，占0.36%。

2015年，辖区东西最大距离10.6千米，南北最大距离13.7千米，国土面积103.8平方千米。其中陆地103.46平方千米，占99.67%；水域0.34平方千米，占0.33%。

（二）自然条件

地形地貌　属典型喀斯特山区地貌，主要山脉马鞍山。最高峰蜂子岩位于小山坡村，海拔2033米；最低点位于辣子树村田边寨组，海拔981米。

水　文　境内河流属珠江流域南盘江水系。河流6条，主要河道有田边寨河，总长6.3千米，从南向北流经境内的红岩村畔河组、丫口组、田边寨组，流域面积7.2平方千米。

自然资源　境内已探明地下矿藏有铁、铝、铅锌等。野生动物有野山羊、石蚌等。

（三）经济概况

农　业　1998年，耕地面积694公顷；林地面积2565公顷。粮食作物以稻谷、玉米、小麦为主，粮食总产量3853吨，其中稻谷1015吨，玉米2103吨，小麦735吨，人均319.67千克。畜牧业以猪、羊、牛、禽为主，生猪饲养量5308头，年末存栏5213头；羊饲养量452只，年末存栏356只；牛饲养量2525头，年末存栏2334头；家禽饲养量3.2万羽，上市家禽3.2万羽。造林28.5公顷。农业总产值1056万元。

2015年，耕地面积640公顷，林业用地4005公顷。粮食总产量6810吨，其中稻谷2081吨，玉米3992吨，小麦737吨，人均354.24千克；主要经济作物有烤烟、核桃等。生猪饲养量8101头，年末存栏7543头；羊饲养量3552只，年末存栏1674只；牛饲养量4110头，年末存栏3115头；家禽饲养量7108万羽，上市家禽3.1万羽。累计造林1.38万公顷，其中防护林1.38万公顷，农民住宅四旁树木2万株，林木覆盖率51%，活立木蓄积量100万立方米。水果种植面积2公顷，主要品种有梨、桃。农业总产值3742万元。

1998—2015年兴中镇农业情况表

表 1-2-27

年份	耕地面积（公顷）	草地面积（公顷）	林地面积（公顷）	造林面积（公顷）	粮食总产量（吨）	生猪存栏（头）	牛存栏（头）	羊存栏（只）	家禽存栏（羽）	肉产量（吨）	蛋产量（吨）	农业总产值（万元）
1998	694	58	2565	427	3853	5213	2334	356	28335	338	13	1056
1999	694	46	2738	69	3714	5618	2700	1894	32465	397	14	1051

续表1-2-27

年份	耕地面积（公顷）	草地面积（公顷）	林地面积（公顷）	造林面积（公顷）	粮食总产量（吨）	生猪存栏（头）	牛存栏（头）	羊存栏（只）	家禽存栏（羽）	肉产量（吨）	蛋产量（吨）	农业总产值（万元）
2000	694	65	2752	36	3919	6505	3041	785	36521	387	12	1145
2001	694	72	3254	580	3867	5641	3126	622	33692	402	11	1256
2002	694	83	3546	642	3815	4120	405	415	35359	454	13	1433
2003	689	94	3614	606	3769	7130	3345	950	60650	471	14	2069
2004	1466	91	3614	229	3371	8470	3412	1050	78000	492	16	2021
2005	1470	88	3659	227	4246	9583	3750	1687	78110	724	16	2138
2006	1358	135	3655	235	4355	6857	3873	1489	78461	718	16	2178
2007	1155	123	3680	263	4349	2322	1642	285	8284	166	10	1754
2008	640	167	3693	311	4560	2408	1718	490	15012	186	12	1850
2009	640	226	3714	65	5255	2864	1538	6120	17085	233	12	3018
2010	640	245	3722	43	4826	8474	2147	9370	25000	209	12	3602
2011	640	204	3853	91	2434	8822	2645	6120	61000	522	13	3548
2012	640	269	3845	356	4239	4726	2735	5128	59654	895	13	3566
2013	640	289	3869	73	6700	7667	3240	1542	794050	1347	13.65	3668
2014	640	301	3961	65	5762	6350	2297	2278	85561	845	14.1	4805
2015	640	307	4005	72	6810	7543	3115	1674	7849	1258	13.8	3742

工　业　1998年，无工业企业。2000年，工业总产值23万元。2015年，砂石厂2个，砖厂5个，建材厂1个，还原铅生产厂1个，水电站2个，工业总产值437万元。

商业贸易　1998年，商业网点57个，从业人员102人。2015年，商业网点86个，从业人员154人；社会商品零售总额1692万元；城乡集贸市场2个，年成交额786万元。

财政金融　1998年，财政总收入159.39万元，农民人均纯收入1138元。金融机构各类存款余额1466万元，各项贷款余额658万元。

2015年，财政总收入896.5万元，农民人均纯收入6752元。金融机构各类存款余额1.44亿元，各项贷款余额4647万元。

1998—2015年兴中镇经济情况表

表1-2-28

年度	工业总产值（万元）	比上年增长（%）	财政总收入（万元）	比上年增长（%）	农民人均纯收入（元）	比上年增长（%）	存款余额（万元）	比上年增长（%）	贷款余额（万元）	比上年增长（%）
1998	—	—	159.39	10	1138	16	1466	18	658	8.9
1999	—	—	153.66	-1.9	1610	29	1765	20	769	16.9
2000	23	100	172.85	12	1723	6.5	1988	12.6	946	23
2001	34	33	169.54	-3	1815	5	2269	14.1	1267	33.9
2002	38	11	173.17	5	1992	9.6	2433	14.4	1367	7.9
2003	43	12	188.52	8	2012	3.9	2669	9.7	1587	16
2004	45	5	261.29	28%	2088	4.3	2738	2.6	1675	5.6
2005	49	8	196.44	25	2128	4.1	2933	7.1	1766	5.42
2006	53	7.4	235.23	17	2289	6.2	3236	10.3	1869	5.87
2007	56	5.8	185.58	-21	2435	7.6	3831	18.4	2001	9.7
2008	61	8.3	344.26	42	2538	6.8	4330	13	2371	8.2

续表1-2-28

年度	工业总产值（万元）	比上年增长（%）	财政总收入（万元）	比上年增长（%）	农民人均纯收入（元）	比上年增长（%）	存款余额（万元）	比上年增长（%）	贷款余额（万元）	比上年增长（%）
2009	64	4.7	407.85	16	2671	4.6	4474	3.3	2666	11.3
2010	62	-3	358.61	12	2833	6.9	5489	22.7	2961	12.5
2011	65	4.5	354.52	-1.7	2981	3.7	7335	33.6	3700	22.4
2012	66	1.5	295.06	-16	3652	18	8228	12.2	3818	5.7
2013	69	4.3	676.09	31	5071	28	9797	19.1	3985	3.9
2014	351	408	657.29	-2.7	5498	8.4	11874	21.2	4295	7.8
2015	473	34.7	896.5	36	6752	22.8	14439	21.6	4647	8.2

（四）社会事业

文化艺术　1998年，无文化设施。2015年，文化活动中心1个，农家书屋5个。地方特色民间艺术有苗族芦笙舞。

教　育　1998年，小学8所，在校生3051人，专任教师81人，小学适龄儿童入学率96%；初中2所，在校生1560人，专任教师85人，初中适龄人口入学率88%，小升初升学率94%，九年义务教育覆盖率95%。

2015年，幼儿园1所，在校生156人，专任教师7人；小学6所，在校生1164人，专任教师114人，小学适龄儿童入学率99.85%；初中2所，在校生852人，专任教师22人，初中适龄人口入学率98.45%，小升初升学率100%，九年义务教育覆盖率89.34%。主要学校有兴中中学、铅矿学校等。

1998—2015年兴中镇教育情况表

表1-2-29

年度	幼儿园（所）	在园幼儿（人）	专任教师（人）	小学（所）	在校学生（人）	专任教师（人）	初中（所）	在校学生（人）	专任教师（人）
1998	—	—	—	8	3051	81	2	1560	85
1999	—	—	—	8	3025	83	2	1650	86
2000	—	—	—	8	3061	80	2	1750	86
2001	—	—	—	8	3156	83	2	1887	80
2002	—	—	—	8	3228	86	2	1654	80
2003	—	—	—	8	2980	80	2	1485	82
2004	—	—	—	8	3021	89	2	1531	86
2005	—	—	—	8	3348	83	2	1720	86
2006	—	—	—	8	3447	83	2	1688	85
2007	—	—	—	8	2930	84	2	1421	81
2008	—	—	—	8	2450	82	2	1215	79
2009	—	—	—	8	2250	86	2	960	77
2010	—	—	—	8	2025	85	2	890	75
2011	—	—	—	8	1781	83	2	960	80
2012	—	—	—	8	1500	80	2	999	78
2013	1	119	2	8	1366	76	2	1033	76
2014	1	136	7	6	1348	110	1	880	23
2015	1	156	7	6	1164	114	2	852	22

医疗卫生　1998年，各级医疗卫生机构9个，其中卫生院1所，村级卫生室8个；床位18张；执业（助理）医师4人。

2015年，各级医疗卫生机构11个，其中卫生院1所，民营医院1所，村级卫生室9个；床位36张；执业（助理）医师15人；新型农村合作医疗参保人数1.57万人，参保率96.6%。

体　育　1998年，学校操场5个，经常参加体育活动的人员占常住人口的6%。2015年，学校操场9个，40%的村安装健身器材，经常参加体育活动的人员占常住人口的10%。

广播电视　1998年，安装卫星接收设备134套，电视综合覆盖率13%。2015年，累计安装地面卫星接收设备4420套，电视综合覆盖率95%。

社会保障　1998年，农村五保分散供养99人，支出5230元；临时救助87个，支出1700元；国家抚恤、补助各类优抚对象10人，支出2980元。

2015年，农村最低生活保障户1692户2840人，支出436.65万元；农村五保分散供养41人，支出12.18万元；医疗救助524人，支出12万元；资助参加合作医疗387人，支出3.48万元；临时救助837人，支出10.15万元；国家抚恤、补助各类优抚对象70人，支出26.38万元。

1998—2015年兴中镇社会保障情况表

表1-2-30

年份	低保			五保		医疗救助		资助参加合作医疗		临时救助		优抚对象	
	户数（户）	人数（人）	发放金额（万元）	人数（人）	发放金额（万元）	人数（人）	救助金额（万元）	人数（人）	资助金额（万元）	人数（人）	救助金额（万元）	人数（人）	支出金额（万元）
1998	—	—	—	99	0.523	—	—	—	—	87	0.17	10	0.298
1999	—	—	—	18	0.43	—	—	—	—	56	0.13	12	0.489
2000	5	5	0.0823	80	1.07	—	—	—	—	45	0.18	13	0.576
2001	3	6	0.1879	25	0.17	—	—	—	—	58	0.21	15	1.2
2002	5	7	0.1923	35	0.2	—	—	—	—	95	1.15	28	3.75
2003	6	8	0.1913	47	0.524	135	3.13	95	0.112	122	0.52	30	4.56
2004	5	9	0.3286	55	4.125	205	4.95	100	0.176	287	5.32	33	5.12
2005	7	10	0.631	65	4.128	512	9.87	137	0.213	89	5.62	31	10.53
2006	9	12	1.05	79	4.52	543	10.3	243	0.376	285	10.6	41	5.3
2007	1172	1340	5.73	64	3.84	—	—	—	—	98	0.5	21	7.44
2008	1011	1365	48.27	72	5.8	—	—	217	0.65	110	0.6	14	7.12
2009	912	2085	120.93	85	6.84	—	—	199	0.39	96	0.5	34	9.13
2010	1094	1096	134.16	85	6.68	193	8	200	0.6	105	5	35	12.35
2011	1095	2604	239.34	82	13.16	212	10	220	0.66	113	5	33	13.38
2012	1507	2994	212.92	73	8.88	263	16	267	13.39	109	5	42	22.67
2013	1578	2984	233.67	74	10.29	239	13.38	257	17.99	146	6	45	23.78
2014	1733	3064	321.512	66	12.5379	497	9.21	395	2.765	223	2.52	70	25.216
2015	1692	2840	436.6527	41	12.1808	524	12	387	3.483	837	10.15	70	26.3822

（五）基础设施

交通运输　1998年，公路总长49千米，其中普（安）水（城）柏油路过境23千米，通村通组公路26千米。

2015年，公路总长116千米，其中普（安）水（城）柏油路过境23千米，江罐油路过境7.7千米，通村通组公路基本普及。

邮政电信　1998年，邮政网点2个，乡村通邮率37%。电信服务网点1个，固定电话用户268户，电话用户普及率10%；移动电话用户373户，移动电话普及率13%。

2015年，邮政网点2个，投递路线单程总长度23.5千米，乡村通邮率100%。电信服务网点3个，电话交换机总容量2048门，固定电话用户85户；移动电话用户4327户，移动电话普及率93.42%；宽带接入用户180户；电信业务收入16万元。

五、江西坡镇

（一）政区概况

名称来历　因位于大桥河西南坡上，故得名江西坡。

地理位置　位于普安县中东部，地处北纬25°47′～25°51′、东经105°21′～105°6′之间。东与晴隆县沙子镇隔大桥河相望，南连地瓜镇，西接盘水街道，北与高棉乡毗邻。镇人民政府驻江西坡社区上街组，西距县政府驻地11.8千米（通行公路为G320，里程20.4千米）。

区划演变　1998年，辖江西坡、红寨、白石3个管理区，下设江西坡、中心、联盟、大田、东南、白水、细寨、白石、下山、高潮、团结11个行政村，100个村民组。

1998年江西坡镇行政区划一览表

表1-2-31

管理区	行政村	村民组
江西坡管理区	江西坡村	上街组、下街组、篙枝坪组、野猫洞组、大沟头组、立山田组
	中心村	王家庄组、中心组、上梁家庄组、坪田组、老盆田组、双江口组
	高潮村	杉树林组、潘家田组、向阳组、鱼塘组、王家院组、老寨头组、许家院组、泥拉铺组、岔里组
	团结村	罗家地组、蒋家湾组、分水岭组、邓家弯组、杨梅山组
细寨管理区	细寨村	细寨组、保屯组、小河口组、朗寨上组、朗寨下组、乌寨组、细格组
	联盟村	胡山寨组、上南坡组、下南坡组、黄泥田组、官田组、长安头组、包包寨组、立林组、岩脚寨组、石头寨组、大凹子组、坪寨组
	东南村	上东南组、下东南组、中东南组、上红星组、下红星组、凡基云组、杨保井组、畜牧场组、响贡组
细寨管理区	大田村	红寨组、黄泥坡组、立林组、巴一组、新寨组、响水河组、斗八寨组、坪寨组、丫口田组、大田组、大河边组
	白水村	大坪组、长岭子组、白水冲组、上扒山田组、下扒山田组、水马脚石组、黄家田组、姚家坡组、转山丘组、养马寨组
白石管理区	白石村	白石岩组、红花湾组、老屋厂组、三桥岭组、新桥组、大金营组、坑子头组、芭蕉关组、申关屯组、地巩组、雪厂组、下水箐组、上水箐组
	下山村	谭家院组、黄家院组、孟家岭组、马场坑组、河边组、屯底下组、下五其组、新田坡组、新阶田组、于家湾组、杨家冲组、耍马田组

2007年9月，撤销3个管理区，将11个行政村整合为白石、高潮、下山、联盟、细寨5个行政村和江西坡1个社区，下设88个村民组、12个居民组。2014年3月，新增茶场社区，下辖的新寨组调整为新寨一组、新寨二组，村（居）民组调整为72个村民组、29个居民组。

2015年6月，行政区划变动，白石村并入盘水街道。江西坡镇辖4个行政村、2个社区，下设60个村民组、29个居民组。

2015年江西坡镇行政区划一览表

表1-2-32

行政村（社区）	村（居）民组暨自然村寨
高潮村	罗家地组（蝎子屯、祭山坡、罗家地）、邓家湾组（店子上、老云田、邓家湾）、杨梅山组（仓门口、打底田、杨梅山）、分水岭组、蒋家湾组、杉林组、渔塘组（祭山坡、下渔塘、康家寨）、老寨组、向阳组、泥拉铺组、许家院组、王家院组、潘家田组（老潘家田、陈家寨）、岔里组
下山村	孟家岭组、马场坑组、屯底下组、下午七组、新田坡组、新街田组、谭家院组、杨家冲组、于家湾组、要马田组、黄家院组、河边组
细寨村	响贡组、马脚寺组、姚家坡组、细寨组、细格组、上朗组、下朗组、上东组、中东组、下东组、乌寨组、保屯组、上红星组、下红星组、长岭组、白水组、大坪组、上巴山组、下巴山组、黄泥田组
联盟村	关田组、长安组、大田组、上坪寨组、大立林组、胡山寨组、上南坡组（路边寨）、下南坡组、大洼组、岩脚组、黄泥田组、石头寨组、包包寨组（小寨）、小立林组
江西坡社区	大沟头组、野猫洞组、下坪田组、老盆田组、祭山树组、立山田组、上街组、下街组、王家庄组、梁庄组、双江组、蒿枝坪组
茶场社区	凡基云组、杨保井组、小河口组、畜牧场组、养马寨组、转山丘组、红寨组（猴家寨、毡帽山）、巴一组、新寨一组、新寨二组、大河边组、贺家田组、丫口田组（叫天龙）、坪寨组、响水河组、斗八寨组（瓦窑田）、黄泥坡组

人口面积　1998年，总人口2.26万人，其中城镇常住人口2823人，城镇化率11.59%；流动人口435人。总人口中，男性1.22万人，占总人口的54.08%，女性1.04万人，占总人口的45.92%；18岁以下6732人，占总人口的29.76%，18～60岁1.37万人，占总人口的60.46%，60岁以上2212人，占总人口的9.78%。总人口中，汉族1.29万人，占总人口的57%；有布依族、彝族、黎族、回族、苗族等7个少数民族共9727人，占总人口的43%；超过1000人的少数民族有布依族、苗族。

2015年，总人口2.58万人，其中城镇常住人口3458人，城镇化率13.4%；流动人口953人。总人口中，男性1.36万人，占总人口的52.93%，女性1.21万人，占总人口的47.07%；18岁以下7660人，占总人口的29.70%，18～60岁1.55万人，占总人口的60.25%，60岁以上2592人，占总人口的10.05%。总人口中，汉族1.51万人，占总人口的58.53%；有布依族、苗族、黎族、回族等7个少数民族共1.07万人，占总人口的41.47%；超过1000人的少数民族有布依族，共1万人。

1998—2015年江西坡镇人口情况表

表1-2-33

年份	年末总人口（人）	男性（人）	女性（人）	农业（人）	非农（人）	出生人口（人）	死亡人口（人）	18岁以下（人）	18～60岁（人）	60岁以上（人）	少数民族人口	
											人数	比例（%）
1998	22622	12236	10386	22118	504	501	165	6732	13678	2212	9727	43
1999	23464	12480	10984	22968	496	409	159	6983	14186	2295	10230	43.6
2000	25312	13155	12157	24361	951	565	162	7533	15303	2476	11163	44.1
2001	25828	13309	12519	24873	955	499	143	7686	15616	2526	11494	44.5
2002	26295	13499	12796	25276	1019	403	201	7825	15898	2572	11806	44.9
2003	26618	13679	12939	25591	1027	396	155	8784	15703	2131	12031	45.2
2004	26765	13767	12998	25818	947	401	166	8832	15790	2143	12151	45.4
2005	26911	13964	12947	26057	854	351	132	8772	15535	2604	12298	45.7
2006	27491	14227	13264	26566	925	377	367	8879	16060	2552	12618	45.9
2007	27624	14282	13342	26622	1002	383	188	8913	16126	2585	12707	46

续表 1-2-33

年份	年末总人口（人）	男性（人）	女性（人）	农业（人）	非农（人）	出生人口（人）	死亡人口（人）	18岁以下（人）	18~60岁（人）	60岁以上（人）	少数民族人口	
											人数	比例（%）
2008	27987	14482	13496	26985	993	289	94	8329	16921	2728	1293	46.2
2009	28392	14693	13699	27371	1021	506	125	8449	17166	2777	13146	46.3
2010	27670	14834	13836	27615	1055	706	340	9324	16618	2728	12887	46.5
2011	28744	14833	13911	27637	1107	436	327	8578	17437	2729	13423	46.7
2012	28752	14837	13915	27603	1149	386	364	8582	17441	2729	13456	46.8
2013	29303	15329	13974	28104	1199	378	130	8720	17717	2866	13772	47
2014	30600	16075	14525	29300	1300	148	227	8050	18650	3360	12258	40
2015	25788	13649	12139	22330	3458	222	154	7660	15536	2592	10650	41.2

1998年，辖区东西最大距离14.8千米，南北最大距离8.3千米，总面积115.3平方千米。其中陆地102.5平方千米，占88.92%；水域12.8平方千米，占11.08%。

2015年，辖区东西最大距离12.5千米，南北最大距离7.9千米，总面积114.4平方千米。其中陆地102.5平方千米，占89.6%；水域11.9平方千米，占10.4%。

（二）自然条件

地形地貌　地处乌蒙山麓，地形以山地为主。最高峰位于下山村和白石村交界处（长关箐大干冲），海拔1943.2米；最低点位于江西坡社区老盆田，海拔750米。

水　文　境内北盘江流域的支流新寨河，从东北向东南流经境内的江西坡社区双江组，河流总长36.8千米，流域面积123平方千米。

矿藏资源　境内已探明地下矿藏有煤、黄金、石矿等。

（三）经济概况

农　业　1998年，耕地面积1446公顷，可利用草山面积310公顷，林地面积3230公顷。粮食作物以稻谷、玉米为主，粮食总产量7522吨，人均333.8千克；主要经济作物有茶叶、水果等。畜牧业以猪、羊、牛、禽为主，生猪存栏7086头，羊存栏950只，牛存栏5632头，家禽存栏3.15万羽；肉类产量430吨，禽蛋7吨。造林320公顷。农业总产值1971万元。

2015年，耕地面积2022公顷，林地面积5890公顷。生产粮食8330吨，人均323.01千克；主要经济作物有茶叶、脐橙、武昌桃等；蔬菜种植面积55公顷，产量110吨。生猪饲养量1.76万头，年末存栏9565头；牛饲养量8724头，年末存栏8268头；羊饲养量1649只，年末存栏1052只；家禽存栏9.33万羽；肉类产量922.5吨。累计造林120公顷，其中经济林15公顷，林木覆盖率50.39%。名优特农产品有茶叶。农业总产值1.92亿元。

1998—2015年江西坡镇农业情况表

表 1-2-34

年份	耕地面积（公顷）	林地面积（公顷）	造林面积（公顷）	粮食总产量（吨）	生猪存栏（头）	牛存栏（头）	羊存栏（只）	家禽存栏（羽）	肉产量（吨）	蛋产量（吨）	农业总产值（万元）
1998	1446	3230	320	7522	7086	5632	950	31500	430	7	1971
1999	1446	3550	223	6711	6059	5508	220	32688	560	14	1971
2000	1446	3773	154	7603	7450	4870	586	35623	568	22	2110
2001	1446	3927	195	7641	8673	4495	668	39415	577	27	2354

续表1-2-34

年份	耕地面积（公顷）	林地面积（公顷）	造林面积（公顷）	粮食总产量（吨）	生猪存栏（头）	牛存栏（头）	羊存栏（只）	家禽存栏（羽）	肉产量（吨）	蛋产量（吨）	农业总产值（万元）
2002	1446	4122	66	5732	8854	4538	620	29934	707	30	3010
2003	1446	4188	159	7568	8900	5011	680	31084	729	32	3479
2004	1446	4347	93	7497	9300	5223	986	36500	782	38	3369
2005	1446	4440	320	7828	10580	4577	450	91390	737	—	3284
2006	1446	4760	230	8467	11000	4605	450	110000	817	—	3658
2007	1446	4990	180	7229	9287	3011	150	149959	1013	12	4515
2008	1523	5170	210	9883	9835	2960	250	63600	805	18	4001
2009	1523	5380	120	9550	10032	3893	460	86464	1035	24	5346
2010	1523	5500	90	8643	9819	3894	2084	89328	1102	8.33	4226
2011	1566	5590	110	4380	9832	3126	943	117414	968	64	8650
2012	1566	5700	107	11746	11241	7646	1138	115084	1209	53	11653
2013	1566	5807	85	11930	11284	4029	1343	116902	1200	80	12334
2014	1566	5860	50	8785	10672	7907	1130	109011	1124.3	62	17975
2015	1566	5890	25	8330	9565	8268	1052	93252	922.5	54.6	19247

工　业　1998年，境内无工业企业。2015年，小水电站1座，装机容量1500千瓦，茶叶加工企业19个，工业总产值9187.2万元。

商业外贸　1998年，商业网点11个，从业人员38人；社会商品零售总额135万元；城乡集贸市场1个，年成交额435万元。2015年，社会商品零售总额1.10亿元；城乡集贸市场2个，年成交额6978万元。

财政金融　1998年，财政总收入45.17万元，农民人均纯收入1220元。金融机构各类存款余额300.08万元，各项贷款余额208.36万元。

2015年，财政总收入550.18万元，农民人均纯收入7051元。金融机构各类存款余额1.16亿元，各项贷款余额9403.57万元。

1998—2015年江西坡镇经济情况表

表1-2-35

年份	工业总产值（万元）	比上年增长（%）	财政总收入（万元）	比上年增长（%）	农民人均纯收入（元）	比上年增长（%）	存款余额（万元）	比上年增长（%）	贷款余额（万元）	比上年增长（%）
1998	—	—	45.17	—	1220	—	300.08	—	208.36	—
1999	—	—	51.61	14.26	—	—	302.24	0.72	241.96	16.13
2000	—	—	62.56	21.22	—	—	375.14	24.12	274.33	13.38
2001	—	—	65.48	4.67	—	—	487.43	29.93	358.64	30.73
2002	—	—	86.67	32.36	1460	—	646.03	32.54	558.10	55.62
2003	—	—	72.96	-15.82	1509	3.36	841.44	30.25	793.11	42.11
2004	—	—	101.28	38.82	1682	11.46	1114.60	32.46	1075.94	35.66
2005	—	—	74.93	-26.02	1790	6.42	1623.52	45.66	1201.96	11.71
2006	—	—	91.35	21.91	1847	3.18	1694.10	4.35	1557.53	29.58
2007	—	—	107.20	17.35	2040	10.45	2098.01	23.84	1824.65	17.15
2008	400	—	131.5	22.67	2386	16.96	2367.51	12.85	2206.49	20.93
2009	1100	175	141.7	7.76	2679	12.28	3106.31	31.21	3089.67	40.03

续表1-2-35

年份	工业总产值（万元）	比上年增长（%）	财政总收入（万元）	比上年增长（%）	农民人均纯收入（元）	比上年增长（%）	存款余额（万元）	比上年增长（%）	贷款余额（万元）	比上年增长（%）
2010	1800	41.2	192.89	36.13	3060	14.22	5244.75	68.84	4010.62	29.81
2011	2700	50	195.23	1.21	3845	25.65	5383.54	2.65	5383.02	34.22
2012	3800	40.7	238.61	22.22	5384	40.03	6594.59	22.50	6855.73	27.36
2013	5600	50	325	36.21	6582	22.25	8041.05	21.93	7537.66	9.95
2014	7920	11	469.51	44.5	6754	2.61	9666.15	20.21	8329.11	10.5
2015	9187.2	16	550.18	17.2	7051	3.9	11623.55	20.25	9403.57	12.9

（四）社会事业

文化艺术 1998年，文化站1个，聘用电影放映员2人。2015年，文化站1个，公共图书室6个，藏书1.3万册。地方特色民间艺术有布依小打音乐。

教　育 1998年，小学11所（含教学点），在校学生2530人，专任教师112人，小学适龄儿童入学率78.6%；初中2所，在校学生1653人，专任教师50人，初中适龄人口入学率72.3%，小升初升学率68.4%，九年义务教育覆盖率53.2%。

2015年，幼儿园1所，在园幼儿505人，专任教师6人；小学10所，在校学生2308人，专任教师183人，小学适龄儿童入学率98%；初中2所，在校学生1238人，专任教师71人，初中适龄人口入学率89%，小升初升学率96%，九年义务教育覆盖率73%。教育经费投入167.66万元，预算内教育经费占财政总支出比例5.8%。主要学校有江西坡民族中学。

1998—2015年江西坡镇教育情况表

表1-2-36

年度	幼儿园（所）	在园幼儿（人）	专任教师（人）	小学（所）	在校学生（人）	专任教师（人）	初中（所）	在校学生（人）	专任教师（人）
1998	—	—	—	11	2530	112	2	1653	50
1999	—	—	—	11	2610	115	2	1635	50
2000	—	—	—	11	2722	120	2	1760	53
2001	—	—	—	11	2839	131	2	1755	55
2002	—	—	—	11	2896	131	2	1832	55
2003	—	—	—	11	3012	135	2	1850	57
2004	—	—	—	11	3286	130	2	1870	60
2005	—	—	—	11	3587	140	2	1900	61
2006	—	—	—	11	3680	140	2	1930	61
2007	—	—	—	11	3754	142	2	1811	62
2008	—	—	—	11	3850	142	2	1789	65
2009	—	—	—	11	3932	145	2	1713	75
2010	—	—	—	10	3900	165	2	1615	84
2011	—	—	—	10	3818	175	2	1410	80
2012	1	480	3	10	3790	180	2	1401	79
2013	1	462	3	10	3780	198	2	1450	77
2014	1	107	3	11	2500	147	2	1399	55
2015	1	505	6	10	2308	183	2	1238	71

医疗卫生　1998年，卫生院1个，床位8张，执业医师1人。2015年，各级各类医疗卫生机构11个，其中卫生院1所，卫生室10个，病床20张。医疗卫生从业人员28人，其中执业医师3人，助理医师2人。农村安全饮用水普及率98%，农村卫生厕所普及率95%；新型农村合作医疗参保人数1.96万人，参保率77%。

体　育　1998年，学校操场12个，篮球场6个。经常参加体育活动人员占常住人口的7.8%。2015年，学校操场14个，篮球场11个。经常参加体育活动的人员占常住人口的60%。

广播电视　1998年，有线电视用户123户。2015年，有线电视用户215户，安装地面卫星接收器用户4024户，电视综合覆盖率85%。

社会保障　1998年，临时救助150人，发放救助金2000元；优抚对象57人，发放优抚金2.05万元。2015年，农村最低生活保障户2848户4404人，支出659.09万元；农村五保供养82人，支出18.83万元。自然灾害受灾人口2261人，救灾支出9.9万元。国家抚恤、补助各类优抚对象134人，抚恤事业费支出56.36万元。

1998—2015年江西坡镇社会保障情况表

表1-2-37

年份	低保			五保		医疗救助		资助参加合作医疗		临时救助		优抚对象	
	户数（户）	人数（人/次）	发放金额（万元）	人数（人/次）	发放金额（万元）	人数（人/次）	救助金额（万元）	人数（人/次）	资助金额（万元）	人数（人/次）	救助金额（万元）	人数（人/次）	支出金额（万元）
1998	—	—	—	—	—	—	—	—	—	150	0.2	57	2.05
1999	—	—	—	—	—	—	—	—	—	152	0.3	57	2.28
2000	—	—	—	—	—	—	—	—	—	151	0.2	57	3.28
2001	—	—	—	—	—	—	—	—	—	150	0.2	57	4.47
2002	521	600	50.2	60	0.18	—	—	—	—	230	0.25	57	6.63
2003	630	780	66.54	61	0.2	—	—	—	—	300	0.6	68	6.58
2004	720	860	71.6	64	0.3	—	—	—	—	320	0.9	55	7.77
2005	850	962	80.55	65	0.42	—	—	—	—	350	1.2	56	8.26
2006	980	1010	96.63	68	0.68	—	—	—	—	372	1.6	54	9.62
2007	1120	1420	100.32	68	0.82	—	—	—	—	400	3	53	10.25
2008	1360	2420	108.56	89	6.84	—	—	—	—	—	—	—	—
2009	1407	2420	165.32	87	8.8	139	2.84	194	0.97	231	8.2	37	12
2010	1901	4950	257.83	88	8.9	1832	20.34	198	0.99	249	9.86	40	15
2011	2005	4950	390.46	88	9.1	964	14.15	215	1.075	495	16.64	39	17
2012	2085	4949	370	88	8	950	16	204	1.008	436	13.28	43	22
2013	2342	5006	417	94	15	738	12	456	4.56	541	17.86	37	22
2014	2534	5068	575.89	79	17.69	597	9.5	3295	19.56	1941	8.4	105	49.56
2015	2848	4404	659.09	82	18.83	561	4.27	4822	24.11	2261	9.9	134	56.36

（五）基础设施

交通运输　1998年，G320过境，全长21千米。村级主干道6条，全长18.3千米。2015年，G60、晴（隆）兴（义）高速公路过境，境内里程12.3千米，双向4车道，有丫口田1个出口，通往贵阳、昆明；G320过境，境内里程21千米，双向2车道，通往贵阳、昆明；县镇公路2条，总长19千米。客运总量

9万人次，货运总量75万吨。

邮政电信 1998年，邮政网点1个，投递路线单程总长度22千米，投递点1个。固定电话用户12户。2015年，邮政网点1个，投递路线单程总长度11.85千米，投递点6个，乡村通邮率100%，业务收入15万元。电信企业3家，服务网点5个；电话交换机总容量2048门，固定电话用户498户，电话用户普及率5%；移动电话用户1.26万户，移动电话普及率80%；宽带接入用户1259户；电信业务收入539万元。

六、地瓜镇

（一）政区概况

名称来历 因驻地有2个圆圆的小山被1条路相连，远看酷似1条地瓜藤上结着2个地瓜得名。

地理位置 位于普安县东南面，地处北纬25°34′08″～25°47′02″、东经104°45′01″～104°59′45″。东连江西坡镇，南接新店镇、罗汉镇，西与南湖街道和盘县竹海镇相接，北与盘水街道毗邻。镇人民政府驻地瓜社区五组，北距县政府驻地9.6千米（通行公路为X632，里程18.9千米）。

区划演变 1998年，辖地瓜、莲花、岗坡、木卡4个管理区，下设地瓜、横冲、鲁沟、石板、坪地、格拱、莲花、八字寨、蜡烛山、箐门口、屯上、岗坡、孔家寨、东瓜、上木卡、下木卡、洋鸡箐17个行政村，116个村民组。

1998年地瓜镇行政区划一览表

表1-2-38

管理区	行政村	村民组
地瓜管理区	地瓜村	陈家寨组、岱山田组、金竹林组、丫巴山组、坳上组、克柏寨组、沙地头组、梁家岭子组、地瓜五组、地瓜六组、上纸河组、下纸河组
	坪地村	龙井组、张家湾组、城底下组、磨田组、张家院子上组、张家院子下组、团田组、上歹苏组、下歹苏组、潘家对门组、马鞍山组、马场坝组、老房子组、杨梅冲组、刘家湾组、二道湾组
	横冲村	背坡组、旧屋基组、半坡组、横冲上组、横冲下组、水井沟组、簸箕寨组
	鲁沟村	张家梁子组、核桃树组、老巴山组、坟山头组、滑路组
	格拱村	格拱上组、格拱下组
	石板村	石板组、狮子坳组、坪子组、小丫口组、岩底下组、侯家屯组、猫场组
莲花管理区	莲花村	新坡组、何家寨组、包包上组、大水井组、莲花组、大坎子组、大丫口组
	八字寨村	八字寨组、沙湾组、新寨组、龙选地组、哈梨树组、老满地组、大地边组、称杆坪组
	箐门口村	箐门口组、水井头组、黑坪地组、南山头组
	蜡烛山村	凹子头组、三道箐组、水沟河组、蜡烛山组
岗坡管理区	岗坡村	小箐口组、煤炭坡组、鸡场箐组、李家寨组、岗坡组
	孔家寨村	雷打石组、棒泥组、孔家寨组、杀牛坡组、吉嘎一组、吉嘎二组、吉嘎三组、蚂螂古组、场坝组
	屯上村	屯上组、老闭河组、磨寨河组、半坡一组、半坡二组、半坡三组、核桃寨组
	东瓜村	东瓜坡组、象鼻岭组、坪子田组、小岩组
木卡管理区	上木卡村	坪子头组、丫口寨组、合包箐组、小坪地组、吴家庄组、下厂河组、二道岩组
	下木卡村	下木卡一组、下木卡二组、下木卡三组、大凹子组、洞头坡组、麻龙山组、七姊妹组
	洋鸡箐村	羊鸡箐一组、羊鸡箐二组、祭屋厂组、盐井组、后头坡组

2007年9月，撤销4个管理区，将17个村整合为鲁沟、岗坡、木卡、莲花、屯上5个行政村和地瓜1个社区，下设98个村民组、19个居民组。

2015年6月，行政区划变动，莲花村并入盘水街道。地瓜镇辖4个行政村、1个社区，下设75个村民组、19个居民组。

2015年地瓜镇行政区划一览表

表1-2-39

行政村（社区）	村（居）民组暨自然村寨
木卡村	下木卡一组、下木卡二组、洋鸡箐一组、洋鸡箐二组（洋鸡箐、大竹坪）、丫口寨组、吴家庄组、小坪地组（小坪地、东瓜林）、下木卡三组、后头坡组（后头坡、坟山林）、锯无厂组、七姊妹组、合包箐组（合包箐、岩洞头、大瘦地）、平子头组、大洼子组、盐井组（盐井组、小二道岩）、麻龙山组、下厂河组、二道岩组（二道岩、韩尔冲）、洞头坡组
鲁沟村	坪上组、张家梁子组（张家梁子、梅子树）、滑路组、石板组、岩底下组、核桃树组、老巴山组、大营头组、小丫口组、坟山头组、狮子闹组、侯家屯组、猫场组
屯上村	团田组、屯上组、老被河组、张家湾组、上歹书组、核桃寨组、磨寨河组、下歹书组、城底下组、半坡一组、半坡二组、半坡三组、二道湾组、马安山组、磨田组、潘家门口组、张上院组、张下院组、杨梅冲组、龙井组、刘家湾组、老房子组、马场坝组
岗坡村	孔家寨组、东瓜组（东瓜、桐子林、张家山、新屋基）、格拱上组、格拱下组、岗坡组、小岩组、煤炭坡组、吉嘎一组、吉嘎二组、吉嘎三组、鸡场箐组（鸡场箐、湾箐）、坪子田组、象鼻岭组、李家院组、场坝组、小箐口组、蚂螂古组、杀牛坡组、棒泥组、雷打石组（雷打石、烂泥凹）
地瓜社区	半坡组、地瓜五组、地瓜六组、水井沟组、陈家寨组、旧屋基、簸箕寨、岱山田组、上纸河组、下纸河组、背坡组、上横冲组、下横冲组、梁家岭子组、金竹山组、坳上组、克柏寨组、沙地头组、丫巴山组

人口面积 1998年，总户数5234户，其中农业户5095户，非农业户139户；总人口2.15万人，其中农业人口2.09万人，占总人口的97.41%，非农业人口558人，占总人口的2.59%。总人口中，男性1.11万人，占总人口的51.81%，女性1.04万人，占总人口的48.19%；18岁以下6511人，占总人口的30.28%，18～60岁1.27万人，占总人口的59.24%，60岁以上2254人，占总人口的10.48%；少数民族人口3426人，占总人口的15.93%。

2015年，总户数5425户，人口总数2.25万人，其中城镇人口678人，城镇化率3%；在总人口中，男性1.18万人，占总人口的52%；女性1.07万人，占总人口的48%；农业人口2.18万人，占总人口的97%；非农业人口675人，占总人口的3%；18岁以下6478人，占总人口的29%；18～60岁1.38万人，占总人口的61%；60岁以上2198人，占总人口的10%。总人口中，汉族1.84万人，占总人口的82%；有彝族、黎族、布依族、苗族、回族、壮族等6个少数民族4066人，占总人口的18%；超过1000人的少数民族有彝族、黎族，其中彝族1615人，占少数民族人口的40%；黎族1198人，占少数民族人口的30%。

1998—2015年地瓜镇人口情况表

表1-2-40

年度	年末总人口（人）	男性（人）	女性（人）	农业人口（人）	非农业人口（人）	出生人口（人）	死亡人口（人）	18岁以下（人）	18～60岁（人）	60岁以上（人）	少数民族人口	
											人数（人）	比例（%）
1998	21504	11141	10363	20946	558	336	117	6511	12739	2254	3426	15.93
1999	21832	11312	10520	21265	567	294	109	6602	12942	2288	3489	15.98

续表1-2-40

年度	年末总人口（人）	男性（人）	女性（人）	农业人口（人）	非农业人口（人）	出生人口（人）	死亡人口（人）	18岁以下（人）	18～60岁（人）	60岁以上（人）	少数民族人口	
											人数（人）	比例（%）
2000	22527	11653	10874	21887	640	451	164	6814	13343	2370	3611	16.03
2001	22873	12150	10723	22192	681	374	131	6928	13552	2393	3760	16.44
2002	23208	12166	11042	22459	749	405	128	7034	13737	2437	3774	16.26
2003	23453	12302	11151	22662	791	324	101	7099	13891	2463	3874	16.52
2004	23716	12449	11267	22944	772	411	121	7178	14046	2492	3946	16.64
2005	24795	12922	11873	23875	920	325	122	7080	15212	2503	4053	16.35
2006	25484	13285	12199	24534	950	334	125	8470	14468	2546	4260	16.72
2007	26016	13567	12449	25015	1001	572	144	8464	14912	2640	4347	16.71
2008	26877	14030	12847	25833	1044	539	243	8554	15538	2785	4497	16.73
2009	27362	14279	13083	26248	1114	473	122	8535	16472	2355	4580	16.74
2010	28230	14691	13539	27090	1140	946	716	8546	16610	3074	4729	16.75
2011	27965	14529	13436	26935	1030	435	130	8592	16389	2984	4701	16.81
2012	27103	13909	13194	26061	1042	411	127	6972	17402	2729	4567	16.85
2013	27204	14281	12923	26148	1056	162	117	6861	16298	4045	4590	16.87
2014	27358	14365	12993	26275	1083	153	112	6807	16415	4136	4632	16.93
2015	22502	11807	10695	21827	675	91	83	6478	13826	2198	4066	18.03

1998年，辖区东西最大距离14千米，南北最大距离15千米，总面积124.5平方千米。2015年，辖区东西最大距离14千米，南北最大距离14千米，总面积99.9平方千米。

（二）自然条件

地形地貌　地势由东北向西南倾斜。最高峰位于莲花村横冲梁子，海拔2084米；最低点位于木卡村下厂河河谷，海拔1280米。莲花村莲花、八字寨、木卡村下厂河一带属典型的喀斯特地貌。

水　文　境内河道属北盘江流域，流域面积108平方千米。主要河流有洋鸡箐河、木卡河、鲁沟河、下厂河，总长41.5千米。河网密度0.33千米／平方千米，径流总量5.4亿立方米，年排涝量110万立方米，年最大排涝量260万立方米。境内最大的河流为下厂河，从鲁沟村张家梁子组至木卡村下厂河组，流经境内鲁沟村、地瓜社区、木卡村，长20.5千米，流域面积71.2平方千米，年径流量5立方米／秒，主要支流有鲁沟河、歹书河、木卡河等。

矿藏及其他自然资源　境内矿藏主要有煤矿、萤石矿、铁矿，煤遍布全境；萤石矿主要分布在莲花村、屯上村一带；铁矿主要分布在莲花村一带。自然资源有省级保护树种罗汉松，有国家级保护的樑木、银杏。核桃、板栗、漆树分布较广，滋生着灵芝、天麻等名贵中药材，素有“天麻之乡”“银杏之乡”美称。

（三）经济概况

农　业　1998年，耕地面积1420公顷，其中水田383公顷，旱地1037公顷；可利用草地面积121公顷，林地面积1287公顷。粮食作物以稻谷、玉米、小麦为主，种植粮食作物2441公顷，产粮6759吨，人均314.31千克。主要经济作物为烤烟，种植面积68公顷，产量204吨，产值82.8万元。畜牧业以猪、牛、羊、马、禽为主，生猪饲养量1.45万头，年末存栏8687头；牛饲养量7466头，年末存栏6990头，其中黄牛5130头，水牛1860头；羊存栏2501只，马存栏1000匹，家禽存栏3.01万羽；肉类产量460吨。累计造林935公顷，其中防护林920公顷，经济林15公顷，林木覆盖率38.87%；水果种植面积77公顷，产量192吨，主要品种有梨、桃等。农业总产值1818.4万元。

2015年，耕地面积1416公顷，其中水田383公顷，旱地1033公顷；可利用草地面积386公顷，林地面积3943公顷。种植粮食作物2267公顷，产粮6110吨，人均271.53千克。经济作物主要为烤烟，种植面积174.6公顷，产量327吨，产值655.16万元。生猪饲养量4683头，年末存栏3809头；牛饲养量2310头，年末存栏1680头；羊年末存栏2204只，其中能繁母畜638只，家禽存栏3.11万羽；肉类产量639吨。累计造林14.73公顷，其中防护林8.13公顷，经济林6.6公顷，退耕还林7.3公顷。农业总产值5498万元。

1998—2015年地瓜镇农业情况表

表1-2-41

年份	耕地面积（公顷）	草地面积（公顷）	林地面积（公顷）	造林面积（公顷）	粮食总产量（吨）	生猪存栏（头）	牛存栏（头）	羊存栏（只）	家禽存栏（羽）	肉产量（吨）	蛋产量（吨）	农业总产值（万元）
1998	1420	121	1287	935	6759	8687	6990	2501	30100	460	24	1818.4
1999	1420	121	2222	—	6805	8200	7850	3500	30180	713	28	1891
2000	1420	121	2222	—	6522	9169	7333	3800	30176	629	32	1858
2001	1420	121	2222	—	6869	11552	7549	3754	45212	779	30	1887
2002	1420	121	2585	363	6624	11700	7760	3800	15800	557	31	1974
2003	1420	121	2680	95	6690	11907	7636	4510	45860	672	35	2467
2004	1420	121	2680	—	7097	12517	7910	2631	39914	751	34	3481
2005	1512	121	2878	198	6891	13680	8480	3435	44274	740	38	2961
2006	1512	284	3079	201	7255	14380	8050	4694	51000	886	36	3552
2007	1512	284	3079	—	7368	5825	3375	223	22162	568	40	3236
2008	1512	284	3219	140	7392	3852	2119	463	20601	740	24	3257
2009	1516	284	3219	—	7402	6210	2950	1395	24670	732	18	4272
2010	1516	284	3219	—	6588	4757	2034	3463	18526	725	4	4785
2011	1516	350	3455	236	3145	4009	1900	3438	27418	470	3	5122
2012	1516	410	3455	—	5719	4605	1893	2649	25485	621	15	5248
2013	1516	532	3455	1053	6160	5188	1125	2542	28301	648	11	5194
2014	1516	548	3798	343	6320	4652	1886	2645	32530	723	18	5372
2015	1416	386	3943	14.73	6110	3809	1680	2204	31088	659	15	5498

工　业　1998年，煤炭企业1家，年产煤5万吨。工业总产值2631万元。2015年，砂石场2个，年产砂石25万立方米；煤炭企业2家，产煤40万吨。工业总产值4.83亿元。

商业贸易　1998年，商业网点2个，从业人员7人；社会商品零售总额110万元。2015年，商业网点68个，从业人员149人；社会商品零售总额7381万元。城乡集贸市场2个，年成交额3.6亿元。

财政金融　1998年，财政总收入98万元（其中地方财政收入90万元），农民人均纯收入1067元。金融机构各类存款余额209万元，各项贷款余额152万元。

2015年，财政总收入960万元（其中地方财政收入426.5万元），农民人均纯收入6955元。金融机构各类存款余额9681万元，各项贷款余额6648万元。

1998—2015年地瓜镇经济情况表

表1-2-42

年份	工业总产值（万元）	比上年增长（%）	财政总收入（万元）	比上年增长（%）	农民人均纯收入（元）	比上年增长（%）	存款余额（万元）	比上年增长（%）	贷款余额（万元）	比上年增长（%）
1998	2631	39	98	33	1067	3.38	209	9.12	152	8.53
1999	2736	4	79.8	-18.57	1087	1.87	293	40.19	216	42.11
2000	2775	1.43	72.03	-10.79	1180	2.80	375	27.99	248	14.81
2001	2810	1.25	78	8.29	1214	4.37	531	41.60	514	107.26
2002	2895	2.94	266.3	241	1267	5.20	760	43.13	710	38.13
2003	2927	1.11	305.8	14.83	1333	14.4	866	13.95	1058	49.01
2004	3468	18.48	547.2	78.94	1525	7.28	1034	19.40	1321	24.86
2005	6795	95.93	1040	90.06	1636	7.03	2947	185.01	2614	97.88
2006	9812	44.49	708.9	-31.84	1751	8.05	3862	31.05	3362	28.62
2007	12303	25.39	760	7.21	1892	14.43	3917	1.42	3925	16.75
2008	15981	29.90	205.6	-72.29	2165	14.43	4162	6.25	4217	7.44
2009	24315	52.15	238	16.05	2464	13.81	4339	4.25	4541	7.68
2010	26847	10.41	268.3	12.73	2840	15.26	4568	5.28	4637	2.11
2011	29654	10.46	294.87	9.90	3510	23.59	4700	2.89	4850	4.59
2012	29972	1.07	362	22.77	4908	39.83	5021	6.83	5976	23.22
2013	30200	0.76	914.7	152.7	6184	26	6679	33.02	7214	20.72
2014	38610	27.85	711.02	-22.27	6326	3	7023	5.2	7326	1.6
2015	48900	26.65	960	35	6955	10	9681	37.8	6648	-9.3

（四）社会事业

文化艺术 1998年，图书室1个，藏书3200册。2015年，文化站1个，村级文化活动中心5处，各类文化专业户18户，各类图书室6个，藏书7.6万册。民间艺术有岗坡村格拱彝族嗨马舞、地瓜社区半坡苗族芦笙舞等。

教　育 1998年，小学14所（含教学点），在校学生3576人，专任教师101人，小学适龄儿童入学率100%；初中1所，在校学生963人，专任教师36人，初中适龄人口入学率98%，小升初升学率、九年义务教育覆盖率100%。

2015年，幼儿园1所，在园幼儿119人，专任教师5人；小学11所（含教学点），在校学生2192人，专任教师162人，小学适龄儿童入学率99.3%；初中1所，在校学生1504人，专任教师72人，初中适龄人口入学率99.4%，小升初升学率、九年义务教育覆盖率99.1%。

1998—2015年地瓜镇教育情况表

表1-2-43

年度	幼儿园（所）	在园幼儿（人）	专任教师（人）	小学（所）	在校学生（人）	专任教师（人）	初中（所）	在校学生（人）	专任教师（人）
1998	—	—	—	14	3576	101	1	963	36
1999	—	—	—	14	3513	102	1	980	36
2000	—	—	—	14	3501	112	1	1005	39
2001	—	—	—	14	3468	112	1	1018	39
2002	—	—	—	14	3450	112	1	995	39

续表1-2-43

年度	幼儿园（所）	在园幼儿（人）	专任教师（人）	小学（所）	在校学生（人）	专任教师（人）	初中（所）	在校学生（人）	专任教师（人）
2003	—	—	—	14	3411	126	1	998	45
2004	—	—	—	14	3400	126	1	985	45
2005	—	—	—	14	3370	130	1	1005	48
2006	—	—	—	14	3324	132	1	1023	49
2007	—	—	—	14	3290	132	1	1120	49
2008	—	—	—	12	3218	128	1	1242	48
2009	—	—	—	12	3116	130	1	1360	50
2010	—	—	—	11	3008	125	1	1388	55
2011	—	—	—	11	2974	118	1	1480	55
2012	—	—	—	11	2788	133	1	1678	60
2013	—	—	—	11	2476	110	1	1665	53
2014	—	—	—	11	2356	143	1	1623	61
2015	1	119	5	11	2192	162	1	1504	72

医疗卫生 1998年，卫生院1所；床位8张；执业（助理）医师2人。2015年，各级医疗卫生机构13个，其中卫生院1所，村级卫生室12个；床位20张；执业（助理）医师7人；新型农村合作医疗参保人数2.74万人，参保率98.8%；城镇居民基本医疗保险692人，收取保费6.23万元。

体　育 1998年，学校操场3个。2015年，地瓜中学运动场2个，学校操场1个。

广播电视 1998年，广播站1个，安装大型地面卫星接收器2座，村村通卫星电视转播台11座。2015年，有线电视用户285户，安装地面卫星接收器用户4038户，综合覆盖率79.8%。

社会保障 1998年，农村最低生活保障户数526户742人，发放粮食6.6吨；农村临时救济182人次，支出4000元；国家抚恤、补助各类优抚对象96人，抚恤事业费支出7.5万元。2002年，农村五保分散供养68人，支出2.04万元。2005年，城镇最低生活保障户81户136人，支出11.26万元。2007年，农村医疗救助253人，支出5060元。2010年，农村医疗救助610人，支出25万元。2011年，农村社会养老保险参保8173人，收取保费82.23万元。

2015年，农村最低生活保障户2897户4305人，支出478.94万元；农村临时救济201人次，支出8.36万元；国家抚恤、补助各类优抚对象135人，抚恤事业费支出58.42万元；农村五保分散供养138人，支出23.68万元；城镇最低生活保障户93户259人，支出56.42万元；农村医疗救助107人次，支出4.86万元；参加农村社会养老保险6219人；参加城镇基本养老保险207人，收取保费37.11万元。

1998—2015年地瓜镇社会保障情况表

表1-2-44

年度	低保			五保		医疗救助		资助参加合作医疗		临时救助		优抚对象	
	户数（户）	人数（人/次）	发放金额（万元）	人数（人/次）	发放金额（万元）	人数（人/次）	救助金额（万元）	人数（人/次）	资助金额（万元）	人数（人/次）	救助金额（万元）	人数（人/次）	支出金额（万元）
1998	526	742	6600	—	—	—	—	—	—	182	0.4	96	7.4967
1999	547	848	6780	—	—	—	—	—	—	210	0.4	94	7.3414
2000	637	894	6885	—	—	—	—	—	—	240	0.65	70	5.467

续表1-2-44

年度	低保			五保		医疗救助		资助参加合作医疗		临时救助		优抚对象	
	户数（户）	人数（人/次）	发放金额（万元）	人数（人/次）	发放金额（万元）	人数（人/次）	救助金额（万元）	人数（人/次）	资助金额（万元）	人数（人/次）	救助金额（万元）	人数（人/次）	支出金额（万元）
2001	639	883	88260	—	—	—	—	—	—	361	0.8	84	6.5549
2002	753	1183	98700	68	2.04	—	—	—	—	4126	0.7	84	6.5549
2003	962	1296	98160	68	2.04	—	—	—	—	396	0.75	79	6.1699
2004	1204	1464	43980	108	3.834	—	—	—	—	323	0.7	75	8.1597
2005	437	663	21.8038	90	5.4	—	—	—	—	290	8	56	9.33
2006	435	651	23.084	158	8.25	—	—	—	—	429	0.7	23	3.15
2007	1229	1874	38.3325	90	7.64	—	—	253	0.506	1069	7.6	60	14.886
2008	1705	1864	118.08	143	7.88	—	—	251	0.52	843	5.665	68	9.748
2009	1921	2032	164.268	146	16.01	—	—	144	0.288	1942	14.5	69	9.7915
2010	2029	4713	261.672	160	19.2	610	25	235	0.47	566	11.43	89	31.584
2011	2333	4714	388.28	152	16.52	561	30	351	17.36	195	7.18	71	73.7628
2012	2637	4702	379.076	146	16.48	181	6	374	19.67	155	6	143	95.49
2013	2758	4695	442.988	135	18.084	381	17.12	212	12.8	152	6	148	54.95
2014	2693	4731	458.648	137	20.46	238	11.24	237	13.67	172	7.2	146	53.78
2015	2897	4305	478.941	138	23.68	107	4.855	296	15.6	201	8.36	135	58.424

（五）基础设施

交通运输 境内以公路运输为主。1998年，X632过境，境内长21千米；通村公路2条，总长24千米；通组公路总长195千米。客运总量1.17万人次，日均发送4辆客车，货运总量18万吨。

2015年，X632过境，境内长21千米；通村公路3条，总长43千米；通组公路总长368千米。客运总量1.62万人次，日均发送16辆客车，货运总量84万吨。

邮政电信 1998年，邮政网点1个，投递路线单程总长度20千米，乡村通邮率100%；投递国内函件4900件，国内汇票业务完成4300笔，国内异地特快专递信件完成430件，征订报纸5.1万份、杂志7100册，业务收入5.1万元。邮电所1家；电话交换机总容量44门，固定电话用户38户。

2015年，邮政网点1个，投递路线单程总长度73千米，投递点17个，乡村通邮率100%；投递国内函件1.93万件，国内汇票业务完成103笔，国内异地特快专递信件完成1.07万件，征订报纸3.5万份、杂志280册，业务收入13.5万元。电信企业2家，服务网点7个；电话交换机总容量129门，固定电话用户193户，电话用户普及率31%；移动电话用户3882户，移动电话普及率74%；互联网端口总数215个，宽带接入用户364户；电信业务收入463.7万元。

七、青山镇

（一）政区概况

名称来历 早年为林深箐大之地，故名箐山，明洪武十五年（1382）更名为青山。

地理位置 位于普安县南部，地处北纬25°29′～25°33′、东经104°49′～105°1′。东连兴仁县潘家庄、新农场，南接楼下镇，西与盘县新民镇交界，北与新店镇毗邻。镇人民政府驻下街社区三街三组，北距县政府驻地30.7千米（通行公路为X632、S313，里程46.8千米）。

区划演变 1998年，辖青山、金塘、新田3个管理区，下设下街、平街、上街、后街、小屯、营山、范家寨、刘家冲、营盘、海马、下节河、黄家坝、歹苏13个行政村，97个村民组。

1998年青山镇行政区划一览表

表1-2-45

管理区	行政村	村民组
青山管理区	上街村	街口组、卫生路组、塘子边组、榨子门组
	平街村	街心组、大树脚组、自然村组、卖米坡组、朱家巷组
	下街村	银行路组、孙家巷组、铁匠街组、桥边组、水巷口组
	后街村	区府路组、卖猪市组、拐枣树组、十字巷组、河边组
	小屯村	小冲组、玉水田组、司麻坟组、小屯二组、小屯三组、小屯四组、小屯五组、小屯六组
	刘家冲村	础寨组、马家冲组、刘家冲组、肖家坡组、成龙地组
新田管理区	范家寨村	瓦窑组、中路组、黑树林组、高坡组、平头山组、獐子坪地组、大石头组、范家寨组、阿岗组、黄泥田组
	营盘村	龙潭边组、两桥组、六塘组、张家湾组、铜鼓山组、老新田组
	歹苏村	野鹿寨组、头冲组、箐门口组、黄店冲组、长冲组、坝上组、严家湾组、穿洞组、小二山组、新场坝组、歹苏一组、歹苏二组、歹苏三组
金塘管理区	营山村	云山组、王家田组、高地埂组、蒋家寨组、土瓜山组、大湾子组、岩洞眼组、柴家湾组、树林头组、王家水井组
	海马庄村	菜子凹组、王家屋基组、里元一组、里元二组、石板桥组、对门寨组、火连山组、黄沟组、海马五组、海马六组
	下节河村	土坝沟组、桥边组、白洞组、燕子窝组、下节河上组、下节河下组、大园子组
	黄家坝村	黄家坝组、旧屋基组、椿头树组、尾巴龙组、淹司马组、店子上组、尖密一组、尖密二组、上寨组

2007年9月，撤销3个管理区，原13个行政村整合为营山、范家寨、下节河、歹苏、黄家坝5个行政村和青山、下街2个社区，下设70个村民组、27个居民组。

2015年6月，行政区划变动，雪浦乡全部并入青山镇。并入后青山镇辖11个行政村、2个社区，下设173个村民组、27个居民组。

2015年青山镇行政区划表

表1-2-46

行政村（社区）	村（居）民组暨自然村寨
营山村	高地埂组（干家寨）、王家田组、柴家湾组、岩洞园组、大湾子组、蒋家寨组、土瓜山组、云山组、王家水井组（唐家寨）、树林头组
下节河村	桥边组、白洞组、土坝沟组、大园子组、下节河上组、下节河下组、燕子窝组、黄沟组、火连山组、对门寨组、里元一组、里元二组、菜子凹组、海马五组、海马六组、王家屋基组、石板桥组
黄家坝村	马家冲组、础寨组、刘家冲组、成龙地组、肖家坡组、尾巴龙组、店子上组、旧屋基组、椿头树组、黄家坝组、尖密一组、尖密二组（丫口田）、上寨组、淹司马组
范家寨村	绿塘组、雨桥组、铜鼓山组、张家湾组（小湾）、新田组、龙滩组、黑树林组、范家寨组（徐家坪子、小龙井）、黄泥田组、阿岗组、獐子坪地组、高坡组、坪头山组、瓦窑组、大石头组（毛栗树）、中路组
歹苏村	小二山组、新场坝组、歹苏一组、歹苏二组、歹苏三组、川洞组、半坡组、坝上组、箐门口组（火麻地）、野鹿寨组（马片古）、黄店冲组、火冲组、长冲组（窑湾）

续表1-2-46

行政村（社区）	村（居）民组暨自然村寨
青山社区	一街一组、一街二组、一街三组、一街四组、二街一组、二街二组、二街三组、二街四组、二街五组、四街一组、四街二组、四街三组、四街四组（梅子山）、四街五组
下街社区	三街一组、三街二组、三街三组、三街四组、三街五组、司麻坟组、小屯二组、小屯三组、小屯四组、小屯五组、小屯六组、玉水田组、小冲组
雪浦村	小岩组、坪上组、仙人洞组、杨家水井组、雪浦组、场坝组、龙滩口组、马鞍山组（书子坑）、隔界河一组、隔界河二组、隔界河三组、隔界河四组、石关沟组
高庆村	高庆一组、高庆二组、高庆三组、高庆四组、海子组、慢坪地组、王架组、蛇马湾组、马路冲组、上柳格组、下柳格组、箐门口组、蒿枝地组、宰地组、陈家寨组、水桥组、沙坑组、水淹坪组、大山组、老地组、大水井组、上高寨组
博上村	高林组、丫古老组、大地头组、铁厂组、丫口组、桥边组、包箐组（石坎子）、火石山组、马坎组、水淹滩组、一组、二组、三组、倪大庆组、杜家寨组、黄鸡箐组、十二相组、齐田组、龙井组、旧屋基组、新寨组、豹子田一组、豹子田二组
兴隆村	屯丫口组、二道岩组、马路河组、团箐组、庙边组、新屋基组、小寨组、楼下营组、鸡关山组、大地组、洗马脚组、大寨组、芭蕉凹组、梅子树组、小旧营组、高山箐组
硐口村	硐口组、干沟组、旧寨组、卡房组、马龙组、平箐组、上补马组、下补马组、新寨组、六斗种组、上独树组、下独树组、上桃子湾组、下桃子湾组、王架岩组
哈马村	大寨组、干沟组、德依组、河边组、旧屋基组、马家坪组、母树沟组、屯脚组、托家地组、哈马组、河坝组、鸡洞组、龙洞组、上寨组

人口面积　1998年，总人口5585户2.23万人，流出人口5269人（其中男性2833人，女性2436人），流入人口938人（其中男性489人，女性449人）。城镇常住人口1.52万人，城镇化率68%。总人口中，男性1.12万人，占总人口的50.22%，女性1.11万人，占总人口的49.78%；18岁以下4753人，占总人口的21.27%，18～60岁1.52万人，占总人口的68.11%，60岁以上2372人，占总人口的10.62%。总人口中，汉族1.51万人，占总人口的67.7%；有回族、布依族、苗族、彝族、黎族、白族等15个少数民族共5373人，占总人口的24%；超过1000人的少数民族有回族，4136人，占少数民族人口的76.9%。

2015年，总人口1.45万户6.21万人，流出人口1.76万人（其中男性9886人，女性7746人），流入人口1361人（其中男性765人，女性596人）。其中城镇常住人口4.29万人，城镇化率63.6%。总人口中，男性3.13万人，占总人口的50.42%，女性3.08万人，占总人口的49.58%；18岁以下1.80万人，占总人口的28.98%，18～60岁3.74万人，占总人口的60.26%，60岁以上6680人，占总人口的10.76%。总人口中，汉族5.08万人，占总人口的75.3%；有回族、布依族、苗族、彝族、黎族、白族等15个少数民族共1.54万人，占总人口的24.8%；超过1000人的少数民族有回族、布依族、苗族，其中回族4667人，占少数民族人口的30%；布依族2206人，占少数民族人口的13.2%；苗族1516人，占少数民族人口的9%。

1998—2015年青山镇人口情况表

表1-2-47

年份	年末总人口（人）	男性（人）	女性（人）	农业人口（人）	非农业人口（人）	出生人口（人）	死亡人口（人）	18岁以下（人）	18～60岁（人）	60岁以上（人）	少数民族人口	
											人数（人）	比例（%）
1998	22341	11220	11121	21320	1021	661	105	4753	15216	2372	5373	24.0
1999	22811	11416	11395	21664	1147	217	82	5195	15223	2393	5557	24.3

续表1-2-47

年份	年末总人口（人）	男性（人）	女性（人）	农业人口（人）	非农业人口（人）	出生人口（人）	死亡人口（人）	18岁以下（人）	18～60岁（人）	60岁以上（人）	少数民族人口	
											人数（人）	比例（%）
2000	24152	11996	12156	22889	1263	624	202	6365	15355	2432	5739	23.7
2001	24343	12446	11897	23003	1340	350	108	6443	15408	2492	5923	24.3
2002	24516	12559	11957	23154	1362	376	129	6394	15585	2537	6091	24.8
2003	24763	12653	12110	23331	1432	431	107	7987	14611	2165	6278	23.5
2004	25441	13059	12382	23698	1743	494	119	8205	15010	2272	6369	23.6
2005	26155	13541	12614	24433	1722	456	113	8657	15085	2413	6645	23.8
2006	26815	13884	12931	24961	1854	425	113	8681	15604	2530	6837	24.5
2007	27589	14270	13319	25648	1941	708	117	8903	16045	2641	7023	25.1
2008	27923	14447	13476	25943	1980	448	121	8616	16495	2812	7125	25.5
2009	28203	14627	13576	26091	2112	478	156	8769	16594	2840	7169	25.4
2010	28715	15052	13663	26583	2132	472	152	8896	16976	2843	7265	25.3
2011	29190	15014	14176	26919	2271	565	118	9430	16882	2878	7289	24.9
2012	29359	15103	14256	27036	2323	365	151	8805	17352	3202	7369	25.0
2013	31307	16351	14956	28828	2479	299	108	9585	18655	3067	7905	25.2
2014	33033	16316	16717	30414	2619	385	141	8678	20854	3501	8346	25.2
2015	62083	31300	30783	58468	3615	532	268	17991	37412	6680	15402	24.8

1998年，辖区东西最大距离9千米，南北最大距离13.9千米，总面积125.8平方千米。其中陆地111.34平方千米，占88.5%；水域14.46平方千米，占11.5%。

2015年，辖区东西最大距离13千米，南北最大距离19.5千米，总面积254.5平方千米。其中陆地238.14平方千米，占93.57%；水域16.36平方千米，占6.43%。

（二）自然条件

地形地貌 地处云贵高原向黔中过度的梯级状斜坡地带，境内有地势相对平坦的山地大坝子，主要山脉有西南向东北走向的卡子坡上。最高峰位于东南部旧城市，海拔1888.8米；最低点位于下节河村海马，海拔1506.6米。

水　文 境内河流属珠江流域南盘江水系，主要河流有下节河、平塘河、石桥河、德依河。最大河流为平塘河，从北至南流经高林、黄家桥、二道岩，全长11.5千米。幸福水库储量860万立方米，居全县第一。

矿藏资源 境内矿产资源主要为煤炭，幸福煤田储量为3.5亿吨。其他资源有石灰石、砂石、陶瓷黏土等。

（三）经济概况

农　业 1998年，耕地面积1656公顷，可利用草地面积1529公顷，林地面积2989公顷。粮食作物以稻谷、玉米为主，粮食总产量6937吨，人均310.5千克；主要经济作物有烤烟、茶叶等，烤烟种植面积598公顷，产量471吨，产值378.3万元；茶叶种植5公顷；油料作物种植面积308公顷，产量92吨，产值12.8万元；蔬菜种植面积100公顷，产量1787吨，产值55.4万元。畜牧业以猪、牛、羊为主，生猪饲养量1.04万头，年末存栏7126头；牛饲养量6138头，年末存栏5320头；羊饲养量620只，年末存栏463只；家禽年饲养量5000羽，上市家禽3200羽；肉类产量464吨，其中猪肉312吨，牛肉152吨；禽蛋12吨。累计造林158公顷，其中防护林86公顷，经济林72公顷，林木覆盖率31.5%；水果种植面积6公顷，产量22吨，主要品种有梨、柿子、桃等。农业总产值1310.4万元。

2015年，耕地面积5159.93公顷，可利用草地面积1893.29公顷，林地面积3591.79公顷。粮食总产量1.83万吨，其中玉米9800吨，小麦8500吨，人均294.77千克；主要经济作物为烤烟、茶叶，烤烟种植面积2050.9公顷，产量3145吨，产值6540万元；茶叶种植66.6公顷；油料作物种植面积72公顷，产量1850吨，产值31.7万元；蔬菜种植面积567.8公顷，产量3085.66吨，产值250.8万元。生猪饲养量6.19万头，年末存栏3.6万头；牛存栏9833头；羊饲养量5662只，年末存栏5302只；家禽存栏16.57万羽，上市家禽4.8万羽；生产肉类7780吨。累计造林1691.3公顷，林木覆盖率39.25%；水果种植面积318.2公顷，产量3052吨，主要品种有梨、桃、柿子、核桃等。农业总产值2.1亿元。

1998—2015年青山镇农业情况表

表1-2-48

年份	耕地面积（公顷）	草地面积（公顷）	林地面积（公顷）	造林面积（公顷）	粮食总产量（吨）	生猪存栏（头）	牛存栏（头）	羊存栏（只）	家禽存栏（羽）	肉产量（吨）	蛋产量（吨）	农业总产值（万元）
1998	1656	1529	2989	158	6937	7126	5320	463	1800	464	12	1310.4
1999	1658	1531	3124	156	6785	7300	5600	1350	2365	603	18	1540
2000	1647	1535	3215	—	7378	7400	5700	1356	5401	530	20	1576
2001	1656	1541	3298	61	7561	7823	6220	1389	21868	568	36	1855
2002	1644	1540	3369	0	7313	7861	5547	1630	48980	654	12	2617
2003	1658	1531	3459	426	7402	9239	6978	3600	38045	867	69	2017
2004	1657	1532	3460	389	7819	9970	9159	5040	50640	972	74	2517
2005	1645	1535	3489	264	7831	11096	9258	3900	58400	1021	53	2922
2006	1656	1537	3497	224	8062	12204	10617	1637	70173	1134	70	3023
2007	1644	1546	3512	—	8135	11984	6877	1245	53791	1195	70	3238
2008	1648	1551	3547	—	8091	9462	6872	893	54986	1306	86	3325
2009	1653	1557	3551	—	8077	8765	8612	1216	67432	1317	82	3909
2010	1624	1560	3613	—	7082	8520	8638	1209	83169	1408	89	5135
2011	1627	1605	3633	—	7807	10510	6797	760	67389	1165	86	4667
2012	1627	1608	3633	1192	8435	10000	4200	1200	61000	2354	87	15867
2013	1638	1611	3642	1211	9123	13250	6545	1500	63565	2464	92	18753
2014	5158.6	1789.6	3627.8	1325	16890	32000	7658	4859	136800	7659	1285	19800
2015	5159.93	1893.29	3591.79	1691.3	18300	36000	9833	5302	165700	7780	1365	21000

工　业　1998年，有砂石场4个，免烧砖厂6家；工业总产值658万元。2015年，有砂石场8个，免烧砖厂12家；工业总产值5.6亿元。

商业贸易　1998年，有商业网点15个，从业人员810人；社会商品零售总额785万元；城乡集贸市场1个，年成交额785万元。2015年，有商业网点31个，从业人员2100人；社会商品零售总额1.2亿元；城乡集贸市场2个，年成交额1.1亿元。

财政金融　1998年，财政总收入156万元（其中地方财政收入46.3万元），农民人均纯收入1232元。境内金融机构各类存款余额987万元，各项贷款余额654万元。

2015年，财政总收入1.31亿元（其中地方财政收入3568万元），农民人均纯收入7650元。境内金融机构各类存款余额4亿元，各项贷款余额3.2亿元。

1998—2015年青山镇经济情况表

表1-2-49

年度	工业总产值（万元）	比上年增长（%）	财政总收入（万元）	比上年增长（%）	农民人均纯收入（元）	比上年增长（%）	存款余额（万元）	比上年增长（%）	贷款余额（万元）	比上年增长（%）
1998	658	18	156	5.7	1232	1.2	987	14.3	654	8.9
1999	791	20	168	7.6	1237	0.4	1656	67.7	796	21.7
2000	815	3	198	17.8	1298	4.9	1997	20.5	813	2.1
2001	974	19.5	201	1.5	1312	1	2165	8.4	878	7.9
2002	1726	77.2	231	14.9	1331	1.4	2654	22.5	965	9.9
2003	1660	96.1	265	14.7	1343	8.4	2989	12.6	978	1.3
2004	1711	3	291	9.8	1591	10.2	3378	13	1013	3.5
2005	1868	9.1	312	7.2	1780	11.8	3519	4.1	1165	15
2006	1959	4.8	353	16.8	1816	2	4764	35.38	1354	16.2
2007	4202	14.4	410	16	2006	10.4	8480	78	2680	97.9
2008	5325	26.7	746.3	81.98	2415	20.39	9480	11.7	3210	19.7
2009	6398	20.1	801.1	7.34	2730	13.04	11700	23.4	4000	24.6
2010	8364	30.7	1137	41.9	3128	14.58	13700	17.09	5845	46.1
2011	10873	29.9	1156	1.68	4053	29.57	16000	16.7	8963	53.3
2012	16375	50.6	1420	20	5268	30.84	21300	33.1	10996	22.6
2013	35000	13.7	2321.73	63.5	6645	26.1	25000	17.3	15000	36.4
2014	45000	28.5	6357.6	173	6810	2.4	36000	44	25000	66.6
2015	56000	24.4	13145.37	106	7650	12.3	40000	11.1	32000	28

（四）社会事业

文化艺术　1998年，有文化站1个，村级文化活动中心13个，各类图书室1个，藏书150册。2015年，有文化站1个，村级文化活动中心13处，图书室13个，藏书1.2万册。

教　育　1998年，有小学12所，在校学生3204人，专任教师125人，小学适龄儿童入学率91.5%；中学1所（含高中），在校学生1546人，专任教师87人，初中适龄人口入学率79.83%，小升初升学率89.05%，九年义务教育覆盖率85%。

2015年，幼儿园1所，在园幼儿851人，专任教师24人；小学5所，在校学生3154人，专任教师182人，小学适龄儿童入学率100%；中学1所（含高中），在校学生2829人，专任教师186人，初中适龄人口入学率100%，毛入学率102.11%，小升初升学率100%，九年义务教育覆盖率100%。

1998—2015年青山镇教育情况表

表1-2-50

年度	幼儿园（所）	在园幼儿（人）	专任教师（人）	小学（所）	在校学生（人）	专任教师（人）	初中（所）	在校学生（人）	专任教师（人）	高中（所）	在校学生（人）	专任教师（人）
1998	—	—	—	12	3204	125	1	1546	87	—	—	—
1999	—	—	—	12	3245	127	1	1574	94	—	—	—
2000	—	—	—	12	3294	131	1	1627	103	—	—	—

续表1-2-50

年度	幼儿园（所）	在园幼儿（人）	专任教师（人）	小学（所）	在校学生（人）	专任教师（人）	初中（所）	在校学生（人）	专任教师（人）	高中（所）	在校学生（人）	专任教师（人）
2001	—	—	—	12	3346	135	1	1792	77	—	—	—
2002	—	—	—	12	3829	120	1	2117	69	1	193	13
2003	—	—	—	11	3622	150	1	2370	74	1	397	21
2004	—	—	—	9	3489	161	1	2396	125	1	489	26
2005	—	—	—	9	3682	157	1	2103	120	1	686	35
2006	—	—	—	9	3846	146	1	1758	120	1	904	42
2007	—	—	—	9	3783	147	1	1733	117	1	933	47
2008	—	—	—	8	3741	146	1	1761	132	1	1116	48
2009	—	—	—	8	3567	152	1	1707	127	1	987	50
2010	—	—	—	8	3499	159	1	1613	127	1	927	48
2011	—	—	—	8	3677	170	2	1827	152	1	1100	42
2012	—	—	—	7	3587	176	2	1719	165	1	1126	51
2013	—	—	—	7	3383	165	2	2555	130	1	947	49
2014	—	—	—	5	3124	172	1	2643	180	1	1020	51
2015	1	851	24	5	3154	182	1	2829	186	1	1150	53

1998年，财政预算内教育经费121.15万元，预算内教育经费占财政总支出比例68%。2015年，财政预算内教育经费650万元，预算内教育经费占财政总支出比例72%。

医疗卫生　1998年，各级医疗卫生机构10个，其中卫生院1所，卫生室9个；专业卫生人员31人，床位25张；无执业（助理）医师。

2015年，各级医疗卫生机构22个，其中卫生院1所，卫生室21个；专业卫生人员47人，床位82张；执业（助理）医师15人；新型农村合作医疗参保人数4.61万人，参保率98%。

体　育　1998年，学校操场6个，经常参加体育活动的人员占常住人口的5%。

2015年，休闲广场2个，学校操场18个，80%的村安装有健身器材。经常参加体育活动的人员占常住人口的45%。

广播电视　1999年5月，建成青山广播电视站。2015年，有线电视用户3565户，安装地面卫星接收器用户1.09万户，电视综合覆盖率98%。

社会保障　1998年，城镇最低生活保障户6户12人，支出4900元；农村最低生活保障户40户80人，支出1万元；农村五保分散供养13人，支出700元；农村因灾临时救济87人，支出1300元，发放粮食6吨；国家抚恤、补助各类优抚对象38人，抚恤事业费支出2.36万元。

2015年，城镇最低生活保障户120户185人，支出104.16万元；农村最低生活保障户4900户7533人，支出3630.83万元；农村五保分散供养92人，支出38.48万元；农村医疗救助785人，支出20万元；民政部门资助参加合作医疗904人，支出4.37万元；农村因灾临时救济1521人，支出20万元，发放粮食98.13吨；参加城乡基本养老保险2.32人，参加城乡居民基本医疗保险4.66万人；国家抚恤、补助各类优抚对象196人，抚恤事业费支出47.84万元。

1998—2015年青山镇社会保障情况表

表1-2-51

年度	低保			五保		医疗救助		资助参加合作医疗		临时救助		优抚对象	
	户数（户）	人数（人/次）	发放金额（万元）	人数（人/次）	发放金额（万元）	人数（人/次）	救助金额（万元）	人数（人/次）	资助金额（万元）	人数（人/次）	救助金额（万元）	人数（人/次）	支出金额（万元）
1998	46	92	1.49	13	0.07	—	—	—	—	87	0.13	38	2.36
1999	79	104	1.49	26	0.14	—	—	—	—	174	0.26	76	4.72
2000	109	143	2.28	39	0.28	—	—	—	—	261	0.42	65	5.86
2001	211	592	4.27	28	0.65	—	—	—	—	272	0.91	57	7.53
2002	358	968	6.78	44	1.12	—	—	—	—	253	1.53	63	8.46
2003	479	1026	8.36	38	1.8	—	—	—	—	385	2.56	57	9.76
2004	562	1137	12.35	47	2.6	—	—	—	—	279	3.47	66	10.6
2005	685	1269	18.25	58	3.4	—	—	—	—	342	3.98	53	10.9
2006	783	1493	22.32	67	3.8	—	—	—	—	361	4.63	68	11.23
2007	966	1729	30.27	58	4.7	—	—	165	0.17	259	5.58	54	12.97
2008	1299	2428	129.82	97	4.18	—	—	165	0.17	677	2.48	69	36.7
2009	1442	2422	207	96	8.61	227	6	235	0.47	356	5.89	64	23.73
2010	2086	4644	255	97	7.6	399	22	300	0.6	405	6	53	26.2
2011	2299	4653	431.8	132	10.98	207	23	350	0.7	463	6	49	34.15
2012	2621	4664	406.26	91	10.56	437	27.1	4593	22.96	495	6	102	33.7
2013	2245	4692	501.34	115	17.26	271	16.4	4643	23.86	130	6	110	33.7
2014	2643	4538	642.7248	81	17.976	420	10	380	2.66	587	10	113	45.3102
2015	5020	7718	3734.99	92	38.48	785	20	904	4.365	1521	20	196	47.8368

（五）基础设施

交通运输　1998年，S313过境，境内长12千米，双向2车道；县镇公路2条，总长2千米；客运总量9万人次，日均发送26辆客车，日客运量442人次。

2015年，S313过境，境内长12千米，双向2车道。X636过境，境内长26千米（与S313重合4千米），双向2车道。通村路13条86千米；通组路200条450千米，全镇公路通组率95%；客运总量15万人次，日均发送37辆客车，日客运量650人次。

邮政电信　1998年，有邮政网点1个，投递路线单程总长度35千米，乡村通邮率100%。电信服务网点1个，电话交换机总容量980门，固定电话用户107户，电话用户普及率0.75%；移动电话用户512户，移动电话普及率16%；宽带接入用户83户；电信业务收入12.6万元。

2015年，邮政网点1个，投递路线单程总长度85千米，乡村通邮率100%。电信服务网点1个，电话交换机总容量1560门，固定电话用户560户，电话用户普及率78%；移动电话用户1.07万户，移动电话普及率71.3%；宽带接入用户1868户；电信业务收入20.8万元。

八、楼下镇

（一）政区概况

名称来历　明洪武二十二年（1389），置普安卫楼下营得名。

地理位置　位于普安县南部，地处北纬25°22′～25°25′、东经104°52′～104°55′。东连兴仁县鲁础营乡，南接兴义市清水河镇，西与盘县新民镇隔河相望，北与雪浦乡毗邻。镇人民政府驻楼下社区十组，北距县政府驻地45.7千米（通行公路为X632、S313，里程76.8千米）。

区划演变　1998年，辖楼下、泥堡、糯东、磨舍4个管理区，下设楼下、新生、松林、摆布、偏坡、雨勒、补者、雨歇、小河、堵革、糯东、上屯、磨舍、补鲁、坡脚、羊屯、赵屯、泥堡、中岭、水箐、堵嘎、纸厂22个行政村，160个村民组。

1998年楼下镇行政区划一览表

表1-2-52

管理区	行政村	村民组
楼下管理区	楼下村	楼下一组、楼下二组、楼下三组、沟上组、新庄组、沟下组、洞口组、龙井一组、龙井二组
	补者村	补者一组、补者二组、补者三组、补者四组、补者五组、补者六组、补者七组、补者八组
	禹歇村	雨歇一组、雨歇二组、雨歇三组、黑泥组、鱼陇五组、鱼陇六组
	新生村	张家石组、大湾组、胜利组、红旗组
	松林村	松林一组、松林二组、松林三组、松林四组、松林五组、松林六组
	摆布村	摆布一组、摆布二组、摆布三组、歇气台组
泥堡管理区	泥堡村	泥堡一组、泥堡二组、泥堡三组、泥堡四组、泥堡五组、泥堡六组
	中岭村	中岭一组、中岭二组、中岭三组、中岭四组、中岭五组、中岭六组、中岭七组
	水箐村	水箐组、谢家寨组、李家寨组、侯家沟组、响水组
	堵嘎村	四丫口组、小寨组、三林果三组、三林果四组、大岩洞组、格界田组、老鹰岩七组、老鹰岩八组、堵戛组
	纸厂村	小寨五七组、小寨组
	羊屯村	羊屯一组、羊屯二组、羊屯三组、羊屯四组、羊屯五组、羊屯六组、羊屯七组、羊屯八组
	坡脚村	坡脚一组、坡脚二组、坡脚三组、坡脚四组
	赵屯村	赵屯一组、赵屯二组
糯东管理区	糯东村	糯东一组、糯东二组、糯东三组、糯东四组
	上屯村	上屯二组、上屯三组、上屯四组、田坝组、泥巴田组、下半坡组、下屯组、高寨八组、高寨九组、高寨十组
	小河村	上小河组、中小河组、下小河组
	偏坡村	红星组、老包地组、岔河组、大地组、东山组、偏坡一组、偏坡二组、偏坡三组、偏坡四组、偏坡五组、偏坡六组
	雨勒村	白泥组、红岩组、杨家湾子一组、杨家湾子二组、雨勒一组、雨勒二组、雨勒三组、雨勒四组、雨勒五组、大田一组、大田二组、大田三组、团牛一组、团牛二组、坡上组
	堵革村	对门山组、堵戛组、堵革二组、堵革三组、下寨组、新寨组、小黑泥组、云上组、岩脚组、大坪组、大黑泥组、小箐组、猫田组、高地埂组
磨舍管理区	磨舍村	岩脚一组、岩脚二组、卡嘎组、打落田组、场坝组、磨舍六组、磨舍七组、地索组、金竹坪组、林场组
	补鲁村	石门坎组、深沟组、田坝三组、田坝四组、上排一组、上排二组、红岩组

2007年9月，撤销4个管理区，将22个行政村整合为补者、小河、糯东、偏坡、坡脚、泥堡、堵嘎、磨舍8个行政村和楼下1个社区，下设137个村民组、23个居民组。至2015年，无区划变动。

2015年楼下镇行政区划一览表

表1-2-53

行政村(社区)	村民(居)组暨自然村寨
楼下社区	楼下社区一组(街上)、二组(街上)、三组(街上)、四组(街上)、五组(街上)、六组(街上)、七组(街上)、八组(街上)、九组(石同口),楼下社区新生一组、二组、三组、四组,摆布一组、二组、三组、四组(禹气台),楼下社区松林一组、二组、三组、四组、五组(上松林)、六组(竹桶)
补者村	补者村一组(小云上)、二组(小云上)、三组、四组、五组(胡子田)、六组(格那)、七组(格那)、八组(格那),补者村禹歇一组(鱼笼)、二组(鱼笼)、三组、四组、五组、六组(黑泥)
小河村	小河上组(上小河)、中组(中小河)、下组(桥边、下小河、龙滩),堵革一组(堵革新区)、二组(堵革新区)、三组(堵革新区),新寨组、下寨组、云上组、高地埂组、猫田组、岩脚组、大黑泥组、小黑泥组、小箐组、对门山组、大坪组
糯东村	糯东一组、二组、三组、四组(上丰坡)、五组(上屯)、六组(上屯)、七组(上屯)、八组(上屯)、九组(泥巴田)、十组(田坝)、十一组(下屯)、十二组(高寨)、十三组(高寨)
偏坡村	偏坡一组、二组、三组、四组、五组、六组,偏坡老包一组(老包地)、二组(老包地)、大地组、岔河组、红星组、练山组,雨勒一组、二组、三组、四组、五组,大田一组、二组、三组,湾子一组、二组,团牛一组、二组、坡上组、白泥组、红岩组
坡脚村	羊屯破当组、小区组,羊屯三组、四组(夹马石)、五组(夹马石)、六组(夹马石)、七组(夹马石)、八组(羊七田),坡脚一组、二组、三组(刚坡白桥)、四组(夹马石),赵屯一组、二组、三组、四组、五组,关地组
泥堡村	泥堡一组(街上)、二组(街上)、三组(街上)、四组(街上)、五组(独田)、六组(独田),中岭一组、二组、三组、四组、五组、六组、七组、八组
堵嘎村	堵嘎一组(小寨)、二组(岩脚寨)、三组(三林果)、四组(三林果)、五组(格界田)、六组(格界田)、七组(老鹰岩)、八组(老鹰岩)、九组(四丫口)、十组(水箐)、十一组(谢家寨)、十二组(李家寨)、十三组(侯家沟)、十四组、十五组、十六组、十七组
磨舍村	磨舍一组(岩脚)、二组(岩脚)、三组(打落田)、四组(卡噶)、五组(场坝)、六组(场坝)、七组(场坝)、八组(金竹坪)、九组(地素)、十组(林场),补鲁一组(上补鲁)、二组(上补鲁)、三组(田坝)、四组(田坝)、五组(石门坎)、六组(红岩)、七组(深沟)

人口面积 1998年,总人口3.74万人,其中城镇常住人口9864人,城镇化率26.4%。流动人口5200人。总人口中,男性1.95万人,占总人口的52%,女性1.80万人,占总人口的48%;18岁以下9862人,占总人口的26.35%,18~60岁1.93万人,占总人口的51.62%,60岁以上8246人,占总人口的22.03%。总人口中,汉族2.5万人,占总人口的66.84%;有布依族、黎族、回族、彝族、苗族等少数民族,共1.24万人,占总人口的33.16%;超过1000人的少数民族有布依族、黎族,其中布依族7548人,占少数民族的61.1%;黎族2903人,占少数民族的23.5%。

2015年,总人口4.01万人,其中城镇常住人口1.50万人,城镇化率37.4%;流动人口1.20万人。总人口中,男性2.08万人,占总人口的51.98%,女性1.92万人,占总人口的48.02%;18岁以下1.22万人,占总人口的30.43%;18~60岁2.36万人,占总人口的58.74%;60岁以上4355人,占总人口的10.83%。总人口中,汉族2.79万人,占68.1%;有布依族、黎族、回族、彝族、苗族等少数民族,共1.5万人,占总人口的37.5%;超过1000人的少数民族有布依族、黎族、回族,其中布依族1.01万人,占少数民族的67.1%;黎族3517人,占少数民族的23.3%;回族1429人,占少数民族的9.6%。

1998—2015年楼下镇人口情况表

表1-2-54

年份	年末总人口（人）	男性（人）	女性（人）	农业人口（人）	非农业人口（人）	出生人口（人）	死亡人口（人）	18岁以下（人）	18～60岁（人）	60岁以上（人）	少数民族人口	
											人数（人）	比例（%）
1998	37432	19466	17966	36322	1110	538	346	9862	19324	8246	12353	33.6
1999	37621	19568	18053	36491	1130	524	336	9991	19557	8073	12641	33.6
2000	37797	19654	18143	36642	1155	499	324	10150	19891	7756	12775	33.8
2001	37956	19731	18225	36748	1208	488	328	10287	20157	7512	12905	34
2002	38110	19815	18295	36820	1290	469	316	10459	20496	7155	12996	34.1
2003	38250	19886	18364	36891	1359	441	300	10574	20719	6957	13120	34.3
2004	38382	19952	18430	36861	1521	432	300	10728	21019	6635	13203	34.4
2005	38512	20016	18496	36911	1601	423	293	10839	21238	6435	13248	34.4
2006	38637	20079	18558	36969	1668	404	279	10976	21507	6154	13407	34.7
2007	38758	20151	18607	36970	1788	354	233	11077	21703	5978	13565	35
2008	38877	20210	18667	36997	1880	352	234	11178	21898	5801	13685	35.2
2009	38988	20268	18720	36998	1990	348	237	11295	22139	5554	13802	35.4
2010	39091	20322	18769	37001	2090	346	242	11485	22510	5096	13916	35.6
2011	39190	20368	18822	36973	2217	344	245	11652	22838	4700	14069	35.9
2012	39218	20385	18833	36960	2258	339	248	11791	23106	4321	14354	36.6
2013	39363	20455	18908	36520	2843	336	253	11894	23302	4176	14486	36.8
2014	39624	20671	18953	36132	3126	606	249	12097	23146	4318	14846	37.4
2015	40086	20840	19246	36689	3397	432	240	12198	23553	4335	15045	37.5

辖区东西最大距离5.4千米，南北最大距离26千米，总面积139.9平方千米。

（二）自然条件

地形地貌　地形呈东北高、西南低的斜坡分布。最高点位于泥堡村寨后的老熊洞，海拔1966.8米；最低点位于竹桶小河与楼下河交汇处，海拔1061.5米。

水　文　境内河流属珠江水系南盘江流域。主要河流有楼下河，总长26千米。从偏坡村练山组至楼下流经境内的上屯、鱼陇等，长18千米，流域面积68平方千米。

矿藏资源　2001年，探明矿藏有煤炭、黄金等，其中已勘测的煤炭地质储量为28.6亿吨。糯东、泥堡2个自然矿区，煤炭地质结构稳定，煤质好、埋藏浅，发热量为6000～7000热卡，可用于优质化工原料。位于泥堡矿区的黄金储量为28.6吨。

（三）经济概况

农　业　1998年，农业耕地面积4392公顷，可利用草地面积320公顷，林地面积3400公顷。粮食作物以稻谷、玉米、小麦为主，粮食总产量9760吨，人均260.74千克。畜牧业以猪、羊、牛、禽为主，生猪饲养量1.1万头，年末存栏7538头；羊饲养量960只，年末存栏890只；牛饲养量5200头，年末存栏4800头；家禽存栏4.3万羽，上市家禽1.8万羽；肉类产量860吨，其中猪肉630吨，牛肉210吨，羊肉20吨。农业总产值1210万元。

2015年，农业耕地面积3307.4公顷，可利用草地面积612公顷，林地面积5987公顷。粮食总产量2639吨，人均65.83千克；主要经济作物有亚热带水果、芭蕉芋，各类早中晚蔬菜。生猪饲养量1.56

万头，年末存栏1.09万头；羊饲养量8400只，年末存栏7900只；牛饲养量4800头，年末存栏4600头；家禽存栏4.53万羽，上市家禽2.1万羽；肉类产量1410.7吨，其中猪肉770吨、牛肉530吨、羊肉110.7吨。累计造林1028公顷，其中经济林228公顷、防护林800公顷；水果种植面积30.4公顷，产量10吨，主要品种有梨、桃等，其中梨3.9吨、桃6.1吨。农业总产值6634万元。

1998—2015年楼下镇农业情况表

表1-2-55

年份	耕地面积（公顷）	草地面积（公顷）	林地面积（公顷）	造林面积（公顷）	粮食总产量（吨）	生猪存栏（头）	牛存栏（头）	羊存栏（只）	家禽存栏（羽）	肉产量（吨）	蛋产量（吨）	农业总产值（万元）
1998	4395.2	320	3400	80	4860	7538	4800	890	43000	860	32	1210
1999	4395.2	320	3500	100	5060	8365	6880	1650	36000	930	34	1560
2000	4395.2	320	3620	120	4653	7856	6350	1380	35600	1020	35	1782
2001	4395.2	320	3680	60	5830	9865	6540	2650	42300	1110	38	2064
2002	4395.2	360	3800	120	5502	6584	6800	2380	32000	1250	38	2231
2003	4395.2	360	3846	46	6840	11350	7400	4200	43200	1060	40	2560
2004	4395.2	360	3902	56	6653	9652	7500	4800	51000	1120	42	2801
2005	4395.2	410	3986	84	5680	10085	5320	4600	43000	988	45	3170
2006	4395.2	410	4056	70	5860	12400	4100	4300	44000	1128	50	3520
2007	4395.2	420	4100	44	5236	10680	4960	5100	38000	1160	51	3900
2008	4395.2	480	4320	200	6532	9956	5200	5300	46000	1201	60	4320
2009	4395.2	490	4530	190	7225	10100	4700	5600	52000	1332	80	4793
2010	4395.2	490	4780	230	6521	11953	5000	5789	65000	1414	71	4534
2011	4395.2	510	4900	120	2180	13621	5100	3267	55000	1338.3	45	4669
2012	4395.2	521	5100	200	2105	12367	5310	5100	51000	1354	50	5030
2013	3703.8	533	5400	280	2612	11865	4600	6500	46000	1385	55	6140
2014	3640.4	599	5667	267	2547	10097	4700	8000	44700	1402.2	49	6327
2015	3307.4	612	5987	320	2639	10943	4600	7900	45300	1410.7	51	6634

工　业　1998年，有煤矿矿井23对，年产量均在3万吨以下，年产原煤70万吨；金矿企业3家，年产黄金0.7吨。工业生产总值1.69亿元。

2015年，初步形成以煤炭、黄金为主的工业体系，境内有兴安、天普、郭安地、恒泰、久丰、福安、开泰、能通、补者、褚宝、安宁、兴贵、安福、政忠、马刀地、宏兴、安利来、鲁兴、嘉龙等煤矿19家，年产原煤240万吨；金矿企业1家。职工2900余人，工业总产值24.56亿元。

商业贸易　1998年，有商业网点843个，从业人员4300人；社会商品零售总额860万元。2015年，商业网点931个，从业人员4700人；社会商品零售总额1.9亿元；城乡集贸市场2个，年成交额1.01亿元。

财政金融　1998年，财政总收入6670万元（其中地方财政收入完成465万元），农民人均纯收入881元。境内金融机构各类存款余额1572万元，各项贷款余额543万元。

2015年，财政总收入5.8亿元（其中地方财政收入3021.9万元），农民人均纯收入7950元。境内金融机构各类存款余额3.1亿元，各项贷款余额1.34亿元。

1998—2015年楼下镇经济情况表

表1-2-56

年份	工业总产值(万元)	比上年增长(%)	财政总收入(万元)	比上年增长(%)	农民人均纯收入(元)	比上年增长(%)	存款余额(万元)	比上年增长(%)	贷款余额(万元)	比上年增长(%)
1998	16897	16.1	6670	18.2	881	12.01	1572	14.3	543	12.01
1999	19301	14.2	7744	16.1	988	12.1	1740	10.7	598	10.2
2000	22443	16.2	8789	13.5	1117	13.1	1984	14.1	678	13.2
2001	27002	20.3	9853	12.1	1251	12.02	2203	11.03	735	8.4
2002	29608	9.6	11411	15.8	1407	12.5	2470	12.1	830	13.02
2003	33825	14.2	13808	21.01	1581	12.3	2708	9.65	927	11.5
2004	37275	10.2	16054	16.2	1809	14.4	2855	5.42	1114	20.2
2005	40708	9.2	18333	14.2	2048	13.1	3774	32.1	1252	12.4
2006	44990	10.5	21707	18.4	2296	12.1	4133	9.52	1541	23.1
2007	50434	12.1	24444	12.6	2595	13.1	4630	12.02	1643	6.6
2008	58000	15.1	28600	17.1	2913	12.2	4890	5.6	2500	52.1
2009	103000	77.5	32000	11.9	3308	13.6	5280	7.97	3400	36
2010	106000	2.9	47000	46.8	3781	14.2	11200	112.1	5600	64.7
2011	237000	123.6	70600	50.2	4346	14.9	25800	130.3	7790	39.1
2012	354000	49	72000	1.9	5665	30.3	28000	8.5	11100	42.4
2013	278000	-21.5	51000	-29.1	6348	12.1	28400	14.2	12100	9.1
2014	231600	-16.6	47300	-7.2	7012	10.4	29000	2.1	12900	6.6
2015	245600	6	58000	30	7950	13.3	31000	6.8	13400	3.8

(四)社会事业

文化艺术 1998年，有文化服务中心1个；公共图书馆1个，藏书1200册；各类文化专业户2户。

2015年，有文化服务中心1个，综合文化站1个，村级文化活动中心9处，各类文化专业户12户，公共图书馆(室)10个，藏书3.5万册；音乐、美术、书法、摄影及文学业余创作队伍3个45人。

教　育 1998年，小学12所，在校学生4436人，专任教师155人，小学适龄儿童入学率96%；初中3所，在校学生1786人，专任教师96人，初中适龄人口入学率91%。

2015年，有幼儿园6所，在园幼儿815人，专任教师36人；小学12所，在校学生3658人，专任教师221人，小学适龄儿童入学率100%；初中3所，在校学生1493人，专任教师130人，初中适龄人口入学率89.6%，九年义务教育覆盖率100%。

1998—2015年楼下镇教育情况表

表1-2-57

年度	幼儿园(所)	在园幼儿(人)	专任教师(人)	小学(所)	在校学生(人)	专任教师(人)	初中(所)	在校学生(人)	专任教师(人)
1998	—	—	—	12	4436	155	3	1786	96
1999	—	—	—	12	4484	158	3	1805	102
2000	—	—	—	12	4692	153	3	1920	110
2001	—	—	—	12	4705	160	3	1980	108
2002	—	—	—	12	4726	166	3	2060	106
2003	—	—	—	12	4788	166	3	2120	112

续表 1-2-57

年度	幼儿园（所）	在园幼儿（人）	专任教师（人）	小学（所）	在校学生（人）	专任教师（人）	初中（所）	在校学生（人）	专任教师（人）
2004	1	198	6	12	4823	164	3	2130	116
2005	1	231	6	12	4852	176	3	2250	116
2006	1	248	5	12	4862	179	3	2270	121
2007	1	312	8	12	4700	181	3	2225	116
2008	1	251	9	12	4868	184	3	2168	125
2009	1	312	7	12	4662	194	3	2107	131
2010	1	326	10	12	4246	204	3	2138	122
2011	3	654	19	12	3467	184	3	1768	148
2012	3	543	19	12	3884	194	3	1816	149
2013	3	575	24	12	3702	219	3	1814	141
2014	3	613	27	12	3683	208	3	1682	137
2015	6	815	36	12	3658	221	3	1493	130

2015年，财政预算内教育经费37万元，预算内教育经费占财政总支出的比例2.1%。

医疗卫生 1998年，有各级卫生医疗机构19个，其中卫生院1所，卫生室18个，病床48张，每千人拥有医疗床位0.13张；专业卫生人员18人，其中执业医师以上2人，执业助理医师8人，注册护士3人。

2015年，有各级卫生医疗机构19个，其中卫生院1所，卫生室18个，病床60张，每千人拥有医疗床位0.15张；专业卫生人员30人，其中执业医师2人，执业助理医师9人，注册护士3人；农村安全饮用水普及率93%；农村卫生厕所普及率100%；新型农村合作医疗参保人数3.48万人，参保率86.9%。

体　育 1998年，有学校操场9个。经常参加体育活动的人员占常住人口的6%。

2015年，有学校操场15个，100%的村安装健身器材。经常参加体育活动的人员占常住人口的17%。

广播电视 1998年，有线电视用户864户，安装地面卫星接收器用户2560户，电视综合覆盖率40%。

2015年，有线电视用户1.01万户，安装地面卫星接收器用户1134户，电视综合覆盖率100%。

社会保障 1998年，城镇最低生活保障33人；农村最低生活保障户510户1538人，五保集中供养人数56人，共发放最低生活保障金5万元；国家抚恤、补助各类优抚对象76人，抚恤事业费支出8.6万元。

2015年，城镇最低生活保障人数123人；城市医疗救助13人次，民政部门资助参加合作医疗409人次，共支出0.61万元；农村最低生活保障户3585户6217人，支出901.74万元；农村五保集中供养25人、分散供养86人；农村医疗救助123人次，发放救助金10万元；民政部门资助参加合作医疗3819人次；农村临时救济240人次，救助金额10万元；参加城镇基本养老保险1.59万人，参加城镇居民基本医疗保险111人；国家抚恤、补助各类优抚对象169人，抚恤事业费支出67.8万元。

1998—2015年楼下镇社会保障情况表

表1-2-58

年份	低保			五保		医疗救助		资助参加合作医疗		临时救助		优抚对象	
	户数（户）	人数（人/次）	发放金额（万元）	人数（人/次）	发放金额（万元）	人数（人/次）	救助金额（万元）	人数（人/次）	资助金额（万元）	人数（人/次）	救助金额（万元）	人数（人/次）	支出金额（万元）
1998	510	1538	43	56	5	—	—	—	—	—	—	76	8.6
1999	582	1840	46	75	5.8	—	—	—	—	—	—	88	10
2000	586	1732	50	79	6.4	—	—	—	—	—	—	82	10.6
2001	640	1965	56	64	6.6	—	—	—	—	—	—	95	11
2002	746	2065	61	78	7.5	—	—	—	—	—	—	94	13
2003	853	2138	75	92	8.8	—	—	—	—	—	—	103	15
2004	972	2250	80	96	9.4	—	—	—	—	—	—	105	16
2005	1138	2530	96	96	9.8	—	—	—	—	—	—	107	17
2006	1425	2640	116	112	10	—	—	45	0.045	—	—	110	20
2007	1853	2860	125.8	117	10	—	—	48	0.048	—	—	114	22
2008	2392	3300	145.2	117	11.8	630	10	34	0.0680	85	3	114	26.2
2009	2100	4000	190	121	13	620	10	42	0.0840	156	4	110	40
2010	2124	4440	218	162	14.2	610	10	55	0.110	203	6	190	70
2011	2445	4870	305	184	15	620	10	38	0.114	258	7	190	71
2012	2777	5422	403	181	20	700	20	27	0.810	358	8	193	72
2013	2993	5480	540	121	21.6	720	15	54	0.270	460	8	167	63
2014	3329	5964	680	117	19	157	10	161	0.36	310	10	169	67.8
2015	3585	6217	901.7	111	18	123	10	409	0.61	240	10	169	67.8

（五）基础设施

交通运输 以公路运输为主。1998年，有县镇公路1条，境内总长15千米；通村公路2条，总长26.1千米；通组公路3条；总长3千米。客运总量16万人次，货运总量340万吨。

2015年，有县镇公路1条，境内总长15千米；通村公路4条，总长54.6千米；通组公路22条，总长32.8千米。客运总量34万人次，货运总量460万吨。

邮政电信 1998年，邮政网点1个，乡村通邮率40%，投递路线单程长度为13.2千米。电信企业1家，服务网点1个，电话交换机总容量2100门，固定电话用户1600户；移动电话用户2300户。

2015年，有邮政网点1个，乡村通邮率100%，投递路线单程总长度62.8千米，全年投递国内函件0.8万件。电信企业1家，服务网点2个，电话交换机总容量4300门，固定电话用户213户，电话用户普及率2.1%；移动电话用户2.87万户，移动电话普及率71.7%。

九、白沙乡

（一）政区概况

名称来历 1752年设置白沙驿站。民国时期为白沙地，后人俗称为白沙，意为白玉产地（储有大量的大理石）、沙金之乡（储有大量的硅矿、铜矿、铁矿、煤矿、铅锌矿、重晶石等多种矿产资源），地名由此得来。

地理位置 位于普安县境北部偏东，地处北纬25°53′～25°58′、东经105°1′～105°7′。东连晴隆县马场乡、大田乡，南接高棉乡、盘水街道，西与兴中镇相接，北与晴隆县花贡镇毗邻。乡人民政府驻白沙社区二组，西南距县政府驻地17.7千米（通行公路为X636、Y012，里程33.5千米）。

区划演变 1998年，辖白沙、五里坪、白水3个管理区，下设铁厂、中箐、白沙、卡塘、大小寨、五里坪、白水、红寨、关厂9个行政村，55个村民组。

1998年白沙乡行政区划

表1-2-59

管理区	行政村	村民组
白沙管理区	白沙村	密老地组、瓦厂组、坪光组、白沙一组、白沙二组、白沙三组、上大箐组、下大箐组
	铁厂村	打峰岩组、梯子岩组、大木厂组、上铁厂组、下铁厂组
	关厂村	底下寨组、蔡家箐组、大坪组
	中箐村	酸枣坪组、大箐组、中箐组、中朝组、黄河组
五里坪管理区	五里坪村	牛角井组、大路边组、茅草坪组、小街上组、莲花山组
	大小寨村	大洞眼组、硝灰洞组、大小寨组、小冲头组、李子箐组、河坝组
	卡塘村	滑石板组、大湾头组、卡子上组、河沟头组、对门寨组
白水管理区	白水村	白水组、旧屋基组、大箐组、田竹箐组、前进一组、前进二组、大寨组、六谷组、红坡组
	红寨村	红寨一组、红寨二组、红寨三组、湾河组、颜家组、吴家庄组、半坡组、兴红组、梁子组

2007年9月，撤销3个管理区，将9个行政村整合为红寨、大小寨、卡塘、铁厂4个行政村和白沙1个社区，下设48个村民组、7个居民组。至2015年，区划无变动。

2015年白沙乡行政区划

表1-2-60

行政村（社区）	村（居）民组暨自然村寨
铁厂村	大木厂组（二道坪、滑石板）、打峰岩组（巩桥边）、上铁厂组（高楼、簸草谷、大路边）、下铁厂组（老猫冲）、蔡家箐组（纸厂河、人行）、底下寨组（小坪新村、羊霍地）、大坪组（上大坪、中大坪、下大坪）、瓦厂组（雨谷箐、小马厂）、密老地组（磨石沟）、良子组、吴家组、梯子岩组（上梯子岩、下梯子岩、中梯子岩）
红寨村	红一组（红寨）、红二组（红寨）、红三组（红寨）、颜家组、兴红组（草果冲）、湾河组、半坡组（李家半坡）、白水组、大寨组、六谷组（六谷地）、前进一组（洞远门口）、前进二组（洞远门口）、大箐组（旧屋基、湾塘市）、田竹组、红坡组（黑坡脚、母猪龙）
大小寨村	大小寨组、硝灰洞组、大洞远组（大洞远、锅铲丫口）、李子箐组、小冲头组、小街组、毛草坪组、牛角井组（牛角井、余家箐）、莲花山、大路边组、旧屋组
卡塘村	对门寨组（凹子田、烟地包、对门寨子）、河沟头组、滑石板组、大弯头组、卡子上组、小箐组（小箐、老马坪）、黄河组（白岩、蒿之坪）、中箐组、酸枣坪组（酸枣坪、马家坡）、中朝组
白沙社区	白沙一组（老苏河、狗跳岩）、白沙二组（老苏河、后头寨）、白沙三组、坪光组、上大箐组（滥窖）、下大箐组（岩头上）、河坝组

人口面积 1998年，总人口1.03万人，其中男性5382人，占总人口的52.31%，女性4906人，占总人口的47.69%；农业人口1.02万人，占总人口的98.66%，非农业人口138人，占总人口的1.34%；18岁以下3247人，占总人口的31.82%，18～60岁6687人，占总人口的65%，60岁以上354人，占总人口的3.18%；少数民族2752人，占总人口的26.74%。

2015年，总人口1.4万人，其中城乡常住人口8808人，占总人口的63%；流动人口5157人，占总人口的37%；总人口中，男性7393人，占总人口的52.8%；女性6592人，占总人口的47.2%；18岁以下3971人，占总人口的28.4%；18～60岁8342人，占总人口的59.7%；60岁以上1652人，占总人口的11.8%。总人口中，汉族9933人，占总人口的71.1%；有布依族、苗族、彝族、黎族、白族5个少数民族共4032人，占总人口的28.9%；超过1000人的少数民族有苗族，3544人，占少数民族人口的87.9%。

1998—2015年白沙乡人口情况表

表1-2-61

年份	年末总人口（人）	男性（人）	女性（人）	农业人口（人）	非农业人口（人）	出生人口（人）	死亡人口（人）	18岁以下（人）	18～60岁（人）	60岁以上（人）	少数民族人口	
											人数（人）	比例（%）
1998	10288	5382	4906	10150	138	132	62	3247	6687	354	2752	26.7
1999	10433	5451	4982	10286	147	174	85	3265	6781	387	2837	27.1
2000	10592	5420	5172	10436	156	236	74	3356	6823	413	2938	27.7
2001	10782	5540	5242	10610	172	197	69	3401	6889	492	3038	28.1
2002	10864	5682	5182	10668	196	185	67	3403	6940	521	3132	28.7
2003	10997	5822	5175	10775	222	164	42	3495	6967	535	3189	28.9
2004	11127	5900	5227	10889	238	178	56	3536	7049	542	3274	29.4
2005	11726	6204	5522	11473	253	198	85	4072	6527	1127	3368	28.7
2006	12163	6397	5766	11930	233	242	116	4162	6850	1151	3446	28.3
2007	12410	6511	5899	12148	262	242	216	4249	6982	11079	3550	28.6
2008	12538	6559	5979	12263	275	649	436	4271	7241	1026	3644	29.1
2009	12712	6685	6027	12415	297	181	61	4297	7382	1033	3739	29.4
2010	13081	6872	6209	12752	329	193	73	4319	7510	1252	3822	29.2
2011	13121	6895	6226	12792	329	113	44	4424	7481	1216	3915	29.8
2012	13161	6923	6238	12825	336	128	58	4521	7461	1179	4064	30.8
2013	13497	7105	6392	13137	360	173	67	4309	7814	1374	4111	30.4
2014	13696	7310	6386	13377	319	153	100	4089	8242	1365	3920	28.6
2015	13985	7393	6592	13644	341	116	84	3971	8362	1652	4032	28.9

辖区东西最大距离13.89千米，南北最大距离10.42千米，总面积84.17平方千米。其中陆地76.79平方千米，占99.01%；水域7.38平方千米，占0.09%。

（二）自然条件

地形地貌 地处珠江流域源头，地势跌宕起伏，落差大。最高峰位于南部铁厂村与高棉乡交界处的五个坡，海拔1986米；最低点位于红寨村湾河，海拔900米。

自然资源 境内已探明的地下矿藏有煤矿、铅锌矿、铁矿、大理石、硅矿等。拥有国家二级保护植物桫椤。

水　文 境内河流属珠江流域南北盘江水系上游，流域面积7.38平方千米。最大河流为希米河（乡境内称白水河），从北至东南流经境内的红寨村，长6千米，流域面积6.15平方千米，年均流量0.6立方米/秒。有白沙老苏河、白水2个小型水库。

（三）经济概况

农　业 1998年，耕地面积721公顷。农作物以稻谷、玉米、小麦为主，粮食作物播种面积1209公顷，产量3266吨，其中稻谷种植面积167公顷，产量557吨；玉米种植面积512公顷，产量2039吨；小麦种植面积530公顷，产量670吨。畜牧业以牛、马、猪、羊、家禽养殖为主，牛存栏345头，马存栏676匹；猪存栏5802头，出栏3042头；羊存栏1418只；家禽存栏2.92万羽，出栏1.92万羽；肉类总量326吨。造林26.8公顷。农业总产值536.6万元。

2015年，耕地面积710公顷，可利用草地面积35公顷。农作物以稻谷、玉米为主，粮食作物播种面积480公顷，产量3240吨，其中稻谷种植面积130公顷，产量1156吨；玉米种植面积300公顷，产量2084吨；主要经济作物为油菜籽、烤烟，油菜籽产量12吨，烤烟产量282吨。牛存栏1621头，出栏170头；马存栏53匹，出栏6匹；猪存栏3135头，出栏2060头；羊存栏3135只，出栏864只；家禽存栏2.01万羽，出栏1852羽；肉类产量457吨，其中猪肉390吨、牛肉67吨；禽蛋12吨。累计造林293公顷，林木覆盖率59%；水果种植面积2670公顷，主要品种有秋锦梨、苹果。农业总产值3031万元。

1998—2015年白沙乡农业情况表

表1-2-62

年份	耕地面积（公顷）	草地面积（公顷）	林地面积（公顷）	造林面积（公顷）	粮食总产量（吨）	生猪存栏（头）	牛存栏（头）	羊存栏（只）	家禽存栏（羽）	肉产量（吨）	蛋产量（吨）	农业总产值（万元）
1998	721	45	110	137	3266	5802	345	1418	29162	326	29	536.6
1999	729	49	120	447	3609	5981	2256	210	29367	478	42	607
2000	728	57	140	22	2549	5504	2377	487	36972	430	51	699
2001	728.1	65	180	45	2693	5679	3821	442	38216	496	51	703
2002	726.8	71	220	105	2834	5988	4586	391	39348	476	60	711
2003	726.2	82	325	70	2976	6533	4781	1220	39554	481	62	786
2004	726	94	394	302	3121	7035	5116	2622	43511	530	62	974
2005	723.4	102	540	133	3182	7738	5598	3317	43511	745	69	899
2006	721.8	113	821	136	3248	5968	4975	4757	47578	527	53	1043
2007	721	147	760	29	3522	2964	1587	644	11921	231	12	1107
2008	720	180	892	100	3583	3193	1900	298	19257	226	10	1147
2009	721	198	990	250	3597	4008	2145	317	18760	309	10	1785
2010	721	202	1239	300	3089	386	2136	1274	19323	241	11	2188
2011	723.7	208	1530	1090	2042	3579	1340	1229	23766	329	10	2318
2012	713	218	2615	820	3662	3589	1429	1364	23976	321	13	2436
2013	712	231	3430	550	3719	3612	1369	1381	24127	363	14	3149
2014	712	252	3850	374	3522	3220	1589	1025	17329	285	13	2859
2015	710	267	4160	258	3240	3135	1621	1104	20134	253	12	3031

工　业　1998年，无工业企业。2015年，有工业企业7家，其中铅矿洗选厂2家：白沙选矿厂、江西民生集团白沙选矿厂；大理石厂3家：黔海石材厂、金金石材厂、黔盛石材厂；砂石厂1个，砖厂1个。工业总产值1621万元。

商业贸易　1998年，有商业网点21个，从业人员人43人；社会商品零售总额12万元。

2015年，有商业网点80个，从业人员300人；社会商品零售总额800万元；集贸市场年成交额约1440万元。

财政金融　1998年，财政收入81万元，农民人均纯收入517元。境内金融机构（农村信用社、邮政储蓄）各类存款余额115.6万元，各项贷款余额176.3万元。

2015年，财政总收入579.96万元，农民人均纯收入6964.92元。境内金融机构（农村信用社、邮政储蓄）各类存款余额4395万元，各项贷款余额4934万元。

1998—2015年白沙乡经济情况表

表1-2-63

年度	工业总产值（万元）	比上年增长（%）	财政总收入（万元）	比上年增长（%）	农民人均纯收入（元）	比上年增长（%）	存款余额（万元）	比上年增长（%）	贷款余额（万元）	比上年增长（%）
1998	—	—	81	—	517	—	115.6	—	176.3	—
1999	—	—	94	16	688	5.7	176.4	52.6	215	22.0
2000	63	—	117	24.4	745	3.8	219.8	24.6	412	91.7
2001	84	33.3	134	14.5	786	0.8	321.6	46.3	510	23.9
2002	98	16.6	146	8.9	806	1.4	432.9	34.6	592	15.9
2003	103	5.1	158	8.2	829	4.9	476.3	10.0	610	3.1
2004	105	1.9	171	8.2	973	1.8	503.2	5.7	627	2.8
2005	109	3.8	174	1.7	1084	15.3	527.9	4.9	641	2.2
2006	118	8.2	182	4.5	1654	8.6	546.4	3.5	655	2.2
2007	982	732.2	257	41.2	1819	9.9	536.4	1.8	606	7.3
2008	1005	2.3	307.1	19.4	1550	14.9	851.5	58.8	598	1.3
2009	1042	3.6	373.8	7.2	1806	16.5	875.5	2.8	723	20.9
2010	1132	8.6	400.8	9.8	2084	15.4	1453.2	65.9	830	14.8
2011	1280	13..0	415.1	3.6	2813	34.9	2584.2	77.8	1142	37.5
2012	1342	4.8	430.6	3.7	4166	48.1	2148.7	16.8	1706	49.4
2013	1488	10.8	451.8	4.9	5459	31.0	2980.2	38.7	2348	39.7
2014	1501	0.9	537	18.9	5790	6.1	3613	21.2	3418	45.6
2015	1621	8	579.96	8	6965	20.3	4395	21.6	4934	44.4

（四）社会事业

文化艺术 1998年，无公共文化设施。2015年，有文化服务中心1个，文化站1个，村级文化活动中心5个，公共图书室6个，藏书9800册。

教　育 1998年，有小学7所，在校学生1643人，专任教师36人。

2015年，幼儿园1所，在园幼儿24人，专任教师2人；小学8所，在校学生1108人，专任教师80人，小学适龄儿童入学率100%；初中1所，在校生323人，专任教师27人，初中适龄人口入学率99.9%，小升初升学率、九年义务教育覆盖率100%。

1998—2015年白沙乡教育情况表

表1-2-64

年度	幼儿园（所）	在园幼儿（人）	专任教师（人）	小学（所）	在校学生（人）	专任教师（人）	初中（所）	在校学生（人）	专任教师（人）
1998	—	—	—	7	1643	36	—	—	—
1999	—	—	—	8	1869	38	—	—	—
2000	—	—	—	8	1901	37	—	—	—
2001	—	—	—	8	1737	34	—	—	—
2002	—	—	—	8	1864	36	—	—	—
2003	—	—	—	8	1898	43	—	—	—
2004	—	—	—	8	1889	68	1	407	18
2005	—	—	—	8	1909	62	1	501	19
2006	—	—	—	8	1937	56	1	479	19

续表1-2-64

年度	幼儿园（所）	在园幼儿（人）	专任教师（人）	小学（所）	在校学生（人）	专任教师（人）	初中（所）	在校学生（人）	专任教师（人）
2007	—	—	—	8	1978	63	1	538	24
2008	—	—	—	8	1908	63	1	541	28
2009	—	—	—	8	1884	54	1	630	26
2010	—	—	—	8	1558	54	1	406	28
2011	—	—	—	8	1247	75	1	374	30
2012	—	—	—	8	1241	71	1	355	30
2013	—	—	—	8	1247	75	1	300	30
2014	0	0	0	8	1114	41	1	389	19
2015	1	24	2	8	1108	80	1	323	27

医疗卫生　1998年，卫生医疗机构1个，即白沙乡卫生院，在编医务人员5人。2015年，医疗卫生机构10个，其中卫生院1所，村级卫生室9个；床位8张；执业（助理）医师3人。

体　育　1998年，学校操场7个，经常参加体育活动的人员占常住人口的4.5%。2015年，老年活动中心1个，学校操场9个，经常参加体育活动的人员占常住人口的60%。

广播电视　1998年，安装地面卫星接收器112套，电视综合覆盖率9%。2015年，有线电视用户200户，安装地面卫星接收器用户2500户，电视综合覆盖率70%。

社会保障　1998年，发放五保户补助11人，补助金额1.2万元；临时救助702人，救助金额1.4万元；优抚对象26人，支出金额1.8万元。

2015年，农村最低生活保障户1080户1580人，发放救助金额257.8万元；五保供养户34人，发放救助金6.53万元；医疗救助2.31万人次，救助金额189.3万元；资助参加合作医疗9569人次，资助金额166.3万元；临时救助1958人次，救助金额19.2万元；优抚对象51人次，支出19.9万元。

1998—2015年白沙乡社会保障情况表

表1-2-65

年份	低保			五保		医疗救助		资助参加合作医疗		临时救助		优抚对象	
	户数（户）	人数（人/次）	发放金额（万元）	人数（人/次）	发放金额（万元）	人数（人/次）	救助金额（万元）	人数（人/次）	资助金额（万元）	人数（人/次）	救助金额（万元）	人数（人/次）	支出金额（万元）
1998	—	—	—	11	1.2	—	—	—	—	702	1.4	26	1.8
1999	—	—	—	12	1.5	—	—	—	—	730	1.9	26	2.1
2000	—	—	—	13	1.8	—	—	—	—	920	2.4	27	4.7
2001	—	—	—	15	1.9	—	—	—	—	1205	3.1	27	5.2
2002	—	—	—	14	2.09	—	—	—	—	1411	3.3	27	7.1
2003	—	—	—	16	2.1	—	—	—	—	1523	3.7	29	7.2
2004	—	—	—	21	2.87	—	—	—	—	1723	4.1	29	6.5
2005	—	—	—	24	2.9	—	—	—	—	1976	5	30	8.3
2006	—	—	—	27	3.1	4236	60.5	—	—	2120	5	30	8.7
2007	—	—	—	30	3.2	5325	70.3	—	—	2346	5	30	6.8
2008	542	932	102.3	37	4.1	8326	91.5	—	—	3897	35.7	28	11.7
2009	879	1178	161.3	42	4.3	11398	110.3	—	—	1465	13.2	29	12.3

续表 1-2-65

年份	低保			五保		医疗救助		资助参加合作医疗		临时救助		优抚对象	
	户数（户）	人数（人/次）	发放金额（万元）	人数（人/次）	发放金额（万元）	人数（人/次）	救助金额（万元）	人数（人/次）	资助金额（万元）	人数（人/次）	救助金额（万元）	人数（人/次）	支出金额（万元）
2010	1129	1308	214.3	48	5.2	13423	132.4	6848	130.7	1580	12.3	27	10.8
2011	1224	1342	242.2	55	6.94	18326	149.6	7128	139.7	1524	15.7	31	7.2
2012	1043	1687	137.6	10	5.36	19435	154.3	7265	142.5	1678	18.3	29	13.8
2013	1049	1688	164.4	44	6.4	22253	175.2	9388	153.3	1851	17.5	30	16.2
2014	1063	1693	201.5	38	6.5	23005	180.3	9508	160.4	1921	18.4	29	13.8
2015	1080	1580	257.8	34	6.53	23112	189.3	9569	166.3	1958	19.2	51	19.9

（五）基础设施

交通运输 1998年，公路总长25千米，日均发送客车1辆，日客运量50人次。

2015年，公路总长100.9千米。江灌柏油路过境，长18.6千米；通村公路2条，总长24.8千米；通组公路36条，总长57.5千米。日均发送客车9辆，日客运量150人次。

邮政电信 1998年，邮政网点1个，投递路线单程总长31千米，乡村通邮率11%。无电信企业，固定电话用户100户，电话普及率1%。

2015年，邮政网点1个，投递路线单程总长31千米，乡村通邮率100%。电信企业1家，服务网点1个，电话交换机总容量600门，固定电话用户500户，电话普及率30%；移动电话用户1万户，移动电话普及率90%；互联网用户300户；电信业务收入50万元。

十、高棉乡

（一）政区概况

名称来历 因种植棉花较多得名。

地理位置 位于普安县北部，地处北纬25°50′～25°54′、东经105°4′～105°10′。东连晴隆县马场乡、沙子镇，南接江西坡镇，西与盘水街道、兴中镇相接，北与白沙乡毗邻。乡人民政府驻嘎坝村细寨组，西南距县政府驻地14.8千米（通行公路为G320、Y012，里程28.1千米）。

区划演变 1998年，辖高棉、地泗2个管理区，下设冬瓜、拉寨、嘎坝、石田、朝阳、磨玉、喜打、喜打坪、地泗、阳龙、棉花11个行政村，77个村民组。

1998年高棉乡行政区划一览表

表 1-2-66

管理区	行政村	村民组
高棉管理区	棉花村	大棉花寨一组、大棉花寨二组、大棉花寨三组、小棉花寨一组、小棉花寨二组、捧古一组、捧古二组、捧古三组、捧古四组、坪寨组
	冬瓜村	塘子边组、旱稻田一组、旱稻田二组、杨家寨组、陈家寨组、后头坡组、山角洞组
	石田村	细寨组、田坝头组、上嘎坝组、黄泥坡组、石田组、田湾子组、小寨组、望坡组
	嘎坝村	下嘎坝组、对门寨组、包包寨组、干子田组、美寨组、小屯普组、关田组、坝巩田组
	拉寨村	大水井组、光寨组、拉寨组、田边组、黄家田组、田坝组、牛角山组、拉寨坪组、山泥田组
	阳龙村	苏家寨组、巴子聋组、屯脚组、上米淌组、下米淌组、铁界组、捧古坪组

续表1-2-66

管理区	行政村	村民组
地泗管理区	地泗村	小龙井组、黑泥田组、六猫冲组、东冲组、对门寨组、马蹄坡组
	喜打村	双山组、下喜打组、上喜打组、旦家庄组
	喜打坪村	际腰组、岭岗组、坪子组、箐头组、马鞍山组、石门坎组、旧寨组、大田脑包组
	磨玉村	磨玉组、石丫口组、泥冲组、兴寨组、肖家箐组
	朝阳村	柏果组、老鸦洞组、罗家寨组、盘坳组、高阳组

2007年，撤销2个管理区，将11个行政村整合为冬瓜、嘎坝、朝阳、喜打、地泗、棉花6个行政村，下设77个村民组。至2015年，区划无变动。

2015年高棉乡行政区划一览表

表1-2-67

行政村（社区）	村（居）民组暨自然村寨
嘎坝村	细寨组、石田组、田坝头组、黄泥坡组、小寨组（林场、小寨）、坡望组、田湾子组、美寨组（平田、岩洞头）、干子田组、小屯普组、包包寨组、对门寨组、坝巩田组、上嘎坝组、下嘎坝组、关田组
冬瓜村	旱一组（白沙嘴路）、旱二组、陈家寨组、杨家寨组、塘子边组、大水井组（大水井、柳树凹）、牛角山组、拉寨坪组、黄家田组、田边组、山泥田组、田坝组、后头破组、山脚洞组、光寨组、拉寨坪组
地泗村	黑泥田组（旧屋基）、上米淌组（罗咔嘎）、下米淌组、六毛冲组、东冲组、对门寨组、舒家寨组、铁界组（代家寨、小光寨）、捧古坪组（杨家寨、大田边、捧古坪）、马蹄坡组、小龙井组、巴子聋组（屯上）、屯脚组（窝子屯）
朝阳村	新寨组、泥冲组、石丫口组（大窝地、石丫口）、磨玉组、肖家箐组（瓦厂、大新田）、白果组（白果树、地泗桥）、老鸦洞组、罗家寨组（老包上、大寨子）、高阳组（箐头、小水口、大寨子）、盘龙组（大盘龙、小盘龙）
喜打村	双山组（双山丫口）、上喜打组、下喜打组、际腰组、领岗组、马鞍组、石门坎组（石门坎、新寨、丫口田）、喜打坪组、箐头组（独树丫口、陈家寨）、旦家庄组、旧寨组（热地方、旧寨）、大田包组（大田包、岩头上）
棉花村	坪子组、捧古一组、捧古二组、捧古三组、捧古四组、大一组、大二组、大三组、小一组、小二组

人口面积　1998年，总人口1.32万人，其中城镇常住人口523人，城镇化率3.9%；流动人口35人。总人口中，男性6683人，占总人口的50.6%，女性6523人，占总人口的49.4%；18岁以下5667人，占总人口的42.91%，18～60岁7186人，占总人口的54.41%，60岁以上308人，占总人口的2.61%。总人口中，汉族9909人，占总人口的75.03%；有布依族、彝族、黎族、回族、苗族等7个民族共3297人，占总人口的24.97%。

2015年，辖区总人口1.82万人，其中城镇常住人口2056人，城镇化率11.28%；流动人口7596人。总人口中，男性9311人，占总人口的51.07%；女性8922人，占总人口的48.93%；18岁以下5777人，占总人口的31.68%；18～60岁1.08万人，占总人口的59.45%；60岁以上1616人，占总人口的8.86%。总人口中，汉族1.34万人，占总人口的73.22%；有布依族、彝族、黎族、回族、苗族等7个少数民族共4883人，占总人口的26.78%；超过1000人的少数民族有布依族、彝族。

1998—2015年高棉乡人口情况表

表1-2-68

年份	年末总人口（人）	男性（人）	女性（人）	农业（人）	非农（人）	出生人口（人）	死亡人口（人）	18岁以下（人）	18～60岁（人）	60岁以上（人）	少数民族人口	
											人数（人）	比例（%）
1998	13206	6683	6523	12939	267	377	45	5667	7196	343	3297	24.97
1999	13550	6949	6601	13361	189	277	47	5805	7283	462	3403	25.1
2000	13934	7244	6690	13728	206	245	54	5931	7521	482	3504	25.1
2001	13990	7363	6627	13715	275	235	60	6034	7413	543	3625	25.9
2002	14004	7446	6558	13748	256	201	74	6128	7259	617	3560	25.4
2003	14397	7598	6799	14186	211	229	79	4929	7799	1669	3653	25.3
2004	14500	7669	6831	14311	189	232	97	4964	7854	1682	3775	26
2005	14801	7702	7099	14523	278	203	60	4394	8903	1504	3881	26.2
2006	15413	8063	7350	15113	300	151	76	4717	9099	1597	3998	25.9
2007	15951	8353	7598	15625	326	182	75	4986	9336	1629	4081	25.5
2008	16752	8732	8020	16416	336	439	318	5889	9512	1351	4601	27.4
2009	16436	8612	7824	16093	343	125	70	5935	8952	1549	4376	26.6
2010	16778	8769	8009	16415	363	644	229	5480	9642	1656	4481	26.7
2011	17121	8940	8181	16734	387	201	68	5506	9821	1794	4567	26.6
2012	17588	9216	8372	17198	390	239	102	5703	9980	1905	4606	26.2
2013	17336	9203	8133	16935	401	214	88	5587	10009	1740	4659	26.8
2014	18022	9197	8825	17628	394	108	80	5931	10588	1503	4829	26.8
2015	18233	9311	8922	17773	460	107	90	5777	10840	1616	4883	26.8

辖区东西最大距离13千米，南北最大距离9千米，总面积72.2平方千米。其中陆地面积72平方千米，占99.72%；水域面积0.2平方千米，占0.27%。

（二）自然条件

地形地貌 境内地势西高东低，主要山脉五个坡。最高峰位于北部喜打村与白沙乡交界处的五个坡，海拔1986米；最低点位于棉花村棉花电站，海拔824米。

水　文 境内河流属北盘江流域，主要河流为地泗河，由西至东流经朝阳村、地泗村、棉花村，全长5千米，流域面积12.21平方千米，年均流量0.6立方米/秒。

（三）经济概况

农　业 1998年，耕地面积963公顷，可利用草山面积210公顷，林地面积901公顷。粮食作物以玉米、稻谷为主，粮食总产量4407吨，其中玉米4065吨，稻谷342吨，人均333.7千克；主要经济作物有烤烟、薄壳核桃、薏仁米等，种植烤烟140公顷，核桃216公顷，薏仁米132公顷。畜牧业以猪、牛、家禽、羊为主，生猪饲养量7621头，年末存栏5204头；羊饲养量851只，年末存栏462只；牛饲养量6243头，年末存栏4122头；家禽饲养量3.13万羽，上市家禽2.05万羽；肉类产量367吨，其中猪肉308.6吨、牛肉56吨、羊肉2.4吨，禽蛋6吨。造林面积161公顷。农业总产值640.6万元。

2015年，耕地面积1796公顷，可利用草山面积888公顷，林地面积3356公顷。粮食总产量5600吨，其中玉米4724吨、水稻676吨，人均304.94千克；主要经济作物有烤烟、薄壳核桃、薏仁米等，种植烤烟213.33公顷，核桃2420公顷，薏仁米158公顷。生猪饲养量1.28万头，年末存栏6809头；羊饲养量1106只，年末存栏615只；牛饲养量9268头，年末存栏5589头；家禽存栏3.81万羽，上市家禽2.5万羽；肉类产量588吨，其中猪肉436吨、牛肉90吨、羊肉62吨，禽蛋34吨。累计造林146公顷，其中经济林53.33公顷、防护林92.67公顷，林木覆盖率44.6%。经果林种植面积2597.6公顷，主要为核桃。农业总产值4159.97万元。

1998—2015年高棉乡农业情况表

表1-2-69

年份	耕地面积（公顷）	草地面积（公顷）	林地面积（公顷）	造林面积（公顷）	粮食总产量（吨）	生猪存栏（头）	牛存栏（头）	羊存栏（只）	家禽存栏（羽）	肉产量（吨）	蛋产量（吨）	农业总产值（万元）
1998	963	210	901	161	4407	5204	4122	462	—	367	6	640.6
1999	963	—	1062	664	4651	4482	2347	184	—	373	—	725
2000	1102	—	1726	33	4841	4671	3462	214	—	395	—	758
2001	1201	—	1759	148	4965	4925	3465	170	45314	421	30	521
2002	1206	—	1907	331	5150	5854	4538	320	29934	666	30	1312
2003	1245	—	2238	403	5161	6356	4060	614	41860	451	30	1242
2004	1223	—	2641	73	5457	6389	4287	620	48320	458	32	1539
2005	1278	—	2714	153	5001	6389	4287	620	48320	458	32	1803
2006	1169	—	2867	—	6562	7077	5658	1537	39150	613	40	2014
2007	1176	23	2867	93	6582	6389	4060	848	29165	1121	25	5274
2008	1230	67	2960	—	6630	6807	4658	1037	39150	820	40	5280
2009	1240	168	2960	—	6682	3499	2799	980	45173	601	39	2832
2010	1326	302	2960	—	5757	4491	2791	927	46631	616	40	3372
2011	1716	770	2960	—	3147	3746	1759	463	27923	497	39	2125
2012	1816	866	2960	—	5935	4127	2141	834	36810	604	37	2463
2013	1805	880	2960	—	6051	4880	747	2059	29969	546	8	3316.3
2014	1798	891	3210	—	5400	6086	5324	582	36240	568	11	3714.26
2015	1796	888	3356	146	5600	6809	5589	615	38106	588	34	4159.97

工　业　1998年，无工业企业。

2015年，有砂石场1个（龙发砂石场建于2010年），年产量2.8万吨；小水电站3座（棉花水电站建于2003年，官田水电站建于2003年，米淌水电站建于2004年），装机容量5260千瓦。工业总产值1600万元。

商业贸易　1998年，有商业网点9个，从业人员24人；社会商品零售总额89万元；城乡集贸市场1个，年成交额203万元。

2015年，商业网点88个，从业人员302人，社会商品零售总额274万元；城乡集贸市场1个，年成交额6826万元。

财政金融　1998年，财政总收入29.7万元，农民人均纯收入1179元。各类存款余额125.78万元，各项贷款余额93.37万元。

2015年，财政总收入550万元（其中地方财政收入200万元），农民人均纯收入6635元。境内金融机构（含农村信用社、邮政储蓄）各类存款余额8000万元，各项贷款余额3349万元。

1998—2015年高棉乡经济情况表

表1-2-70

年份	财政总收入（万元）	比上年增长（%）	农民人均纯收入（元）	比上年增长（%）	存款余额（万元）	比上年增长（%）	贷款余额（万元）	比上年增长（%）
1998	29.7	3.1	1179	2.1	125.78	2.13	93.37	5.16
1999	43	44.78	1247	5.74	119.37	-5.09	106.33	13.88
2000	39	-9.3	983	-26.8	149.04	24.85	114.88	8.04
2001	59	51.28	968	-1.52	169.27	13.57	169.89	47.88
2002	103	74.57	1091	12.67	245.12	44.81	320.52	88.66
2003	59	-42.71	1194	9.47	350.31	42.91	529.33	65.14
2004	78	32.2	1342	12.39	471.96	34.72	805.47	52.16
2005	78	0	1475	9.91	772.77	63.73	1167.69	44.97
2006	149.7	91.92	1520	3.05	825.24	6.78	1285.31	10.07
2007	140	-6.47	1703	12.03	1091.77	32.29	1152.4	-10.3
2008	230	64.28	2004	17.67	1595	43.69	1261	0.7
2009	267.09	16.12	2278	13.67	1873	17.42	1468	16.41
2010	207	-22.49	2600	14.13	2700	44.15	1390	-0.05
2011	205	-0.9	3234	24.38	3700	37.03	1850	33.09
2012	353.6	72.48	4531	39.71	4055	9.59	2173	17.45
2013	475.23	34.39	5925	30.76	5282	30.25	2745	26.32
2014	520	9.42	6950	17.3	5917	12.02	3083	12.31
2015	550	5.77	6635	-4.5	8000	35.2	3349	8.64

（四）社会事业

文化艺术　1998年，有文化服务中心1个。

2015年，文化服务中心1个，文化站1个（建于2010年），村级文化活动中心6处，各类文化专业户3户；农家书屋6个（朝阳村、冬瓜村、地泗村、喜打村、棉花村、嘎坝村），藏书1.8万册；公共图书馆（室）1个（高棉中学），藏书2.1万册。

教　育　1998年，有小学10所（含教学点），在校学生1924人，专任教师51人，小学适龄儿童入学率71.6%；初中1所，在校学生356人，专任教师16人，初中适龄人口入学率68.50%，小升初升学率62.3%，九年义务教育覆盖率47.08%。

2015年，有幼儿园1所（建于2011年，私立），在园幼儿153人，专任教师7人；小学8所（含教学点），在校学生1731人，专任教师84人，小学适龄儿童入学率99.39%；初中1所，在校学生805人，专任教师53人，初中适龄人口入学率1.16倍，小升初升学率、九年义务教育覆盖率100%。2015年，财政预算内教育经费23万元，预算内教育经费占财政总支出比例25%。

1998—2015年高棉乡教育情况表

表1-2-71

年度	幼儿园（所）	在园幼儿（人）	专任教师（人）	小学（所）	在校学生（人）	专任教师（人）	初中（所）	在校学生（人）	专任教师（人）
1998	—	—	—	10	1924	51	1	356	16
1999	—	—	—	10	1936	53	1	416	18
2000	—	—	—	10	2011	56	1	449	36

续表1-2-71

年度	幼儿园（所）	在园幼儿（人）	专任教师（人）	小学（所）	在校学生（人）	专任教师（人）	初中（所）	在校学生（人）	专任教师（人）
2001	—	—	—	10	2086	58	1	478	36
2002	—	—	—	10	2091	60	1	563	39
2003	—	—	—	10	2104	63	1	620	39
2004	—	—	—	10	2211	83	1	854	36
2005	—	—	—	10	2071	74	1	914	33
2006	—	—	—	10	2056	70	1	920	31
2007	—	—	—	10	2229	72	1	807	31
2008	—	—	—	10	2132	80	1	832	34
2009	—	—	—	10	2270	77	1	831	40
2010	—	—	—	10	2160	72	1	886	43
2011	1	93	4	10	2286	70	1	917	40
2012	1	134	7	11	1962	83	1	864	47
2013	1	201	8	11	1889	93	1	868	47
2014	1	118	5	9	1791	89	1	852	45
2015	1	153	7	8	1731	84	1	805	53

医疗卫生 1998年，有卫生院1所，床位5张；执业（助理）医师1人。

2015年，有各级医疗卫生机构11个，其中卫生院1所，村级卫生室10个；床位7张；执业（助理）医师7人；新型农村合作医疗参保人数1.50万人，参保率82.09%。

体　育 1998年，学校篮球场5个，学校操场10个。经常参加体育活动的人员占常住人口的2.1%。

2015年，学校篮球场10个，学校操场10个。经常参加体育活动的人员占常住人口的6.5%。

广播电视 1998年，有线电视用户8户。地面卫星接收主要是用室外天线接收。

2015年，有线电视用户20户，安装地面卫星接收器用户4136户，电视综合覆盖率96.9%。

社会保障 2015年，城镇最低生活保障户25户26人，支出3.78万元；农村最低生活保障户2364户，保障人数4230人，支出346.10万元；农村五保分散供养113人，支出2.32万元；农村医疗救助886人，发放医疗救助金15.84万元，民政部门资助参加合作医疗4839人，共支出24.68万元；农村临时救济539人，支出8万元；参加城镇基本养老保险2372人；国家抚恤、补助各类优抚对象48人，抚恤事业费支出20.96万元。

2008—2015年高棉乡社会保障情况表

表1-2-72

年份	低保			五保		医疗救助		资助参加合作医疗		临时救助		优抚对象	
	户数（户）	人数（人/次）	发放金额（万元）	人数（人/次）	发放金额（万元）	人数（人/次）	救助金额（万元）	人数（人/次）	资助金额（万元）	人数（人/次）	救助金额（万元）	人数（人/次）	支出金额（万元）
2008	1236	2200	98.12	81	5.46	—	—	—	—	—	—	—	—
2009	1279	2200	149.6	79	7.21	126	1.44	176	0.352	210	3.35	34	10.84
2010	1728	4500	233.64	80	6.3	1665	18	176	0.352	226	5	36	13.68
2011	1823	4500	354.78	80	8	876	13.01	176	0.528	450	5	35	15.08
2012	1895	4499	336.08	80	7.2	864	14.54	185	0.555	396	5	39	19.76

续表1-2-72

年份	低保			五保		医疗救助		资助参加合作医疗		临时救助		优抚对象	
	户数（户）	人数（人/次）	发放金额（万元）	人数（人/次）	发放金额（万元）	人数（人/次）	救助金额（万元）	人数（人/次）	资助金额（万元）	人数（人/次）	救助金额（万元）	人数（人/次）	支出金额（万元）
2013	2129	4551	378.72	85	13.54	671	11.35	4542	22.71	492	6	34	19.76
2014	2387	4555	384.53	100	53856	758	12.35	4637	23.78	517	7	42	20.38
2015	2364	4230	346.1	113	23200	886	15.84	4839	24.68	539	8	48	20.96

说明：1998—2007年，社会保障情况资料缺失，无法统计

（五）基础设施

交通运输　1998年，通乡公路1条，长10.2千米；通组公路4千米。客运总量0.5万人次，货运总量2.4万吨。

2015年，境内有县乡公路1条，长18.4千米，通组公路80.5千米。客运总量4.8万人次，日均发送客运车辆12班次，日客运量约480人次，货运总量30万吨。

邮政电信　1998年，邮政代办网点1个，投递点1个。固定电话用户10户。

2015年，有邮政网点1个，投递路线单程总长28千米，投递点1个，乡村通邮率100%。电信企业1家，服务网点1个，电话交换机总容量512门，固定电话用户81户；移动电话用户4135户，移动电话普及率96.2%；互联网用户205户。全年电信业务收入37.4万元。

十一、罗汉镇

名称来历　因早年当地罗汉松树较多得名。

地理位置　位于普安县西南部，地处北纬25° 37′ ~25° 47′ 、东经104° 52′ ~104° 59′ 。东与新店镇隔河相望，南连青山镇，北接地瓜镇，西与盘县新民镇、竹海镇毗邻。镇人民政府驻罗汉村一组，北距县政府驻地19.4千米（通行公路为X632、S313，里程38.6千米）。

区划演变　1998年，辖凉水、罗汉2个管理区，下设海子、凉水、磨鸪、罗汉、小河、烂田、老山田、良子、戈余、旧屋、金竹林11个行政村，77个村民组。

1998年罗汉乡行政区划一览表

表1-2-73

管理区	行政村	村民组
罗汉管理区	罗汉村	八大田组、大冲头组、大坪地组、罗汉一组、罗汉二组
	良子村	良子组、小海子组、孟竹组、者黑沟组、落泥上组、落泥下组
	戈余村	舍嘎组、戈余三组、戈余四组、大地头组、大洞组、长地头组、河沟组
	旧屋村	旧屋基组、新寨组、火麻冲组、竹余一组、竹余二组、黑树林组、老虎坟组、永德组
	金竹林村	石马槽组、岔河组、六沟河组、马家寨组、立林组、祭山坡组、坪地一组、坪地二组、石丫口组、金竹林组
	老山田村	尖山组、湾子头组、蚂蝗箐组、丫口上组、丫口下组、大山组、老山田一组、老山田二组、老山田三组、新寨河组、博余组

续表 1-2-73

管理区	行政村	村民组
凉水管理区	凉水村	大山顶组、下龙滩组、果木组、场坝组、上龙滩组、格体组、水井组
	磨鸪村	磨鸪一组、磨鸪二组、磨鸪三组、磨鸪四组、磨鸪五组
	海子村	细坝组、冬瓜林组、米亩组、坪上组、龙潭边组、新房子组、小寨组、秋洞组
	烂田村	大西布组、张家寨组、谢家寨组、大奋田组、盘龙湾组
	小河村	龙家寨组、柳树田组、大冲组、王家寨组、坪上组

2007年，撤销2个管理区，将11个行政村整合为罗汉、凉水、老山田、戈余、金竹林、海子6个行政村，77个村民组。

2015年，罗汉乡更名为罗汉镇，所辖村及村民组不变。

2015年罗汉镇行政区划一览表

表 1-2-74

行政村（社区）	村（居）民组暨自然村寨
海子村	小寨组、秋洞组、新房子组、坪上组、细坝组、东瓜林组、米亩组、龙滩边组
凉水村	磨鸪一组、磨鸪二组、磨鸪三组、磨鸪四组、磨鸪五组、水井组、场坝组（放马地）、格体组（大寨头、小寨头）、大山顶组、果木组、上龙滩组（老猫东）、下龙滩组
罗汉村	八大田组、罗汉一组、罗汉二组、大冲组、大坪地组、张家寨组、谢家寨组（白泥冲）、大奋田组、盘龙湾组（河边、平塘河）、大布组、王家寨组、龙家寨组、小河大冲组、坪上组（关山地）、柳树田组
老山田村	小海子组（王家寨）、良子组（伍家尖山、大坪地、朱家寨、尖山脚）、落泥上组、落泥下组、孟竹组、者核组（中寨）、尖山组、博余组（营上）、湾子组、大山组（汞山）、一组、二组、三组、新寨河组（尹家大山）、蚂蝗箐组（石坎子）、丫口上组（三岔地）、丫口下组（曹家大山）
戈余村	社嘎组、戈三组（树林头）、戈四组、长地组、大地组、大洞组、河沟组、老虎坟组（卡石余）、旧屋组、永德组（小田坝）、新寨组、火麻冲组（小水井）、竹余一组、竹余二组、黑树林组
金竹林村	岔河组、石马槽组、石丫口组、六沟河组（沙家寨）、立林组、金竹林组、祭山坡组、马家寨组（萝卜嘎）、坪地一组、坪地二组（板板桥、龙家老坡）

人口面积　1998年，总人口1.55万人，其中男性7836人，占总人口的50.72%，女性7615人，占总人口的49.28%；农业人口1.53万人，占总人口的98.81%，非农业人口184人，占总人口的1.11%；18岁以下5222人，占总人口的33.8%，18～60岁8683人，占总人口的56.2%，60岁以上1546人，占总人口的10%。

2015年，总人口2.02万人，另有流动人口1920人。总人口中，男性1.09万人，占总人口的53.634%，女性9383人，占总人口的46.37%；18岁以下6467人，占总人口的31.96%，18～60岁1.16万人，占总人口的57.12%，60岁以上2210人，占总人口的10.92%。总人口中，汉族1.66万人，占总人口的81.99%；有黎族、彝族、回族等5个少数民族，共3645人，占总人口的18.01%；超过1000人的少数民族有黎族、彝族，其中黎族2235人，占少数民族人口的61.3%；彝族1284人，占少数民族人口的35.2%。

1998—2015年罗汉镇人口情况表

表1-2-75

年度	年末总人口（人）	男性（人）	女性（人）	农业人口（人）	非农业人口（人）	出生人口（人）	死亡人口（人）	18岁以下（人）	18～60岁（人）	60岁以上（人）	少数民族人口	
											人数（人）	比例（%）
1998	15451	7836	7615	15267	184	326	183	5222	8683	1546	2580	16.7
1999	15922	7915	8007	15706	216	258	106	5429	8900	1593	2674	16.8
2000	16564	8247	8317	16340	224	365	131	5648	9275	1641	2766	16.7
2001	16835	8255	8580	16601	234	245	114	5774	9410	1651	2845	16.9
2002	16925	8428	8497	16661	264	260	92	5754	9478	1693	2894	17.1
2003	17055	8509	8546	16776	279	231	70	5948	9737	1370	2899	17
2004	17168	8576	8592	16938	230	248	76	5987	9821	1360	2901	16.9
2005	18196	9635	8561	17801	395	261	103	6139	10165	1892	3147	17.3
2006	18421	9360	8881	17846	395	181	85	6415	10289	1537	3223	17.5
2007	18900	10007	8893	18408	492	597	82	6450	10614	1836	3364	17.8
2008	19891	10481	9410	19379	512	371	355	6762	11138	1991	3580	18
2009	20280	10717	9563	19757	523	319	76	6924	11385	1971	3671	18.1
2010	19926	10531	9395	19373	553	803	230	6803	11187	1936	3347	16.8
2011	20058	10627	9431	19500	558	321	49	6693	11290	2075	3445	17.2
2012	20113	10695	9418	19536	577	269	92	6569	11394	2150	3539	17.6
2013	20222	10765	9457	19630	592	341	137	6472	11545	2205	3457	17.1
2014	20228	10767	9461	19635	593	355	139	6481	11551	2196	3554	15.2
2015	20237	10854	9383	19636	601	371	140	6467	11560	2210	3645	18.01

辖区东西最大距离8千米，南北最大距离12千米，辖区总面积100.26平方千米。其中陆地面积85.26平方千米，占86%；水域面积14平方千米，占14%。

（二）自然条件

地形地貌 境内地形起伏，层峦叠嶂，地势北高南低。最高峰位于西北边境的母猪梁子，海拔1855.5米；最低点位于罗汉镇南部的平塘河，海拔1350米。

水　文 境内河流属珠江水系南盘江流域。主要河流有下厂河、猪场河，总长12千米。最大河流为下厂河，从板板桥至黄家桥流经境内的平塘河，长9千米，流域面积120平方千米。

矿藏资源 境内已查明的矿产有铜、铁、煤炭、煤层气和花岗石等，其中煤炭储量15.8亿吨。

（三）经济概况

农　业 1998年，发证承包耕地面积2326公顷。粮食作物主要以玉米、稻谷、小麦、油菜、马铃薯等为主，粮食总产量4930吨，人均319千克。畜牧业以牛、羊、猪、家禽为主，生猪饲养量9000头，年末存栏5859头；羊饲养量310只，年末存栏258只；牛饲养量7200头，年末存栏5420头；家禽存栏1.66万羽；生产肉类361吨。造林14公顷。农业总产值868.7万元。

2015年，发证承包耕地面积2315公顷，可利用草地4354公顷，林地面积368公顷。粮食总产量9500吨，人均469千克；主要经济作物有烤烟，种植面积785公顷，产量750吨，产值1500万元。生猪饲养量8300头，年末存栏7153头；羊饲养量1150只，年末存栏1035只；牛饲养量2150头，年末存栏2101头；家禽存栏3.78万羽；肉类产量514吨。造林45公顷，林木覆盖率68.5%。农业总产值6710万元。

1998—2015年罗汉镇农业情况表

表1-2-76

年份	耕地面积（公顷）	草地面积（公顷）	林地面积（公顷）	造林面积（公顷）	粮食总产量（吨）	生猪存栏（头）	牛存栏（头）	羊存栏（只）	家禽存栏（羽）	肉产量（吨）	蛋产量（吨）	农业总产值（万元）
1998	2326	2586	214	14	4930	5859	5420	258	16581	361	35	868.7
1999	2326	2586	223	9.3	4962	5235	3932	821	18945	449	38	877
2000	2326	2586	253	30	5096	4583	3853	653	21450	390	27	948
2001	2326	2586	277	81	5210	4623	3465	710	19821	410	31	1656
2002	2326	2586	277	0	5121	4986	3894	845	20521	458	34	1097
2003	2326	2586	310	33	6073	5110	4250	997	22800	463	36	1161
2004	2326	2586	325	15	5147	7316	4730	1370	11920	273	57	875
2005	2326	2586	381	56	5495	8162	6310	3200	24628	717	63	1179
2006	2326	2586	421	40	6638	9360	6500	3400	27020	651	64	3327
2007	2326	2586	462	41	6668	6560	2361	515	17367	420	4	2667
2008	2326	2586	510	48	7082	5071	3764	280	24271	437	6	4189
2009	2326	2586	563	53	5742	6251	4530	4131	25341	522	7	3030
2010	2326	2586	614	51	4999	5796	3721	384	23929	473	7	3586
2011	2326	2586	640	26	2524	10141	4679	1608	79585	765	52	4564
2012	2326	2586	676	36	3638	8503	4087	477	43052	491	5	5231
2013	2326	2586	692	16	3460	7987	2020	1026	35587	676	4	6450
2014	2296	4378	320	18	3560	8100	2032	1029	36112	678	8	6512
2015	2315	4354	368	45	3650	7153	2101	1035	37823	514	6	6710

商业贸易　1998年，有商业网点11个，从业人员22人；社会商品零售总额1000万元；城乡集贸市场1个，年成交额2500万元。

2015年，有商业网点39个，从业人员70人；社会商品零售总额6580万元；城乡集贸市场1个，年成交额6850万元。

财政金融　1998年，财政总收入31万元（其中地方财政收入17万元），农民人均纯收入1082元。金融机构各类存款余额84万元，各项贷款余额62万元。

2015年，财政总收入1117万元（其中地方财政收入210万元），农民人均纯收入5326元。金融机构各类存款余额6853万元，各项贷款余额6821万元。

1998—2015年罗汉镇经济情况表

表1-2-77

年份	财政总收入（万元）	比上年增长（%）	农民人均纯收入（元）	比上年增长（%）	存款余额（万元）	比上年增长（%）	贷款余额（万元）	比上年增长（%）
1998	31	—	1082	—	84	—	62	—
1999	70	125.8	1231	13.7	145	72.6	106	70.9
2000	82	17.1	1300	5.6	221	52.4	186	75.4
2001	98	19.5	1340	3	312	41.1	258.6	39
2002	138	40.8	1066	-20.4	479.4	53.6	536.9	107.6
2003	181	31.1	1041	-2	566.2	18.1	882	64.2
2004	265	46.4	1155	10.9	785.4	38.7	1025.2	16.2
2005	270	1.8	1301	12.6	963.7	22.7	1292.7	26

续表1-2-77

年份	财政总收入（万元）	比上年增长（%）	农民人均纯收入（元）	比上年增长（%）	存款余额（万元）	比上年增长（%）	贷款余额（万元）	比上年增长（%）
2006	292	8.1	1480	13.7	1356.4	40.7	1685.9	30.4
2007	347.2	18.9	1601	7.5	1736.3	28	2009	19.1
2008	703.2	102.5	1869	16.7	2419.4	39.3	2637	31.2
2009	621.4	-11.6	2139	14.4	3064.6	26.6	3605.5	36.7
2010	631.9	1.6	2472	15.5	3927.4	28.1	4500.3	24.8
2011	536.9	-15	3224	30.4	4941	25.8	5494.1	22.1
2012	709	32	4192	23.1	4704	-4.8	6251.5	13.8
2013	1202.	69.5	5475	23.4	6236	32.6	5960	-4.7
2014	1055.02	78.5	5682	25.9	6278	39.5	6715	15.5
2015	1117	63.4	5326	26.8	6853	40.5	6821	13.5

（四）社会事业

文化艺术 1998年，有村级文化活动中心2处，各类文化专业户1户。

2015年，文化站1个，村级文化活动中心6处，各类文化专业户6户，各类图书室7个，藏书4万册。

教　育 1998年，有小学8所，在校学生2389人，教师48人；初中2所，在校学生1065人，教师30人。

2015年，有小学7所，在校学生1668人，教师106人；初中1所，在校学生1034人，教师56人。主要学校有罗汉小学、罗汉中学、凉水九年制学校。

1998—2015年罗汉镇教育情况表

表1-2-78

年度	小学（所）	在校学生（人）	专任教师（人）	初中（所）	在校学生（人）	专任教师（人）
1998	8	2389	48	2	1065	30
1999	8	2412	51	2	1072	31
2000	8	2496	56	2	1186	32
2001	8	2517	58	2	1248	37
2002	8	2643	61	2	1254	38
2003	8	3002	93	2	1237	43
2004	8	2636	89	2	1309	55
2005	8	2647	88	2	1318	61
2006	8	2762	95	2	1326	64
2007	8	2678	93	2	1351	62
2008	8	2580	98	2	1448	60
2009	8	2413	100	2	1558	65
2010	8	2475	92	2	1250	65
2011	8	2209	88	2	1237	67
2012	8	2138	101	2	999	68
2013	7	1920	95	2	1086	63
2014	7	1700	112	2	1103	56
2015	7	1668	106	1	1034	56

2015年，财政预算内教育经费435.75万元，预算内教育经费占财政总支出的比例28%。

医疗卫生 1998年，卫生院1所，病床5张，专业卫生人员4人，其中执业医师1人、执业助理医师1人；农村安全饮用水普及率5%。

2015年，有卫生院1所，卫生室11个，病床10张，专业卫生人员12人，其中执业医师9人、执业助理医师1人、护师2人；农村安全饮用水普及率98%，新型农村合作医疗参保人数1.79万人，参保率85%。

体　育 1998年，学校操场10个。

2015年，学校操场10个，5所学校安装有健身器材。

广播电视 1998年，无有线电视和地面卫星接收器。

2015年，有线电视用户160户，安装地面卫星接收器用户145户。

社会保障 1998年，农村五保分散供养12人，支出0.6万元。临时救助21人，支出0.06万元；优抚对象40人，支出3.2万元。2008年，农村最低生活保障户1260户2100人，支出106.6万元；资助参加合作医疗303人，支出0.61万元。2009年，农村医疗救助105人，支出5万元。

2015年，农村五保分散供养105人，支出22.72万元；临时救助247人，支出10万元；优抚对象78人，支出35.58万元；农村最低生活保障户2315户4198人，支出939.05万元；城镇最低生活保障户11户15人，支出8.73万元；资助参加合作医疗4449人，支出13.61万元；农村医疗救助133人，支出7.7万元。

1998—2015年罗汉镇社会保障情况表

表1-2-79

年份	低保			五保		医疗救助		资助参加合作医疗		临时救助		优抚对象	
	户数（户）	人数（人/次）	发放金额（万元）	人数（人/次）	发放金额（万元）	人数（人/次）	救助金额（万元）	人数（人/次）	资助金额（万元）	人数（人/次）	救助金额（万元）	人数（人/次）	支出金额（万元）
1998	—	—	—	12	0.6	—	—	—	—	21	0.06	40	3.2
1999	—	—	—	12	0.6	—	—	—	—	32	0.1	38	3.5
2000	—	—	—	14	0.7	—	—	—	—	32	0.1	35	3.6
2001	—	—	—	15	0.75	—	—	—	—	40	0.12	35	3.6
2002	—	—	—	25	2	—	—	—	—	45	0.2	32	3.8
2003	—	—	—	34	2.7	—	—	—	—	50	0.3	29	4
2004	—	—	—	51	3.4	—	—	—	—	61	0.5	26	4.2
2005	—	—	—	68	4	—	—	—	—	68	0.8	26	4.5
2006	—	—	—	81	4.8	—	—	—	—	62	0.9	23	4.2
2007	—	—	—	102	6.1	—	—	—	—	70	1.1	21	3.9
2008	1260	2100	106.6	114	6.8	—	—	303	0.61	73	1.5	35	9.25
2009	1755	2100	142.8	116	10.26	105	5	303	0.61	76	2	38	11.76
2010	1761	4386	224.4	109	8.72	310	20	312	0.62	81	2.8	40	9.19
2011	1750	4426	341.2	105	10.38	281	14.5	314	0.94	120	5	80	16.82
2012	1894	4385	321.2	93	8.58	207	15	4416	13.25	124	5	80	28.23
2013	2178	4378	437	100	14.85	191	12	4465	22.32	149	6	82	24.36
2014	2294	4437	474.36	103	17.53	263	11	219	1.53	203	10	72	27.73
2015	2315	4198	939.05	105	22.72	133	7.70	4449	13.6	247	10	78	35.58

（五）基础设施

交通运输 以公路交通为主。1998年，通村公路18千米，通组公路22千米。客运总量1.1万人次，货运总量7万吨。

2015年，通村公路42千米，通组公路35.5千米，客运总量5.69万人次，货运总量10.25万吨。S313过境，境内长18千米，双向单车道，通往兴仁、盘县；县乡级公路1条，总长12千米。日均发送客车13辆，日客运量356人次。

邮政电信 1998年，邮政网点1个，投递路线单程总长38千米，乡村通邮率100%。固定电话用户11户。

2015年，邮政网点1个，投递路线单程总长度38千米，乡村通邮率100%。电信服务点3个，固定电话用户30户，电话用户普及率18.9%；手机用户4900户，手机普及率96%；宽带接入用户110户。

十二、新店镇

（一）政区概况

名称来历 因毗邻"盘江八属"原商贸集镇之首的青山镇，过往客商、马帮常在此投店住宿，故名"新店子"，后改称"新店"。

地理位置 位于普安县南部，地处北纬25°33′～25°39′、东经104°57′～105°3′。东连晴隆县碧痕镇，南接青山镇，西与青山镇、罗汉镇相接，北与地瓜镇毗邻。镇人民政府驻新店社区三组，北距县政府驻地22.6千米（通行公路为X632、S313，里程37.4千米）。

区划演变 1998年，辖新店、波余、花月、雨核4个管理区，下设新店、烂木桥、波余、联合、三角树、花月、箐口、雾聋、细余、雨核、窑上11个行政村，98个村民组。

1998年新店乡行政区划一览表

表1-2-80

管理区	行政村	村民组
新店管理区	新店村	新店一组、新店二组、新店三组、大冲组、毡帽山组、大山坡组、麻窝组、牛角山组、丫口组、大河边组、础场云组、廖家洞组、洞边组、龙滩边组
	细余村	上细余组、下细余组、对门寨组、水洞组、汉马桥组、水淹滩组、泥拉界组、中心组、两路口组、桃树坪组、石阶田组、大龙潭组、马槽箐组
	烂木桥村	烂木桥一组、烂木桥二组、大雨雪组、小雨雪组、都田组、打风岩组、月亮田组、冷风口组、坝田组、屯脚河组、大坪地组、空山组、小坪地组
波余管理区	波余村	波余一组、波余二组、大冬瓜林组、小冬瓜林组、给核组、关牛洞组、侯家屋基组、甲箐组、孔家冲组、赖石包组、联合组、螺丝山组、毛草坪组、坪田组、冉家寨组、三角树组、上半坡组、覃家洞组、席草田一组、席草田二组、向家寨组、小洼子组、小鱼林组、小寨组、哑达箐组、野鸭塘组、叶家寨组
花月管理区	花月村	花月一组、花月二组、花月三组、花月四组、尖山组、打草冲组、小寨组、歹尾组、箐口一组、箐口二组、箐口三组、箐口四组、箐口五组、雾聋上寨组、雾聋中寨组、雾聋下寨组、荒田组、落水组
雨核管理区	雨核村	雨核组、小水组、白坟组、海子组、岩脚组、杨柳组、大元组、大寨组、铁厂组、中心组、草冲组、上尧组、对门组

2007年9月，撤销4个管理区，将11个行政村整合为花月、烂木桥、波余、雨核、细余5个行政村和新店1个社区，下设84个村民组、14个居民组。

2015年6月，行政区划变动，新店乡更名为新店镇，所辖村（社区），村（居）民组不变。

2015年新店镇行政区划

表1-2-81

行政村（社区）	村（居）民组暨自然村寨
细余村	上细余组、下细余组、对门寨组、水洞组、汉马桥组、水淹滩组、泥拉界组、中心组、两路口组、桃树坪组、石阶田组、大龙潭组、马槽箐组
烂木桥村	烂木桥一组、烂木桥二组、大雨雪组、小雨雪组、都田组、打风岩组、月亮田组、冷风口组、坝田组、屯脚河组、大坪地组、空山组、小坪地组
波余村	波余一组、波余二组、大冬瓜林组、小冬瓜林组、给核组、关牛洞组、侯家屋基组、甲箐组、孔家冲组、赖石包组、联合组、螺丝山组、毛草坪组、坪田组、冉家寨组、三角树组、上半坡组、覃家洞组、席草田一组、席草田二组、向家寨组、小洼子组、小鱼林组、小寨组、哑达箐组、野鸭塘组、叶家寨组
花月村	花月一组、花月二组、花月三组、花月四组、尖山组、打草冲组、小寨组、歹尾组、箐口一组、箐口二组、箐口三组、箐口四组、箐口五组、雾聋上寨组、雾聋中寨组、雾聋下寨组、荒田组、落水组
雨核村	雨核组、小水组、白坟组、海子组、岩脚组、杨柳组、大元组、大寨组、铁厂组、中心组、草冲组、上尧组、对门组
新店社区	新店一组、新店二组、新店三组、大冲组、毡帽山组、大山坡组、麻窝组、牛角山组、丫口组、大河边组、础场云组、廖家洞组、洞边组、龙滩边组

人口面积 1998年，总人口1.79万人，其中男性9325人，占总人口的52.01%，女性8604人，占总人口的47.99%；18岁以下6910人，占总人口的38.54%，18～60岁9046人，占总人口的50.46%，60岁以上1973人，占总人口的11%；少数民族3069人，占总人口的17.12%。

2015年，总人口2.42万人，常住人口总数1.64万人，其中城镇常住人口2862人，城镇化率17.55%。另有流动人口8279人，其中流入436人，流出半年以上7836人。总人口中，男性1.29万人，占总人口的53.21%；女性1.13万人，占总人口的46.79%；18岁以下7662人，占总人口的31.72%；18～60岁1.42万人，占总人口的58.68%；60岁以上2318人，占总人口的9.6%。总人口中，汉族1.89万人，占总人口的78.1%；有黎族、彝族、苗族、布依族、回族、侗族、白族7个少数民族共5213人，占总人口的21.58%；超过1000人的少数民族有黎族、彝族，其中黎族2258人，占少数民族人口的43.31%；彝族1341人，占少数民族人口的25.72%。

1998—2015年新店镇人口情况

表1-2-82

年份	年末总人口（人）	男性（人）	女性（人）	农业人口（人）	非农业人口（人）	出生人口（人）	死亡人口（人）	18岁以下（人）	18～60岁（人）	60岁以上（人）	少数民族人口	
											人数（人）	比例（%）
1998	17929	9325	8604	17695	234	390	202	6910	9046	1973	3069	17.12
1999	18723	9759	8964	18475	248	385	231	6980	8995	2748	3222	17.21
2000	18688	9957	8731	18439	249	436	214	7010	9035	2643	3272	17.51
2001	18780	9980	8800	18520	260	310	217	7130	9127	2523	3551	18.91
2002	19108	10173	8935	18845	263	269	47	7420	9225	2463	3653	19.12
2003	19329	10293	9036	19065	264	308	97	7642	9394	2293	3889	20.12
2004	19556	10429	9127	19266	290	309	98	7731	9503	2322	4267	21.82
2005	20210	10617	9593	19945	265	308	96	6050	12125	2035	4415	21.85
2006	20832	10905	9927	20361	471	330	95	6143	12540	2149	4564	21.91

续表1-2-82

年份	年末总人口（人）	男性（人）	女性（人）	农业人口（人）	非农业人口（人）	出生人口（人）	死亡人口（人）	18岁以下（人）	18～60岁（人）	60岁以上（人）	少数民族人口	
											人数（人）	比例（%）
2007	21129	11058	10071	20604	525	212	57	5987	12929	2213	4673	22.12
2008	21326	11162	10164	20795	531	188	64	6010	13121	2195	4800	22.51
2009	21933	11504	10429	21378	555	330	108	6025	13119	2789	5005	22.82
2010	23466	12237	11229	22855	611	214	101	7813	13426	2227	5425	23.1
2011	23487	12248	11239	22865	622	205	109	7820	13430	2237	5430	23.12
2012	23690	12355	11335	22901	789	219	115	7936	13452	2302	5519	23.30
2013	23881	12310	11571	23068	813	190	120	8005	13561	2315	5615	23.52
2014	23951	12513	11438	23009	942	197	114	7952	13590	2409	5405	22.5
2015	24153	12853	11300	23045	1108	187	108	7662	14173	2318	5213	21.58

辖区东西最大距离20千米，南北最大距离25千米，总面积142平方千米。

（二）自然条件

地形地貌 地处云贵高原东南部乌蒙山区。最高峰位于东部五月朝天山峰，海拔2004.1米；最低点位于花月村箐口组，海拔1400米。

水　文 境内有小（2）型城背后水库1座，五月天池水库正在建设中，蓄水量64.6万立方米。

矿藏资源 境内已探明地下矿藏有煤炭，已开发的有信广、天力煤矿。

（三）经济概况

农　业 1998年，耕地面积1011公顷，可利用草地面积1765.3公顷，林地面积5159公顷。粮食作物以玉米、稻谷为主，粮食总产量5704吨，人均320.15千克。畜牧业以猪、牛、羊等为主，生猪存栏5454头，牛存栏5970头，羊存栏878只，家禽存栏2.54万羽；肉类总产量390吨，禽蛋产量6吨。农业总产值816.2万元。

2015年，耕地面积5687公顷，可利用草地面积2145公顷，林地面积7181公顷。粮食总产量6715吨，人均278.02千克。生猪存栏1.14万头，牛存栏3983头，羊存栏1.17万只，家禽存栏2.77万羽；肉类总产量1018吨，禽蛋产量45.3吨。农业总产值2.56亿元。

1998—2015年新店镇农业情况表

表1-2-83

年份	耕地面积（公顷）	草地面积（公顷）	林地面积（公顷）	造林面积（公顷）	粮食总产量（吨）	生猪存栏（头）	牛存栏（头）	羊存栏（只）	家禽存栏（羽）	肉产量（吨）	蛋产量（吨）	农业总产值（万元）
1998	1011	1765.3	5195	9.5	5704	5454	5970	878	25381	390	6	816.2
1999	1013	1765.3	5204.5	45	5831	6671	7082	510	25987	632	6.5	903.1
2000	1013	1765.3	5249.5	—	5933	6730	8290	210	26127	536	7.2	940
2001	1015	1800.7	5249.5	—	5764	6811	8223	232	26371	519	8.6	951
2002	1015	1801	5258.5	9	5561	6958	8311	261	27531	528	10	956
2003	1017	1804	5275.5	17	6073	6958	8389	1506	27735	491	11	1133
2004	1019	1813	5297.5	22	6169	6657	7052	1610	40000	465	12	1168
2005	1021	1814	5307.17	9.67	6092	7330	8182	2580	41500	32	14	3589
2006	1074	1835	5307.17	—	8787	7510	7250	2710	81000	600	11	3595
2007	1024	2817	5314.37	7.2	8753	5112	3998	1235	64511	512	29	4125

续表 1-2-83

年份	耕地面积（公顷）	草地面积（公顷）	林地面积（公顷）	造林面积（公顷）	粮食总产量（吨）	生猪存栏（头）	牛存栏（头）	羊存栏（只）	家禽存栏（羽）	肉产量（吨）	蛋产量（吨）	农业总产值（万元）
2008	1024	2863	5351.37	37	8655	5686	4030	2194	85017	862	35	5780
2009	1044	2512	5351.37	—	8701	8110	5050	6450	85697	842	35	8016
2010	1044	2108	5888.67	537	7938	9231	6063	4809	93305	851	40	7255
2011	1066.67	2077	5888.67	—	7749	8821	5983	3219	91051	834	37	8125
2012	1066.67	2109	6166.67	278	7423	8973	5827	3964	90274	817	38	9273
2013	1066.67	2133	6166.67	—	7155	8892	5537	3725	91136	827	38	13257
2014	5687	2145	6259.67	93	6460	11894	3415	13219	34026	1439	60	11881.4
2015	5687	2145	7181	921.33	6715	11446	3983	11744	27723	1018	45.3	25580.1

工　业　1998年，无工业企业。

2015年，有页岩砖厂1个，职工6人；免烧砖厂5家，职工20人；工业总产值384万元。

商业贸易　1998年，有商业网点（商品零售）8个，从业人员8人；社会商品零售总额0.35亿元；集贸市场1个，畜牧交易市场1个，各类商家51户；年成交额0.5亿元。

2015年，商业网点（商品零售）42个，从业人员168人；社会商品零售总额2.17亿元。

财政金融　1998年，财政总收入42.8万元，农民人均纯收入1075元。金融机构各类存款余额842万元，各项贷款余额789万元。

2015年，财政总收入1173万元，农民人均纯收入7084元。金融机构各类存款余额7432万元，各项贷款余额7856万元。

1998—2015年新店镇经济情况表

表 1-2-84

年份	工业总产值（万元）	比上年增长（%）	财政总收入（万元）	比上年增长（%）	农民人均纯收入（元）	比上年增长（%）	存款余额（万元）	比上年增长（%）	贷款余额（万元）	比上年增长（%）
1998	—	—	42.8	7.3	1075	2.3	842	12.7	789	11.3
1999	—	—	49	14.48	1103	2.6	962	14.29	906	14.8
2000	—	—	52.3	6.73	1195	8.34	1095	13.8	1060	16.9
2001	—	—	60.14	14.99	1205	0.84	1205	10.07	1247	17.6
2002	15	1500	193.2	221.25	1219	1.16	1326	15.3	1494	19.8
2003	36	140	259	34.06	1271	4.27	1529	0.71	1546	3.5
2004	50	38.89	403.2	74.64	1459	14.79	1540	1.39	1605	3.8
2005	55	10	622.6	54.41	1615	10.69	1561	3.81	1713	6.7
2006	55	0	233	-62.58	1864	15.42	1620	11.27	1925	12.4
2007	98	78.18	270.7	16.18	1870	0.32	1869	15.34	2612	35.7
2008	121	23.47	685	153.05	2216	18.5	2219	18.71	3194	22.3
2009	158	30.58	742.5	8.39	2690	21.39	2869	29.3	3763	17.8
2010	187	18.35	763.9	2.88	3108	15.54	3731	30.05	5029	33.64
2011	205	9.63	800	4.73	3690	18.73	5048	35.3	6449	28.24
2012	230	12.2	1020	27.5	4985	35.09	5184	2.69	7302	13.23
2013	280	21.74	1673	64.02	5908	18.52	6982	34.68	7436	1.84
2014	324	15.7	1490	12	6853	16	7125	2.04	7589	2.06
2015	384	18.5	1173	-27	7084	18	7432	4.3	7856	3.52

（四）社会事业

文化艺术　1998年，有文化站1个。

2015年，有文化服务中心1个，村级图书室6个，藏书1万余册；地方特色民间艺术有苗族芦笙舞、彝族情歌对唱等。

教　育　1998年，有小学（含教学点）15所，专任教师65人，在校学生3024人；中学1所，专任教师28人，在校学生1054人。

2015年，有民办幼儿园1所，在园幼儿110人，专任教师9人；公办幼儿园1所，在园幼儿120人，专任教师8人；小学12所（含教学点），在校学生2251人，专任教师136人；中学1所，在校学生980人，专任教师62人。

1998—2015年新店镇教育情况表

表1-2-85

年度	幼儿园（所）	在园幼儿（人）	专任教师（人）	小学（所）	在校学生（人）	专任教师（人）	初中（所）	在校学生（人）	专任教师（人）
1998	—	—	—	15	3024	65	1	1054	28
1999	—	—	—	15	3065	66	1	1036	32
2000	—	—	—	15	3112	74	1	1025	35
2001	—	—	—	15	3099	81	1	1102	39
2002	—	—	—	15	3193	96	1	1090	46
2003	—	—	—	15	3084	98	1	1121	48
2004	—	—	—	15	3096	103	1	1200	52
2005	—	—	—	15	3158	112	1	1238	50
2006	—	—	—	15	3270	121	1	1212	50
2007	—	—	—	15	3357	116	1	927	53
2008	—	—	—	15	3470	122	1	1032	56
2009	—	—	—	15	3412	108	1	1205	56
2010	1	78	3	15	3249	112	1	1218	58
2011	1	88	4	14	3120	121	1	1182	60
2012	1	121	4	13	2702	118	1	1046	62
2013	1	135	4	12	2458	129	1	1029	66
2014	1	120	8	12	2132	131	1	952	61
2015	2	230	17	12	2251	136	1	980	62

1998年，教育经费投入2.5万元。

2015年，教育经费投入62万元，预算内教育经费占财政总支出比例3.8%。

医疗卫生　1998年，有乡卫生院1所，床位6张，医务人员3人，其中助理医师1人、医务人员2人。

2015年，有乡卫生院1所，病床20张，医务人员8人，其中执业医师3人、执业助理医师1人，村级卫生室9个；私人医院1所，职业医生9人；农村安全饮用水普及率100%；农村卫生厕所普及率40%；新型农村合作医疗参保人数2.29万人，参保率95%。

体　育　1998年，有学校操场6个，其中水泥硬化3个。

2015年，有学校操场10个，全部水泥硬化。

广播电视　1998年，有卫星电视地面接收站15个，电视用户312户；自安装电视天线接收用户175户。

2015年，有有线广播电视服务站1个，有线电视用户151户，安装“村村通”“户户通”地面卫星接收器用户2.48万户，广播电视综合覆盖率100%。

社会保障　1998年，有优抚对象42人，发放优抚金2.48万元。

2015年，城乡最低生活保障户1673户3046人，其中城镇最低生活保障13人，农村最低生活保障3033人，发放保障资金483.89万元；五保分散供养对象99人，发放保障金额21.09万元；发放医疗救助金5.05万元；发放临时救助金8.6万元；资助参加合作医疗人员2864人，资助金额8.59万元；发放优抚金41.18万元。

1998—2015年新店镇社会保障情况表

表1-2-86

年份	低保			五保		医疗救助		资助参加合作医疗		临时救助		优抚对象	
	户数（户）	人数（人/次）	发放金额（万元）	人数（人/次）	发放金额（万元）	人数（人/次）	救助金额（万元）	人数（人/次）	资助金额（万元）	人数（人/次）	救助金额（万元）	人数（人/次）	支出金额（万元）
1998	—	—	—	—	—	—	—	—	—	—	—	42	2.48
1999	—	—	—	—	—	—	—	—	—	—	—	41	2.86
2000	—	—	—	—	—	—	—	—	—	—	—	38	4.43
2001	—	—	—	—	—	—	—	—	—	—	—	38	5.2
2002	—	—	—	—	—	—	—	—	—	—	—	38	5.2
2003	—	—	—	—	—	—	—	—	—	—	—	42	5.75
2004	—	—	—	—	—	—	—	—	—	—	—	39	5.6
2005	—	—	—	—	—	—	—	—	—	864	8.64	32	5.55
2006	—	—	—	578	9	—	—	—	—	864	8.64	30	5
2007	665	1671	30.07	346	8.12	—	—	—	—	864	8.64	27	4.313
2008	784	1998	103.58	129	9.08	280	0.564	—	—	220	2.2	50	11.53
2009	809	1989	118.19	124	10.64	94	2.35	549	2.35	232	2.32	43	14.75
2010	1714	4188	214.37	124	10.12	167	6.86	1173	6.86	123	4.31	48	19.35
2011	1632	3618	306.73	119	12.33	206	3.854	280	0.84	295	5	45	10.48
2012	1682	3628	269.04	117	10.67	—	6.54	3425	17.13	247	5	67	21.32
2013	1723	3593	368.34	111	17.6	82	5.74	566	1.7	229	6	75	23.88
2014	1712	3381	378.74	107	18.24	68	4.16	3381	10.14	381	10	108	30.7
2015	1673	3046	483.89	99	21.09	79	5.04	2864	8.592	334	8.6	132	41.18

（五）基础设施

交通运输　1998年，S313过境，全长13千米，双向2车道；乡村公路3条，总长35千米。

2015年，S313过境，全长13千米，双向2车道；通村公路3条，总长35千米，村村通柏油路；通组公路9条，总长11.98千米。

邮政电信　1998年，有邮电网点1个，投递线路单程总长度6千米。电信用户62户。

2015年，有邮电网点1个，投递线路单程总长6千米。电信企业3家，服务网点9个，电话交换机总容量1000门，固定电话用户32户；移动电话用户1.86万户，移动电话普及率76%；宽带接入用户92户；电信业务收入6.39万元。

第三节 特色村寨

一、龙吟镇高阳村箐门口

属新民组，自然村寨名为箐门口，距镇人民政府驻地15.3千米（公路里程20.4千米）。2015年，全寨有45户219人，是龙吟镇最为集中的大花苗（苗族的支系）村落。

清朝末期，大花苗从威宁石门坎迁徙到水城、六枝、郎岱一带。1960年后，又陆续迁徙到龙吟石古、丫口等地。1978年，在石古村、文笔村、高阳村等地定居，获得了土地和户口，结束了长期迁徙的历史。

箐门口苗寨和谐、安宁，始终保持着诚实守信、古朴慈善的民风，家门无锁，夜不闭户，路不拾遗。土坯毛草房是其特色建筑，村口茅草盖顶的基督教堂最为显眼。

大花苗同胞热爱歌唱。他们在长年信奉基督教颂唱赞美诗时，学会了五线谱和使用美声唱法的发音技巧，发音位置、气息控制、音准、节奏、声部均处在一种最自然的状态。既传唱着祖辈留下的原生态歌曲，也演唱现代的美声、流行歌曲，其多声部合唱团多次登上国家、省、州、县的文艺舞台，在各种表演、比赛中得到高度赞誉并获奖。

擅长狩猎。在狩猎中形成的射弩技艺极为高超，传承至今形成了民族体育竞技项目，经常参加国家、省、州、县举行的民族赛事活动并多次获奖。

苗药文化丰富。其中的弩药有“见血封喉”效果，骨药在跌打损伤、风湿止痛等方面独具功效。

服饰独具民族风格。以自己纺织的土布为原材料，加上自制蜡染配方着色，配以独特的民族刺绣及民族风情图案，逐步形成大花苗独特的民族服饰。

二、龙吟镇硝洞村土坎子

龙吟镇硝洞村距镇人民政府驻地4.8千米（通行公路为X636，公路里程7千米）。2015年，全寨有58户269人，是一个歪梳苗（苗族的一个支系）村寨。

土坎子苗寨生态好、环境美，民风淳朴，交通便利（距X636公路1千米），民族传统文化保存完好，内容丰富，形式多样，如芦笙棒舞、芦笙鼓舞、口弦演奏等多姿多彩的传统文化具有强大的吸引力，从10多岁的青年到70多岁的老人都会跳芦笙舞。其中，芦笙棒舞是国家级非物质文化遗产。

服饰独具风格。女子服饰由头饰、上衣、裙子、裹脚、鞋组成，衣和裙子刺绣图案丰富，每种图案都代表不同的意义，鞋为草鞋，整体看上去形似战袍。男人服饰由头布、腰带、长衣、草鞋组成，主体色调为青和白，青、白色代表苗族男人做事做人清清白白。

跳坡节是土坎子苗寨最热闹和最隆重的节日，每年正月初一至十五举行，男女青年、老人、孩子身着盛装，男女青年吹奏芦笙、口弦，载歌载舞，各显本领以得到对方的留意、在乎，以便留下深刻的印象，得到意中人的爱慕。

三、江西坡镇细寨村朗寨

距镇人民政府驻地7.5千米（公路里程15千米），分为上朗、下朗2个村民组。2015年，共有110户413人，全部都是布依族。该组有成园茶叶366.85公顷，是农户主要经济收入渠道。人均纯收入7402元。

朗寨是江西坡镇典型的布依族村寨，民风淳朴、风景优美，家家会酿酒、户户会刺绣（辫花绣）、人人会唱歌。

饮食特色。布依族喜欢吃五色糯米饭，其他糯米食品亦较丰富。如农历正月里的枕头粽、端午节的三角粽、六月初六的八角粑等，都是逢年过节、走亲访友时不可缺少的礼品。布依族还喜欢吃狗肉、喝自酿的米酒。

布依服饰。布依族的服饰因地区不同而各具特色，朗寨布依族男子一般穿对襟短褂、长裤，包头巾；女子穿大襟衣、长裤或百褶裙，戴各种银制首饰。布依族人心灵手巧，蜡染布制作工艺历史悠久、花纹图案美观，精致典雅，具有鲜明的民族特色，深受人们的喜爱，是享誉国内外的工艺品和收藏品。

民族节日主要有“三月三”“六月六”“八月八”，其中以“六月六”最为隆重，家家户户都要包粽粑、做黄米饭、吃狗肉。

民族文化丰富，修建文化舞台1个，组建小打音乐演出队1支，购置有演出服装、民俗乐器1套，主要表演“斗弹达呤”“八音座唱”及其他布依族歌舞。

四、地瓜镇岗坡村格拱

距镇人民政府驻地4.7千米（通行公路为X632，里程8.8千米），分为上给拱、下给拱2个村民组。2015年，全寨共有107户452人。

清康熙年间，谢、柳、车、毛等姓氏彝族从云南迁到贵州普安，落户地瓜镇岗坡格拱，至今全为彝族，是地瓜镇最为集中的彝族村落。其长年形成的彝族嗨马舞，是黔西南州非物质文化遗产，已申报省非物质文化遗产。

嗨马舞是一种纯粹的舞蹈，源于彝族古老的祭祀活动，表演时3人以上为一组，其中1人扮马哥，2人扮烈马，伴以钹、锣、鼓按舞步动作同时敲打，由马帮跋涉、调遣烈马、烈马相斗、降服烈马4组动作组成。其舞蹈多次登上省、州、县的文艺舞台，在各种表演、比赛中得到高度赞誉并获奖。

每年，格拱彝族都要举行声势浩大的祭山仪式，在农历六月的第1个猫场天杀猪、二十四日杀牛，以祈求来年风调雨顺、五谷丰登、人丁兴旺。

五、青山镇下街社区小屯

距镇人民政府驻地717米（通行公路为C0505，里程1千米），由小屯二组、小屯三组、小屯四组、小屯五组、小屯六组、玉水田组组成，国土面积5.1平方千米。2015年，共505户1951人，是青山镇回民最为集中、典型的回族村寨，民风淳朴、风景优美、邻里和睦。

小屯回民信仰伊斯兰教，遵守法制、崇尚科学、讲究卫生。民族传统节日主要有开斋节、古尔邦节、圣纪、尔迈礼等，其中以开斋节最为隆重，家家户户都要做油香、共同到墓地上坟，拜祭祖先。

回民盖房选择地势平坦、日光好、清洁和用水方便的地方，大多聚居于清真寺附近，自成院落，历来爱美，素以清洁、文明著称，每个家庭一般都备有浴室和吊罐（吊桶），可随时洗浴作大小净。室内常燃芭兰香，具有除秽、爽神、避浊、怡神的效果。门窗洁净、桌子、板凳、炉台等设施和锅灶上使用的器具都常常擦洗。在回族穆斯林家庭正堂屋墙壁上挂一种用竹笔蘸墨汁书写的阿拉伯经文，意为：“万物非主，唯有真主；穆罕默德是主的使者。”

小屯回民饮食习俗，主要以阿訇或乡老下刀（宰）的鲜活牛、羊、鸡、鸭等为主，不吃自死动物，不饮酒。然而，“当生命垂危或须治病，万不得已而吃禁食者，不算违法。”

戴白帽、盖头是当地回民最鲜明的服饰标志。男子常带回回帽，也称礼拜帽或号帽，传统男帽是一种无帽檐的白色小帽，它是回族的标志性服饰，号帽分白、灰、蓝、绿、黑等颜色，有的是纯色的，有的带有伊斯兰风格的花边、图案，根据季节和场合来选择，号帽以白色为主，春、夏、秋季多戴白色号帽，最寻常的还是以白色为主的帽式。妇女则有戴盖头的习惯。

六、青山镇营山村

营山村村民委员会位于青山镇人民政府驻地南2.3千米（通行公路为C0505、X632，里程2.6千米），辖王家田、岩洞园、大湾子、柴家湾、高地埂、树林头、王家水井、云山、土瓜山、蒋家寨10个村民组。2015年，全村共812户3097人，国土面积11.5平方千米，耕地总面积157.87公顷，其中水田面积57公顷，旱地面积100.87公顷，集体林地面积116公顷。以种植玉米、烤烟、核桃、百合和发展生态畜牧业为主，农民人均纯收入5580元，是全国新农村建设示范村之一。

2004—2006年度被普安县委、县政府评为先进党支部、文明村寨，2005年被中央精神文明建设指导委员会评为精神文明先进村镇，2006年度贵州省委、省政府评为文明村，2007年被贵州省委、省政府评为交通安全文明村，2012年被黔西南州州委、州政府评为先进党支部。

营山村依托地理位置的独特优势，大力发展生态循环农业。2015年，种植烤烟78.1公顷，特色产业百合2.5公顷，核桃75.3公顷，荸荠35.3公顷，蔬菜20.1公顷，实现农业规模化生产和产业化发展。发展生猪养殖户505余户，存栏138头，养牛户180余户，牛饲养量416头。通过规模养殖户的示范带动发展，家禽存栏8500只（羽）。

实施阳光培训工程和新型农民创业培训工程，在现代远程教育站点、就业培训中心等培训点，对农民工集中开展劳动技能培训。2015年，培训农民200余人次，发展石材加工厂8家，砖厂4家，木材加工厂1家，解决劳动力就业60余人。采取“沿街开商店，邻厂找活干，靠路搞运输，市场做生意”等灵活多样的方式，积极寻求致富项目。258户群众办理小额信用贷款，8户养殖困难户得到省级财政资金扶持，从事非公经济的农户30余户。

各家各户用上安全卫生的自来水，对电力线路进行改造。通组道路及串户道路硬化工程完成100%，农村广播电视、通信、网络全覆盖。依托村便民服务站和现代远程教育平台，打造村民区域性公共服务平台，采取“一站式运作、一体化操作、一条龙服务”，将城市服务功能延伸到农村。

七、青山镇青山社区

青山社区位于青山镇中心、青山镇人民政府驻地，国土面积4.95平方千米，下辖14个村民组（含原上街村、平街村、后街村）。2015年，总人口1468户5386人，农民人均纯收入6645元。是青山镇汉族、回族、苗族等民族的聚集之地。耕地面积174.2公顷（其中水田46.28公顷，旱地127.92公顷），荒山56.67公顷，山塘3个约1公顷。

青山社区现有保存完好的以铜鼓山为代表的古夜郎文化遗址、秦汉遗址，有分布众多的清代四合院建筑。有始建于光绪二十八年（1902）的青山清真寺。

青山社区除种植粮食作物外，还种植烤烟、油菜、中药材等多种经济作物。

第二篇　人口　民族　宗教

1998年，普安县总人口6.13万户26.2万人（户籍人口，下同），人口密度每平方千米183人。2015年，总人口9.76万户34.01万人，人口密度每平方千米234人。

1998年，成立乡镇计划生育宣传技术服务站。2010年，启动村计划生育服务室建设。2013年，普安县计划生育宣传技术指导站创建国家级计划生育优质服务先进服务中心。2015年，基本建成县、乡镇、村“三位一体”的计划生育基层服务网络，为已婚育龄妇女提供全方位服务。1998年，普安县人口出生率、自然增长率分别17.84‰、11.97‰。2015年，全县人口出生率7.5‰，自然增长率1.98‰。

2015年，普安县共有35个民族，其中汉族人口24.25万人，占总人口的71.3%；少数民族人口9.76万人，占总人口的28.7%。少数民族中人口较多的有布依族占总人口的8.89%，回族占总人口的2.12%，苗族占总人口的8.88%，黎族占总人口的5.15%，彝族占总人口的3.06%；其他少数民族占总人口的0.65%。各民族都有自己独特的岁时节庆和礼仪习俗，构成了普安县丰富多彩的地域文化。

2015年，普安县境内共有佛教、道教、伊斯兰教、天主教、基督教5个教系。佛教、道教从教人员296人，无固定活动场所；伊斯兰教教众6837人，其中阿訇15人，在清真寺活动；天主教从教人员7人；基督教教众1111人，教职人员17人，在教堂活动。

1998—2015年，普安县投入专项资金加强民族特色村寨建设、少数民族地区基础设施建设、经济建设、文化传承等，全面落实党和国家有关民族政策，促进少数民族地区经济社会的发展。同时，依法贯彻宗教信仰自由政策，加强对宗教事务的管理，引导宗教工作，在保障公民宗教信仰自由的同时，制止利用宗教进行非法活动。

第一章　人　口

第一节　人口总量与分布

一、人口总量

（一）户籍人口

1998年，全县户籍人口6.13万户26.2万人，户均4.28人。2015年，户籍人口9.76万户34.01万人，户均3.49人。

1998—2015年普安县户籍人口情况表

表2-1-1

年度	总户数（户）	总人口（人）	户均人口（人）	年度	总户数（户）	总人口（人）	户均人口（人）
1998	61276	261966	4.28	2007	81735	311222	3.81
1999	62932	267738	4.25	2008	82469	317325	3.85
2000	65781	277182	4.21	2009	87089	321686	3.69
2001	67064	283040	4.22	2010	88930	328392	3.69
2002	67737	286135	4.22	2011	93919	331867	3.53
2003	69455	288824	4.16	2012	96290	336781	3.50
2004	70300	291708	4.15	2013	97701	341578	3.50
2005	74389	295714	3.98	2014	97821	339904	3.47
2006	77909	303564	3.90	2015	97576	340109	3.49

（二）民族人口

汉族人口　1998年，普安县共有30个民族，以汉族为主。在全县26.2万人口中，汉族人口有18.86万人，占总人口的72%。2015年，普安县共有35个民族，以汉族为主。在全县34.01万人口中，汉族人口有24.34万人，占总人口的71.3%。

少数民族人口　1998年，普安县除汉族外共有少数民族29个，人口7.34万人，占总人口26.2万人的28%。2000年第五次人口普查，普安县除汉族外共有少数民族30个，人口7.37万人（其他未识别民族105人），占全县总人口的28.3%。2010年第六次人口普查，普安县除汉族外共有少数民族32个，人口6.78万人（其他未识别民族23人），占全县总人口的26.6%。2015年，普安县除汉族外共有少数民族34个，人口9.76万人，占总人口的28.7%。

2000年、2010年人口普查普安县民族人口构成情况表

表2-1-2　　单位：人

民族		2000年第五次人口普查			2010年第六次人口普查		
		合计	男	女	合计	男	女
合计		259881	136769	123112	254247	131242	123005
1	汉族	186207	98392	87815	186493	96470	90023
2	蒙古族	122	46	76	28	16	12
3	壮族	84	46	38	118	58	60

续表2-1-2

民族		2000年第五次人口普查			2010年第六次人口普查		
		合计	男	女	合计	男	女
4	布依族	23639	12354	11285	21556	10962	10594
5	朝鲜族	12	5	7	8	4	4
6	回族	5761	3060	2701	5385	2814	2571
7	藏族	25	7	18	7	3	4
8	维吾尔族	3	3	—	4	3	1
9	苗族	22683	11678	1105	20135	10133	10002
10	彝族	6905	3576	3329	6769	3512	3257
11	满族	30	17	13	31	15	16
12	侗族	111	62	49	119	61	58
13	瑶族	26	13	13	46	19	27
14	白族	832	445	387	812	422	390
15	土家族	73	35	38	112	54	58
16	哈尼族	18	5	13	21	7	14
17	傣族	9	3	6	15	8	7
18	景颇族	1	1	—	—	—	—
19	柯尔克孜族	1	1	—	—	—	—
20	土族	7	4	3	3	2	1
21	黎族	13045	6858	6187	12406	6591	5815
22	傈僳族	2	1	1	1	—	1
23	畲族	4	4	—	2	2	—
24	水族	118	54	64	76	42	34
25	仫佬族	7	4	3	4	3	1
26	布朗族	3	2	1	—	—	—
27	仡佬族	24	12	12	35	15	20
28	塔吉克族	1	—	1	—	—	—
29	京族	20	15	5	8	5	3
30	赫哲族	3	2	1	—	—	—
31	哈萨克拉族	—	—	—	6	3	3
32	佤族	—	—	—	5	1	4
33	拉祜族	—	—	—	5	1	4
34	纳西族	—	—	—	4	2	2
35	撒拉族	—	—	—	6	2	4
36	毛南族	—	—	—	2	1	1
37	独龙族	—	—	—	3	1	2
38	其他未识别民族	105	65	40	23	10	13

（三）外来人口

1998年，到普安县暂住3日以上的外县（市）、外省（市）人口向暂住地公安派出所申报登记。随着经济和社会的发展，外省（市）到普安从事建筑业、经商、务农、务工的流动人口日渐增多。2015年，全县外来暂住人口2546人，其中省内迁入1796人、省外迁入750人。

（四）户籍人口迁移

1998年，办理户口迁移2378人，其中迁入1220人（本省迁入1129人、省外迁入91人），迁出

1158人（迁往省内923人、迁往省外235人）。随着婚姻中的嫁入嫁出、大中专毕业生就业落户、人才引进、工作调动等原因，迁出与迁入人数逐年增多。2015年，办理户口迁移3696人，其中迁入1796人（本省迁入1046人、外省迁入750人），迁出1900人（迁往本省843人、迁往外省1057人）。

1998—2015年普安县择年度人口迁移情况表

表2-1-3　　单位：人

年度	迁入			迁出		
	合计	本省迁入	外省迁入	合计	迁往本省	迁往外省
1998	1220	1129	91	1158	923	235
2000	3140	2881	259	2730	2457	273
2003	2058	1935	123	2257	1958	299
2004	2033	1903	130	1729	1357	372
2005	2156	1725	431	1230	802	428
2008	3109	2703	406	2505	2006	499
2009	2771	2409	362	2360	1750	610
2010	2830	2335	495	2357	1658	699
2011	2655	1866	789	1836	784	1052
2012	2242	1633	609	1923	629	1294
2013	1906	1403	503	1918	641	1277
2014	1669	1212	457	1762	106	1656
2015	1796	1046	750	1900	843	1057

二、人口分布

（一）县城人口

1998年，县城（以盘水镇为主）户籍人口2.02万人，加上外来人口共2.5万人，外来人占总人口的9.54%。随着城镇规模扩大，到县城经商、务工人员逐年增多。2015年，县城（以盘水、南湖2个街道为主）户籍人口3.44万人，加上外来人口共3.69万人。另有部分人口在县城购房，但户口仍在农村，存在“人户分离”现象。

（二）乡镇（街镇）人口

2015年，南湖街道3.62万人，盘水街道4.96万人，龙吟镇2.29万人，兴中镇1.92万人，江西坡镇2.58万人，地瓜镇2.25万人，青山镇6.21万人，楼下镇4.01万人，白沙乡1.4万人，高棉乡1.82万人，罗汉镇2.12万人，新店镇2.42万人。

1998年、2015年乡镇（街道）人口一览表

表2-1-4　　单位：万人

乡镇（街道）	1998年	2015年	乡镇（街道）	1998年	2015年
南湖街道	1.62	3.62	青山镇	2.23	6.21
盘水街道	2.51	4.96	楼下镇	3.74	4.01
龙吟镇	1.77	2.29	白沙乡	1.03	1.4
兴中镇	1.21	1.92	高棉乡	1.32	1.82
江西坡镇	2.26	2.58	罗汉镇	1.55	2.12
地瓜镇	2.15	2.25	新店镇	1.79	2.42

（三）人口密度

1998年，全县户籍人口密度为每平方千米183人。2000年，全国第五次人口普查，全县户籍人口密度为每平方千米194人。2015年，全县户籍人口密度为每平方千米234人。

1998年，盘水街道人口密度最高，每平方千米438人；2000年，人口密度为每平方千米473人；2015年，南湖街道超过盘水街道，人口密度为每平方千米414人。

1998年，龙吟镇人口密度最低，每平方千米99人；2000年，人口密度为每平方千米104人；2015年，人口密度为每平方千米132人。

1998年、2000年普安县各乡镇户籍人口密度情况表

表2-1-5

乡镇	国土面积（平方千米）	1998年（人/平方千米）	2000年（人/平方千米）
盘水镇	46	438	473
龙吟镇	178	99	104
罐子窑镇	91	131	134
江西坡镇	111	203	228
三板桥镇	71	227	234
地瓜镇	103	208	228
青山镇	112	199	216
楼下镇	140	226	238
白沙乡	70	147	151
高棉乡	73	182	191
窝沿乡	63	281	294
罗汉乡	100	154	166
新店乡	142	126	131
雪浦乡	129	159	170
全县	1429	183	194

2015年普安县各乡镇（街道）户籍人口密度情况表

表2-1-6

乡镇（街道）	国土面积（平方千米）	人口密度（人/平方千米）	乡镇（街道）	国土面积（平方千米）	人口密度（人/平方千米）
盘水街道	122.8	407	江西坡镇	96.76	255
南湖街道	77.13	414	地瓜镇	103.07	218
青山镇	256.18	218	白沙乡	70	197
罗汉镇	99.88	202	高棉乡	73	228
新店镇	140.18	188	楼下镇	133.98	286
龙吟镇	178	132	全县	1429	234
兴中镇	97.45	193			

（四）外来人口分布

外来人口在盘水街道、南湖街道、楼下镇、青山镇分布最多，其次为江西坡镇、地瓜镇、三板桥镇。到普安居住时间较长的外来人口，随着生活条件的改善，大部分租赁房屋居住，少数从事商业贸

易或手艺的购买了商品房。

1998—2015年普安县择年度外来户籍人口情况表

表2-1-7　　单位：人

年份	合计	外省市	年份	合计	外省市
1998	1220	91	2009	3133	362
2000	3140	259	2010	3325	459
2003	2058	123	2011	3453	798
2004	2033	130	2012	2409	609
2005	2156	431	2013	2049	503
2006	5624	173	2014	2126	457
2008	3515	406	2015	2546	750

第二节　人口构成

一、性别构成

1998—2015年，全县户籍人口中，男性人口多于女性。

1998年，全县户籍人口中，男性13.59万人，占全县总人口的51.89%；女性12.6万人，占48.11%。2015年，男性17.81万人，占总人口的52.37%；女性16.2万人，占总人口的47.63%。

1998—2015年普安县择年度户籍人口性别构成情况

表2-1-8　　单位：人

年份	总人数	性别构成		性别比	
		男	女	男	女
1998	261966	135941	126025	107.8	100
2000	277182	144416	132766	108.8	100
2003	288824	151226	137596	109.9	100
2004	287354	149304	138050	108.2	100
2006	303564	158308	145256	108.9	100
2008	317325	165637	151688	109.2	100
2009	321686	167772	153914	109.0	100
2010	328392	171759	156633	109.7	100
2011	331867	173053	158814	109.0	100
2012	336781	175473	161288	108.8	100
2013	341578	178458	163120	109.4	100
2014	339904	179013	160891	111.3	100
2015	340109	178068	162041	109.9	100

二、年龄构成

1998年，全县总人口26.2万人，其中0～17岁8.36万人，占总人口的31.91%；18～59岁14.87万人，占总人口的56.75%，60岁及以上2.97万人，占总人口的11.34%。

2015年，全县总人口34.01万人，其中0～17岁9.97万人，占总人口的29.31%；18～59岁20.24万人，占总人口的59.52%；60岁及以上3.8万人，占总人口的11.17%。

三、文化构成

2000年，全国第五次人口普查显示，普安县6岁以上常住人口中，大专及大专以上文化程度0.19万人，占普查人口22.68万人（6岁以上）的0.84%；高中（含中专）文化程度1.07万人，占4.72%；初中文化程度4.33万人，占19.09%；小学文化程度11.36万人，占50.09%；不识字或识字少人口5.73万人，占25.26%。

2010年，全国第六次人口普查显示，普安县6岁以上常住人口中，大专及大专以上文化程度0.85万人，占普查人口23.07万人（6岁以上）3.68%；高中（含中专）文化程度1.28万人，占5.54%；初中文化程度6.89万人，占29.86%；小学文化程度10.8万人，占46.81%，不识字或识字少人口3.26万人，占14.13%。

四、民族构成

2000年，全国第五次人口普查显示，普安县总人口25.99万人，其中少数民族24个，人口7.37万人，占普查人口的28.34%；其他未识别的民族105人。汉族18.62万人，占71.65%。

2010年，全国第六次人口普查显示，普安县总人口25.42万人，其中汉族18.65万人，占73.37%；少数民族32个6.77万人，占26.63%。

2015年，普安县总人口34.01万人，其中汉族24.25人，占总人口的71.3%。少数民族34个，人口9.76万人，占总人口的28.7%。少数民族中，布依族3.01万人，占总人口的8.85%；回族0.72万人，占总人口的2.12%；苗族3.02万人，占总人口的8.88%；黎族1.75万人，占总人口的5.15%；彝族1.04万人，占总人口的3.06%；其他少数民族0.22万人，占总人口的0.65%。

五、劳动力构成

1998年，劳动力总量140400人，占全县总人口的53.59%。其中男性72854人，占劳动力总量的51.89%；女性67546人，占劳动力总量的48.11%。

2015年，全县劳动力总量21.56万人，占全县总人口的63.39%。其中男性11.66万人，占劳动力总量的54.07%；女性9.9万人，占劳动力总量的45.93%。

1998—2015年普安县劳动力构成情况表

表2-1-9

年份	劳动力总量（人）	占总人口比例（%）	其中			
			男（人）	占劳动力比例（%）	女（人）	占劳动力比例（%）
1998	140400	53.59	72854	51.89	67546	48.11
1999	140500	52.48	72934	51.91	67566	48.09
2000	138400	49.93	73601	53.18	64799	46.82
2001	151594	53.56	78980	52.10	72614	47.90
2002	154357	53.95	80281	52.01	74076	47.99
2003	155100	53.70	79846	51.48	75254	48.52
2004	153300	52.55	80452	52.48	72848	47.52
2005	158300	53.53	83076	52.48	75224	47.52
2006	162000	53.37	84483	52.15	77517	47.85
2007	163859	52.65	85590	52.23	78269	47.77
2008	168048	52.96	96068	57.17	71980	42.83
2009	178020	55.34	90809	51.01	87211	48.99
2010	194677	59.28	101822	52.30	92855	47.70

续表2-1-9

年份	劳动力总量（人）	占总人口比例（%）	其中			
			男（人）	占劳动力比例（%）	女（人）	占劳动力比例（%）
2011	198976	59.96	103746	52.14	95230	47.86
2012	201585	59.86	111568	55.35	90017	44.65
2013	206131	60.35	114721	55.65	94410	45.80
2014	206540	60.76	111959	54.21	94581	45.79
2015	215584	63.39	116577	54.07	99007	45.93

六、行业构成

1998年，全县劳动力总量14.04万人，其中从事第一产业劳动力10.998万人，占劳动力总量的78.33%；从事第二产业劳动力1.02万人，占7.25%；从事第三产业劳动力2.02万人，占14.42%。

2015年，全县劳动力总量21.56万人，其中从事第一产业劳动力11.15万人，占劳动力总量的51.73%；从事第二产业劳动力2.6万人，占12.06%；从事第三产业劳动力7.81万人，占36.21%。

1998—2015年普安县行业构成情况表

表2-1-10

年份	劳动力总量（人）	第一产业		第二产业		第三产业	
		人数（人）	占劳动力比例（%）	人数（人）	占劳动力比例（%）	人数（人）	占劳动力比例（%）
1998	140400	109982	78.33	10172	7.25	20246	14.42
1999	140500	100900	71.81	12700	9.04	26900	19.15
2000	138400	102000	73.70	14500	10.48	21900	15.82
2001	151594	98756	65.15	10485	6.92	42353	27.94
2002	154357	99503	64.46	9855	6.38	44999	29.15
2003	155100	99400	64.09	9900	6.38	45800	29.53
2004	153300	100500	65.56	10500	6.85	42300	27.59
2005	158300	102500	64.75	10400	6.57	45400	28.68
2006	162000	103800	64.07	10900	6.73	47300	29.20
2007	163859	104859	63.99	11500	7.02	47500	28.99
2008	168048	109777	65.32	11711	6.97	46560	27.71
2009	178020	111682	62.74	11914	6.69	54424	30.57
2010	194677	112996	58.04	12303	6.32	69378	35.64
2011	198976	115668	58.13	12896	6.48	70412	35.39
2012	201585	107995	53.57	16919	8.39	76944	38.17
2013	206131	107537	52.17	19530	9.47	79064	38.36
2014	206540	109670	53.1	21397	10.36	75473	36.54
2015	215584	111515	51.73	26006	12.06	78063	36.21

七、农业、非农业构成

1998年，全县总户数6.13万户，其中农业户5.7万户，非农业户0.43万户；总人口26.2万人，其中农业人口24.59万人，非农业人口1.61万人。2015年，全县总户数9.76万户，其中农业户7.58户，非农业户2.18户；总人口34.01万人，其中农业人口27.24万人，非农业人口6.77万人。

第三节 人口控制

一、计划生育管理

（一）管理机构

1998年，普安县计划生育局（简称“县计生局”）内设行政事务股、业务股、计划生育技术指导站。2002年1月，计划生育局内设办公室、业务股、计划生育宣传技术指导站。2004年9月，计划生育局更名为人口和计划生育局。2008年，人口和计划生育协会列入参照公务员法管理范围。2011年2月18日，人口和计划生育宣传技术指导站和妇幼保健院整合为“普安县计划生育妇幼保健中心（普安县妇幼保健院）”。2013年，人口和计划生育局内设办公室、发展规划股、政策法规股、宣传股、科学技术股、流动人口管理股、协调督查股、监察室、财务股、普安县计划生育协会综合治理出生人口性别比偏高办公室、药具站、奖励扶助股、计划生育执法大队等13个机构。2014年12月，政府职能转变和机构改革，将县卫生和食品药品监督管理局卫生行政管理职责、县人口和计划生育局职能整合，组建县卫生和计划生育局，为政府工作部门，内设办公室、规划与信息股、政策法规股、宣传教育股、疾病预防和干部保健股、医政医管股、农村卫生指导股、食品安全标准与监测评估股、综合监督股、计划生育家庭发展股、流动人口计划生育服务管理股、目标管理股、科技教育股、中医药管理股、财务股、监察室等16个行政股室和人口和计划生育执法大队（副科级事业单位）、爱国卫生运动委员会办公室、卫生应急协调服务中心、干部档案管理中心、卫生和计生网络信息管理中心、药具站、综合治理出生人口性别比偏高办公室等7个内设事业机构。核定人员编制62名，其中行政编制15名、机关工勤编制5名、事业编制42名，计划生育协会参公事业编制21名。2015年，局机关在职在编人员55名，计生协会在职在编人员7名。

（二）宣传教育

1998年起，组织业务人员到各乡镇开展计划生育业务知识培训工作，每年培训计生干部3000人次以上。开展人口文化进农村、进城镇、进校园，送生殖健康、送婚育文明、送人文关怀的“三送三进”活动。以重大节日、民俗活动日、人口纪念日为载体，开展各类主题宣传活动，在全社会大力倡导关爱女孩、男女平等、计划生育、生殖健康、优育优教、敬老爱幼等新风尚。联合相关部门开展“婚育新风进万家”活动。在人口文化建设中，围绕人口、生命、健康、平等、和谐等主题，坚持社会主义核心价值体系，坚持以人为本，按照“创新思想、整合资源、务实高效、因地制宜、群众参与”的基本思路，将传统的宣传教育转化为文化建设，从单一的行政资源转向整合公共资源和社会资源，大力实施人口文化建设工程，提高覆盖面和影响力。根据不同群体，因地制宜，打造“适销对路”的文化产品，规范群众的生育行为，指导优生优育，提高人口文化的影响力和渗透力。

2015年，全县共制作婚育文化长廊5000余米，打造G60高速公路普安收费站至县城人口文化一条街、体育场人口文化休闲广场宣传长廊，每个乡镇建成1个以上独具地方特色的人口文化大院，每个村（社区）均有10条（幅）以上长期性人口计生宣传标语（宣传画），每个乡镇、村（社区）建有固定的、能够满足书写和张贴功能的人口计生宣传栏、读报栏，并适时更新宣传内容。

（三）奖励扶助

2006年，普安县启动县级奖励扶助政策。根据规定，每个独生子女户家庭、二女户家庭每月发给“优先优惠”奖励费60元。

2006—2010年，奖励扶助主要以县级奖励扶助、国家奖励扶助、特殊家庭扶助为主，其中县级奖励扶助家庭2010年921户，5年累计发放资金230.37万元；国家奖励扶助2010年298人次，5年累计发放资金73.7万元；特殊家庭扶助5年共计帮扶163人，发放资金26.04万元。

2006—2010年普安县农村计划生育奖励扶助资金发放情况表

表2-1-11

年度	县级奖励扶助		国家奖励扶助		特殊家庭奖励扶助	
	户数（户）	金额（万元）	人数（人）	金额（万元）	人数（人）	金额（万元）
2006	383	27.5	243	13.62	28	3.36
2007	497	33.13	289	1.04	19	2.28
2008	551	33.06	282	16.92	36	7.2
2009	702	40.95	287	20.66	39	8.28
2010	921	95.73	298	21.46	41	4.92

2011年起，国家“四项制度”（奖励制度、救助制度、保障制度、优惠制度）正式确立。普安县根据国家标准，细化奖励扶助项目，主要以国家奖励扶助、特别奖励扶助、少生快富、节育奖、三结合帮扶、独生子女伤残帮扶、县级奖励扶助7项为主，并相应提高奖励标准，独生子女户家庭、二女户家庭每月“优先优惠”奖励费也由原来的60元提高到100元。

2011—2015年，全县审核上报涉及国家奖励扶助1584人，少生快富103户，金额249.08万元；县级出台优惠政策涉及8287户，金额964.158万元；三结合帮扶4390户，投入资金314.8万元，扶助物资折价20.1万元。

2011—2015年普安县农村计划生育奖励扶助资金发放情况表

表2-1-12

年度	国家奖励扶助		特别奖励扶助		少生快富		县级奖励扶助		三结合帮扶		独生子女伤残、死亡帮扶	
	人数（人）	金额（万元）	人数（人）	金额（万元）	户数（户）	金额（万元）	户数（户）	金额（万元）	户数（户）	金额（万元）	人数（人）	金额（万元）
2011	305	36.6	27	5.4	10	3.2	1201	134.39	870	43.5	16	6
2012	313	37.56	8	2.4	15	9	1419	163.63	932	93.2	21	62
2013	314	37.68	21	9.52	16	9.6	1685	188.298	972	97.2	28	5.6
2014	316	37.92	22	9.96	33	19.8	1912	229.44	—	—	31	14.3
2015	336	40.32	23	10.6	29	17.4	2070	248.40	—	—	26	18.0

二、计划生育服务

（一）服务机构

县计划生育宣传技术指导站 隶属于县计划生育局，2000年创建省级计划生育一级服务站，2009年创建省级计划生育先进服务站。2010年12月，与县妇幼保健院合并成立县计划生育妇幼保健中心，是集计划生育技术服务、妇幼卫生及妇女儿童保健与咨询服务、综合临床诊疗于一体的正科级财政全额拨款事业单位。其中，计划生育服务工作归县人口和计划生育局管理，妇幼卫生工作归县卫生和食品药品监督管理局管理。2013年，按照“玛丽斯特普”标准（“玛丽斯特普”工作理念源于英国的玛丽斯特普国际组织，其主张以服务对象为中心，提供人性化、非医院化、多样化的服务。其核心就是以人为本，以服务对象为中心的服务理念，是计划生育优质服务的范本）重新装修中心站房，创建国家级计划生育优质服务先进服务中心。

乡镇计划生育宣传技术服务站 1998年开始，相继成立乡镇计划生育宣传技术服务站，全县共14个，负责生殖保健、优生优育咨询指导等工作。工作人员或专职或聘请医生兼职。青山镇和楼下镇首先设立服务站房，其他乡镇先后均建立独立的站房。2009年创建省级优质服务先进县，新建楼下、地瓜、龙吟等6个乡镇站房，2013年创建国家级计划生育优质服务先进县，全县14个乡镇站房新建、装修和改扩建，达到标准站房配置要求。2012年12月，全县14个乡镇计划生育宣传技术指导站和卫生院进行合并成立乡镇计划生育和医疗卫生服务中心，隶属乡镇人民政府管理，为全额拨款的副科级事业单位，由县卫生、人口计生部门进行双线业务领导和考核。

村计划生育服务室 2010年，启动村计划生育服务室建设。2015年，共建成12个村计划生育服务室（每个乡镇均有1个），基本建成县、乡镇、村“三位一体”的计划生育基层服务网络。

（二）避孕药具发放

1998年，避孕药具由乡镇计生办、计生站、村（居）委会、单位、村（居）民小组逐级免费发放，全县有镇、村（居）委会两级药具免费发放点共计80个。2003年，经统一培训考试，80名发药员持证上岗，免费发放天津精装套、天津平装套，口服1号、2号、0号片，口服长效片，短效避孕药、复方庚酸注射液针等20个品种。1998—2006年，免费发放价值24.3万元的药具。2007年，免费发放价值5.09万元药具。2008年，免费发放价值19.4万元的药具。2009年，免费发放价值13.2万元的药具。此后，免费发放药具不断更新，紧急避孕药毓婷等22个新品种投入发放。2010—2015年，免费发放价值85.93万元的药具。

2009年起，随着药具深化改革，避孕药具品种不断增多，避孕方式也多样化。口服避孕药具也以短效避孕药为主，常用的为复方左炔孕酮片及复方醋酸甲地孕酮片。

（三）生殖保健服务

2003年起，在全县开展妇科病普查普治和出生缺陷干预工程、生殖道感染干预工程，为已婚育龄妇女提供B超、乳腺、生殖道感染检查，优生优育咨询指导和出生缺陷干预，为育龄夫妇提供优质服务，同时将流动人口纳入常住人口进行同服务、同管理，与常住人口享受同样的免费服务，流动人口免费服务率92%。

1998—2015年，为全县约18万名已婚育龄妇女提供妇科病普查普治服务，普查率平均95%，查出患病1.5万人，发病率平均8.3%，治疗及转诊率95%。自2003年开展出生缺陷干预工程以来，每年为符合生育政策准备怀孕的夫妇免费发放叶酸片，开展优生优育咨询指导，实施出生缺陷一级预防，出生缺陷发生率由2003年的143.6/万下降到2015年的100/万。

2012年，普安县成为国家免费孕前优生健康检查项目第二批试点县，在全县为农村符合政策生育的已婚夫妇提供免费孕前优生健康检查，检查4598人。2015年，检查3290人，平均覆盖率90%，全县已婚育龄夫妇生殖健康和优生优育知识普及率95%，已生育缺陷儿的夫妇再生育优生指导率100%。

三、生育状况

1998年，普安县人口出生率、自然增长率分别17.84‰、11.97‰，全县常住人口出生5687人。

2015年，全县常住人口出生2077人，人口出生率7.5‰，自然增长率1.98‰。

四、流动人口计划生育

（一）流动人口生育

外来人口生育 1998—2015年，普安县外来人口共生育1863人。

1998—2015年普安县外来人口生育情况表

表2-1-13 单位：人

年份	出生人数	年份	出生人数
1998	67	2008	113
1999	86	2009	106
2000	81	2010	137
2001	83	2011	146
2002	93	2012	114
2003	95	2013	108
2004	91	2014	146
2005	80	2015	125
2006	89	合计	1863
2007	103		

外出人口生育 1998—2015年，普安县外出人口共生育5350人。

1998—2015年普安县外出人口生育情况表

表2-1-14 单位：人

年份	出生人数	年份	出生人数
1998	89	2008	973
1999	86	2009	746
2000	93	2010	696
2001	107	2011	448
2002	130	2012	284
2003	113	2013	254
2004	191	2014	218
2005	180	2015	244
2006	132	合计	5350
2007	366		

（二）现居住地管理

1998年以来，普安县各乡镇建立流动人口计划生育管理信息反馈网络，对流动人口进行信息采集和录入，与外省市计生部门协作，重点抓已婚育龄妇女的管理，注重无业以及无固定工作的流动人口管理，并向外来育龄妇女发放联系卡。

2000年3月1日，全国统一的《流动人口婚育证明》启用。到2015年，普安县共查验外来人口婚育证明2.54万人次，为外出育龄妇女办理《流动人口婚育证明》2.39万本。

（三）双向管理

1998—2015年，普安县按照流动人口现居住地和户籍地共同管理的原则，加强双边、多边、相邻地区计划生育区域协作，在信息交换、技术服务等方面加强联系，有效合作，共同探索流动人口计划生育区域协作工作机制。2010年，与云南省和广西壮族自治区签订3省10县市的流动人口区域协作协议，就育龄妇女孕检，日常管理和服务建立联席会议制度等，签订双向管理协议，制定流出地、流入地职责。

第二章 民族 宗教

第一节 民 族

一、民族分布

1998年，普安县总人口26.2万人，共有30个民族，其中汉族人口18.86万人，占总人口的72%；少数民族29个，人口7.34万人，占总人口的28%。

1998年，县境内有俚民人6768人，主要分布在新店、地瓜、雪浦、楼下、罗汉5个乡镇。2000年9月，普安县人民政府向州、省呈报，将俚民人的民族称谓归属为彝族。

2015年，普安县总人口34.01万人，共有35个民族，其中汉族人口24.25万人，占总人口的71.3%。少数民族34个，人口9.76万人，占总人口的28.6%。少数民族中人口较多的有5个，其中布依族3.01万人，占总人口的8.89%；回族0.72万人，占总人口的2.12%；苗族3.02万人，占总人口的8.88%；黎族1.75万人，占总人口的5.15%；彝族1.04万人，占总人口的3.06%；其他少数民族0.22万人，占总人口的0.65%。汉族人口主要分布在除龙吟镇外的其他11个乡镇（街道）；布依族主要分布在江西坡、楼下2个镇，其余零散分布在高棉乡、盘水街道、兴中镇、龙吟镇等；苗族主要分布在龙吟镇，其余零散分布在白沙乡、兴中镇、高棉乡、盘水街道、江西坡镇、地瓜镇、新店镇、青山镇等；回族主要分布在青山、楼下2个镇，其余零散分布在县城经商；黎族零散分布在新店镇、楼下镇、罗汉镇等；彝族零散分布在地瓜镇、新店镇、高棉乡、南湖街道、盘水街道等。

二、岁时节庆

（一）春 节

习惯上过农历除夕、正月初一、正月初二3天，苗族初三“开财门”“挑新年水”，布依族初三日奉供祖宗。是一年中最为隆重的节日，俗称新年、过年。无论城镇还是乡村的绝大部分民族，均从腊月开始准备，或装饰房屋、洗刷用具和衣被、打扫环境卫生，或杀年猪、磨豆腐、打粑粑、煮甜酒、制作牛干巴、购年货。临近春节，外出务工经商、工薪阶层均返乡与亲人团聚。

县境内的汉族、布依族等民族，春节有过“大年三十”的习俗。家家户户清扫房前屋后，更换门联。除夕筵席准备完毕，先设香案、供品祭拜祖宗，鸣放鞭炮，再合家团聚吃年更饭（又称年夜饭），长辈给晚辈发压岁钱，天黑以后燃放烟花爆竹庆祝，继而左邻右舍相聚，或话长短，或以品酒（斗酒）、品茶、收看春节联欢晚会等不同的方式共庆佳节，以此守岁，可通宵达旦。正月初一，从0点开始接“天地”、挑“新水”、做“新饭”，供祭祖宗天地，全日不扫地、不泼水，以汤圆或面条为早餐，吃汤圆意为一年到头全家团团圆圆和睦相处，吃面条意为一年四季常吃常有，亦有吃长寿面之意，继而全家穿新衣，出门尽情玩乐，谓之“出行”。在农村有的地方，妇女不能串门，只能在家或聚集在户外活动。正月初二，上午到新故者（三年以内亡者）坟上拜年（一些地方每年均到所有老祖坟上拜年），中午邀请众亲友聚餐饮酒或到亲朋好友家串门拜年，晚上供奉祖宗后在门外桌上放置猪火腿、美酒、粑粑以及挑担工具等表示让祖宗带走，之后开展民族风情等娱乐活动。从事商业经营的家庭，清早杀一只雄鸡供奉祖先，称为“打牙祭”，寓意为“生意兴隆”。春节3天，在农村许多人家早、中、晚供奉祖宗时，均要燃放火炮或烟花。大家基本不干活，均聚集起来玩耍，俗称“耍春”。

（二）跳坡节

苗族传统节日。“跳坡”，苗语称之为“NqausToj”（汉音“欧滔”），意思是踏着山野的春花春草，集聚山坡玩乐，“过了除夕是大年，过了坡节年才完”。传统的苗族跳坡节一直是正月初三到正月十五，正月十五的元宵节民间又称“了年”。在苗族聚居的龙吟镇，每年正月初三都组织跳坡节文艺活动。

（三）元宵节

农历正月十五，又称上元节、元夜、灯节，俗称正月半、过大年，热闹氛围与除夕相同。县属相关部门组织猜灯谜等活动，有的地方组织龙灯队伍，前往附近村寨各家各户要龙灯。元宵之夜，有的地方将纸糊的灯笼送到祖坟或亲人坟上挂放，谓为“亮灯”，县城大街小巷张灯结彩，人们携亲伴友出门，点花灯、赏花灯、逛花市、燃放烟花爆竹欢度元宵节。

（四）扫寨子

农历正月十五至三月三，县境内大部分地区和布依族居住的地方，都有举行“扫寨子”的风俗，有的寨子是发生牲畜疫情等灾情后举行。布依族“扫寨子”，由各家各户出钱筹办，用黑狗或黄狗血、狗毛驱除瘟疫等灾情。活动日，家家户户把房前屋后打扫干净，在门口放一小方桌，放上1碗酒、1碗水和少许果糖。“卜摩”（意同道士）拿着“驱邪”物，率领寨中一帮人扫寨，挨家挨户、里里外外“扫净”一遍，处理门口桌上的酒、水等，念咒语祈求风调雨顺、驱瘟神、防火灾、防瘟疫。“扫”完每家每户后，到寨口“封寨”，在绳索上拴好画的“符章”、茅草，横挂在寨子各路口，意为不让邪恶之气进入村寨。傍晚，在“凉亭”（布依族寨中的亭子）里、“神树”（人们供奉的树）下或寨子边岔路口选择一个合适的地方吃狗肉“聚宴”。苗族地区一般在发生自然灾害的情况下，举行“扫寨子”活动。

（五）二月二

农历二月初二，又称为春耕节、农事节、春龙节，俗称青龙节、龙抬头，是汉族民间传统节日，苗族称为走桥节。各家煮鸡鸭蛋、糯米饭，有的祭拜“子孙桥”“岩娘妈”“花树”（挂有花草的树）等，祭祀土地，次日祭山神祈求不降白雨（冰雹）降喜雨。布依族、彝族等少数民族亦祭祀土地。

（六）三月三

农历三月初三，是多个民族的传统节日。喇叭苗族、部分布依族杀猪在祭山林或祭山包祭山。布依寨举行“扫寨、赶鬼”“祭山神”活动。

（七）圣纪节

伊斯兰教历3月12日是回族穆斯林的圣纪节。圣纪节与开斋节、古尔邦节并称为伊斯兰教的三大节日。圣纪节纪念活动多由清真寺组织，纪念方式主要是举行各种形式的诵经、赞圣和聚餐吃节饭沾好，祈求国泰民安。届时，穆斯林要“换水”（沐浴）更衣、穿戴整齐，到清真寺做礼拜、诵念《古兰经》、高诵赞圣词、聆听卧尔兹、听阿訇讲解穆罕默德的生平事迹等。

（八）清明节

一般每年公历的4月5日为清明节。清明节前七日、后八日为祭祖扫墓的日子。清明正日，先在家中备菜祭祖，然后扫墓。扫墓时，将香肠、腊肉、内脏、鱼虾、水果、糕点等供品置于逝去先辈或亲人坟前，点香烛，燃放鞭炮进行祭拜。国家党政机关、企事业单位等组织人员到烈士陵园扫墓，开展革命传统教育。

（九）四月八

农历四月初八，苗族、布依族人均让牛休息一天不干活，煮糯米饭供耕牛。喇叭苗族吃黄糯米饭。

（十）端午节

农历五月初五，俗称端午节，各族过此节皆同，吃面条、粽子（或称枣粽，意为让读书的学生早中状元）、黄粑（用糯米、黄豆等做成）、饺子、汤圆、馄饨等食品，饮雄黄酒，将雄黄酒洒于房前屋后用以驱虫解毒，门楣上挂艾条、菖蒲，意在驱邪、净化环境、杀菌防病。

（十一）六月六

农历六月初六是许多民族的传统节日。节日当天，许多民族在祭山林上杀猪宰牛设祭坛祭拜“社神”“山神”“树神”。在田边地角利用树枝、树叶搭起简易祭坛，放上酒、水果、鸡蛋等供品祭地神。祈求神灵保佑社会平安、粮食丰收，消除自然灾害等。

（十二）六月二十四

农历六月二十四日，为彝族的“大火把节”（其“小火把节”为四月二十四日，宰牛，在屋后祭祖先）。是日，白天拉牛到“祭牛山”宰杀祭奠。祭毕，牛肉分给各家。晚上，老摩先生带领持火把的男青年绕寨一周，继绕村旁田边地角，意为保寨子平安，来年五谷丰登、六畜兴旺。

（十三）七夕节

农历七月初七，这天晚上，民间传说牛郎织女此夜在天河鹊桥相会。许多情侣双方互赠礼物，或外出约会。

（十四）同心节

公历8月10日，苗族节日。2012年8月10日，贵州省苗学会将喇叭苗、歪梳苗、大花苗三大苗族支系长期以来同舟共济、和睦相处、共同传承和创造颇具地方特色、具有丰富底蕴的苗族文化聚居地龙吟镇命名为“中国苗族第一镇”，开展庆祝活动，并把这一天命名为龙吟苗族同心节，取“同心同德、和谐相处、共同发展”之意。之后，每年的这一天都举办活动进行纪念。

（十五）中元节

农历七月初一至十五，亦称盂兰节、鬼节，俗称七月半。许多民族均过此节，习俗各不相同。汉族过得最为隆重，从初一起至十三或十四悬挂或张贴“祖宗牌位”，放置供品，每天就餐前点燃香火、焚烧纸钱祭拜祖先。用纸制成纸钱包，折成规则的四方形，写上逝者基本情况，装上纸钱封好，于十三日或十四日天黑后进行焚烧。焚烧纸钱包时，先用石灰在堂屋或院坝里洒几个古钱币式样的圆圈（或者用粉笔、草灰画圆圈或洒圆圈），一般以3个圆圈者居多。在烧纸的同时，要点燃许多香（或者蜡烛），俗称路烛。大花苗不烧纸钱，只祭亡灵。窝沿、江西坡等地的布依族，于十五晚上，做上美味佳肴，点香火、焚烧纸钱祭拜祖先。龙吟河阳布依族，供饭烧纸奉供祖先。喇叭苗在初九接祖先之灵，十四日焚香化纸送走。

（十六）中秋节

农历八月十五日，又称月夕、秋节、仲秋节、八月节、八月会、追月节、玩月节、拜月节、女儿节或团圆节。亲朋好友互赠月饼，中秋夜全家团圆，赏月吃月饼、食毛豆、芋艿、藕、菱、塌饼等。有的地方，每逢中秋夜都要举行迎寒和祭月，即设大香案，摆上月饼、西瓜、苹果、红枣、李子、葡萄等祭品，一般月饼和西瓜是必需的，西瓜要切成莲花状。在月下，将月亮神像放朝月亮方向，点燃红烛，全家人依次祭拜。

（十七）重阳节

农历九月初九，又称重九节、老人节、登高节、“踏秋”，汉族传统节日。以新米打粑粑称“重阳粑”，煮甜酒（本地有“重阳煮酒满缸香”之说），农村多过此节。这一天要登高。有的地方，人们要登爬到高处眺望低处的风景。有的地方，人们把粮食制成白嫩可口的米糕，谓之重阳糕，而“糕”又与“高”谐音，食之意为步步高升。这一天还要饮重阳酒。晚辈要向长辈敬重阳酒，敬老德幼，意思是老人健康长寿绵延不绝。重阳节，县有关部门组织老年人开展文体活动。

（十八）十月初一

农历十月初一，本地又称牛王节、寒衣节。传统祭祀节日，标志着严冬的到来。有的地方，用新收成的米做粑粑，将2小坨粑粑分别粘在牛角上，给牛戴上花，拉到水面“照镜子”，体现对牛的崇敬和感谢。有的地方要杀鸡备酒，点香燃烛烧纸线，在牛厩门前敬牛王菩萨，祈愿保佑耕牛身躯健壮，无病无灾。

（十九）开斋节

伊斯兰教历的10月1日是回族穆斯林的“开斋节”。“开斋节”是阿拉伯语“尔德 · 菲图尔”的意译。按照伊斯兰教规，在每年教历9月（莱麦丹月，俗称“斋月”），全世界成年男女穆斯林都应封斋1个月，每日自黎明至日落期间戒除食、饮、房事等，并谨言慎行。在斋满29天的当晚寻看新月，如看到新月，翌日为10月1日，即为开斋节。否则，继续封斋1日，开斋节亦顺延1天。“开斋节”当天，每个穆斯林需要完成两件“瓦直布”（法定义务），一是交付一定数额的菲图尔。若按实物计算，应缴纳1千克小麦或枣子、2千克大麦或葡萄干；若将实物折合现金交付菲图尔也可以。二是参加开斋节的“会礼拜”，俗称“开斋拜”。穆斯林在举行“会礼拜”前有几件可嘉圣行（姆斯特哈布）需要做到，如“忙食一物（以示开斋，感谢主恩）、沐浴身体、用美香、刷牙、衣冠整洁、低念‘特克比热 · 特实利格（俗称喜班克）’”等。开斋节清晨，穆斯林都应去清真寺举行“会礼拜”等庆祝活动。“会礼拜”结束后，穆斯林互致“色俩目”，互祝节日快乐，家家户户备办佳肴、油香等宴请宾朋，相互馈赠，走亲访友，上坟诵经祈祷，缅怀亡灵。

（二十）冬至节

又名“一阳生”，是中国农历中一个重要的节气，也是中华民族的一个传统节日，俗称“数九、冬节”“长至节”“亚岁”等。冬至是一年中最长的一夜，许多人用糯米粉做“冬至圆”，为了区别于后来的春节前夕的“辞岁”，冬至节的前一日叫作“添岁”或“亚岁”，表示“年”还没过完，但万物均增长1岁。进入21世纪后，全县大部分地区习惯吃饺子、狗肉、羊肉，传说冬至节吃了饺子不冻耳朵，吃狗肉、羊肉抗寒冷。

（二十一）腊八节

农历十二月（又称腊月）初八，俗称腊八。在县境内的一些地方，有吃腊八粥的习俗，许多居民要做腊八粥，祭祀祖先。同时，合家团聚在一起食用，馈赠亲朋好友。亦有吉庆之意，一些人选择作为婚期。

（二十二）古尔邦节

伊斯兰教历12月10日为回族穆斯林的“古尔邦节”，又称为“宰牲节”或“忠孝节”。依据伊斯兰教规，古尔邦节宰牲是每个有经济能力的穆斯林应尽的义务。举意宰牲的时限在伊历12月10—12日，1人应宰1只羊，7人合宰1头牛或驼，被宰牲应是健壮的。绵羊应满0.5岁，山羊应满1岁，牛应满2岁，驼应满5岁。宰牲时高念“特克比热”，自己亲临宰牲现场或亲自宰牲为最贵。做古尔邦节宰牲的肉应分成3份，1份自用、1份馈赠亲友、1份施散给穷人。在古尔邦节，穆斯林应沐浴熏香、衣冠整洁、盛装到清真寺参加“会礼拜”，途中高诵“特克比热 · 特实利格”（俗称喜邦克）。聆听“卧尔兹”演讲、学习伊斯兰教的教义、教规等。“会礼拜”结束后，穆斯林互致“色俩目”寒暄问候、祝贺节日、上坟诵经祈祷、缅怀亡灵、走亲访友等。

三、礼仪习俗

（一）衣着服饰

普安县各民族服饰分为头饰、服饰、鞋袜等。其中少数民族生活习俗继承本民族优秀传统文化，又受汉族文化的影响，民族服饰具有款式多样化、个性化、装饰化的特点，男士上衣短过臀，妇女上衣长过臀，戴金、银、铜饰。少数民族党员代表、人大代表、政协委员穿戴民族服装出席会议、参加重大活动。外出打工就业的少数民族，其服饰和所在地民族基本无异。

1. 汉族服饰

汉族服饰与全国各地基本相同，主要以西装、夹克、羽绒服、衬衫（长、短）、T恤、牛仔衣裤、皮衣、马甲、中山装（四袋服）、休闲装、父母装、大襟衣服、草鞋、胶鞋、运动鞋、布鞋、皮鞋、毛皮鞋、凉鞋、高跟鞋、马靴等为主，女士在炎热气候穿连衣裙、短裙等。中老年男子中有少部分戴护耳帽、毛线帽，一般都剪短发。中老年女子有的顶（包）帕子、有的戴毛线帽、手镯，青少年女性一般戴有手镯、项链、耳环、戒指等装饰品。

2. 苗族服饰

喇叭苗服饰 即操吴语系湘西土语苗族服饰。男子穿青或蓝布长衫和青布摆裆裤，包青布头帕。男性及小孩的鞋式有圆宝鞋、长脸鞋、四块鞋及猫猫鞋等。女子不缠足，喜佩银质耳环、手圈、戒指。女子服饰由青、蓝、白3种基础颜色构成；服装为宽口大袖，衣长到膝，袖阔约40厘米，袖稍短；在衣袖和前片分别饰有一条彩色花带（俗称为襕杆），顺着衣服前片从衣领边沿镶嵌成“∫”状至右侧腰部止（俗称排领）；袖口和排领边缘用青布镶滚，订花边或绣狗牙、水波式花纹襕杆等；腰系青或蓝腰带，结前垂尾于腰后；穿摆裆长裤，脚穿绣花钩尖鞋（有高帮又称绕子鞋、敞口2种），鞋尖呈鹰嘴状；自纳鞋底，用料以白和青布为主，有的在鞋前端绣花，有的四围绣花；绕子鞋多作结婚、走亲访友和御寒保暖之用，在敞口鞋的基础上增加布料、棉花等，配有两条裹脚布条（绑腿），长150厘米，宽10厘米。未婚女子头戴白布，留两尾结于脑后呈蝴蝶状，长辫子绕头缠于头帕外，间或插花于头右侧，亦有梳成独发辫垂于脑后者；已婚女子束发髻于头顶，高约10厘米，戴青色或白色头布，留两尾结于脑后呈蝴蝶状，中老年妇女头布多为黑色。小孩戴虎头式帽子。喇叭苗喜穿青、蓝衣服，其寓意为志在蓝天白云之间，象征人与自然和谐相处之意。喇叭苗女子擅长刺绣（剪纸绣是最常用的一种）和挑花，用多彩的线巧妙打扮，使独具特色的服饰更加丰富多彩。

歪梳苗服饰 即操西部方言第三土语区第一次方言第二土语苗族服饰。男性服饰颜色分为白、青2种，包头布颜色分青、蓝2种；上衣长至小腿，青色衣服用白色裹边，白色衣服用青色裹边，系青或蓝色腰布，系腰两边有2个口。男性服饰的意义：青、白色代表男人做事做人都是清清白白的；包头布颜色分青和蓝两种，代表有蓝色的天空和青青的树林，包头布对苗家男人的作用非常大，可以用来捆绑猎物和攀岩；系腰可以用来装干粮，别（佩戴）砂刀，也可以当定情信物。女性服饰形似战袍，由头饰、上衣、裙、裹脚、鞋组成。上着麻布短父母装，内衬肚兜，衣裙花色繁多，其领、袖、边、角均绣有花纹，裙长，亦绣各色花纹图案，系佩绣花围腰，系麻质自制布料。女性头饰：束辫盘于头，妇女插红色或花纹木梳于头右前侧。该族衣着从自己种麻到纺织缝衣及刺绣，其制作工艺可称绝妙。女性服饰的意义：头上的梳子，来源金鸡头上的花冠，歪梳儿女在跳坡节里可以把梳子当定情信物。衣领上和左右衣袖的花纹是代表歪梳苗以前居住的地方，花纹纵横交错，不同的花纹代表不同的地方。裙子分中、下、前、后4个部分，中间花纹代表着苗族同胞心手相连；下部花纹代表着苗族同胞被追杀的年代，带不走的那些财物和金钱，就把财物蜡染在裙子下面，怀念没拿走的财物；前围裙有两个大框框和三条花纹，四方形框框代表平原，三条花纹代表不同的方言；后围裙，把太阳、月亮、星星绣或染在后围裙，点亮苗族的前程。裹脚是苗家女人为了避免别人看到自己的脚，被刺抓伤或被动物咬伤。穿草鞋（苗语扣安），因为他们不想把任何刺绣花纹踩在脚下，那样是对自己不尊，而草鞋半路破，在半路就可以编。

大花苗服饰 男性穿短衣，外罩长衣从后面缝合，前面分开、无袖，腰缠窄腰带，下着齐筒裤，大裤脚，扎绑带，其布料纯系麻质。女性身着短父母装，领、袖饰蜡染花纹，下穿多褶裙，缀蜡染花边。头发不束辫则扭成一股头顶，横插16～20厘米长的竹签1根。

小花苗服饰　女上装为蜡染绣花衣，刺绣以素纱绣为主，刺绣的花纹为直线构成的几何图案，主要有螺丝花、桃花、南瓜花、衬沟花、羊角花等图案。领口、袖口、襟沿均镶花边。领口一般为右开襟，对巾圆领，前中多为1米边，部分为3道小边，外条边为金色、中条边为水红色，里边为深蓝色。袖口为筒绣，由多条花边以平绣、挑绣而成，图样由螺丝花、南瓜花等组合绘制缝制而成。前后系上蜡染腰带，以交叉的捆法而系，后面留出33厘米左右，分布在左、右两边。后翩、中间部位分2块而绣，再组合缝制而成。下部以花边相绣，形成正方形，黑体白花组合而成。肩部和背心部位是整连线，背心以下用自制土布，挑绣而成，布扣。也有少部分的上装是前开襟无扣的。下装有布裤，还有各种花样的蜡染百褶裙，裙子的布料为自纺自织的麻布。裙腰白色，裙身为蜡染花样，裙际绣有花纹图案。头饰则是用自己纺的羊毛盘绕的大包头。飘带分为2种：第一种总体分为4条，每2条相连，装饰在前后，低端以五颜六色、形状不一的珠子装饰，吊链而成，长方形，花纹为螺丝花，挑绣花纹为方块的形状。男式背心整衣分为3块布绣，3块布的花纹一样，从衣领竖直相围，扣子是用黑布或蓝布扭成麻花形，整衣扣子为5扣。带体分为7种颜色，红、黄、蓝、绿、黑、白、紫相互搭配，相互衬托，底布以黑色为主，蓝色相搭配，每种颜色都绣有不同的小花，分别由螺丝花、曲线花、波浪花、小蝴蝶花、青草等组成。系带长1米左右，可以根据高矮胖瘦来制作。裙子分4个部位：中、下、前、后。中间花纹代表着心手相连，下部花纹代表着苗族被追杀的年代。带不走的财物、金钱就形象地蜡染在裙子下面，前围裙有2个大框和3条花纹，还有后围裙、裹脚。

3. 布依族服饰

普安县境内布依族服饰，因居住区域不同有所不同，南部、中部、北部妇女服式、款式均有区别。服饰材质用棉花和苎麻，自种、自纺、自织、自染、自裁、自缝、自绣，由布依族妇女纯手工缝制而成。

布依族男装，全县境内无差异。头裹靛蓝色头帕，围绕呈圆盘状。上装着长衫或短装，下装着直筒裤，脚穿千层白色底布鞋。长衫装为右侧开襟，订长条布纽扣，圆领窄袖。短装胸前对襟开排，订长条布纽扣，圆领窄袖，前襟下方左右各置1个夹袋。

布依族女装，普安北部龙吟镇境内的布依族妇女，头顶靛蓝色布帕，上着短装，下着百褶裙，脚穿布耳凉鞋或尖钩鞋。普安中部布依族妇女头顶靛蓝色、白色相间布帕，脑门系一串“勒里”，胸系胸围（结婚时和喜庆活动专用），佩戴银簪、耳环、胸铃、戒指、项圈、手镯等装饰。上着长形装，布纽扣缝订于右肩口斜至腋下，肩中曼袖口镶丝线绣花边，下着直桶长裤，裤脚镶花边橄榄，脚穿绣花尖钩桶鞋或布凉鞋。未婚和已婚妇女服饰无区别，未婚的发辫直垂于身后，已婚的结发髻于脑后。普安南部女装，头缠绕蓝布头帕，呈圆形状。上着短装，系围腰，下着长筒裤，脚穿绣花布鞋。

布依族妇女首饰种类有发簪、勒里、耳环、项圈、胸铃、戒指、手镯、耳环，均系银质。手镯有骨质、银质、金质、玉石。手镯、耳环日常生活均装戴，其他均在重大活动时装戴。

4. 彝族服饰

男性头饰一为黑布缠头，拢发于其中而束于额，美堆髻；一为头缠留有发尾的青、蓝布帕，不束发。男性衣着一为短衣大袖，蓝裙；一为着对襟短上衣和长衫，下穿大撒脚长裤，裤管皱有数褶，系青、蓝、白等色，外披羊毛披毡。女性头饰一为辫发，亦以青布缠首，多佩银质梅花贴额，耳坠银质大环、垂至颈；一为未婚女梳独辫盘于头顶，用白帕褶成瓦状勒盖。已婚女则将发左右分辫盘发于顶，包长布帕，佩戴银质首饰。男性大都穿布鞋或草鞋，女穿剪刀口船形绣花鞋或绣花草鞋。

5. 回族服饰

回族穆斯林日常服饰与所在地汉族服饰大体相似，一般均以西装、休闲服、牛仔服、皮鞋、旅游鞋等为主。许多传统服饰发生演变或被取代，但仍保留穿长袍的服饰习俗（在履行宗教功课或举行宗教庆典时，穿中国式长袍）。阿訇常戴“戴斯塔尔”（波斯语音译），意为缠头巾。缠头巾多用薄纱或细棉布做成长约3米、宽0.3米左右的条状，使用时折叠后从右向左缠在头上，留长约0.4米垂于脑后。

普安县回族穆斯林属中国伊斯兰教哲赫林耶门宦，男性通常戴平顶帽，女性通常戴盖头。在参加宗教礼拜活动时，阿訇、乡老和男穆斯林戴六角尖顶帽（俗称六角帽或号帽），此为回族穆斯林服饰的突出特点。平顶帽（回回帽）亦称礼拜帽，是回族穆斯林服饰的唯一标志。通常帽口比帽顶略大，边缘浅，深度以至耳根为宜。用料以棉布为主，亦有平绒的。有的采用棉线、毛线编织。颜色多选白、黑、灰色（有选用蓝、绿、红等颜色者）。根据不同季节的需要，帽又分单层、双层两种，有的在帽顶或朝前一面印（或绣）阿拉伯文，有的在帽檐周围绣精致彩色图案。盖头为穆斯林妇女遮面护发的头巾，戴盖头时将头发、耳朵、脖子遮盖住，只露出面孔。在家中无客人时可不戴，但出门必须戴，有的还另加戴面纱。盖头约1米见方，质地为细棉布、丝绸、丝绒等，颜色分绿、青（黑）、白3种。老年人的盖头较长，后面一般披到背心处，颜色多为白色或黑色。姑娘和中年妇女较短，只披到肩上，颜色较鲜艳（有红、粉红、绿、蓝、棕色等）。盖头的中间及边沿根据个人喜好，可镶边、绣花等。

从事清真饮食行业工作的穆斯林，常戴“小白帽”，一方面是出于伊斯兰教礼俗和卫生需要，另一方面表明餐馆的正宗性。

（二）婚嫁习俗

1. 汉族婚俗

说　媒　男方或者男方的父母看中女方后，请媒人拿着酒水、糕点、糖果等礼物前去跟女方父母及家人表明男方爱慕之情。若女方父母现场答应或在考虑中，则收下礼物；若答应或考虑后又不同意婚事，则告之媒人，并退回礼物；若拒绝，则当场退回礼物。

第一道“首信”　也叫“提亲”。当男方家请媒人探得女方家同意“说媒”后，则请媒人及亲友携带12斤糖、12包饼干、4瓶酒、2条香烟等礼物到女方家“提亲”，也叫第一道“首信”。女方在堂屋中设宴，请家族中有名望的长老及亲属陪同。家神正前面的餐桌坐满8人，家族长者和媒人坐上席，商谈婚事。

第二道“首信”　男方请媒人及亲友携带2段上衣布、2段裤子布、18千克红糖、12包饼干、4瓶酒、2条香烟、2双鞋子、2双袜子、2块围巾到女方家去第二道“首信”。请家族中的爷爷奶奶、叔伯、姨姑等内亲前来座谈商议婚事。

第三道“首信”　又称“开口八字”，意即八字可见两撇了。男方请媒人及亲友携带2套衣服、2条裤子、2双袜子、6千克猪肉、24包饼干、6瓶酒、4条香烟、2双鞋子、2双袜子、2块围巾到女方家去第三道“首信”，婚姻定局。请三老四幼、亲朋好友、寨邻前来参加宴席祝贺姻亲对上了。

第一道至第三道“首信”礼物，对经济活跃地区或富裕家庭要厚重些。

拜　年　三道“首信”完成后，男方在次年的农历正月请先生择黄道吉日，请媒人及亲友背上粑粑数百个（数量根据亲友和村寨邻户数确定）前去女方家“拜年”，认亲访友。

订　婚　又称“发八字”或“报日子”。完成三道“首信”后，男方请先生根据媒人问到女方的出生时辰后，写好双方“八字帖”，并择出结婚佳期，同时请媒人和亲友携带数百个糯米粑粑（数量根据亲友和村寨邻户数确定）、2只猪火腿、66斤猪肉等到女方家办“八字酒席”，宴请亲朋好友。

裁衣下剪合帐　男方请媒人携带4米布、12套衣服、1套簪网首饰及其他礼物等前去女方家，女方家请八字相合且各方面顺利的女长者前来裁衣裁帐，并定制1堂“八仙桌”、2箱1柜嫁妆等，做好结婚准备。

结　婚　根据订婚时择下的吉日结婚，婚期为2天，第1天女方家摆酒席、第2天男方家摆酒席宴请亲朋好友（俗称摆酒）。

过礼。女方摆酒席的前1天，男方请人送去60千克猪肉(有的直接送去1头猪)、15千克酒、12条烟、彩礼钱（数额根据具体情况确定，少者660元，多至数万元）、粑粑360个以上到女方家“过礼”，作为女方家结婚摆酒时所用。

女方设宴摆酒席。众亲友带上礼物前来庆贺，主家请2名总管（内总管、外总管各1人）对结婚当天所有事务进行管理和安排。同时，请1人执笔、1人收礼、1人发烟倒茶、1人向前来庆贺送礼的客人发粑粑(又称“管封”)，进餐时8人1桌。

接亲。女方摆酒的傍晚，男方在进寨的路口待女方宴请结束后，陪郎、押礼先生方能带新郎和接亲队伍进屋，女方设拦路酒。陪郎敬天、押礼敬地后，连续喝3杯酒，端上第5杯酒封敕庆贺男女双方婚姻美满、白头偕老等佳词。随后，押礼联系总管安排收取男方携带的香、腊、纸、烛、红伞和梳子、红鸡蛋等“上头”用品及安排行礼餐厨。

行礼。总管或家族中长老点燃香灯后，带着新郎向女方家神行“三跪九叩”之礼（现一些地方有所简化）。

男女双方见面。男方到女方家接亲时，男方要手捧花束会见女方。相会之前，女方姐妹朋友将女方闺房关闭，需要男方发送红包（多少不定）并闹腾以示喜庆一番后，方开门让男女双方会面，男方将花束送给女方。

参厨。意即参拜厨师、煮饭的人。总管引导陪郎、押礼先生端着装有2杯酒和红包的圆盘向厨师、煮饭的人敬酒。否则，厨师不上菜、煮饭的人不上饭。之后，总管安排结婚队伍入席，酒席以八仙桌为主，摆放在堂屋之中（一般摆放4桌)，每桌8人，陪郎、新郎坐堂屋中左上角一桌的上席，主送亲客坐下席，押礼与另一接亲客坐左席，女方另有2名送亲客坐右席。酒席开始，先由押礼、陪郎与主送亲客连喝3杯酒后方开席。酒席结束后，陪郎将自己和新郎所用的碗筷收好，待到第二天早餐时继续使用，在出亲后由陪郎将碗筷随身带走，如迎亲返回途中遇到雷雨、行丧时，将碗打破丢出以示吉利。

点箸帽。总管安排一张八仙桌放置在家神前，女方请一少女端来男方送来的结婚礼物放于八仙桌上。总管主持女方父母及亲友围坐于八仙桌四周后，大声向在场者一一清点男方送来的礼物，若有欠缺者，当场想办法弥补。

斗宝。即凑数。长桌酒席摆上后，陪郎将一个大碗放于自己面前，先在碗内放上钱“斗宝”，扣上小碗，并领头说“斗宝”语言，传给下一位“斗宝”，下一位接着“斗宝”和说“斗宝”词语，一直连续下去，若说不出或说错“斗宝”词语的则要罚酒一杯，下一位替说明白。转圈到50这个数，陪郎清点“斗宝”金额，不足双数的，由陪郎补足。然后说起四句送宝，给新娘子进宝。

拉长桌喝“三行酒”。在堂屋正中摆放一长排桌椅，请双数人围坐，每人喝3杯入席酒。先由陪郎与主送亲客猜6拳（俗称为开拳）后，由接亲客和送亲客分成左右两边猜拳（俗称南北战或拉长桌)，大家尽兴后，押礼和主送亲客分别猜6拳（俗称为收拳）结束酒席。

端洗脚水。女方请一少女端来“洗脚水”，并唱着盘子歌“一盆水来清又清，端给新郎洗麻皱；自从今日洗过后，细皮嫩肉不开皱”……反复抬、反复唱。

“上头”。新娘在闺房里按择定方位坐下，手拿红鸡蛋，送亲客将新郎的鞋子放在新娘面前的地下，新娘举脚踩在鞋子上，等待八字相合者为自己梳头、封敕吉言后，把脚抬起，送亲客将鞋子还给新郎。

换衣。完成“上头”后，接着新郎换上岳父母准备的新衣服，带上“新郎花”，作好发亲的准备。

发亲。发亲时辰，新娘的内亲站成排在堂屋内，新郎、新娘从闺房走出，到堂屋中供奉的家神前，按男左女右站立，向家神和亲人行告别礼。陪娘为新娘撑伞，新郎背着新娘（有的是新郎扶着新娘、有的是新娘的哥哥或弟弟背着新娘）走出大门。走出大门后，按先生择好的方位上桥（上车)，也有步行的。在接亲返回途中，若遇到其他的接亲队伍，新娘则要和对方交换手帕或其他物品以示吉庆。

进亲。接亲队伍到男方家门前，男方家点燃香灯，由一名长者将新娘拉进堂屋内，管事或长者带着新郎、新娘到家神前面拜堂鸣炮后，送往洞房。送亲客将嫁妆整理完毕后，新郎、新娘方出来迎接客人。男方家烧纸、供饭、准备摆酒席。男方设宴摆酒席。其过程与女方家设宴摆酒席基本相同。

倒茶。男方家请人拿着盘子，将新娘带来的鞋子或衣物等抬给公公婆婆或者祖父母、外祖父母，将鞋垫和粑粑抬给亲者，亲者接礼物后，将礼钱压于盘中返回给新娘作为见面礼（俗称私房钱）。摆长席。设宴结束后，于堂屋里放上4张桌子组成一排长桌，送亲客坐上席，陪郎押礼坐下席，其礼节与女方家相同。

闹新房。亲友到新房内说“四句”唱“噫噫哟”，男方亲友唱“送宝歌”、送亲女客唱“接宝歌”。众亲友做趣味游戏予以祝贺。

关喜门。新郎、新娘送走闹新房的客人后，将新房门送上，过洞房花烛夜。

吃团圆饭　县境南方又称“圆席酒”。男方摆酒席的第二天早上，在堂屋里放置4张方桌组成一长桌，内亲人员参加吃团圆饭，长辈坐上席，新郎、新娘坐下席，其余内亲坐两旁。新郎端酒盘向新娘一一介绍在场亲人，新娘酌酒，从最高长辈中年龄最大的开始敬酒，依次进行。亲人给新娘“开口钱”，并吉言祝福。

回　门　结婚第3天清晨，新娘的兄弟姊妹及其他亲人前来接新娘回娘家，有的少数民族只到半路接。回门规矩是到娘家回见亲人。若路途遥远，则由近处女方亲戚代替娘家“回门”。因蜜月未满，回门一般不过夜。

随着社会的发展进步，在婚姻习俗方面逐渐有了许多改变，主要是对部分程序进行了合并精简，比如第一到至第三道“首信”，基本合并精简成一次，有的在定亲时将几道“首信”与定亲同时进行，拜年、裁衣下剪合帐等习俗基本消失，过礼物品逐渐改变或去掉，金耳环、金项链、金戒指等首饰成为必须信物。闹新房习俗则花样逐渐增多，更有甚者新径别出。

2. 苗族婚俗

（1）**喇叭苗婚俗**　喇叭苗同姓不通婚，女子与其他少数民族一般不通婚（通婚仅少数），有兄终弟招嫂之习俗（俗称“转亲”），家长制和夫权制突出。喇叭苗女子新婚，有“三天不吃婆家饭，三年不穿婆家衣”的规矩，新娘须从娘家自带食品吃到第三天。婚姻主要有说亲、挂八字、认亲、挑酒、送日子、接亲、发担、回门、拜年等程序。

说　亲　男方的父母看中女方家的姑娘，男方父母就去请能说会道的和女方家有一定交情或是亲戚的人作为媒人，去女方家找女方的父母表达男方家想娶其女儿为儿媳的意思，讨得女方父母同意，如果女方的父母同意，就口头询问女方的出生年月，男方家根据女方的出生年月，请人按照金、木、水、火、土五行相生的原则看八字合不合，如果男女双方的生辰八字相生，男方家就决定娶女方为妻，男方家再请媒人到女方家与女方的父母协商说合，决定这门婚事，这一阶段叫说亲。

挂八字　男方家买好礼品，择好吉期，由男方的父母带上男方请媒人一起去女方家挂八字，女方的父母要提前通知女方家的家族及姻亲到场，杀鸡摆酒席。席间，媒人当众说明求婚的来意，并向女方的父母要书面八字。女方的父母请人用红纸写上女方的姓名，出生年月，由媒人转交给男方的父母并带回家。

挑酒认亲　男方父母请人择定挑酒认亲的吉期，男方父母通知女方父母挑酒认亲的时间，女方家父母要做好接待男方家的准备，并通知女方家的家属及姻亲到时光临。挑酒认亲时男方家要带上2坛酒（酒坛口要用红纸封好，以示吉利），几十千克猪肉，公鸡若干只和彩礼钱到女方家，女方家大摆酒席，席间，媒人向大家说明来意，这次是挑酒认亲。接着，女方的父母介绍女方家的亲戚给男方一一相认识，男方的父母又介绍随同男方到女方家认亲的亲属给女方及女方的父母认识，媒人把男方家带去的礼品（衣物、彩礼钱）用红纸包着转交给女方的父母。并说明认亲后要准备送日子、结婚。

送日子　送日子也叫预报佳期，结婚时间确定后，男方家要去女方家送日子，告诉女方家结婚日期。由男方家根据女方的生辰八字请人选择结婚吉日，结婚吉日选定后，由男方家将结婚要办的有关事宜的时间及结婚时间用红纸分别写清楚。如裁衣合帐（用什么属相的人下剪）、发担（女方家酒期）、正酒（男方家酒期）、上头（用什么属相的生人梳头、面向何方）、送亲人员（用什么属相的送亲，送四亲或两亲），背人（用什么属相的人背新娘上轿）、发亲的时间（地支）等内容随礼品一同带到女方家交给女方的父母。并协商结婚时男方要送给新娘的礼物（衣服几套、包头布、系腰布各几块、银耳环、银手镯、戒指或金项链各多少），派合几嫁（就是由男方家出礼金给女方家的内亲，接亲时得合人要送给女方相应的嫁妆或物品），奶津钱多少（相当于抚养费、表达养女之辛苦），到接亲时如数兑现。

结　婚　婚期为3天，第一天叫发担，男方家布置喜轿1顶，请轿夫4人，唢呐队2人，红灯笼2个，红旗2面，陪郎1人（陪同新郎到岳父家接亲），陪女2人（陪同新郎到女方家接亲），押礼1人，媒人1人，接亲队伍共16～24人（以前，人数还更多），出发前新郎先在自己堂屋里祖台前磕头（四礼八拜），然后放鞭炮，迎亲队伍出发，吹吹打打到女方家迎亲。迎亲队伍到达女方家以后，要把在家里准备好的红包若干个分别一一拿出，先交磕头红包，收红包人在女方家祖台前折叠好一床被子放在地上，新郎在女方家祖台前磕头（四礼八拜）。然后把一个红包交到厨房，俗称参厨（如不参厨，厨房出的菜、肉等不切细，无法食用，让人难堪）。接亲人吃晚饭后，由押礼拿出一个红包请人开坛，打开坛里的酒给大家喝。再由押礼拿出一个红包请女方家德高望重的人点礼，清点男方家带去的嫁妆、首饰等数量是否与送日子时商定的一致。如果少了，就要闹亲——女方家的亲人要找男方的媒人和陪郎说理，直至嫁妆、耳环、首饰等如数兑现为止。入夜，女方请一少女端来洗脚水，新郎要拿一个红包交给抬水洗脚的人，新郎才能洗脚（洗脚时只做一个假动作，不伸脚进水里，以防女方家姐妹往盆里撒灰出丑）。第二天凌晨，由押礼分别交出上（梳）头、背人等红包，发亲工作依次进行。

第二天为正酒，新娘在娘家梳妆打扮结束，到了发亲时间，女方请一少女端来洗脸水，新郎拿一个红包给抬洗脸水的人。吃完饭后，新郎、陪郎吃饭的这桌碗筷由陪郎收好，给新娘带到婆家作衣禄碗。新郎再拿出一个红包给磕头准备被子的人，在女方家祖台前磕头（四礼八拜）。然后由指定的人背新娘上轿，开始放鞭炮发亲。新娘要哭嫁，出寨口就要停止，女方家要有人送亲，由2对夫妻送（一般是叔伯、姑父）。迎亲队伍到达男方家门前停下喜轿，由女方家送亲客一人（女），男方家指定一（女）人配合拉亲，把新娘从轿子里拉出来，这时男方家拉亲的人要猛把轿杆抬高，让新娘从轿杆下出来，以后新娘才俯首帖耳地听公婆的话，任凭公婆的使唤。可是，送亲客的做法却与拉亲人的做法是相反的，送亲客要猛力把轿杆压低，让新娘的双脚跃过轿杆，从轿杆上越过，这样以后新娘在婆家才理直气壮地不被欺压。这时，新娘头上顶着一块红头巾或黑布，叫遮脸布。有接亲人拉着新娘到门前退喜神，夫妻双方到堂屋里祖台前拜堂（这仪式由总管主持）。拜毕，夫妻双方入洞房举行抢坐新床仪式，谁能把对方的衣服拉来垫坐在新床上，以后谁掌管家。坐新床后双方吃和气酒，饮完和气酒，由总管介绍男方家的长辈给新娘认识，新娘分别叫出称呼，长辈分别给新娘送红包，这叫开口钱。新娘分别给男方家的长辈赠送礼品，然后由同辈表兄表弟闹新房。

第三天，新娘起得很早，带上从娘家拿来的新脸盆、新毛巾、香皂等分别抬水给公婆及客人洗脸，每人洗完后，都要给新娘钱。表兄弟用硬币扔进盆里，考验新娘是否聪明，如果新娘聪明，将硬币同洗脸水一起倒掉，如果新娘用手去洗脸盆里捞硬币，就会出笑话。

回　门　结婚满7天，新郎新娘要带上糍粑、烟酒、糖果等礼品到岳父家回门，回门所走的路必须是接亲时走的路，不能走别的路，意思是今后夫妻要坚守到底，不离不弃，不走别路、弯路。

拜　年　每年初二或初四，要到娘家拜年，新郎家要为整寨人每户人家发一对粑粑，内亲如叔、伯等除了送粑粑外，还要送酒、肉等礼品。去拜年，寨子里每户人家都要请去吃饭。一般要拜满3年。

（2）**歪梳苗婚俗**　订婚。男方先请媒人向女方父母表明意思，应婚之后，女方便摆上酒席，宴请寨邻及远方至亲前来喝定亲酒。

结婚。女方家发亲要“三三大”（姑爹、幺叔、舅舅）送亲，舅舅家给新娘送一把伞，新娘给“三三大”及送亲客“答谢钱”。临行新娘边哭边唱“哭嫁”。父母祝愿女儿高高兴兴地去，新娘着新装、顶头巾、撑男方家带去的伞在送亲队伍的簇拥下到新郎家村口，由“接娘媒”迎进屋，新郎家门口备有迎亲桌，第一张摆葵花、花生、糖果类，第二桌摆酒菜请送亲客食用，第三桌也备糖果、干果、酒为媒人专用，送亲客、迎亲客各站一方，唱送亲、迎亲歌。总管事则唱“请酒”歌，唱罢饮毕，将送亲客迎至屋内入席，新郎新娘向“娘媒”敬酒表达谢意。次日，送亲客返，新娘向其答谢“草鞋钱”，新郎、新娘和姐夫向“三三大”拜礼，双方媒人代表“三三大”将事先准备的礼金送给新郎和姐夫。

回门。婚后3天，新娘独自回门。新娘返回夫家时，当即要背水、煮饭，之后方算正式安家落户。

（3）**大花苗婚俗**　提亲。媒人到女方家门外不说话，跨进女方家门槛时才说“今晚上，猪腿要落在你家地板上。”女方父母回答“狗长狗拉出门。”就算有诚意。然后男方请寨中的人去问“现在要你家姑娘去背水，去不去？”答“我家姑娘不成器，要去的！”就算同意。一月或半月，男家请媒人拿500～1000元给女方家，商定婚期。

结婚。婚前一天，男方家请4～6人带1夹袋生玉米面、公母鸡各1只、1袋玉米炒面、4个鸡蛋、125千克猪肉（1头猪）或1只羊作为彩礼，去女方家，新郎不同去。第2天，新娘以红伞遮盖头面，跟送彩礼的人（接亲客），在20名姑娘、小伙（送亲客）的陪同下来到新郎家，新郎家送给10名姑娘每人0.5元钱和4个鸡蛋，杀6对鸡、1只羊招待全寨人。以羊角盛酒敬客，至晚上，吹芦笙、跳花、唱歌、饮酒，通宵达旦。对信教的教徒，提亲到送亲程序相同，婚礼多在教堂举行。将2碗糖水放在桌上，牧师或长老握《圣经》诵“赞美诗”，问新郎新娘“你意思不意思？”答“我意思。”连问答2遍。然后分别问“马太”（男方）和“利白佳”（女方），是否愿意娶嫁对方，是否爱、帮助和安慰对方等语，答毕，一对新人手抚《圣经》发誓。主持人将糖水赠给新郎新娘，双方各先喝一半，再交换喝完。继诵《圣经》，吟毕，结束，不摆宴席。

（4）**小花苗婚俗**　苗族谈情说爱自由，婚姻自由，不包办。小伙子晚上吹响芦笙，姑娘听见以后，若动心就出来相见，若不动心就紧关房门，任你吹打。若动心之后，2人在明媚的月光下自由地谈情说爱，若两人投机就定终身。3天后向父母道歉，抚礼，成为夫妻。

3. 布依族婚俗

布依族婚俗有传统“父母之命，媒妁之言”而成婚和自由恋爱婚姻。其婚姻形成分5道程序：

寻　亲　凡家室有男孩，为孩子择偶而攀亲是父母天经地义的职责。请先生给孩子排八字，注重选择八字相生、年龄相仿的姑娘为偶。请媒人或三亲六戚，寻访八字相生的姑娘之家攀亲。请媒人带上2瓶酒上门说亲，对方经一段时间对男家了解后，经三次上门求亲，如有意结成亲家之意，2瓶酒则留下，请来内亲叔伯开饮此酒，示意答应这桩婚事。否则，原2瓶酒原封不动请人退回。答应婚事后，女方家则将本家内亲户数告知男方家，男方家按女方告知的户数，每户1瓶酒1份糖食，送至新亲家，按户数分发给亲家族，并说明本家姑娘即将出阁。俗称“一家嫁女，九族皆知”。

定　亲　男方择定吉日，经男、女2家商定，请2人携带公鸡、酒水、糖食（每份必逢双）礼信前往亲家定亲。去定亲之人，一般是头天傍晚时分到亲家，亲家当晚请本寨邻老幼来饮亲家酒。

朝 贺 第2天清早，宰上公鸡，备办宴席，请来家族内亲和寨邻长老赴宴，俗称“火笼酒”，从此日起，2家正式互称亲家。

发八字 男方家请先生择定吉日，备上毛笔、定墨、公鸡、酒水、香烟、糖食礼金，所用礼信物均逢双数，并用红色纸系包为宜。请2～4人带上礼信于吉日头晚至亲家，第二天一早，备办宴席，请本族人及寨邻长老吃“八字酒”，前来吃“八字酒”者带上2枚红鸡蛋，以此祝贺。开宴前，在堂屋摆放1张八仙桌，桌上摆放男方家所带礼信，用1张红色纸请命佳者书写出嫁者生肖八字。写毕，用红布包妥，红线捆扎，来人自然收藏好。俗称“八字酒”。来人带回男方家，点上香烛，将八字帖供奉于家神后，方收藏。

报日子 由男方将女方八字请先生择定婚期，请人到亲家去报知婚期，往后2亲家各自为子女筹办婚事。

完 婚 完婚日摆设酒席，女方家第1天，男方家第2天。女方家摆酒席当天，新郎家去接亲之日，新郎家备上酒水、鲜肉、香烟、香烛、糯米粑、发亲及总管餐厨红包，请会唱酒歌的报松（布依语）、亚松（女者称亚松）。即3男2女，或2男1女，报松是接亲队的领头人。其他参与接亲者均为年轻人，接亲队人数必须是双数。接亲队到来时，堂屋家神前放1张八仙桌，作陪唱酒歌者坐桌等待报松到来。另1房间同时安放1张八仙桌，6人坐桌等待亚松到来，每桌固定8人，作陪者必须是家中人丁兴旺者。接亲队行至门口，有执盘者持酒拦路3道，报松唱毕3道拦路酒歌方能进入堂屋，往下叙事歌、盘歌、礼节歌均在堂屋桌上与陪桌者对唱至第2天清早。男方家讲究进亲，伴娘者由1女性担当，手牵新娘步入堂屋，拜堂特请命佳者铺就喜床，挂新帐。由接亲报松往新床上抛撒硬币及糖果，让童男童女上床争抢毕，伴娘将新娘送入洞房，仪式方毕。

4. 彝族婚俗

说 亲 男方家探明女方年龄、人品和家庭情况后，即请媒人带礼物到女方家说亲，女方家亦暗查男家，做到心中有数。媒人来提亲时，如同意就收下礼物，表示应允，之后，双方家庭相互往来，进一步密切关系。

订 婚 又称为烧香、吃鸡卦和发八字。男家择定吉日，经媒人与女方家协商同意后，男方及其父亲、伯叔等人由媒人带领，携带鸡、酒及其他礼物到女方家，女家要请亲族长辈作陪。次日晨，女家杀雌雄2只鸡办“吃鸡酒”，男家要付鸡价。在吃鸡酒的同时，要按男女双方年庚生月排发八字，也叫开庚书、合亲。饭毕，女方家将2只“鸡卦”（鸡腿上端骨）用布包好并系上各色花线，1只自存，1只交媒人带给男家。以后，男家根据线的花色和数量，准备衣料去女家接亲。此“鸡卦”即是订婚凭证，又是男家接亲时应送女家衣料的提示。

结 婚 男方家择定日期后，由媒人通知女方家，女方家同意后即着手准备嫁妆。姑娘在婚期前几天要哭嫁，亲族、寨邻姑娘要来陪哭。其哭嫁内容是诉说父母养育之恩，表达惜别亲人之情。男家接亲队伍有亲弟弟和姐夫或妹弟以及唢呐手、帮抬陪嫁东西的好友等10多人，携带礼物，在媒人带领下去女家迎亲。女家青年男女手执树枝在门前举行“打亲”仪式，意为除去邪恶。接亲者被打不能生气和还击，直至进入大门才停打。当天，女方家招待客人后才款待接亲人，姑娘们要与接亲人对唱酒歌，一直嬉闹到女方家长辈出面“调停”时才结束。发亲，第2日，新娘梳妆打扮，由亲人伴随至堂屋拜辞祖宗神位及亲人。接亲人中一青年背姑娘的箱子或包袱（内装1双鞋、1条新裤子）于凌晨出发“抢路”，以示婚后夫妻和睦幸福。媒人或主要接亲人如不注意，要被女方家抹黑脸，且要回到男方家后，用新娘的新盆、新帕子清洗，洗脸后的水必须倒在堂屋内中柱脚，以表示婚事顺利，主人家不忘媒人之意。

发亲时，新娘盖上头帕，由兄或弟背至门口上马（车）。进寨，男家要在路口用去皮的泡木搭一座迎亲门，新娘停在门前，“布摩”（“毕摩”，是彝族知识分子的代名词）先生口念经文后，杀雄鸡1只抛越迎亲门，以驱鬼除邪。男家、送亲人、媒人三方要争揭新娘盖头帕，男家争到后丢在地上，以示婚后不受新娘欺负；送亲人争到后，丢在房上，以示姑娘在男家不受欺负；媒人争到后，夹在腋下，表示婚后男女双方互敬互爱。盖帕揭去，新娘下马（车），由2个有福气（即家庭富裕，儿女双全）的妇女扶进堂屋，在“布摩”指挥下，叩拜天地祖宗后，扶入洞房，夫妇2人行合礼，吃交杯酒。翌日清晨，由男家亲人带领新娘见公婆、献礼物，公婆要说几句吉利话祝福。男家要办3天酒席招待客人，第1天叫进门酒，第2天叫正酒，第3天叫回亲酒。正酒当天，家族、亲戚、朋友、邻居要来恭贺送礼。第3天回亲前，新郎、新娘向亲人赠送礼物。送亲人带着新娘向公婆交亲后，启程回家，新郎要给送亲人斟饯行酒。送走送亲人后，结婚礼仪才算结束。

回　门　结婚满1个月后，新郎、新娘一道带上鞭炮、蜡烛、鸡、肘子等礼物到女方家看望父母亲人，叫“回门”。

5. 回族婚俗

回族的婚俗实行一夫一妻制，其婚姻是直系血亲不能通婚，舅家儿子与姑母家女儿不通婚；同姓不通婚；不同等辈分不通婚；“三媒六证”习俗，媒人2位（1男1女）至少要3次到达女方家做媒。有探口气、提亲、订婚、过礼、结婚、回门等6个环节。

探口气　由男方父母请2位媒人到女方家探口气（带4色礼，即糖、茶、果、饼），如女方父母答复或者说可以考虑，便称为得口气。

提　亲　媒人第3次到女方家，未遭拒绝，收下礼物，表示提亲成功。第3次也称“拿话”，除4色礼外要加衣料（成衣）、时尚水果，女方家老幼表态同意，即可择时订婚。

订　婚　男方要随媒人到女方家，拜谒女方父母。男女会面，相互交谈。订婚后，男方家征得女方家同意，便可择吉送结婚期单。订婚时男方家送女方时装3套，其余女用饰品酌情而定，女方要送男方1套服装（包括鞋袜）。

过　礼　牵羊1只（或抬1腿牛肉）送至女方家，另有糯米33千克（一斗六升）、糖、茶、果品，同时要有礼金（3万元～10万元）给女方家置办嫁妆。

结　婚　女方与迎亲队伍随送亲客到男方家后，由阿訇讲民族宗教常识，念“尼卡赫”（宣布证婚词），撒喜果。

回　门　结婚第3天，男方随女方到女方家，拜见姻亲老幼。

（三）丧葬习俗

丧葬是农村最传统、保留最完整的习俗，丧葬过程中，包涵了许多地方传统习俗和民间文化。2015年，在县城所在地实行集中治丧，一些丧葬习俗有所改变。

1. 汉族丧葬习俗

病　危　断定无法医治且即将去世时，将人置于堂屋正中临时搭建的床上，头朝家神，脚向大门，面朝天，孝子守在身边。

断　气　长男用衣领口对着快身亡的人鼻孔接气，次男用竹竿夺开屋顶上的瓦片（或平房大门的风窗）。

接　气　接气人心中默念：“你出去儿接气，但愿吾父（母）往升极乐去”。所有孝子守在堂屋内。

烧落气钱　人刚刚落气的时候，在亡人脚前烧1.8千克（俗称3斤6两）钱纸。

喝梦婆汤　在出大门的左边放一碗煤灰和一碗水。孝子口念：“吾父（母）喝水不霉（煤），投胎转世超生去”。

洗 身 孝子或者亲友用毛巾为死者洗身。“下发”从脚洗到头，“上发”从头洗到脚（不同地区的洗法有所不同）。

剃 头 家属中的长者（孝子、亲友）用剪刀为男性死者剃头，先剃头顶，再向四面扩散。

包鬃头帕子 剃头后，将黑色纱巾4.2米（俗称1丈2尺6寸）从左到右包于头上9圈，在左边打一核桃结，由左拉下兜住下颚，再向右包回头上，直至纱布包完。

穿 衣 将事先准备好的新衣裤为死者全身换上。

入 殓 一般的人亡故后，在棺材底放上灰（煤灰、草木灰），将2刀半白纸（用楮皮制造的软绵纸）在棺材的前后左右四壁平整地角对角以3的倍数铺上。用2米（俗称6尺）白布将尸身兜好放入棺材内，用线将尸身鼻脚调正对准棺木中线，再在尸身上盖上被子，将三角形精冥枕放在头部下面，用灰包或木头等东西将尸身塞紧固定，将四壁用白纸翻裹成长条框围住尸身。在被子上面用36张白纸按每3张角对角裹成长纸共12条后，摆放成菱形给亡人绵绵缠带，请年长者用金竹火把扫棺材，免得凶神恶煞缠住亡人，最后盖上棺盖。

送葬出殡 在门外用“龙杆”将棺材捆好，用红布条一头捆着1只公鸡脚，另一头捆在“龙杆”中间，公鸡站立于“龙杆”上，法师加持（即请亡人吃饱上路）、宣读亡人上天文书公据，听法师口令将棺材抬起（俗称扶重），开始鸣炮，送上山。抬重者一般主肩8人或16人，另多名帮手。途中，孝子披麻戴孝，长子怀抱着死者遗像，孝子跟随长子于棺材前面沿途撒“买路钱”，到艰难路段，孝子回头下跪以求平安过关。遇到深沟或过桥时，孝子爬着“搭桥”，让棺木从背上过去，意即遇水孝子背老人而过。抬到事先请阴阳先生看好的位置后，将棺木放置于事先搭好的2节木头上与泥隔离。

安 葬 挖一个长方形的井，在井中用米摆好八卦、富贵双全字样，放入海马石砚、宝瓶罐，阴阳先生用金竹火把或桃树于井口侧边出煞，再由8人把棺木抬入井中调线（即用线调棺材和所选定的方向一致）；阴阳先生敕禄米给孝眷（孝眷跪在坟前，阴阳先生敕曰：一敕你家儿孙满堂，二敕你家富贵荣昌，三敕你家高官得坐，四敕你家满堂诸子贵，五敕你家五子登科金榜早题名，六敕你家六位高升喜，七敕你家七财滚进门，八敕你家八福寿喜，九敕你家久长久远，十敕你家十全十美，十一敕个摇钱树，十二敕个进宝瓶，摇钱树进宝瓶，早落黄金晚落银，祖师今日敕过后、斗大的黄金滚进门，起得快发得快）。最后，孝子背泥土埋亡人。

耍金钱棍 普安县南部的青山、楼下等地，北部亦有少部分地方，在丧葬习俗中，逐步流行起耍金钱棍。一般由亡者的女儿或孙女，在开悼日请一支由六七人以上组成的金钱棍队伍一同前往祭奠亡灵，直至安葬时扫井后方结束。耍金钱棍中，一般都是用说唱吉语、舞蹈等方式来祭奠亡人和对亡人后代的敕封吉语，也有代子孙后代哭祭拜亡人的。

2. 布依族丧葬习俗

病 危 家人病危临死时，要在堂屋左侧地板上开个地铺，把病人从病床上抬到地铺上，晚辈和亲人轮流昼夜守护。

报 丧 亡人临终，孝子立即焚烧落气钱，鸣放3响地炮，告知寨邻亲友。亡者系女性，则请2人携带1瓶酒立即到外家报丧。到外家时，站立门口，口称口渴，向外家讨水喝。外家听了此言，即会意，将一瓢水递给报丧者，来者右手接瓢，将水从左肩向身后泼出，报丧者方可进家，告知外家，逝者亡故原因及时间。

哭 丧 亡人断气时，晚辈和亲人恸哭；孝子给亡者沐浴净身，更衣毕，立即恸哭；入殓毕，告别恸哭；外家到来时，鸣炮3响恸哭；凡逢进餐、出殡、安葬入土时都要恸哭。

入　殓　先生按亡人生肖八字和亡人仙逝时辰择定入殓时辰。亡人入殓前，孝子为其沐浴更服，清扫棺内，严防有铁器物、稻谷籽，稻籽谐音倒子，特为忌讳。棺材横置于堂屋，内铺就布帛、白纸随即移尸入材，入殓毕鸣炮3响。

守　灵　未出殡前，孝子孝女昼夜在堂屋守灵，守灵期间，席地而坐，打地铺而稍眠，长明灯不灭，香烛不断。弃掉头帕、帽、麻丝扎发系腰，脚穿草鞋，进餐素食，蹬地用汤勺而食，忌坐凳椅，严禁黑猫进堂屋。

出　殡　按亡者生肖八字和终时时辰择定日时出殡。出殡起动，孝媳及族中妯娌立即清扫堂屋卫生，捆扎亡者穿用过的旧衣物，床单被褥，送出寨外深沟处焚烧，俗称扫地出门。孝子孝女手执香火，抛撒买路钱在前开道。凡逢沟河坎坷，孝子卧地搭桥，孝女返身跪拜。灵棺送至安放地，孝子孝女跪拜、焚香、烧纸毕，戴上头帕方回。

安　葬　安葬亡魂，讲究穴地座向，山脉沙水环抱，寻求旺地。坟头字向，穴地是根据亡人八字而定，并非好穴地人人皆享受，新故者如能八字相符，便可立即下葬，棺材入土，孝子买地葬母或葬父仪式。新故亡者，另有其浅丘或称矮丘、平放2种形式。浅丘是新亡者八字当时能入土不能理坟，下葬后棺尾露天，待日后另择日去理坟。平放是新故亡者八字当时不能入土，只能平放于地面，棺木用枕木垫支，用遮雨物铺盖棺木，日后再择吉日安葬。

送　饭　孝子给新故者送饭3天，每天傍晚祭供1次。出殡当天傍晚送到新坟前，第2天傍晚送至半路，第3天傍晚在大门前。

复　山　灵棺送上山的第3天清早，孝子孝女及亲房家族到新故坟前宰鸡，呈上供品，焚香烧纸再三祭奠亡魂，故称复山。

守　孝　出殡返家，孝子当天理发，往后必满120天守孝期方可再理。否则，视为不孝。孝期未满，每逢红白喜事，不能坐上席。家有新故者3年不办喜事，若须非办不可，则当年办，办时不能贴对联，当年不办，待3年过后方可。每逢春节均贴孝对，当年贴绿色，第二三年贴黄色，以示守孝。

“殡亡”超度　布依族丧葬习俗沿袭传统。与亡人超度称“殡亡”（布依语），“殡亡”分热办和招灵操办。热办，即逝者刚逝，立即操办。招灵操办，即丧葬后再择吉日设灵堂招灵“殡亡”超度。“殡亡”仪式3天2夜。完整的仪式，由大女婿或最小的女婿担当大马郎，其他女婿为小马郎。大马郎备齐牛羊猪、鸡鸭鹅，120样纸火，跳仗队12人，香烛纸钱，一并上祭，缺一不可，俗称五牲上祭，小马郎不作严格要求。有新故者，当时家属团人力、财力不济，可待条件允许后择吉日设灵堂招灵“殡亡”超度。

送　花　送花是布依族人在丧事中的另一特有形式，沿袭至今。内容有二，一是父母对步入成年的爱子爱女因病或意外早逝，怀着眷念之情而送花；二是热恋情侣或情侣已承诺终身，但未成婚，女恋人早逝，男侣怀着恋恋之情而送花。送花根据亡者生肖八字择定吉日举行，一般选择正月和清明前后。请剪纸师制作丰富多彩之花，花样品种几十样，点染成多种色彩。筹办时间长，耗费大。送花吉日，送花家请几十人组成送花队伍，人人手执花纸，祭奠酒肴，3声炮响，摩师先生领唱送花经文，领者1句，众多随互和1句。吟诵唱调较为婉转，悲酸凄凉，内容惆怅凄苦，往往催人泪下。送花多年偶有，场面庞大，看送花者人山人海，年轻人居多，有借此时日走亲访友者，有寻对情歌者，有寻求意中人者。送花当晚，食宿投亲靠友，无亲友者可随意投宿其他人家，无论落宿谁家，当日自然受到热情接待，绝无怠慢。

3. 苗族丧葬习俗

（1）喇叭苗丧葬习俗

病　危　在堂屋左侧地板上开个地铺，把病人从病床上抬到地铺上，晚辈和亲人轮流昼夜守护，直至去世。

入　殓　家人去世后要关上房门，由晚辈烧1.75千克落气纸钱（俗称三斤半），男死者要剃光头发，不论男女死者都要用热水把全身洗净，穿好寿衣再入殓。

放落气炮　入殓结束后，打开大门，在门外放地炮（火药炮），每3响为一节奏，使寨邻知道某人去世了，前来吊唁或帮助料理后事。

办丧事　喇叭苗办丧事，信奉佛教，寨邻来帮忙的人替孝家去接牧师到家设灵堂办丧事，丧事规模的大小和天数根据孝家的经济承受力而定，一般分为1天1夜（开路度亡），2天2夜（暖伴报荐），3天3夜（缴灵法事）、5天5夜（大台法事）、7天7夜（7天以上叫大斋，做法事3天以上的只能做单数），甚至有20多天至40多天。办丧事时佛师给亡者念经、门外请水、扬幡、表香、破狱、祭奠、放施食、化灵等，唱经的过程中要打响器（即鼓、铰、铙、钵、锣）；孝家给亡人修造灵房，买纸马、雨伞、花轿及花草。

寻找墓地　请地理先生根据亡人的生辰，寻找最适合安葬的地方，称阴地。

出　丧　即炮声喧天、敲锣打鼓送亡灵上山，必须在做法事的时间内，选择最吉良辰出丧，就是把死者抬到事先请人看好的墓地停放，不能等到做法事结束后出丧。

安　葬　根据当年的利山，结合择定的安葬吉日，有的送上山当天便可以安葬，有的要过几天、几个月、甚至几年才能入土安葬。

复　山　安葬后还要举行复山仪式，用纸书写地契火化作为正式购买墓地的凭证。

立　向　根据择定的吉期，给死者的坟墓正式立向。家庭条件具备的，立向时可以包坟砌墓；条件不具备的，可用一块毛石作墓碑。

送　饭　丧事结束后要连续三天给死者送饭，第一天送到坟上，第二天送到半路，第三天可稍近些。送饭时要用干稻草扎成火焰包，包上火一同送出去。

守　孝　长辈去世后，晚辈要守孝3年，在这3年中，春节时门上要贴孝对（对联），以示缅怀逝去的长辈，晚辈在酒席上不能坐上席，不能与人争吵。夫妻中有一方去世的，活着的一方也要守孝3年，3年满后才能另娶或另嫁。

拜死年　每年大年初一上午要给死者拜年，连续拜三年，带上酒肉和水果等到死者坟前供奉，燃放烟花爆竹。

催　龙　就是在山上埋葬死者的坟墓前，请人做法事，一般是立碑也叫树碑时催。催龙的法事时间为半天至一天。

（2）歪梳苗丧葬习俗

在祭祀开始都由指路师开场，意在指引逝者尽快回到祖先居住的地方，由吹奏师吹奏芦笙和敲打长木鼓进行祭祀活动；家族用刺竹自制2片竹片代表逝者灵魂，用小木勺供奉。用牛、猪、鸡作祭祀物，其中是否用牛作祭祀物视家庭的经济状况，而猪、鸡是必需的。一些家族的整个祭祀活动都在家中完成，有的家族则在祭祀的第2天转到外面继续；各家族在细节上所用的东西不一样，在芦笙曲的吹奏中，一些芦笙曲在某些家族中不可吹奏，而有的家族则无禁忌。祭祀分为冷场和热场。冷场是在家人逝世时，由于经济所限不能祭祀，等到经济宽裕时才祭祀；热场是家人逝世后当即就祭祀。祭祀活动中，要供奉包括逝者在内的所有已逝的家族之灵，而且是逐一提及，不论辈分大小，只是在供奉的顺序上有一定的规定。有的家族把男女按辈分分开分别提名供奉，有的家族则只是按辈分分开而男女一起提名供奉。他们不是把所有的已逝亲人全部提名，而是有一定的家族规定。整个祭祀活动庄严、隆重，显现出歪梳苗的独特文化。其中的芦笙舞、芦笙棒舞等是歪梳苗人传承下来的璀璨文化，其歌用汉语难以准确记录，文化传承通过口传身授。

（3）大花苗丧葬习俗

给死者穿上去掉纽扣的衣服，脚穿用麻编制的草鞋。入殓后，1人拿1盏煤油灯在前引路，当天死当天安葬，埋在四围环山的山顶上，并植草于封土上，以示草发即后代子孙发达昌盛。信教后，请牧师或长老前来祷告，即入殓出丧。出丧及入葬，牧师或长者都要祷告，待祷告至“坟归坟、土归土”句时，寨邻众亲朋要抓土撒在棺木上。祷告完毕即掩埋。丧事极俭。

（4）小花苗丧葬习俗

在人逝世以后，为了纪念死者和勤劳的祖先，必须用牛来祭奠。让死者安息，祖先放心。用来祭奠的牛必须用斧头一斧打倒在地，不能重复。孝子须在笙鼓声中，手撑竹旗，吹响牛角，围绕房屋正走3圈，反转3圈，以驱赶虎豹。原因是苗族的祖先很早以前靠打猎为生，杀死虎豹，死后虎豹的灵魂会来打扰。祭奠要进行3天3夜。

4. 彝族丧葬习俗

彝族的丧礼可分为4个部分，依次是入棺前、入棺后至出殡前、出殡及下葬、葬后的祭祀。

入棺前的准备“口福” 在病人咽下最后一口气的时候，亲人用红线绑着金银，放入死者口中，当死者牙齿合拢，双唇紧闭时，金银就放入死者口中，而红线必须留在外面。

沐浴更衣 亲人会用柏枝叶给他擦拭身体，以此来驱除人生的污垢，驱除他人生的一切灾难，让他干干净净地离去，清清白白地开始来生。洗好后亲人会为他更衣，衣服上不能有纽扣，不能穿毛衣等网状的衣物，这样的服饰意在防止死者在阴间被纽扣和门锁锁着，防止被网状物和绳索等物体缠住。不能有金属、陶瓷之类的东西，意在保护后人，若有金属、陶瓷类的东西，则其子孙会多灾多病。死者的脸上也要用白布缠着，留出眼睛、鼻子、耳朵和嘴的位置。

入　棺 入棺是丧礼的重要组成部分，经过放“口福”，沐浴更衣后，把死者放入棺材中。给死者固定好位置后，把绑着“口福”的红线拉长并放在棺口，在尽头绑上一枚铜钱，让死者通过红线与外界相连，意在说明红线牵两头，预示着死者在天上会照看自己的后人，棺木里外各放金属，预示着子孙的兴旺发达。打点好一切后，子女要给死者盖上白布，称为孝布。盖上棺盖，用木楔子把棺木钉严实，入棺完成。

祭　拜 儿子辈孙子辈都要戴孝，但不需要披麻，儿子儿媳、女儿女婿均戴长孝，也可披着，孙辈戴短孝，以表示对死者的尊敬与哀悼，对来灵柩前祭拜的人们回磕头礼。

守棺与哭丧 从死者入棺后到出殡前，其子女亲人昼夜守护棺木，保证棺头香火不灭，前后2盏长明灯不熄，其用意在于让死者在阴间依旧有光亮。

法　事 为死者设坛超度，坟位的选择根据七月间稻子出穗的第一穗出来的方向来定。

出殡仪式 到坟场后，哭丧的人最后一次为死者哭唱，最后一次告诉死者安心走好，勿挂念亲人，勿留念人间。

5. 回族丧葬习俗

回族提倡厚养薄葬，实行土葬、速葬、薄葬的丧葬原则。亡人待葬期间，不宴客、不服孝、不讲排场、不比阔气，不迎合时尚。

在病人临近“归回”之际，家人及亲友要克制自己的悲痛心情。在其清醒时，应提醒其留遗嘱，以便事后遵循办理（分配遗产等）。家人应替其偿还债务，以了却其责任。请求人们原谅其过错，向真主悔罪求得饶恕等。在病人弥留之际，家人要为其缓缓进水，使其口腔润湿，在其身旁轻声提念“清真言”。如病人自己会念则更好，但不能强迫病人念。也可为临终病人诵念“讨白”和诵读《古兰经》“雅辛章"。病人归真后，脱去衣服，合其双眼，闭其口齿，顺其四肢，整理容发，力求遗容美，将头面向天房，覆盖白布单。

回族丧葬礼俗有其显著特点：

速　葬　回族亡人3日之内必葬，不择时日，不问风水，就地安葬，提倡"亡人奔土如奔金"。在对亡人举行完必要的教法礼仪后，要使其尽早入土为安。遇到特殊情况时，如坟墓没有挖好或家中主要成员没有及时赶到等，则都在次日掩埋，最多不得超过3天。

薄　葬　"无论穷、无论富，都是三丈六尺（12米）布"谚语是穆斯林提倡厚养薄葬的真实写照。任何一位穆斯林，无论其生前地位高低、多么富有或多么贫穷，"归真"后都以白布代衣，一律只用12米（三丈六尺）白布包裹后掩埋，身上不穿绫罗绸缎，墓内也不放任何物品陪葬。因为厚葬既劳民伤财增加生者的经济和生活负担，又会导致坟墓被盗被毁，使死者和生者都不得安宁，有害而无益。

土　葬　把尸体放入土中深埋，不用砖、棺木、金属等非土物质。

回族穆斯林归真后有四项应尽的义务，人们习惯把它叫作洗"埋体"、穿"卡帆"、站殡礼、深安埋，简称为"洗、穿、礼、埋"。

洗"埋体"　即为亡人冲洗大净和小净（沐浴全身），寓意清清白白来于世，干干净净归于主，让人觉悟人生一世，死期来临就连身上的污垢都带不走。

洗亡人一般由3人操作，1个装水、1人掌水、1人冲洗。洗时戴口罩和手套，按活人洗大、小净的方式从头至脚、由上而下、先右后左的顺序轻轻冲洗全身3遍或5遍，洗时可用皂角或洗发精等。擦干后可为亡人用香料，如麝香、樟脑、冰片等。

穿"卡帆"　"卡帆"是阿拉伯语的音译，即为包裹"埋体"之布，亦称殓衣。教法规定，其用量是12米(三丈六尺)白布，包括大卧单(长如身体，两端各留六七寸，宽约4.5尺左右)、小卧单(长如身体，不留余布，宽与大卧单相同)、"匹拉罕"是波斯语音译，意即无领衬衫，它的长度自肩至踝骨，领部开口，让头可钻入。另外，妇女再加"遮胸衣"(长由腋至膝，宽可围身)和盖头(长3.4尺，宽1尺余)。为亡人进行洗礼后再穿"卡帆"。先铺大卧单，再铺小卧单在上面。男性亡人，穿好衬衣放置在"卡帆"上，先卷小卧单，再卷大卧单，均先左后右将亡人包好。女性亡人，则先围好遮胸衣，再穿衬衣，将头发分垂胸前，然后戴上盖头，再卷好"卡帆"（卷法同男性），最后将大卧单两端挽起，用白布带系于腰部，放置经匣内，待站"者那则"后安埋。

站殡礼　殡礼是阿拉伯语"甩俩台 · 者那则"的意译。教义规定，举行殡礼是"大众主命"（法里则 · 克发业），是活人对死者的最后一种祈祷礼仪，均有参加站"者那则"的义务，尤其亡人的亲属更应参加。举行"者那则"有6个条件（瓦吉卜），逝者是其身体洁净、放在众人前面、其身体大部分尚存（头部必须在）、站立举行、放置在地上（伊玛目对着亡人胸膛站立）。不能在日出、日中、日落3个时辰内站"者那则"。凡参加站"者那则"的人，必须沐浴净身，有大、小净，所穿衣服、鞋、袜要干净。其仪式不同礼拜，仅有举意和诵念，殡礼时抬手念"大赞词"(4次大赞词)，不鞠躬、不叩头、不跪坐。从抬手开始，依次默诵《赞主词》《赞圣词》《求恕词》，最后以道"色俩目"和捧手做"堵阿"祈祷结束。

深安埋　来有抬送亡人的优良传统，参加送葬被视为圣行，送"埋体"为应尽义务。一般安葬亡人的坟坑宽1米、长2米、深约3米，底部必须为松软的土或沙，头北脚南面朝西安葬。然后解开卡帆的两端，解除亡人卡帆的腰带，封好墓口，坟坑中不准有任何随葬物品。墓筑为长方形，禁以钢筋、水泥、石灰、火砖、瓷砖等物装饰，最后诵读《古兰经》章节，参加者合众作"堵阿"，为亡人祈祷求饶，祈求真主擢升亡人在后世中的品级。

举行丧葬时，庄严肃穆，宁静平和，无哀哭声。亲友在为失去的亲人哀默时，在内心默默祈祷和祝愿。参加丧葬者随“经匣”运转，互相接替，静静祈祷，向亡人道“色俩目”告别。

亡人入土前后举行的一系列宗教仪式，如传经、诵经、念“七窍米”、写“护心堵阿”、念“土块堵阿”、念下土经、三天经、过头七、二七、三七、满月、四十日、百日、周年及生死祭日等纪念活动，是亲属对死者表示追思缅怀，或代亲人赎补罪过、祈求真主饶恕生前过失，并非教法规定和必须遵守的宗教义务。

（四）竖碑习俗

立生基 就是人未死先修墓穴，即人在世时自寻墓穴，死后直接安葬于其地。有的在选定的地点垒起土堆，每年清明节，拴挂几束纸钱，以示此地有主。有的直接砌墓立碑，碑上不写某某之墓，而是标注某某寿藏字样。

竖　碑 亡人安葬后，家庭经济条件困难的，垒一堆土坟，放一块不刻字的墓门石即可。家庭经济条件好的，有的在安葬亡人时就砌墓竖碑，有的在亡人过世3年内进行，有的人家是为早年无碑记的先祖补办。竖碑，即给亡人留下古迹，让后裔一看碑铭便知是某某先祖。因民族、信仰不同，竖碑也各有差异。回族竖碑，朝同一方向，所有坟墓都能竖碑。碑形一般为令牌碑、夹耳碑、一碑一座、三碑两座等。竖碑用汉字书写碑文，叙述死者生平。汉族、苗族、布依族、黎族等各个民族，立碑习俗大致相同，总的都是测好吉日，逢青蛙形前方有井说是青蛙跳井，或是鲤鱼形前方有滩说是鲤鱼梳滩，还有俗称美女晒羞、乱绒系窝、飞凤饮水等地形，都不能竖碑。除此之外的坟墓，都可以竖碑。碑形一般为单碑、土地碑、两边夹耳碑、令牌碑、三碑两座等，三碑两座还可分正三碑和假三碑2种。竖碑要写碑文，要求字体工整，内容简洁清楚。竖碑吉日，请先生用猪羊大谢，家庭经济条件困难的可用鸡鸭小谢。大谢时先生一般为3～5人，在坟墓四周插上五方牌位，动用锣鼓响器，念诵经典经文。竖碑之日，各亲友要放鞭炮，有的送花圈纸火，祭奠亡人。

（五）建房风俗

下　脚 起屋建宅，选择吉日动工。动土日忌讳颇多，最主要的是忌讳触犯太岁，不能在“太岁头上动土”。

上　梁 民间建房，主要是木架结构的，都要上梁。设“鲁班”，木匠师傅在屋基地中央间右角供上鲁班牌位，鲁班牌位前放置粑粑、圆宝、刀头、饭、茶、酒、水和一对长寿夫妇衣服、公鸡1只、五谷、盐、茶、草席、伞、梳妆用品作为供品。发锤出煞立柱，木匠师傅杀鸡把血洒向四面八方后。手拿木榔头打堂屋四角，口念咒语，周围帮忙的人听木匠师傅口令将柱头竖直。送梁，柱头竖直，由建房人的内兄内弟送梁来建房。刮梁挂红，木匠师傅用洗凿在梁的中间刮好梁口，在梁口上边说“四句”边挂上红布，在梁身上挂上11米（3丈3尺）红布。上梁，帮忙的人将准备好的梁用绳索吊起安置在中柱上。踩梁，2个木匠师傅，手提装着粑粑（一般由建房人的内兄内弟准备）的斗，一边对念“四句”，一边从梁上相向而行，在中间位置侧身相让，走到对面的柱头。踩梁的人需有一定的“功底”，大部分地区简化踩梁程序，只有极少数地区存在踩梁现象。主人接宝，木匠师傅于柱顶上，一边口念“四句”一边将抛梁粑粑和圆宝撒向跪于柱头脚下主人撑开的围裙里。洒抛梁粑，主人接宝后，木匠师傅于柱头上将抛梁粑粑撒向四周众亲友抢，俗称洒抛梁粑。拆位，洒抛粑后，木匠师傅用洒血的公鸡煮熟供饭，拆除鲁班神位。随着平房逐步增多，上梁程序有所简化。

开财门 民间建房，测定良辰吉日开财门。设鲁班，木匠师傅在堂屋右角供上鲁班牌位，鲁班牌位前放置粑粑、圆宝、刀头、饭、茶、酒、水和一对长寿夫妇衣服、公鸡1只、五谷、盐、茶、草席、伞、梳妆用品作为供品。点门，木匠师傅在门外面用公鸡1只杀血点门出煞。挂红，木匠师傅用红布0.4米（一尺二寸），一边说“四句”，一边挂在外门上，回到堂屋里。采财门，“财白星”带领扛柴、挑水、挑米、端方盘（方盘上放置粑粑、圆宝、蒸糕、葱蒜、白菜）的一群人，上前和堂屋里的木匠师傅一问一答地说“四句”采门。当吉时到的时候，“财白星”和木匠师傅就开门。敬酒，“财白星”端着圆盘，里面放着2杯酒敬木匠师傅，主人家向“财白星”敬酒。赐宝，敬酒完毕，“财白星”叫主人家跪在鲁班牌位面前，从外面抬着方盘，方盘里装着圆宝、葱蒜、白菜、粑粑，边说“四句”，边放进主人家的围裙里。拆位，采完财门，木匠师傅用点血的公鸡煮熟供饭，拆除鲁班神位。以上风俗以汉族为主，其他民族各有不同。回族在开财门之时，念平安经。苗族待房屋全部建好，才举行开财门仪式。

四、禁忌与陋俗

普安县民间相沿的风俗禁忌很多，在婚丧喜庆、岁时礼节、生产活动、服饰饮食等诸多方面，都有不少共同的约定。1998年以来，随着社会进步、科学知识普及，风俗忌讳渐少，但在农村有些忌讳仍在沿袭。一些陋俗恶习，由于根深蒂固，还不同程度地存在着。

（一）忌　讳

丧事忌讳　穿白戴孝忌入邻居家，死者穿有领头的衣服忌双数，亲戚送丧礼忌用红纸包（如死者年龄较大，可用红纸反包）。

行为忌讳　晚辈忌讳直呼祖先和长辈姓名。上门作客，须先敲门，忌不打招呼而入；忌东张西望、乱翻乱找；忌讳在他人家中号啕大哭。家有客人，忌讳打骂孩子。忌讳把药渣倒在邻居家门口。成年人忌讳别人给自己起外号、绰号。给孩子起名字，忌讳与祖先、长辈之名同字、同音。饭前饭后，忌讳用筷子敲空碗。

（二）陋　俗

跳　神　农村有些家庭见病人久病不愈，就请来巫婆、神汉上门为病人驱鬼治病，称为“跳神”。有的家运不顺，则请巫婆到家中求仙方，称为“问仙”。此陋俗曾一度禁止，今在农村又有所出现。

算命看相　在农村和城镇街头均有出现，也有专门在家设点的。除拆字、看相（面相、手相）外，近年还有用电脑算命、看风水的。

认干爹干妈　其形式多样，比如小孩啼哭不停、受到惊吓、久病不愈等情况，都有认干爹干妈的情况，也有因关系较好的同辈直接让小孩认为干爹干妈的。一般情况下，由家长打碗水陈放在家神上，烧香通说祖宗，只要小孩乖巧，就给找个干爹或干妈。第一个遇到的人（一般为同辈），将家神上陈放的水祭奠三下，押上适当的钱币，就定为小孩的干爹或干妈。其次，还有用立筷子、测命给小孩认干爹干妈的，也有将山石树木认为干爹干妈的。给小孩确定干爹干妈后，家长请先生测个吉日，备好酒、香蜡纸烛等礼物，由家长带着小孩到干爹干妈家去吃饭，举行认定仪式。干爹干妈请亲友陪同，在家神上点燃香蜡纸烛，把准备好的茶饭放到堂屋中供奉祖宗，通说祖宗保佑小孩凶煞恶除，平平安安，让小孩给祖宗磕三个头，并念出给小孩取的名字。将准备好的碗筷给干子女带走，表示健康长寿。给干子女打发礼金，表示爱戴。

（三）积　弊

挥霍消费　1998年，随着经济发展和生活水平提高，一些生活富裕者讲排场、比阔气，婚丧喜庆大操大办。此外，公款吃请现象愈演愈烈，公费购买高档轿车、公费旅游等也屡见不鲜。2013年反“四风”以后，挥霍消费现象大大减少。

人情风　1998年以来，亲戚朋友间送礼，数额从几十元涨至几百元、几千元。谁家办事都要送礼，回礼又要比接受的礼金稍高些。婚丧嫁娶要送，生孩子、乔迁、孩子上大学要送，生病住院要送，“人情风”成为许多家庭经济上的沉重负担，也有一些人趁机设宴敛财。2008年起，对党员、国家工作人员大操大办婚丧喜庆事宜进行整治，党政机关、企事业单位“人情风”得到有效遏制，但农村还存在。

第二节 宗 教

一、教 系

普安县有佛教、道教、伊斯兰教、天主教、基督教5个教系。2015年，佛教、道教从教人员296人，无固定的活动场所，在民间活动；天主教从教人员7人，在兴仁天主教堂活动；伊斯兰教教众6837人，其中阿訇15人，在清真寺活动；基督教教众1111人，教职人员17人，其中牧师1人、长老3人、传道13人，在教堂活动。

(一)佛 教

明洪武二十三年(1390)，在江西坡建安南卫城，佛教进入县境，庙宇寺观建造随着增多。清顺治、康熙年间，佛教进入兴盛时期。

民国时期，境内有僧尼约一千人左右，其中有部分人不是出于对佛教的信仰，而是因生活所迫而出家。

1952年11月，普安县有寺庙60座(含少数家族祠堂)，有僧尼僧姑144人，人民政府对僧尼僧姑作遣返安排。

普安县境内的佛教活动，大都带有封建迷信色彩，人民政府曾在保护宗教信仰自由的前提下，禁令封建迷信活动，故一度销声匿迹。20世纪70年代末期起，其佛事活动多见于操办丧事场合，操办法事者均为佛门俗家子弟，法事中所诵经文有《金刚经》《血河经》《报恩经》《观音经》《仁元经》等。

(二)道 教

道教进入普安县，大约在明代中期，如明万历年间建于九龙山顶的玄天观(后毁于火)，康熙年间建于城南的关岳庙，以及黑神庙、至圣孔子庙、牛王庙、东岳庙、城隍庙、火神庙、关帝庙、先农坛、社稷坛等。道家所奉经典包罗较广，具有经戒、科仪、符图、炼养等，也包括道家哲学及有关的儒、墨、法、兵、阴阳、周易、医、杂等诸家书籍。2015年，普安县的道士只奉习《道德经》《南华经》《黄庭经》《悟真篇》《坐忘论》，常念《玉皇经》《清净经》等，但未形成教派，亦无宗教组织，常见于民间祭祀活动。

(三)伊斯兰教

普安县的回族均信仰伊斯兰教，认为《古兰经》是天启经文。

伊斯兰教在普安县的出现，可追溯到清咸丰八年(1858)，当时张凌翔、马河图领导以回民为主体的起义军，在黔西南(含盘县、罗甸、紫云等)进行“反清驱洋”斗争。同治十二年(1873)，起义失败，起义回民被遣散在普安县的青山、小屯、泥堡、红岩、楼下(旧营)、猫田、高寨等地。光绪十八年(1892)，清政府无力顾及对黔西南边陲回民及伊斯兰教活动的限制和监视，宗教活动逐步恢复。

民国初期，普安县境内伊斯兰教活动较盛，青山素有“盘八表加”的美称。每逢教主马明星、马化龙、马元章的忌日，贵州十二坊(坊为伊斯兰教基层组织单位，每百户以上称一坊，百户以下划称子坊，每坊清真寺的阿訇均受“热伊斯”的领导)。青山、泥堡、兴仁潘家庄、马家屯、三家寨、姑屯、安龙、安顺、贞丰、贵阳、平坝、盘县烂木桥等地阿訇和教徒，大都赶赴青山参加礼拜活动。当时青山、泥堡在清真寺开办经堂教育，有“哈里发”(学生)数十人，最多时达百余人，使其掌握阿拉伯文初级文法、常用经典和伊斯兰教的一般礼法常识。

中华人民共和国成立后，人民政府保护宗教信仰自由，贯彻执行党的民族政策和宗教政策，推行“独立自主，自办教会”和“三自”(自传、自治、自养)方针，废除宗教封建特权和宗教剥削制度。“文化大革命”时期，各个清真寺被查封。中共十一届三中全会后，被封多年的清真寺重新开启，正常的宗教活动得以恢复。省、州、县各级人民政府，多次拨款对清真寺进行维修，并派有关方面负责人到各清真寺参加穆斯林的“开斋”“古尔邦”“盖德尔”（珍贵之夜，一般认为是伊斯兰历斋月的第27夜）等节日，以示祝贺。

（四）天主教

清道光十四年（1834），普安县天主教教民吴沛然建教堂于县城内，有正屋6间，两厢4间，总计10间。2015年，县境内无天主教宗教活动场所，有教徒7人。

（五）基督教

中华人民共和国成立前至中华人民共和国成立后的15年间，普安县无基督教活动。1964年，大花苗（苗族支系）从六枝、水城、威宁、赫章及云南的宣威等地，陆续迁移到龙吟镇狩猎垦荒，定居落户，其迁移到普安县之前就信仰基督教，其教徒均系六枝拉西总会成员。

1979年，该族在石古的新寨与龙吟的民族村建立教会，设立教堂，同年又于丫口的箐门口建立教堂。之后，石古的七田亦设教堂单独活动。1981年10月，将箐门口教堂分出部分教民建二屯岩教堂。共有入教者121户323人，其中男教徒161人，女教徒162人。

组织形式　普安县的基督教原属六枝西拉总会领导，后自建教会自设教堂。并委以长老、传道、执事、委办等职务。长老负责全盘工作，上下联系；传道负责讲教，主持礼拜；执事负责教堂内的摆设和安排，办理发展教徒手续和调解纠纷；委办负责后勤杂务工作。1981年9月，省基督教协会成立，普安县基督教派2名代表参加，被分别选为“三自”爱国运动委员会和基督教协会会员。

活动形式　基督教有两个盛大节日，即圣诞节与复活节。此外，每星期星期三、五、六、星期日“安息日”和“主日”，举行礼拜，一般利用晚上时间，教徒带上自刻自印的《颂主·圣歌》《赞美诗》《圣经》节录到教堂内，男女各坐一边，由传道主持领唱或齐唱，讲解《圣经》和十条戒令，然后再唱，祷告。一次礼拜活动约2小时。

二、宗教活动场所

2015年，普安县有16个宗教活动场所及遗址，依法登记的宗教活动场所10个，其中寺观教堂8个，固定处所2个。

（一）伊斯兰教活动场所

青山清真寺　位于青山镇青山社区四街，清光绪二十八年（1902）由回民陈鸿勋、张子光（字文明）等人发起，历经数年筹集纹银430两，楼下营（德依）彝族土司龙跃先捐赠大殿用木，于清光绪三十二年（1906）动工修建设，清宣统元年（1909）3月建成，原称忠顺里清真寺，民国3年（1914）更名为青山清真寺。民国10年（1921），原住兴仁三家寨道堂的“热依斯”移住青山，住寺主持。民国17年（1928），寺内开设回光小学，民国24年（1935）更名为崇真小学，1952年该校外迁与青山中心小学合并为青山小学。“文化大革命”期间，清真寺作为他用，寺内收藏的阿文典籍、史料、名人赠题匾额、楹联等毁尽。1978年，对清真寺进行维护，恢复为宗教场所。1981年9月16日，县政府公布为县级文物保护单位。1985年12月，黔西南州人民政府公布为州级文物保护单位。该寺坐西北向东南，占地面积1800平方米，建筑面积860平方米，由大门、经堂、保管室、沐浴室、厨房、照壁、月拱门、住室等构成，院内有花坛，古柏成荫，四周筑有围墙，前围墙高3米，青料石垒砌，中有牌楼，上有宝顶月牙，院内右侧设殡殁室、沐浴室各1间，左有接待室1间（亦为阿訇寝室），中有照壁，两侧为圆拱门，上5级台阶入内院，内院有2厢，均面阔2间，穿斗式木结构硬山顶，经堂面阔5间，通面阔20.7米，进深3间，通进深9米，抬梁式硬山青瓦顶，翼角起翘，正脊中塑彩绘葫芦宝顶，正门由3组6合门组成，栏额和隔水板均精雕各种吉祥图案，堂内镶地木板，上铺地毯，彻上明造，后壁设窑窝，内钳碑1方，上阴刻阿拉伯文。窑窝顶上置一葫芦宝顶月牙，经堂前设廊，宽2.5米，左右廊壁绘有壁画，廊前系5级踏道与天井相连。

小屯清真寺 位于青山镇下街社区小屯，始建于清光绪三十三年（1907），历时3年建成“朝真殿”。1992年5月，县政府公布为县级文物保护单位。该寺坐西向东，有大门、两厢、经堂等，占地面积972.5平方米，建筑面积303.6平方米，为穿斗式结构硬山青瓦顶建筑，经堂面阔3间，通面阔12.7米，进深3间，通进深9米，穿斗式木结构硬山青瓦顶，经堂后有窑窝、壁上镶碑1通，上刻阿拉伯文。经堂前有廊，前有踏步与天井相连，天井2侧均为厢房、沐浴室，院中有古柏花卉。

泥堡清真寺 位于楼下镇泥堡中岭村中岭组，始建于清光绪二十五年（1899），为瓦房寺院。2004年冬被大雪压塌，2005年3月在原址重建。坐东向西，占地面积280平方米，建筑面积235平方米，是由厨房、厢房、经堂组成的四合院。

红岩清真寺 位于楼下镇泥堡村红岩组，始建于清咸丰元年（1851），占地面积356平方米，建筑面积120平方米，原为3间草木房。后倒塌，于1952年搬迁于现址建3间石木结构的房子。2009年，县政府补助资金建为3间2层砖混结构的平房。

旧营清真寺 位于普安县楼下镇楼下村四组，始建于清光绪十八年（1892），时由马、王、张3姓共20余名回民穆斯林以百枚银币向当地群众贺子成买地兴建。占地面积220平方米，建筑面积120平方米，原为3间草木房结构。1984年，县政府补助资金在原址建为2层砖混结构的平房，其寺阿訇负责猫田殡仪室教务工作。2015年7月，迁建至楼下社区大草坪处，占地总面积约为3000平方米，建筑面积约为1200平方米，共耗资180余万元。迁建的旧营清真寺集礼拜殿、水房（沐浴室）、殡仪室、办公室、会议室、阅览室、阿訇宿舍、餐厅、厨房等功能为一体。

猫田固定处所 位于楼下镇小河村猫田组，距楼下镇政府所在地约9千米。明、清年间，当地居住的回族建有清真寺1所，清末毁于兵燹，仅存遗址在猫田刺花林。1983年，普安县民委（宗教科）拨款2000元，当地回族群众自筹资金并投工投劳，在猫田大园子修建2间瓦木结构殡仪室，占地面积60平方米，建筑面积40平方米。青山清真寺捐赠“经匣”、楼下旧营清真寺捐赠“洗床”，解决当地（猫田、高寨、鱼拢）20余户回族群众的殡葬问题。因年久失修、破损严重，2008年，经县有关部门鉴定为危房，无法继续使用。于2009年对该殡仪室在原址上重新规划扩建。建成后的殡仪室为2层3间混凝土结构建筑，占地面积316平方米，建筑面积226平方米。2013年正式竣工投入使用。

（二）基督教活动场所

新寨教堂 位于龙吟镇石古村新寨组，始建于1978年，占地面积310平方米，建筑面积60平方米，3间草、土、木结构。1982年，县政府补助资金改建，占地面积110平方米，建筑面积90平方米。2015年，对教堂进行改扩建。改扩建后的教堂占地面积300平方米，建筑面积270平方米，为全框大跨度现浇结构，主体二层（局部三层），主跨15米，总长30米，建筑主体高度7米（局部16米），钟楼设于主入口正中上方，顶设红色十字架，建筑总高度20.05米（十字架顶部到教堂底部的距离），设教会办公室、接待室（会议室）、祷告室、查经培训室、图书阅览室、接待休息室和礼拜堂等。

箐门口教堂 位于龙吟镇高阳村新民组（自然村寨名：箐门口），始建于1978年，占地120平方米，建筑面积84平方米，3间草、土、木结构房屋。2002年，县政府补助资金改建，占地面积120平方米，建筑面积110平方米的石混结构平房。

二屯岩教堂 位于龙吟镇文笔村芳田组，始建于1987年，占地面积120平方米，建筑面积80平方米，3间草、土、木结构。1994年，县政府补助资金改建，占地面积120平方米，建筑面积80平方米的石混结构平房。

黄猫坪固定处所 位于普安县龙吟镇文笔村黄猫坪新村。黄猫坪新村系移民新村，有信教群众140余人，由于该村距二屯岩基督教堂较远且交通不便，特别是雨天，山路崎岖湿滑难行，加之该处宗教活动基本在晚上开展，该村信教群众前往二屯岩教堂从事宗教活动存在严重困难及安全隐患。为解决信教群众的实际宗教生活之需，贵州省基督教“两会”向普安县民族和宗教事务局提出在黄猫坪新村设立黄猫坪基督教固定处所的申请。经过逐级上报审批，于2015年7月27日得到黔西南州民族和宗教事务委员会批准建设。场所占地面积120平方米，建筑面积120平方米。

（三）其他宗教活动场所

崧岿寺 位于兴中镇崧岿村境内古驿道旁，坐北朝南，始建于明万历年间，当时为称“五龙观”，占地面积2.44万平方米，建筑面积752平方米，原为2殿2厢，中间为天井，前殿2侧各有15级台阶，台阶中部有鱼池，台阶尽头为1平台，平台边雕镌有1对大理石狮，狮背上驮着前殿的2棵鼓形檐柱；后殿面阔5间，通面阔24.8米，进深3间，通进深11.8米，抬梁式歇山青瓦顶，隔扇门窗；寺东存善权和尚墓，寺前有石狮1对、石碑2通。该寺宏阔，独立于古树翠微之中，曾被誉为普安三胜景之一。1981年，县政府公布为县级文物保护单位。1985年，黔西南州人民政府公布为州级文物保护单位。2006年，贵州省人民政府公布为省级文物保护单位。

九峰寺 位于南湖社区九峰村六组村委会旁，九龙山顶，320国道经寺前而过。建于清顺治年间，为僧性觉所建。1981年9月16日，县政府公布为县级文物保护单位。

碧云寺 原建于江西坡镇高潮村鱼塘组，占地723平方米，坐西向东。明万历年间，僧纯忽来到该地，见其山绿荫掩映，欣然建寺于山顶，以碧如云霓的山色取名，为碧云寺。1981年9月16日，县政府公布为县级文物保护单位。1997年，搬迁至盘水镇南山湖东岸，坐南朝北。

城隍庙 位于南湖街道南湖社区老法院宿舍南侧，东抵县总工会，南抵普安县委组织部，北抵县老法院宿舍，西抵县政府木瓦房楼，建于清嘉庆五年（1800）。现存后殿，面阔3间，通面阔13.6米，进深3间，通进深9米，抬梁式硬山青瓦顶，隔扇门窗。

青山观音寺 位于青山镇下街社区粮管所内，始建于明末清初。该寺坐东向西，占地面积约2000平方米，现存后殿，建筑面积136平方米，穿斗式木结构硬山青瓦顶，隔扇门窗，现为粮管所仓库。1992年5月，县政府公布为县级文物保护单位。

观音阁 位于地瓜镇莲花村莲花小学旁，当地峰林如笋，状似石莲，故名“莲花山”。观音阁始建于明洪武年间，其建筑造型显明代风格。阁分3间，左依山岩石为壁，凿顶峰成石台，上供观音菩萨，左右各立1位青衣童子。1981年9月16日，县政府公布为县级文物保护单位。1992年，阁因年久破损，莲花村群众集资修葺。

第三节 民族与宗教事务

一、管理机构

1998年，普安县人民政府设民族事务局（正科级），主管全县民族和宗教事务，内设宗教股（站股级）。2002年1月，民族事务局更名为县民族（宗教）事务局，一个机构两块牌子，2010年更名为县民族和宗教事务局，设站股级办公室、民族事务股、宗教股和副科级宗教执法大队。2014年7月，调整事业机构编制，核定事业编制14人，事业工勤编制1人。

二、民族事务

1998—2015年，普安县采取投入专项资金加强民族特色村寨建设、少数民族地区基础设施建设、经济建设、文化传承等措施，全面落实党和国家有关民族政策，促进少数民族地区经济社会的发展。

（一）宣传教育

借助集市交易日、节假日、民族团结宣传月、县党代会、县人代会、县政协全会、学校阵地、深入村组等宣传有关民族法律、法规和政策。召开少数民族代表人士座谈会，开展民族宗教专题讲座，征订《贵州民族报》《中国宗教》《文史天地》等刊物赠送部分村组、县直部门、县党代表、县人大代表、县政协委员和宗教界教职人员开展宣传教育工作。

1998—2015年，每年发放宣传资料和刊物在1000份以上。

（二）调查研究

围绕民族宗教活动场所建设、民族地区茅草房建设、民族班教学点教育教学状况、少数民族发展资金项目落实情况、民族地区农村基层组织建设、少数民族人口和分布以及语言、民族文化状况和保护、宗教状况、民族贸易企业、苗族经济社会情况、清真食品、非物质文化遗产保护、少数民族聚居村寨生产生活状况、医药卫生、交通水利、民族宗教领域不稳定因素等方面开展调查研究，形成调研报告提交县委、县政府和有关部门。

1998—2015年，每年组织开展调查研究10次左右。

（三）项目申报实施

1998—2015年，共争取上级项目资金1300余万元，落实到少数民族地区基础设施建设、校园和文化场所建设、宗教场所建设、危旧房改造、民族村寨规划建设、产业发展、少数民族培训等方面。

2011年，对楼下镇补者村、雪浦乡哈马村、窝沿乡官田村、白沙乡红寨村、江西坡镇联盟村和细寨村、龙吟镇高阳村等7个特色民族村寨进行初步规划。2012年，对楼下镇补者村、江西坡镇细寨村2个民族特色村寨开始实施基础设施建设，同时将楼下镇补者村特色民族村寨建设项目调整到龙吟镇硝洞村，以打造“中国苗族第一镇 · 龙吟”特色。2013年，对江西坡镇细寨村、龙吟镇硝洞村土坎子组民族特色村寨进行建设。2015年，争取中央资金30万元、省级资金10万元打造江西坡镇细寨民族特色村寨。

（四）文化传承和干部培训

2005年，在细寨民族学校实施民族文化进校园工作。2006年，县政府拨出专项经费180万元，在龙吟民中、江西坡中学、普安二中开办少数民族初中班，在普安一中开办少数民族高中班。每年经费60万元，连续实施3年。2007年，黔西南州民委、黔西南州体育局联合对龙吟民族中学、细寨民族学校和普安一中挂牌，授予“民族文化进校园示范学校”称号，每年对授牌学校给予资金补助用于开展民族文化进校园相关事务。2008年起，县政府设立专项经费（少数民族发展资金、民族教育补助资金、民族工作经费），每年不少于20万元，主要用于县境内10所县级民族学校开展民族文化进校园相关事务。布依族的高脚竞速、押加、徒手鸡毛毽、跳皮筋、踢毽子，彝族的嗨马舞，苗族的芦笙棒舞、传统射弩和现代弩竞赛，彝族阿妹戚托，少数民族的跳长绳、竞走板鞋、竞赛陀螺、踩高跷也走进普安一中、二中体育活动项目。

2010年，细寨民族学校开办布依小打音乐班、高脚竞速班、木叶班，定期聘请民族民间艺人授课，先后在普安“三月三”采茶节、春茶节和全州校园文化大赛等活动中获奖，《做客布依人家》等曾走进贵州电视台；龙吟民族中学组队参加云南昆明举办的“昊龙杯”全国民族民歌大赛上获银奖，原生态相声《生要连来死要连》小品在“多彩贵州”大赛中获全省银瀑奖，并走进中央电视台《民歌中国》栏目；高棉中学大力发掘彝族跳脚舞，全校800多名师生均会跳脚舞；2010年9月，全省第七届少数民族传统体育运动会上，普安县民族代表团分别取得射弩团体、个人第三名和道德风尚奖；普安一中学生组织的合唱团在州级比赛中获得第一名后，又参加在北京举办的全国校园文化会演，并取得金奖。2011

年3月，黔西南州承办的全省第六届旅游发展大会系列活动之一的“中国 · 普安春茶节”文艺表演中，普安县上述多项民族运动在活动中得到展现。2013年，普安县民族代表队参加在安顺举办的全国射弩大赛，分别获团体、个人第三名。在春节等重大节庆，各地少数民族根据当地特色组织开展民族文化传承和体育竞技活动。2014年，投入县级教育专项补助资金10万元、州级教育专项（双语教学）资金4万元，分别在普安一中、细寨民族学校、龙吟民中、江西坡大田小学、普安二中、高棉中学等9所学校开展“双语”教学及民族文化进校园活动。2015年，成立普安县苗族文化艺术团；争取省级资金4万元扶持全县“六月六”布依风情节活动的举办；投入少数民族教育专项补助资金22万元，在普安一中、龙吟民中等3所学校开展民族文化进校园及“双语”教学工作；争取省级专项资金11.5万元对全县口碑古籍和龙吟镇民族文化陈列室藏品进行收集和整理；争取省级资金7万元建设龙吟镇射弩基地。

2007—2015年，在办好民族班抓好民族传统文化传承的同时，开展少数民族党员、干部、宗教场所管理人员培训，每年最少培训60人，同时选派人员到省、州参加学习和培训。

（五）发展民族文化

2002年，召开全县各民族各界代表人士座谈会，对民族文化大发展大繁荣进行研究，5名县委、县政府领导和代表对打造民族文化的探索与思考进行专题发言。2009年3月，打造并推荐《“三月三”上茶山》《山花烂漫》《大地春深》等10多个少数民族文艺节目参加县委、县政府在江西坡镇万亩茶场举办的“三月三”采茶节活动演出；9月30日，贵州省人民政府公布普安县布依族斗弹达吟、彝族嗨马舞、苗族芦笙棒舞、龙溪石砚制作技艺列为第三批省级非物质文化遗产。2010年4月，打造并推荐布依族小打音乐、大花苗多声部合唱、歪梳苗芦笙舞、喇叭苗山歌、彝族嗨马舞与跳脚舞等原生态民间文艺项目参加县委、县政府在普安县体育休闲广场举办的“中国 · 普安春茶节”活动演出；争取省、州、县投入100多万元挖掘大花苗多声部无伴奏合唱，使大花苗多声部无伴奏合唱进入校园，参加全州首届中学生文艺演出获一等奖，参加北京2011年魅力校园新春音乐会演出获金奖。2012年8月10日，普安县龙吟镇获省苗学会命名为“中国苗族第一镇 · 龙吟”。命名大会上，当地苗族以文艺歌舞演出、民族风情展示、长桌宴等形式演绎民族文化品牌。2014年，组织少数民族体育射弩选手参加全国民族体育射弩邀请赛，获团体第三名、个人第三名。2015年，配合省文史馆专家到龙吟镇箐门口开展传统民族文化调研工作，配合州委统战部采集县域内宗教场所图片制作《全州宗教场所画册》，宣传普安宗教文化。

（六）民族成分更改

根据党和国家民族政策，对上报申请更改民族成分的相关资料进一步核查整理，严格按照相关规定做好上报，办好少数民族学生中考加分和高中优先录取证明等相关手续。

1998—2015年，每年办理民族成分更改4～41人，每年办理中考加分和高中优先录取证明手续80～200人。

三、宗教事务

普安县依法贯彻宗教信仰自由政策，加强对宗教事务的管理，引导宗教工作，在保障公民宗教信仰自由的同时，制止利用宗教进行非法活动。

（一）宗教场所教职人员备案登记

2008年，对8个宗教场所任主要教职的人员进行登记备案。伊斯兰教5人，其中：青山清真寺1人、小屯清真寺1人、泥堡清真寺1人、旧营清真寺1人、红岩清真寺1人，县民宗局推荐1人任省伊斯兰教协会副会长、1人任秘书长；基督教17人，其中牧师1人（负责3个教堂的教务工作）、长老3人（新寨教堂1人、二屯岩教堂1人、箐门口教堂1人）、传道13人（新寨教堂5人、二屯岩教堂4人、箐门口4人）；道教1人，并推荐任省道教协会理事。

（二）宗教法规宣传教育

从2012年起，每年均开展“宗教法规宣传月”活动，6月1—30日，年均印制4000余份宗教法规宣传资料，到街上进行宣传和发放，向教职人员和信教群众宣传民族宗教政策。2014年，以“发挥正能量、共筑中国梦”为主题，以宗教活动场所为平台，结合推进宗教教职人员认定备案和宗教活动场所财务监督管理、宗教活动场所主要教职任职备案、和谐寺观教堂创建活动、贯彻落实《关于处理涉及佛教寺院、道教宫观管理有关问题的意见》等重点工作，通过发放资料、播放广播电视等形式，向信教群众普及宣传政策法规和社会主义核心价值观。2015年，开展以“国法与教规的关系”为主题的宣传活动，为各民族团结与和谐营造氛围。编印《宗教事务条例》和《宗教政策法规读本》等相关材料800余份发给宗教界人士和信教群众。

（三）落实民族政策

1999年，选送1名伊斯兰教代表人士到贵州省民族宗教培训班学习，并推荐为县政协常委；出台《普安县境内回族清真馆必须由普安县民族宗教事务局授清真食品品牌制度》。

2000年，开展民族宗教状况调查。2003年1月，增加3名宗教代表人士生活补助费，开展“普安县少数民族基本情况”“少数民族干部基本情况”“普安县宗教场所情况登记”调查、登记工作。2004年，开展全县基督教基本情况调查，形成《普安县基督教基本情况调查报告》呈报州委统战部，化解楼下清真寺与泥堡清真寺教权争议，投入65万元对边远少数民族地区水、电、路、教育等基础设施进行建设。

2005年，再次开展基督教情况调研。2006年，开展少数民族非党干部和党外人士调查，帮助5个清真寺解决民管会换届、清真寺管理、清真寺维护、修建等方面存在的问题，督促楼下镇拟定泥堡清真寺建设方案并实施改造。2008年，开展基层宗教管理组织情况调研等活动，撰写的《维护民族团结与宗教团结，促进县城经济发展》在普安召开的全州统战部“科学发展民族工作理论研讨会”会上交流。春节向宗教人士发放慰问金0.4万元，7月考察推荐贵州省伊斯兰教第四次代表会议代表4名（其中委员2名，常务委员2名），向清真寺1名阿訇发放500元救济金。

2010年，争取省、州、县投入200多万元对全县8个宗教场所进行维修、改造，投入80多万元修建龙吟镇箐门口苗族村寨道路1条，投入40多万元修建箐门口学校，投入300多万元实施龙吟镇高阳村二层岩、新寨、箐门口危房改造和移民搬迁，黔西南州委统战部倡议全州非公企业爱心人士捐资87.8万元建设箐门口民族民俗文化生态园，为5个清真寺送去慰问金0.4万元。2012年，选派8个宗教管理委员会的10名成员参加“州统一战线人士主体班”培训。2013年12月，县委、县政府表彰民族团结进步创建示范单位4个，即江西坡镇细寨民族学校、江西坡镇细寨村、龙吟镇民族中学、龙吟镇硝硐村。

2014年，借县“两会”召开时期，召集宗教界代表人士座谈，要求宗教界人士要认清形势，拥护共产党领导，当好“三员”（党和国家民族宗教政策的宣传员、正常宗教教义的传播员、民族宗教事务工作的管理员），推荐上报省级民族团结进步创建模范个人1名、模范集体1个，民族团结进步示范先进集体2个。

（四）非法宗教活动管理

2000年，对4男3女不明身份人员到江西坡镇下山村非法传教活动进行制止和取缔。2002年6月，对泥堡部分回族群众未按宗教事务条例规定私自聘请阿訇进行制止。2003年10月，对境外2人利用天主教的名义到青山镇非法传教活动进行打击，收缴非法宣传刊物100多册、光碟100多张。2007年，开展全县宗教活动状况调研，制止2名自称贵阳北门天主教堂修女到青山的非法传教活动。2013年7月，对境外3人利用基督教的名义到龙吟镇红旗村非法传教活动进行打击，驱逐出境。

第三篇　土地　建设　环保

1998—2015年，普安县土地管理、城乡建设、环境保护工作全面推进，取得显著成绩。

完成《普安县土地利用总体规划》的编制和修编工作，经贵州省人民政府批准实施。全面完成村级集体土地所有权登记发证工作。认真贯彻执行《中华人民共和国土地管理法》，加强建设用地和农村宅基地管理，严格年度用地计划管控，按年度用地计划要求审查报批用地，为地方发展做好大中型用地的审核报批、供地工作。加大对无证采矿的执法力度，全面规范采矿秩序。成立普安县国土资源执法监察大队。开始卫片执法检查，改变以往自下而上的执法方式，对违法占耕达到一定比例的实行问责。二代办公平台投入使用，采用卫星、GPS等高科技手段开展国土资源巡查。

进行三次《普安县城市总体规划》编制工作，完成乡镇规划和部分村庄规划。先后对南中路、劳动街、交通路、南湖路、南山路、南中路进行改造。完成普天大道建设。实施县城市政道路"白改黑"工程和城市绿化工程，城区绿地覆盖率从1998年的5%上升到2015年的30%。

完成县城供水工程扩建项目二次加压系统建设。县城污水处理厂竣工验收，城镇生活垃圾卫生填埋场正式启用。实施县城经贸片区旧城改造，启动柿花树小区开发和东方新城建设。改造农村危房28056户。加强建筑业和质量安全监督管理，工程质量稳步提高，未发生重大质量事故。开展"多彩贵州·文明行动"，2015年，在全省、全州考核中分别获第26名、第2名。

采取多种形式大力开展防治污染、保护环境宣传教育活动。要求各学校将环境保护及生态文明建设纳入学校教育教学计划。全县共创建绿色学校16所、绿色社区1个；创建省级生态村1个、州级生态镇1个、州级生态村3个。

环保部门坚持对境内水源、大气、噪声、固体废弃物排放及生态环境进行调查、监测，针对污染情况采取治理措施，取得较好效果。2014—2015年，普安县14个集中式饮用水源地水质均达到国家饮用水标准，达标率100%。2015年，县城环境空气质量达标率100%。

第一章 土 地

第一节 土地利用与调查

一、土地利用

1998年，普安县土地总面积14.28万公顷，其中耕地5.16万公顷，占总面积的36.11%；园地1264公顷，占1.01%；林地2.58万公顷，占18.03%；牧草地3.09万公顷，占21.68%；交通运输用地669公顷，占0.47%；居民点及工矿用地2914公顷，占2.04%；水域911公顷，占0.64%；未利用地2.87万公顷，占20.13%。

2008年，普安县土地总面积14.28万公顷，其中耕地4.84万公顷，比1998年减少3204公顷；园地、林地3.35万公顷，比1998年增加6503.6公顷；城镇建设与工业仓储用地3004.17公顷，比1998年增加90.17公顷。全县农业用地11.86万公顷，占土地总面积的83.04%；非农业用地3568.23公顷，占2.49%；水域等其他用地2.06万公顷，占14.46%。

2015年，全县土地总面积14.54万公顷，其中耕地4.67万公顷、园地3089.29公顷、林地4.84万公顷、牧草地2.34万公顷、城镇及工矿用地3582.55公顷、交通运输用地1161.41公顷、水域及水利设施用地1066.93公顷，其他土地1.81万公顷。

2015年普安县各乡镇土地利用情况表

表3-1-1

乡镇名称	辖区面积（公顷）	基本农田		一般农地		城镇村建设用地		独立工矿用地		风景旅游用地		生态安全控制区		林业用地		牧业用地		其他用地	
		面积（公顷）	占比（%）	面积（公顷）	占比（%）	面积（公顷）	占比（%）	面积（公顷）	占比（%）	面积（公顷）	占比（%）	面积（公顷）	占比（%）	面积（公顷）	占比（%）	面积（公顷）	占比（%）	面积（公顷）	占比（%）
白沙乡	8417.37	983.85	11.69	1436.08	17.06	142.45	1.69	5.72	0.07	—	—	—	—	2982.63	35.43	567.74	6.74	2298.90	27.31
地瓜镇	12640.68	3464.38	27.41	432.79	3.42	201.10	1.59	41.59	0.33	—	—	250.29	1.98	6157.88	48.71	744.15	5.89	1348.51	10.67
高棉乡	6740.92	2071.81	30.73	662.94	9.83	145.80	2.16	12.40	0.18	—	—	83.80	1.24	1787.47	26.52	842.55	12.50	1134.14	16.82
罐子窑镇	8440.78	1573.98	18.65	829.10	9.82	171.66	2.03	60.90	0.72	—	—	7.73	0.09	2999.61	35.54	478.14	5.66	2319.66	27.48
江西坡镇	11571.91	3102.28	26.81	2677.74	23.14	273.57	2.36	81.95	0.71	—	—	126.15	1.09	4149.56	35.86	334.95	2.89	825.73	7.14
龙吟镇	17458.19	1989.97	11.40	3104.00	17.78	265.01	1.52	15.03	0.09	1.50	0.01	—	—	6225.65	35.66	1729.67	9.91	4127.37	23.64
楼下镇	13398.48	3606.55	26.92	806.53	6.02	397.57	2.97	91.67	0.68	—	—	325.37	2.43	5198.60	38.80	732.95	5.47	2239.24	16.71
罗汉镇	9988.06	3497.96	35.02	521.20	5.22	195.74	1.96	24.37	0.24	—	—	36.12	0.36	3072.87	30.77	344.17	3.45	2295.62	22.98
盘水镇	4193.25	907.27	21.64	107.00	2.55	362.78	8.65	37.04	0.88	6.53	0.16	15.84	0.38	1847.77	44.07	86.76	2.07	822.26	19.61
青山镇	12735.64	4227.42	33.19	1653.91	12.99	426.23	3.35	35.00	0.27	—	—	101.45	0.80	3563.11	27.98	376.55	2.96	2351.95	18.47
三板桥镇	6389.78	1660.55	25.99	1067.07	16.70	222.04	3.47	31.51	0.49	—	—	79.88	1.25	1976.21	30.93	180.16	2.82	1172.37	18.35
新店镇	14017.86	5281.03	37.67	1196.82	8.54	241.67	1.72	29.10	0.21	—	—	30.76	0.22	2990.40	21.33	733.61	5.23	3514.47	25.07
雪浦乡	12882.64	3986.58	30.95	1405.32	10.91	285.34	2.21	411.34	3.91	—	—	129.63	1.01	3445.69	26.75	467.59	3.63	2751.15	21.36
总　计	145359.44	38733.92	26.65	16731.69	11.51	3462.49	2.38	895.49	0.62	13.08	0.01	1226.86	0.84	48092.25	33.09	8061.56	5.55	28142.09	19.36

说明：表内乡镇未按2015年行政区划调整进行统计

二、第二次土地调查

（一）总面积

2009年，普安县开展第二次土地调查。经调查，辖区总面积14.54万公顷，与2008年总面积14.28万公顷相比，增加2600公顷。其中耕地减少2290.78公顷，园地增加1582.11公顷，林地增加1.65万公顷，草地减少8064.72公顷，城镇村及工矿用地增加386.35公顷，交通运输用地增加208.74公顷，水域及水利设施用地增加99.91公顷，其他土地减少5870.49公顷。

（二）乡镇面积

2009年，普安县进行第二次土地调查，各乡镇土地面积分别为：盘水镇4193.25公顷，龙吟镇1.74万公顷，罐子窑镇8440.79公顷，江西坡镇1.16万公顷，三板桥镇6389.79公顷，地瓜镇1.26万公顷，青山镇1.27万公顷，楼下镇1.34万公顷，白沙乡8417.37公顷，高棉乡6740.92公顷，窝沿乡6483.87公顷，罗汉乡9988.06公顷，新店乡1.40万公顷，雪浦乡1.29万公顷。

2009年普安县土地调查各乡镇土地利用情况表

表3-1-2 单位：公顷

乡镇	交通用地		水域		农业用地		城镇村及工矿用地		其他用地	
	国有	集体	国有	集体	国有	集体	国有	集体	国有	集体
合计	511.21	545.56	704.71	356.32	594.5	121111.7	381.93	3008.59	6.68	18137.97
盘水镇	53.35	14.71	20.66	10.01	—	3211.54	142.49	157.12	—	575.33
龙吟镇	61.91	80.9	100.63	10.09	—	15302.3	21.99	204.82	—	1675.57
罐子窑镇	27.45	39.92	17.76	5.77	12.07	6115.14	27.74	186.98	2.75	2005.21
江西坡镇	70.37	40.77	59.21	20.06	83.62	10493.45	11.44	266.98	2.17	523.84
三板桥镇	37.67	18.87	39.23	1.11	4.6	4932.79	14.09	189.36	0.42	1151.65
地瓜镇	40.59	33.44	40.98	40.35	—	11509.22	9.66	205.94	—	760.47
青山镇	32.67	48.7	93.87	110.7	—	10761.48	80.83	257.71	—	1337.17
楼下镇	53.57	36.93	80.12	5.05	—	11452.65	32.06	488.16	—	1249.94
白沙乡	19.4	28.45	14.07	1.6	—	6535.24	7.75	119.4	—	1691.45
高棉乡	28.53	20.35	38.83	4.47	—	5522.83	7.82	134.93	—	983.11
窝沿乡	11.34	22.3	52.21	5.89	—	5442.77	—	133.03	—	816.33
罗汉乡	26.37	39.9	47.42	70.28	—	8219.63	13.06	178.29	—	1393.08
新店乡	25.62	60.19	33.61	23.95	—	11299.5	11.54	221.79	—	2341.65
雪浦乡	22.37	60.13	66.11	46.99	—	10305.16	1.46	263.99	1.34	1633.17

（三）地类面积

2009年普安县进行第二次土地调查，各类用地分别为耕地4.61万公顷，其中水田8158.3公顷，旱地3.79万公顷；园地3147.5公顷，其中果园972.38公顷，茶园1991.15公顷，其他园地183.97公顷；林地4.84万公顷，其中有林地2.85万公顷，灌木林地1.07万公顷，其他林地9218.03公顷；草地2.40万公顷，其中天然牧草地7630.35公顷，人工牧草地490.49公顷，其他草地1.59万公顷；城镇村及工矿用地3390.52公顷，其中建制镇367.21公顷，村庄2433.97公顷，采矿用地537.39公顷，风景名胜及特殊用地51.95公顷；交通运输用地1056.77公顷，其中公路用地511.21公顷，农村道路545.56公顷；水域及水利设施用地1061.03公顷，其中河流水面580.62公顷，水库水面123.77公顷，坑塘水面

163.76公顷，内陆滩涂158.29公顷，沟渠24.2公顷，水工建筑用地10.39公顷；其他土地1.81万公顷，其中设施农用地2.58公顷，田坎5873.53公顷，沙地7.53公顷，裸地1.23万公顷。

第二节　土地管理

一、管理机构

1998年1月，普安县国土管理局（简称“县国土局”）下设办公室、矿管股、法规监察股、建设用地股、地籍股和14个乡镇土地管理所。10月，普安县国土管理局更名为普安县国土资源局（简称“县国土局”）。1999年1月1日起，乡镇国土资源所由县国土局垂直管理。2003年，设执法监察大队。2005年，设信息股、纪检监察室、人事宣教股。2007年4月，设土地开发储备中心。2012年，设地质环境站。2015年，普安县国土资源局共设信息股、地质环境站、财务股、办公室、纪检监察室、人事宣教股、建设用地管理股、土地储备中心、执法监察大队、矿权股、地籍股、测绘股、规划站、土地开发中心、不动产登记事务中心等15个股室；乡镇行政区划调整后，14个乡镇国土资源所调整为12个乡镇（街道）国土资源所。

二、土地规划

（一）第一轮规划

1997年10月至1998年4月，编制《普安县土地利用总体规划（1997—2010年）》，完成县级规划送审稿和送审稿说明书，以及专题材料、工作报告、技术报告和有关1:50000图件的制作、兰晒、上色。1998年10月，该规划经省国土资源厅、州国土资源局组织验收评审通过，贵州省人民政府批准实施。

（二）第二轮规划

2006—2011年，开展《普安县土地利用总体规划（2006—2020年）》第二轮修编工作（简称“第二轮规划”）。规划内容包括：国民经济发展概况、人口发展概况、土地利用现状评价、土地利用结构和布局、耕地和基本农田保护、建设用地调控和用地安排、土地生态建设与环境保护、土地综合整治、土地用途分区管制、土地利用调控。形成规划文本、编制说明、资料汇集、1:10000普安县土地利用现状图和规划图集等。2011年，省人民政府批准实施，数据库于2012年6月15日通过省国土资源厅质量检测验收，并上报国土资源部，启用规划成果，实现全国一张图工程应用。

2012年6月贵州省国土资源厅检测验收的普安县土地利用结构调整情况表

表3-1-3

地类		规划基期年面积		规划近期		规划目标年面积		净增减
		面积（公顷）	占比（%）	面积（公顷）	占比（%）	面积（公顷）	占比（%）	（公顷）
土地总面积		145359.44	100	145359.44	100	145359.44	100	—
农用地	合计	112408.86	77.33	112470.76	77.37	112431.03	77.35	22.17
	耕地	46082.65	31.7	46000	31.65	45300	31.16	-782.65
	园地	3145.21	2.16	3264.76	2.25	3941.86	2.71	796.65
	林地	48453	33.33	48474	33.35	48524.17	33.38	71.17
	牧草地	8119.21	5.59	8119.21	5.59	8110.21	5.58	-9
	其他农用地	6608.79	4.55	6612.79	4.55	6554.79	4.51	-54

续表3-1-3

地类			规划基期年面积		规划近期		规划目标年面积		净增减
			面积（公顷）	占比（%）	面积（公顷）	占比（%）	面积（公顷）	占比（%）	（公顷）
建设用地	合计		3927.9	2.7	4200	2.89	4780	3.29	852.1
建设用地	城乡建设用地	小计	3230.74	2.22	3380	2.33	3450	2.37	219.26
建设用地	城乡建设用地	城镇用地	340.12	0.23	383.72	0.26	406.29	0.28	66.17
建设用地	城乡建设用地	农村居民点用地	2476.62	1.7	2476.62	1.70	2480.4	1.71	3.78
建设用地	城乡建设用地	采矿用地	414	0.28	422.58	0.29	419.74	0.29	5.74
建设用地	城乡建设用地	其他独立建设用地	—	—	97.08	0.07	143.57	0.1	143.57
建设用地	交通水利用地	小计	645.16	0.44	768	0.53	1264.92	0.87	619.76
建设用地	交通水利用地	铁路用地	—	—	—	—	7.73	0.01	7.73
建设用地	交通水利用地	公路用地	511.14	0.35	548.92	0.38	746.02	0.51	234.88
建设用地	交通水利用地	机场用地	—	—	—	—	—	—	—
建设用地	交通水利用地	港口码头用地	—	—	—	—	5.2	—	5.2
建设用地	交通水利用地	管道运输用地	—	—	—	—	—	—	—
建设用地	交通水利用地	水库水面	123.78	0.09	208.84	0.14	440.34	0.3	316.56
建设用地	交通水利用地	水工建筑用地	10.23	0.01	10.23	0.01	65.62	0.05	55.39
建设用地	其他建设用地	小计	52	0.04	52	0.04	65.08	0.04	13.08
建设用地	其他建设用地	风景名胜设施	—	—	—	—	13.08	0.01	13.08
建设用地	其他建设用地	特殊用地	52	0.04	52	0.04	52	0.04	—
建设用地	其他建设用地	盐田	—	—	—	—	—	—	—
其他土地	合计		29022.68	19.97	28688.68	19.74	28148.41	19.36	-874.27
其他土地	水域		738.7	0.51	738.7	0.51	738.7	0.51	—
其他土地	自然保留地		28283.98	19.46	27949.98	19.23	27409.71	18.86	-874.27

说明：根据2005年土地变更调查数据结合2009年第二次土地调查数据，将第二次土地调查数据转换得到规划分类数据作为规划基数；普安县第二轮规划基期年为2005年，规划近期年为2006—2010年，规划远期年为2011—2020年

普安县第二轮规划全县基本农田保护面积为3.37万公顷，城镇及工矿用地控制面积4419.6公顷，土地整理复垦净增耕地面积860公顷，城镇工矿用地100平方米/人。上述指标中的基本农田保护指标、城镇及工矿用地指标，分别规划落实到各乡镇，定量定位到田块；土地整理复垦净增耕地面积指标，经过编制土地整理计划和复垦计划后分年实施。在编制县级规划的同时，也编制镇级土地利用总体规划，并与县级规划同时出成果。

普安县土地利用总体规划目标情况表

表3-1-4

指标名称		2005年	2010年	2020年	指标属性
总量指标（公顷）	耕地保有量	48331.9	46000	45300	约束性
总量指标（公顷）	基本农田面积	34581	33670	33670	约束性
总量指标（公顷）	园地面积	1570	3264.76	3941.86	预期性
总量指标（公顷）	林地面积	31980	48474.00	48524.17	预期性
总量指标（公顷）	牧草地面积	29090	8119.21	8110.21	预期性

续表3-1-4

指标名称		2005年	2010年	2020年	指标属性
总量指标（公顷）	建设用地总规模	3520	4200	4780	预期性
	城乡建设用地规模	2930	3380	3450	约束性
	城镇工矿用地规模	407	903.38	969.60	预期性
	交通水利及其他建设用地规模	590	820	1330	预期性
增量指标（公顷）	新增建设占用农用地规模	—	400	1120	预期性
	新增建设占用耕地规模	—	240	700	约束性
	整理复垦开发补充耕地	—	310	860	约束性
效率指标	人均城镇工矿用地（平方米／人）	92	95	100	约束性
	亿元GDP耗地量（公顷／亿元）	265	237	188	预期性
	城镇化水平（%）	17	23.61	38.95	预期性
整治指标	工矿废弃地复垦率（%）	—	—	40	预期性

普安县土地利用总体规划期各乡镇各项规划指标调控情况表

表3-1-5 单位：公顷

乡镇名称	基本农田保护面积	耕地保有量	建设用地总规模	城乡建设用地规模	城镇工矿用地规模	新增建设占农用地规模	新增建设占用耕地规模	林地规模	园地规模	牧草地规模	土地整治补充耕地规模
白沙乡	810.67	1986.52	148.84	115.87	5.24	13	7	2901.98	181.72	526.21	38.83
地瓜镇	3050.07	3403.23	333.63	218.19	51.58	115	52	6249.54	44.74	752.38	90.36
高棉乡	1755.45	2170.9	201.05	144.76	11.78	45	22	1825.09	186.29	843.88	17.17
罐子窑镇	1329.57	2015.75	268.28	210.51	74.42	24	12	2974.55	38.1	477.67	12.23
江西坡镇	2675.89	2831.28	430.17	280.39	48.89	109	50	4228.50	2485.1	335.78	54.72
龙吟镇	1739.97	4001.03	355.84	232.62	42.66	69	36	6174.24	425.36	1746.83	115.94
楼下镇	3031.11	3684.65	518.72	404.05	126.74	89	63	5407.80	74.74	784.27	107.21
罗汉乡	3067.60	3517.87	262.66	194.68	18.81	55	30	3092.38	58.71	338.45	105.11
盘水镇	755.26	914.97	409.63	314.86	199.95	63	34	1861.84	29.97	87.52	—
青山镇	3666.15	5113.88	498.62	371.76	151.65	52	38	3616.29	87.87	378.09	76.41
三板桥镇	1432.26	2373.74	252.99	207.75	51.83	17	8	1976.75	20.47	179.90	7.97
窝沿乡	2074.87	2729.09	169.03	134.58	16.94	37	20	1673.76	143.63	420.07	39.08
新店乡	4695.21	5592.72	339.09	239.88	28.23	90	58	3055.64	137.19	734.73	98.92
雪浦乡	3585.92	4964.38	591.45	380.1	140.88	342	270	3485.81	27.98	504.43	96.05
合计	33670	45300	4780	3450	969.60	1120	700	48524.17	3941.86	8110.21	860

三、地籍管理

（一）农村集体土地确权登记发证

2012年10月，启动普安县农村集体土地确权登记发证工作，主要涉及农村集体土地所有权登记发证和农村集体建设用地使用权、农村宅基地使用权确权登记发证。

农村集体土地所有权登记对象为全县所有农村集体经济组织，涉及土地面积14.31万公顷，涉及宗地数1350宗，包括全县1263个村民小组和村民小组之间的飞地以及属于乡镇、村农民集体所有的土地。

农村集体建设用地使用权和农村宅基地使用权登记主要是对已经登记发证的宅基地进行核查，并造册登记，收回原证进行年检，发生变化的，依法进行变更登记。对经批准但未登记发证的（指村、组集体建造的公共设施用地及村民修建的住房和其他附属设施用地），涉及面积约2500公顷，宗地数约7.67万宗。

（二）土地使用证发放

1998年，普安县国有、集体土地使用证发放需要满足“权属合法、界址清楚、面积准确”，全年全面完成城区范围内的地籍调查，发放土地使用证1654宗。2002—2015年，全县共发证3502宗，其中国有土地使用证2786宗，集体土地使用证716宗。

凡使用国有土地证书、集体土地使用证书或使用国有土地未申报者，拟定工作方案，组织人员，开展土地证书年检换证工作，于2000年1月底前全面完成换证工作，共换发新证2639宗。2013年，全面完成村级集体土地所有权登记发证工作，完成集体建设用地使用权登记发证310宗，完成宅基地登记发证5384宗。

2002—2015年普安县发放土地使用证情况表

表3-1-6　　单位：宗

年度	合计	集体证数	国有证数	年度	合计	集体证数	国有证数
2002	153	47	106	2009	306	51	255
2003	98	13	85	2010	275	37	238
2004	253	29	224	2011	254	32	222
2005	153	38	115	2012	286	77	209
2006	263	84	172	2013	368	78	290
2007	281	57	224	2014	253	58	195
2008	276	37	239	2015	283	78	205

（三）日常地籍管理

1998年，完成盘水镇所在地城区范围内的地籍调查工作，延续开展城区范围内的国土申报登记工作，全面完成宗地权属登记。盘水镇城区内共申报登记2039宗，发证1654宗。

为盘活城镇存量土地，加强对建设用地土地使用权的流转管理，对使用权发生变更的进行申报登记。1998—2015年，共变更登记705宗。

四、土地保护

（一）基本农田保护

1998年起，普安县制定基本农田保护责任制，各乡镇（街道）人民政府（办事处）与县政府、各村与乡镇（街道）人民政府（办事处）分别签订基本农田保护目标责任状，落实基本农田保护责任。全县共落实基本农田保护面积3.52万公顷。

2007年，编制《普安县土地利用总体规划（2006—2020）》，落实基本农田保护面积3.42万公顷，占耕地总面积的74.16%，占全县土地面积的23.51%。

2015年普安县基本农田保护面积情况表

表3-1-7

乡镇名称	辖区面积（公顷）	基本农田		乡镇名称	辖区面积（公顷）	基本农田	
		面积（公顷）	占比（%）			面积（公顷）	占比（%）
白沙乡	8417.37	983.85	11.69	罗汉镇	9988.06	3497.96	35.02
地瓜镇	12640.68	3464.38	27.41	盘水街道	4193.25	907.27	21.64
高棉乡	6740.92	2071.81	30.73	青山镇	12735.64	4227.42	33.19
罐子窑镇	8440.78	1573.98	18.65	三板桥镇	6389.78	1660.55	25.99
江西坡镇	11571.91	3102.28	26.81	新店镇	14017.86	5281.03	37.67
龙吟镇	17458.19	1989.97	11.40	楼下镇	13398.48	3606.55	26.92
窝沿乡	6483.87	2380.28	36.71	雪浦乡	12882.64	3986.58	30.95

说明：表内乡镇未按2015年行政区划进行统计

（二）用地管理

1. 用地审批

1998年，建设用地根据供需关系进行确定。

1999年，根据新修订的《中华人民共和国土地管理法》，建设用地根据用途进行管制，州、县非农业建设占用耕地审批权上收到省、国务院。当年共审查批准项目和个人建房（含改扩建）用地1429宗，占用非耕地14.76公顷，其中乡级审批1360件，占用非耕地12.8公顷，县级补办违法用地69件，占地1.96公顷（其中耕地0.89公顷，非耕地1.07公顷）。建设用地审查报批实行全面预报预审制度，未经预报预审的项目，不予审查报批。省人民政府批准的道路、管线工程和大型基础设施建设项目、国务院批准的建设项目占用土地，涉及农用地转为建设用地的，由国务院批准。在土地利用总体规划确定的城市和村庄、集镇建设用地规模范围内，未实施该规划而将农用地转为建设用地的，按土地利用年度计划分批次由原批准土地利用总体规划的机关批准。在已批准的农用地转用范围内，具体建设项目用地由县政府批准。征收基本农田、基本农田以外的耕地超过35公顷的、其他土地超过70公顷的由国务院批准。征收农用地的，先行办理农用地转用审批，其中经国务院批准农用地转用的，同时办理征地审批手续，不再另行办理征地审批；经省人民政府在征地批准权限内批准农用地转用的，同时办理征地审批手续，不再另行办理征地审批，超过征地批准权限的，依照有关规定另行办理征地审批。

2005年6月，《普安县人民政府关于批转县国土资源局关于加强农村宅基地管理的实施方案的通知》规定：非农建设使用耕地一律由县政府审批，农民建房规划范围内非耕地由乡镇人民政府审批。

2000—2012年，严格年度用地计划管控、按年度用地计划要求审查报批用地，为地方的发展做好大中型用地的审核报件、供地工作。

2013年，上报审批《普安县2013年度第一批次城镇建设用地》《普安县2013年度第二批次城镇建设用地》《普安县2013年度第三批次城镇建设用地》《普安县2013年度第一批次工业用地》等4个批次用地，面积36.88公顷，获批面积36.88公顷。审查报批各类临时用地40宗，面积10.51公顷；审查报批农村宅基地500户，面积6.5公顷；完成国家下达公租房1227套的供地工作，供地面积5.09公顷。

2015年，上报审批甲金水库用地2.67公顷；审批临时用地38宗，面积24.33公顷；通过招拍挂公开出让国有建设用地54宗，面积2.03公顷，出让总价款5241万元。

2. 建设用地

2000年1月起，国有土地使用由行政划拨、无偿、无限期使用，改为有偿、有限期使用。

1998—2015年，普安县土地使用制度改革主要是土地的所有权与使用权相分离，所有权始终属于国家或集体，不允许转让。土地使用权可按不同年限和条件，实行有偿使用。土地使用权出让由人民政府控制，采取招标、挂牌、拍卖等多种形式。企业或单位通过招拍挂获得土地使用权后，开发程度达到法定条件后可以转让、抵押和继承。明确土地与房产整体关系，按出让每块土地为单位，各房产业主对土地使用权按面积比例共享，实行房地产登记，房产在市场流通时土地使用权一并转移。

征收土地补偿　1998年，普安县土地管理实行收取征用土地补偿费补偿给失地农民的方法，当年土地补偿标准为耕地每公顷0.9万元。后又多次提高补偿标准。2009年12月，制定新的土地补偿标准，执行至2015年无更改。

2009年12月普安县执行征用土地补偿标准情况表

表3-1-8

区域范围	统一年产值标准（万元）	征地类型	补偿面积（公顷）			综合补偿标准（万元）	社保资金（万元）
			合计	土地补偿	安置补偿		
盘水镇、青山镇、楼下镇	1.452	耕地	26	12	14	2.5168	0.9
		园地	15	7	8	1.452	—
		林地	13	6	7	1.2584	—
		牧草地	10	5	5	0.968	—
		其他农用地	21	10	11	2.0328	—
		建设用地	21	10	11	2.0328	—
		未利用地	4	4	—	0.3872	—
龙吟镇、三板桥镇、江西坡镇、地瓜镇、雪浦乡	1.32	耕地	25	12	13	2.2	0.9
		园地	15	7	8	1.32	—
		林地	13	6	7	1.144	—
龙吟镇、三板桥镇、江西坡镇、地瓜镇、雪浦乡	1.32	牧草地	10	5	5	0.88	—
		其他农用地	21	10	11	1.848	—
		建设用地	21	10	11	1.848	—
		未利用地	4	4	—	0.352	—
新店乡、罗汉乡、窝沿乡、高棉乡、白沙乡、罐子窑镇	1.254	耕地	25	12	13	0.209	0.9
		园地	15	7	8	1.254	—
		林地	13	6	7	1.0868	—
		牧草地	10	5	5	0.836	—
		其他农用地	21	10	11	1.7556	—
		建设用地	21	10	11	1.7556	—
		未利用地	4	4	—	0.3344	—

土地使用权有偿出让　1998—2015年，执行国务院1990年发布的《中华人民共和国城镇国有土地使用权出让和转让暂行条例》，规定各类用地时限为居住用地70年，工业用地50年，科技、文教、卫生、体育用地50年，旅游、商业、娱乐用地40年，综合或其他用地50年。

2000—2015年，以招拍挂方式出让土地830宗，出让总面积61.59公顷，收取出让金5.62亿元，平均每公顷913.101万元。

2000—2015年普安县国有土地出让情况表

表3-1-9

年份	宗地数（宗）	面积（公顷）	出让价款（万元）	年份	宗地数（宗）	面积（公顷）	出让价款（万元）
2000	3	0.16	24	2008	77	1.21	1757.5
2001	17	1.01	88.78	2009	126	16.15	7609.23
2002	42	0.53	164.08	2010	85	10.3	9703.99
2003	17	0.24	35.7	2011	28	5.14	980.07
2004	25	0.31	78.63	2012	70	5.87	3094.23
2005	20	0.63	183.11	2013	128	9.79	15752.02
2006	23	0.71	193.2	2014	84	6.66	10278.47
2007	28	0.54	548.8	2015	57	2.34	5746.12

（三）土地整理复垦

2008年，大规模进行土地开发复垦，在新店、青山、楼下等乡镇踏勘选址5个土地开发整理项目，建设规模285.18公顷，新增耕地面积99.3公顷；罗汉、雪浦踏勘选址3个土地整理项目，建设规模457.04公顷；落实汕昆高速公路占补平衡任务，罗汉乡窜花洞、白沙乡吴家坪、雪浦乡梁子上、雪浦乡老地、新店乡沙窝等5个土地开发项目，建设规模113.81公顷，新增耕地101.7公顷。建立职能部门协调机制，建立新增耕地指标库，协助相关部门建立土地开发复垦整理基金专户。土地矿产资源开发中心申报丁级测绘资质获得审批，开展测绘业务24宗，创收16.29万元。

2013年，完成三板桥镇平顶箐、高棉乡冬瓜村、罗汉乡罗汉村、青山镇雨桥、地瓜镇骑马山、地瓜镇大烂滩6个土地开发整理项目验收，争取中央新增建设用地有偿使用费2520万元投入到江西坡镇江西坡社区、联盟村、茶场土地整治项目和龙吟镇石古村2012年省级高标准基本农田建设土地整治项目；争取中央新增建设用地有偿使用费450万元投入高棉乡地泗村高标准基本农田土地整治项目。同年，省国土资源厅帮扶青山，给予青山省级示范小城镇土地整理项目，该项目是普安县开展土地开发复垦整理以来面积最大、投资最多的1个项目，总投资4980万元，下达项目资金4697万元，涉及青山镇、新店乡的9个村（社区），项目区总面积3186.55公顷，其中耕地2160.70公顷。

2014年，争取普安县罐子窑红岩村、新光社区“2014现代农业 · 美丽乡村”省级高标准基本建设项目，建设规模473.46公顷，总投资800.19万元。

2015年，争取普安县盘水镇红星村2015年度州级高标准农田土地整治项目，建设规模309.51公顷，总投资646.24万元；争取普安县高棉乡朝阳村2015年度州级高标准农田土地整治项目，建设规模111.39公顷，总投资231.73万元。

1998—2015年，普安县共开发复垦整理土地6669.08公顷，共计投资1.74亿元，新增耕地656.54公顷，年平均新增耕地38.62公顷。

五、矿产资源管理

（一）采矿权

1998年，全县有采矿权企业83家，其中州级及以上采矿权企业4家（其中铅锌矿1家，金矿1家，水泥厂2家），县级发证煤矿79家。

2015年，全县共有采矿权企业63家。州级及以上发证采矿权企业32家，其中煤矿30家，铅锌矿权2家；县级发证采矿权企业31家，其中砂石厂27家，页岩砖厂4家。

（二）探矿权

2000年，贵州亚太公司在普安建立第1个探矿权，即普安泥堡金矿详查。

2007年，全县有探矿权企业27家，其中铅锌矿15家，煤矿7家，金矿3家，铁矿1家，铜金属矿1家。

2013年7月，全县有探矿权企业28家，其中煤矿6家，金矿3家，铅锌矿16家，铜矿2家，铁矿1家。主要对县境内南、中西部的煤及煤层气、金矿集中分布区、北部铅锌矿等集中分布区的主要矿产进行全面勘查。

2015年，全县实有有效的探矿权企业12家，其中煤矿7家，金矿1家，铅锌矿2家，铜多金属矿1家，超期未延续探矿权的1家。

2000—2015年，对矿产资源的商业性勘查进行政策引导，并改善投资环境，使社会资金（含国外资金）涌入。

全县地质勘查程度不平衡，以国家规划矿区的煤勘查程度较高，其他矿种一般为预查或普查阶段。勘探深度煤矿在1000米以浅，其他矿种多数在1500米以浅。地域上，北部地区地质勘查程度较低。

勘查面积共607.34平方千米，其中煤矿319.27平方千米，金矿14.74平方千米，铜矿37.46平方千米，铁矿4.25平方千米，铅锌矿231.60平方千米。勘查投入资金2.8亿元，其中煤矿2.2亿元，金矿2427.66万元，铅锌矿3185.2万元，铜及铜多金属矿307.6万元，铁矿39.76万元。

（三）矿业秩序整顿

1. 打击无证采矿

1998年，全县无证矿山由各乡镇巡查、治理。2003年，成立普安县矿产资源执法监察大队，协助各乡镇打击无证采矿行为。

1999年起，对违法采矿进行调查处理，查处违法采矿29处，查处率97%。加强矿业秩序整顿，关闭非法采矿煤井和布局不合理煤井71口，压产15万吨。加强矿业秩序整顿，调处矿业纠纷，查处违法采矿行为，实现持证采矿。

2000年，对年检不合格和未参加年检的5个煤矿“采矿许可证”给予注销，持证采矿率95.2%。加强楼下、地瓜、三板桥、窝沿等乡镇矿业秩序的整顿，现场办公，将有关资料带到现场，对63口井进行井上井下对照，核对井田范围，做好调查工作，共调处矿山纠纷16起，炸毁或封闭无证矿井25口，吊销不合格采矿权许可证23个，年检“采矿许可证”101个、“矿产品经营凭证”5个，年检率100%，对78个具备换证条件的上报给予换证，年检走上规范化轨道。

2007年起，无证采煤成为重点打击对象，每年均出动执法人员巡查200次左右，炸封无证小煤窑窝点共计300口（次）以上。

2009—2011年，加大对无证采矿的执法力度，全面规范采矿秩序。至2015年，无证砂石场、无证铁矿、无证铅锌矿开采杜绝。

2009—2011年普安县打击无证采矿执法情况表

表3-1-10　　单位：口（次）

年份	合计	其中				
		无证煤窑	无证砂石场	无证铅锌矿	无证萤石矿	无证铁矿
2009	895	765	111	12	7	—
2010	755	634	82	31	—	8
2011	895	541	56	2	8	32

1998—2015年，邀请省国土资源厅资质人员，对地瓜等乡镇非法采煤井口破坏性开采鉴定23次。

2. 矿山储量动态监测

2002年开始，对全县生产的42家煤矿开展储量动态监测，对矿山存在越界、越层、超标高等问题的安福、福安、开泰、九峰等煤矿处以罚款并没收非法所得。2015年，对全县57家有生产经营活动的矿山（含砂石场）开展储量动态监测。

3. 矿山开发秩序清理整顿

2012年，对普安县辖区内的采矿权（省、州发证）、探矿权（部、省发证）进行全面清理，严肃查处越层越界开采、非法转让矿业权和破坏浪费矿产资源等违法行为，纠正圈占资源、矿产资源开发管理中的各种违法违规行为，查处矿业权转让过程中逃避缴纳税款的行为，打击无证勘查开采矿产资源等违法行为，分类调查处理占而不采、圈而不探、以采代探的矿业权，对过期未办延期的探矿权、采矿权逐级上报注销。

2013年，开展矿产资源“圈而不探、占而不采”专项治理行动，清理地瓜一井田、二井田、三井田煤矿勘探等有效探矿权12家，清理黑坡脚铅锌矿、龙吟白沙铅锌矿、东盛铅锌矿普查等超期未延续的探矿权6家。2013年12月1日，贵州省国土厅在《贵州日报》上公告普安县丫口铅锌矿、石古铅锌矿、梅子井铁矿普查等9家超期自行废止勘查许可证，注销地瓜坡铜多金属矿、白沙铅锌矿详查。清理省级发证采矿权7家，州级发证采矿权1家。2015年，县政府组织县环保、林业、安监、各乡镇政府等单位开展“打非治违”专项行动，加大巡查力度，缩短巡查周期，取缔非法采煤窝点180口（次）、非法采石窝点18个，非法开采萤石矿窝点5个。

六、测绘管理

（一）执法检查

2000年，普安县人大牵头成立地图市场执法检查领导小组，组织检查图书馆、个体书摊、用图单位、民政、建设、计划、乡企、水电、林业、畜牧、交通、铅矿、经贸、教育等单位。各单位使用的图件保管有相应的保密措施，有专人负责，市场销售的涉图图书和图件有版权单位、无涉及政治问题，并经州人大组织验收。

2001年9月，集中对全县使用1:5万、1:1万地形图件和售图单位进行检查，强化图件的保密、保管使用，以后每年均定期不定期对测绘市场进行检查。

（二）测量标志

1998年，普安县共有测量标志11个。

2015年，全县测量标志17个，分布在盘水、地瓜、兴中、南湖、江西坡、青山、楼下、新店等8个乡镇（街道），其中水准点8个、三角点1个、GPS 点6个。对17个测量标志完成托管，把测量标志保护纳入目标责任考核工作，建立测量标志巡查台账，定期对测量标志组织核查。

2015年普安县土地测量标志分布情况表

表3-1-11　　单位：个

分布乡镇（街道）	分布量	水准点	三角点	GPS 点
盘水街道	3	1	—	2
兴中镇	1	—	—	1
江西坡镇	4	4	—	—
南湖街道	4	3	—	1
地瓜镇	1	—	—	1
楼下镇	2	—	1	1
新店镇	1	—	—	1
青山镇	1	—	—	1

第三节　土地监察

1998年，普安县通过不定期巡查、群众来信来访举报和省、州批转等获悉的土地违法进行调查处理。1999年，查处土地违法案件15件，处理15件，结案率100%。2003年，成立普安县国土资源执法监察大队，专门负责土地资源、矿产资源、测绘管理有关地方性政策的研究草拟，土地、矿产、测绘违法案件的调查报处工作，土地、矿产资源的巡查工作，执行土地、矿产、测绘违法案件的处理结案。2008年，开始卫片执法检查，改变以往自下而上的执法方式，对违法占耕达到一定比例的实行问责。2012年，顺利通过武汉督察局例行督察。2013年，二代办公平台投入使用，采用卫星、GPS等高科技手段开展国土资源巡查。

一、滥用土地预防

（一）宣传土地法

1998年，普安县利用车辆巡回到三板桥、江西坡等集市宣传，悬挂布标4幅，张贴标语2000多条幅，出墙报、专刊2期28栏，印发国土法律法规资料1万份，并举办新法学习培训班，培训干部职工56人、设咨询点16个，重点宣传“人口多，人均土地少，耕地资源不足”的基本国情，“十分珍惜和合理利用每寸土地，切实保护耕地”的基本国策。

1999年，新修订的《中华人民共和国土地管理法》实施后，围绕核心内容，采取专刊、墙报、发放新法及有关资料，利用车辆巡回宣传，设咨询点，悬挂、张贴标语，抓好干部职工的新法培训，进行统一考试，到县三中给教职工和学生进行新法知识讲座开展宣传。全年共张贴标语3200多条幅，出墙报专刊24期，县分管领导发表新法宣传电视讲话2次，播放12场次，设咨询点16个，新法知识讲座2次，印发资料2万多份，全县宣传面80%以上，成人受教育面75%，县城初中以上学生受教育面80%。此后，每年6月25日，均开展宣传活动。

（二）“三无”乡镇创建活动

2001年，开展土地管理无违法批地、无违法管理、无违法用地的“三无”乡镇创建活动。

2002年，三板桥、雪浦、罗汉、地瓜、窝沿、龙吟、白沙7个乡镇达到“三无”乡镇创建标准，并通过验收。自此，该项工作作为常规工作开展。

二、违法占地管理

（一）违法占地清查

1998年，普安县对漏查的违法用地依法进行清查处理，共趺漏违法案件255宗，占地面积3.81公顷。查处的案件中，国家建设项目用地18宗，个人用地237宗。处罚款补办用地手续249宗，拆除处理6宗。以后，对违法占地实行常态化清理。

1998—2015年，全县查处违法占地案件9357件，涉及土地面积92.06公顷，挽回经济损失13809万元。

1998—2015年普安县违法占地情况表

表3-1-12

年份	违法占地		年份	违法占地	
	案件数（宗）	面积（公顷）		案件数（宗）	面积（公顷）
1998	255	3.81	2000	7751	21.12
1999	15	0.26	2001	147	15.58

续表3-1-12

年份	违法占地		年份	违法占地	
	案件数（宗）	面积（公顷）		案件数（宗）	面积（公顷）
2002	70	0.73	2009	382	6.56
2003	63	0.8	2010	57	0.91
2004	40	0.48	2011	90	1.05
2005	26	0.36	2012	91	1.62
2006	48	0.99	2013	48	7.71
2007	52	0.69	2014	83	14.93
2008	61	0.43	2015	78	14.03

说明：2000年开展土地违法案件大清查，查处烤房违法占地7360宗，面积18.4公顷；查处农村建房违法占地391宗，面积2.73公顷

（二）卫片执法检查

2010年，普安县启动土地矿产卫片执法检查，核实国土部下发的“疑似违法用地图斑”“疑似违法采矿图斑”“疑似违法勘图斑”362个，处理违法用地及违法采矿行为117宗。利用国土部下发卫星遥感图片成果对照检查，对小面积违法用地和矿产资源违法行为进行清理。2014年，查处违法图斑11个，涉及土地面积7.05公顷。2015年，查处违法图斑29个，涉及土地面积19.42公顷。

第二章　建　设

第一节　城乡规划

一、县城规划

1997年，普安县编制完成《普安县城市总体规划》。该规划期限近期为1997—2005年，远期为2006—2015年。从区域分析和城镇的远景发展出发，重点解决普安县发展战略和目标；城镇结构形态与城镇用地发展方向；城区建设用地规划；城区综合交通规划；环境保护及基础设施规划等。但随着经济社会的发展，规划滞后的矛盾日趋突出。2007年，委托贵州省城乡规划设计研究院编制完成《普安县县城总体规划（2007—2020）》，2007年3月28日经省建设厅和州人民政府审查通过，2009年3月17日批复实施。2009年，委托重庆市规划设计研究院编制完成《普安县县城控制线详细规划》，2009年10月13日经州城规委审查通过，2010年3月20日批复实施。

2010年，普安县人民政府在1997年版《普安县城市总体规划》基础上，组织进行新一轮普安县县城总体规划（2007—2020年）局部调整方案的编修。调整内容为：将普天大道北侧（原焦家坑旁）规划的小学用地调整为二类工业用地；将高兴村委会、老炸药库片区规划的山头林地和园林生产用地调整为居住用地；将普天大道南侧（文笔塔周围）规划的公共绿地调整为居住用地；将新法院门口沿公路线局部范围规划的山头林地调整为居住用地；将职中用地范围内规划的教育科研用地调整为居住用地；县武警中队后面规划的山头林地调整为居住用地；将高速路出口东面（320国道改线旁）规划的仓储用地调整为教育科研用地、行政办公用地、医疗卫生用地；将盘水二小后面规划的公共绿地调整为商业金融用地；将森林公园入口处规划的山头林地调整为商业金融用地；将县委原党校门口沿道路局部范

围规划的山头林地调整为居住用地；将柿花树小区东面320国道沿线局部范围和小区中部局部范围内规划的公共绿地调整为居住用地，小区中部文化娱乐用地调整为居住用地；法院门口—月亮田—看守所增加一条道路；普兴公路（新法院段—奶牛场）公路两侧局部范围调整为居住用地。

2012年，普安县委托贵州省城乡规划设计研究院编制完成《普安县县城近期建设规划（2011—2015）》，2012年12月5日经普安县城乡建设规划委员会审查通过，并于2012年12月11日批复实施。该规划重点是南山路以西的建设，老城区的基础设施配套建设。文化体育新建普安一中东面的游艺活动中心，新建体育场；居住用地近期先用烈士陵园东面、南山路以北的居住用地，同时结合旧城改造新建城西幼儿园；公共设施近期先建城镇中心部分公共设施，进一步完善旧城商业中心；市政设施新建消防站，新建殡仪馆，建城西停车场。

2011—2015年普安县规划用地情况表

表3-2-1

序号	类别名称		面积（万立方米）	占城镇总体规划用地比例（%）
1	城镇总体规划用地		336.63	100
2	城镇建设用地		205.32	61
3	水域和其他用地		131.31	39
	其中	水域	7.23	—
		山头绿地	124.08	—

2011—2015年普安县城规划用地平衡情况表

表3-2-2

序号	用地名称		面积（公顷）	占城镇建设用地（%）	人均（平方米/人）
1	居住用地		69.62	33.9	23.21
	其中：中、小、幼		7.31	—	—
2	公共设施用地		31.2	15.2	10.4
	其中	行政办公	7.87	—	—
		医疗卫生	4.8	—	—
		商业金融	2.78	—	—
		教育科研	8.89	—	—
		集贸市场	1.8	—	—
		体育用地	3.45	—	—
		文化娱乐	1.61	—	—
3	工业用地		22.25	10.84	7.42
4	仓储用地		8.73	4.25	2.91
5	对外交通用地		7.2	3.51	2.4
6	道路广场用地		21	10.23	7
7	市政公用设施用地		5.71	2.78	1.9
8	绿地		38.28	18.64	12.76
	其中：公共绿地		26.57	—	8.86
9	特殊用地		1.33	0.65	0.44
合计	城镇建设用地		205.32	100	68.44

2011—2015年普安县城道路规划情况表

表3-2-3

编号	道路名称	起止地点	道路性质	道路横断面				道路长度（米）	面积（平方米）
				红线	机动车道	人行道	绿带		
1	南山路西段	民族小学至普安一中东南楼	生活性	6	6×2	—	—	540	6480
2	南山路东段	普安一中东南至文笔山停车场	生活性	12	7	2.5×2	—	735	8820
3	文笔路	运管所至南山住宅	生活性	16	9	3.5×2	—	630	10080
4	体育街	云盘公园至普安一中西北端	生活性	12	7	2.5×2	—	330	3960
5	民主路	新华书店至普安县委老民委	生活性	9	9	—	—	165	1485
6	北中路	普安二中至县医院	生活性	12	7	2.5×2	—	570	6840
7	（1）	民族小学至南湖宾馆	生活性	9	9	—	—	435	3915
8	（2）	卫校至民族小学	生活性	16	9	3.5×2	—	390	6240
9	（3）	普安二中至普安一中东南楼	生活性	9	9	—	—	495	4455
10	（4）	普安一中西北楼至民族小学	生活性	9	9	—	—	420	3780
11	南中路	盘水镇镇政府至防疫站门市	生活性	16	—	3.5×2	—	426	6816
12	东街	税务局至林业局门市	生活性	16	9	3.5×2	—	375	6000
13	西街	税务局至原县政协	生活性	16	9	3.5×2	—	720	11520
14	（5）	防疫站门市至环东路	生活性	16	9	3.5×2	—	610	12960
15	环城西路	养征站至卫星住宅区西面	交通性	12	7	2.5×2	—	420	5040
16	环城北路	汽车站至卫星住宅区西面	交通性	12	7	2.5×2	—	1230	14760
17	环城东路	汽车站至小关岭	交通性	12	7	2.5×2	—	1740	20880
18	（6）	卫星住宅区西面至水泥厂	交通性	9	9	—	—	1050	9450
19	（7）	牛马市场至兴义	交通性	12	7	2.5×2	—	1110	13320
20	（8）	汽车站至水城	交通性	12	7	2.5×2	—	360	4320
21	（9）	养征站至夹马石	交通性	12	7	2.5×2	—	1200	14400
22	（10）	养征站至西面规划界	交通性	9	9	—	—	690	6210
23	（11）	卫星住宅区西面至书店	生活性	9	9	—	—	420	3780
24	（12）	体育场至普安一中	生活性	9	9	—	—	810	7290
25	（13）	气象站至城南工业区	生活性	9	9	—	—	540	4860
26	南环路	110KV 变电站至西环路	交通性	12	12	—	—	1950	23400
合计								18361	221061

二、乡镇村规划

（一）乡镇规划

楼下镇 2002年，编制《楼下镇总体规划》，规划近期2002—2008年，远期2008—2015年。2011年，委托黔西南州设计院编制《普安县楼下镇总体规划（2012—2030）》，规划期2012—2030年，其中近期2012—2015年，远期2016—2030年。2013年2月，县人民政府批复实施。

青山镇 2001年，委托黔西南州设计院编制《青山镇总体规划（修编）》，近期为1998—2005年，远期为2006—2015年。2011年，委托贵州省城乡规划设计院编制《普安县青山镇总体规划（2010—2030）》，规划近期2010—2015年，中期2016—2020年，远期2021—2030年；远景2031年以后，展望到2050年。2011年2月，县人民政府批复实施。青山镇总体规划包含雪浦乡。

新店乡　2000年，开始编制《新店乡总体规划》，规划期限为2000—2015年，近期2000—2005年，远期2006—2015年。2011年，委托黔西南州设计院编制《普安县新店乡总体规划》（2012—2030），规划近期2011—2015年，远期2016—2030年。2012年7月，县人民政府批复实施。

罗汉乡　2004年，编制的《罗汉乡总体规划》，规划期限为2004—2015年，近期2004—2010年，远期2010—2015年。2011年，委托黔西南州设计院编制《普安县罗汉乡总体规划（2012—2030）》，规划近期2011—2015年，远期2016—2030年。2012年7月，县人民政府批复实施。

龙吟镇　1999年，进行第二轮总体规划。规划时限为16年。近期1999—2005年，远期2006—2015年。2011年，委托黔西南州设计院编制《普安县龙吟镇总体规划（2012—2030）》，近期2012—2020年，远期2021—2030年，远景自2030年以后。2013年11月，取得县人民政府批复实施。

江西坡镇　1999年，在《普安县江西坡镇总体规划》（1986—2000年）的基础上，进行江西坡镇总体规划（修编）工作，规划期限为16年，近期1999—2005年，远期2006—2015年。2013年，委托上海城乡建筑设计院有限公司华南分院编制《普安县江西坡新集镇区总体规划（2013—2030）》，规划近期2013—2018年，远期2018—2030年。2013年5月，县人民政府批复实施。

罐子窑镇　1986年，编制罐子窑镇集镇规划，经县人民政府批准实施。1999年，由县建设局规划室进行罐子窑镇区总体规划（修编），规划期限为16年，近期1999—2005年，远期2006—2015年。2011年，委托黔西南州设计院编制《普安县罐子窑镇总体规划（2012—2030）》，规划近期2012—2015年，远期2016—2030年。2013年2月，县人民政府批复实施。

高棉乡　2003年，编制的《高棉乡总体规划》，规划期限13年，近期2003—2008年，远期2009—2015年。2011年，委托黔西南州设计院编制《普安县高棉乡总体规划（2012—2030）》（修编），规划期限19年，近期2012—2015年，远期2016—2030年。2012年7月，县人民政府批复实施。

窝沿乡　2011年，委托黔西南州设计院编制《普安县窝沿乡总体规划（2012—2030）》，规划期限19年，近期2012—2015年，远期2016—2030年。2012年6月，县人民政府批复实施。

白沙乡　2011年，委托黔西南州设计院编制《普安县白沙乡总体规划（2012—2030）》，规划期限19年，近期2012—2015年，远期2016—2030年。2012年7月，县人民政府批复实施。

三板桥镇　2010年，委托中国西部规划研究院编制完成《普安县三板桥镇总体规划（2010—2025）》。2011年，县人民政府批复实施。

盘水镇　盘水镇规划属于县城规划。

（二）村庄规划

2011年，普安县委托黔西南州设计院编制完成《普安县三板桥镇云庄村云庄十组村庄整治规划》《普安县三板桥镇西陇村上马基组、大寨组村庄整治规划》《普安县青山镇歹苏村歹苏一二三组村庄整治规划》《贵州省普安县楼下镇泥堡村街上村庄整治规划》《普安县地瓜镇鲁沟村石板组村庄整治规划》，委托贵阳市建筑勘察设计有限公司编制完成《普安县江西坡镇细寨村村庄整治规划》《普安县江西坡镇联盟村村庄整治规划》。上述规划于2011年批复实施。

2013年，委托黔西南州设计院编制完成《普安县青山镇营山村村庄整治规划》《普安县青山镇范家寨村村庄整治规划》《普安县楼下镇坡脚村村庄整治规划》《普安县白沙乡白沙社区一组村庄整治规划》《普安县龙吟镇红旗社区街上组村庄整治规划》，同年批复实施。

第二节 城乡建设

一、县城建设

（一）道 路

1998年，县政府拨款50万元（其余资金由盘水镇筹集），改造南中路，全长500米，宽14米。2002年，改造县城主街道两侧人行道，从邮电局到林业局，左右共2条，每条全长1000米，并加设护栏；新修垃圾填埋场进场公路420米；完成新兴住宅区道路180米，宽10米。2003年9月1日，开工建设普天大道，全长1130米，其中矿冶公司至石灰窑段650米，道路红线41米，石灰窑至大修厂段480米，道路红线24米，到2007年完成土石方70多万立方米，工程投资2000多万元。2003—2007年，共投资120万元，对劳动街路面进行改造，全长427.5米，宽6.5米；石灰窑至大修厂路面改造和交通路改造；七一饭店至高兴路口公路改造等。2008年，改造县城交通路道路工程，南起“七一饭店”，北至高兴公社和普水油路相接，全长323米，车行道宽7米，人行道2×2.5米，总投资100万元。2009年，完成县城南湖路、南中路、南山路测量及施工图设计工作，南湖路道路工程于10月启动实施，总投资157万元。2010年，采取BT（建设—移交）模式融资完成长594米、总投资120万元的南湖路改造工程；完成全长1100米，宽12米，总投资350万元的南山路改造工程。2011年，投资257万元，对县城南山路河道栏杆进行改造，新建石材护栏1900米，新修人行桥3座；改造人行道1500米，投资728万元。2012年，实施县城市政道路改造工程（即“白改黑”工程），总长约8千米，总投资约1800万元，采取BT模式融资建设，工程于6月6日开工，9月12日竣工。2013—2015年对南中路河道、油路、人行道进行改造，全长340米。

（二）亮化绿化

2008年，投入资金10.36万元，更换东西主大街破损人行小板901.5平方米，修补混凝土路面65.4平方米，安装临街集中排水管道332米，刻画道路标线及临时停车线1765米。2009年，投资26万元，完成金桥市场摊位改造。补植县城行道树130棵，总投资2.4万元。2010年，对县城主大街、南山路进行“立面改造”。将县城所有人行道铺垫换为石材小板，并对县城街道实施“白改黑”，对县城14幢高楼的高层安装景观灯，南山路河道安装亮化景观灯9000多米，将主大街、营盘路照明路灯更换为中华灯，共安装198盏，将拆除的旧灯安装到环城路沿线，县城区域照明路灯实现全覆盖；通过BT模式融资100万元，在县城主大街种植桂花树198棵及长青植物，安装主大街花池PVC栅栏。2011年，投入资金26.8万元，对星光老年之家绿化进行更植；投入资金10.68万元，补种南山路柳树89棵，对普天大道、高速路入口处绿化进行补植，将主大街香樟172棵移栽到文笔大道两旁。2012年，完成石灰窑至县林业局至320线高速公路收费站接口路段亮化工程，完成县城主大街等4条街道路段亮化改造工程，共安装141盏中华路灯，工程总造价170.61万元；通过BT模式融资400万元，完成营盘农贸市场改造。城区绿地覆盖率从1998年的5%上升到2015年的30%。

（三）水利设施

2008年，完成县城供水工程扩建项目二次加压系统工程建设，共投资62.73万元。2009年，多渠道筹措资金投入县城供水设施恢复重建，获得中央补助资金250万元，省级补助资金38万元，恢复主管道300米，修复消毒设施1台，更换主管道阀门2只、消防栓10只、支管道阀门700只，恢复支管道5000米，免费更换居民水表2000只。2015年，完成县城金桥市场、教育局、南山路等5座旱式、半旱式公厕改为水冲式，总投资27万元。

（四）环卫设施

2007年，筹资24万元，其中投入14万元新增1辆封闭式垃圾车，投入资金10万元，增设果皮箱72个。

2009年6月30日，开工建设县城污水处理厂，位于普安县盘水镇高兴村小坡脚组，总投资2447万元。该工程由贵州省普安县普兴基础设施建设发展有限公司实施，共计埋设污水管网40.45万米，其中主管网9.26万米，支管网31.19万米，管网覆盖率90%、收集率90%，建设规模为处理能力4000立方米/日。2010年11月26日竣工验收，2014年12月28日进水调试。

2009年10月15日，开工建设普安县城镇生活垃圾卫生填埋场，位于普安县地瓜镇莲花村水沟河，距县城区约5千米。项目占地6.5公顷，库容19.96万立方米，服务范围包括普安县城及周边乡镇，填埋场由管理区、进场区、填埋区、渗滤液调节池及其他配套设施组成，日处理规模为35吨，总投资2353万元。2011年10月20日正式启用，2015年4月取得试运行批复，7月试运行结束，12月通过二级评定。

2011年，开展"整脏治乱"活动，投入资金12万元，购置1辆挂臂型车厢可卸式垃圾转运车（在城区收集垃圾运输到垃圾中转站）和10个可卸垃圾厢。2012年，投入资金45万元，购买铲车1辆在垃圾填埋场使用。2013年2月，投入资金15万元，购置1辆挂臂型车厢可卸式垃圾转运车（在城区收集垃圾运输到垃圾中转站）和8个可卸垃圾厢。8月，投入资金26万元，购买1辆东风系列货车（从垃圾中转站运输垃圾到填埋场）和1辆洒水车。12月，投入资金16.2万元，其中投入6.2万元购买1辆敞篷执法车，投入10万元更换县城398个果皮箱。2014年，投入资金3万元，更换城区破损果皮箱50个。2015年，投入资金7.2万元，更换城区破损果皮箱70个，更换可卸垃圾厢5个。

（五）燃　气

1998—2015年，普安县城有液化石油气充装站1家，位于盘水镇南山坡沈家坪，储存量为4个罐176.4立方米（90吨），有供应门点16家，均依法持有燃气经营许可证，从业人员46人均取得燃气行业从业资格证。

（六）棚户区改造

2012年，完成金桥市场片区棚户区改造工程单位及个人摸底调查和房屋丈量登记，完成社会稳定风险评估、规划设计等各项前期工作。2013年，实施县城经贸片区旧城改造，建设规模为16万平方米楼房及附属设施，总投资6亿元，2013年度投资目标8000万元。全年完成住户拆迁186户，单位拆迁9家，金桥市场拆迁基本完成。项目资金到位8000万元，实际完成支付资金7260万元。2014年，县城经贸片区（棚户区）旧城改造项目总用地面积4.25万平方米，房屋征收面积约6万平方米，涉及国有单位22家，私产265户。旧城改造项目由贵州弘信恒泰房地产开发有限公司投资，项目总投资6亿元。全年完成签约332户，1号、2号楼基础动工开挖，10号楼完成孔桩进入地下室开工，启动二期拆迁30余户，完成投资4000余万元。2015年，完成结构工程建设9万余平方米，完成投资3亿多元。1号楼结构封顶，进入装修施工阶段；2号楼结构封顶，进行填充墙砌筑工程；3号楼地下室结构施工至7轴，7～9轴未施工；7号楼主楼桩基施工完成，进入上部结构施工；10号楼结构封顶，进入装修施工阶段；11号楼A单元主楼桩基施工完成，地下室结构施工未进行；11号楼B单元结构封顶，进入装修施工阶段；12号楼A单元正在进行桩基施工；其余5、6、8、9、12B单元均未施工；13号楼结构封顶，进入砌体施工。

（七）柿花树小区建设

2011年9月，启动实施柿花树小区开发，开工建设4栋楼房，面积达2.3万平方米，完成投资4000

万元。2015年，完成15栋、16栋、17栋等房屋建设644套，建筑面积7.41万平方米，含附属设施共计完成投资1.9亿元。

（八）普天大道建设

2011年，普天大道建设全面完工。2013年，完成普天大道“七星楼”工程建设，建筑面积3.32万平方米，投资3485.6万元，7月25日项目竣工验收交付使用。2014年，普天大道建设1号楼、3号楼，总建筑面积4.43万平方米，其中住房面积2.85万平方米，竣工投入使用212套。5号楼、6号楼总建筑面积6825.66平方米，建成投用56套。2015年，完成房屋开发241套，建筑面积5.36万平方米，完成投资4134万元。

（九）东方新城建设

东方新城位于普安县城东面，紧邻镇胜高速公路普安出入口。规划用地面积2.83公顷，总建筑面积16.42万平方米，总投资6.67亿元，是集酒店、商业、文化娱乐、公寓等城市功能为一体的城市综合体。

2013年，实施城东新区1号路建设，规模为1.16千米，总投资3700万元，2013年度投资目标1600万元。全年完成土建工程路表清理1.05千米、路基土石方9.16万立方米、土方开挖15.4万立方米、C25混凝土挡墙完成6393.7立方米，完成总投资1505.87万元。

2014年，完成给排水、人行道树种植、路灯安装等工程，直接投资3800万元；开工建设2、3号路，土石方开挖3万立方米，填土5万立方米，混凝土挡墙4000立方米，完成投资600万元；完成土地征收40公顷，房屋征拆62户，建筑面积4600平方米。

2015年，完成工程投资2200余万元。

2010年普安县城市建设用地情况表

表3-2-4

用地	用地代号	用地名称		面积（公顷）	占城市建设用地（%）	人均（平方米/人）
1	R	居住用地		102.83	48.79	34.28
		公共设施用地		39.71	18.84	13.23
2	C	C1	行政办公用地	7.71	3.65	2.57
		C2	商业金融业用地	17.29	8.21	5.76
		C3	文化娱乐用地	3.21	1.53	1.07
		C4	体育用地	6.62	3.14	2.2
		C5	医疗卫生用地	1.34	0.64	0.45
		C6	教育科研设计用地	3.01	1.42	1
		C7	文物古迹用地	0	0	0
		C8	其他公共设施用地	0.53	0.25	0.18
3	M	工业用地		0	0	0
4	W	仓储用地		1.8	0.85	0.6
5	T	对外交通用地		10.48	4.97	3.49
6	S	道路广场用地		28.67	13.62	9.56
7	U	市政公用设施用地		9.44	4.48	3.14

续表3-2-4

用地	用地代号	用地名称		面积（公顷）	占城市建设用地（%）	人均（平方米/人）
8	G	绿地		16.16	7.67	5.38
		G1	公共绿地	8.67	4.11	2.89
		G2	生产防护绿地	7.49	3.56	2.49
9	D	特殊用地		1.64	0.78	0.55
合计		城市建设用地		210.73	100	70.24

2005—2010年普安县城建设项目情况表

表3-2-5

类别	项目名称	地点	规模、内容	建设年限	备注
居住用地	安居小区	东部片区	用地6.5公顷	2006—2008	新建
	廉租房	东部片区	100套	2006—2007	新建
	商品房	县城		2006—2010	新建
	一中	城西	用地15公顷	2006—2007	续建
	小学	东部片区	用地2.0公顷	2007—2009	新建
	小学	东部片区	用地1.8公顷	2007—2009	新建
行政办公					
商业金融	批发市场	东部片区	用地2.5公顷	2006—2010	新建
	酒店	普天大道	用地1.3公顷	2006—2010	新建
	商场	普天大道	用地1.8公顷	2006—2010	新建
文化娱乐					
体育设施	县城体育公园		用地5.22公顷	2005—2010	新建
医疗卫生					
教育科研	职中	原址		2007—2010	扩建
其他公共设施	敬老院		建筑面积1600平方米	2007—2010	新建
	福利院		用地0.3公顷	2007—2010	新建
工业					
仓储					
对外交通	客运站	东部片区	用地2.85公顷	2007—2008	新建
道路广场	6号路东段	县城	850米	2007—2010	新建
	20号路	县城	2500米	2007—2010	新建
	22号路	县城	1700米	2007—2010	新建
	23号路	县城	1300米	2007—2010	新建
	7号路	县城	370米	2007—2010	续建、改造
	21号路	县城	410米	2007—2010	新建
	14号路	县城	260米	2007—2010	新建
	东部片区停车场	东部片区	用地0.93公顷	2008	新建

续表3-2-5

类别	项目名称	地点	规模、内容	建设年限	备注
市政设施	垃圾填埋场	县城	40吨/天	2006—2010	新建
	公共厕所3座	县城	用地80平方米/座	2006—2010	新建
	垃圾转运站2座	县城	用地200平方米/座	2006—2010	新建
	车辆清洗站1座	县城	用地100平方米/座	2007	新建
	路灯工程	县城		2006—2010	新建
	殡仪馆、火葬场	刘家坡		2007—2010	新建
	污水处理厂	城东北		2007—2010	新建
	消防站	原址		2006—2007	续建
	东风水库提高大坝高程			2007—2010	新建
	公交始发站	东部片区	用地0.5公顷	2006—2010	新建
公共绿地	20号路隔离带	县城新区	宽度20米	2006—2010	新建
	杭瑞高速公路隔离带	县城新区	宽度30米	2006—2010	新建

二、农村危房改造

（一）实施机构

2008年4月，在县民政局成立普安县农村危房改造工作领导小组办公室，由县民政局组织各乡镇民政办开展第一轮农村危房摸底调查核实统计上报，进入国家、省、州、县台账数为1.46万户，分年度组织实施。2009年1月，召开2009年度全县农村危房改造动员大会，将普安县农村危房改造工作领导小组办公室由县民政局划转到县建设局，负责组织协调、检查督办和日常事务工作。

（二）实施规模

2008年，实施农村危房改造300户，主要采取集中修建和分散修建相结合，集中修建马槽箐麻风院、青山镇敬老院、高棉乡敬老院，其余改造分户由各乡镇组织实施。2009年，实施农村危房改造4500户，其中一级危房3700户、二级危房545户、三级危房255户，补助资金6469.8万元。2010年，实施农村危房改造1496户，全部为一级危房，补助资金2566.5万元。2011年，实施农村危房改造6549户，其中一级危房5683户、二级危房575户、三级危房291户，补助资金1.12亿元。2012年，实施农村危房改造1828户，其中一级危房868户、二级危房581户、三级危房379户，补助资金1943.99万元。2013年，实施农村危房改造4461户，其中一级危房2953户、二级危房1130户、三级危房378户，补助资金6005.54万元。2014年，全县农村危房改造6163户，补助资金6228.62万元。2015年，全县农村危房改造2759户，补助资金2257.84万元。

（三）补助标准

2008年，农村危房改造补助标准统一为每户补助1万元。2009—2011年，政府对五保户危房改造补助标准为：一级危房，户均补助2万元；二级危房，户均补助0.5万元；三级危房，户均补助0.3万元。对低保户危房改造补助标准为：一级危房，户均补助2万元；二级危房，户均补助0.3万元；三级危房，户均补助0.2万元。对困难户危房改造补助标准为：一级危房，户均补助1万元；二级危房，户均补助0.3万元；三级危房，户均补助0.2万元。对一般户危房改造补助标准为：一级危房，户均补助0.5万元；二级危房，户均补助0.3万元；三级危房，户均补助0.2万元。2012—2015年，政府对五保户危房改造补助标准为：一级危房，户均补助2.23万元；二级危房，户均补助0.85万元；三级危房，户均补助0.7万元。对低保户危房改造补助标准为：一级危房，户均补助2.23万元；二级危房，户均补助0.7万元；

三级危房，户均补助0.65万元。对困难户危房改造补助标准为：一级危房，户均补助1.23万元；二级危房，户均补助0.7万元；三级危房，户均补助0.65万元。对一般户危房改造补助标准为：一级危房，户均补助0.83万元；二级危房，户均补助0.7万元；三级危房，户均补助0.65万元。

第三节　城乡建设管理

一、管理机构

（一）普安县住房和城乡建设局

1998年，称普安县建设局。1999年4月，设立普安县房地产管理局。2010年，撤销普安县建设局、普安县房地产管理局，组建普安县住房和城乡建设局（简称"县住建局"），内设机构有办公室、财务室、监察室、住房保障和发展改革股、房屋产权产籍管理股、房地产市场监管办公室、房屋拆迁办公室。2011年，增设建筑行业与质量安全管理站、建筑节能站、住房建设和执法大队。2013年，增设城市建设管理股。2015年，县住建局设正科级事业机构1个，普安县城规划委员会办公室；设副科级事业机构2个，普安县城管理大队、城乡建设执法大队；设股级机构23个，办公室、计划财务室、监察室、住房保障和改革发展股、房屋产权产籍管理股、房地产市场监管办公室、房屋拆迁办公室、城市建设管理股、规划管理办公室、村镇建设管理站、建设行业与质量安全管理站、招投标管理办、建筑节能与科技站、建筑设计室、环保站、房地产综合服务中心（自收自支）、执法大队办公室、执法大队法规股、城管大队办公室、城管大队法规股、城管大队市容中队、城管大队城建中队、城管大队乡镇违法建设查处中队。核定人员编制164名，其中行政编制5名、参公事业编制23名、事业编制121名、工勤编制15名。在职人员73名。

（二）普安县城管大队

1998年，称普安县城管中队，隶属盘水镇和普安县建设局双重管理。2002年初，升格为普安县城管理大队，为副科级自收自支事业单位，核定编制13名。2010年划分到县住建局二级单位，为副科级事业单位，核定编制23名（参照公务员法管理），下设办公室、法规股、市容中队、城建中队、乡镇违法建设查处中队。

（三）乡镇（街道）村镇建设管理所

2013年，全县14个乡镇设村镇建设管理所，实行以县主管部门为主和所在乡镇双重管理体制。2015年6月，行政区划变动，将雪浦乡村镇建设管理所和青山镇村镇建设管理所合并为青山镇村镇建设管理所，窝沿乡村镇建设管理所和盘水镇村镇建设管理所合并为盘水街道村镇建设管理所，三板桥镇村镇建设管理所并入南湖街道村镇建设管理所，其余乡镇村镇建设管理所无变动。

（四）普安县公积金管理部

1998年，普安县住房公积金由房管局管理，未设立具体的业务机构。2008年12月，成立正科级事业（参公）的黔西南州住房公积金管理中心普安县管理部（以下简称"县公积金管理部"，为垂直管理单位）。县公积金管理部下设资金管理室和信贷室。

二、建筑业管理

（一）建设事项审批

2010年，依法审批建设项目514个，核发建设项目选址意见书4件，建设用地规划许可证112件，建设工程规划许可证49件，建设工程竣工规划认可证48个，审批建设用地面积31.76万平方米，建筑面积46.88万平方米。2011年，依法审批建设项目152个，核发建设项目选址意见书40件，建设用地规划许可证236件，建设工程规划许可证169件，建设工程竣工规划认可证52个，审批建设用地面积168.35万平方米，建筑面积189.64万平方米。2012年，依法受理申请建设事项560项（件），其中行政告知211项（件），依法审批建设项目349个，核发建设项目选址意见书26件，建设用地规划许可证179件，建设工程规划许可证90件，建设工程竣工规划认可证54个，审批建设用地面积191.63万平方米，建筑面积200.76万平方米。2013年，依法受理申请建设事项644项（件），其中行政告知202项（件），依法审批建设项目442个，其中核发建设项目选址意见书41件、建设用地规划许可证226件、建设工程规划许可证108件、建设工程竣工规划认可证67个，审批建设用地面积18.49万平方米，工程建筑面积9.46万平方米，竣工建筑面积3.83万平方米。2014年，审批建设用地面积52.41万平方米，建筑面积17.23万平方米，竣工面积4.93万平方米。

（二）建筑企业

2015年，普安县有建筑企业4家。

贵州省普安县建设工程有限责任公司　成立于2002年10月17日，注册资金为638万元，资质为建筑工程施工总承包三级。公司由原来的普安县城乡建筑公司、普安县志立建筑工程有限责任公司和普安县建筑公司等3家建筑企业合并组建而成。

普安县恒润商品混凝土有限公司　公司成立于2013年6月4日，注册资金2500万元，资质为预拌混凝土专业承包不分等级，有中级职称人员4人，混凝土实验员4人。

贵州省林海建筑工程有限责任公司　成立于2014年7月15日，注册资金2910万元，资质为建筑工程施工总承包三级及市政工程施工总承包三级，有二级建造师10人，工程师9人，高级工程师3人，工程技术人员45人。

贵州金源荣和工程有限公司　成立于2014年8月25日，注册资金3000万元，资质为水利水电工程施工总承包二级及市政公用工程施工总承包二级，有二级注册建造师22人，工程师20人，高级工程师6人，工程技术人员30个。

（三）建筑节能管理

2011—2015年，建筑工程竣工备案项目共97个，全县新增建筑节能面积34.2万平方米，征收新型墙体材料专项基金342.1万元。2015年，全县有普安县横水沟免烧砖厂、普安县小关岭中力新型免烧砖厂等新型墙体材料企业2家。

（四）质量安全监督管理

2008—2015年，共监督243个工程，监督覆盖率100%，建筑面积101.17万平方米，工程造价12.64亿元。工程质量水平多年来稳步发展，未发生重大质量事故。

三、房地产管理

（一）房地产开发

2015年，全县有房地产开发公司6家，其中三级资质1家，四级资质1家，暂定资质4家。

普安县房地产开发有限责任公司　成立于1999年，注册资金3500万元，房地产开发资质为三级，公司连续5年被黔西南州工商行政管理局评为“守合同、重信用”单位。

2000—2003年，开发建成县城商贸区3.16万平方米，小型农贸综合市场2个共5715平方米，商贸区大道5116平方米。2003—2006年，建成安居小区9～15号楼，建筑面积2.11万平方米，工程总投资1459万元。2006—2008年，建成粮食小区1～4号楼，建筑面积1.05万平方米，工程投资893万元；建成营盘路1号商住楼，建筑面积3930平方米，工程投资390万元；建成营盘商贸区E户型工程，建筑面积3540平方米，工程投资390万元；建成营盘路2号商住楼5910平方米，工程投资720万元。2008—2009年，建成粮食小区“天和人家”商住楼，建筑面积2.75万平方米，工程投资3710万元；建成七星楼，建筑面积3.61万平方米，其中住宅面积3.11万平方米200套，商业营业用房3231平方米，总投资3484万元。建成金星楼，建筑面积8273平方米，投资1311万元；2010—2015年，建成文笔新苑1、3号楼，建筑面积4.43万平方米，投资3544.95万元；2号楼，建筑面积4.42万平方米，投资9285万元，住房284套；4号楼，建筑面积6544.22平方米，投资1374万元，住房40套；5、6号楼，建筑面积6825.66平方米，投资688.03万元，住房56套；7、9号楼，建筑面积3.24万平方米，投资6813.6万元，住房212套；B1～B11号楼，建筑面积9947.36平方米，投资2088.9万元，住房40套。

普安县惠安房地产开发有限公司　成立于2005年11月18日，注册资金800万元，2012年12月23日经贵州省建设厅批准，取得四级资质证书。

2006年9月，开始怡心楼（一栋）施工，2007年10月竣工，项目投资190万元，项目规模2230平方米，占地面积318.57平方米，共18套住房。2007年1月，开始怡心楼（二栋）施工，2007年11月竣工，项目投资200万元，项目规模2270平方米，占地面积324.28平方米，共22套住房。2008年5月，开始施工惠安大厦，2009年7月竣工，项目投资980万元，项目规模1.11万平方米，占地面积696.93平方米，共16层，住房64套，营业用房15套。2010年11月，开始施工营盘金座G栋，2012年12月竣工，项目投资870万元，项目规模5980平方米，占地面积854.3平方米，住房32套，营业用房18套。2013年1月，开始营盘金座J/H栋施工，2014年1月竣工，项目投资615万元，项目规模3127平方米，占地面积521.17平方米，共6层，24套住房。2014年1月，开始营盘金座B/C栋施工，2015年8月交付房屋，项目投资790万元，项目规模3589平方米，占地面积598.17平方米，共6层，住宅16套房，商业用房11套。2015年3月，开工建设营盘金座D栋。

贵州弘信恒泰房地产开发有限公司　系自然人刘海等人于2008年7月出资800万元成立的合资有限责任公司。致力于城市棚户区项目的开发，2013年4月将公司注册在普安县，在土地拍卖过程中取得普安县城金桥市场经贸片区棚户区改造项目（普安县金桥百汇项目）的开发资格，取得3块项目土地手续，合计1.60万平方米。2014—2015年，建成普安金桥百汇1号、2号、3号-1、7号、10号、11号B、13号、15号，建筑面积共约8.23万平方米，投资1.17亿元。

贵州普安县顺兴置业有限公司　组建于2010年1月，2010年3月取得企业法人营业执照，2011年1月取得房地产开发企业资质证书，2011年3月在普安县盘水镇获得10.01万平方米土地开发权，随后办理该宗土地开发项目顺兴阳光新城的建设用地、建设工程规划许可相关手续，总规划建筑面积约29万平方米。至2015年，开发完工商品房建筑面积7.79万平方米，正在开发建设商品房建筑面积5.58万平方米。

普安县东方新城开发有限公司　成立于2013年，注册资金1000万元。2013年6月16日与普安县人民政府正式签订“贵州省普安县东方新城城市综合体项目投资合作协议”。城市综合体一期总占地面积9827.4平方米，总投资3.2亿元，着力打造普安县中心商务区、休闲购物示范区，为普安县提供一流的综合服务系统，提供休闲、养生的高品质商务活动及居住体验。

（二）房产销售

商品房销售　2010—2015年，普安县房地产开发有限责任公司开发的七星楼200套，销售194套；文笔新苑1、3号楼共213套，销售94套；5、6号楼共56套，销售21套，2号楼均价2825元/平方米；4号楼均价2988元/平方米；7、9号楼均价2876元/平方米。普安县顺兴置业有限公司销售面积约7.05万平方米，实现收入1.74亿元。

2001—2015年普安县房地产开发有限责任公司建设项目销售情况表

表3-2-6

年份	项目名称	建筑面积（平方米）	住房销售价格（元／平方米）	房屋套数（套）	销售金额（万元）	销售情况
2001	营盘商贸区	31616	480	191	2149	售完
2004	安居小区	18920	530	109	1225	售完
2006	粮食小区1、2、3、4号	10500	1360	131	1828.8	售完
2007	营盘路1号商住楼	4800	1300	28	876.5	售完
2008	营盘路E栋楼	3340	1430	22	413.1	售完
2015	文笔新苑2号楼	44216	2825	284	4395	在售
	文笔新苑B1～11号楼	9947	6825	40	8251	在售

2007—2014年普安县惠安房地产开发有限公司建设项目销售情况表

表3-2-7

年份	项目名称	建筑面积（平方米）	住房销售价格（元／平方米）	房屋套数（套）	销售金额（万元）	销售情况
2007	盘水镇体育场	4500	1210	40	540	售完
2008	惠安大厦	11115	1950	79	3603.5	售完
2011	营盘金座G栋	5980	2910	50	2594.1	售完
2013	营盘金座HJ栋	3127	3170	24	991.2	售完
2014	营盘金座BC	3589	3000	16	625.15	售完

2012—2014年贵州普安县顺兴置业有限公司建设项目销售情况表

表3-2-8

年度	项目名称	建筑面积（平方米）	住房销售价格（元／平方米）	房屋套数（套）	销售金额（万元）	销售情况
2012	15、16、17、18、21号楼	31613	2710	250	7805	售完
2013	22号楼	16176	2660	146	3304	预售
2014	8、9、19、20号楼	30082	2610	248	5991	预售

廉租房销售　2011—2015年，廉租房一期销售493套，面积2.50万平方米，单价900元／平方米，销售金额2246.21万元；二期销售63套，面积3098.7平方米，单价1260元／平方米，销售金额390.44万元。

经济适用房销售　2011—2015年，经济适用房一期销售103套，面积9325.79平方米，单价1750元／平方米，销售金额1632.01万元；二期销售26套，面积2381.25平方米，单价1750元／平方米，销售金额416.72万元。

（三）物业管理

普安县顺兴置业有限公司开发建设的顺兴阳光新城委托贵阳佳兴物业管理有限公司全面实施管理；普安县房地产开发有限责任公司开发的商品房由普安县物业管理公司实施物业管理，在县住建局相关业务主管部门的指导下，主要管理普天大道文笔峰景、天和人家、七星楼等楼盘；普安县鑫源物业管理有限公司管理的项目有住宅、商业用房、酒店、写字楼等。

四、城管执法

（一）"两违建筑"查处

1998—2015年，共查处违法建筑375宗，下达处罚决定书134宗，下达拆除通知书45宗，罚款89宗，拆除30宗，拆除面积7890.79平方米，罚款金额68万元。

（二）车辆乱停乱放查处

1998—2015年，累计处罚乱停乱放车辆3000辆；配合交警、运管等部门实施"打非治违"工作，打击"黑三轮"500辆。

（三）户外广告清理

2010年，配合县城立面改造，拆除门头广告牌498户，乱搭乱建98处。凡需制作门头广告的须由县城管理大队审批方可制作，至2013年，共审批138户，拆除户外广告425平方米，清除"野广告"2万余张，打击"野广告"行为人20余批次。2014—2015年，共备案审批门头广告14户，清除野广告1000余张（条幅）。

五、住房公积金管理

（一）住房公积金归集

2008年12月，普安县公积金管理部成立后，从房管局接管累计净归集住房公积金余额2683.83万元。

2009—2010年，职工个人和所在单位的住房公积金缴存比例为四项工资之和的6%，2011—2015年为工资总额的12%，部分单位5%。2012年6月，住房公积金缴存范围扩至非公企业，当年为2家。2013年7月，全州启动住房公积金银行账户"1+n"管理模式。

2009年，全县参加缴纳住房公积金单位182个，参加缴纳住房公积金6742人，归集总额1991.63万元，累计净归集余额4083.58万元。2015年，全县参加缴纳住房公积金单位149个，参加缴纳住房公积金11408人，归集总额1.08亿元，累计净归集余额4.97亿元。

2009—2015年普安县住房公积金归集情况表

表3-2-9

年份	单位（个）	人数（人）	缴纳比例（%）	归集（万元）	累计净归集余额（万元）
2009	182	6742	6	1991.63	4083.58
2010	185	6934	6	1773.00	5314.00
2011	171	8160	5～12	5340.14	10057.67
2012	172	8154	5～12	6305.12	15277.07
2013	169	8098	5～12	9035.88	22366.50
2014	164	9618	5～12	9910.57	38399.29
2015	149	11408	5～12	10821.00	49672.60

说明：人数为年底数，减去年内调到县境外和停止缴纳的人数

（二）住房公积金使用

缴纳住房公积金的职工，主要用于职工个人购、建、大修和商业贷款转住房公积金自住房贷款；偿还自住房贷款本息，租房，本人、配偶、子女及父母患有大病、重病住院治疗，离休、退休、出境

定居，与单位终止劳动关系，或工作调离本州，职工在职期间死亡或者被宣告死亡的提取使用；上划廉租房建设资金。

2008年，房管局移交累计发放住房公积金贷款3408.8万元，移交住房公积金贷款余额2017.07万元，移交累计提取住房公积金1328.91万元。2009年，发放住房公积金贷款154户2004.6万元，提取住房公积金753户566.34万元，住房公积金上划廉租房建设资金2.02万元。2012年，发放住房公积金贷款294户3165.7万元，提取住房公积金957户596.47万元，住房公积金上划廉租房建设资金8.36万元。2015年，发放住房公积金贷款482户11834万元，提取住房公积金3275户12204.35万元，住房公积金上划廉租房建设资金116.45万元。

2009—2015年普安县住房公积金使用情况表

表3-2-10

年度	住房公积金贷款		住房公积金提取		住房公积金上划廉租房建设资金（万元）
	户数（户）	金额（万元）	户数（户）	金额（万元）	
2009	154	2004.6	753	566.34	2.02
2010	136	2160.5	581	598.4	4.87
2011	159	3165.7	957	596.47	8.36
2012	294	5743.7	712	1085.73	33.2
2013	254	5679.9	952	1946.45	26.93
2014	241	5354.3	1604	5025.76	47.06
2015	482	11833.5	3275	12204.35	116.45

六、“多彩贵州·文明行动”

（一）组织机构

2006年6月，启动以整治“五脏五乱”（即公共厕所脏、车站码头脏、饮食摊点脏、集贸市场脏、街巷院落脏，乱吐乱扔、乱贴乱画、乱排乱倒、乱搭乱建、乱停乱行）为主要内容的“多彩贵州·文明行动”，设置办公室在县文明办。8月，成立交通秩序整治组、市容市貌整治组、食品卫生整治组、市场秩序整治组、宣传报道组、督查组共6个综合执法组。2011年7月，在13个乡镇（县城驻地的盘水镇除外）设立事业编制的站股级城镇管理站。

（二）宣传教育

2006年，在县电视台、户外LED开设“整脏治乱树新风”专栏，并设立“光荣榜”“曝光台”，在县城人员集中地方刷墙体广告，设置灯箱广告，开展“‘整脏治乱’树新风”征文和演讲比赛。2008年，“六一”期间开展“满意在普安”——做一个有道德的人主题故事、演讲比赛，全县中小学生、机关干部近1000余人参加签名仪式。2013年5月，组织县城全体教师召开“我为文明县城树形象”动员大会。6月，在县城各学校组织全体教师召开“我为文明县城树形象”主题教育活动启动大会；县城各中小学召开主题班会，组织开展“我为文明县城树形象”行动宣言；投入5万余元在县城制作精神文明创建墙体画320平方米，更新县城灯箱广告24幅，设置大型户外宣传画26幅。11月24日，开展“‘整脏治乱’进校园，我为文明县城树形象”演讲比赛。2014—2015年，在县电视台播放公益广告138期；在县城主干道、公共场所设置24个“多彩贵州文明行动”灯箱广告；在多彩贵州网普安站、县政府门户网站、县电视台开设“多彩贵州文明行动”专栏。在普安入口、主干道等显目位置设立7块大型“秩序普安、清洁普安、从我做起”文明行动标语；通过手机短信、临街工商户LED广告屏等平台进行文明行动宣传，共进行短信宣传1.5万条、LED广告屏宣传6100余条次。

（三）城区环境整治

2006年6月，将每月20日定为“千户万人”大扫除活动日，划分临街商铺、住户的责任区域，签订门前“三包”责任书，督促乡镇、单位、商铺住户所辖区域进行整治，确保无成堆的暴露垃圾和占道经营现象。全年共检查12次，乡镇6次，县属单位6次，通过检查下发督办通知书17份。9月，县整治领导小组领导与99个县属单位签订干部监督岗责任状，同时与14个乡镇、101个县属单位签订目标考核责任状。在城区设立9个干部监督岗，由各单位轮流派人值班。拟定第一批试点单位23个、乡镇2个；第二批试点单位40个、乡镇3个。通报表扬43个单位和2个住宅小区，对48个单位、3小区提出整改意见。2007年，开展季度“回头看”，整治卫生死角和难点、热点问题，以“迎奥运、讲文明、树新风”活动为契机，着力在“初见成效上下功夫”。7月，取缔县城临街燃煤炉灶122个，其中对自行拆除的76户每户给予130元补助，总计补助9880元。9月启动擦亮一条街活动，拆除占道搭建的破旧广告牌121张。2009年7月，取缔主次街道交叉路口烧烤夜市摊点，将劳动街规划为夜市烧烤一条街，改变各交叉路口占道摆摊影响车辆和行人正常通行状况。2010年，结合县城立面改造，拆除有碍观瞻的门头广告牌498块、乱搭乱建98处，规范门头广告的制件、悬挂。2011年，实行城区“整脏治乱”工作精细化管理，由副县级以上实职领导担任组长、相关部门为包保成员，结合部门办公区域和负责治理的县城区域实行包保、约谈、公开道歉等制度，对3个乡镇主要领导进行约谈。2015年，继续围绕“秩序普安、清洁普安，从我做起”文明行动，开展城区“整脏治乱”专项行动工作。

（四）督促检查与奖惩

2007年4月20—23日，由县“整脏治乱”办公室牵头，从县政法委、县纪委、县建设局、县卫生局等相关部门抽调人员组成检查组，对县城112个单位进行“地毯式”检查，对工作做得差的县检察院、县药监局、县疾控中心悬挂流动黄牌警告。2008—2015年，结合“满意在普安”主题活动，全年检查乡镇、村组、县属单位各50余次，下发督办通知书70余份。2008年4月，表彰2007年度“整脏治乱”工作先进乡镇3个（青山镇、楼下镇、龙吟镇，各奖励1000元）、先进单位10个（养征所、国税局、武警中队、财政局、气象局、老干局、卫生局、一中、消防中队、汽车站，各奖励500元）。2009年2月，表彰2008年度“整脏治乱”先进乡镇2个（三板桥镇、江西坡镇，各奖励1000元）、先进单位8个（县委办、县人大办、消防大队、老干局、国税局、气象局、人行、汽车站，各奖励500元）。2010年11月，表彰2009年度“整脏治乱”先进乡镇5个（白沙乡、新店乡、楼下镇、三板桥镇、江西坡镇）、先进单位16个（财政局、老干局、国税局、烟草局、国土局、工商局、审计局、档案局、民政局、汽车站、运管所、卫食药监局、网络公司、投资管理中心、移动公司、镇胜高速公路普安收费站）。2011年1月，表彰2010年度优秀环卫工人20名（每人奖励200元）。2013年，全省“多彩贵州·文明行动”考核，将全省88个县（市、区、特区）分为一类县35个（市、区、特区）和二类县53个（市、区、特区），普安县属于二类县。召开“多彩贵州·美丽普安文明行动”推进会。会上，地瓜镇、城管队作交流发言，楼下镇作表态发言。分别给予地瓜镇、县城管理大队各5000元奖励，给予地瓜镇党委书记、人大主席、镇长、分管领导和县城管理大队主要领导各1000元奖励；对楼下镇给予全县通报批评并处单位罚金5000元，对楼下镇党委书记、人大主席、镇长、分管领导分别处罚金1000元。2014年，在全省、全州“多彩贵州·文明行动”考核中，普安县分别获第23名、第3名；2015年分别获第26名、第2名。

第三章 环境保护

第一节 环境质量与监测

一、环境质量

（一）水环境

普安县境内的水质，总硬度51～182度，pH值7.5～8.28，弱酸性微硬淡水，适合人畜饮用和工农业用水。

1. 地表水

普安县北盘江（乌都河）流域和南盘江（楼下河）流域周边地面水域水环境功能区划类为三类水域，南湖街道东风水库及其他13个乡镇集中式饮用水水源点水质均达二类及二类以上标准。

东风水库 水源保护区分为一级、二级保护区。一级保护区面积3.1平方千米，其中野猫箐大湾塘子取水点保护区面积1.5平方千米，东风水库库坝保护区面积1.6平方千米。二级保护区面积5.6平方千米，位于野猫箐大湾塘子与东风水库之间。

幸福水库 以幸福水库为主体，大坝上游36平方千米的汇水区域。其中一级保护区为水库水域及沿库陆地范围，二级保护区为一级保护区上游界起的火麻地、长冲、火冲、野鹿寨、箐门口一带的陆地。

楼下小城镇饮用水 保护区范围为东南起至坪寨，东北抵堵嘎，南抵1532.2高地，均为一级保护区。

高棉小寨饮用水 总面积0.23平方千米，其中一、二级保护区面积分别为0.12平方千米和0.11平方千米。取水点位于小寨杉树林，地理坐标为北纬25° 49′ 33.79″、东经105° 03′ 58.96″。

新店五月天池水库 总面积0.8398平方千米，以正常蓄水位水面线以外50米划定一级保护区，库尾沿河道上游1千米（不足部分以分水岭为界），两侧延伸50米，划定为二级保护区，其中一、二级保护区面积分别为0.0758平方千米、0.764平方千米。取水点位于水库放水口，地理坐标为北纬25° 37′ 19.12″、东经105° 02′ 46.31″。

罗汉三岔河 以水流线中心两侧各50米，取水口沿河道上游1千米划定一级保护区，以一级保护区边界向上游延伸1千米、两侧延伸50米（不足部分以山脊分水岭为界）划定为二级保护区，划定保护区面积1.948平方千米，其中一、二级保护区面积分别为0.526平方千米和1.422平方千米。

罐子窑小红岩 一级保护区为取水点左右各50米、下游50米、上游100米（水平距离），面积0.015平方千米；二级保护区在一级保护区左右边界各扩展50米（水平距离）、下游边界抵达河沟中心、上游在一级保护区边界延伸100米（水平距离），面积为0.05平方千米。小红岩水源点地理坐标为北纬25° 56′ 39″、东经104° 58′ 44″，高程1655.00米。

窝沿五个坡 总面积0.57平方千米，其中一、二级保护区面积分别为0.13平方千米和0.44平方千米。取水点位于五个坡三岔河上游300米处。

白沙发菜 以水流域中心两侧各50米，取水口沿河道上游1千米划定一级保护区，以一级保护区边界两侧延伸50米，上游以分水岭为界划定为二级保护区，总面积0.22平方千米，其中一、二级保护区面积分别为0.066平方千米和0.154平方千米。

地瓜产米箐　以水流线中心两侧各50米，取水口沿河道上游1平方千米划定一级保护区，以一级保护区边界向上游延伸1平方千米、两侧延伸50米（不足部分以山脊分水岭为界）划定为二级保护区，划定保护区面积1.054平方千米，其中一、二级保护区面积分别为0.184平方千米和0.87平方千米。取水点地理坐标为北纬25° 42′ 26″ 、东经104° 56′ 27″ 。

龙吟泡木山水库　总面积0.96平方千米，以正常蓄水位水面线以外50米划定一级保护区，库尾沿河道上游1千米（不足部分以分水岭为界），两侧延伸50米划定为二级保护区，其中一、二级保护区面积分别为0.31平方千米和0.65平方千米。取水点位于水库放水口，地理坐标为北纬26° 02′ 08″ 、东经105° 01′ 25″ 。

2. 地下水

全县地下水分为碳酸钙水、碳酸钙镁水、硫酸钙水、硫酸钙镁水4种水质类型。

普安县地下水环境情况表

表3–3–1

类　别	岩　性	分　布	指　标
二叠系的玄武岩组	玄武岩、火山角砾岩及凝灰岩	地瓜、盘水	硫酸碳酸钙镁水，矿化度0.24～0.77，总硬度13.24～30.17，pH值7.02～7.67
二叠系的永宁镇组	灰岩，白云岩、角砾状白云岩、夹黏土岩	楼下	硫酸碳酸钙水，矿化度0.24～0.38，总硬度12.22～17.18，pH值7.34～7.79
石灰系的马平组、龙吟组	灰岩类白云岩及白云质灰岩	白沙	碳酸钙和碳酸钙镁水，矿化度0.24～0.38，总硬度12.22～17.18，pH值7.34～7.79
泥盆系的火烘组	黏土岩夹少量砂岩	龙吟	重碳酸钙水，矿化度0.2～0.22，总硬度9.13～11.23，pH值7.1～7.65
三叠系的关岭组	泥质白云岩、泥质灰岩、黏土岩、夹角砾状白云岩	楼下、新店	重碳酸钙镁水和重碳酸硫酸钙水，矿化度0.24～0.38，总硬度12.22～17.18，pH值7.34～7.79
三叠系的飞仙关组	粉砂岩，细砂岩、黏土岩夹少量灰岩	盘水、江西坡、高棉	重碳酸钙水和重碳酸钙镁水，矿化度0.24～0.77，总硬度23.24～30.17，pH值7.02～7.67
三叠系的杨柳井组	灰岩、白云岩夹角砾状白云岩	青山歹苏、煤碳坡	重碳酸钙镁水，矿化度0.24～0.38，总硬度13.68～17.01，pH值7.23～7.67

（二）空气环境

普安县地处北回归线附近的云贵高原东南部，属亚热带地区。因地形复杂，峻岭纵横，高差悬殊，导致气候垂直差异显著，谷地干热，高山凉润；夏无酷暑，冬无严寒；雨量充沛，冷热同季，温湿共节，具有高原性、季风性、湿润性的气候特点，空气清新。县城周边曾建设过工业企业，产生一定的空气污染源，但经搬迁、治理后，空气质量优良率较高。

二、环境监测

（一）水质监测

2007年8月，普安县设环境监测站，但无专业技术人员和监测设备，未开展环境监测。2012年，启动环境监测。对县城污水处理厂进行监督性监测采样和进行其他各项监测。对省级监测段面北盘江河阳岔河口水质采样12次，送检12次。对东风水库、野猫箐水质采样各18次，送检18次。做好青山镇的绿河受污水体、江西坡高潮水库及县城东风水库水质的取样和送检。配合省监测中心站对县人民医院污水处理池进行监测验收。2013年，做好常规水质采样和送检，7月起把青山幸福水库水质纳入常规检测。2014年，对全县14个乡镇集中式饮用水水源水质进行监测，其中县城饮用水由州监测站进行监测，对东风水库一级饮用水源地取样12次，送检12次；对野猫箐二级饮用水源取样12次，送检12次；对省级示范小城镇青山集中式饮用水源幸福水库取样12次，送检12次。其余乡镇的11个集中式饮用水源由环保局付费委托有资质的公司采样检测，由环保局监测站统计上报。对省控断面北盘江岔河口取样、送检各12次；配合州监测站做好对县城污水处理厂的监督性采样工作。2015年，对全县14个集中式饮用水源点及省管断面水质采样检测180次，检测因子28～61项；对县城应急饮用水源取水点、殡仪馆用水及乡镇等应急采样、送检7次。

（二）噪声监测

2012年，配合省监测中心站对“镇胜高速”公路普安段的噪声现场进行监测。2014年8月，对皇家至尊商务会所扰民噪声进行现场监测。

（三）空气监测

2013年8月26日，普安县城空气自动监测站建成，正常传输相关监测数据，对县城空气质量进行全面监测。2014—2015年，普安县城环境空气质量自动监测站主要开展空气中的三参数监测，因子有：可吸入颗粒物（PM_{10}）、二氧化硫（SO_2）、氮氧化物（NO_X）。2015年11月，在原三参数基础上增加三参数因子监测（增加监测因子有细颗粒物（$PM_{2.5}$）、一氧化碳（CO）、臭氧（O_3），完成数据直接传输工程改造。

第二节　环境污染与防治

一、环境污染

（一）水污染

普安县水域受污染较为严重的河流主要有乌都河、大桥河、楼下河。2003年调查统计，全县废水排放量306.8万吨，其中工业废水排放量193.4万吨，生活污水排放量113.4万吨。废水中化学需氧量628.56吨，其中工业废水中化学需氧量排放量23.94吨，生活污水中化学需氧量排放量583.2吨；氨氮排放量45.36吨。

2009年，请州环境监测站定期对县城饮用水源水质进行监测，全县饮用水源水质合格率98%。2014—2015年，除县城2个饮用水源地由州环境监测站监测外，其余乡镇12个饮用水源地水质均由第三方监测公司监测，全县14个集中式饮用水源地水质按地表水环境质量标准（GB3838—2002）评价均达到国家饮用水标准，达标率100%。

（二）空气污染

2000年3月，对厂矿进行监测，县矿冶公司水泥厂主窑二氧化硫排放浓度为1.7毫克／立方米，烟尘为131毫克／立方米；1号和2号生料磨粉尘排放浓度分别为43.3毫克／立方米和37.8毫克／立方米；1号和2号磨粉尘排放浓度分别为38.9毫克／立方米和37.8毫克／立方米。均低于国家规定的100毫克／立方米标准限值，工业废气排放达到二级标准。

2003年7月，对上半年环境质量进行统计，水泥行业耗煤量0.25吨／吨，工艺废气量0.4万标平方米／吨，工艺二氧化硫产生量0.64千克／吨，废水产生量1.13吨／吨，燃料产生二氧化硫量40千克／吨，燃料产生烟尘量65.71千克／吨，燃料废气量1万标平方米／吨。

2014年，普安县二氧化硫排放量总量为1672.17吨，其中工业源排放272.17吨，城镇生活源排放1400吨；二氧化氮排放总量为105.83吨，其中工业源排放量为40.83吨，城镇生活源排放量为65吨；

烟（粉）尘排放总量为579.13吨，其中工业源排放量为409.13吨，城镇生活源排放量为170吨。

2015年，普安县二氧化硫排放量总量为1580吨，其中工业源排放量138吨，城镇生活源排放量1450吨；氮氧化物排放总量为92吨，其中工业源排放量为22吨，城镇生活源排放量为70吨；烟（粉）尘排放总量为521吨，其中工业源排放量为381吨，城镇生活源排放量为140吨。

（三）固体废物

固体废物主要来自化肥、铅矿、铁合金、煤矿等工业企业生产的尾矿、尾渣、尾液和生活垃圾。

2000年4月，普安化肥厂、普安铅矿、普安矿冶公司列为州级重点污染源企业，煤金集团公司泥堡金矿、金鑫金矿、县供电局铁合金厂、冠合铁合金厂、金焰炭黑厂列为县级重点污染源企业。

2000年起，普安县煤矿企业不断增多，2005年煤矿企业44对。对煤矿实行生产与环保设施同步进行、同时设计、同时施工、同时投入使用，种草、种树做好环境绿化美化，修污水池和煤矸石堆放场，并做好工业固体废物的综合处理利用。

1998—2005年普安县工业废弃物排放情况表

表3-3-2

年份	固体废弃物排放计划（万吨）	实际排放数（万吨）	固体废弃物综合利用率（%）	生活垃圾处理率（%）
1998	5	1.4	60	20
1999	5	5.12	70	25
2000	5	2.9	80	30
2001	5	0.033	80	35
2002	5	1.5	80	40
2003	2.5	0	83	40
2004	2.5	2.3	90	45
2005	2.5	0	90	45

（四）危险废物

危险废物主要来源于医院、学校等企事业单位的化学实验室及部分工业企业的实验室、检验室的化学药品、放射性药品及农药残存或包装物。

1998年，普安县人民医院排放的废弃药品和污水流入附近小河，污染后的水或污染物流入县农场蔬菜地，县农场的蔬菜又主要供给县城1万多人的生活食用。之后，进行全面整改。

二、污染防治

（一）水污染防治

1. 工业废水防治

普安县工业废水主要是煤矿开采产生的矿坑废水，普安铅矿、白沙浮选厂、江西民生集团普安矿业有限公司白沙选矿厂的浮选废水。普安铅矿、白沙浮选厂分别投入120万元、80万元建成污水处理设施，生产废水经处理后外排。普安九龙水泥厂、普安县普天电冶公司、石寨坪硅锰合金厂、普安县宏达经营部(铁合金厂)、普安广源铁厂及普安正益焦化厂、鑫发焦化厂、鸿鑫焦化厂、法郎河焦化厂、笑荣昌焦化厂、永发焦化厂、三板桥银庄焦化厂、窝沿乡马鞍山焦化厂、窝沿乡荣禾焦化厂、普安铅矿焦化厂等企业的生产废水基本做到循环利用，不外排。

2006年3—11月，责令楼下永发等10余个煤矿因水污染、粉尘污染赔偿村民损失共计35万多元。2008年，江西民生集团普安矿业有限公司白沙选矿厂未建污水治理设施，雨季在试生产过程中，生产废水对下游村民饮用水源造成污染，赔偿村民损失6.7万元，另解决村民自来水安装费用10万元。

2009年，对安利来煤矿、开泰煤矿、褚宝煤矿等楼下片区排污进行处理，其他安装污水处理设施和地面除尘设施的煤矿，设施运行比较正常。普安县中医院医疗废水处理设施建成运行并通过验收，普安县人民医院医疗废水处理设施建成并正常运行。

2011年，白沙浮选厂、江西民生集团普安矿业有限公司选矿厂因违法排污、环保手续不全等因素，被责令停产整治，至2013年底仍未恢复生产。全县煤矿因环境违法或污染治理达不到要求，受到限期治理、停产整治、罚款等处罚，有的受处罚高达6次、罚款数十万元。普安县工业废水重点是煤矿开采中的矿坑废水，2013年，全县共有煤矿26对，除2对因故未生产、1对中途停建、1对矿坑废水比较少外，其余22对煤矿均建有污水处理站，设计处理能力约每小时5000立方米，总投资5000万元以上，每年运行费用700万元左右。2014年，普安县污水处理厂削减化学需氧量38.5吨、氨氮5.2吨；贵州省尤开生态农业发展有限公司削减化学需氧量154.96吨、氨氮5.2吨。2015年，关停淘汰普安县九龙水泥厂窑炉生产线，削减二氧化硫32.64吨、二氧化氮22.76吨；关停淘汰贵州省普安县普天电冶有限公司12500千伏安内燃炉，削减二氧化硫30吨；关停淘汰普安县原盘水镇生猪牛羊屠宰场，削减化学需氧量13.18吨、氨氮0.58吨、二氧化硫1.92吨、二氧化氮0.16吨；督促普安县鑫盛养殖场和普安县青山镇民族养殖场完善配套固体废物和污水处理设施并正常运行，削减化学需氧量125.08吨、氨氮9.88吨。

2. 生活污水防治

2002年，取缔因排污影响东风水库水质的2家洗车场和1家打煤场，加强排洪沟渠管理。2003年，划定县城饮用水水源保护区、幸福水库水源保护区、楼下小城镇饮用水水源保护区，确定保护范围。2015年11月，将全县8个集中式饮用水源地（高棉小寨、新店五月天池水库、罗汉三岔河、罐子窑小红岩、窝沿五个坡、白沙发菜、地瓜产米箐、龙吟泡木山水库）纳入《普安县1000人以上集中式饮用水水源保护区划分方案》，对水源保护区进行定期或分期执法检查，加强水源保护区的污染治理。

2006年，对县城集中式饮用水源采取保护措施，主要是对水源保护区范围的污染源进行排查，摸清污染源底数及类别；向产生污染的洗车场、餐馆、养殖场等行业责任人下达停产或搬迁通知，责令其全面清除污染物；在水源点树立永久性饮用水源保护警示牌；制定饮用水源突发污染事件应急处理工作预案。2007年7月16日，县城污水处理厂建设项目获贵州省环境保护局环评批复。项目总投资2447万元，日处理生活污水3500立方米，2009年12月建成，2010年6月21日获省环保厅试运行批复。到2011年12月，建成污水收集主管网16千米，收集支管网24千米。县城生活污水处理率70%。

2008年，组成联合执法组，对造成县城饮用水源东风水库上游一级保护区内污染的孔家坝4处养鱼塘进行全面铲除。

2013年，启动青山镇人民政府所在地污水处理厂建设，该项目总投资3735万元，其中污水收集系统2204万元、污水处理厂1531万元，日处理生活污水4000立方米。该工程建设内容为管道安装23600米，建2000立方米合建式氧化沟2座，粗格栅及调节池1座，细格栅及钟式沉砂池1座，污泥脱水机房186平方米，办公楼280平方米，Φ1000检查井786座，Φ400检查井130座；建提升泵站三座。2014年，省级下达城镇污水处理中央专项资金440万元。2015年，启动江西坡工业园区污水处理厂建设，该项目日处理生活污水3500立方米，总投资2576.59万元，其中环保投资50万元，占总投资的1.94%。

（二）空气污染防治

普安县空气污染防治主要以工业企业产生的二氧化硫、氮氧化物（二氧化氮）、工业粉尘等为主。

2001年，黔西南州环保局下达普安县的二氧化硫（SO_2）指标排放量为3000吨，实际排放量为1865.4吨，比计划指标减排37.8%。

2006年，普天电冶公司电石厂（生产规模2台6300千伏安、12600千伏安2条电石生产线）投入540万元建成2套废气治理设施，废气处理达标排放。2013年8月，该企业停产。2008年，普安铅矿莲花岩水泥厂投资80余万元，建成旋风动力布袋除尘设施。石寨坪电石厂（生产规模为6300千伏安电石炉）改为富锰渣厂，开始冶炼硅锰合金，未安装废气处理设施，2013年12月停产，就地进行技改扩能。2009年，关停普安正益焦化厂、鑫发焦化厂、鸿鑫焦化厂、法郎河焦化厂、笑荣昌焦化厂、永发焦化厂、三板桥银庄焦化厂、窝沿乡马鞍山焦化厂、窝沿乡荣禾焦化厂、普安铅矿焦化厂10家焦化厂和龙达富锰渣厂、普安县宏达经营部（铁合金厂）、普安广源铁厂3家铁合金冶炼厂。

2010年，原建于盘水镇冬瓜箐对面的九龙水泥厂以技改扩能建设项目方式搬迁至地瓜镇横冲实施技改建成投产，其废气处理设施运行良好。2012年12月，该厂立窑车间未进行生产，只从外地购买熟料加工成水泥，对环境污染较小。2012年，取缔柳登龙废塑料颗粒厂、樊纯废塑料颗粒厂、青山镇德发废塑料颗粒厂、龙吟镇金山塑料颗粒厂4个违法企业；4月，取缔1个土法炼油加工点。2013年1月，关停普安县铅矿莲花岩水泥厂；5月24日，启动新购机动车环保检验合格标志（绿标）办理；6月，呈报普安县宏瑞机动车检测有限公司为普安县机动车环保检验机构获批准并开工建设，建设地点在江西坡工业园区；8月16日，启动油气污染治理；8月26日，普安县城空气质量自动监测站建成并调试成功，开始正常传输数据。2014年，关停新店页岩砖厂；环境空气自动监测站主要对城区中的可吸入颗粒物PM2.5、二氧化硫、氮氧化物进行监测；县城环境空气质量优良率98.06%。2015年，淘汰普天电冶有限公司12500千伏安内燃炉，关闭九龙水泥厂；县城环境空气质量达标率100%。

（三）其他污染防治

1. 噪声污染防治

按照噪声功能区划分类，制定噪声污染专项整治工作方案，加强县城及各乡镇所在地交通噪声、建筑施工噪声及其他社会噪声的监管。每年高、中考期间，将制定好的噪声污染防治规定张贴到考点周边施工及产生噪声的单位和个人附近，派人到考点附近巡查监管噪声。

2. 工业固体废物污染防治

对工业固体废物的监督管理，严格按照“谁污染，谁治理”的原则，要求企业严格执行“三同时”制度，扎实做好工业固体废物的综合利用工作。全县工业固体废物主要为煤矸石及其他矿产资源开采所产生的弃土石。煤矸石主要用于矿井回填、制砖和水泥制造等，综合利用率90%。弃土石方主要用于回填、铺路等，对环境基本没有影响。2012—2015年，沪昆高铁第三、第四项目部将固体废弃物直接堆放在新寨河和汪家河边沿，对河流水体造成一定污染，对其给予行政处罚。

3. 放射性污染防治

2011年，对全县放射源及射线装置使用单位开展普查，各使用单位办理辐射安全许可证，操作人员持证上岗。2012—2015年，对全县境内放射源同位素和射线使用单位再次进行全面摸底，督促相关单位按照环保法律法规办理环保手续，推进辐射评估。使用射线装置的单位，均设有专用的X光机工作室，曝光室与操作室分离设置，曝光室通风良好，均安装有辐射防护门，观察窗为铅玻璃。使用密封放射源的单位，按要求为放射源增设防护罩及防护钢板，做好放射源防护及安保。辐射工作场所设有明显的射线警示标志及说明，建立健全环境安全和环境保护管理机构等管理机制和应急预案。

4. 危险废物污染防治

2004年，加强实验室类污染环境监管，对学校、监测站、企事业单位的实验室、化验室、实验场环境污染情况进行调查。对使用性质调整、改变或废弃的实验室、化验室、实验场彻底清除隐患，禁止将废止药品以及已受污染的场地、建筑物、设备、器皿等转移给不具备污染治理条件的企业、单位或个人使用，禁止随意丢弃有毒有害的固体废物、废液等。对放射源进行清查，全县有放射源的单位20个，其中X射线装置16个，均为医院正确使用；Y料位计2个（县水泥厂、铅矿水泥厂），有防范措施；县公安局禁毒大队使用碘125采取现用现购进的办法，无留存余品。2005年1月，加强医疗废物处置，消除医疗物品污染。2014年，普安县人民政府下发《关于加强和规范全县医疗废物集中处置管理工作的通知》。2014年12月起至2015年，普安县人民医院、普安县中医院、盘水镇卫生院、普安县计划生育妇幼保健中心与兴义市美洁城市垃圾再生有限公司签订处置协议，对产生的医疗废物进行无害化转运处置。

（四）农村环境整治

1. 农村环境综合整治

2014年，中央下达农村环境综合整治资金120万元，江西坡镇联盟村、细寨村各60万元。2015年初，开工新建集中式人工湿地污水处理站2座（联盟村、细寨村各1座）、污水管网共1200米、配套生活垃圾桶50个、设置4个配套垃圾箱、购2立方米的垃圾转运车一辆。同年11月，盘水街道红星村获州批复“环保治理专项经费”10万元；12月，青山镇营山村获农村环境整治资金30万元，该资金专用于营山村金塘组垃圾收集和污水治理项目。

2. 生态镇村创建

2015年，创建省级生态村1个（江西坡镇联盟村）；创建州级生态镇1个（江西坡镇）；创建州级生态村3个（青山镇营山村、范家寨村，江西坡镇细寨村）。

第三节　环境管理

一、环境行政

（一）管理机构

1998年，普安县的环境管理由城乡建设环境保护局负责。2001年11月，设立环境保护局负责环境管理，核定编制6名，内设办公室和综合业务股（挂环境监理站、环境监测站牌子）。2003年11月，环境监理站更名为环境监察大队。2007年8月，环境监测站（正股级事业股室）独立设置，核定事业编制8名。2010年9月，环境保护局内设办公室、监察室、政策法规股、生态保护环境影响评价股、污染总量防控股、核与辐射安全管理股、环境监察大队7个机构，人员编制32名；11月，环境监察大队升格为副科级事业单位。2011年3月，环境监测站（正股级事业股室）独立核定事业编制13名。2015年10月，环境监察大队增设环境突发事件应急中心、环境信息中心和宣教中心，均为正股级机构。

（二）议提案办理

2006年，向普安县十四届人大常委会第三十次会议报告县城饮用水源污染治理及整顿情况，办理2件县政协委员提案、1件县人大代表建议。2009年，办理县政协委员提案3件、县人大代表建议1件。2012年，办理县人大代表、县政协委员议案、提案各1件。2013年，承办州政协委员提案1件，协助县人大代表和政协委员提出议案、提案各1件。2014年，提出政协提案1件，承办“两代表一委员”议、提案4件；2015年，提出政协议案1件，办理州、县“两代表一委员”议、提案4件（州级2件、县级2件）。

（三）信访处理

1998—2015年，共收到人民来信来访215件次457人次，主要反映工业企业产生的粉尘、废气、废水、废渣影响到人民群众的生产生活。对来信来访反映的问题，逐一进行调查和处理，来信来访处理率100%。

1998—2015年普安县环境保护来信来访情况表

表3-3-3

年份	来信来访次数（件/次）	人数（人/次）	处理件数（件/次）	处理率（%）
1998	5	20	5	100
1999	3	6	3	100
2000	3	13	3	100
2001	6	30	6	100
2002	8	36	8	100
2003	7	10	7	100
2004	10	20	10	100
2005	12	38	12	100
2006	7	19	7	100
2007	8	23	8	100
2008	5	11	5	100
2009	9	17	9	100
2010	31	44	31	100
2011	22	40	22	100
2012	21	38	21	100
2013	28	51	28	100
2014	16	23	16	100
2015	14	18	14	100

二、环境保护宣传教育

（一）环境保护宣传

2000—2015年，普安县以“3·22”世界水日、“6·5”世界环境日、“6·25”土地日、“12·4”全国法制宣传日和安全生产、节能减排等宣传活动为契机，采取电视讲座、专题电视报道、悬挂横幅、张贴标语挂图、制作展板、设立宣传咨询点、发放宣传资料、办宣传栏、开展知识竞赛等多种形式开展防治污染、保护环境宣传教育活动。

电视宣传　2000年，分管副县长在县电视台作题为《积极行动起来，为建设美好家园而共同努力奋斗》的讲话。2003年，分管副县长在县电视台作题为《全社会积极行动起来，为拯救我们共同的家园——地球而努力奋斗》的讲话，刊播电视标语20条。2004年，制作专题电视报道。2005年，在县电视台滚动播出环保宣传标语20余条。2006年，县电视台滚动播放环保宣传标语及专题节目。2007年，县电视台开设环保宣传栏目。2011年，利用县城中心广告视频反复播放《中华人民共和国环境保护法》普法宣传讲座。2006—2010年，分管副县长在县电视台作专题讲话。2014—2015年，州、县人大组织县环保、水务、国土、公安等部门开展环保行期间，县宣传部、县电视台均派记者随同采访报道，在县电视台播报环保行执法工作开展情况，多角度宣传环保工作的目标、意义及环保知识。

展览宣传　2005年，在县城人口聚集区开展为期1天的“贵州生态环境保护暨黔西南州‘十五’环境成果展”活动，县城中小学生及群众3000多人参观展览。2006年，在开展“庆三·八，迎奥运”环保杯全民健身大众广播体操竞赛活动赛场，展出全州、全县“十五”环保成果图片展；在“6·5”环境日期间，环保成员单位均制作专题图片展板。2010年，制作展板6块，出板报10余块。2012年，制作展板8块、出板报12块。2013年，制作展板3块。2014年，制作展板5块、出板报16块。2015年，制作展板4块、出板报11块。

环保知识竞赛　2004年，组织环保工作人员、企业法人及环境管理人员80余人参加全州环保学法用法考试。2007年，县环保局与县教育局联合举办"富士施乐杯"全国中小学生环保社会实践活动征文大赛（普安县赛区），上万名学生参赛，小学组和中学组各设一等奖2名、二等奖6名、三等奖10名、优秀奖20名、组织奖6名（小学组、中学组各设3名）。对获奖者发给证书和一定数额的奖金，对获奖学生的指导教师颁发荣誉证。2008年6月，举行由普安县环保局主办、普安县邮政局协办的环保知识竞赛活动，印发彩色宣传资料5000份，答题卡2000张，分别寄（送）至全州环保系统及全县80余个县直单位、14个乡镇党委政府、32所中小学。29日在普安县城举办的抽奖仪式上有上千名群众及中、小学生，现场开展100多道题的环保知识现场抢答。2015年，组织县内中、小学校学生共50余名参加州环保局组织的环保手抄报竞赛活动，获一等奖5名、二等奖10名，三等奖15名，县环保局获优秀组织奖。

其他宣传　2000—2015年，普安县每年均在街道设立咨询点，悬挂横幅，张贴标语，发放环保宣传资料。2002年，在学校组织学习环保知识。2005年，乡镇、县直各部门、各社会团体及各工矿企业开展为期1周的环保宣传教育活动，出动宣传车到厂矿、企业、学校开展宣传教育。2006年，环保、妇联等单位举办23支代表队685名队员、现场观众5000余人参加的"庆三·八，迎奥运"环保杯全民健身大众广播体操竞赛活动。2007年，普安县人大常委会组建"环保行"组委会，后每年都正常开展"环保行"执法检查。2008年7—8月，县环保局开展竹荪种植与环境破坏问题、工业化发展与环境保护问题等专题调研并向县政府提交调研报告；8月28日，在江西坡镇白石村启动扶贫开发与环境保护合作示范项目。2008年，开展宣传讲座及座谈30余堂（次）。2013年，创建县级绿色学校2所，组织上报州级绿色学校1所（青山中学）。

（二）学校环境教育

2006年以来，普安县进一步重视中、小学环境教育工作，要求各学校将环境保护及生态文明建设纳入学校教育教学计划，并要求各科任教师在教案中明确体现环保教育内容。学校环境教育具体体现在绿色学校的创建工作中。2006—2015年，普安县共创建绿色学校16所，其中省级绿色学校1所，州级绿色学校3所，县级绿色学校12所。另外，创建绿色社区1个。

2006—2015年普安县绿色学校及绿色社区情况表

表3-3-4

名　称	创建时间	创建类型
地瓜中学	2009.12	省级绿色学校
青山中学	2013.12	州级绿色学校
江西坡中学	2008.12	县级绿色学校
高棉中学	2008.12	县级绿色学校
青山民族中学	2008.12	县级绿色学校
地瓜小学	2008.12	县级绿色学校
兴中中学	2008.12	县级绿色学校
窝沿中学	2011.12	县级绿色学校
三板桥中学	2011.12	县级绿色学校

续表3-3-4

名　称	创建时间	创建类型
新店小学	2012.12	县级绿色学校
罗汉中学	2012.12	县级绿色学校
雪浦小学	2013.12	县级绿色学校
盘水街道南湖社区	2012.12	县级绿色社区
雪浦小学	2014.12	县级绿色学校
青山民族中学	2014.12	州级绿色学校
高棉中学	2015.12	州级绿色学校
盘水镇民族希望小学	2015.12	县级绿色学校

三、环境保护执法

普安县环境保护执法工作机构是根据各部门工作任务和性质建立的，县环保局于2004年增设环境监察大队，县林业局建立林业派出所、林政办公室、木材检查站，县国土局设置矿山执法大队等工作机构。

（一）执法检查

2002年，配合国家环保总局组织的生态环境现状卫星遥感调查，全面掌握全县生态环境状况。对老污染源污染防治设施的现场环境、营业性歌舞厅、木材加工场所的噪声进行监理，重点企业每月检查1次，州、县政府下达的限期治理项目每月至少1次现场督促检查，其他排污单位每季度检查1次。2003年7月，组织开展“环保世纪行”矿山生态环境保护专项执法检查，发现43对煤矿只有3对获得环境影响评价审批手续，其余无环保治理措施，污水乱排、煤矸石乱放；黄金开采业引进不符合国家产业政策的生产工艺土法焙烧黄金原生矿，严重破坏生态和污染环境；白沙乡铁厂村铁矿开采破坏生态明显，水土流失严重，未办理环评手续。8月，开展“四区”（自然保护区、生态治理区、珍稀物种资源保护区、水土流失区）专项执法检查，发现存在私自捕猎、毁林、开荒，无证砍伐林、木、草等破坏植被的行为；在自然保护区内开矿、采矿、办工矿企业等有污染环境的违法行为。在罐子窑镇风火砖水源涵养区检查发现开采铅锌矿，未办理环保手续，当即取缔。2004年，组织以“矿山环境保护与建设”为主题的“环保世纪行”活动，对检查中反映出来的楼下水箐四丫口组小纸厂污水污染问题，给7户土法造纸业主下达《停止违法行为通知书》；对发现的一些煤矿污水未经处理任意排放、煤矸石乱堆乱放、粉尘污染进行治理，督促企业在2005年3月前做到达标排放；取缔县城南山路居民区木材加工噪音扰民点2个，机器7台。3月，加强煤炭行业环境保护管理，年底申请办理环评煤井40对，环评执行率100%。2005年，开展以“让人民群众喝上干净水”为主题的环保行活动，抽查工矿企业6家、饮用水源点4个。批准建设项目20个，填报环境影响报告表3份，环境影响登记表17份。落实排污许可制度，发放排污许可证46本，给1家新建企业下达污染物排放总量控制指标，征收排污费322万元。

2006年，对全县工矿企业事业单位及个体经营户的排污情况进行定期或不定期检查，累计检查、巡查1800多人次，下达排污申报登记通知书178份，下达征收排污费通知书150余份，调查处理信访污染投诉8起。2007年，开展整治违法排污企业保障群众健康环保专项行动及环保行检查，检查企业38个，取缔“十五小”（小造纸、小制革、小染料、土炼焦、土炼硫、土炼砷、土炼汞、土炼铅锌、土炼油、小选金、小农药、小电镀、土法生产石棉制品、土法生产放射性制品、小漂染）企业2户，铲除炉窑3座，查处企业17个。2008年，开展污染源普查工作，经普查统计的一般污染源126家，重点污染源67家，生活污染源264家，农业源污染1169家，普查工作与全国、全省、全州同步。

2010年，完成重点污染源动态更新调查54户、集中式污染治理设施1家，生活源和农业源均进行动态更新调查。开展国际生物多样性年专项调查活动，加强危险化学品、放射源、电磁辐射管理及自然保护区的保护。完成年度危险废物、多氯联苯、持久性有机物、外来入侵物种和职业病防治的调查上报。深入工矿企业执法检查960余人次，检查重点企业47个；调查处理信访环境污染案件31件，结案29件，调处率94%；检查"三同时"建设项目5家30余个次，督促并指导煤矿新建矿坑废水治理设施6套（处理能力200平方米／小时以上）。2010年，各企业投入环保资金约980万元。2014年，开展"六个一律"环保"利剑"专项执法行动，出动690余人次，执法车辆160余台次，现场检查企业450余家次。2015年，国家环保部西南督察中心到普安县开展专项督查，对江西坡工业园区6家企业和贵州省丰联集团久丰煤矿的环境违法行为进行严肃查处，对其违法行为责令限期整改，并把久丰煤矿列入环保部挂牌督办企业。通过县政府及有关部门和企业的共同努力，该矿于2015年底通过环保部西南督查中心检查组的摘牌验收。

（二）环境执法

2000年，按照环境监理工作（"三查二调一收费"）职责，完成排污费征收14.55万元，是黔西南州环保局下达征收任务的2.45倍。处理县冠合铁合金厂同周围农户污染纠纷，厂方赔偿农户经济损失3200元。2001年，取缔县城石灰窑一带的沙场11个。2002年，对13家环境违法企业进行检查，其中立案查处企业3家，结案3家；要求限期整改6家，补办环保手续2家。核发排污许可证23户，征收排污费15.1万元。2003年，征收排污费15.8万元。2004年，征收排污费191.52万元，其中煤炭排污费160.14万元，其他排污费31.38万元。2005年，开展整治不法排污企业保障群众健康环保专项行动，检查企业81个，清理整治、查处不法排污企业18个，调查处理污染纠纷5起，协调处理突发性、群体性污染事故1起。

2006年，下达环境污染整改通知书45份，限期治理通知书43份；下达行政处罚通知书13份，罚款5.4万元；征收排污费425.7万元。2007年，下达排污申报登记通知80份，下达排污费征收通知23份，调查处理环境污染信访投诉8起；批准建设项目41个，填报环境影响报告表4份，环境影响登记表37份；核发排污许可证43本，下达环境污染治理整改通知书26份，限期治理通知书6份；下达行政处罚决定书21份，共处罚金40.39万元。制定噪声防治规定，向县城产生噪声的单位、企业、娱乐场所及个人下达通知80余份，进行现场检查70余人次，制止噪声扰民扰考21起。2007年3月，申请县法院对普安县罐子窑镇恒新页岩砖厂未按规定进行排污申报、未按时间要求上缴排污费和罚款等违法行为给予强制执行，追缴排污费8500元，追缴罚款5000元；对在县城饮用水源东风水库一级保护区内进行洗车活动的2家洗车场进行取缔。督促县矿冶公司九龙水泥厂投资103万元进行粉尘、噪音治理，矿冶公司下属铁厂投资80万元安装除尘等环保设施，普天电冶公司投资540万元安装布袋除尘器。根据楼下泥堡河受煤矿矿坑水污染严重、水质恶化趋势明显等状况，对煤炭行业水污染治理提出严格要求和治理时限，大部分煤矿的污水处理通过有资质部门的达标检测，井外粉尘采用水喷淋处理，煤矸石堆放做到防滑坡、防崩塌、防自燃事故。2008年，下达排污申报通知58份，下达排污费征收通知27份，调查处理信访环境污染案件21起；批准建设项目56个，其中填写环境影响报告表3份，填写环境影响登记表53份；换（核）发排污许可证74本，责令停产治理企业2个，监管省级督办企业1个、州级限期治理企业2个、县级限期治理企业11家。向未按规定和要求搞好环境保护的违法企业下达整改通知书47份，下达行政处罚决定书12份。全年征收各类排污费280.2079万元，环境违法企业处罚金45.1万元。2009年，查处环境违法企业3家，罚款7万元，结案3件；关停全县11家焦化厂（其中1家为在建）。2010年，约谈企业8家、下达行政处罚通知书3份（九龙水泥厂、能通煤矿、兴贵煤矿），共处罚金8万元；对九龙水泥厂拒绝缴纳罚金一案，申请县法院实施强制执行。加强集中式饮用水源管理，禁止在饮用水源保护区内开展游乐活动，禁止垂钓，取缔饮用水源一级保护区内的一切排污口，全县饮用水源水质合格率93%。

2011年，调查处理环境污染信访案件（含省、州、县转办的信访件）22件，结案21件；立案查处违法排污企业3个，结案3个，共处罚金4万元。检查"三同时"重点建设项目4个20余次；加强尾矿库管理，要求企业制定尾矿库管理应急预案；明确专人对污水处理厂进行监管；排查全县重金属企业，开展涉及重金属污染企业的环境安全专项检查。全年共征收各类排污费505万元。2012年，下达环境整改通知书38份，下达停止违法行为通知书34份，立案查处违法排污企业11家，其中停产整治4家，共处罚款13万元。7月18日，污水处理厂氨氮监测仪通过州环境监察支队验收，污水处理设施运行基本正常。加强集中式饮用水水源地管理，开展湖库型集中饮用水水源地专项执法检查。2013年，下达环境整改通知书26份，下达停止违法行为通知书18份，立案查处违法排污企业6家，罚款22万元。对全县产生1吨以上医疗废物的7个医院进行监督检查，要求建立医疗废物管理制度及其种类、数量、贮存、去向、处置台账。对马岭河流域上游的地瓜镇2对煤矿、楼下镇21对煤矿及3家煤矸石洗选企业的环保进行监管。2014年，下达环境整改通知书53份，下达停止违法行为通知书7份，立案查处违法排污企业10家，共处罚款49万元。对全县产生1吨以上医疗废物的7所医院进行监督检查，对马岭河流域上游的地瓜镇2对煤矿、楼下镇21对煤矿及3家煤矸石洗选企业的环保进行监管。2015年，下达环境污染整改通知书50余份、停止违法行为通知书35份，立案查处违法排污企业17家，其中结案14件，处以罚款35.25万元，移送公安机关1件，拘留1人5天。关停页岩砖厂2家。

第四篇　交通　邮电

1998—2015年，普安县交通、邮电事业发展迅速。

新建G60线普安段、S65线普安段；对G320线普安段、S313线普安段和S216线普安段进行改扩建。对沙子坡至楼下、沙子坡至马岭（普安段）、普安至水城（普安段）、江西坡至罐子窑、青山至雪浦、下厂河至凉水、盘水至青山、楼下至糯东雨勒等县、乡、村道的公路进行改造。建成罐子窑至白沙、楼下至红岩、江西坡至罐子窑等多条通乡、通村、通组公路和矿区公路。2015年，全县共有过境国道2条共66.2千米，省道5条共223.76千米，县道6条共213.34千米，乡道21条共293.45千米，村道133条共505.35千米。公路桥梁113座。客运线路80条，平均日发班161次，分别是1998年的6.14倍、4.47倍。

邮运投递设备设施不断增加和更新，投递频次由一天1次改为一天2次或3次。2015年进出口函件、包件分别是1998年的2.9倍、8倍。

1998年10月，普安县邮政、电信分营，成立普安县电信局。2009年，启动村村通电话工程。2015年底，在全县90个行政村（社区）中的80个行政村（社区）开通有线宽带和电话。2015年，由于光网城市建设推进，程控交换机完成任务退网，新建光纤接入设备和无线座机替换程控交换机。

2008年，中国电信购买中国联通CDMA移动网络，正式经营移动通信业务，手机用户6000余户。2015年，电信手机用户3.62万户。县城区域宽带逐步升级割接为FTTH光纤接入，网速为10M～20M。电信宽带用户1.1万户。

1999年8月，县移动公司与县电信局分营，县移动公司有基站1个，通信信号覆盖县城。2015年，基站390个，4G移动通信信号全面覆盖。服务网点69个，用户数8.3万户，主营移动通信、宽带，年营业额5500万元。

2000年1月，成立中国联通普安营业部，2015年有基站178个。联通用户4.6万户，3G到村、4G到乡，宽带覆盖城区、乡镇及大村大寨。

第一章　交通　运输

第一节　公路　运输

一、管理机构

（一）县交通局

1998年，普安县交通局（简称“县交通局”）下设办公室、设计室。2006年，成立普安县地方海事处（以下简称“县海事处”）隶属于县交通局。2009年，增设法规安全股、农村公路管理股，县海事处从县交通局分离单设。2010年，普安县交通局更名为普安县交通运输局（简称“县交通局”），内设办公室、设计室、法规安全股、农村公路管理股，辖普安县公路管理所、路政大队、道路运输局。2015年12月，普安县公路管理所更名为普安县农村公路管理局。

（二）县公路管理局

2008年，普安县公路管理所、普安县路政管理大队成建制下放地方管理，隶属于县交通局。2012年，普安县路政管理大队增设信访法制办。2014年，普安县公路管理所增设建设管理站，设副所长1名。2015年8月，普安县公路管理所撤销原雪浦乡、盘水镇、窝沿乡、三板桥镇公路交通管理站，设立盘水街道、南湖街道公路交通管理站，新店乡公路交通管理站更名为新店镇公路交通管理站。2015年12月，普安县公路管理所更名为普安县农村公路管理局（简称“县公路管理局”），各乡镇（街道）公路交通管理站统一更名为“XX乡镇（街道）交通运输管理所”。

（三）县道路运输局

1998年，普安县设置运管所作为交通运输管理机构，隶属黔西南州公路运输管理处。2012年，普安县运输管理所下放地方管理与普安县城市公共客运交通管理所合并，更名为普安县道路运输局（简称“县道路运输局”），隶属于普安县交通运输局，为下属二级单位，内设办公室、财务股、稽查股、安全股、城乡客运管理股、驾驶股、车管股、货运物流股。

二、公路　桥梁　隧道

（一）公　路

普安县境内公路由国道、省道、县道、乡道、村道等组成。2015年，过境国道2条共66.2千米，省道5条共223.76千米，县道6条共213.34千米，乡道21条共293.45千米，村道133条共505.35千米。

1. 国　道

G320线普安段　G320线普安段由普安县江西坡镇江西坡社区老盆田组的江西坡桥入口经江西坡镇、盘水街道、南湖街道到达三板桥社区十五组的小桥头出口，境内长39.3千米，双向2车道，通往晴隆县、盘县。

G60线普安段　G60线是上海到昆明的高速公路，简称沪昆高速，又称沪昆高速公路，G60线普安段由普安县江西坡镇联盟村新寨组的新寨河大桥入口经江西坡镇、盘水街道、南湖街道到达西陇村坪地、旧屋基、龙滩3个组交界处的虎跳河大桥出口，境内长26.3千米，双向4车道，有普安1个出口，通往晴隆县、盘县。

2. 省　道

S65线普安段　S65线是晴隆到兴义高速公路，简称晴兴高速，又称晴兴高速公路，S65线普安段起于普安县江西坡镇茶场社区，在登攀隧道出口，境内全长4.7千米，双向4车道，通往晴隆县、兴仁县、兴义市。

S313线普安段 S313线普安段前段由青山镇煤炭坡入口，在青山镇砂子坡处与S216重合，后段起于地瓜镇下厂河，经罗汉镇岔河、罗汉镇，在罗汉镇赖家坟出口，境内长25.4千米，双向2车道，通往兴仁县、盘县。

S216线普安段 S216线普安段由龙吟镇河洋大桥入口，经龙吟镇、兴中镇、盘水街道、地瓜镇、新店镇、青山镇、楼下镇到楼下镇长征桥出口，境内长151千米，双向2车道，通往水城、兴义。

S314线普安段 S314线普安段由龙吟镇干河入口，经龙吟镇石寨坪、罗家街、竹溜坪到田边寨电站出口，境内长28.54千米，双向2车道，通往水城、盘县。

S317线普安段 S317线普安段由新店镇箐口入口，经新店镇中箐、花月、两路口到新店镇接S216线，境内长14.12千米，双向2车道，通往晴隆、盘县。

3. 县　道

X700线普安段 X700是龙吟至潘家庄，X700由普安县白沙乡白水入口，经白水一、二级电站、高棉乡、江西坡镇、新店镇波余村、细余村到青山镇歹苏村王家寨出口，全长88.169千米，路线路面结构形式有砂石、水泥混凝土、沥青表处，等级有等外级、四级，路基宽度从3.5米至6.5米不等。

X701线普安段 X701是罐子窑至光照电站，X701线起于普安县罐子窑镇卡上，经罐子窑镇铅厂、白沙乡，在白沙乡白水接X700线，全长30.12千米，路线路面结构形式有砂石、水泥混凝土、沥青表处，等级有等外级、四级，路基宽度从3.5米至6.5米不等。

X703线普安段 X703线是老厂至崩当，X703线前段由普安县罗汉镇老山田村入口，经罗汉镇金竹林村，在罗汉镇岔河接X700线，后段起于新店镇雨歇坡，经新店波余村、花月村，在新店镇花月村小水井处接S314线，全长38.96千米，路线路面结构形式有砂石、水泥混凝土、沥青表处，等级有等外级、四级，路基宽度从3.5米至6.5米不等。

X730线 X730线是江西坡至张家梁子，X730线起于普安县江西坡镇街上，经江西坡镇茶场社区、细寨村、白水村、地瓜镇岗坡村、在地瓜镇岱山田接S216线，后段起于地瓜镇街上，经地瓜镇纸河、鱼塘丫口、鲁沟村，在地瓜镇鲁沟村张家梁子出口，全长29.26千米，路线路面结构形式有砂石、水泥混凝土、沥青表处，等级有等外级、四级，路基宽度从4.5米至6.5米不等。

X731线 X731线是黄家丫口至马场，X731线起于普安县南湖街道黄家丫口，经南湖街道保冲村、到南湖街道保冲村梅子井出口，全长9.19千米，路线路面结构形式有砂石、水泥混凝土，等级有等外级、四级，路基宽度从4.5米至6米不等。

X793线普安龙吟段 X793线是龙吟至潘家庄，X793线起于普安县龙吟镇吟堡，经龙吟镇云盘村、石古村、文笔村，到龙吟镇文笔村黄猫坪出口，全长17.64千米，沥青表处路面，四级公路，路基宽度6米。

4. 乡　道

2015年，普安县共有乡道21条，总长293.45千米。其中有11条132.90千米为沥青表处或水泥混凝土路面，10条为砂石路面。

5. 村　道

2015年，普安县有村道133条，总长505.35千米。其中61条198.17千米属水泥混凝土或沥青表处路面，其余均为泥结碎石路面。

2015年普安县公路情况

表4-1-1　　　　单位：千米

路线编码	路线名称	里程	道路等级	路面结构
G320	G320普安段	39.9	国道	沥青混凝土
G60	G60普安段	26.3	国高	沥青混凝土
S65	S65普安段	4.7	省高	沥青混凝土
S313	S313普安段	25.4	省道	沥青混凝土
S216	S216普安段	151	省道	沥青表处
S314	S314普安段	28.54	省道	水泥混凝土／砂石
S317	S317普安段	14.118	省道	沥青混凝土
X700522323	龙吟—潘家庄	88.169	县道	沥青表处／水泥混凝土／砂石
X701522323	罐子窑—光照电站	30.119	县道	沥青表处／水泥混凝土
X703522323	老厂—崩当	38.959	县道	沥青表处／水泥混凝土
X730522323	江西坡—张家梁子	29.258	县道	沥青表处／水泥混凝土
X731522323	黄家丫口—马场	9.194	县道	水泥混凝土
X793522323	龙吟—潘家庄	17.637	县道	沥青表处
Y001522323	青山—放马地	26.67	乡道	沥青表处／水泥混凝土
Y002522323	梭砂坡—环城路	19.62	乡道	水泥混凝土
Y003522323	青山—黄家坝—金塘	12.529	乡道	水泥混凝土／砂石
Y004522323	楼下—楼下河电站	20.122	乡道	砂石
Y005522323	岩脚—霸东梁子	10.425	乡道	砂石
Y006522323	新店—博上	9.89	乡道	砂石
Y007522323	青山—隔界河	15.009	乡道	砂石
Y008522323	菜子塘—高潮	29.003	乡道	砂石
Y009522323	关地—打洛田	13.896	乡道	沥青混凝土
Y010522323	白石—鸡场箐	12.519	乡道	砂石
Y011522323	四角田—田坝—罐子窑	18.613	乡道	水泥混凝土
Y012522323	窝沿—南京桥	11.016	乡道	砂石
Y013522323	林场—窑上	9.314	乡道	水泥混凝土
Y014522323	楼下—砂子坡	34.422	乡道	砂石
Y015522323	霸东梁子—茶场	11.079	乡道	水泥混凝土
Y016522323	小山坡—白沙	9.1	乡道	水泥混凝土
Y017522323	锅底塘—小关岭	6.621	乡道	水泥混凝土
Y018522323	荫凉树—吟路电站	11.895	乡道	砂石
Y019522323	中岭—纸厂	6.256	乡道	砂石
Y020522323	江西坡—东南	5.041	乡道	沥青表处／水泥混凝土
Y021522323	黄家丫口—保冲	0.415	乡道	水泥混凝土

续表 4-1-1

路线编码	路线名称	里程	道路等级	路面结构
C002522323	三板桥—干冲子	0.2	村道	水泥混凝土
C003522323	王家坟—棉花电站	5.457	村道	砂石
C005522323	丫口—城阳	0.607	村道	沥青表处
C006522323	罗汉中学—茶子林	9.3	村道	水泥混凝土
C007522323	两路口—雾隆	3.26	村道	水泥混凝土
C008522323	蒋家湾—养马寨	6.55	村道	砂石
C009522323	雨歇—堵革	3.852	村道	砂石
C010522323	坡脚田—小河	8.374	村道	砂石
C011522323	地瓜—格拱丫口	6.681	村道	水泥混凝土
C012522323	双山丫口—喜打	2.212	村道	水泥混凝土
C013522323	红花湾—下山	4.513	村道	水泥混凝土
C014522323	高棉—喜打坪	9.843	村道	水泥混凝土
C015522323	高兴—红星	7.2	村道	水泥混凝土
C016522323	岔河—金竹林	1.823	村道	水泥混凝土
C017522323	横山—洋鸡箐	6.328	村道	水泥混凝土
C020522323	下厂河—下木卡	4.318	村道	水泥混凝土
C021522323	波余—联合	0.568	村道	水泥混凝土
C022522323	保冲—坪顶箐	5.4	村道	水泥混凝土
C023522323	三岔沟—云庄	0.764	村道	水泥混凝土
C024522323	金银花坑—花月井	7.055	村道	水泥混凝土
C029522323	热水田—大榜	5.348	村道	砂石
C030522323	小坝—官田	2.436	村道	砂石
C031522323	江西坡—老彭田	6.362	村道	水泥混凝土
C032522323	王家庄—官田	0.755	村道	水泥混凝土
C033522323	冬瓜—牛角山	3.6	村道	水泥混凝土
C034522323	细寨—白水	3.954	村道	水泥混凝土
C035522323	水沟河—蜡烛山	1.893	村道	水泥混凝土
C036522323	八公桩—箐门口	0.8	村道	水泥混凝土
C037522323	七公桩—锅底塘	1.962	村道	水泥混凝土
C039522323	衡冲丫口—衡冲	3.226	村道	水泥混凝土
C040522323	荫凉树—地泗田	0.457	村道	砂石
C041522323	四轮碑—细寨	9.2	村道	砂石
C042522323	下厂—上木卡	6.6	村道	水泥混凝土
C043522323	放马地—磨鹧鸪	1.7	村道	水泥混凝土
C044522323	社嘎—落泥	3.373	村道	水泥混凝土

续表4-1-1

路线编码	路线名称	里程	道路等级	路面结构
C045522323	罗汉—老厂	5.08	村道	水泥混凝土
C046522323	黄家坑—良子	4.547	村道	水泥混凝土
C048522323	三家寨—坪上	3.3	村道	水泥混凝土
C049522323	小龙潭—柳树田	6.2	村道	砂石
C051522323	小屯—刘家冲	0.8	村道	水泥混凝土
C052522323	金塘—青山	3.734	村道	水泥混凝土
C053522323	抽水站—上街	1.763	村道	水泥混凝土
C054522323	青山—铜鼓山	3.287	村道	水泥混凝土
C055522323	青山—渡槽	8.622	村道	水泥混凝土
C058522323	中寨—箐口	2.884	村道	水泥混凝土
C059522323	布路坪—罗家街	2.635	村道	水泥混凝土
C060522323	波余—三角树	0.273	村道	水泥混凝土
C061522323	水桥—隔界河	1.551	村道	砂石
C062522323	大水井—蒿枝地	3	村道	水泥混凝土
C063522323	博上—水桥	8.401	村道	水泥混凝土
C064522323	龙井—雪浦	3.715	村道	砂石
C066522323	石灰窑—高箐	2.328	村道	砂石
C067522323	六斗种—隆洞	5.84	村道	砂石
C068522323	马家丫口—哈马箐	3.74	村道	砂石
C069522323	茶花丫口—洞口	3.434	村道	砂石
C070522323	兴隆—大水井	6.273	村道	砂石
C071522323	海龙冠—辣子树	6.466	村道	水泥混凝土
C072522323	拱桥边—苏子坪	12.36	村道	砂石
C076522323	小冲头—大小寨	1.1	村道	水泥混凝土
C077522323	湾河—红寨	4.413	村道	砂石
C078522323	红寨—拱桥边	9.7	村道	砂石
C079522323	下铁厂—上铁厂	0.6	村道	砂石
C081522323	老场坝—阳隆	3.234	村道	水泥混凝土
C082522323	徐家田—地泗	2.73	村道	水泥混凝土
C083522323	徐家田—磨玉	1.449	村道	水泥混凝土
C084522323	小洞口—关田电站	5.614	村道	水泥混凝土
C085522323	大荒地—小寨头	2.42	村道	水泥混凝土
C086522323	洞口—松林	3.017	村道	水泥混凝土
C088522323	金矿—坡脚	2.819	村道	水泥混凝土
C089522323	红花湾—大坪水库	5.135	村道	砂石

续表 4-1-1

路线编码	路线名称	里程	道路等级	路面结构
C091522323	蒋家寨—下屯	1.606	村道	水泥混凝土
C092522323	糯东—兴隆	0.361	村道	砂石
C095522323	石门坎—补鲁嘎	3.568	村道	水泥混凝土
C096522323	海马庄—河边	3.406	村道	砂石
C098522323	龙吟—中营	7.682	村道	砂石
C099522323	石古—黄猫坪	0.518	村道	沥青表处
C101522323	石牛圈—高阳	2.127	村道	砂石
C102522323	光明桥—雄阳	2.77	村道	砂石
C104522323	殿子上—黄猫坪	2.002	村道	砂石
C106522323	蒿枝地—高箐	5.749	村道	砂石
C108522323	鱼塘丫口—猫场	5.333	村道	砂石
C109522323	金竹林—旧屋基	3.883	村道	砂石
C110522323	旧屋基—大坪地	3.032	村道	砂石
C111522323	小龙潭—磨鹧鸪	2.108	村道	砂石
C113522323	柳树田—小河渡口	1.125	村道	砂石
C115522323	凉水—喇谷	1.802	村道	砂石
C116522323	文笔—白石	2.985	村道	水泥混凝土
C117522323	徐家坪子—渡槽	6.463	村道	水泥混凝土
C120522323	娄子上—卡塘	4.937	村道	砂石
C121522323	辣子树—红卫	3.62	村道	砂石
C123522323	关厂—白果	4.739	村道	砂石
C124522323	大榜—平桥	2.348	村道	砂石
C125522323	坪顶箐—石板上	4.712	村道	砂石
C126522323	龙家坡—小河	1.671	村道	砂石
C127522323	哈马—小河	6.402	村道	砂石
C128522323	下节河—歹苏	8.357	村道	砂石
C129522323	龙家坡—金竹林	4.771	村道	砂石
C130522323	金竹林—戈汆	5.5	村道	砂石
C131522323	龙吟—泡木山草场公路	3.46	村道	砂石
C132522323	保冲—蚂蚁翅	2.6	村道	水泥混凝土
C133522323	政府路口—砂马路	0.826	村道	水泥混凝土
C134522323	砂马北交口—环北路	0.89	村道	水泥混凝土
C135522323	长安头—大洼茶场	5.724	村道	水泥混凝土
C136522323	立林—大洼子加工场	2.682	村道	砂石
C137522323	新生—政府	0.456	村道	水泥混凝土

续表4-1-1

路线编码	路线名称	里程	道路等级	路面结构
C138522323	龙井—齐田	2.685	村道	砂石
C139522323	大田—新寨茶场	3.263	村道	砂石
C140522323	地瓜小学—派出所	0.658	村道	砂石
C141522323	金竹林—大地	4.498	村道	砂石
C143522323	小龙潭—小河村委会	0.586	村道	砂石
C144522323	中学路口—小学	0.946	村道	水泥混凝土
C145522323	三街—抽水站	0.485	村道	水泥混凝土
C146522323	崧岿寺—阿朗	3.796	村道	砂石
C147522323	麻隆—小河林场	9.486	村道	砂石
C149522323	烂田—磨鹧鸪	3.847	村道	砂石
C150522323	白果—偏坡	1.488	村道	砂石
C151522323	崧岿寺—新光	3.376	村道	砂石
C152522323	铅厂—白沙铁厂	3.931	村道	砂石
C153522323	三岔路—龙吟小学	1.044	村道	水泥混凝土
C154522323	供电局—老街	0.566	村道	水泥混凝土
C155522323	白石—平桥	8.674	村道	砂石
C158522323	歹苏小学—黄角箐水库	1.993	村道	砂石
C159522323	六塘—塘梨树水库	1.531	村道	砂石
C160522323	茅坪小学—钻天坡水库	4.198	村道	砂石
C161522323	细余—雨黑	5.074	村道	砂石
C162522323	张子坪地—下细余	2.203	村道	砂石
C163522323	高阳—新民	8.897	村道	砂石
C164522323	小屯茶场—金塘	1.094	村道	水泥混凝土
C165522323	大园子—燕子窝	0.294	村道	水泥混凝土
C166522323	龙吟—排楼	1.582	村道	砂石
C167522323	新光—新花	4.504	村道	砂石
C168522323	小山坡—桃子树	5.526	村道	砂石
C169522323	红卫—大卡	10.473	村道	砂石

（二）桥　梁

2015年，普安县境内国道公路桥梁2座，总长60米。高速公路桥梁30座，总长1.29万米。省道公路桥梁8座，总长165米。县道公路桥梁6座，总长119米；乡道公路桥梁11座，总长188米；村道公路桥梁56座，总长875.7米。其中：中桥1座30米，小桥72座1152.7米，永久性桥梁73座1182.7米，危桥7座144米。

2015年普安县公路桥梁情况

表4-1-2

路线名称	桥梁名称	建成时间	桥梁所在地点	跨越地物名称	通车日期
G320国道	江西坡中桥	1938	江西坡镇	大桥河	1938
G320国道	三板桥小桥	1938	南湖街道三板桥社区	乌都江	1938
沪昆高速	通道桥11	2007	江西坡镇	旱地	2007
沪昆高速	大田中桥	2007	江西坡镇	道路（含非机动车道）	2007
沪昆高速	叉河特大桥	2007	江西坡镇	河流（叉河）	2007
沪昆高速	山田特大桥	2007	江西坡镇	其他	2007
沪昆高速	白水冲特大桥	2007	江西坡镇	河流（白水河）	2007
沪昆高速	桐子林1号大桥	2007	江西坡镇	沟壑（冲沟）	2007
沪昆高速	桐子林2号大桥	2007	江西坡镇	道路（含非机动车道）	2007
沪昆高速	大河坝1号大桥	2007	江西坡镇	河流（白水河）	2007
沪昆高速	小关岭1号大桥左线	2007	盘水街道	沟壑	2007
沪昆高速	小关岭2号大桥	2007	盘水街道	G320国道	2007
沪昆高速	小关岭3号大桥	2007	盘水街道	G320国道	2007
沪昆高速	潢水沟大桥	2007	盘水街道	320国道	2007
沪昆高速	普安互通匝道桥	2007	盘水街道	道路（主线下穿）	2007
沪昆高速	森林公园分离式立交桥	2007	盘水街道	道路（主线）	2007
沪昆高速	小坡脚大桥	2007	盘水街道	S216省道	2007
沪昆高速	高兴特大桥	2007	盘水街道	道路（高兴至红星公路）	2007
沪昆高速	王家岩2号特大桥	2007	盘水街道	道路（高兴至红星公路）	2007
沪昆高速	普安2号特大桥	2007	盘水街道	其他	2007
沪昆高速	水打田2号特大桥	2007	南湖街道	其他	2007
沪昆高速	水打田3号大桥	2007	南湖街道	其他	2007
沪昆高速	西陇1号特大桥	2007	南湖街道	其他	2007
沪昆高速	机耕天桥3	2007	南湖街道	道路（主线）	2007
沪昆高速	西陇3号大桥	2007	南湖街道	其他	2007
沪昆高速	四角田1号特大桥右幅	2007	南湖街道	其他	2007
沪昆高速	四角田2号大桥	2007	南湖街道	其他	2007
沪昆高速	虎跳河特大桥	2007	南湖街道	河流（虎跳河）	2007
沪昆高速	英武大桥	2007	南湖街道	道路（320国道）	2007
沪昆高速	机耕天桥1	2007	南湖街道	道路（主线）	2007
晴兴高速	丫口田大桥（左）	2011	江西坡镇	其他	2012
晴兴高速	丫口田大桥（右）	2011	江西坡镇	其他	2012
岗坡—白水	小箐口桥	2002	地瓜镇	河流	2002
小坝—官田	小坝小桥	2011	兴中镇	窝沿河	2011

续表 4-1-2

路线名称	桥梁名称	建成时间	桥梁所在地点	跨越地物名称	通车日期
吟堡—石古	石古桥	1989	龙吟镇	石古河	1989
岱山田—岗坡	屯上桥	1993	地瓜镇	屯上河	1993
高棉—喜打坪	地泗桥	2006	高棉乡	河流	2006
白沙—高棉	湾河桥	2002	兴中镇	湾河	2002
白沙—高棉	岔河桥	1990	兴中镇	岔河	1990
普安—花贡（S216）	小坝桥	1990	盘水街道	小坝河	1990
普安—花贡（S216）	窝沿桥	1990	盘水街道	窝沿河	1990
红花湾—下山	下山桥	2007	江西坡镇	下山河	2007
金塘—青山	大园子桥	2002	青山镇	下节河	2002
金塘—青山	下节河桥	2007	青山镇	下节河	2007
张子坪地—下细余	阿岗机耕桥	2009	新店乡下细余	阿岗河	2009
高兴—红星	王家岩桥	2008	盘水街道	王家沟	2008
高兴—红星	红星桥	1990	盘水街道	红星渠	1990
歹苏—王家寨	幸福桥	1968	青山镇	排洪渠	1968
马岭—普安（S216）	地瓜坡桥	2002	地瓜镇	鲁沟河	2002
六斗种—隆洞	德依桥	1985	青山镇	德依河	1985
鱼塘丫口—猫场	猫场桥	2005	地瓜镇	河流	2005
中岭—堵嘎	中堵路桥	1997	楼下镇	楼下河支流	1997
徐家坪子—渡槽	徐家桥	1980	青山镇	河流	1980
徐家坪子—渡槽	雨桥	1966	青山镇	河流	1966
徐家坪子—渡槽	汉马桥	1965	青山镇	河流	1965
罗汉—老厂	孟竹桥	2008	罗汉镇	八大田河	2008
罗汉—老厂	马路坡桥	2006	罗汉镇	马路坡河	2006
普安—花贡（S314）	干河桥	1990	龙吟镇	干河	1990
罐子窑—白沙	铅厂1号桥	1996	兴中镇	铅厂河	1996
普安—花贡（S216）	海寨桥	1990	兴中镇	海寨河	1990
三家寨—坪上	海子桥	2007	罗汉镇	海子河	2007
楼下—红岩	鱼陇桥	2000	楼下镇	河流	2000
楼下—红岩	岩根田桥	2000	楼下镇	河流	2000
江西坡—东南	大河边桥	1984	江西坡镇	河流	1984
江西坡—东南	乌寨桥	2000	江西坡镇	乌寨沟	2000
江西坡—东南	南坡桥	1984	江西坡镇	南坡沟	1984
徐家田—地泗	对门寨桥	2011	高棉乡	对门沟	2011
地泗田—吟路电站	地泗田桥	2007	龙吟镇	者恩河	2007
地泗田—吟路电站	者恩桥	2007	龙吟镇	者恩河	2007

续表 4-1-2

路线名称	桥梁名称	建成时间	桥梁所在地点	跨越地物名称	通车日期
三板桥—干冲子	法浪河桥	1998	南湖街道	法浪河	1998
雪浦—五嘎冲水库	隔界河桥	2007	青山镇隔界河	大沟	2007
关地—打洛田	赵屯桥	1988	楼下镇	水箐河	1988
罗汉—老厂	河边桥	1990	罗汉镇	蒋家河	1990
罐子窑—白沙	铅厂 2 号桥	1996	兴中镇	铅厂河	1996
罐子窑—白沙	铅厂 3 号桥	1996	兴中镇	铅厂河	1996
楼下—糯东	深沟桥	1989	楼下镇	深沟	1989
菜子塘—下山	菜子塘桥	1980	盘水街道	窝沿河	1980
地瓜—格拱丫口	坪地桥	2008	地瓜镇	地瓜河	2008
海龙冠—辣子树	远望桥	1996	兴中镇	海龙河	1996
海龙冠—辣子树	红岩桥	1991	兴中镇	海龙河	1991
地瓜—鲁沟	纸河 2 号桥	1992	地瓜镇	鲁沟	1992
地瓜—鲁沟	侯家屯桥	1992	地瓜镇	小河	1992
地瓜—鲁沟	纸河 1 号桥	1992	地瓜镇	鲁沟	1992
兴隆—大水井	石桥河大桥	2000	青山镇	石桥河	2000
窝沿—南京桥	河边桥	2005	盘水街道	南京河	2005
窝沿—南京桥	湾子桥	1999	盘水街道	南京河	1999
光明桥—雄阳	光明桥	1996	龙吟镇	光明沟	1996
下山—把田	于家湾桥	2008	江西坡于家湾	下山河	2008
细寨—白水	龙门桥	2001	江西坡镇	白水河	2001
青山—铜鼓山	小湾河桥	1988	青山镇	云盘渠	1988
青山—渡槽	后街桥	1968	青山镇	青山河	1968
金矿—坡脚	坡脚桥	1999	楼下镇	楼下河支流	1999
青山—渡槽	歹苏桥	1968	青山镇	排水沟	1968
蒋家湾—养马寨	杨梅山桥	2006	江西坡镇	养马沟	2006
白石—鸡场箐	橡皮岭桥	2001	江西坡镇	橡皮沟	2001
白石—鸡场箐	汪家坝桥	1992	江西坡白石村	汪家河	1992
坡脚田—小河	小河桥	2004	楼下镇	小河	2004
梭砂坡—环城路	水打田桥	2000	三板桥镇	水打田沟	2000
梭砂坡—环城路	天田桥	2006	三板桥镇	岔河	2006
青山—黄家坝	仓库桥	1968	青山镇	青山河	1968
青山—黄家坝	小屯桥	1991	青山镇	小屯河	1991
青山—黄家坝	棱草塘桥	1988	青山镇	处寨沟	1988
青山—黄家坝	黄家坝桥	2008	青山镇	下节河	2008
新店—碧痕（S317）	中寨桥	2000	新店乡	箐沟	2000

续表4-1-2

路线名称	桥梁名称	建成时间	桥梁所在地点	跨越地物名称	通车日期
金竹林至大地	绿沟河桥	2012	罗汉镇	绿沟河	2013
下厂河至南星（S313）	下厂河中桥	1990	地瓜镇	下厂河	1990
下厂河至青山（S313）	下厂河小桥	1990	地瓜镇	下厂河	1990

（三）隧　道

2015年，普安县境内公路隧道主要集中在G60线上，共有6个，总长7514米。

2015年普安县公路隧道情况表

表4-1-3

隧道名称	路线编号	路线名称	隧道长度	隧道净宽	隧道净高	按隧道长度分类		建设情况		技术状况评定情况	
			米	米	米	代码	分类	修建年度	通车时间	评定等级	评定日期
马鞍石隧道	G60	沪昆高速	763	21	5	3	中隧道	2007	2007.12.28	B	2013.12
桐子林隧道	G60	沪昆高速	350	21	5	4	短隧道	2007	2007.12.28	B	2013.12
乌龙山隧道右幅	G60	沪昆高速	3210	21	5	1	特长隧道	2007	2007.12.28	B	2013.12
狮子山隧道左幅	G60	沪昆高速	2036	21	5	2	长隧道	2007	2007.12.28	B	2013.12
普安1号隧道左幅	G60	沪昆高速	350	17	5	4	短隧道	2007	2007.12.28	B	2013.12
普安2号隧道左幅	G60	沪昆高速	805	17	5	3	中隧道	2007	2007.12.28	B	2013.12

三、运　输

（一）运输行业

1998年，旅客运输企业2家、货物运输企业3家、汽车维修33户，从业人员共272人。1999年，旅客运输12户、货物运输38户、汽车维修38户，从业人员367人。2003年，客运企业1家、货运企业1家、汽车维修45户，从业人员614人。2015年，旅客运输企业2户，货物运输7户（其中危货运输企业1户、普货运输企业6家），机动车维修2户。

1998—2015年普安县道路运输行业情况表

表4-1-4

年份	客运企业（户）	货运企业（户）	客货兼运（户）	汽车维修（户）	从业人员（人）
1998	2	3	—	33	272
1999	12	38	—	38	367
2001	33	179	—	35	365
2002	35	186	—	34	458
2003	1	1	—	45	614
2004	1	2	—	48	669
2005	1	2	—	156	634
2006	1	1	—	41	—
2007	2	4	—	40	—
2008	2	2	2	20	—

续表4-1-4

年份	客运企业（户）	货运企业（户）	客货兼运（户）	汽车维修（户）	从业人员（人）
2009	2	2	2	21	—
2010	2	1	—	21	—
2011	2	1	—	21	—
2012	2	1	1	22	—
2013	2	3	1	22	—
2014	2	3	—	21	290
2015	2	7	—	2	204

（二）客　运

1. 客运企业

1998年，普安县客运企业为普安县交通运输车队。2007年，新增晴隆县顺达汽车运输有限公司普安分公司。2010年，新增贵州省兴义汽车运输总公司普安分公司。2013年，普安县交通运输车队退出市场。2015年，新增普安县永达公共交通服务有限公司。

2. 客运路线

1998年，客运线路7条，日发班次36次。2005年，客运线路21条，年均日发班次173次，其中跨省线路2条，年均日发班次1次；跨地区线路2条，年均日发班次20次；地区内线路17条，年均日发班次152次。2013年，客运线路40条，平均日发班次147次。2014年，客运线路43条，平均日发班次153次。2015年，客运线路80条，平均日发班次187次。

1998—2015年普安县客运路线情况表

表4-1-5

年份	客运线路（条）	日发班次（次）	年份	客运线路（条）	日发班次（次）
1998	7	36	2008	17	81
1999	18	18	2009	18	113
2001	4	50	2010	18	110
2003	10	175	2011	25	118
2004	17	130	2012	25	118
2005	21	173	2013	40	147
2006	13	160	2014	43	153
2007	13	160	2015	80	187

3. 票　价

1998—2009年，按贵州省交通厅、贵州省物价局制定的《贵州省汽车货物运输基本运价表》《特种货物运输运价表》《贵州省汽车客运基本运价表》《贵州省公路座席客车运价表》《整批货物运输吨次费标准表》执行标价。2010—2015年，按贵州省物价局、贵州省交通运输厅《关于加强农村道路客运价格及客运管理有关问题的通知》执行票价。

4. 汽车站

1998年，普安县有普安县汽车站。2003年，新增青山客运站。2008年，新增楼下客运站。

5. 城乡交通工具

1998年，普安城乡公共交通主要依靠三轮车。2005年，县城客运三轮车移交县城建部门管理，时有三轮车201辆。2013年，审核登记三轮车149辆。2014年，审核登记三轮车135辆。2015年，审核登记三轮车76辆；公交车8辆，运行线路4条。

四、公路建管养

（一）公路建设

1. 国 道

G60线普安段 2007年12月28日建成通车，全长26.3千米，起点江西坡新寨河，途经高兴，终点三板桥虎跳河。

G320线普安段 2014年，启动G320国道改扩建工程文毕山至三板桥段15.27千米。2015年，启动G320国道改扩建工程江西坡至文毕山段24.03千米。

2. 省 道

S65线普安段 全长4.7千米，2009年动工建设，2012年12月建成通车。

S313线普安段 S313线改扩建青山砂子坡至煤炭坡段9.33千米，2015年8月动工建设。

S216线普安段 S216线普安段河洋大桥至普安段改扩建工程，全长73.93千米，估算投资4.52亿元。分两段实施，第一段由河洋大桥至龙吟段31.93千米，第二段由龙吟至普安段42千米。2015年，启动第一段前期工作，完成可研报告编制，进入施工图设计阶段。

3. 县、乡、村、组道

1998—2015年，普安县对沙子坡至楼下、沙子坡至马岭（普安段）、普安至水城（普安段）、江西坡至罐子窑、青山至雪浦、下厂河至凉水、盘水至青山、楼下至糯东雨勒等县、乡、村公路进行改造。建成罐子窑至白沙、楼下至红岩、江西坡至罐子窑等多条通乡、通村、通组公路和矿区公路。

1998—2015年普安县公路建设情况表

表4-1-6

年度	公路建设
1998	改造沙子坡至楼下公路第8～12千米，启动第12～16千米改造；建成罐子窑至白沙公路9.5千米，新建楼下至红岩矿区公路19.2千米；按三级油路技术标准对马岭至普安公路、楼下至糯东公路以及窝沿至大榜、油沙地至二道箐、横山至骊山等12条通村路进行测设；协助6个乡镇制定乡村公路发展规划
1999	建成楼下至红岩公路一期工程5千米，二期工程共2.54千米完成75%路基土石方建设，完成其余12千米的前期准备工作；新建楼下至糯东公路12千米。改造沙子坡至马岭第12～16千米，完成第16～22千米路基建设
2000	建成大田至东南公路8.24千米、花月至箐口公路6.34千米、楼下至红岩公路13.1千米；完成关地至打洛田公路14.5千米路面整治和路基补强；申报龙吟至河阳27千米、岗坡至细寨12千米、雪浦至石桥河15千米、龙吟至中吟11.5千米及河洋大桥建设项目
2001	建成普安至花贡公路40千米；争取河洋大桥立项；对新店至花月公路实行招投标管理；开工建设岗坡至细寨、雪浦至偏坡等5条通村公路；完成龙吟至河阳27千米、岗坡至细寨12千米、雪浦至石桥河15千米、河洋大桥等公路桥梁的内外业工作、砂子坡至楼下公路改造的前期工作
2002	对沙子坡至马岭公路进行改造；建成新店至花月、关地至打洛田公路；对全县农村路网规划进行修编，普安至河洋公路经省计委评审通过并上报国家计委
2003	对下厂河至南星公路20千米进行镶边改造；对新店至花月公路进行恢复养护；改造关地至打油田公路；建成龙吟至保基、江西坡大田至细寨、窝沿大榜村、青山至云盘、两路口至雾聋、罗汉至烂田、拉寨至棉花、细寨至白水、白水至红寨公路；建成沙子坡至马岭（普安段）公路油路；上报龙吟、江西坡、青山、楼下4个集镇汽车站建设规划

续表4-1-6

年度	公路建设
2004	改造普安至水城（普安段）公路74千米，完成进度45%，河洋大桥初步设计经评审论证通过；完成镇宁至胜境关高速公路（普安段）征地工作；建成江西坡至高棉、罐子窑至折沙通乡油路；对横山至格拱等7条通村公路和部门组织建设的村组公路进行勘察设计
2005	普安至水城油路（普安段）改造建设工程完成形象进度65%；建成横山至格拱共7条总长46.4千米的通村公路；启动实施100余千米的通村公路建设；完成海龙罐至辣子树等通村公路及乡镇组织实施的部分村组公路的勘察设计；完成“十一五”期间县、乡、村公路、经济路、矿区路、烟区路及重要集镇汽车客运站（点）建设规划；配合对兴义电厂普安水桥厂址大件运输及其重要矿区公路、普安至楼下二级公路建设开展可行性研究并通过审计评审；对地瓜镇断桥至张家梁子公路开展可行性研究
2006	普安至水城油路（普安段）改造建设工程完成形象进度80%；建成海龙罐至辣子树等23条总长127.6千米的通村公路；启动2006年8条共52千米的通村公路建设，完成路基工程量的70%；完成河洋大桥施工设计图；对江西坡至罐子窑通乡油路改造建设工程进行可研、勘察设计、招投标、施工复测等；启动楼下、龙吟客运站建设；投资61万元对G320线（普安段）、X632线事故多发路段实施L型钢筋混凝土防撞护栏，共实施10处900余米，增设普安至水城（普安段）公路波型防护栏460米
2007	建成普安至水城油路（普安段）以及下厂河至上木卡等8条共52千米的通村公路及4座桥梁；启动2006年通村公路追加建设、2007年通村公路建设及2007年通村公路追加建设计划33条共236千米，完成路基工程量的60%；对江西坡至罐子窑的通乡公路共50千米实施油路改建；对五嘎冲水库进场公路共11.6千米按四级公路标准进行建设；建成楼下、龙吟客运站；对下厂河至凉水共20千米的通乡公路进行油路改造可研及勘察设计
2008	对江西坡至罐子窑通乡油路共50千米继续实施油路改造，完成总工程量的70%；启动下厂河至凉水油路共20千米的改建；启动青山至雪浦通乡油路共3.47千米的改建工程，完成路基工程90%；建成通村公路21条140.4千米、桥梁6座；完成2006年通村公路建设追加计划5条32.4千米；建成2007年通村公路15条共108千米。2007年通村公路追加计划16条共101千米，完成14条87千米；启动2008年通村公路14条60千米建设。建成五嘎冲水库进场公路11.6千米；启动大湾至环城路通村油路共5千米建设；配合完成糯东雨勒矿区公路改造、雨樟至关地（普安段）通乡油路改造的可行性研究报告；配合开展长沙至昆明高速铁路（普安段）外业选线工作
2009	对江西坡至罐子窑通乡油路共50千米继续实施油路改造；完成下厂河至凉水油路改建共20千米、青山至雪浦乡油路改建共3.74千米、大湾至环城路通村油路建设5千米；建成通村公路19条86.3千米、地瓜大桥及石桥河大桥施工便道2条共4.5千米、五嘎冲水利水电工程进场镶边泥结碎石公路11.3千米；启动2009年通村公路建设5.2千米、桥梁建设2座，完成总工程量的60%；启动吟堡至杨寨公路（普安段）17.7千米、普安至下厂河油路大修工程15千米的建设；清理坍塌235处6943.8立方米、填筑路基下沉6处370立方米、修复挡土墙13座1638立方米、改造13米径跨石拱桥1座
2010	改造建成江西坡至罐子窑通乡油路50千米、楼下至糯东雨勒公路13.8千米；建成通村公路11.3千米、桥梁2座、晴隆至兴义高速公路（普安段）控制性工程施工便道5.2千米、吟堡至杨寨公路（普安段）17.7千米；启动2010年通村公路4条27.5千米建设；完成普安至下厂河油路大修工程15千米、2010年通村公路桥梁设计11座
2011	建成2010年通村公路4条27.5千米、通村公路桥梁11座；配合建成响岭岩至中箐公路4千米、水沟河至三道箐公路2千米、龙吟高阳至新民和龙吟至吟塘通村公路共12.2千米、“一事一议”财政奖补道路项目78千米；完成普安至下厂河油路大修二期工程10.46千米、普安至水城油路（普安段）中修工程9千米、通村公路桥梁施工设计14座；启动青山镇农村公路“建管养运”一体化建设试点工程和盘水镇高兴至红星、白沙乡拱桥边至铁厂通村油（水泥）路共37.97千米
2012	建成青山镇农村公路“建管养运”一体化建设试点工程和盘水镇高兴至红星通村油（水泥）路建设工程36.77千米、2011年第二批通村油路（水泥）路2条5.09千米和桥梁5座；启动2012年通村油路（水泥）路58.323千米、桥梁9座建设；完成2013年通村油（水泥）路计划项目外业测量和内业设计、X632线地瓜公路边坡治理

续表4-1-6

年度	公路建设
2013	建成2012年第一批和第二批、2013年第一批通村油（水泥）路130.7千米、桥梁9座；启动2013年第二批通村油（水泥）路29.86千米、县道和乡道改造（关地至打洛田公路14.37千米，新店至箐口公路13.93千米）、G320线改扩建工程项目一期工程（文毕山至三板桥段）15.268千米、2013年度集中连片地区建制村停靠点（招呼站或候车亭）115个建设；完成G320线二期工程（江西坡至文毕山段）24.034千米的设计、“美丽乡村小康路”规划新建通组公路4193.80千米、村寨路面硬化301.70千米、通组公路桥梁35座537延米
2014	启动建设G320国道改扩建工程文毕山至三板桥段15.268千米；启动建设2014年第一批、第二批通村油（水泥）路217.207千米，建设完成2013年第二批通村油（水泥）路29.86千米；完成集中连片地区建制村停靠点（招呼站或候车亭）115个建设
2015	开工建设G320国道改扩建工程江西坡至文毕山段24.034千米；启动2015年通村沥青（水泥）路建设计划10条61.8千米；启动楼下至红岩公路改造工程13.52千米；启动S216龙吟至普安段改扩建工程前期工作，完成施工图勘察设计及放线工作进入征拆阶段；全面建设完成G320国道改扩建工程文毕山至三板桥段15.268千米；完成县乡道改造项目新店至碧痕13.93千米，关地至打洛田14.37千米；建设完成2014年第一批、第二批通村油（水泥）路217.207千米

（二）公路管养

1. 国　道

G320线普安段　G320线管养路段为K2360+000～K2400+00全程40千米，由江西坡开始至三板桥与盘县交界途径普安县城。

2. 省　道

S313线普安段　S313线养护里程37.7千米，从K150+300～K188+000（青山至盘县南星），全年路况综合指标为良等路32.3千米，优良率85.5%。

3. 县、乡、村、组道

1998—2015年，普安县对县、乡、村、组公路桥梁管养主要是对道路两旁实施绿化，加强汛期、凝冻期间安全监管，对公路进行养护，清理边沟、疏通涵洞、清理塌方、修复挡土墙等。

1998—2015年普安县择年度公路管养情况表

表4-1-7

年份	公路桥梁管养
1998	绿化公路10千米
2000	绿化示范公路22.5千米，责令恢复损坏路面3300平方米，清除各种占道堆积物230处，收取路产损害补偿费700元，立案查处路政损坏案件15起，收取超限运输补偿费10.68万元
2002	管养县道2条79千米，绿化公路6千米
2003	完成37.6千米公路的养护，对水毁公路进行抢修，将乡村公路养护专项补助资金10万元分解到楼下至红岩、楼下至糯东、青山至雪浦、岱山田至岗坡、黄家丫口至保冲、江西坡至高棉、江西坡至细寨、罐子窑至白沙公路
2004	对砂马线、碧花线共37.6千米边沟进行清理，对碧花线7.3千米泥结碎石路按80立方米／千米机制砂铺筑，对下厂河至南星公路遭水毁公路进行抢修（清理涵洞5道，浆砌挡墙17处574.21立方米；清淤泥2749.49立方米，清除塌方25处743.89立方米；铺筑机制砂360立方米；新建混凝土过水路面90平方米，折合18立方米）
2005	清理公路边沟74.4千米，疏通涵洞46道347.6米，清运塌方36处2612.6立方米，铺筑机制砂7.2千米413.2立方米、自然砂7.2千米1026.4立方米

续表4-1-7

年份	公路桥梁管养
2006	清理公路边沟37.6千米，疏通涵洞45道326.3米，清运塌方30处2332.6立方米，铺筑自然砂石料7.2千米277.2立方米，填筑路基下沉2处25200立方米，自备养护砂石料945.2立方米，修复危桥1座25.5米，修补沙子坡至楼下油路，对楼下至红岩、下厂河至凉水公路进行养护
2007	清理公路边沟101千米，疏通涵洞78道584.8米，清运塌方52处3612.4立方米，铺筑自然砂石料7千米1519.9立方米，填筑路基下沉3处338.2立方米，设置交通安全警示牌19块，修复挡土墙4座645.1立方米，修补沙子坡至楼下公路，对楼下至红岩、江西坡至细寨、新店至花月等公路进行养护
2008	对县级公路遭水毁路段进行修复，对臭水井至波余、黄家丫口至保冲公路进行养护
2009	养护县道4条93.6千米、乡道10条92.9千米，清理公路边沟373千米，疏通涵洞336道2419.2延米，修复沥青表面处置路7116平方米，沥青热油罩面22000平方米，铺筑自然砂石材料19583立方米
2010	养护县道4条98.6千米、乡道11条144.1千米，清理边沟174千米12793立方米，疏通涵洞21道168米，清运塌方235处8349.2立方米，修复挡土墙22座1543立方米，修复路基下沉7处530立方米，修复路肩墙388米97立方米，对普安至河洋公路共70千米进行路基路面恢复、软基挖换和地质不良地段自治，安装14块路政法规宣传牌，争取上级水毁补助资金92.5万元对管养农村公路进行修复
2011	在抗凝冻保畅通中铺撒防滑砂562立方米，撒除冰盐12吨，清除道路结冰65000平方米，填筑路面坑槽295立方米，安装安全警示标志6套
2012	清理公路边沟191.6千米计6.5万立方米，疏通涵洞16道95米，清运塌方5819.3立方米，修复沥青表面处置公路3336.9平方米，填筑路基坑槽1528.80立方米。在抗凝冻保畅通中，储备防滑砂942立方米，撒防滑砂576立方米，撒工业盐5.6吨
2013	养护县道4条108.6千米、乡道11条144.1千米、村道119条631.7千米，监控易出现地质灾害、山体滑坡、落石路段等共75处，清理公路边沟191.6千米，疏通涵洞8道70米，清运塌方76处2321立方米，修复挡土墙7座641.2立方米，修复路肩墙488米127立方米；在抗凝冻保畅通中，储备防滑砂100余立方米，撒防滑砂100余立方米，撒工业盐4.2吨
2014	清理县道边沟191.6千米计47900立方米，疏通涵洞8道70米，清除塌方236处9850立方米，抢修公路便道2条，设置警示标牌14块，修复挡土墙21座计941.2立方米，修复路肩墙702米计217立方米，修整公路便道1条
2015	清理边沟路肩301.5千米；开挖边沟4332米；铺筑级配碎石1700.2平方米；热油罩面41268.5平方米；清挖涵洞8502立方米/137道；割草机清理边沟路肩累计共计5508万平方米

五、公路运输管理

（一）路政管理

1999年，召开煤矿集中公路段管理综合现场会，改变县级公路以包代管的管理机制。对罐子窑至白沙公路养护体制进行试点，按照白沙乡、铅矿、工区、交通部门各出资一部分的办法进行专业养护。

2002年，责令恢复损坏路面256平方米，清除通道堆积物75处共858平方米，收取路产补赔偿费1900元，制止红线内建筑1幢17.5平方米，恢复被损保坎34.3米、护栏2个、公路里程桩2个。2004年，责令恢复损坏路面105平方米，清除各种占道堆积331处3057平方米，收取路产损害补偿费4540元，制止线红内建筑1幢30平方米，恢复被损护栏3个，办理平交道口搭接手续3处，收取公路占用补偿费3000元。2005年，恢复损坏挡土墙1处8.4立方米，清除各种占道堆积物206处2079.3平方米，收取各种补偿费8.11万元，制止红线内建筑4处68平方米，拆除违法建筑1257.88平方米。

2006年，恢复损坏护栏4个，查处非法公路标志1块，非法平交道口2处，清除各种占道堆积物364处1849.6平方米，办理平交道口3处，收取各种补偿费60126元。2007年，拆除违法建筑8.7平方米，制止违法建筑48.5平方米，查处非法平交道口1处，损坏行道树2株，清除各种占道堆积物242处2933平方米，设置路政宣传牌15块，办理平交道口8处，收取各种补偿费870元。2009年，清除各种占道堆积373处2719平方米，清洁污染路面1065平方米，查处路面损坏11.5平方米，路基损害11.5平方米，制止公路建筑红线内建房24平方米，拆除红线内建房24.2平方米，收取公路赔补偿费4090元。2010年，规范加水点2处，制止违章建筑6处82平方米，清除路面堆积物89处731立方米，清洁污染路面25平方米，收取公路赔补偿费1.02万元，下达违法行为告知书30起，处理因交通事故造成路产损坏案件3起，索赔3起，清理平面交叉道口搭接3处，依法行政许可2处，责令限期撤除非公路标志1处12平方米，办理挖掘公路行政许可1起，在X632、X636查处违法超限运输车近2万辆次。

2011年，查处超限运输车辆1万余辆，收取超限运输补偿费18.61万元，清除占道堆积物229处4172.6平方米，查处路面损害1112.5平方米，护栏损坏2个、路面污染9处596.75平方米，清除阻塞边沟831.85米，办理路政索赔案件5件，收取路产损坏赔（补）偿费1.99万元，路政处罚案件2件，收取罚款1200元。2012年，清除占道堆积物409处6899.4平方米，查处路面损坏4处58平方米、非法平交道口8处，制止违法建筑3处76平方米，清除路面污染15处606平方米，对涉路案件立案查处8件结案8件，治理超限运输车辆1000余台次，收取路产赔（补）偿费5.27万元。2013年，清除占道堆积物203处3231平方米，办理交通行政许可8起，查处路面损坏2处22平方米、非法平交道口5处，制止违法建筑2处9.34平方米，查处路面污染15处606平方米、行道树损坏16株，办理赔（补）偿案件2起，收取路产损坏赔（补）偿费1.88万元。

2014年，清除各种占道堆积物178处2988平方米，办理交通行政许可8起，查处路面损坏2处17平方米，查处非法平交道口4处，制止违法建筑3处11.04平方米，路面污染16处577平方米，行道树损坏11株，办理赔（补）偿案件2起，收取路产损坏赔（补）偿费1.78万元。检测货车1065辆次，其中查处超限超载车辆884辆次，强制卸载车辆19辆，卸载总重量197.2吨。

2015年，清除各种占道堆积物241处3935平方米，办理增设平交道口许可14起，穿越公路埋设管线许可4起，查处路面损坏5处71.5平方米，查处护栏损害1处32米，查处示警墩损害6处21个，查处非公路标志31块176平方米，查处非法平交道口6处，制止违法建筑3处10.2平方米，路面污染4处11.2平方米，收取路产损坏赔（补）偿费2.76万元。开展全国首个“路政宣传月”活动，利用赶集日沿干线公路及楼下镇、青山镇、地瓜镇、兴中镇、龙吟镇等乡镇驻地进行宣传，举办路政管理现场咨询台，向过往群众、驾驶员讲解《中华人民共和国公路法》《公路安全保护条例》《路政管理规定》《超限运输车辆行驶公路管理规定》等相关法律法规，通过发放宣传资料、制作展板、悬挂横幅和宣传车车载音频巡回宣传等多种形式，全方位宣传路政管理工作的宗旨和目的。出动宣传车辆5车次，人员30余人次，发放宣传资料1000余份，悬挂宣传横幅3条。检查运煤车辆4000余辆，查处恶性超限车辆近100起，强制卸货140余吨，收取超限运输车损害公路赔补偿费120余万元。

（二）运输行业管理

1998年，开展以整顿交通秩序为主要内容的客运市场和机动三轮车秩序整顿。征收交通发展基金40万元，管理费24.5万元。1999年，严格市场准入关，取消16台违章车辆的经营资格。对县城客运市场做到“车进站，人归点，站管车”，杜绝沿街揽客现象。整顿维修行业，对36名维护行业人员进行培训规范经营行为。

2001年，开展城镇客运市场和三轮车运输秩序整顿，抓好城市综合整治，征收拖拉机养路费11.5万元、交通发展基金70万元、公路运输管理费31万元。2002年，会同交警、工商、城管等部门开展运输市场秩序专项整治，暂扣各类车辆共87辆，取缔普安一中、县农业局、“七一”饭店3个停车站。委派运管人员进驻客车站，强化排班、发班管理。对道路客货运输企业经营资质进行评定，开展客运企业服务质量信誉考核。杜绝易燃、易爆、有毒危险物品进站乘车，对汽车维修厂家进行监督管理，加强和完善营业性道路驾驶员从业资格管理，开展车辆抽样调查和完善调查方案并建立台账。2003年，对客货运输秩序、维修行业秩序进行清理整顿。加大对县客车站的管理，6月在全省检查中名列第一。对车辆乱停乱放进行巡查，暂扣违章客运车辆32辆，组织教育学习52人次，处罚20人次。对机动三轮车营运秩序进行整顿，暂扣无证照三轮车34辆。举办客车驾驶员、乘务员培训班，为62人办理从业资格证书。

2006年，对无牌无证、超范围超类别经营、欺行霸市、偷逃交通规费、扰乱运输市场秩序的客运、货运车辆违法违规行为进行打击。开展交通专项整治，打击机动车辆非法经营。做好农村客运市场调查，对农村客运市场发展进行规划。2009年，对运输市场实施经常性督查，严格市场准入，严厉打击非法客货运输。发放74台客运车辆油价补贴14.68万元。2010年，落实春运安全生产责任制，做好车辆春运检测，提高公路客运运行质量，对拟开通客车班线的10条通村线路进行实地考察、调研。净化运输市场，查处非法营运车辆189台、违法违章车辆551台。

2011年，查处违法违规车辆1370辆次。宣传安全生产法律法规知识1次，发放《贵州省城市公共客运交通管理条例》400余册。2012年，对持证客运三轮车发放身外标志残缺、车辆年检过期、车辆破损、车身不整洁、保险失效、乱贴乱画、张贴小广告等整改通知书21份，宣传安全生产知识2次，发放《贵州省城市公共客运交通管理条例》200余册。2013年，查处非法营运车辆276辆次、其他违法违规车辆1300余辆。2014年，查处非法营运车辆316辆次，其他违法违规车辆1300余辆。2015年，查处非法营运车辆295辆次，其他违法违规车辆1350余辆。

（三）交通安全管理

2002年，在危险路段设置警示标志，组织驾驶人员进行安全学习，强制维护车辆568辆次，加强龙吟镇水上交通安全管理。2003年，对带病和达不到运行要求的车辆，一律取消发班。2004年起，落实交通安全生产责任制，加强道路安全巡查，定期或不定期对运输企业、运输业户、汽车客运站安全生产管理进行全面检查，抓好船舶安全生产管理，开展公路地质灾害排查。

2009年，开展安全宣传活动，发放宣传资料5000余份。对辖区内各道路运输企业、维修企业进行安全生产检查，检查企业50家（次），对排查出的安全隐患督促进行整改。2010年，对普安至河洋公路设置波形护栏2530米、钢筋混凝土防撞墙699.65米、警示标牌120块。对普安至下厂河公路设置钢筋混凝土防撞墙50米、波形护栏300米，在管养农村公路沿线学校周边设置警示标牌48套，减速带24条。对X632线与G60高速公路联络线平交道口进行改造。进行安全生产检查，查出并整改安全隐患8起。举办船员和部分群众安全教育培训班2期共68人次，设置宣传场地1处，张贴宣传标语16条，悬挂横幅标语1幅，发放宣传资料400余份。检查船舶20艘次，查处水上交通违法违章行为2起，督促整改安全隐患2处。

2011年，制定安全生产大检查工作方案，发放安全知识宣传资料2000余份，查处道路运输安全隐患47项、非法营运车168辆次、违章经营客车26辆次、其他违法违规车辆1370辆次、例检不合格车辆60辆次、证件不全或无效被停班车辆40班次、准备超员出站车辆10辆次。检查船只41艘次，办理行政处罚案件14件。2013年，节假日期间投入营运客车194辆，开行8098个班次，春运客运车辆加班及包车599班次，安全运送旅客15.92万人次。发放安全知识宣传资料1000份，组织客运驾驶员培训400余人次。排查安全隐患184处，查处违法违章客运车辆5辆、农机牌证车辆35辆、三轮车45辆、无照无证客运19起。2014年，节假日期间投入营运客车205辆，开行8153个班次，春运客运车辆加班及包车654班次，安全运送旅客15.98万人次。发放安全知识宣传资料1600份，组织客运驾驶员培训415人次。排查安全隐患58处，查处违法违章客运车辆6辆、农机牌证车辆33辆、三轮车51辆、无照无证客运65起。2015年，节假日期间投入营运客车264辆，开行8620个班次，春运客运车辆加班及包车510班次，安全运送旅客11.56万人次。发放安全知识宣传资料1000份，组织客运驾驶员培训410余人次。排查安全隐患70处，查处违法违章客运车辆70辆、农机牌证车辆100辆、三轮车120辆、无照无证客运100起。

第二节　海　事

一、管理机构

（一）县海事处

2006年11月，设立正科级机构的普安县地方海事处（简称“县海事处”），归口县交通局管理，内设办公室。2008年12月，县海事处列入参照公务员法管理的事业单位。2009年9月，县海事处从交通局分列出来单独设立。2010年9月，县海事处挂靠县交通运输局，内设办公室、监督股、河阳海事所（副科级）。2015年3月，增设财会股。12月，加挂普安县航务管理局牌子（编制在县海事处内部调剂使用）。

（二）县水上搜救中心

2009年9月，设立副科级事业机构的普安县水上应急搜救中心（简称“县水上搜救中心”），隶属县海事处管理，下设股级机构的河阳监管应急搜救站。

二、渡口与库区

（一）渡　口

2004年3月，普安县人民政府确定龙吟镇河阳水上自用渡口为水上交通渡口。2010年2月，因光照库区水位淹没河阳渡口，河阳渡口撤销。

（二）库　区

1998年，东风水库有自用船舶1艘，临时停靠点1个。幸福水库有自用船舶1艘，临时停靠点1个。2002年，在三板桥、窝沿2个乡镇境内建成南京桥水库。2008年12月，龙吟镇北盘江光照库区建成。

（三）船　舶

2015年12月，全县有船舶31艘，有船舶临时停靠点2个，便民码头2个。其中营运船舶2艘，总吨位4吨，主机功率30.8千瓦，客位51个；自用船舶19艘，趸船7艘，交通艇1艘，海事巡逻艇1艘，渔政巡逻船1艘。

三、海事管理

（一）海事安全监管

2006年起，开展海事安全监管。到2015年，共开展应急演练7次，共139人次参与，签证船舶航次2543次，水工维护279次，船舶检丈、登记、发证104艘次，检查船舶623艘次，处罚船舶29艘次共3849元，船舶安全检查148艘次，救助1次，检查渡口、便民码头258道次，开展船员培训考试8期63人次，开展船员安全教育培训29期491人次，安全宣传43期8805人次，发放宣传资料8805份，悬挂、刷写宣传标语（横幅）1895条（幅），设置固定宣传板15块，发布预警预报信息1428条。

2006—2015年普安县海事安全监管情况表

表4-1-8

监管项目＼年度		2006—2009	2010	2011	2012	2013	2014	2015	合计
应急演练	次数（次）	1	1	1	1	1	1	1	7
	人数（人）	10	22	18	24	25	21	19	139
	时间（天）	1	1	1	1	2	1	1	8
	车次	1	1	1	1	2	1	1	8
	船次	1	1	1	2	2	1	1	9
船舶签证（艘次）	航次	—	280	336	360	520	519	528	2543
	定期	12	2	2	1	1	1	1	20
水工维护（次）		—	60	65	70	84	—	—	279
船舶检丈、登记、发证（艘）		1	26	5	15	12	21	24	104
检查船舶（艘次）		12	96	85	110	101	125	94	623
处罚船舶	艘次	—	2	14	9	3	—	1	29
	金额（元）	—	249	1300	1500	—	—	800	3549
船舶安全检查（艘次）		1	26	25	26	25	21	24	148
救助（次）		—	—	—	1	—	—	—	1
检查渡口、便民码头（道次）		12	36	28	40	45	47	50	258
出动巡航艇	艘次	—	146	150	228	285	402	285	1496
	航程（千米）	—	3100	3750	7031	8211	12399	4760	39161
出动执法车辆	车次	5	32	33	39	41	19	92	261
	行程（千米）	940	3002	2274	4455	4985	2785	8458	26899
出去海事人员（人次）		30	472	455	788	875	1092	1057	4769
船员培训考试	期	—	2	1	1	2	1	1	8
	人数	—	26	5	15	12	3	2	63
船员安全教育培训	期	1	4	4	5	4	5	6	29
	人次	5	85	102	75	60	78	86	491
安全宣传	期	2	4	6	6	8	8	9	43
	人数	230	185	800	1200	2100	2130	2160	8805
发放宣传资料（份）		230	185	800	1200	2100	2130	2160	8805
宣传标语（条）		35	120	160	300	540	360	380	1895
横幅（幅）		1	5	7	10	17	12	16	68
参加人员（人次）		20	82	120	145	206	168	190	931
设置固定宣传牌（块）		—	1	2	2	4	3	3	15
发布预警预报信息（条）		—	160	180	240	278	281	289	1428

（二）水运执法

2010年，普安县启动水运执法，重点打击自用船舶非法载客，客船超员超载等违法行为，纠正水上交通各种违法违章行为。2010—2015年，开展联合执法8次，行政处罚船舶29艘次共3849元，行政征收船检费6770元、港务费3600元，行政强制执行3次。

2010—2015年普安县水运执法情况表

表4-1-9

年份	联合执法（次）	行政处罚		行政征收		行政强制（次）
		船舶（艘次）	金额（元）	船检费（元）	港务费（元）	
2010	1	2	249	2250	900	—
2011	1	14	1300	1350	900	1
2012	2	9	1500	1350	900	2
2013	2	3	—	900	900	—
2014	1	—	—	920	—	—
2015	1	1	800	—	—	—

第二章 邮 电

第一节 邮 政

一、管理机构

（一）县邮政局

1998年1月，普安县邮电局（简称“县邮电局”）下设邮政、电信、行政3个办公室。1998年10月，普安县邮政、电信分营，成立普安县邮政局（简称“县邮政局”）。2013年，县邮政局设市场经营部、办公室、发投部。2014年，增设代理金业务部、营投部。2015年4月，普安县邮政局更名为中国邮政集团公司贵州省普安县分公司。

（二）基层邮政机构

1998年1月，设立4个支局，分别是地瓜邮电支局、铅厂邮电支局、兴中邮电支局、青山邮电支局；设立6个邮电所，分别是新店邮电所、楼下邮电所、三板桥邮电所、窝沿邮电所、江西坡邮电所、龙吟邮电所；设立4个代办所，分别是罗汉邮电代办所、白沙邮电代办所、高棉邮电代办所、泥堡邮电代办所。2013年，设立3个支局，分别是地瓜邮政支局、铅厂邮政支局、青山邮政支局；设立3个邮政储蓄支行，分别是西街支行、东街支行、楼下支行；设立9个邮政代办所，分别是新店邮政代办所、三板桥邮政代办所、窝沿邮政代办所、兴中邮政代办所、江西坡邮政代办所、龙吟邮政代办所、罗汉邮政代办所、白沙邮政代办所、高棉邮政代办所。2015年4月，邮政局更名为中国邮政集团公司贵州省普安县分公司，分别设立3个营业所：地瓜镇营业所、青山镇营业所、楼下镇营业所。

二、邮政设施

（一）邮运投递设备

1998年，普安县邮运投递设备有自行车10辆、汽车3辆。2008年，投递设备有摩托车5辆、汽车5辆。2013年，投递设备有摩托车15辆、汽车8辆。2015年，投递设备有摩托车15辆、汽车11辆。

1998—2015年普安县邮运投递设备情况表

表4-2-1　　　　单位：辆

年份	自行车	摩托车	汽车	年份	自行车	摩托车	汽车
1998	10	—	3	2007	4	—	5
1999	8	—	3	2008	—	5	5
2000	8	—	3	2009	—	5	5
2001	5	—	3	2010	—	5	7
2002	4	—	3	2011	—	5	8
2003	4	—	3	2012	—	5	9
2004	4	—	3	2013	—	15	8
2005	4	—	4	2014	—	15	8
2006	4	—	5	2015	—	15	11

（二）邮政营业设施

2004年，配备储蓄、汇兑营业终端设备6套。9月23日，对县城西街、东街、青山、楼下、铅厂5个网点储蓄软件系统进行升级，实现全国统一联网版本，储蓄业务实现全国联网办理，西街营业厅、西街、东街、青山、楼下、铅厂6个网点汇兑业务升级为联网业务，汇兑业务实现全国联网办理。2005年5月，汇兑、储蓄账务实现在一个终端平台上进行处理账务。2006年，配备汇兑营业终端设备3套，江西坡、地瓜、兴中开通电子汇兑。2008年，公司业务上线，配备公司营业终端设备1套；会计平台上线，配备汇兑营业终端设备3套；楼下支局创建“精品支局”“职工小家”并通过省公司验收；开通9个电子化支局。开办质押贷款业务，全年发放质押贷款112万元。2010年1月，信贷部成立，贷款业务从邮政分离，在西街、青山启用2台ATM自助取款机。2010年，青山邮政支局办公用房在原址进行重建。10月，县城新办公大楼建成并投入使用，在楼下安装1台ATM自助取款机。2011年，开通龙吟、高棉、三板桥电子汇兑。9月29日，地瓜邮政储蓄开业。2012年，公司业务平台、会计平台合并，统一储蓄统版和会计平台处理账务，停办手工汇兑业务。5月27日，东街邮政储蓄搬到惠安大厦营业，同时增设1台ATM自助取款机。2013年，青山邮政储蓄搬入新办公房营业，楼下邮政支局搬到新租网点营业（对办公用房进行重建）。2015年，新增3台CRS自助存取款一体机，安装在楼下邮政储蓄所、东街邮政储蓄所和青山邮政储蓄所。

三、邮路与投递

（一）邮　路

1998—2015年，普安县投递邮路共7条，分别是县城—新店—青山—楼下，单程75千米；县城—地瓜—罗汉，单程35千米；县城—三板桥，单程13千米；县城—江西坡，单程23千米；县城—高棉，单程35千米；县城—龙吟，单程43千米；县城—窝沿—罐子窑—铅厂—白沙，单程35千米。

（二）投　递

1998—2015年，邮政投递覆盖全县14个乡镇，除雪浦乡外的其他乡镇都设立有邮政机构（邮政支局所、代办点）。2013年，在青山镇营山村，楼下镇泥堡村、糯东村设立村邮站，付费聘请75个村级代投员（1村1名）为村、组群众提供邮政服务，争取空白乡镇网点建设项目在雪浦乡修建邮政网点服务用房。将县城盘水镇分成7个段道开展投递服务，分别是：第一段道，县政府片区；第二段道，一中片区；第三段道，一小片区；第四段道，体育场、水电局片区；第五段道，县城代收货款投递；第六段道，县城物品型包件类投递；第七段道，机要邮件收寄、投递。

1998年，投递频次为1天1次（周末、节假日不投递）。2013年，投递频次为1天2次，邮件较多时投递频次为1天3次或4次，当天邮件当天投递完结（周末、节假日机要件、特快专递必须投递）。2015年，建设6个村邮站，分别是南湖街道九峰村村邮站、大湾村村邮站，青山镇雪浦村村邮站、范家寨村村邮站，新店镇细余村村邮站、灿木桥村村邮站。同时，在各乡镇（街道）新增1名投递员投递乡村邮件及报刊，投递频次为每天1次。

四、邮政业务

（一）函件、包件、机要件

1998年，进出口函件量8.56万件、包件5000件、机要件600件。1998—2006年，函件、包件、机要件业务一度呈下降趋势。2007年起，函件、包件、机要件保持持续上升势头。2015年，进出口函件25.13万件，包件4.02万件，机要件1320件。

1998—2015年函件、包件、机要件进出口量情况表

表4-2-2　　单位：件

年份	函件	包件	机要件	年份	函件	包件	机要件
1998	85648	5000	600	2007	115892	10289	1308
1999	80452	4800	410	2008	122809	14392	1502
2000	75621	4650	245	2009	113946	13260	1840
2001	70125	4310	230	2010	162300	12829	1809
2002	76324	4835	220	2011	255660	11486	1702
2003	70489	4100	190	2012	329786	17803	1860
2004	68541	3742	210	2013	329466	35341	1834
2005	65164	3218	170	2014	246709	39612	1541
2006	37710	3376	167	2015	251306	40153	1320

（二）邮政特快专递

1998年，邮政特快专递778件。2003件，邮政特快专递1.38万件。2010年，邮政特快专递5.44万件。2012年，邮政特快专递8万件。2015年，邮政特快专递9.37万件。

1998—2015年普安县邮政特快专递情况表

表4-2-3　　单位：件

年份	业务量	年份	业务量	年份	业务量
1998	778	2004	16980	2010	54427
1999	1500	2005	20291	2011	80587
2000	3564	2006	18117	2012	80677
2001	5900	2007	31056	2013	73120
2002	8942	2008	43724	2014	83018
2003	13810	2009	45119	2015	93675

（三）报刊发行

1998年，订销报纸9.25万份，订销杂志8万份。2006年，订销报纸135.42万份，订销杂志7.19万份。2013年，订销报纸210.38万份，订销杂志9.97万份。2015年，订销杂志9.82万份，订销报纸242.17万份。

1998—2015年普安县报刊发行情况表

表4-2-4　　单位：份

年度	订销报纸	订销杂志	年度	订销报纸	订销杂志
1998	92486	79968	2007	1396785	89587
1999	154980	77256	2008	1465193	96124
2000	210658	76985	2009	1516656	115608
2001	304786	78542	2010	1598186	589904
2002	467510	76531	2011	1884163	118500
2003	526349	72451	2012	1548779	591080
2004	598643	73986	2013	2103818	99653
2005	748083	71538	2014	2206119	86753
2006	1354212	71863	2015	2421657	98206

（四）集　邮

1998年，集邮金额4620元。2007年，集邮金额1.04万元。2009年，集邮金额5.03万元。2010年，集邮金额12.45万元。2012年，集邮金额27.15万元。2013年，集邮金额30.84万元。2015年，集邮金额24.50万元。

1998—2015年普安县集邮情况表

表4-2-5　　单位：元

年份	金额	年份	金额	年份	金额
1998	4620	2004	7364	2010	124471
1999	5142	2005	8059	2011	155028.3
2000	5467	2006	8828.4	2012	271510.2
2001	5982	2007	10426.7	2013	308423.5
2002	6354	2008	19316.6	2014	133874.9
2003	6875	2009	50296.2	2015	245027.4

（五）汇　兑

1998年，收汇1.78万笔，金额987万元；兑付2.86万笔，金额2978万元。2005年，收汇2.3万笔，金额5946万元；兑付5.8万笔，金额8598万元。2013年，收汇5.6万笔，金额2.17亿元；兑付1.4万笔，金额5882万元。2015年，收汇2.6万笔，金额8651万元；兑付0.5万笔，金额1575万元。

1998—2015年普安县汇兑情况表

表4-2-6

年份	收汇		兑付		年份	收汇		兑付	
	笔数（万笔）	金额（万元）	笔数（万笔）	金额（万元）		笔数（万笔）	金额（万元）	笔数（万笔）	金额（万元）
1998	1.78	987	2.86	2978	2007	3.5	7810	6.1	8539
1999	1.75	965	2.95	3045	2008	4	9484	3.9	6146
2000	1.71	1130	3.02	2730	2009	4.9	10501	2.9	4603
2001	1.65	980	3.61	3512	2010	4.5	10160	2.1	3752
2002	1.5	1602	4.4	4211	2011	4.6	13369	1.4	3211
2003	1.3	1520	5.5	5417	2012	5.5	19495	1.1	3665
2004	1.1	4233	5.9	9048	2013	5.6	21704	1.4	5882
2005	2.3	5946	5.8	8598	2014	3.5	12315	0.8	3525
2006	3.1	6514	5.8	8248	2015	2.6	8651	0.5	1575

（六）储　蓄

1998年，储蓄存款余额645万元。2005年，储蓄存款余额1.27亿元。2015年，储蓄存款余额4.88亿元。

1998—2015年普安县邮政储蓄存款余额情况表

表4-2-7　　单位：万元

年份	存款余额	年份	存款余额	年份	存款余额
1998	645	2004	7980	2010	25039
1999	1290	2005	12731	2011	31202
2000	1454	2006	16541	2012	40419
2001	2634	2007	18977	2013	44221
2002	3319	2008	21691	2014	45011
2003	47.81	2009	21691	2015	48799

第二节　电　信

一、管理机构

1998年1月，普安县邮电局（简称“县邮电局”）下设邮政、电信、行政3个办公室，设立地瓜邮电支局、铅厂邮电支局、兴中邮电支局、青山邮电支局、新店邮电所、楼下邮电所、三板桥邮电所、窝沿邮电所、江西坡邮电所、龙吟邮电所、罗汉邮电代办所、白沙邮电代办所、高棉邮电代办所、泥堡邮电代办所，其中有8处办理电报业务、1处办理长话业务。1998年10月，普安县邮政、电信分营，成立普安县电信局（简称“县电信局”）。2004年5月，中国电信在香港和纽约上市，实现公司化运作，县电信局更名为中国电信股份有限公司普安分公司（简称“县电信公司”），负责人由原来的“局长”更名为“总经理”。

二、电信建设

（一）程控化工程

1998年，普安县14个乡镇普及程控电话。之后，随着用户规模的增长，交换机随之扩容。

（二）信息化工程

数字化普安　2005年，建成煤炭瓦斯监控系统，对全县所有煤矿矿井瓦斯浓度实现监控；建成煤炭税费监控系统，在各煤检站实现过往煤车电子监控。2007年，建成“新视通”会议网络系统，全县所有乡镇均通可视会议电话；建成“平安普安”城镇报警与监控系统，在全省率先实现监控信号覆盖到所有乡镇。2010年，建成财政集中支付系统；建成县政府办公自动化系统，全县各单位实现网上无纸化办公。2011年，建成新型农村合作医疗管理系统。七大系统的建设完成，为普安信息化发展添上新的一笔。

村村通电话工程　2009年，启动村村通电话工程。2015年年底，在全县90个行政村（社区）中的80个行政村（社区）开通有线宽带和电话。

（三）通信枢纽工程

1998—2011年，位于盘水镇西街97号的邮电办公楼以通信枢纽为主（兼作办公），内设程控交换机房、传输机房、办公自动化等业务。2012年，在原办公楼旁边新建了一幢5层的新营业办公楼。

三、电信设施

（一）电报设施

1998年，全县有自动收发报机1台、传真机1台。2000年7月，停止使用电报业务。

（二）电话及宽带设施

交换机　1998年，全县程控电话交换机总容量3500门，分组交换接点机24部。2014年，全县程控电话交换机总容量3.64万门。2015年，由于光网城市建设推进，程控交换机完成任务退网，新建光纤接入设备和无线座机替换程控交换机。

1998—2014年普安县电信交换机容量情况表

表4-2-8　　单位：门

年份	交换机容量	年份	交换机容量	年份	交换机容量
1998	3500	2004	25864	2010	36400
1999	6756	2005	30316	2011	36400
2000	9012	2006	33840	2012	36400
2001	15524	2007	34864	2013	36400
2002	18036	2008	35376	2014	36400
2003	22292	2009	36400		

光电缆线路　1998年，全县通信由铁线传输改为光缆传输，传输信号稳定，同时可传输大容量通信。2015年，有国家级干线光缆160千米、省级干线光缆235千米、本地网骨干光缆636千米。

（三）电视电话会议系统

2003年，建成县电信公司可视电话会议汇接系统1套，全县可视电话会议均到县电信公司召开。2007年，建成县政府会议室可视电话会议系统1套、13个乡镇可视电话会议系统各1套。2015年，县电信公司可视电话会议汇接系统升级为高清视频会议系统，提供更优质的可视电话会议服务。

（四）移动基站

2008年，中国电信购买中国联通CDMA移动网络，划转过来的基站共有32个。2015年，有基站101个，信号覆盖全县。

四、电信业务

（一）公用电话

1998年，全县公用电话亭35部，其中邮电局15部，医院、商店、街道等20部。2003年，随着通信技术及市场经济发展，公用电话在街头巷尾、车站、商店、学校等随处可见，公用电话亭125部，公用电话点413个。2015年，随着手机等通信工具的普及，公用电话基本消失。

（二）固定电话

1998年，固定电话逐步普及，以后逐年增加。2007年，固定电话达到顶峰。2008年，随着手机的普及，固定电话逐步减少。

2005—2015年普安县电信固定电话用户情况表

表4-2-9　　单位：户

年份	固定电话用户	年份	固定电话用户	年份	固定电话用户
2005	21844	2009	29045	2013	19812
2006	26630	2010	27382	2014	16254
2007	30401	2011	24024	2015	10121
2008	29851	2012	20658		

说明：1998—2004年，资料缺失

（三）服务电话

1998—2015年，除常用服务电话110（报警）、119（火警）、120（救护）、121（天气预报）、114（电话查询）等外，设有12315（消费者权益保护）、95588（工行电话银行）、95599（农行电话银行）、95598（供电故障报修）等公共服务电话。

（四）无线寻呼

1998年，普安县由寻呼公司经营无线寻呼业务。寻呼机（又称BP机或Call机）号码为8246XXX和8247XXX，分数字机和中文机，数字机只能接收对方呼叫的号码，中文机可接收文字留言。寻呼台分为自动寻呼台（127）和人工寻呼台（126）。2001年，随着手机和固定电话的普及，寻呼机逐渐停用。

（五）移动通信

1998年，普安县使用第一代模拟移动通信（俗称“大哥大”），手机号码为7位：9007XXX。10月19日，开通数字蜂窝移动电话，号码升到11位：1370859XXXX。1999年8月，移动业务从电信部门分离，成立移动公司，经营移动业务。2008年，中国电信购买中国联通CDMA移动网络，正式经营移动通信业务，一并转网的电信手机用户6000余户。2015年，电信手机用户3.62万户。

（六）互联网

1998年，通过电话线用调制解调器（俗称Modem）拨号上网，速率为64K，由于网速的限制只能简单浏览网页。2002年，改为ISDN（又叫“一线通”）拨号上网，速率为512K。2003年，改为ADSL（非对称数字环路，它利用现有的电话用户线，通过采用的复用技术和调制技术，使得高速的数字信息和电话语音信息在一对电话线的不同频段上同时传输，为用户提供宽带接入）拨号上网，速率为2M。2015年，普安县开始光进铜退工作，县城区域宽带逐步升级割接为FTTH光纤接入，网速为10～20M。对网吧、煤矿和有需求的单位提供光纤专线接入，速率达20～50M。

2005—2015年普安县电信宽带用户情况表

表4-2-10　　单位：户

年份	宽带用户	年份	宽带用户	年份	宽带用户
2005	619	2009	4741	2013	7507
2006	1210	2010	5843	2014	8600
2007	2049	2011	6825	2015	11023
2008	3601	2012	7626		

说明：1998—2004年，资料失查

五、电话资费

（一）固定电话资费

初装费　1998年，电话初装费600元。2000年，调整为398元。2009年，调整为128元。2011年，调整为68元。2014年，取消电话初装费。

月租费　1998—2015年，电话月租费分单位用户25元、私人用户10元2种标准进行收取。

通话费　1998年，市话（县城内）前3分钟0.20元，超过3分钟每分钟0.10元，不满1分钟的按1分钟计收。农话（县城拨打到各乡镇），每分钟0.30元。网话（黔西南州范围内），每分钟0.30元。长话（黔西南以外），省内每分钟0.50元，省外每分钟0.70元。2002年，取消农话和网话区别，全州范围内统一划分为市话，收费标准为前3分钟0.20元，超过3分钟每分钟0.10元。取消省内省外长话之分，统一为每分钟0.70元。2012年，长话计费单元以每6秒为1个计费单元，1个计费单元内收费为0.07元，即每6秒0.07元。国际长途计费单元以每6秒为1个计费单元，1个计费单元内收费为0.8元，即每6秒0.8元。

（二）移动电话资费

移动电话（又称手机）资费，与所选套餐档次相关，无固定标准。

第三节　移　动

一、管理机构

（一）县移动公司

1998年1月，移动业务由县邮电局统管。10月，普安县邮政、电信分营，移动业务由县电信局统管。1999年8月，中国移动通信集团贵州有限公司普安分公司（简称“县移动公司”）与电信局分营，分营时设有西街营业厅1个、办公室1个。2008年1月，设立集团客户部、营销服务部，办公室更名为综合事务部。4月，设立建设维护部。2010年12月，设立经理室。2015年，设立综合部、建设维护部、政企客户部、全业务中心、市场销售部。

（二）片区营业厅

2007年4月，设立罐子窑、新店、盘水3个片区营业厅。2009年8月，新店片区营业厅变更为青山片区营业厅。2012年8月，设立楼下片区营业厅。2014—2015年，设立8个网格，分别是青山网格，楼下网格，地（瓜）新（店）罗（汉）网格，江（西坡）高（棉）三（板桥）网格，盘水西网格，盘水东网格，龙吟网格，窝（沿）罐（子窑）白（沙）网格。

二、移动经营

（一）基站建设

1999年8月，县移动公司与县电信局分营时，有基站1个，通信信号覆盖县城。2001年，基站22个，移动通信信号覆盖各乡镇。2007年，基站98个，移动通信信号覆盖各行政村。2010年，基站130个，其中3G基站8个，3G网络覆盖县城区域。2011年，基站151个，其中3G基站47个，3G网络覆盖到各乡镇。2013年，基站235个，移动通信信号覆盖99%的自然村寨。2014年，基站280个，移动通信信号覆盖100%的自然村寨。2015年，基站390个，4G移动通信信号全面覆盖。

1999—2015年普安县移动基站情况表

表4-2-11　　单位：个

年份	基站	年份	基站	年份	基站
1999	1	2005	40	2011	151
2000	9	2006	73	2012	198
2001	22	2007	98	2013	235
2002	22	2008	109	2014	280
2003	28	2009	118	2015	390
2004	35	2010	130		

（二）市场发展

1999年8月，移动经营服务网点1个，用户282户，主营移动通信，年营业额10万元。2003年12月，服务网点18个，用户1.5万户，主营移动通信，年营业额650万元。2010年12月，服务网点160个，用户12万户，主营移动通信、宽带，年营业额3600万元。2015年，服务网点69个，用户数8.3万户，主营移动通信、宽带，年营业额5500万元。

1999—2015年普安县移动公司市场发展情况表

表4-2-12

年份	网点（个）	用户（户/万户）	服务范围	营业额（万元）	年份	网点（个）	用户（万户）	服务范围	营业额（万元）
1999	1	282	通信	10	2008	111	9	通信	2400
2000	3	1500	通信	100	2009	144	10	通信	2800
2001	7	1500	通信	240	2010	160	12	通信、宽带	3600
2002	10	8000	通信	280	2011	171	12.5	通信、宽带	4000
2003	18	1.5	通信	650	2012	177	13	通信、宽带	4400
2004	26	2.2	通信	800	2013	179	14	通信、宽带	5000
2005	40	4	通信	1100	2014	111	10	通信、宽带	5100
2006	51	5.5	通信	1600	2015	69	8.3	通信、宽带	5500
2007	100	8	通信	2200					

（三）互联网

2010年7月，启动互联网带建设，开通互联网服务，用户112户。2015年，用户1948户，互联网宽带业务覆盖县城及各乡镇。

2010—2015年普安县移动公司互联网用户情况表

表4-2-13　　单位：户

年份	用户	年份	用户	年份	用户
2010	112	2012	1120	2014	1659
2011	556	2013	1478	2015	1948

第四节　联　通

一、管理机构

2000年1月，成立中国联通普安营业部（简称“县联通公司”）。2004年4月，成立中国联通普安县分公司（简称“县联通公司”）。2005年，设立综合部、基站维护班、营业厅。2006年9月，增设财务室、市场部。2008年10月，增设宽带管理中心。2014年，公司激活基层单元活力改革，下设普安城区销售中心、青山销售中心、普安建维中心，由州公司直管。

二、联通经营

（一）基站建设

2002年4月，开通三板桥、青山、楼下、新店、罐子窑、盘水镇、龙吟7个乡镇所在地GSM通信基站。2003年，开通江西坡、地瓜、罗汉等7个乡镇所在地基站，网络覆盖14个乡镇所在地及周边村寨。2011年，基站104个。2014年，基站151个。2015年，基站178个。

2002—2015年普安县联通基站情况表

表4-2-14　　单位：个

年份	基站	年份	基站	年份	基站
2002	7	2007	54	2012	115
2003	14	2008	56	2013	131
2004	24	2009	83	2014	151
2005	34	2010	98	2015	178
2006	36	2011	104		

（二）业务发展

1998年，主要经营国信寻呼业务。2001年1月，在南山坡建立第一个基站，开始经营联通移动业务。2002年4月，在7个乡镇建成GSM通信基站，经营收入190万元。2004年4月，开通CDMA业务，联通用户达2.3万户。2005年，开启数据业务，采取拨号上网。2006年，开通金融系统专线业务。2008年10月，CDMA移交电信运营。2009年1月，经营第三代移动通信（3G）业务。2010年，发展煤矿等数据专线18条。2012年，建设安居小区、烟草公司等小区宽带互联网，宽带用户100余户。2013年，联通用户发展到4.5万户，建成数据专线22条和城区宽带互联网。2014年，联通用户4.5万户。2015年，联通用户4.6万户，3G到村、4G到乡，宽带覆盖城区、乡镇及大村大寨。

第五篇　农林牧渔

1998—2015年，普安县委、县政府认真落实“三农”（农业、农村、农民）政策，继续深化农村改革，抓好第二轮延长土地承包期限工作，稳定土地承包关系。探索和推进土地使用权流转的新机制，调整和优化农业产业结构，鼓励、支持、发展各类农村中介组织，推进农业产业化经营，先后培育、建立起21家种植省州级龙头企业、10家养殖企业。全面抓好农业综合服务，鼓励、支持农民在耕作方式上使用机械化装备，补助农民购置耕作机械，对人员进行技术培训，提升农业现代化生产水平。成立庄稼医院，对主要农作物进行植保，以技术咨询服务为主，实施绿色防控、有害生物预警，做好植物检疫。加强农药管理，对农作物进行科学的病虫害防治。推广水稻、玉米、小麦、油菜种植良种良法，粮食总产量稳定在8万余吨。实施蔬菜种植示范点，建立蔬菜种植基地，推广反季节蔬菜无公害栽培，蔬菜种植品种增多、产量增加。

组建普安县草地畜牧技术服务中心，在乡镇设3个片区草地畜牧技术服务站，大力发展养牛、养羊等草地畜牧业。发展山塘、水库、稻田养鱼，实施普安银鲫、大闸蟹、棘胸蛙、中华鲟养殖，水产养殖品种增多，规模增大。推广猪、牛、鸡等畜禽品种改良，抓好疫病防治，提升养殖水平。

成立普安县茶业发展中心，大力发展茶叶产业。成立普安县江西坡茶业现代高效农业示范园区。2015年，全县建成茶园6733公顷，其中投产茶园3867公顷，是1998年的3.5倍。建成茶叶加工企业17家，实现茶叶销售总产量6050吨，实现产值1.06亿元，农户茶青收入0.69亿元。

加强农业基础设施和生态环境建设，普安县被财政部批准为国家农业综合开发县。以建成珠江上游生态屏障为目标，实施国家生态环境建设综合治理工程，巩固16个自然保护区和生态治理区。抓好森林资源管理，加大林业生态建设，发放林权证4.39万宗，发展核桃种植1.67万公顷，项目覆盖全县各乡镇（街道）。

“十二五”末（2015年），全县农业总产值18.57亿元，是“十五”计划期末（2005年）的4.2倍。继续实施扶贫攻坚战略，农民人均纯收入增幅高于全省平均水平，农民生活水平大幅提高。

第一章 农 业

第一节 管理机构

一、县农业局

1998年，普安县农业局（以下简称“县农业局”）内设办公室、植保站、土肥站、农技站、农经站、果蔬站、农科所、种子公司、新寨茶场、县农场，下辖楼下农技站、青山农技站、雪浦农技站、罗汉农技站、新店农技站、地瓜农技站、江西坡农技站、高棉农技站、龙吟农技站、白沙农技站、罐子窑农技站、窝沿农技站、盘水农技站、三板桥农技站。2001年，普安县农业机械事业局更名为普安县农业机械事业服务中心，其职能划入县农业局。县农业局内设办公室、农业技术推广站、经济作物管理站、农村经济经营管理站、农民负担监督管理办公室、植保植检站（含农药监督管理站）、土壤肥料工作站、农村能源环境保护办公室、种子工作站、政策法规股、县农广校、种子公司、县农业科学研究所、县良种场，下辖楼下农技站、青山农技站、雪浦农技站、罗汉农技站、新店农技站、地瓜农技站、江西坡农技站、高棉农技站、龙吟农技站、白沙农技站、罐子窑农技站、窝沿农技站、盘水农技站、三板桥农技站。2005年，楼下农技站、青山农技站、雪浦农技站、罗汉农技站、新店农技站、地瓜农技站、江西坡农技站、高棉农技站、龙吟农技站、白沙农技站、罐子窑农技站、窝沿农技站、盘水农技站、三板桥农技站更名为农技服务中心，人员归乡镇管理。

2010年4月，县农业局、县农业办公室、县扶贫开发办公室、县林业局、县畜牧兽医局、县农业机械事业服务中心合并组建普安县农业林业和扶贫开发局（简称“县农业林业和扶贫开发局”），挂畜牧水产事业局牌子。内设办公室、计划财务股、法规股、农民负担监督管理办公室、森林资源和林政管理股（挂野生动植物管理站、林地管理站、森林资源评估中心牌子）、新农村建设与社会发展股、农机股、乡镇企业股、农产品质量安全监管股、种植业股、纪检组、农业执法大队、扶贫开发股、蚕桑站（蚕桑办）、农业综合开发股等，设置副科级机构的林业公安派出所（挂林业刑侦队牌子）、国有普白林场派出所，设立事业站股级的农业技术推广站、经济作物管理站、农村经济经营管理站、植保植检站（农药监督管理站）、种子管理站、土壤肥料工作站、农村能源环境保护办公室、农产品质量安全监测中心（含农产品市场与经济信息站）、农业广播电视学校（含科技教育培训所）、农机安全监理站、农机管理站（挂农机技术推广站牌子）、农机化技术学校、农村经济管理股、新农村建设股、农业综合开发技术股、林业工作站（挂林业科技推广站牌子）、森林病虫防治检疫站、木材检查站（挂林业行政综合执法大队牌子）、种苗站（挂苗圃场牌子）、森林防火指挥办公室、楼下林业站、青山林业站、雪浦林业站、罗汉林业站、新店林业站、地瓜林业站、江西坡林业站、高棉林业站、龙吟林业站、白沙林业站、罐子窑林业站、窝沿林业站、盘水林业站、三板桥林业站、普白林场（自收自支单位）。

2011年11月，扶贫开发办从县农业林业和扶贫开发局分列单设。2012年4月，林业局从县农业林业和扶贫开发局分列单设。是月，县农业林业和扶贫开发局更名为县农业局，挂畜牧水产局牌子。内设机构为：办公室、法规股、发展计划股、财务股、农村经济经营管理股（农业产业化办公室）、新农村建设与社会发展股、科技教育股、畜牧水产股、兽医医政药政股、动物防疫检疫股、动物卫生监督所、渔业股、农业机械化管理股、农机安全监理股、人事股、监察室、农业执法大队（副科级事业单位，内设综合股、农业执法中队、畜牧水产执法中队、农机执法中队）。县农业局下设正股级事业机构为：农业（农机）技术推广站、经济作物管理站（粮油作物管理站）、农村经济经营管理站（县农民负担监督管理办公室）、植保植检站（农药监督管理站）、种子管理站、土壤肥料工作站、农业生态与农村能源环境保护办公室、农产品质量安全检测站（农产品质量安全检测中心，农产品市场与经济信息站）、农业广播电视学校（农业培训中心）、农业科学研究所、良种场、动物疫病预防控制中心、饲草饲料站（县草原监理站、县兽〈渔〉药饲料监察所）、畜禽品种改良站、水产技术推广站（鱼种场）。2014年12月，县人民政府对县农业局部分职责进行调整，调整后的内设机构为：办公室、人事股、财务股、法规股、种植业股、发展计划股、农业产业化办公室（乡镇企业管理股）、新农村建设与社会发展股、科技教育股、畜牧水产股（渔业股）、兽医医政药政股、动物卫生监督所、农机股、农业执法大队（副科级事业单位，内设综合股、农业执法中队、畜牧水产执法中队、农机执法中队）；下设事业机构分别为：农业（农机）技术推广站、经济作物管理站（粮油作物管理站）、农村经济经营管理站（县农民负担监督管理办公室）、植保植检站（农药监督管理站）、种子管理站、土壤肥料工作站、农业生态与农村能源环境保护办公室、农产品质量安全检测站（农产品质量安全检测中心，农产品市场与经济信息站）、农业广播电视学校（农业培训中心）、农业科学研究所、良种场、动物疫病预防控制中心、饲草饲料站（县草原监理站、县兽〈渔〉药饲料监察所）、畜禽品种改良站、水产技术推广站（鱼种场）。2015年4月，撤销普安县良种场，设立普安县兔业发展中心。7月，撤销普安县农业科学研究所，将行政机构的普安县动物卫生监督所变更为事业机构。

二、县农业办公室（农业综合开发办公室）

1998年，普安县设立农业办公室（以下简称“县农业办公室”），下设行政股、农村经济管理股。2007年，增设新农村建设股。成立普安县农业综合开发办公室（简称“县农业综合开发办公室”），与县农办合并办公。2010年9月，县农业办公室并入县农业林业和扶贫开发局；县农业综合开发办公室合并到县财政局。

三、县畜牧水产局

1998年，普安县畜牧局（简称“县畜牧局”）下设办公室、兽医股、动物防疫监督站、动物卫生监督所、兽药饲料监察所、饲草饲料工作站、畜禽品种改良站、畜禽品种繁殖场，设立楼下畜牧站、青山畜牧站、雪浦畜牧站、罗汉畜牧站、新店畜牧站、地瓜畜牧站、江西坡畜牧站、高棉畜牧站、龙吟畜牧站、白沙畜牧站、罐子窑畜牧站、窝沿畜牧站、盘水畜牧站、三板桥畜牧站。2001年12月，县畜牧局更名为普安县畜牧水产事业局（以下简称“县畜牧水产局”）。2004年，增设法制股、执法大队。2007年4月，县畜牧水产局更名为普安县畜牧兽医局（以下简称“县畜牧兽医局”）。2010年4月，县畜牧兽医局更名为普安县畜牧水产局（以下简称“县畜牧水产局”），并入县农业局。

四、县农机中心

1998年，普安县设立农业机械事业局（简称“县农机局”），下设办公室、农机安全监理站、农机管理站（挂农机技术推广站牌子）。2001年，县农机局更名为普安县农业机械事业服务中心（简称“县农机中心”），并入县农业局。2010年，撤销县农机中心。

第二节　土地经营方式改革

一、稳定和完善农村土地承包关系

1997年12月5日，中共贵州省委、贵州省人民政府制定《关于贯彻中共中央办公厅　国务院办公厅关于进一步稳定和完善农村土地承包关系的通知的意见》，决定从1994年起，全省耕地承包期再延长50年，非耕地资源开发的承包使用期再延长60年。1998年，普安县组织工作队伍进村入户，做好稳定和完善土地承包关系（又称为第二轮承包土地、延长土地承包期）。全县14个乡镇、171个行政村（办事处）、1261个村（居）民组共4.95万户农户17.86万人参与第二轮承包土地，签订第二轮承包土地合同4.95万户、发放第二轮承包土地经营权证书4.95万册，承包耕地面积16289.53公顷。

二、农村家庭承包耕地使用权流转

2011年，全县农村土地使用权流转面积599.6公顷，其中转包面积229.4公顷，出租19公顷，其他形式流转面积351.2公顷。在流转土地中都是群众自发自愿流转，转入农户面积599.6公顷。2013年，全县农村土地使用权流转面积809.8公顷，其中转包面积380.86公顷，其他形式流转面积428.93公顷。在流转土地中，群众自发自愿流转809.8公顷，国家征用和集体组织流转62公顷；转入农户面积763.13公顷，转入合作社面积25.33公顷，转入企业面积21.33公顷。转出承包耕地农户1452户，群众自愿协商签订合同1221份，签订合同面积228.93公顷，口头协商流转面积580.86公顷。2015年，全县农村土地使用权流转面积1915.87公顷，其中转包面积330.47公顷，出租848.87公顷，其他形式流转面积737.53公顷；转入农户面积1068公顷，转入合作社面积149.13公顷，转入企业面积698.73公顷。

2011—2015年普安县农村家庭承包耕地使用权流转情况表

表5-1-1　　单位：公顷

年份	农村家庭承包耕地流转总面积	其中					农村家庭承包耕地流转去向			
		转包面积	转让面积	互换面积	出租面积	其他形式流转面积	流转入农户面积	流转入专业合作社面积	流转入企业面积	流转入其他主体面积
2011	599.6	229.4	—	—	19	351.2	599.6	—	—	—
2012	678.73	231.47	—	—	19	428.27	678.73	—	—	—
2013	809.8	380.87	—	—	—	428.93	763.13	25.33	21.33	—
2014	902.87	388.07	—	—	—	514.8	793.73	25.33	83.8	—
2015	1915.87	330.47	—	—	847.87	737.53	1068	149.13	698.73	—

第三节　农业综合开发

一、基本农田建设

1998年，按照2250元／公顷标准补助火工材料，由群众投工投劳实施以坡改梯为主要内容的基本农田建设，重点是对6～25度坡耕地进行工程治理，即配套修建排水沟（拦山沟）、水池、田间耕作便道等设施，对水毁农田进行恢复治理，即修建河堤、排洪沟、引水渠等工程。1999年，向国家财政部申报农业综合开发县。2001年，基本农田建设火工材料补助标准提高到4500元／公顷，其余由群众自筹和投工投劳完成。投入资金40万元，启动800口沼气池建设。

2005年，投入资金60万元，启动391口小水窖建设。是年，停止以坡改梯为主要内容的基本农田建设，全县共完成基本农田建设工程治理点1058个，工程总面积947.2公顷，其中坡改梯工程668.06公顷909个点，水毁农田恢复工程279.14公顷149个点。修建拦山沟183.42千米282条，排水沟279.55千米522条，田间耕作便道494.34千米788条，小水池1913个，蓄水量5.26万立方米，河堤治理622.22千米83处，沟渠治理45.64千米50条，乡村公路21.68千米9条，营造防护林266.66公顷。累计完成土石方929.67万立方米，投劳1102.17万个，治理水土流失69.46平方千米。通过炸除地中卧牛石和垦复部分零星耕地的坡改梯工程治理，新增耕地面积446.23公顷。通过对水毁农田恢复工程的治理，恢复保护农田面积（含灌溉面积）2160公顷。

2008年1月30日，财政部批准普安县为国家农业综合开发县。

2009年，停止基本农田配套小水窖建设，全县共投入国家资金416.85万元（其中财政扶贫资金406.85万元，以工代赈资金10万元）建成基本农田配套小水窖131个工程点2139口，投劳12.38万个工日。工程受益14个乡镇89个村（社区），受益农户5406户，受益人口21631人，其中，解决1425户5419人的饮水问题，浇灌旱地2253.93公顷。2013年，在农业综合开发建设中，投入资金122.5万元，建成沼气池300口。2014年以后，农业综合开发建设合并到财政工作中。

1998—2013年普安县农业综合开发建设情况表

表5-1-2

年份	沼气池		小水窖		坡改梯（公顷）	改善灌溉面积（公顷）
	建设（口）	投入资金（万元）	建设（口）	投入资金（万元）		
1998	—	—	—	—	—	—
1999	—	—	—	—	—	—
2000	—	—	—	—	1069	614
2001	800	40	—	—	1041	493
2002	100	5	—	—	537	413
2003	50	4	—	—	467	106
2004	600	48	—	—	468	853
2005	1880	188	391	60	522	367
2006	1940	194	411	54.5	—	—
2007	2140	278.2	386	73.2	—	—
2008	1600	306	803	170	—	—
2009	900	202.5	638	—	—	—
2010	500	112.5	—	—	—	—
2012	300	82.5	—	—	—	—
2013	300	122.5	—	—	—	—

说明：1998—1999年，资料失查

二、江西坡农业园区建设

2013年3月，贵州省人民政府批准建设属于全省113个省级园区之一的普安县江西坡茶业现代高效农业示范园区（简称“江西坡农业园区”）。江西坡农业园区按照培养特色主导产业、打造特色产业带、培育新型经营主体、创建优势品牌、带动地方农民增收的总体要求，确立园区建设以发展优质生态茶业产业为抓手，茶叶为主导产业。采用“一园三区一中心”的布局方式，在江西坡镇建设“山地优质生态茶园”8000公顷，其中优质茶叶园区1333.33公顷，拓展区6666.66公顷；建设“果园提升改造区”666.66公顷；配套建设茶果农产品加工区、茶果农产品交易区、综合管理服务中心。

2013年，江西坡农业园区在全省园区年终绩效考核名列17名，跃入省级重点园区。全年完成建设项目59个，其中县级部门整合项目建设及各级财政项目36个，企业基础设施建设及设备安装、设备更新项目23个。完成投资总额2.386亿元，其中县级部门整合建设项目及各级财政投资1.15亿元，企业投资1.2359亿元。具体建成江西坡农业园区公路及运输主干道16条75.3千米，其中油路建设1条17.2千米，混凝土硬化路15条65.1千米，茶园采茶便道建设23条45.9千米。建成水利工程主干渠道建设4条24.6千米，铺设灌溉主管道24.9千米、支管网62.1千米，建成大型集雨水窖（30立方米）72口、小型集雨水窖（10立方米以上）116口，治理细寨小流域点面积30.2公顷。建成棚户区改造职工住房123套（每套123.7平方米，门面30平方米）。新植茶园面积5727.74公顷，打造生态有机茶园面积133.33公顷，老茶园修枝310.53公顷，失管茶园改造23.33公顷，苗圃基地建设8公顷，土地流转133.33公顷。完成农业设施面积134.53公顷，安装太阳能杀虫灯200盏、高清360度全方位监视监控设备2套、黏虫板50万张、喷灌主管7.2千米、支管4.8千米、喷灌桩头8套76棵。整治村庄10个村民组405户，建设农业技术推广站1个、园区小气候自动监测站1个，房屋立面改造1.26万平方米。引进企业5个，招商引资签约资金10.08亿元，5个企业累计到位资金5.05亿元。大规模土地治理463.33公顷，制定大型广告宣传牌5块，宣传标语236条幅，宣传墙画103幅。对外采购优质茶苗890万株，引进新技术5项，园区获专利5项，聘用省内外专家10人，签订技术合作协议5项。

2014年，江西坡农业园区在全省园区年终绩效考核名列62名，继续保持省级重点园区行列。园区逐步成为集观光、生态、效益为一体，具有高原特色的现代高效农业示范型园区。基础设施是园区发展的根本，在园区建设中，整合新农村建设、乡村油路改造、棚户区改造、水利设施、基本农田建设、乡村休闲旅游景点等多方面的资金投入园区建设。全年完成加固病险水库两座，总库容达2350万立方米；新建大小积雨窖300口，蓄水量1.1万立方米；新修大小排灌渠40.6千米；灌溉主管45.6千米，支管120千米，满足园区茶园有效灌溉。园区完成农村电网改造，实现园区村、组、加工企业用电全覆盖；实现移动、联通、电信通信全覆盖。园区公路总里程达131.4千米；田间采茶便道75.3千米，形成村村通、组组通、茶园通的交通网络。园区有茶园面积5733公顷，其中成园面积3533公顷，新植茶园434公顷，丰产茶园面积3000公顷。农业产业化龙头企业宏鑫公司从印度引进的CTC红碎茶生产线，日产干茶能力达2吨，消化茶青8吨。部分产品远销俄罗斯及中东一带。实现销售收入2.855亿元，实现利润0.93亿元。引导园区企业，同贵州省茶科所、云南省茶科所、江南食品学院、浙江大学茶叶学院、云南财经大学等多家科研院所结为联盟单位。2014年2月16日制定下发《园区资金使用管理制度》，明确各部门职责分工，规范建设项目的申报、实施、监督管理、验收等程序。

2015年，江西坡农业园区在全省园区年终绩效考核名列26名，获“全省十佳农业旅游景点”称号。获省级园区建设专项奖励资金300万元、州级园区建设专项奖励资金120万元。园区有茶园面积达5733公顷，其中成园面积5000公顷，丰产茶园面积3533公顷，辐射带动周边乡镇1000公顷，茶产量达1.51万吨，在全省排名第六位。园区入驻企业18家，农民专业合作社12家，逐步形成以茶叶为主导产业，珍稀中药材白及、乡村休闲旅游、生态新兴小城镇建设多头并举的格局。主导产业优势突出，特别是明前茶上市早、品质优，产品畅销江浙及国内主要茶市场。

2015年江西坡农业园区通村道路建设情况表

表5-1-3　　单位：千米

道路名称	规划建设规模及标准		建制乡镇及村	
	里程	四级	所属乡镇	建制村名称
江西坡—老彭田	6.4	6.4	江西坡镇	中心村
王家庄—官田	0.8	0.8	江西坡镇	联盟村
蒋家湾—养马寨	6.6	6.6	江西坡镇	团结村

续表5-1-3

道路名称	规划建设规模及标准		建制乡镇及村	
	里程	四级	所属乡镇	建制村名称
细寨—白水	4	4	江西坡镇	白水村
白石—鸡场箐	12.5	12.5	地瓜镇	东瓜村

2015年江西坡农业园区村道（通组路）、田间作业便道建设情况表

表5-1-4　　单位：千米

道路名称		等级	里程	现在路面类型	改造后路面类型	技术等级
村道或通组路	中心—立山田	村道	2	9	2	四级
	G320—王家庄—中学	村道	4	9	2	
	平田—河边	村道	3.5	9	2	
	G320—黄泥田—大桥	村道	4	9	2	
	黄泥田—石头寨—茶果场	村道	3.5	9	2	
	G320—关田	村道	2.5	9	2	
	胡山寨—马鞍山—苗寨丫口	村道	4.5	9	2	
	胡山寨—上南坡—下南坡	村道	4	9	2	
	茶果场—新茶场	村道	5.6	9	2	
	小立林—大洼—下坪寨	村道	6	9	2	
	万亩茶场—新寨—巴一	村道	6	9	2	
	江茶公路—包包寨	村道	2	9	2	
	小立林—岩脚	村道	2	9	2	
	细寨—茅背冲—联合	村道	12	9	2	
	黄泥田—红寨	村道	2	9	2	
	小立林—苗寨丫口	村道	3	9	2	
	黄泥坡—苗寨丫口	村道	3.5	9	2	
	万亩茶场—苗寨丫口—杨梅山	村道	7	9	2	
	丫口田—叫天龙	村道	3.5	9	2	
	丫口田—畜牧场	村道	3.5	9	2	
	东南—响贡—畜牧场	村道	6	9	2	
	东南—普晴林场	村道	3.6	9	2	
	茅背冲—云头	村道	3	9	2	
	细寨—上丫巴山	村道	8	9	2	
	白水—马脚寺	村道	2.5	9	2	
	细寨—养马寨—大坪	村道	15	9	2	
	红花湾—大坪水库	村道	4	9	2	
	大河边—小河口—郎寨	村道	4.5	9	2	
	凡基云—东南	村道	3	9	2	
	中东—登攀隧道	村道	3	9	2	

续表5-1-4

道路名称		等级	里程	现在路面类型	改造后路面类型	技术等级
村道或通组路	养马寨—潘家田	村道	10	9	2	四级
	东瓜—白水	村道	10	9	2	
	地拱—下水箐—上水箐—芭蕉关	村道	6	9	2	
	赵家田—老屋厂	村道	4	9	2	
	杨梅山—老云山—江西坡	村道	6	9	2	
	蝎子屯—宏鑫茶场	村道	3	9	2	
	蝎子屯—罗家地	村道	2	9	2	
	王家院—鱼塘边	村道	2	9	2	
	美国水井—岔里	村道	4	9	2	
	蒿枝坪—云盘山	村道	4	9	2	
	哈丁桥—苗寨丫口	村道	3	9	2	
	牛打滚—大坪	村道	4	9	2	
田间作业便道	果园机耕道		20	—	2	
	果园耕作便道		60	—	2	
	采茶便道		120	—	2	

三、种植基地建设

自1998年以来，坚持“公司+合作社+农户+基地”或“公司+基地”模式。先后培育、建立起贵州普安宏鑫茶业有限公司、贵州苗岭药业种植有限责任公司、贵州美人芋农业发展公司、资轻松天然食品有限公司、普安普杰农业发展有限责任公司、贵州贵安茶业有限公司、黔西南州富洪茶叶有限公司、贵州玛朗古茶业有限公司、白水冲茶叶有限公司、普安县江西坡镇朗通茶叶发展有限责任公司、贵州省普安县万象生态农业综合开发有限公司、贵州盘江源茶业有限公司、普安县欣新生物科技开发有限责任公司、贵州省普安普白林场珍稀资源开发有限公司、贵州省普安县布依香菇农业开发有限公司、贵州富蓝商贸有限公司、普安县怡丰原生态茶业发展有限责任公司、普安县茹薏药材种植专业合作社、贵州丰年生态农业开发有限公司、贵州省普安县龙吟苗族镇蔬菜种植专业合作社、普纳茶场等21家种养殖省州级龙头企业。

1998—2015年普安县种植企业情况表

表5-1-5

企业名称	成立时间	注册资金（万元）	职工（人）	主要经营内容
普安县宏鑫茶叶开发有限公司	2011.12	10000	32	茶叶种植、生产、收购、加工销售；果蔬、水产品、肉类品冷藏等
贵州苗岭药业种植有限责任公司	2013	1000	12	种植青钱柳、钩藤等多种中药材，共种植100公顷，销售收入27.4万元
贵州美人芋农业发展有限公司	2013.06	13000	25	芭蕉芋生产、加工、销售，年产淀粉10万吨、粉丝1.5万吨
贵州资轻松天然食品有限公司	2012.11	1000	87	核桃种植、加工、销售
普安普杰农业发展有限责任公司	2013.09	100	20	集茶叶、核桃、养羊为一体，生产、加工、销售

续表5-1-5

企业名称	成立时间	注册资金（万元）	职工（人）	主要经营内容
贵州贵安茶业有限公司	2008.11	500	43	建成茶园40公顷，固定资产950万元，属公司+基地+农户企业
黔西南州富洪茶叶有限公司	2006.07	50	32	茶叶生产加工、销售，建成茶园133.33公顷，年收入960万元，带动农户1900户
贵州玛朗古茶业有限公司	2011.08	600		茶叶生产、加工、销售
白水冲茶叶有限公司	2012.09	300	22	茶叶生产、加工、销售，建成加工车间3000平方米，产品有“细寨毛尖”“细寨翠芽”“细寨碧螺春”等10余个品种
贵州省普安普白林场珍稀资源开发有限公司	2014.10	560	18	中药材种植、销售、农特产品开发，林下经济开发
普安县江西坡镇朗通茶叶发展有限责任公司	2010.01	200	12	茶叶种植、生产、收购、加工销售
贵州省普安县万象生态农业综合开发有限公司	2010.04	50	6	种养殖业
贵州盘江源茶业有限公司	2010.09	1000	22	茶叶种植、生产、收购、加工销售
普安县欣新生物科技开发有限责任公司	2014.04	1000	42	白及组培、驯化、大田种植、白及初加工等
贵州省普安县布依香菇农业开发有限公司	2014.08	6000	13	香菇种植、销售等
贵州富蓝商贸有限公司	2015.05	3000	26	百香果种植、深加工销售、育苗
普安县怡丰原生态茶业发展有限责任公司	2014.02	500	32	农产品开发、种植销售及茶文化开发和农业技术咨询
普安县茹薏药材种植专业合作社	2013	120	6	中药材种植何首乌3.33公顷、魔芋13.33公顷
贵州丰年生态农业开发有限公司	2015.07	500	5	魔芋种植
贵州省普安县龙吟苗族镇蔬菜种植专业合作社	2015.02	100	13	蔬菜种植
普纳茶场	2012.08	30		茶叶种植、生产、收购、加工销售

四、养殖基地建设

1998年，普安县提出以青山、新店为主创建商品牛基地，以窝沿、三板桥为主创建仔猪基地，以盘水、江西坡为主创建商品猪基地，以龙吟、白沙为主创建黑山羊基地，以罐子窑为主创建乌骨鸡基地的“五大畜牧基地”发展思路抓好养殖业发展。2002年，制定《关于加快生态畜牧业发展的实施意见》，建成龙吟泡木山草场、盘水镇大湾草场、南山坡“绿岭”草场、新店草场、江西坡大坪草场、青山草场等草场示范基地，总面积333.33公顷，重点以奶牛、瘦牛育肥为主。2007年，全县人工种草5466.66公顷，扶持带动12个乡镇40个行政村，2517户贫困户建羊舍5.35万平方米，投放种公羊1295只，养殖基础母羊5.27万只，产杂交羊2.68万只，为养殖户创收421.4万元，户均增收1674.2元。其中在新店乡实施草地生态畜牧业产业化科技扶贫种草养羊项目，投入财政扶贫资金500万元，在花月村的5个村民组连片实施，覆盖农户565户，完成人工种草786.66公顷，播撒草种20吨，采购基础母羊1.12万只，种公羊272只，奶山羊203只，新建羊舍1.76万平方米。2008年，投入资金1370万元，在龙吟镇、罐子窑镇实施草地生态畜牧业产业化科技扶贫种草养羊项目，项目覆盖875户，养殖农户年均养羊收入在5000元以上。2009年，普安县委、县人民政府下发《关于发展草地生态畜牧业的实施意见》文件。2010年，投入资金1000万元，在全县14个乡镇人工种草4000公顷，改良草场4000公顷，林下种草867公顷，建羊舍3.48万平方米，购羊2.19万只，建繁育示范场5个，建青贮池460个。2011年，投入资金1000万元，在全县14个乡镇人工种草4000公顷，改良草场4000公顷，林下种草667公顷，建羊舍3.42万平方米，购羊2.24万只，建繁育示范场5个，建青贮池530个。2012年，投入资金700万元，购羊7470只，种羊270只，建圈舍1.19万平方米，种草585公顷。2013年，投入资金800万元，建圈舍3万平方米，购羊3万只，人工种草240公顷，购饲料加工机械20套。2014年，以发展现代高效农业示范园区为突破口，建成普安县大湾畜牧高效示范园区，同时招商引资，建成贵州口天农业有限公司、尤开生态农业发展有限公司、红祥生态农业发展有限公司、现代生态农业发展有限公司、红岩牧业发展有限公司、辉鸿兴水产养殖开发有限公司、金州优福农业投资有限公司、金鹿扶贫开发有限责任公司、俊安农业开发有限责任公司等养殖业企业。2015年，现代生态农业发展有限公司生猪存栏1万头，成为普安县生猪养殖第一家上万头的养殖企业。

1998—2015年普安县养殖企业情况表

表5-1-6

企业名称	成立时间	注册资金（万元）	职工（人）	主要经营内容
贵州口天农业发展有限公司	2012.9	—	—	公司有流转土地125公顷，已建标准化羊舍3500平方米，饲草加工房1100平方米，人工草场20多公顷，有努比亚种羊1200只，已产羔400余只，为省级龙头企业
万象生态农业开发有限公司	2010	—	25	公司有60多公顷草场，圈舍200余平方米，养羊2000多只，养鸡1000多只
尤开生态农业发展有限公司	2012.7	50	—	蛋鸡养殖场、种养场各1个，地址泥堡红岩，蛋鸡场约1公顷，标准羊舍2000平方米，鸡舍3000平方米，存栏蛋鸡5.2万羽
红祥生态农业发展有限公司	2013.6	80	—	地址楼下镇红岩组，以养羊为主，有草地约7公顷，有基础母羊486只，公羊5只
青山民族养殖场	2011	—	—	有场地14公顷，圈舍3000多平方米，有种公牛1头，种母牛56头，肉牛103头
现代生态农业发展有限公司	2013	518	20	地址青山镇范家寨，集生猪养殖、销售为一体，有能繁母猪1050头
辉鸿兴水产养殖开发有限公司	2013	1000	—	地址窝沿乡，养清水大闸蟹，面积约17公顷，带动农户112户
金鹿扶贫开发有限责任公司	2011	500	23	地址森林公园，以梅花鹿系列产品生产加工销售为主，一期工程已完工
俊安农业开发有限责任公司	2013.5	500	19	地址高棉牛角山，有建设用地5000平方米，羊舍1600平方米及饲草加工、库房等，母羊600只，种公羊14只
普安县红岩牧业发展有限公司	2014	200	12	地址楼下镇泥堡村红岩组，有建设用地6000平方米，羊舍2000平方米及饲草加工、库房等，母羊822只，种公羊25只
贵州省普安县雪浦乡天源生态养殖有限责任公司	2015	100	8	有场地约7公顷，圈舍2000多平方米，有种公牛2头，基础母牛42头

第四节 农业综合服务

一、农机服务

2006年，鼓励、支持农民在耕作方式上使用机械化装备，提升农业现代化生产水平。由省、州、县投入资金41万元，补助农民购置种植粮食、油菜、茶叶等耕作机械77台，对80名农机操作人员进行技术培训。2007年起，补助资金增加中央投入。2013年，农民购置农业机械补助资金全部由中央投入，2006—2013年，全县农业机械共补贴资金2291万元，购置农机9563台，其中拖拉机156台，旋耕机2台，微耕机6506台，收割机1台，茶叶机械61台，草地养羊机械179台，种植施肥机6台，插秧机1台，小麦播种机9台，碾米机2346台，柴油机171台，水泵35台，带动农户投资3033万元。

2014年，全县中央农机购置补贴到位资金850万元，使用中央农机购置补贴资金414.17万元（其余中央农机购置补贴资金435.83万元结转2015年使用）。补贴购置农机具2313台（套），其中耕整地机械1919台（套），田间管理机械2台（套），收获机械11台（套），收获后处理机械4台（套），农产品加工机械245台，排灌机械11台，畜牧水产品养殖机械25台，动力机械77台，农田基本建设机械5台，设施农业设备14户（简易单栋塑料大棚388栋6.98万平方米）。

2015年，全县中央农机购置补贴到位资金1335.83万元，使用中央农机购置补贴资金172.96万元（其余中央农机购置补贴资金1162.87万元结转2016年使用）。补贴购置农机具1237台，其中耕整地机械1125台，种植施肥机械1台，收获机械11台，收获后处理机械5台，农产品加工机械69台，排灌机械1台，畜牧水产品养殖机械6台，动力机械19台。

2006—2015年普安县农业机械购置情况表

表5-1-7

年份	资金来源（万元）						购置农业机械（台）			
	合计	中央	省	州	县	其他	合计	起垄机	拖拉机	旋耕机
2006	41	—	20	1.5	19.5	—	77	—	—	—
2007	54	30	12	—	12	—	179	—	1	—
2008	240	160	29.5	—	30	20.5	576	—	1	—
2009	357	207	74	7	50	25	1654	141	44	2
2010	336	200	54	—	50	32	1548	—	35	—
2011	299	200	49	—	50	—	1236	—	39	—
2012	588.5	530	58.5	—	—	—	2120	—	15	—
2013	530	530	—	—	—	—	2173	—	21	—
2014	850	850	—	—	—	—	2313	15	75	26
2015	900	900	—	—	—	—	1237	21	19	19

二、植保植检

1998年，成立庄稼医院对主要农作物进行植保，以技术咨询服务为主。2001年起，成立工作队14支，对病虫害进行防治。2005年，全县病虫害防治转入统防统治。2009年起，以全面实施绿色防控为主，实施农业有害生物预警和控制区域站建设。2012年，开展植物检疫宣传活动，检查门市71家，查验检疫证书132份，配合县食品安全委员会开展市场检查和地理标识认证，投资310万元建设有害生物预警与防治区域站。2014年7月，承办全省茶树病虫害绿色防控现场会在江西坡镇万亩茶场召开。

全年发病虫情报16期，其中趋势预报6期80份，病虫情报280份，电视预报4期。2015年，普安县省级出口食品农产品（茶叶）质量安全示范区申报材料通过贵州出入境检验检疫局验收。全年共发病虫情报7期，趋势预报6期80份，病虫情报280份，电视预报4期。长期预报准确率80%以上，短期预报准确率90%以上。

1998—2015年普安县择年度植物检疫情况表

表5-1-8

年份	产地检疫	调运检疫	市场检疫
2001	检疫烤烟种植面积2000公顷、西瓜种植面积100公顷、玉米制种基地面积57公顷、柑橘种植面积7公顷	检疫茶叶32批次125吨、中药材3批次65吨	检疫马铃薯10批次60吨、水果8批次2吨、蔬菜2批次0.5吨，防治南美斑潜蝇1000公顷
2002	检疫烤烟种植面积2634公顷、蔬菜种植面积200公顷、西瓜种植面积200公顷、茶树种植面积800公顷、玉米制种基地面积20公顷	检疫花卉1批次、茶叶30批次90吨、中药材4批次10吨	检疫马铃薯3批次50吨、水果2批次20吨、蔬菜2批次10吨，监测、防治斑潜蝇、水稻细菌性条斑病
2003	检疫烤烟种植面积2633公顷、蔬菜种植面积200公顷、西瓜种植面积200公顷、茶树种植面积800公顷、玉米制种基地面积20公顷、苗圃27公顷	检疫花卉1批次、茶叶30批次180吨、中药材4批次20吨	检疫马铃薯3批次50吨、水果2批次20吨、蔬菜2批次10吨，监测、防治斑潜蝇、水稻细菌性条斑病（发生面积200公顷，防治面积333公顷）
2006	检疫烤烟种植面积2867公顷、蔬菜种植面积333公顷、茶树种植面积667公顷、玉米制种基地面积3公顷	检疫茶叶2批次15吨、水稻和玉米种子54批次104吨	检疫马铃薯3批次50吨、水果2批次20吨、蔬菜2批次10吨
2008	检疫烤烟种植面积2867公顷、蔬菜种植面积333公顷、茶树种植面积667公顷、果园面积400公顷	检疫茶叶2批次15吨、水稻和玉米种子18批次62吨	检疫马铃薯3批次50吨、水果2批次20吨、蔬菜2批次168吨，监测、防治斑潜蝇、水稻细菌性条斑病（发生面积200公顷，防治面积200公顷）
2010	检疫烤烟种植面积2667公顷、蔬菜种植面积333公顷、西瓜种植面积7公顷、果园面积400公顷、苗圃面积13公顷	检疫茶叶3批次23吨、水稻和玉米种子43批次124吨	检疫马铃薯3批次30吨、水果3批次30吨、蔬菜2批次42吨，检测农产品质量安全残留样本382个（不合格4个）
2014	检疫蔬菜233公顷，茶树800公顷，果园1333公顷，苗圃30公顷，开产地检疫合格证10份	检疫茶苗16批次，3300万株，开检疫证书14份，检疫水稻、玉米种子40批次21万千克	检疫马铃薯5批次5.5万千克；水果3批次1万千克；蔬菜2批次3万千克
2015	检疫蔬菜267公顷，茶树1000公顷，果园1200公顷，苗圃27公顷，开产地检疫合格证8份	检疫茶苗14批次3000万株，开检疫证书12份，检疫水稻、玉米种子42批次24万千克	检疫马铃薯4批次5万千克；水果3批次1.5万千克；蔬菜2批次2.5万千克

1998—2015年普安县植保植检重点情况表

表5-1-9

年份	植保植检重点情况
1998—1999	稻田鼠害减灾保粮
2000—2002	水稻细菌性条斑病综合治理
2005	水稻害虫频振诱控技术应用推广、水稻细菌性条斑病综合治理
2007—2010	农业有害生物预警和控制区域站建设

续表5-1-9

年份	植保植检重点情况
2008	实施“万家灯火”杀虫灯安装
2009	实施“佳多牌频振式杀虫”试验示范
2010	水稻害虫频振诱控技术应用推广
2009—2012	农产品质量安全检验站建设
2013	茶叶有害生物无害化治理
2014	7月承办全省茶树病虫害绿色防控现场会
2015	普安被评为“2015年度全国重点产茶县”。普安县省级出口食品农产品（茶叶）质量安全示范区申报材料通过贵州出入境检验检疫局验收

三、农药监督管理

1998年起，加强农药监督管理，全面开展农药管理宣传活动。当年，对22户农药经营许可证进行资格审查，新办理5户农药经营许可证。开展4次执法检查，抽检农药样品36个，没收鼠药3186支，其中，三步倒122包，灭蝇净96包，蚊香15盒，农药973千克。2001年1月、5月、6月、11月，集中开展规范和整顿农业生产资料市场秩序，查处无证经营农药36户次，没收无证经营农药10486瓶（盒、袋、只、包），封存化肥888包。2003年，新办理10户农药经营许可证。9月、11—12月，集中开展毒鼠强专项整治，审查18户杀鼠剂经营资格。2005年，对32户农药经营许可证进行审查，抽查农药经营门市21个，查处无证经营农药6户，没收剧毒农药254瓶、过期农药143瓶，审查上报18户杀鼠剂经营资料户。9月，从工商、公安等10个部门抽调23名人员到各乡镇农贸市场开展毒鼠强专项整治41场次，没收剧毒鼠药33.2千克。12月，开展彻底清缴毒鼠强行动，印发《毒鼠强危害明白书》7万份、《农村科学灭鼠明白纸》1万份，张贴《科学灭鼠知识挂图》180份，清理毒鼠强情况登记表4000份，开展地毯式清缴，实行1户1通知、1户1承诺，与群众置换剧毒鼠药10.3千克。2007—2008年，对农药品种进行抽查，对农作物样本进行检测。2010—2013年，结合稻水象甲普查与防控培训开展农药安全使用培训。开展套证、冒证、假劣农药和国家明令禁限农药为主的农药市场整治行动，到14个乡镇集贸市场开展执法检查，检查农药门市86个，抽样农药品种126个，收缴氧乐果等农药305千克。2014年3月6日至10月12日，在全县范围内开展严查套证、冒证、假劣农药和国家明令禁限农药为主的农药市场整治行动，出动执法人员65人次，分别对全县14个乡镇农药市场开展执法检查，检查农药门市88个，抽样农药品种126个，合格率93%，有过期农药品种1个。2015年，检查农药门市88个，完成农药抽样检测10个，抽样合格率98%，全局出动执法人员15人次，检查农资市场和企业20家次，结办一般程序行政处罚案件2件。在全县建立茶园用农药规范化专营店（专柜）7个，农药备案达到100%；建立基地准入制、承诺制，其中江西坡镇5家、龙吟镇1家、罗汉镇1家。

第五节　种植业

一、粮油作物

粮食总产量　1998年，以水稻、玉米、小麦、油菜等作物为主，全县粮食总产量80464吨。2002年，全县粮食产量最低，总产量2.84万吨。2012年，全县粮食产量最高，总产量10.28万吨。2014年，总产量8.13万吨。2015年，总产量8.62万吨。

水稻种植 1998年起，推广更新水稻汕优多系1号、冈优22、Ⅱ优838、K优5号、特优559、Ⅱ优63、冈优12、冈优151、金优431、协优63、Ⅱ优725、冈优725、Ⅱ优明86、汕优联合2号、金优404、冈优527、冈优3551、Ⅱ优7号、Ⅱ优718、中优177、丰优香占、绵2优838、宜香725、宜香3003、黔优联合9号、红优527、金优527、宜香10号、冈优825、冈优827、冈优188、特优航1号、准两优527、内香8518、宜香527、宜香481、香早优2017、湘优109、冈优158、中优117、黔优568、科优21、内香8516、滇杂31、中优T16、Y两优6号、金优785、F优993、奇优801、中浙优1号、冈优900、吉香1号、蓉18优198、内5优H25、宜香4245、宜香2866、锋优85、川谷优425共58个品种，实行两段育秧、巴西陆稻覆膜栽培、旱育直插、宽窄行栽插、水稻覆膜等种植技术。当年种植杂交水稻4600公顷，其中实行丰产工程2733公顷、旱育移栽2333公顷。2014年，水稻科技化种植在全县普及率90%以上，平均每公顷单产5490千克，其中每公顷高产5940千克、低产5310千克。全年种植杂交水稻4288公顷，其中丰产工程4288公顷、旱育移栽4288公顷。2015年，水稻科技化种植在全县普及率90%以上，平均每公顷单产5355千克，其中每公顷高产5760千克、低产5130千克。全年种植杂交水稻7068公顷，其中丰产工程7068公顷、旱育移栽7068公顷。全县开展稻田养鱼、养蟹推广面积逐年提高。

玉米种植 1998年起，推广更新玉米农大108、农大3138、兴黄单89-2、海禾1号、黔单10号、兴单6号、兴单8号、兴黄单941、盘江6号、遵玉3号、安单136、临奥1号、西山7号、黔单13、黔兴五号、金竹2号、蠡玉26、安单3号、黔单16、黔玉3号、黔兴201、兴黄单988、正大619、西山66、西山70、兴黄单999、遵玉8号、南校18、织金3号、西山99、鄂玉16、盘江7号、金玉306、正红311、华龙玉8号、贵单8号、强盛11、禾玉9566、裕玉207、顺单6号、雅玉889、森玉1号、裕单99、遵玉9号、尖玉999、卓玉818、友玉12、金玉818、靖丰18、育源16、金都玉1号、裕玉308、宝玉007、惠玉0806、新中玉801、友玉717、嘉农18、宝玉999、金玉506、义农玉188、Q玉7号、铜玉3号、金玉819、贵农玉188共64个品种，实行单株、双株密植、玉米肥团育苗移栽、玉米宽窄行栽培、玉米地膜覆盖栽培、旱地宽厢宽带等种植技术。当年种植杂交玉米6567公顷，其中丰产工程3600公顷、定向移栽2733公顷。2014年，玉米科技化种植在全县普及率90%以上，平均每公顷单产5265千克，其中每公顷高产5865千克、低产4905千克。当年种植杂交玉米8247公顷，其中丰产工程7847公顷、定向移栽400公顷。2015年，玉米科技化种植在全县普及率90%以上，平均每公顷单产5760千克，其中每公顷高产6345千克、低产5490千克。当年种植杂交玉米1.12万公顷，其中丰产工程1.07万公顷、定向移栽500公顷。全县玉米侧膜栽培技术推广面积达67公顷以上。

小麦种植 1998年起，推广更新小麦绵阳26、丰优2号、川麦107、兴麦5号、兴麦7号、贵麦10号、绵麦47、贵农25共8个品种，实行分厢撒播、点播、分带轮作、高产栽培等种植技术。当年小麦分带轮作2800公顷，其中丰产工程2800公顷。2014年，小麦科技化种植在全县普及率70%以上，平均每公顷单产1622千克，其中每公顷高产1875千克、低产1305千克。全年小麦分带轮作6341公顷，其中丰产工程3333公顷。

2015年，小麦科技化种植在全县普及率70%以上，平均每公顷单产1965千克，其中每公顷高产2314.5千克、低产1620千克。全年小麦分带轮作7705公顷，其中丰产工程3611公顷。

油菜种植 1998年起，推广更新油菜油研5号、油研10号、油研11号、黔油18、黔油20、黔油28、黔油29、宝油早12共8个品种，实行油菜育苗、烤烟地免耕移栽、稻田免耕移栽、油菜分厢条播点播、油菜集中育苗等种植技术。当年种植油菜1467公顷，其中油菜移载467公顷。2014年，油菜科技化种植在全县普及率75%以上，平均每公顷1875千克，其中每公顷高产2025千克、低产1800千克。

当年种植油菜1710公顷，其中油菜移栽133公顷。2015年，油菜科技化种植在全县普及率75%以上，平均每公顷1950千克，其中每公顷高产2047.5千克、低产1710千克。当年种植油菜2185公顷，其中油菜移栽110公顷。

1998—2015年普安县粮食生产情况表

表5-1-10

年份	杂交水稻			杂交玉米			小麦分带轮作		油菜		粮食总产量（吨）
	种植面积（公顷）	其中		种植面积（公顷）	其中		种植面积（公顷）	其中丰产工程（公顷）	种植面积（公顷）	其中油菜移栽（公顷）	
		丰产工程（公顷）	旱育移栽（公顷）		丰产工程（公顷）	定向移栽（公顷）					
1998	4600	2733	2333	6867	3600	2733	2800	2800	1467	467	80464
1999	4533	2800	2400	6267	3533	2867	3533	3533	1400	533	
2000	4500	2733	2333	6867	3600	2733	3467	3467	800	533	83626
2001	4467	2667	2933	6200	3400	2667	3533	3533	800	467	84994
2002	4400	2933	3333	6133	4133	4133	2800	2133	800	533	28351
2003	4267	3347	3067	5800	5000	4733	2800	2133	1467	533	81254
2004	4067	3000	3000	6267	4933	4933	2867	2333	1467	467	84225
2005	4000	2667	2333	6867	5200	5200	2933	2133	1333	533	87209
2006	3933	2533	3333	5933	5600	5400	2667	2333	1400	467	91925
2007	3867	2600	3400	5933	5933	5933	2733	2733	1467	533	93431
2008	3733	2667	3400	5733	5667	5400	2800	2667	1467	533	95302
2009	3733	3467	3333	5667	5667	5400	2800	2667	1400	467	96388
2010	3867	3467	3467	5600	5600	5600	2800	2733	1200	533	89186
2011	3667	3600	3467	7400	5667	5400	5333	5333	1200	533	41706
2012	4700	3867	3733	7467	5733	5667	6200	6200	1200	533	102800
2013	4667	4000	3733	7000	6000	5667	2800	2800	1200	533	93300
2014	4288	4288	4288	8247	7847	400	6341	3333	1710	133	81290
2015	7068	7068	7068	11210	10710	500	7705	3611	2185	110	86209

二、蔬菜作物

蔬菜种植　1998年起，在科技兴农工作中，每年在14个乡镇分别集中实施1个蔬菜种植示范点，重点推广反季节蔬菜无公害栽培，推广冠军2号、新冠军2号辣椒、番茄红宝石2号、茄子、红茄、紫红长茄、春丰、春冠、胜春、清明白、莴笋、丰抗60、丰抗58、日本夏阳、菠菜、芫荽、百合、早春毛豆、白菜、瓜、四季豆等品种。全年种植蔬菜400公顷，产量0.66万吨。2000年起，分别在楼下、江西坡、三板桥、窝沿、盘水等乡镇建立蔬菜基地，推广大棚、良种良法种植技术。当年在江西坡镇引进复合材料的塑料建成大棚29个，指导楼下松林建立竹木结构大棚18个，指导农户种植早熟蔬菜167公顷，在青山、新店、雪浦3个乡镇发展百合种植400多公顷。2008年，普安县因凝冻灾害对蔬菜造成重大损失，全县筹措资金187万元对蔬菜进行生产自救，其中投入55万元恢复蔬菜生产，投入11万元种植早熟蔬菜66.67公顷，投入13万元建立优质番茄基地6.67公顷，投入5万元建立辣椒基地26.67公顷，投入20万元建立红皮大蒜基地106.67公顷，投入6万元建立蔬菜基地13.33公顷。2012年，争取省、州星火项目资金20万元，集中250户农户建立蔬菜基地13.33公顷，重点推广品种牛心春丰、春冠、胜春、早熟辣椒冠军2号、长辣7号、香辣王、番茄红宝石2号、紫红长茄、团红茄、早熟毛豆、瓜、小青瓜、丰抗60、夏阳白等品种，每公顷产量在120～150吨，每吨批发单价2000元，辐射带动农户3000户，其中专业种菜大户15户。2013年，全县种植蔬菜3200公顷，产量5.28万吨。开发名、特、优蔬菜种植，在青山种植百合23公顷，蚂蚁翅种植红皮大蒜80公顷，西陇种植萝卜33公顷，地瓜种植天麻20公顷等。

2014—2015年，主要推广种类及品种有姜、葱、蒜、芫荽、萝卜、白菜、青菜、结球菜、四季青菜，根茎类（莴笋）、毛豆、四季豆、豇豆、茄豆、菠菜、香芹、辣椒（长辣冠军2号、新冠军2号）、番茄红宝2号、茄子（贵阳紫长茄、园红茄）、糯玉米、马铃薯、山药、食用菌、名优特蔬菜的种植，普安县百合、竹笋及传统的加工，分布全县12个乡镇（街道）。2014年，全县完成蔬菜种植4000公顷，产量7.8万吨，产值9360万元，平均每公顷产值2.34万元；建成县级示范点蔬菜种植专业合作社6个、规范种植4个、新品种引进15个，重点在白菜、牛心菜、甘蓝、毛豆、萝卜、辣椒、茄子、番茄等方面，改变传统平地种植为起垄种植，引进育苗材料营养杯育苗，推广营养块及肥团育苗等。2015年，全县共完成蔬菜种植4667公顷，总产量9.8万吨，总产值1.37亿元。推广地膜栽培、大棚栽培新技术2项，名特优传统加工技术（如竹笋）的加工以及地坑保鲜（如香芹）等技术2项，提高菜农掌握蔬菜栽培技能。

食用菌生产加工 1998年起，人工食用菌栽培分别在县城、青山镇、三板桥镇、罐子窑镇的铅厂、江西坡镇的白石等地兴起。2004年，普安县周易农产品精加工厂启动建设，向国家商标局申请注册“雙辰牌”鸡㙡油商标，2005年申请“雙辰牌”周易纯天然鸡㙡油发明专利，2007年1月获得国家知识产权局授权，2008年12月获得生产许可证，2009年6月注册登记的普安县周易农产品精加工厂把原来注册的周易纯天然鸡㙡油厂合并后进行技术改造、扩项增容，2011年11月“雙辰牌”商标评为贵州省著名商标。2015年，在江西坡镇成立集生产、加工、销售为一体的布依香菇农业开发公司，注册资金3.4亿元，当年建成大棚面积20公顷，全部建成后公司规模为种植大棚食用菌150公顷（含江西坡、青山海马庄）。

三、瓜果作物

瓜类种植 1998—2011年，主要在江西坡镇推广南瓜和西瓜品种新红宝、庆红宝、无籽西瓜等种植，每年种植面积稳定在66.67公顷。南瓜纯产值6万～9万元，西瓜纯产值7.5万～9万元。2012—2013年，受自然灾害、病虫害等原因，种植面积有所下滑。2014年，瓜类种植面积533公顷，产量达1.2万吨，总产值7200万元。2015年，瓜果种植面积533公顷，产量达1.2万吨，总产值7100万元，受市场波动，虽种植面积稳定，产值有所下滑，主要种植品种有贵P10小青瓜、生瓜、黄瓜、苦瓜、丝瓜、少量西瓜，集中分布在江西坡镇、龙吟镇、楼下镇，其他乡镇略有分布，以早春种植为主。

水果种植 1998年起，在县境内推广红心蜜柚、椪柑、夏橙、境橙、武昌桃、燕红桃、金秋梨、黄花梨、板栗、杨梅、石榴、刺梨、葡萄、樱桃等水果种植。2015年，全县水果种植面积达1533公顷，其中柑橘类主要分布在江西坡镇、龙吟镇、楼下镇、高棉乡棒古村；桃、梨分布在江西坡、高棉、青山、窝沿、楼下等。果园每公顷产量37.5～90吨，产值7.5～18万元。

四、肥料施用

1998—2015年，全县每年施用肥料维持在3万吨左右，其中尿素7100吨左右、碳铵6500吨左右、磷肥9300吨左右、氯化钾和硫酸钾800吨左右、复混肥2800吨左右、复合肥4000吨左右。

五、农作物病虫害防治

（一）病虫害种类

1998—2015年，普安县主要发生以下病虫灾害：

水稻病虫灾害　稻瘟病、纹枯病、稻曲病、稻飞虱、稻秆潜蝇。

玉米病虫灾害　玉米螟、黏虫、大螟、纹枯病。

小麦病虫灾害　锈病、白粉病、赤霉病、纹枯病、蚜虫。

油菜病虫灾害　菌核病、病毒病、霜霉病、蚜虫、野燕麦、看麦娘、黑线姬鼠。

烟草病虫灾害　花叶病、赤星病、青枯病、黑胫病、气候性斑点病、烟蚜、烟青虫、烟草麦蛾、烟粉虱、炭疽病、白粉病、根结线虫病、野火病、角斑病。

蔬菜病虫灾害　小菜蛾、菜青虫、斑潜蝇、蚜虫。

1998—2015年普安县烟草病虫灾害情况表

表5-1-11　　单位：公顷

年份	受灾	年份	受灾	年份	受灾	年份	受灾
1998	40.13	2003	40.40	2008	96.47	2013	349.07
1999	35.20	2004	69.47	2009	76.67	2014	19.40
2000	37.73	2005	83.33	2010	89.53	2015	344.00
2001	45.80	2006	54.67	2011	114.07		
2002	46.27	2007	55.00	2012	112.67		

（二）病虫害防治

1998—1999年，夏、秋作物病虫草鼠害发生面积106413.67公顷，防治面积74356.33公顷，对稻田鼠害进行综合治理，挽回粮食损失3657.55吨。2000—2002年，对水稻细菌性条性病进行综合治理；对茶叶桑白蚧综合治理，治理面积133.3公顷；对美洲斑潜蝇及其进缘种南美斑潜蝇进行监测和治理，摸清发生规律，总结防治方法。2003年，对有害生物疫情进行普查，摸清疫情分布情况；开展毒鼠强专项整治，清缴剧毒鼠药10.3千克。2004—2005年，对水稻病虫害进行综合治理，综合防治3333.33公顷；实施增粮工程病虫害综合防治实施项目，实施6000公顷，其中玉米4666.67公顷，水稻1333.33公顷。2006年，对玉米病虫害进行综合防治，综合防治6446.67公顷，示范400公顷。2007年，对水稻细菌性条斑病疫情进行监测与管理，综合防治示范20公顷，带动133.33公顷。2008年，实施频振式杀虫灯试验示范，实施800公顷；进行柑橘实蝇疫情监测，设监测点4个。2009年，开展茶叶无害化治理研究，实施2666.67公顷，示范中心66.67公顷，采用物理、农业、生物和化学综合防治措施，摸清茶园有害生物和天敌种类，用药结构试验筛选5—8个高效低毒农药；实施增粮工程病虫害综合防治，实施9866.67公顷；实施频振式杀虫灯试验示范，减少农药投入26万元。2010年，实施稻水象甲疫情普查及防控，全县设监测点30个，防控面积200公顷；对茶叶有害生物无害化治理研究，查清茶叶有害生物主要有茶小绿叶蝉茶蚜等病虫害。2011年，对全县柑橘黄龙病与溃疡病进行调查监测与防控，柑橘黄龙病发生面积10.05公顷，柑橘溃疡病发生1.34公顷，防治面积8.5公顷。2013年，夏、秋收作物病虫草鼠害发生面积70606.67公顷，防治面积50366.67公顷，挽回粮食损失822.52吨。2014年，全县夏收作物病虫害为中等发生，发生面积5333公顷次，防治面积4000公顷次，占发生面积的75%，挽回损失80.55万吨；秋收作物农田病虫草鼠害呈中等发生（其中水稻稻飞虱发生严重），发生面积5.81万公顷次，防治面积4.66万公顷次，挽回损失1891.05吨，实际损失471.2吨。2015年，全县夏收作物病虫害为中等发生，发生面积5000公顷次，防治面积4000公顷次，挽回损失70.55万吨；秋收作物农田病虫草鼠害呈中等发生，发生面积4.55万公顷次，防治面积3.47万公顷次，挽回损失1651.12吨，实际损失371.5吨。

1998—2015年普安县农作物病虫害防治情况表

表5-1-12

年份	病虫草鼠害（公顷）		挽回粮食损失（吨）
	发生面积	防治面积	
1998—1999	106413.67	74356.33	3657.55
2000—2002	62413.67	42453.33	1643.40
2003	78413.67	62453.67	2854.32
2004—2005	115413.67	82463.33	3723.45
2006	67413.33	56324.67	2231.35
2007	62353.33	44305.67	1435.25
2008	85343.33	63642.67	2764.55
2009	65753.33	45780	3754.72
2010	71366.67	50013.33	1289.13
2011	66546.67	46343.33	1745.45
2012	65413.33	42413.33	1239.74
2013	70606.67	50366.67	822.52
2014	63334.33	50005.93	1971.05
2015	45835.14	38666.66	1651.12

第六节　养殖业

一、畜牧养殖

1998年，以猪（含能繁母猪）、大牲畜（含牛、马）、羊、家禽（含鸡、鸭、鹅）等为主。猪存栏8.51万头，其中能繁母猪存栏0.83万头。大牲畜存栏7.01万头（匹），其中牛存栏6.3万头、马存栏0.71万匹。羊存栏1.66万只，其中山羊存栏1.66万只。2003年，抓好兔产业的发展，年末兔存栏4146只。

2007年，畜牧养殖业得到发展壮大，猪存栏16.28万头，其中能繁母猪1.99万头。大牲畜存栏11.64万头（匹），其中牛10.71万头、马0.93万匹。羊存栏4.23万只，其中奶羊203只。家禽存栏91.49万羽，其中鸡89.82万羽、鸭0.98万羽、鹅0.69万羽。兔存栏2000只。

2011年，遭受疫情，畜禽养殖下滑，猪存栏5.7万头，其中能繁母猪1.08万头。大牲畜存栏6.3万头（匹），其中牛5.59万头、马0.71万匹。羊存栏3.83万只。家禽存栏78.7万羽，其中鸡72.8万羽、鸭4.1万羽、鹅0.55万羽。兔存栏1.56万只。

2013年，猪存栏11.58万头，其中能繁母猪1.09万头。大牲畜存栏5.33万头（匹），其中牛4.77万头、马0.56万匹。羊存栏4.27万只。家禽存栏71.13万羽，其中鸡68.6万羽、鸭2.1万羽、鹅0.43万羽。兔存栏2.1万只。

2014年，猪存栏12.95万头，其中能繁母猪1.3万头。大牲畜存栏6.84万头（匹），其中牛6.32万头、马0.52万匹。羊存栏4.68万只。家禽存栏79.59万羽，其中鸡76.82万羽、鸭2.24万羽、鹅0.53万羽。兔存栏3.52万只。

2015年，猪存栏13.17万头，其中能繁母猪1.36万头。大牲畜存栏6.95万头（匹），其中牛6.46万头、马0.49万匹。羊存栏5.38万只。家禽存栏79.61万羽，其中鸡76.72万羽、鸭2.39万羽、鹅0.5万羽。兔存栏10.28万只。

1998—2015年普安县畜牧业存栏情况表

表5-1-13

年份	猪（万头）		大牲畜（万头、万匹）			羊（只）			家禽（万羽）				兔（只）
	合计	能繁母猪	合计	牛	马	合计	山羊	奶羊	合计	鸡	鸭	鹅	
1998	8.51	0.83	7.01	6.3	0.71	16557	16557	—	—	—	—	—	—
1999	9.25	0.91	8.82	8.04	0.78	24716	24716	—	—	—	—	—	—
2000	10.29	0.95	8.25	7.21	1.04	11657	11657	—	—	—	—	—	—
2001	11.01	1.09	9.16	8.25	0.91	12814	12814	—	—	—	—	—	—
2002	13.25	1.2	9	8.13	0.87	18566	18566	—	—	—	—	—	—
2003	14	1.38	9.22	8.45	0.77	35484	35484	—	89.06	86.03	2.7	0.33	4146
2004	13.5	1.57	9.23	8.17	1.06	24961	24961	—	90.07	86.65	3.03	0.39	4307
2005	14.53	1.98	10.14	9.26	0.88	40016	40016	—	91.65	87.11	4.09	0.45	2860
2006	15	2.25	10.36	9.51	0.85	40070	40070	—	92.3	87.17	4.97	0.16	2540
2007	16.28	1.99	11.64	10.71	0.93	42303	42100	203	91.49	89.82	0.98	0.69	2000
2008	10.29	1.15	5.82	5.05	0.77	40324	40109	215	69.53	62.64	5.19	1.7	5467
2009	11.22	1.39	6.09	5.4	0.69	47196	46884	312	69.56	63.38	5.5	0.68	5950
2010	11.13	1.08	6.3	5.59	0.71	57505	57505	—	78.7	72.8	5.4	0.5	11200
2011	5.7	1.08	5.41	4.78	0.63	38298	38298	—	83.25	78.6	4.1	0.55	15600
2012	9.12	1.02	6.14	5.55	0.59	78695	78695	—	67.28	63	3.8	0.48	19800
2013	11.58	1.09	5.33	4.77	0.56	42699	42699	—	71.13	68.6	2.1	0.43	21000
2014	12.9475	1.3021	6.8487	6.3216	0.5214	46792	41692	—	79.5878	76.8173	2.2369	0.5336	35200
2015	13.1694	1.3626	6.9596	6.4598	0.4945	53845	47845	—	79.6069	76.7156	2.3855	0.5058	102800

说明：本表为农业部门统计数

二、水产养殖

山塘、水库养鱼　1999年，发展池塘养鱼72户12.4公顷，山塘养鱼21户6.1公顷，水库养鱼124公顷。2000年，水产品产量36吨。2002年，养殖面积12公顷，水产品产量30吨。2008年，水产品产量88吨，选育普安银鲫亲本100尾。2009年，养殖面积16公顷，水产品产量92吨，选育普安银鲫亲本473尾，繁殖优质原种普安银鲫鱼苗51万尾。2010年，养殖面积23公顷，水产品产量110吨，选育普安银鲫亲本645尾。2011年，养殖面积21公顷，水产品产量136吨，选育普安银鲫1万余尾，能繁亲本843尾。2012年，养殖面积21公顷，水产品产量225吨，选育普安银鲫1万余尾，能繁亲本843尾。2013年，养殖面积26公顷，水产品产量300吨，选育能繁亲本243尾。2014年，养殖面积39公顷，水产品产量350吨。2015年，养殖面积39公顷，水产品产量364吨。

稻田养鱼　2005—2007年，在窝沿乡、高棉乡推广稻田养鱼14公顷。2009年，在新店乡建普安银鲫稻田培育苗种示范基地3.3公顷。2014年，在江西坡推广稻田综合种养0.13公顷。2015年，在江西坡继续推广稻田综合种养0.3公顷。

普安银鲫养殖　1998年，普安银鲫主要在青山镇普安银鲫原种场进行养殖，由青山镇人民政府管理。2001年，青山镇人民政府将普安银鲫原种场转给普白林场，普白林场因建设需要从普安银鲫原种场山塘抽水，普安银鲫原种面临灭绝。2002年，原水产实验场的人员为保护普安银鲫，以“拯救普安银鲫”为题向社会各界及省水产局呼吁。2003年，省水产局到普安银鲫原种场现场调研后要求收回普安银鲫原种场，县人民政府召开专题会议明确收回普安银鲫原种场，由县畜牧水产事业局管理。2007

年，成立渔业局专门保护开发普安银鲫，普安银鲫原种场更改为企业。当年12月25日，中国科学院水生生物研究所根据农业部建立全国鲫鱼种质资源基因库的安排，率省渔业局对普安银鲫进行采样，确定普安银鲫DNA与国内外已知的鲫鱼不同，是一个独立鲫鱼类型。2008年，贵州大学、贵州省水产研究所，黔西南州职业技术学院对普安银鲫进行系统研究。当年，省农业厅组织省内水产专家对普安银鲫作为水产种质资源保护进行可行性评审，于9月26日发布公告，批准建立普安银鲫省级水产种质资源保护区，保护区占地面积72公顷。2012年，经过3年时间完成普安银鲫提纯复壮工作，制定育种方案。2013年，承包给兴义诗琦种养殖有限公司进行开发。当年，得到国家级“贵州省普安县鲫鱼良种场建设项目”支持，实施地点在普安县普安银鲫原种场。2014年，场部道路全部硬化，修建场部边缘围墙1100米。2015年，启动实施“贵州省普安县鲫鱼良种场建设项目”。

大闸蟹养殖 2010年，在普安银鲫原种场试验养殖0.2公顷大闸蟹获得成功，放养扣蟹2000只，产出362只。2011年，在普安银鲫原种场养殖0.67公顷，放养扣蟹8000只，产出3200余只。2012年，在青山镇营山村养殖6.7公顷，放养扣蟹8万只，受干旱影响产出2.19万只。2013年，招商引资贵州辉鸿兴水产养殖开发有限公司进驻普安，在窝沿乡养殖16.7公顷，带领3户养殖户在江西坡镇养殖3.3公顷，共放养扣蟹25万只，产出8.5万只。2014年，在青山镇带动3户农户增加养殖面积6.6公顷，共放蟹苗30万只，产出11.3万只。2015年，青山镇、江西坡镇养殖均因产量、规格达不到要求放弃，保留盘水街道窝沿社区养殖16.7公顷，放蟹苗20万只，产出8.1万只。

棘胸蛙养殖 2014年，在江西坡试验养殖面积0.03公顷，选育种蛙200对，繁殖幼蛙2万只。2015年，在江西坡新建养殖场6.7公顷，提纯选育种蛙1000对，繁殖幼蛙4万只。

中华鲟养殖 2014年，在窝沿社区开始建中华鲟养殖基地。2015年，中华鲟养殖基地建成0.3公顷，养殖中华鲟1万尾，年产量17.5吨。

三、畜禽品种改良

猪品种改良 1998年，利用原有的猪品种改良点21个（其中人工输配点5个），逐步利用大约克公猪、杜洛克公猪品种进行杂交改良，推广长白猪 × 约克猪与杜洛克公猪杂交的三元杂交商品代仔猪和约克猪、杜洛克猪与本地品种杂交的二元杂交商品代仔猪为主。2008年，引进纯种大约克公猪22头。2012年，新建猪的人工授精点12个，引进公猪12头，猪的人工授精设备12套。2013年，引进新美系二元母猪109头，新美系公猪2头。2014年，引进良种公猪8头，新建人工授精点4个。2015年，新建人工输配点4个，培训农民人工输配员50人次。

2006—2015年普安县猪品种改良情况表

表5-1-14 单位：万头

年份	配种	推广杂交猪	其中		年份	配种	推广杂交猪	其中	
			三元杂交猪	二元杂交猪				三元杂交猪	二元杂交猪
2006	0.63	4.08	2.21	1.87	2011	0.76	8.32	5.95	2.37
2007	0.65	4.2	2.34	1.86	2012	1.25	7.83	5.48	2.35
2008	0.86	5.6	3.25	2.35	2013	1.35	9.35	6.64	2.71
2009	0.84	9.78	6.21	3.57	2014	1.38	9.50	6.80	2.70
2010	0.95	7.25	5.01	2.24	2015	1.44	11.54	7.35	4.01

牛品种改良 1998年，利用原有的7个牛冻精输配点，对牛品种进行改良。2000年，牛品种改良实行本品种选育、杂交改良相结合，建立青山、龙吟、新店牛冷冻精液人工配种点，输配牛807头（其中黄牛309头，水牛498头）。建立耕牛本品种改良项目，项目申报财政扶贫资金3.2万元，用于引进

优良品种牛冷冻精液3500支（其中西门塔尔牛冷冻精液1300支、利木赞牛冷冻精液1000支、安格斯牛冷冻精液100支、奶牛冷冻精液100支、摩拉水牛冷冻精液500支、尼里水牛冷冻精液500支），购液氮罐2个，购液氮3000升。全县牛品种改良点调整为7个（其中龙吟镇2个、青山镇1个、罗汉乡1个、盘水镇1个、新店乡2个），冷冻精液人工输配1568头（其中龙吟镇336头、罗汉乡356头、新店乡379头、青山镇465头、盘水镇32头），产杂交牛252头。2007年，将牛品种改良工作落实到各乡镇，全县建立14个牛品种改良点，引进纯种公牛3头，本品种选育20头，人工输配3650头，产犊1398头。按照协议，共奖励输精员2.46万元（其中盘水镇输精员0.22万元、雪浦乡输精员1.4万元、新店乡输精员0.84万元），培训农民输精员26名。2008年，引进纯种西门塔尔公牛12头。2010年，由于母牛的存栏量下降和没有奖励性补贴，人工授精点只有新店、雪浦2个点正常开展工作。2013年，新建窝沿乡人工授精点1个。全县牛品种改良以人工授精为主，少部分采用本交。2014年，新建盘水镇人工授精点1个，覆盖三板桥镇、江西坡乡镇。2015年，新建楼下镇牛人工授精点1个，全县牛品种改良以人工授精为主，实现全县覆盖。

2006—2015年普安县牛品种改良情况表

表5-1-15 单位：头

年份	人工输配	产犊数	年份	人工输配	产犊数	年份	人工输配	产犊数
2006	3522	868	2010	3701	1657	2014	4312	2497
2007	3650	1398	2011	4502	2475	2015	4184	2892
2008	3688	2336	2012	4122	2267	—	—	—
2009	3693	1580	2013	4152	2497	—	—	—

鸡品种改良 1998年，实施“普安县乌骨鸡”项目，在罐子窑镇开办乌骨鸡纯种繁殖场。2006年9月，启动优质家禽基地项目，在江西坡、盘水、新店等乡镇实施。2007年11月，优质家禽基地项目在乡镇发展养殖户112户（其中江西坡镇46户，盘水镇32户，新店乡34户），改造圈舍5800平方米，育雏室2100平方米，培训群众18期1120人次，引进铁脚麻系列鸡种、快大黄、882鸡品种进行养殖，年出栏肉鸡18.2万羽。2008—2013年，引进鸡品种主要以铁脚麻鸡系列品种、快大黄鸡、882鸡品种为主，有少量泰和乌鸡品种。2014年，在原有品种基础上引进绿壳蛋鸡试验养殖。2015年，培育新店镇牛角山乌鸡品种，提纯种鸡2000羽。

四、水产苗种生产与供应

1999年，投放鱼苗20万尾，以草、鲤、鲢、鲫4个品种为主。2002年，投放山塘水库鱼苗20万尾。2005—2007年，每年投放鱼苗20余万尾。2009年，投放鱼种13吨，培育普安银鲫大规格鱼种4万～5万尾。2010年，繁殖普安银鲫苗200余万尾，投放规格鱼种5吨。2011年，繁殖普安银鲫苗500余万尾，投放规格鱼种8吨。2012年，繁殖普安银鲫苗800余万尾，投放规格鱼种12吨。2013年，繁殖普安银鲫苗200余万尾，投放规格鱼种10吨。2014年，在三板桥镇投放规格鱼种51万尾。2015年，投放规格鱼种2吨。

五、畜禽疫病防治

（一）畜禽疫病种类

1998—2015年，普安县主要发生以下畜禽疫病。

畜禽共患疫病 口蹄疫、炭疽、布鲁氏菌病、蓝舌病、狂犬病、弓形体病、肝片吸虫病。

猪疫病 猪瘟、猪丹毒、猪肺疫、猪乙型脑炎、猪传染性胃肠炎、猪圆环病毒病、猪传染性萎缩性鼻炎、猪伪狂犬病、猪蓝耳病、仔猪副伤寒、仔猪黄白痢、猪传染性胸膜肺炎。

禽疫病 禽流感、鸡新城疫、禽白血病、鸡传染性喉气管炎、鸡传染性支气管炎、鸡传染性法氏囊病、鸡白痢、禽霍乱、鸡球虫病、鸡马立克次氏体病、鸭瘟、小鹅瘟、绦虫病。

牛疫病 牛出败、牛结核、牛焦虫病、牛病毒性腹泻、牛螨虫病。

羊疫病 山羊痘、羊快疫、羊传染性胸膜炎、传染性脓疱（口疮）、羔羊痢疾。

1998—2015年普安县畜禽疫病情况表

表5-1-16

年份	疫病名	发病地点	发病数						死亡数					
			猪（头）	牛（头）	马（匹）	羊（只）	禽（羽）	犬（只）	猪（头）	牛（头）	马（匹）	羊（只）	禽（羽）	犬（只）
1998	五号病	全县13个乡镇	786	995	—	—	—	—	786	995	—	—	—	—
1998	牛出败	高棉乡、新店乡	—	4	—	—	—	—	—	4	—	—	—	—
1998	猪丹毒	6个乡镇	580	—	—	—	—	—	65	—	—	—	—	—
1998—2013	猪瘟	14个乡镇	27000	—	—	—	—	—	27000	—	—	—	—	—
2000	牛出败	高棉乡	—	2	—	—	—	—	—	2	—	—	—	—
2000	猪丹毒	3个乡镇	256	—	—	—	—	—	32	—	—	—	—	—
2001	羊痘	罐子窑镇三秋田	—	—	—	26	—	—	—	—	—	26	—	—
2001	猪肺疫	全县	21	—	—	—	—	—	7	—	—	—	—	—
2001	牛出败	新店乡	—	2	—	—	—	—	—	2	—	—	—	—
2002	炭疽病	白沙乡五里坪	1	4	—	—	—	—	1	4	—	—	—	—
2002	猪丹毒	3个乡镇	125	—	—	—	—	—	17	—	—	—	—	—
2004	狂犬病	5个乡镇	—	—	—	—	—	226	—	—	—	—	—	226
2005	新城疫	10个乡镇	—	—	—	—	1008	—	—	—	—	—	1008	—
2006	狂犬病	11个乡镇	—	—	—	—	—	26	—	—	—	—	—	26
2006	牛出败	新店乡	—	2	—	—	—	—	—	2	—	—	—	—
2006	气肿疽	龙吟镇城阳	—	6	—	—	—	—	—	6	—	—	—	—
2006	猪丹毒	2个乡镇	78	—	—	—	—	—	13	—	—	—	—	—
2007	炭疽病	龙吟镇石古	—	—	2	—	—	—	—	—	2	—	—	—
2011	猪丹毒	4个乡镇	138	—	—	—	—	—	16	—	—	—	—	—
2012	布病	三板桥镇保冲村	—	—	—	32	—	—	—	—	—	32	—	—
2013	鸡白痢	10个乡镇	—	—	—	—	986	—	—	—	—	652	—	—
2014	小反刍兽疫	楼下镇、地瓜镇、三板桥镇、江西坡镇	—	—	—	723	—	—	—	—	—	723	—	—
2015	布病	龙吟镇	—	—	—	22	—	—	—	—	—	22	—	—

（二）畜禽疫病防治

1998年，动物疫病防控坚持预防为主、治疗为辅的方针，春、秋两季开展动物防疫免疫，对猪注射猪瘟疫苗，对牛注射炭疽疫苗，对马注射马疫苗。1999年起，增加对猪、牛、马、羊注射五号疫苗。2001年起，对羊注射羊痘疫苗。2003年起，对禽注射禽流感、鸡瘟Ⅰ系、鸡瘟Ⅱ系疫苗。2012年，国家投入60多万元建立普安县兽医实验室，2012—2013年，普安县兽医实验室监测动物血清6960份。2014年，普安县兽医实验室监测动物血清3220份。2015年，普安县兽医实验室监测动物血清4446份。

1998—2015年普安县注射动物疫苗情况表

表5-1-17

年份	猪（头）		牛（头）		马（匹）	羊（只）		禽（羽）		
	注射		注射		注射	注射		注射		
	五号疫苗	猪瘟	五号疫苗	炭疽		五号疫苗	羊痘	禽流感	鸡瘟Ⅰ系	鸡瘟Ⅱ系
1998	—	136200	—	9875	5986	—	—	—	—	—
1999	74000	148016	64541	9675	6025	19773	—	—	—	—
2000	172798	172800	115421	8956	6952	18651	—	—	—	—
2001	176210	176306	132126	9125	5986	20502	15982	—	—	—
2002	212152	212609	130208	8742	6012	29706	16235	—	—	—
2003	224066	224107	135241	8653	6219	56774	16587	329654	336984	298745
2004	216093	216242	130826	8561	6854	39938	15486	326542	345698	325987
2005	232515	232674	148297	8741	6756	40016	16589	325896	334587	348756
2006	240096	240243	152160	8021	6946	64112	45697	328952	324568	325864
2007	260480	260672	171360	8326	6319	67685	48712	327456	324715	302568
2008	164707	165302	80868	8142	6023	64518	46987	318965	314785	301478
2009	179571	179642	86499	8254	6241	75514	42365	315893	305647	306984
2010	197840	199823	107526	9874	3954	36100	42158	323654	325698	305748
2011	156921	15473	10695	6872	2698	54463	36897	362534	316592	345698
2012	133271	132568	60854	4568	1988	38882	16892	326843	332568	278965
2013	122375	132111	54687	5684	1642	45469	12654	346354	368452	326584
2014	111478	109463	52992	5232	1627	50904	16858	730861	682532	402356
2015	102958	103615	45685	4896	1528	74363	56249	732758	713279	469821

六、水产疫病防治

2008—2009年，普安县普安银鲫原种场发生小瓜虫病，对养殖池使用甲基蓝进行防治。2011年，普安县普安银鲫原种场发生水霉病，用养殖池水霉灵进行防治。2013年，普安县江西坡碧水源发生草鱼烂鳃病，对养殖池更换新水，用二氧化氯进行防治。2014—2015年，在江西坡镇高潮村发生草鱼细菌性败血症，用生石灰和大蒜素进行防治。

七、大牲畜检疫

1998年，全县屠宰检疫1.68万头，产地检疫2.75万头。2004年，全县屠宰检疫1.84万头，产地检疫3.15万头。2010年，全县屠宰检疫1.68万头，产地检疫2.75万头。2015年，屠宰检疫1.99万头，产地检疫3.38万头。

1998—2015年普安县检疫情况

表5-1-18　　单位：万头

年份	屠宰检疫	产地检疫	年份	屠宰检疫	产地检疫	年份	屠宰检疫	产地检疫
1998	1.68	2.75	2004	1.84	3.15	2010	1.97	3.29
1999	1.69	2.76	2005	1.88	3.21	2011	1.97	3.37
2000	1.73	2.79	2006	1.90	3.22	2012	1.99	3.39
2001	1.75	3.12	2007	1.92	3.14	2013	1.98	3.35
2002	1.82	3.22	2008	1.94	3.24	2014	1.99	3.37
2003	1.87	3.15	2009	1.94	3.35	2015	1.99	3.38

第二章　林　业

第一节　管理机构

一、县林业局

1998年，普安县林业局（简称“县林业局”）内设行政办、林政股2个行政机构，设林业工作站、森林植物病虫害防治检疫站、木材检查站、森林防火办、林业公安派出所、苗圃场、普白林场7个事业机构。2000年9月，成立普安县公安局普白国有林场林业派出所，隶属县公安局、县林业局双重领导。

2002年1月，实施机构改革，县林业局内设行政股、森林资源和林政管理股2个行政机构，设林业工作站（挂林业科技推广站牌子）、森林病虫害防治检疫站、林业公安派出所（挂林业刑侦队、县森林防火指挥部办公室牌子）、木材检查站、苗圃场（挂种苗站牌子）、普白林场、普白林场派出所（与普白林场合署办公）7个事业站（场、所）。2007年7月，县林业公安派出所、普白林场派出所升格为副科级机构。

2010年4月，县林业局与县农业局、县扶贫办等单位合并，更名为县农业林业和扶贫开发局，合并后原县林业局各内设机构保留原来机构名称，履行原职能。2011年，设立正科级机构的县林业局（不计入政府机构个数），将原由县农业林业和扶开发局承担的林业工作职能交由县林业局承担，隶属于县农业局管理。2012年4月，县林业局恢复独立办公机构。9月，县林业公安派出所升格为县森林公安局，隶属于县林业局管理的正科级机构。2014年12月，县林业局恢复为县人民政府工作部门。

二、乡镇（街道）林业站

1998年，在三板桥镇、罗汉乡、新店乡、龙吟镇、白沙乡、罐子窑镇、高棉乡、窝沿乡、地瓜镇、江西坡镇、楼下镇、青山镇、雪浦乡、盘水镇分别设立林业站。2003年9月，14个乡镇林业站划由县林业局管理。2011年10月，14个乡镇林业站划由乡镇人民政府管理。

第二节　森林资源管理

一、森林资源调查

1999年，森林资源调查显示，全县活立木蓄积47.85万立方米，林分面积1.01万公顷、林分蓄积41.21万立方米，疏林面积831.2公顷、蓄积1.24万立方米，散生木蓄积0.28万立方米，“四旁”（路旁、沟旁、渠旁、宅旁）树蓄积5.12万立方米。用材林9197.6公顷、39.23万立方米，薪炭林944.2公顷、

1.95万立方米，特种用途林4.6公顷、0.03万立方米。优势树种主要有杉木、针阔混、华山松、软阔类、栎类、云南松、枫香、马尾松、桦类、柳杉等。

2005年，开展第三次全国森林资源调查，全县林业用地7.37万公顷，占51.6%；非林地6.92万公顷，占48.4%。森林（有林地和国家特别规定灌木林地）面积4.4万公顷，四旁树占地面积（按1650株/公顷折算）792.35公顷，森林覆盖率31.37%；其他灌木林地面积5605.38公顷。活立木总蓄积162.38万立方米，其中森林蓄积15.85万立方米。全县森林资源覆盖率31.37%，其中龙吟镇36.62%，白沙乡24.52%，罐子窑镇31.15%，窝沿乡27.23%，三板桥镇27.29%，盘水镇39.48%，高棉乡16.85%，江西坡镇50.76%，地瓜镇39.03%，罗汉乡33.32%，新店乡20.61%，雪浦乡27.07%，青山镇29.12，楼下镇24.02%，普白林场87.9%。

2015年，全县森林覆盖率49%。启动第四次全国森林资源调查，按照工作方案进度，相关数据成果2017年底发布。

二、森林资源采伐规划

2001—2005年，贵州省人民政府规划，普安县年森林采伐限额3.4万立方米。按采伐类型分：主伐8087立方米、抚育伐2.36万立方米、其他2352立方米；按消耗结构分：商品材7163立方米、农民自用材1.33万立方米、烧材1.35万立方米；其中人工林采伐限额1.67万立方米，商品材7163立方米，出材量4900立方米；毛竹限额0.08万根。实际采伐蓄积总量2.38万立方米，每年均未突破采伐限额。

2006—2010年，贵州省人民政府规划，普安县年森林采伐限额2.96万立方米。按采伐类型分：主伐1.76万立方米、抚育伐7500立方米、低产林改造1500立方米、其他3000立方米。按消耗结构分：商品材1.4万立方米、非商品材1.56万立方米；其中人工林采伐限额2.775万立方米，商品材1.346万立方米，出材量8800立方米。实际采伐蓄积总量7.26万立方米，每年均未突破采伐限额。

2011—2015年，贵州省人民政府规划，普安县年森林采伐限额4.34万立方米。按采伐类型分：主伐2.48万立方米、抚育伐1.01万立方米、其他8500立方米。按森林类别分：商品材4万立方米、公益林3780立方米。按森林起源分：天然林2.38万立方米，人工林2万立方米（其中：短轮伐期用材林1.5万立方米）。到2015年，采伐蓄积总量8.98万立方米，每年均未突破采伐限额。

三、森林资源保护

林地保护红线规划　2011年，编制《普安县林地保护规划（2010—2020）》，制定全县林地保护红线。按规划，全县林地6.84万公顷，林地保有量为5.95万公顷。预计征收占用林地6080公顷，规划实施补充林地6941.83公顷，要求规划期末（2020年）林地为6.93万公顷。当年有森林面积4.26万公顷，森林保有量5.2万公顷，规划森林面积5.96万公顷。国家公益林1.54万公顷，保有量1.54万公顷。地方公益林1.31万公顷，保有量1.31万公顷。林地状况为62.88立方米/公顷，目标值为76.31立方米/公顷，规划值80立方米/公顷。

湿地资源调查　2012年3月，普安县启动第二次全国湿地资源调查。调查结果显示，全县共有宽度10米以上、长度5千米以上永久性河流29条，面积8公顷以上人工库塘5个。湿地斑块共34个，其中面状7个，线状27个。植物区系单一，主要植物种类为垂柳、枫杨、桦木、桑树、构树、火棘、盐肤木、序叶苎麻、水麻、鼠刺、白茅、芦苇、马桑、竹叶草、单瓣缫丝花、楟叶蒿、鬼针草双穗雀稗等。湿地植被类型共3大类：落叶阔叶林湿地植被型，常绿、落叶灌木林湿地植被型，草本湿地植被型。其中永久性河流湿地植物种类较多，主要有垂柳群系、枫杨群系、桑树群系、构树群系、盐肤木群系、水麻群系、鼠刺群系、白茅群系、芦苇群系、马桑群系、竹叶草群系、单瓣缫丝花群系、楟叶蒿群系、鬼针草群系、双穗雀稗群系。人工库塘湿地分布的湿地植物相对较少，主要有垂柳群系、桑树群系、构树群系、火棘群系、盐肤木群系、序叶苎麻群系、马桑群系、竹叶草群系、单瓣缫丝花群系、栉叶蒿群系、鬼针草群系、双穗雀稗群系。

森林防火 1998年起，利用电视、标语等进行宣传，聘请护林员对重点林区进行看守，利用瞭望台进行昼夜监控，做好巡查，加大打击，建立专（兼）职队伍做好森林防火。1998—2015年，发生有记录森林火灾313起，过火面积3698公顷，受灾面积1740.25公顷。

1998—2015年普安县森林火灾情况表

表5-2-1

年份	发生森林火灾（起）	过火面积（公顷）	受灾面积（公顷）	年份	发生森林火灾（起）	过火面积（公顷）	受灾面积（公顷）
1998	5	141.87	140.67	2007	77	342.60	194.47
1999	10	82.00	38	2008	43	499.07	321.67
2000	13	49.00	6.13	2009	19	1002.00	577.87
2001	15	73.33	35.33	2010	38	784.20	180.00
2002	4	4.60	2.33	2011	13	94.30	54.79
2003	14	86.67	30	2012	7	130.60	16.59
2004	5	20.80	1.33	2013	3	22.90	5.00
2005	11	101.47	16.47	2014	24	133.33	76.67
2006	8	52.93	5.60	2015	4	73.33	37.33

林政执法 1999年，普安县制定《关于切实加强森林资源保护的有关规定》，规定林木采伐禁伐区、木材流通管理、林权调处及采伐更新费标准（每公顷1800～3000元）等。严厉打击乱砍滥伐林木、乱垦滥占林地、乱捕滥猎野生动物等行为。1998—2015年，查处各类林业案件663起，其中林业刑事案件110起，林业行政案件462起，林业治安案件91起。

1998—2015年普安县林政执法情况表

表5-2-2 单位：起

年份	林业案件	其中			年份	林业案件	其中		
		刑事案件	行政案件	治安案件			刑事案件	行政案件	治安案件
1998	18	4	13	1	2007	36	3	32	1
1999	20	—	18	2	2008	31	13	17	1
2000	65	2	1	62	2009	19	8	10	1
2001	73	3	65	5	2010	27	9	14	4
2002	78	—	75	3	2011	8	5	2	1
2003	28	—	25	3	2012	8	4	2	2
2004	28	3	24	1	2013	22	8	14	0
2005	40	5	34	1	2014	74	22	50	2
2006	37	8	28	1	2015	51	13	38	—

林业病虫灾害 普安县林业病虫灾害主要有花椒天牛、板栗瘿蜂、云斑天牛、叶甲、金龟子、蟠象、梨黑星病、松针病害、花椒凤蝶、核桃枝枯病、板栗病害、柑橘潜叶蛾、象鼻虫、柑橘螨类、柑橘潜叶蛾、梨锈病、桃蛀螟、桃缩叶病、杂草、黑线姬鼠、茶饼病、茶白星病、茶云纹叶枯病、轮斑病、茶炭疽病、茶煤病、红锈藻病、根腐病类、茶苗根结线虫病、小绿叶蝉、假眼小绿叶蝉、茶橙瘿

螨、黑刺粉虱、角蜡蚧、茶牡蛎蚧、蓟马、茶毛虫、茶黑毒蛾、油桐尺蠖、云尺蠖、茶小卷叶蛾、茶卷宗叶蛾、茶丽纹象甲、刺蛾类、蛾类、蚜虫、蛀干害虫、地下害虫（蛴螬、大蟋蟀、白蚁等）。

建立健全林业有害生物测报体系和松材线虫病防控体系，建立林业有害生物监测样地点31个，监测面积3.43万公顷，监测率100%。2000年6—7月，在盘水、三板桥、罗汉、地瓜、窝沿等乡镇发生寄主为板栗树的金龟子、叶甲、蝽象、梨黑星病等灾害，造成1268公顷的板栗树受害，直接经济损失135万元。2008年6—9月，在盘水、罗汉、地瓜、新店、楼下等乡镇发生寄主为楸树的象鼻虫灾害，造成253.33公顷的楸树受害，直接经济损失68万元。2009年6—8月，在地瓜、楼下、高棉等乡镇发生寄主为楸树的象鼻虫、寄主为柑橘树的柑橘潜叶蛾灾害，造成270公顷的楸树和柑橘树受害，直接经济损失40.5万元。2014年，在全县各乡镇发生核桃枝枯病、金龟子、象鼻虫等病虫灾害，受灾面积2046公顷。

1998—2015年普安县林业病虫灾害情况表

表5-2-3　　　　单位：公顷

年份	病虫灾害名称	受灾乡镇	受灾面积	治理面积
1998	天牛、象鼻虫、潜时蛾等	高棉乡、龙吟镇等	167.4	140
1999	叶甲、华山松根腐病等	青山镇等	20	20
2000	天牛、叶甲、蝗虫、梨黑星病等	高棉乡、三板桥镇、江西坡镇	1268	902
2001	金龟子及松树病害等	窝沿乡、青山镇、盘水镇等	273.3	193.3
2002	叶甲、核桃枝枯病等	高棉乡、青山镇、新店乡等	110	110
2003	叶甲、天牛等	高棉乡、雪浦乡等	26.7	26.7
2004	板栗剪枝象等	龙吟镇、青山镇等	33.3	33.3
2005	天牛、叶甲等	高棉乡、雪浦乡等	26.7	26.7
2006	潜叶蛾等	高棉乡、龙吟镇等	93.3	93.3
2007	象鼻虫等	地瓜镇、罗汉乡等	330	83.3
2008	象鼻虫等	地瓜镇、楼下镇、罗汉乡等	853.3	46.7
2009	象鼻虫、潜叶蛾、刺蛾等	高棉乡、地瓜镇、楼下镇等	780	380
2010	象鼻虫等	盘水镇、地瓜镇、楼下镇等	383	346
2011	象鼻虫等	新店乡、地瓜镇、楼下镇等	236	40
2012	核桃枝枯病、金龟子等	地瓜镇、盘水镇、楼下镇等	253	253
2013	核桃枝枯病、金龟子等	三板桥镇、窝沿乡、罗汉乡	253.3	253.3
2014	核桃枝枯病、金龟子、象鼻虫等	全县各乡镇	2046	2046
2015	象鼻虫、梨锈病等	地瓜镇、盘水街道、高棉乡等	33.33	33.33

第三节　林业生态建设

一、社会造林

1998年，全县营林重点是发动社会造林、开展封山育林，社会造林由政府发动，通过办示范点，结合发放苗木数量以株折亩实施，未实施规划图斑。到2001年，完成人工社会造林7307公顷，封山育林5711公顷。

1999年3月，在龙吟、罐子窑、白沙、高棉、江西坡、三板桥、地瓜、新店8个乡镇设7个飞播区。4月20日，实施马尾松飞机播种造林6667公顷。

1998—2001年普安县社会造林情况表

表5-2-4　　单位：公顷

年份	社会造林面积	涉及乡镇名称	其中	
			人工社会造林	封山育林
1998	4111	全县14个乡镇	2459	1652
1999	1667	全县14个乡镇	333	1333
2000	3438	全县14个乡镇	2096	1343
2001	3802	全县14个乡镇	2420	1383

二、国家生态环境建设综合治理

1999年，启动第一期生态环境建设综合治理工程，投资1165万元，治理水土流失面积4421公顷。其中种植经济果木林1035.5公顷、防护林2950.9公顷，封山育林921公顷，治理石漠化15公顷、河堤3.18千米，建设自然保护区公路、支路1.92千米、生态苗圃工程4公顷、水池318口、沼气池72口、拦山沟和排水沟、引水管道75.02千米、沉沙池59个、田间便道3.68千米、渠道防渗14.68千米，实施工程坡改梯29.5公顷、生物坡改梯172.1公顷、旱作农业巴西陆稻种植52.4公顷、种草工程15公顷、绿肥基地89公顷、绿肥改田改土247.52公顷。

2001年，启动第二期生态环境建设综合治理工程，投资632.5万元，治理水土流失面积3030公顷。其中种植经果林772.5公顷、防护林1214.8公顷，封山育林661.1公顷，建设水利工程渠道防渗4条23.3千米、排污沟1条1.15千米、河堤治理2.3千米、沼气池96口，实施沃土培肥420公顷、工程坡改梯42.5公顷、生物坡改梯87公顷。

两期治理流域包括下厂河、平塘河、罗细河、泥堡河、汪家河5条流域及普安县城东风水库等。

三、国家林业重点工程

（一）退耕还林还草工程

2002年，全面实施退耕还林还草工程，工程采取“以工代赈、个体承包”的措施，由国家无偿向农民提供粮食和造林苗木等办法，有计划、分步骤地推进坡耕地退耕还林还草。退耕还林还草工程，着眼于林业产业结构调整，树种由单一的针叶树转为以速生、丰产、易成活、经济价值高的乡土阔叶树种为主的混交林结构。林种由单一的用材林转向根据市场需求，适度发展经济林，主要有茶叶、梨、板栗、核桃、柑橘等。包括退耕地还林还草和配套荒山人工造林。

退耕地还林还草工程　2002年，启动第一期退耕地还林还草工程。2005年，第一期退耕地还林还草工程结束，造林面积5286.66公顷，工程涉及全县13个乡镇。

2002—2005年普安县第一轮退耕地还林还草工程情况表

表5-2-5　　单位：公顷

年份	造林面积	涉及乡镇
2002	1333.33	全县除龙吟镇外的13个乡镇
2003	2000	全县除龙吟镇、罗汉乡、雪浦乡外的11个乡镇
2004	600	白沙乡、三板桥镇、高棉乡、江西坡镇、新店乡、青山镇、雪浦乡、楼下镇
2005	1353.33	白沙乡、罐子窑镇、窝沿乡、高棉乡、江西坡镇、地瓜镇、青山镇、罗汉乡

2014年，启动第二轮退耕地还林还草建设工程。2015年，完成退耕地还林还草2813.33公顷，工程涉及12个乡镇（街道）。

2014—2015年普安县第二轮退耕地还林还草工程情况表

表5-2-6　　单位：公顷

年份	造林面积	涉及乡镇
2014	2000	全县除白沙乡、高棉乡以外的12个乡镇
2015	813.33	盘水镇、地瓜镇

荒山人工造林工程　2002年启动荒山人工造林工程，2009年结束。以杉、柳杉和马尾松为主的用材林造林8067.53公顷，封山育林66.67公顷，工程涉及全县14个乡镇。

2002—2009年普安县荒山人工造林情况表

表5-2-7　　单位：公顷

年份	造林面积	涉及乡镇	用材林造林面积	封山育林面积
2002	1367.80	白沙乡、窝沿乡、三板桥镇、高棉乡等	1333.33	34.47
2003	1333.34	罐子窑镇、窝沿乡、三板桥镇、高棉乡等	953.63	379.71
2004	1884.26	龙吟镇、白沙乡、新店乡、青山镇、楼下镇等	1333.33	550.93
2005	2399.98	龙吟镇、罐子窑镇、罗汉乡、新店乡、青山镇等	1199.85	1200.13
2006	1333.33	江西坡镇、地瓜镇、青山镇	1333.33	—
2007	333.33	龙吟镇、罐子窑镇、地瓜镇、新店乡	166.67	166.67
2008	533.33	龙吟镇、新店乡、青山镇、雪浦乡、楼下镇	533.33	—
2009	666.67	龙吟镇、罗汉乡、青山镇、楼下镇	—	666.67

（二）珠江防护林体系工程

2001年，普安县作为珠江流域防护林体系建设第二期工程县之一启动实施建设，2013年结束。项目面积1.23万公顷，其中实施人工造林6742.14公顷，封山育林5552.17公顷。

2001—2013年普安县珠江防护林体系工程建设情况表

表5-2-8　　单位：公顷

年份	项目面积	涉及乡镇（街道）	人工造林面积	封山育林面积
2001	2839.07	白沙乡、罐子窑镇、盘水镇、高棉乡、楼下镇等	671.80	2167.27
2002	1615.24	龙吟镇、白沙乡、罐子窑镇、新店乡、三板桥镇	670.34	944.90
2004	666.67	龙吟镇、罐子窑镇、地瓜镇、新店乡	666.67	—
2005	266.67	龙吟镇、白沙乡、地瓜镇	266.67	—
2006	666.67	龙吟镇、地瓜镇、罗汉乡	—	666.67
2007	333.33	罐子窑镇、罗汉乡、新店乡	—	333.33
2008	3333.33	全县12个乡镇	2666.67	666.67
2009	1000.00	白沙乡、罐子窑镇、三板桥镇、盘水镇等	1000	—
2010	866.67	龙吟镇、白沙乡、罐子窑镇、地瓜镇、雪浦乡等	533.33	333.33
2011	440	白沙乡	—	440
2013	266.67	新店乡、青山镇、楼下镇	266.67	—

说明：其中2003年、2012年未实施珠江流域防护林体系建设

四、石漠化综合治理

2004年，普安县作为国家发展和改革委员会确定开展石漠化现状调查县之一。12月，普安县委托贵州省林业规划设计院指导调查工作，2005年6月完成调查。经调查，普安县已石漠化、向石漠化趋势发展的土地面积59253.3公顷，占全县面积的41.46%。石漠化面积中潜在石漠化面积22112.5公顷，占全县石漠化面积的37.3%；轻度石漠化面积26041.7公顷，占全县石漠化面积的43.9%；中度石漠化面积8607.1公顷，占全县石漠化面积的14.5%；强度石漠化面积2492公顷，占全县石漠化面积的4.2%，调查结果最终形成普安县石漠化综合防治项目建议书和防治规划。

2008年，普安县作为全国100个岩溶地区石漠化综合治理规划试点县之一，主要开展以小流域为单元的石漠化综合治理试点项目，治理包括林草植被建设保护、草食畜牧业发展、坡改梯及小型水利水保工程。2008年启动试点到2015年，全县在林业生态方面实施项目9197.92公顷，其中封山育林4960.37公顷、人工造林4237.55公顷。

2008—2015年普安县石漠化综合治理林业建设情况表

表5-2-9 单位：公顷

年份	造林面积	涉及乡镇（街道）	人工造林面积	封山育林面积
2008	541.73	龙吟镇	—	541.73
2009	975.46	楼下镇	585.33	390.13
2010	1395.57	龙吟镇、窝沿乡、盘水镇、地瓜镇	1021.94	373.63
2011	1540.93	高棉乡、江西坡镇	1187.51	353.42
2012	1218.82	罐子窑镇	356.60	862.22
2013	1593.54	白沙乡	294.32	1299.22
2014	1320.73	高棉乡、江西坡镇	251.32	1069.41
2015	611.13	罗汉镇	540.53	70.60

五、巩固退耕还林

2008年，普安县启动巩固退耕还林成果项目建设，主要涉及林业、农业、畜牧等部门。在林业建设方面，到2015年实施项目7041.2公顷，其中人工造林2797.73公顷、幼林抚育400公顷、补植补造3843.47公顷，项目涉及全县各退耕还林区。

2008—2015年普安县巩固退耕还林建设情况表

表5-2-10 单位：公顷

年份	造林面积	涉及乡镇	人工造林面积	幼林抚育面积	补植补造面积
2008	1633.07	白沙乡、罐子窑镇、窝沿乡等	332.27	—	1300.80
2009	1532.93	白沙乡、罐子窑镇、地瓜镇等	231.60	—	1301.33
2010	1558	白沙乡、罐子窑镇、高棉乡等	316.67	—	1241.33
2011	422.80	罐子窑镇、罗汉乡、楼下镇等	222.80	200	—
2012	308.87	地瓜镇、新店乡	108.87	200	—
2013	326.87	新店乡、青山镇、楼下镇等	326.87	—	—
2014	234.67	龙吟镇、高棉乡、盘水镇、罐子窑镇	234.67	—	—
2015	1024	南湖街道、地瓜镇、罗汉镇等	1024.00	—	—

六、植被恢复项目

2007年起，普安县在G60、西南成品油输油管道等国家重点工程启动实施后，对征占林地面积实施占补平衡。到2015年，项目实施2812.73公顷，其中：人工造林1366.33公顷，中幼林抚育152.87公顷，补植补造493.53公顷，封山育林800公顷。

2007—2015年普安县植被恢复项目情况表

表5-2-11　　单位：公顷

年份	人工造林面积	中幼林抚育面积	补植补造面积	封山育林面积
2007	313.33	—	—	666.67
2008	266.67	—	493.53	—
2009	93.33	—	—	133.33
2011	140	—	—	—
2013	121.87	152.87	—	—
2014	135.20	—	—	—
2015	295.93	—	—	—

说明：其中2010年、2012年未实施植被恢复项目

七、造林补贴试点

2012年，普安县启动造林补贴试点工作，补贴标准3000元/公顷，当年实施中央财政造林补贴试点工程333.33公顷、省级财政造林补贴试点工程333.33公顷。到2015年，共实施完成中央财政造林补贴试点工程7066.66公顷、省级财政造林补贴试点工程666.66公顷。

2012—2015年普安县造林补贴试点情况表

表5-2-12　　单位：公顷

年份	中央财政造林补贴试点工程面积	省级财政造林补贴试点工程面积
2012	333.33	333.33
2013	400	333.33
2014	2000	—
2015	4333.33	—

八、森林抚育补贴

2013年，普安县启动中央财政森林抚育补贴项目，至2015年计实施中央财政森林抚育补贴面积4406公顷，其中集体和个人公益林1533公顷（主要涉及龙吟镇）、国有普白林场2873公顷。

2013—2015年普安县森林抚育补贴项目情况表

表5-2-13　　单位：公顷

年份	抚育面积	涉及乡镇（单位）
2013	1000	龙吟镇、国有普白林场
2014	1600	龙吟镇、国有普白林场
2015	1806	龙吟镇、国有普白林场

第四节　林业发展改革

一、集体林权制度改革

2008年3月11日，普安县召开全县集体林权制度改革工作动员大会，开展以“明晰产权、规范税费、规范流转、放活经营”为主要内容的林业产权制度改革，主要以明确山林所有权，放活经营权，确保受益权，还权于民，还山于民，还林于民，还利于民，实现“山有其主，主有其权，权有其责，责有其利”的目标。2010年1月，全县除纳入牧草地规划面积6667公顷外，四旁树、零星林木、国有林场、农村放牛山、岩山地、辅助生产林地的面积合计6689.6公顷外，应纳入集体林权制度改革范围的集体林面积5.93万公顷，实际完成3.49万公顷，加上已发林权证并兑现补偿的重点公益林和历年退耕还林地，共完成5.02万公顷，占应改革面积的82.64%，有9107.9公顷因各种原因没有完成，签订和完善合同6.12万份。全县集体林权制度改革宗地数1.82万宗，加上原来已发林权证并兑现补偿的重点公益林和历年退耕还林地的宗地数1.99万宗，共计4.39万宗，应发林权证数1.79万本，实发林权证数1.79万本。分山到户率90.07%；纠纷调处成功率82.16%；群众满意率达到100%。为促进林农受益、税费减轻、权属明晰、经营放活、流转规范、林区稳定等局面，相继出台如林权抵押贷款、林下经济发展、林地林木流转、政策性森林保险等配套改革政策。

2013年，启动政策性森林保险。2013—2015年，全县每年公益林投保面积2.85万公顷，投入保险金额128.43万元。

二、森林资源分类经营

2002年10月，启动森林分类区划界定。全县共区划林业用地面积5.23万公顷，其中国家级公益林9226.7公顷，地方公益林面积2.89万公顷，商品林1.42万公顷。

2004年起，中央财政开始对国家级公益林实施生态补偿，普安县获得批准补偿面积9226.7公顷，补偿标准为每公顷每年75元，其中补偿性支出67.5元，公共管护支出7.5元。全县每年获财政森林生态效益补偿基金69.2万元。2006年，普安县国家级公益林面积调整增加到9953.3公顷，补偿标准未改变。2007年，国家将国家级公益林每公顷每年75元的补偿分配方式调整为补偿性支出71.25元，公共管护支出3.75元。2009年，省级财政开始对地方公益林实施生态补偿，标准为每公顷每年30元，全部为补偿性支出，当年普安县获省级批准补偿的地方公益林面积1.31万公顷。2009年，普安县国家级公益林面积调整增加到1.54万公顷，补偿标准未改变。2010年，国家级公益林补偿基金标准提高为每公顷每年150元，其中补偿性支出146.25元，公共管护支出3.75元。2013—2015年，国家级公益林补偿基金标准提高为每公顷每年225元，其中补偿性支出221.25元，公共管护支出3.75元。

第五节　产业开发

一、核桃产业带建设

1998年起，在发展用材林种的基础上，以产业结构调整为平台，以边远贫困山区发展核桃为产业重点，主要在江（西坡）罐（子窑）油路、普（安）兴（义）线、S313罗汉段为主线的3个地区实施核桃产业带，抓好新店乡核桃产业现代高效农业示范园以及扶持重点核桃加工龙头企业。到2015年，通过整合扶贫、财政、林业等项目资金，全县种植核桃面积1.67万公顷，项目覆盖全县12个乡镇（街道）。建成州级核桃深加工企业1个，核桃干果营销企业3个，州级龙头企业贵州资轻松天然食品有限公司核桃深加工企业落户在普安县，投入资金2000万元建成核桃乳加工厂，后续还将投入资金1000万元建设核桃油加工厂。

二、木材生产加工

2002年10月，解除木材公司企业10名职工国有企业职工身份，自谋职业。自此，县内木材加工企业主要分散在各乡镇和林区。2015年，全县有137户注册木材经营加工点，多为小微企业，只经营简单锯材和家具，年经营木材总量1.55万立方米。

1998—2015年，全县木材采伐蓄积17.5321万立方米，采伐面积3362.5公顷。2015年，全县木材和竹材采运产值1380万元，木材加工及木、竹制品产值9890万元。

三、苗　圃

林业工程苗圃　1998年起，根据林业工程设计规划，全县主要以培育林业工程用苗为主，包括杉、柳杉、马尾松、楸树、核桃等树种，采取农户分散和企业集中培育相结合的方式。

1998年，全县共建设苗圃21.86公顷，全县林木育种育苗产值65万元。至2015年，全县累计建设苗圃523.92公顷，累计林木育种育苗产值8369.03万元。

1998—2015年普安县林业工程苗圃情况表

表5-2-14

年份	建设苗圃面积（公顷）	林木育种育苗产值（万元）	年份	建设苗圃面积（公顷）	林木育种育苗产值（万元）
1998	21.86	65.00	2007	9.00	81.00
1999	10.00	48.00	2008	33.43	225.65
2000	20.66	99.16	2009	16.81	201.72
2001	28.00	134.40	2010	16.47	197.64
2002	26.66	146.96	2011	24.66	535.60
2003	25.99	146.19	2012	50.00	1577.50
2004	20.00	112.50	2013	43.33	1245.00
2005	43.33	243.73	2014	55.33	1490.00
2006	11.73	65.98	2015	66.66	1750.00

绿化花圃　全县观赏植物主要是野生资源与引进绿化植物。主要有银杏、侧柏、红豆杉、棕榈、棕竹、南天竹、广玉兰、紫玉兰、白玉兰、香樟、火棘、海棠、月季、玫瑰、蔷薇、樱花、刺梨、紫荆、黄杨、桂花、女贞、百合、万年青、木槿、紫薇、杜鹃、马缨杜鹃、夹竹桃、菊花、兰花等，人工培育主要有桂花、紫薇等，未形成规模化产业化发展模式。

四、森林旅游开发

2008年，普安县以普白林场为中心，申报普白省级森林公园成功，公园规划面积653.91平方千米，森林覆盖率87.9%，权属为国有和集体。森林公园以森林、四球茶树等自然景观和避暑气候、古朴浓郁的民俗风情、地方特色文化相互交融为特色。因缺乏项目资金支撑，尚未得到具体实施。

第三章　扶贫开发

第一节　管理机构

一、县扶贫办

1998年，普安县项目管理办公室、普安县宁波对口扶贫协作办公室、普安县信息开发办公室、普安县扶贫开发总公司与普安县扶贫办公室（简称“县扶贫办”）合署办公。成立各乡镇15个子公司，办公室设在县扶贫办公室。县扶贫办内设综合股、业务股。2001年，保留普安县扶贫开发办公室（项目办公室），属县委、县政府议事协调机构的常设办事机构。2007年11月，县扶贫开发办公室内设综合股、业务股、项目股。宁波对口扶贫协作办公室从县扶贫开发办公室分出单独办公，隶属于县扶贫开发办公室管理。2010年，县扶贫办合并为普安县农业林业和扶贫开发局，2011年4月，组建普安县扶贫开发办公室，正科级机构（不计入政府机构个数），隶属普安县农业和林业局管理，将县农业林业和扶贫开发局承担的扶贫开发工作职责，交由县扶贫开发办公室承担。2011年12月，扶贫开发办公室调整为县人民政府直属的正科级机构，直接对县人民政府负责。同时，成立普安县扶贫开发技术服务中心，属普安县扶贫开发办公室二级机构。2012年，县政府宣布撤销宁波对口扶贫协作办公室，职责划归县扶贫开发办公室。2014年12月，县扶贫开发办公室内设综合股、资金监督股、信贷扶贫股、规划统计股、项目股、社会扶贫股、普安县扶贫开发技术服务中心（副科级事业单位）。

二、乡镇扶贫工作站

1998年，在雪浦乡、新店乡、罗汉乡、地瓜镇、三板桥镇、高棉乡、江西坡镇、窝沿乡、罐子窑镇、白沙乡、龙吟镇等11个乡镇设立扶贫工作站，盘水镇、青山镇、楼下镇3个镇未设立扶贫工作站，但配备有专职从事扶贫工作的人员。2013年，全县14个乡镇均设立扶贫工作站。2015年，全县12个乡镇（街道）均设立扶贫工作站。

第二节　扶贫调查与规划

一、扶贫调查

1998年年初，开展扶贫调查，全县辖8个镇6个乡、197个村，1257个村民组、4个街道办事处，年末总人口26.91万人，其中农业人口24.59万人，非农业人口1.6万人，贫困人口17.5万人。根据以县为单位越过温饱线的标准，贫困人口的界定为农民人均纯收入在1250元（现价）以下、人均占有粮食在325千克以下的为贫困人口。1998年，普安县列为全省18个以县为单位越过温饱线的贫困县之一。

2000年5月，普安县成立乡村基本情况调查测算小组，调查全县6万余户农户家庭经济，主要调查人口变化、人均纯收入、农民人均占有粮、乡村通电情况、通公路情况、改造新修乡村公路情况、通电话电视情况、人口增长情况、农田基本建设情况、林业、畜牧业、文化、卫生、教育以及扶贫搬迁等30多项，并逐级上报州、省和国家扶贫办重新评定贫困乡镇和贫困村。

二、扶贫规划

1998年，按照1994年制定的《普安县扶贫攻坚计划（1994—2000年）》抓好实施。2001年，制定《普安县2001—2010年扶贫开发规划》。2011年，制定《普安县“十二五”扶贫开发规划（2011—2015年）》。

2013年，制定《滇桂黔石漠化片区普安县区域发展和扶贫攻坚实施规划（2011—2020年）》。2014年，制定《普安县产业化扶贫规划（2011—2015年）》。2015年，制订《贵州省普安县“十三五”扶贫开发规划》。

第三节　贫困规模

一、贫困乡镇

2001年，普安县被国家扶贫办确认为新一轮扶贫开发重点贫困县，并重新确认普安县贫困乡镇、贫困村和贫困人口。

全县有贫困乡镇11个，其中一类贫困乡1个：白沙乡；二类贫困乡镇7个：龙吟镇、罐子窑镇、高棉乡、江西坡镇、地瓜真、罗汉乡、新店乡；三类贫困乡镇3个：三板桥镇、窝沿乡、雪浦乡。

2012年，全县有贫困乡镇11个，其中二类贫困乡镇7个：白沙乡、龙吟镇、罗汉乡、新店乡、高棉乡、地瓜镇、罐子窑镇；三类贫困乡镇4个：江西坡镇、三板桥镇、窝沿乡、雪浦乡。

2013年，全县有贫困乡镇10个，其中二类贫困乡镇7个：白沙乡、龙吟镇、罗汉乡、新店乡、高棉乡、地瓜镇、罐子窑镇；三类贫困乡镇3个：江西坡镇、三板桥镇、窝沿乡。

2015年，全县有贫困乡镇6个，其中二类贫困乡镇6个：龙吟镇、兴中镇（原罐子窑镇）、地瓜镇、高棉乡、罗汉镇（罗汉乡）、白沙乡。

二、贫困村

2001年，全县有贫困村102个，其中一类贫困村36个、二类贫困村58个、三类贫困村8个。2010年，全县有贫困村69个，其中一类贫困村29个、二类贫困村36个、三类贫困村4个。2015年，全县有贫困村44个，其中一类贫困村31个、二类贫困村10个、三类贫困村3个。

2001年普安县贫困村情况表

表5-3-1

贫困村总数（个）	其中		
	一类贫困村36个	二类贫困村58个	三类贫困村8个
102	白沙乡大小寨村、白水村、红寨村、关厂村、铁厂村；地瓜镇洋鸡箐村、格拱村、鲁沟村、箐门口村、屯上村；罗汉乡金竹林村、海子村、戈余村；高棉乡喜打村、嘎坝村、地泗村、朝阳村；罐子窑镇辣子树村、小山坡村、红岩村、红卫村；新店乡三角树村、务聋村、联合村、花月村；龙吟镇高阳村、石古村、文毕村；江西坡镇下山村、白水村、高潮村；窝沿乡田坝村、白果村、大榜村；三板桥镇垭口村、西陇村	白沙乡中箐村、卡塘村、白沙村；地瓜镇蜡烛山村、上木卡村、莲花村、横冲村、石板村、八字寨村、冬瓜村；罗汉乡老山田村、良子村、旧屋村、罗汉村；高棉乡棉花村、喜打坪村、阳龙村、拉寨村、磨玉村；罐子窑镇新民村、茅坪村、雨谷村；新店乡窑上村、波余村、雨核村、烂木桥村、新店村；龙吟镇云盘村、拍楼村、吟塘村、高云村、竹溜坪村、城阳村；江西坡镇白石村、团结村、联盟村；窝沿乡上寨村、新花村、官田村、坪桥村、黎明村；三板桥镇干冲子村、蚂蚁翅村、云庄村；雪浦乡高箐村、博上村、龙井村、哈马村；青山镇歹苏村、黄家坝村、下节河村；盘水镇红星村、大湾村；楼下镇小河村、补鲁村、磨舍村、堵嘎村、新生村	地瓜镇孔家寨村；龙吟镇雄阳村；青山镇海马村、刘家冲村；雪浦乡兴隆村；楼下镇补者村、偏坡村、糯东村

2015年普安县贫困村情况表

表5-3-2

贫困村总数（个）	其中		
	一类贫困村31个	二类贫困村10个	三类贫困村3个
44	盘水街道大榜村；南湖街道云庄村、西陇村；楼下镇偏坡村、小河村；青山镇黄家坝村、歹苏村、博上村、哈马村；新店镇波余村、花月村；罗汉镇老山田村、金竹林村；地瓜镇屯上村、鲁沟村、木卡村；江西坡镇高潮村、细寨村；高棉乡棉花村、嘎坝村、朝阳村、喜打村；兴中镇小山坡村、辣子树村、红岩村、田坝村；白沙乡卡塘村、大小寨村、红寨村；龙吟镇吟塘村、石古村	盘水街道平桥村、红星村、莲花村、南湖街道大湾村、新店镇雨核村、罗汉镇戈余村、地瓜镇岗坡村、高棉乡地泗村、白沙乡铁厂村、龙吟镇高阳村	楼下镇磨舍村、青山镇下节河村、江西坡镇联盟村

三、贫困人口

2001年，根据国家贫困标准线（农民人均纯收元625元以下为绝对贫困人口，865元以下为低收入人口）确认，全县有贫困人口8.36万人，其中绝对贫困人口2.97万人，低收入人口5.39万人。2010年，根据国家贫困标准线（农民人均纯收入在2300元以下为农村贫困人口）确认，全县有贫困人口8.42万人，完成减少贫困人口任务0.5万人。2013年，根据国家贫困标准线（农民人均纯收入在2300元以下为农村贫困人口）确认，全县有贫困人口8.14万人。2015年，根据国家贫困标准线（农民人均纯收入在2855元以下为农村贫困人口）确认，全县有贫困人口4.97万人。

1998—2010年普安县贫困人口情况表

表5-3-3

年份	农业户数（户）	农业人口（人）	贫困户数（户）	贫困人口（人）	解决温饱户数（户）	解决温饱人口（人）	人均纯收入（元）
1998	56974	244154	38889	175000	15556	70000	1177
1999	55668	250504	8333	35000	1333	6000	1187.3
2000	57469	258611	18577	83600	3555	16000	1194
2001	58232	261595	19432	87446	1333	6000	1243
2002	58659	263964	19511	87800	702	2950	1304
2003	59167	266252	6190	26000	976	4100	1392
2004	59419	267384	16889	76000	958	4025	1562
2005	61111	275000	16378	73700	950	3990	1688
2006	62715	282219	17071	71700	476	2000	1772
2007	62923	283154	14595	61300	476	2000	1986
2008	63915	287619	14357	60300	1294	5433	2323
2009	70809	297400	12976	54500	1381	5800	2648
2010	72310	303700	20048	84200	1190	5000	3032

2011—2015年普安县贫困人口情况表

表5-3-4

年份	农业户数（户）	农业人口（人）	贫困户数（户）	贫困人口（人）	脱贫人口（户）	脱贫人口（人）	人均纯收入（元）
2011	73635	309268	24356	109600	1333	6000	3609
2012	74076	311119	22952	96400	3143	13200	4287
2013	75121	315509	19381	81400	3571	15000	5003
2014	74654	313547	18250	65700	3547	14900	5729
2015	64853	272384	13805	49700	3809	16000	6439

第四节 扶贫措施

一、扶贫方式

1998—2000年，主要采取救济式扶贫。2001年开始，主要是以开发式扶贫为主。2005年7月，实施普安县整村推进扶贫开发工作。2007年，围绕国务院扶贫办提出的“一体两翼”（一体：整村推进；两翼：产业化扶贫和劳动力转移培训）的扶贫攻坚战略，按照省扶贫办关于“三个三”（以整村推进、产业化扶贫、劳动力转移培训三项工作为重点；采取开发式、救助式、搬迁式三种扶贫方式；解决生产生活条件差、农民收入少、劳动力素质低三个基本问题）的工作思路，以重点贫困村为主攻方向，瞄准贫困人口，以开发式扶贫为主体，以产业化扶贫为依托，以整村推进、劳动力转移培训为重点，拓宽农民基本增收门路。2011年，坚持“分类指导、突出重点、整体推进、讲求实效”的原则；坚持开发式扶贫和农村建立最低生活保障制度“两轮驱动”；坚持重点乡镇和贫困人口同步推进；坚持专项扶贫、行业扶贫和社会扶贫有机结合，着力构建“大扶贫”格局。2014年，对扶贫对象实施精准识别、精准帮扶、精准管理，开启精准扶贫新模式。

二、党建扶贫

1998年，省、州、县共91个部门100名工作队员进驻8个乡镇的72个村85个村民组开展党建扶贫工作。

2000年，从县直72个单位抽调78名干部组建6个片区党建与扶贫工作队，帮扶14个乡镇的72个极贫组。2001年，从70个县直部门抽调76名干部驻14个乡镇的70个极贫组，开展定村包组帮扶工作。2002年，从县直73个单位抽派153名干部（包括帮扶责任人）组建县直党建扶贫队，进驻14个乡镇的46个贫困村73个贫困组，开展党建扶贫工作。2003年，从县直75个单位抽调14名党员干部任工作队队长，安排75名单位（部门）主要领导为帮扶责任人，抽派75名干部作为队员，组建14个工作队，到14个乡镇的53个村75个村民组，开展党建扶贫。2004年，将原来1年的定点扶贫时间改为2年，把原来的6个片区党建扶贫工作队改为14个党建扶贫工作队，落实扶贫项目223个，共捐钱4000元帮助失学儿童就学，捐物508套（件）、捐钱3.2万元解决贫困户吃、穿、生产投资等困难，资助1444名贫困户参加农村合作医疗保险，修村组公路25条54.6千米，修建人畜饮水工程9个，修建便民桥3座，发展经济项目8个，开展农村实用技术培训1700人次，发展党员30名，预备党员50名，培养入党积极分子162人。

2006年，县直党建扶贫工作队投入资金300多万元修建党员活动室、通组公路、产业结构调整等项目230多个。2007年，安排82个县直单位的96名干部，组建14个县直党建扶贫工作队对27个村进行帮扶，落实扶贫项目204个，投入帮扶资金210万元。开展“百个支部结队、千名党员帮扶”活动，县直机关78个党支部、1000余名党员和14个乡镇33个贫困村党支部、1000余名农村党员结成帮扶对子，扶持村级致富能手824名，帮扶致富能手中的党员333名。

2011年，实行一对一帮扶，省直单位挂帮2个村，州直单位挂帮14个村，县直单位挂帮73个村和社区。从县直挂帮单位确定73名人员挂任村副支书或村主任助理，挂任时间为2年，县直挂帮单位选派552名机关干部下基层共4118人次，开展调查摸底221次，组织慰问136次，办实事358件，解决实际问题261个，处理矛盾纠纷526件。2012年，推进党建扶贫、“联乡驻村”、新农村建设、城乡结对共建“四项工作”，36名副县级以上领导干部联系14个乡镇，89个县直单位和89名干部联系89个村（社区）并驻村工作，解决问题521个，化解纠纷87起，协调小额信贷和创业基金1000余万元，组织慰问1201人次。2013年，320名结对帮扶干部帮助40户特困户制定“一户一策”脱贫规划。2014年，深入到村（社区）开展“四讲四促”（讲改革开放、促同步小康，讲作风建设、促作风转变，讲项目建设、促经济发展，讲环境建设、促效能提升）蹲点调研，以“民意调查工作法”为载体，到村调解委员会公开接访群众，为群众排忧解难。2015年，结合贫困户与干部“交友结亲”活动，61个驻村工作组共走访群众3.8万人次，帮助培训党员干部3100余人次，帮助基层谋思路、出点子1000余条，协调项目200余个、资金1000余万元，为基层群众办好事实事900余件次。

三、整村推进

2004年，按照省、州扶贫办关于开展整村推进工作的相关要求，制定整村推进扶贫规划，将全县102个贫困村，按照先难后易、相对集中的原则进行合理安排，明确各有关部门职责，按照“统筹规划、集中使用、渠道不乱、用途不变、各负其责、各记其功”的资金使用原则，整合使用交通、以工代赈、农业、水利、文化、卫生、林业等部门资金，动员社会各界和群众共同筹资，实施贫困村基础设施建设。累计实施整村推进村38个，其中一类重点贫困村36个，二类重点贫困村2个。青山镇云山村、三板桥镇十里村半个箐组、盘水镇大湾村、地瓜镇屯上村刘家湾组、白沙乡铁厂村等，成为全县整村推进项目建设的示范点。

2005年，实施整村推进项目16个，投入财政扶贫资金73万元。其中白沙乡实施整村推进项目10个，投入财政扶贫资金42.2万元；高棉乡实施整村推进项目2个，投入财政扶贫资金10万元；龙吟镇实施整村推进项目1个，投入财政扶贫资金0.4万元；新店乡实施整村推进项目1个，投入财政扶贫资金0.4万元；罐子窑镇实施整村推进项目2个，投入财政扶贫资金20万元。

2005年普安县整村推进项目实施情况表

表5-3-5　　单位：万元

序号	项目名称	建设规模	实施地点	财政扶贫资金
1	养牛	25头	白沙乡白水村	5
2	母猪养殖	100头	白沙乡白水村	5
3	黑山羊养殖	160头	白沙乡红寨村	5
4	商品猪养殖	400头	白沙乡铁厂村	19.6
5	养牛	28头	白沙乡大小寨村	5.6
6	“通丰”营养液推广	—	白沙乡大小寨村	0.4
7	“通丰”营养液推广	—	白沙乡白水村	0.4
8	“通丰”营养液推广	—	白沙乡红寨村	0.4

续表5-3-5

序号	项目名称	建设规模	实施地点	财政扶贫资金
9	“通丰”营养液推广	—	白沙乡关厂村	0.4
10	“通丰”营养液推广	—	白沙乡铁厂村	0.4
11	“通丰”营养液推广	—	高棉乡朝阳村	0.4
12	罗家寨至高阳通组路	3千米（宽4.5米）	高棉乡朝阳村	9.6
13	“通丰”营养液推广	—	龙吟镇石古村	0.4
14	“通丰”营养液推广	—	新店乡务聋村	0.4
15	种草养牛	—	罐子窑镇辣子树村	19.6
16	“通丰”营养液推广	—	罐子窑镇辣子树村	0.4
17	合计			73

2007年，实施整村推进项目27个，投入财政扶贫资金287万元。其中罐子窑镇实施整村推进项目5个，投入财政扶贫资金50万元；窝沿乡实施整村推进项目3个，投入财政扶贫资金21万元；新店乡实施整村推进项目4个，投入财政扶贫资金50万元；罗汉乡实施整村推进项目3个，投入财政扶贫资金41万元；地瓜镇实施整村推进项目7个，投入财政扶贫资金75万元；三板桥实施整村推进项目5个，投入财政扶贫资金50万元。

2007年普安县整村推进项目实施情况表

表5-3-6　　单位：万元

序号	项目名称	建设规模	实施地点	财政扶贫资金
1	养猪	200头	罐子窑镇小山坡村	10
2	人饮工程	30立方米水池2口、安装管道1.5千米	罐子窑镇小山坡村	5
3	苏子平至降介平通组路	2.6千米	罐子窑镇小山坡村	10
4	养牛	90头	罐子窑镇红卫村	9
5	烂坝至唐家通组路	3.5千米	罐子窑镇红卫村	16
6	小燕子沟渠建设	1千米	窝沿乡大榜村	4
7	人饮工程	安装管道1千米、修建水池30立方米	窝沿乡大榜村	10
8	热水田至大榜公路维修	6千米	窝沿乡大榜村	7
9	花椒种植	14公顷	新店乡三角树村	5
10	打石厂至小寨公路建设	3千米	新店乡花月村	12
11	小寨至花月公路建设	4千米	新店乡花月村	13
12	冉家大田至给黑通组路建设	5千米	新店乡三角树村	20
13	人饮工程	安装管道2千米、修建水池30立方米	罗汉乡戈余村	6
14	通组公路建设	6.5千米	罗汉乡戈余村	19
15	通组公路建设	6千米	罗汉乡金竹林村	16
16	天麻种植	400平方米	地瓜镇屯上村	4
17	金秋梨种植	46.67公顷	地瓜镇屯上村	21

续表5-3-6

序号	项目名称	建设规模	实施地点	财政扶贫资金
18	猪圈修建	103栋	地瓜镇给拱村	8.5
19	金秋梨种植	40.53公顷	地瓜镇给拱村	10.5
20	人饮工程	管道安装3千米	地瓜镇给拱村	6
21	猪圈修建	243栋	地瓜镇鲁沟村	19.5
22	便民桥建设	1座	地瓜镇鲁沟村	5.5
23	蔬菜种植	3.33公顷	三板桥镇垭口村	3
24	猪圈改造	150栋	三板桥镇垭口村	12
25	通组公路建设	3千米	三板桥镇垭口村	10
26	黄牛养殖	100头	三板桥镇西陇村	15
27	旧屋基沟渠治理	4千米	三板桥镇西陇村	10
28	合　计			287

2008年，实施整村推进项目35个，投入财政扶贫资金242.52万元。其中白沙乡实施整村推进项目10个，投入财政扶贫资金50万元；高棉乡实施整村推进项目4个，投入财政扶贫资金25万元；江西坡镇实施整村推进项目4个，投入财政扶贫资金25.36万元；楼下镇实施整村推进项目3个，投入财政扶贫资金25万元；罗汉乡实施整村推进项目3个，投入财政扶贫资金25万元；盘水镇实施整村推进项目3个，投入财政扶贫资金25万元；青山镇实施整村推进项目4个，投入财政扶贫资金23.8万元；窝沿乡实施整村推进项目4个，投入财政扶贫资金43.36万元。

2008年普安县整村推进项目实施情况表

表5-3-7　　单位：万元

序号	项目名称	建设规模	实施地点	财政扶贫资金
1	魔芋种植	20公顷	白沙乡卡塘村	9.68
2	植物“通丰”营养液项目	—	白沙乡卡塘村	0.32
3	养猪	200头	白沙乡卡塘村	10
4	沼气池建设	100口	白沙乡卡塘村卡子组	4
5	滑石板通组路建设	1千米	白沙乡卡塘村	1
6	养猪	196头	白沙乡中箐村中箐组	9.68
7	沼气池建设	100口	白沙乡中箐村	4
8	中箐小学操场硬化	—	白沙乡中箐村	4
9	苹果种植	15.6公顷	白沙乡中箐村	7
10	植物“通丰”营养液项目	—	白沙乡中箐村	0.32
11	肖家箐通组路建设	3千米	高棉乡磨玉村	11.68
12	长毛兔养殖	200只	高棉乡磨玉村	3
13	铁观音苗圃建设	6.67公顷	高棉乡磨玉村	10
14	植物“通丰”营养液项目	—	高棉乡磨玉村实施	0.32
15	沼气池建设	500口	江西坡镇白石村	14.4

续表5-3-7

序号	项目名称	建设规模	实施地点	财政扶贫资金
16	种植板栗、杨梅	20公顷	江西坡镇白石村	8.1
17	绿肥种植	20公顷	江西坡镇白石村	2.54
18	植物“通丰”营养液项目	—	江西坡镇白石村	0.32
19	养猪	300头	楼下镇上补鲁村上补鲁组	12.68
20	小水池建设	80立方米	楼下镇上补鲁村上补鲁组	12
21	植物“通丰”营养液项目	—	楼下镇上补鲁村	0.32
22	养猪	400头	罗汉乡罗汉村大平地组	13
23	罗汉至大冲通组路建设	3千米	罗汉乡罗汉村	11.68
24	植物“通丰”营养液项目	—	罗汉乡罗汉村	0.32
25	金秋梨种植	33.33公顷	盘水镇大湾村	15.28
26	海子通组路硬化	1千米	盘水镇大湾村	9.4
27	植物“通丰”营养液项目	—	盘水镇大湾村	0.32
28	植物“通丰”营养液项目	—	青山镇歹苏村	0.32
29	养猪	510头	青山镇野鹿洞组	10.3
30	歹苏至箐门口通组路建设	2千米	青山镇歹苏村	7.68
31	卫生室建设缺口资金	—	青山镇歹苏村	5.5
32	养猪	700头	窝沿乡白果村河底下组	15
33	胡家至白果通组路建设	3千米	窝沿乡白果村	9.68
34	秋锦梨种植	20公顷	窝沿乡田坝村	8.68
35	田坝至代家大沟公路	2千米	窝沿乡田坝村	10
36	合　计			242.52

2009年，实施整村推进项目5个，投入财政扶贫资金50万元。其中罗汉乡实施整村推进项目2个，投入财政扶贫资金25万元；窝沿乡实施整村推进项目2个，投入财政扶贫资金25万元；高棉乡实施整村推进项目1个，投入财政扶贫资金12.5万元。

2009年普安县整村推进项目实施情况表

表5-3-8　　　　单位：万元

序号	项目名称	建设规模	实施地点	财政扶贫资金
1	养猪	600头	罗汉乡老山田村者核组	12.5
2	通组路改造	2千米	罗汉乡老山田村尖山组	12.5
3	养猪	600头	青山镇下节河村	12.5
4	通组路硬化	1.5千米	青山镇下节河村	12.5
5	磨田至拉寨平公路建设	3.5千米	高棉乡拉寨村	12.5
6	合　计			62.5

四、整乡推进

2011年，省、州下达全县整乡推进财政扶贫项目资金1000万元。其中高棉乡500万元，在嘎坝、石田、冬瓜、拉寨、地泗、阳龙、磨玉、朝阳、喜打、喜打坪、棉花等11个村实施核桃种植770.67公顷、养鹅6.25万只；白沙乡500万元，在白沙村、铁厂村、红寨寨村实施果药竹（核桃种植）产业化扶贫项目963.33公顷。

2012年，省、州下达高棉乡整乡推进财政扶贫项目资金500万元，在嘎坝、石田、冬瓜、拉寨、地泗、阳龙、磨玉、朝阳、喜打、喜打坪、棉花等11个村实施核桃种植770.67公顷、养鹅6.25万只。

五、小额贷款贴息

2005年，普安县作为小额贷款贴息改革试点县，省、州下达小额贷款贴息资金50万元，完成小额贷款贴息50万元，贴息贷款贫困农户2118户，拉动金融扶贫贷款1000万元。

2006年，省、州下达小额贷款贴息资金64.9万元，完成小额贷款贴息64.9万元，贴息贷款贫困农户2607户，拉动金融扶贫贷款1298万元。

2007年，省、州下达小额贴息资金67万元，完成小额贷款贴息67万元，贴息贷款贫困农户1662户，拉动金融扶贫贷款1340万元。

2008年，省、州下达小额贴息资金84万元，完成小额贷款贴息84万元，贴息贷款贫困农户1287户，拉动金融扶贫贷款1680万元。

2009年，省、州下达小额贴息资金57万元，完成小额贷款贴息57万元，贴息贷款贫困农户375户，拉动金融扶贫贷款1161万元。

2010年，省、州下达小额贴息资金75万元，完成小额贷款贴息75万元，贴息贷款贫困农户381户，拉动金融扶贫贷款1536万元。

2011年，省、州下达小额贴息资金56万元，完成小额贷款贴息56万元，贴息贷款贫困农户332户，拉动金融扶贫贷款1151万元。

2012年，省、州下达小额贴息资金66万元，2012—2014年期间完成2012年小额贷款贴息64.66万元，贴息贷款贫困农户416户，拉动金融扶贫贷款1322万元。

2015年，省、州下达小额贴息资金240万元，完成小额贷款贴息35.10万元，其中贴息贷款贫困农户207户25.10万元，拉动金融扶贫贷款1029.3万元；贴息龙头企业2户10万元，拉动金融企业扶贫贷款200万元。

六、“雨露计划”培训

2006年10月，全县启动实施贫困地区劳动力转移培训“雨露计划”工程，按照“政府推动、学校承办、市场运作、部门监管、扶贫到户、农民受益”的原则，以帮助贫困农户增收脱贫为目标，多渠道开展贫困劳动力转移培训。2006—2015年，完成“雨露计划”培训资金962.3万元，培训人数1.17万人。

2006年，投入“雨露计划”培训资金60万元，完成缝纫技能培训200人。2007年，投入“雨露计划”培训资金26.4万元，完成缝纫技能培训88人。2008年，投入“雨露计划”培训资金67万元，完成缝纫技能培训200人。2009年，投入“雨露计划”培训资金71万元，完成缝纫技能培训206人、劳动力转移培训400人、“三位一体”（人才培养规格融“知识、能力、素质”为一体，人才培养内容融学生“通识能力、专业基础能力、专业发展能力”为一体，人才培养途径融“课堂教学、实验实训、校园文化活动”三个培养平台为一体）培训100人。2010年，投入“雨露计划”培训资金20万元，完成劳动力转移培训1000人。

2011年，投入“雨露计划”培训资金125.4万元，完成缝纫技能培训200人、“雨露计划·圆梦行动”资助贫困大学生51人（每人4000元），“三位一体”培训500人、农业产业化培训750人、劳动力转移培训750人。2012年，投入“雨露计划”培训资金33万元，完成农业产业化培训1000人、“三位一体”

培训100人、“雨露计划·圆梦行动”资助贫困大学生50人（每人4000元）。2013年，投入“雨露计划”培训资金36.5万元。完成农业产业化技能培训1000人、“雨露计划·助学工程”资助学生50人（每人1500元）、“雨露计划·圆梦行动”资助贫困大学生50人（每人4000元）、“三位一体”培训100人。2014年，投入“雨露计划”培训资金90万元。完成“雨露计划·圆梦行动”资助贫困大学生50人（每人4000元）、“雨露计划·助学工程”资助学生100人（每人1500元）、十大扶贫产业普训培训2000人、“三位一体”培训300人、扶贫产业培训100人、核桃产业技能培训5000人。2015年，投入“雨露计划”培训资金202.5万元，完成“雨露计划·圆梦行动”资助贫困大学生154人（每人4000元）、“雨露计划·助学工程”资助学生49人（每人800元）、基层组织负责人和致富带头人培训80人、扶贫产业技术培训1025人、“雨露计划·三女”培训150人。

第五节　精准扶贫

一、精准识别

2014年，根据国家农村扶贫标准，采取规模控制、分级负责的办法，以农户收入为基本依据，综合考虑住房、教育、健康等情况，通过农户申请、民主评议、“两公示一公告”（指的是通过农户自愿申请，各行政村召开村民代表大会进行民主评议，形成初选名单，由村委会和驻村工作队核实后进行第一次公示，经公示无异议后报乡镇人民政府审核；乡镇人民政府对各村上报的初选名单进行审核，确定全乡镇贫困户名单，在各行政村进行第二次公示，经公示无异议后报县扶贫办复审，复审结束后在各行政村公告。）和逐级审核整户识别的方式，识别建档立卡贫困人口7.22万人。

2015年，按照“一达标、两不愁、三保障”的贫困标准，结合精准识别“四看法”（一看房、二看粮、三看劳动力强不强、四看家中有没有读书郎）全面开展贫困人口精准识别“回头看”，通过农户申请、民主评议、“两公示一公告”和逐级审核整户识别的方式，识别建档立卡贫困人口1.86万户7.01万人，其中脱贫人口7050户3073人。

二、精准帮扶

按照“不脱贫、不脱钩”的要求，对全县所有贫困乡镇、贫困村、贫困户进行包保，安排44个县级以上领导91个县直属单位4692名干部结对帮扶12个乡镇（街道）89个村（社区）。

2014年，投入扶贫资金8696.8万元，实施核桃、茶叶、种草养羊、长毛兔养殖、精品水果、蔬菜等项目106个，覆盖贫困户7890户。2015年，普安县不享受示范县待遇，通过竞争入围等方式，争取扶贫资金9010.2万元（宁波对口帮扶资金325万元），围绕五大农业特色产业，实施核桃、茶叶、草地生态畜牧业、精品水果、蔬菜等项目111个，覆盖贫困户6110户。

三、精准脱贫

2014年，实现减少贫困人口1.9万人（国家标准1.49万人、省级标准0.41万人），实现江西坡镇、新店乡、窝沿乡、三板桥镇“减贫摘帽”。2015年，实现减少贫困人口1.6万人，实现地瓜镇、龙吟镇、兴中镇、罗汉镇、高棉乡“减贫摘帽”。

第六节　扶贫资金管理使用

一、扶贫资金管理

1998年，对到县财政扶贫资金管理，执行《贵州省财政扶贫资金管理办法》《贵州省财政扶贫资金报账制管理实施细则（试行）》。2001年，县扶贫办制定《普安县扶贫资金报账暂行办法》，报请县人民政府通过。

2015年，县人民政府办公室印发《普安县开展财政专项扶贫资金乡级和部门报账制管理工作实施方案》，财政扶贫资金实现专账管理，封闭运行。所有扶贫项目资金实行县级财政报账和乡级财政报账，其中实行县级财政报账的扶贫项目，由项目实施单位根据项目建设需要提出用款申请，经主管部门审查同意后，实施单位根据项目进度及首付资金使用情况，提出报账申请，填制《财政专项扶贫资金报账审批单》，并附有效报销凭据，经县级业务主管部门审查，报县级财政局国库集中支付中心审核按财政规定程序予以报账；实行乡级财政报账的扶贫项目，由实施单位根据项目首付资金的使用情况，提出报账申请，填制《财政专项扶贫资金报账审批单》，并附有效报销凭据，报乡镇扶贫及相关项目主管站所审查，送乡镇财政分局审核后，报乡镇财政分局按财政规定程序予以报账。项目实施单位在每次申请进度报账时，依次冲销预付的项目款。

二、财政扶贫资金使用

1998年，财政扶贫资金406.5万元，实施项目31个（项）。2001年，到县财政扶贫资金823.99万元，实施项目55个，其中种养项目资金136.3万元、水利设施项目资金169万元、文教卫生项目资金95.01万元、道路建设项目资金315.6万元、移民开发项目资金29万元、其他项目资金79.1万元。2003年，到县财政扶贫资金634.61万元，实施项目36个。2004年，到县财政扶贫资金791.8万元，实施项目57个。2005年，到县财政扶贫资金678.51万元，实施项目79个。2007年，到县财政扶贫资金1179.4万元，实施项目91个，其中投入种植业项目资金67.5万元、养殖业项目资金606.75万元、人饮项目资金35万元、交通项目资金217万元、教育项目资金7万元、文化项目资金1.76万元、培训项目资金44.89万元、农田水利项目资金107万元、其他项目资金92.5万元。2008年，到县财政扶贫项目资金1655.1万元，实施项目132个，其中投入种植业项目资金195.96万元、养殖业项目资金835.62万元、人畜饮水项目资金8万元、交通项目资金171.8万元、教育项目资金19.18万元、卫生项目资金5.5万元、文化项目资金7万元、培训项目资金85万元、农田水利项目资金194.2万元、农电项目资金3.8万元、沼气项目资金27.04万元、农房改造项目资金1.2万元、其他项目资金100.8万元。2012年，到县财政扶贫项目资金3994.78万元，实施项目86个，主要开发优质核桃，梅花鹿特种养殖、草地畜牧产业化、脱毒马铃薯、乡村旅游、"圆梦行动 · 雨露计划"、小额贷款贴息、劳动力转移培训、干部培训等十大项目。2013年，到县财政扶贫项目资金4238.48万元，实施项目122个。2014年，到县资金8696.8万元，实施项目106个。2015年，到县资金8085.2万元，实施项目111个。

1998—2015年普安县财政扶贫资金项目分类投入情况表

表5-3-9

年份	扶贫资金（万元）	其中										实施项目（个）
		种植业（万元）	养殖业（万元）	人饮（万元）	交通（万元）	农田水利（万元）	教育（万元）	文化（万元）	培训（万元）	圆梦行动（万元）	其他（万元）	
1998	406.5	—	—	—	—	—	—	—	—	—	—	31
1999	439	—	—	—	—	—	—	—	—	—	—	33
2000	410	—	—	—	—	—	—	—	—	—	—	30
2001	823.99	—	—	—	—	—	—	—	—	—	—	55
2002	633.25	—	—	—	—	—	—	—	—	—	—	39
2003	634.61	—	—	—	—	—	—	—	—	—	—	36

续表5-3-9

年份	扶贫资金（万元）	其中										实施项目（个）
		种植业（万元）	养殖业（万元）	人饮（万元）	交通（万元）	农田水利（万元）	教育（万元）	文化（万元）	培训（万元）	圆梦行动（万元）	其他（万元）	
2004	791.8	—	—	—	—	—	—	—	—	—	—	57
2005	606.25	75.8	264	19.5	21.6	53.9	—	—	34.25	—	137.2	58
2006	847.35	86.36	187	50.68	242.84	67.65	73.02	—	34.2	—	105	84
2007	1195.9	67.5	581.75	35	219	107	7	—	62.89	—	115.76	68
2008	1616.5	215.12	850.62	8	170.8	193.8	19.18	7	85	—	66.98	105
2009	2196.3	47.5	1759.5	—	94.3	112	—	—	94	—	89	81
2010	2394.3	451.5	1750	—	—	—	—	—	74	20	98.8	82
2011	2890.3	1419	1219	—	—	—	—	—	126	20.4	105.9	99
2012	4002.78	2665.05	1030.75	—	—	—	—	—	34	20.4	252.58	104
2013	4296.68	2293	1126	—	—	—	—	—	28.08	27.5	795.1	102
2014	8696.8	3738.59	2628.6	205	555.21	—	—	—	119.4	7	1443	106
2015	8085.2	2327.944	2523.156	—	1445	—	8	—	111.9	122	1547.2	111
合计	40967.51	13387.36	13920.38	318.18	2748.75	534.35	107.2	7	803.72	217.3	4756.52	1281

说明：1998—2004年资料失查

第七节　减贫摘帽

一、贫困县减贫摘帽

2014年，普安县地方公共财政一般预算收入7.15亿元，增速120%；农村居民人均可支配收入5729元，增幅14.51%；完成减少贫困人口1.9万人，年末贫困人口7.22万人，贫困发生率下降6.02个百分点。3项指标全部达到省扶贫办对重点县减贫摘帽考核标准，获省、州扶贫办批准为省定标准减贫摘帽县。

二、贫困乡镇减贫摘帽

2014年，实现江西坡镇、新店乡、窝沿乡、三板桥镇等4个乡镇“减贫摘帽”。2015年，实现龙吟镇、兴中镇、地瓜镇、高棉乡、罗汉镇等5个乡镇“减贫摘帽”。

第八节　社会扶贫

一、宁波对口帮扶

1998年，获宁波对口帮扶资金66万元（含物资折款），援建项目8个。1999年，获宁波对口帮扶资金48.5万元，援建项目6个。2000年，获宁波对口帮扶资金164万元（含物资折款）。2001年，获宁波对口帮扶资金78.2万元（含物资折款），援建项目6个。2002年，获宁波对口帮扶资金100.48万元（含物资折款），援建项目7个。2003年，获宁波对口帮扶资金145.5万元（含物资折款），援建项目10个。2004年，获宁波对口帮扶资金100万元（含物资折款），援建项目6个。2005年，获宁波对口帮扶资金107.1万元（含物资折款），援建项目7个。2006年，获宁波对口帮扶资金159万元（含物资折款），援建项目11个。2007年，获宁波对口帮扶资金142.68万元，援建项目12个。2008年，获宁波对口帮扶资金250万元（含物资折款），援建项目10个。2009年，获宁波对口帮扶资金257万元（含物资折款），援建项目15个。2010年，获宁波对口帮扶资金178.54万元，援建项目10个。2011年，获宁波对口帮扶资金304万元，援建项目23个。2012年，获宁波对口帮扶资金211万元，援建项目7个。2013年，获宁波对口帮扶资金244.2万元（含物资折款），援建项目10个。2014年，获宁波对口帮扶资金465.6万元，援建项目11个。2015年，获宁波对口帮扶资金329.9万元（含物资折款），援建项目7个。

二、普安县“镇海”教育扶贫基金

2006年，宁波市镇海区骆驼街道办事处党工委书记徐天红到普安县挂职县长助理，由他发起募集首期资金100万元，宁波市镇海区人民政府出资20万元，普安县人民政府配套20万元设立普安县“镇海”教育扶贫基金。旨在扶持普安县高中贫困学生和贫困大学生完成学业。资金委托贵州省青少年发展基金会管理，并拟定《贵州省普安县“镇海”教育扶贫基金实施管理规则》，于2007年2月13日在普安县人民代表大会上通过。镇海教育扶贫基金，每年计划安排分配21万元扶持普安教育事业发展，资助贫困高中学生和考入高等院校的全日制大学生。其中每年安排4万元扶持全县高中贫困学生40名（1000元／人），安排6万元扶持全县贫困大学生20名（每人一次性补助3000元），安排2万元在全县评比出名校长2名（每名奖励1万元），安排5万元奖励全县名教师10名（每人奖励5000元），安排4万元奖励全县艰苦边远地区优秀教师20名（每人奖励2000元）。

三、贵州日报社、人行贵州分行帮扶

1998年，贵州日报社、中国人民银行贵州分行（简称“人行贵州分行”）帮扶普安县，投入扶贫资金40.17万元，其中扶贫资金35.67万元，物资折价4.5万元，在地瓜镇和罐子窑镇修建中小学校舍3所，资助贫困学生29名，举办培训班32期，培训对象主要是农村党员、村组干部、入党积极分子和科技致富带头人。

四、社会捐助

香港朱英龙先生捐助 2003—2004年，捐助资金56万元。2005年，捐助资金28万元。2006—2007年，捐助资金46万元，援建学校有：楼下镇羊屯小学新建教学楼10万元，白沙乡卡塘小学新建教学楼10万元，罐子窑镇辣子树小学新建教学楼10万元，新店乡向家寨小学新建教学楼10万元，窝沿乡黎明小学新建教学点6万元。2008年，捐助资金125万元。2009年，捐助资金36万元。2010年，捐助资金42万元。2011年项目5个，资金216万元。

香港梁爱先生帮扶项目 2007年，香港梁爱先生援助17万元，新建罐子窑镇辣子树村教学楼。

兴义吉祥房地产公司帮扶项目 2007年，兴义吉祥房地产公司出资10万元，新建高棉乡喜打村小学教学楼。该公司老总钟国祥捐款2000元资助江西坡镇下山村1名新入学的大学生。

第四章　草地畜牧业

第一节　管理机构

一、草地服务中心

2007年1月，组建普安县草地畜牧技术服务中心（正科级财政全额拨款事业单位，以下简称“县草地服务中心”），挂靠普安县畜牧兽医局。2007年2月1日，普安县草地畜牧技术服务中心内设办公室、技术研发股、市场信息股，核定总编制28名。2011年4月11日，普安县草地畜牧技术服务中心隶属县农业林业和扶贫开发局管理，内设办公室、技术研发股、市场信息股、乡镇片区草地畜牧技术服务站。2013年12月19日，增设项目办公室和财务室，均为正股级机构。2015年11月19日，将原事业编制管理人员9名、专业技术人员17名、工勤人员2名，调整为管理人员5名、专业技术人员21名、工勤人员2名。

二、乡镇（街道）草地畜牧技术服务站

2007年2月1日，在乡镇设3个片区草地畜牧技术服务站，即罐子窑草地畜牧技术服务站，核定事业编制3名，设站长或副站长1名；盘水草地畜牧技术服务站，核定事业编制4名，设站长或副站长1名；新店草地畜牧技术服务站，核定事业编制3名，设站长或副站长1名。2011年4月11日，乡镇片区草地畜牧技术服务站为县草地畜牧技术服务中心延伸单位。核定罐子窑镇草地畜牧技术服务站事业编制3名（管理人员1名、专业技术人员2名），设站长或副站长1名；核定盘水镇草地畜牧技术服务站事业编制4名（管理人员1名，专业技术人员3名），设站长或副站长1名；核定新店乡草地畜牧技术服务站事业编制3名（管理人员1名、专业技术人员2名），设站长或副站长1名。

第二节　草地畜牧资源

一、牧草类型

常见禾本科牧草有黑麦草、鸭茅、高羊茅、皇竹草、巨菌草，豆科牧草有三叶草、紫花苜蓿。

二、承载畜禽能力

2015年，全县有耕地1.76万公顷，各种农作物秸秆26万余吨；有园林地36.27公顷，未利用地11.86公顷，25度以上的坡耕地20.28公顷；草山草坡5.49万公顷，其中草丛草地3.12万公顷，灌丛草地2.37万公顷；有人工草地8923.6公顷，改良草地7269.67公顷。经整合有效利用可养羊30万只以上。

第三节　养　殖

一、产业发展利益联结方式改革

第一阶段　2007—2011年，摸索阶段。项目采取“中心＋基地带农户”的运作方式，实行“统一规划，统一培训、统一防疫、集中或分户饲养、统一营销”的“五统一”方式滚动发展。由项目所在乡镇向县草地中心提供项目村农户花名册，县草地中心根据项目区农户的贫困状况和养羊的积极性落实养羊农户。实施“20只至60只羊养殖模式”，经核实养羊的农户，通过技术员对羊进行防疫接种，隔离观察视为健康的羊，按户均以20只或60只基础母羊进行投放，繁殖增加的羊按1:9（即中心占1、农户占9）比例分成，养羊户所养的羊群达到60只后，由县草地中心收回20只青年繁殖母羊（不论提成羊或回收羊体重一律要求18千克以上），由县草地中心收回原投放的基础羊的农户，若自愿与县草地中心合作，接受由县草地中心技术服务的农户，饲养的商品羊由县草地中心保价回收，县草地中心与农户保持互惠共赢，其分成按1:9（中心占1，农户占9）。无论提成羊，还是基础羊回收，经由县草地中心技术员鉴定可作繁殖母羊的羊，免疫接种观察视为健康后继续投放给其他农户饲养，以此滚动发展，不断扩大扶持农户辐射面。实行保护价回收，若市场出现价格下跌，按每千克9.2元保价回收。

第二个阶段　2012—2013年，大规模发展阶段。根据贵州省扶贫办审批的项目规模，结合普安县实际，凡是圈舍60平方米、购羊30只、贷款3万～9万元（黑山羊3万元，良种羊9万元）的为小户，超过小户养殖规模的为养殖大户，养殖大户以贷款方式获得信贷贴息资金，按获得信贷资金3万～9万元（黑山羊3万元，良种羊9万元）带动1户农户，以此类推。养殖大户必须同步示范带动农户发展，实现利益联结，并保证所带动的农户户均年收入1.2万元以上，按要求带动农户发展的，政府在政策上给予优惠，在贷款上给予贴息，未按要求带动农户发展的，不予贴息。

在发展过程中，实行大户带动农户共同发展的“公司＋农户”模式。第一种方式：养殖大户建好标准化羊舍，购进羊群，招收农户为饲养员，按合同领取报酬，农户也可采取承包养殖大户的羊群进行饲养，按照养殖大户的要求进行科学饲养，由养殖大户统一销售，除去相关成本后，利润按合同规定进行分配。第二种方式：养殖大户按市场价提供基础母羊给农户饲养，并与农户签订养殖合同、技术服务合同、订单合同，最后按市场价格回收商品羊。第三种方式：大户承包农户的土地种植饲草饲料，聘用农户种植优质牧草，农户既得土地租金，又得到务工收入，年户均收入达到1.2万元以上，认定为养羊大户带动的1户农户，若达不到，则合并折算。第四种方式：养羊大户与项目区农户签订长期高产牧草或农作物秸秆购销合同，农户通过卖草料获得超过种植粮食作物的固定收入，年户均收入达到1.2万元以上，认定为养殖大户带动的1户农户，若达不到，则合并折算。第五种方式，养殖大户与扶贫办签订扶贫责任书，扶贫办下达一定额度扶贫项目资金给贫困户，贫困户利用扶贫项目资金入股，养殖大户按责任书确保贫困户的收入和股金保值增值。

二、养殖业服务

品种选择　以本地黑山羊、努比亚黑山羊、杜泊羊、湖羊、小尾寒羊等品种为主。

饲草饲料供应　以本地的自然草山、灌木林地、混播牧草地（多年生黑麦草、鸭茅、三叶草、紫花苜蓿、苇状羊茅），种植高产牧草（饲料玉米、甜高粱等），农作物秸秆（主要是玉米秸秆的青贮、氨化、微贮）利用为主。在牧草品种选择中，海拔在1200米以上区域，主要以多年生黑麦草、鸭茅、三叶草（紫花苜蓿）等寒季型为主；1200米以下海拔的，主要以宽叶雀稗、皇竹草为主。人工种草的技术操作按照培训、实地指导、翻耕整地、除杂草、播种、田间管理、利用（鲜喂或青贮）进行。

饲养管理方式　主要分为采取以自然草山、灌木林地及人工草场为主的全放牧形式饲养；全舍饲喂青贮、氨化饲草辅以玉米面、麦麸及稻糠粉末饲料为主的方式饲养；半天放牧自然草山、灌木林地及人工草场，半天在圈舍饲养为主的方式饲养。

种畜繁育体系　2007年，建新店种羊繁育场1个。2009年，建种羊场1个、良种繁育场1个。2010年建良种繁育场3个：地瓜镇鲁沟努比亚良种繁育场建圈舍500平方米，种植人工牧草20公顷，购进努比亚种母羊100只、种公羊5只；地瓜镇屯上努比亚良种繁育场建圈舍800平方米，种植人工牧草42.4公顷，购进努比亚种母羊200只、种公羊10只；龙吟镇吟塘努比亚良种繁育场建圈舍1025平方米，种植人工牧草100公顷，购进努比亚种母羊1200只、种公羊60只。2011年，建良种繁育场2个：高棉乡地泗努比亚良种繁育场建圈舍1260平方米，种植人工牧草93.33公顷，改良草场45公顷，购进基础母羊1000只，购进努比亚种公羊50只；高棉乡棉花努比亚良种繁育场建圈舍740平方米，种植人工牧草488.87公顷，改良草场26.67公顷，购进黑山羊基础母羊500只，购进努比亚种公羊25只。2013年，建努比亚种羊繁育场1个，建标准化羊舍3500平方米，饲草饲料加工房1100平方米，青贮池1300立方米，动物医院120平方米，农民技术培训中心300平方米，建设标准化人工草场23.33公顷，改良草场10公顷，新修草场公路11千米，厂区道路硬化、运程网络视频监控等基础设施设备，引进纯种努比亚种羊1200只，羊存栏2200只，通过省级专家鉴定验收合格，获贵州省种畜禽经营许可证。2014年，建种羊场3个：三板桥华泰农牧科技有限公司（小尾寒羊种羊场）建羊舍2100平方米，小尾寒羊种羊存栏1050只；盘水大湾畜牧养殖农民专业合作社（杜泊羊种羊场）建标准化羊圈1200平方米，杜泊羊种羊存栏400只；龙吟普杰农业发展有限公司（杜泊羊种羊场）建标准化羊圈749平方米，杜泊羊种羊存栏110只。建成南湖街道办保冲村种羊场输配站、地瓜镇岗坡村杜泊羊品种改良点、建楼下镇泥堡村湖羊品种改良点、罗汉镇罗汉村努比亚羊品种改良点、新店镇烂木桥村湖羊品种改良点和南湖街道办大湾村杜泊羊品种改良点。

防疫体系 2007年起，凡达到40户的养殖户均聘请1名技术辅导员，县草地中心技术员作为示范场、示范户的科技特派员，1个示范场安排1名技术员或10户示范户安排1名技术员，各特派员实行全套技术服务，将产羔率、成活率、疾病诊治、防疫、草场管理、饲草饲料储备等各项指标落实到人，与各个示范场、示范户签订技术服务合同，技术员补助由示范场、示范户承担。

检疫。外购羊只，按程序进行申报，具有产地检疫，出县境检疫、车辆消毒证和动物防疫合格证等手续。羊只引入后要经过30天的隔离观察，羊只运输前后用柴胡、板蓝根进行全面注射，减轻应急反应，并进行驱虫保健，注射五号病、羊痘疫苗后方可合群饲养。出售羊只，由普安县动物卫生防疫机构进行产地检疫和办理出县境检疫手续后方可外销。

消毒、驱虫、免疫。示范场、示范户，在春、夏季每7～15天消毒1次，在秋、冬季每30天消毒1次，并做好进场人员和车辆的消毒，每季度进行药浴1次。散养户，一般每30天消毒1次，每月打扫圈舍1次，每季度进行药浴1次。羊只每2个月驱虫保健1次（除病羊、孕羊），羔羊在满2个月后驱虫保健1次。重点预防五号病、羊痘和传染性胸膜脑炎，免疫接种以春、秋防疫为主和长年补免相结合。病死羊只实行深埋或焚烧处理，粪尿进入无害化池进行处理。

2007—2015年普安县羊免疫接种情况表

表5-4-1

年份	疫苗注射数（万只）	疫苗种类	免疫时间	注射方法
2007	1.21	传染性胸膜肺炎	每年3月、9月2次	肌肉
	1.21	口蹄疫	每年3月、9月2次	肌肉
	1.21	羊痘	每年3月、9月2次	皮内
	1.21	三联四防苗	每年3月、9月2次	肌肉
2008	1.89	传染性胸膜肺炎	每年3月、9月2次	肌肉
	1.89	羊痘	每年3月、9月2次	皮内
	1.89	口蹄疫	每年3月、9月2次	肌肉
	1.89	三联四防苗	每年3月、9月2次	肌肉
2009	2.62	传染性胸膜肺炎	每年3月、9月2次	肌肉
	2.62	羊痘	每年3月、9月2次	皮内
	2.62	口蹄疫	每年3月、9月2次	肌肉
	2.62	三联四防苗	每年3月、9月2次	肌肉
2010	3.41	传染性胸膜肺炎	每年3月、9月2次	肌肉
	3.41	羊痘	每年3月、9月2次	皮内
	3.41	口蹄疫	每年3月、9月2次	肌肉
	3.41	三联四防苗	每年3月、9月2次	肌肉
2011	3.65	传染性胸膜肺炎	每年3月、9月2次	肌肉
	3.65	羊痘	每年3月、9月2次	皮内
	3.65	口蹄疫	每年3月、9月2次	肌肉
	3.65	三联四防苗	每年3月、9月2次	肌肉

续表5-4-1

年份	疫苗注射数（万只）	疫苗种类	免疫时间	注射方法
2012	3.87	传染性胸膜肺炎	每年3月、9月2次	肌肉
	3.87	羊痘	每年3月、9月2次	皮内
	3.87	口蹄疫	每年3月、9月2次	肌肉
	3.87	三联四防苗	每年3月、9月2次	肌肉
2013	4.21	传染性胸膜肺炎	每年3月、9月2次	肌肉
	4.21	羊痘	每年3月、9月2次	皮内
	4.21	口蹄疫	每年3月、9月2次	肌肉
	4.21	三联四防苗	每年3月、9月2次	肌肉
2014	4.48	传染性胸膜肺炎	每年3月、9月2次	肌肉
	4.48	羊痘	每年3月、9月2次	皮内
	4.48	口蹄疫	每年3月、9月2次	肌肉
	4.48	三联四防苗	每年3月、9月2次	肌肉
	4.48	小反刍兽疫	每年3月1次	皮下
2015	4.54	传染性胸膜肺炎	每年3月、9月2次	肌肉
	4.54	羊痘	每年3月、9月2次	皮内
	4.54	口蹄疫	每年3月、9月2次	肌肉
	4.54	三联四防苗	每年3月、9月2次	肌肉
	4.54	小反刍兽疫	每年3月1次	皮下

新技术开发应用 2011年，争取省、州、县合作的重大农业攻关课题2个，分别是《普安黑山羊品系培育研究》《普安县标准化人工草场建植研究》。2012年，争取重大课题3个，分别是《山羊主要传染病流行病学调查与病原诊断关键技术集成示范推广应用》《饲料作物高产栽培综合利用与努黑杂羊育肥技术集成示范应用》《努比亚山羊适应性饲养研究与优势利用》，获得课题支持资金近300万元。

三、产业化扶贫项目

2007年，在草地生态畜牧业产业中，启动实施产业化扶贫项目。养羊户连片人工种草1.33公顷以上，每公顷补助1200元；改良草场每公顷补助225元。农户新修羊舍30平方米以上，每平方米补助材料费20元。实施“滚动式”扶贫方式发展农户养羊，农户购羊30只，每户可借基础羊款7000元，农户与县草地中心签订养羊合同（期限3年），农户养羊向县草地中心交提成（农户占9，县草地中心占1），农户养羊在每周年满后1个月内向县草地中心上交提成，在合同期满还清所借基础羊款。

2008年，人工种草3.33公顷以上，每公顷补助1200元；改良草场补助提高到每公顷900元。新修羊舍每平方米补助材料费提高到50元。建设草场公路，每千米补助7万元。“滚动式”扶贫方式发展农户养羊与2007年相同。

2009年，人工种草每公顷补助提高到1800元，改良草场每公顷补助提高到1500元，新修羊舍每平方米补助材料费提高到60元。“滚动式”扶贫方式发展农户养羊与2007年相同。

2010年，新修羊舍每平方米补助50元。通过“滚动式”扶贫方式发展农户养羊，小户20只以上可借羊款1万元，大户50只以上可借基础羊款2.5万元，签订合同、提成、还款等与2007年相同。

2011年，人工种草在3.33公顷以下的补助草种，可借购羊款3万元以内；人工种草3.33～6.67公顷的补助草种和化肥，可借购羊款6万元以内；人工种草6.67～20公顷的补助草种、化肥、种草开垦费（或免耕除草剂），可借购羊款10万元以内；人工种草20～33.33公顷的补助草种、化肥、种草开垦费（或免耕除草剂），可借购羊款15万元以内；人工种草33.33～66.67公顷的补助草种、化肥、种草开垦费（或免耕除草剂），争取草水、草电、草路配套，可以借购羊资金25万元以内。新修羊舍每平方米补助60元。

2012年，按贷款贴息方式发展养羊户，由县草地中心与县联社根据新发展的养羊数量，按每只山羊750元核定贷款贴息金额，贷款贴息期限为1年，贷款手续、贷款金额、还款期限按银行要求办理。新修羊舍每平方米补助60元，多年生人工草场高产牧草每公顷补助1500元，改良草山草坡每公顷补助900元。养殖户购买饲草饲料机械价格超过2000元的每台补助2000元，低于2000元的按实际价格补助。新修青贮池、氨化池10立方米以上的，每立方米补助100元。

2013年，购买努比亚羊、小尾寒羊、湖羊种公羊（每只补助2000元），购买杜泊羊种公羊（每只补助5000元）。新修建砖混楼式结构，能通风、能保暖、易于除粪，屋顶未使用彩钢瓦的普通羊圈每平方米补助60元；按标准化要求修建的砖混楼式结构，地面采用水泥小砖铺设，地面中间占总面积的四分之一，设有20厘米高的羊床，有饲料槽、能通风、能保暖、易于除粪，原则上盖红色双层彩钢瓦屋顶的标准化圈舍羊圈每平方米补助150元。建多年生人工草场每公顷补助1500元，包括皇竹草、鸭茅、紫花苜蓿、三叶草、黑麦草、高羊茅等在内，1年生饲草原则上不予补助。购买饲草饲料机械补助与2012年相同。购买具备粉碎、揉搓、打包功能机械超过4万元的每台补助4万元，低于4万元按实际价格补助。按贷款贴息方式发展养羊户，由县草地中心与县联社根据新发展的养羊数量，按每只山羊1000元、每只绵羊3000元核定贷款贴息金额，贷款贴息期限为1年，贷款手续、贷款金额、还款期限按银行要求办理。

2014年，购买努比亚羊、小尾寒羊、湖羊种公羊（每只补助2000元），购买杜泊羊种公羊（每只补助5000元）。新建标准化羊舍（标准化楼式羊舍：要求为砖混楼式结构，能通风、能保暖、易于除粪，原则上屋顶为钢架结构，盖红色双层彩钢瓦或水泥彩瓦。标准化平面式羊舍：要求砖混结构，地面采用水泥小砖铺设，地面中间占总面积的1/4设20厘米高的羊床，有饲料槽、能通风、能保暖、易于除粪，原则上屋顶为钢架结构，盖红色彩钢瓦或水泥彩瓦）每平方米补助150元，在大湾畜牧生态现代高效农业示范园区核心区内建设标准化羊舍的每平方米补助200元，普通羊舍（达不到标准化羊舍标准的均视为普通羊舍）每平方米补助60元。建多年生人工草场每公顷补助1500元，包括皇竹草、鸭茅、紫花苜蓿、三叶草、黑麦草、高羊茅等在内，1年生草原则上不予补助。购买饲草饲料机械每台补助2000元，价格超过2000元的按2000元／台补助，低于2000元的按实际价格补助。养羊户购买羊只可享受贷款贴息，由县草地中心与县联社根据新发展的养羊数量，按每只山羊1000元、每只绵羊3000元核定贷款贴息金额，贷款贴息期限为1年。贷款手续、贷款金额、还款期限按银行要求办理。青贮桶按照政府采购程序采购后，根据养殖户羊存栏和牧草种植等实际情况发放。越冬草料补助根据养殖户羊存栏数计算（按每只羊每天2.5千克，补助100天计算），购买或由养殖户自行贮备的青贮草料，经验收合格后每吨补助400元，由草地中心根据养殖户羊存栏情况核定补助草料数量，根据实际发放数量造册报账。青贮池储藏的青贮草料按每立方米500千克计算，打包储藏的青贮草料按实际数量计算。

2015年，新建规范化羊舍（原则上为砖混楼式结构，能通风、能保暖、易于除粪，屋顶为钢架结构，盖红色双层彩钢瓦或水泥彩瓦）每平方米补助200元。养羊户购买羊只可享受贷款贴息，由县草地中心与县联社根据新发展的养羊数量，按每只山羊1000元、每只绵羊3000元核定贷款贴息金额，贷款贴息期限为1年，贷款手续、贷款金额、还款期限按银行要求办理。专业种草户在楼下红岩产业带、大湾园区、下厂河流域、江西坡镇联盟村、窝沿乡上寨村等地，集中连片种植皇竹草1公顷以上，每公顷补助7500元。购买饲草饲料机械每台补助2000元，价格超过2000元的按2000元／台补助，低于2000元的按实际价格补助。越冬草料补助根据养殖户羊存栏数计算（按每只羊每天2.5千克，补助100天计算），养殖户到县内草料公司购饲草料，每吨补助400元，购饲草料超过2300元的按照每户补助2300元，不足2300元的按实际补助。

2007—2015年普安县草地畜牧业项目实施情况表

表5-4-2 单位：万元

年份	项目名称	资金来源	建设地点	建设内容及规模	整合资金（发改）	完成情况
2007	草地生态畜牧业产业化科技扶贫项目	省级财政产业化科技扶贫资金500万元	新店乡花月村一组、二组、三组、四组、尖山组、小寨组、细余村、雾耷村、三角树村，三板桥镇蚂蚁翅村	扶持贫困户550户，购基础母羊1.1万只，新修圈舍1.65万平方米，人工种草733.33公顷，购种公羊200只，建种羊场繁殖场1个	新修、改造草场公路11.2千米，投资111万元（小寨至赤凉水）	扶持农户550户，人工种草786.67公顷，完成计划的107%；购进基础母羊1.12万只，完成计划的102%；引进种公羊272只，完成计划的136%；修建圈舍1.76万平方米，完成计划的107%；建新店种羊繁育场1个，引进努比亚种羊45只。实施牧区道路11.2千米，投资111万元。投入小额信贷资金46万元建设羊圈，沼气池建设资金15万元，耕地机补贴资金20万元
2008	草地生态畜牧业产业化科技扶贫项目	省级财政产业化科技扶贫资金500万元、中央财政扶贫资金200万元	龙吟镇高云村、吟塘村、排楼村、竹溜坪村、云盘村、城阳村，罐子窑镇红卫村、红岩村、辣子树村	人工种草1333.33公顷，改良草山草坡666.67公顷；引进本地黑山羊能繁母羊1.75万只，投放南江黄羊种公羊600只、努比亚种公羊275只，建羊舍2.63万平方米，发展养羊户875户，培训农户2500人，发放技术资料4000份	新修草场公路22千米，投入资金150万元（龙吟镇阴凉树至长冲场草场公路14.5千米，投入资金100万元；罐子窑镇霸东梁子至王家寨草场公路7.5千米，投入资金51万元）	完成人工种草1333.33公顷，占计划数的100%；改良草山草坡666.67公顷，占计划数的100%；引进基础母羊9236只，是计划数的1.01倍；购种公羊896只，是计划数的1.05倍，新建、改造羊舍2.16万平方米，占计划的100%；新建、改造草场公路22千米，占计划的100%，新修草场水池550口，培训养殖户4100人次，是计划的1.02倍

续表5-4-2

年份	项目名称	资金来源	建设地点	建设内容及规模	整合资金（发改）	完成情况
2009	草地生态畜牧业产业化科技扶贫项目	省级财政产业化科技扶贫资金1000万元	楼下镇磨舍村、坡脚村、楼下村、泥堡村、布鲁村、偏坡村、堵嘎村、糯东村、小河村，雪浦乡兴隆村、博上村、高箐村、哈马村、硐口村、雪浦村	购黑山羊基础母羊1.49万只，种公羊647只，建圈舍2.34万平方米，建良种繁育场1个	新建草场公路18千米，投资105万元建楼下磨舍草场公路8千米（关地至打洛田），雪浦博上草场公路6千米（水桥至石官），青山黄家坝草场公路4千米（刘家冲至肖家坡）	购基础母羊1.49万只，完成计划的100%；购种公羊647只，完成计划的100%；新建、改建羊舍2.34万平方米，完成计划的100%；建良种繁育场1个（购种羊14只，建羊舍471平方米）培训农户2200人次，占计划的109%，发放宣传资料5000余份，是计划数的1.11倍
	草地生态畜牧业产业化科技扶贫项目	省级财政产业化科技扶贫资金500万、中央财政扶贫资金200万元	楼下镇磨舍村、小河村，青山镇黄家坝村、下节河村，雪浦乡兴隆村、博上村	引进基础母羊1.75万只，种公羊875只，扶持农户875户		实施农户875户，完成计划的100%；完成人工种草2.51公顷，是计划的1.67倍；人工改良草场0.82公顷，是计划数的1.64倍，建羊舍2.1万平方米，是计划数的1.31倍；购种公羊1065只，是计划数的1.04倍；购基础母羊2.17万只，是计划数的1.01倍，建种羊场1个
2010	草地生态畜牧业产业化科技扶贫项目	省级财政产业化科技扶贫资金1500万元	江西坡镇下山村、白石村，地瓜镇屯上村、鲁沟村、岗坡村、八字寨村、箐门口村、莲花村、蜡烛山村，罗汉乡戈余村、罗汉村、海子村、老山田村、凉水村、金竹村	购进基础母羊2.09万只，购种公羊882只；建羊舍3.30万平方米；建良种繁育场1个，购纯种母羊1500只，种公羊75只，新建圈舍2325平方米		购进基础母羊2.09万只，完成计划的100%；引进种公羊882只，完成计划的100%；建羊舍3.30万平方米，完成计划的100%；扶持养羊户556户（大户326、小户230户），覆盖农户3686人次
	草地生态畜牧业产业化科技扶贫项目（良种繁育场项目）	中央财政扶贫资金（石漠化治理资金）200万元	地瓜镇大平地、屯上，楼下镇小河草场，盘水镇大湾草场	新建人工草场0.3公顷，改良草场0.2公顷，引进种母羊1500余只、种公羊75只		建良种繁育场3个：地瓜镇鲁沟村新建人工草场20公顷，购努比亚种母羊100只，引进努比亚种公羊5只，新修圈舍500平方米，占计划的100%；地瓜镇屯上村新建人工草场42.4公顷，引进努比亚种母羊200只、种公羊10只，新修圈舍800平方米，占计划的100%；龙吟镇吟塘村新建人工草场100公顷，引进黑山羊基础母羊1200只、种公羊60只，新修圈舍1025平方米，占计划的100%

续表5-4-2

年份	项目名称	资金来源	建设地点	建设内容及规模	整合资金（发改）	完成情况
2011	草地生态畜牧业产业化科技扶贫项目	省级财政产业化科技扶贫资金1000万元	白沙乡铁厂村、卡塘村，窝沿乡大榜村、坪桥村、田坝村、窝沿村，高棉乡地泗村、喜打村、朝阳村、冬瓜村、嘎坝村	购基础母羊1.25万只，购种公羊580只，建羊舍1.88万平方米，种草833.33公顷，建良种繁育场1个（购种母羊600只、种公羊25只、圈舍1250平方米、种草49.33公顷）		购基础母羊1.26万只，是计划数的1.01倍，购种公羊586只，是计划数的1.01倍；新建、改建羊舍1.88万平方米，是计划数的1.002倍。扶持养羊户490户（大户400户、小户90户），覆盖农户3430人
2011	草地生态畜牧业产业化科技扶贫项目（良种扩繁场项目）	省产业化草地畜牧业资金200万元	高棉乡地泗村、棉花村	建人工草场142.2公顷，改良草山草坡71.67公顷，新修圈舍2000平方米，购黑山羊基础母羊1500只，引进努比亚种公羊75只，新建良种繁育场2个		建良种繁育场2个：高棉乡地泗村平田新建人工草场93.33公顷，改良草场45公顷，新修圈舍1260平方米，购进黑山羊基础母羊1000只，引进努比亚种公羊50只；高棉乡棉花村电站新建人工草场48.87公顷，改良草场26.67公顷，新修圈舍740平方米，购进黑山羊基础母羊500只，引进努比亚种公羊25只。完成计划的100%
2012	草地生态畜牧业产业化科技扶贫项目	省级财政扶贫资金800万元	楼下镇补者村、坡脚村、偏坡村，青山镇歹苏村、下节河村	购基础母羊7470只、种公羊270只，建羊舍1.19万平方米；实施人工种草587公顷，建青贮池300立方米，建药浴池600立方米，购草料加工机械10套	草场恢复资金67.9万元，科技资金93.6万元	种植人工草地593.33公顷，完成计划的101%；修建圈舍1.20万平方米，完成计划的101%；购进基础母羊8900只，完成计划的119%；引进种公羊270只，完成计划的100%；建青贮窖300立方米，完成计划的100%；建药浴池600立方米，完成计划的100%；购进草料加工机械10套，完成计划的100%
2013	草地生态畜牧业产业化科技扶贫项目	省级财政扶贫资金800万元	罐子窑镇辣子树村，龙吟镇红旗村、吟塘村、吟路村，窝沿乡大榜村，白沙乡铁厂村、卡塘村、大小寨村，高棉乡地泗村、冬瓜村，江西坡镇高潮村，三板桥镇保冲村、西陇村，地瓜镇岗坡村、石板村、地瓜社区，罗汉乡凉水村、戈余村，新店乡新店社区、细余村，雪浦乡博上村、高箐村	新增养羊户400户，购基础母羊8000只、种公羊160只，建羊舍8000平方米，实施人工种草240公顷	发改资金607.52万元；巩固退耕还林资金178万元	购进基础母羊8080只，完成计划的101%；引进种公羊168只，完成计划的105%；修建羊舍15800平方米，完成计划的1.98倍；种植人工牧草383.33公顷，完成计划的1.59倍；培训技术员120人次、养殖户1200人次

续表5-4-2

年份	项目名称	资金来源	建设地点	建设内容及规模	整合资金（发改）	完成情况
2013	草地生态畜牧业产业化科技扶贫项目	中央财政专项扶贫资 金200万元	盘水镇大湾村	购努比亚种母羊550只、种公羊10只；建羊舍2300平方米；建人工草场16.67公顷		建努比亚种羊繁育场1个、购努比亚纯种公羊10只，完成计划的100%；购种母羊560只，完成计划的102%；建羊舍2500平方米，完成计划的109%；实施人工种草20公顷，完成计划的120%；购饲料加工机械1套，建饲料加工房700平方米，配套建设基础设施
2014	草地生态畜牧业产业化科技扶贫项目	总投入财政扶贫资金2300万元，其中竞争立项资 金700万元，扶贫攻坚示范县项目资金1600万元	全县14个乡镇：楼下镇、青山镇、雪浦乡、新店乡、罗汉乡、地瓜镇、盘水镇、三板桥镇、江西坡镇、高棉乡、窝沿乡、罐子窑镇、白沙乡、龙吟镇	计划购基础母羊1.22万只，种公羊440只，新建羊圈24000平方米，实施人工种草176.67公顷，饲草饲料加工2000吨，购青贮桶3500个，购饲草饲料加工机械70台，建饲草料加工厂1个，建绵羊种羊场3个，新修草场公路、硬化公路15千米，新修人畜饮水水池1200立方米、管道2千米，培训1000人次		购羊12649只，完成计划的100.07%；新建羊圈24420.1平方米，完成计划的102%；种植人工牧草212.4公顷，完成计划的120%；购青贮桶3500个，完成计划的100%；购买饲草饲料加工机械70台，完成计划的100%；建种羊场3个：三板桥华泰农牧科技有限公司建羊舍2100平方米，小尾寒羊种羊存栏1050只，盘水大湾畜牧养殖农民专业合作社建标准化羊圈1200平方米，杜泊羊种羊存栏400只，龙吟普杰农业发展有限公司建标准化羊圈749平方米，杜泊羊种羊存栏110只，完成计划的100%；建饲草料加工厂1个，年产青贮料2000余吨，完成计划的100%；新修下厂河草场公路6千米，新建及硬化大湾园区公路5千米，硬化楼下泥堡示范点产业路4千米，完成新修草场公路、硬化公路的100%；新修人畜饮水水池1205立方米，完成计划的100.42%；铺设安装管道2150千米，完成计划的108%；培训技术员、养殖户1000余人次

续表5-4-2

年份	项目名称	资金来源	建设地点	建设内容及规模	整合资金（发改）	完成情况
2015	草地生态畜牧业产业化科技扶贫项目	总投入财政扶贫资金1200万元，其中：草地畜牧业资金1000万元，品改点建设资金100万元，普安县大湾生态畜牧现代高效农业示范园区建设资金100万元	全县14个乡镇：楼下镇、青山镇、雪浦乡、新店乡、罗汉乡、地瓜镇、盘水镇、三板桥镇、江西坡镇、高棉乡、窝沿乡、罐子窑镇、白沙乡、龙吟镇	计划新建规范化羊舍20700平方米，购基础母羊10000只，养羊贷款贴息200万元，发展专业种草户200户，新建养殖小区20个，购饲草机械200台，饲草料补助2875吨，建羊品种改良点5个，建饲草饲料加工厂1个，新修九龙山草场公路3千米		新建规范化羊舍22227平方米，完成计划的107%；购进基础母羊11650只，完成计划的117%；养羊贷款贴息200万元，完成计划的100%；发展专业种草户200户，完成计划的100%；新建养殖小区20个，完成计划的100%；购买饲草机械200台，完成计划的100%；饲草料补助2875吨，完成计划的100%；建成羊品种改点5个（建成南湖街道办保冲村种羊场输配站1个，建成地瓜镇岗坡村杜泊羊品种改良点1个，建成楼下镇泥堡村湖羊品种改良点1个，建成罗汉镇罗汉村努比亚羊品种改良点1个，建成新店镇烂木桥村湖羊品种改良点1个，建成南湖街道办大湾村杜泊羊品种改良点1个），完成计划的100%；在南湖街道办大湾村建饲草饲料加工厂1个，完成计划的100%；新修大湾林场至九龙山草场公路3千米，完成计划的100%
	2014年退牧还草工程建设项目（2015年实施）	投入中央财政资金816万元	全县12乡镇（街道）	计划新建棚圈10000平方米，青贮窖2920立方米，人工草地667公顷，改良草地4466公顷，围栏封育200公顷，购大型饲草加工机械5台、小型饲草加工机械64台	发改资金	新建棚圈10080平方米，占计划的101%；新建青贮窖2980立方米，占计划的102%；新建人工草地673公顷，占计划的101%；改良草地4507公顷，占计划的101%；新建围栏封育202公顷，占计划的101%；购进大型饲草加工机械5台，占计划的100%；购进小型饲草加工机械64台，占计划的100%
	2014年岩溶地区石漠化综合治理工程草食畜牧业发展建设项目（2015年实施）	投入中央财政资金90.7万元	江西坡镇细寨河流域	计划新建棚圈2000平方米，青贮窖500立方米，人工草地92.34公顷，购饲草加工机械4台	发改资金	新建棚圈2040平方米，占计划的102%；新建青贮窖573立方米，占计划的115%；新建人工草地93公顷，占计划的101%；购进饲草加工机械4台，占计划的100%

续表5-4-2

年份	项目名称	资金来源	建设地点	建设内容及规模	整合资金（发改）	完成情况
2015	2014年巩固退耕还林成果畜牧业专项资金建设项目（2015年实施）	投入中央财政专项资金276.1万元	南湖街道、地瓜镇、罗汉镇	计划新建棚圈10000平方米，青贮窖2040立方米，人工草地647公顷	发改资金	新建棚圈10037平方米，完成计划的100%；新建青贮窖2060立方米，完成计划的101%；新建人工草地673公顷，完成计划的104%

第五章　茶产业

第一节　管理机构

一、县茶业发展中心

2008年，成立普安县茶业发展中心（简称“县茶业发展中心”）。隶属于县农业局的正科级事业单位，内设综合股、项目规划股、生产技术管理股、统计信息股、计划财务股，核定人员编制10名，其中事业编制8名（管理人员3名，专业技术人员5名）、工勤编制2名。2014年，在职人员5人。2015年，在职人员6人。

二、县茶场

1998年，普安县茶场（国有茶场）在江西坡镇建有一厂（场部）、二厂（大洼茶场）、三厂（东南茶场）、四厂（白水茶场）4个初制加工厂和1个精制车间。2012年6月，普安县茶场倒闭，由县政府出资以货币的形式对国有企业职工进行一次性补偿安置。

三、江西坡茶业现代高效农业示范园区

2013年4月，成立普安县江西坡茶业现代高效农业示范园区。以江西坡镇为核心建设山地优质生态茶园8040公顷，其中核心区1340公顷，拓展区6700公顷；建设果园提升改造区670公顷；配套建设农产品加工区、农产品交易区、综合管理服务中心。采用节水灌溉技术、覆膜催芽技术、测土配方施肥技术、病虫害绿色防控技术等高效农业科学技术，提早“年前茶”的上市时间、提升茶叶品质、提高茶叶质量。2014年，以江西坡茶业现代高效农业园区规划区域为茶叶种植、加工重点，辐射周边乡镇发展。在江西坡镇重点打造绿色无公害、生态、有机茶叶基地，按照国家标准，统一包装、宣传推介“黄金舟”红茶品牌和“普天春”系列绿茶品牌。新建茶园667公顷，重点培育1家国家级重点龙头企业，2～3家省级重点龙头企业，5～6家州级重点龙头企业，8～10家专业合作社来带动全县茶产业发展。2015年，江西坡镇有茶园面积4585公顷，投产茶园面积2884公顷，有公司15个，合作社19个，产业覆盖农户5477户19780人。并在龙吟、青山、窝沿等乡镇扩大种植面积。

四、专业合作社及生产企业

1998年，茶叶主要是农户自产自销，无龙头企业。

2015年，有茶叶企业、合作社44家，其中加工企业10家、农民专业合作社34家。省级龙头企业

2家，州级龙头企业5家。普安县宏鑫茶业开发有限公司等5家企业通过QS认证。

2015年普安县茶叶专业合作社及生产企业情况表

表5-5-1

序号	茶叶生产企业及茶叶专业合作社	是否注册	是否龙头企业（国家级、省级、市级）
1	贵州普安盘江源茶叶有限公司	是	
2	贵州省怡丰原生态茶业发展有限责任公司	是	州级龙头企业
3	普安县古茶茶业有限责任公司	是	
4	普安县贵安茶叶有限责任公司	是	州级龙头企业
5	普安县宏鑫茶业开发有限公司	是	省级龙头企业
6	普安县江西坡朗通茶叶发展有限责任公司	是	州级龙头企业
7	普安县江西坡镇白水冲茶叶有限公司	是	州级龙头企业
8	普安县玛琅古茶叶有限公司	是	州级龙头企业
9	普安县荣华良种苗木有限责任公司	是	
10	黔西南州富洪茶叶有限公司	是	省级龙头企业
11	贵州“四球”茶叶专业合作社	是	
12	普安县地瓜镇岗坡村大叶古茶专业合作社	是	
13	普安县江西坡镇富鑫茶叶农民专业合作社	是	
14	普安县江西坡镇贵品茶叶病虫害防治专业合作社	是	
15	普安县江西坡镇黄金舟茶叶专业合作社	是	
16	普安县江西坡镇朗寨茶业农民专业合作社	是	
17	普安县江西坡镇联宜茶叶专业合作社	是	
18	普安县江西坡镇宏宇茶叶农民专业合作社	是	
19	普安县江西坡镇盛兴茶叶农民专业合作社	是	
20	普安县江西坡镇时代茶叶专业合作社	是	
21	普安县江西坡镇兴农茶叶专业合作社	是	
22	普安县江西坡镇益民茶叶专业合作社	是	
23	普安县龙吟镇普纳茶叶专业合作社	是	
24	普安县罗汉茶叶农民专业合作社	是	
25	普安县青山朝林茶叶专业合作社	是	
26	普安县长冲种植业专业合作社	是	
27	普安县细寨布依人家茶叶专业合作社	是	
28	普安县江西坡镇云头山茶叶专业合作社	是	
29	普安县天龙茶叶合作社	是	

续表5-5-1

序号	茶叶生产企业及茶叶专业合作社	是否注册	是否龙头企业（国家级、省级、市级）
30	普安县江西坡镇奇香茶叶农民专业合作社	是	
31	普安县江西坡奇贤茶叶加工合作社	是	
32	普安县江西坡镇东南茶叶专业合作社	是	
33	普安县江西坡镇春夏农民专业合作社	是	
34	普安县绿色生态茶果种植专业合作社	是	
35	普安县泰安白龙古茶专业合作社	是	
36	普安县国有普白林场	是	
37	普安县地瓜镇云海茶叶专业合作社	是	
38	普安县龙吟镇吟路农民茶叶专业合作社	是	
39	普安县高棉乡嘎坝村富民茶叶加工农民专业合作社	是	
40	江西坡镇朝华茶叶农民专业合作社	是	
41	红星村跑马地茶叶种植专业合作社	是	
42	普安县龙吟飞龙茶业公司	是	
43	普安县古茶树茶叶专业合作社	是	
44	普安县永兴茶叶专业合作社	是	

第二节　茶叶产业

一、茶叶种植

1998年，全县茶叶种植面积达1105.5公顷。2007年，普安县被列为全省第一批20个茶叶生产重点县之一。2009年，茶叶种植面积达到2043.5公顷。2015年，建成茶园6733公顷，其中投产茶园3867公顷。

2015年普安县茶园分布情况统计表

表5-5-2

乡镇（街道）	种植面积（公顷）	所占比例（%）	种植时间	种植品种	投产面积（公顷）
江西坡镇	4585.33	68.1	1985—2015	福鼎、龙井43、云大、乌牛早白茶、铁观音等	2885
高棉乡	412.67	6.13	2003—2015	福鼎、龙井43、乌牛早	100
罗汉乡	448.67	6.66	2003—2015	福鼎	274
青山镇	320	4.75	2012—2015	福鼎、龙井43、白茶	153
龙吟镇	393	5.84	1995—2015	福鼎、龙井43、白茶	287
地瓜镇	433.33	6.43	2008—2015	福鼎、龙井43、乌牛早	135
新店乡	140	2.08	2011—2015	福鼎	33
合　计	6733				3867

二、茶叶加工

1998年，茶叶由农户种植、采摘、加工和销售。规模小、生产方式落后、劳动生产效率较低、制茶技术不高。

2015年，建成茶叶加工企业17家，设计加工能力14000吨/年。其中绿茶加工企业16家，设计加工能力5000吨/年，实际年加工销售量为4550吨/年，年产9000吨CTC红碎茶生产线一条，实际年生产销售量为1500吨。加工企业主要分布在江西坡、龙吟和罗汉3个乡镇。以初加工为主，主要生产大宗茶（普通茶）和名优茶、红碎茶、红条茶。大宗茶以加工炒青绿茶和烘青绿茶为主，其中炒青绿茶主要销往河南，烘青绿茶销往广西横县用于加工茉莉花茶；名优茶主要加工普天牌龙井、针茶、毛峰、碧螺春等。红茶主要是普安县宏鑫茶业开发有限公司加工的“简能”牌系列红碎茶、红条茶等。争取省级现代农业特色优势产业（茶产业）发展资金45万元，支持普安县宏鑫茶业开发有限公司红茶初制加工生产线建设和细寨布依人家茶叶专业合作社年产150吨茶叶初制加工生产线建设项目，省级财政现代农业特色优势产业（茶产业）加工能力建设资金97万元支持普安县地瓜镇岗坡村大叶古茶专业合作社、普安县江西坡镇东南茶叶专业合作社、普安县绿色生态茶果种植专业合作社、普安县龙吟普纳茶业专业合作社加工能力建设和省级茶叶发展资金10万元支持普安县宏鑫茶业开发有限公司茶叶销售渠道建设项目；争取中央财政现代农业生产发展资金500万元，用于野生古茶树保护、利用与适度开发。

三、茶叶销售

1998年，茶叶销售主要是以传统的小门市现货交易为主，一家一户经营，处于自产自销阶段。

2015年，依靠宏鑫茶业开发有限公司建有的市场营销网络，实现茶叶销售总量6050吨，实现产值1.06亿元，农户茶青收入达到0.69亿元。其中大宗茶（普通茶）销售5906吨，名优绿茶销售144吨。大宗茶主要销往广西横县、河南等，年交易量为4300吨左右。春季名优茶主要销往浙江、江苏等，年交易量1000吨左右。成品茶叶流通主要以小门市现货交易方式为主，包括专卖店、茶庄、茶馆、商场专柜、卖场超市等，主要是自产自销，年销售量为100吨左右。

四、茶叶品牌

2008年，对古茶树资源情况进行目标性调查，统计备案3360株，其中雪浦、青山共2633株。2011年7月，中国茶叶流通协会授予普安县“中国古茶树之乡”牌匾。2015年，普安县被评为“全国重点产茶县”。依托“中国古茶树之乡”“茶籽化石发源地”“四球古茶发源地”“黔茶第一春”等名片，实施“基地品牌化、企业品牌化、产品品牌化”三位一体战略，集中打造“普安四球茶”区域品牌和普天系列公用品牌，将普天、金雀（绿茶品牌）、简能（红茶品牌）系列商标打造成知名品牌商标。2015年，全县茶品牌有普天、金雀、细寨银针、雪峰、简能牌系列红碎茶及红条茶、起码坎、岗坡、贵康源、普白千年古茶、细寨茶、普纳山、玛琅古、蛮帮贡春、普江、黔茶夫、福娘红茶等近20个。其中，普天、金雀、细寨银针、雪峰等品牌在国内外多次获奖。

第六篇　水利　水电

1998—2015年，普安县大力发展水利水电事业。至2015年，全县共有小（1）型水库4件、小（2）型水库14件、山塘125处，在建水库3件、拟建水源工程6件；引水工程22处，引水沟渠长418.76千米；提水工程28处，烟水配套工程6个，小水窖10251口；排洪工程12处。

1998—2015年，普安县通过"以工代赈"人饮、城镇供水改造、"三小水利""渴望工程""大地之爱·母亲水窖""解困工程"和饮水安全（含农村学校）、烟水配套等项目建设，城镇饮水得到进一步保障，农村饮水困难面缩小，供水保障率进一步提高。2015年，1264个村（居）民组中实施饮水工程的村（居）民组1241个，农村学校100所。

2003—2015年，普安县水土保持重点转向执法监督和管理能力建设，对生产建设单位进行执法监督管理。2011年，普安县水土保持监督管理能力建设工作获省水利厅验收。

2015年，全县有水电站31座，水轮发电机组94台，总装机容量8.472万千瓦，在建水电站2座，总装机容量1.58万千瓦。已建、在建电站占水能资源技术可开发量的58.1%。全县电站主要设备完好率100%，电压合格率99.6%。

2003—2013年，普安县建成5个小水电代燃料项目，解决5个乡镇18个行政村，1.14万户、4.9万人农村居民的生活燃料问题，保护森林植被面积1.62万公顷。

第一章　水　利

第一节　蓄水工程

一、小（1）型水库

东风水库　集雨面积4.65平方千米，水库大坝为均质土坝，最大坝高19米。现水库灌溉功能消失，功能变更为生活供水。

1999年，经贵州省水利厅专家组进行安全鉴定，确定为三类坝。2004年3月进行除险加固，2005年6月竣工。

幸福水库　集雨面积26.51平方千米，大坝为均质土坝，最大坝高31.5米，其功能以农田灌溉为主，兼顾生活用水。

1999年，经贵州省水利厅专家组进行安全鉴定，确定为三类坝。2003年8月进行除险加固，2004年6月竣工。

杨梅山水库　集雨面积4.5平方千米，大坝为土石混合坝，最大坝高33.5米，其功能以农田灌溉为主。

2001年7月，经贵州省水利厅专家组进行安全鉴定，属三类坝。2008年3月进行除险加固，2009年11月竣工。

高潮水库　集雨面积3.75平方千米，大坝为均质土坝，最大坝高21.35米，其功能以农田灌溉为主，兼顾生活用水备用水源。

2011年8月进行除险加固，2012年9月竣工。

二、小（2）型水库

泡木山水库　集雨面积0.97平方千米，大坝为浆砌石重力坝，最大坝高23.8米，其功能以农田灌溉为主，兼顾生活用水。

2010年11月进行除险加固，2011年5月竣工。

东海水库　集雨面积2.29平方千米，大坝为均质土坝，最大坝高15.06米，其功能以农田灌溉为主。

2011年3月进行除险加固，9月竣工。

长江水库　集雨面积2.33平方千米，大坝为浆砌石拱坝，最大坝高13.5米，由于坝基及库区渗漏，无法蓄水，实际灌溉面积实为小溪自流灌溉面积。

老厂水库　集雨面积0.71平方千米，大坝为浆砌石重力坝，最大坝高24.7米，其功能以农田灌溉为主，兼顾生活用水。

1998年11月始建，1999年12月大坝建成。2012年3月，由于无溢洪道，进行除险加固。

钻天坡水库　集雨面积0.82平方千米，大坝为均质土坝，最大坝高10.5米，其功能以农田灌溉为主，兼顾生活用水。

2010年，因放水涵管与大坝接触周边渗漏，被鉴定为病险水库，故进行处理。

风火砖水库　集雨面积0.94平方千米，大坝为均质土坝，最大坝高14米，其功能以农田灌溉为主。

1998年10月，对大坝迎水面被冲刷变形进行处理，但坝基尚有渗漏现象。

老苏河水库　集雨面积0.78平方千米，主坝为浆砌石拱坝，副坝为均质土坝，最大坝高20米，其功能以农田灌溉为主。

2010年3月，黔西南州水利局专家进行安全鉴定，确定为三类坝，属病险水库。2013年3月进行除险加固，2014年9月竣工。

大坪水库　集雨面积0.3平方千米，大坝为均质土坝，最大坝高17米，其功能以农田灌溉为主。

2007年11月，大坝迎水面被水浸润垮塌，被鉴定为三类坝进行除险加固，2012年3月竣工。

城背后水库　集雨面积0.78平方千米，大坝为均质土坝，最大坝高13.5米，其功能以农田灌溉为主。

2015年3月对大坝进行除险加固，2015年9月竣工。

阿岗水库　集雨面积6.2平方千米，大坝为均质土坝，最大坝高11.6米，其功能以农田灌溉为主。

2007年6月8日，因幸福水库西干渠由坝顶通过，导致坝背坡遭到渠水漫堤冲刷，发生塌方、溃坝。2008年3月进行除险加固，2010年11月竣工。

塘梨树水库　集雨面积0.49平方千米，大坝为均质土坝，最大坝高3.76米，其功能以农田灌溉为主。

1999年3月对大坝进行除险加固，1999年9月竣工。

梭草塘水库　集雨面积0.31平方千米，大坝为均质土坝，最大坝高10米，其功能以农田灌溉为主。

2001年2月因坝基渗漏进行整治，2001年8月竣工投入运行。

黄角箐水库　集雨面积1.96平方千米，大坝为均质土坝，最大坝高15米，其功能以农田灌溉为主。

2013年8月因坝基渗漏、排水设施不完善、蓄水量少进行除险加固，2014年7月竣工。

西洋城水库　集雨面积0.33平方千米，大坝为均质土坝，最大坝高14.3米，其功能以农田灌溉为主。

1999年申报以工代赈项目对大坝进行治理，2011年2月对大坝进行除险加固。

三、山　塘

全县共有山塘125处，蓄水总量158.06万立方米，设计灌溉面积436万公顷，有效灌溉面积363公顷，实际灌溉面积259.73公顷，保证灌溉面积131.67公顷。其中1万～10万立方米山塘27处，蓄水量90.01万立方米；1万立方米以下山塘98处，蓄水量68.05万立方米。

2015年普安县各乡镇（街道）山塘情况表

表6-1-1

乡镇（街道）	处数（处）	蓄水量（万立方米）	设计灌溉面积（公顷）	有效灌溉面积（公顷）	实际灌溉面积（公顷）	保证灌溉面积（公顷）	功能
龙吟镇	6	9.52	57.4	57.40	23	16.33	农田灌溉
白沙乡	4	6.20	43.67	20.33	10	3.33	人畜饮用（黄河山塘以农田灌溉为主）
兴中镇	3	0.55	1.33	1.33	0.33		农田灌溉、饮用、养殖
高棉乡	27	10.85	65.8	45	27	12.33	农田灌溉和养殖结合
江西坡镇	1	0.90	0.67	0.47	0.33	0.2	农田灌溉
盘水街道	5	3.74	14.33	10	8	3.13	农田灌溉
南湖街道	2	3.15	11	1	1	0.33	农田灌溉
地瓜镇	1	0.80	4.27	3.87	2.93	1.67	农田灌溉

续表6-1-1

乡镇（街道）	处数（处）	蓄水量（万立方米）	设计灌溉面积（公顷）	有效灌溉面积（公顷）	实际灌溉面积（公顷）	保证灌溉面积（公顷）	功能
罗汉镇	5	4.68	13	11.60	8.87	5	农田灌溉
新店镇	19	31.49	56.53	54.73	47.80	20.40	农田灌溉
青山镇	54	86.21	162.31	157.27	131.46	69.13	农田灌溉

四、在建水库

五月天池水库 地处新店镇，是省水利厅、省烟草专卖局同意兴建的烟水配套水源工程，也是黔西南州2009年重点水利建设项目。工程分2期建设，设计为小（2）型水库。大坝坝型为细石混凝土砌石重力坝，工程效益是解决新店镇、青山镇10个行政村82个村民组1806.67公顷烟地浇灌和1.35万人、0.35万头（匹）大牲畜的饮水困难问题。

2009年4月9日一期工程开工建设，2011年5月竣工。建筑内容为大坝枢纽工程（坝高18.3米）、溢洪道工程、取水建筑物和冲沙建筑物等。总投资1328.86万元。

二期工程总投资估算3294.01万元，其中工程部分投资3174.01万元，专项部分投资120万元。待批复实施。

五嘎冲水库 工程位于普安县与盘县交界处，2008年以前工程项目名称为普安县五嘎冲水电站。工程由枢纽工程和水库两部分组成，是2008年贵州省重点项目，主要任务为水力发电，同时兼顾为普安青山煤电化一体化基地提供水源保障，电站装机容量1.8万千瓦。

2009年，贵州遭受特大干旱以后，普安县五嘎冲水电站作为大型骨干水源工程纳入《贵州省水利建设、生态建设、石漠化治理综合规划》《西南五省（自治区、直辖市）重点水源工程近期建设规划报告》，项目更名为普安县五嘎冲水库。工程主要任务为城乡生活和工业供水、灌溉、发电等综合利用的中型水库，工程由水库枢纽区、灌区和乡镇供水区3部分组成，电站装机容量1.5万千瓦。设计灌溉面积1364.74公顷（田940.26公顷，旱地424.87公顷），解决城镇人口7.96万人、农村人口2.75万人、牲畜4.46万头的饮水。

普安县五嘎冲水库工程由碾压混凝土双曲拱坝、坝顶表孔设闸溢洪道、坝身泄洪放空底孔、左岸岸塔式灌溉和发电取水口、发电引水隧洞、压力管道、地面厂房、提水泵站、供水区及灌区输水等建筑物组成。碾压混凝土拱坝坝顶高程1340米，河床建基面高程1232米，最大坝高108米，坝顶轴线长181.91米，坝顶宽6.0～6.6米。五嘎冲水库供水对象主要是新店、罗汉和地瓜三个镇，年供水量共计372万立方米，供水管线总长22.575千米，管径0.3～0.4米。灌区干管总长15.709千米，沿途布置3座提水泵站，后接4条支管输水，支管总长12.905千米。

普安县五嘎冲水库工程项目法人单位为贵州省普安县五嘎冲水利水电有限责任公司，公司成立于2006年7月，是由普安县人民政府全额投资组建的国有独资公司，主要负责五嘎冲水库的建设和运行管理。

2013年3月4日，贵州省发展和改革委员会对该项目进行初设批复，批复总投资95559万元（资金组成：中央投资20000万元、省级配套45335.4万元、县级配套30223.6万元），设计工期36个月。

2013年11月20日，普安县五嘎冲水库工程开工建设。2014年6月，导流洞工程施工完成并开始过流。11月，灌区长征桥隧洞（总长935米）全线贯通。2015年12月，左、右坝肩开挖至1262米高程，取水口工程开挖至1292.7米高程，电站厂房工程边坡及基地开挖结束，石桥河隧洞（总长745米）完成开挖支护500米，上坝公路工程（总长3.723千米）完成开挖2.2千米。

甲金水库　位于地瓜镇，工程区属于南盘江一级支流马别河上游楼下河至平塘河段岔河支沟上游，系烟区水源工程。水库工程等别为Ⅳ等，工程规模属小（1）型。其功能主要是灌溉，设计灌溉面积4400公顷，其中烟地2666.67公顷、水田400公顷、轮作旱地1333.33公顷。灌区灌溉需水量631.6万立方米，其中烟地及旱地403.1万立方米，水田228.5万立方米。设计年灌溉供水量584万立方米。为新建水库，主要建筑物挡水、取水建筑物为4级。次要建筑物和施工导流及其他临时建筑物为5级。

该工程设计概算总投资为1.85亿元，国家烟草总公司援建资金1.46亿元。2014年8月5日，启动工程建设。2015年12月，完成投资3747万元，实际支付资金3282.04万元。

第二节　引排水工程

一、引水工程

2015年，全县引水工程46处，引水沟渠长477.97千米，设计引水量11.27立方米/秒，设计灌溉面积8031.47公顷，有效灌溉面积7651.35公顷，实际灌溉面积4596.1公顷，保证灌溉面积3395.02公顷。小（1）型引水工程10处，引水渠长280.47千米，设计引水量7.55立方米每秒，设计灌溉面积5763.14公顷，有效灌溉面积5474.98公顷，实际灌溉面积3602.83公顷，保证灌溉面积2847.55公顷。小（2）型（包括1998年以后建成的龙吟镇代家岩和罗汉镇吊洞2处隧洞引水工程、小型农田水利工程）引水工程36处，引水沟渠长197.15千米，设计引水量3.72立方米每秒，设计灌溉面积2268.33公顷，有效灌溉面积2176.8公顷，实际灌溉面积993.27公顷，保证灌溉面积547.47公顷。

2015年普安县分乡镇（街道）小（2）型引水工程情况表

表6-1-2

乡镇（街道）	引水工程名称	沟渠长度（千米）	引水量（立方米/秒）	设计灌溉面积（公顷）	有效灌溉面积（公顷）	实际灌溉面积（公顷）	保证灌溉面积（公顷）
龙吟镇	代家岩隧洞、长田大沟、城阳大沟、老厂大沟	18.85	0.52	136.67	168.67	39.87	23.87
兴中镇	响水洞大沟、红岩大沟	10.40	0.30	200	139.53	46.47	3.33
窝沿乡	汪家河大沟、梅子大沟、渔洞河左干渠、渔洞河右干渠	55.56	0.84	560	592.53	259.80	191.26
高棉乡	地泗大沟、戛坝大沟、捧古大沟	14.35	0.15	100	108.67	85	17
江西坡镇	贺家田大沟、张家坝大沟、南坡大沟、杨家冲大沟、梨山田大沟、红星大沟、新寨大沟	28.80	0.58	388	371.33	157.33	102
南湖街道	枫箱大沟、干冲子大沟	6.45	0.10	66.67	56.67	0.80	5.33
地瓜镇	毛稗冲、老盆冲、坪地大沟、核桃寨大沟	6.34	0.30	200	179.40	103.33	78.67
罗汉镇	水井大沟	3	0.05	33.33	26.67	16.67	14.67
青山镇	格界河大沟、新隆大沟、旧庄大沟、翻水大沟、水桥大沟	33.50	0.56	370.33	333.33	194	41.34
楼下镇	松林大沟、糯东大沟、水箐大沟、羊屯大沟	19.90	0.32	213.33	200	90	70

2008—2015年普安县新建（续建）引水工程情况表

表6-1-3

年份	项目名称	分布地点	建设内容
2008	中央财政小型农田水利专项工程	龙吟镇	新建沟渠长12.21千米，设计引水量0.32立方米/秒，倒虹管1座，全长1322米。设计灌溉面积354.67公顷，实际灌溉面积354.67公顷，保证灌溉面积354.67公顷
2009	中央财政小型农田水利专项工程	青山镇	新建挡水坝1座（坝高4米，坝顶长23米），排灌沟渠5.2千米，田间管网8.46千米，配件501个，改善灌溉面积100公顷。设计引水量0.04立方米/秒
2010	盘江灌区续建配套与节水改造二期一批工程	青山镇	改造渠道4条，总长26.04千米，田间渠道2条，总长5.82千米，公路桥8处、人行桥45座、渡槽2座、量水设施2套。改善灌溉面积1491.33公顷。设计引水量0.04～0.97立方米/秒
2011	中央财政小型农田水利专项工程	龙吟镇	新建闸门1座，倒虹管出口消力池1座，支渠3.95千米，配套田间供水管网28条及取水口沉砂池28座，供水管总长10.89千米，给水栓258个。减压池24座，设计恢复灌溉面积96.67公顷。设计引水量0.4立方米/秒
	盘江灌区续建配套与节水改造二期二批工程	龙吟镇	新建输水主管道1.16千米，配水干管道4.31千米，田间管道10.24千米。改善灌溉面积240公顷（其中：新增灌面46.67公顷，恢复灌面120公顷，改善灌面73.33公顷）
2012	中央财政小型农田水利重点县建设项目	龙吟镇、兴中镇、盘水街道办	新建渠道改造49.85千米、新建渠道1.8千米、敷设输水主管5.85千米、敷设田间管网16.56千米、新建拦水坝4座、改造拦水坝1座、新建倒虹管1座。新增和改善灌溉面积646.67公顷（新增灌溉面积100公顷，改善灌溉面积546.67公顷），设计引水量0.97立方米/秒
	盘江灌区续建配套与节水改造二期三批工程	新店镇、龙吟镇	改造渠道5条，总长9.72千米，改善灌溉面积494.53公顷。设计引水量0.74立方米/秒
2013	中央财政小型农田水利重点县建设项目	青山镇、楼下镇	改造渠道28.23千米、新建渠道2.35千米、改造田间渠道15.1千米、敷设管道10.267千米，新建渡槽1座，整治山塘1口，修建取水堰8处，新建水池2口，改造倒虹管一座。新增和改善灌溉面积533.3公顷，其中新增灌溉面积180.86公顷，改善灌溉面积352.47公顷。设计引水量0.8立方米/秒
	盘江灌区续建配套与节水改造2013年度工程	江西坡镇、新店镇	新建、改造渠道25.68千米，新建渡槽1座，背水桥6座，人行桥12座，公路桥5座。新增和改善灌溉面积698公顷，其中新增灌溉面积167公顷，改善灌溉面积531公顷。设计引水流量1.05立方米/秒
2014	中央财政小型农田水利重点县建设项目	地瓜镇、江西坡镇	改造输水渠道6.24千米、新建输水渠道44.43千米、改造田间渠道2.35千米，新建输水管0.16千米，敷设田间灌溉管网2.62千米，新建拦水坝24座，新建渡槽4座，新建排洪槽19座，新建人行桥13座。新增和改善灌溉面积723.87公顷，其中新增灌溉面积216.67公顷，改善灌溉面积507.2公顷。设计引水量1.09立方米/秒
	“中央统筹资金”项目县建设项目	龙吟镇、青山镇	防渗灌溉渠道2.079千米，新建排灌渠道5.668千米，布置管道74.5千米，新建渡槽1座，整治山塘3座/2.38万平方米，人行桥31座，修建取水堰4座，新建100立方米水池2口。工程新增和改善灌溉面积381.27公顷，保护受涝面积4.89公顷。设计引水量0.57立方米/秒
	普安县现代水利示范点（烟水灌溉）	龙吟镇、江西坡镇	新建水池7座，容积570立方米；新建16平方米泵房1间，安装水泵2台，变压器2台；安装输水管8.66千米，安装干管4.13千米，安装直管24.88千米，安装田间管网66.9千米，新建闸阀井14座；安装“水肥一体”自动化灌溉设施一套。新增节水灌溉面积102.27公顷。设计引水量0.034立方米/秒

续表6-1-3

年份	项目名称	分布地点	建设内容
2015	饮水安全工程	龙吟镇、新店镇、盘水街道、兴中镇	解决4.42万人的饮水安全问题（其中农村人口2.9万人，学校师生1.52万人）——实施工程88处（其中涉及农村人口用水58处，学校用水30处）

说明：凡有农田的地方都引水灌溉，因此小（2）型以下引水工程每个行政村（社区）都有2处以上

二、提水工程

1998年以前，全县有绿河、双胞龙滩、喜相洞、草坪头、者恩、罗家屋基、水井湾、桃子弯、兴隆水轮泵9处提水工程，除喜相洞工程外，其余提水工程功能已失效。

1998年以后，依靠中央补助和省、州、县配套资金，群众投劳修建了范家寨、旧庄、高山箐、鸡洞、蒿枝地、石关沟、泥堡、下补鲁、刘家冲、肖家坡、长海沟、高山、碧水园、土关岭、观音洞、西陇小学、三板桥、陆塘、大洼田、罗家坪、罗家屋基、兴田、老苏河、雨洒河、龙洞、雨核共26处提水工程，加上1998年以前建成的喜相洞提水站，全县共有提水站工程28处。

2015年普安县提水工程情况表

表6-1-4

名　称	基本情况	功　能
范家寨提水工程	位于青山镇范家寨村范家寨组，2003年建成，提水扬程45米，提水量0.03立方米／秒，提水动力2×18.5千瓦	范家寨组75户345人、75头大牲畜饮用
喜相洞提水工程	位于青山镇上街社区，1986年建成，提水扬程15米，提水量0.03立方米／秒，提水动力2×18.5千瓦	青山镇上街社区40公顷田地灌溉
旧庄提水工程	属烟水工程，位于青山镇雪浦村旧庄组，2007年建成，提水扬程93.6米，提水量0.06立方米／秒，提水动力2×50千瓦	雪浦村205.33公顷烟地灌溉和旧庄265户1125人、275头大牲畜饮用
高山箐提水工程	位于青山镇兴隆村高山箐组，2012年建成，提水扬程45米，提水量0.002立方米／秒，提水动力15千瓦	兴隆村高山箐68户315人、65头大牲畜饮用
鸡洞提水工程	位于青山镇兴隆村鸡洞组，2012年建成，提水扬程90米，提水量0.006立方米每秒，提水动力30千瓦	兴隆村鸡洞组81户365人、74头大牲畜饮用
蒿枝地提水工程	位于青山镇高箐村蒿枝地组，2002年建成，提水扬程80米，提水量0.006立方米／秒，提水动力2×15千瓦	高箐村蒿枝地组36.67公顷田地灌溉
石关沟提水工程	位于青山镇兴隆村石关沟组，2003年建成，提水扬程80米，提水量0.006立方米／秒，提水动力2×11千瓦	兴隆村石关沟组23.33公顷田地灌溉
泥堡提水工程	属中央专项资金抗旱应急水源工程，位于楼下镇泥堡村五组，2011年建成，提水扬程120米，提水量0.006立方米／秒，提水动力20千瓦	泥堡村一、二、三、四、五组325户1195人、325头大牲畜饮用
下补鲁提水工程	属中央专项资金抗旱应急水源工程，位于楼下镇磨舍村下补鲁组，2011年建成，提水扬程115米，提水量0.006立方米／秒，提水动力20千瓦	磨舍村215户850人、221头大牲畜饮用
刘家冲提水工程	位于青山镇黄家坝村刘家冲，2003年建成，提水扬程110米，提水量0.006立方米／秒，提水动力2×22千瓦	刘家冲185户、735人、185头大牲畜饮用

续表6-1-4

名　称	基本情况	功　能
肖家坡提水工程	位于青山镇营山村肖家坡组，2003年建成，提水扬程60米，提水量0.003立方米／秒，提水动力2×11千瓦	刘家冲155户535人、125头大牲畜饮用
长海沟提水工程	属中央专项资金抗旱应急水源工程，位于盘水街道高兴村长海沟组，2011年建成，提水扬程90米，提水量0.003立方米／秒，提水动力2×22千瓦	长海沟、汪家河85户435人、65头大牲畜饮用
高山提水工程	属中央专项资金抗旱应急水源工程，位于南湖街道大湾村高山组，2011年建成，提水扬程105米，提水量0.003立方米／秒，提水动力22千瓦	高山组72户316人、91头大牲畜饮用
碧水园提水工程	属中央专项资金抗旱应急水源工程，位于盘水街道云盘社区小关岭组，2011年建成，提水扬程275米，两级提水，提水量0.035立方米／秒，提水动力2×90+2×75千瓦	普安县城3.56万人饮用
土关岭提水工程	位于南湖街道九峰村土关岭组，2008年建成，提水扬程95米，提水量0.005立方米／秒，提水动力15千瓦	土关岭组81户375人、91头大牲畜饮用
观音洞提水工程	位于南湖街道九峰村观音洞组，2008年建成，提水扬程55米，提水量0.003立方米／秒，提水动力7.5千瓦	土关岭组55户275人、60头大牲畜饮用
西陇小学提水工程	位于南湖街道西陇村西陇小学，2009年建成，提水扬程55米，提水量0.0005立方米／秒，提水动力2.2千瓦	西陇小学230名师生饮用
三板桥提水工程	属中央专项资金抗旱应急水源工程，位于南湖街道板桥社区，2011年建成，提水扬程75米，提水量0.005立方米／秒，提水动力15千瓦	三板桥集镇0.53万人饮用
陆塘提水工程	位于南湖街道西陇村陆塘组，2009年建成，提水扬程55米，提水量0.0005立方米／秒，提水动力5.5千瓦	陆塘组62户280人、73头大牲畜饮用
大洼田提水工程	位于龙吟镇石古村大洼田组，2011年建成，提水扬程80米，提水量0.0003立方米／秒，提水动力11千瓦	大洼田组10公顷经果林灌溉
罗家坪提水工程	位于龙吟镇吟路村罗家坪组，2009年建成，提水扬程200米，两级提水，提水量0.03立方米／秒，提水动力2×60千瓦	吟路村罗家坪、麻利田2个组18.67公顷农田灌溉和55户、210人、75头大牲畜饮用
罗家屋基提水工程	位于龙吟镇吟路村罗家屋基组，2009年建成，提水扬程100米，提水量0.015立方米／秒，提水动力2×30千瓦	吟路村罗家屋基、邓家寨、瓦屋岭3个自然组28公顷农田灌溉和45户180人、72头大牲畜饮用
兴田提水工程	位于龙吟镇城阳村兴田组，2009年建成，提水扬程138米，提水量0.003立方米／秒，提水动力11千瓦	城阳村兴田、爱国2个组135户538人、172头大牲畜饮用
老苏河提水工程	位于白沙乡白沙社区老苏河组，2004年建成，提水扬程105米，提水量0.003立方米／秒，提水动力22千瓦	白沙乡人民政府所在地0.26万人、280头大牲畜饮用
雨洒河提水工程	抗旱应急水源工程，位于新店镇新店社区，2010年建成，提水扬程96米，提水量0.022立方米／秒，提水动力2×22千瓦	新店镇人民政府所在地0.4万人饮用
龙洞提水工程	农村饮水安全工程，位于新店镇雨核村，2012年建成，提水扬程65米，提水量0.012立方米／秒，提水动力2×22千瓦	雨核组0.12万人饮用
雨核提水工程	雨核小学饮水安全工程，位于新店镇雨核村，2012年建成，提水扬程65米，提水量0.03立方米／秒，提水动力1×3.5千瓦	雨核小学250人饮用

三、烟水工程

2005—2012年，普安县建成烟水配套工程6个，覆盖面积6959.43公顷，受益农户6627户。建成小水窖10251口，覆盖面积2762.68公顷，受益农户10251户。

旧庄烟水工程　2007年12月至2009年2月实施，建成龙滩取水水源点治理工程1座252立方米，引水暗渠741米，泵房1座总面积82.83平方米、装机2台总功率74千瓦，输水管网5条30.10千米（其中人饮管网11.07千米），灌桩282个。主要功能为雪浦、高箐2个行政村人畜饮用及烟地灌溉。

罗汉三岔河烟水工程　2008年3月至2009年10月实施，建成小型取水坝3座，输水主管道5.74千米，管理站房1栋面积76.5平方米，供水管道8条总长46.2千米，灌桩409个。主要功能为凉水、罗汉、海子3个行政村烟地灌溉及人畜饮用。

新店、青山片区烟水工程　2009年6月至2010年10月实施，建成调节池7个总蓄水量3700立方米，管网23条总长391.45千米，灌桩5134个。主要功能为新店、雪浦、青山片区8个行政村烟地灌溉及人畜饮用。

青山阿岗片区烟水工程　2010年12月至2012年6月实施，建成蓄水山塘1座，引水总干管15.77千米，分水闸阀室2座，面积51.6平方米，调节池3座，管道154.67千米，灌桩1499个，综合管理站房1栋，面积272平方米。主要功能为青山片区人畜饮用和烟地灌溉。

青山片区烟水工程　2011年3月至2013年4月实施，建成蓄水山塘1座，1、2号取水坝2座共305立方米，引水总干管15.46千米，调节水池19口蓄水总容积5406立方米，田间配水管网61条管道总长310.81千米，灌桩2415个。主要功能为青山镇青山社区、下街社区、云山村、下节河村和雪浦乡兴隆村、哈马村、硐口村、高庆村、雪浦村烟地灌溉和人畜饮用。

白沙老苏河片区烟水工程　2012年9月至2013年3月实施，建成调节水池6口，主干管13.74千米，配水管网8条总长67.04千米，给水栓577个。主要功能为白沙乡铁厂、大小寨、红寨3个行政村和白沙社区烟地灌溉和人畜饮用。

2005—2012年普安县烟水工程情况表

表6-1-5

年份	项目名称	数量（口/个）	受益户数（户）	受益面积（公顷）	投入资金（万元）
2005	小水窖	1822	5583	292.47	82.35
2006	小水窖	5584	5583	1428.54	1199.94
2007	小水窖	2840	2840	1039.67	842.98
2008	小水窖	5	5	2	1.69
	罗汉三岔河烟水工程	1	460	280	485
	旧庄烟水工程	1	409	258.67	262.24
2009	新店、雪浦、青山片区烟水工程	1	2225	1802.94	2372.68
2011	青山阿岗片区烟水工程	1	526	1098.67	1662.69
2012	青山雪浦南部片区烟水工程	1	2145	2986.81	5193.88
	白沙老苏河片区烟水工程	1	862	532.34	903.38

四、排洪工程

1998—2015年，普安县共建成排洪工程12处，建成排洪渠（治理河堤）24.4千米，人行桥7座，隧洞372米，保护农田660公顷。

五里坪排洪工程　地处白沙乡五里坪村，工程分2期建设。一期工程在2001年12月至2002年4月实施，投资80万元建成排洪渠4.13千米，人行桥18座，山水涵洞1座。二期工程于2005年实施，投资40万元新建排洪渠1千米，完善一期工程1.2千米。保护农田面积100公顷。

花月排洪工程 地处新店乡花月村，距新店乡政府4.5千米。2003年12月至2004年4月实施，投资28万元（国家以工代赈资金20万元，县级配套8万元），新建排洪渠0.42千米（b=2.2米，h=1.8米），隧洞150米，人行桥2座，拦污栅2道。保护农田面积21.33公顷。

白水河堤治理工程 地处江西坡镇细寨村。2006年12月至2007年4月实施，投资65万元（国家以工代赈50万元，县级配套15万元）治理河堤2.2千米。保护农田面积56.66公顷。

青山排洪工程 地处青山镇下街社区及营山村。2010年5—12月实施，投资964.63万元（国家补助950万元，地方匹配及自筹14.63万元），治理从青山和尚洞即0+000桩号至水倒流即3+145桩号全长3.15千米河段，建成百合小区雨季排水管道长225米，公路桥5座，人行桥5座。保护农田面积233.33公顷和青山镇人民政府所在地1.2万人、3000间房屋不受洪水威胁。

阿浪河道排洪工程 地处兴中镇崧岿村，分2期建设。一期工程于2011年3—4月实施，投入资金40万元实施河道开挖、疏浚、取直、衬砌175米。二期工程于2014年1—4月实施，投入资金30万元新建防洪堤175米，工程竣工后恢复灌溉面积16.67公顷，保护灌溉面积16.67公顷，受益代家组、谭家组和刘家组等自然村。

新民河堤治理工程 地处兴中镇红岩村，工程分年度实施。一期工程于2010年5—6月实施，投资20万元完成河道河堤治理120米，工程效益为保护红岩村海寨大屋仓、李家寨、上白氏岩、下白氏岩农田8公顷。后续工程建成后，治理河道河堤1.5千米，保护农田50公顷。

湾河河堤治理工程 地处白沙乡红寨村，距白沙乡政府驻地15千米，河堤总长3.5千米。2004年治理河堤2.2千米，2009年9—11月投资40.58万元新建河堤160.8米，修复水毁河堤16段310.7米。保护基本农田67.67公顷，保护白坟至湾河段环村公路2.5千米。

大桥河中小河流治理工程（大桥河至木浪田段） 工程概算总投资811.6万元，综合治理河堤1.9千米，清淤1.9千米，保护农田184.67公顷，保护人口0.8万人。2012年10月，开工建设。2013年5月，竣工。

大桥河中小河流治理工程（梅花箐至窝沿段） 总投资847万元，其中中央资金674万元，省级配套102万元，州、县配套71万元。2015年11月，开工建设。

石古河河流治理工程（上寨至大凹段） 工程投资462.5万元（国家投资450.75万元，地方配套11.75万元），根据《防洪标准》（GB50201-94）的规定和防洪保护对象确定按5年一遇洪水设防，河流治理综合长度为2.4千米（双面），治理河段清淤2千米，保护田土面积100.05公顷。工程于2013年9月开工建设，2014年3月完工。

下厂河段治理工程 概算总投资637万元。主要采取新建堤防及河道清淤等工程措施治理下厂河雷打山至下游柿花树寨子河段，河道综合治理长度2.86千米，新建防洪堤1.79千米，河道清淤2.86千米，保护农田333.5公顷。工程于2014年11月开工建设，2015年6月完工。

大河边河堤治理工程 地处江西坡镇联盟村大河边组，工程设计总投资748.6万元，治理河堤2.6千米。2013年3—12月实施一期工程，投资210万元治理河道200米。

第三节 饮水工程

1998—2015年，普安县通过"以工代赈"人饮、城镇供水改造、"三小水利""渴望工程""大地之爱·母亲水窖""解困工程"和饮水安全（含农村学校）、烟水配套等项目建设，城镇饮水得到进一步的保障，农村饮水困难面缩小，供水保障率进一步提高。2015年，全县1264个村（居）民组中实施饮水工程的村（居）民组1241个，农村学校100所。

一、渴望工程

1998—2004年，投资1406.85万元（中央资金1300.04万元，群众自筹106.81万元），解决8.41万人饮水困难，其中农村8.41万人（集中8.10万人、分散0.31万人）、大牲畜3.6万头。建成工程共304处，其中农村304处（集中289处、分散15处）。主要建设管道1019.19千米，水池922个，蓄水1.63万立方米；水窖94个，蓄水0.59万立方米；泵站2处2台32千瓦。

二、解困工程

2000—2004年，投资1141.41万元（中央资金771.9万元，县级匹配159万元，群众自筹210.51万元），解决农村3.85万人（集中3.55万人、分散0.3万人），大牲畜1.41万头饮水困难。建成工程共155处（集中139处、分散16处）。主要建设管道424.81千米，水池664个，蓄水1.17万立方米；水窖466个，蓄水0.67万立方米。

三、饮水安全工程

2005—2015年，投资14909.08万元（中央资金11435.29万元，省级资金2002.9万元，州级资金919.23万元，县级资金304.5万元，群众自筹资金247.16万元），解决32.24万人饮水困难，其中农村27.62万人（集中26.86万人、分散0.76万人）、学校4.62万人。建成工程共904处，其中农村804处（集中772处、分散32处）、学校100处。主要建设管道5108.29千米，水池2114个，蓄水4.52万立方米；水窖1689个，蓄水5.07万立方米；泵站17处315千瓦。

全县12个乡镇政府驻地，供水实行公司化管理的有盘水街道、南湖街道、青山镇、楼下镇；龙吟镇、白沙乡、兴中镇、江西坡镇、高棉乡、地瓜镇、新店镇、罗汉镇等乡镇供水由水利站或乡镇所在地政府管理。偏远地方，工程竣工后均移交受益村、组进行管理。

第四节　水土保持

2003—2015年，普安县水土保持重点转向执法监督和管理能力建设，对生产建设单位进行执法监督管理。2011年，普安县水土保持监督管理能力建设工作获省水利厅验收。

一、综合规划与实施

1999年，普安县执行1990年水土保持规划，探索出以小流域为单元综合治理水土流失之路。1999年5月，进行生态环境建设规划，1999年12月至2002年12月实施完成。2003年，规划实施小水电代燃料生态保护工程，2003—2005年为试点阶段，2006—2012年为推广实施阶段。2008年，规划石漠化综合治理项目，完成《普安县巩固退耕还林成果基本口粮田建设规划》，分3年实施完成。2010年，完成《普安县水利建设、生态建设与石漠化治理“三位一体”综合规划》，细寨河流域水土流失综合治理工程于2013年实施。2012年10—11月，完成滇黔桂岩溶区农业综合开发水土流失综合治理（2013—2015年）项目申报书。2012年11月，完成国家农业综合开发水土流失综合治理（2013—2016）项目申报书上报审查批复工作。2013年，实施农业综合开发新店乡雾聋小流域水土流失综合治理工程。2014年，实施农业综合开发新店乡屯脚河小流域水土流失综合治理工程、新店乡细余坡耕地水土流失综合治理工程。2015年，实施农业综合开发新店镇波余小流域水土流失综合治理工程。

二、规费征收

1998年1月，开展水土保持规费征收工作。2003年，对新开发建设项目中占用或者损毁水土保持设施造成水土流失的单位或个人征收水土保持设施补偿费，对造成水土流失无力治理的单位或个人征收水土流失防治费。2009年6月1日，收费标准参照《贵州省水土保持设施补偿费征收管理办法》执行，收取的规费按照“收支两条线”进行管理使用。水土保持设施补偿费征收标准：从事房地产开发建设的，按照工程实际占用地表面积每平方米2元一次性征收。从事采矿、采石（山砂）、取土等生产经营活动的，按照工程实际占用地表面积每平方米2元一次性征收；持续生产经营活动不断造成水土流失的，除按照工程实际占用地表面积每平方米2元一次性征收外，并按照矿产品销售总额（自备矿山的，根据实际采挖量，按照同类、同品位矿产品销售平均价格核定销售总额）的2‰征收。修建水利工程、电力工程等基础设施的，按照工程实际占用地表面积每平方米0.5元一次性征收。修建宾馆、饭店、办公楼、培训中心、厂房、停车场和从事其他生产建设活动的，按照工程实际占用地表面积每平方米1元一次性征收。

2015年2月25日，收费标准参照《贵州省水土保持设施补偿费征收管理办法》执行。

三、典型工程建设

石古河流域石漠化治理工程　2008年省发改委批准建设，工程覆盖龙吟镇吟塘、红旗、石古、文毕等4个行政村（社区），辖区人口总数8842人。投资418.07万元（未含封山育林管护费），封山育林541.33公顷，人工种草813.3公顷，改良草地166.66公顷，棚圈建设1000平方米，饲草机械34台，蓄水池97口，沉沙池86个，拦山沟430米，谷坊17座。

泥堡河流域石漠化治理工程　2009年省发改委批准建设，涉及楼下镇10个行政村。投资800万元，封山育林390.01公顷，人工造林585.32公顷，人工种草676.08公顷，围栏13.96千米，建设棚圈1.2万平方米，购置饲草机械26台，修建石埂坡改梯14.3公顷，作业便道（路基宽4.5米）0.7千米，引水渠5.83千米，排涝渠2千米，谷坊6座，拦沙坝1座，30立方米蓄水池218口，沉沙池218个。

石漠化综合治理试点项目　2010—2011年实施，设计治理流域面积1943公顷，其中汪家河流域873公顷，石古河流域604公顷，地泗河流域476公顷。投资1036万元，封山育林363.73公顷，人工造林1021.97公顷，人工种草547.88公顷，圈棚和坡系水利工程。

细寨河小流域治理工程　位于江西坡镇细寨村，2012年10月省水利厅批准建设。投资315万元，于2013年3—11月建成梯田11.6公顷，蓄水池2口，沉沙池2个，截排水沟216米，作业便道809米，流域碑1块；水保林72.2公顷，品种为喜树、杉树；经果林117.6公顷，品种为茶—黔湄601、桃树、核桃；封育治理面积630.6公顷，封禁碑4块。治理水土流失面积880公顷。

雾隆小流域水土流失综合治理工程　属滇黔桂岩溶区农业综合开发水土流失综合治理（2013—2015年）项目典型工程，位于新店镇，涉及花月村和细余村，总面积2719.73公顷，水土流失面积1508.07公顷，总治理面积1210.27公顷，其中坡改梯36.68公顷，经果林217.82公顷，水保林162.74公顷，封禁治理793.03公顷。蓄水池42口，沉沙池42个，排水沟23.68千米。该工程计划投资600万元，工程于2014年10月开工建设，于2015年6月完工。

屯脚河小流域治理工程　属国家农业综合开发项目，位于新店镇烂木桥村，工程批复总投资655.1万元，治理水土流失面积1246公顷，主要建设内容包括坡改梯66.25公顷，水土保持林217.12公顷，经果林148.72公顷，封禁治理747.14公顷，保土耕作66.48公顷，蓄水池10座，沉沙池8座，截水沟0.16千米；排水沟1.56千米，管道0.74千米，道路排水沟1.76千米，机耕道3.33千米，涵洞2个。于2015年4月启动实施，2015年10月竣工。

细余坡耕地水土流失综合治理工程　建设内容为治理水土流失面积238.67公顷，其中石坎坡改梯面积238.67公顷，机耕道5475米，生产便道645米，截、排水沟渠3311米，新建道路边沟2816米，

40立方米蓄水池20口，沉沙池20口，山塘整治3座，DN400水泥涵管20米，工程碑1座。该工程批复总投资1250万元，于2015年2月开工建设，2015年8月完工。

波余小流域水土流失综合治理工程 属国家农业综合开发水土保持项目，位于新店镇，工程批复总投资630万元，治理水土流失面积1200公顷。主要建设内容为：坡改梯27.41公顷，水保林60.65公顷，经果林327.69公顷，保土耕作218.9公顷，封禁治理565.5公顷；蓄水池10口、沉沙池10个，排水沟0.82千米，生产便道0.95千米，机耕道2.90千米（路带沟），流域碑1座，标志牌10块。工程于2015年10月开工建设，预计2016年5月完工。

第五节 防汛抗旱

一、预案编制

1998年以来，组织编制《普安县抗旱预案》《普安县山洪灾害预案》《普安县防汛应急预案》《普安县水旱灾害应急预案》《普安县防汛通讯应急预案》和小（1）型水库防汛抢险应急预案、小（2）型水库防汛抢险应急预案及全县水库水电站汛期调度应用计划、度汛预案，绘制全县水库水电站溃坝风险图，编制发布防汛抗旱、抢险救灾指导性文件、图表、手册等。

二、汛期值班

每年5月1日至9月30日为汛期防汛值班时间，防汛抗旱指挥部办公室实行24小时值班制。因气候原因也有例外，如2010年，因特大干旱，2月1日至9月30日值班；2013年，因汛期提前，4月1日至9月30日值班。

三、水情、雨情预报

防汛抗旱指挥部办公室气象信息由县气象局提供，汛期提供一日、一周、未来一周、中长期天气预报和24小时、48小时强降水预报。普安县气象局有测雨雷达、卫星云图、无线电通信网等现代化设施，加上防汛专网提供的山洪灾害非工程措施监测设备数据，进行防汛抗旱水情、雨情分析。通过防汛专网利用预警平台，向各乡镇发布水旱灾害信息，利用所掌握的水雨情，做好防汛抗旱。每年汛前，县政府例行召开防汛抗旱工作会议，对当年天气进行分析，通报各种预报数据，进行防汛抗旱形势分析和会商。

四、洪水调度

按河流、水库、山塘、水电站分类进行，河流洪水除安装水闸注意启闭闸门外，其余自然调洪。水库、山塘、水电站按汛期调度运用计划运行。每年汛前、汛中、汛后分别进行一次水库、水电站安全生产检查，对水库、水电站出现的隐患问题做出整改处理，对问题严重的病险水库作腾库调洪放空运行，正常运行的水库要求汛限水位内运行，对水工程、在建工程落实安全度汛预案，确保工程安全度汛。每年防汛抗旱指挥部均安排一定数量的防汛抗旱抢险救灾物资，由县抗旱排涝服务队保管储备，汛后统一收存，接转下年使用。

五、灾情统计上报

按照省、州防汛指挥系统的设计要求，2011年开始水旱灾害报表由软件系统上报，国家、省、州防汛抗旱指挥部办公室均可查阅、抽查。洪涝灾情出现，以实时报表及时上报，24小时内完成灾情核实，按洪涝灾害统计报表要求，完成过程报表上报灾情。旱情报表依照发展情况上报，轻旱每旬1报，中旱每周1报，重旱每周2报，特大干旱每日一报。灾情报表数据来源于各乡镇、相关部门，要求与民政口径相吻合，上报县委、县政府及州防汛抗旱指挥部。2013年，完成普安县山洪灾害非工程措施监测设施的安装调试，提供雨情、水情信息，为县政府决策提供可靠依据。

第二章 水 电

第一节 水电建设

一、水能资源与开发

普安县河流属珠江流域西江水系，以中部的乌蒙山为分水岭，将县域各支流分为南、北2区，分别汇入西江上游的南、北盘江。入境客水多从盘县东部流入普安县境内。2007年，普安县对水能资源进行调查，全县有大小河流51条，其中河长大于10千米，流域面积大于20平方千米的有23条。水能资源理论蕴藏量32.33万千瓦，可开发量17.3万千瓦。2015年，全县有水电站31座，水轮发电机组94台，总装机容量8.472万千瓦，在建水电站2座，总装机容量1.58万千瓦。已建、在建电站总装机容量占水能资源可开发量的58.1%。

二、水电建设

1998年，全县建有水电站12处，装机24台，总容量1.5万千瓦，年发电量3738万千瓦时。

2001年11月，普安县列入全国“十五”水电农村电气化建设县。到2005年，共建成小水电20座51台机组，总装机容量2.428万千瓦（其中小水电代燃料电站2座3200千瓦），年发电量1.5亿千瓦时，水能资源开发率为可开发量的21.96%。形成县级和跨县区域电网，拥有35千伏变电站16处23台，主变容量8.08万千伏安，35千伏线路328.2千米；10千伏线路1135千米，低压线路1080千米。村、组通电率100%，户通电率99.4%；全县供电量25447万千瓦时，用电量22772万千瓦时，年生活用电量4086万千瓦时，人均年用电量784千瓦时，户均年生活用电量552千瓦时。

2006年，普安县列入“十一五”水电农村电气化建设县，5年期间共新建和技改扩容水电站13处，水轮发电机组37台，装机容量3.742万千瓦，年发电量1.335亿千瓦时。到2010年，全县共建成水电站29座，水轮发电机组85台，总装机容量7.394万千瓦，年发电量2.3亿千瓦时。

2011年，普安县列入“十二五”水电新农村电气化建设县。到2015年，新建成水电站2个，分别为响水电站（2×800＋1×630千瓦）、畔河水电站（1×5000＋1×2500千瓦），技改扩容丫口水电站1座，装机容量（2×250千瓦），在建水电站2座，分别为石古河电站代燃料项目（1×630＋1×200千瓦）、五嘎冲水电站（2×7000＋1×1000千瓦）。

2015年普安县地方小水电站建设情况表

表6-2-1　　　　单位：千瓦

序号	电站名称	位置	投产（再投产）日期	性质	电站类型	运行方式	装机规模	总机容量
1	当格田一级电站	普安县白沙乡红寨村	1964/2016	国有	引水式	并入国网	2×800+1×630	2230
2	当格田二级电站	普安县白沙乡红寨村	1971/2016	国有	引水式	并入国网	2×1250+3×630+1×400	4790
3	三板桥水电站	普安县南湖街道三板桥社区	1972/2010	国有	引水式	并入国网	1×500	1500
4	黄皮塘电站	普安县南湖街道三板桥社区	1998.11	国有	引水式	并入国网	3×400	1200
5	隔界河电站	普安县青山镇隔界河村	1981.9/2005	国有	引水式	并入国网	2×400+1×320	1120

续表6-2-1

序号	电站名称	位置	投产（再投产）日期	性质	电站类型	运行方式	装机规模	总机容量
6	石桥河二级电站	普安县青山镇兴隆村	1994.9/2004	国有	引水式	并入国网	3×500+1×500	2000
7	石桥河一级电站	普安县青山镇兴隆村	1999.12	国有	引水式	并入国网	4×500	2000
8	吟路小电站	普安县龙吟镇布路村	1979	集体	引水式	并入国网	2×200	400
9	吟路二级电站	普安县龙吟镇布路村	1996/2000	集体	引水式	并入国网	2×3200+2×500+1×4000+1×1250	12650
10	丫口电站	普安县龙吟镇北盘江村	1989.5/2013	集体	引水式	并入国网	2×250	500
11	南京桥电站	普安县盘水街道上寨村	2002.09	国有	河床式	并入国网	2×2000	4000
12	南京桥坝后小电站	普安县盘水街道上寨村	2004.05	私营	河床式	并入地电网	2×800	1600
13	大桥河一级电站	普安县盘水街道高兴村	2002.10	国有参股	引水式	并入国网	2×250	500
14	大桥河二级电站	普安县盘水街道窝沿社区	2001.11	私营	引水式	并入国网	2×400	800
15	彪水岩水电站	普安县新店镇烂木桥村	2004.10	私营	引水式	并入国网	3×500	1500
16	岔河水电站	普安县青山镇兴隆村	2004.02	国有	引水式	并入国网	3×400	1200
17	阿郎电站	普安县兴中镇崧归村	2005.08	私营	引水式	并入国网	2×500	1000
18	绿荫滩电站	普安县青山镇兴隆村	2000.12	国有	引水式	并入国网	3×400+1×500	1700
19	兴隆电站	普安县青山镇兴隆村	2000.04	国有	引水式	并入国网	2×500	1000
20	吟路一级电站	普安县龙吟镇布路村	2006.09	国有参股	引水式	并入国网	3×5000+1×2500	17500
20	米淌电站	普安县白沙乡红寨村	2006.05	私营	引水式	并入地电网	2×400	800
21	白水电站	普安县地瓜镇岗坡村	2005.12	私营	引水式	并入地电网	2×400+1×200	1000
22	吉星电站	普安县江西坡镇联盟村	2007.09	私营	引水式	并入地电网	4×630	2520
23	官田电站	普安县高棉乡冬瓜村	2007.04	私营	引水式	并入国网	4×500	2000
24	高棉水电站	普安县高棉乡棉花村	2007.01	私营	引水式	并入国网	2×1600	3200
25	出气河电站	普安县罗汉镇金竹林村	2006.06	私营	引水式	并入国网	2×500	1000
26	松竹电站	普安县楼下镇楼下社区	2008.06	私营	引水式	并入国网	3×630	1890
27	平塘水电站	普安县新店镇烂木桥村	2008.04	国有参股	引水式	并入国网	2×630+1×200	1460
28	小白龙电站	普安县青山镇雪浦村	2006.02	私营	引水式	并入国网	2×630+1×400	1660
29	草坪头电站	普安县龙吟镇布路村	2008.05	集体	引水式	并入国网	2×200	400
30	响水电站	普安县江西坡镇联盟村	2012.07	私营	引水式	并入国网	2×800+1×630	2230
31	畔河水电站	普安县兴中镇崧归村	2014.05	国有参股	引水式	并入国网	1×5000+1×2500	7500

第二节　小水电代燃料工程

2003—2013年，普安县建成5个小水电代燃料项目，分别是滮水岩和岔河、吟路一级、绿荫滩和兴隆（原黑洞代燃料项目）、三板桥以及在建的石古河项目；建成电站7座，总装机容量2.57万千瓦，其中代燃料装机1.16万千瓦。解决5个乡镇18个行政村，1.14万户、4.9万人农村居民的生活燃料问题，保护森林植被面积1.62万公顷。

一、小水电代燃料工程试点

2003年12月，普安县列为全国首批实施的26个小水电代燃料试点项目的滮水岩、岔河小水电代燃料试点项目启动实施，2004年建成运行。投资1657万元（中央补助资金800万元，省财政补助资金110万元，州财政补助资金30万元，县投入资金181.9万元，项目区乡镇投入资金80余万元，项目业主贷款和自筹资金455.1万元）建成小水电代燃料电站装机3200千瓦，电源点分别为滮水岩水电站、岔河水电站，项目法人为普安县青山电力公司。解决青山、楼下、雪浦3个乡镇的7个行政村3128户1.33万人的群众生活燃料问题，小水电代燃料到户电价0.19元／千瓦时。项目区供电网络为农村水电自发自供网，小水电代燃料供电方式为就近直接供电。巩固和保护退耕还林、天然林面积3920公顷。

二、小水电代燃料工程扩大试点

2003—2004年小水电代燃料工程试点取得成功后，2005年普安县向国家发改委和水利部申报吟路一级、黑洞小水电代燃料工程扩大试点项目（后调整为绿荫滩和兴隆项目）。2006年，2个项目获准列入全国小水电代燃料扩大试点建设。

（一）吟路一级水电站代燃料项目

吟路一级水电站代燃料项目总投资1783万元（中央小水电代燃料电源点补助资金600万元，省财政小水电代燃料项目区配套电网改造补助资金86万元，电气化资金260万元，州财政小水电代燃料增容改造补助资金10万元，项目法人自筹资金827万元），总装机1.75万千瓦，其中代燃料装机3700千瓦。电站为径流引水式电站，项目法人为普安县吟路电力公司。2005年1月在申报项目的同时，启动代燃料电源点建设，2007年6月建成发电。2007年在电源点建设的同时，对项目区进行电网改造和进户电表安装，到2008年初完成，并向项目区龙吟镇的6个行政村75个村民组3711户16428人输送代燃料电。保护林地面积7700公顷。

（二）绿荫滩水电站和兴隆水电站代燃料项目

绿荫滩水电站和兴隆水电站代燃料项目是原黑洞水电站代燃料项目的替换电源点项目。黑洞水电站代燃料项目是2006—2008年经国家批准建设的小水电代燃料扩大试点项目，批准水电站代燃料装机容量为2500千瓦。项目区位于青山镇范家寨村、雪浦乡的雪浦村，代燃料村民小组26个2510户10965人。保护森林植被面积2760公顷。

黑洞水电站由于受马别河流域规划的影响未能开工建设，为使代燃料项目区的代燃料户不受影响，青山电力公司按照批准的时间对项目区进行电网改造和进户电表安装，按时用下属的小水电站发电和下网电量向代燃料项目区供上代燃料电。为确保代燃料项目区能长期稳定的用上代燃料电，2011年，县政府将代燃料电源点调整为绿荫滩水电站和兴隆水电站。

绿荫滩水电站 属宏源公司下属的一座水电站，1998—2000年建成发电，装机3×400千瓦，2003年进行扩容改造，增加1台500千瓦机组，总装机规模3×400千瓦＋1×500千瓦，总装机容量1700千瓦，多年平均发电量为580万千瓦时，年利用小时数3411小时。工程投资826.3万元。

兴隆水电站 属于石桥河一级坝后小电站，由原青山电力公司职工在2002年入股建成，总装机容量1000（2×500）千瓦，多年平均发电量336万千瓦时，年平均利用小时数3360小时。2008年，青山电力公司收购作为代燃料的临时代燃料电源点。工程投资466.7万元。

电源点调整为绿荫滩水电站和兴隆水电站的总装机容量2700千瓦，年总发电量916万千瓦时，达到国家批准的代燃料装机容量2500千瓦的要求。普安供电局（2010年电力体制改革青山电力公司与普安县供电局合并，称普安供电局）将2座电站收购后，将绿荫滩水电站1700千瓦全部用于代燃料，兴隆水电站1000千瓦装机中800千瓦作为代燃料装机。

（三）三板桥水电站代燃料项目

2010年，三板桥水电站获批准为小水电代燃料项目。投资830万元（中央小水电代燃料补助370万元，省级电气化补助资金150万元，省级小水电代燃料补助资金80万元，项目法人自筹资金230万元）于2009年2月至2011年12月建成发电，于2011年3月至2012年2月完成项目区电网建设及改造并向代燃料项目区供电，供电方式为自发自供，属地方农村电网，项目法人为普安县三板桥电力公司。装机容量为1500千瓦，代燃料项目区为三板桥镇的保冲、十里2个行政村共1419户5571人，保护森林植被面积1206.67公顷，代燃料电价为0.28元／千瓦时。

（四）石古河水电站代燃料项目

石古河水电站位于龙吟镇境内北盘江一级支流石古河下游段，2012年获批准为小水电代燃料项目，2013年工程开工建设。投资562万元（申请中央补助253万元，省级财政配套56万元，项目法人自筹253万元），总装机容量800千瓦（2×400千瓦），多年平均发电量291万千瓦时，项目法人为普安县石古河水电开发有限责任公司。代燃料项目区为龙吟镇北盘江行政村，代燃料621户2853人，代燃料供电方式为直接补贴代燃料户电费的方式，代燃料户均装机容量1.29千瓦，户均年用电量1200千瓦时，代燃料到户电价0.31元／千瓦时，保护退耕还林面积15.07公顷，其他森林植被面积589.33公顷。

2003—2013年普安县已建成的小水电代燃料项目情况表

表6-2-2

已建、在建或拟建的代燃料项目涉及的总体情况					已建、在建或拟建的代燃料项目涉及的乡			已实施或拟实施代燃料供电的村			已建、在建或拟建的代燃料项目			
县行政区划名称	乡镇总数（个）	其中 城镇数（个）	全县人口总户数（万户）	其中 城镇人口总户数（万户）	乡行政区划名称	行政村总数（个）	全乡人口总户数（户）	行政村名称	全村人口总户数（户）	代燃料户数（户）	项目名称	代燃料装机容量（千瓦）	首次下达或拟首次申请国家投资计划年度	备注
普安县	14	8镇6乡	8.7784	1.6636	青山镇	13	13864	营山村	692	598	淲水岩岔河小水电代燃料试点项目	3200	2003	村级整合后增加户数
								海马村（现为下节河村）	956	562				村级整合后增加户数
								老地村（现为高箐村）	1444	622				村级整合后增加户数
								隔界河村（现为雪浦村）	946	357				村级整合后增加户数

续表6-2-2

已建、在建或拟建的代燃料项目涉及的总体情况					已建、在建或拟建的代燃料项目涉及的乡			已实施或拟实施代燃料供电的村			已建、在建或拟建的代燃料项目			
县行政区划名称	乡镇总数（个）	其中：城镇数（个）	全县人口总户数（万户）	其中：城镇人口总户数（万户）	乡行政区划名称	行政村总数（个）	全乡人口总户数（户）	行政村名称	全村人口总户数（户）	代燃料户数（户）	项目名称	代燃料装机容量（千瓦）	首次下达或拟首次申请国家投资计划年度	备注
普安县	14	8镇6乡	8.7784	1.6636	楼下镇	9	10327	雨勒村（现为偏坡村）	1228	510	滗水岩岔河小水电代燃料试点项目	3200	2003	村级整合后增加户数
								坡脚村（坡脚村、羊屯村、赵屯村合并）	1310	286				村级整合后增加户数
								新生村（现为楼下社区）	1796	193				村级整合后增加户数
					青山镇	13	13864	范家寨村（范家寨村、营盘村合并）	2212	1129	绿荫滩和兴隆小水电代燃料扩大试点项目，现替换为：绿荫滩、兴隆代燃料项目	2700	2005	整村推进
								营盘村（范家寨村、营盘村合并）	—	890				整村推进
								雪浦村（雪浦村、隔界河村）	946	491				村级整合后增加户数
					龙吟镇	8	5221	红旗村（现为红旗社区）	789	460	吟路一级小水电代燃料扩大试点项目	3700	2005	社区周边农户
								吟塘村（吟塘村、排楼村合并）	812	854				村级整合后增加户数
								雄阳村（整合后属北盘江村）	849	213				整合后属北盘江村
								布路村（竹溜坪村、者恩村、布路村合并）	794	805				村级整合原有户数被调整到其他村

续表6-2-2

已建、在建或拟建的代燃料项目涉及的总体情况					已建、在建或拟建的代燃料项目涉及的乡			已实施或拟实施代燃料供电的村			已建、在建或拟建的代燃料项目			
县行政区划名称	乡镇总数（个）	其中 城镇数（个）	全县人口总户数（万户）	其中 城镇人口总户数（万户）	乡行政区划名称	行政村总数（个）	全乡人口总户数（户）	行政村名称	全村人口总户数（户）	代燃料户数（户）	项目名称	代燃料装机容量（千瓦）	首次下达或拟首次申请国家投资计划年度	备注
普安县	14	8镇6乡	8.7784	1.6636	龙吟镇	8	5221	硝洞村（硝洞村、峰岩村合并）	657	656	吟路一级小水电代燃料扩大试点项目	3700	2005	整村推进
								石古村（原石古村部分村民组、云盘村合并）	445	466				村级整合后原有户数被调整到文毕村
								文毕村（原石古村部分村民组、文毕村合并）	276	257				整村推进
								北盘江村	849	621	石古河小水电代燃料项目	800	2013	待实施（实施后整理村推进）
					南湖街道	6	5764	保冲村	1189	1150	三板桥小水电代燃料项目	1500	2009	整村推进
								十里村	703	269				实施部分村民小组

第三章　水利水电管理

第一节　管理机构

1998年1月，普安县设正科级水利电力局主管全县水利水电工作，内设行政事务股、财务经济股、水政水资源办公室、水利建设股、水利工程管理股（县防汛抗旱指挥部办公室）、水利电力勘察设计队、电力管理股、水土保持监督站（县水土保持委员会办公室），下设14个乡镇水利站，东风、幸福2个水库管理所，县地方电力总公司，青山、三板桥、云路3个电力公司。2002年1月23日，水利电力局更名为水利局。2004年11月，增设水政执法监察大队，与水政水资源办公室合署办公，增设工程师室、质量监督分站与水利电力勘察设计队合署办公，下设水利站归并乡镇农业服务中心（业务独立）。

2010年9月25日，青山电力公司划归普安县供电局管理。2012年6月26日，水利局更名为水务局，内设办公室、财务经济股、监察室、水资源办公室（节约用水办公室）、人事教育股、政策法规股、供水排水股、水政执法监察大队（2010年11月3日，升格为副科级事业参公单位）。2012年6月26日，下设水利建设站（安全监督办公室）、水利工程管理站（县防汛抗旱指挥部办公室）、规划计划室、农村小水电管理中心、水土保持站（县水土保持委员会办公室）、农村水利管理中心、水利工程质量监督站，下辖14个乡镇水利站（编制划入乡镇），东风、幸福、杨梅山、五嘎冲（副科级）、甲金5个水库管理所，县地方电力总公司，三板桥、云路2个电力公司。

第二节　水利管理

一、水资源管理

（一）水资源专项普查

2010年1月至2012年12月，普安县开展水资源专项普查（第一次全国水利普查内容之一），建立河流、水库、入河排污口、工农业和城乡居民用水等水资源管理数据库。

（二）水源地保护

划定普安县城供水水源东风水库水源保护区，设置界碑、界桩。对未划定的水源保护区，未设置界碑、界桩的取水点进行植被修复，拟定管理制度交由受益村组结合村规民约进行管理。全县饮水工程未发生水体污染和疾病传播事故。

（三）取水许可制度

实行取水许可制度。小（2）型以上的水利、水电和其他取用水工程需编制水资源论证报告，按核定取水量或发电量计征水资源费。对取水量较大（日取水50吨以上）的企业或个人，需要办理取水许可证并实行年审制度，年审内容为取水量、退水水质、量水设施、法人代表变更4项。2015年，全县持有取水许可证取水用户70户。

（四）水能资源使用权有偿出让

2007年4月，《贵州省水能资源使用权有偿出让办法》开始实施，普安县启动全县水能资源使用权出让金征收。

向电站业主发放“水能资源使用权申请表”，根据申请情况测算水能资源使用权出让金。2007年，全县共有水电站37座，其中省管12座，州管6座，县管19座，分别占水电站的32.43%、16.22%、51.35%。总装机容量13.04万千瓦，其中省管9.98万千瓦，州管1.53万千瓦，县管1.53万千瓦，分别占总装机容量的76.52%、11.75%、11.73%。经测算，全县应收水能资源使用权出让金150.88万元。按照征收标准，2009年10月收缴工作完成，实收金额134.06万元，占应收金额的86%，剩余部分因少数企业资金困难，分年度上缴。2013年12月，对征收到的资金按照省30%、州30%、县40%的比例解缴到各级财政，对2007年以后筹建的水电站项目实行水能资源使用权挂牌出让。

二、水利设施管理

全县水利工程设施管理，以水利（务）局为行业主管部门。小（2）型以上水库、河道、大型灌区、提灌站等工程设施，分别设有专门的业务管理机构，负责日常管理。根据工程性质，日常管理又分县管和乡镇管理2类，实行行业主管与按职能分管相结合以及分级管理的办法。

（一）水库、山塘、提灌站、渠道管理

2015年，全县共有小（1）型水库4座、小（2）型水库15座、小山塘127座（正常运行的47座）。

小（1）型水库及渠系配套工程由其管理所负责日常管理养护，小（2）型水库、小山塘及渠系配套工程、提水工程，由水利（务）局、乡镇（街道）人民政府、水利站及受益村组负责日常管理养护。其他引水工程，由受益村组及受益群众负责日常管理养护。

（二）灌溉管理

全县灌溉主要由水库、山塘渠道供水、自流引水、提水等方式完成。2001年以前，小（1）型水库灌溉区域由水库管理所按习惯亩收取水费粮（以公顷折算为：每年每公顷234元）进行灌溉管理，其他灌溉工程实行粗放式管理，群众自行调配用水量进行田间灌溉。2002年，推扩实施农村税费制度改革后，停止计收水费粮，灌溉管理逐步转向对“节水型”灌溉技术的探索和实践。

（三）河道管理

1998年1月至2004年10月，河道日常管理列入水利工程管理范围，每年汛前例行防洪安全检查，对影响河道行洪的障碍物进行疏浚。2004年11月，对河道实施水政监察和水行政执法，不定期对县域河道开展水政巡察，对在河道管理范围内建房、弃土、弃渣等行为进行劝阻，情节严重的依法处罚。2011年11月，成立普安县中小河流防洪河道管理所，负责协调各防洪、防汛单位，搞好中小河流防洪、河道及排洪管理，收集水文、气象资料做好洪水预报及报警，对洪水灾情进行统计，做好救济工作。

三、水利行政执法

（一）水政监察

1998—2015年，依法查处或制止违反水法规案件36起，调解大小水事纠纷168起。

2015年，全县有持证专（兼）职水行政执法人员17人。

（二）水利规费征收

普安县对境域内直接从河流、水库或者地下取用水资源的单位和个人征收水资源费，收费标准参照2007年2月28日《贵州省取水许可和水资源费征收管理办法》，自2007年4月1日起执行，收起的规费按照“收支两条线”进行管理使用。2015年，按新制定的标准执行。

2007年贵州省水资源费征收标准情况表

表6-3-1

取用水类别	收费标准	
	地表水	地下水
一般工业取水	0.06元／立方米	0.12元／立方米
一般生活取水	0.04元／立方米	0.08元／立方米
城镇供水企业取用水	0.04元／立方米	0.08元／立方米
大型水电企业发电取用水	0.01～0.015元／千瓦时	0.015元／千瓦时
中型水电企业发电取用水	0.007～0.011元／千瓦时	0.011元／千瓦时
小型水电企业发电取用水	0.01～0.002元／千瓦时	0.007元／千瓦时
火电企业（冷却方式为闭式循环）发电取水	0.01～0.02元／立方米	0.02～0.04元／立方米
火电企业（冷却方式为直流开式循环）发电取水	0.01～0.02元／立方米	0.002～0.004元／立方米
桶（瓶）装饮用水企业生产取用水	0.07元／立方米	0.14元／立方米
取用地热水	—	0.02～0.05元／立方米
地下水严重超采地区取用水	—	2元／立方米

续表6-3-1

取用水类别	收费标准	
	地表水	地下水
城镇公共管网覆盖范围内利用自备井取用水	—	0.2～0.5元/立方米
其他取用水	0.05元/立方米	0.1元/立方米

2015年贵州省水资源费征收标准情况表

表6-3-2

取用水类别	收费标准		备注
农业	0.04元/立方米	0.08元/立方米	
一般工商业	0.08元/立方米	0.12元/立方米	城镇公共管网覆盖范围内利用自备井取用地下水的按2元/立方米标准执行
城镇公共供水	0.06元/立方米	0.12元/立方米	
特种行业	0.16元/立方米	0.32元/立方米	
桶（瓶）装饮用水企业	0.13元/立方米	0.26元/立方米	
水力发动	大、中型水力发电企业：0.007元/千瓦时，小型水力发电企业：0.004元/千瓦时	—	
其他取用水	0.15元/立方米	0.30元/立方米	

四、水利规划

1998—2015年，普安县分阶段完成“十五”“十一五”“十二五”水利、水电建设综合规划，涵盖渴望工程，解困工程，饮水安全工程（含农村学校），烟水配套工程，小型农田水利，“三小”水利，抗旱应急水利，病险水库治理，电源、电网建设，岩溶区石漠化治理，中小河流治理，小流域水土保持综合治理，水利建设与生态建设、石漠化治理“三位一体”水利水电工程安全生产，骨干水源工程等建设内容。

五、水利普查

2010年1月至2012年12月，普安县开展第一次全国水利普查。普查的标准时间为2011年12月31日，时期资料为2011年度。2010年，开展普查方案设计、试点、培训和宣传动员；2011年，开展清查登记、台账建设和现场调查；2012年1—6月，填表上报、数据处理和审核验收；2012年7—12月，普查成果验收、汇总发布和资料开发。按照水利普查要求，全县水利普查划分为1个县级单元、14个乡级普查区、89个村级普查区（75个行政村、14个社区）。并以村为基础清查登记、以乡为单元填报复核、以县为整体汇总审查。

在水利普查工作中，对水利工程、经济社会用水、河湖开发治理、行业能力、灌区等专项进行普查，普查涉及水库工程24个，水电站工程29个，堤防工程14段。规模以上农村供水工程13处，农村居民生活用水80个，城镇居民生活用水20个，灌区调查对象25个，公共供水企业8个，工业企业22户，建筑业与第三产业89个。规模以上河湖取水口5个，地表水水源地8个，治理保护河流7条（段），入河湖排污口1个。水利行政机关2个，水利事业单位2个，水利企业17个，水利社会团体1个，乡镇水利管理单位14个，塘坝窖池工程、灌区灌溉面积、规模以下农村供水按村进行登记填报。

第三节 水电管理

一、建设管理

普安列为国家初级电气化建设县后，整合水利、建设、国土、交通、民政、卫生、畜牧、林业、农业等力量抓好电气化建设。列为小水电代燃料试点县后，将水电农村电气化、小水电代燃料、小康村、生态示范村、产业结构调整优化村、精神文明建设示范村结合起来，同步规划设计、同步实施、同步验收。

二、电源电网管理

（一）电源管理

水电站由普安县水务局管理，其中国有电站经营由县水务局下属的地方电力公司管理，股份制电站、个体电站、集体电站经济上独立核算，自主经营。全县电站主要设备完好率100%，其中一类设备占98%。发电站、变电站主要设备年平均事故率为0次。

（二）电网管理

电网由普安县供电局管理，电压合格率99.6%，高压网损率4.9%，低压线损率5.8%，综合网损率10.2%。35千伏及以上输变电主要设备完好率100%，其中一类设备98%。10千伏线路及配电设备完好率100%，其中一类设备95%。

三、电气化建设资金管理

（一）国有资金管理

国有资金按资金性质分类，建立财务核算，对资金进行分户储存，分户核算，对项目建设资金实行预算管理，严格按照国家财政、计委等批复的内容及用途进行使用，工程资金的使用必须符合概算、预算确定的范围和标准，工程结算手续完备，符合规定的程序，根据工程项目概算，年度投资计划，施工进度、支出预算办理资金的申请和拨付，对工程资金使用进行审查。

（二）股份资金管理

经批准设立的股份制试点企业，对股份制资金实行专户储存，专账核算，在使用方面既执行国家资金管理规定，又执行董事会的有关决定，资金支付在核定的股本总额中控制使用。

第七篇 工 业

1998年，普安县乡镇企业开始由内向型转为外向型，打破“就地取材、就地生产、就地销售”的格局。1999年，县政府制定《关于进一步发展乡镇企业有关政策的补充规定》，扶持新企业和新产品。2000年，县政府制定《关于发展乡镇企业的若干规定》《关于鼓励科技人员参加乡镇经济建设的若干规定》，加大扶持力度，当年全县乡镇企业总产值达到2.12亿元，营业收入2.03亿元。2001—2005年，普安县乡镇企业形成一个新的发展高潮，豫黔铁合金厂、龙吟石寨坪电石厂、盘水大桥河砖厂等一批乡镇企业实力不断发展壮大，罐子窑砖厂、盘水镇硅石厂等一批乡镇企业建成投产。2005年，全县有乡镇企业141家，工人1.89万人，产值4.88亿元，利润0.56亿元。2010年以后，随着集约型规模经济的发展以及私营企业、个体经营企业、小微企业的不断发展壮大，普安县乡镇企业逐步被弱化，纷纷改制或转制。

2007年，支持发展先进制造业、高新技术产业、服务产业和科技型、外向型个体私营企业。2015年，全县私营企业1114家，注册资金24.63亿元。

1998年3月，根据县委、县政府《关于加快企业产权制度改革的决定》，对矿冶公司、煤金公司、物资公司、化肥厂、印刷厂、酒厂、百货公司、民贸公司、烟酒公司、轻工公司、五金公司、顺达公司、盐业公司、医药公司、铁锅厂共15个国有企业进行资产重组，转换企业机制。1999年，企业内部全面推行厂长经理负责制、供销人员承包制、职工报酬计件制，全县20余家企业实行股份合作制试点，县畜牧水产局、粮食局、物资公司、盐业管理局、工业局等相继成立经济实体，由行政管理型向经营管理型过渡。2000—2003年，制定《关于加快推行以厂长任期目标责任制为主的各种形式经营承包责任制的意见》等制度，推进以搞活企业经营机制为重点的改革，“抓大放小”，改制、改组、改造和加强企业管理。2004—2008年，关闭无证煤矿、整理小型矿井、技改中型矿产、发展大型矿产，解决煤矿整合遗留问题，完成小型水电站的整合转换机制。2009—2012年，加大工业园区建设，转换或改变过去小而全、多而散的产业布局。2013—2015年，推进“三个工业园区”建设，抓好煤炭、电力、电冶、建材、黄金“五大”工业支柱产业，乡镇企业改制全部完成，70%的国有企业、集体企业完成改制。

1998年后，陆续引进如焦化厂、硅铁厂、铁合金厂、电石厂、黄金开采公司等产业。之后，招商引资规模不断扩大。2011年，签约10余个，意向引资193.3亿元。2015年，引进投资规模1000万元以上省外合同项目46个（投产27个，投产率59%），签约投资总额65.57亿元，新增省外到位资金41.29亿元。

2015年，全县共有规模以上企业34家。其中煤矿企业22家，原煤产量566.39万吨，总产值30.02亿元；电力供应企业1家，供应电力2619.61万千瓦小时，总产值1.67亿元；精制茶生产企业1家，总产量557.1吨，总产值1.92亿元。

第一章 工业综述

第一节 管理机构

一、县工科局

1998年，普安县乡镇企业局（简称“县乡企局”）内设行政事务股、财务统计股、企业管理股、矿山管理站。1999年，在县乡企局挂煤炭工业管理局（简称“县煤炭局”）牌子，内设行政事务股、财务统计股、企业管理股、矿山管理站、煤炭税税费征收验票站。2001年12月，增设安全管理股。2005年8月，增设矿山救护大队。2006年11月，增设煤矿安全技术培训中心。2006年12月，县煤炭局增设总工程师室。2007年，财务室更名为财务统计股。2010年4月，县乡企（煤炭）局更名为县煤炭局，归县经济贸易和科学技术局（简称“县贸科局”）管理。2011年6月，设立普安县工业和特色产业局（简称“县工特局”），加挂普安县煤炭局牌子，内设办公室、工业管理股、财务统计股、矿山管理站、特色产业管理股。2011年7月，将县贸科局的工业和信息行政管理（工业、煤炭、节约能源和园区建设）有关职能及工业管理股人员、县农业林业和扶贫开发局的农产品加工职能划入县工特局；原县煤炭局的煤炭安全生产监管职能及人员（驻矿督查员和瓦斯监控）划入安监局。2011年10月，将煤炭价格调节基金管理股职能划转到县工特局，同时更名为煤炭价格调节基金管理办公室；成立煤炭税费征收管理办公室，工业和特色产业执法大队，煤炭管理中心。2012年9月，将隶属于县贸科局管理的黄金管理中心调整到县工特局。2013年4月，矿山救护大队更名为矿山救护队，11月划转到县安全生产监督管理局。2014年12月，将县贸易和科学技术局、县工业和特色产业局职责整合，组建县工业贸易和科学技术局（简称“县工科局”），内设办公室、工业管理股、中小企业管理股、财务股、商务流通管理股、能源管理股、知识产权股、外经贸管理股、国有企业管理股、统计股、监察室等11个行政股室，下设县黄金管理中心（正科级）、县煤炭管理中心（正科级）、县工业贸易和科学技术综合执法大队（副科级）、县煤炭税费征收管理办公室（副科级）、县科学技术服务中心（副科级）、矿山管理站（股级）、粮食安全管理中心（股级）、煤炭税费征收验票站（自收自支）、煤炭安全技术培训中心（自收自支）。2015年10月，将县安监局“煤矿安全生产监督管理中心”瓦斯监控、煤矿日常安全监管及驻矿安全监管职能划转到县工科局“煤炭管理中心”，编制一并划转。12月，县工科局增设普安县电子商务管理中心（正股级）。

二、乡镇（街道）煤炭工业管理站（企业管理站）

2003年7月，在楼下、三板桥、窝沿、地瓜4个产煤乡镇成立煤炭工业管理站，加挂乡镇企业管理站牌子。

第二节 工业体制

一、县国有工业

1998年，普安县工业企业仅有普安县矿冶工业有限责任公司，由普安县水泥厂、钙镁磷肥厂组成。1998年8月，矿冶公司在兴义市顶效开发区征地3.3公顷进行易地重建黔西南州钙镁磷肥厂，总投资500余万元。1999年8月，建成年产5万吨钙镁磷肥生产厂并投入生产。2002年，投资300万元进行水泥配套技术改造并投入使用，全年生产水泥3.79万吨。11月，矿冶公司将水泥厂承包给私人经营，承包金为每年112万元，承包期限为5年，经营性质转为国有民营。2003年4月，磷肥厂停产。5月，将磷肥厂的场地承包给私人建炼铁炉生产生铁，承包期限为8年。2007年，该企业改制成为民营企业，进行易地技改，在地瓜镇横冲建成规模年产30万吨/年的水泥生产线。2009年3月，水泥生产线投入生产，主要生产普通水泥。2011年，生产水泥7.95万吨，实现产值2050.40万元，增加值实现496.42万元。2013年，由于该企业经营不善，停止生产经营。并根据国家淘汰落后产能相关政策，水泥厂作为淘汰落后产能对象实施关闭。

二、个体私营工业

2001年，全县乡镇企业2110家，从业人数1.10万人。乡镇企业营业收入2.26亿元，乡镇企业总产值2.14亿元，其中工业总产值1.53亿元。乡镇企业增加值8486万元，其中工业增加值5840万元。征收煤炭税费1378.81万元。

2002年，全县乡镇企业2562家，从业人数1.74万人。乡镇企业营业收入2.94亿元，乡镇企业总产值2.76亿元，其中工业总产值2.00亿元。乡镇企业增加值1.20亿元，其中工业增加值9389万元。征收煤炭税费2374.89万元。

三、规模以上工业

2003年，全县规模以上企业（国标：营业收入2000万元以上）18家，其中煤矿企业6家，原煤产量45.33万吨，总产值3586.2万元；白酒生产企业1家，白酒产量13.7万升，总产值75.7万元；黄金开采企业2家，产量32.12千克，总产值280.1万元；铁合金制造企业3家，制造产量1.44万吨，总产值1635.4万元；自来水供应企业1家，产值92.5万元；电力供应企业3家，供应电力1.04亿千瓦小时，总产值1917.2万元；电石制造企业1家，产量0.59万吨，总产值903.9万元；水泥、磷肥生产企业1家，总产量1.7万吨，总产值358万元。

2015年，规模以上企业34家，其中煤矿企业22家，原煤产量566.39万吨，总产值30.02亿元；电力供应企业1家，供应电力2619.61万千瓦时，总产值1.67亿元；精制茶生产企业1家，总产量557.1吨，总产值1.92亿元。

2003—2013年普安县规模以上工业企业情况表（一）

表7-1-1

年份	煤炭企业			白酒制造业			铁合金制造业			黄金开采企业			自来水供应企业		
	企业（家）	产量（万吨）	产值（万元）	企业（家）	产量（万升）	产值（万元）	企业（家）	产量（万吨）	产值（万元）	企业（家）	产量（千克）	产值（万元）	企业（家）	产量（万立方米）	产值（万元）
2003	6	45.33	3586.2	1	13.7	75.7	3	1.435	1635.4	2	32.12	280.1	1	—	92.5
2004	17	138.02	13968.9	1	14.3	96.6	3	0.9	1470.4	2	48.98	504.8	1	—	143.5
2005	24	165.63	32196.9	1	20	121	—	—	—	1	7.5	77.9	1	—	156.5
2006	24	250.85	50945	1	21.2	159	—	—	—	—	—	—	1	—	163.1
2007	18	237.19	63818.7	—	—	—	—	—	—	—	—	—	—	—	—
2008	20	259.9	102782.3	—	—	—	—	—	—	—	—	—	—	—	—
2009	19	307.12	117872	—	—	—	—	—	—	—	—	—	—	—	—
2010	21	355.19	160223	—	—	—	—	—	—	—	—	—	—	—	—
2011	22	468	303227.9	—	—	—	—	—	—	—	—	—	1	1559	601

续表 7-1-1

年份	煤炭企业			白酒制造业			铁合金制造业			黄金开采企业			自来水供应企业		
	企业（家）	产量（万吨）	产值（万元）	企业（家）	产量（万升）	产值（万元）	企业（家）	产量（万吨）	产值（万元）	企业（家）	产量（千克）	产值（万元）	企业（家）	产量（万立方米）	产值（万元）
2012	22	525.6	378754.3	—	—	—	—	—	—	—	—	—	1	2102	752.4
2013	24	286.39	423983.9	—	—	—	—	—	—	—	—	—	—	—	—
2014	21	591.32	470550	—	—	—	—	—	—	—	—	—	—	—	—
2015	34	566.39	300186.7	—	—	—	—	—	—	—	—	—	—	—	—

2003—2013年普安县规模以上工业企业情况表（二）

表 7-1-2

年份	电石制造业			电力供应企业			水泥类制造企业			茶叶生产类企业		
	企业（家）	产量（万吨）	产值（万元）	企业（家）	产量（万千瓦小时）	产值（万元）	企业（家）	产量（万吨）	产值（万元）	企业（家）	产量（吨）	产值（万元）
2003	1	0.59	903.9	3	10426	1917.2	1	1.7	358	—	—	—
2004	1	0.39	633.2	3	9510	1970.7	1	3.51	718.6	—	—	—
2005	2	1.97	4078.6	3	7888	2655.8	1	3.4	936.4	—	—	—
2006	1	3.75	8291.8	3	6733	3010.9	1	2.66	958.8	—	—	—
2007	1	3.18	6682.8	3	9516	4527.4	1	3.81	1283.6	—	—	—
2008	1	3.5	10474.2	4	16142	5957.8	1	1.92	554.7	—	—	—
2009	1	4.08	11547.7	4	11733	6031.9	1	1.52	351.1	—	—	—
2010	1	4.08	13432	4	13484	7495.4	1	10.32	2443.9	—	—	—
2011	1	3.16	9920.9	4	10365	18965.6	1	7.93	1966.7	1	160	818.6
2012	1	4.18	15386.4	4	16355.87	26093.4	1	4.25	1180.4	1	182	1061.5
2013	1	1.93	6676	3	11407.7	3307.47	1	5.41	1623.2	2	351	14803.4
2014	—	—	—	1	38077	—	—	—	—	1	615	—
2015	—	—	—	1	2619.61	16709.56	—	—	—	1	577.1	19182.1

第三节 重大企业

一、中电（普安）发电有限责任公司

企业落户 中电（普安）发电有限责任公司于2013年10月注册成立，位于贵州省黔西南布依族苗族自治州东南部的普安县雪浦乡老地村，由中国电力国际发展有限公司（以下简称“中国电力”）独立出资设立。是贵州省“十二五”建设规划重点大型企业，也是中电电力在贵州省首个大型火电投资项目。

企业建设 建设项目主要建设中电（普安）火电一期2×660兆瓦项目，总投资约49亿元人民币，项目于2015年3月开工。

二、三峡新能源普安发电有限公司

企业落户 2014年12月18日，在普安成立三峡新能源普安发电有限公司，注册资金8000万元人民币。

企业建设 横冲梁风力发电项目，设计规模42兆瓦，总投资3.8亿元，2015年6月8日开工。拟在

普安建设雾隆风力发电项目，设计规模74兆瓦，总投资6.9亿元；螺蛳山风力发电项目，设计规模48兆瓦，总投资4.6亿元；蓝滩坡风力发电项目，设计规模66兆瓦，总投资6.3亿元。

三、贵州新宜矿业（集团）有限公司

企业落户 2007年2月，贵州新宜矿业（集团）有限公司成立于普安县楼下镇，注册资金4亿元。2007—2015年，投资24亿元，其中收购矿井投资10亿元，技改、新建矿井投资12亿元。2015年，公司在普安县境内共有6家煤矿（恒泰煤矿、郭家地煤矿、补者煤矿、安利来煤矿、鲁兴煤矿、宏兴煤矿），拥有煤炭资源储量9亿多吨，设计规模282万吨/年，其中生产矿井162万吨，规划矿井120万吨。

企业构成 贵州新宜矿业（集团）有限公司下设安全监察部、生产部（含调度中心）、技术部、通防部、机电运输部、企管部、财务部、综合办公室，拥有采矿、通风、安全、机电、运输、地质、测量等专业人员组成的技术管理队伍，并成立专业的探矿队伍。2013年1月，取得贵州省能源局瓦斯治理能力评估批复。2013年5月，建立黔西南州首家瓦斯实验室，是普安县唯一一家取得三级救护资质的救护队。2014年，公司员工2400余名，其中初级以上专业技术人员66名，高级工程师8名、工程师24名、助理工程师34名。2015年，公司员工2200余人，其中初级以上专业技术人员64名，高级工程师8名、工程师23名、助理工程师33名。

企业经营 2013年，贵州新宜矿业（集团）有限公司有生产矿井3对，产能66万吨/年，其中安利来煤矿21万吨/年、恒泰煤矿30万吨/年、补者煤矿15万吨/年。停产矿井1对，宏兴煤矿30万吨/年。基建矿井2对，设计能力66万吨/年，其中郭家地煤矿45万吨/年、鲁兴煤矿21万吨/年。规划矿井1对，泥堡煤矿120万吨/年。2013年，生产原煤730万吨，实现销售收入28余亿元，上缴税收10余亿元。2014年，贵州新宜矿业（集团）有限公司有正常生产矿井4对，产能111万吨/年，其中郭家地煤矿45万吨/年、恒泰煤矿30万吨/年、安利来煤矿21万吨/年、补者煤矿15万吨/年。停产矿井1对，宏兴煤矿30万吨/年。基建矿井1对，鲁兴煤矿21万吨/年。规划矿井1对，泥堡煤矿120万吨/年。全年该公司生产原煤48.15万吨，实现销售收入1.94亿元，上缴税收0.47亿元。2015年，该公司共计生产原煤43.52万吨，实现销售收入1.58亿元，上缴税收0.44亿元。

四、贵州兴安煤业有限公司

企业落户 贵州兴安煤业有限公司是贵州省政府招商引资的国有企业，是贵州兴义电厂的配套资源项目。2005年6月1日，由贵州淄矿能源开发有限公司、贵州兴义电力发展有限公司、贵州产业投资（集团）有限责任公司、贵州省西能煤炭勘查开发有限公司共同出资，在贵州省贵阳市正式注册成立，注册资金4.5亿元。2010年5月，河南煤业化工集团永煤公司正式对贵州淄矿能源开发有限公司的股权100%整合收购。

企业资源 糯东煤矿是兴安煤业有限公司开发建设的第一对矿井，也是黔西南州最大的矿井，位于贵州省普安县南部，行政区划属普安县楼下镇、青山镇、雪浦乡。矿井设计生产能力240万吨/年，一期120万吨/年，设计服务年限53.2年。井田面积67.3平方千米，总资源量4.28亿吨，可采储量1.7亿吨；主要可采煤层17、19、20、26号煤层，厚度分别为4.3米、0.8米、2.5米、2.9米；煤层多为中灰、高硫、高发热量的无烟煤，煤层无爆炸性危险。矿井于2006年5月开工建设，2012年12月底，矿井一期工程全部竣工。矿井于2013年6月17日取得采矿许可证，9月9日进行联合试运转验收，能源局9月26日对糯东煤矿试运转进行批复，矿井单项验收及安全设施验收于2014年1月份通过，2014年4月8日取得安全生产许可证，证件办理完成。

企业建设 2010—2015年，兴安煤业有限公司连续4年实现安全生产。累计完成投资15.79亿元，其中矿建工程4.37亿元，安装工程4751万元，设备及其他固定资产购置3.94亿元，待摊投资6.66亿元（负荷联合试车费3438万元）。2013年，一期建设（120万吨／年）设计范围内的矿建工程、土建工程、安装工程全部完成。9月，通过矿井联合试生产验收，获得安全生产许可证，一期建设（120万吨／年）成为5证（采矿许可证、煤炭生产许可证、安全生产许可证、矿长安全生产许可资格证、矿长资格证）齐全的生产矿井。2014年，煤矿员工1219名，其中初级以上专业技术人员58名，高级工程师3名、工程师7名、助理工程师40名。全年生产原煤35.51万吨，实现销售收入8895.25万元。2015年，公司员工1424名，其中初级以上专业技术人员60名，高级工程师2名、工程师7名、助理工程师41名。全年生产原煤57.62万吨，实现销售收入1.26亿元。

第四节　质量安全管理

一、企业整顿

煤矿企业整顿　1998—2007年，普安县有证煤矿44对，设计生产能力210万吨。2007年，通过兼并重组，44对有证煤矿整合成26对，设计生产能力600万吨。2015年，普安县有生产矿井20对（537万吨／年），建设矿井6对（165万吨／年），具有采矿证矿井5对（150万吨／年），划定矿区矿井5对（900万吨／年），新设矿权2对（60万吨／年）。

非煤企业整顿　1998—2012年，根据国家产业政策，先后关闭10家焦化厂和2家铁合金厂，淘汰落后产能总计60余万吨。2013年，贵州省普安莲花岩水泥厂 ¢2.8m×11机立窑生产线为淘汰落后大气污染物项目，且不符合国家产业政策，淘汰落后产能总计8万吨。2014—2015年列入淘汰落后企业2家（普天电冶公司、普安县九龙水泥厂），普天电冶12500千伏特电石炉1台（关停时间：2013年9月，主体设备拆除时间：2015年8月）产能2万吨；普安县九龙水泥厂3.6×11米机立窑生产线1条（拆除时间：2015年5月），产能16万吨。

二、质量安全生产

1998年，对矿山实行“五统一”管理（即产、供、销、运、安全），将安全、目标分解落实到乡镇企业管理站及产煤乡镇政府和矿山企业。制定分片管理方法，从县局机关抽人挂点乡镇，将安全、生产等分片集中管理，以点联网。1999年，煤炭行业实施“关井压产”政策。2000年，从验票站抽调5名专业技术人员充实到楼下、地瓜、三板桥3个乡镇煤管站。培训爆破员65人、安全员和瓦检员132人。选送49人到贵州省煤炭培训中心参加矿长培训，选送128人参加黔西南州安全技术、绞车工、电钳工、安全员、瓦检员培训，选送2人参加全省煤矿安全监察执法培训。协助煤矿联系或煤矿自主从盘江煤电集团、水城矿务局、广西等聘请煤矿专业技术人员进行技术指导、技术管理和安全生产。开展“查隐患、反违章、打回潮、压事故”活动，关闭年产3万吨以下和不具备安全生产基本条件的煤矿13对，关闭矿办小井5对，炸封无证煤窑126个（次）。提升煤矿硬件设施和软件建设，有证煤矿和民用煤生产点基本实现绞车提升、轨道运输，配齐矿灯、矿帽、瓦检器，使用煤矿专用电器设备和煤矿许用火工产品，采煤方法从巷采向短壁转变。2001年，以煤矿“一通三防”为重点，逐步推广壁式采煤方法。对年产3万吨以上或经技改达到年产30万吨以上的煤矿，补做补报采矿设计。对年产3万吨以下和不具备基本安全条件的煤矿予以关闭。2002年，加大安全检查，下达行政处罚决定书18份，下达整改通知书600份，提出整改意见2470条，督促整改落实。2003年，开展煤矿专项治理整顿，具有一定规模的44对煤矿，煤炭年生产量均在3万吨以上，有1/3以上的煤矿产量达6万吨以上，其中，恒泰煤矿年产量达到30万吨。2004年，对44对煤矿进行安全生产专项整治，推广壁式采煤矿井40对，安装瓦斯监测监控系统煤矿40对。2005—2006年，将44对有证煤矿整合为26对（不含1对新建矿井），整合后全县煤矿生产总能力为600万吨／年（含糯东煤矿第一期生产能力120万吨／年）。招考7名煤矿“一通三防”（通风，防尘，防瓦斯，防火）技术人员，引进专业技术人员20余名。委派3人到贵州大学参加业务培训，1人到遵义参加煤炭安全教育培训，2人到黔西南州电大采矿工程专业培训。2007年，验票站全部实现电子监控管理。2011年，加强煤矿隐患排查和治理，检查煤矿728次，查出隐患3640条（重大隐患21条），督促整改3600余条。召开安全生产例会40余次，举办培训班10期，培训煤矿井下从业人员460余人。2012年，对煤矿开展安全检查821次，查出隐患3988条，整改3982条。完成6对煤矿的生产许可证年检和7对煤矿的生产许可证验收。举办10期培训班，培训煤矿下井工人763人。2014年，对煤矿开展安全检查972次，查出安全隐患4216条，完成2对煤矿的安全生产许可证的验收工作，2对煤矿安全生产许可证的延期验收工作。2015年，对煤矿开展安全检查776次，查出安全隐患3882条。

1998—2015年普安县煤炭安全生产情况表

表7-1-3

年份	安全投入（亿元）	煤矿事故数（起）	死亡人数（人）	百万吨死亡率（%）	年份	安全投入（亿元）	煤矿事故数（起）	死亡人数（人）	百万吨死亡率（%）
1998	0.48	—	—	—	2007	2.1	13	17	5.7
1999	0.45	—	—	—	2008	2.5	10	11	3.8
2000	0.43	—	—	—	2009	3.1	10	11	3.2
2001	0.65	2	13	30.9	2010	4.5	7	11	2.87
2002	0.72	4	9	7.8	2011	5.1	3	4	0.97
2003	0.75	5	11	6.4	2012	5.6	6	9	3.1
2004	1.1	10	15	4.9	2013	6.3	2	8	2.1
2005	1.5	18	29	4.3	2014	6.6	0	0	0
2006	1.8	14	16	4.2	2015	6.7	1	13	19.48

第二章　电力工业

第一节　管理机构

一、管理体制

1998年，普安县供电局（简称“县供电局”）由六盘水供电局实行行业管理。2000年，正式由六盘水供电局代管。2010年1月1日，划由兴义供电局管理。2010年9月，普安县供电局与青山电力公司合并成1家电力企业，成立新的普安县供电局（简称“县供电局”）。2011年7月19日，南方电网公司批复，普安县供电局整体无偿划转给贵州电网公司管理。

二、县供电局

2015年，县供电局下设办公室、人力资源部、财务部、监察审计部、党群工作部、工会办、物资仓储配送站、市场营销部、安全监管部、计划建设部、信息中心共11个职能部门和生产设备部、电力调度控制中心、输电管理所、变电管理所、发电管理所、客户服务中心、青山供电所、新店供电所、楼下供电所、江西坡供电所、罐子窑供电所、罗汉供电所、地瓜供电所、白沙供电所共14个生产部门。

第二节 电网建设

1998年，普安县建有变电站4座，主变压器容量6万千伏安（其中110千伏普安变容量4万千伏，35千伏城关变容量0.5万千伏安、云盘变容量0.5万千伏安、石桥河变容量1万千伏安），35千伏以上输电线路86.65千米，10千伏供电线路382.1千米，变压器127台，总容量1.71万千伏安，用户2.6万户，年供电量0.5亿千瓦时。2015年，有变电站12座，其中，110千伏变电站5座，分别为普安变容量8万千伏安、青山变容量6万千伏安、楼下变容量6万千伏安、新店变容量4万千伏安、仙鹤变容量4万千伏安；35千伏变电站7座，分别为泥堡变容量1万千伏安、罗汉变容量0.5万千伏安、江西坡变容量1万千伏安、下厂河变容量0.81万千伏安、罐子窑变容量0.5万千伏安、城关变容量1万千伏安、石桥河变容量1万千伏安，总容量为33.81万千伏安，管理110千伏线路3条68.04千米，35千伏线路11条163.66千米，10千伏及以下供电线路2292.66千米；用户7.24万户，年供电量3.46亿千瓦时。与1998年相比，主变压器容量增加5.63倍，线路增加5.39倍，年供电量增加6.92倍。

一、电力设施建设

1998—2009年，相继建成楼下、青山110千伏变电站2座，泥堡、罗汉、江西坡、下厂河、罐子窑35千伏变电站5座，增加主变压器容量20.32万千伏安。2010—2013年，建成新店、仙鹤110千伏变电站2座，对青山110千伏变电站进行改造，增加主变压器容量10万千伏安。2013年，全县共有变电站12座，其中110千伏变电站5座，主变压器8台/28万千伏安；35千伏变电站7座，主变压器11台/5.82万千伏安；12座变电站的主变压器总容量共计33.81万千伏安。共有配电变压器2258台/20.69万千伏安，管辖110千伏线路3条/68.03千米，35千伏线路11条/163.66千米，10千伏线路2292.66千米，合计2524.35千米。

二、农村电网改造

1999年7月，普安县启动农村电网改造。2005年，全县实施第一、二批农村电网改造，涉及地瓜、罐子窑、窝沿、盘水、罗汉、高棉、白沙、江西坡等8个乡镇，共改造农村集体低压电网2607.22千米，其中10千伏以上线路1081.91千米，新装变压器753台，新增容量3.21万千伏安，新装户表3.38万户，总投资11821.62万元，解决地瓜、罐子窑、窝沿、盘水、罗汉、高棉、白沙7个乡镇39个无电村0.86万户4.11万人的用电。2006—2015年，陆续投入6.45亿元对电网进行新建、改造，新建110千伏线路34.8千米，35千伏线路63.91千米，10千伏线路1372.52千米，新增配电变压器499台/2.55万千伏安，新装改造户表6.3万户。

三、工业园区电网建设

2011年，先后投资166.12万元，为江西坡轻工业聚集区新建10千伏专项线路6.78千米，配电变压器2台400千伏安，改造配电变压器1台160千伏安，新建和改造400伏线路0.4千米，220伏线路1.17千米，拆除400伏及以下线路0.8千米，对83户受影响的用户下户线进行整改。2013年5月，投资720.6万元为青山工业园区新建10千伏线路2.32千米，配电变压器7台，容量3500千伏安；400伏以下低压供电线路8.4千米，对青山镇10千伏线路7千米、400伏及以下的18千米架空线及8台配电变压器进行绝缘化升级改造。2014年，为解决工业园区用电问题，投入资金142万元，新建10千伏线路12.35千米，400伏线路3.6千米，新增专变21台8115千伏安。2015年，投资2960.44万元，新建10千伏线路32.377千米，400伏及以下线路55.397千米，新增配变30台，容量9010千伏安，改造淘汰型电能计量装置2.50万户。

第三节　用　电

一、售电量

1998年，县内用电户数为1.65万户，售电0.47亿千瓦时。2004年，用电户数4.15万户，售电1.25亿千瓦时。2006年，用电户数4.35万户，售电2.22亿千瓦时。2010年，用电户数6.44万户，售电3.14亿千瓦时。2015年，用电户数7.24万户，售电量3.26亿千瓦时。

1998—2015年普安县售电量情况表

表7-2-1

年份	用电户数（万户）	售电量（亿千瓦时）	售电量增长率（%）	年份	用电户数（万户）	售电量（亿千瓦时）	售电量增长率（%）
1998	1.659	0.47	7.6	2007	5.13	1.9985	-10.22
1999	1.9715	0.589	25.32	2008	5.81	2.0505	2.6
2000	2.4632	0.64	8.66	2009	6.35	2.234	8.95
2001	2.89	0.9856	54	2010	6.44	3.14	40.56
2002	3.45	0.7752	-21.35	2011	6.58	3.1219	-0.58
2003	3.89	0.9995	28.93	2012	6.64	4.0868	30.91
2004	4.15	1.2543	25.49	2013	6.77	3.5263	-13.71
2005	4.32	1.1951	-4.72	2014	7.01	3.13	-11.33
2006	4.3512	2.226	86.26	2015	7.24	3.26	4.28

二、电　价

1998年，普安县城乡电价在0.45～1.3元/千瓦时。1999年7月，启动农村电网升级改造，对农村电费实行“两改一同价”（改革农村电力管理体制、改造农村电网，实现城乡同电同网同价）和直接降低电价等。2002年，将原有的4个电管站撤销，理顺2个乡镇的电力体制，建立4个供电所，完成农网改造片区实现“四到户”（销售到户、抄表到户、收费到户、服务到户），将农村电价控制在0.45～0.85元/千瓦时。2005年，农网改造结束，实现城乡同网同价。2006年、2007年、2009年、2011年、2013年，分别对电价进行调整。2013年，对居民生活用电实行阶梯电价，用得越多的居民电价越高。

2005—2013年普安县择年度电价情况表

表7-2-2　　单位：元/千瓦时

年份	居民生活用电	非居民照明用电	商业用电	非普通工业用电	中、小化肥电价	大工业用电	高耗能用电	农业生产用电	农业排灌用电
2005	0.45	0.667	0.879	0.532	0.336	0.402	0.392	0.347	0.197
2006	0.4556	0.6898	0.9018	0.5548	0.3860	0.4012	0.4112	0.3630	0.1970
2007	0.4556	0.7050	0.9170	0.57	0.4022	0.4322	0.4222	0.3789	0.2289
2009	0.4556	0.7840	0.9080	0.6490	0.4462	0.4777	0.4677	0.4050	0.2550
2011	0.4456	0.8584	0.9534	0.7224	0.5196	0.5497	0.5397	0.4754	0.3254

续表7-2-2

年度	居民生活用电	非居民照明用电	商业用电	非普通工业用电	中、小化肥电价	大工业用电	高耗能用电	农业生产用电	农业排灌用电
2013	0.4456	0.8584	0.9534	0.7224	0.5196	0.5497	0.5397	0.4754	0.3254
	0.5056								
	0.7556								

三、供电管理

1998年起，供电部门对辖区电力设备和线路进行维修，提高供电可靠性，缩短客户复电时间，提高计量自动化水平。在“迎峰度夏”用电高峰期，优先保障电力灌溉确保农业生产。实行“避峰让电”，调节好限电序位，采取分路分量方法供电。夜间用电高峰期，优先供应城乡照明用电，减少动力用电。加强对大客户及重点单位管理，实行“一户一册”管理。2008年，普安县遭遇百年一遇凝冻灾害，造成35千伏线路倒杆断线2条，其中罐吟线倒杆5基，断线3千米；10千伏线路倒杆断线11条，倒杆296基，断线29.692千米；400伏线路倒杆15基，断线1.19千米；220伏线路倒杆95基，断线9.03千米，受损配电变压器9台。供电部门站在“保民生、保生产、保稳定”角度，组织抗冰保电及抢修复电，保住各重点部位、重要部门、乡镇政府所在地的正常供电。2011年，普安县遭受持续一个月的严重冰凝灾害，供电部门确定抗冰保电“三个一”目标（即：不发生1起因覆冰造成的倒杆事故，不发生1起抗冰抢险伤亡事故，不少于1人全员参与抗冰保电）。对13个覆冰监测点进行观冰监测806次，除冰融冰61次（处）。采用运行方式融冰6次，融冰线路63千米。采用直流融冰12次，融冰线路5.1千米。采用人工除冰43次，除冰线路17.83千米。2014年起，推行非现金业务缴费业务，成功办理银行卡代扣电费业务6.61万户，代扣成功率91.32%；固化“安全3·3·3”管控模式，提高安全生产管理水平，安全生产风险管理体系建设达2钻；10千伏线路基本实现互供互倒，完成煤矿事故、自然灾害等应急抢险救灾保电任务；完成重要活动及节假日保供电任务，保障全县重大政治、经济、文化等社会活动的用电需求。

第三章　煤炭　黄金工业

第一节　煤炭工业

一、煤炭生产

普安县经勘查并认可600米以浅的资源量为54亿吨，远景储量172亿吨，可开采储量32.5亿吨。以贫煤和无烟煤为主，是良好的煤化工和动力用煤，主要分布在罗汉镇、地瓜镇、江西坡镇、新店镇、青山镇、楼下镇、南湖街道、盘水街道等。分属4个矿区，分别是楼下矿区、地瓜矿区、三板桥矿区、窝沿矿区。

1998年，煤炭产量31万吨，产值0.52亿元，提缴税费0.06亿元。2002年，煤炭产量115万吨，产值2.91亿元，提缴税费0.42亿元。2006年，煤炭产量331万吨，产值10亿元，提缴税费1.5亿元。2011年，煤炭产量402万吨，产值14.1亿元，提缴税费7.97亿元。2013年，煤炭产量306万吨，产值11.3亿元，提缴税费4.67亿元。2014年，煤炭产量259万吨，产值10.88亿元，提缴税费1.66亿元。2015年，煤炭产量253万吨，产值9.61亿元，提缴税费1.27亿元。

1998—2015年普安县煤炭生产情况表

表7-3-1

年份	产量（万吨）	产值（亿元）	提缴税费（亿元）	年份	产量（万吨）	产值（亿元）	提缴税费（亿元）
1998	31	0.52	0.06	2007	280	11.5	1.2
1999	36.7	1.7	0.07	2008	260	11.6	3
2000	40.36	1.41	0.14	2009	310	13.2	3.5
2001	75	2.76	0.24	2010	348	13.5	4.63
2002	115	2.91	0.42	2011	402	14.1	7.97
2003	206	3.2	0.6	2012	394	13.9	3.81
2004	300.7	3.69	0.71	2013	306	11.3	4.67
2005	312	7.18	0.86	2014	259	10.88	1.66
2006	331	10	1.5	2015	253	9.61	1.27

二、煤矿开发建设

2015年，普安县有矿井38对，其中生产矿井20对（537万吨／年），建设矿井6对（165万吨／年），具有采矿证矿井5对（150万吨／年），划定矿区矿井5对（900万吨／年），新设矿权2对（60万吨／年）。

生产矿井　2015年，生产矿井20对，生产能力537万吨／年，其中9万吨／年的矿井1对、15万吨／年的矿井8对、21万吨／年的矿井3对、30万吨／年的矿井6对、45万吨矿井1对、120万吨矿井1对。楼下镇17对，分别为糯东煤矿（120万吨／年）、郭家地煤矿（45万吨／年）、恒泰煤矿（30万吨／年）、宏兴煤矿（30万吨／年）、嘉龙煤矿（30万吨／年）、安宁煤矿（30万吨／年）、开泰煤矿（21万吨／年）、安利来煤矿（21万吨／年）、兴贵煤矿（21万吨／年）、天普煤矿（15万吨／年）、久丰煤矿（15万吨／年）、福安煤矿（15万吨／年）、褚宝煤矿（9万吨／年）、补者煤矿（15万吨／年）、政忠煤矿（15万吨／年）、安福煤矿（15万吨／年）、马刀地煤矿（15万吨／年）。三板桥镇2对，分别为麒麟煤矿（15万吨／年）、云庄煤矿（30万吨／年）。地瓜镇1对，宏发煤矿（30万吨／年）。

在建矿井　2015年，在建矿井6对，生产能力165万吨／年，其中9万吨／年矿井1对、21万吨／年矿井1对，30万吨／年矿井3对，45万吨／年矿井1对。楼下镇4对，分别是贵全煤矿（30万吨／年）、能通煤矿（30万吨／年）、鲁兴煤矿（21万吨／年）、桂兴煤矿（9万吨／年）。地瓜镇1对，老虎田煤矿（30万吨／年）。窝沿乡1对，宏松煤矿（45万吨／年）。

其他矿井　2015年，全县有5对划定矿区矿井（规模900万吨／年），2对新设矿权矿井（规模60万吨／年），5对采矿证矿井（规模150万吨／年）。划定矿区范围矿井5对，分别是地瓜1号井（300万吨／年）、地瓜2号井（180万吨／年）、地瓜3号井（120万吨／年）、泥堡井田（180万吨／年）、幸福井田（120万吨／年）。新设矿权2对，分别是沃井田煤矿（30万吨／年）、新店煤矿（30万吨／年）。采矿证矿井5对，分别是东南煤矿（30万吨／年）、老洞河煤矿（30万吨／年）、云盘山煤矿（30万吨／年）、小岔沟煤矿（30万吨／年）、滇黔煤矿（30万吨／年）。

2015年普安县各类煤矿情况表

表7-3-2　　单位：对

乡镇（街道）	生产矿井	建设矿井		采矿证矿井	划矿区范围井田	新设矿权	政策关闭矿井	小计
		试运转	建设					
楼下镇	17	—	4	—	1	—	—	22
南湖街道	2	—	—	—	—	—	—	2

续表7-3-2

乡镇（街道）	生产矿井	建设矿井		采矿证矿井	划矿区范围井田	新设矿权	政策关闭矿井	小计
		试运转	建设					
地瓜镇	1	—	1	—	1	—	—	3
盘水街道	—	—	1	2	—	—	—	3
江西坡镇	—	—	—	2	—	—	—	2
新店镇	—	—	—	—	—	1	—	1
白沙乡	—	—	—	1	—	—	—	1
罗汉镇	—	—	—	—	1	—	—	1
青山镇	—	—	—	—	1	—	—	1
合计	20	—	6	5	4	1	—	36

第二节 黄金工业

普安县金矿主要分布在楼下镇东面山脉，其储量尚未探清。在莲花、花月、江西坡等地皆有金矿分布。普安县黄金资源开发始于20世纪80年代末，由普安县煤金开发公司、一〇六地质队金矿、松林金矿等企业开采。普安县煤金公司（国有企业）于2006年改制后，与其他几个金矿被贵州亚太矿业有限公司收购。

1998年，生产黄金68千克，创产值226万元，实现利润119.8万元。1999年6月，县煤金公司组建普安县泥堡金矿松林分矿。2003年5月，贵州亚太矿业有限公司在省工商局注册成立，注册资金1000万美元（6741万元人民币），性质为中外合资企业，公司在普安县拥有泥堡金矿探矿权，面积8.9平方千米。贵州亚太矿业有限公司取得该探矿权后，在矿区施工近6万米钻孔，探明黄金资源量近23吨。2006年7月至2011年，企业先后4次易主，分别为加拿大金华公司（2006年7月）、中国黄金澳华股份有限公司（2007年11月）、广西金娃娃矿产投资有限公司（2009年5月，2009年8月亚太公司改变为内资企业，在黔西南州工商局落户，注册资金7980万元，继续使用“贵州亚太矿业有限公司”名称）、广西地润矿业投资有限公司（2011年，公司名称未变；股东及股份分别为广西地润矿业投资公司84%、黔西南州投资公司6%、贵州地矿公司3%，贵州一〇六地质大队7%；简称“地润公司”）。2011年，地润公司取得探矿权后，按照“整装勘查”要求进行勘探（即整个矿区必须全部按详查要求进行勘探）。2013年，施工钻孔16.20万米，普安境内勘查基本结束，探明1200米海拔上储量35.5吨，探明远景储量80吨。2014年，泥堡金矿全面完成野外勘探工作，同年7月，储量核实报告通过贵州省矿业权评估师协会的评审，并在贵州省国土资源厅备案成功。2015年，泥堡金矿主要开展贵州省普安县泥堡金矿勘探、贵州省兴仁县泥堡南金矿详查2个探矿权证，2014年补检和2015年的年检，以及“贵州亚太矿业有限公司泥堡金矿”的采矿证矿权延续工作。此外，公司寻找合作伙伴，以破解公司资金链断裂的瓶颈。

第四章　经济园区

第一节　管理机构

一、县园区办

2011年3月15日，黔西南州机构编制委员会批准设立普安县园区管理办公室（简称“县园区办”），为副县级事业单位，隶属县人民政府管理。内设综合协调科、规划建设科、工业园区管理科、产业园区管理科、协调监督科5个正科级机构，核定事业编制20名（包括工勤人员1名），列入县级财政全额预算。其中配备主任1名（副处长级，可兼任），副主任1名（正科长级），科长或副科长5名。

二、青山工业园区管委会

2011年8月22日，成立中共普安县青山工业聚集区工作委员会、普安县青山工业聚集区管理委员会（简称“青山工业园区管委会”）对青山工业聚集区进行管理。机构编制为正科级事业机构，隶属普安县园区管理办公室。青山工业园区管委会内设综合事务股（部）、财务部、招商服务股、企业管理与市场服务股（部）、规划建设股（部）、安全监管综合股（部）、拆迁安置股（部）、纪检监察室、建设投资管理中心（开发投资公司）。核定编制25名，其中事业编制23名（管理人员），工勤编制2名，列入财政全额预算。领导职数设置工委书记1名，工委副书记3名（其中1名兼纪委书记），管委会主任1名，副主任3名，股级职数9名。

三、江西坡工业园区管委会

2011年8月22日，成立中共普安县江西坡轻工业聚集区工作委员会、普安县江西坡轻工业聚集区管理委员会（简称“江西坡轻工业园区管委会”）对江西坡轻工业园区进行管理。机构编制为正科级事业机构，隶属普安县园区管理办公室。江西坡轻工业园区管委会内设综合事务股（部）、财务室（部）、招商服务股（部）、企业管理与市场服务股（部）、规划建设股（部）、安全监管综合股（部）、拆迁安置股（部）、纪检监察室、建设投资管理中心（开发投资公司）。核定编制20名，其中事业编制18名（管理人员），工勤编制2名，列入财政全额预算。领导职数设置党工委书记1名，党工委副书记1名，纪工委书记1名，管委会主任1名，副主任3名，股级职数9名。

第二节　青山工业园区

一、定位和规划布局

定　位　青山工业园区功能定位为重点发展以煤炭加工、煤电一体化循环经济为主导产业，承接沿海东部地区转移的相关产业。具体为普安县新型工业化的试验田、带动普安县实现跨越式发展的新增长点，贵州省乃至西南地区的煤化工循环经济工业聚集区和煤化工企业发展扩张区，全国知名的煤炭深加工聚集区和出口地，争取国家级煤炭重化工技术研发中心以及成果商品化和产业化基地，中小企业、创业型企业、民营企业快速发展集中区，实现现代化行政管理示范区。

规划布局　《普安青山城镇总体规划（2010—2030年）》由普安县人民政府委托贵州省城乡规划设计研究院进行编制。规划期限为2010—2030年，其中近期为2010—2015年，中期为2016—2020年，远期为2021—2030年，远景为2031年以后，展望到2050年。规划范围为东至青山镇区、袁家坡、黑树林、新田乡政府、黄泥田、下竹林山；南至高箐格老堡、山神老坡；西至窝包箐、博上村、野马坡、硝洞坡、跌牛坡、小坡头；北至牛角山、对门坡、营盘山、龙洞坡。东西长约6.27千米，南北宽约11千米，总面积49.1平方千米，其中可建设用地约30平方千米，山头、水域等不可建设用地约19.1平方千米。确定青山城镇的城市规划区为青山、新店、雪浦的全部行政辖区范围，总面积392平方千米。园区产业选择新型煤化工（甲醇—烯烃产业链、甲醇—碳—化工产业链）、能源工业、装备制造业。总人口控制目标，青山城镇2015年总人口控制在9.65万人，2020年总人口控制在12.21万人，2030年总人口控制在17.28万人；2015年城镇人口达到3.88万人，2020年城镇人口达到6.29万人，2030年城镇人口达到10.99万人；2015年城镇化水平达到40.21%，2020年城镇化水平达到51.52%，2030年城镇化水平达到63.60%。规划新建青山煤化工基地至清水河东站的铁路支线，航空运输主要依托兴义机场，普兴二级公路作为青山城镇与兴义机场的连接线。青山城镇中心镇区定位于中国西部重要的煤化工基地，贵州省西部经济带重要节点，黔西南州北部重要城市，普安县经济中心。中心镇区发展人口近期（2015年）4万人，中期（2020年）6.5万人，远期（2030年）11万人。规划中心镇区城市空间结构为“片区—组团状”。中心镇区形成工业园区、绿化隔离区、南部组团、中部组团和北部组团即“二大片区和三个组团”。中心镇区道路采用环状与格网组合布局，分为快速路、主干道、次干道、支路四个等级。其中主干道道路红线宽度为40米，次干道为30米，支路为12～14米。中心镇区供水水源市民用水采用幸福水库、阿岗水库、五月天池水库、五嘎冲水库，工业用水采用新建的五嘎冲水库。规划加快中心镇区污水资源优化建设，利用污水处理厂出水深度处理回用为杂用水。

二、基础设施建设

道路与绿化　青山工业园区位于普安青山城镇中心城西的西部，普（安）兴（义）公路和普（安）兴（义）二级公路由青山城镇中部南北贯穿，普（安）兴（义）公路由青山工业园区东部穿过，S313西北东南穿越工业聚集区。随着工业园区的发展，普（安）兴（义）公路和普（安）兴（义）二级公路将逐步转化为工业园区内部道路，承担工业园区纵向的主要交通功能。至2015年，采用BT模式建设青石主干道12号路、21号路，全长5.14千米，工程概算总投资4.24亿元，其中12号路全长2.88千米建设到级配碎石层，21号路全长2.26千米正在建设中。规划范围内的道路，除普（安）兴（义）公路和普（安）兴（义）二级公路和S313外，其余均为通村公路。因资金原因，自青石主干道建设至级配碎石层到2015年未开展二期工程。

动拆迁与平整土地　至2015年，青山工业园区征地约60公顷，其中青（山）石（官沟）主干道长5140米，宽40米，用地41.12公顷；煤制乙二醇项目征地约13.33公顷，普安县应宏酒厂征地1公顷多。

三、开发实绩

招商引资　至2015年，县人民政府拨款200万元和融资贷款0.1亿元征收土地，采取抵押融资等方式推动工业园区基础设施建设。

经济发展　至2015年，入园企业有中国电力国际投资有限公司，总投资52亿元，完成投资28.5亿元，占总投资54.8%；贵州省普安县五嘎冲水利水电有限公司，总投资9.65亿元，完成投资6.5亿元，占总投资67.4%；普安县荣安矿业公司，总投资1亿元，完成投资1亿元，占总投资100%；贵州国丰煤化工有限公司，总投资45亿元，完成投资18亿元，占总投资40%；神华集团投资103亿元的普安雪浦6×66万千瓦电厂（一期4×66万千瓦，总投资76.5亿元），完成初可研审查（该项目已移出规划）；普安县青山镇应宏酒厂，项目总投资0.1亿元，完成征地约1公顷，对基础设施进行建设。规划入园项目有煤制甲醇（60万吨／年）项目，项目动态总投资约31亿元，一期建设规模为30万吨／年，动态投资约16亿元；年产120万吨洁净型煤项目，项目动态总投资约14亿元，一期建设规模60万吨／年，动态投资约8亿元；洗选煤厂（360万吨／年）总投资2.6亿元，项目分三期建设，一期建设120万吨／年洗选煤生产线，占地约4.67公顷，投资1.2亿元；免烧砖生产项目，建设规模为年产1500万块免烧砖，投资规模为0.5亿元；石墨开发项目，建设规模为年产50万吨石墨，投资规模为1.8亿元；年产20万吨洁净型煤项目，一期投资规模1亿元，项目占地10公顷，滚动投资3年内达到5亿元。

第三节　江西坡工业园区

一、定位和规模布局

定　位　江西坡镇在州域空间规划中属于晴隆和普安城镇发展轴，该发展轴以G65、G320为主，是黔西南州城镇体系空间布局结构中的一条重要轴线，是贵州同云南经济合作往来的重要渠道。江西坡工业园区，位于G65、G320两条高速匝道口，功能定位为中小型、生产型、轻工类企业城（创业基地），承接沿海地区转移的相关产业。产业涵盖物流、特色食品（旅游商品）加工、生物技术、服装、箱包皮具、电子电工制造、轻工机械制造、包装印刷、高新技术产业、农副产品深加工、手工艺品等。从中培育主导产业，打造产业链群，形成产业集群。

规　模　江西坡工业园区总体规划5平方千米，至2015年，基础设施投资23.65亿元，建成5.8千米园区主干道路和4万平方米标准厂房。新镇区临近过境交通镇（宁）胜（境关）高速公路与晴（隆）兴（义）高速公路的交叉口，园区主干道连接晴（隆）兴（义）高速公路，作为承接江西坡新集镇与轻工业园区的对外交通。

二、基础设施建设

道路与绿化　至2015年，江西坡工业园区采用BT模式建设横4号线、横10号线大道及厂区道路全长2.55千米(其中大道2.15千米，厂区道路0.4千米)，工程概算总投资9560万元。园区道路以横4号、横10线道路为主干道，道路总长约为2.15千米，道路分为横4号线和横4号线下段两段（其中，横4号线长1555.51米，横4号线下段长594.74米），规划红线宽30米，道路布置为4.5米（人行道）+9米（车行道）+3米（中央绿化带）+9米（车行道）+4.5米（人行道），设计车速为每小时30千米。横4号线已包含规划中的纵八号线。横10号线规划道路总长为1.5千米，规划红线宽24米，道路布置为4.5米（人行道)+15米(车行道)+4.5米(人行道)。横4号线和横10号线的路面均采用沥青砼路面，全部建设完成，并投入使用。道路两旁及园区内的绿化也全部完工。

公租房项目　至2015年，园区建设公租房共1300套。分别为2014年公租房项目300套，2015年公租房项目1000套。至2015年年底，有300套完工，其余的正在建设，相应的配套基础设施在修建中。

供电、供水、通信　至2015年，园区内凌空架设线路总长3千米，建成6万千伏变电站3座及道路照明配套工程(太阳能路灯)。投资17万元从普晴林场建取水池、埋管道6千米，建成自来水厂1个，日供水能力1200吨。园区核心区域内，宽带、有线电视、通信接通。

排水、排污　至2015年，园区内埋设地下管道4千米。完成厂区雨水排水管网建设1800米，并进行部分验收。

动折迁与平整土地　至2015年，投资融资0.2亿元，完成征用土地约53.33公顷，采用以微量工程煤抵偿方式开挖土约66万立方米，平整场地约3.8万平方米。

三、开发实绩

招商引资　至2015年，县人民政府拨款200万元和融资贷款0.1亿元征收土地，采取抵押融资等方式推动工业园区基础设施建设。

经济发展 至2015年，入园企业有毕节市欣源水利水电建筑有限公司（江西坡轻工业聚集区河堤治理二期工程），总投资2600万元，完成投资2600万元，占总投资100%，已投产；普安县江西坡镇白水冲茶叶有限公司，总投资0.2亿元，完成投资0.2亿元，占总投资100%，已投产；贵州天寿建设工程有限公司，总投资3800万元，完成投资3800万元，占总投资100%；普安县宏瑞机动车检测有限公司，总投资750万元，完成投资380万元，占总投资50.67%；普安县宏鑫茶叶开发有限公司，总投资0.98亿元，完成投资0.98亿元，占总投资100%，已投产；普安县黔海石材有限公司，总投资1.2亿元，完成投资0.95亿元，占总投资79.17%；普安华康药业有限公司，总投资0.45亿元，完成投资0.11亿元，占总投资24.44%；广东东莞才华手袋有限公司，总投资1.2亿元，完成投资0.68亿元，占总投资56.67%，已投产；普安县天红制衣有限公司，总投资600万元，注册资金20万元，固定资产投资300万元，已投产；凤凰翅茶叶加工厂，年生产茶叶500吨，投产并实现产值0.32亿元；贵州省凯飞木业有限公司，总投资1850万元，完成投资600万元，占总投资32.43%；普安县忠国装潢中空玻璃厂，总投资0.12亿元，完成投资0.12亿元，占总投资100%，已投产；贵州省普安县海联鞋业有限责任公司，建设项目总投资3500万元，完成投资2800万元，占总投资80%；普安县乡村农副产品开发有限公司，总投资1280万元，完成征地1.33公顷，项目正在建设中；普安县飞羽制衣有限公司，总投资500万元，完成征地0.43公顷，生产厂房和办公用房建设完成80%；普安县顶效林丰耐磨铸造厂，总投资1亿元，完成投资0.25亿元，占总投资25%；贵州金源石材有限公司，总投资0.2亿元，完成投资1180万元，占总投资59%（现已搬至白沙石材产业园区）；普安县恒润商品混凝土有限公司总投资1亿元，完成投资0.57亿元，占总投资57%；贵州美人芋农业发展有限公司，总投资2.2亿元，完成投资0.42亿元，占总投资19.09%；贵州海曼高新农业发展有限公司，总投资1.28亿元，完成投资0.22亿元，占总投资17.19%；普安县颐鑫建材有限公司，总投资6亿元，完成投资0.3亿元，占总投资5%；黔西南州富洪茶叶有限公司，总投资0.3亿元，完成投资0.3亿元，占总投资100%，已投产。规划入园项目有电子元器件项目，建设规模为年产元器件100万标准件，投资规模为0.1亿元；农产品综合批发市场项目，建设规模为占地2平方千米，投资规模为1亿元。

第八篇 商贸 旅游

1998—2015年，普安县国营商业企业随着经济体制改革和市场经济的发展先后退出市场，粮油、供销合作社、物资、外贸等企业经营方式也发生了很大变化。与此同时，乡镇企业、个体私营企业、小微企业和外资企业发展迅速。先后成立各类民营经济组织127家；在乡镇（街道）人民政府驻地形成集市11个，其他集市7个。

1999年，粮油购销企业按保护价敞开收购粮食。2001年，敞开收购粮食，不压级压价、不拒收、不限收。2003年起，取消粮食定购，放开收购，放开价格。2015年，销售粮食2.13万吨、菜籽943吨，分别是1998年的5倍、26.2倍。

1998—2003年，县供销系统进行承包经营，除化肥等农资商品外，工业品、日用生活杂品、农副产品等全部放开经营。2003年，县供销社实行对外承包经营，化肥市场全面放开。2015年，县供销社共有经营网点39个，化肥供应占全县化肥总供应量的80%以上。

1998—2015年，物资供应企业主要为县境内煤矿、非煤矿山、地方建设、居民宅基地提供民爆物品供应和配送，经营生猪、牛、羊定点屠宰场。2015年，销售额920万元，利润42万元，上缴增值税32万元，分别是1998年的3倍、30.4倍、3倍。

2015年，县烟草公司收购、销售烟叶9400吨，收购均价21.76元/千克，分别是1998年的2.92倍、2.55倍；销售卷烟11172.77箱，单箱价26520元，零售户1632户，分别是2001年的1.88倍、6.52倍、1.76倍。

普安县旅游资源丰富，有公园3个、农业观光旅游景点2个、古迹景点6个、宗教寺庙景点4个、其他景点21个。随着经济的发展，旅游服务条件不断改善，共有宾馆酒店16家，旅游线路9条（历史文化体验线路3条、生态休闲度假旅游线路3条、精品旅游线路3条），旅游商品10多种。

第一章　贸　易

第一节　管理机构

一、县贸科局

1998年，普安县经济贸易局（简称“县经贸局”）下设办公室、工业管理股、商业管理股、财务管理股。2001年2月，将原属县人事劳动局承担的安全综合管理、矿山安全监察、职业安全监察职能以及人员和编制划转县经贸局。2004年，县经贸局下设办公室、工业管理股、商业管理股、非公有制经济管理股、综合管理股、黄金管理股。2010年6月，更名为普安县经济贸易和科学技术局（简称“县贸科局”），挂知识产权局、粮食局、煤炭局牌子。2011年6月，更名为普安县贸易和科学技术局（简称“县贸科局”），挂知识产权局、粮食局牌子，下设办公室、监察室、商务流通股、科技计划管理股、生猪屠宰和酒类流通管理股、储备管理股、知识产权股、财会统计股、贸易和科学技术监督检查执法大队。2014年12月，将县贸易和科学技术局、县工业和特色产业局职责整合，组建县工业贸易和科学技术局，人员及职能职责一并整合。

二、县粮食局

1998年，普安县粮食局（简称“县粮食局”）内设办公室、业务股、会统股、市场管理股，下设楼下粮管所（下设泥堡粮站、糯东粮站）、青山粮管所、地瓜粮管所（下设新店粮站、罗汉粮站）、盘水粮管所（下设江西坡粮站、细寨粮站、高棉粮站、三板桥粮站）、兴中粮管所（下设窝沿粮站、雨谷粮站、龙吟粮站）、直属库、粮油贸易公司、粮油加工厂、食品加工厂、饲料厂。9月，普安县饲料厂从盘水粮管所分离单设。1999年1月，楼下粮管所、青山粮管所、地瓜粮管所、盘水粮管所、兴中粮管所、直属库更名为楼下粮食收储公司、青山粮食收储公司、地瓜粮食收储公司、盘水粮食收储公司、兴中粮食收储公司、直属粮食收储公司。8月，收储公司更名为粮食购销有限公司。2001年，兴中粮食购销公司、直属粮食购销公司合并成立粮食购销公司。2002年8月，成立普安县穗丰粮食购销有限责任公司，下设兴中分公司、盘水分公司、地瓜分公司、楼下分公司，注销楼下粮食购销有限公司、青山粮食购销有限公司、地瓜粮食购销有限公司、盘水粮食购销有限公司、兴中粮食购销有限公司、直属粮食购销有限公司。2005年，穗丰粮食购销有限责任公司楼下分公司并入地瓜分公司。2007年，对普安县穗丰粮食购销有限责任公司、粮油加工厂、饲料厂、粮贸公司、食品厂实行整体改制，重组股份制粮食企业，即联鑫粮食购销有限责任公司、中兴粮食购销有限责任公司、盘水粮食购销有限责任公司，设立粮食安全管理中心，将联鑫粮食购销有限责任公司的部分资产划给合新粮食购销有限责任公司。2009年1月，普安县乌龙山粮食购销有限责任公司成立。2010年，县粮食局并入县贸科局（挂县知识产权局、县煤炭局、县粮食局牌子）。

三、县供销合作社

1998年，普安县供销合作社联合社（简称“县供销合作社”）下设办公室、政工股、财务审计股、安全统筹股，下属直属企业为普安农业生产资料公司、普安县土产公司、普安县贸易中心。2010年9月，下设机构调整为办公室、业务股、财务股。2015年1月，增设企业办。1998—2015年，共有5个基层供销社，分别为地瓜供销社（辖地瓜镇、新店镇、罗汉镇）、青山供销社（辖青山镇）、兴中供销社（辖兴中镇、盘水街道窝沿乡、白沙乡、龙吟镇）、楼下供销社（辖楼下镇）、盘水供销社（辖南湖街道办、江西坡镇、高棉乡）。

四、县投资中心（县投资公司）

2007年4月，设立正科级事业单位的普安县基本建设投资管理中心（简称“县投资中心”），下设办公室、财务股、项目股。

2007年4月，设立正科级事业单位的普安县开发投资有限公司（简称“县投资公司”），与县投资中心合署办公，实行两块牌子一套人马，下设综合部、财务资产部、投资部、煤焦化工业部。

五、县物资公司

1998年6月，普安县物资供应公司（简称“县物资公司”）撤销青山、楼下物资供应站，设盘水物资供应一门市、二门市、汽车配件门市，生猪、牛、羊定点屠宰场。2005年6月，撤销盘水物资供应一门市、二门市、汽车配件门市。2006年6月，设青山、龙吟、地瓜爆管站。2009年6月，撤销青山、龙吟、地瓜爆管站，设江西坡炸药总库，设安全生产办公室。2013年10月，与贵州开源爆破工程有限公司合作组建普安县巨力爆破工程有限责任公司。

六、县盐业公司

1998年，普安县盐业公司（简称“县盐业公司”）和贵州省盐务管理局普安支局（简称“县盐务局”）实行两块牌子机构体制。2000年11月，贵州盐业（集团）有限责任公司成立，县盐业公司更名为贵州盐业（集团）普安有限责任公司（简称“县盐业公司”）。2002年7月开始，县盐务局（县盐业公司）设立办公室、计财股、盐政股、市场营销股。

七、县烟草专卖局（公司）

1998年，普安县烟草专卖局（简称“县烟草局”）、普安县烟草公司（简称“县烟草公司”）实行两块牌子机构体制，下设综合办公室、财务股、生产股、区域营销部、专卖股、基础办。2005年，增设物流中转站，取消县级烟草公司法人资格，更名为普安县烟草分公司（简称“县烟草公司”）。2007年，增设人事监察股。2010年，增设信息站。2011年，增设技术推广站。2012年，增设内管派驻组。

2015年，普安县设有青山烟叶站（辖青山镇、楼下镇）、雪浦烟叶站（辖雪浦乡）、新店烟叶站（辖新店乡）、罗汉烟叶站（辖罗汉乡）、盘水烟叶站（辖盘水镇、地瓜镇、窝沿乡、三板桥镇、江西坡镇）、高棉烟叶站（辖高棉乡）、罐子窑烟叶站（辖罐子窑镇、龙吟镇、白沙乡）。

第二节　国有商业企业

一、县百货公司

1998年，普安县纺织百货公司（简称“县百货公司”）亏损严重。1999—2001年，实行承包经营（2000年，县百货公司因无力偿还县工行贷款，将经营大楼进行抵押）。2002年起，县百货公司将抵押贷款后所剩的门面、仓库、办公室出租，所得租金主要用于缴纳职工社保金、发放在职职工部分生活费和退休职工部分生活补贴。

二、县五金公司

1998年，普安县五金交电化工公司（简称“县五金公司”）经营亏损7万余元。1999年，经营亏损47万余元。2000年，经营亏损严重，由单位职工集资偿还县工行贷款。2001—2004年，县五金公司将一半的经营门面出租，收取租金维持日常开支；另一半门面由公司经营，用来处理多年积压的商品。同时，县五金公司将在职人员分为2组轮流上班，上半年班休息半年。2005年起，县五金公司将所有门面出租，公司只留经理、副经理、会计、出纳4人上班，处理日常事务，其他职工下岗。收取的租金用于支付职工的养老保险、失业保险金、退休人员的医疗保险，然后根据所剩的资金情况发给在职职工一定数额的生活费。

三、县民贸公司

1998年，普安县民族贸易公司（简称“县民贸公司”）经营亏损19万余元。1999—2002年，经营亏损37万余元。2003年，经营盈利600余元。2004年，经营盈利1900元，由单位职工集资50万元偿还县工行贷款。2005年起，将县民贸公司营业大楼出租，收取租金上缴职工养老保险金、发放退休人员医药费、集资偿还贷款职工的基本生活费和公司正常的办公费用。

四、县烟酒公司

1998—2003年，普安县烟酒公司（简称“县烟酒公司”）仍实行职工自行组合的承包经营制，由职工牵头组织合伙经营，不愿参加或未被组合的职工自谋出路。2004年起，将经营场所出租，收取租金上缴职工的养老保险金和正常的办公开支，没有产生亏损和国有资产的流失。

五、县中西药公司

1998年，普安县中西药公司（简称“县中西药公司”）开始亏损，经营不正常。2003年，县中西药公司正式停业。2006—2015年，公司对外出租门面，所得租金用于上缴职工养老保险金、发放退休人员医药费等。

六、县轻工供销公司

1998年，普安县轻工供销公司（简称“县轻工供销公司”）停业。2000年，部分门面对外出租，所得租金用于上缴职工养老保险金、发放退休人员医药费等。

第三节 民营经济组织

1998—2015年，普安县先后成立各类民营经济组织127家，拥有各类科研人员500人。

1998—2015年普安县民营经济组织情况表

表8-1-1

民营企业名称	企业类型	企业驻地
贵州省普安县海天生态肉羊养殖有限责任公司	有限责任公司（自然人投资或控股）	江西坡镇白水村
贵州四球茶专业合作社	农民专业合作社	盘水街道南山路
贵州资轻松天然食品有限公司	有限责任公司（自然人投资或控股）	新店镇竹林山组
普安县农产品种植农民专业合作社	农民专业合作社	江西坡镇下山村
贵州省普安县建设工程有限公司建筑公司	有限责任公司	盘水街道劳动街36号
普安县白沙乡兴农科技园	合伙企业	白沙乡中箐村
贵州省普安县宇红生态农业有限责任公司	有限责任公司（自然人投资或控股）	盘水街道南山路65号
普安县金山农业综合开发有限责任公司	有限责任公司（自然人投资或控股）	龙吟镇机关内
贵州省普安县海安兔业发展有限责任公司	有限责任公司（自然人投资或控股）	盘水街道文笔村
普安县青山镇营山农业综合开发服务有限公司	有限责任公司（自然人投资或控股）	青山镇营山村
贵州金海禾立农业科技开发有限公司	有限责任公司	新店林场
普安县周易农产品精加工厂	个人独资企业	盘水街道南山路

续表8-1-1

民营企业名称	企业类型	企业驻地
嵊州市方兴茶业有限公司普安分公司	有限责任公司分公司	江西坡镇
普安县新新农科技养殖有限责任公司	有限责任公司	白沙乡中箐村吴家坪
贵州省普安县万象生态农业综合开发有限公司	有限责任公司	地瓜镇畜牧兽医站
普安县半边山科技示范养殖场	个人独资企业	龙吟镇吟塘村乐元二组
贵州省普安县天香茶业有限责任公司	有限责任公司	新寨茶场
普安县利群苗圃园	个人独资企业	南湖社区南山路
普安县万亩茶场有限责任公司		江西坡镇联盟村
贵州省普安县元林农业开发有限公司	有限责任公司	地瓜镇岗坡村鸡场箐组
普安县江西坡镇兴农茶叶专业合作社	农民专业合作经济组织	江西坡镇江西坡社区新街
普安县晴海药材种植专业合作社	农民专业合作经济组织	盘水街道交通路77号
普安县逢缘果蔬专业合作社	农民专业合作经济组织	白沙乡社区二组3号
贵州普安盘江源茶业有限公司	有限责任公司	盘水街道西街
贵州普安县金厚农业科技开发有限公司	有限责任公司	盘水街道南山路
贵州普安县大山果业发展有限公司	有限责任公司	盘水街道安居小区12幢302
普安县高箐红心猕猴桃种植园	个人独资企业	青山镇高箐村
贵州省普安县荣华良种苗木有限责任公司	有限责任公司	江西坡镇联盟村新寨茶场
贵州省普安县聚源种养殖场	个人独资企业	楼下镇东环路
普安县富民桑蚕专业合作社	农民专业合作经济组织	盘水街道交通路（老车站）
普安县崧岿村春晖种养业农民专业合作社	农民专业合作经济组织	兴中镇崧岿村
普安县细寨布依人家茶叶专业合作社	农民专业合作经济组织	江西坡镇联盟村联盟茶厂
普安县丰收薄壳核桃专业合作社	农民专业合作经济组织	地瓜镇木卡村
普安县天龙茶叶专业合作社	农民专业合作经济组织	江西坡镇江西坡社区上街
普安县江西坡镇联谊茶叶专业合作社	农民专业合作经济组织	江西坡镇下街组
普安县迎新种养专业合作社	农民专业合作经济组织	龙吟镇高阳村红岩组
普安县江西坡镇乌蒙养殖专业合作社	农民专业合作经济组织	盘水街道白石村老屋厂组
普安县河阳移民种养殖专业合作社	农民专业合作经济组织	龙吟镇北盘江村河洋组
普安县新丰生姜农民专业合作社	农民专业合作经济组织	新店镇
普安县长冲种植业专业合作社	农民专业合作经济组织	南湖街道南山路
普安县长毛兔养殖产业专业合作社	农民专业合作经济组织	盘水街道劳动街18号
普安县南山农业生态园有限公司	有限责任公司	盘水街道南山路
普安县金叶惠民烟叶专业合作社	农民专业合作经济组织	青山镇烟叶站
普安县江西坡镇果蔬专业合作社	农民专业合作经济组织	江西坡镇江西坡社区上街
普安县江西坡镇达农茶叶专业合作社	农民专业合作经济组织	江西坡镇江西坡社区上街组
贵州省普安县古茶茶业有限责任公司	有限责任公司	江西坡镇许家院组
普安县江西坡镇时代茶叶专业合作社	农民专业合作经济组织	江西坡镇许家院大坪

续表8-1-1

民营企业名称	企业类型	企业驻地
普安县乡村农副产品开发有限公司	有限责任公司	盘水街道商住城
普安县小坡脚农业科技种植园	个人独资企业	南湖街道民主街50号附2号
普安县绿坡种养殖场	个人独资企业	地瓜镇岗坡村
普安县金银花种植专业合作社	农民专业合作经济组织	地瓜镇屯上村磨田组
普安县雪浦乡明舒农业科技种植园	个人独资企业	青山镇独树村下独树组
普安县三板桥镇皂角箐种草养畜科技示范园	个人独资企业	南湖街道保冲村皂角箐
普安铁果脑农特产品经济专业合作社	农民专业合作经济组织	高棉乡嘎坝村细寨组
普安县波余核桃产业发展有限责任公司	有限责任公司	盘水街道营盘路8号
普安县雪浦乡硐口村黎红茶园专业合作社	农民专业合作经济组织	青山镇高箐村
普安县大坪绿色茶果场	个人独资企业	江西坡镇大坪
黔西南州富洪茶叶有限公司	有限责任公司	江西坡镇大田村
普安县楼下镇韩英种植专业合作社	农民专业合作经济组织	楼下镇磨舍村十组
普安县宏鑫茶业开发有限公司	有限责任公司	江西坡镇联盟村
普安县江西坡镇云头山茶叶专业合作社	农民专业合作经济组织	盘水街道东街188号
贵州省普安县贵安茶业有限公司	有限责任公司	江西坡镇联盟村
普安县野生百合天麻开发有限公司	有限责任公司	地瓜镇地瓜社区
普安县峥嵘中草药种植有限公司	有限责任公司	盘水街道云盘社区
普安县白沙乡果业发展专业合作社	农民专业合作经济组织	白沙乡卡塘村中箐组
普安县绿色生态农业专业合作社	农民专业合作经济组织	地瓜镇屯上村磨寨河组
普安县惠民生态乌米核桃开发有限公司	有限责任公司	盘水街道文笔村
普安县龙吟镇果业发展专业合作社	农民专业合作经济组织	龙吟镇红旗村圳广组
贵州省普安县德信兔业发展有限公司	有限责任公司	盘水街道文笔村
普安县龙吟镇核桃业发展专业合作社	农民专业合作经济组织	龙吟镇红旗村罗家街
普安县龙吟镇福彬茶叶专业合作社	农民专业合作经济组织	龙吟镇高阳村
普安县龙吟镇普纳茶叶专业合作社	农民专业合作经济组织	龙吟镇硝洞村硝洞组
普安县江西坡镇益民茶叶专业合作社	农民专业合作经济组织	江西坡镇联盟村大洼组
普安县地瓜镇岗坡妇女药材专业合作社	农民专业合作经济组织	地瓜镇岗坡村鸡场箐组
普安县乌牛早百茶专业合作社	农民专业合作经济组织	江西坡镇联盟村胡山寨
普安金州布依四季金银花种植专业合作社	农民专业合作经济组织	江西坡镇联盟村胡山寨
普安县罗凯水果农民专业合作社	农民专业合作经济组织	江西坡镇
普安县忠才畜牧养殖农民专业合作社	农民专业合作经济组织	盘水街道白石村雪厂组龙潭
普安县星辉中药材专业合作社	农民专业合作经济组织	青山镇二街
普安县焯天农业综合种植专业合作社	农民专业合作经济组织	地瓜镇岗坡村鸡场箐组38号
普安县蔬菜产业化发展专业合作社	农民专业合作经济组织	江西坡镇江西坡社区
普安县经济作物种植发展专业合作社	农民专业合作经济组织	新店镇新店社区一组

续表8-1-1

民营企业名称	企业类型	企业驻地
贵州口天农业开发有限公司	有限责任公司	南湖街道大湾林场
普安县江西坡镇贵品茶叶病虫防治专业合作社	农民专业合作经济组织	江西坡镇胡山寨组
贵州省龙吟镇河洋香蕉种植旅游示范园	个人独资	龙吟镇北盘江村河洋组
普安县绿色生态茶果种植专业合作社	农民专业合作经济组织	江西坡镇江西坡社区上街组
普安县巴掌岩科技种草养畜示范基地	个人独资	南湖街道保冲巴掌岩
贵州苗岭药业种植有限责任公司	有限责任公司	盘水街道东风路政协宿舍
普安县金源药材种植专业合作社	农民专业合作经济组织	青山镇二街
普安县民族中草药有限责任公司	有限责任公司	盘水街道东街45号
贵州普安普杰农业发展有限公司	有限责任公司	龙吟镇泡木山
普安县青山镇三七种植专业合作社	农民专业合作经济组织	青山镇范家寨村黄泥田组
普安县蔡进苗蔬专业合作社	农民专业合作经济组织	江西坡镇联盟村
普安县江西坡镇新盟蔬菜专业合作社	农民专业合作经济组织	江西坡镇联盟村新寨组
普安县丰盛惠农综合服务专业合作社	农民专业合作经济组织	罗汉镇罗汉烟叶站
普安县江西坡镇果树种植专业合作社	农民专业合作经济组织	江西坡镇江西坡社区
普安县地瓜镇腾飞药材种植专业合作社	农民专业合作经济组织	地瓜镇地瓜社区陈家寨组
普安县同步养殖专业合作社	农民专业合作经济组织	南湖街道大湾村刘家坡组
普安县江西坡镇黄金舟茶叶专业合作社	农民专业合作经济组织	江西坡镇胡山寨组
普安县楼下镇生态油茶种植专业合作社	农民专业合作经济组织	楼下镇补者村鱼陇五组
普安县地瓜镇干果水果中药材种植专业合作社	农民专业合作经济组织	地瓜镇木卡村包箐组
贵州省普安县红祥生态农业发展有限责任公司	有限责任公司	楼下镇泥堡村红岩组
贵州现代生态农业发展有限公司	有限责任公司	盘水街道营盘路
普安县龙吟镇吟路茶业农民专业合作社	农民专业合作经济组织	龙吟镇吟路村代家岩组
普安县地瓜镇岗坡村大叶古茶专业合作社	农民专业合作经济组织	地瓜镇岗坡村坪子田
普安县群兴乌洋芋种植专业合作社	农民专业合作经济组织	盘水街道文笔村
普安县朗寨茶业农民专业合作社	农民专业合作经济组织	江西坡镇细寨村
普安县雪浦乡天麻种植农民专业合作社	农民专业合作经济组织	青山镇蒿箐村水桥组
普安县地瓜镇莲花村马铃薯专业合作社	农民专业合作经济组织	盘水街道莲花村
普安县源源天麻中药材种植农民专业合作社	农民专业合作经济组织	地瓜镇鲁沟材张家良子组
普安县华洋柿子产业农民专业合作社	农民专业合作经济组织	江西坡镇东南村杨保井组
普安县楼下镇马鞍山农业生态园专业合作社	农民专业合作经济组织	楼下镇楼下社区
普安县罗汉乡天麻种植专业合作社	农民专业合作经济组织	罗汉镇罗汉村
普安县雪浦乡哈马村农民农机专业合作社	农民专业合作经济组织	青山镇哈马村大寨组
普安县生态种植养殖农业专业合作社	农民专业合作经济组织	南湖街道南山东路53号
普安县雪浦基地单元富叶综合服务烟农专业合作社	农民专业合作经济组织	青山镇高箐村老地组雪浦烟叶站

续表8-1-1

民营企业名称	企业类型	企业驻地
普安县地瓜镇岗坡村乌龙山刺梨专业合作社	农民专业合作经济组织	地瓜镇岗坡村
贵州底线腐殖酸有机肥开发有限公司	有限责任公司	南湖街道南湖东路
普安县大湾畜牧养殖农民专业合作社	农民专业合作经济组织	南湖街道大湾林场
普安县龙吟镇高阳核桃农民专业合作社	农民专业合作经济组织	龙吟镇高云村跃进组
普安县惠欣核桃专业合作社	农民专业合作经济组织	盘水街道文笔村森林公园大门内
普安县南天园科技养殖有限公司	有限责任公司	江西坡镇联盟村苗寨丫口林场
普安县罗汉乡小海子三七种植基地	个人独资企业	罗汉镇良子村小海子组
普安县向黎鹿业综合开发有限公司	有限责任公司	地瓜镇地瓜社区
普安县九峰长毛兔养殖场	合伙企业	南湖街道九峰村三组
普安县罐子窑镇苗山乌鸡养殖场	合伙企业	兴中镇辣子树村臭樟树组
普安县南天园科技养殖有限公司	有限公司	江西坡镇联盟村苗寨丫口林场

第四节 集 市

一、乡镇（街道）人民政府（办事处）驻地集市

（一）县城集市

位于县城驻地，系盘水街道云盘社区、南湖街道南湖社区，集市面积9000平方米，星期日为集市交易日，集市规模1万人左右。随着经济社会的发展，市场交易商品在以往零星农副产品、日杂百货、畜牧产品的基础上，增加电器专卖店、手机专卖店、车辆销售点、服装专卖店、药品专卖店、建筑耗材等多种商品店铺。2015年，服装店46家（不含摊位），超市17家，金银首饰店6家，日用百货店37家，烟花爆竹店2家，水泥（建材）销售点17个，家具专卖店（加工厂）4家，化妆品店10家，理发店12家，餐饮店43家，旅社24家，药店8家，茶叶专卖店11家，手机专卖店13家，种子（饲料、农药）销售点10个，摊位（集市日使用）197个。年成交额3.5亿元左右。

（二）龙吟集市

位于县城北部28千米处（公路里程47千米）的龙吟镇红旗社区街上组，是普安县北部最大的集市，星期日为固定集市交易日，交易日除当地群众前来购买商品外，还有来自水城、盘县、六枝、晴隆等地的群众及商人，农忙季节上万人，春节期间2万人，是周边地区的商品集散地。2015年，家用电器和家具专卖店8家，年销售额569万元；摩托车专卖店3家，年销售额124万元；服装店8家，年销售额76万元；超市7家，年销售额1362万元；日用百货店38家，年销售额956万元；烟花爆竹22家，年销售额246万元；水泥（建材）销售4家，年销售额659万元；化妆品店4家，年销售额52万元；理发店4家，年收入27万元；餐饮店11家，年销售额468万元；旅社6家，年销售额216万元；药店3家，年销售额154万元；手机专卖店7家、种子（饲料、农药）销售点3个，年销售额351万元。年成交总额5260万元。

（三）兴中（铅厂）集市

位于县政府驻地北部13.8千米处（公路里程26.7千米）的兴中镇新光社区铅矿组，为江罐油路公路两侧，集市面积2300平方米，星期日为固定集市交易日，集市规模2800人左右。随着经济社会的发

展，市场交易商品在以往的农副产品、日杂百货、畜牧产品的基础上，增加了日用家电、摩托车、服装、烟花爆竹、建筑耗材、手工艺等多种商品。2015年，家用电器专卖店1家，摩托车专卖店1家，服装店3家，超市2家，日用百货店8家，烟花爆竹店1家，水泥（建材）销售点2个，家具专卖店（加工厂）1家，理发店2家，餐饮店7家，旅社1家，药店1家，手机专卖店2家，种子（饲料、农药）销售点1个，摊位（集市日使用）25个。年成交额997万元。

（四）江西坡集市

位于县政府驻地东部11.8千米处（公路里程20.4千米）的江西坡镇江西坡社区上街组，为G320两侧及新街市场，集市面积6000平方米，与晴隆县隔河相望，根据民族习惯，6天为1个周期的集市交易日（即上周若为星期一，本周则为星期日，下周则为星期六，以此类推），集市规模2000人左右。随着经济社会的发展，市场交易商品在以往的农副产品、日杂百货、畜牧产品的基础上，增加了日用家电、摩托车、服装、烟花爆竹、建筑耗材、手工艺等多种商品。2015年，家用电器专卖店8家，摩托车专卖店2家，服装店65家，超市5家，日用百货店95家，烟花爆竹店26家，水泥（建材）销售点6个，家具专卖店（加工厂）6家，化妆品店5家，理发店10家，餐饮店35家，旅社3家，药店5家，茶叶专卖店（加工作坊）17个，手机专卖店8家，种子（饲料、农药）销售点9个，摊位（集市日使用）89个。年成交额4127万元。

（五）地瓜集市

位于县政府驻地南部9.6千米处（公路里程18.9千米）的地瓜镇地瓜社区五组，集市面积7200平方米。1998年，星期日为固定集市交易日；2004年，星期四为固定集市交易日，集市规模3000人左右。随着经济社会的发展，市场交易商品在以往农副产品、日杂百货的基础上，增加了日用家电、摩托车、服装、烟花爆竹、建筑耗材、手工艺、猪等多种商品。2015年，家用电器专卖店3家，摩托车专卖店2家，服装店8家，超市4家，日用百货店18家，烟花爆竹店7家，水泥（建材）销售点3个，家具专卖店（加工厂）4家，化妆品店2家，理发店3家，餐饮店8家，旅社2家，药店2家，手机专卖店3家，种子（饲料、农药）销售点2个，猪市场1个，摊位（集市日使用）110个。年成交额903.5万元。

（六）青山集市

位于县政府驻地南部30.7千米处（公路里程46千米）的青山镇人民政府驻地，集市面积3平方千米，为新街市场及老街市场，与兴仁县毗邻。青山镇商贸历史悠久，经济活跃，在盘江八属曾有“头青山，二者相，三龙广”之美称，青山镇集市是黔西南州三大农贸集市之一，同时也是贵州省重点打造的100个示范小城镇之一。星期日为固定集市交易日，集市规模8600人左右。随着经济社会的发展，市场交易商品在以往农副产品、日杂百货、畜牧产品的基础上，增加了日用家电、摩托车、服装、烟花爆竹、建筑耗材、手工艺等多种商品。2015年，家用电器专卖店18家，摩托车专卖店17家，服装店51家，超市5家，日用百货店250家，烟花爆竹51家，水泥（建材）销售点49个，家具专卖店（加工厂）20家，化妆品店15家，理发店25家，餐饮店83家，旅社8家，药店8家，茶叶专卖店5个，手机专卖店41家，种子（饲料、农药）销售点58个，摊位（集市日使用）242个。年成交额68亿元。

（七）楼下集市

位于县政府驻地南部45.7千米处（公路里程76千米）的楼下镇楼下社区十组，集市面积8000平方米，集市为社区主街道两旁及新修农贸市场，与盘县、兴义毗邻，星期日为固定集市交易日，集市规模9000人左右。随着经济社会的发展，市场交易商品在以往农副产品、日杂百货、畜牧产品的基础上，增加了日用家电、摩托车、服装、烟花爆竹、建筑耗材、手工艺等多种商品。2015年，家用电器专卖店6家，矿山设备专卖店3家，摩托车专卖店7家，服装店23家，超市7家，日用百货店19家，烟花爆竹店38家，水泥（建材）销售点5个，家具专卖店（加工厂）3家，化妆品店5家，理发店26家，餐饮店67家，旅社14家，药店9家，茶叶专卖店（加工作坊）2个，手机专卖店31家，种子（饲料、农药）销售点8个，摊位（集市日使用）216个。年成交额876万元。

（八）白沙集市

位于县政府驻地南部17.7千米处（公路里程33.5千米）的白沙乡白沙社区二组，面积约2300平方米，为江灌油路两侧，星期四为固定集市交易日，集市规模3000人左右。随着经济社会的发展，市场交易商品在以往农副产品、日杂百货、畜牧产品的基础上，增加了日用家电、摩托车、服装、烟花爆竹、建筑耗材、手工艺等多种商品。2015年，家用电器专卖店3家，摩托车专卖店1家，服装店5家，超市6家，日用百货店15家，烟花爆竹店4家，水泥（建材）销售点2个，家具专卖店3家，化妆品店1家，理发店3家，餐饮店6家，旅社2家，药店1家，手机专卖店2家，摊位（集市日使用）350个。年成交额约1440万元。

（九）高棉集市

位于县政府驻地东北部14.8千米处（公路里程38千米）的高棉乡嘎坝村细寨组，集市面积1.2万平方米，在江灌油路两侧，6天为1个周期的集市交易日（即上周若为星期一，本周则为星期日，下周则为星期六，以此类推），集市规模2000人左右。随着经济社会的发展，市场交易商品在以往农副产品、日杂百货、畜牧产品的基础上，增加了日用家电、摩托车、服装、烟花爆竹、建筑耗材、手工艺等多种商品。2015年，家用电器专卖店3家，摩托车专卖店5家，服装店4家，超市2家，食品百货店20家，烟花爆竹店20家，水泥销售点1个，建材销售点1家，窗帘装饰店2家，门窗安装店1家，少数民族服装制作店1家，家具专卖店（加工厂）2家，化妆品店2家，理发店10家，餐饮店12家，夜间小吃店4家，旅社2家，移动、电信、联通、邮政等网点各1个，手机专卖店4家，种子（饲料、农药）销售点2个，药店2个，汽车修理店6家，花圈店1家，洗车店3个，理发店10家。年成交额600万元。

（十）罗汉集市

位于县政府驻地南部19.4千米处（公路里程38.6千米）的罗汉镇罗汉村一组，集市面积4000平方米，为S313两侧及新街市场，星期五为固定集市交易日，集市规模3000人左右。随着经济社会的发展，市场交易商品在以往农副产品、日杂百货、畜牧产品的基础上，增加了日用家电、摩托车、服装、烟花爆竹、建筑耗材、手工艺等多种商品。2015年，家用电器专卖店6家，摩托车专卖店5家，服装店5家，超市5家，日用百货店13家，烟花爆竹店23家，水泥（建材）销售点3个，家具专卖店（加工厂）5家，化妆品店3家，理发店5家，餐饮店15家，旅社3家，药店2家，手机专卖店6家，种子（饲料、农药）销售点2个，摊位（集市日使用）180个。年成交额2亿元。

（十一）新店集市

位于县政府驻地南部22.6千米处（公路里程37.4千米）的新店镇新店社区三组，集市面积2.7平方千米，由S313、花碧公路两侧及中学路等新街市场为主街道构成，星期六为固定集市交易日，集市规模6500人左右，流动商贩主要来源于周边乡镇，其中以青山镇商贾为主。随着经济社会的发展，市场交易商品在1998年的农副产品、日杂百货、畜牧产品的基础上，增加了日用家电、摩托车、服装、烟花爆竹、建筑耗材、手工艺等多种商品。2015年，家用电器专卖店4家，摩托车专卖店6家，服装店12家，超市6家，日用百货店20家，烟花爆竹店19家，水泥（建材）销售点16个，家具专卖店（加工厂）6家，化妆品店3家，理发店6家，餐饮店15家，旅社5家，药店2家，手机专卖店4家，种子（饲料、农药）销售点2个，农机销售网点3家，摊位（集市日使用）158个。作为农业乡镇，新店畜牧交易市场远近闻名，交易规模及数额位居全州第二位，每个集市交易日均有牛马500余头（匹），成交数均在200头左右，生猪400余只，成交率在70%以上。年成交额0.28亿元。

二、其他集市

（一）窝沿集市

位于县政府驻地北部8.3千米处（公路里程14.5千米）的盘水街道窝沿社区袁家组，集市面积5000余平方米，星期六为固定集市交易日，集市规模5000人左右。随着经济社会的发展，市场交易商品在以往农副产品、日杂百货、畜牧产品的基础上，增加了日用家电、建筑耗材等多种商品。2015年，商铺31家，连锁店、超市、品牌专卖店等新型商业发展迅速，超过40平方米的超市和专卖店有24家，饭店9家。年成交额9000万元。

（二）罐子窑集市

位于县政府驻地北部11.6千米处（公路里程23千米）的兴中镇新光社区四组，为普花公路两侧及老街市场，集市面积4200平方米，星期二为固定集市交易日，集市规模5000人左右。随着经济社会的发展，市场交易商品在以往的农副产品、日杂百货、畜牧产品的基础上，增加了日用家电、摩托车、服装、烟花爆竹、建筑耗材、手工艺等多种商品。2015年，家用电器专卖店2家，摩托车专卖店1家，服装店5家，超市4家，日用百货店13家，烟花爆竹店3家，水泥（建材）销售点1个，家具专卖店（加工厂）1家，化妆品店1家，理发店2家，餐饮店9家，旅社1家，药店2家，手机专卖店4家，种子（饲料、农药）销售点2个，摊位（集市日使用）36个。年成交额1481万元。

（三）三板桥集市

位于县政府驻地西部7.5千米处（公路里程12千米）的南湖街道板桥社区十四组，集市面积5400平方米，为G320两侧及农产品交易市场、牛马市场，与盘县隔河相望。集贸市场历史悠久，商业发达，星期五为固定集市交易日，集市规模5000人左右。市场交易商品主要以农副产品、日杂百货、畜牧产品、日用家电、摩托车、衣帽被服、烟花爆竹、建筑耗材、手工艺等。该集市历来就是普安县重要牛马市场交易集市，每个集市交易日牛马平均在200头以上。2015年，家用电器专卖店8家，摩托车专卖店6家，服装店20家，超市5家，日用百货店12家，烟花爆竹店12家，水泥（建材）销售点6个，家具专卖店（加工厂）3家，化妆品店6家，理发店8家，餐饮店30家，旅社5家，药店10家，手机专卖店6家，种子（饲料、农药）销售点5个，摊位（集市日使用）183个。年成交额1.55亿元以上。

（四）横山集市

位于县政府驻地东南部8.2千米（通行公路为X632，里程21.9千米）、地瓜镇人民政府驻地东北部4.7千米（通行公路为X632，里程8.8千米）处的岗坡村给拱上组、给拱下组旁，集市面积1.3万平方米，星期二为固定集市交易日。市场交易商品主要是牛、马等牲畜，每场约有250头，是县境内较大的牲畜交易市场。同时也有农副产品、日杂百货、日用家电、服装、烟花爆竹等多种商品出售。2015年，有摊位（集市日使用）110个。年成交额903.5万元。

（五）细寨集市

位于县政府驻地东南部11.4千米（通行公路G320，里程33千米；通行公路G60，里程23.2千米）、江西坡镇人民政府南部6.5千米（公路里程12.7千米）处的细寨村细寨组，集市面积2300平方米，星期日为固定集市交易日，集市规模1000人左右。随着社会经济的发展，市场交易商品在以往农副产品、日杂百货、畜牧产品的基础上，增加了日用家电、服装、烟花爆竹、建筑耗材、手工艺等多种商品。

2015年，家用电器专卖店2家，日用百货店5家，五金店4家，装潢店2家，服装店5家，烟花爆竹店7家，水泥（建材）销售点4个，家具专卖店（加工厂）2家，饲料销售点2个，摊位（集市日使用）75个。年成交额3158万元。

（六）泥堡集市

位于县政府驻地南部43.9千米（通行公路为X632、S313，里程66.6千米）、楼下镇人民政府东部略偏北8.2千米（通行公路X632，里程10.3千米）处的泥堡村五组（中岭），集市面积5000平方米，为砂马公路两侧市场，6天为1个周期的集市交易日（即上周若为星期一，本周则为星期日，下周则为星期六，以此类推），集市规模5000人左右。随着经济社会的发展，市场交易商品在以往农副产品、日杂百货、畜牧产品的基础上，增加日用家电、摩托车、服装、烟花爆竹、建筑耗材、手工艺等多种商品。2015年，家用电器专卖店1家，摩托车专卖店2家，服装店2家，超市1家，日用百货店6家，烟花爆竹店4家，水泥（建材）销售点2个，家具专卖店（加工厂）1家，化妆品店1家，理发店2家，餐饮店4家，旅社2家，药店2家，手机专卖店3家，种子（饲料、农药）销售点1个，摊位（集市日使用）168个。年成交额319万元。

（七）大地集市

位于县政府驻地南部略偏西34.5千米（通行公路为X632、S313，里程57.5千米）、青山镇人民政府驻地西南部9.3千米（公路里程12.3千米）处的兴隆村大地组，集市占地面积4000平方米，星期五为固定集市交易日，集市规模1000人，主要为盘县新民镇、普安楼下镇和青山镇等地方人员到市场上交易商品。随着经济社会的发展，市场交易商品在以往的牛、猪等畜牧产品、玉米等农副产品基础上，增加了烟、酒等日常百货、烟花爆竹等多种商品。

（八）电子商务

2015年9月，普安县获批2015年国家级电子商务综合示范县；26日，普安县人民政府办公室印发《普安县电子商务进农村工作实施方案》；12月8日，成立电子商务管理中心；12月23日，成立普安县电子商务进农村工作领导小组。

第五节 开发投资与外贸

一、项目建设

2007年，落实青山煤化工进场公路建设、煤化工办事处建设工程承建单位，拨付30万元建成煤化工办事处进场公路。办事处建设工程进账499.5万元，预付工程款250万元；五嘎冲水利水电工程进场公路建设进账369.42万元；预付工程款140万元；五嘎冲水利水电工程电路架设款进账42.5万元，预付五嘎冲水利水电工程征地费140万元。2008年，督促、协调建设普兴商务会所、五嘎冲水利水电工程进场公路和导流洞，与州宏升资本营运公司对接拟申报的资金建设项目，与兴仁农业发展银行对接办理灾后重建项目，与中国农业发展银行黔西南分行、兴仁农业发展银行对接县城干道新建项目，与兴仁农业发展银行对接河洋大桥、五嘎冲水电站、草地生态畜牧业、煤电化办事处、一中校园、职教中心等建设项目，与相关银行对接江灌通乡油路改造建设、青山至雪浦通乡油路改造工程、县城干道新建等项目，委托县国土局对全县2006—2020年土地出让收益进行测算。2009年，督促施工单位、监理单位完善五嘎冲水电站进场公路、五嘎冲水利水电工程导流洞、青山商务会所竣工资料和手续并做好余款的拨付及结算，与兴仁农发行、州农发行对接办理开户进行贷款，与州宏升资本营运公司对接普安县污水处理厂、县垃圾填埋场、县职教中心新校园、县廉租房新建、新店乡五月天池水库等工程项目建设。

二、融　资

2008年，协同县物资公司筹集普安青山煤化工园区、青山百合小区开发启动资金900万元，用质押方式向县工行贷款1000万元（其中下厂河至凉水油路改造250万元、县城干道改造300万元、柿花树小区征地300万元、罗汉吊洞引水工程建设50万元、县体育场建设100万元），财政拨入青山普兴商务会所后期建设工程款288.23万元、五嘎冲前期工程256.92万元（林地规划费35万元，进场公路建设征地和拆迁补偿费187.12万元，建设项目用地预审经费34.8万元）、五嘎冲导流洞建设工程款99.88万元、青山工业园区规划费300万元、煤化工前期经费600万元（该款项作为县政府投入普兴煤化工产业基地有限责任公司的资本金），拨给建设局对煤化工办事处建设款876万元、林业局对五嘎冲林地规划费35万元、国土局对五嘎冲土地预审费34.8万元、水利局对导流洞工程建设款90万元。2009年，用房产抵押贷款方式向县联社贷款600万元改造县城道路、建设体育场，协同普安县建筑工程有限责任公司向县工商银行贷款1000万元对县矿冶公司进行改制，用质押方式向县工行贷款1000万元改造下厂河至凉水油路、改造县城干道、对柿花树小区进行征地、建设罗汉吊洞引水工程、建设体育场，通过县人民医院搭桥，在县工商银行贷款1500万元拨给县发改局作为中央第一至第四批项目配套资金，财政拨入五嘎冲导流洞工程款109.5万元，预付给水利局对五嘎冲导流洞建设工程款100万元、建设五嘎冲进场公路监理费20万元、建设局对煤化工工业园区规划经费200万元、建设局对青山商务会所建设工程款40万元、商务会所建设工程款15.8万元、交通局对五嘎冲进场公路工程费80万元和相关贷款利息的拨付。2010年，向兴仁县农行贷款4620万元建设垃圾填埋场、污水处理厂、县职教中心，委托县物资公司、县建设工程有限责任公司在县工行续贷1900万元开发青山百合小区、改造县城道路。2011年，衔接县物资公司、县建设工程有限责任公司、县医院等单位与县工行、联社等金融机构累计贷款2580万元，委托县医院、物资公司重新申请贷款2400万元，与县财政局、国土资源局、住建局等部门合作充实公司有效资本8520万元，在兴仁农发行开设偿债风险基金专户并注入偿债风险基金50万元。2012年，衔接县物资公司、县建设工程有限责任公司、县医院等单位与金融机构累计贷款1550万元，以县建设工程公司名义向银行申请贷款1400万元。2013年，协调资金归还以县物资公司名义承贷的550万元、以县建设公司名义承贷的1400万元、以县医院名义承贷的1000万元政府性融资贷款，以县医院名义重新申请1000万元、以县建设工程公司名义申请1000万元的政府性融资贷款，按月核算并支付由单位承贷、由单位运作的以其他经济实体名义承贷的政府性融资贷款利息380余万元。2014年，以县建设工程公司名义向银行申贷1700万元政府性融资贷款，与兴仁农发行对接将污水处理项目贷款余款336万元全部提取。支付由投资中心承贷以及由投资中心操作的以其他经济实体名义承贷的各笔政府性融资贷款利息350万元。2015年，以县人民医院名义向银行申贷1000万元政府性融资贷款，配合县财政对地方债务进行清理，完成投资中心操作的政府性融资贷款清理和上报。

三、投　资

2010年，贷款投资2450万元，其中县建设局借款500万元建设垃圾填埋场、县水利局借款150万元规划五月天池水库、县公路管理所借款56万元修复普安至河洋公路和借款160万元修复县城至下厂河油路、龙吟镇政府借款300万元建设龙吟镇农贸市场、江西坡政府借款78万元对晴（隆）兴（义）高速公路进行征地补偿、县住建局借款300万元建设廉租房、县二小借款200万元搬迁二小教学楼、县武警中队借款100万元建设营房、县发改局借款100万元规划“十二五”、县交通局借款300万元作为江（西坡）罐（子窑）油路配套资金。财政资金投资203.99万元，其中拨给县公路管理所26万元用于煤化工办事处进场公路二期工程建设、州鑫海建筑公司5万元用于煤化工工程建设、县环保局68万元用于五嘎冲水库编制经费、县交通局100万元用于五嘎冲水库进场公路建设、州公路工程咨询监理公司4万元用于五嘎冲水库建设监理费、州交通局勘查设计院0.99万元用于五嘎冲水库勘查费结账余款。收益性项目投资，投入启动资金300万元与龙吟镇政府合作开发建设农贸市场。2011年，追加龙吟镇集贸市场建设资金80万元，投资300万元与楼下镇合作开发飞马大道一期工程，协调600万元前期费用启动全县零星土地开发，代表县政府出资250万元与云南宏鑫矿业有限公司等三方外来业主共同组建普安县同德能源开发有限公司。2012年，投入（借款）300万元给县住建局建设污水处理厂、垃圾填埋场，投入（借款）100万元给盘水镇作为普安县城市开发投资公司注册资本金，投入（借款）50万元给县水利局规划水利设施，投入（借款）451.36万元给县土地开发中心收购新增耕地。2013年，与龙吟镇政府完善龙吟集贸市场（投资项目）竣工、结算及开发地块“招、拍、挂”手续，协同县国土资源局启动开发地块拍卖，成功拍卖第一批土地2900余平方米，出让收入680余万元；与县职教中心将农发行职中新校园建设项目剩余贷款324万元全部提取投入到职中新校园建设。2014年，完善龙吟集贸市场（公司投资项目）开发地块“招、拍、挂”手续，协同县国土资源局启动第二批地块拍卖，完成拍卖2000余平方米，出让收入580余万元。2015年，与龙吟镇政府配合，启动第三批土地拍卖；协助楼下镇政府开展飞马大道建设工程（公司投资项目）前期相关工作。

四、外　贸

2012年，普安宏鑫茶业有限公司从印度进口价值为206万美元（1391.12万元人民币）的CTC红碎茶生产流水线一条。2014年，有出口贸易登记备案企业10家，普安县宏鑫茶业有限公司与普安县才华手袋有限责任公司共出口68万美元（459.20万元人民币），实现出口零突破。2015年，有出口贸易备案企业10家，有出口实绩企业2家，普安县宏鑫茶业有限公司与普安县才华手袋有限责任公司共出口139万美元（938.67万元人民币）。同时完成普安县省级出口食品农产品（茶叶）质量安全示范区考核验收工作。

五、外　资

2014年，利用外资500万美元（3374.55万元人民币）。2015年，利用外资2579.87万美元（17411.80万元人民币）。

第六节　粮　油

一、国有粮食企业粮油购销

（一）粮油收购调入

1998年，收购调入粮食5337吨，其中小麦3吨、面粉7吨、面条5吨、大米193吨、稻谷2413吨、玉米2706吨、大豆10吨。收购调入油脂油料34吨，其中菜油16吨、菜籽17吨、桐籽1吨。1999年，按保护价敞开收购粮食。2000年，增设收购网点，常年挂牌收购。2001年，粮食购销企业敞开收购粮食，不压级压价、不拒收、不限收。2003年起，取消粮食订购，放开收购，放开价格。2009年，从县外购入稻谷300吨，县级储备粮存放在兴中公司的蜈蚣山仓库。2013年，收购调入粮食5854吨，其中面粉404吨、面条279吨、大米3730吨、玉米1117吨、菜油107吨、大豆226吨。2014年，通过招标采购，从湖北调入稻谷809吨作为全县新增县级储备。2015年，通过招标采购购入县级储备压榨菜籽油100吨。

1998—2015年普安县粮油收购调入情况表

表8-1-2　　　　　　　　　　　　　　　　　　　　　　　　　　　　单位：吨

年份	粮食收购调入	其中							油脂油料收购调入	其中		
		小麦	面粉	面条	大米	稻谷	玉米	大豆		菜油	菜籽	桐籽
1998	5337	3	7	5	193	2413	2706	10	34	16	17	1
1999	3372	204	—	5	195	1136	1832	—	94	13	81	—
2000	3967	220	3	9	413	2268	1054	—	—	—	—	—
2001	2368	170	—	9	195	1077	917	—	74	8	66	—
2002	3577	35	6	17	69	1516	1934	—	—	—	—	—
2003	4415	43	2	16	1	977	3376	—	—	—	—	—
2004	3989	—	—	—	2	2676	1311	—	—	—	—	—
2005	589	77	—	—	105	6	401	—	—	—	—	—
2006	371	98	—	—	59	214	—	—	—	—	—	—
2007	—	—	—	—	—	—	—	—	—	—	—	—
2008	—	—	—	—	—	—	—	—	—	—	—	—
2009	300	—	—	—	—	300	—	—	—	—	—	—
2010	—	—	—	—	—	—	—	—	—	—	—	—
2011	—	—	—	—	—	—	—	—	—	—	—	—
2012	—	—	—	—	—	—	—	—	—	—	—	—
2013	5854	—	404	279	3730	—	1117	226	107	107	—	—
2014	—	—	—	—	—	809	—	—	—	—	—	—
2015	—	—	—	—	—	—	—	—	100	—	—	—

（二）粮油销售

1998年，销售粮食4262吨，其中小麦1204吨、面粉29吨、大米509吨、稻谷1800吨、大豆7吨、玉米713吨。销售油脂油料36吨，其中菜油21吨、菜籽15吨。2008年，发生凝冻灾害，县城运输道路与外界完全中断35天，各类物资供应出现紧张，国有粮食企业没有粮食库存，个体户的粮食库存不能保障粮食供给，县人民政府决定从县外调入大米300吨，大米运到楼下镇的水箐丫口等了3天，因路面太滑，将大米存放在楼下。2012年，县级粮食储备300吨稻谷出库，经县政府批准用于救灾救济。2013年，销售粮食1.22万吨，其中小麦4114吨、稻谷3198吨、玉米4477吨、大豆458吨。销售菜籽797吨。2014年，销售粮食，1.79万吨，其中小麦4619吨、稻谷5484吨、玉米7671吨、大豆168吨。销售菜籽921吨。2015年，销售粮食2.13万吨，其中小麦4925吨、稻谷8102吨、玉米8100吨、大豆168吨。销售菜籽943吨。

1998—2015年普安县粮油销售情况表

表8-1-3　　　　　　　　　　　　　　　　　　　　　　　　　　　　单位：吨

年份	粮食销售	其中							油脂油料销售	其中		
		小麦	面粉	面条	大米	稻谷	玉米	大豆		菜油	菜籽	桐籽
1998	4262	1204	29	—	509	1800	713	7	36	21	15	—
1999	5730	262	7	—	1006	1372	3082	1	22	17	2	3
2000	6990	466	8	—	783	3323	2410	—	19	3	16	—
2001	3845	215	13	—	642	555	2420	—	68	2	66	—
2002	2867	16	24	—	418	802	1607	—	57	6	51	—

续表8-1-3

年份	粮食销售	其中							油脂油料销售	其中		
		小麦	面粉	面条	大米	稻谷	玉米	大豆		菜油	菜籽	桐籽
2003	8449	136	12	—	138	5360	2803	—	9	9	—	—
2004	5797	161	—	—	95	3452	2089	—	1	1	—	—
2005	1154	77	—	—	128	375	574	—	—	—	—	—
2006	774	98	—	—	83	65	528	—	—	—	—	—
2007	—	—	—	—	—	—	—	—	—	—	—	—
2008	—	—	—	—	—	—	—	—	—	—	—	—
2009	—	—	—	—	—	—	—	—	—	—	—	—
2010	—	—	—	—	—	—	—	—	—	—	—	—
2011	—	—	—	—	—	—	—	—	—	—	—	—
2012	—	—	—	—	—	—	—	—	—	—	—	—
2013	12247	4114	—	—	—	3198	4477	458	797	—	797	—
2014	17942	4619	—	—	—	5484	7671	168	921	—	921	—
2015	21295	4925	—	—	—	8102	8100	168	943	—	943	—

（三）粮油储备

1998年，全县共有5个粮管所（库）、12个粮站，粮食仓库总面积14289平方米，仓库总容量23716吨，其中质量完好粮食仓库9320平方米，库容16395吨。年末粮食库存15339吨，其中小麦681吨、面粉1吨、面条3吨、大米186吨、稻谷9572吨、大豆7吨、玉米4884吨；油脂油料库存23吨，其中菜油16吨、菜籽4吨、桐籽3吨。1999年，重建1998年因超负载倒塌的罗汉粮食仓库。2001年，进一步完善和落实保管工作责任制，建档立卡，科学管理，获得连续17年"一无四符"（财物相符，保管总账会计账、统计账、分仓保管账与仓房粮食数量相符）粮仓县称号。2009年，租用中兴粮食购销有限责任公司蜈蚣山仓库储存稻谷300吨。2013年，委托兴义粮油购销公司存储粮油300吨，其中大米100吨、菜籽油200吨。2014年12月，新增县级储备稻谷809吨，储藏于普安县乌龙山粮食购销公司十里粮食储备仓库内。2015年1月，新增压榨菜籽油100吨，储藏于普安县乌龙山粮食购销公司十里粮食储备仓库1号油罐内，实现普安县级储备油零的突破。

1998—2015年普安县粮油储备情况表

表8-1-4　　单位：吨

年份	粮食储备	其中							油脂油料储备	其中		
		小麦	面粉	面条	大米	稻谷	玉米	大豆		菜油	菜籽	桐籽
1998	15339	681	1	3	186	9572	4884	7	23	16	4	3
1999	12623	628	—	2	122	8248	3618	5	99	15	84	—
2000	9171	389	—	8	100	6400	2268	6	70	15	55	—
2001	6623	283	—	7	139	5455	734	5	100	20	80	—
2002	6073	299	—	4	124	4649	997	—	14	14	—	—
2003	3031	162	—	—	37	1369	1463	—	5	5	—	—
2004	1036	—	—	—	16	499	521	—	—	—	—	—
2005	457	—	—	—	26	83	348	—	—	—	—	—
2006	35	—	—	—	—	18	17	—	—	—	—	—
2007	—	—	—	—	—	—	—	—	—	—	—	—

续表8-1-4

年份	粮食储备	其中							油脂油料储备	其中		
		小麦	面粉	面条	大米	稻谷	玉米	大豆		菜油	菜籽	桐籽
2008	—	—	—	—	—	—	—	—	—	—	—	—
2009	300	—	—	—	—	—	—	—	—	—	—	—
2010	—	—	—	—	—	—	—	—	—	—	—	—
2011	—	—	—	—	—	—	—	—	—	—	—	—
2012	—	—	—	—	—	—	—	—	—	—	—	—
2013	100	—	—	—	100	—	—	—	200	200	—	—
2014	809	—	—	—	—	809	—	—	—	—	—	—
2015	809	—	—	—	—	809	—	—	100	100	—	—

二、社会粮油供需平衡调查

2004年起，每年1—3月由县粮食局对上一年全县的粮油供需情况进行调查。以上一年的12月31日为时间点，全县随机抽取31户农户、3户城镇居民作为样本点，对每户的粮油年初、年末库存情况、粮食的生产消费情况逐一登记；抽取部分粮油经营、转化、加工企业进行调查，测算出全县的粮油供给、需求、库存数据，为全县的粮油宏观调控提供依据。2004年年初，社会存粮1.50万吨，其中粮食企业（含经营、转化、加工企业）存粮3002吨，城镇居民存粮84吨，农户存粮1.19万吨。粮食供给13.22万吨，其中粮食产量7.84万吨，县外调入5.38万吨。粮食需求12.93万吨，其中城镇人口口粮2649吨，农村人口口粮5.98万吨，饲料用粮6.57万吨，工业用粮831吨，种子用粮314吨，食品、副食用粮55吨。年末粮食库存1.78万吨，其中粮食企业（含经营、转化、加工企业）存粮1341吨，城镇居民存粮146吨，农户存粮1.64万吨。2009年，在全社会粮食供需平衡调查中增加对食用植物油产、销、存等有关情况的调查项目，年初社会粮食库存3.55万吨，其中，非国有粮食经营个体户980吨，转化用粮企业126吨，农户3.41万吨，城镇居民户272吨；分品种是小麦9404吨，稻谷1.24万吨，玉米1.22万吨，大豆803吨，其他709吨。粮食供给量9.50万吨，其中粮食产量9.34万吨，辖区外购进1601吨；粮食供给量按品种分别是小麦1.23万吨，稻谷30.24万吨，玉米4.60万吨，大豆783吨，其他5690吨。粮食需求量10.96万吨，其中农业人口粮5.61万吨，饲料用粮4.66万吨，种子用粮683吨，城镇人口口粮4880吨，工业用粮1157.5吨，食品、副食用粮185吨；需求按品种分小麦4676吨，稻谷4.73万吨，玉米5.50万吨，大豆585吨，其他2075吨。社会粮食库存量7.41万吨，其中农户存粮7.28万吨，非国家粮食经营企业1058吨，转化用粮企业67.5吨，城镇居民存粮205吨；年末社会粮食库存按品种分别是小麦921.5吨，稻谷2.17万吨，玉米3.95万吨，大豆802吨，其他2842吨。2014年初，社会粮食库存4.49万吨，其中非国有粮食经营个体户951吨，转化用粮企业91吨，农户4.35万吨，城镇居民户305吨；分品种是小麦1717吨，稻谷1.31万吨，玉米2.87万吨，大豆347吨，其他979吨。粮食供给量8.94万吨，其中粮食产量7.99万吨，辖区外购进9437吨；粮食供给量按品种分别是小麦1.12万吨，稻谷3.14万吨，玉米4.23万吨，大豆898吨，其他3523吨。粮食需求量9.16万吨，其中农业人口粮5.31万吨，饲料用粮3.05万吨，种子用粮1303吨，城镇人口口粮3797吨，工业用粮2.83万吨，食品、副食用粮219吨；需求按品种分小麦1.14万吨，稻谷3.70万吨，玉米3.99万吨，大豆741吨，其他2654吨。年末社会粮食库存量5.23万吨，其中农户存粮4.97万吨，非国家粮食经营企业1256吨，转化用粮企业119吨，城镇居民存粮377吨；年末社会粮食库存按品种分别是小麦1400吨，稻谷2.03万吨，玉米2.93万吨，大豆374吨，其他972吨。2015年初，社会粮食库存5.19万吨，其中非国有粮食经营个体户1256吨，转化用粮企业119吨，农户5.02万吨，城镇居民户377吨；分品种是小麦1400吨，稻谷1.94万吨，玉米2.93万吨，大豆374吨，其他1430吨。粮食供给量8.97万吨，其中粮食产量7.98万吨，辖区外购进9857吨；粮食供给量按品种分别是小麦1.21万吨，稻谷3.11万吨，玉米4.20万吨，大豆920吨，其他3523吨。粮食需求量9.17万吨，其中农业人口粮5.32万吨，饲料用粮3.05万吨，种子用粮1314吨，城镇人口口粮3778吨，工业用粮2831吨，食品、副食用粮219吨；需求按品种分别是小麦1.13万吨，稻谷3.69万吨，玉米4.00万吨，大豆741吨，其他2676吨。年末社会粮食库存量5.50万吨，其中农户存粮5.21万吨，非国家粮食经营企业1359吨，转化用粮企业55吨，城镇居民存粮579吨；年末社会粮食库存按品种分别是小麦1650吨，稻谷2.33万吨，玉米2.86万吨，大豆427吨，其他1057吨。

2004—2015年普安县社会粮油供需平衡调查情况表

表8-1-5　　单位：吨

年份		2004	2005	2006	2007	2008	2009	2010	2011	2012	2013	2014	2015
年初社会存粮		14954	27543	28744	35453	35453	35453	62574	61954	35416	42211	44888	51926
其中	粮食企业存粮	3002	1443	1059	1106	1106	1106	—	—	—	—	1042	1375
	城镇居民存粮	84	100	197	272	272	272	—	—	—	—	305	377
	农户存粮	11868	26000	27488	34075	34075	34075	—	—	—	—	43541	50174
粮食供给		132234	102799	94497	95032	95032	95032	93141	82801	72289	72485	89361	89674
其中	粮食产量	78398	87209	91925	93431	93431	93431	—	—	—	—	79924	79817
	县外调入	53836	15590	2572	1601	1601	1601	4705	1644	—	—	9437	9857
粮食需求		129348	148229	144381	109632	109632	109632	108266	100039	94429	91012	91613	91652
其中	城镇人口口粮	2649	4188	4768	4880	4880	4880	—	—	—	—	3797	3778
	农村人口口粮	59778	76274	73335	56129	56129	56129	—	—	—	—	53147	53194
	饲料用食	65721	65927	64030	46597	46597	46597	—	—	—	—	30537	30530
	工业用粮	831	1260	1143	1158	1158	1158	—	—	—	—	2833	2831
	种子用粮	314	958	1008	683	683	683	—	—	—	—	1303	1314
	食品、副食用粮	55	62	97	185	185	185	—	—	—	—	219	219
年末粮食库存		17840	28744	35488	74093	74093	74093	61953	35416	42211	45344	—	—
其中	粮食企业存粮	1341	1059	1141	1125	1125	1125	—	—	—	—	—	—
	城镇居民存粮	146	197	272	205	205	205	—	—	—	—	—	—
	农户存粮	16353	27844	34075	72763	72763	72763	—	—	—	—	—	—

第七节　供销合作社

一、体制改革

1999年，对县供销合作社财务挂账情况进行清理，县供销合作社经费纳入县级财政预算。2001年，县供销合作社列入参照公务员制度管理范围。1998—2003年，县供销系统进行承包经营，除化肥等农资商品外，工业品、日用生活杂品、农副产品等全部放开经营。2003年，县供销社实行对外承包经营，化肥市场全面放开。2004年，完成公司门市、仓库改造，以门面、仓库引进湖南、浙江客商实行联合经营。2007年，以实施新农村现代流通网络（新网工程）建设为契机，抓好服务网络整合改造。2011年，争取资金50万元对普安县农资公司化肥配送中心进行升级改造，对全县供销合作社土地进行确权登记。2013年，全县供销社建成和恢复服务网点83个，农资配送中心1个，烟花爆竹配送中心1个，中型超市1个，服务网络覆盖12个乡镇（街道）及大部分自然村，盈利40万元。

二、供销网点

2015年，县供销社共有经营网点39个，分别为楼下供销合作社泥堡心连心超市、雨勒村吴永书百货超市、坡脚村黄仕玉百货店，青山供销合作社小屯村级综合服务店、四街社区村级综合服务站、范家寨村村级综合服务站、博上分销店综合服务站、雪浦老地村分销店综合服务站、营山村分销店综合服务站，地瓜供销合作社化肥销售一门市、化肥销售二门市、罗汉分销店、新店分销店、细余分销店、花月分销店、波余分销店、窑上分销店、岗坡分销店、城区二门市、三板桥经营部、保冲分销店、江西坡分销店、江西坡细寨分销店、高棉分销店，盘水供销合作社城区一门市，普安县农业生产资料公司高棉经营部、窝沿经营部、江西坡经营部、新店经营部、龙吟经营部、三板桥经营部、青山经营部，兴中供销合作社化肥销售一门市、化肥销售二门市、采购门市、红寨分销店、白沙分销店、龙吟分销店、窝沿分销店。

三、商品销售

1998—2015年，县供销社做好化肥等农资商品的储备、供应，在每年化肥供应旺季，采取代销、赊销、送货上门等方式抓销售，化肥供应占全县化肥总供应量的80%以上。

1998年，销售亏损65万元。2008年，实现销售盈利2万元，以后盈利逐年上升。2015年，盈利68万元。

1998—2015年普安县供销社销售情况表

表8-1-6

年份	销售收入（万元）	利润总额（万元）	职工人数（人）	化肥销售（吨）
1998	1050	-65	296	11300
1999	1155	-77	287	12116
2000	1227	-80	261	14091
2001	1023	-47	256	13700
2002	1069	-48	242	9300
2003	868	-27	207	8970
2004	668	-15	144	8200
2005	730	-11	139	8762
2006	595	-13	130	9830
2007	381	-2	116	9550
2008	693	2	143	9720
2009	603	5	141	8630
2010	1130	8	142	9200
2011	2726	11	133	10000
2012	2751	30	133	10300
2013	7234	40	130	15000
2014	7520	52	115	16034
2015	8612	68	110	15667

第八节　物　资

一、物资供应

1998—2015年，为县境内煤矿、非煤矿山、地方建设、居民宅基地提供民爆物品供应和配送，经营生猪、牛、羊定点屠宰场。

1998年，主要经营传统的金属材料、机电产品、建筑材料、化工产品4大类商品。2004—2007年，为镇（宁）胜（境关）高速公路普安段提供民爆物品供应和配送。2009年，与贵州开源爆破工程有限公司合作，承接全县范围内的节能减排煤焦化厂烟囱撤除爆破任务。2010年，承接沪昆高速铁路普安段铁路建设爆破施工、晴（隆）兴（义）高速公路普安段的火工产品供应和配送。2011年，承接普安县青山工业园区平整场地爆破施工。2014—2015年，继续承接沪昆高速铁路普安段铁路建设的火工产品供应和配送及普安县全县煤矿火工产品的供应和配送。

二、物资经营

1998年，主要经营建材及火工产品，销售额300万元，利润1.38万元，上缴增值税10.53万元、城建税5264元、教育附加费3159元。1999年起，上缴企业所得税。2005年起，经营项目主要为火工产品。2009年起，上缴地方教育附加费。2015年，销售额920万元，利润42万元，上缴增值税32万元、城建税2万元、教育附加费1.2万元、地方教育附加费0.8万元、企业所得税11万元。

1998—2015年普安县物资经营情况表

表8-1-7　　单位：万元

年份	经营项目	销售额	利润	上缴税款				
				增值税	城建税	教育附加费	地方教育附加费	企业所得税
1998	建材及火工产品	300.07	1.38	10.53	0.53	0.32	—	—
1999	建材及火工产品	218.27	0.60	7.75	0.39	0.23	—	0.27
2000	建材及火工产品	193.20	0.12	5.74	0.29	0.17	—	0.02
2001	建材及火工产品	271.77	0.34	—	—	—	—	—
2002	建材及火工产品	236.86	0.50	14.87	0.74	0.45	—	0.28
2003	建材及火工产品	—	—	16.77	0.84	0.50	—	0.27
2004	建材及火工产品	671.81	0.52	27.87	1.39	0.84	—	0.11
2005	火工产品	1358.77	397.48	92.37	4.62	2.77	—	13.12
2006	火工产品	1332.29	143.39	74.92	3.75	2.25	—	47.32
2007	火工产品	802.15	1.75	64.23	3.21	1.93	—	0.32
2008	火工产品	855.63	35.24	58.33	3.05	1.83	—	—
2009	火工产品	1139.08	13.50	66.19	3.32	199.09	0.33	—
2010	火工产品	1627.28	48.08	86.43	4.21	2.53	0.84	12.02
2011	火工产品	2414.82	139.42	103.59	3.78	2.27	1.51	34.85
2012	火工产品	2311.46	94.24	156.77	7.84	4.70	3.14	25.32
2013	火工产品	2127.93	60.74	1.30	4.86	3.02	2.01	16.94
2014	火工产品	1655	47	60	3.00	1.8	1.2	13.4
2015	火工产品	920	42	32	2	1.2	0.8	11.3

第九节　盐　业

一、食盐购销

（一）食盐价格

1998年，流通塑料小袋盐，规格1000克，每袋批发价1.0973元、零售价1.20元。2001年，流通复合膜小袋盐，规格分为1000克、500克2种，其中1000克每袋批发价1.5385元、零售价1.80元，500克每袋批发价0.8547元、零售价1.00元。2002年12月，流通复合膜小袋盐，规格为500克，每袋批发价0.84元、零售价1.00元。2003年10月，流通复合膜小袋盐，规格500克，每袋配送价0.95元、零售价1.00元。2005年，流通复合膜小袋盐，规格500克，每袋配送价0.94元、零售价1.00元。2006年9月，流通“碧源”牌纸塑盐，规格分为250克、500克2种，其中250克每袋配送价0.65元、零售价0.80元，500克每袋配送价1.209元、零售价1.30元。2009年，“碧源”牌纸塑盐250克每袋配送价0.744元、零售价0.80元。2011年，流通“碧源”牌纸塑盐、“碧源”牌绿色食品盐，规格分为500克、650克、350克，其中“碧源”牌纸塑盐650克每袋配送价1.85元、零售价2.00元，“碧源”牌绿色食品盐每袋配送价1.40元、零售价1.50元。2014年3月，开始推广低钠盐，规格为250克，每袋配送价2.50元、零售价2.90元；同年9月，海藻碘盐上市，规格为350克，每袋配送价1.96元、零售价2.10元。

1998—2015年普安县食盐价格情况表

表8-1-8

时　期	盐　种	规格（克）	批发价（元）	零售价（元）
1998	塑料小袋盐	1000	1.0973	1.20
1999	塑料小袋盐	1000	1.0973	1.20
2000	塑料小袋盐	1000	1.0973	1.20
2001	复合膜小袋盐	1000	1.5385	1.80
	复合膜小袋盐	500	0.8547	1.00
2002.01—11	复合膜小袋盐	1000	1.5385	1.80
	复合膜小袋盐	500	0.8547	1.00
2002.12	复合膜小袋盐	500	0.84	1.00
2003.01—09	复合膜小袋盐	500	0.84	1.00
2003.10—12	复合膜小袋盐	500	0.95（配送价）	1.00
2004	复合膜小袋盐	500	0.95（配送价）	1.00
2005	复合膜小袋盐	500	0.94（配送价）	1.00
2006.01—09	复合膜小袋盐	500	0.94（配送价）	1.00
2006.09—12	“碧源”牌纸塑盐	250	0.65（配送价）	0.80
	“碧源”牌纸塑盐	500	1.209（配送价）	1.30
2007	“碧源”牌纸塑盐	500	1.209（配送价）	1.30
2008	“碧源”牌纸塑盐	500	1.209（配送价）	1.30
2009	“碧源”牌纸塑盐	250	0.744（配送价）	0.80
	“碧源”牌纸塑盐	500	1.209（配送价）	1.30

续表8-1-8

时 期	盐 种	规格（克）	批发价（元）	零售价（元）
2010	“碧源”牌纸塑盐	250	0.744（配送价）	0.80
	“碧源”牌纸塑盐	500	1.209（配送价）	1.30
2011	“碧源”牌纸塑盐	500	1.209（配送价）	1.30
	“碧源”牌纸塑盐	650	1.86（配送价）	2.00
2012	“碧源”牌纸塑盐	500	1.209（配送价）	1.30
	“碧源”牌纸塑盐	650	1.86（配送价）	2.00
	“碧源”牌绿色食品盐	350	1.40（配送价）	1.50
2013	“碧源”牌纸塑盐	500	1.209（配送价）	1.30
	“碧源”牌纸塑盐	650	1.86（配送价）	2.00
	“碧源”牌绿色食品盐	350	1.40（配送价）	1.50
2014	“碧源”牌绿色食品盐	350	1.40（配送价）	1.50
	“碧源”牌低钠盐	350	2.50（配送价）	2.90
	“碧源”牌海藻碘盐	350	1.96（配送价）	2.10
2015	“碧源”牌低钠盐	250	2.50（配送价）	2.90
	“碧源”牌海藻碘盐	350	1.96（配送价）	2.10

（二）食盐购销

1998年，购进食盐1101吨，销售1305吨，库存1508吨。2008年，购进食盐1559吨，销售1305吨，库存743吨。2009年，购进食盐647吨，销售917吨，库存478吨。2013年，购进食盐1200吨，销售1110吨，库存467吨。2015年，购进食盐1019吨，销售1002吨，库存197吨。

1998—2015年普安县食盐购销情况表

表8-1-9 单位：吨

年份	购进	销售	库存	年份	购进	销售	库存
1998	1101	1305	1508	2007	1074	1148	489
1999	811	1337	981	2008	1559	1305	743
2000	911	1312	741	2009	647	917	478
2001	1384	1210	1022	2010	1201	1302	380
2002	994	1280	598	2011	1250	1286	343
2003	1106	1282	432	2012	843	807	377
2004	1373	1288	497	2013	1200	1110	467
2005	1256	1152	604	2014	958	1245	180
2006	1301	1351	556	2015	1019	1002	197

二、盐业管理

（一）食盐专营

1998年，国家食盐专营检查组到普安县检查食盐专营工作，对普安县食盐专营给予肯定。10月，南（宁）昆（明）铁路通车，县盐务局在青山镇设立食盐批发站，主要供应楼下、青山、雪浦等乡镇，避免普安到青山的迂回运输。2002年，县盐业公司列为全省食盐批发企业首批A级达标样板企业，对营业厅、小袋盐加工房、仓库等进行改造。2003年起，抓好食盐营销网络建设，本着“辐射到位，合理布局，方便群众”的原则，推行“配送、访销、宣传、检查、打私”工作一体化，在14个乡镇设立食盐零售网点，对食盐零售户签订《经营责任书》《食盐代零售协议》，统一授牌经营。2006年4月起，县盐务局会同县教育局、工商局、疾控中心等单位开展创建“碘盐示范村”“碘盐示范学校”活动，按全县东、西、南、北、中5个方位选取江西坡镇江西坡村、三板桥镇十里村、地瓜镇坪地村、罐子窑镇雨谷村、盘水镇高兴村为“碘盐示范村”，选取江西坡镇中心小学、三板桥镇十里村小学、地瓜镇坪地村小学、罐子窑镇雨谷村铅矿小学、盘水镇高兴村小学为“碘盐示范学校”。2007年12月，县盐业公司被评为黔西南州消费者协会第三届诚信单位。2009年5月，县盐业公司开展县级公司标准化建设。2014年1月，根据《州食安办等五部门关于推进黔西南州食盐安全健康换代工作的通知》的文件精神，县盐业公司开始推广低钠盐。

1998—2015年，在每年5月均开展“防治碘缺乏病”宣传活动。

（二）抢险救灾

2008年初，普安县出现雪凝天气，县盐务局将工业盐纳入应急物资管理，供应41吨工业盐用于交通道路路面化冰。2011年1月，普安县遭遇雪凝天气，调进工业盐90吨、加碘食盐60吨、畜牧盐40吨用于交通道路路面除雪化冰。

（三）食盐抢购管理

2003年3月，与县物价局配合，启动乡镇食盐零售网点应急机制，平息由“非典”产生的食盐抢购潮。

2011年3月17日，平息群众听信谣言抢购食盐风波，并在县城设立4个食盐零售点、在14个乡镇各设立1个食盐零售点按正常价格保证食盐供应，在县城主要街道张贴公告减缓群众恐慌心理，在普安政务协同网上发布公告争取乡镇支持扩大影响力，在县有线电视台播出通告、利用手机短信等进行辟谣，县公安局、乡镇派出所派出警力维持秩序，对14个乡镇食盐零售户发出提醒告诫书，开通食盐价格举报电话，对县城1个体户提价销售食盐情况进行批评教育。当天销售食盐140吨，为历年单日销售量最高。

（四）食盐零售许可证办理

1998年，办理食盐零售许可证174个。2003年，办理食盐零售许可证260个。2007年，办理食盐零售许可证137个。2015年，办理食盐零售许可证143个。

1998—2015年普安县办理食盐零售许可证情况表

表8-1-10　　单位：个

年份	数量	年份	数量	年份	数量	年份	数量
1998	174	2003	260	2008	137	2013	143
1999	174	2004	260	2009	143	2014	143
2000	174	2005	260	2010	143	2015	143
2001	217	2006	260	2011	143		
2002	217	2007	137	2012	143		

（五）盐政执法

1998年，从云南省非法流入工业盐，普安县开展食盐市场专项整治，查获非法流入的工业盐64.9吨。2009年10月，再次对从云南省非法流入的工业盐进行整治。2010年3月21日，普安县人民政府发布《就食盐安全问题致全县人民的公开信》，呼吁广大群众坚决抵制工业盐、劣质盐等不合格食盐。

移动、电信、联通3家通信部门，向全县手机用户发布涉盐违法举报联系短信。2011年5—12月，县盐务局联合县公安、工商、质监、卫生等部门开展食盐市场整治专项行动，查获盐业违法案件7件，没收假冒食盐13.95吨，罚款1.1万元。2014年3月，在推广低钠盐的过程中，一部分个体户比照低钠盐的重量和价格，将原老包装650克纸塑盐和350克绿色食品盐进行搭售并涨价，为此，县盐务局和发改局于2014年8月11日下发了《关于加强对食盐市场价格管理的通知》，再次明确各规格食盐品种的零售价格，县发改局处罚县城的1户搭售涨价商贩，并在全县范围内开展食盐价格专项治工作。

1998—2015年普安县盐业执法情况表

表8-1-11

年份	查获违法盐品（吨）	盐业行政违法案件（件）	罚款金额（元）	专项整治（次）
1998	64.9	21	1647	1
1999	63.65	20	1447	1
2000	26.7	9	—	—
2001	31.2	12	1400	1
2002	3.3	12	190	
2003	1.24	7	310	1
2004	1.6	7	—	—
2005	0.77	5	—	—
2006	1.6	1	—	1
2007	—	—	—	—
2008	—	—	—	1
2009	5.1	5	—	—
2010	5.1	4	1500	1
2011	13.95	7	11000	1
2012	0.45	3	—	—
2013	7.07	21	—	1
2014	—	—	—	2
2015	—	—	—	1

第十节　烟　草

一、烟草生产

（一）烟草种植

1998年起，普安县烟草（主要指烤烟，又称烟叶）发展由弱变强，种植水平由低变高。种植面积涉及14个乡镇，从南向北发展，最先发展起来的老烟区为青山、雪浦、新店等乡镇，后续发展到罗汉、地瓜、罐子窑、高棉等乡镇。

在烤烟的种植发展中，品种更新较快，一般都是由烟草专卖局统一引进新的良种进行试种和比较，确定选定优良品种进行种植以保持烤烟纯度，严禁民间自行留种。向种植农户发放无息贷款，解决建造烤房、购买燃料、肥料等所需资金。对一些开垦荒地种植烤烟的，发放垦荒无息贷款。发放的各种贷款，在烤烟收购季节统一进行扣还。选用、培训专业技术人员，选拔、培训高级指导人员包括高级技术人员、管理人员，大学或专业学校毕业（烟草）并有丰富学识和经验者，一般担任中高级职务；

培训实地工作人员，要求为农村初级农业职业学校或初中以上文化者，一般为技术员、技术辅导员等，主要是到实地指导群众种植烤烟；不拘时间、地点、形式，对种植烤烟农户进行宣传培训，主要宣传政策和讲解技术。

2015年，烤烟种植全面实现育苗供苗、起垄待栽、适时移栽、种植密度、配方施肥、开沟排水、打顶抹芽、统防统治、单株留叶“九统一”，标准化生产率达到100%。推广的适用技术主要有自育品种推广示范、烟地轮作、测土配方施肥、病虫害统防统治、双行凹垄覆膜移栽技术、高茎壮苗培育、井窖式移栽、膜下移栽、地膜等距移栽、上部叶一次性砍烤、有机肥料堆制、厢式烘烤以及“三段式”烘烤等技术。通过对烟叶栽培技术、烟叶成熟度、烟苗带病率、特色烟叶、自育品种、烟叶烘烤、烟叶质量监测、烟叶地方种资源收集及良好农业规范（GAP）的研究、示范及推广，为烟叶的标准化生产提供科学依据，提高烟叶外观质量、内在质量、烟叶等级结构。

1998年，全县烤烟种植面积2008公顷，种植农户6009户。2005年，种植面积4166.27公顷，种植农户10401户。2015年，种植面积4903.33公顷，种植农户4587户。

1998—2015年普安县烤烟种植情况表

表8-1-12

年份	种植面积（公顷）	种植农户（户）	年份	种植面积（公顷）	种植农户（户）	年份	种植面积（公顷）	种植农户（户）
1998	2008	6009	2004	3473.74	8951	2010	4476.67	9296
1999	1761	5289	2005	4166.27	10401	2011	5704.67	8082
2000	1888	5661	2006	2733.33	8055	2012	6354.54	6684
2001	2291	6127	2007	2750.20	6571	2013	6666.67	6668
2002	2312	6193	2008	4822.94	7820	2014	5433.26	6175
2003	2021	5320	2009	3833.40	5566	2015	4903.33	4587

（二）烤烟基地单元建设

2010年，普安县启动乡镇烤烟生产基地单元建设。2015年，建成青山、雪浦、新店、罗汉4个烤烟生产基地单元。其中，2010年启动青山烤烟基地单元建设，2011年建成省级烤烟基地单元，2012年建成国家级烤烟基地单元；2010年启动雪浦烤烟基地单元建设，2011年建成省级烤烟基地单元，2012年建成国家级烤烟基地单元；2012年，启动罗汉烤烟基地单元建设，2013年建成省级烤烟基地单元；2013年，启动新店烤烟基地单元建设，拟建成国家级烤烟基地单元。

2010—2013年普安县烤烟基地单元建设情况表

表8-1-13

烤烟基地单元名称	涉及乡镇	对口工业企业	对应品牌
青山烤烟基地单元	青山镇	湖南中烟	芙蓉王
雪浦烤烟基地单元	青山镇	湖北中烟	黄鹤楼
新店烤烟基地单元	新店镇	安徽中烟	黄山
罗汉烤烟基地单元	罗汉镇	贵州中烟	贵烟
	地瓜镇		

（三）烤房建设

1998年，农户烘烤烟叶的烤房均属无统一标准的自建式烤房。2007年，投入资金106.8万元，对356座老式烤房统一标准进行“小改密”（小型烤房、改建成大容量密集型烤房），受益群众356户。2008年，投入资金191.1万元，对老式烤房进行“小改密”327座，受益群众327户；投入资金48.28万元，建设烤房群34座，受益群众75户。2012年，投入资金4363.12万元，建设烤房群1102座，受益群众2424户。2014年，投入资金260.47万元，改造烤房149座，受益群众198户。至此，烤房建设或改造基本结束。2015年，全县所有烤房都具备热风循环工艺技术要求，在此基础上提高种植烤烟农户烘烤技术和改进烘烤工艺，烟叶烘烤实现从凭经验烘烤走上科学烘烤的道路。

2007—2014年普安县烤房建设情况表

表8-1-14

年份	项目名称	数量（座）	受益户数（户）	受益面积（公顷）	投入资金（万元）
2007	小改密	356	356	237.33	106.8
2008	小改密	327	327	264.93	191.1
	烤房群	34	75	66.67	48.28
2009	烤房群	700	1540	1166.67	2219.32
2010	烤房群	198	436	330.00	708.84
2011	烤房群	828	1822	1394.27	3183.96
2012	烤房群	1102	2424	1802.54	4363.12
2013	烤房群	510	1122	833.00	2071.92
2014	烤房（改造）	149	198	225.6	260.47

（四）烤烟项目科研

2004—2006年，开展“以成熟度为中心”配套项目研究，成果获2006年贵州省科学技术进步一等奖表彰。2005年，开展贵州省烟草平衡施肥研究与推广应用研究，成果获2005年贵州省科学技术进步三等奖表彰；开展“新兴义”牌（清香型）特色烟叶开发示范研究，成果获2005年黔西南州科学技术进步二等奖表彰。2007年，开展烤烟施用优质有机肥（油菜籽粉）的生产试验示范与推广研究，2007年，开展烤烟施用优质有机肥（油菜籽粉）的生产试验示范与推广研究，成果获黔西南州科学技术进步二等奖表彰。2008年，开展贵州特色烟叶研究与开发：贵州省特色优质烟叶的挖掘与质量评价研究，成果获2008年贵州省科学技术进步三等奖表彰。

2009年，开展省级项目GTH-1大田生产示范试验研究，开展州级项目黔西南优质烤烟综合标准体系研究与推广、“兴烟一号”大田生产示范试验、油菜籽粉对烤烟新品系“兴烟一号”产品质量的影响、有机无机肥料对烤烟新品系“兴烟一号”产品质量的影响、“兴烟一号”新品种综合配套栽培技术研究、典型生态植烟新区特色优质烟叶开发——贵州黔西南植烟区、特色优质烟叶生产示范、油菜籽粉的生产示范、黔西南植烟区测土配方施肥试验研究。2010年，开展省级项目典型生态植烟新区特色优质烟叶开发——贵州黔西南植烟区、烤烟专用优质有机肥的推广与应用(油菜籽粉的生产示范试验)，生态、品种、栽培因子对特色烟叶风格特征的影响研究，开展州级项目黔西南优质烤烟综合标准体系研究与推广、高效优质烤烟品系“兴烟1号”选育与应用（“兴烟1号”生产试验及配套技术研究）、纸栽种和砂培育苗技术推广、2011年度烟叶产值量监测研究。2011年，开展省级项目贵州省2011年烤烟质量分类及价区划分研究项目、贵州烟苗带病率检测、贵州山地村醇甜香烟叶解读及卷烟配方研究2011年项目烟叶取样、2011年贵州省有机烟叶研究开发、油枯替代无机基肥试验、地方烤烟资源及自然变异材料收集、中间香型规模开发及工业利用研究研究，开展州级项目品种（系）特色研究、2011年度烟叶产值量监测研究。2012年，开展省级项目贵州省2012年烤烟质量分类及价区划分研究项目、贵州烟苗带病率检测、贵州山地村醇甜香烟叶解读及卷烟配方研究2012年项目烟叶取样、烤烟生产全程机械化和不同装烟方式试验研究，开展州级项目高效优质烤烟新品系PA001的选育与应用研究、2012年度烟叶产值量监测、普安县烟草良好农业操作规范（GAP）管理示范与推广应用研究。

二、烟草购销

（一）烤烟购销

1998年，普安烤烟生产中流行的收购方式是先扎把、后交售、再调拨的做法，当年收购、销售烟叶3222吨，收购均价8.54元/千克。2005年，收购、销售烟叶6477.52吨，收购均价10.1元/千克。2012年起，对不适用烟叶进行补贴（2012年补贴标准为1125元/公顷，2013年补贴标准为2250元/公顷），处理要求为丢掉根部烟叶1～2片、顶部2～3片不适用烟叶，按照不污染环境，有利田间卫生和方便、经济、有效的要求，对不适用等级的鲜烟叶采取定点、定时统一处理，原则上以集中连片烟地为单元，覆盖半径为2千米左右，利用天然坑、采取挖坑（处理池）掩埋或捂入稻田、山林等方式集中销毁，研究不适用鲜烟叶的综合利用渠道，探索不适用鲜烟叶沤肥和发酵化能利用途径，减少烟田环境污染。2013年起，部分收购点开始施行“专业化分级、散叶收购”新模式，即烤烟从烘烤环节开始全部实行散叶操作，当年收购、销售烟叶11552.62吨，收购均价25.23元/千克。2015年，收购、销售烟叶9400吨，收购均价21.76元/千克。

1998—2015年普安县烤烟购售情况表

表8-1-15

年份	收购烟叶（吨）	销售烟叶（吨）	收购均价（元/千克）
1998	3222	3222	8.54
1999	3701	3701	9.00
2000	3513	3513	8.92
2001	4178	4178	8.96
2002	5012	5012	9.00
2003	3337	3337	9.04
2004	4643.73	4643.73	10.30
2005	6477.52	6477.52	10.10
2006	5322.45	5322.45	9.57
2007	5234.2	5234.2	11.01
2008	9560.10	9560.10	14.42
2009	9888.25	9888.25	14.62
2010	9545.35	9545.35	13.69
2011	6985.90	6985.90	15.74
2012	9101.70	9101.70	18.99
2013	11552.62	11552.62	25.23
2014	9500	9500	23.34
2015	9400	9400	21.76

（二）卷烟销售

1998年，普安县重点以省内卷烟销售为主，兼从云南、湖南等地购入销售。2001年，计划销售5900箱，实际销售5954箱，单箱价4070元，零售户926户。2008年，计划销售8800箱，实际销售8812.32箱，单箱价10461元，零售户1180户。2011年，计划销售10200箱，实际销售10200.46箱，单箱价16328元，零售户1390户。2015年，计划销售11100箱，实际销售11172.77箱，单箱价26520元，零售户1632户。

2001—2015年普安县卷烟销售情况表

表8-1-16

年份	计划销售量（箱）	实际销售量（箱）	单箱价（元/箱）	零售户（户）
2001	5900	5954	4070	926
2002	6400	6408	4602	935
2003	6600	6728	4994	963
2004	6800	6860	5841	1008
2005	7200	7220	7285	1043
2006	8300	8389.96	8287	1085
2007	8095	8933.05	9258	1165
2008	8800	8812.32	10461	1180
2009	9000	9180.16	11411	1220
2010	9750	9751	13239	1299
2011	10200	10200.46	16328	1390
2012	10900	10900.07	18906	1523
2013	11000	11044.04	21149	1608
2014	11100	11104.93	23937	1549
2015	11100	11172.77	26520	1632

说明：1998—2000年，卷烟销售资料失查

第二章　旅　游

第一节　旅游景点

一、公园景点

四球古茶树森林公园　位于县城南面的青山镇普白林场，普（安）楼（下）公路穿越其中，北距青山镇政府驻地5.3千米（通行公路为X632、S313，里程7.2千米），区位优势突出，交通便捷。该公园以千年四球茶古茶林、天象（雾海、雨凇——超冷却的降水碰到温度等于或低于零摄氏度的物体表面时所形成玻璃状的透明或无光泽的表面粗糙的冰覆盖层、雪景、朝晖、夕阳）等自然景观和避暑气候、古朴浓郁的民俗风情、地方特色文化相互交融为特色，是休闲度假、陶冶情操、避暑纳凉之地。

南山湖公园　位于县城驻地西南面500米，原为水库，库名“东风”，1959年始建。水源有三，湖水四时清澈，湍流不息。湖岸周边景色秀丽，湖光山色，透出一派生机。1994年，县政府拨款在南山湖岸边修建南湖宾馆，将碧云寺搬迁至此，并相继建成体育场、游泳池等设施。2015年11月，沿水库

四周建设旅游休闲栈道。

天马山森林公园 位于县城北面的龙吟镇，南距镇政府驻地14.7千米（通行公路为X636，里程18.6千米）。天马山为龙吟最高峰，登上天马山，可观马蹄岩，看北盘江风光。景区方圆10余平方千米，林木以青冈林为主。冬季，树叶一片火红，仿佛置身于火的海洋。高耸的山峰、静雅的山间常有野兔、野鸡等出没，是理想的天然休闲度假胜地。

二、农业观光游景点

北盘江农业综合立体开发旅游观光度假村 位于普安县北部的龙吟镇北盘江村，距龙吟镇政府驻地12千米（通行公路为X636，里程27千米），是普（安）水（城）柏油路普安段的终点站，全县唯一的水上交通码头。山顶有茶园，山腰有经果林，山脚为生态农业，水上养殖水产，水边路旁建有生态农庄，处处山清水秀，风景优美，民族风情浓郁，交通便利，立体气候明显，是休闲娱乐的理想场所。

普安茶文化生态旅游休闲度假景区 位于县城东面的普安森林公园（原商业林场），始建于20世纪50年代，林地面积约54公顷，是城郊最大的人工绿地。园内种植华山松、水杉等植物，林间生长着各种野山菌，汇集形态各异的奇石数百件。距县城东面11.8千米（通行公路为G320，里程20.4千米）的江西坡镇，G320贯穿全镇东西，G60、晴（隆）兴（义）高速公路穿越景区，且联盟村是高速公路上卸货场的站点，交通便捷，是普安茶文化生态旅游休闲度假景区中心所在地。景区万亩茶山连绵起伏，青翠欲滴，布依采茶姑娘身着美丽的民族服装装点于绿海之中，悠扬的山歌随风飘荡，远处的朗寨瀑布如一条丝带从天而降，一派山水与民情结合的自然风光。是布依族民歌、斗弹达吟、“打苛”等艺术活动的聚集地，是建设集旅游、观光、度假、购物（农特产品）为一体的休闲度假之地。2015年11月，在此启动世界茶源文化广场、国际山地自行车赛道建设。

三、古迹景点

茶马古道文化体验及户外体育健身基地 茶马古道系第七批全国重点文物保护单位，原为入滇要冲。位于县城北面的白沙乡，乡政府驻地的白沙社区至卡塘村（俗称白沙古驿道）全长8千米，宽2.5米。2015年，完整保存6千米。古道随山势起伏，如飘带环绕。古道兼有军事、交通、邮传、商业诸多功能。在历史长河中曾扮演过近似高速公路的交通角色，具有较为重要的历史价值。尤其是路中石板深及4寸的马蹄印，见证着古驿道曾经繁华的情景。

普纳山古战场 县级文物保护单位。位于县城北面的龙吟镇政府驻地东隅，海拔2000米。明朝初年，当地的少数民族不服明王朝统治，揭竿起义并创建普纳山根据地、城子洞大本营，后被明军镇压。遗址分布于山腰至山顶，面积1.6万平方米，残存有山门、战壕、基址、营盘等。

铜鼓山夜郎文化遗址 第七批全国重点文物保护单位。位于县城南面的青山镇范家寨村新田组，西南距镇政府3.2千米（公路里程5.3千米）。海拔1624米，孤峰独耸。经2次考古发掘，先后出土文物2000余件。经测定，铜鼓山遗址下限可追溯到西汉时期，上限可追溯至春秋、战国时期，遗址为夜郎青铜铸造、烧陶、兵器制作等综合性经营的手工作坊，分布面积3000多平方米。

烽火台 位于县城北面的白沙乡卡塘村境内。共有3座，1座位于卡子上，1座位于铁厂，1座位于老鹰崖（普安境内唯一完整的烽火台），最近的1座距南面的乡政府驻地1.5千米（公路里程3.2千米）。每个烽火台均非常注重因地制宜、就地取材，均用石块垒砌、呈方形，大小高矮不等，座座皆建在茶马古道旁、高山冈。其作用主要是便于侦察，有敌入侵时可燃烧稻草等可燃物，用烟火通报敌情。是中国文化遗产中涉及历史、军事、交通体系的遗存群体之一。

白沙乡卡塘古法造纸作坊遗址 位于县城北面的白沙乡卡塘村境内。系“调北征南”时刘祖礼、刘仁当、刘仁义父子从湖广跟随大军南徙安南卫兴起的造纸之业。其古法造纸技术，保留了中国手工造纸的传统工艺，其生产工序多达34道，保存大量传统手工造纸技术。

白沙启贤堂印刷厂 位于县城北面的白沙乡卡塘村境内。是云南曲靖商贾崔庆云所建，他于清咸丰年间赴贵州安顺购买棉纸儒书（即四书五经）回云南销售，因多次往返经过白沙卡塘，看见当地所产白棉纸质地甚好，是印刷书籍的上等材料，于是决定在此建启贤堂印刷书籍。光绪三年（1877），崔庆云重金聘请雕版艺人（写工、刻工、印工和装订工），在卡塘河沟头建起启贤堂印刷厂。该厂房舍参照当时富户四合院建造，风格古朴，实用性强。“文化大革命”期间，启贤堂印刷厂的印版失落，仅存围墙和正房。启贤堂雕版印刷具有民族特征、传统技艺高度集中，凝聚着当时白沙卡塘造纸术、制墨术、雕刻术、书写艺术等传统工艺，是地方独特的文化工艺和非物质文化遗产。在印刷史上，是“活化石”之一。

四、宗教寺庙景点

崧岿寺（“全州十八景”之一） 位于县城北面10.7千米（通行公路X636，里程18.7千米）处的兴中镇崧岿村谭家湾崧岿山顶。黔滇古驿道、普（安）水（城）油路经此而过，交通便捷。寺庙占地面积2.44万平方米，建筑面积752平方米，坐北向南，始建于明代万历年间。周围有五条龙（即五座山）逶迤簇拥，好似五龙护宝，故称“五龙观”。清顺治年间，僧人善权云游至此，取青松高大挺拔之意，改称“崧岿寺”。崧岿山形似龟，寺建于龟背（即山顶），寺庙周围有参天古树，寺西荷池约1公顷。至清同治四年（1865）屡经毁坏，僧仁源3次修葺。清光绪五年（1879），僧果佩与当地人再修。民国11年（1922），官绅易荣黔改建。1984年，省、州、县各级人民政府并全县群众拨款集资进行复修，大部还原明代建筑风格。1985年12月，州人民政府公布为州级文物保护单位。2007年，省政府公布为省级文物保护单位。2009年2月，省文物局拨款100万元、县筹资60万元分二期按照“修旧如旧”的原则进行复修。2013年3月，与“茶马古道”一同获国务院评选为第七批全国重点文物保护单位。

青山清真寺 位于县城南面的青山镇政府驻地。建于清宣统元年（1909），是贵州最有影响力的清真寺之一。总占地面积1880平方米，建筑面积1060平方米，是信仰伊斯兰教同胞礼拜的地方，也是研究回族文化历史的重要场所。

九峰寺 位于县城西面4.4千米（通行里程7千米），取九龙山九座山峰之意。建于清顺治年间，为僧性宽所建。九峰寺历遭毁损，寺内雕梁画栋破烂不堪，寺外龙饮池干涸。1981年9月16日，列为县级文物保护单位。

碧云寺 位于县城东面9.3千米（通行公路为G320，里程14.5千米）的碧云山上。建于明万历年间，几经毁损。1986年，列为县级文物保护单位。1997年，为保护寺庙文化遗物，将碧云寺按原貌搬迁至县城南山湖畔。

五、其他景点

普安温泉度假村 位于县城郊商业林场。商业林场始建于20世纪50年代，林地面积53.33公顷，是普安县城郊最大的一块人工绿地。园内种植有华山松、水杉等常青植物。2013年5月，完成一期工程——温泉大酒店建设，并全面投放市场。2015年12月，二期工程——温泉休闲游乐场所等相关配套基础设施建设完工。

北盘江畔的音乐村 位于县城北面的龙吟镇高阳村箐门口、石古村新寨和黄猫坪3个村民组。当地居住的大花苗人人能识谱、个个会唱歌，很多村民会弹奏乐器。每当黄昏，家家户户的窗口就会传来悠扬的钢琴声，伴随着夜风轻轻地飘扬回荡在山村深处。3个村寨在接受贵州电视台“多彩贵州——江河行”栏目采访时，被誉为“北盘江畔的音乐村”。

磨舍龙宫 位于县城南面的楼下镇磨舍村境内，距楼下镇政府所在地10千米（公路里程）。龙宫洞壁，有巨石为柱，支撑洞顶，洞中钟乳石发育，或人或兽，神形各异，质地玲珑剔透。每年逢农历正月初一至十五（客家节），六月六（山神节），十月初一（尝新节），普安楼下、兴义品甸、兴仁鲁础营等地的布依族、苗族、彝族等少数民族男女老幼，接踵而至，在龙宫内外露营野餐，或跳月，或盘歌，自娱自乐。

罗汉蜂洞 位于县城南面的罗汉镇海子村小寨组西南隅，形似蜂巢，当地人称蜂洞，从无人完全走通。清咸丰十一年（1861），有人题“栽培心上地，涵养性中花”“天理常存”。民国时期，有人书题楹联，上联“一片饿肚皮，包藏蜂洞”，下联为“几根穷骨头，掌握盘江”，横批则为“天下为公”等内容。蜂洞雄伟奇观，洞内有河穿过，空气清新、洞体宽敞，洞洞交叉相连，形成蜂窝状，蜂洞因此而得名，周围生态好，历史与人文景观并存，可开发为探险胜地。

窝沿温泉 位于县城北面的盘水街道窝沿社区，距县城7.5千米（公路里程11千米）。温泉常年水温保持在30℃～50℃，其水质晶莹透明无浑浊，经检测该水成分主要含铜、锌、钙、镁等多种微量元素及多种游离态物质，是娱乐、休闲、洗浴、健身、疗养、游泳之地。

糯东温泉群 位于县城南面的楼下镇糯东村西南方向的楼下河边。距楼下镇政府驻地5千米（公路里程10千米），楼红公路上行到兴安糯东煤矿往西约1千米。糯东温泉群，上下300米均有泉眼，每秒出水量约200千克，水温基本恒定在43℃～44℃。

万亩竹海 位于县城南面的青山镇、楼下镇和兴仁县新龙场镇结合部，森林覆盖率70%。起伏连绵的群山之间，竹海连绵约5平方千米。生长在万亩竹海中的竹种以灰竹、金竹为主，均为天然竹林，空气清新，景色迷人。竹海深处有民族特色村寨。

十里杜鹃自然保护区 位于县城南面的地瓜镇莲花山一带，总面积337.53公顷。2000年，划定为普安县自然保护区。区内属丘陵地形，是普安县生态脆弱的岩溶地貌地带，山峦波澜起伏，最低海拔1800米，最高海拔2104米。春夏之交，山上有杜鹃花。

恒河猴自然保护区 位于乌蒙山区尾部，北盘江上游南岸的龙吟镇三心，海拔1700多米，山上草木繁茂，是恒河猴的乐园。

双巴岩景区 位于龙吟镇，距普水油路7千米，沿线高山、峡谷惊心动魄。景区内双巴岩，堪称大自然的情侣，就像一对恩爱夫妻相互依偎，尽享爱的甜蜜；蛮子洞，洞内宽敞，洞里有河、钟乳石等，更奇特的是有一颗“星星”（一洞直通山顶，仰视如星），洞有多深，无人知晓；景区内溶洞景观奇特，是探险、度假、旅游的好去处。

普安九龙山 由普安县城往西北5千米，有一山名叫九龙山，海拔2000余米，林木葱茏，山上有一“叮咚窑”，其内终年泉水不断。

芭蕉关 位于普安县城东北5千米，在国道320线左侧。民国25年（1936），黔滇公路芭蕉关路段竣工，国民政府西南公路局局长曾养甫手书“芭蕉关”三字，镌刻石壁，字大如斗，远观如石匾。

观音洞摩崖造像 位于普安县城西4千米，黔滇公路旁，青龙山麓的观音岩中部。洞口南向，深约30米，洞口阔约7米。洞中钟乳石如佛如仙，洞外古藤攀缠。

满文碑（邓文科百岁碑） 县级文物保护单位。位于盘水街道窝沿湾子寨。碑青石质，方首，高1.4米，宽1米，厚0.2米。正面为满文，碑柱浮雕云龙腾空；碑另一面为汉文，碑柱透雕二龙戏珠；碑文记载的是清宣宗皇帝旌表诰文，字体工整，刚劲，虽年代久远，字迹依然清晰可见。碑阳楷书阴刻汉字26行，满行36字，共计756字，记村人邓文科“年逾百龄，五世同堂”被道光皇帝敕赠文林郎并建坊旌表事。碑阴阴刻满文21行，满行37字，共计756字。立于道光八年（1828）。

莲花阁 位于普安县城南7.5千米的莲花山上，始建于明洪武年间。1981年列为县级文物保护单位。原有福寿寺、城隍庙、文昌宫、莲花亭、观音阁等，占地面积4500平方米。现存莲花亭、观音阁，观音阁面阔三间、通面阔11.6米，进深三间，通进深7.6米。穿斗式硬山青瓦顶。隔扇门窗。莲花亭，1989年重修，改为钢混结构。六角攒尖顶，青瓦屋面。平面方形，边长10米，高5.6米。

三宝桥 又名和尚桥，位于楼下镇糯东村与盘县特区新民交界处的河流上游，清康熙五年（1666）乡民五景氏偕同族人每年捐银各4钱，修补桥畔道路。该桥始建年代无记载，嘉庆元年（1726）镌“三宝桥”名于桥畔岩壁。后毁于洪水。1984年10月，黔西南州政府及普安县政府共拨款5万元重建此桥，于1985年5月1日竣工，系钢筋混凝土拱桥。全长70.3米，高11.9米，宽3米，名为“连接桥”。

陇家桥 位于普安县城西南40千米的罗汉镇凉水村果木组南侧1.5千米的猪场河河段上。原为普安、盘县商贾的必经之路。又名“双合桥”。里人陇潜捐资建于道光年间。东西跨。单孔石拱桥，长24米，宽5米，单孔净跨10米，矢高27米。桥面石板铺墁。桥头石壁阴刻楷体“双合桥”三字。后人为纪念陇潜修桥功德，俗称“陇家桥”。具有一定的历史性、艺术性及科学性。1985年12月，黔西南州人民政府公布为州级文物保护单位。

黄家桥 位于普安县城西南40千米的罗汉镇境内的深溪河（又称隔界河）上，为清咸丰年间乡绅黄再义捐修，故称“黄家桥”。桥长48米，宽5米，距水面高30米，以青石嵌砌，呈拱孔三道。1965年碑毁，并改桥名为“工农桥”，以木牌书之，悬于桥头古树杆上，乡民仍称“黄家桥”。黄家桥附近有火石山，产火石。山中有苗族村寨，有名洞，称“采花洞”，每年农历正月初一至十五，盘县、普安两地玩采花洞的苗族、布依族男女青年，接踵而来。

白沙白水瀑布 位于白沙乡红寨村白水。瀑布上游是小巧玲珑的白水水库。瀑布分两层从悬崖垂下，瀑布两旁有数株古榕树。

白沙夹龙洞 位于白沙乡红寨村湾河处。洞分上中下3个，洞内有洞，钟乳石、石笋光怪陆离，风韵万千，错落成趣。

白沙千年树抱石群 位于白沙乡红寨村，是白沙红寨二级站独有的一道风景。几株大榕树紧紧抱住巨石，枝繁叶茂。石之无土，更显树之顽强。树与石日夜守候，不离不弃。

珍稀植物杪椤群 位于白沙乡红寨村，是孑遗植物中蕨类植物的代表，又名树蕨、蕨树、水杪椤、刺杪椤、大贯众、龙骨风、七叶树，为白垩纪时期遗留下来的珍贵树种，是仅存的木本蕨类植物。极其珍贵，被列为一类保护植物。

第二节 旅游服务

一、宾馆酒店

普安温泉大酒店 集餐饮、客房、康乐、休闲、会议于一体的商务旅游酒店。地处普安县高速公路出口处，温泉路8号（森林公园）。酒店主楼高6层，总建筑面积8800平方米。拥有各种类型的商务客房85套，床位150个。配套设施齐备，装有中央空调、国内国际直拨电话、卫星接收电视、互联网。中餐厅荟萃粤、川、黔菜及各地风味美食，一楼宴会厅可容纳300人就餐，并设有大小不等包间12个。有棋牌室、KTV服务等康体娱乐设施。酒店多功能会议厅及各中小型会议室均配备国际一流的音响、投影仪等设备。

盘粮宾馆 位于普安县城所在地盘水街道交通路公共汽车站旁，占地635平方米（停车场面积除外），建筑面积3175平方米。始建于2007年9月，共投资730万元，有客房81间，床位150个。拥有餐厅、大型停车场等。

锦兴大酒店 位于普安县盘水街道南山路4号（供电大楼），于2009年6月开始营业。建筑面积

3000余平方米，投资750万元。有客房76间，床位162个。

嘉和快捷酒店 位于盘水街道石灰窑，占地面积180平方米，建筑面积1080平方米，有客房27间，床位51个。

君顺宾馆 位于普安县盘水街道南山路25号，于2013年4月开始营业。建筑面积1000余平方米，总投资100多万元。宾馆内现代设备齐全，有客房28间，床位48个。

鹏程商务酒店 位于普安县盘水街道普天大道，交通便利，该酒店修建于2012年10月，投资200万元，拥有客房40间，床位65个。

水逸天下娱乐会所 位于普安县盘水街道云盘路天和人家，云盘商贸区与南山路相交处，建筑面积800平方米，投资470万元。集洗浴中心、餐饮、娱乐休闲、会务于一体。配有客房35间，床位65个，以及豪华KTV包厢、餐厅、影视厅、网吧、棋牌室、洗浴中心、包房等，服务配套与娱乐设施一应俱全。2015年，该会所停业。

阳光商务KTV会所 位于普安县南湖街道南山路，建筑面积2000平方米，投资600万元，拥有豪华KTV包房26个，现代化设施齐全，集休闲娱乐、会务于一体。

普兴商务会所 位于普安县青山镇营山村刘家树林，占地面积13340平方米，2009年8月，由普安县人民政府出资1100万元修建。会所拥有停车场、游泳池、会议室、餐厅、休闲观光场地、宾馆客房50间，床位71个、KTV包房6个等设施。

浙江商务宾馆 位于普安县盘水街道普天大道文笔路，占地面积145平方米，宾馆客房36间，床位51个。

全友大酒店 位于普安县盘水街道环东路，总建筑面积1000余平方米，酒店内配套设施齐备，装有中央空调、国内国际直拨电话、卫星接收电视、互联网。有客房70间，床位118个。

普天精品酒店 位于普安县盘水街道普天大道，总建筑面积1560平方米，酒店内配套设施齐备，装有中央空调、卫星接收电视、互联网络。有客房53间，床位72个。

明悦酒店 位于普安县盘水街道普天大道，占地面积120平方米，酒店内配套设施齐备，有客房12间，床位20个。

尚品酒店 位于普安县盘水街道普天大道，占地面积135平方米，酒店内配套设施齐备，有客房28间，床位45个。

黔尊大酒店 位于普安县盘水街道普天大道，占地面积210平方米，总建筑面积1170平方米，酒店内配套设施齐备，有客房55间，床位95个。

江航商务宾馆 位于普安县盘水街道普天大道，占地面积135平方米，总建筑面积980平方米，酒店内配套设施齐备，有客房25间，床位31个。

二、旅行社

2010年，在县城设立盘县春晖旅行社，组织部分旅行团到海南、湖南、昆明等地旅游。2012年，因营业不景气，该旅行社撤销。

三、旅游线路

（一）历史文化体验线路

1. 县城（碧云寺、文笔塔、凤凰山碉堡、起义协议旧址等）—窝沿（满文碑）—罐子窑（崧岿寺、一品马店）—白沙（茶马古道、烽火台、古法造纸作坊）—龙吟（普纳山古战场、城子洞）—县城。

2. 县城（碧云寺、文笔塔、凤凰山碉堡、起义协议旧址等）—江西坡（观音洞、芭蕉关、美国水井）—沙子岭（二十四道拐）—县城。

3. 县城（碧云寺、文笔塔、凤凰山碉堡、起义协议旧址等）—地瓜—新店—青山（铜鼓山等夜郎遗址、明清四合院、清真寺、观音寺）—楼下（红军标语、红军桥）—兴义。

（二）生态休闲度假旅游线路

1. 县城（普安温泉度假村、苗王岭、南山湖）—窝沿（宏松温泉、南京桥水域、叉河峡谷）—龙吟（北盘江峡谷、天马山、双巴岩、恒河猴自然保护区）—白沙（白沙石林、白水风光、桫椤群、树包石）—高棉（美女山、绿荫滩、间隙泉）—江西坡（世界茶源谷景区）—县城。

2. 县城（普安温泉度假村、苗王岭、南山湖）—地瓜（十里杜鹃）—罗汉（蜂洞、万亩竹海）—新店—青山（溶洞群、古建筑四合院、四球古茶树森林公园）—楼下（温泉群、磨舍龙宫）—兴义。

3. 县城（普安温泉度假村、苗王岭、南山湖）—地瓜（十里杜鹃）—世界茶源谷景区（自行车主题公园、世界茶源文化广场、布依茶源小镇、国际山地自行车赛道）—晴隆。

（三）精品旅游线路

1. 县城—世界茶源谷景区（自行车主题公园、世界茶源文化广场、布依茶源小镇、国际山地自行车赛道）—青山夜郎文化旅游区（铜鼓山等夜郎遗址、明清四合院、清真寺、观音寺、五嘎冲水库）—普白国家级森林公园（四球古茶树）—楼下红色文化区（红军标语、红军桥）—兴义。

2. 县城—崧岿寺—茶马古道（贵州）—白水瀑布（白沙石林、白水风光、桫椤群、树包石）—中国苗族第一镇苗族文化旅游区（苗族芦笙舞—大花苗、小花苗村寨—北盘江峡谷、天马山、双巴岩、恒河猴自然保护区）—晴隆。

3. 县城—普安森林公园—南湖湿地公园（南山湖）—海子湿地公园（大湾水库）—龙溪石砚小镇—九龙山—九峰寺—盘县。

四、旅游商品

青山清真牛干巴 青山清真牛干巴是用黄牛后腿肉经腌制、晾晒精制而成的块状腌腊制品。吃法有蒸、炒、煎、炸，最常见的吃法是油煎，煎炒则柔韧有嚼劲，以其肉质酥脆、食而不腻、闻而不腥、风味独特而享誉县内外。

薄壳核桃 主产于高棉、新店等乡镇，该树种适应性强，不同的水、肥、土质等都适应。薄壳核桃是传统核桃在长期的栽培过程中，不断选优汰劣形成的新品种，个大壳薄，取仁容易，富含钙、磷、铁、锰、锌等多种人体必需的微量元素及蛋白质、核黄素、胡萝卜素等多种营养成分。核桃仁可生食，亦可煲汤、入药，或作为榨取食用油和制作冰淇淋、糖果、糕点等的原料。

普安四球茶 经中国农科院茶叶研究所等5个茶叶研究权威机构专家组鉴定，贵州省普安县普白林场是国内最大、最古老的茶树居群。该场千年野生古茶树就零星分布于史称“普白大箐”的原始森林中，是极为珍稀的古茶树资源，纯天然、原生态、无任何污染，实属世界罕见的野生茶种。其生长环境常年云雾环绕，平均海拔1800米，年平均气温13℃，立体气候别具一格。土壤富含锌、硒等多种对人体有益的微量元素，特别适用茶树生长。该茶品质纯正、清凉适口、回味悠长。长期饮用，具有增进食欲、防寒解暑、降压降脂、明目醒脑、瘦身美容等效，是理想的饮用保健佳品。

普安乌蒙绿茶 乌蒙绿茶产于“中国古茶树之乡”——普安县国有普白林场，林场平均海拔1800米，常年云雾缭绕，溪流潺潺，年平均气温13℃，气候湿润凉爽，土壤富含锌、硒等多种对人体有益的微量元素。生长于树木灌丛间的乌蒙绿茶，从未施过任何化肥和农药，更无任何污染，是无公害的生态有机茶。

普安“深山隐士”品牌古茶 “深山隐士”古茶来自贵州省黔西南州北部、素有“中国古茶树之乡”之称的普安县，由世界上绝无仅有的四球古树茶采制而成。

20世纪80年代，贵州茶科所专家们在普安县江西坡镇细寨村玛琅古笋子箐沟处发掘出一枚茶树化石，经南京古化石研究院鉴定为：一百万年前的茶籽化石。同时，经实地考察，在普安县境内又发现二万多株千年以上树龄的古茶树。中国著名植物学家张宏达院士对该古茶树群研究后确定为四球古茶树（学名：camellia tetyacocca zhang），而发现的茶籽化石，正是四球茶籽化石。2011年，国内茶叶专家组再次来到普安深入进行研究，认定该古茶树品种属于32类茶科中的其中一种，并且是全球独有品种，仅在贵州普安县发现。同时确定普安是茶树源产地之一，普安古茶树是目前国内已发现的最古老、最大的四球茶树，也是目前全世界最大的四球古茶树野生群居地。

特色布依族服饰 龙吟镇北盘江村河阳布依族服饰，是县境内及周边地区布依族支系中所独有的民族特色服饰，传承较为完好，成为本支系区别其他地方支系的主要识别依据。河阳布依族服饰分为盛装和平常装。服饰上所用的刺绣和挑花，是布依族服饰核心和灵魂，其工艺有平绣、盘绣、辫绣、缠丝等。服饰颜色相互衬托搭配，色调明朗鲜艳，素雅高贵，秀发或平顺满秀或盘法缠绕，有较强的立体效果，充分体现了布依族的礼仪道德规范和艺术审美特点。

歪梳苗服饰 歪梳苗自织服饰作品，作为一种文化现象在历史上曾被许多民族青睐，成为多元文化交流的载体之一。歪梳苗服饰不单纯表现为某个民族专有的艺术形态，而是一个不折不扣的混合体。服饰制品可分为头饰、上衣、裙子、围腰等，是少数民族女子利用传统织布机自制而成，有百年历史。服饰具有品种多样、造型奇美和工艺精巧的特点。

小花苗服饰 青山镇雪浦六斗种小花苗联结着古朴遗风和传统的劳作体例，传承着纺麻、刺绣、蜡染、挑花等古老的手工技艺。小花苗是一个独具特色的苗族支系，因妇女穿戴的上衣比其他苗族分支刺绣更多、繁花似锦而得名。

龙溪石砚 龙溪石砚是采用普安县城西九龙山腹地约十亿年以上的沉积岩砚石制作而成的砚台。其材质是绿豆石和猪肝石，质地细腻、温润如玉，素有“摩挲如缎子，磨墨如挫子”之美誉，且具“夏日储水不腐，冬日储水不结冰”的恒温特点。由于其品质优良、雕刻技艺精湛、风格独具个性，集文学、绘画、书法等艺术为一体，名贵典雅，极具艺术、实用和收藏价值。600多年来一直为滇、黔、桂各地文人墨客所青睐，成为案头必备和馈赠礼品。

魏宁香酥鸭 是黔西南州十佳百年美食，20世纪60年代由普安人魏志田创建，经过60余年的不断积累和创新，成为普安的特色美食，被认定为普安县非物质文化遗产。魏宁香酥鸭食材非常讲究，选当地上好的土鸭，制作成白条鸭后，放入用30多种植物香料调制的卤汤中，煮至七成熟捞出，砍成大小均匀的块状后，再用秘制香油炸至黄、酥、脆，出锅，撒上花椒、辣椒等佐料，然后食用。在制作过程中，魏宁香酥鸭食材选择严谨，不添加任何色素、香精和防腐剂，特别注重绿色健康原生态。魏宁香酥鸭不仅在普安南山路有店铺，网上销售也非常火爆。在首届国际山地美食节暨金州“三碗粉”美食节上，普安的魏宁香酥鸭受到中国饭店协会会长、国际饭店与餐馆协会亚太区主席的称赞。

普安红 即普安红茶，普安红茶始于普安传统品牌福娘茶。以前，普安红茶叫“福娘红茶”，2015年5月12日，中共贵州省委书记赵克志将其更名为“普安红”。贵州省委、省政府机关把普安红作为办公用茶。传统的普安红茶经萎凋、揉捻、发酵、烘焙、提香、模型、标记等工艺精心制作而成，具有时、技、意、韵、香五大特点。其外形肥硕，芽毫显露，带自然花香，茶汤色红艳明亮，颜色喜庆，入口醇和，清香持久。普安的布依族妇女将制成的普安红茶用绣线编裹后，可作为装饰挂于客厅、卧室之中，华丽而不失俗气，既为房间增添雅趣，又有接福之意。

第九篇　财政　税务

1998—2015年，县级财政管理体制和乡镇（街道）财政管理体制都进行多次调整。

财政总收入由县本级收入、上年结余、上级补助和部分年度地方政府债券收入、调入资金构成。2015年，财政总收入30.72亿元，其中县本级财政收入8.01亿元，分别是1998年的49.4倍、34.8倍。

财政支出由县本级支出、上解支出、债券还本支出、滚存结余4个部分组成。2015年，财政总支出30.72亿元，其中县本级支出24.18亿元，分别是1998年的49.39倍、39.5倍。

加强财政监督和管理。1998年，国有资产管理步入正轨。实行政府集中采购，控制社会集团购买力。2003年1月，会计核算中心正式挂牌运行，对全县县级行政事业单位进行会计集中核算。2010年9月、2011年5月、2011年6月，分3批将县直53个一级预算单位全部纳入国库集中支付范围。2012年1月，将14个乡镇的乡财县管纳入国库集中支付范围。2010年10月，设置财政局监督检查执法大队。2012年，正式启动监督检查执法。2012年1月，正式启动乡财县管。2015年，乡财县管资金收入4.88亿元。

1998—2015年，税收征管进行多次改革。国税主要行业税收结构由最初依赖商业、农业的格局向以工业、商业为主的格局转型升级，煤矿、发电、供电、商业成为新的支柱税源。2015年，普安县国税收入2.17亿元，是1998年的29.25倍。地方税收由11种变为13种。2015年，地方税收收入6.73亿元，地方非税收入1276.65万元，分别是1998年的68.95倍、50.6倍。

第一章　财　政

第一节　管理机构

一、县财政局

1998年，普安县财政局（简称“县财政局”）内设办公室、预算股、行政财务股、企业股、国有资产管理股、会计事务管理股、信用资金管理股、农财股、税收财务物价大检查办公室。随着财政管理事务及工作职能的变化，逐步取消信用资金管理股、税收财务物价大检查办公室。2001年3月，增设会计核算中心，下设综合股、会计核算股、资金结算股。2005年3月，增设政府采购管理办公室。5月，增设国库集中支付中心，下设资金股、审核股、支付股、会计核算股、综合事务股，与会计核算中心实行两块牌子、一套人员。2006年3月，增设监察股。2008年11月，增设国有资产管理局，下设国有资产管理股、国有资产评价股。2010年10月，增设经济发展股、非税收入管理股、综合计划股、农财股、信息中心、农业综合开发股、国库股、基层财政管理局（下设综合管理股、基层财政管理股、涉农资金管理股）、财政监督检查执法大队（下设综合股、预算绩效评价股、财政监督检查股）。2014年，增设金融管理股、社会保障股和会计事务管理股。

二、乡镇（街道）财政分局（财政所）

1998年，设立楼下镇财政所、青山镇财政所、雪浦乡财政所、新店乡财政所、罗汉乡财政所、地瓜镇财政所、盘水镇财政所、三板桥镇财政所、江西坡镇财政所、窝沿乡财政所、罐子窑镇财政所、白沙乡财政所局、高棉乡财政所、龙吟镇财政所。2012年6月，14个乡镇财政所升格为副科级事业单位，更名为财政分局。2015年，撤销普安县财政局青山分局和雪浦分局，设立普安县财政局青山分局；撤销普安县财政局盘水、窝沿、三板桥分局，分别设立普安县财政局盘水分局、普安县财政局南湖分局；将普安县财政局罐子窑分局更名为普安县财政局兴中分局。

第二节　财政管理体制

一、县级财政管理体制

1998年，继续执行1996年贵州省委、贵州省人民政府制定的《关于加快经济发展进一步做好财政工作的意见》，对普安等48个贫困县，省财政集中增值税收10%部分以及土地使用税、土地增值税、资源税、国有土地转让收入4个税种增量部分由省财政全部返还给县。变事后补助为事前借款，对年终实现“两保一挂，收支平衡”（在保证完成全年财政收入任务（包括增值税、消费税和地方财政收入），保证当年财政收入平衡的前提下，将省财政的部分补助作为奖励与地方财政收入增长挂钩）的将借款转为奖励。省设立县级财政收支“平衡奖”，对达到考核指标的，给予一次性奖励。对一些项目效益好，发展目标切实可行的，采取签订“上台阶”协议的办法，通过借给一定的财政周转金，提前用定额补助等方式，在财源建设资金上给予扶持，并对达到协议目标的，由省财政给予一定的奖励。1998年，返还县财政税收13.82万元。1999年，返还县财政税收326.7万元。2000年5月，普安县与贵州省财政厅、黔西南州财政局签订贵州省财政特困县确保2000年标准工资发放借款合同，省财政厅借给普安县735万元、州财政局借给普安县111万元。合同规定，普安县在2000年若能确保标准工资正常发放并实现财政收支平衡，借给的“以奖代补”资金转作补助奖励，普安县如期实现各项规定指标。2002年，根据《国务院关于印发所得税收入分享改革方案的通知》精神，从2002年1月1日起，所得税分享以2001年为基数，比例从2002年所得税收入中央分享50%，地方分享50%；2003年所得税收入中央分享60%，地方分享40%；2003年以后年度的分享比例根据实际收入情况再行考虑。2003年，返还县财政税收409万元。2004年，黔西南州人民政府下达《关于完善我州分税制财政管理体制的通知》，按照分税制财政体制的原则，对州、县收入的分享比例进行调整，返还县财政税收446万元。2005年，返还县财政税收612万元。

2006年，根据贵州省委、省政府关于转发《省财政厅关于调整“两保一挂”激励政策考核指标的通知》文件规定，从2006年起，省对县“两保一挂”激励政策的考核指标，将地方财政收入改为地方税收收入。即各县（市）在确保完成全年财政收入（财政总收入、地方财政收入）和确保当年财政收支平衡的前提下，地方税收收入比上年增长较快的，年终经省财政厅核实后予以奖励。2006年、2009年，普安县与省财政厅分别签订第三轮、第四轮台阶目标，每年都超额完成台阶目标任务。2010年，黔西南州综合煤炭各项税收情况，各县（市）每吨煤按5元综合税收上解州级财政。将煤调基金分成比例由省确定的省、州、县6:1:3调整为省、州、县6:2:2，具体入库比例按省定的6:1:3，对州级提升的分成比例，县级通过年终决算上划州级。普安县上解州级财政煤炭税费1550万元，煤调基金315万元。2011年，黔西南州人民政府《关于调整州县财政体制的通知》文件规定，州人民政府从2011年开始，集中各县（市）、顶效开发区一般预算收入每年增量部分的30%到州级财政，普安县上解州级一般预算收入增量部分的30%为2412万元。2012年，根据州财政局规定，从2012—2015年普安县每年上划州财政局航线培育经费300万元。2013年，贵州省人民政府《关于进一步完善分税制财政管理体制的通知》文件规定，省人民政府从2013年1月1日起进一步调整和完善省以下财税管理体制。对此，黔西南州又进行调整和完善。2014年，根据省人民政府《关于修改〈贵州省教育经费筹措管理办法〉的决定》，从2014年1月1日起，征收的教育费附加和地方教育附加，省、市、县按2:2:6的比例分享，以2013年为基期年，按省本级、州、县教育附加和地方教育附加入库数为基数，核定省、市、县的既得利益，通过划转既得利益基数保障各级财政现行体制和政策范围内的既得财力不受影响，从2014年起省每年下划普安县教育费附加465万元。2015年，根据省财政厅《关于煤炭资源税实行从价计征缴库有关事项的通知》，煤炭资源税收收入实行省、市州、县三级按4:1:5的比例分享。

2013—2015年普安县分税制财政体制改革后税收分享比例情况表

表9-1-1　　　　单位：%

税　种	2013年分享比例				2015年分享比例			
	中央级	省级	州级	县级	中央级	省级	州级	县级
增值税	75	5	5	15	75	5	5	15
企业所得税	60	8	8	24	60	8	8	24
个人所得税	60	8	8	24	60	8	8	24
营业税	—	20	20	60	—	20	20	60
资源税	—	20	20	60	—	40	10	50
城镇土地使用税	—	20	20	60	—	20	20	60
城市维护建设税	—	—	20	80	—	—	20	80
耕地占用税	—	—	20	80	—	—	20	80
契税	—	—	20	80	—	—	20	80

2013年普安县实行分税制后财政收入对比表

表9-1-2　　单位：万元

税　种	按新口径	按老口径
县本级财政收入合计	59612	71541
增值税	4551	4551
营业税	7638	12729
企业所得税	4494	7491
个人所得税	1539	2566
资源税	1171	1366
城市维护建设税	2397	2996
房产税	107	107
印花税	194	194
城镇土地使用税	46	52
土地增值税	28	28
车船使用税	59	59
农业特产税（烟叶税）	5850	5850
耕地占用税	7860	9825
契税	190	238
行政性事业收费收入	5184	5184
罚没收入	1655	1655
专项收入	6896	6896
国有资本经营收入	13	13
国有资产有偿使用收入	8619	8620
其他收入	1121	1121

2014年、2015年普安县财政收入情况表

表9-1-3　　单位：万元

税　种	2014年	2015年
县本级财政收入合计	71520	80124
增值税	2984	2772
营业税	14530	14789
企业所得税	2451	2090
个人所得税	1196	792
资源税	342	1824
城市维护建设税	1781	2080
房产税	110	146
印花税	444	307
城镇土地使用税	64	41
土地增值税	254	104
车船使用税	68	187
农业特产税（烟叶税）	5504	3998

续表9-1-3

税 种	2014年	2015年
耕地占用税	16609	14508
契税	2498	1574
行政性事业收费收入	3033	3451
罚没收入	3268	1078
专项收入	1753	3091
国有资本经营收入	—	6
国有资产有偿使用收入	12229	27286
其他收入	2402	—

二、乡镇（街道）财政管理体制

1998—2000年，县对乡镇的财政管理体制，执行“核实基数，超收分成，短收自找，超支不补，结余留用”办法。收支范围不变，除烤烟的农业特产税超基数部分，县乡按5:5分成，农业税增价部分进入基数。2001年，普安县人民政府制定《关于进一步加强和完善乡镇分税制财政管理体制的实施办法》，对乡镇财政体制进行完善。在“收入划分”下“共享税”中增加地瓜镇、三板桥镇的煤炭税费收入，由县煤炭局统一收缴财政，年终县财政按县煤炭局提供数据，50%进入县级收入，50%划入乡镇收入，进入体制决算。各乡镇收入基数按照1997—2000年农业税、烤烟特产税、工商税（含增值税15%部分）收入完成的平均数，核定进入基数；一般特产税、耕地占用税、契税不进入基数，县乡按照3:7分成；万亩茶场特产税由县财政局征收，不进入江西坡镇基数。支出基数按2000年12月实有财政供养人员工资加2001年普调工资数和5%的公用经费核定，支出基数核定后，从2002年起，每年按3%的比例递增。对当年全面完成收入任务的乡镇，属于体制上解的，超过当年下达收入任务的部分，按照县乡3:7分成；属于体制补助的，按照县乡2:8分成，且补助款全部作为县对补助乡镇的奖励。按照事权和财权相统一的原则，在体制执行过程中，除国家出台新的政策，如普遍调资等需追加补助外，其余新的增支因素，包括以前历史遗留问题，均由乡镇负责。2002年1月起，将乡镇教师工资由县教育局统一发放，涉及乡镇财政管理体制相应调减支出基数。2003年，明确“划分税种，明确收支基数，超收分成，短收处罚（自补），自求平衡”的分税制财政管理体制。收入基数以1996—2002年财政收入的平均数确定。煤炭乡镇煤炭税费收入以2003年确定基数单项纳入，与财政收入基数综合考核。对煤炭、烤烟税收等规定具体的分成比例，并让利于乡镇；对当年完成县委、县政府下达的收入任务并超收的部分实行县乡3:7分成；在体制运行过程中，确定一个基年的人员基数，在此基础上，乡镇按3%和每人每年8000元的增长比例补助乡镇，增加乡镇财力，国家普遍调资增加的支出，作为转移支付补助补给乡镇，其余的增支因素由乡镇自行解决。确定各个产煤乡镇的煤炭税收任务数，完成任务部分按县乡5:5分成；超任务部分，50%返还给乡镇；完不成任务，从其返还比例中扣抵。对楼下镇的煤炭税费，超过任务部分按40%返还给乡镇（煤炭收入县乡5:5或4:6分成，是指扣除应上解中央级、省级收入后的分成，不是总额分成，煤炭税费收入列入乡镇财政总收入）。确定各个产烟乡镇的基数，基数内按县乡5:5分成，超基数部分按县乡2:8分成。从2004年起，对国家降低农业税税率取消特产税转移支付补助，税改转移支付资金等，该补助给乡镇的部分如数下达乡镇。

2007年，对乡镇财政体制进行完善，实施“划分税种、核定收支、超收奖励、超支不补、结余留用、一年一定”的基本原则。核定烟叶税以2006年的实际完成数为基数，耕地占用税、契税以各乡镇报的尾欠数为基数。重点建设项目征收的耕地占用税、契税归县级，零星的耕地占用税和契税归乡镇。工商税收国税征管的不下划，地税征管的以2006年实际完成数为基数。在支出基数方面，人员经费以2007年1月在册人员经费作为支出基数。机构运转经费中，公务费按各乡镇在册职工每人每年3000元计算；机车费实行定额补贴，每乡镇10万元；业务费、会议费等，按每乡镇30万元，作为各乡镇的支出包干基数。收支基数核定后，支出大于收入的乡镇，定额补助；收入大于支出的乡镇，定额上解。增加考核办法，规定工商税收按县下达的任务数，超额完成的，对超额部分给予30%的奖励（奖励资金最高不超过50万元），完不成的不给予奖励。烟叶税按县下达的任务数，完成的按完成数给予10%的奖励，完不成任务，不给予奖励。

2008年，对乡镇财政体制进行完善。根据“划分税种、核定收支、超收奖励、超支不补，结余留用、一年一定”的基本原则，对烤烟税收分成进行修改，在完成种植面积和收购计划的前提下，按2007年种植计划（5350吨）实现的税收，县乡按8:2分成；2008年新增的种植计划（1500吨）实现的税收，县乡按2:8分成；超过部分，全额留给乡镇。支出和奖励办法按2007年财政体制执行。

2010年，对乡镇财政体制进行完善。对烟叶税收政策进行调整，在完成种植面积和收购计划数（9250吨）的前提下，新店、青山、雪浦、罗汉、地瓜、高棉、罐子窑7个乡镇烟叶税收按县乡6:4分成，超计划部分按县乡7:3分成；对龙吟、白沙、三板桥、江西坡、盘水、窝沿、楼下7个乡镇，实行烟叶税收全额返还乡镇。调整增加乡镇机构运转经费，乡镇机构运转业务费、会议费等由原来按每乡镇30万元，调整为按乡镇大小、结合工作量等情况，划分类别进行补助，划为一类乡镇的楼下、青山、盘水，每乡镇每年补助90万元；划为二类乡镇的地瓜、三板桥、江西坡、罐子窑、龙吟，每乡镇每年补助75万元；划为三类乡镇的雪浦、新店、罗汉、高棉、窝沿、白沙，每乡镇每年补助60万元。增加村级运转经费，从2010年起每年给每村运转经费0.5万元。从2013年起运转经费提高为每年每村1万元。

2014年，在各乡镇完成2014年9500吨烟叶收购计划分解的各项指标，县财政将提取烟叶基础设施建设管护费5%后，对青山镇、雪浦乡、新店乡、罗汉乡按县乡6:4分成；地瓜镇、高棉乡和罐子窑镇烟叶税按照县乡5:5分成，龙吟镇、白沙乡、三板桥镇、江西坡镇、盘水镇、窝沿乡、楼下镇烟叶税收全额返还乡镇。

2015年，在各乡镇完成2015年9400吨烟叶收购计划分解的各项指标，县财政将提取烟叶基础设施建设管护费5%后，对青山镇、新店镇、罗汉镇按县乡7:3分成；地瓜镇、高棉乡和兴中镇烟叶税按照县乡6:4分成，龙吟镇、白沙乡、南湖街道、江西坡镇、盘水街道、楼下镇烟叶税按照县乡2:8分成。

第三节　农业税收和补贴

一、农业税征收

1998年，农业税应征税额呈下调趋势。实施第二轮土地承包后，原有计税土地面积有所调整，对农业税和定、议购粮任务进行核减，从1998年的2574.17吨调至2001年的1430吨。2002年5月，启动农村税费改革，主要取消乡统筹费、农村教育集资等专门面向农民征收的行政事业性收费和政府性基金、集资、屠宰税。并明确规定从2002年起用3年时间逐步取消统一规定的劳动积累工和义务工，调整农业税政策，调整农业特产税政策，改革村提留征收和使用办法。经过农村税费改革后，改革前农民负担额2170.58万元，改革后农民负担额为533.66万元，减负75.42%，人均减负63.83元。2003年，完全执行2002年农业税收政策，7%的农业税税率和正税20%的农业税附加比例。2004年，农业税税率执行正税6%和附加税20%。2005年1月1日，全面取消农业税征收。

2002年普安县农村税费改革农民负担减负情况表

表9-1-4

项目		全县	盘水	龙吟	罐子窑	江西坡	三板桥	地瓜	青山	楼下	白沙	高棉	窝沿	罗汉	新店	雪浦
基础数据	1. 1999年农业人口（人）	257900	12419	17844	12301	23644	15785	21893	22304	32519	10590	13755	18611	16169	19020	21046
	2001年末农业人口（人）	262400	12673	18177	12541	24084	16090	22322	22513	33087	10784	13985	18944	16451	19338	21411
	2. 二轮承包面积（公顷）	14018.2	594.73	1055.33	695.73	1224.07	806.27	1284.6	1450.87	1522.6	608.13	815	841.67	740.6	1069.33	1309.27
	3. 现有计税面积（公顷）	13423.4	567.4	1027.53	639.2	1181.93	786.87	1224	1422.53	1474.4	589.6	788.47	797.6	710.87	1038.93	1174.13
	4. 计税常年单位（吨／公顷）	9	8.1	10.05	8.1	10.5	9	8.175	8.7	10.2	8.1	8.1	9.9	8.1	8.1	9
	5. 计税常年产量（吨）	60425	2300	5165	2610	6205	3540	5005	6190	7520	2390	3195	3950	2880	4210	5285
改革前农民负担	6. 农业税及附加（万元）	417	16	34	17	52	23	37	33	56	16	21	33	21	27	31
	7. 农业特产税及附加（万元）	92	3	4	4	50	3	6	5	6	1	0	2	3	2	3
	8. 屠宰税（万元）	19	5	1	1	2	1	1	1	2	1	1	1	1	1	1
	9. 乡统筹（万元）	787	39	55	37	70	50	63	70	101	32	41	57	50	56	65
	10. 乡提留（万元）	430	20	38	23	28	23	43	33	55	23	28	30	28	28	33
	11. 教育集资（万元）	335	27	31	20	30	22	26	29	36	15	12	19	20	19	29
	12. 其他（万元）	90	4	6	4	8	6	8	8	11	4	5	7	6	7	7
	13. 合计（万元）	2171	115	170	106	239	129	184	179	268	91	108	148	128	139	168
	14. 人均负担（元）	84	93	95	86	101	82	84	80	82	86	79	80	79	73	80
	15. “两工”（元）	3460000	145000	338000	283000	281000	461600	150000	310000	310000	64500	66600	214820	311700	230000	293780
改革后农民负担	16. 按7%税率、1.04元／千克计算农业税正税（万元）	880	34	76	38	90	52	72	90	110	34	46	58	42	62	76
	17. 20%农业税附加(万元)	88	3	8	4	9	5	7	9	11	3	5	6	4	6	8
	18. 农业特产税（万元）	5	0	1	0	1	0	1	0	1	0	0	0	0	0	0
	19. 8%农业特产税附加（万元）	0	0	0	0	0	0	0	0	0	0	0	0	0	0	0
	20. 合计（万元）	534	20	46	23	55	31	44	55	66	21	28	35	26	37	46
	21. 人均负担（元）	20	16	25	18	23	19	20	24	20	19	20	18	16	19	22
	22. “一事一议”	—	—	—	—	—	—	—	—	—	—	—	—	—	—	—
	23. 2003年“两工”保留数（元）	1730000	72500	169000	141500	140500	230800	75000	155000	155000	32250	33300	107410	155850	115000	146890

续表9-1-4

项目		全县	盘水	龙吟	罐子窑	江西坡	三板桥	地瓜	青山	楼下	白沙	高棉	窝沿	罗汉	新店	雪浦
改革后负担比改革前减少	24. 减负总额（万元）	1637	95	124	82	184	97	139	124	201	70	80	114	103	102	122
	25. 人均减负额（元）	64	77	70	67	78	62	64	56	62	66	59	61	64	54	58
	26. 减负率（%）	75	82	73	78	77	76	76	69	75	77	74	77	80	73	72

1998—2004年普安县农业税基础情况表

表9-1-5

年份	纳税单位（个）	农业户（户）	计税土地面积（公顷）	常年产量（吨）	平衡税率（%）	依率计征税额（万元）	减免税额（万元）	应征税额（万元）
1998	1242	52611	15230.27	26949.35	12.63	680.36	165.53	514.83
1999	1242	53426	15896.8	26593.43	12.5	664.84	184.57	480.26
2000	1260	56400	16289.53	31780.74	10.71	680.47	353.52	379.27
2001	1260	56510	16000	26950	8.84	476	190	286
2002	171	58418	14013.33	42225.3	7	591.14	98.56	492.84
2003	170	54187	13427.73	60387.92	7	845.43	98.49	746.95
2004	170	54054	13333.33	42160	6	506	212.08	293.92

1998—2004年普安县农业税实征税额情况表

表9-1-6

年份	实征正税附加合计		实征正税				实征附加		
	折谷（吨）	金额（元）	合计		本年收入	尾欠收入	折谷（吨）	占正税（%）	金额（万元）
			折谷（吨）	金额（元）	折谷（吨）	金额（元）			
1998	2574.17	400.35	2383.49	370.7	2383.49	—	190.68	8	29.66
1999	2401.32	365	2221.22	337.63	2221.22	—	180.10	8	27.38
2000	1765.56	204.81	1634.78	189.63	1634.78	—	130.78	8	15.17
2001	1600	255	1410	225	1410	—	190	8	30
2002	2740.7	439.13	2464.2	365.94	2464.2	—	591.5	24	87.83
2003	4221.25	439.01	3854.46	400.86	3854.46	10.38	366.79	10	38.15
2004	3046.98	454	2543.62	379	2543.62	—	503.36	17	75

二、农业特产税征收

1998—1999年，农业特产税征收政策按照1995年10月13日《普安县人民政府征收农业特产税办法》执行。2000年8月，普安县人民政府印发《关于批转普安县征收农业特产税统一相关品目征收标准的通知》，规范计征标准。2002年5月，贵州省人民政府《关于2002年贵州省扩大农村税费改革试点的通告》明确规定适当调整农业特产税税率，减少征收环节。农业税和农业特产税不重复交叉征收，对在非农业税计税土地上从事应税农业特产品生产的，征收农业特产税，对在农业税计税土地上种植的农业特产品，只征收农业税，农业特产税附加比例全省统一为8%。2004年4月，贵州省财政厅《关于降低农业税税率和取消除烟叶外的农业特产税和对农户直接补贴的通告》明确规定，从2004年1月1日起，除烤叶外，不再对原农业特产税应税产品征收农业特产税，按照通告要求，普安县从2004年1月1日起不再征收毛茶、原木、花生、苡仁米、芭蕉芋等品目的农业特产税。

1998—2005年普安县农业特产税收入情况表

表9-1-7 单位：万元

年份	合计	其中对收购者征收	对生产者征收	烟叶（对收购者征收）	毛茶（对收购者征收）	原木（对收购者征收）	其他（对收购者征收）
1998	444.74	361.12	83.62	361.12	31.48	—	52.14
1999	563.00	478.55	84.45	457.04	33.78	—	50.67
2000	332.82	318.60	14.22	295.92	22.68	—	14.22
2001	645.00	508.00	137.00	—	40.00	—	97.00
2002	765.74	742.99	22.75	694.99	48.00	22.75	—
2003	653.75	—	—	549.31	64.76	8.20	31.47
2004	976.00	—	—	976.00	—	—	—
2005	104.60	—	—	104.60	—	—	—

三、耕地占用税征收

1998年，执行耕地占用税平均税额为3.5元/平方米；1999年，3.26元/平方米；2000年，2.97元/平方米；2001年，3.15元/平方米；2002年，未征耕地占用税；2003年，4.6元/平方米；2004年，4.62元/平方米；2005年，4.58元/平方米；2006年，4.18元/平方米。2007年1月1日起，耕地占用税划归县地税局征收管理。

1998—2006年普安县耕地占用税征收情况表

表9-1-8 单位：万元

年份	合计	国家建设	乡镇集体建设	农民居民建房	其他
1998	4.71	—	—	—	4.71
1999	4.00	—	—	—	4.00
2000	12.71	7.89	—	4.82	—
2001	27.00	10.00	6.00	—	11.00
2002	—	—	—	—	—
2003	3.99	—	—	3.99	—
2004	12.00	—	—	12.00	—
2005	36.96	—	—	—	36.96
2006	15.00	—	—	—	15.00

四、契税征收

1998—2002年，契税税率执行3%。2003—2006年，执行税率3.45%。对国家机关、事业单位、社会团体、军事单位承受土地、房屋用于办公、教学、医疗、科研和军事设施的，免征契税。城镇职工按规定第一次购买公有住房，免征契税。2007年1月，契税征收划归县地税局征收。

1998—2006年普安县契税征收情况表

表9-1-9 单位：万元

年份	合计	财产转移变动部分							
		小计	1. 对个人征收	其中买卖	交换	2. 对集体单位征收	其中买卖	3. 对其他征收	其中买卖
1998	2.01	—	—	—	—	—	—	2.01	2.01
1999	3.00	—	—	—	—	—	—	3.00	3.00
2000	7.39	7.39	—	—	—	—	—	7.39	7.39
2001	12.00	12.00	—	—	—	—	—	12.00	12.00
2002	20.00	—	—	—	—	—	—	20.00	20.00
2003	41.67	—	—	—	—	—	—	41.67	41.67
2004	3.00	—	—	—	—	—	—	3.00	3.00
2005	9.58	—	—	—	—	—	—	9.58	9.58
2006	6.00	—	—	—	—	—	—	6.00	6.00

五、涉农补贴

退耕还林补助 2002年，普安县开始实施退耕还林工程，并启动退耕还林补贴。退耕还林补贴的对象为国家退耕还林工程退耕地造林农户，补助周期为第一轮生态林补助8年，经济林补助5年；第二轮生态林补助8年，经济林补助5年。补助类别及标准为粮食折为现金补助第一轮3150元／公顷·年，第二轮1575元／公顷·年；抚育管护费第一轮和第二轮补助标准均为300元／公顷·年；粮食调运补助费第一轮和第二轮补助标准均为135元／公顷·年。2003—2004年，向退耕还林农户发放粮食补助。2004—2005年，将粮食补助折合成现金进行发放。2005年起，通过存折发放。

2006—2015年普安县退耕还林补助发放情况表

表9-1-10

年度	退耕还林面积（公顷）	粮食补助资金（万元）	省级粮食调运费（万元）	管护费（万元）	巩固退耕还林成果资金（万元）	总计发放（万元）
2006	5082	1601	69	—	—	1670
2007	5070	1597	68	—	—	1665
2008	5142	1588	69	150	—	1807
2009	4805	1473	61	144	801	2479
2010	5222	1350	45	153	801	2349
2011	4707	1052	69	186	801	2108
2012	5235	1030	71	157	801	2059
2013	4952	899	67	161	801	1928
2014	4859	836	68	146	—	1050
2015	4394	770	64	133	—	967

种粮直补和农资综合补贴 2004年，对种粮农户实行直接补贴，其资金来源于粮食风险基金，是

原来在粮食风险基金中安排的补给粮食流通环节的资金，国家通过改革把它直接补贴给农户，也就是把原来的暗补变成明补。粮食风险基金由中央和地方财政共同负担，中央负责主要部分。补贴标准以降低1%后的农业税实物量为依据，是年补贴标准为0.10元/100千克。2007年，补贴标准调整为0.72元/100千克。2009年，补贴标准调整为0.80元/100千克。2011年，补贴标准调整为0.82元/100千克。2012年，补贴标准调整为1.02元/100千克。2013年，补贴标准调整为1.04元/100千克。2014年，补贴标准调整为1.05元/100千克。2015年，补贴标准调整为1.06元/100千克。

2006年，开始实施对种粮农民需要使用到的化肥、农药、农膜等农资物品进行综合直接补贴，补贴资金全部由中央财政安排。是年，补贴标准为1.07元/100千克。2007年，补贴标准调整为6.98元/100千克。2008年，补贴标准调整为17.42元/100千克。2009年，补贴标准调整为20.74元/100千克。2010年，补贴标准调整为22.95元/100千克。2012年，补贴标准调整为35.51元/100千克。2014年，补贴标准调整为35.51元/100千克。2015年，补贴标准调整为35.51元/100千克。

2004—2015年普安县农资综合直补和种粮直接补贴发放情况表

表9-1-11

年份	农资综合直补			种粮直接补贴		
	农户数（户）	计税总产（千克）	补贴金额（元）	农户数（户）	计税总产（千克）	补贴金额（元）
2004	—	—	—	54424	4340862	434086
2006	54424	60499966	1294700	54424	60499966	435100
2007	59759	60498480	4222796	59759	60498480	435590
2008	59824	60498476	10539302	59824	60498476	435589
2009	57624	60365210	12157557	57624	60364363	482915
2010	57683	60479644	12180600	57683	60479644	483837
2011	54786	60486652	13881697	54786	60486652	495993
2012	54790	60488633	21479524	54790	60488633	616988
2013	54797	60495255	21481870	54797	60495255	629151
2014	54789	60400865	21448345	54789	60400865	634209
2015	54804	60401876	21448706	54804	60401876	640260

良种补贴 2007年，开始发放油菜良种补贴。2008年，增加水稻良种补贴。2009年，增加玉米和小麦2种作物的良种补贴。良种补贴全部为中央专项资金，补贴对象为凡是农业部门安排的从事种植杂交水稻、小麦、玉米、油菜良种的农户，均可享受该项政策给予的良种补贴。补贴标准为杂交水稻225元/公顷，小麦、玉米、油菜150元/公顷。补贴以农民当年种植杂交水稻、小麦、玉米、油菜的实际面积计算。

2007—2015年普安县良种补贴发放情况表

表9-1-12

年份	水稻面积（公顷）	补贴金额（元）	玉米面积（公顷）	补贴金额（元）	小麦面积（公顷）	补贴金额（元）	油菜面积（公顷）	补贴金额（元）	补贴资金合计（元）
2007	—	—	—	—	—	—	1255	188218	188218
2008	4597	1034247	—	—	—	—	1051	157683	1191930
2009	4698	1056938	6314	947162	5306	795883	195	29240	2829223
2010	4705	1058700	6519	977800	3471	520700	—	—	2557200
2011	5000	1125000	6519	977800	5307	796000	—	—	2898800

续表9-1-12

年份	水稻面积（公顷）	补贴金额（元）	玉米面积（公顷）	补贴金额（元）	小麦面积（公顷）	补贴金额（元）	油菜面积（公顷）	补贴金额（元）	补贴资金合计（元）
2012	4987	1122150	6519	977800	5333	800000	1000	150000	3049950
2013	4987	1122000	6519	977800	5307	796000	1000	150000	3045800
2014	4981	1120848	6510	976543	5307	796000	1000	150000	3043391
2015	4981	1120800	6510	976500	5307	796000	1000	150000	3043300

家电、汽车、摩托车下乡补贴　2009年，启动家电下乡补贴，对农民纳入补贴范围的家电，即彩电、冰箱（含冰柜）、手机、洗衣机、电脑、空调、热水器（含储水式电热水器、燃气热水器、太阳能热水器）、微波炉、电磁炉9类家电产品给予一定比例（13%）的财政补贴。家电下乡产品最初限价为彩电3500元，冰箱（含冰柜）2500元，手机1000元，洗衣机2000元，壁挂式空调2500元，落地式空调4000元，储水式电热水器1500元，燃气热水器2500元，太阳能热水器4000元，电脑3500元，微波炉1000元，电磁炉600元，并随着不同年度进行调整。家电下乡补贴资金由中央财政和省级财政共同负担，其中中央财政负担80%，省级财政负担20%。2013年1月31日，家电下乡补贴结束。

2009年，启动汽车、摩托车下乡补贴。汽车、摩托车下乡补贴对象为农民将三轮汽车或低速货车报废并换购轻型载货车，享受补贴的轻型载货车每户限购1辆，报废车辆车主与新购车辆车主为同一农民；农民购买1.3升及以下排量微型客车，享受补贴的微型客车每户限购1辆；农民购买摩托车，享受补贴的摩托车每户限购2辆。三轮汽车指原三轮农用车，低速货车指原四轮农用车，轻型载货车指总质量大于1.8吨但不超过6吨、至少四个车轮且用于载货的机动车辆，微型客车指发动机排量在1.3升及以下、至少四个车轮且用于载客的机动车辆（不含轿车）。汽车、摩托车补贴标准为对将三轮汽车或低速货车报废并换购轻型载货车的，按换购轻型载货车销售价格10%给予补贴，换购轻型载货车单价5万元以上的，实行定额补贴，每辆补贴5000元，并对报废三轮汽车或低速货车实行定额补贴，报废三轮汽车每辆给予补贴2000元，报废低速货车每辆给予补贴3000元；对购买微型客车，按销售价格10%给予补贴，购买微型客车单价5万元以上的，实行定额补贴，每辆补贴5000元；对购买摩托车，按销售价格13%给予补贴，购买摩托车单价5000元以上的，实行定额补贴，每辆补贴650元。汽车、摩托车下乡资金由中央财政和省级财政共同负担，其中中央财政负担80%，省级财政负担20%。2013年1月31日，汽车、摩托车下乡补贴结束。

2009—2013年普安县家电下乡和摩托车下乡补贴情况表

表9-1-13

年份	家电下乡		摩托车下乡	
	补贴数量（台）	补贴金额（万元）	补贴数量（辆）	补贴金额（万元）
2009	4386	81	2417	166
2010	11792	239	6274	323
2011	4303	101	1940	216
2012	7214	170	1826	232
2013	5313	125	617	51

能繁母猪补贴　2007年，启动能繁母猪补贴。能繁母猪补贴的对象为所有饲养能繁母猪的场（户），包括规模养殖场、养殖户、种猪场和散养户。纳入补贴范围的能繁母猪指产过一胎仔猪、能继续繁殖仔猪的母猪，又称成年母猪或基础母猪。补贴标准为每头能繁母猪补贴100元，补贴资金中央

财政负担60%，省、地、县三级按照4:3:3的比例共同负担40%。2012年，停止能繁母猪补贴。

2007—2011年普安县择年度能繁母猪补贴情况表

表9-1-14

年份	能繁母猪数量（头）	补助金额（万元）
2007	7643	38.22
2008	5960	59.60
2011	8872	88.72

六、农业产业化建设

2011年，涉农资金管理由农业股份出，划归基层财政管理，农业股的工作重心转向全县农业产业化资金、农民合作组织资金、小农水资金的争取立项，农业项目库的建设，农业项目资金跟踪管理等。当年建设入库农业项目22个，争取中央财政现代农业生产发展资金800万元建成茶园1333公顷，争取省级财政现代农业生产发展资金130万元建成富洪茶叶有限公司年产200吨绿茶清洁化加工扩建项目，争取中央财政支持农民合作组织资金38万元建成普安县地瓜镇岗坡云海茶叶天麻专业合作社天麻种植基地、普安县长冲种植专业合作社133公顷生态园建设。

2012年，建设入库农业项目28个，累计入库农业项目50个，争取省财政现代农业生产发展资金1038万元建成普安县2000公顷核桃种植，争取小型农田水利建设中央资金800万元、省级资金800万元建成普安县龙吟镇石古片区小型农田水利项目，争取中央财政农业科技推广资金60万元建成普安县楼下尤开生态农业发展有限公司1万套罗曼粉蛋鸡繁殖扩建项目，争取中央财政支持农民合作组织资金35万元建成江西坡联谊茶叶专业合作社四球古茶开发利用项目、普安县地瓜镇岗坡云海茶叶天麻专业合作社茶叶种植20公顷、120吨茶叶生产线1条，争取省级财政现代农业特色优势产业加工能力建设贴息补助资金140万元建成普安县宏鑫茶业有限公司年产1000吨CTC红碎茶生产线。

2013年，建设入库农业项目24个，累计入库农业项目74个，争取中央资金800万元、省级资金800万元建成普安县青山镇下节河片区小型农田水利项目，争取中央财政现代农业生产发展资金400万元建成普安县茶园666.67公顷，争取中央财政现代农业生产发展（茶产业）资金261万元建成茶叶生产加工新建、改扩建项目6个和大洼、江西坡社区、丫口田、细寨、东南等茶青交易市场5个，争取中央财政支持农民合作组织资金40万元建成江西坡时代茶叶专业合作社100吨绿茶生产线和细寨布依人家茶叶专业合作社年产500吨炒青茶加工生产线项目各1个，争取中央财政农业技术推广项目资金60万元建成地瓜镇岗坡妇女药材专业合作社1万平方米天麻种植基地项目1个，争取省级财政支持村集体经济和美丽乡村产业发展专项补助资金150万元实施白沙卡塘村芭蕉芋种植、新店乡烂木桥村生猪养殖、罐子窑辣子树村烤烟种植。

2014年，建设入库农业项目12个，累计入库农业项目86个，争取中央资金800万元、省级资金800万元建成普安县江西坡镇、地瓜镇片区小型农田水利项目3个；争取省级财政现代农业生产发展（茶产业）项目8个，争取省级资金97万元建成茶叶生产加工能力新建、改扩建项目8个，包括普安县江西坡东南茶叶专业合作社年产80吨茶叶加工改扩建项目、普安县地瓜镇岗坡村大叶古茶专业合作社古茶加工新建项目、普安县龙吟镇普纳茶叶专业合作社年产100吨茶叶加工改扩建项目、普安县高棉乡嘎坝村富民茶叶加工农民专业合作社年产50吨茶叶加工新建项目、普安县绿色茶果种植专业合作社年产15吨精品茶叶加工能力扩建项目、普安县江西坡镇朝华茶叶农民专业合作社年产60吨茶叶加工新建项目、普安县江西坡镇宏宇茶叶农民专业合作社年产50吨茶叶加工改扩建项目、贵州布依福娘茶业文化发展有限公司年产100吨茶叶加工新建项目。争取中央财政支持农民合作组织资金60万元建成地瓜镇13.33公顷平欧大榛子种植项目、江西坡联盟村20公顷茶园改造项目、楼下镇33.33公顷油茶种植项目。争取省级财政支持村级集体经济业态发展试点村补助资金项目资金80万元建成南湖街道大湾村农家乐经营点新建项目。争取中央财政农业技术推广项目资金60万元建成新店乡年出栏6000头生猪养殖新建项目。

2015年，建设入库农业项目39个，累计入库农业项目125个，争取中央财政支持农民合作组织资金50万元建成楼下镇肉牛养殖场项目、罗汉镇6.67公顷“万丰一号”辣椒种植项目、江西坡镇33.33公顷“青壳洋”高粱种植项目。争取中央财政现代农业生产发展资金500万元，完成普安县四球古茶普查项目、四球古茶挂牌及培土等保护数百株、四球古茶育苗1.33公顷、二代四球古茶试种300公顷、四球古茶加工能力建设项目。争取中央财政农业技术推广项目资金95万元建成普安县6.67公顷珍稀中药材（白及）种植、普安县13.33公顷中药材（元胡）种植、普安县20公顷标准茶叶示范园种植。

2015年普安县农民专业合作社及农业企业项目库清单

表9-1-15　　单位：万元

序号	项目名称	建设地点	建设规模	建设内容	总投资	其中自筹资金	贷款	财政资金	合作社、单位名称	注册时间
1	标准化茶叶示范基地建设与推广	江西坡镇联盟村丫口田	改良茶园6.67公顷	种茶、培训人员、购置设备	65.6	45.6	—	20	普安县天龙茶叶专业合作社	2008-01-04
2	优质茶叶种植及加工	地瓜镇岗坡村	种植茶园33.33公顷	种茶、培训人员、购置设备	53.5	33.5	—	20	普安县地瓜镇岗坡云海茶叶天麻专业合作社	2008-06-19
3	优质丰产茶园建设	江西坡镇高潮村	种植茶园13.33公顷	种茶、培训人员、购置设备	67.5	47.5	—	20	普安县江西坡镇联谊茶叶专业合作社	2009-10-30
4	桑蚕	地瓜镇莲花村	种植桑园66.67公顷	种植桑苗	120	100	—	20	普安县富民桑蚕专业合作社	2010-11-25
5	示范性观光茶园开发种植项目	江西坡镇江西社区	种植茶园66.67公顷	种茶、培训人员、购置设备	153	133	—	20	普安县江西坡达农茶叶专业合作社	2011-03-30
6	优质、高产、高效茶园建设	江西坡镇高潮村大坪	种植茶园20公顷	种茶、培训人员、购置设备	107	87	—	20	普安县江西坡镇时代茶叶专业合作社	2011-05-27
7	普安县地瓜镇金银花种植基地建设项目	地瓜镇屯上村磨田	种植金银花54.67公顷	种金银花、培训人员、设备购置	61.5	41.5	—	20	普安县金银花种植专业合作社	2011-08-10
8	普安县雪浦乡硐口村优质魔芋生产基地项目	雪浦乡硐口村	种植魔芋13.33公顷	种植魔芋、培训人员	66	46	—	20	普安县雪浦乡硐口村黎红茶叶专业合作社	2011-11-15
9	普安县楼下镇磨舍村蓖麻子种植基地建设项目	楼下镇磨舍村	种植蓖麻子200公顷	种植蓖麻子、培训人员	171	151	—	20	普安县楼下韩英种植专业合作社	2011-12-05

续表9-1-15

序号	项目名称	建设地点	建设规模	建设内容	总投资	其中自筹资金	贷款	财政资金	合作社、单位名称	注册时间
10	普安县长毛兔养殖产业建设项目	三板桥镇九峰村	长毛兔养殖1000只	购兔种、培训人员、建兔笼	86	66	—	20	普安县长毛兔养殖专业合作社	2011-03-24
11	普安县水果农民专业合作社基地建设项目	江西坡镇江西社区王家庄	种植柑橘20公顷	购农机、种柑橘、培训人员	98	78	—	20	普安县罗凯水果农民专业合作社	2012-05-17
12	早实核桃矮化密植高产林示范项目	地瓜镇屯上村	早实核桃13.33公顷	购优质苗、种植、培训	72.4	52.4	—	20	普安县绿色生态农民专业合作社	2012-04-05
13	茶叶清洁化生产技术设备改造	江西坡镇细寨村	加工茶叶200吨	人员培训、购置设备、厂房建设	217.9	97.9	—	120	普安县江西坡镇朗通茶叶发展有限责任公司	2010-01-15
14	年产200吨绿茶清洁化加工	江西坡镇联盟村	加工茶叶200吨	人员培训、购置设备、厂房建设	410	260	—	150	贵州省普安县古茶茶业有限责任公司	2009-01-20
15	年产350吨绿茶清洁化加工	江西坡镇细寨村（工业园区）	加工茶叶350吨	人员培训、购置设备、厂房建设	430	280	—	150	贵州省普安县贵安茶业有限责任公司	2010-02-20
16	贵州省普安县楼下镇农业科技示范场	楼下镇楼下村	建示范园15.6公顷	整地、修路、种杨梅等水果、绿化树等	126	85	—	41	普安县农业局	—
17	茶叶良种繁育基地建设项目	江西坡联盟村	繁育苗圃6.67公顷	整地、育苗等	100	80	—	20	普安县江西坡镇兴农茶叶专业合作社	2010-08-24
18	普安县楼下镇富民养殖场建设项目	楼下镇泥堡村	蛋鸡5万只	建房、购设备	350	200	—	150	楼下镇富民养殖场	2011-11-09
19	无公害茶叶示范基地建设与推广	江西坡联盟村	种植茶园13.33公顷	种茶、培训人员、购置设备	80	60	—	20	普安县江西坡镇益民茶叶专业合作社	2010-02-05
20	普安县地瓜镇云海天麻生产基地建设项目	地瓜镇岗坡村	1万平方米天麻种植	购种、种植	360	300	—	60	岗坡村妇女药材专业合作社	2012-06-12
21	年产500吨炒青茶叶加工建设项目	江西坡联盟村	加工厂房200平方米、设备17台	建房、购设备	119.4	99.4	—	20	细寨布依人家茶叶专业合作社	2010-12-23
22	年产200吨绿茶清洁化加工扩建项目	江西坡联盟村	加工厂房2400平方米、设备32台	人员培训、购置设备、厂房建设	499.4	369.4	—	130	黔南州富洪茶叶有限公司	2006-07-26
23	普安县优质车厘子种植示范基地	青山镇歹苏村	种有机水果13.33公顷	整地、修路、种有机水果等	44	24	—	20	普安县优质车厘子种植示范基地	2011-03-14

续表9-1-15

序号	项目名称	建设地点	建设规模	建设内容	总投资	其中自筹资金	贷款	财政资金	合作社、单位名称	注册时间
24	普安县优质苹果种植示范基地	青山镇歹苏村	种植优质水果66.67公顷	整地、修路、建蓄水池、种有机水果等	88	68	—	20	普安县长冲种植业专业合作社	2011-03-14
25	普安县观赏树木（绿化树）种植示范项目	青山镇歹苏村	种植观赏树66.67公顷	整地、修路、建蓄水池、种观赏树等	93	73	—	20	普安县长冲种植业专业合作社	2011-03-14
26	普安县龙吟果业发展专业合作社基地建设项目	龙吟镇红旗村	水果基地33.33公顷	整地、修路、种有机水果等	89	69	—	20	普安县龙吟镇邓连国果业发展专业合作社	2012-05-17
27	优质、高产、高效茶园建设	江西坡镇细寨村	种植茶园666.67公顷	种茶、培训人员、购置设备	1843	1343	300	200	贵州省玛琅古茶业有限公司	2011-06-08
28	年产200吨绿茶初精加工	江西坡镇细寨村	加工茶叶170吨	人员培训、购置设备、厂房建设	360	260	—	100	普安县江西坡镇云头山茶业专业合作社	2012-01-06
29	白沙乡经果林种植下养殖示范基地建设项目	白沙乡卡塘村	种植果园13.33公顷	购优质苗、种植、培训	80	31	—	49	普安县白沙乡果业发展专业合作社	2012-01-17
30	普安县年产9000吨CTC红碎茶生产项目	江西坡联盟村	年产红碎茶9000吨	人员培训、购置设备、厂房建设	4000	3800	—	200	普安县宏鑫茶业开发有限公	—
31	普安县精品水果引种种植示范基地建设	新店乡林场	建设基地20公顷	整地、修路、建蓄水池、种有机水果等	257	131	—	126	贵州金海禾立农业科技开发有限公司	2009-03-19
32	普安黑山羊品系培育建设项目	楼下等6个乡镇	母羊2万只、引进努比亚公羊500只	建人工草地、建舍、购设备等	4272	500	—	3772	普安县草地畜牧技术服务中心	—
33	普安县种羊繁育场建设项目	地瓜、楼下镇	购努比亚母羊300只、公羊10只	建人工草地、建舍、购设备等	300	100	—	200	普安县草地畜牧技术服务中心	—
34	普安县四球古茶开发利用项目	地瓜镇岗坡村	建苗圃基地1.33公顷、育苗6万株	整地、修路、购设备、培训等	200	—	—	200	普安县农业局	—
35	普安县优质肉羊养殖基地建设项目	楼下镇小河林场	养羊5100只	建人工草地、建舍、购设备等	200	—	—	200	贵州省普安县聚源种养殖场	2010-03-03
36	红豆杉科技种植示范基地	盘水镇	种植红豆杉100公顷	购优质苗、种植、培训	199.8	—	—	199.8	普安县小坡脚农业科技种植园	2010-01-30
37	普安县青山镇下节河核桃示范种植基地	楼下镇下节河村	核桃种植80公顷	购优质苗、种植、培训	508.4	287.6	—	220.8	普安县贵鑫农产品开发有限公司	2011-12-01
38	精品茶叶加工	江西坡镇细寨村	种茶33.33公顷	种茶、培训人员、购置设备	409.2	221.5	—	187.7	普安县江西坡镇白水冲茶叶厂	2012-02-27

续表9-1-15

序号	项目名称	建设地点	建设规模	建设内容	总投资	其中自筹资金	贷款	财政资金	合作社、单位名称	注册时间
39	民族性肉牛养殖	青山镇范家村	养牛100头	人员培训、购置设备、建舍等	171.3	86.7	—	84.6	民族养殖场	2011-11-02
40	益寿粗粮饭加工（一期工程）	青山镇范家村	加工粗粮饭1261吨	人员培训、购置设备、厂房建设	641	161.5	318	161.5	普安县周易农产品精加工厂	2012-05-10
41	普安县地瓜镇断桥苗寨养牛基地养牛项目	地瓜镇地瓜社区	养母牛100头、改良50头、公牛2头	建人工草地、建舍、购设备等	229.2	33.2	46	150	普安县地瓜镇断桥苗寨养牛基地	—
42	普安县梅花鹿养殖示范场建设项目	地瓜镇地瓜社区	养母鹿150头、公鹿15头	建人工草地、建舍、购设备等	146.2	96.2	—	50	普安县向黎鹿业综合开发有限公司	—
43	梅花鹿养殖示范基地建设项目	盘水镇	养梅花鹿550头	建人工草地、建舍、购设备等	376.3	204.7	—	171.6	贵州省普安县金鹿扶贫开发有限公司	2008-01-16
44	年驯养1000头梅花鹿繁育场暨新品种引进项目	地瓜镇莲花村	引进良种梅花鹿320只	建人工草地、建舍、购设备等	1120	820	—	300	普安县隆武鹿业发展有限责任公司	2009-11-11
45	贵州省普安县水稻高产示范	楼下等4个乡镇	水稻高产示范1333.33公顷	推广良种高产水稻等	938.5	624.5	—	314	普安县农业局	—
46	贵州省普安县玉米高产示范	楼下等6个乡镇	玉米高产示范2000公顷	推广良种高产玉米等	859.5	546.5	—	313	普安县农业局	—
47	牛肉系列产品开发	青山镇杨家老坡桂花园	年加工牛干巴100吨	人员培训、购置设备、厂房建设	316	236	—	80	贵州省普安县青山清真牛干巴厂	2011-04-08
48	普安县乌天麻大棚种植技术推广	地瓜镇屯上村	新建种植乌天麻0.3公顷	建大棚、购菌材、种天麻等	116.4	60.4	—	56	普安县农业局	2007-06-06
49	引进新品种实施杂交改良示范推广项目	地瓜镇鲁沟村	养母羊3000只、引进努比亚公羊100只	建人工草地、建舍、购设备等	500	350	—	150	贵州省普安县万象生态农业综合开发有限公司	2010-04-27
50	芦花鸡新品种引进项目申报书	盘水镇	年养鸡4万只	育雏室、建舍、购设备等	166.7	129.7	—	37	普安县南山农业生态园有限公司	2011-03-24
51	蔬菜温室大棚建设	青山海马坝子	6.67公顷大棚400个	建温室大棚	1200	750	—	450	普安县农业局	—
52	普安县13.33公顷榛子种植基地项目	地瓜镇岗坡村	13.33公顷榛子种植	购种、种植	52	32	—	20	江西镇高潮村花卉果树种植专业合作社	2013-04-01

续表9-1-15

序号	项目名称	建设地点	建设规模	建设内容	总投资	其中自筹资金	贷款	财政资金	合作社、单位名称	注册时间
53	云南红豆杉种植技术推广	雪浦乡硐口村	种红豆杉2.67公顷、育苗0.67公顷	种植、育苗	93	23	—	70	普安县雪浦乡明舒农业科技种植园	—
54	普安县良种猪品种改良项目	盘水镇等3个乡镇	引进纯种母猪200头	建舍、购设备等	612.4	121.4	—	491	普安县农业局	—
55	普安县1333.33公顷茶园种植项目	江西坡等乡镇	茶园1333.33公顷	购苗、种植等	4430	3630	—	800	县茶办	—
56	2012年度小农水项目	龙吟等乡镇	排洪渠、机耕道	—	1602.4	2.4	—	1600	县水务局	—
57	普安县666.67公顷优质魔芋基地	高棉等乡镇	666.67公顷优质魔芋	1万亩优质魔芋种子购买、种植等	13900	6950	—	6950	普安县魔芋协会	2013-07-24
58	白沙乡卡塘村芭蕉芋种植项目	白沙乡卡塘村	133.33公顷芭蕉芋种植	种子购买、种植等	3245	2745	—	500	卡塘村	—
59	新店烂木桥村生猪养殖项目	新店烂木桥村	建猪圈2000平方米	建猪圈等	179.6	129.6	—	50	新店烂木桥村	—
60	辣子树村66.67公顷烤烟种植项目	辣子树村	66.67公顷烤烟	种植	180.8	130.8	—	50	辣子树村	—
61	年产300吨茶叶加工建设项目	黄泥田村民组	1000平方米加工厂建设、设备16台	人员培训、购置设备、厂房建设	150	120	—	30	江西坡白水冲茶叶有限公司	2013-05-07
62	青山百合种子繁育生产基地项目	青山镇	266.67公顷百合种植	种植	240	40	—	200	贵州飞龙雨绿色实业有限公司	2007-01-04
63	年产9000吨红碎茶建设贴息项目	江西坡社区	3300平方米加工厂建设、设备29台	人员培训、购置设备、厂房建设	4000	3850	—	150	普安县宏鑫茶业开发有限公司	—
64	年产250吨茶叶加工扩建贴息项目	江西坡镇细寨村	1200平方米加工厂建设、设备54台	人员培训、购置设备、厂房建设	217.9	97.9	—	120	普安县江西坡镇朗通茶叶发展有限责任公司	2010-01-15
65	茶叶加工改扩建贴息项目	江西坡镇细寨村	770平方米加工厂建设、设备11台	人员培训、购置设备、厂房建设	137.7	111.7	—	26	普安县天龙茶叶专业合作社	2008-01-04
66	茶叶加工新建贴息项目	江西坡社区	300平方米加工厂建设、设备1台	人员培训、购置设备、厂房建设	149.8	119.8	—	30	普安县江西坡镇联谊茶叶专业合作社	2009-10-30

续表9-1-15

序号	项目名称	建设地点	建设规模	建设内容	总投资	其中自筹资金	贷款	财政资金	合作社、单位名称	注册时间
67	年产200吨茶叶加工改扩建贴项目息	江西坡镇高潮村	1500平方米加工厂建设、设备40台	人员培训、购置设备、厂房建设	270	216	—	54	贵州省普安县古茶茶业有限责任公司	2009-01-20
68	年产250吨茶叶加工扩建贴息项目	江西坡镇联盟村	1000平方米加工厂建设、设备40台	人员培训、购置设备、厂房建设	180	144	—	36	细寨布依人家茶叶专业合作社	2010-12-23
69	丫口田茶青交易市场建设项目	江西坡镇细寨村丫口田	300平方米茶青交易市场	大棚、摊位	29.1	14.1	—	15	普安县天龙茶叶专业合作社	2008-01-04
70	大洼茶青交易市场建设项目	江西坡镇大洼	400平方米茶青交易市场	大棚、摊位	47.8	32.8	—	15	普安县江西坡镇益民茶叶专业合作社	2010-02-05
71	细寨茶青交易市场建设项目	江西坡镇细寨村原粮站	500平方米茶青交易市场	大棚、摊位	32	17	—	15	普安县朗寨茶业农民专业合作社	2013-01-24
72	东南茶青交易市场建设项目	江西坡镇东南	300平方米茶青交易市场	大棚、摊位	28	13	—	15	细寨布依人家茶叶专业合作社	2010-12-23
73	江西坡社区茶青交易市场建设项目	江西坡镇江西坡社区	400平方米茶青交易市场	大棚、摊位	25.1	10.1	—	15	普安县江西坡镇联谊茶叶专业合作社	2009-10-30
74	益寿粗粮饭和粗粮米加工贴息项目	盘水镇	—	—	641	148	—	493	普安县周易农产品精加工厂	2009-06-02
75	新美系良种猪推广繁殖项目	新店镇新店社区	扩建	种猪、建舍、购设备等	241	181	—	60	鑫盛养殖场	2013-08-20
76	盘水镇大湾村农家乐经营点建设项目	盘水镇大湾村	新建	房屋、凉亭、围栏等	107.52	27.52	—	80	盘水镇大湾村	—
77	50吨茶叶加工新建项目	高棉乡嘎坝村	新建	土地、设备、厂房建设	110	97.6	—	12.4	高棉乡嘎坝村富民茶叶加工农民专业合作社	2015-05-06
78	60吨茶叶加工新建项目	江西坡镇高潮村	新建	土地、设备、厂房建设	100	88.98	—	11.02	江西坡朝华茶叶农民专业合作社	2015-05-19
79	万丰一号辣椒种植建设项目	罗汉镇老山田村	新建	购种、种植、培训	25	10	—	15	普安县汇祥蔬菜种植专业合作社	2015-09-23
80	50吨茶叶加工改扩建项目	江西坡镇联盟村马鞍山	改扩建	购置设备、厂房建设	80	70.64	—	9.36	江西坡宏宇茶叶农民专业合作社	2014-01-20
81	普安县50吨四球古茶加工能力建设项目	地瓜镇岗坡村	新建	人员培训、土地、购置设备、厂房建设	105	92.4	—	12.6	普安县地瓜镇岗坡村大叶古茶专业合作社	2011-01-26

续表9-1-15

序号	项目名称	建设地点	建设规模	建设内容	总投资	其中自筹资金	贷款	财政资金	合作社、单位名称	注册时间
82	楼下镇33.33公顷生态油茶种植基地建设项目	楼下镇补者村	新建	种茶、培训人员等	50	30	—	20	普安县楼下镇生态油茶种植专业合作社	2013-03-21
83	东南年产200吨茶叶加工建设项目	江西坡镇细寨村	新建	人员培训、土地、购置设备、厂房建设	100	85	—	15	普安县江西坡东南茶叶专业合作社	2013-04-25
84	龙吟镇年产15吨名优茶加工建设项目	龙吟镇普纳茶场	新建	人员培训、购置设备、厂房建设	105	85	—	20	普安县龙吟镇普纳茶叶业专业合作社	2012-05-30
85	普安县珍稀中药材（白及）示范种植新建项目	江西坡	新建	购种、种植、培训	243	203	—	40	普安县秀峰中药材农民专业合作社	2015-06-08
86	普安县肉牛养殖扩建项目	楼下社区	改扩建	基础母牛、建舍等	45	20	—	25	普安县楼下镇春林养殖合作社	2014-10-11
87	普安县13.33公顷元胡产业化示范种植基地新建项目	江西坡、南湖、白沙	新建	购种、种植、培训	150	35	—	115	普安县磐普惠农开发有限公司	2014-12-06
88	优质茶叶种植推广示范项目	江西坡镇细寨村	新建	购优质苗、种植、培训	42.6	20	—	22.6	普安盘江源茶业有限公司	2010-09-12
89	普安县100吨茶叶加工新建项目	江西坡工业园区	新建	购置设备	100	88.51	—	11.49	贵州省布依福娘茶业文化发展有限公司	2016-01-14
90	普安县四球古茶开发利用项目	地瓜镇、青山镇	新建	建苗圃基地1.33公顷二代试种植100公顷	500	—	—	500	农业局（茶办）	—
91	普安县四球古茶开发利用项目	地瓜镇岗坡村	新建	整地、修路、购设备、培训等	400	200	—	200	普安县农业局	—
92	贵州省普安县水稻高产示范	楼下等4个乡镇	新建	推广良种高产水稻等	938.5	624.5	—	314	普安县农业局	—
93	贵州省普安县玉米高产示范	楼下等6个乡镇	新建	推广良种高产玉米等	859.5	546.5	—	313	普安县农业局	—
94	普安县乌天麻大棚种植技术推广	地瓜镇屯上村	新建	建大棚、购菌材、种天麻等	116.4	60.4	—	56	普安县农业局	2007-06-06
95	蔬菜温室大棚建设	青山海马坝子	新建	建温室大棚	1200	750	—	450	普安县农业局	—
96	普安县良种猪品种改良项目	盘水镇等3个乡镇	新建	建舍、购设备等	612.4	112.4	—	500	普安县农业局	—

续表9-1-15

序号	项目名称	建设地点	建设规模	建设内容	总投资	其中自筹资金	贷款	财政资金	合作社、单位名称	注册时间
97	贵州省普安县楼下镇农业科技示范场	楼下镇楼下村	新建	整地、修路、种杨梅等水果、绿化树等	126	85	—	41	普安县农业局	—
98	2013年度小农水项目	龙吟等乡镇	排洪渠、机耕道	—	1600	—	—	1600	普安县水务局	—
99	2014年度小农水项目	龙吟等乡镇	排洪渠、机耕道	—	1600	—	—	1600	普安县水务局	—
100	普安县老年养护院老年养护楼建设项目	—	新建	—	1702	—	1702	—	普安县人民政府	—
101	普安县食用菌产业发展项目	—	新建	—	35300	—	35300	—	普安县人民政府	—
102	普安县芭蕉芋产业发展项目	—	新建	—	17242	—	17242	—	普安县人民政府	—
103	普安县中药材白及种植项目	—	新建	—	3000	—	3000	—	普安县人民政府	—
104	普安县长毛兔养殖产业建设项目	—	新建	—	32967	—	32967	—	普安县人民政府	—
105	“普安红”有机茶产业园建设项目	—	新建	—	225600	—	225600	—	普安县人民政府	—
106	普安县农村人居环境建设项目	—	新建	—	120347	—	120347	—	普安县人民政府	—
107	普安县江西坡布依生态小镇项目	—	新建	—	75380	—	75380	—	普安县人民政府	—
108	普安县生活垃圾收运系统系统项目	—	新建	—	5717	—	5717	—	普安县人民政府	—
109	普安县通组路网全覆盖建设工程项目	—	新建	—	30200	—	30200	—	普安县人民政府	—
110	普安县人民医院新院区建设项目	—	新建	—	33979	—	33979	—	普安县人民政府	—
111	普安县乌都河流域综合治理工程项目	—	新建	—	45317	—	45317	—	普安县人民政府	—
112	普安县马别河流域综合治理工程项目	—	新建	—	34140	—	34140	—	普安县人民政府	—

续表9-1-15

序号	项目名称	建设地点	建设规模	建设内容	总投资	其中自筹资金	贷款	财政资金	合作社、单位名称	注册时间
113	普安县茶马古道文化旅游区基础设施建设项目	—	新建	—	40000	—	40000	—	普安县人民政府	—
114	普安县青山夜郎文化旅游区基础设施建设项目	—	新建	—	34000	—	34000	—	普安县人民政府	—
115	普安县茶文化旅游景区基础设施建设项目	—	新建	—	40208	—	40208	—	普安县人民政府	—
116	普安县龙吟镇（中国第一苗镇）苗族文化旅游基础设施建设项目	—	新建	—	35776	—	35776	—	普安县人民政府	—
117	普安县养老服务基地建设项目	—	新建	—	15012	—	15012	—	普安县人民政府	—
118	普安县中等职业学校校外实训基地建设项目	—	新建	—	10005	—	10005	—	普安县人民政府	—
119	普安县中等职业学校理实一体化实训项目	—	新建	—	13562	—	13562	—	县人民政府	—
120	普安县城至城东区旅游快速通道工程项目	—	新建	—	122932	—	122932	—	普安县人民政府	—
121	龙吟至普安公路改扩建工程项目	—	改扩建	—	24324	—	24324	—	普安县人民政府	—
122	河洋大桥至龙吟公路改扩建工程项目	—	改扩建	—	20832	—	20832	—	普安县人民政府	—

第四节　财政收支

一、财政收入

（一）财政总收入

构　成　普安县财政总收入由县本级收入、上年结余、上级补助和部分年度地方政府债券收入、调入资金构成。

收　入　1998年，普安县财政总收入6216万元，其中县本级收入2253万元，上年结余271万元，上级补助3692万元。2001年，财政总收入突破1亿元，达到1.34亿元，其中县本级财政收入3851万元，上年结余2192万元，上级补助7341万元。2008年，财政总收入突破5亿元达到5.86亿元，其中县本级财政收入1.80亿元，上年结余2492万元，上级补助38107万元。2011年，财政总收入突破10亿元达到11.83亿元，其中县本级财政收入3.52亿元，上年结余2442万元，上级补助7.87亿元，地方政府债券收入1916万元。2013年，财政总收入18.55亿元，其中县本级财政收入5.96亿元，上年结余2606万元，上级补助11.67亿元，地方政府债券收入1462万元，调入资金5145万元。2014年，财政总收入23.34亿元，其中县本级财政收入7.15亿元，上年结余4100万元，上级补助15.52亿元，地方政府债券转贷收入1916万元，调入资金690万元。2015年，财政总收入30.72亿元，其中县本级财政收入8.01亿元，上年结余1.06亿元，上级补助17.21亿元，地方政府债券转贷收入4.18亿元，调入资金2628万元。

1998—2015年普安县财政收入情况表

表9-1-16

年份	总收入（万元）	县本级		上年结余		上级补助		地方政府债券		调入资金	
		收入（万元）	比重（%）	收入（万元）	比重（%）	收入（万元）	比重（%）	收入（万元）	比重（%）	收入（万元）	比重（%）
1998	6216	2253	36.25	271	4.36	3692	59.40	—	—	—	—
1999	7238	2686	37.11	190	2.63	4362	60.27	—	—	—	—
2000	8518	3265	38.33	854	10.03	4399	51.64	—	—	—	—
2001	13384	3851	28.77	2192	16.38	7341	54.85	—	—	—	—
2002	14830	4388	29.59	1640	11.06	8802	59.35	—	—	—	—
2003	17103	5026	29.39	1910	11.17	10167	59.45	—	—	—	—
2004	21158	8313	39.29	2562	12.11	10283	48.60	—	—	—	—
2005	27902	10209	36.59	2879	10.32	14814	53.09	—	—	—	—
2006	34315	11043	32.18	3576	10.42	19696	57.40	—	—	—	—
2007	41026	15331	37.37	3393	8.27	22302	54.36	—	—	—	—
2008	58558	17959	30.67	2492	4.26	38107	65.08	—	—	—	—
2009	76801	22448	29.23	4346	5.66	48739	63.46	994	1.29	274	0.36
2010	91125	25849	28.37	5553	6.09	59261	65.03	462	0.51	—	—
2011	118311	35240	29.79	2442	2.06	78713	66.53	1916	1.62	—	—
2012	151197	47802	31.62	1011	0.67	100740	66.63	1644	1.09	—	—
2013	185480	59612	32.14	2606	1.41	116655	62.89	1462	0.79	5145	2.77
2014	233449	71520	30.63	4100	1.75	155223	66.49	1916	0.82	690	0.29
2015	307180	80124	26.08	10570	3.44	172053	56.01	41805	13.60	2628	0.85

（二）县本级财政收入

构　成　县本级收入主要由增值税、营业税、企业所得税、个人所得税、资源税、固定资产投资方向调节税、城市维护建设税、房产税、印花税、城镇土地使用税、车船税、屠宰税、农业税、农业特产税、耕地占用税、契税、行政事业性收费收入、罚没收入、专项收入、其他收入构成。

县本级财政总收入　1998年，县本级财政总收入2253万元。2000年，收入减少耕地占用税、契税。2001年，减少固定资产投资方向调节税，增加耕地占用税、契税。2002年，减少耕地占用税。2003年，停征屠宰税。2005年，县本级财政收入突破1亿元达到10209万元，停征农业税。2006年，停征农业特产税，增加烟叶税。2007年，增加土地增值税、国有资产有偿使用费。2009年，增加国有资本经营收入。2010年，减少国有资本经营收入。2012年，增加国有资本经营收入。2013年，县本级财政收入新体制完成5.96亿元，老体制完成7.15亿元。2014年，县本级财政收入新体制完成7.15亿元。2015年，煤炭资源税分享比例由60%调整为50%，即县级收入减收10%。

1998—2015年普安县本级财政总收入情况表

表9-1-17

年份		1998	1999	2000	2001	2002	2003	2004	2005	2006	2007	2008	2009	2010	2011	2012	2013	2014	2015
合计		2253	2686	3265	3851	4388	5026	8313	10209	11043	15331	17959	22448	25849	35240	47802	59612	71518	80124
1. 增值税	数额（万元）	95	95	138	162	206	315	410	918	1432	1591	2240	2606	3152	4077	4551	2982	2982	2772
	比重（%）	4.22	3.54	4.23	4.21	4.69	6.27	4.93	8.99	12.97	10.38	12.47	11.61	12.19	11.57	7.63	4.16	4.17	3.46
2. 营业税	数额（万元）	320	404	671	408	560	495	2137	3678	4157	5194	3713	2100	2645	4261	7638	14530	14530	14789
	比重（%）	14.2	15.04	20.55	10.59	12.76	9.85	25.71	36.03	37.64	33.88	20.67	9.35	10.23	12.09	12.81	20.31	20.32	18.44
3. 企业所得税	数额（万元）	292	119	114	399	102	91	72	92	81	101	75	994	1674	2612	4494	2451	2451	2090
	比重（%）	12.96	4.43	3.49	10.36	2.32	1.81	0.87	0.90	0.73	0.66	0.42	4.43	6.48	7.41	7.54	3.42	3.43	2.61
4. 个人所得税	数额（万元）	152	188	156	244	271	477	442	605	1171	1662	3438	5145	6043	7286	1539	1196	1196	792
	比重（%）	6.75	7.00	4.78	6.34	6.18	9.49	5.32	5.93	10.60	10.84	19.14	22.92	23.38	20.68	2.58	1.67	1.67	0.99
5. 资源税	数额（万元）	7	5	4	10	28	35	93	239	521	503	427	543	709	710	1171	342	342	1824
	比重（%）	0.31	0.19	0.12	0.26	0.64	0.70	1.12	2.34	4.72	3.28	2.38	2.42	2.74	2.01	1.96	0.47	0.48	2.28
6. 固定资产投资方向调节税	数额（万元）	35	164	11	—	—	—	—	—	—	—	—	—	—	—	—	—	—	—
	比重（%）	1.55	6.11	0.34	—	—	—	—	—	—	—	—	—	—	—	—	—	—	—
7. 城市维护建设税	数额（万元）	43	48	50	49	74	87	135	177	321	598	651	1066	1291	1680	2397	1781	1781	2080
	比重（%）	1.91	1.79	1.53	1.27	1.69	1.73	1.62	1.73	2.91	3.90	3.62	4.75	4.99	4.77	4.02	2.49	2.49	2.60
8. 房产税	数额（万元）	24	23	26	25	30	25	30	33	50	66	64	74	67	84	107	110	110	146
	比重（%）	1.07	0.86	0.80	0.65	0.68	0.50	0.36	0.32	0.45	0.43	0.36	0.33	0.26	0.24	0.18	0.15	0.15	0.18
9. 印花税	数额（万元）	2	3	3	3	2	2	1	6	13	21	52	77	74	100	194	444	444	307
	比重（%）	0.09	0.11	0.09	0.08	0.05	0.04	0.01	0.06	0.12	0.14	0.29	0.34	0.29	0.28	0.33	0.62	0.62	0.38
10. 城镇土地使用税	数额（万元）	3	3	5	16	16	14	29	20	20	33	35	24	20	61	46	64	64	41
	比重（%）	0.13	0.11	0.15	0.42	0.36	0.28	0.35	0.20	0.18	0.22	0.19	0.11	0.08	0.17	0.08	0.08	0.09	0.05

续表9-1-17

年份		1998	1999	2000	2001	2002	2003	2004	2005	2006	2007	2008	2009	2010	2011	2012	2013	2014	2015
11. 土地增值税	数额（万元）	—	—	—	—	—	—	—	—	—	21	39	132	15	21	28	254	254	104
	比重（%）	—	—	—	—	—	—	—	—	—	0.14	0.22	0.59	0.06	0.06	0.05	0.07	0.36	0.13
12. 车船使用税	数额（万元）	3	3	3	3	3	2	2	3	2	6	22	35	27	35	59	52	68	187
	比重（%）	0.13	0.11	0.09	0.08	0.07	0.04	0.02	0.03	0.02	0.04	0.12	0.16	0.10	0.10	0.10	0.11	0.10	0.23
13. 屠宰税	数额（万元）	12	19	19	12	11	—	—	—	—	—	—	—	—	—	—	—	—	—
	比重（%）	0.53	0.71	0.58	0.31	0.25	—	—	—	—	—	—	—	—	—	—	—	—	—
14. 农业税	数额（万元）	371	365	182	294	379	375	312	—	—	—	—	—	—	—	—	—	—	—
	比重（%）	16.47	13.59	5.57	7.63	8.64	7.46	3.75	—	—	—	—	—	—	—	—	—	—	—
15. 农业特产税（烟叶税）	数额（万元）	445	563	308	607	766	613	976	1307	1120	1268	3035	3180	2875	2419	5850	3804	5504	3998
	比重（%）	19.75	20.96	9.43	15.76	17.46	12.20	11.74	12.80	10.14	8.27	16.90	14.17	11.12	6.86	9.81	7.96	7.70	4.99
16. 耕地占用税	数额（万元）	5	4	—	27	—	4	12	37	15	95	35	103	374	723	7860	769	16609	14508
	比重（%）	0.22	0.15	—	0.70	—	0.08	0.14	0.36	0.14	0.62	0.19	0.46	1.45	2.05	13.19	1.61	23.22	18.11
17. 契税	数额（万元）	2	3	—	12	20	42	3	10	6	2	79	96	57	290	190	270	2498	1574
	比重（%）	0.09	0.11	—	0.31	0.46	0.84	0.04	0.10	0.05	0.01	0.44	0.43	0.22	0.82	0.32	0.56	3.49	1.96
18. 行政事业性收费收入	数额（万元）	16	534	1114	1350	1699	2210	3172	2173	1307	713	1128	1179	1163	598	5184	1014	3033	3451
	比重（%）	0.71	19.88	34.12	35.06	38.72	43.97	38.16	21.29	11.84	4.65	6.28	5.25	4.50	1.70	8.70	2.12	4.24	4.31
19. 罚没收入	数额（万元）	129	75	83	42	165	118	157	278	210	392	626	1256	1542	537	1655	605	3268	1078
	比重（%）	5.73	2.79	2.54	1.09	3.76	2.35	1.89	2.72	1.90	2.56	3.49	5.60	5.97	1.52	2.78	1.27	4.56	1.35
20. 专项收入	数额（万元）	31	37	30	39	50	78	222	314	533	1589	2120	2676	2591	5433	6896	3918	1753	3091
	比重（%）	1.38	1.38	0.92	1.01	1.14	1.55	2.67	3.08	4.83	10.36	11.80	11.92	10.02	15.42	11.57	8.20	2.45	3.86
21. 国有资本经营收入	数额（万元）	—	—	—	—	—	—	—	—	—	—	—	19	—	—	13	24	—	6
	比重（%）	—	—	—	—	—	—	—	—	—	—	—	0.08	—	—	0.02	0.05	—	0.01

续表9-1-17

年份		1998	1999	2000	2001	2002	2003	2004	2005	2006	2007	2008	2009	2010	2011	2012	2013	2014	2015
22. 国有资产有偿使用收入	数额（万元）	—	—	—	—	—	—	—	—	—	40	53	290	413	532	8619	1318	12229	27286
	比重（%）	—	—	—	—	—	—	—	—	—	0.26	0.30	1.29	1.60	1.51	14.46	2.76	17.09	34.05
23. 其他收入	数额（万元）	266	31	348	149	6	43	108	319	84	1436	127	853	1117	3781	1121	8029	2402	—
	比重（%）	11.81	1.15	10.66	3.87	0.14	0.86	1.30	3.12	0.76	9.37	0.71	3.80	4.32	10.73	1.88	16.80	3.35	—

企业税收　1998年，征收企业税收292万元，其中电力工业6万元，建材工业21万元，商业企业22万元，农林水部门10万元，集体企业230万元，其他企业3万元。2000年起，无建材工业、商业企业、农林水部门税收，增加股份制企业税收。2011年起，无电力工业税收。2013年，征收企业税4494万元，其中集体企业268万元，股份制企业3455万元，其他企业771万元。2014年，征收企业税2455万元，其中集体企业301万元，股份制企业1774万元，民营企业232万元，其他企业134万元。2015年，征收企业税2091万元，其中集体企业257万元、股份制企业1523万元、民营企业254万元、其他企业11万元。

1998—2015年普安县企业税收入情况表

表9-1-18　　单位：万元

年份	合计	电力工业	建材工业	商业企业	农林水部门	集体企业	股份制企业	其他企业
1998	292	6	21	22	10	230	—	3
1999	119	28	17	-8	4	78	—	—
2000	114	22	—	—	—	71	2	19
2001	399	8	—	—	—	143	—	248
2002	102	6	—	—	—	39	—	57
2003	91	—	—	—	—	22	—	69
2004	72	3	—	—	—	46	—	23
2005	92	—	—	—	—	47	—	45
2006	81	—	—	—	—	36	1	44
2007	100	41	—	—	—	38	10	11
2008	75	44	—	—	—	4	13	14
2009	994	79	—	—	—	59	780	76
2010	1674	14	—	—	—	41	1557	62
2011	2612	—	—	—	—	386	2146	80
2012	5444	—	—	—	—	485	4016	943
2013	4494	—	—	—	—	268	3455	771
2014	2455	—	—	—	—	301	1774	134
2015	2091	—	—	—	—	257	1523	11

农业税收　1998年，征收农业税246万元，农业特产税741万元，耕地占用税5万元，契税3万元。2005年，停征农业税。2013年，征收农业特产税（烟叶税）5850万元，耕地占用税7860万元，契税190万元。2014年，征收农业特产税（烟叶税）5251万元，耕地占用税1.28亿元，契税2403万元。2015年，征收农业特产税（烟叶税）3998万元，耕地占用税1.45亿元，契税1574万元。

1998—2015年普安县农业税收入情况表

表9-1-19 单位：万元

年份	农业税	农业特产税（烟叶税）	耕地占用税	契税	年份	农业特产税（烟叶税）	耕地占用税	契税
1998	246	741	5	3	2007	1268	95	2
1999	267	600	4	3	2008	3035	35	79
2000	182	308	—	—	2009	3180	103	96
2001	294	607	27	12	2010	3200	250	160
2002	379	766	—	20	2011	2419	723	290
2003	375	613	4	42	2012	3804	769	270
2004	312	976	12	3	2013	5850	7860	190
2005	—	1307	37	10	2014	5251	12756	2403
2006	—	1120	15	6	2015	3998	14508	1574

其他收入 1998年，财政其他收入130万元，其中其他杂项收入130万元。2003—2006年，增加利息收入。2012年，增加煤炭调节基金收入。2013年，财政其他收入1121万元，其中其他杂项收入1121万元。2014年，财政其他收入2216万元，其中其他杂项收入2216万元。2015年，无财政其他收入。

1998—2014年普安县其他收入情况表

表9-1-20 单位：万元

年份	合计	利息收入	煤调基金	其他杂项收入
1998	130	—	—	130
1999	31	—	—	31
2000	348	—	—	348
2001	149	—	—	149
2002	6	—	—	6
2003	43	15	—	28
2004	108	80	—	28
2005	319	50	—	269
2006	84	32	—	52
2007	1436	—	—	1436
2008	127	—	—	127
2009	853	—	—	853
2010	1117	—	—	1117
2011	3781	—	—	3781
2012	8029	—	2260	5769
2013	1121	—	—	1121
2014	2216	—	—	2216

二、财政支出

（一）财政总支出

构　成 财政支出数额，由县本级支出、上解支出、债券还本支出、滚存结余四个部分组成。

支　出 1998年，财政总支出6216万元，其中县本级支出6122万元，上解支出36万元，年终滚存结余58万元。2001年，财政总支出超过1亿元达到13384万元，其中县本级支出11825万元，上解支出84万元，年终滚存结余1475万元。2008年，财政总支出超过5亿元达到58558万元，其中县本级支出53387万元，上解支出1306万元，年终滚存结余3865万元。2011年，财政总支出超过10亿元达到118311万元，其中县本级支出113583万元，上解支出3659万元，年终滚存结余1069万元。2013年，财政总支出185480万元，其中县本级支出172838万元，上解支出9753万元，地方政府债券转贷支出462万元，年终滚存结余2427万元。2014年，财政总支出23.34亿元，其中县本级支出20.96亿元，上解支出1.34亿元，地方政府债券转贷支出1916万元，调出690万元，年终滚存结余7855万元。2015年，财政总支出30.72亿元，其中县本级支出24.18亿元，上解支出1.62亿元，地方政府债券转贷支出3.40亿元，安排预算稳定调节基金及调出1814万元，年终滚存结余1.34亿元。

1998—2015年普安县财政总支出情况表

表9-1-21

年份	总支出（万元）	县本级支出		上解支出		地方政府债券转贷还本支出		滚存结余	
		数额（万元）	比重（%）	数额（万元）	比重（%）	数额（万元）	比重（%）	数额（万元）	比重（%）
1998	6216	6122	98.49	36	0.58	—	—	58	0.93
1999	7238	7160	98.92	20	0.28	—	—	58	0.80
2000	8518	7389	86.75	121	1.42	—	—	1008	11.83
2001	13384	11825	88.35	84	0.63	—	—	1475	11.02
2002	14830	12927	87.17	139	0.94	—	—	1764	11.89
2003	17103	14827	86.69	193	1.13	—	—	2083	12.18
2004	21158	18565	87.74	654	3.09	—	—	1939	9.16
2005	27902	23382	83.80	943	3.38	—	—	3577	12.82
2006	34315	30676	89.40	1001	2.92	—	—	2638	7.69
2007	41026	38150	92.99	1097	2.67	—	—	1779	4.34
2008	58558	53387	91.17	1306	2.23	—	—	3865	6.60
2009	76801	69447	90.42	1534	2.00	—	—	5820	7.58
2010	91125	85842	94.20	2933	3.22	—	—	2350	2.58
2011	118311	113583	96.00	3659	3.09	—	—	1069	0.90
2012	151197	137941	91.23	8924	5.90	1644	1.09	2688	1.78
2013	185480	172838	93.18	9753	5.26	462	0.25	2427	1.31
2014	233449	209577	89.77	13411	5.74	1916	0.82	8545	3.66
2015	307180	241845	78.73	16166	5.26	33968	11.06	15201	4.95

（二）县本级财政支出

构　成　1998—2006年，县本级财政支出主要由基建支出、企业挖潜改造资金、科技三项费、支援农村生产、农业综合开发、农林水气象事业费、工交部门事业费、文体广播事业费、教育事业费、科学事业费、医疗卫生、税务统计财政审计等部门事业费、抚恤和社会福利及救济支出、社保补助、国防、行政管理费、公检法司支出、城市维护建设费、政策性补贴、支援不发达地区支出、专项支出、其他支出构成。2007—2015年，县本级财政支出主要由一般公共服务、国防、公共安全、教育、科学技术、文化体育与传媒、社会保障和就业、医疗卫生、节能环保、城乡社区事务、农林水事务、交通运输、资源勘探电力信息、商业服务业、国土资源气象、住房保障、粮油物资储备管理、国债还本付息、工业商业金融等事务、其他支出构成。

县本级财政总支出　1998年，县本级财政总支出6122万元。2001年，支出突破1亿元达到1.18亿元。2008年，支出突破5亿元达到5.34亿元。2011年，支出突破10亿元达到11.36亿元。2013年，支出超过15亿元达到17.28亿元。2014年，支出突破20亿元达到20.96亿元。2015年，支出达到24.18亿元。

1998—2013年普安县本级财政支出情况表

表9-1-22　　单位：万元

年份	合计	基建支出	企业挖潜改造资金	科技三项费用支出	支援农村生产类支出	农业综合开发支出	农林水气象部门事业费	工交部门事业费	文体广播事业费	教育事业费	科学事业费	医疗卫生	税务统计财政审计（其他）部门事业费	抚恤和社会福利及救济	社保补助支出	国防支出	行政管理费类	公检法司支出类	城市维护费	政策性补贴支出类	支援不发达地区支出	专项支出	其他支出
1998	6122	—	—	3	155	4	326	5	99	1225	6	287	95	156	8	9	1126	350	26	176	918	12	1136
1999	7160	—	—	1	218	9	399	5	95	1480	10	312	88	181	41	18	1528	349	193	36	963	32	1202
2000	7389	—	50	3	388	4	493	70	130	1740	6	378	155	145	75	13	1753	424	51	51	598	19	843
2001	11825	—	—	4	222	—	723	10	192	2422	10	454	120	247	85	25	2468	400	50	68	2239	21	2065
2002	12927	10	—	4	528	—	1310	27	438	3095	15	507	192	409	134	21	3003	628	132	66	919	12	1477
2003	14827	50	29	4	—	—	1383	24	398	4338	15	1007	157	591	127	41	2896	765	124	51	928	40	1859
2004	18565	—	—	5	—	—	2013	36	775	5228	12	818	154	786	28	56	4364	787	153	20	1264	13	2053
2005	23382	—	51	10	—	—	2179	43	908	6081	12	1074	239	1038	54	95	5528	1202	176	25	1573	214	2880
2006	30676	—	55	12	—	—	2841	29	1181	8408	13	1895	299	1224	126	—	7801	1558	489	36	1582	292	2835
2007	38150	9196	73	1790	11115	104	351	2077	2481	254	703	5758	255	—	—	—	—	—	—	—	766	3227	—
2008	53387	11507	187	2566	15580	111	467	4943	3931	1201	1429	9232	491	—	—	—	—	—	—	—	935	807	16350
2009	69447	13073	279	4165	18246	130	688	9691	7118	2827	1516	8754	222	706	—	—	—	923	—	—	—	1109	—
2010	85842	13449	307	4386	18633	134	823	8078	8902	4838	1824	16616	306	766	959	419	1546	248	—	—	—	3608	—
2011	113583	19512	353	4962	23916	89	823	10529	12553	3018	1484	16567	1167	810	748	574	13968	56	3	39	—	2412	—
2012	137941	30245	326	4458	34557	50	749	9769	13294	2765	2868	22011	1247	1663	291	4165	7581	25	—	39	—	1838	—
2013	172838	34548	228	7262	43304	120	1098	12889	16664	3748	8315	27582	1025	1835	381	1665	11047	—	—	684	—	443	—

2014—2015年普安县本级财政支出情况表

表9-1-23　　单位：万元

年份	合计	一般公共服务支出	外交支出	国防支出	公共安全支出	教育支出	科学技术支出	文化体育与传媒支出	社会保障和就业支出	医疗卫生与计划生育支出	节能环保支出	城乡社区支出	农林水支出	交通运输支出	资源勘探信息等支出	商业服务业等支出	金融支出	援助其他地区支出	国土海洋气象等支出	住房保障支出	粮油物资储备支出	债务付息和债务发行费用支出	其他支出
2014	209577	34387	—	260	8956	46208	551	1570	15632	20136	7351	1365	39518	2070	5399	195	—	—	796	23999	11	197	976
2015	241845	44379	3717	371	9047	58368	1051	1154	19918	21493	6476	5540	36217	4351	4493	1367	10	—	1238	20431	15	265	5661

支援农村生产支出 1998年，支援农村生产支出155万元，其中水土保持支出84万元，农村合作生产组织支出25万元，农村农技推广和植保补助45万元，农村造林和林木保护补助1万元。2002年，支出528万元，其中小型水利补助121万元，水土保持支出1万元，抗旱支出8万元，农村合作生产组织支出381万元，农村农技推广和植保补助10万元，农村造林和林木保护补助7万元。2003年起，取消此项支出。

1998—2002年普安县支援农村生产支出情况表

表9-1-24　　　　单位：万元

年份	合计	小型水利补助	水土保持	抗旱	农村合作生产组织	农村农技推广和植保补助	农村草场和畜禽保护补助	农村造林和林木保护补助	其他补助
1998	155	—	84	—	25	45	—	1	—
1999	218	—	104	—	84	16	11	3	—
2000	388	—	333	—	42	10	—	3	—
2001	222	—	130	—	69	11	4	7	1
2002	528	121	1	8	381	10	—	7	—

农林水和气象部门事业支出 1998年，农林水和气象部门事业支出326万元，其中农场事业费28万元，农业64万元，畜牧41万元，农机16万元，林业54万元，水利和气象47万元，土地管理35万元，其他41万元。2010年，支出突破1亿元达到1.66亿元，其中农场事业费5327万元，农业1124万元，畜牧3065万元，农机3783万元，林业397万元，水利和气象2320万元，土地管理费600万元。2013年，支出2.76亿元，其中农场事业费4754万元，农业1025万元，畜牧7549万元，农机7680万元，林业927万元，水利和气象3617万元，土地管理2030万元。2014年，支出3.95亿元，其中农业6006万元，林业1989万元，水利1.33亿元，扶贫1.23亿元，农业综合开发综合改革等其他5893万元。2015年，支出3.62亿元，其中农业6745万元，林业1917万元，水利1.07亿元，扶贫1.03亿元，农业综合开发综合改革等其他6618万元。

1998—2015年普安县农林水和气象部门事业支出情况表

表9-1-25　　　　单位：万元

年份	合计	农场事业费	农业	畜牧	农机	林业	水利和气象	土地管理	其他
1998	326	28	64	41	16	54	47	35	41
1999	399	5	69	55	25	68	60	27	90
2000	493	—	86	66	33	75	76	41	116
2001	723	—	119	84	40	95	87	60	238
2002	1310	21	137	99	55	148	170	85	595
2003	1383	—	844	—	—	285	254	—	—
2004	2013	—	925	—	—	397	579	112	—
2005	2179	—	1173	—	—	493	395	118	—
2006	2841	—	1468	—	—	553	587	233	—
2007	5758	2673	461	921	1703	—	—	—	—
2008	9232	3659	735	1617	2898	323	—	—	—
2009	8754	3668	720	1523	2424	419	—	—	—
2010	16616	5327	1124	3065	3783	397	2320	600	—
2011	16567	3801	882	3477	3983	504	3017	903	—
2012	22011	4241	561	6362	7797	720	2168	162	—

续表9-1-25

年份	合计	农场事业费	农业	畜牧	农机	林业	水利和气象	土地管理	其他
2013	27582	4754	1025	7549	7680	927	3617	2030	—
2014	39518	—	6006	—	—	1989	13331	—	18192
2015	36217	—	6745	—	—	1917	10687	—	16868

说明：其他包括乡镇企业、气象、水产、其他农业事业费

农业事业费支出 1998年，农业事业费支出64万元，其中技术推广8万元，良种推广8万元，植物保护3万元，土壤肥料1万元，经营及土地管理44万元。2006年，支出1701万元，其中技术推广711万元，良种推广12万元，经营及土地管理233万元，其他745万元。2007年，支出2673万元，其中管理机构1702万元，农业事业机构73万元，技术推广与培训160万元，病虫害防治36万元，农业生产补贴96万元，农村公益事业20万元，农村综合建设114万元，村级组织213万元，其他259万元。2015年，支出6745万元，其中管理机构2850万元，技术推广与培训325万元，病虫害防治59万元，农业行业业务管理212万元，农产品质量安全1万元，灾害救助45万元，农业生产补贴等950万元，农村公益事业430万元，农业资源保护修复与利用254万元，农村道路建设350万元，对高校毕业生到基层任职补助104万元，其他1165万元。

1998—2006年普安县农业事业费分项支出情况表

表9-1-26 单位：万元

年份	合计	技术推广	良种推广	植物保护	土壤肥料	经营及土地管理	其他
1998	64	8	8	3	1	44	—
1999	69	27	8	3	1	30	—
2000	86	29	7	4	2	44	—
2001	119	20	21	8	4	50	16
2002	137	19	27	12	5	66	8
2003	844	479	6	—	—	101	258
2004	1037	406	11	—	—	112	508
2005	1291	602	16	—	—	118	555
2006	1701	711	12	—	—	233	745

2007—2015年普安县农业事业费分项支出情况表

表9-1-27 单位：万元

年份	合计	管理机构	农业事业机构	技术推广与培训	病虫害防治	农产品质量安全	灾害救助	农业生产补贴	农村公益事业	农村综合建设	农村人畜饮水	农村道路建设	村级组织	其他
2007	2673	1702	73	160	36	—	—	96	20	114	—	—	213	259
2008	3659	1035	89	195	184	—	237	245	—	289	357	50	390	588
2009	3668	1548	111	253	129	—	—	—	—	144	409	—	—	1074
2010	5327	1253	126	392	494	—	153	580	5	136	1681	—	26	481
2011	3801	2130	44	383	77	—	106	529	23	—	—	—	—	509
2012	4241	2238	—	578	17	241	197	325	88	—	—	140	—	417
2013	4754	2546	—	245	63	5	70	631	90	—	—	150	—	954
2014	6006	2371	11	1103	52	—	—	1362	245	—	—	200	—	662
2015	6745	2850	—	325	59	1	45	950	430	—	—	350	—	1735

畜牧业支出 1998年，畜牧业支出41万元，其中良种推广4万元，畜牧兽医37万元。2002年，支出99万元，其中畜牧兽医99万元。

1998—2002年普安县畜牧业支出情况表

表9-1-28　　单位：万元

年份	合计	良种推广	畜牧兽医	其他
1998	41	4	37	—
1999	55	2	50	3
2000	66	4	53	9
2001	84	—	84	—
2002	99	—	99	—

林业支出 1998年，林业支出54万元，均为营林机构（管理机构）支出。2002年，支出148万元，其中营林机构（管理机构）支出145万元，技术推广与培训支出3万元。2010年，支出1124万元，其中营林机构（管理机构）支出374万元，森林培育支出225万元，森林生态效益补偿支出317万元，森林防火支出20万元，技术推广与培训支出100万元，其他支出88万元。2015年，支出1917万元，其中营林机构（管理机构）791万元，森林培育172万元，森林生态效益补偿804万元，其他150万元。

1998—2015年普安县林业支出情况表

表9-1-29　　单位：万元

年份	合计	营林机构（管理机构）	森林培育	森林资源管理	森林生态效益补偿	森林防火	退耕还林	技术推广与培训	其他
1998	54	54	—	—	—	—	—	—	—
1999	68	68	—	—	—	—	—	—	—
2000	75	75	—	—	—	—	—	—	—
2001	95	95	—	—	—	—	—	—	—
2002	148	145	—	—	—	—	—	3	—
2003	285	57	—	—	—	—	130	92	6
2004	397	21	—	—	—	—	122	144	110
2005	493	—	—	—	—	21	169	196	107
2006	553	—	—	—	—	60	173	213	107
2007	461	345	—	—	—	15	—	—	101
2008	735	332	92	—	80	35	—	—	196
2009	720	382	22	23	114	89	—	—	90
2010	1124	374	225	—	317	20	—	100	88
2011	882	303	119	—	271	123	—	—	66
2012	561	—	271	—	39	—	—	—	251
2013	1025	565	105	—	340	—	—	—	15
2014	1989	620	1200	—	116	—	—	—	53
2015	1917	791	172	—	804	—	—	—	150

水利事业支出 1998年，水利事业支出47万元，其中维护费5万元，其他42万元。2002年，支出170万元，其中防汛11万元，维护费5万元，其他154万元。2008年，支出1617万元，其中防汛56万元，抗旱60万元，水利建设189万元，其他60万元。2012年，支出6362万元，其中防汛60万元，抗旱165万元，水利建设1013万元。2015年，支出1.07亿元，其中防汛446万元，抗旱1420万元，农

田水利1192万元，水利建设1569万元，农村人畜饮水1997万元，其他4063万元。

1998—2015年普安县水利事业支出情况表

表9-1-30　　单位：万元

年份	合计	防汛	维护费	抗旱	推广与培训	水利建设	其他
1998	47	—	5	—	—	—	42
1999	60	5	3	—	—	—	52
2000	76	5	—	—	—	—	71
2001	87	—	3	—	—	—	84
2002	170	11	5	—	—	—	154
2003	246	41	—	25	123	57	—
2004	542	38	1	24	140	327	12
2005	370	63	8	17	190	92	—
2006	570	59	40	47	187	222	15
2007	921	65	—	—	—	356	7
2008	1617	56	—	60	—	189	60
2009	1523	46	—	31	—	401	304
2010	3065	137	—	490	—	584	364
2011	3477	40	—	453	—	309	65
2012	6362	570	—	165	—	1013	—
2013	7549	60	—	64	—	575	2287
2014	13331	20	—	—	—	5359	7952
2015	10687	446	—	1420	—	1569	7252

卫生事业费支出　1998年，卫生事业费支出287万元，其中医院经费51万元，卫生院补助费70万元，防疫事业费21万元，妇幼保健费11万元，其他134万元。2011年，支出突破1亿元达到1.26亿元。2015年，支出2.15亿元，其中管理机构1213万元，医院经费1700万元，卫生院补助费1440万元，防疫事业费109万元，妇幼保健事业费13万元，基本公共卫生服务费1111万元，重大公共卫生专项费422万元，医疗救助548万元，新型农村合作医疗1.04亿元，其他4556万元。

1998—2015年普安县卫生事业费支出情况表

表9-1-31　　单位：万元

年份	合计	管理机构	医院经费	卫生院补助费	防疫事业费	妇幼保健费	基本公共卫生服务	重大公共卫生专项	医疗救助	新型农村合作医疗	其他
1998	287	—	51	70	21	11	—	—	—	—	134
1999	312	—	55	52	23	10	—	—	—	—	172
2000	378	—	61	58	27	12	—	—	—	—	220
2001	454	—	82	119	28	18	—	—	—	—	207
2002	507	—	112	119	33	21	—	—	—	—	222
2003	1007	—	301	132	26	—	—	—	—	—	548
2004	818	—	430	—	15	14	—	—	—	—	359
2005	1074	—	483	114	26	19	—	—	—	—	432
2006	1895	—	671	22	170	156	—	—	—	667	209
2007	2481	527	79	419	109	4	—	—	78	873	392

续表9-1-31

年份	合计	管理机构	医院经费	卫生院补助费	防疫事业费	妇幼保健费	基本公共卫生服务	重大公共卫生专项	医疗救助	新型农村合作医疗	其他
2008	3931	1023	42	30	177	52	—	—	95	2039	473
2009	7118	755	500	360	2639	152	—	—	291	1902	519
2010	8902	858	475	442	10	164	874	836	761	3803	679
2011	12553	1576	980	1144	342	172	686	215	728	5621	1089
2012	13294	789	1077	1922	108	9	502	129	697	6715	1346
2013	16664	1773	338	2460	524	—	762	354	614	8206	1633
2014	20136	736	1224	1681	—	—	607	145	878	7267	7598
2015	21493	1213	1700	1440	106	13	1111	422	548	10384	4556

公费医疗经费支出 1998年，公费医疗经费实际支出103万元，享受公费医疗人数5003人，年人均享受0.02万元。2012年，支出1035万元，享受公费医疗人数1.03万人，年人均享受0.10万元。2015年，支出1320万元，享受公费医疗人数11601人，年人均享受0.11万元。

1998—2015年普安县公费医疗经费支出情况表

表9-1-32

年份	实际支出数（万元）	享受公费医疗人数（人）	年人均数（万元/人）
1998	103	5003	0.02
1999	100	5810	0.02
2000	120	6056	0.02
2001	138	6418	0.02
2002	171	6737	0.03
2003	160	7334	0.02
2004	181	7703	0.02
2005	280	7832	0.04
2006	202	7839	0.03
2007	380	7901	0.05
2008	450	8648	0.05
2009	500	8692	0.06
2010	600	9558	0.06
2011	963	10426	0.09
2012	1035	10279	0.10
2013	1000	10993	0.09
2014	1120	11199	0.10
2015	1320	11601	0.11

计划生育事业费支出 1998年，计划生育事业费支出60万元，其中宣传教育经费24万元，基层计生干部经费27万元，其他9万元。2011年，支出116万元，其中基层计生干部经费59万元，其他47万元。2007年，支出1115万元，其中管理机构733万元，计生家庭奖励23万元，信息系统建设16万元，免费技术服务28万元，服务网络建设59万元，宣传教育经费3万元，其他253万元。2015年，支出3023万元，其中管理机构580万元，计生家庭奖励253万元，免费技术服务520万元，人口出生性别比综合治理28万元，服务网络建设103万元，宣传教育经费30万元，其他1509万元。

1998—2015年计划生育事业费支出情况表

表9-1-33 单位：万元

年份	合计	管理机构	计生家庭奖励	统计及抽样调查	信息系统建设	计生健康促进工程	免费技术服务	人口出生性别比综合治理	服务网络建设	宣传教育经费	基层计生干部经费	其他
1998	60	—	—	—	—	—	—	—	—	24	27	9
1999	58	—	—	—	—	—	—	—	—	—	25	33
2000	59	—	—	—	—	—	—	—	—	18	26	15
2001	116	—	—	—	—	—	—	—	—	—	59	57
2002	313	—	—	—	—	—	—	—	—	—	132	181
2003	264	—	—	—	—	—	—	—	—	98	—	166
2004	589	—	—	—	—	—	—	—	—	—	265	324
2005	637	—	—	—	—	—	—	—	—	—	294	343
2006	754	—	—	—	—	—	—	—	—	—	244	510
2007	1115	733	23	—	16	—	28	—	59	3	—	253
2008	1176	975	17	—	2	57	41	5	14	4	—	61
2009	1310	812	51	3	2	45	43	—	138	8	—	208
2010	1991	1335	153	8	7	30	32	21	84	3	—	318
2011	1783	1127	—	1	5	—	30	26	18	7	—	569
2012	2052	627	378	14	—	5	80	—	65	15	—	868
2013	3251	1245	344	2	19	279	183	20	135	27	—	997
2014	2695	1207	475	1	—	75	201	—	73	26	10	627
2015	3023	580	253	1	—	—	519	28	103	30	—	1509

城乡社区事务（城市维护费）支出 1998年，城市维护费支出26万元。2008年，城乡社区事务支出1429万元，其中管理机构348万元，公共设施610万元，廉租住房393万元，环境卫生56万元，其他22万元。2013年，支出8315万元，其中管理机构844万元，规划与管理30万元，公共设施1808万元，环境卫生4万元，其他5629万元。2015年，支出5540万元，其中管理机构1330万元，规划与管理80万元，公共设施1050万元，环境卫生2000万元，其他1080万元。

1998—2015年普安县城乡社区事务（城市维护费）支出情况表

表9-1-34 单位：万元

年份	合计	管理机构	城管执法	规划与管理	公共设施	廉租住房	环境卫生	其他
1998	26	—	—	—	—	—	—	—
1999	193	—	—	—	—	—	—	—
2000	51	—	—	—	—	—	—	—
2001	50	—	—	—	—	—	—	—
2002	132	—	—	—	—	—	—	—
2003	124	—	—	—	—	—	—	—
2004	153	—	—	—	—	—	—	—
2005	176	—	—	—	—	—	—	—
2006	489	—	—	—	—	—	—	—
2007	703	244	—	24	385	—	41	9
2008	1429	348	—	—	610	393	56	22
2009	1516	409	16	13	578	—	300	200

续表9-1-34

年份	合计	管理机构	城管执法	规划与管理	公共设施	廉租住房	环境卫生	其他
2010	1824	415	51	—	1137	—	202	19
2011	1484	675	40	108	296	—	346	19
2012	2868	575	20	14	1790	—	161	308
2013	8315	844	—	30	1808	—	4	5629
2014	1365	953	—	—	252	—	—	—
2015	5440	1330	—	80	1050	—	2000	1080

说明：1998—2006年的资料丢失，部分数据无法统计

民政事业费（社会保障和就业）支出 1998年，民政事业费（社会保障和就业）支出156万元，其中抚恤事业费10万元，社会救济费67万元，救灾（自然灾害生活救助）支出75万元，其他4万元。2005年，支出1038万元，其中抚恤事业费206万元，退伍军人安置费5万元，社会救济费413万元，救灾（自然灾害生活救助）支出182万元，其他支出282万元。2011年，支出1.05亿元，其中管理机构716万元，拥军优属39万元，就业补助700万元，抚恤事业费372万元，退伍军人安置17万元，残疾人事业费110万元，城市居民最低生活保障792万元，社会救助费169万元，农村最低生活保障6112万元，救灾（自然灾害生活救助）支出593万元，企业改革救助324万元，其他585万元。2015年，支出3572万元，其中管理机构712万元，抚恤286万元，退伍军人安置11万元，城市居民最低生活保障90万元，农村最低生活保障770万元，自然灾害生活救助751万元，其他852万元。

1998—2015年普安县民政事业费（社会保障和就业）支出情况表

表9-1-35　　单位：万元

年份	合计	管理机构	拥军优属	就业补助	抚恤事业费	退伍军人安置	残疾人事业	城市居民最低生活保障	社会救济费	农村最低生活保障	救灾（自然灾害生活救助）支出	保障性住房支出	企业改革补助	其他
1998	156	—	—	—	10	—	—	—	67	—	75	—	—	4
1999	181	—	—	—	27	—	—	—	63	—	85	—	—	6
2000	145	—	—	—	64	—	—	—	36	—	43	—	—	2
2001	247	—	—	—	48	—	—	—	34	—	125	—	—	40
2002	409	—	—	—	114	—	—	—	105	—	116	—	—	74
2003	591	—	—	—	60	9	—	—	316	—	101	—	—	105
2004	786	—	—	—	99	16	—	—	353	—	173	—	—	145
2005	1038	—	—	—	206	5	—	—	413	—	182	—	—	232
2006	1224	—	—	—	257	11	—	337	244	—	218	—	—	157
2007	2077	436	—	50	177	—	—	375	629	—	353	—	—	57
2008	4943	440	47	270	409	21	30	525	123	1483	1331	—	—	264
2009	9691	386	—	550	590	27	35	735	134	3197	367	3184	—	486
2010	8078	414	—	600	408	48	134	683	214	3885	708	—	—	984
2011	10529	716	39	700	372	17	110	792	169	6112	593	—	324	585
2012	9769	643	6	819	783	71	64	632	293	4523	671	—	—	1264
2013	12889	914	—	710	842	12	59	984	368	6642	1331	—	—	1027
2014	5440	665	—	—	670	12	192	45	—	2375	405	—	—	1076
2015	3572	712	—	—	286	11	—	90	—	770	751	—	—	852

社会救济福利事业费支出 1998年，社会救济福利事业费支出67万元，其中农村社会救济46万元，城市社会救济1万元，退职老弱残职工救济2万元，社会福利事业单位经费18万元。2002年，支出105万元，其中城市社会救济85万元，社会福利事业单位经费20万元。2007年，支出629万元，其中农村社会救济628万元，城市社会救济1万元。2015年，支出9万元农村生活救济。

1998—2015年普安县社会救济福利事业费支出情况表

表9-1-36 单位：万元

年份	合计	农村社会救济	城市社会救济	退职老弱残职工救济	社会福利事业单位经费
1998	67	46	1	2	18
1999	63	32	12	4	15
2000	36	8	4	3	21
2001	34	—	27	—	7
2002	105	—	85	—	20
2003	316	35	281	—	—
2004	353	94	259	—	—
2005	413	236	177	—	—
2006	244	244	—	—	—
2007	629	628	1	—	—
2008	123	122	1	—	—
2009	134	133	1	—	—
2010	214	214	—	—	—
2011	169	165	4	—	—
2012	293	215	78	—	—
2013	368	307	61	—	—
2014	360	228	132	—	—
2015	9	9	—	—	—

行政管理费支出 1998年，行政管理费支出1476万元，其中行政支出1109万元，党派团体补助17万元，公安支出181万元，检察院支出64万元，法院支出75万元，司法支出30万元。2004年，支出5151万元，其中行政支出5409万元，党派团体补助119万元，公安支出803万元，检察院支出110万元，法院支出196万元，司法支出93万元。2007年，支出1.10亿元，其中行政支出8779万元，党派团体补助417万元，公安支出1141万元，检察院支出189万元，法院支出339万元，司法支出121万元。2015年，支出5.34亿元，其中行政支出4.40亿元，党派团体补助343万元，公安支出6372万元，检察院支出827万元，法院支出1297万元，司法支出551万元。

1998—2015年普安县行政管理费支出情况表

表9-1-37 单位：万元

年份	合计	行政支出	党派团体补助	公安支出	检察院支出	法院支出	司法支出
1998	1476	1109	17	181	64	75	30
1999	1877	1507	21	224	37	55	33
2000	2177	1722	31	257	50	70	47
2001	2868	2433	35	233	52	79	36
2002	3631	2950	53	404	65	97	62
2003	3661	2829	67	515	85	112	53

续表9-1-37

年份	合计	行政支出	党派团体补助	公安支出	检察院支出	法院支出	司法支出
2004	5151	4277	87	493	99	127	68
2005	6730	5409	119	803	110	196	93
2006	9359	7672	129	1100	136	214	108
2007	10986	8779	417	1141	189	339	121
2008	14073	10830	677	1703	225	476	162
2009	17238	12311	762	2648	482	750	285
2010	17835	12591	858	2794	544	830	218
2011	24474	18742	770	3236	475	916	335
2012	34703	29586	659	2869	419	853	317
2013	41810	33859	689	4781	481	1141	859
2014	43343	34049	338	5769	634	992	459
2015	53426	44036	343	6372	827	1297	551

政策性补贴支出 1998年，政策性补助支出176万元，其中粮油加价补贴12万元，粮食政策性挂账补贴12万元，进口粮食改代理补助5万元，农业生产资料价差补助16万元，其他政策性补贴131万元。2006年，支出36万元，其中粮食政策性挂账补贴20万元，其他政策性补贴16万元。2007年起，此项支出未单独列支。

1998—2006年普安县政策性补贴支出情况表

表9-1-38 单位：万元

年份	合计	粮油加价补贴	粮食政策性挂账补贴	进口粮食改代理补贴	农业生产资料价差补贴	其他政策性补贴
1998	176	12	12	5	16	131
1999	36	17	—	—	—	19
2000	51	—	—	—	—	51
2001	68	—	—	—	—	68
2002	66	—	—	—	—	66
2003	51	—	—	—	—	51
2004	20	—	—	—	—	20
2005	25	—	—	—	—	25
2006	36	—	20	—	—	16

支援不发达地区发展资金支出 1998年，支援不发达地区发展资金支出918万元，其中发展资金522万元，以工代赈392万元，少数民族地区（民族工作）4万元。2006年，支出1582万元，其中发展资金812万元，科技推广及培训60万元，财政扶贫资金687万元，少数民族地区（民族工作）23万元。2007年起，此项支出未单独列支。

1998—2006年普安县支援不发达地区发展资金支出情况表

表9-1-39 单位：万元

年份	合计	发展资金	科技推广及培训	以工代赈	财政扶贫资金	少数民族地区（民族工作）
1998	918	522	—	392	—	4
1999	963	56	—	460	437	10
2000	598	50	—	281	265	2

续表9-1-39

年份	合计	发展资金	科技推广及培训	以工代赈	财政扶贫资金	少数民族地区（民族工作）
2001	2239	78	—	—	2157	4
2002	919	53	60	—	796	10
2003	928	—	—	—	912	16
2004	1264	43	—	—	1202	19
2005	1573	—	—	—	1561	12
2006	1582	812	60	—	687	23

民族、宗教事务支出 1998—2006年，民族、宗教事务支出列入支援不发达地区发展资金支出。2007年，民族、宗教事务支出74万元，其中管理机构57万元，民族工作9万元，宗教事务8万元。2009年，支出142万元，其中管理机构100万元，民族工作8万元，宗教事务34万元。2015年，支出241万元，其中管理机构199万元、民族工作42万元。

2007—2015年民族、宗教事务支出情况表

表9-1-40 单位：万元

年份	合计	管理机构	民族工作	宗教事务	其他
2007	74	57	9	8	—
2008	95	74	13	8	—
2009	142	100	8	34	—
2010	125	100	13	12	—
2011	181	109	48	21	3
2012	232	126	85	11	10
2013	173	135	21	—	17
2014	244	146	75	23	—
2015	241	199	42	—	—

三、财政收支平衡

（一）财政收支平衡

1998—2015年，县本级收入比率起伏不定。1998—2007年，县本级收入为支出的38.8%，最高的2004年44.78%。2007—2013年，逐年下降，最低的2010年30.11%。2014—2015年，县本级收入占本级支出比率33.59%，为总支出的28.18%，相比较1998—2013年本级收入与本级支出在逐年增加，16年间，县本级收入占本级支出比率34.24%，为总支出的32.66%，确保预算平衡主要依靠上级补助。

1998—2015年普安县财政收支平衡情况表

表9-1-41 单位：万元

年份	收入						支出					
	合计	本级收入	上级补助	上年结余	地方债券收入	调入资金	合计	本级支出	上解支出	地方债券还本支出	滚存结余	
											滚存结余	其中：净结余
1998	6322	2253	3798	271	—	—	6132	6122	10	—	190	190
1999	7238	2686	4362	190	—	—	7180	7160	20	—	58	58
2000	8518	3265	4399	854	—	—	7510	7389	121	—	1008	144

续表9-1-41

年份	收入						支出					
	合计	本级收入	上级补助	上年结余	地方债券收入	调入资金	合计	本级支出	上解支出	地方债券还本支出	滚存结余	
											滚存结余	其中：净结余
2001	13569	3851	7526	2192	—	—	11929	11825	104	—	1640	1640
2002	15016	4388	8988	1640	—	—	13106	12927	179	—	1910	1910
2003	17588	5026	10652	1910	—	—	15026	14827	199	—	2562	2562
2004	22186	8313	11311	2562	—	—	19307	18565	742	—	2879	2879
2005	28156	10209	15068	2879	—	—	24580	23382	1198	—	3576	3563
2006	35251	11043	20632	3576	—	—	31858	30676	1182	—	3393	2813
2007	41817	15331	23093	3393	—	—	39325	38150	1175	—	2492	2039
2008	59023	17959	38572	2492	—	—	54677	53387	1290	—	4346	2461
2009	76913	22448	48851	4346	994	274	71360	69447	1913	—	5553	1522
2010	91217	25849	59353	5553	462	—	88775	85842	2933	—	2442	1473
2011	121329	35240	81731	2442	1916	—	120317	113583	6734	—	1012	474
2012	151451	47802	100993	1012	1644	—	148839	137941	9254	1644	2612	258
2013	184233	59612	116402	2612	462	5145	183054	172838	9754	462	1179	629
2014	233449	71520	155223	4100	1916	690	232759	209577	13411	1916	6719	1136
2015	307180	80124	172053	10570	41805	2628	305366	241845	16166	33968	11097	2290

（二）财政自给

1998—2015年，普安县财政平均自给率35.15%。其中，2000年自给率最高，为43.48%。2010年自给率最低，为29.12%。财政自给率所占比重不足一半，虽然上级有一定补助，但事业需求逐年增多，收支矛盾突出，每年收入难予保住工资支出。2013年，县本级财政收入最高达到59612万元，工资支出6.74亿元，工资支出比本级收入高出13.06%。全部维持机关工作运转和事业发展支出，需依靠上级补助才能平衡。2014年，自给率30.73%。2015年，自给率26.24%，下降了4.49%，相比较1998—2013年，2014—2015年财政自给率所占比重持续逐年下降，需依靠上级补助才能平衡。

1998—2015年普安县财政自给率情况表

表9-1-42

年份	县本级收入（万元）	财政支出（万元）		比较（%）	
		县总支出	县本级支出	自给率	收入占本级支出比重
1998	2253	6132	6122	36.74	36.80
1999	2686	7180	7160	37.41	37.51
2000	3265	7510	7389	43.48	44.19
2001	3851	11929	11825	32.28	32.57
2002	4388	13106	12927	33.48	33.94
2003	5026	15026	14827	33.45	33.90
2004	8313	19307	18565	43.06	44.78
2005	10209	24580	23382	41.53	43.66
2006	11043	31858	30676	34.66	36.00

续表 9-1-42

年份	县本级收入（万元）	财政支出（万元）		比较（%）	
		县总支出	县本级支出	自给率	收入占本级支出比重
2007	15331	39325	38150	38.99	40.19
2008	17959	54677	53387	32.85	33.64
2009	22448	71360	69447	31.46	32.32
2010	25849	88775	85842	29.12	30.11
2011	35240	120317	113583	29.29	31.03
2012	47802	148839	137941	32.12	34.65
2013	59612	183054	172838	32.57	34.49
2014	71520	232759	209577	30.73	34.13
2015	80124	305366	241845	26.24	33.13

说明：自给率 = 县本级收入 ÷ 总支出 ×100%

（三）财政收支与国民经济有关指标比较

1998年，全县国内生产总值2.9亿元，县本级财政收入2253万元，全县总人口26.20万人，财政供养人口5383人。在县本级财政收入中，全县总人口平均收入86元，财政供养人员平均收入4185元，每百元国内生产总值的财政收入7.77元。2004年，全县国内生产总值7.07亿元，县本级财政收入8313万元，全县总人口29.17万人，财政供养人口7703人。在县本级财政收入中，全县总人口平均收入285元，财政供养人员平均收入10792元，每百元国内生产总值的财政收入11.75元。2011年，全县国内生产总值33.75亿元，县本级财政收入3.52亿元，全县总人口33.17万人，财政供养人口8122人。在县本级财政收入中，全县总人口平均收入1062元，财政供养人员平均收入4.34万元，每百元国内生产总值的财政收入10.44元。2013年，全县国内生产总值42.79亿元，县本级财政收入5.96亿元，全县总人口34.16万人，财政供养人口8689人。在县本级财政收入中，全县总人口平均收入1745元，财政供养人员平均收入6.86万元，每百元国内生产总值的财政收入13.94元。2015年，全县国内生产总值60.10亿元，县本级财政收入8.01亿元，全县总人口34.01万人，财政供养人口9033人。在县本级财政收入中，全县总人口平均收入2356元，财政供养人员平均收入88701元，每百元国内生产总值的财政收入13.33元。

1998—2015年普安县财政收入与国民经济有关指标比较情况表

表 9-1-43

年份	全县国内生产总值（万元）	县本级财政收入（万元）	全县总人口（人）	财政供养人口（人）	县本级财政收入		每百元国内生产总值的财政收入（元）
					总人口平均（元）	财政供养人口平均（元）	
1998	29000	2253	261966	5383	86	4185	7.77
1999	31409	2686	267738	7731	100	3474	8.55
2000	32372	3265	277182	6943	118	4703	10.09
2001	37689	3851	283040	7033	136	5476	10.22
2002	43568	4388	286135	7070	153	6207	10.07
2003	53877	5026	288824	7661	174	6561	9.33
2004	70748	8313	291708	7703	285	10792	11.75

续表9-1-43

年份	全县国内生产总值（万元）	县本级财政收入（万元）	全县总人口（人）	财政供养人口（人）	县本级财政收入		每百元国内生产总值的财政收入（元）
					总人口平均（元）	财政供养人口平均（元）	
2005	88875	10209	295741	7832	345	13035	11.49
2006	107650	11043	303564	7839	364	14087	10.26
2007	125950	15331	311222	7809	493	19632	12.17
2008	151000	17959	317325	7837	566	22916	11.89
2009	211261	22448	321686	7861	698	28556	10.63
2010	270868	25849	328392	7976	787	32408	9.54
2011	337548	35240	331867	8122	1062	43388	10.44
2012	357321	47802	336781	8285	1419	57697	13.38
2013	427909	59612	341578	8689	1745	68606	13.93
2014	504549	71520	339904	8680	2104	82396	14.18
2015	601023	80124	340109	9033	2356	88701	13.33

第五节　政府非税收入（预算外资金）管理

一、政府非税收入管理

2011年1月1日起，预算外资金管理的收入全部缴入国库实行预算管理。预算外收入全部上缴国库，支出通过一般预算或政府性基金预算安排。1998年，收入489万元，其中政府性基金收入47万元，专项收入31万元，行政事业性收费收入16万元，罚没收入129万元，其他收入266万元。2011年，收入突破1亿元达到1.35亿元，其中政府性基金收入2619万元，专项收入5433万元，行政事业性收费收入598万元，罚没收入537万元，国有资源有偿使用收入532万元，其他收入3781万元。2015年，收入4.37亿元，其中政府性基金收入8788万元、专项收入3091万元、行政事业性收费收入3451万元、国有资本经营收入6万元、国有资源有偿使用收入2.73亿元。

1998—2013年普安县财政部门管理的非税收入（原预算外资金）情况表

表9-1-44　　单位：万元

年份	本年收入	政府性基金收入	专项收入							行政事业性收费收入	罚没收入	国有资本经营收入	国有资源有偿使用收入	其他收入
			小计	排污费收入	水资源收入	教育费附加收入	矿产资源补偿费收入	探矿权采矿权使用费收入	探矿权采矿权价款收入					
1998	489	47	31	4	—	25	2	—	—	16	129	—	—	266
1999	746	69	37	5	—	32	—	—	—	534	75	—	—	31
2000	1612	37	30	—	—	30	—	—	—	1114	83	—	—	348
2001	1647	68	38	6	—	32	—	—	—	1350	42	—	—	149
2002	1919	—	49	8	—	41	—	—	—	1699	165	—	—	6
2003	2509	60	78	10	3	65	—	—	—	2210	118	—	—	43
2004	3697	38	222	135	4	81	2	—	—	3172	157	—	—	108
2005	3295	211	314	192	—	104	7	11	—	2173	278	—	—	319
2006	2482	350	532	304	—	196	12	20	—	1307	209	—	—	84

续表9-1-44

年份	本年收入	政府性基金收入	专项收入							行政事业性收费收入	罚没收入	国有资本经营收入	国有资源有偿使用收入	其他收入
			小计	排污费收入	水资源收入	教育费附加收入	矿产资源补偿费收入	探矿权采矿权使用费收入	探矿权采矿权价款收入					
2007	4307	137	1589	208	—	359	143	6	873	713	392	—	40	1436
2008	4373	318	2121	231	6	386	65	6	1427	1128	626	—	53	127
2009	7942	1669	2676	221	—	614	93	6	1742	1179	1256	19	290	853
2010	8628	1800	2591	282	118	771	229	6	1185	1163	1542	—	415	1117
2011	13500	2619	5433	329	29	1027	517	—	3531	598	537	—	532	3781
2012	18477	3568	3918	324	15	1261	522	15	1781	1015	605	24	1318	8029
2013	35461	11973	6895	265	24	1344	170	5	5087	5184	1655	13	8620	1121
2014	42492	19805	1753	191	17	922	344	11	268	3033	3268	—	12229	2403
2015	43700	8788	3091	193	3	807	115	10	1352	3451	1078	6	27286	—

二、预算外资金管理

1998—2011年，按照《贵州省预算外资金管理条例》的规定对预算外资金进行管理，防止乱收费现象发生。主要收费项目有行政事业性收费收入、罚没收入、国有资源补偿使用收入、其他收入等。1998—1999年，上年结余4.3万元，年末结余4.3万元。2000年，支出0.5万元，年末结余3.8万元。2003年，支出3.8万元，年末无结余。2006年，收入213.5万元，年末结余213.5万元。2011年，上年结余590万元，收入13510万元，支出14100万元，年末无结余。

1998—2011年普安县财政部门管理的预算外资金收支情况表

表9-1-45　　　　单位：万元

年份	上年结余	本年收入	本年支出	年末结余
1998	4.3	—	—	4.3
1999	4.3	—	—	4.3
2000	4.3	—	0.5	3.8
2001	3.8	—	—	3.8
2002	3.8	—	—	3.8
2003	3.8	—	3.8	—
2004	—	—	—	—
2005	—	—	—	—
2006	—	213.5	—	213.5
2007	213.5	705.8	778	141.3
2008	141.3	761.9	721.9	181.3
2009	181.3	984.5	844.3	321.5
2010	321.5	1162.4	893.9	590
2011	590	13510	14100	—

说明：2012年起，预算外资金改革后列入政府非税收入，收缴后上缴国库，列为财政预算收入

第六节　财政监督

一、控制社会集团购买力

1998年，控制社会集团购买力主要是对购买小汽车进行控制。一般由申请单位填制《社会集团专项控制各类车辆购买批准单》，由县财政局审核后，报州财政局审核，由省财政厅最后审批。2005年7月，成立车辆控购领导小组，下设办公室在县政府采购管理办公室。县级各行政事业单位的购车事宜由车辆控购领导小组进行审查批复，逐级上报审批。2012年3月，制定《普安县党政机关、事业单位公务用车配备使用管理实施办法》，明确购车编制、购车配备标准、审批程序等。行政事业单位经批准购置的车辆，由购车单位提交车辆控编批复、政府采购批复、招标中标通知书或成交通知书、采购合同、购车发票、车辆合格证，由县控制社会集团购买力办公室进入贵州省政府采购网车辆控购管理系统进行填报，经州财政局网上审批后，购车单位凭经审批后的社会集团专项控制各类车辆购买批准单，到车辆管理部门办理落户手续。制定控购车辆配备标准，一般公务用车配备排气量1.8升（含）以下、价格18万元以内的轿车；党政机关、事业单位原则上不配备越野车，确因特殊工作需要的可以适当调配国产越野车，其配备的条件是乡村不通油路、涉及矿区安全生产管理事务的单位、工作量大部分在乡镇和村的单位，不得将配备的越野车作为领导干部的固定用车；一般执法执勤车原则上配备排气量1.6升（含）以下，价格12万元以内的轿车或其他小型客车，因工作需要可以配备排气量1.8升（含）以下、价格18万元以内的轿车和其他小型客车，确需配备越野车（含SUV车型）的应当控制在排气量2.5升（含）以下、价格25万元以内的，16座（含）以上中大型客车原则上不超过45万元。2013年1月，规定一般公务用车一律不准购买越野车。2014年，实行政府集中采购28次，采购预算金额3638万元，实际采购成交额3193万元，节约采购资金445万元，资金节约率12.24%。2015年，实行政府集中采购35次，其中公开招投标5次、竞争性谈判4次、询价采购26次，采购预算金额3714万元，实际采购成交额3443.37万元，节约采购资金270.63万元，资金节约率7.29%。

2006—2015年普安县新购置落户车辆情况表

表9-1-46　　单位：辆

年份	购置车辆	年份	购置车辆	年份	购置车辆
2006	9	2010	5	2014	—
2007	10	2011	8	2015	—
2008	14	2012	60		
2009	12	2013	17		

二、监督检查执法

2010年10月，设置财政局监督检查执法大队。2012年，正式启动监督检查执法。组成检查组对盘水、高棉、江西坡、三板桥、龙吟、白沙、罐子窑、窝沿8个乡镇的农村危房改造、农村饮水安全、沼气池建设和石漠化治理等项目进行检查。成立绩效评价工作组，对2010—2011年中央、省、州、县安排用于农村危房改造、农村饮水安全、农村沼气项目的全部资金进行绩效评价，征求被评价单位意见，形成财政支出绩效评价报告和意见书。

2014年，由执法大队牵头，预算股、综合股配合撰写《普安县财政支出绩效评价管理办法》《普安县财政专项资金管理办法》《普安县财政结转结余资金管理办法》，按照州局执法支队的相关章程，制定《普安县财政监督检查执法大队工作运行规则》《普安县财政支出绩效评价支出流程》(范本)。在进行绩效评价的同时，参照州局《州级专项资金绩效目标指标参考表》制定《普安县县级财政专项资金绩效目标指标参考表》。全年财政监督检查执法大队开展3个单位，即普安县住建局2013年部门支出管理绩效评价、普安县安全生产监督管理局2012—2013年度安全生产专项资金评价、普安县民族和宗教事务局2013年少数民族及少数民族发展专项资金支出评价的绩效评价工作。

2015年，按照州财政局安排，对2013—2014年普安县市场监督管理局微型企业补助专项资金实施了绩效评价，对2013—2014年普安县环境保护局单位部门支出管理进行综合绩效评价。参与州检查组对全县涉农资金专项整治行动检查；对2015年会计信息质量进行监督检查。按照县委、县政府安排，县财政局监督检查执法大队和国资局牵头，相关业务股室配合，成立专项检查工作组，对2012年1月1日至2015年7月31日普安县国有普白林场的财务收支情况进行检查；对全县12个乡镇(街道)财政资金安全进行财政监督检查。

第七节　财政其他管理

一、会计事务管理

会计从业资格证书的取得　会计从业资格证的前身为会计证。1998—2005年，会计证的取得由评审小组进行评定，并对以前年度取得的会计证进行换证和年检。1998年，普安县持证人数412人。2005年，颁布《会计从业资格管理办法》，实行考试制度，从会计证过渡到会计从业资格证。2012年12月10日，发布的新《会计从业资格管理办法》规定，会计从业资格证的取得必须经过会计从业资格证无纸化考试，对一次性通过会计基础、初级会计电算化、财经法规与会计职业道德科目的参考人员发放会计从业资格证。2014年，全县134人参加会计从业资格考试。2015年，全县96人参加会计从业资格考试。全县持有会计从业资格证的会计人员561人。

会计专业技术职称考试　1998—2009年，会计专业技术职称资格的取得，根据贵州省财政厅、人事厅印发财政部、人事部《会计专业技术资格暂行规定》的实施办法实行考试确定。2010年，全县有9人报考初级专业技术职称资格、8人报考中级专业技术职称资格。2011年，15人报考初级专业技术职称资格、20人报考中级专业技术职称资格。2012年，9人报考初级专业技术职称资格、18人报考中级专业技术职称资格。2013年，8人报考初级专业技术职称资格、18人报考中级专业技术职称资格。2014年，10人报考初级专业技术职称资格，15人报考中级专业技术职称资格。2015年，30人报考初级专业技术职称资格，14人报考中级专业技术职称资格。

会计人员年度继续教育培训　根据会计从业资格管理规定，持证会计人员每年必须参加年度会计人员继续教育培训，培训内容根据当年财政、财经、法律、法规和会计发展方向而定，每年不少于24个学时。只有通过年度培训的会计人员才能登记信息，连续2年不参加会计人员年度继续教育培训的，将不得参加会计证年检，不得更换新的会计从业资格证。

贵州省会计服务管理平台与会计证的管理　2011年贵州省换发新的会计从业资格证，建立贵州省会计服务管理平台，会计从业资格证进入全省会计信息管理平台，会计从业资格证实行信息化管理，会计人员调转实行网上申请、现场审核方式，实行会计证6年换证制度，持证会计人员每年必须按时参加会计人员年度继续教育。2012年，全县有394人参加培训。2014年，全县有453人参加培训。2015年，全县有485人参加培训。

二、国有资产管理

国有资产管理 1998年，国有资产管理步入正轨，建立起系统的管理方法，基本做到有章可循。2006年，开展清产核资，清查全县行政单位58户，资产总额账面数为1.31亿元，其中现金72.02万元，银行存款3464.72万元，有价证券0.2万元，暂付款4126.47万元，库存材料5.03万元，固定资产5464.37万元。清查完毕后，制订提出加强预算、规范资产购入管理，建立闲置资产调剂机制、盘活资产存量的整改措施。2014年，行政事业单位国有资产管理信息系统网络版上线。2015年，根据《行政单位国有资产管理暂行办法》《事业单位国有资产管理暂行办法》和《行政事业单位资产清查核实管理办法》，以2015年12月31日为资产清查基准日开展资产清查工作，通过单位整合、机构合并撤销等逐一盘查清理，共有90家单位（67家行政单位、23家事业单位）纳入行政事业国有资产管理信息系统。制定普安县财政局国资局审批、核准、备案事项清单，为规范国资局审批、核准、备案程序。县财政局从规划管理事项、重大投资核准、主营业务管理、产权管理等23个方面制定52项普安县财政局国资局审批、核准、备案事项清单。

行政事业单位资产管理信息系统 2007年，推行《行政事业单位资产管理信息系统》。2010年，普安县行政事业单位资产管理系统正式上线并投入资产管理。2011年，对行政事业单位资产进行统计，全县行政事业单位固定资产2.47亿元，其中土地价值2209.18万元，房屋价值1.12亿元，车辆价值5307.33万元，其他固定资产价值6051.98万元。全县行政单位固定资产9916.95万元，其中土地价值786.68万元，房屋价值3069.33万元，车辆价值4128.18万元，其他固定资产价值2039.55万元。2012年，全县行政事业单位固定资产2.91亿元，其中土地价值2344.7万元，房屋价值1.37亿元，车辆价值5971.29万元，其他固定资产价值7033.58万元。全县行政单位固定资产1.05亿元，其中土地价值786.68万元，房屋价值3095.99万元，车辆价值4503.61万元，其他固定资产价值2106.5万元。2014年，全县行政单位固定资产1.39亿元，其中土地价值1011.83万元，房屋价值4013.55万元，车辆价值5151.82万元，其他固定资产价值3722.8万元。2015年，全县行政单位固定资产价值4.07亿元，其中土地价值2038.12万元，房屋价值1.797亿元，车辆价值6609.84万元，其他固定资产价值1.408亿元。

国企产权重新登记 2012年12月31日，登记企业总户数12户，均为一级企业和全民所有制企业，仅普安县物资公司和普安县酒厂开展正常经营活动，其余10户企业处于休眠状态，没有开展正常经营活动，企业房屋租金仅够支付企业员工养老保险金。2014年，收集企业单位产权年检报告。2015年，根据中央、省、州关于鼓励和引导国有企业积极发展混合所有制经济指导意见，县财政局从指导思想、总体目标、工作原则等五个方面制定《普安县鼓励国有企业积极发展混合所有制经济的实施方案》。

三、会计集中核算管理

2002年9月，开始筹备建立会计核算中心，制定《普安县县级单位会计集中核算实施办法》。2003年1月，正式挂牌运行。对集中核算单位在资金使用权不变、财务自主权不变、领导签字权不变的原则下，对全县县级行政事业单位进行会计集中核算。坚持“集中管理、统一开户、分户核算”的原则，纳入集中核算的单位一律取消会计岗位，在单位设置报账员，撤销单位的现有预算内外银行账户，实行零账户管理，所发生的经济业务的会计核算、单位会计报表编制、会计档案管理等统一由会计核算中心办理和承担。2003年，集中核算单位59个，建立账套数66个，集中核算资金16349万元。2008年，集中核算单位75个，建立账套数151个，集中核算资金50873.22万元。2010年，集中核算单位退账10个。2011年6月，所有集中核算的单位全部退账。

2003—2011年普安县会计集中核算情况表

表9-1-47

年份	集中核算单位（个）	建立账套（个）	集中核算资金（万元）	备 注
2003	59	66	16349	试运行年
2004	68	95	21938	
2005	73	126	30682.89	
2006	73	130	34092.11	
2007	74	137	37880.12	
2008	75	151	50873.22	
2009	75	162	61047.87	
2010	65	142	47685.27	当年退账10个单位
2011	65	142	18619.37	当年6月全部退账

说明：2010年5月试运行国库集中支付，将会计核算退还单位自行核算，不再实行会计集中核算

四、国库集中支付管理

2005年，成立财政局国库集中支付中心，与会计核算中心实行两块牌子一套人员。2009年8月，国库集中支付中心开始筹备建设。2010年3月，对预算单位的银行账户进行清理，选定代理银行。财政部门在人民银行开设国库单一账户，在选定的代理商业银行开设财政零余额账户，在选定的代理商业银行开设财政代管专户。预算单位在选定的代理商业银行开设单位零余额账户。4月，召开国库集中支付改革动员大会。选择财政局、民政局等10家资金流量大，业务复杂的预算单位作为试点单位，于5月24日系统成功上线运行。7月30日，召集10家试点单位、人民银行及工商银行、农业银行、信用联社负责人、财务人员、业务人员参加改革试点工作座谈会，总结积累经验。2010年9月，2011年5月，2011年6月，分3批将县直53个一级预算单位全部纳入国库集中支付范围。2012年1月，将14个乡镇的乡财县管纳入国库集中支付范围。3月，财政一体化平台系统正式启动，将门户管理、预算执行、工资统发、总账系统、公务卡等核心业务软件集成到一体化平台系统，建成全县财政数据大集中模式的财政一体化平台系统，7月成功上线运行。2013年6月，启动工资统发系统并成功上线。7月，工资发放全部实行财政统发。2014年1月，将乡镇作为一级预算单位进行管理，乡财县管业务全部转为乡镇国库集中支付。业务由基层财政管理局按国库集中支付流程进行管理。国库集中支付启动公务卡报销业务，实现代理银行银联消费数据与国库集中支付系统数据共享。进一步规范现金支付业务。2015年，国库集中支付与人民银行金库数据横向连接，实现人民银行金库收入（财政收入）与国库集中支付系统数据共享；实现国库集中支付电子时时清算，提高国库集中支付效率，节约人力物力。

2015年，纳入国库集中支付的县级一级预算单位62个，乡镇（街道）12个，国库集中支付改革范围基本覆盖。

2010—2015年普安县国库集中支付情况表

表9-1-48

年份	支付金额（万元）				支付笔数（笔）			
	直接支付	授权支付	代管户	合计	直接支付	授权支付	代管户	合计
2010	12491	11933	9853	34278	1081	1377	1133	3591
2011	26150	24360	29969	80478	2455	4885	3604	10944

续表9-1-48

年份	支付金额（万元）				支付笔数（笔）			
	直接支付	授权支付	代管户	合计	直接支付	授权支付	代管户	合计
2012	66177	—	25025	91202	9532	—	4004	13536
2013	82650	—	36373	119023	10902	—	4561	15463
2014	104313	2	90634	194950	15469	2	8137	23608
2015	123013	—	102090	225103	18133	—	8633	26766

五、基层财政管理

（一）乡财县管

2008年3月，在财政局设置副科级事业单位的基层财政管理局，为基层财政提供管理服务，指导及管理乡镇财政工作及有关涉农补贴，研究及指导“三农”服务，建立健全城乡公共财政制度，促进农民减负增收机制及各项惠农政策的落实。2012年1月，正式启动乡财县管。乡财县管是在现行财政体制和政策不变的前提下，以国库集中收付为平台，以部门预算为支出依据，建立和完善以国库单一账户体系为基础，以乡镇为独立核算主体，实行“预算共编，账户统设，集中收付，采购统办，票据统管，县乡联网”的财政管理方式。当年办理财政直接支付资金7431.94万元，乡镇财政代管资金收入1.15亿元、支出5391.35万元。2013年，办理财政直接支付资金1.4亿元，乡镇财政代管资金收入2.55亿元，支出2.27亿元。2014年，乡财县管资金收入3.22亿元，其中业务费850万元、专款2.99亿元、一事一议资金1287万元。支出3亿元，其中业务费730万元、专款支出2.79亿元、一事一议支出1374万元。全年直接支付收入1677万元，支出1510万元。2015年，乡财县管资金收入4.88亿元，其中业务费1461万元、专款收入3.65亿元、一事一议资金2203万元。支出4.20亿元，其中业务费931万元、专款支出3.55亿元、一事一议资金2517万元。全年直接支付2.05亿元，支出1.77亿元。

2012年普安县基层财政管理局直接支付收入支出（国库集中支付）情况表

表9-1-49

功能分类编码	预算指标				用款计划				支付			
	总指标（万元）	已用金额（万元）	剩余指标（万元）	已用百分比（%）	总计划（万元）	计划占指标百分比（%）	国库集中支付		合计（万元）	国库集中支付		支付占指标百分比（%）
							合计（万元）	财政直接支付（万元）		合计（万元）	财政直接支付（万元）	
合计	9624.17	9412.56	211.61	98	9412.56	98	9412.56	9412.56	8993.99	8993.99	8993.99	93
（201）一般公共服务	8053.92	7907.85	146.07	98	7907.85	98	7907.85	7907.85	7576.41	7576.41	7576.41	94
（20101）人大事务	103.20	103.20	—	100	103.20	100	103.20	103.20	103.20	103.20	103.20	100
（2010101）行政运行	103.20	103.20	—	100	103.20	100	103.20	103.20	103.20	103.20	103.20	100
（20103）政府办公厅（室）及相关机构事务	6605.40	6483.95	121.45	98	6483.95	98	6483.95	6483.95	6214.72	6214.72	6214.72	94
（2010301）行政运行	5156.99	5103.67	53.33	99	5103.67	99	5103.67	5103.67	5036.66	5036.66	5036.66	98
（2010308）信访事务	10.00	10.00	—	100	10.00	100	10.00	10.00	10.00	10.00	10.00	100

续表 9-1-49

功能分类编码	预算指标				用款计划				支付			
	总指标（万元）	已用金额（万元）	剩余指标（万元）	已用百分比（%）	总计划（万元）	计划占指标百分比（%）	国库集中支付		合计（万元）	国库集中支付		支付占指标百分比（%）
							合计（万元）	财政直接支付（万元）		合计（万元）	财政直接支付（万元）	
（2010399）其他政府办公厅（室）及相关机构事务支出	1438.40	1370.28	68.12	95	1370.28	95	1370.28	1370.28	1168.06	1168.06	1168.06	81
（20104）发展与改革事务	67.40	67.40	—	100	67.40	100	67.40	67.40	67.40	67.40	67.40	100
（2010401）行政运行	67.40	67.40	—	100	67.40	100	67.40	67.40	67.40	67.40	67.40	100
（20106）财政事务	235.44	235.29	0.16	100	235.29	100	235.29	235.29	234.83	234.83	234.83	100
（2010601）行政运行	235.44	235.29	0.16	100	235.29	100	235.29	235.29	234.83	234.83	234.83	100
（20111）纪检监察事务	126.03	126.03	—	100	126.03	100	126.03	126.03	124.75	124.75	124.75	99
（2011101）行政运行	126.03	126.03	—	100	126.03	100	126.03	126.03	124.75	124.75	124.75	99
（20112）人口与计划生育事务	677.62	657.10	20.52	97	657.10	97	657.10	657.10	601.48	601.48	601.48	89
（2011201）行政运行	303.30	301.41	1.89	99	301.41	99	301.41	301.41	301.04	301.04	301.04	99
（2011299）其他人口与计划生育事务支出	374.32	355.69	18.63	95	355.69	95	355.69	355.69	300.44	300.44	300.44	80
（20129）群众团体事务	78.51	78.51	—	100	78.51	100	78.51	78.51	78.51	78.51	78.51	100
（2012901）行政运行	78.51	78.51	—	100	78.51	100	78.51	78.51	78.51	78.51	78.51	100
（20131）党委办公厅（室）及相关机构事务	112.30	108.35	3.95	96	108.35	96	108.35	108.35	103.50	103.50	103.50	92
（2013101）行政运行	112.30	108.35	3.95	96	108.35	96	108.35	108.35	103.50	103.50	103.50	92
（20132）组织事务	46.01	46.01	—	100	46.01	100	46.01	46.01	46.01	46.01	46.01	100
（2013201）行政事务	46.01	46.01	—	100	46.01	100	46.01	46.01	46.01	46.01	46.01	100
（20133）宣传事务	2.00	2.00	—	100	2.00	100	2.00	2.00	2.00	2.00	2.00	100
（2013399）其他宣传事务支出	2.00	2.00	—	100	2.00	100	2.00	2.00	2.00	2.00	2.00	100
（205）教育	14.00	14.00	—	100	14.00	100	14.00	14.00	14.00	14.00	14.00	100
（20502）普通教育	3.00	3.00	—	100	3.00	100	3.00	3.00	3.00	3.00	3.00	100
（2050202）小学教育	3.00	3.00	—	100	3.00	100	3.00	3.00	3.00	3.00	3.00	100
（20509）教育费附加安排的支出	11.00	11.00	—	100	11.00	100	11.00	11.00	11.00	11.00	11.00	100
（2050902）农村中小学教学设施	10.00	11.00	—	110	11.00	110	11.00	11.00	11.00	11.00	11.00	110
（2050999）其他教育费附加安排支出	1.00	1.00	—	100	1.00	100	1.00	1.00	1.00	1.00	1.00	100

续表 9-1-49

功能分类编码	预算指标				用款计划				支付			
	总指标（万元）	已用金额（万元）	剩余指标（万元）	已用百分比（%）	总计划（万元）	计划占指标百分比（%）	国库集中支付		合计（万元）	国库集中支付		支付占指标百分比（%）
							合计（万元）	财政直接支付（万元）		合计（万元）	财政直接支付（万元）	
（207）文化体育与传媒	39.63	39.53	0.10	100	39.53	100	39.53	39.53	39.44	39.44	39.44	100
（20701）文化	39.63	39.53	0.10	100	39.53	100	39.53	39.53	39.44	39.44	39.44	100
（2070101）行政运行	39.63	39.53	0.10	100	39.53	100	39.53	39.53	39.44	39.44	39.44	100
（208）社会保障和就业	221.38	221.22	0.16	100	221.22	100	221.22	221.22	215.21	215.21	215.21	97
（20802）民政管理事务	143.24	143.24	—	100	143.24	100	143.24	143.24	137.24	137.24	137.24	96
（2080201）行政运行	143.24	143.24	—	100	143.24	100	143.24	143.24	137.24	137.24	137.24	96
（20808）抚恤	78.13	77.97	0.16	100	77.97	100	77.97	77.97	77.97	77.97	77.97	100
（2080801）死亡抚恤	78.13	77.97	0.16	100	77.97	100	77.97	77.97	77.97	77.97	77.97	100
（212）城乡社区事务	52.00	34.95	17.05	67	34.95	67	34.95	34.95	34.95	34.95	34.95	67
（21203）城乡社区公共设施	2.00	2.00	—	100	2.00	100	2.00	2.00	2.00	2.00	2.00	100
（2120303）小城镇基础设施建设	2.00	2.00	—	100	2.00	100	2.00	2.00	2.00	2.00	2.00	100
（21208）国有土地使用权出让收入安排的支出	50.00	32.95	17.05	66	32.95	66	32.95	32.95	32.95	32.95	32.95	66
（2120801）征地和拆迁补偿支出	50.00	82.44	17.05	165	82.44	165	82.44	82.44	32.95	32.95	32.95	66
（213）农林水事务	1240.24	1192.02	48.22	96	1192.02	96	1192.02	1192.02	1110.98	1110.98	1110.98	90
（21301）农业	507.93	502.33	5.60	99	502.33	99	502.33	502.33	490.56	490.56	490.56	97
（2130101）行政运行	507.93	502.33	5.60	99	502.33	99	502.33	502.33	490.56	490.56	490.56	97
（21303）水利	10.00	10.00	—	100	10.00	100	10.00	10.00	8.09	8.09	8.09	81
（2130315）抗旱	10.00	10.00	—	100	10.00	100	10.00	10.00	8.09	8.09	8.09	81
（21305）扶贫	38.85	38.85	—	100	38.85	100	38.85	38.85	28.85	28.85	28.85	74
（2130501）行政运行	21.85	21.85	—	100	21.85	100	21.85	21.85	21.85	21.85	21.85	100
（2130504）农村基础设施建设	17.00	17.00	—	100	17.00	100	17.00	17.00	7.00	7.00	7.00	41
（21307）农村综合改革	683.46	640.85	42.62	94	640.85	94	640.85	640.85	583.48	583.48	583.48	85
（2130705）对村民委员会和村党支部的补助	648.46	605.85	42.62	93	605.85	93	605.85	605.85	548.48	548.48	548.48	85
（2130706）对村集体经济组织的补助	35.00	35.00	—	100	35.00	100	35.00	35.00	35.00	35.00	35.00	100

续表 9-1-49

功能分类编码	预算指标				用款计划				支付			
	总指标（万元）	已用金额（万元）	剩余指标（万元）	已用百分比（%）	总计划（万元）	计划占指标百分比（%）	国库集中支付 合计（万元）	国库集中支付 财政直接支付（万元）	合计（万元）	国库集中支付 合计（万元）	国库集中支付 财政直接支付（万元）	支付占指标百分比（%）
（215）资源勘探电力信息等事务	3.00	3.00	—	100	3.00	100	3.00	3.00	3.00	3.00	3.00	100
（21506）安全生产监管	3.00	3.00	—	100	3.00	100	3.00	3.00	3.00	3.00	3.00	100
（2150607）煤炭安全	3.00	3.00	—	100	3.00	100	3.00	3.00	3.00	3.00	3.00	100

2013年普安县基层财政管理局直接支付收入支出（国库集中支付）情况表

表 9-1-50

功能分类编码	预算指标				用款计划		支付			
	总指标（万元）	已用金额（万元）	剩余指标（万元）	已用百分比（%）	总计划（万元）	计划占指标百分比（%）	合计（万元）	国库集中支付 合计（万元）	国库集中支付 财政直接支付（万元）	计划占指标百分比（%）
合计	15214.79	14571.95	642.85	96	14362.71	94	13987.96	13987.96	13987.96	92
（201）一般公共服务	10445.14	9950.68	494.46	95	9889.08	95	9466.77	9466.77	9466.77	91
（20101）人大事务	425.09	382.13	42.96	90	382.13	90	364.44	364.44	364.44	86
（2010101）行政运行	425.09	382.13	42.96	90	382.13	90	364.44	364.44	364.44	86
（20103）政府办公厅（室）及相关机构事务	8496.52	8113.63	382.89	95	8113.63	95	7661.62	7661.62	7661.62	90
（2010301）行政运行	6580.87	6214.91	365.97	94	6214.91	94	5869.53	5869.53	5869.53	89
（2010399）其他政府办公厅（室）及相关机构事务支出	1915.65	1898.72	16.93	99	1898.72	99	1792.09	1792.09	1792.09	94
（20104）发展与改革事务	79.05	79.05	—	100	79.05	100	79.05	79.05	79.05	100
（2010401）行政运行	79.05	79.05	—	100	79.05	100	79.05	79.05	79.05	100
（20106）财政事务	335.15	330.36	4.78	99	330.36	99	330.36	330.36	330.36	99
（2010601）行政运行	335.15	330.36	4.78	99	330.36	99	330.36	330.36	330.36	99
（20111）纪检监察事务	151.50	123.73	27.77	82	123.73	82	123.24	123.24	123.24	81
（2011101）行政运行	151.50	123.73	27.77	82	123.73	82	123.24	123.24	123.24	81
（20112）人口与计划生育事务	607.18	571.12	36.06	94	571.12	94	557.52	557.52	557.52	92
（2011201）行政运行	538.06	503.00	35.06	93	503.00	93	503.00	503.00	503.00	93
（2011215）人口和计划生育目标责任制考核	64.50	63.50	1.00	98	63.50	98	49.90	49.90	49.90	77

续表9-1-50

功能分类编码	预算指标				用款计划		支付			
								国库集中支付		
	总指标（万元）	已用金额（万元）	剩余指标（万元）	已用百分比（%）	总计划（万元）	计划占指标百分比（%）	合计（万元）	合计（万元）	财政直接支付（万元）	计划占指标百分比（%）
（2011299）其他人口与计划生育事务支出	4.62	4.62	—	100	4.62	100	4.62	4.62	4.62	100
（20129）群众团体事务	81.46	81.46	—	100	69.51	85	81.34	81.34	81.34	100
（2012901）行政运行	81.46	81.46	—	100	69.51	85	81.34	81.34	81.34	100
（20131）党委办公厅（室）及相关机构事务	269.19	269.19	—	100	219.54	82	269.19	269.19	269.19	100
（2013101）行政运行	269.19	269.19	—	100	219.54	82	269.19	269.19	269.19	100
（205）教育	34.50	34.50	—	100	34.50	100	8.60	8.60	8.60	25
（20502）普通教育	30.00	30.00	—	100	30.00	100	8.60	8.60	8.60	29
（2050202）小学教育	30.00	30.00	—	100	30.00	100	8.60	8.60	8.60	29
（20510）地方教育附加安排的支出	4.50	4.50	—	100	4.50	100	—	—	—	—
（2051099）其他地方教育附加安排的支出	4.50	4.50	—	100	4.50	100	—	—	—	—
（207）文化体育与传媒	65.65	65.65	—	100	65.65	100	65.65	65.65	65.65	100
（20701）文化	65.65	65.65	—	100	65.65	100	65.65	65.65	65.65	100
（2070101）行政运行	65.65	65.65	—	100	65.65	100	65.65	65.65	65.65	100
（208）社会保障和就业	252.82	249.59	3.23	99	249.59	99	237.75	237.75	237.75	94
（20802）民政管理事务	213.44	211.85	1.59	99	211.85	99	209.98	209.98	209.98	98
（2080201）行政运行	213.44	211.85	1.59	99	211.85	99	209.98	209.98	209.98	98
（20808）抚恤	39.38	37.74	1.64	96	37.74	96	27.77	27.77	27.77	71
（2080801）死亡抚恤	39.38	37.74	1.64	96	37.74	96	27.77	27.77	27.77	71
（210）医疗卫生	776.02	773.35	2.67	100	773.35	100	773.35	773.35	773.35	100
（21003）基层医疗卫生机构	771.19	768.52	2.67	100	768.52	100	768.52	768.52	768.52	100
（2100302）乡镇卫生院	771.19	768.52	2.67	100	768.52	100	768.52	768.52	768.52	100
（21005）医疗保障	4.82	4.82	—	100	4.82	100	4.82	4.82	4.82	100
（2100506）新型农村合作医疗	4.82	4.82	—	100	4.82	100	4.82	4.82	4.82	100
（212）城乡社区事务	214.05	214.05	—	100	214.05	100	204.40	204.40	204.40	95
（21208）国有土地使用权出让收入安排的支出	17.05	17.05	—	100	17.05	100	7.40	7.40	7.40	43
（2120801）征地和拆迁补偿支出	17.05	17.05	—	100	17.05	100	7.40	7.40	7.40	43

续表9-1-50

功能分类编码	预算指标				用款计划		支付			
	总指标（万元）	已用金额（万元）	剩余指标（万元）	已用百分比（%）	总计划（万元）	计划占指标百分比（%）	合计（万元）	国库集中支付		计划占指标百分比（%）
								合计（万元）	财政直接支付（万元）	
（21212）新增建设用地土地有偿使用费安排的支出	197.00	197.00	—	100	197.00	100	197.00	197.00	197.00	100
（2121203）土地整理支出	197.00	197.00	—	100	197.00	100	197.00	197.00	197.00	100
（213）农林水事务	3426.62	3284.13	142.48	96	3136.50	92	3231.45	3231.45	3231.45	94
（21301）农业	772.54	772.54	—	100	676.80	88	772.54	772.54	772.54	100
（2130101）行政运行	772.54	772.54	—	100	676.80	88	772.54	772.54	772.54	100
（21303）水利	1.91	—	1.91	—	—	—	—	—	—	—
（2130315）抗旱	1.91	—	1.91	—	—	—	—	—	—	—
（21305）扶贫	828.67	828.67	—	100	776.78	94	808.67	808.67	808.67	98
（2130501）行政运行	46.37	46.37	—	100	5.52	-12	46.37	46.37	46.37	100
（2130504）农村基础设施建设	782.30	782.30	—	100	782.30	100	762.30	762.30	762.30	97
（21307）农村综合改革	1823.50	1682.92	140.58	92	1682.92	92	1650.23	1650.23	1650.23	90
（2130705）对村民委员会和村党支部的补助	819.50	678.92	140.58	83	678.92	83	672.23	672.23	672.23	82
（2130707）农村综合改革示范试点补助	1004.00	1004.00	—	100	1004.00	100	978.00	978.00	978.00	97

2012年普安县基层财政管理局代管资金收支情况表

表9-1-51

预算单位·名称	资金性质·名称	指标数（万元）	指标结余数（万元）	用款计划（万元）	用款计划结余数（万元）	计划占指标百分比（%）	实际支出数（万元）	支出占指标百分比（%）	指标计划结余数（万元）
合计		11276.93	4241.43	7035.50	1621.74	62	5413.75	48	5863.17
白沙乡财政所	代管（专款）	1425.03	1094.73	330.30	2.56	23	327.74	23	1097.29
	一事一议	49.39	—	49.39	30.00	100	19.39	39	30.00
	代管（业务费）	124.88	90.00	34.89	0.59	28	34.30	27	90.59
盘水镇财政所	代管（业务费）	26.27	19.82	6.45	—	25	6.45	25	19.82
	代管（专款）	527.22	272.03	255.18	10.51	48	244.68	46	282.54
楼下镇财政所	代管（专款）	1491.68	63.55	1428.13	436.41	96	991.73	66	499.96
	代管（业务费）	208.69	3.74	204.94	—	98	204.94	98	3.74
	一事一议	56.74	—	56.74	—	100	56.74	100	—
	代管（分局业务费）	12.00	—	12.00	10.57	100	1.43	0.12	10.57

续表9-1-51

预算单位·名称	资金性质·名称	指标数（万元）	指标结余数（万元）	用款计划（万元）	用款计划结余数（万元）	计划占指标百分比（%）	实际支出数（万元）	支出占指标百分比（%）	指标计划结余数（万元）
青山镇财政所	代管（专款）	945.39	36.16	909.23	457.67	96	451.57	0.48	493.83
	代管（分局业务费）	5.00	—	5.00	5.00	100	—	—	5.00
	一事一议	164.17	—	164.17	—	100	164.17	100	—
	代管（业务费）	37.64	0.85	36.78	7.17	98	29.61	79	8.03
雪浦乡财政所	一事一议	74.08	5.39	68.69	—	93	68.69	93	5.39
	代管（分局业务费）	4.98	—	4.98	4.76	100	0.23	5	4.76
	代管（业务费）	14.79	10.52	4.27	—	29	4.27	29	10.52
	代管（专款）	924.67	282.65	642.02	155.77	69	486.24	53	438.43
新店乡财政所	代管（专款）	512.80	68.20	444.60	240.72	87	203.88	40	308.92
	代管（业务费）	30.75	30.75	0.00	0.00	—	—	—	30.75
	代管（分局业务费）	23.00	13.00	10.00	0.03	43	9.97	43	13.03
罗汉乡财政所	一事一议	6.06	—	6.06	—	100	6.06	100	—
	代管（专款）	466.33	252.74	213.59	—	46	213.59	46	252.74
	代管（业务费）	140.74	87.49	53.25	0.70	38	52.55	37	88.19
	代管（分局业务费）	9.00	9.00	—	—	—	—	—	9.00
地瓜镇财政所	一事一议	40.44	—	40.44	6.00	100	34.44	85	6.00
	代管（专款）	264.96	167.26	97.70	12.00	37	85.70	32	179.26
	代管（业务费）	20.64	20.34	0.30	0.30	1	—	—	20.64
三板桥镇财政所	代管（分局业务费）	0.13	0.13	—	—	—	—	—	0.13
	代管（业务费）	10.70	6.60	4.10	0.00	38	4.10	38	6.60
	代管（专款）	499.76	34.70	465.06	59.17	93	405.89	81	93.87
江西坡镇财政所	代管（分局业务费）	6.94	6.75	0.19	0.14	3	0.05	1	6.89
	代管（专款）	753.50	556.61	196.89	6.83	26	190.07	25	563.43
	代管（业务费）	82.69	6.94	75.75	—	92	75.75	92	6.94
	一事一议	134.39	0.00	134.39	—	100	134.39	100	0.00
高棉乡财政所	代管（业务费）	8.55	4.88	3.67	—	43	4.43	52	4.88
	代管（分局业务费）	5.59	—	5.59	0.79	100	4.04	72	0.79
	一事一议	58.79	—	58.79	—	100	58.79	100	0.00
	代管（专款）	354.96	94.76	260.20	99.54	73	160.66	45	194.30
窝沿乡财政所	代管（专款）	350.98	315.01	35.97	30.97	10	5.00	1	345.98
	代管（业务费）	23.06	16.65	6.41	—	28	6.41	28	16.65
	一事一议	14.99	—	14.99	—	100	14.99	100	—

续表9-1-51

预算单位·名称	资金性质·名称	指标数（万元）	指标结余数（万元）	用款计划（万元）	用款计划结余数（万元）	计划占指标百分比（%）	实际支出数（万元）	支出占指标百分比（%）	指标计划结余数（万元）
罐子窑镇财政所	一事一议	80.09	—	80.09	—	100	80.09	100	—
	代管（业务费）	15.64	7.74	7.90	0.01	51	7.89	50	7.75
	代管（分局业务费）	35.27	—	35.27	31.82	100	3.45	10	31.82
	代管（专款）	309.15	69.16	239.99	10.95	78	229.04	74	80.11
龙吟镇财政所	代管（分局业务费）	28.22	26.03	2.18	—	8	2.18	8	26.03
	代管（业务费）	2.51	2.51	—	—	—	—	—	2.51
	代管（专款）	893.68	564.73	328.95	0.77	37	328.18	37	565.50

2013年普安县基层财政管理局代管资金收支情况表

表9-1-52

预算单位·名称	资金性质·名称	指标数小计（万元）	指标结余数（万元）	用款计划（万元）	计划占指标百分比（%）	实际支出数（万元）	支出占指标百分比（%）	指标计划结余数（万元）
合　计		31465.63	5041.23	26424.40	84	22601.32	72	8864.32
白沙乡财政所	代管（业务费）	212.65	1.31	211.34	99	202.47	95	10.18
	代管（专款）	2482.21	881.25	1600.96	64	1593.88	64	888.33
	一事一议	30.00	—	30.00	100	30.00	100	—
盘水镇财政所	代管（业务费）	139.87	22.25	117.62	84	117.62	84	22.25
	一事一议	75.53	0.00	75.53	100	75.53	100	—
	代管（专款）	1779.93	650.86	1129.08	63	1117.00	63	662.93
楼下镇财政所	一事一议	262.86	—	262.86	100	262.86	100	—
	代管（分局业务费）	23.57	—	23.57	100	2.56	11	21.01
	代管（专款）	4216.58	62.70	4153.88	99	3183.02	75	1033.56
	代管（业务费）	128.38	—	128.38	100	107.90	84	20.47
青山镇财政所	代管（分局业务费）	5.00	—	5.00	100	0.92	18	4.08
	一事一议	101.20	—	101.20	100	89.36	88	11.83
	代管（专款）	3332.75	—	3332.75	100	2443.01	73	889.75
	代管（业务费）	69.76	28.33	41.43	59	35.40	51	34.36
雪浦乡财政所	代管（专款）	1697.07	301.24	1395.83	82	1346.48	79	350.59
	代管（业务费）	62.53	6.85	55.68	89	47.29	76	15.24
	一事一议	151.00	5.39	145.61	96	145.44	96	5.56
新店乡财政所	代管（专款）	1216.54	11.93	1204.61	99	1119.49	92	97.05
	代管（业务费）	121.44	2.59	118.85	98	98.36	81	23.08
	代管（分局业务费）	14.23	3.03	11.20	79	10.13	71	4.09
	一事一议	96.98	—	96.98	100	96.98	100	—

续表9-1-52

预算单位·名称	资金性质·名称	指标数小计（万元）	指标结余数（万元）	用款计划（万元）	计划占指标百分比（%）	实际支出数（万元）	支出占指标百分比（%）	指标计划结余数（万元）
罗汉乡财政所	一事一议	165.02	9.72	155.30	94	155.30	0.94	9.72
	代管（专款）	1636.99	420.56	1216.43	74	1216.41	0.74	420.58
	代管（分局业务费）	9.00	9.00	—	—	—	—	9.00
	代管（业务费）	120.56	49.71	70.86	59	70.24	58	50.32
地瓜镇财政所	代管（业务费）	73.02	0.02	73.00	100	50.11	69	22.91
	代管（专款）	1216.41	27.76	1188.65	98	815.37	67	401.03
	一事一议	206.35	0.00	206.35	100	182.89	89	23.46
三板桥镇财政所	代管（业务费）	44.04	16.48	27.56	63	26.47	60	17.57
	代管（专款）	1330.49	432.80	897.70	67	727.22	55	603.27
	代管（分局业务费）	1.13	1.13	—	—	—	—	1.13
	一事一议	261.10	—	261.09	100	249.45	96	11.65
江西坡镇财政所	代管（业务费）	43.17	19.23	23.95	55	23.86	55	19.31
	代管（分局业务费）	6.89	6.89	—	—	—	—	6.89
	代管（专款）	3167.57	718.31	2449.26	77	2177.71	69	989.86
	一事一议	246.13	—	246.13	100	246.13	100	—
高棉乡财政所	代管（专款）	1420.67	196.06	1224.61	86	1055.47	74	365.20
	代管（分局业务费）	6.55	—	6.55	100	5.32	81	1.23
	代管（业务费）	32.22	2.64	29.58	92	23.17	72	9.05
	一事一议	29.66	—	29.66	100	29.66	100	—
窝沿乡财政所	代管（业务费）	90.13	1.65	88.48	98	76.48	85	13.65
	代管（专款）	1298.49	286.37	1012.11	78	661.87	51	636.61
	一事一议	136.59	—	136.59	100	136.59	100	—
罐子窑镇财政所	一事一议	133.07	—	133.07	100	118.64	89	14.43
	代管（业务费）	68.03	1.63	66.40	98	58.91	87	9.12
	代管（专款）	1218.32	22.98	1195.35	98	960.95	79	257.38
	代管（分局业务费）	31.82	—	31.82	100	—	—	31.82
龙吟镇财政所	一事一议	155.47	—	155.47	100	155.47	100	—
	代管（业务费）	78.76	19.24	59.53	76	59.41	75	19.35
	代管（分局业务费）	26.03	24.33	1.70	7	1.70	7	24.33
	代管（专款）	1991.87	797.01	1194.86	60	1190.82	60	801.04

（二）农村公益事业财政奖补建设一事一议项目

一事一议项目　2010年，普安县成为村级公益事业建设一事一议财政奖补试点县，投入资金1400万元，硬化进组路60.76千米、串户路94.61千米、庭院11个，建设桥梁3座、沟渠6条、公共厕所15个，项目覆盖19个行政村，受益人口6.21万人。2011年，投入资金1400万元，硬化进组路64.54千米、串户路65千米，项目覆盖16个行政村，受益人口1.16万人。2012年，投入资金1405万元，硬化进组路57.71千米、串户路114.23千米，建设沟渠2条、公共厕所2个，项目覆盖31个行政村，受益人口2.37万人。2013年，投入资金1410万元，硬化通组路59.32千米、串户路26.57千米，安装太阳能路灯122盏，项目覆盖32个行政村，受益人口1.68万人。2014年，投入资金1924.15万元，硬化通组路36条，总长54.83千米，建成桥梁一座，文体设施项目1个，涉及全县的14个乡镇，受益人口16793人。2015年，投入资金1959.66万元，硬化通组路33条，总长48.54千米，项目涉及全县的13个乡镇，32个行政村，49个自然村寨，受益人口28458人。

示范村建设　2011—2013年，完成5个示范村建设，共投入资金1050万元。其中，2011年，建设青山镇云山村；2012年，建设三板桥镇保冲村；2013年，建设三板桥镇九峰村、新店乡新店社区、青山镇范家寨村。

“四在农家·美丽乡村”小康寨项目　2015年起开始实施，项目总投资4460万元。全县共申报县级重点“整村推进”项目98个，项目总投资3760万元，项目覆盖28个行政村，其中建设示范型村寨4个、提升型村寨5个、普及型村寨19个。州级重点“整镇推进”项目总投资700万元，项目覆盖2个行政村。

第二章　国家税收

第一节　管理机构

一、县国税局

1998年，普安县国家税务局（简称“县国税局”）内设办公室、监察室、管理服务股、计划财务股、政策法规股、人事教育股、票证管理所、稽查分局。2004年，设立办公室、综合业务股、计划征收股、人事教育股、稽查股、信息中心。2009年，设立办公室、人事教育科、监察室、征收管理科、税源管理科、办税服务厅、稽查局（副科级）、信息中心。2014年，设立股级机构7个：办公室、监察室、人事教育科、征收管理科、税源管理科、办税服务厅、信息中心；直属机构1个：稽查局（副科级）。

二、基层国税分局（所）

1998年，设立直属、青山、兴中、楼下4个征收管理分局。2004年，设立盘水税务分局、青山税务分局、兴中税务所。2009年，设立盘水税务分局、青山税务分局、地瓜税务所。2014年，设派出机构3个：盘水税务分局（副科级）、青山税务分局（副科级）、兴中税务所（股级）。

第二节　国家税务收入

一、国税收入

1998年，国家税务（简称“国税”）收入主要由增值税、消费税组成。1999年，增加营业税和所得税。2001年，开征车辆购置税，初由交通部门征收，2007年由县国税局接管。

1998年，国税收入742.39万元，其中增值税736.7万元，消费税5.69万元。2000年，国税收入1111.7万元，其中增值税1021.8万元，消费税1.1万元，营业税41.1万元，所得税47.7万元。2006年，国税收入11497万元，其中增值税9657.9万元，所得税680.9万元。2010年，国税收入2.44亿元，其中增值税2.10亿元，消费税1452.9万元，所得税1785.1万元，车辆购置税126.8万元。2011年，国税收入3.05亿元，其中增值税2.72亿元，消费税1481.2万元，所得税1594.9万元，车辆购置税214万元。2013年，国税收入4.17亿元，其中增值税2.97亿元，消费税7113万元，所得税4246万元，车辆购置税565.4万元。2014年，累计入库各项税收2.66亿元，其中增值税1.88亿元、消费税5135万元、企业所得税1885万元、车辆购置税856万元。2015年，累计入库各项税收2.17亿元，其中增值税1.70亿元，消费税2172万元，企业所得税1284万元，车辆购置税1206万元。

1998—2015年普安县国家税务收入情况表

表9-2-1　　单位：万元

年份	总计	增值税	消费税	营业税	所得税		车辆购置税
					企业	个人（利息）	
1998	742.39	736.70	5.69	—	—	—	—
1999	881.60	746.90	6.30	28.20	100.10	0.10	—
2000	1111.70	1021.80	1.10	41.10	20.30	27.40	—
2001	1147.20	1078.10	—	22.20	2.70	44.20	—
2002	2050.01	1943.00	0.71	10.10	47.50	48.70	—
2003	2549.56	2375.50	0.52	2.64	116.80	54.10	—
2004	3559.10	2833.60	—	—	657.70	67.80	—
2005	6825.70	6208.20	—	—	533.90	83.60	—
2006	10338.80	9657.90	—	—	555.10	125.80	—
2007	11497.00	10708.80	—	—	580.10	153.20	54.90
2008	16125.40	14937.50	—	—	1038.50	93.50	55.90
2009	18608.20	17452.70	244.40	—	825.30	35.30	50.50
2010	24380.10	21015.30	1452.90	—	1773.80	11.30	126.80
2011	30468.10	27177.70	1481.20	—	1591.30	3.60	214.30
2012	34643.60	30759.00	1881.30	—	1506.00	2.00	495.30
2013	41661.30	29736.90	7113.00	—	4245.30	0.70	565.40
2014	26638.00	18762.00	5135.00	—	1885.00	—	856.00
2015	21690.00	17028.00	2172.00	—	1284.00	—	1206.00

二、国税主要行业税收结构变化

1998—2015年，国税主要行业税收结构由最初依赖商业、农业的格局向以工业、商业为主的格局转型升级，煤矿、发电、供电、商业成为新的支柱税源。

1998年，国税主要行业收入780.4万元，在增值税中煤炭收入12.4万元、发电收入15.9万元、供电收入69.5万元、商业收入464.8万元、烤烟收入217.8万元。2003年，国税主要行业收入2284.07万元，在增值税中煤炭收入877.4万元、发电收入110.9万元、供电收入166.8万元、商业收入747.5万元、烤烟收入380.9万元。2009年，国税主要行业收入1.82亿元，在增值税中煤炭收入1.33亿元、发电收入561.6万元、供电收入608.9万元、商业收入2209.5万元、烤烟收入1498万元。2010年，国税主要行业收入2.10亿元，在增值税中煤炭收入1.70亿元、发电收入427.7万元、供电收入893.1万元、商业收入1806.5万元、烤烟收入886.7万元。2012年，国税主要行业收入3.19亿元，在增值税中煤炭收入2.58亿元、发电收入467.2万元、供电收入1582.9万元、商业收入2354.3万元、烤烟收入876.5万元，在消费税中烟收入821.6万元。2014年，第二产业完成16671万元；采矿业完成1.44亿元，其中煤炭开采完成1.44亿元；制造业完成95万元；电力、燃气及水的生产和供应业完成2143万元；第三产业完成9967万元。其中商业完成5755万元；金融业完成1210万元，交通运输业完成300万元，现代服务业完成56万元。2015年，第一产业完成73万元；第二产业完成1.49亿元，其中煤炭开采和洗选业完成1.25亿元，电力、热力生产和供应业完成2200万元；第三产业完成6673万元，其中批发零售业完成3948万元，交通运输、仓储和邮政业完成268万元，租赁业完成28万元。

1998—2015年普安县国税主要行业税收结构变化情况表

表9-2-2　　单位：万元

年份	总计	增值税					消费税	
		煤	发电	供电	商业	烤烟	烟	酒
1998	780.40	12.40	15.90	69.50	464.80	217.80	—	—
1999	611.70	56.50	43.30	64.40	334.30	106.90	—	6.30
2000	597.10	74.30	19.30	79.60	302.70	121.00	—	0.20
2001	925.90	87.00	25.40	95.50	452.30	265.70	—	—
2002	929.11	280.60	65.60	110.10	350.70	121.40	—	0.71
2003	2284.07	877.40	110.90	166.80	747.50	380.90	—	0.57
2004	2464.50	1130.40	100.00	296.10	679.70	258.30	—	—
2005	6223.10	4231.10	221.20	249.70	1008.50	512.60	—	—
2006	8814.50	7147.30	247.90	394.70	1024.60	—	—	—
2007	9610.50	8079.40	344.30	435.40	651.40	100.00	—	—
2008	4036.20	1169.40	513.80	542.00	1242.30	568.70	—	—
2009	18153.60	13275.60	561.60	608.90	2209.50	1498.00	—	—
2010	20988.80	16969.90	427.70	893.10	1806.50	886.70	—	4.90
2011	28777.10	22788.40	270.30	1221.10	2186.50	834.60	1476.20	—
2012	31852.70	25750.20	467.20	1582.90	2354.30	876.50	821.60	—
2013	37413.30	23581.60	315.10	1452.80	3234.80	1716.10	7106.50	6.40
2014	23706.06	14374.30	313.00	1672.30	1754.60	465.00	—	5126.86
2015	18761.12	12524.00	206.00	1825.00	1692.00	354.00	—	2160.12

三、国税其他行业税收结构变化

1998—2015年，随着新型资源的开发和税收管理观念的转变、新的国家税收优惠政策的颁布，国税其他行业的收入发生不同的变化。

1998年，国税其他行业收入152.8万元，其中水泥收入112.8万元，铅锌矿收入24.2万元，精锑收入1.2万元，茶叶收入14.6万元。2014年，国税其他行业收入20.02万元，其中水泥收入0.92万元，铅锌矿收入17.60万元，茶叶收入1.50万元。2015年，国税其他行业收入90.40万元，其中铅锌矿收入10.22万元，茶叶收入80.18万元。

1998—2015年国税其他行业税收结构变化情况表

表9-2-3 单位：万元

年份	总计	增值税					
		水泥	电石	铅锌矿	精锑	茶叶	炭黑
1998	152.80	112.80	—	24.20	1.20	14.60	—
1999	187.90	120.60	10.00	30.40	1.70	25.20	—
2000	305.90	156.20	49.40	60.30	0.00	36.00	4.00
2001	304.60	95.80	135.80	31.60	53.3	26.60	14.80
2002	379.80	85.90	130.10	31.00	98.60	15.40	18.80
2003	389.30	28.60	114.50	118.80	99.20	28.20	—
2004	429.00	78.40	220.00	21.60	74.50	27.10	7.40
2005	276.40	85.80	88.20	90.30	1.50	10.60	—
2006	395.90	139.90	130.60	125.40	—	—	—
2007	565.10	137.40	188.80	238.90	—	—	—
2008	451.20	123.30	278.50	49.40	—	—	—
2009	590.50	45.40	400.90	144.20	—	—	—
2010	438.20	52.70	385.50	—	—	—	—
2011	370.30	70.00	300.30	—	—	—	—
2012	239.30	4.40	234.90	—	—	—	—
2013	77.30	—	77.30	—	—	—	—
2014	20.02	0.92	—	17.60	—	1.50	—
2015	90.4	—	—	10.22	—	80.18	—

四、国税重点税源变化

1998—2000年，工商税征收税种主要有增值税、营业税、消费税、企业所得税4个税种。增值税含酒、茶、水泥、生铁、精锑、发电、供电、商业、其他等9个税目；营业税仅对金融、保险企业进行征收管理。2001—2010年，主要税源有煤炭、电力（发电、供电）、铁合金、茶、烟叶、铁、锌、精锑、铅、电石、水泥、炭黑等，主体税收是煤矿产业税收（增值税）。2011—2013年，主要税源有煤矿、烟叶、电力（发电、供电）、锌、精锑、铅、电石、水泥、商业等，管辖税种有增值税、消费税、企业所得税、车辆购置税。2014年，主要税源有采矿业、制造业、电力、燃气及水的生产和供应业、商业、金融业、交通运输业、现代服务业等，管辖税种有增值税、消费税、企业所得税、车辆购置税。2015年，煤炭开采和洗选业、电力、热力生产和供应业、批发零售业、交通运输、仓储和邮政业、租赁业等，管辖税种有增值税、消费税、企业所得税、车辆购置税。

第三节　国家税务征收管理

一、税务征管

税务登记　2005年，中国税收综合征收管理软件（CTAIS）上线运行后，普安县加强税务登记管理，登记企业137户、个体户697户，其中增值税一般纳税人53户、增值税小规模纳税人84户。2012年，登记企业235户、个体户1850户，其中A级纳税信用等级10户，增值税一般纳税人86户，增值税小规模纳税人149户。2015年，登记企业463户，个体户668户，其中A级纳税信用等级户7户、增值税一般纳税人89户、增值税小规模纳税人522户。

2005—2015年普安县国家税务局税务登记情况表

表9-2-4 单位：户

年份	合计	企业	个体户	其中		
				A级纳税信用等级	增值税一般纳税人	增值税小规模户
2005	834	137	697	—	53	84
2006	1036	126	910	—	64	62
2007	1206	116	1090	—	55	61
2008	1363	126	1237	—	61	65
2009	1503	142	1361	—	60	82
2010	1675	136	1539	—	71	65
2011	1827	146	1681	—	78	68
2012	2085	235	1850	10	86	149
2013	2477	354	2123	10	102	252
2014	1656	218	1213	6	22	196
2015	1568	611	339	7	89	522

发票管理 1998年，使用贵州省国家税务局、贵州省地方税务局具有统一防伪措施的普通发票。1999年5月1日，统一使用《贵州省乡镇煤炭产品专用发票》对煤炭税收进行征管。2003年3月1日，煤炭企业以《贵州省乡镇煤炭产品专用发票》(即：国税、地税、乡企、环保、煤管五局统一收取相关税费的“五统一”发票）作为增值税的抵扣凭证，凭增值税专用发票抵扣进项税额。2005年4月，根据《国家税务总局关于严格执行统一发票代码和发票号码的通知》和《贵州省国家税务局关于转发〈国家税务总局关于统一发票代码和发票代码的通知〉的通知》精神，清理10户企业发票4914本2.77万份，收缴入库4318本；对内部7种错版发票按规定停止使用，清理各类旧版发票和错码发票2873本7.18万份。2007年1月，查处1户个体户利用收据代替发票的违法行为，处罚款500元，补税9606.16元。2009年10月，对14户摩托车经营业户机动车销售发票开具情况开展全面检查，共查出违规开具发票6户，补缴增值税款2.1万元，罚款5500元。2010年，对2008年以来纳税人注销、发票缴销、发票验旧购新、发票代开及征税等情况进行清查，对2009—2010年违反发票使用规定的36户企业（个体户）进行处罚，补税6.3万余元。2011年4月，加强旧版发票收缴工作，收回旧发票443本，清收税款80余万元。2013年3—4月，对102户发票用票户进行清理，追缴税款26.87万元，查处违法违规户1户，补缴税款386.10元，罚款800元。7月，开发“普通发票验旧缴销管理系统”软件，9月上线运行。2014年，运用发票验旧管理系统，加强普通发票管理，采取定额减发票的管理方法，抓好发票的日常检查与案头验票工作。2015年，国地税办税服务厅联合受理纳税人发票领购、代开、验旧、缴销等各项业务。

1998—2015年，加大对普通发票的检查，对用票户每季度检查1次，在检查中发现存在违规行为的按《中华人民共和国发票管理办法》和《中华人民共和国税收征收管理法》相关规定进行处理。

减免税管理 2004年，为1143户未达起征点纳税人减免增值税51万余元，为下岗失业人员办理税务登记证42本，免收税务登记工本费2300元，为劳改企业和民贸企业退税101.24万元。2005年，为下岗职工免收税务登记工本费1080元，为普安县农村信用社减免企业所得税127.9万元。2008年，按审批程序为普安县农村信用合作联社减免企业所得税648.45万元，为普安县常发水电开发有限责任公司减免企业所得税15.6万元，认真落实为贵州盐业（集团）普安有限责任公司、贵州省新华书店普安县支店从2008年起免征增值税税收优惠政策，共免征两企业增值税56.51万元。2012年，落实扶持小微企业发展优惠政策，开展对纳税人的政策辅导，“送税收上门”服务10余次，减免增值税206万元、

企业所得税226.3万元。2013年，开展“送税收上门”服务30余次。2014年，制定《普安县国家税务局“便民办税春风行动”实施方案》，并采取十条措施使便民办税春风行动有序开展。2015年，多次向重点税源企业开展上门送政策服务，将最新税收政策送到企业，帮助纳税人更深层次了解营改增动态。了解企业在营改增后对政策的掌握程度，需要解答的问题，根据企业提出的问题一一列出清单，结合最新的税收政策作好答疑工作。

税收信息化建设 2002年，公文处理系统在省、市（州、地）级机关内部成功推行的基础上，在县国税局机关内部试用公文处理系统；2013年年底，公文处理系统进行省国税局集中，县国税局行政办公领域实现远程收发。2001年7月1日，金税二期工程（增值税防伪税控系统、认证报税系统、稽核系统、协查系统等4个子系统）在县国税局正式推行成功；2001年，县国税局逐步推行人事管理软件（CSRS）、重点税源管理软件（SDMS）、固定资产管理软件、财务管理软件和电子申报软件等单项软件；2005年1月1日，综合征管软件（CTAIS）成功上线运行。2009年，自主开发煤炭税收管理系统；2013年，在原煤炭税收管理软件的基础上开发税务综合办公信息系统，该系统含有煤炭管理、外出登记管理、绩效考核、发票缴销管理四大功能模块。2014年，加强系统管理，保证征管绩效考核系统，州局开发的发票管理系统，《全国县级税务机关纳税服务规范》1.0、2.1版，目标管理绩效管理考核四大系统正常运行开展。2015年9月1日，金税三期工程在县国税局正式上线运用。

二、征管改革

1998年3月1日，根据财政部、国家税务总局《关于农村信用社征收营业税等有关问题的通知》规定，对农村信用社1998年减按6%的税率征收营业税，1999年减按7%税率征收营业税，2000年1月1日恢复按8%的税率征收营业税。农村信用社税率调整后，按5%的税率征收的部分继续向主管地方税务局缴纳，新增部分向主管国家税务局缴纳。农村信用社自1998年起逐步调高营业税税率后，对随着营业税附征的城市维护建设税和教育费附加，仍按营业税原税率5%的部分计征，并由原征收机关征收。8月，根据财政部、国家税务总局《关于调整增值税运输费用扣除率的通知》规定，从1998年7月7日起，将增值一般纳税人购进和销售应税货物支付的运输费用扣除率由10%降低为7%。凡1998年7月1日后申报抵扣的运输费用进项税额，不论运输发票何时开具，其注明运输费用是否已经支付，均按7%的扣除率计算进项税额。8月13日，根据州国税局《关于对电力建设基金及集资办电费恢复征收增值税的通知》规定，从1998年1月1日起，对电力部门收取的电力建设基金和集资办电费应照章征收增值税。10月，根据州国税局《关于进一步加强煤炭税收征管的通知》规定，对增值一般纳税人按规定开具增值税使用发票后，须当月结清税款。小规模纳税人需要开具增值税专用发票的，按6%的征收率开票征税。2001年7月20日，根据财政部、国家税务总局《关于若干农业生产资料增值税政策的通知》规定，对原经国务院批准免征增值税的农膜、农药、化肥、农机、种子、种苗等农业生产资料，延续执行免征增值税政策，自2001年8月1日起执行。对原征收增值税的尿素生产企业生产销售的尿素，实行先征后退的政策。2003年，推行执法责任制及责任追究制，实行提高增值税起征点的优惠政策，对达不到起征点的纳税人进行清理停征，转入小规模纳税人。执行煤炭抵扣和防伪税控系统专用发票抵扣，对福利企业进行年审，开展福利企业退税。2005年1月1日，加强增值税专用发票和“四小票”（海关完税凭证、运输发票、废旧物资发票、农产品收购凭证〈含农业生产者开具的普通发票〉）信息数据的采集、分析、检查、实行清单申报制度。6月将全县煤炭企业均认定为增值税一般纳税人，实行自行申报、查账征收。2006年2月，在全县运煤出境路口安装启用煤炭电子验票监控系统，实现对煤炭销售数量的监管。2007年3月，个体户定额税软件上线运行。2008年9月，实施征管业务流程和税务工作流程软件推广使用。2008年，印发《普安县国家税务局税源核查工作指南》。2011年7月，印发《普安县国家税务局非煤企业管理工作指南》和《普安县国家税务局非煤企业管理工作职责及规程》。2013年8月1日，营业税改为增值税。2014年，推行《全国县级税务机关纳税服务规范1.0版》工作，积极推动全州"全州通办"工作，到晴隆县国家税务局为普安县纳税人代开增值税专用发票21份，实现"全州通办"业务正常运行。2015年，普安县国税、地税联合办税正式启动。

三、国家税务稽查

1998—2015年，开展常规税务检查、税收专项检查，查处重大税收违法案件，开展重点税源企业检查，打击发票违法犯罪活动，规范稽查执法行为，推行稽查分类分级检查，提高运用信息化手段检查能力，推广应用稽查审计型检查工作底稿模式，深化稽查成果运用，整顿和规范税收秩序，共查处案件247起，查补税额3538.30万元，罚款金额162.33万元。

1998—2015年普安县国家税务稽查情况表

表9-2-5

年份	查处案件（起）	查补税额（万元）	罚款金额（万元）	是否涉及发票违法违规
1998	7	4.80	1.5	是
1999	12	332.11	114.31	是
2000	12	64.65	2.73	是
2001	15	19.98	0.5	是
2002	18	24.30	2.8	是
2003	7	17.53	1.81	是
2004	9	13.89	2.78	是
2005	7	293.14	0.7	是
2006	35	284.50	7	是
2007	13	183.77	—	否
2008	8	106.41	1.28	是
2009	17	212.22	11.67	是
2010	12	637.00	—	否
2011	7	68.00	0.2	是
2012	6	72.00	3.11	是
2013	7	33.00	8.79	是
2014	7	365.00	0.15	是
2015	48	806.00	—	否
合计	247	3538.3	162.33	—

第三章　地方税收

第一节　管理机构

一、县地税局

1998年，普安县地方税务局（简称"县地税局"）内设人秘股、税政股、计会股、监察室、征管股和征收分局、稽查分局。1999年2月，增设人事教育股（原人秘股拆分）。3月，增设办公室。2010年

12月，内设办公室、政策法规股、纳税服务股、计划财务股、征管和科技发展股、人事股和纪检组、监察室、电子税务中心。2011年8月，设立纪检室。2015年，内设机构为办公室、政策法规股、纳税服务股、计划财务股、征管和科技发展股、人事股、纪检组、监察室、电子税务中心。

二、基层地税分局（所）

1998年，设立青山中心税务所（管辖青山镇、雪浦乡）、地瓜中心税务所（管辖地瓜镇、新店乡、罗汉乡）、罐子窑中心税务所（管辖罐子窑镇、龙吟镇、窝沿乡、白沙乡）、盘水中心税务所（管辖盘水镇、三板桥镇、江西坡镇、高棉乡）、楼下税务所（管辖楼下镇）。2010年12月，设立一分局（管辖县级以上企业及重要行业）、二分局（管辖盘水镇、三板桥镇、江西坡镇、高棉乡）、三分局（管辖地瓜镇、罗汉乡、新店乡）、四分局（管辖青山镇、楼下镇、雪浦乡）、五分局（管辖罐子窑镇、龙吟镇、白沙乡、窝沿乡）。2013年，设立一分局、二分局、三分局、四分局。2015年，基层地税分局为一分局、二分局、三分局、四分局、五分局。

第二节　地方税务收入

一、地方税收收入

1998年，地方税收主要由营业税、个人所得税、企业所得税、城建税、车船税、房产税、资源税、土地使用税、印花税、投资方向调节税、屠宰税等税种组成。2001年，停征投资方向调节税。2002年，停征屠宰税。2006年，恢复土地增值税征收。2007年，增加烟叶税收。2009年，增加契税、耕地占用税征收。2015年，地方税收主要由营业税、个人所得税、企业所得税、城建税、车船税、房产税、资源税、土地使用税、印花税、土地增值税、烟叶税、契税、耕地占用税等税种组成。

1998年，地方税收收入975.61万元。2007年，地方税收收入12510.59万元。2009年，地方税收收入2.33亿元。2011年，地方税收收入3.69亿元。2012年，地方税收收入4.66亿元。2013年，地方税收收入5.96亿元。2014年地方税收收入7.26亿元、2015年地方税收收入6.73亿元。

二、地方非税收入

1998年，地方非税收入主要为教育费附加收入。1999年，增加文化事业建设费收入。2009年，增加地方教育费附加收入。2015年，地方非税收入主要由教育费附加、地方教育费附加、文化事业建设费、残疾人保障金、工会经费等组成。

1998年，地方非税收入25.23万元。2005年，地方非税收入106.9万元。2006年，地方非税收入202.36万元。2007年，地方非税收入359.26万元。2009年，地方非税收入881.24万元。2010年，地方非税收入1023.6万元。2011年，地方非税收入1420.77万元。2012年，地方非税收入584.15万元。2013年，地方非税收入755.33万元。2014年，地方非税收入1275.59万元。2015年，地方非税收入1276.65万元。

1998—2015年普安县地方税务收入情况表

表9-3-1　　单位：万元

年份	1998	1999	2000	2001	2002	2003	2004	2005	2006	2007	2008	2009	2010	2011	2012	2013	2014	2015
总计	1000.84	1069.97	1161.76	1301.25	1685.62	2308.27	3938.91	6230.08	8794.51	12869.85	17834.03	24140.45	29082.95	38277.81	47231.36	60341.92	73900.66	68595.94
一、税收收入	975.61	1040.98	1131.13	1266.13	1611.25	2239.18	3855.22	6123.18	8592.15	12510.59	17441.13	23259.22	28059.35	36857.04	46647.21	59586.60	72625.07	67319.29
营业税	392.02	455.17	729.57	477.81	655.83	605.43	2210.15	3788.60	4302.64	5378.70	4168.90	2594.37	3131.60	6674.04	11084.48	14815.87	25498.24	25436.52
个人所得税	152.26	187.71	155.82	244.42	542.03	1192.47	1104.76	1513.50	2928.48	4155.64	8595.74	12861.26	15106.63	18216.44	14542.34	6414.80	4982.32	3298.97
企业所得税	291.90	119.71	114.32	399.31	204.24	226.45	198.87	232.66	201.06	230.80	153.92	2280.24	3998.81	5513.55	12312.82	17031.89	8976.73	7430.71
城建税	42.84	49.99	50.30	49.55	73.89	87.42	135.10	177.39	321.41	597.55	651.23	1066.02	1290.45	1679.43	2299.40	2996.00	2226.20	2600.38
车船税	2.88	2.76	2.85	3.24	2.77	1.92	1.58	3.43	2.25	6.14	22.15	35.09	27.23	35.07	52.34	58.77	67.93	186.53
房产税	23.50	22.71	25.72	24.87	29.91	25.21	29.61	32.57	49.67	66.16	64.36	74.08	67.06	83.07	105.74	106.59	110.13	146.06
资源税	14.82	10.72	8.92	19.14	56.59	70.50	132.79	341.26	744.46	718.85	610.23	775.90	1012.28	1014.19	1098.57	1951.02	570.17	3640.55
土地使用税	6.38	6.63	10.06	32.58	32.52	28.23	41.09	27.44	29.08	47.13	49.32	34.69	30.02	87.48	105.44	75.35	107.66	67.58
印花税	2.05	2.79	3.36	3.29	2.21	1.57	1.27	6.33	13.05	20.92	51.67	76.72	74.07	99.66	167.92	194.44	443.80	307.37
土地增值税	—	—	—	—	—	—	—	—	0.06	20.53	38.93	131.61	15.41	21.60	35.24	28.87	253.63	103.98
烟叶税	—	—	—	—	—	—	—	—	—	1268.18	3034.67	3179.94	2875.18	2419.38	3803.54	5850.05	5503.73	3998.03
契税	—	—	—	—	—	—	—	—	—	—	—	81.80	56.96	289.71	269.91	237.73	3122.46	1967.71
耕地占用税	—	—	—	—	—	—	—	—	—	—	—	67.49	373.65	723.42	769.47	9825.23	20762.06	18134.90
投资方向调节税	34.81	163.57	11.14	—	—	—	—	—	—	—	—	—	—	—	—	—	—	—
屠宰税	12.15	19.22	19.08	11.91	11.27	—	—	—	—	—	—	—	—	—	—	—	—	—
二、非税收入	25.23	28.98	30.64	35.11	74.36	69.09	83.69	106.90	202.36	359.26	392.90	881.24	1023.60	1420.77	584.15	755.33	1275.59	1276.65
教育费附加	25.23	28.50	29.88	34.50	73.97	68.50	83.27	106.86	202.36	359.26	389.21	629.04	762.70	892.95	352.81	452.20	764.05	765.46
地方教育费附加	—	—	—	—	—	—	—	—	—	—	—	247.85	255.48	519.13	221.41	295.03	508.85	510.06
文化事业建设费	—	0.48	0.75	0.61	0.39	0.58	0.42	0.04	—	—	3.69	4.35	5.42	8.69	9.93	8.09	2.69	1.13

第三节　地方税务征收管理

一、税务征管

税务登记　2000年2—3月，对地方税务登记进行清理，检查户数669户，初办证户206户。2009年，地方税务登记465户，其中登记内资企业101户、非企业单位2户、个体工商户362户。2012年，地方税务登记1023户，其中内资企业194户、非企业单位5户、个体工商户824户。2015年，地方税务登记1556户，其中内资企业239户、非企业单位38户、个体工商户1179户。

2009—2015年普安县地方税务登记情况表

表9-3-2　　单位：户

年份	内资企业	外商投资和外国企业	非企业单位	个体工商户	合计
2009	101	—	2	362	465
2010	117	—	5	512	634
2011	138	—	5	646	789
2012	194	—	5	824	1023
2013	254	—	5	920	1179
2014	—	—	—	—	—
2015	239	—	38	1179	1556

说明：2014年，因金税三期系统上线后，MIS系统数据无法读取，导致数据无法查实

票证管理　1999年5—6月，清理检查使用和取得发票的单位和个体工商业户43户，查出有16户存在问题，处罚11户，罚款1.3万元；补税14户，补税额3.87万元。2003年1—3月，开展普通发票清理检查，重点检查用票单位和个体工商业户34户，检查各类普通发票1355份，其中有问题的6户，有问题的发票61份，补税120元，罚款1950元。9月，对票证检查中存在的问题进行整改落实情况分析。2004年11月，做好2005年1月1日起正式统一启用新编12位阿拉伯数字的分类代码和8位阿拉伯数字的发票号码印制和发票管理，部署普通发票的清理检查和旧版发票的监督、销毁等。2006年12月，做好货运发票税控系统工作推广。2008年6月，做好发票、税收票证和税款缴库检查工作。7月，对所有地税机关持票人员、“三代”（代扣代缴、代收代缴、委托代征）单位和个人领用的各类税收票证开展票款盘点检查，检查税收完税证1.23万份，填写1688份；税收缴款书157份，填写24份；税收汇总专用缴款书1603份，填写28份；税票调换证162份；税收罚款收据115份；代扣代缴税款凭证9342份，填写1396份。9月，开展征管基础建设的管户清理、MIS（管理信息系统）清理、档案清理等。2014年5月，对库存税收票证进行盘存检查，共盘存税收缴款书（税务收现）6537份、税收缴款书（银行经收）3032份、税收完税证明（表格式）250份、税收完税证明（文书式）299份、印花税销售凭证90份、税收收入退还书95份、税收代保管资金票据100份、印花税票五元版950枚。全年领取各种税收票证1.36万份，填用9361份，作废税票248份，2015年9月，盘存各税类税收票证438份，县局库存8069份，审核填用票证2180份。

信息化建设　2003年4月，县地税局5个基层征收单位征管质量考核报表实现微机化，全面结束手工填报的操作方式。9月，将全县1800多户纳税户录入MIS系统登记管理，重新发放税务登记证和税务登记证副本。2006年3月，推广地税系统税控收款机应用。9月，实施金税工程（三期）项目，做

好系统维护。11月，做好新版综合征管软件上线工作。2007年1月1日，启用新版综合征管软件，全面使用电脑版发票和税票，通过MIS系统开具发票和税票。11月，组织协调开展“两税”信息比对软件运行维护中的具体问题。2008年7月，对MIS系统垃圾数据进行清理。2011年12月，全面开展OA系统推广。2012年11月，落实各部门MIS系统数据管理职责。2013年，邀请技术人员解决软件存在的问题，按计划分批逐一进行。签订三方协议98户，有14户通过三方验证，在3月网上申报税款11万元，成功扣款6万多元。10月，财税库银横向联网所辖正常企业247户，验证通过227户，通过网络申报户数221户。2014年，企业网上申报和三方扣税协议签订实现全覆盖。三方扣税协议签订率100%，网上申报率99.36%。全年清理核实和采集各类工程项目数据117个。其中政府性投资项目73个、非政府性投资项目35个、房地产开发项目9个。2015年7月30日，“金税三期”工程如期上线，完成各采集环境数据录入2761条，其中补录房屋信息1390条，土地信息1318条，占计划数的1.06倍；补录税额比例分别占2014年度入库税额的14.37倍和2.18倍；补录不动产项目7条，完成率为1.17倍；补录、修改各类基础信息2976条，其中税务登记1405条，完成比例1.17倍；税费种认定1240条，完成比例1.03倍；MIS与生产环境同步录入率67%，高于全省平均数8个百分点。同时对每天发生的MIS系统工作业务进行提取，与金税三期生产环境录入情况进行比对，重点核实发票代开和纳税申报数据的同步录入情况。8月23日，MIS系统涉税业务办理977条，“金税三期”生产环境录入1030条，同步率1.05倍。

税收征管 1998年6—7月，对行政事业性收费单位进行清理，清理营业税9万余元，入库5万余元。9月，查获并如期足额征收应缴税额15.67万元。1999年7月，对全县拖拉机、机动三轮车的纳税情况进行清理整顿，对拖拉机、机动三轮车的纳税额进行调整。机动三轮车的营业税纳税定额由原来的每月15元调整为18元，城市维护建设税、教育费附加、个人所得税核定定额2元，合计每月征收20元。拖拉机的营业税纳税定额由原来的每月10元调整为18元，城市维护建设税、教育费附加、个人所得税核定定额2元，合计每月征税20元。纳税人因某种原因需将车辆转卖他人时，须在转卖时到税务机关办理变更登记。2000年9月，抓好土地使用税、房产税普查，检查并指导各征管单位进一步完善征管质量基础建设。2001年6月，整顿和规范税收秩序。2003年2月，对建筑安装行业税收加强征管。6月，对黄金、煤炭税收加强征管。2004年3月，调整煤炭、铁矿税费征收标准及煤炭维简费返还标准并于4月1日起执行，调整后的煤炭征收标准为增值税6元/吨，资源税0.60元/吨，所得税、城市维护建设税、教育费附加等11.40元/吨，维简费10.50元/吨，资源补偿费0.60元/吨，排污费0.40元/吨，县乡运煤公路维改费2元/吨，水土保持费0.50元/吨，煤炭税费计征32元/吨；铁矿税费预征标准为增值税5元/吨，资源税3元/吨，所得税预征3元/吨（据实征收），排污费0.60元/吨，水土保持费0.50元/吨，资源补偿费0.60元/吨，县乡公路维改费2元/吨，城教税0.30元/吨；对达到年产原煤6万吨以上的“四证”齐全煤矿，按4.20元/吨的标准返还维简费。2005年3月，对2004年度企业所得税汇算清缴。2008年5月，对县地税局税款过渡账户进行清理。7月，对矿山及销售不动产进行稽查。2010年4月，开展税收专项整治。2012年8月，制定《普安县地方税务局小水电行业税收征收管理办法》（试行），经税务机关研究决定，小坡脚水电站、白水电站、米淌电站、出气河电站、吉星电站、草坪头电站在正常生产经营期间的所有税款委托普安供电局代扣代缴，并按规定给予代扣代缴税款2%手续费。2013年11月，与县林业局签订税收委托代征协议，加强林木产品经营加工环节的税收征收管理，主要委托代征原木采伐、装卸搬运等环节的税收，每年代征税款在30余万元。11月，对全县个体医药行业进行摸底调查，对营业额超过定额20%的纳税户进行定额调整，所辖医药行业入库税款增长70%。2014年，突出对高收入者的重点管理，做好年所得12万元以上纳税人自行纳税申报工作，完成年所得12万元以上自行申报人数246人，比2013年增加85人。做好企业所得税的汇算清缴，完成汇算清缴企业22户，比2013年增加3户。2015年2月下旬起，对征管系统内138条有房产税和土地使用税登记但无入库数据的纳税人信息逐户进行调查核实；与国税部门就境内小型微利企业税务登记基础信息进行比对，在国税部门提供符合条件的53户纳税人中，双方登记信息一致的44户，地税部门未登记的9户，转交税源管理部门进行核查。

二、依法治税

执法检查 2001年，到工矿企业、涉税行政事业单位进行纳税检查并按照纳税工作程序对纳税问题较突出的单位和个人进行立案处理，稽查企业13户，立案13户，查补税款35.47万元，罚款0.64万元。2006年，对辖区内各征收单位的税收执法情况，按季度进行专项检查。2007年，把行业整顿与专项检查结合起来，对一些征管基础较薄弱，税负偏低的行业进行集中整治，重点加强涉煤行业（特别是煤矿转让）涉税行为的整治，查出有问题煤矿5户，查缴入库税款310万元，其中1户移送司法部门立案查处，查处入库税款174万元。2008年，对电力、“地方小税”进行清理，处理16户（包括移送案件），处罚14户，查补入库税款253万元，入库滞纳金9.4万元，入库罚款5.96万元。加大对高收入部门的检查，查补入库税款121万元；加大对年所得在12万元以上的自行纳税申报政策的宣传和清查力度，有124人自行申报纳税。2009年，督促企业开展自查，查补入库税款1282万元。对全县小水电站进行全面调查清理，加强销售不动产税收征管，加强客运、货运的税收及规范煤矿企业交通运输营业税的征管。2010年，开展区域税收专项整治，检查发票单位13户，检查煤矿企业发票65份，涉及金额4712万元。对县一中、县人民医院、中医院、供电局等12个单位开展地方性企业纳税检查，对县血站作特殊纳税调整，查补入库税金201万元，其中采取强制执行措施1户（执行金额41.69万元）。组织8镇6乡财政核算人员进行工程发票自查，查补入库税金33.8万元。2011年，开展区域税收整治，查补税款及罚款157.9万元。开展打击发票违法犯罪活动，发现假建筑安装业发票11份，涉税金额1178万元，对未按规定开具发票违法行为的施工单位，处予20万元罚款，并追缴因未按规定使用发票造成少缴税款75万余元。2015年，对全县近1500辆运煤车辆车皮重新进行核实，打击利用车皮偷逃煤炭税费的现象。召开全县120余家行政事业单位的工薪个税代扣代缴工作会议，分两个阶段清理各单位代扣代缴税款，共计清理行政事业单位代扣代缴工薪个税904万元。

税务执法 1998年4月6日，采取税收保全措施依法扣押1名纳税人相当于应纳税款的部分财产。9月2日，采取税收保全措施依法扣押2户纳税人相当于应纳税款的部分财产。2000年6月7日，对2名税务干部和1名负责人在会计工作中出现的违规违纪行为进行处罚。2002年4月22日，对1户未足额申报缴纳的营业税、城建税及教育费附加2344.81元进行追缴，并处罚款1172.42元。2003年7月11日，对地瓜镇的煤炭集团私分煤炭税费案件进行通报、警示。11月3日，对不按期申报纳税的1户黄金开采个体户处罚1833.33元罚金，并给予批评教育。2011年6月，追缴1户企业上缴企业所得税17.16万元。对高薪收入行业个人所得税进行专项检查，对24个代扣代缴单位个人所得税进行清理和检查，查补工资薪金个人所得税17.44万元。对县城所在地的国有、集体、股份制、私营等企业及涉税行政、事业单位、交通运输等行业开展税收秩序专项整治工作，累计追缴税款7.16万元，其中检查车辆税收大客车12辆、小微型车10多辆、三轮车20多辆，查补运输营业税、车船使用税2.23万元。2014年，规范减免税审批流程，落实各项税收优惠政策，办理各类减免税312户，减免税款18.79万元。2015年，组织人员深入煤矿调研，提出“提前预存、分月划拨、按季清算”的资源税征收办法，并于1月29日召开煤炭资源税从价计征改革座谈会。对所得税定额先后作两次调整，从2月1日前的48.30元／吨调整为34元／吨，从5月1日起，对所得税34元／吨调整为26.25元／吨。全年所得税调整额超过30元／吨。至6月30日，共入库煤炭资源税3607万元，同比增收3060万元，同比增长5.59倍。

第十篇　金　融

1998年，商业银行和人民银行与所办证券公司、保险公司、信托公司等经济实体彻底脱钩。1999年，撤销中国建设银行普安县支行，并入中国工商银行普安县支行。2012年，成立中国邮政储蓄银行普安县支行。2013年，县内设有中国工商银行普安县支行、中国农业银行普安县支行、普安县农村信用合作联社、中国邮政储蓄银行普安县支行。非银行金融机构有中国人民财产保险股份有限公司普安支公司，中国人寿保险股份有限公司普安支公司，太平洋人寿普安办事处，太平洋财产普安办事处等4家保险公司所设服务部。2015年，各项存款余额53.46亿元，各项贷款余额39.78亿元，分别是1998年的32.8倍、14.7倍。

2004年1月，设立中国银行业监督管理委员会黔西南监管分局普安办事处，对辖区金融机构的机构变化、人员变动、金融业务开展和非法设立银行机构、非法从事银行业务活动等进行监管。2014年，成立普安县人民政府金融工作办公室，贯彻执行党和国家金融方针政策，为全县金融工作服务。负责全县小额贷款公司、融资担保公司的监管工作。

第一章　地方政府金融管理

第一节　管理机构

一、县政府金融办

2014年，成立普安县人民政府金融工作办公室（简称“县政府金融办”）。属于正科级事业单位，由普安县人民政府办公室代管，内设综合股、银行股、资本市场股，核定人员编制6名，其中事业编制5名，工勤人员1名。2014年，在编人员3名，其中主任1名，工作员2名；2015年，在编人员4名，其中主任1名，副主任1名，工作员2名。

二、业务范围

贯彻执行党和国家金融方针政策，为全县金融工作服务。研究分析宏观金融形势、发展动态，为县政府金融决策提供参考意见，制定全县金融业发展规划；负责协调、配合省、州驻县金融监管机构对全县各类金融机构的监管，负责全县小额贷款公司、融资担保公司的监管工作；负责地方金融机构重大事项的指导、协助工作，组织推进金融市场发展和扩宽融资渠道；组织协调有关部门防范、化解和处置地方金融风险，协助有关部门依法查处非法金融活动；推进全县信用体系建设，维护金融机构及服务对象的合法权益，营造良好的金融生态环境，促进金融健康发展。

第二节　金融管理

一、存贷款

2014年，全县各项存款余额40.86亿元，同比增长5.71%，各项贷款余额34.81亿元，同比增加11.14%。2015年，各项存款余额53.46亿元，同比增长30.83%；各项贷款余额39.78亿元，同比增长13.30%。

二、融　资

2014—2015年，完成融资项目13个，完成融资总额15.54亿元。其中学生营养餐项目，在中国农业发展银行完成贷款3600万元；甲金水库建设项目，在中国农业发展银行完成贷款1亿元；江西坡镇主干道建设项目，在普安县农村信用合作联社完成贷款1400万元；普安县东方新城1、2、3号道路建设项目，在中国农业银行普安县支行完成贷款1.5亿元；320国道江西坡至三板桥改扩建工程（一期），在中国工商银行普安县支行完成贷款4000万元；2014年农村公路建设项目，在中国农业发展银行完成贷款5000万元；青山省级示范小城镇建设项目，在中国农业银行普安县支行完成贷款9800万元；州工投集团债券普安县分配3100万元；棚户区改造项目，在国家开发银行完成贷款1.35亿元；易地扶贫搬迁项目，在中国农业发展银行完成贷款7.6亿元；荒田水库建设项目，在普安县农村信用合作联社完成贷款7000万元；江西坡园区标准厂房建设项目在中国工商银行普安县支行完成贷款3000万元；粮油收购项目，在中国农业发展银行完成续贷4000万元。

三、监　管

2014年，根据县金融办对两类公司的监管职能，对全县已开业的2家小额贷款公司和1家融资性担保公司进行日常监管，并配合州金融办对开业的小额贷款公司进行检查。加强运营的管理，在核定的业务范围和规模内进行经营，禁止开展超业务范围的活动；制定风险控制制度，不断充实完善制度，按制度规定办理相关业务手续。全县两类公司年检结果连续两年为合格。

四、金融生态建设

2014年和2015年5月，由县政府金融办牵头，协调县预防和处置非法集资领导小组成员单位开展为期1个月的防范和处置非法集资宣传教育月活动。通过组织开展宣传月活动，引导社会公众不断增强法制观念，深刻认识非法集资的社会危害性，增强提高风险意识，提高识别能力；通过广告清理、摸底排查、集中整治，不断净化全县金融环境，维护金融秩序。2015年，全省金融生态环境测评普安县排列全省第二、全州第一。

第二章 银行业监督管理

第一节 管理机构

2004年1月，设立中国银行业监督管理委员会黔西南监管分局普安办事处（简称“县银监办”）。

2004—2015年，县银监办主要监管中国工商银行普安县支行、中国农业银行普安县支行、普安县农村信用合作联社、中国邮政储蓄银行普安县支行的机构变化、人员变动、金融业务开展和辖区内非法设立银行机构、非法从事银行业务活动等情况。监管重点机构为普安县农村信用合作联合社、中国邮政储蓄银行普安县支行。2015年，监管银行业机构营业网点28个，从业人员206人。监管村级助农取款服务点185个。监管银行业各项存款余额53.46亿元，各项贷款余额39.78亿元。

第二节 监督管理

非现场监督管理 审核报表，防止迟报、漏报、误报数据和虚假数据。对普安县农村信用合作联社按季编报风险分析报告，通过约见谈话、交流谈话等方式进行风险指标提示和预警。防范流动性风险，严防平台贷款风险，盯防房地产贷款风险。督促被监管机构强化自律能力建设，重点明确基础业务风险防范责任，监督各机构与员工签订案件风险防范工作责任书，将案件风险防范责任分解落实到人，按季落实要害部位、操作风险点、重要岗位人员思想和行为的排查；落实重要岗位轮换制度、定期休假和离岗审计制度，对营业窗口营业人员、主办会计、信贷员、主任（行长）等岗位人员，坚持网点间定期轮换，监测轮换进度；按季度开展监管调查，深入各营业网点了解和掌握被监管机构执行内控制度情况，落实案件风险排查措施情况和内部稽查工作情况，针对存在问题发出风险提示，提出监管意见，重点规范业务操作分级授权管理、农户小额信用评级贷款管理、对公存款对账、重要空白凭证、金库尾箱的管理。

信贷资产管理 加强普安县农村信用合作联社新增贷款质量监控，掌握新增贷款变化情况，督促落实贷款检查、审贷分离制度。对因调查不力、审查不严，向客户违规贷款等行为进行监管通报。与普安县农村信用联社主要领导、相关基层社负责人进行座谈，提出增强可持续发展意识，巩固支农地位；防止乱收费，从严处罚以贷收息、扣收还息保证金等坑农害农行为；规范农户信用等级评定，防止走过场、暗箱操作和人情关系等不良现象；强化不良贷款治理，提高信贷风险管控能力；强化员工培训，提高员工应知应会能力等一系列监管意见。

理财业务监管 规范金融产品销售、服务收费行为。监督各金融机构增强对理财业务以及代收代付等中间业务的风险防范意识，坚持以服务为先，量网点、人力和物力而行，规范管理，提供优质服务。营业窗口进行风险提示，禁止银行业金融机构及员工参与民间融资；督促对现行服务收费进行清理，落实以质收费、公开透明、充分告知、客户自主选择的原则，服从统一定价和名录管理，合规收费；走访客户，了解客户意愿及代理业务操作流程，对代理保险业务中发生的协议不规范、资料缺陷等问题发出监管通报，督促进行完善。

第三节　信贷资源配置

鼓励和支持各金融机构围绕产业政策，支持县内重点项目、大项目、好项目、民生工程和生态文明工程的建设，寻求存贷款总量上的突破。注重研究产业发展及结构调整政策，探索银政、银企合作模式，规范信贷资金管理。发挥监管服务作用，立足发挥县内能源、农业特色资源优势，积极协调和搭建平台，对接行业管理部门和企业主，了解企业经营和项目信息，核实准入条件，鼓励各金融机构开展调查评估、风险评价，落实支持意向，规范信贷资金使用，提高贷款资金到位率，支持实体经济信贷资金需要。加大涉农和小微企业金融服务力度，确保对涉农和小微企业的贷款增速不低于当年贷款平均增速，扩大支持覆盖面；推进新型农村合作金融机构建设，提高支农服务满足度，鼓励探索土地承包经营权、农村房屋抵押、林权、采矿权、仓单、应收账款等新型抵（质）押担保等更为灵活的担保、抵押方式。加快银行业机构建设和网点服务延伸工作，基本实现乡镇银行业网点ATM自动存取款设施全覆盖，鼓励农业银行、农村信用社、邮政储蓄机构加快农村助农取款服务点建设，基本实现村级组织所在地助农取款服务点全覆盖。

第三章　中国人民银行普安县支行

第一节　管理机构

1998年，中国人民银行普安县支行（简称“县人行”）内设金融监管股、综合调研股、农村信用合作管理股、保卫股、营业室。2000年，内设办公室、金融机构监管股、会计国库股（两块牌子一套人马，对外为会计发行股、国库股，对内为会计股、国库股、发行股）、保卫股。2001年，内设办公室、金融机构监管股、会计国库发行股、保卫股。2004年，内设办公室、综合业务股、国库会计股、货币金银股、保卫股。2005年，内设办公室、综合业务股、营业室、保卫股。2006年，内设综合管理股、基础业务股、保卫股。2015年，内设办公室、金融管理部、国库会计发行部、保卫部。

第二节　金融改革

一、金融机构

1998年，商业银行和人民银行与所办证券公司、保险公司、信托公司等经济实体彻底脱钩。6月，证券机构的监管职能移交证券会。11月，保险业务、保险机构、保险市场的监管职能移交中国保险监督管理委员会。2003年4月，成立中国银行业监督管理委员会。

1998年，中国农业银行普安支行业务上收，取消该金融机构。1999年，撤销中国建设银行普安支行，并入中国工商银行普安县支行。2001年，撤销晴隆县人民银行发行库，由普安县人民银行承担2县货币发行和回笼。2012年，成立中国邮政储蓄银行普安县支行。2013年，县内设有中国工商银行普安县支行、中国农业银行普安县支行、普安县农村信用合作联社、中国邮政储蓄银行普安县支行。非银行金融机构有中国人民财产保险股份有限公司普安支公司、中国人寿保险股份有限公司普安支公司，太平洋人寿普安办事处，太平洋财产普安办事处等4家保险公司所设服务部。2014—2015年，辖内金融机构和非金融机构无变化。

二、宏观金融管理

1998年1月1日，中国人民银行决定取消对国有商业银行贷款规模的限额控制，实行资产负债比例管理和风险管理。取消运行近50年的直接调控手段，灵活运用利率、再贴现、公开市场操作等间接货币政策工具实现调控目标。改革存款准备金制度，加强对再贷款的管理，制定和完善信贷政策，引导商业银行贷款投向。2004年10月，人民银行决定不再设定金融机构人民币贷款利率上限，允许金融机构人民币存款利率下浮，确立以间接调控为主的宏观金融调控体系。2014年，做好稳健货币政策宣传解释工作，解读总行政策意图，向法人金融机构解释2014年差别准备金动态调整规则，严格按照省、州行确定的调控规则对地方法人金融机构信贷投放进行检测、监督和指导。2015年，坚持稳健货币政策取向，引导货币信贷总量合理适度增长，加大对银行业金融机构的“窗口指导”力度，引导金融业支持实体经济和中小企业。

三、企业化改革

1998年，从制度上培育国有商业银行的内外部经营环境，提高国有商业银行资本充足率。国有商业银行实行资产负债比例管理，统一法人体制，实行授权授信制度。制订商业银行考核评价机制，由行政评价转向经济评价等。2003年9月，中共中央、国务院决定按照“建立规范的公司治理结构，转换经营机制，成为产权清晰、资本充足、内控严密、运营安全、服务与效益良好、具有国际竞争力的现代商业银行”的目标，对国有商业银行实施股份制改革。2005年10月，中国建设银行率先在香港成功上市。2006年6月、10月，中国银行和中国工商银行先后上市。随着中国银行业市场结构发生的变化，垄断竞争性的银行体系格局初步形成，在对国有商业银行这一“存量”进行改革的同时，继续推选“增量”上的改革。发展非国有银行，培植竞争对手，鼓励竞争，提高银行业的整体竞争力和服务水平。

1998年，普安县农村信用合作社联合社的信用社、联社分为两级法人机构。2004年12月，普安县农村信用合作社联合社实行以县为单位的产权制度改革，更名为普安县农村信用合作联社（简称“县联社”），将两级法人社统一以县联社为一级法人社。2014年，普安县农村信用合作联社启动农商行改制。2015年，贵州银行、贵阳银行申请在普安县辖内设立机构。

四、拓展金融市场

2000年，改变以政府扶贫为导向的发展阶段，以农村信用合作联社为主体的正规金融机构开始试行并推广小额贷款，小额贷款发展开始进入以正规金融机构为导向的发展阶段。2005年10月，中国在五省成立小额贷款公司的试点。2011年3月，普安县晟信小额贷款有限公司成立。2013年5月，普安县拓源小额贷款有限公司成立。至2013年年底，拓源小额贷款公司税后利润为36.44亿元，晟信小贷公司税后利润为102万元。2014年，拓源小额贷款公司税后利润为107.18万元，晟信小额贷款公司税后利润为32.62万元。2015年，拓源小额贷款公司税后利润为76.13万元，晟信小额贷款公司税后利润为 -3.85万元。

第三节　金融服务

一、货币政策

1998—2003年，利用再贷款货币政策工具，累计向普安县农村信用合作社联合社发放支农再贷款7950万元。2004年，制定《普安县金融支持地方经济发展指导意见》，指导农村信用合作社联合社贯彻落实《贵州省国家助学贷款实施细则（试行）》《贵州省生源地国家助学贷款实施办法（试行）》，普安县农村信用合作社联合社累计发放助学贷款21万元。贯彻执行《国务院关于印发深化农村信用社改革试点方案的通知》《农村信用社改革试点资金支持方案实施与考核指引》，引导普安县农村信用合作社联合社进行改革试点，得到认购专项票据257万元的资金支持，累计发放支农再贷款4200万元。2005年，引导普安县农村信用合作社联合社发放助学贷款33.2万元、支农再贷款4300万元，得到认购专项票据743万元的资金支持，合计认购专项中央银行票据1000万元，置换不良贷款660万元，置换历年亏损340万元。2006年，发放助学贷款41.75万元、支农再贷款4890万元。2007年，发放助学贷款45.35万元。2008年，发放助学贷款58.9万元、支农再贷款4800万元。2009年，发放助学贷款47.5万元、支农再贷款8200万元、创业小额担保贷款200万元。2009年1月，第一期农村金融教育培训班在三板桥镇正式开班。2010年，发放支农再贷款8200万元、创业小额担保贷款600万元。组织农村金融教育培训28场次，培训村组干部260人、农户1378人。2011年，发放支农再贷款8967.78万元、创业小额担保贷款2198万元。2012年，发放支农再贷款1.02亿元、创业小额担保贷款6034.23万元。2013年，发放支农再贷款1.55亿元、创业小额担保贷款7775万元。2014年，发放支农再贷款1.62亿元。2015年，发放支农再贷款2.59亿元、创业小额担保贷款2341.02万元。

二、金融监管

1998年，对中国工商银行普安县支行违反《贵州省大额现金支付管理实施细则》规定进行处罚，组成由稽核、金管和货币信贷部门参加的联合检查组对辖区内30%的金融机构和邮政储蓄的各类存款利率执行档次进行检查，对普安县农村信用合作社联合社未按规定报送高息揽存情况进行通报。1999年，对辖区内35个银行、非银行类金融机构进行年度检查，对23人进行任职资格审查，制定《中国人民银行普安县运行防范和处置金融机构支付风险办法》《中国人民银行普安县支行金融债权管理行长联席会议工作制度》，对中国工商银行普安县支行、中国农业银行普安县支行、普安县邮政局违规使用利率，普安县农村信用合作社联合社违规发放大额贷款进行处罚。2000年，对普安县农村信用合作社联合社安全保卫工作的违规行为进行通报，对普安县农村信用合作社联合社违规使用利率、普安县邮政局违规吸储进行处罚。2001年，监管人员与支行主管领导签订2001年金融监管责任书，制订国有商业银行化解风险工作规划，与各国有商业银行行长签订化解金融风险责任书，开展《个人存款账户实名制规定》执行情况检查，对县辖存在问题的4家金融机构进行处罚。2003年，制定《普安县金融机构同业公约》，与各金融机构签订普安县2003年底前防范和化解金融风险工作规划目标责任书，对4家高风险农村信用社制定一社一策监管措施并按季对高风险社情况进行通报，开展对普安县农村信用合作社联合社2002年度盈亏真实性、贷款占用形态进行专项检查。2005年，制订《中国人民银行普安县支行突发金融风险处置预案》。2006年，制定《普安县金融机构发生区域性挤提存款、支付危机、爆发系统性金融风险应急处置预案》。2007年，制定《中国人民银行普安县支行突发金融风险处置预案》《普安县金融机构发生区域性挤提存款、支付危机、爆发系统性金融风险应急处置预案》。2011年，制定《中国人民银行普安县支行调查统计征信业务突发事件应急预案》《普安县金融机构发生区域性挤提存款、支付危机、爆发系统性金融风险应急处置预案》。2014年，修订完善《金融机构突发事件应急预案》。2015年，制定《普安县银行业金融机构重大事项报告制度》《中国人民银行普安县支行关于〈存款保险条例（草案）〉公开征求意见工作实施方案》，修订完善《金融机构突发事件应急预案》等。

第四节 信贷 国库 货币

一、信 贷

存 款 1998年，各项存款余额16307万元，其中对公存款余额4125万元，储蓄存款余额9018万元。2004年，各项存款余额5.82亿元，其中企业存款余额1.10亿元，储蓄存款余额3.59亿元。2006年，各项存款余额10.14亿元，其中企业存款余额1.93亿元，储蓄存款余额6.02亿元。2010年，各项存款余额22.74亿元，其中企业存款余额5.05亿元，储蓄存款余额12.61亿元。2013年，各项存款余额34.16亿元，其中企业存款余额4.73亿元，储蓄存款余额19.75亿元。2014年，各项存款余额40.86亿元，其中企业存款余额4.30亿元，储蓄存款余额25.24亿元。2015年，各项存款余额53.46亿元，其中企业存款余额9.92亿元，储蓄存款余额26.18亿元。

贷 款 1998年，各项贷款余额2.70亿元，其中短期贷款余额6823万元，中长期贷款余额4016万元。2007年，各项贷款余额9.70亿元，其中短期贷款余额2.49亿元，中长期贷款余额7.22亿元。2008年，各项贷款余额13.23亿元，其中短期贷款余额3.47亿元，中长期贷款余额9.76亿元。2012年，各项贷款余额20.13亿元，其中短期贷款余额7.72亿元，中长期贷款余额13.31亿元。2013年，各项贷款余额2.8亿元，其中短期贷款余额8.3亿元，中长期贷款余额19.7亿元。2014年，各项贷款余额34.81亿元，其中短期贷款余额10.14亿元，中长期贷款余额24.67亿元。2015年，各项贷款余额39.78亿元，其中短期贷款余额13.46亿元，中长期贷款余额26.32亿元。

1998—2015年中国人民银行普安县支行存贷款余额情况表

表10-3-1　　　　单位：万元

年份	存款余额	其中				贷款余额	其中		净投放
		企业存款	财政存款	机关团体	储蓄存款		短期贷款	中长期贷款	
1998	16307	4125	—	—	9018	27041	6823	4016	4631
1999	18956	3922	1878	1657	10323	30353	10860	8620	6151
2000	23424	4588	1941	2051	13726	34797	14885	19911	5107
2001	29130	4916	1508	3523	17800	36448	14794	21573	3936
2002	33527	4307	2350	3352	21282	33099	13547	19442	2550
2003	43468	5415	2483	6136	27143	20069	13395	6638	-4305
2004	58216	10987	2143	6282	35855	21670	14211	6289	-3707
2005	82133	12236	4148	10098	47961	26622	16968	9654	15759
2006	101431	19252	2142	11856	60208	35072	22237	12835	42880
2007	125251	20508	1994	15998	72910	97045	24863	72182	65699
2008	156976	40055	7339	21583	86578	132262	34670	97592	79607
2009	185223	35172	8034	24918	102148	167036	47955	119081	89915
2010	227391	50506	5818	24289	126056	178126	51659	126467	102253
2011	291217	38223	8613	83314	161039	190824	69927	120897	—
2012	341634	47319	19121	77631	197532	201295	77177	133118	—

续表 10-3-1

年份	存款余额	其中				贷款余额	其中		净投放
		企业存款	财政存款	机关团体	储蓄存款		短期贷款	中长期贷款	
2013	386556	62605	15392	65923	242209	279986	82981	197005	—
2014	408642	42957	2412	110843	252411	348061	101410	246651	—
2015	534634	99205	10454	145788	261820	397819	202803	193263	—

二、国　库

1998年，兑付国库券4.68万元。1999年，报解中央级收入258.24万元，办理退库183万元，兑付国债68.65万元。2000年，经理税费收入3728万元，退库96万元，办理财政拨款8340万元，兑付国债0.8万元。2002年，预算收入6216万元，预算支出1.29亿元，余额2187万元。2008年，预算收入4.08亿元，预算支出5.16亿元，余额7221万元。2012年，预算收入10.72亿元，预算支出13.39亿元，余额1.67亿元。2013年，预算收入14.75亿元，预算支出17.70亿元，余额1.25亿元。2014年，预算收入14.49亿元，预算支出20.40亿元，余额2412万元。2015年，预算收入13.83亿元，预算支出26.84亿元，余额1.05亿元。

2002—2015年普安县国库收支情况表

表 10-3-2　　单位：万元

年份	预算收入	预算支出	余额	年份	预算收入	预算支出	余额
2002	6212	12923	2187	2009	54001	66479	7916
2003	23034	13805	—	2010	63846	82483	5688
2004	12426	19942	—	2011	90599	107851	8613
2005	33083	19942	—	2012	107182	133925	16746
2006	22377	90821	2316	2013	147506	177034	12469
2007	29930	37547	2826	2014	144884	204026	2412
2008	40756	51633	7221	2015	138320	268426	10453

三、货　币

1998年，发行人民币13136万元，回笼货币8573万元，净投放货币4563万元，收缴假人民币1645元。2008年，发行人民币10.91亿元，回笼货币2.37亿元，净投放货币8.54亿元，收缴假人民币5.41万元。2015年，发行人民币15.88亿元，回笼货币4.05亿元，净投放货币11.83亿元，收缴假人民币7.42万元。

1998—2015年普安县投放货币情况表

表 10-3-3

年份	发行人民币（万元）	回笼货币（万元）	净投放货币（万元）	收缴假人民币（元）
1998	13136	8573	4563	1645
1999	15108	8799	6310	7615
2000	13226	7949	5274	66133
2001	15476	9162	6344	83882
2002	17083	10953	6129	44841
2003	36632	354123	317491	13394
2004	51108	43871	7236	44841

续表10-3-3

年份	发行人民币（万元）	回笼货币（万元）	净投放货币（万元）	收缴假人民币（元）
2005	30631	16784	13847	45225
2006	69470	26332	43138	45981
2007	89106	23706	65813	13150
2008	109106	23706	85400	54050
2009	118102	24390	90712	52275
2010	125973	22867	103106	21890
2011	135642	29030	106612	18170
2012	144765	35738	109026	24380
2013	151243	41140	110103	66010
2014	147750	43613	104137	76530
2015	158775	40465	118310	74220

第四章 中国工商银行普安县支行

第一节 机构网点

一、县工行

1998年，中国工商银行普安县支行（简称“县工行”）设置营业部、业务部、办公室、保卫股。1999年11月，原中国人民建设银行普安县支行的业务和职工全部并入工行。2000年3月，营业部与业务部合并，设立营业部、办公室。2005年12月，中国工商银行普安县支行更名为中国工商银行股份有限公司普安支行(简称“县工行”)。银行住址在西街36号，设有1个营业厅。2014年，普安支行设营业部、业务部、办公室，有员工25人。2015年，内设机构不变，有员工24人。

二、营业网点

1998年年初，县工行下设东街办事处、铅厂分理处、城关储蓄所。1月，撤销铅厂分理处。4月，撤销东街办事处。2004年5月，城关储蓄所升格并更名为城关分理处。2005年7月，撤销城关分理处。2014年，对外营业网点1个，即普安支行营业大厅。自助银行网点有：在县工行营业厅自助网点1个，ATM机3台；营盘路自助网点1个，ATM机2台。2015年，新增金桥市场自助银行网点1个，ATM机4台；普天大道自助银行网点1个，ATM机2台。

第二节 营业活动

一、存 款

1998年，县工行存款余额由对公存款、储蓄存款组成。2001年起，存款由对公存款、储蓄存款、同业存款组成。2005年起，存款由对公存款、储蓄存款组成。

1998年，存款余额4516万元。2001年，存款余额1.98亿元。2005年，存款余额2.67亿元。2006年，存款余额3.40亿元。2007年，存款余额4.20亿元。2008年，存款余额5.39亿元。2009年，存款余额6.91

亿元。2010年，存款余额7.29亿元。2011年，存款余额8.75亿元。2012年，存款余额9.45亿元。2013年，存款余额9.79亿元。2014年，存款余额8.77亿元。2015年，存款余额11.46亿元。

对公存款 1998年，对公存款余额1970万元。2004年，对公存款余额1.13亿元。2006年，对公存款余额2.15亿元。2008年，对公存款余额3.74亿元。2009年，对公存款余额4.17亿元。2010年，对公存款余额5.03亿元。2012年，对公存款余额9.45亿元。2013年，对公存款余额5.95亿元。2014年，对公存款余额5.45亿元。2015年，对公存款7.82亿元。

储蓄存款 1998年，储蓄存款余额2546万元。2005年，储蓄存款余额1.05亿元。2010年，储蓄存款余额2.27亿元。2012年，储蓄存款余额3.63亿元。2013年储蓄存款余额3.84亿元。2014年，储蓄存款余额3.32亿元。2015年，储蓄存款余额3.65亿元。

同业存款 2001年，开展同业存款，存款余额257万元。2004年，同业存款余额179万元。2005年起，无同业存款。

1998—2015年普安县工行存款余额情况表

表10-4-1 单位：万元

年份	存款余额	其中			年份	存款余额	其中		
		对公存款	储蓄存款	同业存款			对公存款	储蓄存款	同业存款
1998	4516	1970	2546	—	2007	42030	27155	14875	—
1999	6306	2699	3607	—	2008	53881	37419	16462	—
2000	7618	3473	4145	—	2009	60954	41700	19254	—
2001	10010	4990	4763	257	2010	72926	50261	22665	—
2002	10159	4819	5128	212	2011	87533	59888	27645	—
2003	13610	7148	6286	176	2012	94501	58182	36319	—
2004	19812	11349	8284	179	2013	97904	59493	38411	—
2005	26672	16162	10510	—	2014	87732	54545	33187	—
2006	34014	21491	12523	—	2015	114623	78166	36457	—

二、贷　款

1998年，县工行贷款由工业贷款、商业贷款、其他贷款组成。2000年，出现不良贷款、逾期贷款。2001年，增加个人贷款。2004年，贷款由不良贷款、公司贷款、个人贷款组成。2007年，贷款全部属个人贷款。2008年起，贷款由公司贷款、个人贷款组成。

1998年，贷款余额3615.2万元。2008年，贷款余额1.12亿元。2011年，贷款余额2.02亿元。2013年，贷款余额6.12亿元。2014年，贷款余额6.53亿元。2015年贷款余额6.48亿元。

工业贷款 1998年，工业贷款余额2002.5万元。2003年，工业贷款余额2236万元。2004年起，无工业贷款。

商业贷款 1998年，商业贷款余额522.4万元。2003年，商业贷款余额267万元。2004年起，无商业贷款。

其他贷款 1998年，其他贷款余额1090.3万元。2003年，其他贷款余额720万元。2004年起，无其他贷款。

不良贷款 2000年，出现不良贷款，贷款余额1908万元。2006年，不良贷款余额10万元。2007年起，无不良贷款。

逾期贷款 2000年，出现逾期贷款，贷款余额347万元。2001年起，无逾期贷款。

公司贷款 2004年，出现公司贷款，贷款余额2311万元。2013年，公司贷款余额4.13亿元。2014年，公司贷款余额4.06亿元。2015年，公司贷款余额3.95亿元。

个人贷款 2001年起，出现个人贷款，贷款余额863万元，全部属个人住房贷款。2009年，个人贷款余额10437万元，其中个人经营性贷款余额1970万元、个人住房贷款余额5059万元、个人消费贷款余额3408万元。2013年个人贷款余额1.99亿元。2014年，个人贷款余额2.47亿元。2015年，个人贷款余额2.52亿元。

1998—2015年普安县工行贷款余额情况表

表10-4-2 单位：万元

年份	贷款余额	其中									
		工业贷款	商业贷款	其他贷款	不良贷款	逾期贷款	公司贷款	个人贷款	其中		
									个人经营性贷款	个人住房贷款	个人消费贷款
1998	3615.2	2002.5	522.4	1090.3	—	—	—	—	—	—	—
1999	4516	2550	309	1657	—	—	—	—	—	—	—
2000	4299	2345	258	1696	1908	347	—	—	—	—	—
2001	4138	2305	227	743	1614	—	—	863	—	863	—
2002	4541	2543	337	115	1532	—	—	1546	—	1546	—
2003	5153	2236	267	720	1492	—	—	1930	—	1844	86
2004	4647	—	—	—	142.4	—	2311	2336	—	2064	272
2005	4051	—	—	—	96	—	1583	2468	—	2140	328
2006	2919	—	—	—	10	—	—	2919	961	1623	335
2007	5117	—	—	—	—	—	—	5117	1196	3283	638
2008	11171	—	—	—	—	—	3800	7371	2187	3696	1488
2009	17137	—	—	—	—	—	6700	10437	1970	5059	3408
2010	18595	—	—	—	—	—	5400	13195	2908	5699	4588
2011	20160	—	—	—	—	—	4620	15540	3490	5301	6749
2012	24518	—	—	—	—	—	7130	17388	6272	5426	5690
2013	61193	—	—	—	—	—	41265	19928	6684	6145	7099
2014	65319	—	—	—	—	—	24688	—	—	—	—
2015	64764	—	—	—	—	—	25238	—	—	—	—

三、中间业务

1998年，发展代收学杂费、房改资金归集、代发工资等中间业务（结算手续费），实现收入1.1万元。1999年，代理中国人民银行办理国库券兑付539笔，总计金额10.8万元，12月推出95588理财热线。2001年，同国税、地税等部门签订代扣代缴税款协议，分别在国税、地税营业大厅安装POS机，通过POS机直接代扣代缴。2002年，同电信局、邮政局、财险公司、人寿保险公司等部门签订代理业务协议书。2003年，同石油公司、供电局、财险公司、人寿保险公司等部门签订有偿代理协议书，中国工商银行跨行支付系统与中国人民银行支付系统成功连接。2004年5月，全行记账式国债在柜台挂牌交易。2005年，同国税局签订代收煤炭税费，发行信用卡39张，发行灵通卡800张，发行e时代卡

1722张，发展个人网上银行38户，发展理财金账户91户，发展个人客户证书7户，发展企业网上银行1户，发展支付密码170户。5月，支行营业厅安装第一台自动取款机。2006年，发展个人客户证书48户，发展企业电话银行11户，发展个人电话银行110户。2009年，代理销售基金452万元，代理销售国债157万元，代理销售保险41万元，销售人民币理财产品3650万元。2012年，贵金属销售126.58千克。2013年，实现中间业务收入806万元。“红色记忆”系列产品黄金销售260克，白银销售250克，信用卡新增加425张，信用卡分期付款182万元，借记卡新增6212张，销售理财产品12000万元；代理保险实现107万元，个人网银客户证书完成2381户，手机银行完成3068户，销售理财产品11171万元，个人中高端客户增加545户，对公结算账户开户87户。12月，营盘自助银行增加一台存取款一体机，更换一台自动取款机，全行ATM机5台，自动取款机1台，存取款一体机4台。2014年，中间业务收入825万元。2015年，中间业务收237万元。

1998—2015年普安县工行中间业务发展情况表

表10-4-3　　单位：万元

年份	发展的业务	收入	年份	发展的业务	收入
1998	代收学杂费、房改资金归集、代发工资	1.1	2007	代理业务、代理基金营销、有偿代收业务、委托贷款、代理守库押运、电子银行等业务	104
1999	代理人民银行办理国库券	1.1	2008	代理业务、代理基金营销、有偿代收业务、委托贷款、代理守库押运、电子银行	134
2000	上门收款、代收各类罚款、代发退休金（养老金）	1.3	2009	代理业务、理财产品、财务顾问、信用卡分期付款等	164
2001	代扣代缴税款	1.4	2010	代理业务、理财产品、财务顾问、信用卡分期付款等	212
2002	推行对公和个人电子业务汇兑	2.7	2011	代理业务、理财产品、信用卡分期付款业务	307
2003	有偿代理、代发全县80%以上行政单位、企事业单位工资	16	2012	代理业务、理财产品、信用卡分期付款业务、银行卡等业务	219
2004	对公和个人电子业务汇兑、汇款直通车、有偿委托代理保险（基金）、有偿代收代付、上门收款	26	2013	代理业务、理财产品、信用卡分期付款业务、银行卡、“红色记忆”系列贵金属产品	806
2005	代发工资的行政、企事业单位由原来的80%上升到90%	48	2014	代理业务、理财产品、信用卡分期付款业务、银行卡、“红色记忆”系列贵金属产品	825
2006	有偿代收代付、委托贷款、代理守库押运、电子银行、代收煤炭税费	70	2015	代理业务、理财产品、信用卡分期付款业务、银行卡、“红色记忆”系列贵金属产品	237

四、经营效益

1998年，营业收入300.9万元，其中利息收入207.1万元，金融企业往来收入92.6万元，中间业务收入1.1万元，营业外收入0.1万元。营业支出383.9万元，其中利息支出139.8万元，金融企业往来支出83.9万元，其他营业支出5万元，营业费用137.5万元，营业外支出0.2万元，税金及附加17.5万元。全年亏损83万元。2001年，营业收入222万元，其中利息收入130万元，金融企业往来收入90万元，中间业务收入1.4万元。营业成本为18.6万元（其中：营业税金及附加9.7万元；营业外支出8.9

万元）。实现利润203.4万元。2013年，营业收入7268万元，其中利息收入3504万元，辖内往来收入2953万元，中间业务收入806万元，贵金属买卖损益收入5万元。营业支出4484万元，其中利息支出967万元，经营费用328万元，辖内往来支出2030万元，所得税支出909万元，营业税金及附加241万元，指定以公允价值计量金融负债损益9万元。实现利润2784万元。2014年，全年实现营业收入8368万元，其中利息收入4856.4万元，辖内往来收入2686万元，中间业务收入825万元，贵金属买卖损益收入0.5万元；营业支出5431万元，其中利息支出950万元，手续费支出10.6万元，经营费用324.7万元，辖内往来支出2848.6万元，营业税金及附加318.9万元，所得税支出978.2万元。全年实现利润2937万元。2015年，全年实现营业收入7794万元，其中利息收入4748万元，辖内往来收入2807万元，中间业务收入237万元，品牌金收入2万元；营业支出5030万元，其中利息支出797万元，经营费用291万元，辖内往来支出2718万元，手续费支出16万元，所得税支出922万元，营业税金及附加279万元，指定以公允价值计量金融负债损益7万元。全年实现利润2764万元。

1998—2015年普安县工行经营效益情况表

表10-4-4　　　　单位：万元

年份	营业收入	营业支出	利润	年份	营业收入	营业支出	利润
1998	300.9	383.9	-83	2007	1347	750	597
1999	489.6	488.7	0.9	2008	2203	1052	1151
2000	244	410	-166	2009	2720	1057	1663
2001	222	18.6	203.4	2010	3131	1248	1883
2002	315	135	180	2011	3986	1737	2249
2003	410	137	273	2012	4410	2092	2318
2004	647	154	493	2013	7268	4484	2784
2005	905	235	670	2014	8368	5431	2937
2006	953	492	461	2015	7794	5030	2764

第五章　中国农业银行普安县支行

第一节　机构网点

一、县农行

1998年，中国农业银行普安县支行（简称“县农行”）设置营业部、办公室、东街储蓄所、专柜。2001年，成立财会科。2004年9月，撤销专柜、东街储蓄所。2009年7月，中国农业银行普安县支行更名为中国农业银行股份有限公司普安县支行（简称“县农行”）。银行住址为盘水镇西街90号，设有1个营业厅。2015年，中国农业银行普安县支行设营业网点2个：支行营业网点、楼下支行营业网点。有员工41人。

二、营业网点

1998年，县农行设有地瓜、兴中、青山、盘水4个营业网点。1999年6月，撤销地瓜营业网点。7月，撤销兴中营业网点。2004年1月，撤销楼下营业网点。2005年10月，撤销盘水营业网点。2009年9月，成立楼下分理处。2015年，设立青山金融便利店。

第二节　营业活动

一、存　款

1998年，县农行存款由对公存款、储蓄存款组成。2000年起，存款由对公存款、储蓄存款、同业存款组成。2005—2006年，无同业存款。2007—2011年，增加同业存款。2012—2015年，无同业存款。

1998年，存款余额5581万元。2003年，存款余额1.13亿元。2008年，存款余额2.53亿元。2009年，存款余额3.03亿元。2011年，存款余额5.82亿元。2012年，存款余额6.33亿元。2013年，存款余额6.25亿元。2014年，存款余额7.62亿元。2015年，存款余额11.38亿元。

对公存款　1998年，对公存款余额3551万元。2008年，对公存款余额1.41亿元。2010年，对公存款余额2.02亿元。2011年，对公存款余额3.60亿元。2012年，对公存款余额3.79亿元。2013年，对公存款余额3.47亿元。2014年，对公存款余额4.79亿元。2015年，对公存款余额8.27亿元。

储蓄存款　1998年，储蓄存款余额2030万元。2007年，储蓄存款余额1.02亿元。2011年，储蓄存款余额2.22亿元。2012年，储蓄存款余额2.54亿元。2013年，储蓄存款余额2.78亿元。2014年，储蓄存款余额2.83亿元。2015年，储蓄存款余额3.11亿元。

同业存款　2000年，开展同业存款，存款余额800万元。2011年，同业存款余额5万元。2012—2015年，无同业存款。

1998—2015年普安县农行存款余额情况表

表10-5-1　　　　单位：万元

年份	存款余额	其中			年份	存款余额	其中		
		对公存款	储蓄存款	同业存款			对公存款	储蓄存款	同业存款
1998	5581	3551	2030	—	2007	18755	8565	10190	2256
1999	6023	3933	2090	—	2008	25273	14119	11153	238
2000	7294	4388	2906	800	2009	30349	17405	12944	789
2001	8866	3399	5467	1000	2010	37454	20229	17225	5
2002	8899	2969	5930	1471	2011	58156	35967	22188	5
2003	11293	6893	4400	2235	2012	63306	37942	25364	—
2004	14084	8168	5916	2531	2013	62513	34695	27818	—
2005	14923	8624	6299	—	2014	74789	46688	28101	—
2006	17700	8455	9245	—	2015	113805	82463	31066	—

二、贷　款

1998年，县农行贷款由工业贷款、不良贷款组成。1999年，贷款由工业贷款、商业贷款、不良贷款、逾期贷款组成。2001年，增加个人贷款项目。2004年，增加公司贷款项目，减少工业贷款、商业贷款项目。2006年，减少逾期贷款项目。

1998年，贷款余额7790万元。1999年，贷款余额2.12亿元。2004年，贷款余额3160万元。2007年，贷款余额6.06亿元。2008年，贷款余额8.37亿元。2009年，贷款余额10.01亿元。2013年，贷款余额10.60亿元。2014年，贷款余额12.59亿元。2015年，贷款余额13.8亿元。

工业贷款　1998年，工业贷款余额3208万元。2001年，工业贷款1亿元。2003年，工业贷款2491万元。2004—2015年，无工业贷款。

商业贷款 1999年，增加商业贷款，贷款余额2474万元。2003年，商业贷款余额1048万元。2004—2015年，无商业贷款。

不良贷款 1998年，不良贷款余额4582万元。2003年，不良贷款余额9万元。2015年，不良贷款余额22万元。

逾期贷款 1999年，出现逾期贷款，贷款余额667万元。2000年，无逾期贷款。2005年，逾期贷款余额2万元。2006—2015年，无逾期贷款。

公司贷款 2004年，增加公司贷款，贷款余额900万元。2007年，公司贷款余额6亿元。2008年，公司贷款余额8.36亿元。2009年，公司贷款余额9.94亿元。2013年，公司贷款10.17亿元。2014年，公司贷款12.07亿元。2015年，公司贷款13.02亿元。

个人贷款 2001年，增加个人贷款，贷款余额456万元。2015年，个人贷款余额7710万元。

1998—2015年普安县农行贷款余额情况表

表10-5-2　　单位：万元

年份	贷款余额	其中								
		工业贷款	商业贷款	不良贷款	逾期贷款	公司贷款	个人贷款	其中		
								个人经营贷款	个人住房贷款	个人消费贷款
1998	7790	3208	—	4582	—	—	—	—	—	—
1999	21196	4016	2474	8989	667	—	—	—	—	—
2000	18880	5120	4428	9332	—	—	—	—	—	—
2001	26138	10042	6538	9102	576	—	456	456	—	—
2002	20396	6018	4288	9440	218	—	650	600	50	—
2003	4128	2491	1048	9	5	—	580	500	80	—
2004	3160	—	—	1076	761	900	136	100	36	—
2005	4158	—	—	1184	2	2000	486	380	76	30
2006	6656	—	—	1118	—	6263	393	300	93	—
2007	60625	—	—	1100	—	60000	625	425	265	35
2008	83658	—	—	3638	—	83635	23	—	23	—
2009	100122	—	—	2937	—	99435	687	380	200	7
2010	98577	—	—	2325	—	97940	637	400	167	40
2011	95732	—	—	1500	—	94517	1215	800	300	115
2012	96585	—	—	1315	—	94147	2438	1900	400	138
2013	106002	—	—	1113	—	101727	4275	3200	800	375
2014	125837	—	—	18	—	120710	5126	1857	1168	2757
2015	137858	—	—	22	—	130209	7710	1303	2222	5903

三、中间业务

1998年，中间业务（结算业务）收入0.8万元。2001年2月，推出95599理财热线，同国税、地税等单位签订代扣代缴税款协议。2002—2005年，加大“三农”贷款力度，同国税局签订代收煤炭税费，发行惠农借记卡6000多张，信用卡300多张，发展个人网银200多户。2006—2010年，增加ATM取款机5台，发售信用卡2000余张，代理销售基金1000多万元，代理销售国债800万元。2013年，楼下分理处增加4台取款机，建成“万村千乡”项目。2014年，增加普安南山路自助设备2台。2015年，增加青山金融便利店自助设备3台。

1998—2015年普安县农行中间业务发展情况表

表10-5-3　　单位：万元

年份	发展业务	收入	年份	发展业务	收入
1998	代收学杂费、代发工资	0.8	2007	委托资产清收、代收煤炭税费	62
1999	代理人民银行办理国库券	1.2	2008	委托资产清收、代收煤炭税费	98
2000	代收税款、房改归集基金	1.5	2009	委托资产清收、代收煤炭税费	135
2001	代扣代缴税款	2	2010	委托资产清收、代收煤炭税费	155
2002	推行电子业务汇兑	3	2011	代理业务、理财产品、信用卡分期	187
2003	代发普安县企业、事业单位工资	14	2012	代理业务、理财产品、信用卡分期	204
2004	代理业务、理财产品	16	2013	代理业务、理财产品、信用卡分期	423
2005	代发工资	30	2014	代发工资	537
2006	委托资产清收、代收煤炭税费	50	2015	委托资产清收、代收煤炭税费	649

四、经营效益

1998年，营业收入860万元，营业支出845万元，利润收入25万元。2000—2001年，亏损经营。2007年，营业收入4139万元，营业支出4784万元，亏损645万元。2014年，营业收入4445万元，营业支出1496万元，盈利2949万元。2015年，营业收入5937万元，营业支出1535万元，盈利4402万元。

1998—2015年农行普安县支行经营效益情况表

表10-5-4　　单位：万元

年份	营业收入	营业支出	利润	年度	营业收入	营业支出	利润
1998	860	845	25	2007	4139	4784	-645
1999	1287	1232	55	2008	5052	5807	254
2000	476	946	-471	2009	5672	7541	620
2001	574	1031	-456	2010	3190	946	2244
2002	1221	974	247	2011	3078	665	2413
2003	577	31	546	2012	4038	846	3192
2004	478	220	258	2013	4590	1136	3454
2005	650	231	419	2014	4445	1496	2949
2006	4784	4714	70	2015	5937	1535	4402

第六章　普安县农村信用合作联社

第一节　机构网点

一、县联社

1998年，普安县农村信用合作社联合社（简称“县联社”）分为信用社、联社两级法人机构，下设综合科、信贷科、财务统计科、营业部。2004年12月，普安县农村信用合作社联合社更名为普安县农村信用合作联社（简称“县联社”），将两级法人社统一，以县联社为一级法人社。2015年6月，启动农商行改制工作。

二、营业网点

1998年，县联社设有营业部、地瓜、罗汉、青山、雪浦、龙吟、白沙、窝沿、新店、楼下、罐子窑、高棉、江西坡、盘水、三板桥共15个营业网点。2000年2月，设立希望分社。2005年4月，设立铅矿分社。2013年2月，设立银盘信用社。

第二节 营业活动

一、存 款

1998—2015年，县联社存款由单位存款、储蓄存款组成。

1998年，存款余额3342万元。2003年，存款余额1.14亿元。2005年，存款余额2.36亿元。2006年，存款余额3.07亿元。2007年，存款余额4.25亿元。2008年，存款余额5.09亿元。2009年，存款余额6.40亿元。2010年，存款余额8.05亿元。2011年，存款余额10.48亿元。2012年，存款余额12.37亿万元。2013年，存款余额16.65亿元。2014年，存款余额19.63亿元。2015年，存款余额24.22亿元。

单位存款 1998年，单位存款余额694万元，其中活期存款余额683万元、定期存款余额11万元。2007年，单位存款余额1.37亿元，其中活期存款余额1.30亿元、定期存款余额685万元。2011年，单位存款余额5.21亿元，其中活期存款余额2.43亿元、定期存款余额2.79亿元。2013年，单位存款余额3.44亿元，其中活期存款余额3.41亿元、定期存款余额290万元。2014年，单位存款余额5.21亿元，其中活期存款余额4.40亿元、定期存款余额8090万元。2015年，单位存款余额8.16亿元，其中活期存款余额7.25亿元、定期存款余额9090万元。

储蓄存款 1998年，储蓄存款余额2648万元，其中活期存款余额1067万元、定期存款余额1581万元。2004年，储蓄存款余额1.21亿元，其中活期存款余额7266万元、定期存款余额4881万元。2006年，储蓄存款余额2.34亿元，其中活期存款余额1.38亿元、定期存款余额9526.85万元。2008年，储蓄存款余额2.89亿元，其中活期存款余额2.42亿元、定期存款余额1.52亿元。2009年，储蓄存款余额4.83亿元，其中活期存款余额3.11亿元、定期存款余额1.71亿元。2010年，储蓄存款余额6.06亿元，其中活期存款余额3.98亿元、定期存款余额2.07亿元。2012年，储蓄存款余额9.55亿元，其中活期存款余额6.08亿元、定期存款余额3.47亿元。2013年，储蓄存款13.22亿元，其中活期存款8.86亿元、定期存款4.35亿元。2014年，储蓄存款14.41亿元，其中活期存款余额9.07亿元、定期存款余额5.34亿元。2015年，储蓄存款余额16.06亿元，其中活期存款余额9.60亿元、定期存款余额6.45亿元。

1998—2015年普安县联社存款余额情况表

表10-6-1 单位：万元

年份	存款余额	其中					
		单位存款			居民储蓄存款		
		合计	其中		合计	其中	
			活期存款	定期存款		活期存款	定期存款
1998	3342	694	683	11	2648	1067	1581
1999	4051	728	703	25	3323	1346	1977
2000	4844	1072	1034	38	3772	1751	2021

续表10-6-1

年份	存款余额	其中					
		单位存款			居民储蓄存款		
		合计	其中		合计	其中	
			活期存款	定期存款		活期存款	定期存款
2001	6248	1290	1290	—	4958	2447	2551
2002	9067	2062	2062	—	7005	3344	3661
2003	11413	2233	2233	—	9180	4810	4370
2004	15031	2884	2884	—	12147	7266	4881
2005	23561	7466	7466	—	16095	9888	6207
2006	30736	7383.15	7383	0.15	23352.85	13826	9526.85
2007	42523	13655	12970	685	28868	17636	11232
2008	50909	11520	10370	1150	39389	24172	15217
2009	64039	15780	14380	1400	48259	31136	17123
2010	80525	19954	19434	520	60571	39846	20725
2011	104847	52148	24297	27869	52699	52128	571
2012	123679	28224	27627	597	95455	60782	34673
2013	166534	34358	34068	290	132176	88634	43542
2014	196255	52130	44040	8090	144125	90708	53417
2015	242183	81628	72538	9090	160555	96014	64541

二、贷　款

从1998年开始，普安县联社贷款由农户贷款、农村经济组织贷款、农村工商业贷款、其他贷款组成。

1998年，贷款余额2409.24万元。2003年，贷款余额1.08亿元。2006年，贷款余额2.48亿元。2007年，贷款余额3.12亿元。2009年，贷款余额4.96亿元。2010年，贷款余额6.01亿元。2011年，贷款余额7.39亿元。2012年，贷款余额8.92亿元。2013年，贷款余额11.28亿元。2014年，贷款余额14.51亿元。2015年，贷款余额17.81亿元。

农户贷款　1998年，农户贷款余额2325.98万元。2004年，农户贷款余额1.14亿元。2007年，农户贷款余额2.18亿元。2009年，农户贷款余额3.45亿元。2010年，农户贷款余额4.55亿元。2011年，农户贷款余额5.97亿元。2012年，农户贷款余额7.55亿元。2013年，农户贷款余额8.44亿元。2014年，11.36亿元。2015年14.86亿元。

农村经济组织贷款　1998年，农村经济组织贷款83.26万元。1999年、2005—2008年，无农村经济组织贷款。2015年，农村经济组织贷款1430万元。

农村工商业贷款　2009年，增加农村工商业贷款，贷款余额1930万元。2013年，农村工商业贷款2.19亿元。2014年，农村工商业贷款2.88亿元。2015年，农村工商业贷款2.72亿元。

其他贷款　2001年，增加其他贷款，贷款余额365.93万元。2008年，其他贷款余额1.06亿元。2015年，其他贷款余额868.26万元。

1998—2015年普安县联社贷款余额情况表

表10-6-2 单位：万元

年份	贷款余额	其中			
		农户贷款	农村经济组织贷款	农村工商业贷款	其他贷款
1998	2409.24	2325.98	83.26	—	—
1999	1906.22	1906.22	—	—	—
2000	3747.28	3598.44	148.84	—	—
2001	588.01	211.08	11	—	365.93
2002	8161.17	6992.65	46.57	—	1121.95
2003	10791.2	8008	31.2	—	2752
2004	13862.94	11425.53	0.74	—	2436.67
2005	18391.93	14795.01	—	—	3596.92
2006	24835.88	18962.06	—	—	5873.82
2007	31236.78	21779.69	—	—	9457.09
2008	37399.04	26750.93	—	—	10648.11
2009	49574.09	34476.46	4456.02	1930	8711.61
2010	60100.5	45505.45	3931.68	1877.05	8786.32
2011	73940.86	59661.64	8092.63	4098.25	2088.34
2012	89192	75474.91	3232.92	7164.5	3319.67
2013	112792	84419.52	4158.58	21936	2277.9
2014	145093.13	113593.09	1220	28799	1481.04
2015	178146.09	148636.76	1430	27211.07	868.26

三、不良资产清理

1998年，县联社不良贷款1090万元。随着贷款规模的扩大，县域经济下行，贷款受到一定影响。为了加大不良贷款的清收，县联社成立资产保全部，加大考核力度，通过核销、置换、诉讼清理清收。1998—2015年，累计收回和核销盘活不良资产本息1836.42万元。

四、中间业务

卷烟销售代理业务 2011年9月，与烟草公司签订协议开始代理卷烟业务，卷烟代理业务收入46万元。2015年，卷烟代理业务收入33.58万元。

2011—2015年普安县联社卷烟销售代理业务情况表

表10-6-3 单位：万元

年份	代理业务收入	年份	代理业务收入	年份	代理业务收入
2011	46	2013	71	2015	33.58
2012	42.77	2014	42.48		

保险代理业务 2012年，与中国人寿、太平洋保险公司签订合作协议代理保险业务，保险业务收入4.5万元。2015年，保险业务收入92万元。

2012—2015年普安县保险代理业务情况表

表10-6-4　　　　单位：万元

年份	代理业务收入	年份	代理业务收入	年份	代理业务收入	年份	代理业务收入
2012	4.5	2013	8.6	2014	81	2015	92

第七章　中国邮政储蓄银行普安县支行

第一节　管理机构

2013年11月8日，中国邮政储蓄银行普安县支行（简称“县邮储银行”）在普安县南山路供电局1楼挂牌成立，内设信贷业务部、营业部、综合业务部。2014年1月，开始开办业务。

第二节　经营活动

一、存　款

2013年，存款余额1122万元。2014年，存款余额2358万元，其中对公存款443万元。2015年，存款余额4542万元，其中对公存款2251万元。

二、贷　款

2013年，贷款余额4755万元。2014年，贷款余额11812万元。2015年，贷款余额1.69亿元。

三、营业收入

2013年，营业收入242万元。2014年，营业收入381万元。2015年，营业收入853万元。

第八章　中国人寿保险股份有限公司普安支公司

第一节　机构网点

一、县人险公司

1998年，中国人寿保险公司普安支公司（简称“县人险公司”）隶属于黔西南分公司。2003年，中国人寿保险公司实行股份制改革，中国人寿保险公司普安支公司更名为中国人寿保险股份有限公司普安支公司（简称“县人险公司”）。2008年3月，中国人寿财产保险股份有限公司从中国人寿保险股份有限公司分离，普安成立人寿财险出单点。2015年，中国人寿保险股份有限公司普安支公司设楼下镇营销服务部、青山镇营销服务部、江西坡镇营销服务部、龙吟镇营销服务部（筹建中）。在职员工8人，营销员26人。

二、营销服务部

1998年年底，县人险公司辖青山、楼下、江西坡镇3个营销服务所。2002年3月，青山服务所正式更名为青山镇营销服务部。2007年3月，成立江西坡镇营销服务部。10月，成立楼下镇营销服务部。2015年，成立龙吟镇营销服务部（筹建中）。

第二节　承保与理赔

一、承　保

1998—2015年，县人险公司先后开办人身保险承保业务等共45个险种，分为人寿保险、人身意外保险、健康保险3大类。累计承保有效人次95万人次，累计保费收入1.38亿元，其中人寿期交业务保费收入8669.45万元、人身意外伤害保险保费收入4575.2万元（含健康保险）。

人寿保险　1998年起，开办人寿保险20余个险种，一般分为普通型人寿保险（包括死亡保险、生存保险、两全保险三大类）、年金保险（包括趸交年金、期交年金、个人年金、联合年金、最后生存者年金、联合及生存者年金、定额年金、变额年金、定期年金、终身年金保险等）、简易人寿保险、团体人寿保险、新型人寿保险（分红保险、投资联结保险、万能保险等）。是年，人寿保险收入198万元。2015年，人寿保险收入1642万元。

人身意外伤害保险　1998年起，开办人身意外保险13个险种，经营的主要险种有自愿意外伤害保险、强制意外伤害保险、普通意外伤害保险和特定意外伤害保险等，缴费期限一般为1年以内的保险险种（俗称短期保险）。是年，人身意外保险收入64万元。2015年，人身意外保险收入115万元。

健康保险　1998年起，开办健康保险8个险种，经营的主要险种有医疗保险、疾病保险、失能收入损失保险、护理保险等。是年，健康保险收入60万元。2015年，无健康保险。

1998—2015年普安县人寿保险业务收入情况表

表10-8-1　　单位：万元

年份	人寿保险	人身意外伤害保险	健康保险	合计	年份	人寿保险	人身意外伤害保险	健康保险	合计
1998	198	64	60	322	2008	769	302	61	1132
1999	201	67	67	335	2009	755	198.4	65.6	1019
2000	189	79	58	326	2010	644	261.6	70.4	976
2001	227	83.1	46	356.1	2011	764	203.6	72	1039.6
2002	294	90	57	441	2012	796.8	300.5	101.5	1198.8
2003	320	105	60	485	2013	822.4	250	77	1149.4
2004	338	113	60.5	511.5	2014	683.03	371	—	1054.03
2005	410	301	149	860	2015	1029	115	—	1144
2006	620	270	90	980	合计	13779.43	4089.2	447.5	18316.13
2007	630	246	60	936					

二、理　赔

1998—2015年，人身保险处理理赔案件1.51万件，支付赔款4162.67万元，占累计保费收入的30.3%。其中死亡伤残给付案件241件，疾病医疗给付案件3500件，意外医疗给付案件6600件，满期给付案件2900余件。短期保险（指学生平安保险、煤矿从业人员意外险、建筑工程保险、借款人员意外险等）赔案9037件，总赔付保险金4162.67万元。

1998年1月12日，盘水二小学生陈某因意外跌伤住院医疗赔款1071.65元。2000年12月2日，普安一中学生吕某某2兄弟因肾病综合征医治，经上报审批决定一次性赔款2万元。2007年，发生各类煤矿安全事故42起，赔款数额突破历史记录，赔款达178.47万元，当年意外险赔付率突破90%以上。2012年2月5日，地瓜镇宏发煤矿冒顶事故死亡2人，赔款40万元。2013年8月26日，县公安局交警大队胡洪因公牺牲，累计兑现赔款30万元。2013年12月，江西坡镇农民潘某和唐某在县信用社贷款不幸身故，分别赔付（人身意外险）6万元、7万元。

1998—2015年普安县人身保险理赔情况表

表10-8-2　　单位：万元

年度	1998	1999	2000	2001	2002	2003	2004	2005	2006	2007	2008	2009	2010	2011	2012	2013	2014	2015	合计
理赔金额	29.8	34.1	37.5	46.5	176.3	172.55	204.58	305.8	316.75	412.07	211.7	301.62	226	301.95	332.85	302.6	370	380	4162.67

第九章　中国人民财产保险股份有限公司普安支公司

第一节　机构网点

1998年，普安县设立中国人民财产保险股份有限公司普安营业部和中国人民财政保险股份有限公司普安支公司。中国人民财产保险股份有限公司普安营业部下设经理室、综合部、财务室。1999年3月，普安营业部更名为中国人民保险公司普安县支公司（简称“县人保公司”）。2003年7月，中国人民保险公司普安县支公司更名为中国人民财产保险股份有限公司普安支公司（简称“县人保财险公司”）。公司地址在普安县盘水镇北中路6号。2015年9月，公司搬迁至盘水街道环城北路24号。

第二节　承保与理赔

一、承　保

1998年起，主要经营企业财产险、机动车辆险、货物运输险、家庭财产险、农业保险、国内其他财产险。2007—2009年，开办能繁母猪保险。2011年，开办政策性烤烟保险。2015年，开办校方责任保险，短期人身意外险等30多个险种。

财产险保费　1998年，财产险保费145万元。2001年，财产险保费203.01万元。2006年，财产险保费307.27万元。2009年，财产险保费417.2万元。2011年，财产险保费653.97万元。2012年，财产险保费839.47万元。2015年，财产险保费764.45万元。

人身意外险保费　2003年，人身意外险保费11.93万元。2008年，人身意外险保费23.1万元。2015年，人身意外险保费16.81万元。

农业险保费　2007年，承保农业险，保费37.8万元。2011年，农业险保费183.79万元。2012年，农业险保费261.04万元。2013—2015年，未办理农业保险业务。

二、理　赔

2007—2009年，承保全县能繁母猪近2万头，理赔108.91万元。2010年，兴义市吉祥房地产开发有限公司一辆宝马车在云南出险，理赔116.12万元。2011—2012年，承保的政策性烤烟保险，因干旱、病变导致3000多户烟农受损，理赔422万元。2014年，赔款支出377.64万元。2015年，赔款支出275.20元。

财产险理赔　1998年，财产险理赔71万元。2004年，财产险理赔137.9万元。2007年，财产险理赔240.42万元。2010年，财产险理赔350.51万元。2011年，财产险理赔402.03万元。2013年，财产险理赔551.07万元。2015年，财产险理赔274.35万元。

人身意外险理赔 2003年，人身意外险理赔0.22万元。2006年，人身意外险理赔11.66万元。2010年，人身意外险理赔23.68万元。2015年，人身意外险理赔0.85万元。

农业险理赔 2008年，农业险理赔43.7万元。2011年，农业险理赔241.37万元。2013年，农业险理赔16.23万元。2014—2015年，无农业险理赔。

1998—2015年普安县人保财险公司业务情况表

表10-9-1　　单位：万元

年份	财产险保费	其中		财产险理赔	其中	
		人身意外险保费	人身意外险理赔		农业险保费	农业险理赔
1998	145	—	—	71	—	—
1999	162	—	—	72	—	—
2000	190.1	—	—	88.7	—	—
2001	203.01	—	—	89.69	—	—
2002	208.95	—	—	98.83	—	—
2003	197.02	11.93	0.22	98.63	—	—
2004	207	14.6	6.1	137.9	—	—
2005	230.50	21.34	5.25	116.76	—	—
2006	307.27	10.74	11.66	99.52	—	—
2007	356	9.6	5.21	240.42	37.8	—
2008	338.97	23.10	14.22	235.21	10.83	43.7
2009	417.20	9.98	15.54	191.75	62.17	44
2010	386.16	7.49	23.68	350.51	—	21.21
2011	653.97	3.59	0	402.03	183.79	241.37
2012	839.47	2.52	1.93	226.25	261.04	180.84
2013	637.95	2.15	0.39	551.07	—	16.23
2014	781.26	3.30	0.85	376.79	—	—
2015	821.45	16.81	0.85	274.35	—	—

第十一篇　综合经济管理

1998—2015年，普安县计划、投资促进、统计、审计、工商行政管理、物价、质量技术监督、安全生产管理等部门紧紧围绕党委、政府各项方针政策，认真贯彻实施统计法、合同法、标准计量法、物价法等法律法规，深化改革，加强管理，促进地方经济的持续、稳定和协调发展。

普安县执行编制的“九五”“十五”“十一五”“十二五”国民经济发展计划，加强固定资产投资管理，启动石漠化综合治理工程，实施以工代赈项目、生态移民（易地扶贫搬迁）工程，制定《普安县“十二五”节能工作目标计划》实施节能减排。

投资促进部门立足资源、立足产业规划，筛选、编制、增加招商引资项目，加强项目库建设和管理。从服务环境、政策环境、法制环境等方面做好服务，2012—2015年，招商引资项目107个。

统计（调查队）部门科学编制统计报表，做好经济发展统计。实施人口普查、农业普查、经济普查、抽样调查、入户调查、农产量调查，加强统计管理。

审计部门认真做好财政审计、金融审计、行政机关事业单位审计、企业单位审计、固定资产投资审计和经济责任审计工作，维护财经法纪、改善经营管理、提高经济效益。

工商行政管理部门认真做好工商企业注册登记和经济检查工作，扶持微型企业，加强集贸市场建设管理、经济合同管理、商标广告管理，加强经济检查，开展政策法规宣传，维护消费者的合法权益。

物价管理部门认真履行监督、管理物价职能，不断探索和完善物价管理体系，全面加强价格管理、收费管理、物价监督检查，做好价格服务工作。

质量技术监督管理部门加强质量监督管理、计量监督管理、特种设备和食品安全管理、标准化监督管理，整治市场经济秩序，做好组织机构代码管理和技术检测工作。

安全生产监督部门加强煤矿安全监督管理、金属非金属矿山安全监督管理、烟花爆竹及危险化学品安全监督管理，做好安全生产宣传教育、培训和安全事故调查处理工作。

第一章　宏观经济

第一节　五年计划实施

一、“九五”计划实施

1998—2000年，实施第九个五年计划。

“九五”期间，普安县经济稳定增长，增幅11%～14%。1998年，实现“九五”计划人均国内生产总值翻两番的任务。工业增加值年平均增长40%。经济总量在1995年1.51亿元的基础上连上2.13亿元、3.14亿元2个台阶。

“九五”期末，盘水镇建立并实施城镇最低生活保障制度，教育、卫生、保险、住房等改革继续深入。城镇居民平均每人居住房屋面积达到13平方米，年人均可支配收入6119元(比1995年增加2503元)。农村平均每人房屋居住面积达到13.2平方米，年人均纯收入1194.82元（比1995年增加739元），电视机普及率30%，贫困人口由1995年的19.1万减少到2.97万，农业人口比重由1995年的73.86%下降到11.48%。

二、“十五”计划实施

2001—2005年，实施第十个五年计划。“十五”期间，固定资产投资累计完成17亿元（为“十五”计划累计投资的2.5倍，为“九五”期间的4倍以上），地方财政收入年递增25%以上，城镇登记失业率控制在4.5%。

“十五”期末，粮食生产能力稳定在8万吨左右，农业总产值4.42亿元，工业总产值6.43亿元（是“十五”计划的1.61倍）。工业增加值占全县生产总值的比重由“九五”期末的17%提高到27%，第三产业增加值占全县生产总值的比重从“九五”期末的25%提高到32%。原煤产量达352万吨，建设水电站18座，总装机3.8万千瓦，森林覆盖率27.3%，城镇化水平达到17%，总人口控制在29.7万人的目标以内，农民人均纯收入年均递增7.2%达1688元，农村贫困人口减少到2万余人，三次产业结构从“九五”期末的47∶28∶25转化为2005年的31∶37∶32。

三、“十一五”计划实施

2006—2010年，实施第十一个五年计划。“十一五”期末，地区生产总值27亿元，为“十五”期末2005年的3倍，为计划变更目标的135%，年均增长24.95%。财政总收入达到5.71亿元，为“十五”期末的3.46倍。全社会固定资产投资累计完成60.17亿元，约为“十五”期间的3.5倍。社会消费品零售总额5.38亿元，是“十五”期末的3倍。完成农业生产总值6.85亿元，2010年粮食总产量9.56万吨。完成工业总产值22.1亿元，年均增长28.01%。三次产业结构从“十五”期末的31∶37∶32调整到17∶41∶42，完成第三产业产值11.47亿元。实施农村饮水安全工程24处，解决1.7万人、3.7万头（匹）大牲畜饮水问题。电话普及率达39部／百人，97%的行政村通电话，74%的行政村通宽带，67%的行政村通广播电视，适龄儿童入学率99.59%，教师合格率90%，全县13个千人以上集中饮水点检测合格率93%。城镇居民可支配收入12652元，农民人均纯收入3032元，人口自然增长率从“十五”期末的8.7‰降到6.8‰。

四、“十二五”计划实施

2011—2015年，实施第十二个五年计划。“十二五”期间，全县地区生产总值从2010年的27.08亿元增加到2015年的60.1亿元，年均增长17.29%，人均GDP从9340元增加到23472元；全县财政一般公共预算收入从2.58亿元增加到8.01亿元，增长2.1倍；累计完成全社会固定资产投资340亿元，是“十一五”时期的5.65倍；社会消费品零售总额2015年比2010年增长1.4倍；全县三次产业结构调整优化为24:42:34；粮经比调整优化为47:53，农业总产值18.57亿元，年均增长9%；第二产业增加值从11.29亿元增加到25.29亿元，年均增长17.5%；第三产业增加值从11.47亿元增加到20.35亿元，年均增长12.15%；城镇化率由2010年的21%提升到2015年的29.76%，年均提高1.75个百分点。

第二节　经济发展统计

一、主要指标

地方生产总值　1998年，全县地方生产总值（2004年以前统称国内生产总值，后省及省以下地方改称地方生产总值，国家仍然称国内生产总值）2.9亿元，其中第一产业增加值1.35亿元，第二产业增加值0.87亿元，第三产业增加值0.68亿元。

2015年，全县地方生产总值60.1亿元，是1998年的20.72倍。其中第一产业增加值14.45亿元，是1998年的10.7倍；第二产业增加值25.3亿元，是1998年的29.08倍；第三产业增加值20.35亿元，是1998年的29.93倍。

1998—2015年普安县三次产业增加值变化情况表

表11-1-1　　单位：万元

年份	地方生产总值	第一产业	第二产业	其中：工业	第三产业
1998	29000	13500	8700	7120	6800
1999	31409	15100	8909	6809	7400
2000	32372	15045	9197	5502	8130
2001	37689	17286	10306	6706	10097
2002	43568	19930	12300	7818	11338
2003	53877	23635	16644	11544	13598
2004	70748	25724	23149	20671	21875
2005	88875	26275	37725	31775	24875
2006	107650	29086	47472	41216	31092
2007	125950	33020	55650	48570	37280
2008	151000	37850	65730	57200	47420
2009	211261	41949	83976	70920	85336
2010	270868	43228	112898	98498	114742
2011	337548	47857	158320	136900	131371
2012	357321	60130	173857	146457	123316
2013	427942	71089	212769	177377	144084
2014	504549	86715	232693	191567	185141
2015	601023	144511	252981	202533	203531

工业总产值　1998年，全县工业总产值1.84亿元。2015年，规模以上工业总产值（现价）64.78亿元，是1998年的35.21倍。

农林牧渔业总产值　1998年，全县农林牧渔业总产值2.08亿元。2015年22.26亿元，是1998年的9.71倍，年均增长15.27%。其中“十二五”期间年均增长13.70%。

财政收入 1998年，全县财政收入2252.7万元。其中“九五”期间年均增长27.73%，“十五”“十一五”“十二五”期间年均分别增长38.2%、28.22%、9.20%。2015年12.47亿元，比1998年增长54.34倍。

固定资产投资 1998年，全县固定资产投资8319万元，其中“九五”期间年平均增长11.6%。2000年起，普安县大力改善基础设施，路、城镇建设、水利、通信等建设并举，全县固定资产投资大幅上升，“十五”期间年平均增长11.12%，“十一五”期间年均增长13.2%，“十二五”期间年均增长20.11%。2015年73.80亿元，比1998年增长87.71倍。

社会消费品零售额 1998年，全县社会消费品零售额6139万元。“九五”期间年均增长15.5%，“十五”“十一五”“十二五”期间年均增长分别22.5%、24.8%、7.75%。2015年7.74亿元（不含石油和烟草），比1998年增加11.60倍。

1998—2015年普安县主要经济基础指标情况表

表11-1-2 单位：万元

年份	工业总产值		农林牧渔业总产值		社会消费品零售总额	财政总收入	财政总支出	固定资产投资
	总产值	增加值	总产值	增加值				
1998	18377	7120	20782	13500	6139	2253	6122	8319
1999	22356	6809	23237	15100	6227	2686	4363	8950
2000	23007	5502	23523	15045	6416	3265	7389	14370
2001	21633	6706	27946	17286	7047	4767	3581	13624
2002	24434	7818	31545	19930	7768	5932	4388	17057
2003	36952	11544	36155	22300	9858	5026	14827	22975
2004	47450	20671	40874	25722	14083	11425	8313	33083
2005	65797	31775	41890	26275	17720	16462	10209	28301
2006	70744	41216	46328	29086	21199	21043	11043	36918
2007	81880	48570	51774	33020	29903	26976	15331	13147
2008	122470	53574	55780	36250	34680	36128	53387	121600
2009	144110	70290	63671	41949	45500	46916	69443	131200
2010	194607	89498	69437	43228	53800	57051	89211	145690
2011	326407	136900	76708	47857	60500	75001	113583	210400
2012	485000	146457	892000	60130	73000	93080	137941	340000
2013	523400	188975	104729	71089	79000	120100	172838	451400
2014	567742	17710	147484	93715	63174	122360	209577	591300
2015	647794	24010	222572	144458	77370	124669	241855	737954

二、三次产业

第一产业 1998年，全县农业总产值2.08亿元，比1997年增长7.72%。“九五”期间年均增长10.9%，“十五”期间年均增长12.2%，“十一五”期间年均增长10.6%，“十二五”期间年均增长20.49%；2015年，全县农业总产值13.95亿元，比1998年增长5.71倍。

1998—2015年普安县农业总产值构成情况表

表11-1-3

年份	总产值（万元）	种植业		林业		畜牧业		渔业	
		产值（万元）	比重（%）	产值（万元）	比重（%）	产值（万元）	比重（%）	产值（万元）	比重（%）
1998	20782	13189	63.46	709	3.42	6869	33.05	15	0.07
1999	23237	14927	63.46	923	3.92	7365	32.53	21	0.09
2000	23523	15105	64.22	910	3.87	7468	31.75	40	1.6
2001	27946	17654	63.17	1083	3.88	1760	6.3	47	0.17
2002	31545	21240	67.33	1682	1.68	8554	27.12	69	0.22
2003	36160	22272	61.59	1939	5.36	10130	28.01	32	0.08
2004	40876	22907	56.04	4599	11.25	12774	31.25	52	0.13
2005	41343	24130	57.61	3592	8.58	13568	32.39	53	0.13
2006	46328	26877	58.02	2872	6.2	15885	34.29	77	0.17
2007	51774	31489	60.82	1196	2.31	18300	35.35	100	0.19
2008	55780	33674	60.37	3023	5.42	18256	32.73	77	0.14
2009	63671	40358	63.38	2024	3.18	20379	32.01	900	0.14
2010	69437	44493	64.1	1432	2.06	22522	32.44	165	0.23
2011	76708	39448	51.43	4766	6.21	31386	40.92	276	0.35
2012	93536	48960	52.34	9428	10.07	33836	36.17	480	0.51
2013	104729	68516	62.69	2423	2.22	36776	33.73	484	0.44
2014	147484	101312	68.69	2733	1.85	41248	27.97	511	0.35
2015	222572	139522.4	62.69	9400	4.22	66299.6	29.79	1075	0.48

第二产业 1998年，全县有工业企业21家，工业总产值1.84亿元，其中规模以上工业总产值1.23亿元，占全县工业总产值的66.83%，其中工业增加值7120万元。随着产业结构的调整，工业经济产业以煤炭、电力、水泥、碳化钙（电石）、建材等为主，其中煤炭工业发展较快，2008年煤炭产量355.2万吨，产值17.76亿元，税费占全县财政收入的85%左右。2010年，全县工业总产值22亿元，比2009年增长37.7%，工业增加值9.85亿元；其中规模以上工业总产值完成19.46亿元，比2009年增长35.04%。2013年，工业企业45家，总产值52.34亿元，其中工业增加值18.90亿元。工业总产值、增加值分别比1998年增加25.58倍、23.9倍，年均增长分别24.39%、23.9%。2014年，工业企业47家，总产值71.53亿元，其中工业增加值1.77亿元。工业总产值、增加值分别比1998年增加37.92倍、1.49倍，年均增长分别27.43%、2.7%。2015年，工业企业47家，总产值64.78亿元，其中工业增加值2.40亿元。工业总产值、增加值分别比1998年增加34.25倍、2.37倍，年均增长分别24.71%、5.54%。

第三产业 1998年，全县第三产业增加值6800万元，占全县地方生产总值比重23.45%。2013年，全县第三产业实现增加值14.41亿元，占全县增加值的33.66%，比1998年增加20.2倍，年均增长22.6%。其中交通运输、仓储和邮电业增加值1.53亿元，批零贸易餐饮增加值3.50亿元，金融保险业增加值1.53亿元；房地产业6518万元，居民服务和公共组织等行业增加值7.20亿元。2014年，全县第三产业实现增加值18.5亿元，占全县增加值的36.69%，比1998年增加27.2倍，年均增长24.63%。其中交通运输、仓储和邮电业增加值1.95亿元，批零住餐业增加值4.25亿元，金融保险业增加值1.84亿元；房地产业7481万元，其他行业增加值9.72亿元。2015年，全县第三产业实现增加值20.35亿元，占全县增加值的33.86%，比1998年增加29.93倍，年均增长23.67%。其中交通运输、仓储和邮电业增加值2.21亿元，批零住餐业增加值4.76亿元，金融保险业增加值2.23亿元；房地产业7763万元，其他行业增加值10.38亿元。

1998—2015年普安县第三产业增加值及其构成情况表

表11-1-4

年份	增加值（万元）	比重（%）	运输邮电仓储		批零贸易餐饮		房地产业		金融保险		其他服务业	
			增加值（万元）	比重（%）	增加值（万元）	比重（%）	增加值（万元）	比重（%）	增加值（万元）	比重（%）	增加值（万元）	比重（%）
1998	6800	23.45	1340	19.71	1715	25.22	881	12.95	-386	—	—	—
1999	7400	23.56	1360	18.38	1820	24.59	950	12.84	-230	—	—	—
2000	8130	25.11	1510	18.57	1664	20.47	7068	8.68	-235	—	2112	25.98
2001	10097	27.02	1551	15.36	1705	16.89	949	9.4	176	1.74	5716	56.61
2002	11338	26.02	1635	14.42	1784	15.73	969	8.55	598	5.27	6352	56.02
2003	13598	25.23	2229	16.39	2447	18	1154	8.48	682	5.02	7086	52.11
2004	21875	30.92	4031	18.43	3208	14.66	894	4.1	972	4.44	12770	58.33
2005	24875	27.99	4657	18.72	4171	16.78	932	37.49	2105	8.47	13010	52.3
2006	31092	28.88	5609	18.04	5554	17.86	961	3.1	2372	7.63	16596	53.38
2007	37280	29.6	4827	12.94	7362	19.74	1194	3.2	3214	8.62	20683	55.48
2008	47420	31.4	5213	11	8460	17.84	1270	2.68	3500	7.38	28977	61.11
2009	85336	40.39	11057	12.96	12958	15.18	4974	5.83	8978	10.52	47369	55.51
2010	114742	42.36	11821	10.3	20728	18.06	5364	4.67	9785	8.53	67044	58.43
2011	102856	35.07	10967	10.66	11811	11.48	5690	5.53	11083	10.77	63305	61.54
2012	123316	34.51	13140	10.66	13461	10.92	6106	4.95	13247	10.74	77362	62.73
2013	144084	33.66	15268	10.6	14858	10.31	6518	4.52	15265	10.59	92142	63.97
2014	185141	36.69	19542	10.56	42509	22.96	7481	4.04	18425	9.95	97184	52.49
2015	203531	33.86	22067	10.84	47605	23.39	7763	3.81	22343	10.98	103753	50.98

三、经济结构

1998年，经济结构以国有、集体经济为主，非公有制经济为辅，多种经济成分逐步形成，以第一产业为首，二、三产业分居二、三位。随着经济改革深入，非公有制经济和混合型经济蓬勃发展。2013年，民营企业增加值在整个经济中占一半，商业中民营经济超过六成的比例，第三产业增加值达14.44亿元，是第一产业的1.03倍，三次产业结构变为二、三、一。2014年，第二产业增加值达23.27亿元，是第一产业的2.68倍，三次产业结构变为二、三、一。2015年，第二产业增加值达25.3亿元，是第一产业的1.41倍，三次产业结构变为二、三、一。

1998年与2015年普安县三次产业结构比重情况表

表11-1-5

三次产业结构	绝对额（万元）		构成（以地方生产总值为100）（%）	
	1998年	2015年	1998年	2015年
地方生产总值	29000	601023	100	100
第一产业	13500	144511	46.60	24.04
第二产业	8700	252981	30.00	42.09
第三产业	6800	203531	23.40	33.86

（一）所有制结构

1998年，国有和集体经济在工业中占96.97%、商业中占83.52%、建筑业中占100%。2013年，国有和集体经济在工业、商业、建筑业中分别下降86.22%、69.46%、81.44%。1998年，民营经济占工业的0.03%、商业的16.48%。2013年，民营经济增加值15.90亿元，比重43.29%，民营经济在商业中所占比例跃升至68%；民营经济在房地产业中从无到有，稳步上升。2014年，国有和集体经济在工业、商业、中分别下降2.70%、2.68%，民营经济增加值16.21亿元，比重63.28%，民营经济在商业中所占比例跃升至97.32%；民营经济在房地产业中从无到有，稳步上升。2015年，国有和集体经济在工业、商业、中分别下降3.27%、3.18%；民营经济增加值17.07亿元，比重71.10%。民营经济在商业中所占比例跃升至96.82%。

1998年以后，普安县进一步明确利用外地资金发展经济的思路，投资的领域也逐步由工业向农业、建筑业、商业服务业拓展。同时，着力探索公有制经济的多种实现形式，主要有国有、集体企业之间的合作，与内资非国有、集体企业之间的合作，国有、集体企业与外资企业之间的合作，各地“产销”企业之间的合作，发起设立股份有限公司、股份合作制企业等。全县形成以外资企业为主的混合经济，且快速发展。

（二）产业结构

1998年，在全县三次产业增加值中，第一产业占46.6%，第二产业占30.0%，第三产业占23.4%。2013年，全县实现增加值42.79亿元，一、二、三产业增加值分别占全县增加值的16.61%、49.73%、33.66%，产业结构所占比重变为二、三、一的排序。2014年，全县实现增加值50.45亿元，一、二、三产业增加值分别占全县增加值的17.19%、46.12%、36.69%，产业结构所占比重变为二、三、一的排序。2015年，全县实现增加值60.10亿元，一、二、三产业增加值分别占全县增加值的24.04%、42.09%、33.86%，产业结构所占比重变为二、三、一的排序。

（三）投资结构

1998—2015年，全县全社会累计完成固定资产投资292.63亿元，年均增长30.5%。其中“九五”期间投资总量1.67亿元；“十五”期间随着沪昆高速公路等重大基础设施项目的建成，固定资产投资上升较快，投资总量12.94亿元，是“九五”时期的2.53倍；“十一五”期间，投资总量47.69亿元，是“十五”期间的2.68倍，“十二五”期间，投资总量52.76亿元，是“十一五”期间的1.11倍；2013年，全县全社会固定资产投资达45.14亿元，是1998年最低点8319万元的64.22倍。2014年，全县全社会固定资产投资达59.13亿元，是1998年最低点8319万元的71.08倍。2015年，全县全社会固定资产投资创历史最高点达73.80亿元，是1998年最低点8319万元的90.67倍。1998—2015年，国有单位累计投资159.70亿元。其中“九五”期间1.67亿元，年均增长22.22%；“十五”期间12.94亿元，年均增长8.17%；“十一五”期间47.69亿元，年均增长35.82%；“十二五”期间52.78亿元，年均增长6.43%。

第二章　计　划

第一节　管理机构

一、县发改局

1998年，普安县计划局（简称“县计划局”）内设行政股、区划股、计划信息股，编制7名。1999年5月，增设国家生态环境建设领导小组办公室、以工代赈办、信息站，增加事业编制5名。12月，增设西部大开发领导小组办公室，核定行政编制6名，内设综合规划组、农林生态组、经济社会组。2000年9月，县计划局区划股连人带编带职责划归县农业办公室。2001年6月，县计划局内设办公室、计划股、建设项目管理办公室、重点项目稽察办公室、以工代赈办公室、信息站，核定编制25名。2004年12月，计划局更名为发展和改革局（简称"县发改局"，加挂招商局牌子），内设办公室、综合股、国民经济发展规划股、经济体制改革办公室、以工代赈办公室、西部开发办公室。2010年9月，县物价局并入县发改局（挂县物价局牌子），核定机关行政编制13名、工勤编制6名，节能减排监察大队事业编制24名，内设办公室、监察室、发展规划股、招商股、外商投诉中心、地区经济股（以工代赈办公室）、西部开发办公室、农村经济股、产业发展股、环境资源股、社会发展股、固定资产投资股、建设项目管理股（县重点建设项目办公室）、重大项目稽查室、交通运输股、收费管理股、价格认证中心、煤炭价格调节基金管理股、价格监督检查股、节能减排监察大队（副科级事业单位，下设节能减排监察股、资源节约和环境保护股）。2011年4月，增设外商投资服务中心、价格举报中心2个股级事业单位，核定编制14名。2014年，县发展和改革局机关行政编制13名，工勤编制6名，节能减排监察大队事业编制24名，列入县级财政全额预算。2015年，发展和改革局内设办公室、铁路建设办公室（副科级）、固定资产投资股、交通运输股、产业发展股、国民经济综合股、西部开发办公室、环境资源股、财贸和服务业股、农村经济股、地区经济股、外商投资服务中心、价格认证中心、价格和收费管理股、价格举报中心、经济体制综合改革股、建设项目管理股、社会发展股、发展规划股。核定人员编制64名，其中行政编制13名、工勤编制7名、事业编制44名。有在职人员32名。

二、县投促局

2012年4月，设立正科级事业单位的普安县投资促进局（简称"县投促局"），隶属发改局，内设站股级的办公室、招商股、项目股、督查室、利用外资代办服务中心。核定人员编制13名，其中事业编制12名（管理人员），工勤编制1名。2015年，有在职人员6名。

第二节 计划编制

一、"十五"计划

"十五"计划（2001—2005年）编制的指导思想是：抢抓国家实施西部大开发战略和实行积极财政政策的机遇，坚持科学兴县，开放带动可持续发展战略；继续强化以交通、水利为重点的基础设施建设和退耕还林还草为重点的生态环境建设；积极调整产业结构和培育新的经济增长点，突出优势产业和特色经济的发展；以农业增收和维护社会稳定为目标，抓好农业和农村经济；加快国有经济战略性调整，扩大国有企业改革成果；大力发展乡镇企业和非公有制经济；加强城镇建设管理。坚持"两个文明"一起抓，进一步加强党风廉政建设和民主法制建设，坚持不懈地开展反腐败斗争，推进依法治县，正确处理改革、发展、稳定的关系，促进国民经济持续快速健康发展和社会全面进步。确定"十五"期末国内生产总值完成8.89亿元，全县生产总值年均递增18%，工农业总产值（现价）完成10.85亿元，财政总收入1.65亿元，农民人均纯收入达1688元，全县总人口控制在29.70万人以内。

二、"十一五"规划

"十一五"规划（2006—2010年）确定地区生产总值达27.09亿元，工农业总产值达28.95亿元，财政总收入完成5.07亿元，农民人均纯收入达3032元，煤炭产量达355万吨。

三、"十二五"规划

"十二五"规划（2011—2015年）编制的指导思想是：紧抓新一轮西部大开发的有利契机，充分利用交通大通道优势，以加快经济发展方式转变为主线，努力推进工业化、农业产业化水平提升，使全县经济以高于以往历史时期、高于贵州省平均水平、高于全州平均水平的速度发展，推动经济总量登上新台阶。围绕“两中心、一市场、四大门户”的建设，加快推进城镇化进程，积极推进水利、交通等基础设施建设，加快社会事业发展，提高人民生活水平，改善生态环境，实现社会经济又好又快发展，推动全面小康社会的实现。计划实现地区生产总值年均增长24.19%以上。2015年实现地区生产总值80亿元，力争超过90亿元，努力突破100亿元。其中第一产业年均增长9.19%，产值达7亿元；第二产业增长37.72%以上，产值达55亿元；第三产业增长9.43%，产值达18亿元；实现人均GDP翻两番，达3500美元以上。财政总收入年均增长24.82%，达17.3亿元；全社会固定资产投资年均增长35%，累计达200亿元；社会消费品零售总额年均增长15.38%，达11亿元以上。

第三节 重点项目工程

一、固定资产投资管理

1998—2015年，通过每年编制并分批下达固定资产投资计划、审批投资项目，加强固定资产投资管理，贯彻落实国家对固定资产投资的宏观调控要求，确保县重点项目、重点区域的投资，平衡经济和社会事业投资并使之协调发展，对经营性项目投资试行投资体制改革，按照国家有关规定，简化审批手续。

1998—2015年普安县固定资产投资情况表

表11-2-1　　单位：万元

年份	完成情况	年份	完成情况	年份	完成情况
1998	5206	2004	39240	2010	145040
1999	7030	2005	53920	2011	252042
2000	9495	2006	95000	2012	410014
2001	12920	2007	106000	2013	750070
2002	17540	2008	121179	2014	591300
2003	28512	2009	131200	2015	800000

二、石漠化综合治理

2008—2010年，普安县启动实施汪家河、石古河、泥堡河、地泗河4条流域的石漠化综合治理试点工程，共治理岩溶面积111.96平方千米，治理石漠化面积47.02平方千米，工程总投资2449.85万元，其中中央资金2200万元，地方配套249.85万元。2011—2013年，正式对地泗河、阿郎河、老苏河流域的石漠化综合治理工程，共治理岩溶面积114.47平方千米，治理石漠化面积44.62平方千米，工程总投资2310万元，其中中央资金2100万元，地方配套210万元。2014年，治理高棉乡、江西坡镇封山育林1069.41公顷；人工造林251.32公顷；建设棚圈2000平方米，青贮窖500立方米，饲草机械4台；机耕道9.60千米，作业便道4.1千米，修建引水渠1.7千米，排洪渠1.85千米，蓄水池10口，沉砂池4口。总投资770万元，其中中央资金700万元，州级资金35万元，县级资金35万元。2015年，治理罗汉镇封山育林670.60公顷；人工造林540.53公顷；人工种草5.53公顷，改良草地33.87公顷，建设棚圈3957平方米，青贮窖214立方米；机耕道6.26千米，作业便道1.76千米。总投资770万元，其中中央资金700万元，州级资金35万元，县级资金35万元。

2008—2015年普安县石漠化综合治理情况表

表11-2-2

年份	治理区域	治理面积（平方千米）	建设内容	总投资（万元）	其中（万元）	
					中央资金	地方匹配
2008	龙吟镇石古河流域，覆盖龙吟镇吟塘、红旗、石古、文毕4个行政村（社区），辖区人口8842人	11.08	封山育林541.33公顷，人工种草566.67公顷，围栏封育68.87千米，棚圈2550平方米，饲草机械34台，蓄水池180口，沉砂池180个，谷坊28座	469.8	400	69.8
2009	楼下镇泥堡河流域，覆盖楼下镇纸厂、水箐、堵嘎、中岭、泥堡、赵屯、羊屯、坡脚、摆布、松林10个行政村，辖区人口1.39万人	16.86	封山育林390.01公顷，人工造林585.32公顷，人工种草676.08公顷，围栏13.96千米，棚圈1.2万平方米，饲草机械26台，坡改梯14.3公顷，作业便道0.7千米，引水渠5.83千米，排涝渠2千米，拦沙坝1座，蓄水池78口，沉砂池78个，谷坊6座	880.84	800	80.84
2010	龙吟镇、窝沿乡、高棉乡、江西坡镇、地瓜镇、盘水镇，涉及石古河、汪家河、地泗河流域	19.43	封山育林373.63公顷，人工造林1021.94公顷，人工种草547.88公顷，棚圈1.2万平方米，引水渠7.89千米，拦山沟2.96千米，蓄水池13口，沉砂池13个	1100.01	1000	100.01
2011	江西坡镇、高棉乡、窝沿乡地泗河流域，项目覆盖7个行政村，辖区人口1.31万人	16.15	封山育林353.42公顷，人工造林1187.51公顷，人工种草73.76公顷，棚圈240平方米，引水渠7.86千米，拦山沟0.52千米，蓄水池1口，沉砂池1个	880	800	80
2012	罐子窑镇、白沙乡阿郎河和老苏河流域，项目覆盖9个行政村，辖区人口1.46万人	12.19	封山育林862.22公顷，人工造林356.59公顷，棚圈1522.5平方米，饲草机械3台，引水渠3.9千米，排洪渠1.4千米，排涝渠0.45千米，蓄水池4口，沉砂池4个	660	600	60
2013	白沙乡、罐子窑镇老苏河流域，项目覆盖7个行政村，辖区人口1.35万人	16.28	封山育林1299.22公顷，人工造林294.32公顷，人工种草34.45公顷，改良草地84.53公顷，棚圈1155平方米，青贮窖350立方米，饲草机械23台，田间生产道路9.26千米，维修排涝渠0.20千米，引水渠2.29千米，拦山沟0.52千米，蓄水池20口，沉砂池20个，截水沟0.60千米	770	700	70
2014	高棉乡、江西坡镇	—	封山育林1069.41公顷；人工造林251.32公顷；建设棚圈2000平方米，青贮窖500立方米，饲草机械4台；机耕道9.60千米，作业便道4.1千米，修建引水渠1.7千米，排洪渠1.85千米，蓄水池10口，沉砂池4口	770	700	70
2015	罗汉镇	—	封山育林670.60公顷；人工造林540.53公顷；人工种草5.53公顷，改良草地33.87公顷，建设棚圈3957平方米，青贮窖214立方米；机耕道6.26千米，作业便道1.76千米	770	700	70

三、以工代赈项目

1998—2015年，组织实施乡村公路、人畜饮水、坡改梯治理、河堤治理、小流域治理等以工代赈项目269个，总投资1.78亿元，其中以工代赈资金1.13亿元，省财政配套676万元，省交通配套134万元，省水利配套102万元，煤炭价格调节基金185万元，中央预算内资金150万元，生态移民基础建设资金（省级配套）270万元，省级基本建设245万元，地方自筹4734.35万元。2014年，以工代赈涉及项目8个，总投资1186万元，其中以工代赈资金1060万元，地方自筹126万元。2015年，以工代赈涉及项目10个，总投资712万元，其中以工代赈资金560万元，地方自筹152万元。

1998—2015年普安县以工代赈项目情况表

表11-2-3　　单位：万元

年份	总投资	以工代赈资金	省级财政配套	省交通配套	省水利配套	地方自筹	备　注
1998	1059	536	69	4	14	436	
1999	1687	535	61	40	19	1032	
2000	1426.72	841.72	82	—	13	490	
2001	1199	670	49	40	13	427	
2002	666	524	25	20	12	85	
2003	607	367	25	—	15	200	
2004	1645	736	28	—	6	875	
2005	1164.14	982	30	—	—	152.14	
2006	815	586	65	—	—	164	
2007	1068	766	40	10	10	242	
2008	737	535	47	20	—	135	
2009	206	206	—	—	—	—	
2010	721	408	55	—	—	73	煤调基金185
2011	630	510	100	—	—	20	
2012	884	884	—	—	—	—	
2013	1356.21	566	—	—	—	125.21	中央预算内资金150万元，生态移民基础建设资金（省级配套）270万元，省级基本建设资金245万元
2014	1186	1060	—	—	—	126	
2015	712	560	—	—	—	152	
合计	17769.07	11272.72	676	134	102	4734.35	

四、生态移民工程（易地扶贫搬迁）

2001—2015年，普安县共实施生态移民搬迁安置点44个，安置移民2603户1.23万人，项目概算总投资2.49亿元，其中国家专项资金7007.8万元，省财政配套资金2525.6万元，州、县及其他部门筹措4405.84万元，其他资金1.09亿元。2014年，易地扶贫搬迁项目涉及青山镇百合小区1个安置点，总投资5542.68万元，其中中央预算内资金684万元，省级配套资金798万元，其他资金4060.68万元。安置移民232户1140人。2015年，易地扶贫搬迁项目涉及龙吟镇和新店镇2个安置点，总投资7626.75万元，其中中央预算内资金682.2万元，省级配套资金795.9万元，其他资金6148.65万元。安置移民261户1137人。

2001—2015年普安县生态移民工程（易地扶贫搬迁）情况表

表11-2-4

年份	移民安置点	总投资（万元）	其中（万元）				移民（户/人）
			国家专项资金	省级财政配套	州县及部门筹措	其他	
2001	龙吟、楼下（2个）	483	370	15	98	—	150/760
2002	楼下、龙吟、高棉、三板桥	563.6	400	14	149.6	—	180/887
2003	楼下、白沙、高棉、窝沿、江西坡	741	500	19	222	—	220/1083
2004	盘水、青山、雪浦（2个）	308.9	200	48	60.9	—	178/842
2005	新店	72.29	—	50	22.29	—	53/246
2006	楼下、新店、罗汉、地瓜、青山、白沙	376.2	280	12.6	83.6	—	196/936
2007	新店、雪浦、罗汉（2个）、地瓜	343	250	65	28	—	157/652
2008	江西坡、窝沿、罐子窑、白沙	398	300	5	93	—	131/600
2010	江西坡、罐子窑、三板桥、新店	430	300	—	130	—	127/600
2011	江西坡、罗汉	175	125	—	50	—	57/250
2012	窝沿、江西坡	2979.78	858.6	703.1	770.5	647.58	285/1431
2013	楼下	4755.95	2058	—	2697.95	—	376/1715
2014	青山百合小区	5542.68	684	798	—	4060.68	232/1140
2015	龙吟镇、新店镇	7626.75	682.2	795.9	—	6148.65	261/1137
合计		24869.43	7007.8	2525.6	4405.84	10856.91	2603/12279

说明：2009年，未实施该项工程；2013年，国家专项资金2058万元（含省级财政配套资金、其他资金）

五、节能减排

2010年，成立节能减排监察大队开展节能减排工作，制定《普安县“十二五”节能工作目标计划》。2011—2013年，开展节能监察7次，审查固定资产投资项目节能278个，完成老旧黄标车淘汰24辆。开展节能减排监察能力建设项目上报审批，争取中央资金补助148万元。推广使用节能灯6142只，完成中央财政资金奖补1.87万元。完成莲花岩水泥厂窑式生产线的淘汰任务。2013年，全年生产总值完成43亿元，综合能源消耗30.04万吨标准煤，与2012年同比增长16%，其中第一产业完成增加值7.12亿元，能耗控制在6.39万吨标准煤，同比增长13%；第二产业完成增加值21.28亿元，能耗控制在16.61万吨标准煤，同比增长20%；第三产业完成增加值1.44亿元，能耗控制在7.07万吨标准煤，同比增长23%。全县万元GDP综合能耗控制在0.7吨标准煤，同比下降3.84%；规模以上工业能耗14.64万吨标准煤，同比增长15%。万元工业增加值能耗0.79吨标准煤，同比下降8.28%。县城污水处理厂进水量为92万吨，COD浓度差控制在155毫克/升，全县COD排放总量控制在1753.46吨，同比削减141.05吨；氨氮浓度差控制在30.42毫克/升，全县氨氮排放总量控制在177.45吨，同比削减27.3吨；全县二氧化硫排放总量控制在1383.34吨，同比削减15.4吨；全县氮氧化物排放总量控制在99吨，同比削减8吨。2014年，淘汰黄标车317辆，其中67辆为公务车。建立水污染防治联席会议制度，制定下发水污染防治实施方案。开展县城集中式饮用水水源环境状况评估，水源地水质达标率100%、水源地环境达标率

60%、水源地综合达标率97%。严格国家能耗、主要污染物排放总量控制的要求，万元GDP能耗控制在省、州下达指标范围内。2015年，单位地区生产总值能耗为1.54吨标准煤，同比2014年下降3.1%，完成州下达普安县单位地区生产总值能耗下降3.1%的任务。2015年，单位工业增加值能耗为0.40吨标准煤，下降35%，完成州下达普安县单位工业增加值能耗下降4.2%的任务。

第四节　投资促进

一、项目库建设

2012年，立足资源、立足产业规划建立完善项目库。通过工商联合会、行业商会、贵州商会等机构，组织和收集普安籍在外地投资企业家信息，建立甄别项目、联络客商信息库。充实和完善县人民政府网站“招商引资”板块，修改完善《普安投资指南》，筛选编制招商引资项目21个（其中第一产业3个，第二产业12个，第三产业6个），总投资352.97亿元。2013年，筛选、编制、新增招商引资项目23个（其中第一产业11个，第二产业3个，第三产业9个），总投资105.29亿元。2014年，成立全县扩大招商引资工作领导小组，对全县招商引资组织领导和积极开展协调服务，继续编制、新增招商引资项目29个（其第中一产业9个，第二产业10个，第三产业10个），总投资77.34亿元。2015年，加强项目跟踪服务，编制、新增招商引资项目35个（其中第一产业12个，第二产业12个，第三产业11个）总投资95.95亿元。

2012—2015年普安县招商引资项目库建设情况表

表11-2-5　　单位：亿元

类别	年份	项目名称	项目总投资
第一产业	2012	普安银鲫水产种质资源保护区建设项目	1.13
		普安“四球茶”产业产品研发项目	3.5
		普安县竹工艺品开发项目	0.5
	2013	普安县江西坡省级现代农业示范园区建设	3.26
		贵州省普安县高白罐州级现代高效核桃产业示范园区建设	2.83
		普安“四球茶”产业产品研发	0.83
		普安县盘水现代高效农业示范园区建设	2.02
		普安县“青山百合”种植与加工	0.18
		普安县天麻开发项目	0.2
		普安县果蔬生态循环经济示范园开发项目	0.5
		普安县黄牛、黑山羊养殖开发项目	0.5
		普安县楼下磨舍、龙吟泡木山万亩草场开发利用项目	1.27
		普安县江西坡万头生猪养殖	0.8
		普安县薄壳核桃种植及加工	1
	2014	“普安红”生态茶产业园项目	5.0175
		普安县江西坡果蔬生态循环经济示范园开发项目	1.5
		普安县江西坡轻工业聚集区精品水果保鲜及深加工项目	0.3
		普安县茶叶苗圃基地建设项目	0.1

续表 11-2-5

类别	年份	项目名称	项目总投资
第一产业	2014	普安县楼下镇油茶种植加工项目	0.1
		普安县绿壳蛋鸡养殖项目	0.1
		普安县青山镇中药材种植投资项目	0.2
		普安县绿茶开发项目	1
		普安县种兔场建设项目	1.2
	2015	普安县刺梨种植基地建设项目	0.3
		普安县古茶主培室建设项目	0.5
		普安县金银花产业化种植基地建设项目	0.5
		普安县林下生态鸡养殖项目	0.35
		普安县盘水街道红星村生态观光茶园建设项目	0.5
		普安县“普白珍稀”原生态天麻产品产业园建设项目	2.5
		普安县青钱柳种植精准扶贫示范基地建设项目	2.3
		普安县薏仁米种植基地建设项目	0.4
		普安县白及种植精准扶贫示范带动基地建设项目	5.25
		普安县油菜种植基地建设项目	0.5
		普安县黑山羊养殖开发项目	0.5
		普安县万头养牛场建设项目	1.80
第二产业	2012	普安“龙溪石砚”石艺产业研发项目	0.5
		普安县年产60万吨煤制甲醇项目	31
		普安县甲醇制丙烯（MTP）项目	180
		普安县年产360万吨洗选煤厂项目	3.6
		安县年产200万吨水泥厂（粉末站）项目	5
		普安县免烧砖生产项目	0.5
		普安县石墨生产项目	0.8
		普安县年产20万吨醋酸项目	22
		普安县煤矸石电厂项目	49
		普安县五嘎冲水库建设项目	7.84
		普安县电石生产项目	21
		普安县地热资源开发项目	1
	2013	普安县茶叶发酵酒项目	0.15
		普安县年产75万方商品混凝土项目	0.6
		普安县石材开采、加工项目	1.2
	2014	普安县江西坡镇民族服装加工项目	0.3
		普安“龙溪石砚”石艺产业研发项目	0.5
		普安县2万立方米人造板加工项目	0.33

续表 11-2-5

类别	年份	项目名称	项目总投资
第二产业	2014	普安县茶多酚及茶饮料研发生产项目	1.5
		普安县电石生产项目	21
		普安县兔毛纺织加工项目	0.5
		普安县核桃油（乳）开发加工项目	1
		普安县江西坡轻工业聚集区茶具生产项目	0.2
		普安县老年电子产品生产项目	3
		普安县江西坡轻工业聚集区塑料制品加工项目	0.1
	2015	普安县绿茶精制加工厂建设项目	1.5
		普安县年产5亿条电子耳塞项目	1
		普安县年产1000吨优质兔肉深加工新建项目	0.3
		普安县年产300万条子午线轮胎项目	10
		普安县烟花爆竹厂建设项目	0.5
		普安县啤酒生产线建设项目	2
		普安县瓦楞纸板（箱）包装生产项目	3
		普安县合成氨、尿素项目	7
		普安县石墨开发项目	1.8
		普安县石材加工项目	0.5
		普安县新型乙炔生产项目	2
		普安县新型节能照明LED产品项目	1.5
第三产业	2012	普安县夜郎文化主题开发项目	10
		普安旅游开发项目	0.8
		普安县青山镇古镇开发项目	10
		普安县城星级宾馆建设项目	3
		普安县楼下镇星级宾馆建设项目	0.3
		普安县星级宾馆建设	1.5
	2013	普安县仓储物流中心	1
		普安县东方新城城市综合体开发项目	3.6
		普安县青山镇百合片区城市综合体开发项目	1
		普安县城五星级宾馆建设项目	1
		普安县城市出租车客运项目	0.5
		普安县铜鼓山夜郎军事旅游区项目	75.85
		普安县文化影视传媒项目	1
		普安县温泉度假旅游开发项目	1
		普安县龙吟镇“中国苗族第一镇”原生态文化旅游开发	5

续表 11-2-5

类别	年份	项目名称	项目总投资
第三产业	2014	“中国苗族第一镇”龙吟原生态文化旅游开发项目	5
		普安县“四季花海”旅游综合体项目	5.14
		普安县江西坡布依风情园项目	4
		普安县江西坡镇茶文化生态旅游休闲度假景区建设项目	4.5
		普安县南湖街道三板桥文旅小镇开发项目	10.95
		普安县普白省级森林公园旅游服务业开发项目	1.5
		普安县茶文化生态旅游度假区开发项目	0.8
		普安县县城生态主题公园建设项目	1.5
		高棉乡小城镇开发项目	0.5
		普安县进出口贸易及仓储物流基地建设项目	5.5
	2015	普安县江西坡仓储物流中心项目	1
		普安县青山物流中心项目	1
		普安县机动车辆维修中心项目	0.25
		普安县疗养院开发建设项目	1
		普安县江西坡镇茶地网络租赁电商项目	0.3
		普安县江西坡工业园区12年制学校新建项目	0.5
		普安县楼下镇幼儿园新建项目	0.1
		普安县青山镇幼儿园新建项目	0.5
		普安县南湖街道实验学校项目	1.6
		普安县骨科医院建设项目	1.2
		普安县城城西新区开发建设项目	42

二、投资环境建设

（一）服务环境

制定《中共普安县委　普安县人民政府关于进一步扩大开放，强力推进招商引资工作的实施意见》，根据《贵州省优化投资环境考评暂行办法》，对14个乡镇、县直112个单位（部门）实行半年、年终和随机考评，根据《贵州省招商引资项目代办服务暂行办法》的规定成立利用外资和招商引资项目代办服务中心，实行以“一站式”服务为核心的政府公共服务平台，集中办理行政审批事项，全面推行“服务承诺制”和“限时办结制”，畅通政务服务“绿色通道”。项目相关手续实行“代办制”，县级办理或审批的由业主提供资料，县相关部门负责限时办理完成；需省（含省级）、州办理相关手续的，业主提供资料，由县级对口业务部门指定专人负责协助办理。实行投资项目跟踪服务制度，凡投资新建的企业，实行领导和部门跟踪联系制度，帮助企业协调解决生产经营中的困难和问题。实行投资企业“零干扰”制度，除县委、县政府和上级安排的相关检查外，一律不得搞拉网式检查、突击检查、交叉检查、重复检查，更不能借检查之名乱收费。不准搞任何形式的参观、评比、达标活动。建立上下联动制度、联席会议制度、公开公示制度和服务质量评价制度，优化投资环境，简化办事程序，提高行政效率，加快构建简洁、高效、规范的招商引资行政审批服务平台。

（二）政策环境

土地优惠政策 对符合国家产业政策和新建外来投资项目优先安排和保证建设用地，可通过出让、租赁、入股、划拨等方式获得。投资企业以出让方式取得国有土地使用权，一次性缴纳土地出让金有困难的，可以通过约定，在5年内分期缴纳，其首期付款不得低于征地价款。固定资产一次性投资强度在3000万元／公顷及以上的工业企业、高新产业、农业综合开发、社会公益事业等项目，其土地出让金县级留存部分由县财政用于补助扶持企业基础设施建设。固定资产一次性投资强度在6000万元／公顷及以上、年纳税3亿元及以上、吸纳当地就业3000人及以上的工业企业、高新产业，实行零地价政策（零地价指：除支付农民的土地转让金和上缴省级财政的税金外，县、乡、村不再收取投资者任何费用）。符合《划拨用地目录》的，可采取划拨方式提供；以出让方式取得土地使用权的，其出让金和土地有偿使用费，政府将用于补助外来投资企业厂外基础设施建设。

财政扶持政策 由县级财政预算每年安排不少于1000万元设立普安县招商引资发展基金（工业企业发展基金）。综合运用贴息、补助、激励等方式，重点扶持城镇就业、农副产品加工、科技创新、资源节约等生产经营型企业。凡投资建设的各类耗煤工业企业，煤炭价格调节基金实行先征后返，由县财政全额返还反哺企业发展。外来投资者投资修建标准厂房，总建筑面积在1万平方米以上的视同工业项目对待，自首次出租经营起5年内缴纳的营业税县级留存部分，按50%的比例由县财政补助给企业用于扩大再生产（经营）。在工业园区兴建标准厂房可实行零风险机制，在园区购地建设对外租赁经营的，钢结构厂房5元／月·平方米、砖混结构6元／月·平方米价格保底，租赁收入个人所得税由政府实行先征后奖。标准厂房竣工后可交付使用时，在保底价格情况下，1年内未实现对外租赁经营的，由园区管理机构按照保底价格予以返租。固定资产一次性投资额500万元以上的新建工业企业，经营期在10年以上的，自纳税之日起按照企业缴纳的增值税和企业所得税县级留存部分的一定比例，以企业科技研发补助或中小企业成长补助的形式反哺企业发展。在工业园区落户的工业企业投产后，5年内按企业用地面积实现税收情况给予奖励。在产业园区规划范围内投资建设的工业企业项目、单独选址新建固定资产投资达2亿元以上的项目，水、电、路、通信设施等由地方政府负责实施到红线边沿。

税收优惠政策 对符合条件的小型微利企业，减按20%的税率征收企业所得税。国家重点扶持的高新技术企业，减按15%的税率征收企业所得税。企业综合利用资源，生产符合国家产业政策规定的产品所取得的收入，可以在计算应纳税所得额时减计收入。对企业购置用于环境保护、节能节水、安全生产等专用设备的投资额，可以按一定比例实行税额抵免。对外来投资者投资从事国家重点扶持的公共基础设施项目投资经营的所得，自纳税之日起，第一年至第三年免征企业所得税，第四年至第六年减半征收企业所得税。

规费优惠政策 对外来投资新建项目办理相关手续时，县级行政事业性收费一律免收，代国家、省、州有关部门收取的部分，按最低标准执行。外来投资新办企业必须收费项目，除国家、省、州有明确规定的外，均按最低标准征收。经营服务性收费，按物价部门核准的最低标准执行。

保障措施 固定资产一次性投资在5000万元及以上的新建项目，当地拥有的生产所需原材料由地方政府优先配置。外来投资者及其家属的户口自愿迁入或者迁出投资所在地，其家属就业及子女入学、入园等方面与当地居民享有同等的权利。为鼓励投资人捐资办学，捐资数额较大的投资人，可以申请以个人名义设立奖学金、奖励基金。对外来投资企业的供水、供电、供气、通信及其他收费，实行与县内企业同等价格；对在普安县投资的外商常住人员及其配偶、子女，持有效证件在普安县范围内的就医、旅游服务、购买商品房等方面，一律享受当地居民的同等待遇。

（三）法治环境

开展各种严打专项整治活动，加强社会治安综合治理，严厉打击各类刑事犯罪，维护社会稳定，改善社会治安环境，使外来客商能安心在普安投资兴业。公安政法部门对企业实行“治安承诺制”，依法保护投资者合法权益，为投资者和企业保驾护航，保障其正常生产经营秩序和人身财产安全。实行投资企业投诉协调工作机制，投资者对政府工作部门及工作人员的服务质量、工作作风、收费等方面不满意或合法权益受到侵犯时，可向县侵权投诉中心（县纪委）投诉，由县侵权投诉中心给予负责任的答复。

三、招商引资成效

2012年，引进项目7个，引资额25.32亿元，实际到位资金25.77亿元，其中引进省外、境外、国外到位资金17.64亿元。2013年，引进项目32个，引资额18.66亿元，实际到位资金66.62亿元，其中省外、境外、国外到位资金47.36亿元。2014年，引进项目27个，引进资金40.77亿元，实际到位资金69.94亿元，其中引进省外、境外、国外到位资金60.56亿元。2015年，引进项目41个，引进资金58.11亿元，实际到位资金40.58亿元。

2012—2015年普安县招商引资项目情况表

表11-2-6　　单位：亿元

序号	年份	项目名称	项目总投资
1	2012	普安县金金石材加工厂项目	1.25
2		普安县乡村农副产品开发有限公司普安县农副产品深加工项目	1.12
3		中国三峡新能源公司普安风电场项目	12
4		香港运达时（集团）有限公司普安县黔海石材加工项目	1.2
5		贵州省普安县金鹿扶贫开发有限公司、贵州枫情旅游发展有限公司贵州枫情园（特种养殖示范基地）项目	1.25
6		贵州省普安县金州绿河酒厂建设项目	1
7		贵州龙源风力发电有限公司普安县风力发电（一期）项目	7.5
8	2013	普安县口天公司农业示范园区项目	1.1
9		普安县东方新城城市综合体项目	2
10		普安县萤石矿开发项目	1
11		普安县才华手袋厂建设项目	1
12		普安县腐殖酸有机复合肥生产项目	1
13		普安县芭蕉芋开发项目	1
14		普安县资轻松天然食品核桃深加工项目	0.6
15		普安县宏瑞机动车监测站项目	0.075
16		普安县现代生态农（牧）业规模生猪养殖基地建设项目	1.1
17		普安县商品混凝土生产线项目	1
18		普安县恒发煤矸石烧结砖厂建设项目	0.2
19		普安县玉山石材开发项目	0.3
20		普安县俊安农业开发建设项目	0.3
21		普安县还原铅加工生产项目	1

续表12-2-6

序号	年份	项目名称	项目总投资
22	2013	普安县生态大闸蟹系列产品开发项目	0.1
23		普安县恒峰石材加工项目	0.5
24		普安县经贸片区旧城改造项目（一期）	2
25		普安县金源石材加工项目	0.5
26		普安县普杰杜泊羊良种繁育场建设项目	0.1
27		普安县贵龙石材开发项目	1.1
28		普安县乌天麻种植项目	0.2
29		普安县马鞍山农业生态园项目	0.15
30		普安县拓源小额贷款公司技术项目	0.2
31		普安县凤凰翅茶叶加工厂建设项目	0.05
32		普安县富洪茶叶加工厂建设项目	0.08
33		普安县深山山泉饮用水厂建设项目	0.2
34		普安县凯飞木业生产加工项目	0.1
35		普安县龙凤合魔芋加工厂建设项目	0.2
36		普安黔城医院建设项目	0.8
37		普安县雪浦平安医院建设项目	0.3
38		普安县青山五月天池纯净水厂建设项目	0.1
39		普安县装潢中空玻璃建设项目	0.3
40	2014	普安县广丰石材加工项目	0.35
41		普安县万盛石材加工项目	0.3
42		普安县青山镇文达实验学校建设项目	0.8
43		普安县雪浦乡三和学校建设项目	1
44		普安县黔海石材加工建设项目	2
45		普安县华源棉纺厂建设项目	0.3
46		普安县海联布鞋厂	1
47		普安县中药材（三七）产业基地建设项目	0.35
48		普安县经贸片区旧城（棚户区）改造（二期）建设项目	8
49		普安县普天大道文笔风景商业住宅综合开发项目	4.2
50		普安县云峰石材开发加工项目	1.2
51		普安县中药材种植项目	0.6
52		普安县顺兴阳光新城商业住宅综合开发项目	8.1
53		普安大酒店建设项目	1.2
54		普安县海丰针织服装有限公司建设项目	0.3
55		普安县珍稀药材工厂化生产基地建设项目	1.6
56		普安县夜郎水饮品开发建设项目	0.4

续表 12-2-6

序号	年份	项目名称	项目总投资
57	2014	普安县万象生态农业综合开发有限公司建设项目	0.5
58		普安县黑山羊纯种繁殖场建设项目	0.55
59		普安县云泉种养殖投资有限责任公司建设项目	0.5
60		普安县高棉乡泽龙水电站建设项目	0.7
61		普安县华泰农牧科技发展有限公司建设项目	0.8
62		普安县华熙制品建设项目	1
63		贵州普安鑫昌塑料制品制造项目	1.62
64		普安县心理康复及休闲养生项目	1.1
65		普安县黔盛石材开发加工建设项目	1.5
66		普安县贵石矿业有限公司建设项目	0.8
67	2015	普安县红祥生态养殖场建设项目	0.7
68		普安县金铁锁规范化种植示范基地建设项目	0.8
69		普安县沙坝坪养羊场建设项目	0.55
70		普安县生态袋料香菇种植加工建设项目	0.75
71		普安县磨舍光伏项目（一期）	2.6
72		普安县荣发新型墙体建材建设项目	0.6
73		普安县旺旺肉羊养殖建设项目	1.2
74		普安县惠民医院建设项目	0.6
75		普安县红岩肉羊养殖建设项目	0.65
76		普安县全友大酒店建设项目	0.6
77		普安县隆吉养殖场建设项目	0.58
78		普安县顺兴阳光新城商业住宅综合开发项目（三期）	3.6
79		普安县草颗粒加工厂建设项目	0.634
80		普安县宏达机动车驾驶培训学校建设项目	0.42
81		普安县桂君机动车摩托车驾驶培训学校建设项目	0.4
82		普安县魔芋产业化发展建设项目	0.42
83		普安县昌鸿佳长毛兔养殖建设项目	0.6
84		普安县大地牧歌种养殖场建设项目	1.2
85		普安县劳动街献达购物中心建设项目	0.6
86		普安县建设现代生态农（牧）业规模生猪产业基地项目（二期）	1.5
87		普安县黔诚商品混凝土生产线（50万立方米／年）建设项目	0.8
88		普安县兴安农业生态养殖建设项目	0.45
89		普安县金州优福养殖场建设项目	0.42
90		普安县福安医疗发展有限公司专科医院建设项目	3.2
91		普安县中药材产业基地建设项目	4.2

续表12-2-6

序号	年份	项目名称	项目总投资
92	2015	普安县横冲梁子风电场项目	9.8
93		普安县富民养殖场建设项目	0.5
94		普安县鼎鑫石雕民族工艺厂建设项目	0.55
95		普安县新兴医院建设项目	0.35
96		贵州普安县金山石业有限责任公司建设项目	1.5
97		普安县黔顺驾驶培训、汽车修理培训基地建设项目	0.39
98		普安县时代庄园发展畜牧、农、林、生态旅游建设项目	1.2
99		普安县地瓜镇266.67公顷工业原料林竹柳种植建设项目	0.83
100		普安县年产5000吨六合高粱酒扩建项目	1
101		普安县海兴生态肉羊养殖建设项目	0.8
102		普安县普天大道“文笔峰景”商业住宅综合开发项目（二期）	3.4
103		普安县青山民族大酒店建设项目	0.6
104		普安县顺兴阳光新城商业住宅综合开发项目（二期）	6.5
105		普安县鼎正工艺品雕刻建设项目	0.32
106		普安县中药材种植及加工建设项目	0.8
107		普安县香菇产业化种植基地建设项目	1.5

第三章　统　计

第一节　管理机构

一、县统计局

1998年，普安县统计局（简称“县统计局”）内设办公室、业务股2个行政股室，核定行政编制6名，行政工勤编制2名。2011年4月，在县统计局设置普查中心、民意调查中心2个事业股室，核定编制6名。2012年2月，在县统计局增设乡镇统计管理办公室正科级事业单位，下设兴中片区统计站、盘水片区统计站、青山片区统计站3个内设股室，核定事业编制17名。2015年，在职人员16名。

二、普安调查队

1998年，贵州省普安县农村经济社会调查队是国家统计局贵州调查总队直接管理的正科级单位，核定编制6名。2007年12月，普安县农村经济社会调查队更名为普安调查队，内设办公室、业务一股和二股，核定编制6名。2015年，仍然保持原有编制和机构设置。

第二节　统计管理

一、统计报表

（一）国家统计报表

1998—2015年，国家规定的行业统计报表体系由农业、工业、社会消费品零售额、交通运输业、劳动工资统计、固定资产投资等，逐步增加建筑业、批发零售贸易业、餐饮业、房地产投资开发经营、服务业、科技报表等，并不断充实和完善各行业的报表制度和报表体系，完善反映社会总量的增加值的国民经济核算体系，真实反映社会经济发展动态。

（二）编制统计报表

1998—2015年，根据县域经济发展状况和发展特点，自行编制全县主要经济指标统计报表、《普安县经济要情》统计报表，其中国民经济主要经济指标统计报表按期公布。

二、统计调查

（一）普　查

人口普查　1999年3月至2001年5月，开展第五次人口普查，2000年11月1日零时为第五次全国人口普查登记的标准时间。2010年5月至2011年6月，开展第六次人口普查，2010年11月1日零时为第六次全国人口普查登记的标准时间。2次人口普查的时间虽然间隔10年，除工作方案略有不同外，工作方法均相同。例如第五次人口普查，将全县划分167个普查区、1261个调查小区，各普查区建立普查小组。配备普查指导员170人，普查员1261人，普查队伍合计1431人。第五次全国人口普查按照国家规定有人口普查长表、人口普查短表、暂住人口表、死亡人口调查表4张，10%户填写长表，90%户填写短表。另据贵州省人民政府要求，特增外来流动人口调查表。人口登记表长表项目49项，按人填报的26项，按户填报的23项。人口普查短表19项，9项按人填报，10项按户填报。暂住人口调查表有5项。死亡人口登记表按人填报8个项目。第五次全国人口普查标准时间为2000年11月1日零时，选择盘水镇进行人口普查试点，2000年11月1—10日上门登记，再重点复查外来人口集中居住的地区和空房户、空挂户等。

农业普查　2006年10月至2007年6月，开展第二次农业普查，普查时点为2006年12月31日24时，凡是年末资料“如2006年年末耕地面积”“2006年年末拥有住房情况”等，均以普查时点数据为准。普查时期为2006年1月1日至12月31日，凡是年度资料，如“2006年在本户实际从事农业时间”“2006年播种面积”等，均以普查时期全年数据为准。普查对象是县境内的农村住户、城镇农业生产经营户、农业生产经营单位。普查区以村（社区）民委员会所辖地域为单位划分，每个普查区至少配备1名普查指导员。普查区以下设置普查小区，每个普查小区至少配备1名普查员。第二次农业普查表分住户普查表、单位普查表、行政村普查表、乡镇普查表共4类9张。普查登记的原则是“实地摸底、入户访问、当场填报、有户就查。谁经营，谁填报。”并采取“访问代填”和“自行填报”相结合的方法采集数据。农业普查主要是为制定农业长远规划和农村战略，促进农村经济健康发展提供重要依据。在第二次农业普查中，普安县被评为全国第二次农业普查工作先进集体。

经济普查　2004年、2008年、2013年，普安县分别开展3次经济普查。经济普查的目的是为全面掌握第二产业、第三产业的发展规模、结构和效益等情况，建立健全基本单位名录库及其数据库系统，为研究制定国民经济和社会发展规划，提高决策和管理水平奠定基础。经济普查对象是在县境内从事第二产业、第三产业活动的全部法人单位、产业活动单位和个体经营户。

（二）抽样调查

1998—2015年，普安县抽样调查依然按照一年两次的农产量抽样调查、农村住户抽样调查、非普查年第三产业抽样调查、人口变动调查、劳动力资源调查和十年一次的1%人口抽样调查进行，然后根据概率理论，从全体调查对象中随机抽取一部分样本进行观察，取得样本统计调查数据，以此推断总体发展变化情况。

三、统计监督服务

（一）统计监督检查

1998—2015年，县统计局对各部门贯彻执行《中华人民共和国统计法》《中华人民共和国统计法实施细则》《贵州省统计管理条例》情况进行统计监督检查，每年开展一次全县统计执法大检查，重点抽查农民收入、农业总产值、工业总产值、固定资产投资额等主要经济指标，调查乡镇和部门工业统计数据情况。

（二）统计服务

1998年，县统计局编辑《普安县国民经济历史资料汇编（1949—1998）》《贵州省五十年》普安县主要经济指标。

1998年起，每月编辑出版《普安县经济要情》，报送县委、县政府和有关部门掌握经济社会发展情况。编写《普安统计》简报，反映统计对普安国民经济发展的难点热点进行量化分析或简报。按照全国性各类统计调查要求，编辑出版《人口普查》等资料。每年编辑出版《普安统计年鉴》，汇集全县国民经济和社会综合情况的主要统计数据，分国民经济核算、综合、人口与劳动力、工业与建筑、农业、商业、交通运输、基本建设、财政金融与保险、人民生活等章节，并根据社会发展需要，不断更新统计内容。

第三节　调查工作

一、农村住户调查

1998—2015年，普安调查队负责开展农村住户调查。调查的主要内容是农村居民的生产、收入、消费、积累和社会活动情况，以此研究农村农民的收入变化和生活质量的变化情况，监测农村农民摆脱贫困和实现小康的进程，满足各级政府制定农村经济政策和决策的需要，向社会各界提供农村居民信息咨询服务。开展的农村住户调查方法，是在贵州调查总队抽中的调查点所选中的调查户，每户发一个账本，由抽中户自己登记每天发生的每笔现金实物收支，由聘请的辅助调查员到户进行督导，上门帮助不会记账的调查户记账。县调查队专职调查员到点到户督促检查指导记账工作，发现差错及时纠正。季报和年报时到点到户收取账页，经审查无误后，编制季报表和年度报表上报贵州调查总队。

1998—2015年普安县国家农村住户收支与生活调查点情况表

表11-3-1

时　期	调查任务	调查网点
1998年至1999年11月	农村住户调查	新店乡：烂木桥一组 地瓜镇：蜡烛山组 三板桥镇：徐家院子组　六塘组 窝沿乡：梁家组 江西坡镇：坑子头组 青山镇：柴家湾组 6个乡镇7个村民组共计70户调查户

续表11-3-1

时　期	调查任务	调查网点
1999年12月至2004年11月	农村住户调查	江西坡镇：中心村祭山树组 三板桥镇：九峰村沈家庄组　干冲子村广田组 高棉乡：喜打坪村际腰组 新店乡：窑上村对门寨组 4个乡镇5个村民组共计50户调查户
2004年12月至2009年11月	农村住户调查	盘水镇：红星村高家冲组（2005—2006年） 三板桥镇：九峰村广田组（2006—2010年） 江西坡镇：下山村杨家冲组 青山镇：小屯村玉水田组 窝沿乡：黎明村烂田组 雪浦乡：隔界河村三组 6个乡镇6个村民组共计60户调查户
2009年12月至2012年11月	农村住户调查	青山镇：营山村王家水井组 新店乡：细佘村汉马桥组 雪浦乡：雪浦村仙人洞组 罗汉乡：罗汉村二组 三板桥镇：板桥社区十五组 窝沿乡：河边村河边组 地瓜镇：莲花村龙显地组 7个乡镇7个村民组共计70户调查户
2012年12月至2013年12月	城乡住户一体化调查	白沙乡：大小寨村第2普查小区 三板桥镇：十里村第6、第7普查小区 青山镇：营山村王第5、第6普查小区 歹苏村第13普查小区 新店乡：新店社区第1普查小区 龙吟镇：吟塘村第2普查小区 江西坡镇：联盟村第6普查小区 楼下镇：楼下社区第19普查小区 泥堡村第9普查小区 盘水镇：南湖社区第9、第10普查小区 8个乡镇10个村民组共计100户调查户
2013年12月至2014年12月	城乡住户一体化调查	白沙乡：大小寨村第2普查小区 三板桥镇：十里村第6第7普查小区 青山镇：营山村王第5第6普查小区 歹苏村第13普查小区 新店乡：新店社区第1普查小区 龙吟镇：吟塘村第2普查小区 江西坡镇：联盟村第6普查小区 楼下镇：楼下社区第19普查小区 泥堡村第9普查小区 盘水镇：南湖社区第9第10普查小区 8个乡镇10个村民组共计100户调查户

续表11-3-1

时　期	调查任务	调查网点
2014年12月至2015年12月	城乡住户一体化调查	白沙乡：大小寨村第2普查小区 三板桥镇：十里村第6、第7普查小区 青山镇：营山村王第5、第6普查小区 歹苏村第13普查小区 新店乡：新店社区第1普查小区 龙吟镇：吟塘村第2普查小区 江西坡镇：联盟村第6普查小区 楼下镇：楼下社区第19普查小区 泥堡村第9普查小区 盘水镇：南湖社区第9、第10普查小区 8个乡镇10个村民组共计100户调查户

1998—2015年普安县农民人均纯收入调查情况表

表11-3-2　　单位：元

年份	农民人均纯收入	年份	农民人均纯收入	年份	农民人均纯收入
1998	1177	2004	1562	2010	3032
1999	1187	2005	1706	2011	3609
2000	1194	2006	1798	2012	4287
2001	1243	2007	1986	2013	5003
2002	1304	2008	2323	2014	5729
2003	1392	2009	2619	2015	6439

二、城镇住户调查

2008年，启动城镇住户调查。调查点为盘水镇，选定调查户50户，包括双职工、单职工、下岗职工、个体经营户、无固定职业人员、闲散居民、失地居民等，各类人员从事的行业、职业都占一定比例，确定的50户城镇住户调查时间为2008—2011年，2012年国家启用城乡一体化调查点，用城乡一体化调查点中的城镇住户代替2008—2011年确定的50户调查户。主要调查城镇住户经济、生活等情况的发展变化。2014—2015年，沿用2012年城乡一体化调查点。

2008—2015年普安县城镇居民可支配收入调查情况表

表11-3-3　　单位：元

年度	城镇居民可支配收入	年度	城镇居民可支配收入	年度	城镇居民可支配收入
2008	11460	2011	14501	2014	19975
2009	12211	2012	17257	2015	22132
2010	12652	2013	18370		

三、农产量调查

1998—2015年，按照国家统计局制定的《农产量抽样调查制度》统一规定的调查规模和指标口径，从抽样调查点获取各个季度农作物播种面积、实测产量等数据，分别上报抽样调查数据和全面推算数据如实上报贵州调查总队。在抽中的村民组中，对播种小麦、水稻、玉米在成熟前进行逐块估产，核实播种面积，然后将单产由低到高（或由高到低）排队，按半距取点、等距取样方法，依次抽选出所需调查地块，进行实割实测计算单产。1998—1999年，每个品种抽取15块，每块取样7个。2000—2015年，每个品种抽取5块，每块取样5个，小麦、水稻每个样本10平方市尺（约1.1平方米），玉米20平方市尺（约2.2平方米）。对抽取的样本地进行丈量登记，样本取回后，实行单收单割单保管，通过晒干扬净或测试仪检测达到国家收购标准时计算出标准单产。

1998—2015年普安县农产量调查点情况表

表11-3-4

时期	农产量调查点
1998—1999	新店乡：波佘一组、烂木桥组、础场云组 地瓜镇：蜡烛山组、梁领子组、张家下院组 三板桥镇：徐家院子组、六塘组、立新组 窝沿乡：代家组、梁家组、河边组 江西坡镇：坑子组、罗家组、下街组 青山镇：小屯一组、柴家湾组、海马六组 共6个乡镇18个村民组
2000—2004	江西坡镇：祭山树组 三板桥镇：沈家庄组、广田组 高棉乡：际腰组 新店乡：对门寨组 共4个乡镇4个村民组
2005—2010	江西坡镇：祭山树组，杨家冲组 三板桥镇：广田组 新店乡：烂木桥一组 雪浦乡：隔界河三组 青山镇：玉水田组 窝沿乡：小烂田组 共6个乡镇6个村民组
2011—2013	雪浦乡：水淹滩组 楼下镇：楼下社区五组 青山镇：海马五组 新店乡：新店二组 盘水镇：长海沟组 共5个乡镇5个村民组
2014—2015	雪浦乡：水淹滩组 楼下镇：楼下社区五组 青山镇：海马五组 新店乡：新店二组 盘水镇：长海沟组 共5个乡镇5个村民组

1998—2015年普安县粮食产量单产调查情况表

表11-3-5　　单位：千克/公顷

年份	小麦	水稻	玉米	年份	小麦	水稻	玉米	年份	小麦	水稻	玉米
1998	1410	3405	5880	2004	2145	5310	5850	2010	60	5385	5565
1999	1575	4215	4800	2005	2100	5280	4950	2011	1515	2220	1455
2000	2145	4920	5400	2006	2400	5010	6090	2012	1695	4845	6630
2001	1605	5190	5670	2007	1965	4815	5610	2013	1845	5535	6855
2002	1935	5040	3090	2008	2595	4725	6255	2014	2084	7286	5442
2003	1770	4275	5565	2009	2130	5505	6405	2015	2099	6447	5442

说明：2010年，遭受特大旱灾，小麦基本绝收

第四章　审　计

第一节　管理机构

一、县审计局

1998年，普安县审计局（简称“县审计局”）内设财政金融基建审计股、行政企业审计股、行政事务股、审计事务所。2001年，增设领导干部离任审计股。2006年11月，增设正股级事业机构的建筑工程结算审查中心。2008年11月，增设法制股和固定资产投资审计股。2010年9月，将原行政内设机构调整为办公室、法制股、财政金融审计股（固定资产投资审计股）、行政事业审计股、经济责任审计股。2010年11月，增设正股级事业机构政府性投资建设项目前置审计中心。2015年12月，增设副科级机构经济责任审计联席会议办公室。

二、审计事务所

1998年，审计事务所由县审计局对其进行管理和业务指导。1998年10月，审计事务所撤销。

第二节　国家审计

一、财政审计

（一）财政预决算审计

1998年起，每年均对县财政预决算执行情况进行审计。1999年，延伸对县地税局工商税收进行审计，查出县财政预算执行情况中违规行为金额16.14万元。2007年，延伸对县地税局税收征管和单位费、县民政局专项资金和单位经费收支情况、楼下镇2006年度财政预决算执行情况进行审计，查出违纪违规资金1187.71万元，应上缴财政资金803.97万元。2008年，延伸对三板桥镇2007年度财政预决算执行情况进行审计。2009年，对县和14个乡镇2008年度财政预决算执行情况进行审计。2010年，对县和罐子窑镇2009年度财政预决算执行情况进行审计，查出应缴预算收入未缴入国库、固定资产未入账、虚列支出、超标准发放加班费、账外资产、挪用专项资金等多个问题。2011年，延伸对高棉乡2009—2010年财政预决算执行情况进行审计。2012年，延伸对白沙乡2011年度财政决算执行情况进行审计。2013年，延伸对县地税局2012年度税收征管和单位财务收支情况、雪浦乡2012年度财政决算和其他财政收支情况进行审计。2014年，延伸对县地税局2013年度税收征管和单位财务收支情况、国家金库普安县支库2013年度预算资金的收纳划分留解和预算支出资金的拨付情况、新店乡2013年度财政决算和其他财政收支情况进行审计。2015年，延伸对县地税局2014年度税收征管和单位财务收支情况、国家金库普安县支库2014年度预算资金的收纳划分留解和预算支出资金的拨付情况、龙吟镇2014年度财政决算和其他财政收支情况进行审计。

（二）支农专项资金审计

1999年，对1997年1月至1999年6月的扶贫资金进行审计，发现有单位因经费紧张挪用扶贫资金进行弥补、擅自提高变相占用费用、放弃原定发展种植业计划、动用扶贫贷款购买交通工具等现象。2001年，对县水电局实施的64个人饮工程资金进行审计，执行结果比计划节约14.01万元，发现存在票据管理不当等问题。对扶贫办1996年1月至2001年10月实施的宁波市镇海区、宁波市港务局扶贫资金进行审计，发现存在工程超概算、工程之间相互挤占资金的现象。2005年，对县水利局组织实施的2003—2004年建设资金和重点项目财务收支情况进行审计，发现存在工程建设未按要求进行、账务处理不规范、工程资金未及时到位、单位项目竣工的档案材料与会计结算的项目资料不一致等现象。2007年，对县社保局2006年度社会保险基金财务收支进行审计，发现存在医疗保险金相互挤占、收入未及时上缴等现象；对县房地产管理局负责管理的全县2006年度住房公积金进行审计，发现存在住房公积金在归集、管理和使用上存在的一些违规现象。2012年，对县社保资金、水利专项资金、畜牧局生猪标准化养殖场和县农业局测土配方施肥项目专项资金使用情况进行审计，对存在的问题进行纠正。2014年，对全县2013年冬季至2014年春季救助资金收支情况、县"户户通"工程建设情况进行审计。2015年，对县调查队2012—2014年农村住户和贫困监测调查经费进行审计。

二、金融审计

1998年，对县人寿保险公司1997年度资产、负债及损益情况进行审计，发现该公司年度亏损7.23万元，欠缴税金1770元，地方附加441元，1996年费用超支挂账3.4万元。1999年，对中国工商银行普安县支行1998年度资产、负债、损益情况进行审计，并延伸审计储蓄所1个和对16个企业的贷款情况进行调查，发现该行1998年度负债4805.4万元，亏损77万元，应补缴国家税收2.5万元。2001—2007年，对中国人寿保险公司普安营业部1999—2000年度资产、负债、损益情况进行审计，对县世行贷款项目、妇幼卫生项目、结核病控制项目等进行审计。

三、行政机关事业单位审计

1999年，对罐子窑镇政府财务收支进行审计，对分散在个人手中账款限期清理，收回公款2.19万元。2000年，对江西坡镇1999年度财政决算进行审计，要求对前三年农业税尾欠36.3万元进行清收。2001年，审计查出违纪违规金额111万元，应上缴财政1万元。2002年，对县地税局2001年度税收征管和单位财务收支、县煤炭局1999—2001年税费收缴和单位财务收支进行审计，对查出的问题分别视情况进行处理处罚，规范账务，促进管理。2003年，对县国土局2002年单位财务收支进行审计，发现预算内转预算外资金2.49万元。2005—2015年，对供水系统、县工商局、煤炭管理系统、县地税局、县社会保障局、县扶贫办、县轻工供销公司、县公安局、普兴商务会所、普兴城镇集群管理委员会、普兴煤化工园区管理委员会、普兴基础设施建设发展有限公司、雪浦乡政府、盘水镇云盘社区、罐子窑镇政府、普安铅矿等单位进行审计，进一步规范收支行为。2014年，对县城建设管理委员会2008—2014年财务收支情况、县委宣传部2013年度财务收支情况、三板桥镇三板桥社区2013年度财务收支情况、新店乡新店社区2013年度财务收支情况进行审计。

四、企业单位审计

1999年，对土产公司1995—1998年资产、负债、损益情况进行审计，发现土产公司亏损挂账金额大。2000年，对糖酒公司前任经理任职期间资产、负债和损益情况进行审计，发现会计出纳从未对过账，银行存款与账面数不符，审计出违纪金额4.7万元；对县供电局1999年度资产、负债、损益情况进行审计，发现存在往来款项不清、固定资产无明细账等现象。2007年，对县粮食局下属盘水分公司、中心分公司、联新分公司和县粮贸公司、县打米厂、县饲料厂2004年6月1日至2007年4月30日的资产、负债和损益情况进行审计，发现企业存在漏缴税金、盈亏不实、报损资产无相关手续等现象，查出违纪违规金额332.55万元。2012年，对县酒厂2009—2011年度资产、负债、损益情况进行审计，发现超标准发放工资及加班费20.37万元，违规购买价值14.68万元的轿车1辆。2015年，对县农机供应公司2010—2015年资产负债损益情况进行审计，对县五交化公司2012—2014年资产负债损益情况进行审计，发现公款私存310万元、任用会计人员未实行回避制度等问题。

五、固定资产投资审计

（一）财务收支审计

1999年，对县政府办公室为解决机关工作人员住房困难实施集资修建安居工程的财务收支进行审计，发现第一次基地选址不当造成1.5万元损失，拖欠工程款15.33万元。对罗汉乡老山田片区综合开发、博上至老山田15千米10千伏输电线路、老三田至老厂13千米公路修建等主要项目财务收支进行审计，发现存在开白发票（即白条，指行为人开具或索取不符合正规凭证要求的发货票和首付款项证据，以逃避监督或偷漏税款的一种舞弊手段）等现象。2007年，对1个国家投资项目进行审计，对全县国家建设项目管理方面存在的问题，建设资金在管理、使用中的违纪、违规行为深入分析原因并提出审计建议。2008年，对县人民医院住院大楼竣工决算进行审计，核减工程款5500元。对全县2004—2007年实施的基本农田、水利建设、乡村公路、人畜饮水、房屋建筑等建设项目，采取重点调查与抽样调查相结合的方法进行审计调查，针对审计调查出来的问题提出建议。2014年，对2013年城镇保障性安居工程资金收支情况、工程建设情况进行审计。2015年，对2014年城镇保障性安居工程资金收支情况、工程建设情况进行审计，对审计发现的问题进行原因分析并提出审计建议。

（二）决算审计

1999年，审计出罐子窑至白沙公路工程缺口资金76万元。2000年，对9个固定资产投资项目进行审计，发现黄皮塘电站存在不符财务规定账务、县运管所办公楼及职工住宅存在地基超计划、超投资现象，发现文体广局负责修建的灯光球场、游泳池工程存在缺口资金67.59万元、县中医院门诊综合楼工程存在缺口资金5.23万元、新建的汽车站超概算104.57万元。2001年，对县交通局实施的楼下至红岩、碧痕至花月公路（普安段）的财务收支进行审计，发现楼下至红岩公路超计划投资22.07万元，花月至碧痕公路挤占项目资金6.62万元、不应列入公路开支2.12万元。2002年，对县交通局实施的普安至干河公路改造工程财务收支进行审计，发现工程资金缺口96.77万元，挤占项目资金5.4万元。2009—2015年，对政府性投资建设项目进行前置审计和竣工决算审计，控制高估冒算、虚套冒领工程资金等现象。2014年，对全县25个政府投资建设项目进行前置审计，对18个政府投资建设项目决算、结算进行审计，发现未按合同规定内容施工、定额换算错误、实际竣工情况与竣工图不符、设计不合理造成损失浪费、多计工程量等问题，并针对审计发现的问题提出意见、建议。2015年，对全县2014年实施的36个一事一议项目进行竣工决算审计，对普安县思源实验学校等4个项目进行前置审计，对全县教师公租房等31个项目进行竣工结算审计，揭露高估冒算、多计工程量等问题，减少政府投资成本。

六、经济责任审计

2001年，对窝沿乡人大主席离任审计，对其经手的信用资金、坡改梯资金（含物资）、信用资金收支未纳入同级财政账户管理，三部分账外资金余额0.87万元作“小金库”收缴处理。2002年，对罐子窑副镇长（兼财政所长）1999年1月至2001年12月经济责任审计，发现挪用教育费附加垫付种植贷款4.33万元，用农业税减免款支付办公费3316.00元，农业税减免款支付五保户供老金1540元，购车辆4.6万元未作固定资产处理，均作归还原资金渠道处理；农业税滞纳金收入8422.03元列入“预算外收入”作上缴入库处理。2003年，对县教育局局长2000年1月至2002年12月经济责任审计（离任），发现该单位经费“其他应收款”余额59.49万元、义务教育专款“其他应收款”余额1.47万元，往来款项余额较大未及时清理；用义务教育专款支付单位房屋修缮1.85万元作调账处理，归还原资金渠道处理。对电视台原台长2000年1月至2002年12月经济责任审计（离任），发现该单位出现账目不全、材料收发制度不健全、账证不符、净资产减少18.77万元等管理上的问题。2004—2006年，对3个乡镇、3个单位的乡镇长、局长进行经济责任审计。2007年，对农业局局长、物价局局长、江西坡镇镇长进行任期经济责任审计，查出领导干部应负主管责任的违规金额26万元。2008—2015年，对江西坡镇江西坡小学副校长（主持工作）、盘水镇高兴村主任、盘水镇镇长、罗汉乡党委书记、卫生局局长、交通局局长、计生局局长、地瓜镇镇长、青山镇镇长、新店乡乡长、畜牧局局长、林业局局长、农业局局长、水利局局长、民政局局长、司法局局长、二中校长、窝沿乡乡长、县茶业发展中心主任的经济责任审计，增加领导干部任职期间的责任意识，做到科学决策，依法行政，自觉遵守财经纪律和各项廉政纪律。2014年，对县安监局原党组书记（局长）刘锦坤、县委党校常务副校长（职教中心主任）张建蒙、县城投公司原董事长周进、县信访局原局长张会荣任职期间履行经济责任情况进行审计。2015年，对县贸科局副局长（主持工作）卢凤刚、县社保局原局长周鸿志、县一中原校长谭化成、龙吟镇原书记陈华伦、龙吟镇原镇长谭化江、龙吟镇石村支部书记王登志、龙吟镇石村主任刘远书、楼下镇原书记张洪洋、楼下镇原镇长余勇、楼下镇楼下社区支部书记张尤仁、楼下镇楼下社区主任邹信辉任职期间履行经济责任情况进行审计。界定经济责任人任职期间在部门、单位经济活动中应当负有的责任。

1998—2015年，全县审计（调查）事项629项，审计（调查）出违规资金10.53亿元、管理不规范资金11.22亿元。经审计，应上缴财政税款3249万元，应归还原资金渠道8.36亿元，应调账处理73210万元。移送纪检监察部门处理18项6人，涉及金额2240万元。上缴财政税款3249万元，归还原资金渠道2823万元，调账处理474万元。

1998—2015年普安县国家审计情况表

表11-4-1

年份	审计（调查）情况					审计（调查）处理情况														
						审计决定处理（万元）						移送处理								
						应上缴财政				应归还原资金渠道	应调账处理资金	纪检监察部门			已上缴财政（万元）				归还原资金渠道（万元）	调账处理（万元）
							其中									其中				
	合计（项）	审计（项）	调查（项）	违规资金（万元）	管理不规范资金（万元）	小计	税金	罚款	其他			事项（项）	人数（人）	涉及金额（万元）	小计	税金	罚款	其他		
1998	10	10	—	338	—	37	—	—	37	—	—	—	—	—	37	—	—	37	—	—
1999	28	28	—	146	—	—	—	—	—	50	—	—	—	—	—	—	—	—	50	—
2000	20	20	—	80	—	7	—	—	7	—	—	1	1	—	7	—	—	7	—	—
2001	19	19	—	501	—	4	—	—	4	—	—	—	—	—	4	—	—	4	—	—
2002	17	17	—	111	—	1	—	—	1	23	44	—	—	—	1	—	—	1	23	44
2003	19	14	5	2.5	—	2.5	—	—	2.5	—	41	—	—	—	2.5	—	—	2.5	—	41
2004	25	25	—	1020	—	528	—	1	527	22	20	—	—	—	528	—	1	527	22	20
2005	20	20	—	177	—	127	—	—	127	—	7	—	—	—	127	—	—	127	—	7
2006	25	25	—	111	3	100	63	9	28	3	—	—	—	—	100	63	9	28	3	—
2007	27	26	1	1697	133	881	46	—	835	4	216	—	—	—	881	46	—	835	4	216
2008	19	15	4	3338.52	1313	31	—	—	31	21	2648	—	—	—	31	—	—	31	21	2648
2009	22	19	3	2342.57	3261	187.6	—	28	159.6	73	364	4	4	171	187.6	—	28	159.6	73	364

续表11-4-1

年份	审计（调查）情况					审计（调查）处理情况														
						审计决定处理（万元）						移送处理							归还原资金渠道（万元）	调账处理（万元）
						应上缴财政				应归还原资金渠道	应调账处理资金	纪检监察部门			已上缴财政（万元）					
							其中									其中				
	合计（项）	审计（项）	调查（项）	违规资金（万元）	管理不规范资金（万元）	小计	税金	罚款	其他			事项（项）	人数（人）	涉及金额（万元）	小计	税金	罚款	其他		
2010	89	89	—	808.3	1490.8	636.8	—	—	636.8	—	150	—	—	—	636.8	—	—	636.8	—	150
2011	32	32	—	316.66	—	—	—	—	—	—	—	—	—	—	—	—	—	—	—	—
2012	39	39	—	607.7	29465	466.8	—	—	466.8	—	—	—	—	—	466.8	—	—	466.8	—	—
2013	68	68	—	4986.17	7779.5	—	—	—	—	—	—	1	1	14.7	—	—	—	—	—	—
2014	58	58	—	34018	15803	—	—	—	—	32781	15506	1	—	11	—	—	—	—	1045	178
2015	92	92	—	54748	52971	239	—	—	239	50592	54214	11	—	2043	239	—	—	239	1676	16
合计	629	616	13	105439.4	112219	3249	109	38	3102	83567	73210	18	6	2240	3249	109	38	3102	2823	474

第五章　工商行政管理

第一节　管理机构

一、县工商局

1998年，普安县工商行政管理局（简称“县工商局”），含物价、技术监督工作职责，县工商局、物价局、技术监督局实行一个机构三块牌子，内设行政事务股、企业登记管理股、市场监督管理股、合同商标广告管理股、个体私营经济监督管理股、经济监督检查所、计量测试所和技术监督股（两个机构一套人员）、物价管理股和物价检查所（两个机构一套人员）。12月，县工商局实行省垂直管理。1999年4月，物价、技术监督机构与县工商局分设。2001年，内设办公室（含人事教育、财务、政策法规、纪检监察）、注册登记股、执法监督股（“12315”投诉中心、经济检查中队）。增设站股级事业单位的机关服务中心，核定编制4名；成立消费者协会挂靠县工商局，其党务和后勤行政工作由县工商局统一管理，核定编制2名。2003年5月，增设政策法规股。2004年5月，设置纪检组和纪检监察室。2011年，内设办公室、法规股、消费者权益保护股（“12315”申诉举报中心）、市场合同监督管理股、注册监督管理股、人事股，纪检监察机构，机关行政编制19名，其中局长1名、副局长2名、机关党委书记1名，核定机关后勤事业编制1名。设置副科级行政机构的经济检查大队，核定编制4名；设置站股级事业单位的信息中心，核定事业编制5名（从原普安县工商局机关服务中心划转）；县消费者协会挂靠县工商局，其党务和后勤行政工作由普安县工商局统一管理，核定事业编制2名。2014年12月，机构改革，普安县工商行政管理局、普安县质量技术监督局、普安县卫生和食品药品监管局的食品药品监管职能合并，组建普安县市场监督管理局（简称“县市场监管局”），内设办公室、财务股、人事教育股、政策法规股、注册登记监督管理股、微型企业发展监督管理股、市场监督管理股、消费者权益保护股、质量与认证监督管理股、标准计量股、特种设备安全监察股、食品安全监督管理股、药品医疗器械监督管理股、纪检监察机构，核定机关行政编制21名，工勤编制5名，其中局长1名，副局长3名，股级职数14名；设置副科级行政机构经济检查大队，核定大队长、副大队长各1名；设置副科级事业机构稽查大队，核定人员编制26名；设置副科级事业机构检验检测所，核定事业编制9名；设置站股级事业单位注册许可服务中心，核定事业编制3名；设置站股级事业单位信息中心，核定事业编制5名；消费者协会挂靠县市场监管局，其党务和后勤行政工作由普安县工商局统一管理，核定事业编制2名。2015年初，普安县工商行政管理局全体人员及财产正式划拨到普安县市场监督管理局。

二、基层工商分局（工商所）

1998年，设置盘水工商所、地瓜工商所、青山工商所、兴中工商所4个工商局派出股级机构，职数34人。2001年，设置盘水工商所、青山工商所、兴中工商所3个，行政编制33名。2011年，设立盘水、青山、罐子窑分局3个片区工商行政管理分局，为普安县工商局的派出机构，副科级规格。行政编制21名，副科级领导职数3名，股级领导职数4名。盘水分局，行政编制9名，管辖盘水镇、江西坡镇、三板桥镇、地瓜镇、罗汉乡；青山分局，行政编制6名，管辖青山镇、楼下镇、新店乡、雪浦乡；罐子窑分局，行政编制6名，管辖罐子窑镇、龙吟镇、窝沿乡、白沙乡、高棉乡，并负责对辖区内的北盘江水上经营活动进行监管。2014年12月，撤销盘水、青山、罐子窑3个工商分局，成立普安县市场监督管理局盘水分局、青山分局、兴中分局、龙吟分局、地瓜分局、江西坡分局、楼下分局7个片区分局，为普安县市场监督管理局派出机构，副科级规格。行政编制30名，副科级领导职数7名，股级领导职数7名，其中盘水分局行政编制6名，其余分局行政编制4名。

第二节　注册登记

一、国有、集体企业登记注册

1998年，全县核准登记国有企业81家，注册资金11186.12万元，从业人员580人；核准登记集体企业67家，注册资金2792.5万元，从业人员360人。2015年，核准登记国有企业22家，注册资金11.31亿元，从业人员88人；无集体企业。

1998—2015年普安县国有、集体企业登记注册情况表

表11-5-1

年份	类型	企业（家）	注册资金（万元）	从业人员（人）	年份	类型	企业（家）	注册资金（万元）	从业人员（人）
1998	国有	81	11186.12	580	2001	国有	97	18632.12	909
	集体	67	2792.5	360		集体	80	2862.5	368
1999	国有	89	18199.12	693	2002	国有	104	18632.12	1022
	集体	73	2842.5	363		集体	89	2915.5	368
2000	国有	93	18214.12	806	2003	国有	117	18722.12	1135
	集体	77	2852.5	367		集体	100	2915.5	370

续表 11-5-1

年份	类型	企业（家）	注册资金（万元）	从业人员（人）	年份	类型	企业（家）	注册资金（万元）	从业人员（人）
2004	国有	127	19930.12	1248	2010	国有	174	66730.12	3516
	集体	108	2967.3	370		集体	135	3125.3	407
2005	国有	131	20760.12	1748	2011	国有	164	29745	3326
	集体	110	3002.3	372		集体	82	4455	312
2006	国有	133	20780.12	2068	2012	国有	164	29745	3326
	集体	132	3115.3	375		集体	82	4455	312
2007	国有	136	66150.12	2238	2013	国有	170	24565	3411
	集体	132	3115.3	390		集体	79	4495	285
2008	国有	146	66650.12	2842	2014	国有	11	100182	35
	集体	133	3125.3	392		集体	—	—	—
2009	国有	170	66700.12	3328	2015	国有	22	113060.26	64
	集体	135	3125.3	407		集体	—	—	—

二、个体工商户登记注册

1998年，登记个体工商户1318户，注册资金355万元，从业人员1356人。2015年，登记个体工商户932户，注册资金约2.1亿元，从业人员1119人。

1998—2015年普安县个体工商户登记注册情况表

表 11-5-2

年份	企业（户）	注册资金（万元）	从业人员（人）	年份	企业（户）	注册资金（万元）	从业人员（人）
1998	1318	355	1356	2007	2778	2047	2789
1999	1209	338	1245	2008	2049	3123	2069
2000	1328	398	1341	2009	3699	3200	3699
2001	1509	528	1528	2010	4413	3900	4450
2002	1643	821	1661	2011	5214	6411	5316
2003	2245	1241	2256	2012	6090	8895	6194
2004	2257	1015	2278	2013	7330	14578	7412
2005	2315	1389	2331	2014	1051	4392.90	1052
2006	2561	1665	2584	2015	932	20953.60	1119

说明：1999年受1998年金融风暴的影响，个体户数据有所下降，2008年对所有数据进行清理，2009年以后数据以机读数据为准

三、私营企业登记注册

1998年，全县共有私营企业10户，注册资金947.3万元，其中个人独资企业5户，占50%，注册资

金173万元，占18.26%；合伙企业2户，占20%，注册资金122.3万元，占12.91%；有限责任公司3户，占30%，注册资金652万元，占68.83%。2015年，全县登记各类私营企业323户，注册资金9.62亿元，从业人员1239人，分布于一、二、三产业。

1998—2015年普安县私营企业登记注册情况表

表11-5-3

年份	企业（户）	注册资金（万元）	从业人员（人）	年份	企业（户）	注册资金（万元）	从业人员（人）
1998	10	921.3	278	2007	188	26681.56	2843
1999	17	2029.3	558	2008	210	27601.16	3145
2000	22	2174.38	844	2009	240	29179.8	3433
2001	30	3648.69	1130	2010	273	33062.8	3719
2002	38	4497.69	1418	2011	255	46038	2389
2003	67	11676.19	1703	2012	472	57030	3470
2004	108	17607.99	1992	2013	622	83932	4937
2005	135	21820.41	2278	2014	246	57475.00	1331
2006	155	25609.06	2564	2015	323	96218.66	1239

四、农民专业合作社登记

2008年，普安县参照企业登记一审一核制的规定，对农民专业合作社进行登记，登记的农民专业合作社主要以种植和养殖业为主。2008—2015年，登记农民专业合作社254家，登记农民专业合作社成员1796人，其中农民成员1733人，成员出资总额3.50亿元。

2008—2015年普安县农民专业合作社登记情况表

表11-5-4

年份	合作社（户）	成员（人）		出资（万元）	年份	合作社（户）	成员（人）		出资（万元）
		总数	农民成员				总数	农民成员	
2008	5	39	35	63.9	2012	25	249	239	1323
2009	4	37	37	204.55	2013	32	318	313	5844.4
2010	7	54	48	207	2014	53	350	350	8362.24
2011	11	89	81	627	2015	117	636	619	15414.83

五、微型企业扶持发展

2012—2015年，扶持发展微型企业，对实际货币投资达到10万元，带动5人以上（含5人）具有贵州省户籍人员就业的微型企业，政府给予5万元的财政资金补助，有贷款需求的微型企业，可获得不超过15万元的银行贷款或担保支持。微型企业发展迅速，私营企业数量急剧增长。

2012年，发展微型企业140户，注册资金2501.7万元，解决就业人数715人。其中农林牧渔业58户，加工制造业43户，零售业27户，住宿业3户，餐饮业4户，文化创意业1户，其他企业4户。创业者中，返乡农民工18人，高校毕业生11人，退役军人1人，失业人员3人，其他人员107人。2013年，发展微型企业140户，注册资金1865万元，解决就业人数700人。其中种植养殖业74户（含32户长毛兔养殖），加工制造54户，零售批发7户，其他经营5户。创业者中，返乡农民工45人，大中专毕业生12人，失业人员1人，其他人员82人。2014年，发展微型企业120户，注册资金1295万元，解决就业人数610人。

其中农林牧渔业46户，加工制造业70户，批零业2户，餐饮业1户，租赁和商务服务业1户。创业者中，返乡农民工42人，其他人员78人。2015年，发展微型企业140户，注册资金1548万元，解决就业人数700人。其中农林牧渔业21户，加工制造业108户，零售业3户，文化创意业6户，其他企业2户。创业者中，返乡农民工94人，高校毕业生3人，其他人员43人。

第三节　集贸市场建设管理

1998年起，配合搞好城乡集贸市场规划、建设、管理，主要取缔马路市场，新建了一批以各乡镇中心为主的农村商品交易市场，对集贸市场安全隐患等开展专项检查。当年，取缔乱设摊位150人次，公路摊点70多人次。1999年，帮助兴中供销社利用空闲场地建成日用百货市场1个，面积1300余平方米，固定水泥摊位110个。结合城镇综合整治，取缔国道、省道、县道上的集贸市场占道经营摊点，在金桥市场取缔乱搭棚点96个、摊点26个，清理垃圾10余吨，拆除328个门面上超范围搭建的棚杆。

2001年，全面开展市场办管脱钩。2002年，金桥市场、三板桥市场、新店乡牛马市场、青山牛马市场4个自办市场及1名市场管理人员全部移交当地人民政府，市场债权、债务随着转移，实现“人、财、物”彻底脱钩。

2004年，配合公安、消防、卫生、交通等部门，对8个集贸市场进行专项检查，查出安全隐患行业82家，下达责令改正通知书13家，取缔2家，立案查处无照经营5家。2005年，检查集贸市场（顶棚市场）2个，重点检查其经营场所内的消防安全。2007年，与政府办、消防大队、安监局、公安局等部门配合，对各大商场、超市、烟花爆竹经营户、民爆物品、公共聚集场所、网吧、石化、宾馆、学校、医院等进行检查，对5家消防通道存在安全隐患的企业下达责令改正通知书。2013年，严把农资市场经营准入关，督促指导农资经营户建立健全“两账两票、一卡一书”制和质量承诺制度。2014年，对各大商场、超市、烟花爆竹经营户、民爆物品、公共聚集场所、网吧、石化、宾馆、学校、医院等进行监督检查，对安全卫生较差的20家企业、经营户下达责令改正通知书，查处无照经营店铺25户次，没收、销毁过期食品300千克。2015年，继续推进日常监督检查，查处无照经营店铺14户次，没收、销毁过期食品200千克。

1998—2015年，围绕人民群众关心、社会关注、扰乱市场秩序的问题，加强对市场秩序的有关政策和法律法规知识宣传，对市场秩序进行全面检查，开展专项整顿。共查处商品交易市场违法违规案件1039件，罚没款140.02万元。

1998—2015年普安县市场秩序整顿情况表

表11-5-5

年份	查处案件（件）	查处情况	处罚金额（万元）
1998	30	查处假冒墨水3164瓶、香烟40余箱（价值5万余元）、沉淀或变质酒4592瓶、饮料6000余瓶（袋），查处掺杂使假棉絮30床、味精5000克，查获罂粟壳1.33吨	0.19
1999	101	没收变质粮食16.72吨，查处过期、变质食品、饮料、“三无”产品90余个品种4000余件（瓶、包）价值2万余元，查处劣质电线、插头10余个品种（价值2796元）	2.37
2000	7	没收变质粮食0.39吨，查处过期变质啤酒或饮料2000余瓶（听）和蛋糕、麦乳精、奶粉、方便面520余盒（包）	0.38

续表11-5-5

年份	查处案件（件）	查处情况	处罚金额（万元）
2001	5	没收变质粮食10吨，查处假冒伪劣商品7个大类423个品种（价值10.5万元），责令停止经营营业性网吧3家，查处假冒伪劣及侵权商标食品、饮品、化妆品、药品等10个大类100余个品种（价值7.5万元）	1.27
2002	63	没收变质粮食184.68吨，销毁过期变质失效商品200余个品种共10吨、假冒伪劣商品30余个品种1.5吨、废旧进口“洋垃圾”服装1万余件、饮品4000袋（瓶）、药品6000余盒、劣质过期一次性输液品175具、注射器40具，封存“三无”复合肥10吨，没收过期失效复合肥2吨、无证经营化肥408吨、玉米或水稻种子0.26吨、农药120瓶（盒）、假冒墨水500瓶、香皂350盒、假公斤秤14把、假棉絮30床、盗版光碟、图书500余盘（册）、录音带100余盘、侵权商标白酒130余瓶、非法设置广告牌50余块、布标10余幅，清理各类户外广告5000余张（条），取缔无照经营100余户，查处无合法手续经营卫星地面接收天线5户，暂扣卫星电视接收机23台、天线50面、高频头6个、支架52支，处理无前置审批手续网吧6户	3.27
2003	30	销毁过期变质饼干、蛋糕等食品、饮品20余个品种0.5吨，危及人身安全的带玩具的儿童食品200余袋，假冒劣质牙膏100余盒，不合格电线200米，“三无”封口胶19卷，过期油漆10千克，病猪肉28千克，“黑心棉”沙发靠垫25个，短绒棉70千克，棉被70床，化纤垃圾枕头22个	0.29
2004	28	销毁霉变大米7.5千克，没收陈化大米150千克，没收、销毁过期变质饮品1101瓶、无标识饮品48瓶、食品93袋、牛肉方便面18包，过期饼干24袋，过期变质调料11瓶、食品83包，不合格奶粉47包，销毁过期变质奶粉9包，过期变质油漆55盒，变质枸杞酒12瓶，康盾啤酒14瓶，垃圾服装25套	1.85
2005	17	查获过期饮料451瓶，奶粉7包，无卫生许可证号和质量认证标志酱油104袋；查获涉嫌假冒牙膏148支、化妆品9盒	1.95
2006	71	没收过期洗发水133瓶等	31.85
2007	108	销毁各种过期小食品315袋、饮料112瓶、啤酒23瓶、方便面和膨化饼等过期变质、标识不齐全的食品31.5千克，责令下柜退市的标识不齐全、无QS认证的糖果150袋、饮料66瓶、罐头34瓶、食醋24瓶	19.58
2008	109	没收销毁过期变质食品230袋（个）、食品517瓶，销毁火腿肠、草莓馅、果冻等56千克，责令下柜标识不齐全的糖果、茶叶50千克，没收假五星习酒41瓶	13.79
2009	102	查获价值1.13万元的过期食品0.64吨，下达责令整改通知书4份	7.2
2010	103	没收过期变质饮料72瓶、食品178包、早产月饼46千克，销毁过期饮料17瓶、食品60包（袋），责令下柜食品50包（袋）	13.5
2011	55	没收销毁过期变质、“三无”不合格食品0.51吨，销毁不合格复合肥2.8吨	7.77
2012	70	没收过期食品120千克，下发责令改正通知书32份，销毁过期不合格食品120千克	11.48
2013	116	下发责令改正通知书65份，没收销毁过期食品350千克，没收侵权商标酒197瓶	20.78
2014	25	没收销毁过期食品300千克，下发责令改正通知书25份	4.56
2015	14	没收销毁过期食品200千克，责令限期办照14户	1.81
合计			143.89

第四节　经济合同管理

一、经济合同鉴证

1998年，经济合同鉴证执行1997年11月3日中华人民共和国国家工商行政管理局令第80号发布的《合同鉴证办法》。2004年6月30日，《合同鉴证办法》废止。

1998—2004年，共办理经济合同鉴证283份，鉴证涉及金额1.19亿元。

1998—2004年普安县经济合同鉴证情况表

表11-5-6

年份	鉴证合同（份）	鉴证金额（万元）	年份	鉴证合同（份）	鉴证金额（万元）	年份	鉴证合同（份）	鉴证金额（万元）
1998	89	1800.1	2001	22	985	2004	59	2520.12
1999	35	1955.45	2002	26	2286	合计	283	11935.67
2000	28	1289	2003	24	1100			

二、动产抵押登记

1998年，对城市房地产和乡镇企业厂房等建筑物的抵押登记停止，企业动产抵押登记仍进行。2007年10月12日，《动产抵押登记办法》施行，允许个体工商户、农业生产经营者办理动产抵押登记。

1998—2015年，共办理抵押登记105件，抵押涉及金额1.12亿元。

1998—2015年普安县动产抵押登记情况表

表11-5-7

年份	抵押登记（件）	抵押金额（万元）	年份	抵押登记（件）	抵押金额（万元）	年份	抵押登记（件）	抵押金额（万元）
1998	16	730	2005	3	80	2012	1	800
1999	14	2410	2006	—	—	2013	—	—
2000	11	1120	2007	—	—	2014	7	900
2001	13	985	2008	1	100	2015	6	800
2002	11	603	2009	—	—	合计	105	11225.95
2003	18	2123	2010	—	—			
2004	3	474.95	2011	1	100			

三、经济合同检查

1999年，组织人员参加州工商局举办的《中华人民共和国合同法》培训，在电视台播放3次、出宣传墙报3期、刷写大幅标语4幅宣传《中华人民共和国合同法》，举办《中华人民共和国合同法》宣传培训班3期，对建筑、金融、电力、矿冶、烟草等45个部门的法人进行培训，受训率达到从事合同管理干部总数的65%。2000年，对30个单位的合同签订情况进行检查，查出不合格合同5份，对1个复印合同文本的行为给予警告。2001年，举办建筑行业《中华人民共和国合同法》培训班2期，培训19人。开展合同专项检查2次，查出未履行合同2份。2004年、2005年开展经济合同检查，未查出违法违规合同。2010年，对26家企业负责人及合同管理人员进行法治培训。2011年10月18日，向个体工商户及相关企业代表培训《贵州省合同监督条例》《合同违法行为监督处理办法》。

1998—2015年，进行合同备案230余份，抽查合同810份，共查出不合格（含未履行合同、违反规定制作合同）合同8份。

四、“重合同、守信用”活动

1998年，继续开展“重合同、守信用”企业的评选命名活动。2006年，对“重合同、守信用”复核、新报确认细则进行细化，对违反规定的予以撤销。2014年，加强对申报企业和已申报企业回访，确保合格企业入库。2015年，开展省级申报企业的合同检查和指导。

1998—2015年普安县择年度开展“重合同、守信用”活动情况表

表11-5-8　　单位：家

年份	复审企业	新申报		撤销		年份	复审企业	新申报		撤销	
		省级	州级	省级	州级			省级	州级	省级	州级
1998	4	1	—	—	—	2007	8	—	—	—	—
2000	—	1	—	—	—	2008	2	—	3	—	3
2001	10	2	—	—	—	2012	16	—	3	—	—
2002	5	1	—	—	—	2013	17	—	5	—	1
2004	5	1	—	—	—	2014	19	3	—	—	—
2005	—	—	2	—	2	2015	24	1	—	—	—

2015年普安县“重信用、守信用”企业情况表

表11-5-9　　单位：万元

序号	企业名称	注册号	企业性质	注册资金	初次确认年度	连续获誉年数	备注
1	普安供电局	522323000017988	全民所有制企业	441	1996	17	省级
2	贵州省普安县建设工程有限责任公司	5223231280017	有限责任公司	838	2003	10	省级
3	普安县房地产开发有限责任公司	522323000016535	有限责任公司	3500	2004	9	省级
4	贵州省普安县普天电冶有限公司	5223232210014（1-1）	股份制公司	860	2005	8	省级
5	贵州省普安县物资供应公司	5223231200001（1-1）	国有企业	127	2006	7	省级
6	黔西南州大家康健药房连锁有限公司普安县天和人家店	522323000022093	股份制企业	3	2008	5	州级
7	贵州黔五龙饮品有限公司	52232300001092	有限责任公司	10	2009	5	州级
8	中国移动通信集团贵州有限公司普安分公司	520000400015391	有限责任公司		2008	5	州级
9	贵州大宇种业有限责任公司普安县代销点	5223233003296	个体企业	500	2009	4	州级
10	普安县吉星水电站	522323000003985	个人独资企业	98	2010	3	州级
11	普安县天韵茶庄	522323600018087	个体企业	50	2010	3	州级
12	普安县鼎鑫石雕民族工艺厂	522323000021412	独资企业	15	2010	3	州级
13	普安县合发汽车销售服务有限公司	522323000031981	有限公司	20	2011	2	州级

续表11-5-9

序号	企业名称	注册号	企业性质	注册资金	初次确认年度	连续获誉年数	备注
14	普安县春满园茶行	5223233003898	个体企业		2011	2	州级
15	普安县周易农产品精加工厂	522323000005838	个人独资企业	30	2011	2	州级
16	唯美广告装饰中心	522323600017506	个体企业	10	2011	2	州级
17	普安县宏仿腻子粉厂	5223233002758	个体企业		2012	1	州级
18	普安县金州金布艺加工坊	522323000038055	个人独资（微企）企业	10	2012	1	州级
19	黔西南州陆路通广告有限公司	522323000019553	有限责任公司	550	2012	1	州级
20	普安县清怡茶楼	522323000038250	个人独资企业（微企）	10	2012	1	州级
21	贵州省普安县普白珍稀资源开发有限公司	522323000105169	有限责任公司	560	2014	1	州级
22	贵州弘信恒泰房地产开发有限公司	522323000046255	有限责任公司	5000	2014	1	州级
23	普安县白沙乡和谐长毛兔养殖场	522323000040777	个人独资	22	2014	1	州级
24	贵州普安县顺兴置业有限公司	522323000012521	有限责任公司	3000	2014	1	州级
25	普安县燿翔印务	522323000084341	个人独资企业	50	2014	1	州级
26	普安县周易农产品精加工厂	522323000005838	个人独资企业	50	2015	1	省级

第五节　商标广告管理

一、商标管理

（一）商标注册情况

1998—2015年，普安县无商标代理组织，故未开展备案、脱钩改制、对商标代理机构进行企业登记等业务，对商标注册主要开展咨询、引导等服务，全县共注册商标61个，且商标注册量逐年增加。

普安县商标注册情况表

表11-5-10

序号	商标名称（中）	商标名称（英）	商标注册人	申请日期	国际分类	申请人地址	商品服务
1	金山		普安县金山农业综合开发有限责任公司	2002-09-26	29	龙吟镇机关内	蛋
2	康星	KANGXING	普安县金山农业综合开发有限责任公司	2003-10-22	29	龙吟镇机关内	腌制蔬菜；泡菜、酸菜；熟蔬菜；酸辣泡菜；脱水菜；速冻菜；榨菜；干食用菌；蔬菜罐头；干蔬菜
3	图形商标		刘俊才	2003-12-02	30	贵州省都匀市普安路86号附21号	茶；茶叶代用品；冰茶；茶饮料

续表 11-5-10

序号	商标名称（中）	商标名称（英）	商标注册人	申请日期	国际分类	申请人地址	商品服务
4	雙辰	SHUANGCHEN	周易纯天然鸡㙡油厂	2004-04-30	29	盘水镇环城北路	食用油
5	全盛		普安县化肥有限责任公司	2005-04-11	01	三板桥镇	土壤调节用化学品；氮肥；农业肥料；肥料；农业用肥；肥料制剂；磷肥（肥料）；过磷酸钙（肥料）；混合肥料；化学肥料
6	惠中惠	HZH	陈活泼	2005-04-01	35	盘水镇西街92号附1号	广告；广告代理；商业管理辅助；商业管理和组织咨询；人事管理咨询；商业场所搬迁；文秘；会计；自动售货机出租
7	古夜郎坝		贵州省普安县青山清真牛干巴厂	2007-06-28	29	青山镇中学路	肉干；腌肉；咸肉；肉；鱼（非活的）；肉罐头；牛肚；腌制蔬菜；肉松；食用油
8	地瓜坡狗肉		杨　丽	2007-07-13	43	地瓜镇岗坡村鸡场箐组	餐厅；餐馆；饭店；自助餐厅；自助餐馆；快餐馆；流动饮食供应；备办宴席；供膳寄宿处
9	静碧茗		普安县大坪绿色茶果场	2007-09-10	30	江西坡镇大坪	茶；茶叶代用品；冰茶；茶饮料；非医用营养液；非医用营养膏；非医用营养粉；非医用营养胶囊
10	普纳山		王锡灿	2007-09-24	30	龙吟镇硝洞村硝洞组	茶
11	金雀	JINQUE	贵州省普安县茶场	2007-11-12	30	江西坡镇大田村	茶
12	普天		贵州省普安县茶场	2007-11-12	30	江西坡镇大田村	茶
13	群雄园		普安县白沙乡群雄科技示范园	2008-01-15	31	白沙乡白沙村团坡	鲜水果；西瓜；枇杷；桃；梨；自然花；草皮；新鲜的园艺草本植物；植物园鲜草本植物；植物
14	渴忆		普安县永德经营部	2008-04-21	32	罗汉乡永德组	水（饮料）；矿泉水（饮料）；无酒精饮料；果汁；水果饮料（不含酒精）；花生牛奶（软饮料）；可乐；饮料制剂；啤酒；奶茶（非奶为主）
15	黔五龙		贵州黔五龙饮品有限公司	2008-05-29	32	江西坡镇白石村芭蕉关	水（饮料）；矿泉水（饮料）；蔬菜汁（饮料）；果汁饮料（饮料）；矿泉水；餐用矿泉水；蒸馏水（饮料）；纯净水（饮料）；汽水；豆类饮料
16	高棉	GAOMIAN	陈　震	2008-06-23	31	高棉乡石田村细寨组	核桃（新鲜）
17	保冲香	BAOCHONGXIANG	普安县三板桥镇农特产品专业合作社	2008-07-04	31	三板桥镇政府	大蒜；鲜土豆；新鲜蔬菜；蒜薹；杨梅；樱桃；枇杷；黄瓜；菊苣（生菜）；核桃（新鲜的）

续表 11-5-10

序号	商标名称（中）	商标名称（英）	商标注册人	申请日期	国际分类	申请人地址	商品服务
18	普江	PUJIANG	黔西南州富洪茶叶有限公司	2008-09-28	30	江西坡镇大田村	茶；茶叶代用品；茶饮料；蜂蜜；谷类制品；面粉制品；以谷物为主的零食小吃；以谷物为主的零食小吃；年糕；调味品；含淀粉食品
19	绿河		张应祥	2009-03-24	33	青山镇青山中学	葡萄酒；烧酒；蒸煮提取物（利口酒和烈酒）；酒（饮料）；含酒精液体；酒精饮料（啤酒除外）；蜂蜜酒；清酒；米酒；黄酒
20	洪明		卢兴林	2009-04-20	11	三板桥镇云庄村十二组	灯；压力水箱；水塔；冰箱；微波炉（厨房用具）；太阳能集热器；太阳能热水器；太阳能收集器；风扇（空气调节）；水净化装置
21	犟老头		张世海	2009-08-10	31	江西坡镇细寨村	芝麻；植物；种家禽；坚果（水果）；鲜食用菌；植物种子；猪饲料；牲畜饲料；饲料；动物饲料
22	犟老头	JIANGLAOTOU	张世海	2009-08-10	29	江西坡镇细寨村	火腿；鱼制食品；咸蛋；糖炒栗子；干食用菌；豆腐制品
23	图形商标		陈兴英	2009-11-3	29	青山镇五街四组	牛肉清汤；腌肉；牛肚；肉；腌制蔬菜；食用油；豆腐；油炸丸子；板鸭；百合干
24	雅四季	YASEASONS	袁云伟	2010-03-5	02	楼下镇堵革村下寨组	油漆；白色（染料或涂料）；防水粉（涂料）；陶瓷涂料；清漆；漆；颜料；防火漆；油漆黏合剂；刷墙粉
25	地瓜纸河酒		守正飞	2010-05-24	33	地瓜镇地瓜村梁岭子组	酒精饮料（啤酒除外）；酒（饮料）
26	无琼		罗　燃	2010-09-15	29	地瓜镇莲花村莲花组	肉；火腿；以水果为主的零食小吃；腌制蔬菜；蛋；牛奶制品；奶粉；精制坚果仁；鱼制食品；豆腐制品
27	友我香		罗　燃	2010-09-15	29	地瓜镇莲花村莲花组	肉；火腿；以水果为主的零食小吃；腌制蔬菜；蛋；牛奶制品；奶粉；精制坚果仁；鱼制食品；豆腐制品
28	黔鹿		普安县隆武鹿业发展有限责任公司	2010-09-25	33	盘水镇环城东路2号	酒精饮料（啤酒除外）；酒（饮料）；果酒（含酒精）；葡萄酒；开胃酒；烧酒；蒸馏酒精饮料；蒸馏饮料；苹果酒；米酒
29	邦大		刘　斌	2009-11-23	43	三板桥镇三板桥村十四组	住所（旅馆、供膳寄宿处）；备办宴席；自助餐厅；饭店；旅馆预订；旅游房屋出租；会议室出租
30	黔真	QIANZHEN	普安县昌隆桑蚕发展有限责任公司	2010-10-26	24	盘水镇南大街33号	被子；床罩；床单和枕套；被罩；被絮；褥子；纺织品毛巾；织物；丝织、交织图画；床上用覆盖物
31	东方精灵		黄东友	2010-11-11	25	江西坡镇白石村大经云组	袜；婴儿全套衣；游泳衣；防水服；鞋；帽；服装；手套（服装）；领带；皮带（服饰用）

续表 11-5-10

序号	商标名称（中）	商标名称（英）	商标注册人	申请日期	国际分类	申请人地址	商品服务
32	吉祥逗叮		黄东友	2010-11-11	25	江西坡镇白石村大经云组	袜；婴儿全套衣；游泳衣；防水服；鞋；帽；服装；手套（服装）；领带；皮带（服饰用）
33	竹王	W	吴锡华	2010-12-23	11	高棉乡石田村小寨组	水龙头；水暖装置；灯；水暖装置用管子零件；电暖器；沐浴用设备；空气冷却装置；水冲洗设备；浴室装置；热水器
34	宇红乌蒙山		贵州省普安县宇红生态农业有限责任公司	2010-12-24	05	盘水镇南山路65号	补药（药）；药物饮料；医用减肥茶；药茶；药用草药茶；药用根块植物；药用植物根；原料药；中药成药；药酒
35	冠紫瑶		罗光东	2010-11-23	29	罐子窖镇新元村四组	肉；鱼肉干；蔬菜罐头；腌制菌块；干食用菌；食物蛋白；精制坚果仁；牛奶；蛋；酱菜
36	阳苑		欧阳鸾	2011-02-15	30	盘水镇西街76号	糕点；叶儿粑；谷类制品；含淀粉食用油面团；以谷物为主的零食小吃；以谷物为主的零食小吃；涮羊肉调料；豆豉；辣椒油；豆酱（调味品）；豉油
37	阳苑		欧阳鸾	2011-02-15	29	盘水镇西街76号	猪肉食品；香肠；腌腊肉；蜂蛹；肉罐头；以果蔬为主的零食小吃；腌制蔬菜；食用油脂；干食用菌；豆腐制品
38	安百顺	ANBSUN	贵州省普安县百顺制衣厂	2011-04-21	25	盘水镇东街	服装；婴儿全套衣；游泳衣；手套（服装）；围巾；鞋；帽；防水服；领带；皮带（服饰用）
39	黔普	QP	马　华	2011-05-03	29	青山镇五街五组	肉；腌肉；肉干；肉罐头；以水果为主的零食小吃；腌制蔬菜；腌制菌块；精制坚果仁；干食用菌；豆腐制品
40	蛮邦贡春		普安县细寨布依人家茶叶专业合作社	2011-05-12	30	江西坡镇联盟村联盟茶厂	茶；茶叶代用品；冰茶；茶饮料；咖啡调味香料（调味品）；咖啡饮料；糖；调味品；食盐；冰糖
41	铁果脑		瓦兆飞	2011-06-14	31	高棉乡街上	树木；谷（谷类）；植物；活动物；坚果（水果）；新鲜蔬菜；植物种子；饲料；酿酒麦芽；动物栖息用品
42	松岿	SONGKUI	贵州省普安县龙泉曲酒厂	2011-06-30	33	盘水镇大湾林场	果酒（含酒精）；开胃酒；烧酒；葡萄酒；酒（利口酒）；含酒精果子饮料；米酒；清酒；青稞酒；食用酒精
43	雙辰	SHUANGCHENPAI	普安县周易农产品精加工厂	2011-08-11	30	盘水镇南山路	谷类制品；谷类碾成的粗粉；人食用的去壳谷物；面粉制品；以米为主的零食小吃；豆粉；魔芋粉；调味品；辣椒油；调味酱
44	起码砍	QIMAKAN	贵州普安盘江源茶业有限公司	2011-08-17	30	盘水镇西街	茶；红糖；糖核桃；蜂蜜；饼干；元宵；谷类制品；面条；调味品；食用淀粉

续表 11-5-10

序号	商标名称（中）	商标名称（英）	商标注册人	申请日期	国际分类	申请人地址	商品服务
45	雙辰	SHUANGCHENPAI	周恒美	2011-08-24	43	盘水镇南山东路29号	住所（旅馆、供膳寄宿处）；备办宴席；自助餐厅；餐厅；饭店；餐馆；自助餐馆；快餐馆；预订临时住宿；茶馆
46	黔茶夫	QIANCHAFU	黔西南州富洪茶叶有限公司	2011-10-27	30	江西坡镇大田村	茶；茶叶代用品；冰茶；茶饮料；茶汤面；咖啡；蜂蜜；以谷物为主的零食小吃；谷类制品；调味品
47	黔味罗酒	QIANWEILUOJIU	罗系虎	2011-10-31	33	雪浦乡老地村水桥组	果酒（含酒精）；开胃酒；烧酒；葡萄酒；酒（利口酒）；含酒精果子饮料；米酒；清酒；青稞酒；食用酒精
48	渔乐无琼	YULEWUQIONG	罗　燃	2011-11-25	29	地瓜镇莲花村莲花组	鱼片；肉干；鱼制食品；听装（罐装）鱼；水产罐头；肉片；肉罐头；贝壳类动物（非活）；腌鱼；鱼肉干
49	影岭	YINGLING	普安县飞羽制衣厂	2012-02-22	25	盘水镇普天大道C-11栋	工作服；婴儿裤（服装）；游泳帽；防水服；化装舞会用服装；浴室凉鞋；帽；披肩；腰带；浴帽
50	阁尼斯		黄　勇	2012-03-06	20	江西坡镇下山村要马田组	衣服罩（衣柜）；陈列柜（家具）；办公家具；家具；床；长沙发；学校用家具；医院用床；屏风（家具）；金属家具
51	贵康源	GUIKANGYUAN	贵州省普安县贵安茶业有限公司	2012-03-28	30	江西坡镇联盟村	茶；冰茶；茶饮料
52	普白林场		普安县国有普白林场	2012-04-25	31	青山镇金叶小区	树木；树干；未切锯木材；未加工木材；新鲜的园艺草本植物；植物；籽苗
53	普白四球古茶		普安县国有普白林场	2012-04-25	30	青山镇金叶小区	茶；冰茶；茶饮料
54	普茗		晁忠琼	2012-05-21	39	盘水镇吉园小区二栋附1号	商品包装；商品打包
55	施达	SHIDA	袁云伟	2012-05-22	2	楼下镇堵革村下寨组	油漆；清漆；底漆；油漆稀释剂；油漆黏合剂；沥青油漆；防水粉（涂料）；刷墙粉；印刷油墨；白色（染料或涂料）
56	湘黔阳光大药房		申寿华	2012-05-24	44	盘水镇西街	医疗辅助；医药咨询；保健；药剂师配药服务；疗养院；按摩；美容院；治疗服务；医疗诊所服务；医疗按摩
57	湘黔湘黔阳光大药房		申寿华	2012-05-24	35	盘水镇西街	替他人推销；进出口代理；替他人采购（替其他企业购买商品或服务）；拍卖；组织商业或广告交易会；特许经营的商业管理；广告；人事管理咨询；会计；计算机录入服务
58	岗坡	GANGPO	普安县绿坡种养殖场	2012-05-29	30	地瓜镇岗坡村	茶；茶饮料；糖；蜂蜜；糕点；米；面条；调味品；辣椒（调味品）
59	福安		贵州普安福安煤业有限公司	2012-05-24	4	楼下镇水箐村	煤；木质煤；煤球；木炭（燃料）；褐煤；煤屑（燃料）；无烟煤；焦炭；矿物燃料；易燃煤球

续表 11-5-10

序号	商标名称（中）	商标名称（英）	商标注册人	申请日期	国际分类	申请人地址	商品服务
60	夜朗王	YELEW	吴明清	2012-4-13	11	高棉乡石田村小寨组	电炊具；冷冻设备和装置；空气冷却装置；热气装置；水龙头；浴室装置；水净化装置；电暖器；打火机
61		GUIKAI	桂　凯	2012-7-16	29	楼下镇中岭村四组	肉；香肠；腌腊肉；肉干；肉罐头；干蔬菜；蛋；食用油；干食用菌；豆腐制品
62	紫添赤		普安县惠民生态乌米核桃开发有限公司	2012-08-02	31	盘水镇文笔村	坚果（水果）；新鲜水果；新鲜蔬菜；鲜食用菌；植物种子；植物；活家禽；谷（谷类）；树木；饲料

（二）注册商标专用权保护

1998—2015年，查处侵犯商品案件92起，罚没款22.99万元。查处案件中最多的是酒类侵权，并开展茅台酒专项保护行动，对超市、自选商场、烟酒副食批发经营户、宾馆、酒楼进行专项检查和整治。

1998—2015年普安县查处商标案件情况表

表 11-5-11

年份	查处案件（件）	查处情况	罚没款（元）
1998	3	查获并没收假冒墨水及商标3311瓶（张），假冒香烟40余箱（价值5万余元）	200
1999	4	收缴侵权商标商品678瓶，侵权包装袋1500个，侵权食品23700克，案值6000余元	700
2000	5	收缴侵权商品0.96吨，案值8000余元	380
2001	2	收缴侵权商品0.65吨，案值0.54万元	300
2002	2	收缴侵权酒26瓶	180
2003	1	擅自在生产销售的水泥包装袋上标注注册商标标记	3000
2004	16	没收假冒伪劣矿灯84盏、牙膏1000支、盗版光碟869片、盗版书籍72册	27950
2005	12	查获侵权假酒662瓶	35450
2006	10	查处侵权商标及仿冒他人厂名厂址	115100
2007	2	没收假酒79瓶，价值1.53万元	5480
2008	4	查处假酒41瓶，查处假冒他人注册商标专用权提供运输案、销售印制有侵犯奥林匹克标志服装案各1件	9402
2009	9	查获假酒65瓶，案值1.2万元	2000
2010	7	查缴假冒手机22部	3500
2011	1	查处酒类侵权商标案件1件	300
2012	2	没收侵权商标酒29.5瓶	1062
2013	3	查获假酒197瓶	8567
2014	1	张真进侵犯注册商标专用权案	3300
2015	8	8家企业侵犯广州宝洁公司商标专用权案	13000
合计	92	—	229871

（三）商标培育

1998年，实施商标发展战略，帮助和鼓励企业培育自主商标，指导企业健全商标管理制度，运用商标战略开拓市场。2006年，制定《普安县2006年至2015年商标发展规划》。2007年，普安县茶场培育出著名的“普天”商标。2011年，培育出著名的“雙辰牌”食用油商标，“雙辰牌”商标拥有益寿粗粮饭、粗粮米、周易土红米等10余种产品，产品远销省内外，商标品牌价值较高。2014—2015年，重点培育“普安红茶”等地理商标的前期工作，完善申报程序。

二、广告管理

（一）广告经营单位

2000年，普安县有线电视台成为全县第一家具有广告经营资格的国有事业单位，广告经营额0.2万元。2003年，具备广告经营资格的企业、个体户增加到3户，广告经营额0.6万元。2007年，具备广告经营资格的企业、个体户增加到6户，广告经营额5万元。2015年，具备广告经营资格的企业、个体户增加到36户，广告经营额980万元。

2000—2015年普安县广告经营单位情况表

表11-5-12

年份	国有事业（人）	私营企业（人）	个体工商户（户）	管理人员（人）	业务人员（人）	广告经营（万元）
2000	1	—	—	1	1	0.2
2001	1	—	—	1	1	0.3
2002	1	—	2	3	3	0.5
2003	1	—	2	3	3	0.6
2004	1	—	2	3	3	0.8
2005	1	—	2	3	3	1
2006	1	—	2	3	4	2
2007	1	—	5	6	10	5
2008	1	1	8	10	15	12
2009	1	1	8	10	15	15
2010	1	1	12	14	21	23
2011	1	2	12	15	25	150
2012	1	3	12	16	42	265
2013	1	3	21	25	76	458
2014	1	4	27	43	84	640
2015	1	6	29	51	108	980

（二）培训和年检

2000年、2001年，组织、督促县电视台广告技术人员到州工商局参加专业培训。2002年，对申请办理广告经营资格的2户个体工商户组织到州工商局参加培训，登记申报广告审查员证、广告专业技术岗位培训证书。2003年，对52名企业经理进行《中华人民共和国广告法》《户外广告登记管理规定》等相关法律法规的宣传培训。2005年，组织广告培训13次参训15人，发放资料45份。2013年，组织县电视台等3家单位到省参加广告审查员培训，发放培训证3个。2014年，组织县电视台等8家单位到省工商局、州工商局培训2次，发放培训证16个。2015年，组织县电视台等36家单位参加《中华人民共和国广告法》培训1次，召开广告联席会议1次。1998—2015年，广告经营单位年检率100%。

（三）广告监测

1998—2015年，把大众媒体广告、户外广告、印刷品广告、店堂广告纳入监测对象，共监测广告359条。

1998—2015年普安县广告监测情况表

表11-5-13　　单位：条

年份	电视广告监测
1998	—
1999	—
2000	1
2001	—
2002	—
2003	—
2004	—
2005	—
2006	—
2007	72
2008	63
2009	—
2010	6
2011	90
2012	34
2013	28
2014	31
2015	34
合计	359

（四）查处虚假违法广告

1998—2015年，加强广告监督管理，整治违法发布广告行为，规范广告发布秩序，打击欺骗和误导消费者的行为，共查处各类虚假违法广告87件，罚没款3.4万元。

1998—2015年普安县查处违法广告情况表

表11-5-14

年份	违法广告（件）	罚没款（元）
1998	4	—
1999	4	130
2000	6	200
2001	12	1710
2002	14	2160
2003	26	4550
2004	—	—
2005	2	700
2006	—	—
2007	1	800
2008	6	2100
2009	1	2500
2010	1	—
2011	—	—
2012	7	14600
2013	1	500
2014	1	3000
2015	1	1000
合计	87	34000

（五）户外广告登记

1998—2015年，受理户外广告登记210件。

第六节　经济检查

一、市场检查

1998年，开展以酒类市场检查为重点的专项大检查。2002年，组织开展保暖用品市场、农资市场、装饰材料市场、机动车机器配件市场的检查。2005年，查获1起广西玛雅生物有限公司在普安县的传销组织，没收用于非法传销的生物灵798瓶及光碟宣传资料，对非法传销代理人处罚款1200元，对涉案的5名人员进行批评教育。2008年1月，打击投机倒把行政处罚停止。

二、查处不正当竞争行为

（一）查处商业贿赂

2006年，启动治理商业贿赂。2006—2015年，共查处商业贿赂案件16件，罚没款1.74万元。

2006—2015年普安县查处商业贿赂情况表

表11-5-15

年份	查处案件（件）	罚没款（元）	年份	查处案件（件）	罚没款（元）	年份	查处案件（件）	罚没款（元）
2006	3	2500	2010	2	1600	2014	—	—
2007	3	3400	2011	—	—	2015	—	—
2008	3	4300	2012	1	500	合计	16	17400
2009	3	4600	2013	1	500			

（二）查处公用企业限制竞争

1998—2015年，对供电、供水、邮政、电信、医药等公用企业的经营行为和提供服务实行动态监管，对其履行合同、商品销售等进行不定期检查。其中2005年，通过检查和消费者举报，立案查处县石油公司利用柴油紧张之机向消费者强制搭售商品的行为，罚款1200元；对县汽车站在售票过程中强制旅客保险的行为责令改正，并处罚款2000元。

（三）查处侵犯商业秘密

1998—2015年，加强企业的诚信建设和“12315”投诉网络建设，没有接到有关侵犯商业秘密的投诉，在对企业等市场主体进行监管中未发现侵犯商业秘密的违法行为。

（四）查处其他不正当竞争

1998—2015年，把查处其他不正当竞争行为作为整顿和规范市场经济秩序的重点，重点查处假冒他人的注册商标，擅自使用知名商品特有的名称、包装、装潢，或者使用与知名商品近似的名称、包装、装潢，擅自使用他人的企业名称或者姓名，在商品上伪造或者冒用认证标志、名优标志等质量标志，对商品的质量、制作成分、性能、用途、生产者、有效期限、产地等作引人误解的虚假宣传等违法案件。共查处各种案件3012件，并处罚没款212.87万元。

1998—2015年普安县查处其他不正当竞争情况表

表11-5-16

年份	查处案件（件）	罚没款（元）	年份	查处案件（件）	罚没款（元）
1998	379	18502.5	2008	116	150000
1999	96	12330	2009	105	78000
2000	6	9795	2010	61	102180
2001	616	76497.6	2011	57	78000
2002	107	86133.2	2012	82	142600
2003	358	163000	2013	124	212261.4
2004	344	173780	2014	—	—
2005	363	221280	2015	—	—
2006	73	331057	合计	3012	2128716.7
2007	125	273300			

第七节　消费者权益保护

一、申诉举报

1998—2015年，抓好“12315”维权网络建设。建立14个消费者协会分会，在村及社区、居委会分别建立89个“12315”联络站和89个消费维权投诉站。推进“12315”行政执法体系建设，完善和创新消费维权体制、机制和手段，推进“12315”网络进商场、进超市、进市场、进企业、进农村。“12315”机构共受理消费者申诉案件266件，成功调解258件，挽回经济损失65.57万元，申诉中实施行政处罚14件。

1998—2015年普安县“12315”机构受理消费者申诉情况表

表11-5-17

年份	受理申诉（件）	调解成功（件）	挽回经济损失（万元）	年份	受理申诉（件）	调解成功（件）	挽回经济损失（万元）
1998	28	28	7	2008	17	15	0.5
1999	11	9	3.7	2009	5	5	0.4368
2000	21	20	2.05	2010	11	11	11.576
2001	19	19	2	2011	8	8	1.37
2002	11	11	10	2012	3	2	0.06
2003	51	51	0.9	2013	8	8	4.9617
2004	11	10	3.7	2014	5	5	0.1
2005	14	13	3	2015	22	22	11.81
2006	15	15	2				
2007	6	6	0.492				

二、宣传咨询服务

1998—2015年，在各个年度结合“3·15”的活动主题，以座谈会、发放宣传资料、咨询、投诉举报受理、展示假冒伪劣商品、销毁收缴的假冒伪劣商品等方式开展宣传咨询服务。共发放宣传资料10.25万份，现场接受消费者咨询500人次，现场受理投诉14件。悬挂横幅33条次，销毁各种假冒伪劣食品、不合格商品2.8吨。

第八节　政策法规工作

2009年，围绕“五五”普法教育，开展法律法规学习宣传培训，全局46名干部职工参加县工商局组织的学习培训，22人次法治骨干参加省、州组织的法律、法规知识培训；开展行政评查工作，评查企业登记许可34户，个体工商户登记许可548户，行政处罚案件57件，行政强制4件。2010年，组织普安守合同重信用企业开展“合同法规知识竞赛”；以“3·15”消费者权益日、“4·26”世界知识产权保护日、“依法行政宣传周”、五月综治宣传月活动等为契机，开展法律法规宣传咨询活动和“法律六进”（进机关、进乡村、进社区、进学校、进企业、进单位）活动。2011年，开展法制宣传、“六五”普法规划宣传活动；开展行政执法评查工作，评查企业登记许可36户，个体工商户登记许可412户，食品流通许可登记170户，户外广告登记许可1件。2014年，开展行政指导工作并报送行政指导案例，对全县工商企业及个体工商户26户进行行政指导；以“3·15”宣传日为契机，开展法治宣传、落实“六五”普法规划宣传工作。2015年，开展梳理本级机关执法依据工作，共梳理出以工商、质监、食药监部门执行的现行有效的法律法规规章266部；“三局合一”（食药局、工商局、质监局）后分三批完成执法人员资格审查和换证考试工作；开展法治宣传，落实“六五”普法规划，发放宣传资料5000余份，全方位宣传消费者权益保护各项知识，活动现场共解答消费者咨询153人次，受理消费投诉4件。

第六章　物价管理

第一节　管理机构

1998年，物价工作职能归属县工商行政管理局管理，设物价管理股。1999年7月，物价工作职能从工商行政管理局分离出来，成立普安县物价局（简称“物价局”）。2003年3月，内设办公室、检查所、价格认证中心。2006年11月，增设收费管理股、煤炭价格调节基金管理股。2009年1月，检查所升格为价格监督检查局（副科级），隶属物价局管理。2010年9月，物价局并入发改局（挂物价局牌子）。10月，煤炭价格调节基金管理办公室划转到工业和特色产业局。

第二节　价格管理

一、农副产品价格管理

1998—2015年，随着市场经济的深入，95%以上的农副产品基本由市场调节定价，国家不再出台相应价格。粮食价格购销由省物价局、粮食局制定全省一价，粮食销售价格执行顺价作价，全面放开，由粮食局自定，不允许亏损、不准挂牌销售，作价办法改倒扣为顺扣。烤烟收购价执行全省一价。

二、生产资料价格管理

1999年，化肥零售价格放开。2001年，种子价格基本由市场调节，实行最高限价，杂交水稻种冈优725、金优725、特优559号的最高零售价为22元／千克，Ⅱ优718、Ⅱ优7、Ⅱ优725、Ⅱ优多系、K优5、K优527号的最高零售价为18元／千克；杂交玉米种三交种（兴市三1号）最高零售价为8元／千克，单交种（兴黄单892、兴黄单941、亚单11、兴市单3号）最高零售价为10元／千克，兴单8号最高零售价为16元／千克。杂交水稻、玉米种子价格，2000年经物价部门核定全县一价，良种价格为9元／千克；2001年3月21日，执行州物价局审批的良种价格，为10元／千克。2003年，从湖南调进的汕优46、特优559、汕优63，从四川调进的汕优10号、岗优881号，从江苏调进的汕优46、特优1012号杂交水稻种子的最高零售价为22元／千克；普单三号杂交玉米种子的最高零售价为10/千克，普单一号杂交玉米种子的最高零售价为13/千克。2004年7月，对尿素等生产资料实行最高限价，兴义化工厂生产的尿素最高限价为69元／包（40千克），赤天化生产的尿素最高限价为72元／包。2005年，尿素出厂价1725元／吨，零售价77.60元／包；复混肥（氮、磷、钾总含量25%）出厂价为988元／吨，零售价42元／包；碳氨出厂价521.80元／吨，零售价24元／包。

三、工业品价格管理

1998年，实施成品油价格改革，取消地区差价，实行全省一价，城乡一价。电力价格分省网价、地网价，省网价格执行省物价局、电力工业局制定的价格，地网价格主要是供应农村用户，价格在0.50～1.00元／千瓦时。1999年，对农村分类综合到户电价实行全县统一价，且最高限价为0.72元／千瓦时（含三峡基金）。2000年，电价执行0.324元／千瓦时，成品油由省物价局分片区定价。2001年，农村电价除25个边远自然村寨农村到户电价高于国家规定的标准（0.73～1.40元／千瓦时）外，其余电价都在0.30～0.72元／千瓦时。2002年，电价0.4556元／千瓦时。2003—2013年，为控制高耗能用电，对高耗能企业实行分类电价。2004年6月，对县城液化气价格进行规范，批发价格为气净重14千克装62元／瓶，零售价格14千克装为68元／瓶。2005年，实施城区“一户一表”改造工程中，向用户收费的标准批复为最高价429元／户。

四、水价管理

1999年，县城所在地水价由州物价局收回制订，实行标准为1.55元／立方米；乡镇水价由县物价部门批准实施。2001年4月，楼下镇水价调整为生活用水1.30元／立方米（含污水处理费0.05元／立方米），生产经营用水2.20元／立方米（含污水处理费1.10元／立方米），特种行业、建筑业用水3.00元／立方米（含污水处理费0.10元／立方米），白沙人饮工程水价收费调整0.80元／立方米（含污水处理费0.05元／立方米），其余乡镇政府所在地居民生活用水价格为0.75～1.30元／立方米。2003年7月，县城居民生活用水2.3元／立方米（含学校、驻军、监狱、敬老院、市政、环卫、绿化用水、医院、幼儿园等），工业、行政事业办公用水2.8元／立方米，特种行业、建筑业用水3.5元／吨，经营服务业用水3.00元／立方米，污水处理费0.2元／立方米。2009年9月，县城居民生活用水污水处理费标准调整为0.60元／立方米。2011年4月，青山镇居民生活用水2.20元／立方米，非居民用水3.60元／立方米，特种用水4.00元／立方米。2011年4月，楼下镇居民生活用水2.10元／立方米，非居民用水3.00元／立方米，特种行业用水3.50元／立方米。其他乡镇居民生活用水2.00元／立方米，非居民生活用水3.00元／立方米，特种行业用水3.50元／立方米。

第三节　收费管理

一、行政事业性收费管理

普安县收费管理组织机构主要是由政府物价管理部门及其业务主管部门、财政部门组成。行政性收费由财政部门立项，政府物价部门管理；随着改革开放的发展，政府物价管理部门逐步将部分经营性收费管理权限下放给业务主管部门或经营者。按照“收支两条线”原则，根据受益程度和成本多少，合理制定收费标准。涉及范围主要有教育、公安、医疗卫生、环境保护等部门。在行政事业性收费管理方面，逐步建立比较合理的价格审批管理机制、价格审批和价格监督检查相结合的运行机制，把政府价格管理职能转到经济调节、社会管理和公共服务上来。针对各个部门的收费特点，合理确定收费标准。2006年2月，批准楼下镇城管中队收取临时停车费。4月，批准矿山救护大队收取县内煤矿企业服务费（按矿井设计年生产能力0.8元／吨·年）。2010年6月，批准窝沿乡人民政府收取垃圾处理费。2012年3月，调整收取县城生活垃圾处理费。

二、经营性收费管理

对经营性收费的管理，主要是规范其收费行为，制定和调整收费政策，加大实施收费监督检查，对经营性收费中出现的物价纠纷进行协调、仲裁。

邮政电信资费　2001年，批准邮政局在部分乡镇开展延伸服务收费，其中汇兑金额在999元以下每笔收取延伸服务费5元，汇兑金额在1000元以上每笔收取延伸服务费10元。电信资费按国内公众电信业务资费标准执行，电话初装费按标准每部为760元，普安县实际执行标准为198元，基本月租费甲种7.60元／月，乙种12元／月，通话费用严格控制在规定的标准内。4月21日，电信资费按国家新的标准执行。2004年5月5日，批准邮政局邮政送款业务收费，其中江西坡、罐子窑2个镇在1000元以下（不含1000元）每笔按1%收取（最高收取6元），1000元以上（含1000元）每笔收取10元；地瓜镇1000元以下（不含1000元）每笔按1%收取，最高收取5元；1000元以上（含1000元）每笔收取10元。2007年5月，批准邮政普通包裹、印刷品投递到户延伸服务收费，包裹重量在2500克（含2500克）以下的投递上门按3元/件收取延伸服务费，包裹重量在2501～6000克（含6000克）投递上门按5元/件收取延伸服务费，包裹重量在6000克以上的投递上门按8元/件收取延伸服务费，保管费另计。300克以上实行局内投交的印刷品，不收取保管费，投递上门按1元/件收取。

其他经营性收费 2007年7月，批准三板桥阳光学校收费标准。2009年6月，批准普天学校调整收费标准。2010年2月，批准农村道路客运价格调整。8月，批准物业管理公司“天和人家”停车场收取停车费。9月，批准天成劳动服务部收取停车费。10月，批准物业管理公司收取盘水镇安居小区物业管理费标准。2011年6月，批准青山文达学校学杂费收费、窝沿乡振兴实验学校收费、三板桥阳光学校收费标准，批准盘水镇人民政府、文体旅广局收取车辆停放服务费。7月，批准惠安大厦停车场收取停车服务费。2012年3月，批准窝沿乡文武实验学校收费标准。7月，批准楼下镇博文学校、盘水镇新星幼儿园收费标准。9月，批准楼下镇新风学校收费标准。2013年1月，批准楼下镇糯东矿区育才学校收费标准。

三、收费许可证年度审验

2002年，开展涉农价格、涉农收费公示，制定《普安县涉农价格和税费公示牌》210块，公示14个乡镇171个行政村和14个教育辅导站及其他收费单位。2006年，对收费许可证进行变更。2008年，做好收费项目、标准的变更登记（如民用爆破器材配送服务及销售价格等）。2010年，对85个收费单位进行统计，录入行政事业性收费单位、收费项目信息。2013年，核实各单位收费项目的范围、标准及监督管理。2014年，收费许可证由市场监管局统一审验。

1998—2013年，每年均对具有行政事业性收费行为的单位收费项目进行梳理，对行政事业单位的收费金额进行审核。年审中对群众反映强烈、政府管理部门收取的咨询费、管理费、加班费等收费项目进行重点审查，规范政府管理部门的收费行为，取消收费项目257个，降低项目收费标准30个。

1998—2013年普安县行政事业性收费情况表

表11-6-1

年份	年审单位（个）	收费金额（万元）	取消收费项目（个）	降低收费项目标准（个）
1998	72	—	—	—
1999	76	—	—	—
2000	168	—	—	—
2001	123	—	21	9
2002	125	—	5	—
2003	130	—	3	4
2004	140	—	3	—
2005	100	—	9	—
2006	135	—	26	—
2007	135	222.05	—	—
2008	98	405.21	—	—
2009	78	225064	100	—
2010	82	570.86	36	1
2011	78	663.64	—	—

续表11-6-1

年份	年审单位（个）	收费金额（万元）	取消收费项目（个）	降低收费项目标准（个）
2012	77	1112.56	20	10
2013	102	1126.11	34	6
合计	1719	229164.43	257	30

四、物价部门收费标准

许可证年审收费　对具有收费行为的单位，按规定办理贵州省收费许可证，许可证每年由县物价部门进行年审。年审时按规定收取审查费用：接受年审单位收费总额在100万元以上（含100万元）的收取年审费800元，收费总额在50万～99万元的收取年审费400元，收费总额在20万～49万元的收取年审费200元，收费总额在19万元以下的收取年审费50元。

价格评估收费　对申请资产价格鉴定的，按规定收取费用：最低起点为每次50元，10万元以下按1%计收，10万～100万元的按0.5%计收，100万～1000万元的按0.25%计收，1000万～5000万元的按0.08%计收，5000万元以上的按0.03%计收。

第四节　物价监督检查

一、物价检查

1998—2015年，根据省、州物价部门安排的检查和组织举报、县境内收费行为进行检查，重点组织对涉农收费、医疗服务收费、教育收费、电力价格、涉企收费等与人民群众生活密切相关的专项检查，价格违法案件处理质量连年上升，行政复议案件为零。查处医疗服务机构、学校、供电系统、供水部门、国土部门、建设部门违规收取费用210.67万元。2014—2015年，做好明码标价跟踪督查工作，对全县4家私人医院、10多所私立学校和幼儿园等进行收费督查；按时上报各类监测报表，及时对举报案件进行查处，共查处各类案件5件，处罚金额250元。

1998—2015年普安县物价检查案件处理情况表

表11-6-2　　单位：元

年份	查处案件	涉案金额
1998	县医院、中医院提高药品价格、人事局违规收费	8216.54
1999	违规提高药品及医疗服务价格、学校违规收费	139200
2000	学校违规收费	103100
2001	学校违规收费	219000
2002	学校、青山供水公司违规收费	64100
2003	价格违法案件3起	24200
2004	中医院、县医院、供电局、青山电力公司违规收费	265000
2005	违规收取下岗失业人员经营、农民建房和农民进城务工费用、汽车站违规收费	32470
2006	学校、供电系统违规收费	253000
2007	查处学校违规收费案件10起	68000
2008	学校违规收费、医疗服务违规收费和提高药品价格	130500

续表11-6-2

年份	查处案件	涉案金额
2009	国土、建设部门违规收费	537400
2010	涉及违规收费、学校违规收费	252500
2011	医疗违法案件17件	10000
2014	对全县4家私人医院、10多所私立学校和幼儿园等进行收费督查工作	—
2015	对举报案件进行查处，共查处各类案件5件	250
合计		2106936.54

说明：2012—2013年，通过各项检查，未发现违规收费行为

二、价格投诉举报

1998—2015年，收到价格投诉举报电话10起，涉及金额4.48万元，全部进行处理。“12358”价格举报系统于2014年12月26日正式割接，2015年1月1日正式运行。半年共接各类举报18件，其中举报件10件、无效举报件3件、咨询件5件，全部在规定时间进行处理。

三、明码标价

1998—2015年，对在县境内的所有商品、服务收费都必须实行明码标价，标价笺颜色为蓝色，由州物价检查所监制。

2011年5月起，对商品房价格实行明码标价，一套一标，并进行备份制。

第五节　价格服务

一、价格鉴定

1998—2015年，为司法机关、行政执法机关的各类案件进行评估鉴定，参与处理重大项目、单位体制改革等价格鉴定，共受委托鉴定案件951件，涉及鉴定标的4.21亿元。其中2006年，常年参加楼下因开展煤炭对群众造成的损失进行鉴定。2015年，总计鉴定案件59起，涉标金额总计5145万余元。其中刑事案件29起，涉标金额188万余元；行政案件6起，涉标金额71万元；民事案件1起，涉标金额81.5万余元；价格认证23件，涉标金额4805万元。

1998—2015年普安县价格鉴定情况表

表11-6-3

年份	鉴定案件（起）	鉴定标的（万元）	年份	鉴定案件（起）	鉴定标的（万元）	年份	鉴定案件（起）	鉴定标的（万元）
1998	8	8.95	2005	42	294.18	2012	126	1386
1999	15	170	2006	64	2040.64	2013	95	3652
2000	18	86.99	2007	55	362.11	2014	57	4545
2001	22	107.93	2008	64	10100	2015	59	5145
2002	20	57.5	2009	71	2085.97	合计	951	42125.92
2003	15	23.62	2010	92	2373.32			
2004	34	115.71	2011	94	9571			

二、价格咨询

1998—2015年，在价格咨询服务方面主要开展决策论证、反馈分析、价格测算、优化管理、行情通报、预测趋势、业务指导、维护权益、专业培训、宣传解释等。

第六节　煤炭价格调节基金

2004年12月，启动煤炭价格调节基金的征收，具体由物价部门负责。2004年12月8日至2005年4月30日，普安县设置三板桥验票点，征收煤炭价格调节基金33.88万元，全额上缴州基金办。2005年5月，改州统一征收为县统一征收，全县共设立验票点13个，2005年，征收煤炭价格调节基金4486.81万元，其中上缴省基金专户1253.31万元，州835.54万元，县级留存2088.85万元。2006年，征收煤炭价格调节基金7658.4万元，其中提取代征手续费468.4万元，上解省级基金专户2157万元，州级基金专户1438万元，县级留存3595万元。2007年，征收煤炭价格调节基金6265.27万元，其中提取代征手续费432.01万元，上解省级基金专户1749.98万元，州级基金专户1166.65万元，县级留存2916.63万元。2008年，征收煤炭价格调节基金6481.05万元，其中提取代征手续费324.05万元，解缴总额6157万元，其中解省1847.1万元，解州1231.4万元，县级留存3078.50万元。2009年，征收煤炭价格调节基金3765.03万元，其中提取代征手续费320.73万元，解缴总额3444.3万元，其中解省1033.29万元，解州688.86万元，县级留存1722.15万元。2010年，煤炭价格调节基金征收总额9020.70万元，代征手续费916.54万元，解缴总额8104.16万元，其中解省2431.2万元，解州1620.83万元，县级留存4052.08万元。2011年上半年，征收煤炭价格调节基金6231.74万元，解缴总额5920.16万元，其中解省1776.05万元，解州1922.88万元，县级留存2221.23万元。2005—2010年，普安县煤炭价格调节基金征管工作获省、州煤炭价格调节基金管理委员会表彰为一等奖。2011年11月，煤炭价格调节基金管理职能整体划转县工特局。

第七章　质量技术监督管理

第一节　管理机构

一、县质监局

1998年，普安县技术监督局与县物价局、县工商局合并办公，在县工商局下设技术监督股。1999年7月，普安县质量技术监督局（简称“县质监局”）与县工商局分离单独设置，实行省垂直管理。2001年7月，内设办公室、业务股、安全股，核定编制7名。2011年12月，下设办公室、业务股、稽查队、检测所。2014年12月，机构改革，普安县质量技术监督局与普安县工商行政管理局、普安县卫生和食品药品监管局的食品药品监管职能合并，组建普安县市场监督管理局。2015年初，普安县质量技术监督管理局全体人员及财产正式划拨到普安县市场监督管理局。

二、检测所

2000年1月，县计量测试所与质量监督检验所合并组建站股级事业单位的质量技术监督检测所（简称“检测所”），隶属县质监局，核定编制7名，其中行政管理人员2名，专业技术人员5名。2015年，质量技术检测所共有在职人员5人，其中所长1人，副所长1人，技术员3人，均持有相关检定资质。

第二节　质量监督管理

一、“质量兴县”活动

2004年1月，周易纯天然鸡枞油厂生产的普安鸡枞油获国家知识产权局授予的发明专利。2009年9月，确定充分挖掘县内优势资源，争创名牌产品。2010年1月，周易纯天然鸡枞油厂生产的普安鸡枞油入选《中国土特产大全》。2011年11月，周易纯天然鸡枞油厂的“雙辰牌”商标被认定为贵州省著名商标。2013年12月，“雙辰牌”鸡枞油获贵州省名牌产品称号，实现普安县贵州省名牌产品零的突破。同年6月，将普安县供销社绿河酒厂列为普安县白酒生产许可申报单位，开展白酒生产许可申报工作。将江西坡工业区申报贵州省知名品牌创建示范区，作为黔西南州唯一通过州级审核的申报单位。

1998—2015年普安县“质量兴县”项目获荣誉称号情况表

表11-7-1

年份	单位（产品）	荣誉称号
2008	雙辰牌鸡枞油（周易农产品精加工厂）	黔西南州优质农产品
2010	富洪茶叶有限公司	省级重点农业龙头企业
	普江翠芽（富洪茶叶有限公司）	上海17届茶文化节金奖
	普江毛尖（富洪茶叶有限公司）	上海17届茶文化节金奖
	普江碧螺春（富洪茶叶有限公司）	上海17届茶文化节金奖
2011	富洪茶叶有限公司	省重点扶贫龙头企业
2012	黔五龙饮品有限公司	州级“守合同、重信用”单位
	周易农产品精加工厂	州级“守合同、重信用”单位
		州级扶贫龙头企业
	青山清真牛干巴厂	州级龙头企业
	江西坡镇白水冲茶厂	州级龙头企业
2013	富洪茶叶有限公司	黔西南州优质农产品
	贵安茶业有限公司	州级扶贫龙头企业
	雙辰牌鸡枞油	贵州省名牌产品
		黔西南州优质农产品
	朗通茶叶发展有限责任公司	州级扶贫龙头企业
	周易农产品精加工厂	州级龙头企业
	宏鑫茶业发展有限公司	州级扶贫龙头企业
		州级龙头企业
		企业信用评价AAA级信用企业（贵州省最佳信用企业）
2014	无	
2015	无	

二、食品生产许可证管理

2008年6月，黔西南州富洪茶业有限公司申办生产许可证成功，为普安县第一家获证食品生产企业。之后，辖区内各食品生产单位陆续开始申办生产许可证。2015年，全县共有19家企业成功申办生产许可证，涉及粮食加工品、调味品、肉制品、饮料、茶叶及相关制品。

2008—2015年普安县获得食品生产许可证企业名单

表11-7-2

年份	企业名称	申证单元
2008	黔西南州富洪茶叶有限公司 贵州黔五龙饮品有限公司	茶叶（绿茶） 饮料（瓶桶装饮用水）
2009	贵州省普安县青山清真牛干巴厂 周易纯天然鸡纵油厂	肉制品（腌腊肉制品） 调味料（半固态）
2011	普安县江西坡镇朗通茶叶发展有限责任公司 黔西南州富洪茶叶有限公司（换证） 贵州黔五龙饮品有限公司（换证）	茶叶（绿茶） 茶叶（绿茶） 饮料（瓶桶装饮用水）
2012	贵州省普安县贵安茶业有限公司 普安县江西坡镇白水冲茶厂 普安县周易农产品精加工厂（迁址、换证） 贵州省普安县青山清真牛干巴厂（换证）	茶叶（绿茶） 茶叶（绿茶） 调味料（半固态） 肉制品（腌腊肉制品）
2013	贵州省普安县冠紫瑶特色食品厂 普安县青山五月天池山泉有限公司 普安县深山山泉饮用水厂 普安县夜郎水饮品开发有限责任公司 普安县宏鑫茶业开发有限公司 普安县周易农产品精加工厂 普安县周易农产品精加工厂	肉制品（熏煮香肠火腿制品） 饮料（瓶桶装饮用水） 饮料（瓶桶装饮用水） 饮料（瓶桶装饮用水） 茶叶（红茶） 粮食加工品（大米） 其他粮食加工品（谷物碾磨加工品）
2014	贵州资轻松天然食品有限公司 贵州黔五龙饮品有限公司（换证）	饮料（蛋白饮料类） 饮料（瓶桶装饮用水类）
2015	普安县金笔山泉有限公司 普安县江西坡镇白水冲茶叶有限公司 贵州美人芋农业发展有限公司 普安县江西坡镇朗通茶叶发展有限责任公司（换证） 贵州苗岭药业种植有限责任公司 普安县周易农产品精加工厂（换证）	饮料（瓶桶装饮用水） 茶叶（绿茶、红茶） 淀粉及淀粉制品（淀粉） 茶业（绿茶） 含茶制品和代用茶（代用茶） 调味料（半固态）

三、质量监督

1999—2015年，对化妆品、建材（水泥、砖、腻子粉）、农资化肥、食品（糕点、茶叶、饮用水、菜油、白酒、牛干巴）等产品开展质量监督执法检查。对相关产品进行抽样送检，共抽样送检2636批次，合格率96.3%。对抽样送检不合格的产品，严格按要求进行整改，直至复检合格。

第三节　计　量

一、民生计量

2008—2009年，开展“关注民生、计量惠民”专项行动，以“四个走进”（诚信计量进市场、健康计量进医院、光明计量进镜店、服务计量进社区乡镇）推动民生计量工作，集贸市场在用衡器累计受检286台次，医用强检计量器具受检142台（件），眼镜店在用验光配镜用强检计量器具受检12台（件），加油站计量器具受检96枪次，开展免费计量检定198台次。实现医疗卫生单位在用医用强检计量器具、眼镜店在用验光配镜用强检计量器具受检率100%，社区乡镇群众送检的生活用计量器具100%进行免费计量检测。2010—2012年，开展“推进诚信计量、建设和谐城乡”行动，引导并完成1家集贸市场、2家加油站、1家餐饮业、3家商店、1家医院、1家眼镜店实现诚信计量自我承诺并公示社会，初步形成“以经营者自我承诺为主、政府部门推动为辅、社会各界监督”的三位一体诚信计量运行机制。2013年，开展“计量惠民生、诚信促和谐”双十工程，2家餐饮业、3家超市、2家配镜店实现诚信计量自我承诺，为6所中小学校、4个社区乡镇提供免费计量服务，查处计量违法案件6件。2014—2015年，共与38家单位签订诚信计量自我承诺书，重点培育1家计重收费为诚信计量承诺示范单位，为8家中小学校、2个社区提供免费计量服务，共免费检定台秤、电子秤34台，血压计18台。

二、能源计量

开展能源计量工作，建立重点耗能企业能源计量工作档案。2013年，全县仅有普天电冶有限公司1家5000吨标煤能耗企业，对其进行能源计量审查。2014年，普天电冶有限公司倒闭，全县无符合能源计量审查的重点耗能企业。

三、计量检定

1998年1月至2005年4月，计量检定工作主要以杆秤、台案秤检定为主。2005年5月至2013年12月，对煤矿、混凝土搅拌站、电石厂、水泥厂等大型厂矿和煤检站、验票站等场所使用的地磅进行检定，2013年全县有地磅21台。

2005年9月至2013年12月，对烤烟收购站使用的台秤进行检定，2013年12月烤烟收购站使用计量器具更换为电子台秤。

2006年3月至2015年12月，开展血压计检定。

2010年6月起，对辖区内加油站使用的加油机进行计量检定。

2014年，检定加油机加油枪46枪次，地磅4台次，电子秤2台次。

2015年，市场监督管理局检定资质过期，未开展检定工作。

四、计量监督

1999年6月，停止生产、经销杆秤，对县内杆秤经销单位进行清理；开展农村专项计量执法监督检查。8月，以衡器、电能表、水表、压力表为重点，开展流通领域经营销售的计量器具专项监督检查。2001年8月，对烟叶站收购烤烟的计量器具进行规范清理，要求收购烤烟前所有计量器具必须进行强制检定。2002年8月，对金桥市场内各固定摊点禁止使用杆秤。2005年1月，转变计量工作监管模式，对集贸市场的小型衡器以执法监督为主，企事业单位的大型衡器以执法促进计量检定为主。2006年7月，与有资质机构联合对电信、移动、联通3个公司终端计时计费器检定，合格率89.1%。2006年，开展矿用安全计量器具检验督查，矿用安全计量器具受检率21%，2013年提高到90%。2014—2015年，共检查煤矿企业19家，检查安全防护用强检计量器具（甲烷测定器，瓦斯报警器，CO、CO_2测定仪，粉尘测量仪，矿用风速表等）1106台件，合格率93%；检查新建在建小区5个，共检查水表1299块；开展县域检测机构检查3次，检查机动检测公司2家，实验室1家；检查加油站5家、超市5家、企业25家，重点检查大米、面条、食用油、调味料、化肥、种子、电线电缆等7大类重点定量包装商品83种，打击缺斤短两、欺骗消费等计量违法行为。

2006—2012年，立案查处矿用安全计量器具违法案件61件。2013—2015年实现零立案。

1999年起，开展商品包装计量监督专项检查，以食品、建材、农资产品等定量包装生产、销售单位为重点，逐年开展定量包装专项检查。

第四节　特种设备和食品安全管理

一、特种设备安全监察

1999年，全县有特种设备锅炉6台。2015年，纳入监管特种设备132台，其中锅炉18台，起重机械40台，电梯49台，压力容器25台。

2001年7月，查处第一起特种设备违法案件（锅炉超期未检）。2015年，全县共立案查处特种设备违法案件41件。

2003年，普安县液化气充装站成立，有储气罐2个，自有气瓶1000只。2015年，液化气充装站有储气罐4个，自有气瓶7200只，供应点增加到16个，覆盖全县14个乡镇。

2006年9月，省质监系统金质工程特种设备监督管理平台启用，实现特种设备信息全省联网、动态管理。2013年4月，制定《关于进一步加强特种设备安全工作的实施意见》，县属各乡镇及相关职能部门与县政府签订普安县特种设备安全工作责任书，"乡镇日常监管，行业安全管理、质监安全监察、企业全面负责、社会监督支持"的特种设备安全大监管工作格局初步形成。

二、食品安全监管

2004年2月，将由卫生部门承担的生产加工环节的食品卫生监管职能划归质检部门。2006年7月，落实食品安全区域监管责任，以乡镇为监管单位，初步形成部门与乡镇齐抓共管的局面。2008年6月，黔西南州富洪茶业有限公司获食品生产许可证，成为全县第一家食品生产获证企业。2010年1月，质监系统启用贵州省食品生产环节动态监管系统，2月县质监局动态监管系统投用，10月食品生产企业通过企业平台完成企业信息录入，实现企业信息全面联网，动态监管。2012年4月，开展食品安全生产示范企业创建活动，12月青山清真牛干巴厂获"食品安全生产示范企业"称号。9月3日，普安县食品生产行业商会成立，食品生产向行业自律发展迈出重要一步。12月，开展食品生产微型企业审批前场地审查，对31家申办微型企业食品生产小作坊场地进行审查。2013年4月，《贵州省食品安全条例》出台，对44家食品生产加工小作坊进行备案登记。2014年，办理食品生产小作坊备案登记证56份，检查（卫星定位）食品生产加工企业（小作坊）56次。2015年，全县有食品生产获证企业13家，纳入监管小作坊85个。

1999—2015年，配合省、州质监局开展食品安全监督抽检及风险监抽，共抽取各类样品2677批次送检，检验合格率97%。对食品生产单位实行分级管理，按安全等级类别要求巡查频次开展食品生产单位安全巡查，检查食品生产单位4225家次，通过系统定位774次。开展食品安全专项整治活动512次。县辖区内未发生食品生产安全事故。

第五节　标准化监督管理

一、产品标准制订和备案登记

1999—2015年，帮扶指导企业制定企业标准5个，经省卫生厅备案4个（Q/JZY0001S-2011《鸡纵油》、Q/QNGB0001S-2011《清真牛干巴》、Q/QNGB0001S-2012《清真牛干巴》、Q/PAXC0001S-2012《鸡纵油》）。登记企业使用标准673份，涉及食品企业、沙厂、砖石厂、水泥厂等行业。2015年，组织制定《地理标志　普安红茶》《地理标志　普安四球茶》2个地方标准，取消产品标准备案登记，改为企业标准自我声明，指导帮扶企业进行产品执行标准自我公开声明4家。

二、产品标准实施监督及标准覆盖

开展工业产品标准实施监督。2001年12月，获得省级消灭无标生产验收达标县称号。2015年10月，对180家生产单位进行抽样调查，执行和部分执行各级标准的生产单位172家，产品标准覆盖率95.6%。对茶叶生产企业进行产品执行标准调查，共调查4家获证企业，产品标准覆盖率100%。

三、农业标准化

2013年年初，筹备普安县茶叶种植标准化示范区创建工作。7月，申报资料通过州质监局审核上报省质监局。2014年6月，贵州省质监局正式批准创建普安县茶叶种植标准化示范区，并按照计划有序完成各项工作。2015年，持续完成普安县茶叶种植标准化示范区建设工作。

第六节　组织机构代码管理和认证认可

一、组织机构代码管理

1999年，启动实施组织机构代码证书年检，注销不存在的组织机构。2000年12月，启用全国组织机构代码信息管理系统，实现微机管理并与省质监局联网，结束代码手工办理历史。

1999—2015年，受理申办并发出组织机构代码证1647份，处理代码业务8521条。

2012—2015年，免费为微型企业办理机构代码证255份，减免办证金额2.75万元。2015年10月，全面实施“三证合一”（工商营业执照、组织机构代码证和税务登记证三证合为一证），组织机构代码不再单独办理。

二、认证认可

2013年6月，普安县杨忠国中空玻璃厂获3C认证，普安县周易农产品精加工厂获ISO 9001:2008质量管理体系认证、ISO 14001:2004环境管理体系认证、GB/T28001-2011 idt OHSAS 18001:2007职业健康安全管理体系认证。2013年8月，普安县宏鑫茶叶有限公司下属生态茶园生产的茶叶鲜叶获有机转换产品认证，普安县万象养殖公司获有机农产品认证。

第七节　市场经济秩序整治和技术检测

一、市场经济秩序整治

2003—2015年，开展农资、建材、食品、电器、汽配等打假治劣专项活动532次，特种设备、计量、认证认可等执法检查3250次，立案查处违法案件396件（质量违法案件117件，计量违法案件147件，特种设备违法案件52件，食品生产违法案件80件），申请法院强制执行3件，受理投诉158件。

二、技术检测

2000年2月，建立衡器检定标准。2006年3月，建立血压计检定标准。2009年9月，组建食品检测室并通过省级实验室认证，检定范围为白酒、糕点相关指标。2010年6月，建立加油机检定标准。

1998—2015年，开展计量器具免费检定服务1722台次，完成计量器具强制检定4268台（件）。

第八章　安全生产监督管理

第一节　管理机构

一、县安监局

2005年3月，设立普安县安全生产监督管理局（简称“县安监局”），下设行政事务股、政策法规股、安全生产协调股、综合监管股。2007年，下设行政事务股、安全生产协调股、政策法规股、综合监督管理股、煤矿安全监督管理股、职业卫生安全监督管理股、危险化学品安全监督管理股、安全生产培训管理中心。2010年，下设办公室、政策法规股、协调股、综合监督管理股、煤矿安全监督管理股、职业卫生安全监督管理股、危险化学品安全监督管理股、监察室、矿山救护队、安全生产执法监察大队、网络监控管理中心、安全生产应急救援中心、安全生产培训管理中心、驻矿安监员办公室。2014年，下设办公室、政策法规股、协调股、安全生产综合监督管理股、非煤矿山安全监管股、煤矿安全监督管理股、职业卫生安全监督管理股、危险化学品安全监督管理股、监察室、矿山救护队、安全生产执法监察大队、安全生产应急救援中心、安全生产培训管理中心、煤矿安全生产监督管理中心。

二、片区安监站

2007年，设立楼下片区安监站、青山片区安监站、地瓜片区安监站、盘水片区安监站、罐子窑片区安监站、龙吟片区安监站。2012年，片区安监站划转到各乡镇成立乡镇安全生产监督管理站。

第二节　监督管理

一、煤矿安全监督管理

2006年3月，全县通过开展煤矿整顿和煤炭资源整合，煤矿矿井数量由44对整合为25对。煤矿安全生产采取包片包矿等形式，以“治大隐患、防大事故”为突破口，按照“一般隐患实行登记管理，重大隐患必须实行挂牌督办，每7天至少开展1次隐患排查，排查必须有记录，排查出的隐患必须落实专人负责，隐患整改完毕实行销号”的隐患排查治理要求，加强隐患排查治理、开展违法违规专项整治和综合督查。

2005—2015年，累计检查煤矿4612井（次）（不含配合上级安监部门、贵州煤监局盘江分局和县相关部门联合检查次数），查处事故隐患2.18万条，下达行政执法文书7709份，依法对226对（次）主体责任落实不到位、存在重大安全隐患的煤矿做出罚款、停产整顿等行政处罚。全县煤矿发生生产安全事故84起，死亡126人。

2005—2015年普安县煤矿安全监督管理情况表

表11-8-1

年份	检查次数（次）	排查隐患（条）	下达文书（份）	行政处罚（起）	煤矿事故（起）	死亡人数（人）
2005	71	350	71	2	18	29
2006	230	2248	400	21	14	16

续表 11-8-1

年份	检查次数（次）	排查隐患（条）	下达文书（份）	行政处罚（起）	煤矿事故（起）	死亡人数（人）
2007	200	900	340	30	13	17
2008	649	1877	710	8	10	11
2009	431	2135	803	12	10	11
2010	437	1785	607	23	7	10
2011	378	1425	453	23	3	2
2012	573	2950	1309	25	6	9
2013	540	2311	1007	27	2	8
2014	662	3762	1265	38	0	0
2015	441	2043	744	17	1	13
合计	4612	21786	7709	226	84	126

二、金属非金属矿山安全监督管理

2005—2015年，适时对非煤矿山、尾矿库等开展日常监管和专项排查整治，对县域冶金、建材企业等生产经营单位安全隐患进行重点督查，检查金属非金属矿山、工贸企业及尾矿库3979个（次），查处安全隐患3713条，下达行政执法文书4067份，行政处罚95个（次），依法提请关闭不具备安全生产条件、资源枯竭金属非金属矿山19家。2011—2015年，在金属非金属矿山推进安全质量标准化建设，完成标准化建设企业100家。

2005—2015年普安县金属非金属矿山安全监督管理情况表

表 11-8-2

年份	检查次数（次）	排查隐患（条）	下达文书（份）	行政处罚（个/次）	提请关闭（家）	标准化建设（家）
2005	33	87	22	3	—	—
2006	119	278	89	11	3	—
2007	175	262	152	29	—	—
2008	511	655	783	18	—	—
2009	762	502	861	14	—	—
2010	611	341	588	3	—	—
2011	586	503	731	1	—	37
2012	298	549	386	10	4	12
2013	293	276	223	6	7	15
2014	367	192	93	0	5	36
2015	224	68	139	0	—	—
合计	3979	3713	4067	95	19	100

三、烟花爆竹及危险化学品安全监督管理

2005—2015年，联合公安、工商、质监等部门，采取专项整治、联合执法、综合督查等方式，对烟花爆竹批发企业和零售网点进行清理排查，对非法生产、销售烟花爆竹、危险化学品进行整治，规范烟花爆竹和危险化学品生产经营秩序。做好烟花爆竹经营（零售）点经营许可证申办资格审查、换证。联合公安、消防等部门对危险品生产和经营单位开展联合执法检查，规范危险化学品领域安全生产和经营秩序。累计检查烟花爆竹及危险化学品生产经营单位8774个（次），查处隐患1610条，依法没收非法生产、经营烟花爆竹成品共计1.52万团并全部移交公安机关进行集中销毁。

2005—2015年普安县烟花爆竹及危险化学品安全监督管理情况表

表11-8-3

年份	烟花爆竹零售户（户）	检查次数（次）	排查隐患（条）	下达文书（份）	行政处罚（起）	没收、销毁烟花爆竹（团）
2005	112	120	63	45	1	243
2006	122	305	250	100	13	2000
2007	126	449	251	122	2	1107
2008	129	883	118	80	4	719
2009	160	1333	256	521	3	1810
2010	231	1017	222	276	2	6140
2011	262	254	99	129	9	689
2012	310	802	42	78	1	420
2013	194	804	76	98	2	589
2014	262	1711	86	86	2	913
2015	315	1096	147	132	2	584
合计	2223	8774	1610	1667	41	15214

四、职业卫生安全监督管理

2006年，启动作业场所职业危害普查登记，督促有职业危害企业填报作业场所职业病危害申报表，对作业场所职业卫生安全进行监管，督促企业制定职业病防治计划和实施方案，建立健全职业卫生管理制度和操作规程，建立健全职业卫生档案和劳动者健康监护档案，建立健全职业危害事故应急救援预案。联合卫生机构开展职业健康体检，累计体检2万余人次。2012年，启动职业健康标准化试点和职业危害监测评价。2014年，印发《关于规范我县用人单位职业病危害因素定期检测工作的通知》。

五、安全综合督查和事故调查处理

2005—2015年，联合公安、国土、煤炭、监察等部门组成安全生产督查组，每季度定期不定期对各乡镇、县直相关部门安全生产开展情况进行督查，解决和查找日常安全生产工作存在的困难和问题，印发《普安县安全生产情况通报》127期。发生生产安全事故后，按《生产安全事故报告和调查处理条例》规定时限及时向贵州煤监局盘江分局、州安监局、县委、县政府进行报告。会同县公安、监察、总工会等部门配合上级煤矿监察机构和州安监局对生产安全事故进行调查处理。

六、安全生产宣传教育

2005—2015年，根据不同年度的宣传主题，在每年“安全生产月”采取在县城、乡镇社区主要街道悬挂醒目宣传横幅，在县城或乡镇人员较为集中的场所设置安全生产法律法规咨询台，向群众现场释惑解疑、发放宣传资料，邀请分管副县长到县电视台作动员讲话，组织全县机关、企事业单位全体人员参加安全生产知识竞赛，到楼下矿区开展安全生产法律法规普法宣传，到企业开展安全隐患调查研究等形式开展安全生产法律法规知识宣传，向群众发放《消防安全知识》《用电安全知识宣传》《突发事故紧急逃生与自救》《现场伤害与急救知识》《煤矿安全生产知识宣传》等安全生产宣传资料及安全生产法律法规书籍25万多份（册），组织6万多人次参加各类安全知识竞赛，受教育群众近32万人次。

七、安全生产培训

2005—2015年，采取“走出去培训，请进来办班”等培训形式，先后组织安全监管干部、非煤矿山企业负责人、安全管理人员、特种作业人员等参加国家安监总局、省安监局举办的煤矿、金属非金属矿山、危险化学品等安全监管业务知识培训和安全监管监察执法证取证（或复训）培训，开设各类培训班54期，培训各类人员4364人次。

2005—2015年普安县安全生产培训情况表

表11-8-4

年份	培训期数（期）	参加人数（人）	年份	培训期数（期）	参加人数（人）
2005	4	421	2011	7	502
2006	3	153	2012	5	440
2007	6	538	2013	4	303
2008	5	367	2014	6	407
2009	4	308	2015	5	435
2010	5	490	合计	54	4364

第十二篇　中国共产党普安县地方组织

1998—2015年，普安县共发展党员3825名。2015年，全县基层党委17个、基层党组41个、基层党总支6个、基层党支部344个，党员总数9298名。

先后召开第八次、第九次、第十次、第十一次县党代表大会，选举产生4届中共普安县委领导班子；召开第三届至第六届乡镇党代表大会，选举产生4届乡镇党委领导班子；召开31次县委全会、104次县委书记办公会、429次县委常委会、191次县委专题会议（县委常委办公会议），研究经济发展、党建、维护社会稳定、社会事业、教育事业、城镇建设、干部人事和人才建设、思想政治建设、人口和计划生育工作、财税工作、文化产业发展、安全生产等方面的问题。

中共普安县委按照中央和中共贵州省委、中共黔西南州委的部署，组织开展"三讲"教育活动、"三个代表"重要思想学习教育活动、保持共产党员先进性教育活动、深入学习实践科学发展观活动、创先争优活动、党的群众路线教育实践活动、"三严三实"专题教育活动等重大教育实践活动，加强党的建设，提高党的执政能力，推动全县经济、社会发展。

县委各工作部门按照县委的工作部署，认真做好纪检监察、组织建设、宣传、精神文明建设、统战、政法、社会治安综合治理、政策研究、机关党建、离退休干部管理与关心下一代、党史研究与地方志事业、党校教育、信访、保密、督查等工作，全面推进党的建设。

2003年9月17日，中共普安县委九届二次全会通过《中共普安县县级党代表大会常任制暂行办法》，在全省率先试行党代表大会常任制。2007年，普安县正式确定为省、州党代表大会常任制试点县。

第一章 党代表大会

第一节 县党代表大会

一、第八次代表大会

中国共产党普安县第八次代表大会于1998年2月17—20日在县城召开，出席大会代表195名，列席代表90名。大会审议通过县委工作报告和纪委工作报告；选举产生中共普安县第八届委员会，县委委员30名、候补委员3名。

二、第九次代表大会

(一)代表大会

中国共产党普安县第九次代表大会于2003年1月22—24日在县城召开，出席大会代表210名。大会审议通过县委工作报告和纪委工作报告；选举产生中共普安县第九届委员会，县委委员29名、候补委员5名。

(二)年　会

2003年9月，普安县在全省率先试行党代表大会常任制，确定每年召开1次党代表大会年会。自2004年召开第九届代表大会第二次会议后，每年均召开党员代表大会年会。换届时期召开的代表大会，推算为该届年会的第一次年会，但未注明，以后届中召开的情况相同。

第九届代表大会第二次会议　2004年2月15—16日在县民族文化活动中心召开，出席大会代表210名，列席代表48名。大会听取并审议通过县委书记龚修明所作题为《与时俱进、抢抓机遇、求真务实、加快发展，为开创富民强县新局面而努力奋斗》的工作报告，审议通过县纪委工作报告。

第九届代表大会第三次会议　2005年2月19—21日在县文化活动中心召开，出席大会代表210名，列席代表52名。大会听取并审议通过县委书记龚修明所做的工作报告，审议通过县纪委工作报告。

第九届代表大会第四次会议　2006年2月9—10日在县民族文化活动中心召开，出席大会代表209名，列席人员68名。大会听取并审议通过县委书记王茂敏所作题为《振奋精神、团结拼搏、再接再厉，不断开创富民强县事业新局面》的工作报告，审议通过县纪委工作报告。

三、第十次代表大会

(一)代表大会

中国共产党普安县第十次代表大会于2006年10月27—29日在县民族文化活动中心召开，出席大会代表221名。大会听取并审议通过县委书记张成刚所作题为《以科学发展观统领经济社会发展全局，为建设富强文明的和谐社会而努力奋斗》的工作报告，审议通过县纪委工作报告；选举产生中共普安县第十届委员会，县委委员41名、候补委员8名。

(二)年　会

第十届代表大会第二次会议　2007年12月31日在县民族文化活动中心召开，出席大会代表231名。大会听取并审议通过县委工作报告和县纪委工作报告；向代表发放调查问卷231份，征求与会代表对全县“四化一基础”(即新型工业化、农业产业化、城镇化、民营化，基础设施、基本民生以及基层组织建设)工作思路的意见和建议。

第十届代表大会第三次会议　2008年12月27日召开，出席大会代表217名，列席代表148名。会议听取并审议通过县委书记张成刚所作题为《抢抓新机遇、迎接新挑战、实现新跨越》的工作报告，审议通过县纪委工作报告。

第十届代表大会第四次会议　2009年12月30日在县民族文化活动中心召开，出席大会代表207名。大会听取并审议通过县委书记张成刚所作题为《坚定信念、克难奋进、科学发展》的工作报告，审议通过县纪委工作报告。

第十届代表大会第五次会议　2010年12月28日在县民族文化活动中心召开，出席大会代表206名。大会听取并审议通过县委书记张成刚所作题为《立足新起点、绘就新蓝图、谋求新跨越》的工作报告，审议通过县纪委工作报告。

四、第十一次代表大会

（一）代表大会

中国共产党普安县第十一次代表大会于2011年10月28—30日在县民族文化活动中心召开，出席大会代表232名，列席代表124名。大会听取并审议通过县委书记李如晴所作题为《贯彻主基调、实施主战略，为实现普安经济社会跨越发展而努力奋斗》的工作报告，审议通过县纪委工作报告；选举产生中共普安县第十一届委员会，县委委员41名、候补委员8名。

（二）年　会

第十一届代表大会第二次会议　2012年12月29日在县民族文化活动中心召开，出席大会代表232名。大会听取并审议通过县委书记李如晴所作题为《深入贯彻落实党的十八大精神，为同步全面建成小康社会而努力奋斗》的工作报告，审议通过县纪委工作报告。

第十一届代表大会第三次会议　2014年1月7日在县民族文化活动中心召开，出席大会代表218名。大会听取并审议通过县委书记李如晴所做的工作报告，审议通过县纪委工作报告。

第十一届代表大会第四次会议　2014年12月25日在县政务中心一楼大会议室召开，参会人员215人。大会对乡镇党委书记、县直机关工委书记抓党建工作述职进行评议，对新形势下加强党的作风建设、全面推进从严治党工作进行安排部署。

第二节　乡镇党代表大会

一、第三届代表大会

1999年1月8—20日召开，大会的主要议程是审议通过上届党委工作报告，部署本届党委工作任务。共选举产生乡镇党委书记14人、副书记38人、委员109人。

二、第四届代表大会

2002年1—2月召开，大会的主要议程是审议通过上届党委工作报告，部署本届党委工作任务。共选举产生乡镇党委书记14人、副书记35人、委员122人。

三、第五届代表大会

2006年8月召开，大会的主要议程是审议通过上届党委工作报告，部署本届党委工作任务。共选举产生乡镇书记14人、副书记27人、委员143人。

四、第六届代表大会

2011年8月召开，大会的主要议程是审议通过上届党委工作报告，部署本届党委工作任务。共选举产生乡镇党委书记14人、副书记26人、委员133人。

第二章　县委会议

第一节　县委全会

一、中共第八届普安县委全体会议

第一次全体会议　1998年2月20日在县城召开。会议选举产生中国共产党普安县第八届委员会常务委员会，委员9名，其中书记1名、副书记2名；通过《关于县委班子思想政治建设》的决议。

第二次全体（扩大）会议　2000年2月26日在县委五楼会议室召开。会议传达学习中央、省委第三次“三讲”教育工作会议精神。

第三次全体（扩大）会议　2000年12月30日在县委五楼会议室召开。会议讨论通过《普安县二〇〇一年工作要点》。

第四次全体（扩大）会议　2001年5月28日在县政协会议室召开。

第五次全体（扩大）会议　2002年1月4日在县政协会议室召开。

第六次全体（扩大）会议　2002年11月28日在县政协会议室召开。

二、中共第九届普安县委全体会议

第一次全体会议　2003年1月24日在县城召开。会议选举产生中共普安县第九届委员会常务委员会，委员11名，其中书记1名，副书记3名。

第二次全体会议　2003年9月17日在县城召开。会议审议通过《中共普安县县级党员代表大会代表常任制暂行办法（草案）》。

第三次全体（扩大）会议　2004年1月9日在县政协三楼会议室召开。会议传达学习省委九届四次全会、全省经济工作会议以及州四届五次全会精神。

第四次全体（扩大）会议　2004年8月23日在县政协三楼会议室召开。会议传达学习省委九届五次全体（扩大）会议精神，罢免、递补县委委员。

第五次全体会议　2005年1月18日在县城召开。会议通过《中共普安县委关于进一步加强党的执政能力建设的若干意见》《中共普安县委普安县人民政府关于进一步加大力度实施西部大开发战略的若干意见》《关于召开中共普安县九届三次代表大会的决定》。

第六次全体（扩大）会议　2005年9月2日在县政协三楼会议室召开。会议听取县委书记王茂敏所做的县委工作报告，审议通过《县委关于进一步做好人口资源环境工作的意见的决议（草案）》和《县委关于贯彻落实中央〈建立健全教育、制度、监督并重的惩治和预防腐败体系实施纲要〉的实施意见的决议（草案）》。

第七次全体（扩大）会议　2006年1月9日在县政协三楼会议室召开。会议传达省纪委《关于2006年元旦、春节期间严格遵守廉洁自律规定，坚决禁止奢侈浪费行为的通知》精神，审议通过《关于召开县九届四次党代表大会的建议（草案）》。

第八次全体会议　2006年9月26日在县城召开。会议听取县委书记张成刚所作题为《关于召开中国共产党普安县第十次代表大会的决议（草案）》的说明，审议通过《中国共产党普安县第九届委员会第八次全体会议关于召开中国共产党普安县第十次代表大会的决议（草案）》。

第九次全体（扩大）会议　2006年10月23日在县城召开。会议审议通过《中共普安县第十次党代表大会工作报告（草案）》《中共普安县纪律检查委员会工作报告（草案）》。

三、中共第十届普安县委全体会议

第一次全体会议　2006年10月29日在县城召开。会议选举产生中国共产党普安县第十届委员会常务委员会，委员10名，其中书记1名、副书记2名。

第二次全体（扩大）会议　2008年8月29日在县文化活动中心召开。会议学习贯彻省委十届三次全会和州委五届六次全体（扩大）会议精神。

第三次全体（扩大）会议　2008年12月26日在县城召开。会议通过《中共普安县第十届代表大会第三次会议议程（草案）》。

第四次全体（扩大）会议　2009年8月12日在县文化活动中心召开。会议通过《〈中共普安县委常委会贯彻落实科学发展观情况分析检查报告〉的决议（草案）》，原则通过学习实践科学发展观活动22个调研专题材料。

第五次全体（扩大）会议　资料失查。

第六次全体（扩大）会议　2009年12月29日在县政协三楼会议室召开。会议传达学习全省经济工作会议精神和州委五届八次全体（扩大）会议精神，听取中共普安县第十届代表大会第三次会议筹备工作情况报告，讨论通过《中共普安县第十届代表大会第三次会议议程（草案）》及《县委工作报告（草案）》。

第七次全体（扩大）会议　2010年9月18日在县文化活动中心召开。会议审议通过《〈中共普安县委普安县人民政府关于加快城镇化进程促进城乡协调发展的实施意见〉的决议（草案）》。

第八次全体会议　2010年12月28日在县文化活动中心召开。会议审议通过《中共普安县第十届代表大会第五次会议议程（草案）》。

第九次全体会议　2011年9月17日在县政协三楼会议室召开。会议审议通过《关于召开中共普安县第十一次代表大会的决议（草案）》。

第十次全体会议　2011年10月26日在县政协三楼会议室召开。会议听取县委副书记牟庆芳关于党代会工作报告起草情况的说明，听取县委常委、纪委书记岑华斌关于县纪委工作报告起草情况的说明，听取县委常委、组织部部长武俊关于县十一届党委委员、候补委员、纪委委员人事安排的说明。

四、中共第十一届普安县委全体会议

第一次全体会议　2011年10月30日在县政务服务中心一楼大会议室召开。会议选举产生中共普安县第十一届委员会常务委员会，委员10名，其中书记1名，副书记2名。

第二次全体会议　2011年12月9日在县政务中心一楼大会议室召开。

第三次全体会议　2011年12月21日在县政务服务中心一楼大会议室召开。会议听取县委书记李如晴所做的县委工作报告，对县直部门主要负责人进行民主测评和对县直部门正科级领导职务进行初始提名推荐。

第四次全体会议　2012年12月19日在县政务服务中心一楼会议室召开。县委书记李如晴代表县委常委会做工作报告，讨论通过《中共普安县委关于认真学习贯彻党的十八大精神与全国全省全州同步建成小康社会的意见（草案）》《中共普安县委十一届四次全会关于召开中国共产党普安县第十一届代表大会第二次会议的决议》（草案）。

第五次全体会议　2012年12月29日在县城召开。会议传达学习中央八项规定、省委十项规定，提出县委贯彻落实意见。

第六次全体会议　2013年8月27日在县政务中心一楼大会议室召开。会议听取县委书记李如晴所作题为《加强人才培养加快科技创新为实现现阶段普安的"中国梦"提供强有力的人才和科技支撑》的报告，审议通过《中共普安县委普安县人民政府关于加强人才培养引进加快科技创新的实施意见（草案）》。

第二节　县委书记办公会（县委常委会与专题会）

一、县委书记办公会

1998—2015年，普安县共召开县委书记办公会议104次，研究干部人事和人才建设方面问题49个，经济发展方面问题45个，党建工作方面问题18个，维护社会稳定方面问题21个，社会事业发展方面问题25个，教育事业发展方面问题4个，城镇建设方面问题8个，思想政治建设方面问题4个，人口计生工作方面问题2个，财税工作方面问题1个。

二、县委常委会

1998—2015年，普安县共召开县委常委会429次，研究干部人事和人才建设方面问题796个，经济发展方面问题524个，社会事业发展方面问题231个，党建工作方面问题190个，思想政治方面问题188个，作风建设方面问题154个，教育事业发展方面问题92个，维护社会稳定方面问题96个，财税工作方面问题79个，人口计生工作方面问题52个，城镇建设方面问题44个，文化产业发展方面问题43个，目标绩效考核方面问题38个，安全生产方面问题32个。

三、专题会（县委常委办公会）

1998—2015年，普安县共召开县委专题会议（县委常委办公会议）191次，研究经济发展方面问题125个，维护社会稳定方面问题29个，教育事业发展方面问题15个，文化产业发展问题9个，城镇建设方面问题9个，财税工作方面问题3个，社会事业发展方面问题22个，人口计生工作方面问题2个，安全生产方面问题5个。

第三章　党代表大会常任制

第一节　县党代表大会常任制

一、建立常任制

2003年9月17日，中共普安县委召开九届二次全会，通过《中共普安县县级党代表大会常任制暂行办法》，普安县在全省率先试行党代表大会常任制。2007年，普安县被正式确定为省、州党代表大会常任制试点县。

二、健全制度

普安县在试行党代表大会常任制期间，建立健全配套制度，完善"五权"（即党代表提案权、询问权、质询权、评议权、检查权），实行"五制"（即会前审议制、重大问题征询制、基层党代表"直通车"制、重大情况通报制和党代表工作调研制），健全"两流程"（党代表提案提议和意见建议办理跟踪问效流程、召开党代会年会的基本流程），拟定"一方案一计划一办法"，即黔西南州普安县扩大党代表常任制试点工作实施方案、关于进一步加强和改进党代表大会常任制工作的意见、普安县县级党代表开展党内询问和质询办法（试行），拟定《普安县党委委员、党代表、党员、群众四级联系制度》《普安县党代表例会制度》《普安县党代表意见建议收集处理制度》《普安县党代表学习培训制度》《党代表调研制度》《党代表考核制度》《党代表视察制度（试行）》《党代表帮扶制度（试行）》。指导部分乡镇党委建立、完善、创新党代表活动制度，继续建立和完善《普安县党代表大会提案制度》和《普安县党员旁听基层党委会议制度》，推进常任制工作开展，完善各种制度。在《中共普安县县级代表大会常任制暂行办法》的基础上，规范完善党代表大会年会制度、党代表视察制度、党代表学习培训制度、党代表联系帮扶制度、党代表考核制度。从完善机制入手，让党代表参与党内重要事项决策，扩大议事范围，落实党代表知情权、参与权、选择权、监督权。为进一步拓展党代表党内政治活动的空间，提供参与党内重大问题决策的平台，强化党代表提案权、询问权、质询权、评议权、检查权。

三、召开年会

普安县在试行党代表大会常任制中，确定每年召开1次党代表大会年会。第一次年会，于2004年2月15—16日在县文化活动中心召开，即中共普安县第九届代表大会第二次会议。2004—2015年，共召开党代表大会年会10次（换届代表大会除外）。会上县党代表听取和审议县委工作报告，对全县重大项目，重大决策，民生工程等提出意见、建议和提议。

四、代表活动

2003年，组织60名县级党代表对全县党的建设、经济社会发展情况进行视察，收集到建议和意见16条。2004年7—8月，分2期在党校对110名党代表进行培训；12月23—24日，组织40名县级党代表分成4个组，对14个乡镇、部分非公有制企业、部分重点建设项目进行视察。2005年12月26—27日，组织40名县级党代表对14个乡镇的农村基层组织建设、“十五”工作落实情况及“十一五”工作思路进行视察，收集到意见和建议25条，广泛听取群众呼声，分析各种制约因素，探索解决问题的新途径、新办法，并形成调研报告，供县委决策参考。

2007—2015年，以县委党校为主阵地，通过500名村干部进党校、党务工作者业务培训班、创业带富能人培训班、村（社区）党支部书记业务能力提升培训班、领头雁培训班等主体班次，对党代表进行培训，学习经常化、常态化，不断提高党代表的理论水平和履职能力。选派118名党代表参加省、州及省外培训。建立健全党群联系链，党委领导分别联系1～2个代表团，每位党代表联系所在党组织（或本选区）5名以上党员，党员以责任区为范围联系群众和特困户，群众的冷暖和诉求通过党群联系链及时反映到各级党组织。在各行各业注重队伍建设，以县、乡党代表为主组建党员先锋队、青年突击队、妇女巾帼队、民兵骨干队4支队伍，推进社会主义新农村建设和农业现代化进程。这些做法得到中央组织部的高度评价，得到省、州领导的重要批示。党代表针对发生在群众身边的令群众最痛恨的腐败行为进行检举揭发，在教育医疗、征地拆迁、环境保护、涉法涉诉、食品药品安全、惠农政策落实、社会民生保障等问题突出、群众反映强烈的领域，充分发挥党代表联系广泛、了解深入的优势，不断向省、州进行反映。

五、提案办理

试行党代表大会常任制召开的年会中，收集到代表团或代表联名提出的提案、意见和建议后，由县级领导牵头，将责任分解到有关单位逐一进行办理。

2004—2015年，共办理代表团或代表联名提出的提案217件，意见和建议290件。

2004—2015年普安县党代表大会常任制年会办理提案情况表

表12-3-1

年份	办理情况		年份	办理情况	
	提案（件）	意见和建议（条）		提案（件）	意见和建议（条）
2004	39	21	2011	14	19
2005	37	24	2012	7	17
2006	50	17	2013	19	12
2007	23	41	2014	8	10
2008	0	40	2015	0	9
2009	5	44	合计	217	290
2010	15	36			

第二节　乡镇党代表大会常任制

一、常任制试点探索

2008年，普安县在新店乡、盘水镇开展党代表大会常任制试点，以点带面，探索经验。新店乡党委建立《党代表例会制度》《党代表征求意见》《情况通报》，制定《新店乡党代表大会常任制试点工作暂行办法》，联系行政村的党委班子成员，每月到行政村组织召开党代表会议1次以上，征求党代表的意见和建议，发挥党代表的监督作用。以代表团为单位，每月月底召开例会1次，会议内容与当前的中心工作相结合，重点解决群众关心的热点、难点和焦点问题；盘水镇印发《盘水镇党代会代表常任制实施办法》（试行），对党代表实施动态管理，对代表资格的暂停、代表资格的终止、代表职务的罢免和代表的及时增补做出了明确规定，充分调动党代表发挥作用的积极性和主动性，让党代表依法行使民主权利，充分发挥代表的议政、议事和监督党内事务的重要作用。在党代会上，党代表对镇党委、镇纪委的工作报告进行认真审议、讨论，以10人以上联名的方式向大会提交议案或提出意见、建议。通过建立、完善党代表常任四项工作机制，推进试点工作进展。按照《盘水镇党代表意见、建议办理暂行办法》的规定，坚持实事求是、注重实效原则，做好党代表的建议和意见收集、整理和审核工作，加强与党代表和承办单位的联系，对代表建议和意见办理工作进行定期监督检查，对漏办和错办的及时纠正。

2008—2015年，共向党代表通报重大决策15次，组织党代表参加调研视察8次，提出批评意见和建议52条。围绕中心工作召开例会13次，建立党代表学习培训制度。采取个人自学和集中学习相结合，各代表团每季度组织一次学习培训，镇党委每年对镇党代表进行一次集中学习培训，增强党代表的履职能力。建立镇党委委员、党代表、党员、群众四级联系制度。每个党委委员根据自己分工情况，至少联系3名党代表和帮扶3户以上贫困户，每年至少联系2次；每个党代表至少要联系5名党员，每年联系不少于5次；每个党员要联系本单位（或本村）的几名群众。联系的人数和次数，根据党员个人的实际能力，由所在党支部和党员个人协商确定。

二、常任制覆盖

2013年，根据《黔西南州试行党代表提案制度和党员旁听基层党委会议制度的实施方案》要求以及中组部《关于试行乡镇党代会年会制的意见》、省委组织部《关于做好乡镇党代会年会制有关工作的通知》要求，在全县14个乡镇组织召开党代表大会年会，实现乡镇党代会大会年会全覆盖。各乡镇党委均成立党代表工作室试点工作领导小组，由乡镇党委书记任组长，副书记任副组长，党委班子成员及相关站、所、股、室、村（社区）党员负责人任成员，领导小组办公室设在党政办，由党委副书记兼任办公室主任，带领党政办负责党代表工作室日常事务。

2015年，全县12个乡镇（街道）90个村（社区）均设立党代表工作室，负责党代表的联络服务、活动安排、意见建议收集办理答复、工作建档等日常工作。

第四章　机　构

第一节　县委工作机构

一、县委办公室

1998年，中共普安县委办公室（简称“县委办公室”）设主任1名、副主任2名，下设秘书股、信息股、行政股，有干部职工15人。2002年1月，下设秘书股、信息调研股、督查股、行政事务股，有行政编制11名，事业编制6名，共有编制人数17人。2007年12月，秘书股调整为秘书一股、秘书二股、秘书三股、秘书综合股，职能股室变为7个。2013年，县委办公室领导职数（主任1名、副主任5名）、职能股室股长（副股长或负责人）全部配齐，有干部职工33人。2015年，县委办公室领导职数（主任1名、副主任5名）、职能股室股长（副股长或负责人）全部配齐，有干部职工36人。

二、县委组织部

1998年，中共普安县委组织部（简称“县委组织部”）下设办公室、组织股、干部股、干审办、知工办5个股室，行政编制10名，其中部长1名、副部长3名（兼职1名，不占编制数），主任科员或副主任科员1名，股长或副股长6名，事业编制2名（机关后勤服务）。2003年，增设正科级的企业工作委员会，设书记或副书记1名；增加事业编制1名；增设干部教育股，人员从内部调剂。2004年，增设档案管理股，设股长和副股长各1名；增设组织员办公室，设办公室主任和副主任各1名，人员从内部调剂；增设农村党员现代远程教育办公室，设主任和副主任各1名；增加事业编制3名（参公管理）。2006年，增设公务员管理股，核定行政编制3名，设股长和副股长各1名。2007年，农村党员干部现代远程教育中心改为事业机构，核定事业编制6名；增加副部长职数1名，减少干部教育股副股长1名和远程办副主任1名的编制；增设正科级的县委基层组织建设办公室，核定事业编制2名（参公管理），设主任和副主任各1名；恢复县委组织员，设县委正科级组织员1名，县委副科级组织员2名。2008年，“知工办”更名为“人才股”。2009年，撤销2名县委副科级组织员职数，改设为副科级的2名部务委员；设立正股级事业机构信息中心，事业编制3名。2010年，设立副科级事业单位的干部档案管理中心，核定编制4名，设主任1名或副主任1名。2012年，增加普安县农村党员现代远程教育办公室事业编制6名；增设副科级的非公有制经济和社会组织工作委员会，设书记1名。

三、县委宣传部

1998年，中共普安县委宣传部（简称“县委宣传部”）编制7名，其中设部长1名、副部长1名，内设理论宣教股、行政股、通讯股。2002年，全民国防教育职能划转县政府办，史志工作职能划转县委办公室，内设副科级事业机构的精神文明建设指导委员会办公室（简称“文明办”），股级机构的办公室、理论宣传教育股、通讯股。2003年5月，县文联划入宣传部。2004年3月，增设对外宣传股，设股长、副股长各1名。2004年9月，增设副科级机构的对外宣传办公室（县委外宣办、政府新闻办）。2007年，增设副科级机构的文化体制改革和文化产业发展办公室（简称“文产办”）。2008年11月，增设副部长职数1名，增加工勤人员编制1名。2012年，在文明办增设股级事业机构的未成年人思想道德建设服务中心，核定事业管理人员编制8名。

四、县委统战部

1998年，中共普安县委统战部（简称“县委统战部”）设部长1名，副部长1名。2002年1月，内设办公室1个，编制5名，其中部长1名、副部长1名。2004年8月，增设副部长1名，增设副科级机构的县委对台工作办公室（县政府台湾事务办公室）。2007年3月，县委对台办公室由副科级机构升格为正科级机构。2008年，增设副部长1名。2011年，设常务副部长1名。2012年，增设干部股、民族宗教股、经济统战股、海外台侨社会联谊办公室。2013年，县委统战部核定人员编制12名，部长1名（县委常委、副县长），副部长2名（其中1名为常务副部长、1名兼任工商联党组书记、副主席），纪检组组长1名，县委对台工作办公室（县政府台湾事务办公室）主任1名，部办公室主任1名，有在册干部职工5名。2014年，调配民族宗教股负责人1名，有干部职工3名。2015年，有干部职工6名。

五、县委政法委

1998年，中共普安县委政法委员会（简称“县委政法委”），下设社会治安综合治理办公室、办公室。政法委书记一般由县委副书记或县委常委担任，下配专职副书记负责日常工作事宜。2002年，政法委、普安县社会治安综合治理办公室（简称“综治办”）合署办公，一个机构两块牌子，普安县维护社会稳定领导小组办公室（简称“维稳办”）设在政法委。内设综合股（站股级），核定编制8名（含参照公务员管理的事业编制3名），其中书记1名，综治办主任或副主任1名，维稳办主任或副主任1名，主任科员或副主任科员2名，股长或副股长1名，科员2名。机关后勤服务人员核定事业编制1名。2008年，各乡镇政法委加挂社会治安综合治理办公室牌子，政法委内设机构有政工科、办公室（研究室）、执法监督科、社会治安综合治理工作科、维护稳定工作科（防范和处理邪教工作科）。2013年，政法委内设机构有政工科（副科级）、办公室（研究室）、执法监督科、社会治安综合治理工作科、维护稳定工作科（防范和处理邪教工作科）和涉法涉诉信访工作科，各设科长（主任）1名。

六、政策研究室

2008年7月，设立正科级机构中共普安县委政策研究室（简称“政策研究室”），挂靠县委办公室，设主任1名，副主任2名，人员编制从县委办公室调剂使用。

七、县直机关工委

1998年，普安县直机关党委（简称“县直机关党委”）下设站股级综合股1个。2009年4月，普安县直机关党委更名为普安县直机关工委（简称“县直机关工委”）。2011年10月，增设副科级机构的县直部门目标绩效考核办公室，负责县直部门目标绩效考核工作。

1998年，县直机关党委下辖8个党总支，99个党支部，1238名党员（不含县公安局机关党委）。2013年，县直机关工委下辖6个总支，92个党支部，1478名党员（不含县公安局、县工商局、县医院、县地税局、县法院、县农业局、县一中7个党委）。2015年，县直机关工委下辖4个总支，85个党支部（不含县公安局、县市场监管局、县医院、县地税局、县法院、县农业局、县一中7个党委），党员1511名，其中女党员369名，少数民族党员434名。

八、县委离退休干部工作局

1998年，中共普安县委离退休干部工作局（简称“县委离退局”）内设站股级综合办公室1个，有干部职工10名，其中局长1名，副局长2名。2007年，核定纪检组长编制1名，12月配纪检组长1名。2012年9月设置普安县老干部活动中心，副科级事业单位。2013年年底，有干部职工13名，其中局长1名，副局长1名，纪检组长1名。2014年年底，有干部职工14名，其中局长1名、副局长1名、纪检组长1名；2015年年底，有干部职工15名，其中局长1名、副局长1名、纪检组长1名。

九、县委党校

1998年，中共普安县委党校（简称“县委党校”）内设总务处、教务处，配备总务处副主任2名，有干部职工9名。2002年，核定事业编制7名，教师编制2名。2003年，设办公室。2004年，设远程教学管理站。2009年，党校列入参照公务员法管理范围，党校、老年大学内部从事党务和行政管理工作的人员（除工勤人员外）实行参照公务员法管理。2013年，核定事业编制10名，工勤人员1名。有干部职工10名，2014年，编制数15名，有教职工15名。12月，县委党校加挂普安县农村干部学院牌子，院长由县委党校校长兼任，常务副院长由县委党校常务副校长兼任，所需教师及工作人员从县委党校中调剂使用。2015年2月，县委党校通过县级党校体制升格评估，升格为副县级机构规格，设校长1名（由县委领导兼任）、常务副校长1名（副处级）、副校长2名（正科级）；4月，核定编制为参公事业编制5名，事业编制10名（专业技术人员），工勤编制1名；设校长1名（由县委领导兼任）、常务副校长1名（副处级）、副校长2名（正科级）；内设办公室、教务科、科研信息科、总务科、图书室等5个副科级机构，有教职工16名。

十、县史志办

1998年1月，普安县无史志机构，其史志事宜由县委宣传部负责办理；3月，调整普安县志编纂委员会，下设办公室在县委宣传部，由县委宣传部长兼任办公室主任。2002年1月，设立隶属县委办公室的副科级事业单位的普安县史志办公室（简称“县史志办”），编制3名。2010年1月，县史志办列入参照公务员法管理范围。2011年10月，设立隶属县委办的正科级事业单位（参照公务员法管理）的县史志办，编制6名，内设党史股、地方志工作办公室，设主任1名，副主任1名。

十一、县委县政府督查室

2004年9月8日，设立副科级机构的普安县委督查室（简称“县委督查室”），核定事业编制2名，设督查室主任1名。2006年，设立副科级机构的普安县政府督查室（简称“县政府督查室”），设主任1名。2007年1月25日，县委督查室补员2名，使用事业编制。2010年10月26日，县委督查室增设行政事业股、决策督查股、专项督办股，核定事业编制6名，设主任1名，股级职数3名。2012年2月9日，将县委督查室和县政府督查室的职责整合，划入新组建的中共普安县委普安县人民政府督促检查室（简称“县委县政府督查室”），不再保留县委督查室、县政府督查室，设主任1名（可高配为正科级），副主任1名（可高配为副科级）。2012年7月12日，增设站股级的督查一股、督查二股，各设股长或副股长1名。2015年3月，增设信息处理中心（正股级机构，核定事业编制4名）。2015年4月，普安县委县政府督查室由副科级机构升格为正科级机构，设主任1名，副主任1名。

十二、县党代表工作室

2006年，设立副科级机构的中共普安县党员代表常任制工作办公室（简称“县党代表工作室”），归口县委办公室管理，核定事业编制3名，设主任或副主任1名，从县委办公室调剂使用。

十三、县信访局

1998年，中共普安县委信访办公室（简称“县信访办”）为副科级机构，隶属于县委办公室。2004年，更名为普安县信访局（简称“县信访局”），升格为正科级机构。2011年12月，成立中共普安县委群众工作中心，与信访局合署办公，群众工作中心下设综合协调办公室、接访诉求受理中心、督查督办办公室、复查复核办公室、建设指导办公室、网络投诉受理办公室，县信访局下设综合股、来信来访股和督查督办股。2014年，挂牌成立并组建县群众工作中心，全县12个乡镇（街道）均成立群众工作站，村（社区）成立群众工作室。信访局内设来信来访股、督查督办股、综合股、信访信息中心4个股室，增加信访信息中心14个事业编制，有在职人员12名（其中行政编制4名，事业编制7名，行政工勤编制1名）。2015年8月24日，普安县民意调查中心成立，隶属于县信访局管理，按照州民调中心规定的规格和标准，统一制作标识标牌和制度牌，并设民意畅达、招商安商、涉法涉诉、干部监督4个办事窗口，12个乡镇（街道）90个村（社区）建立民意调查工作站、室。

十四、县编委办

1998年，普安县机构编制委员会办公室（简称“县编委办”）与普安县人事劳动局合署办公，主任由县人事劳动局局长兼任，设专职副主任主管机构编制工作，配备办公室工作人员。2001年11月，县编委办单独设置，内设综合股。2005年5月，设立机构编制管理股。2006年11月，设立督查股。2011年4月，设立事业机构编制管理中心。

2000年12月13日，设立普安县事业单位登记管理局，在县编委办加挂“普安县事业单位登记管理局”牌子，与县编委办合署办公，对外使用“普安县事业单位登记管理局”印章。2003年8月13日，设立事业单位登记管理股。2008年11月25日，设立事业单位登记业务股。

2012年11月，设立副科级事业单位的普安县政务和公益域名注册管理中心隶属编委办，内设办公室。

十五、县关工委

1998年，普安县关心下一代工作委员会（简称“县关工委”），由离退休干部担任名誉主任、主任、副主任，1名县委常委担任第一主任，县委离退休干部工作局局长、副局长任副主任，设办公室在县委离退休干部工作局，配办公室人员2～3名。2007年，关工委办公室升格为副科级机构，归口县委离退休干部工作局管理，设专职副秘书长（副科级）1名。2010年，配关工委专职副秘书长1人（由县委离退休干部工作局干部担任），办公室设在县委离退休干部工作局，配办公室主任1名、副主任1名、工勤人员1名。2014年，县关工委有顾问4名，主任1名、常务副主任1名、副主任7名。2015年，县关工委有顾问3名、主任1名、常务副主任1名、副主任8名。

十六、县国家保密局（县保密办）

1998年，普安县国家保密局（简称“县国家保密局”），核定人员编制3名。2002年1月，设立中共普安县委保密委员会办公室（简称“县保密办”），归口党委部门，为副科级机构，两块牌子，一套人马。其中，设主任或副主任（局长或副局长）1名，副主任科员1名，科员1名。2007年12月，下设综合股，设股长或副股长1名。

十七、县小康办

2014年1月20日，黔西南州机构编制委员会批准设立普安县全面小康建设服务中心，为副科级事业单位，隶属普安县委办公室。核定事业编制6名（所需编制在普安县2012年全额拨款事业编制总数内调剂解决），列入县级财政全额预算，设主任1名。2015年4月17日，增设综合股、统计监测股，各设股长或副股长1名。

第二节　县纪委（监察局）

一、县纪委（监察局）

机构设置　1998年，普安县纪律检查委员会（简称“县纪委”）、普安县监察局（简称“县监察局”）下设办公室、教育研究室、党风廉政室、纠风执法室、纪检监察室、案件审理室、信访室（监察局举报中心）。2005年9月，设立副科级的监察综合办公室。2010年7月，设立副科级事业单位的非公有制经济发展侵权投诉中心。2011年4月，设立副科级的执法监察室、干部室；5月，设立副科级的政务服务监察室。2012年9月，设立副科级事业单位的机关服务中心；9月，设立副科级的机关党委。2014年12月，县纪委（监察局）统一规范设置内设机构为：办公室、干部室、教育研究室、党风政风监督室（县政府纠正行业不正之风办公室）、信访室、案件监督管理室、第一纪检监察室、第二纪检监察室、第三纪检监察室、第四纪检监察室、案件审理室（案件申诉复查复议办公室）、纪检监察干部监督室；原副科级事业单位的机关服务中心、非公有制经济发展侵权投诉中心仍保留。

领导职数　1998年2月，换届选举常务委员4名，选举书记1名、副书记2名。2002年1月，核定编制时设书记1名，副书记3名（其中1名兼任监察局局长）；监察局局长1名，副局长2名（其中1名由常委兼任，1名为非中共党员干部）。

二、县纪工委（监察分局）

2012年9月，普安县纪委（县监察局）下设7个正科级机构的纪工委（监察分局），机构名称统一为“中国共产党普安县纪律检查委员会第X纪律检查工作委员会、普安县监察局第X监察分局”。纪工委、监察分局合署办公，简称“普安县第X纪工委（监察分局）”。

各纪工委（监察分局）设纪工委书记1名（正科级），纪工委副书记1名（监察分局局长，正科级），监察分局副局长2名（副科级），综合办公室主任1名（副科级），正、副科级纪检员、监察员18名。

三、派驻部门纪检监察机构

1998年，普安县在法院、检察院等部门派驻纪检员、纪检监察员、纪检组长。2007年8月，县纪委（监察局）在30个单位派驻纪检组、监察室，在24个单位派驻纪检组，在2个单位派驻监察室。

派驻的纪检组（监察室）由2人组成，其中专职纪检组长1人，享受驻在部门副职待遇，监察室主任1人，享受正股级干部待遇（根据实际情况可单独设立，也可由纪检组长兼任），人员编制占驻在单位编制。

四、乡镇（街道）纪检机构

1998年，14个乡镇设立纪律检查委员会，配备纪委书记1名。2003年，先后在14个乡镇配备副科级纪检员。各乡镇纪委书记有单独配备的，有兼任配备的。2015年，乡镇行政区划调整后，10个乡镇设立纪律检查委员会，每个乡镇配备纪委书记1名，专职纪委副书记1名；2个街道办设立纪工委书记，每个街道配备纪工委书记1名，专职副书记1名。

第三节　基层党委（党组）

一、基层党委

1998年，普安县有基层党委19个，其中部门党委5个，乡镇党委14个。

2015年，普安县有基层党委17个，其中部门党委7个，乡镇党委10个。

1998—2015年普安县基层党委设置情况表

表12-4-1

<table>
<tr><th>年份</th><th>合计（个）</th><th>部门党委</th><th>乡镇党委</th></tr>
<tr><td>1998</td><td>18</td><td>公安局、三板桥化肥厂、矿冶工业有限责任公司、人民武装部、直属机关</td><td rowspan="2">盘水镇、江西坡镇、三板桥镇、地瓜镇、新店乡、罗汉乡、青山镇、雪浦乡、楼下镇、兴中镇、龙吟镇、窝沿乡、高棉乡、白沙乡</td></tr>
<tr><td>2013</td><td>24</td><td>人武部、公安局、县直工委、县医院、纪委、法院、农业局、一中、工商局、地税局</td></tr>
</table>

续表12-4-1

年份	合计（个）	部门党委	乡镇党委
2014	21	法院、农业局、公安局、工商局、地税局、县医院、县一中	盘水镇、江西坡镇、窝沿乡、地瓜镇、新店乡、罗汉乡、青山镇、雪浦乡、楼下镇、罐子窑镇、龙吟镇、三板桥镇、高棉乡、白沙乡
2015	17	法院、农业局、公安局、工商局、地税局、县医院、县一中	江西坡镇、地瓜镇、新店镇、罗汉镇、青山镇、楼下镇、兴中镇、龙吟镇、高棉乡、白沙乡

二、基层党组

1998年，普安县有基层党组25个。2004年10月13日，撤销计划生育局党组，组建人口和计划生育局党组。2007年8月31日，对基层党组进行调整，全县共设基层党组46个。2010年4月13日，对基层党组进行调整，组建党组12个，撤销党组18个。2013年，全县有基层党组44个。2014年，组建党组3个，撤销党组8个。2015年，全县有基层党组41个。

1998—2015年普安县基层党组择年情况表

表12-4-2　　单位：个

年份	合计	基层党组	备注
1998	25	人大、政府、法院、检察院、农业生产办公室、教育局、烟草专卖局、人民银行普安支行、农业银行普安支行、工商银行普安支行、财政局、工商局、经贸局、民政局、卫生局、粮食局、国土局、乡镇企业局、建设局、农业局、林业局、水电局、畜牧局、国税局、地税局	
2007	46	法院、检察院、人大机关、政府办、政协机关、发展和改革局、经济贸易局、教育局、民族事务局（宗教事务局）、财政局、民政局（老龄办、残联）、国土资源局、人事劳动和社会保障局、建设局、县交通局（海事处）、水利局、农业局（区划办）、林业局、乡镇企业局（煤炭工业局）、卫生局、人口和计划生育局、审计局、文体广播电视局、环境保护局、司法局、粮食局、科技局（知识产权局）、物价局、农业机械事业服务中心、统计局、安全生产监督管理局、畜牧兽医局（草地畜牧技术服务中心）、信访局、档案局、招商局、房地产管理局、总工会、共青团县委、妇女联合会、移民局、农办（扶贫办、农开办）、工商联、供销合作社联合社、文艺联合会、投资事业管理中心、土地收购储备中心	调整和充实党组成员
2010		组建：县经济贸易和科学技术局、民族和宗教事务局、人力资源和社会保障局、住房和城乡建设局、交通运输局、农业林业和扶贫开发局、文化体育旅游和广播电影电视局、卫生和食品药品监督管理局、水利水电工程移民局、煤炭局、畜牧水产局、科学技术协会党组 撤销：经济贸易局、科学技术局（知识产权局）、乡镇企业局（煤炭工业局）、民族事务局（宗教事务局）、人事劳动和社会保障局、建设局、房地产管理局、交通局、农业局、林业局、农业办公室（扶贫开发办公室、农业综合开发办公室）、农业机械事业服务中心、文体广播电视局、卫生局、食品药品监督管理局、移民开发局、乡镇企业局（煤炭工业局）、畜牧兽医局党组	组建12个党组，撤销18个党组
2013	44	人大、政府、政协、人大机关、政府办、政协机关、信访局、法院、检察院、司法局、团县委、文联、工商联、总工会、妇联、科协、残联、民政局、环境保护局、农业局、扶贫办、林业局、发改局（物价局）、贸易和科学技术局、民族和宗教事务局、财政局、教育局、国土资源局、人力资源和社会保障局、住房和城乡建设局、交通运输局、水务局、工业和特色产业局（煤炭局）、卫生和食品药品监督管理局、人口和计划生育局、审计局、文化体育旅游广播电视局、统计局、安全生产监督管理局、档案局、水利水电工程移民局、供销合作联合社、土地开发储备中心、投资事业管理中心	

续表 12-4-2

年份	合计	基层党组	备注
2014	41	组建：县卫生和计划生育局、工业贸易和科学技术局、市场监督管理局党组 撤销：人口和计划生育局、卫生和食品药品监督管理局、工业和特色产业局、贸易和科学技术局、工商行政管理局、质量技术监督局党组、土地开发储备中心、投资事业管理中心党组 人大、政府、政协、人大机关、政府办、政协机关、信访局、法院、检察院、司法局、团县委、文联、工商联、总工会、妇联、科协、残联、民政局、环境保护局、农业局、扶贫办、林业局、发改局、工业贸易和科学技术局、民族和宗教事务局、财政局、教育局、国土资源局、人力资源和社会保障局、住房和城乡建设局、交通运输局、水务局、卫生和计生局、审计局、文化体育广播电视旅游局、统计局、安全生产监督管理局、档案局、水库和生态移民局、市场监督管理局、供销合作联合社	组建3个党组，撤销8个党组
2015	41	人大、政府、政协、人大机关、政府办、政协机关、信访局、法院、检察院、司法局、团县委、文联、工商联、总工会、妇联、科协、残联、民政局、环境保护局、农业局、扶贫办、林业局、发改局、工业贸易和科学技术局、民族和宗教事务局、财政局、教育局、国土资源局、人力资源和社会保障局、住房和城乡建设局、交通运输局、水务局、卫生和计生局、审计局、文化体育广播电视旅游局、统计局、安全生产监督管理局、档案局、水库和生态移民局、市场监督管理局、供销合作联合社	

三、基层党总支（支部）

1998年，普安县有基层党总支36个，党支部408个。

2015年，有基层党总支6个，其中企业党总支2个、机关党总支3个、其他党总支1个；有基层党支部344个，其中企业党支部39个、事业党支部91个、机关党支部115个、其他党支部99个。

1998—2015年普安县基层党总支（支部）情况表

表 12-4-3　　单位：个

年份	党总支					党支部				
	合计	企业	事业	机关	其他	合计	企业	事业	机关	其他
1998	39	—	—	—	—	408	—	—	—	—
1999	42	—	—	—	—	409	—	—	—	—
2000	49	—	—	—	—	409	—	—	—	—
2001	54	—	—	—	—	412	—	—	—	—
2002	54	—	—	—	—	415	—	—	—	—
2003	34	1	—	33	—	417	48	71	122	176
2004	50	1	—	49	—	412	51	71	119	171
2005	—	—	—	—	—	—	—	—	—	—
2006	50	1	—	49	—	436	47	79	136	174
2007	—	—	—	—	—	—	—	—	—	—
2008	8	1	—	7	—	344	45	95	91	113
2009	—	—	—	—	—	—	—	—	—	—
2010	8	1	1	6	—	357	41	106	100	110
2011	9	2	1	5	1	361	43	113	95	110
2012	8	2	—	5	1	344	39	100	102	103

续表12-4-3

年份	党总支					党支部				
	合计	企业	事业	机关	其他	合计	企业	事业	机关	其他
2013	6	2	—	3	1	352	38	105	111	98
2014	6	2	—	3	1	347	38	103	110	96
2015	6	2	—	3	1	344	39	91	115	99

说明：1998—2002年与2003—2015年的统计报表不一致，数据变化较大，空缺年度为资料失查

第五章　重大教育实践活动

第一节　“三讲”教育活动

一、活动内容

1999年11月至2000年5月，普安县在县委、人大、政府、政协、纪委、法院、检察院、公安局领导班子和领导干部中开展以“讲学习、讲政治、讲正气”为主要内容的党性党风教育活动（简称“三讲”教育活动）。活动分4个阶段进行：第一阶段，2000年3月6—20日，思想发动、学习提高；第二阶段，3月20日至4月28日，自我剖析、听取意见；第三阶段，4月28日至5月12日，交流思想、开展批评；第四阶段，5月12—20日，认真整改、巩固成果。

二、取得成效

1999年11月至2000年3月，制定《普安县委、政府、人大、政协、纪委、法院、检察院、公安局领导班子和领导干部深入开展“三讲”教育实施方案》，组织召开“三讲”教育领导小组会议、县委常委会议、县委全体（扩大）会议、参加学习教育活动部门领导及“三讲”办公室负责人会议，学习中央、省委、州委“三讲”教育活动会议精神，学习江泽民、胡锦涛等中央领导关于开展“三讲”教育活动的一系列重要讲话精神。按照“未讲先学、未整先改”的要求，制定《中共普安县委中心学习组学习制度》《中共普安县委关于进一步密切联系群众的制度》《中共普安县委常委会关于进一步坚持民主集中制的制度》《关于公车管理和使用的暂行规定》《关于进一步改进会风提高会议质量的意见》《关于党政机关深入贯彻落实厉行节约制止奢侈浪费行为的规定》等，推进“三讲”教育活动的开展。

第一阶段，3月6日召开副科级以上实职领导干部和副县级以上（含享受待遇）离退休干部共432人参加的“三讲”教育动员会，发放征求意见表432份征求开展教育活动的意见。利用简报、信息、宣传栏、电视等抓好思想发动、学习提高。

第二阶段，制定《中共普安县委关于进一步改变会风提高会议质量的意见》《关于切实精简会议和规范县政府领导会务及事务性活动的意见》《关于进一步改进县政府常务会议、县长办公会议和专题会议工作的意见》等规章制度，县直单位、乡镇机关实行挂牌上岗；加大对《党政领导干部选拔任用工作暂行条例》的学习、宣传、贯彻执行，完善组织与人事、纪检监察、公安、检察、法院、审计等部门的联系机制；开展干部制度综合改革试点，推进民主推荐、公示制、试用制、任期制、聘任制、聘用制；组织部门与统战部门召开联席会议，理顺民主党派干部工作关系；加大案件查处力度，人、财、物向办案倾斜；与乡镇签订党风廉政建设责任状，重申副科级以上领导干部不准驾驶公车的规定；对公款配置的交通工具和通信工具进行清理，严格接待制度；加强社会治安综合治理，打击“黄、赌、

毒”；改善县城、乡镇所在地交通秩序和环境卫生，创造文明整洁环境；支持国有企业发展，帮助企业解决实际困难；解决群众反映的热点、难点问题。

第三阶段，制定《关于普安县各领导班子和领导干部“三讲”教育交流思想、开展批评阶段的安排意见》。4月28日，召开县级领导班子和领导干部“三讲”教育动员大会，对第二阶段的工作进行总结，对第三阶段的工作进行部署。4月29日至5月9日，开展谈心交心活动，召开民主生活会进行批评与自我批评，召开参加“三讲”教育活动单位的班子成员、副县级以上离退休干部、县直各单位和乡镇任实职正科级干部参加的“三讲”教育民主生活会情况通报大会。

第四阶段，对第三阶段的工作情况进行总结，对集中整改进行部署。参加学习教育活动的人员总结在“三讲”教育活动中的思想收获，对党性、政治立场、理想信念和世界观、人生观从理论与实践的结合上划清是非界限，巩固和发展“三讲”教育活动成果；对查摆出的突出问题进行讨论研究，完善相关制度。

第二节　“三个代表”重要思想学习教育活动

一、活动内容

2001年3月至2002年3月，普安县开展“三个代表”重要思想学习教育活动，全县1294名乡镇干部、2081名机关干部、1792名村干部和党员参加。22名县委常委、人大和政协主要领导、县政府党员副县长建立联系点，对学习教育活动进行领导和指导。抽调128名干部（其中在职或离退休副县级以上干部30名）组成88个督查组，分批进驻乡镇、县属部门和行政村开展督查工作。

二、取得成效

2000年2月，“三个代表”重要思想提出后，县委中心学习组组织多次学习，各乡镇党委（党组、党支部）将学习列入重要内容。2000年3月，县委对学习教育活动进行部署，各乡镇党委、县属各部门党委（党组、党支部）未教先学，组织干部集中学习中央、省委和州委关于开展学习教育活动的有关文件、会议和讲话精神。

在学习教育活动中，各单位采取集中学习、分散自学、交流研讨、专题辅导等方式进行学习，每人撰写读书笔记1万～2万字，撰写心得体会1～3篇。

组织干部2800余人次深入基层，召开各种座谈会6350次，共4.36万人参加座谈，走访干部群众3.68万人次，征求群众意见2.66万余条，解决群众反映的热点难点问题1210个，投入资金1000余万元办实事1568件。

采取发征求意见表、设征求意见箱、公布征求意见电话、召开各种类型座谈会、组织干部进村入户走访等方式征求群众对班子成员和干部的意见和建议，14个乡镇71个部门171个行政村共征求意见2.66万余条，其中班子2678条，班子成员1.16万条，一般干部1.23万条；制定整改方案256个，落实整改措施4614条，整改责任人1079人；明确责任部门717个，完成整改措施4305条，占应整改数的94%；建立制度993个，健全制度1507个。

第三节　保持共产党员先进性教育活动

一、活动内容

2004年11月至2005年6月，普安县开展保持共产党员先进性教育活动。2004年11月筹备，2005

年1月启动，2006年6月结束。

活动分3批进行：第一批，2005年1月25日启动，主要是人大、政协、法院、检察院机关和县直党政机关开展，共有73个单位111个党支部1203名党员参加，党组织和党员覆盖率均达到100%；第二批，2005年6月28日启动，主要在乡镇机关、街道社区、企事业单位、城镇中小学校和部分农村中小学校等单位开展，共有190个基层党组织1753名党员参加；第三批，2005年12月12日启动，主要在农村党支部和3个县直党政机关开展，共有174个基层党组织4636名党员参加，其中农村党员4586名（含组织关系在农村党支部的离退休党员和在职党员239名），流动党员121名经联系后参加学习教育活动的110名，实际参加学习教育活动的党员4573名，参学率98.6%。

二、取得成效

2005年1月25日，普安县启动保持共产党员先进性教育活动，围绕“提高党员素质、加强基层组织、服务人民群众、促进各项工作”的目标，既坚持标准，又创新发展，达到预期效果。

提高党员素质：通过组织党员集中学习和分散自学、进行培训、开展宣传和宣讲，广大党员对照先进性要求找准自身存在的问题并进行整改，学习实践“三个代表”重要思想的自觉性和坚定性进一步增强，对新时期保持共产党员先进性的要求进一步明确，理想信念进一步坚定，党性观念、党员意识、宗旨意识进一步增强，先锋模范作用进一步发挥。

加强基层组织：通过整改，基层组织进一步健全，党组织生活正常化，党员长期受教育、永葆先进性的长效机制建立健全，党组织的创造力、凝聚力和战斗力进一步增强，全县建立健全812项规章制度。

服务人民群众：通过开展“主题实践”活动，进村入户办实事、慰问困难群众、组建“三农”服务团等活动，党员服务人民群众的意识进一步增强，领导机关的作风明显改进，党风、政风、行风等方面的突出问题和关系群众切身利益的突出问题得到解决。全县各级党组织深入基层办实事650件，筹备资金504.3万元，捐物42.8万元，开展“三下乡”（科技下乡、文化下乡、教育下乡）活动50余次，走访慰问困难群众4078户，解决1076户4451人的生产生活困难，技术培训2.3万人次，受益群众4万余人，党员义务投工投劳5800余人，结成帮扶对子1355对。

促进各项工作：各级党组织认真贯彻落实党的方针政策，科学发展观和正确政绩观在党员领导干部中进一步落实，影响全县改革发展稳定的突出问题得到解决，做到先进性教育活动与各项工作“两不误、双促进”。2005年，全县生产总值完成8.89亿元，全社会固定资产投入7.99亿元，财政总收入完成1.646亿元（本级财政收入完成1.02亿元），农民人均纯收入1688元，人口自然增长率9.429‰，“三农”工作深入推进，工业经济发展迅速，全县社会政治稳定，经济社会各项事业全面推进。2006年，各项工作取得明显成效，1—5月，财政总收入完成8051万元，同比增长37.58%。

第四节　深入学习实践科学发展观活动

一、活动内容

2009年3月至2010年2月，普安县开展深入学习实践科学发展观活动（根据中央统一部署，县级主要是参加第二批和第三批的学习实践活动），参加第二批学习实践活动的单位95个，党员1687名；参加第三批学习实践活动的单位181个，党员6267名。

在学习实践活动中，选派人员组成6个指导检查组、5个巡回检查组，加强对参加学习实践活动的单位进行指导检查。同时根据参加学习实践活动单位的不同类型，抽调县委统战部、县教育局、县卫生局等单位班子成员组成分系统指导小组，按照村（社区）、中小学校、医院、“两新”组织（新经济组织和新社会组织）等类型进行分类指导。向全县89个村（社区）派出驻村（社区）指导员，指导学习实践活动。

二、取得成效

采取集中学习、专题辅导、组织宣讲、竞赛促学、考试测学等方式抓好党员干部理论武装，组织党员集中学习中共十七大，十七届三中、四中全会精神、《毛泽东邓小平江泽民论科学发展》《科学发展观重要论述摘编》等规定篇目和中央、省委、州委有关文件精神，共组织集中学习630余次，3000余名党员参加辅导报告。开展“科学发展大家谈”“部门领导谈发展”“建言献策”“学习理论、数变化、谈发展”等活动。开展“千名干部下基层”“四联四帮——党员干部大深入”等活动，组织党员深入基层，采取入户访村组群众，问农民收入如何增加，帮解决一道难题；上门访企业职工，问企业困难如何解决，帮出一个点子；进家访学生家长，问教学质量如何提高，帮提一条建议；临床访就诊患者，问医德医风如何转变，帮找一个问题等方式开展调研走访，问计问策。

副县级领导干部带头深入农村、企业、学校一线调查研究，广泛征求社会各界意见，形成《依托大资源，强力推进煤电化一体化》《依托大通道，加快建设现代物流业》《打造两个中心，提升城市品位》《抓好农业综合开发项目，建设社会主义新农村》等22个重大专题。

第二批学习实践活动中，组织各方代表100人对《中共普安县委常委会贯彻落实科学发展观分析检查情况报告（征求意见稿）》进行民主评议，满意度99%。第三批活动中，组织1100人进行群众满意度测评，群众满意度99%。全县参加学习实践活动的单位共召开座谈会552次，参加座谈会人数5609人次，发放征求意见表4983份，梳理出建议或者意见190条，通过调研形成253个涉及各单位各部门科学发展的调研报告。县委派出的服务工作队深入乡镇和村组，梳理出需州级层面解决的问题12个，需县级层面解决的问题136个。

在整个学习实践活动中，查出参加学习教育活动单位在党性党风党纪方面的问题512个，废止不符合科学发展的体制机制27个、修改113个、建立63个，清理文件998份。将全县3.37万名群众纳入低保，发放最低生活保障金2652.65万元；全县26.87万人参加新型农村合作医疗，参加率93.02%；对1.2万余户贫困农民发放直补227万元，加强种粮直补、农资补贴、家电下乡补贴政策的实施和兑现。落实便民服务新举措，打造办公一站式、服务一条龙、办事一单清、政策一卡明的“四个一”工程，建立便民利民服务中心14个、服务站89个，发放惠民政策明白卡7.5万份，制作便民利民党务政务综合服务事项明白卡。投资1367万元实施农村饮水安全项目175个，投资983万元修建完善农村水利水电工程；争取公路项目建设资金5580万元，实施通村通组公路36条261千米，做好晴（隆）兴（义）高速公路和普安至楼下二级公路建设相关协调服务工作，完成晴（隆）兴（义）高速公路1900万元资本金筹措任务；投资1800万元开工建设294套廉租房，启动投资2200万元的县医院综合楼建设；投资2447万元实施县城污水处理工程，投资645万元实施农村沼气项目建设。副县级以上领导干部分别与14个乡镇44个贫困村结对帮扶，县直参加学习实践活动单位的1678名党员与农村贫困党员、贫困农户结成帮扶对子，在帮带中投入资金1100余万元，协调建设项目198个，修建乡村公路81.2千米，协助村党支部、村民委员会组建种养殖协会46个；发放贴息资金84万元，拉动贷款1680万元，覆盖14个乡镇1560户贫困户。县委、县政府投入545.12万元抗旱资金保障群众饮水安全。

参加学习实践活动的乡镇和单位，根据实际情况采取不同措施推出成果。三板桥镇按照州委书记陈敏在该镇调研时提出的“一中、一长、一短”发展思路，组织副科级以上领导干部深入村组进行调研走访，落实100公顷红皮大蒜种植项目；白沙乡采取“两走一请”（走出去学经验、走下去摸实情、请进来传技术）的方式开展调研走访，查找突出问题，明晰发展思路，形成发展共识；雪浦乡组织全体党员开展重走长征路活动；楼下镇积极探索“镇企、村企、企企、群企”共建模式；窝沿乡官田村黎明“八人党小组”开展一个课堂人人学、一家技艺家家传、一家有事家家帮、一家有困家家扶、一方发展人人谋的“五个一”活动；罐子窑镇辣子树村苗寨党小组，开展党的政策、致富路子、好事实事、清洁环境、文化生活“五进”苗寨活动；地瓜镇围绕“征、问、查、比、量”查找突出问题，提出整改措施；高棉乡针对部分党组织存在软弱涣散状况，查找和解决党组织无人管事、无钱办事、无场所议事和无章程理事的难题；普天电冶公司通过问职工寻求企业发展之计，问群众寻求企业反哺之计，查找企业存在的突出问题，积极应对国际金融危机冲击，实现扭亏为盈；盘水二小通过“推门”找问题、“开门”找原因、“出门”找方法，进一步优化办学理念、提升办学质量、完善教育教学体制机制；江西坡镇对江西坡社区针对群众反映办事程序复杂、手续多、人难找等情况，抓好“四重四减”（重行政服务，减轻群众负担；重跟踪服务，减少增收成本；重中介服务，减小市场风险；重协调服务，减少后顾之忧），构建便民、利民、为民新社区；县乡企局与煤矿业主签订协议，从每1吨煤炭中提取8元作为普安县矿区综合治理发展基金，加强对地质灾害防治和矿区综合治理。等等。

第五节　创先争优活动

一、活动内容

2010年4月至2012年7月，普安县开展“创先争优”活动和宗旨教育活动。

在活动中，找准不同领域党组织和党员的着力点推进活动开展。在社区，抓好“安居、乐居、友居、福居”四居工程，推动社区党组织和党员创先争优；在农村，抓好党建特色示范村和“创四户”活动，共创“四户”5880户，其中，科技户1650户，文明户1780户，小康户1352户，示范户1098户，推动农村党组织和党员创先争优；在机关企事业单位，突出抓好“四比四赛”（比学习赛素质，提高理论才华；比作风赛形象，提高服务意识；比业务赛本领，提高工作质量；比创新赛成果，提高工作效率。）和“学理论、读历史、用哲学、重实践”专题读书实践活动，集中学习125场，党员领导干部作辅导报告64场，专家授课12次，参加党员6715人；在非公有制企业，围绕“三化四上”(即管理人性化、发展科学化、环境和谐化，党建上水平、安全上台阶、生产上规模、文化上层次)，推动非公有制企业党组织和党员创先争优。

二、取得成效

普安一中成功申办省级示范性高中，县医院综合大楼竣工投入使用，在全省率先通过二甲医院评审，新型农村合作医疗参加率96.15%。全县14个乡镇、89个村（社区）建立起便民利民服务中心（站），为群众办理业务3891件，解决实际问题328个，调解矛盾纠纷384起。

抓好“四帮四促”（帮助学习领会精神，促进思想统一；帮助理清发展思路，促进科学发展；帮助解决实际问题，促进增比进位；帮助化解矛盾纠纷，促进和谐稳定）“联乡、驻村”工作，实行单位定帮村，干部定帮户。实施机关干部挂帮联系群众“5321”工程（每名副县级以上领导干部挂帮联系5户群众，正科级干部挂帮联系3户群众，副科级干部挂帮联系2户群众，站股级干部挂帮联系1户群众），开展送一张名片，结一门亲戚；出一个点子，解一道难题；记一本民情，交一份答卷的“六个一”活动。对党员户，帮发挥示范作用；对产业户，帮提高致富本领；对计生户，帮落实优惠政策；对帮扶户，帮解决合理诉求；对困难户，帮走出生活困境。73个县直单位挂帮联系73个村（社区），1554名机关党员干部挂帮联系2660户群众。各级驻村干部发放联系卡5000余张，帮助基层办好事实事358件，解决实际问题261个，化解矛盾纠纷245个。

开展会风简、文风朴、话风明、干风实的“转四风”活动，形成开短会、发短文、讲短话、重实干的氛围。县里召开的各类专题汇报会等，汇报时间一般不超过10分钟，会议时间控制在2小时以内。全县各级领导干部带头讲短话，在一般性的专题会议上，主要发言人所作指导性讲话不超过40分钟，其他发言人不超过10分钟，书面发言材料不超过1500字。县里印发的文件不超过3000字，中共普安县委办公室（简称“县委办”）、县人民政府办公室（简称“县政府办或政府办”）印发的文件不超过2500字。要求干部做到“三严”（严明工作职责，严肃工作纪律，严格工作考核），实行“三定”（定人、定职、定责），对工作责任心不强、履职不到位的干部，根据职责实行倒查，及时进行批评教育；对因失职贻误工作，造成不良后果的，追究相关责任、严肃处理。

第六节　党的群众路线教育实践活动

一、活动内容

2014年1—10月，普安县开展党的群众路线教育实践活动。通过深入学习习总书记重要讲话精神，观看《杨善洲》《焦裕禄》等专题片，组织到息烽县、瓮安县和州内学习教育基地接受革命传统教育和警示教育，印制必学文件和应知应会知识各2万余册，组织专题测试70余场次，参与测试人数3000余人，通报测试不合格党员干部105人。抽调36名干部组成6个调研组，邀请16位离退休老干部带队组成16个问题收集意见组，组建10个督导组，召开5个层面的座谈征求意见，组成89个村级调解委员会，深入开展“民意调查工作法”，做好“四风”等突出问题的排查整改。深入开展“双十”工程，开好民主生活会和专题组织生活会，制定“两方案一计划一措施”。开展“向惰政宣战、向惰政问责”作风教育整顿，重点对“四风”突出问题、作风问责、投诉举报查处、“三公”经费开支、超编超配干部、“不胜任干部召回管理”等方面进行专项整治行动。印发《普安县党的群众路线教育实践活动制度建设计划》，抓好制度“废、改、立”工作的全面整改提升。

二、取得成效

强化制度建设　通过深入开展党的群众路线教育实践活动，抓实制度“废、改、立”工作，县四大家建立制度43项（其中县委14项，人大8项，政府16项，政协5项），拟建制度13项，废止制度1项；乡镇建制度21项，拟建制度13项；县直部门建制度39项，拟建制度9项，废止4项。健全县、乡、村联系服务群众工作网络。

作风整顿　机关干部“庸懒散拖”“门难进、脸难看、事难办”问题，部门协调慢、职能转变慢、干部服务意识慢、工作节奏慢等问题得到有效解决。活动开展以来，减少下发文件830个，减少召开会议754个，减少评比达标表彰项目15个，减少领导小组和议事机构103个，减少“一票否决”事项5个。取消和下放行政审批事项20个，查处“吃拿卡要”“庸懒散拖”行为9件，查处查办干部6人；查处查办征地拆迁方面2件，查处查办干部3人；查处查办安全生产方面2件，查处查办干部7人；查处查办发展教育事业方面4件，查处查办干部5人；查处侵占挪用各种补助资金3件4人，金额183万元；在“不胜任干部召回管理”工作中，辞退3人，待岗处理2人，调整岗位6人，跟踪考察3人，约谈22人，集中教育36人。

解决突出问题　从事关群众切身利益的具体事情入手，从群众反映最强烈、最不满意的问题改起，聚焦“四风”，以实际行动促突出问题解决。全县各级领导干部接访群众281人次，化解矛盾纠纷108个；收集民意1237条，其中意见建议类75条，民生类680条，矛盾纠纷482件次，问题协调解决率90%以上。

依托“双十”工程和民意调查工作法，实施结对帮扶，共帮助争取实施项目213个，投入资金2074.16万元，实施典型项目87个，投入资金797.16万元。通过教育实践活动，狠刹公款吃喝、公款送礼、会所中的歪风等，坚决整治收受红包、购物卡、吃空饷、走读和滥办酒宴等歪风邪气。

重大工程和重点项目建设　成立项目攻坚组，对重大工程和重点项目建设加强调度、强化督查、严格考核。抓重大工程和重点项目、“5个100工程”、重点产业、招商引资、小城镇建设等重点工作。通过实施民生工程，让广大群众真正得到看得见、摸得着的实惠。

第七节　“三严三实”专题教育活动

一、活动内容

2015年5月至2016年2月，普安县开展“三严三实”专题教育活动。贯彻落实全面从严治党要求，巩固和拓展党的群众路线教育实践活动成果，持续深入推进党的思想政治建设和作风建设，印发《关于在县处级以上领导干部中开展“三严三实”专题教育的实施方案》，以“践行‘三严三实’、深化‘三实三同’、推进从严治党”为主题，对照“严以修身、严以用权、严以律己，谋事要实、创业要实、做人要实”的要求，抓住领导干部这个“关键少数”，在县委常委、县人大常委会党组、县政府党组、县政协党组等县处级以上领导干部中开展“三严三实”专题教育。组建领导干部带头讲党课，将“三严三实”融入领导干部经常性教育和作为学习研究的重要内容。严肃组织生活，着力查摆和解决“修身不严、用权不严、律己不严、谋事不实、创业不实、做人不实、为官不为、活力不足”等问题。开展专项整治，惩前毖后，建立完善工作机制，从严从实管理干部，倡导形成“风气要正、工作要实、干部要干”良好格局。

二、取得成效

干部能力提升　县委常委以普通党员的身份，以专题上党课、道德讲堂、“干部夜校 · 每周一讲”等为平台，带头在所在支部开展学习，深入学习习近平总书记系列重要讲话精神，学习党章和党的纪律规定，重点研读《习近平谈治国理政》《习近平关于党风廉政建设和反腐败斗争论述摘编》等。县委常委上讲台75人次，参学人员5600余人，举办“名家普安大讲堂”9期，培训3600余人次，举办理论学习主体班10余期，培训2000余人。分严以修身、严以用权、严于律己3个专题进行学习研讨。召开警示教育大会，认真学习中央编印的《优秀领导干部先进事迹》《领导干部违纪违法典型案例警示录》和省、州编印的正反两方面典型材料，开展敬畏宪法法律、敬畏党规党纪、敬畏人民群众“三敬畏”教育，服刑人员“现身说法”，学习焦裕禄、谷文昌、杨善洲、沈浩、文朝荣等先进典型事迹，就近就地参观红色革命遗址等。

干部作风建设　以践行“三严三实”为主题，开好民主生活会、组织生活会，进行党性分析，严肃认真开展批评和自我批评，采取自己找、群众提、上级点、互相帮、集体议等方式，深入查摆整改问题。县委班子在修身不严方面共查找出问题5个，提出整改措施15条；在律己不严方面共查找出问题4个，提出整改措施14条；在用权不严方面共查找出问题3个，提出整改措施12条。聚焦中央21项专项整治任务和省委确定的24项专项整治任务逐项排查，查处“吃拿卡要”“慵懒散拖”等违反中央八项规定精神问题26件，立案24件24人，处理41人，其中诫勉谈话16人，党政纪处分11人，党政纪立案调查14人，通报曝光典型案件5起。认真开展“四位一体”（工作目标、岗位责任、正向激励、负向约束）干部管理，对260名不胜任现职干部进行召回管理，辞退或解聘12人，待岗处理4人，免职4人，调整岗位14人，集中教育227人。集中排查整治干部不作为、乱作为等损害群众利益问题36起。全县组成12个监督组，重点对新农合、中职补、小微企业补贴、农机补贴、农低保、农村养老保险、农村危改资金等专项公共资金管理使用情况进行专项监察，发现问题1082个，涉及资金850.9万元，整改问题917个，立案105件，结案71件。

干部管理工作机制　建立健全目标管理机制、岗位责任机制、干部激励机制、干部召回机制“四位一体”的发展保障体系。探索创新干部能上能下机制。规范完善干部召回管理制度，制定实施细则，细化干部召回条件，完善教育管理措施，拓展干部召回认定、培训、考核、处置等配套措施，构建简便有效的干部召回管理长效机制。建立党建工作约谈制度，坚持“日常管理、月度考评、季度约谈、年终考核”，落实“一把手”主体责任；创新党建扶贫新机制，探索农校对接、农超对接、农企对接等模式，帮助贫困农民增收，推进农村全面小康。按照民生监督“黔西南模式”，扎实推进“六级架构、三个平台、两项抓手和一项制度”建设，不断深化民生监督特派工作。制定《普安县进一步加强基层党组织建设的实施方案》，创建“五好”基层党组织、“五星”党支部，激发党员、干部活力。活动期间，新建、完善制度104项，清理制度453项。

第六章　党　务

第一节　文秘　信息　督查

一、文　秘

1998—2007年，县委办公室文秘工作由秘书股负责，主要是完成以县委、县委办名义下发的各类文件、材料的拟制，完成县委各类会议的记录和纪要起草、送审、呈批、校核，做好各级来文（含明传、密码电报）的登记、承办、转办、跟踪、督办以及归档、立卷，共草拟县委、县委办文件1086份，其他材料651份，印制、分发文件、会议纪要、讲话稿等43.55万份，登记、办理各级各类文件1.46万份，立卷、归档各级文件1.41万份。

2007年12月，秘书股调整为秘书一股、秘书二股、秘书三股和秘书综合股。

秘书一股主要负责做好县委书记的秘书服务工作，负责县委、县委办领导交办的各类文件、材料的拟制，县委各类会议的记录和纪要起草、送审、呈批、校核等。2008—2015年，共草拟各类文件、材料542份。

秘书二股主要负责做好县委副书记的秘书服务工作，完成各类文件、材料的拟制以及县委各类会议的记录和纪要起草、送审、呈批、校核。2008—2015年，共草拟各类文件、材料413份。

秘书三股主要负责做好县委常委会的秘书服务工作，完成各类文件、材料的拟制以及县委常委会议的记录和纪要起草、送审、呈批、校核。2008—2015年，共草拟各类文件、材料328份。

秘书综合股主要负责做好各级来文的登记、传阅、跟踪、催办、归档、立卷，做好省、州电子公文的查收、传阅、分发，做好省、州会议通知类文件办理流程跟踪、催办、参会人员初定、上报名单，做好以县委、县委办名义下发的文件登记、校核把关以及电子公文分发。2008—2015年，共草拟文件、材料1366份，校核文件4922份，印制、分发各类文件、领导讲话等材料39.70万份，登记办理各级各类文件1.27万份，立卷、归档各级文件1.11万份。

二、信　息

（一）信息报送

2000年，普安县初步建立互联网信息报送平台，负责向州委办报送动态信息。2003年，列入省委办公厅信息直报县。报送信息的重点体现在紧急突发事件、热点难点问题、典型经验等方面，供各级领导决策参考。

2000—2015年普安县向省、州办公厅（室）报送信息情况表

表12-6-1　　单位：条

年份	报送数量	年份	报送数量	年份	报送数量	年份	报送数量
2000	168	2004	209	2008	375	2012	251
2001	183	2005	237	2009	339	2013	273
2002	144	2006	289	2010	152	2014	155
2003	109	2007	425	2011	304	2015	140

（二）信息刊发

1998年，中共普安县委办公室以《普安快讯》《参阅信息》《调查与研究》刊物刊发信息，供领导决策参考，1998—1999年，刊发信息50余期。2003年，增办《省内工作动态》，2005年停办。2008年，《普安快讯》更名为《工作动态》。2009年，增办《普安专报信息》。2010年，增办《抗旱快讯》。

2000—2015年普安县信息刊发情况表

表12-6-2　　单位：期

年份	普安快讯、工作动态	普安快讯（增刊）、工作动态（增刊）	参阅信息	调查与研究	省内工作动态	普安专报信息	抗旱快讯
2000	12	—	2	1	—	—	—
2001	14	—	3	2	—	—	—
2002	13	—	2	2	—	—	—
2003	24	—	7	—	127	—	—
2004	12	—	6	1	82	—	—
2005	9	—	5	—	—	—	—
2006	10	—	6	—	—	—	—
2007	13	5	12	—	—	—	—
2008	20	6	10	—	—	—	—
2009	23	4	10	—	—	3	—
2010	16	1	8	—	—	—	10
2011	16	6	14	—	—	—	5
2012	25	17	8	2	—	1	—
2013	26	1	6	1	—	—	—
2014	15	—	2	—	—	—	—
2015	8	3	2	—	—	—	—

三、督　查

（一）上级重大决策和事项督查督办

1998—2015年，普安县围绕中央、省、州对党风廉政建设、实践教育活动、小康社会建设、“三农”工作、招商引资、重大项目建设等方面的贯彻落实情况进行督查督办，督查督办重大决策和重要工作部署150余项。做好省、州督办事宜的办理，办结率100%。

1998—2015年普安县对上级重大决策和事项督查督办情况表

表12-6-3

年份	督查督办重点
1998	开展党风廉政建设和反腐败工作、“三讲”教育活动情况和贯彻落实《中国共产党和国家机关基层组织工作条例》《关于在全党深入学习邓小平理论的通知》情况
1999	开展“三讲”教育活动情况和贯彻落实《关于加强和改进思想政治工作的若干意见》情况
2000	开展“三个代表”重要思想学习教育活动、党风廉政、基层组织建设情况
2001	贯彻落实温家宝总理农村税费改革要求，开展新时期党建工作、经济建设、安全生产情况
2002	贯彻落实中央农村工作会议精神、“三个代表”重要思想要求及《党政领导干部选拔任用工作条例》《全面建设小康社会，开创中国特色社会主义事业新局面》情况
2003	贯彻落实胡锦涛在中纪委第二次全体会议上提出的“五个进一步”精神及农村经济发展情况
2004	贯彻实施《中华人民共和国宪法》、健全和完善村务公开和民主管理制度、反腐倡廉情况
2005	贯彻落实中央保持共产党员先进性教育活动工作会议精神及和谐社会建设、社会主义新农村建设情况
2006	贯彻落实中央纪委第六次全体会议精神和《关于解决农民工问题的若干意见》《关于深入学习实践社会主义荣辱观，大力加强思想道德建设的意见》《关于巩固和壮大新世纪新阶段统一战线的意见》情况
2007	贯彻落实贵州省第十次党代会精神、《中共中央纪委关于严格禁止利用职务上的便利谋取不正当利益的若干规定》、省和州的“十件实事”、财政扶贫资金项目、作风教育整顿、加快农业产业化进程、建设社会主义新农村、加大固定资产投资力度、推进城镇化进程情况
2008	落实中央新增资金投资项目、省和州明确的实事涉及普安县项目、省和州“十件实事”、《中共黔西南州委办公室　黔西南州人民政府办公室关于对全州环境风险隐患进行排查的通知》、机关作风教育整顿、农村贫困残疾人危房改造项目、各乡镇村民委员会换届选举情况
2009	落实中央新增投资项目、热点难点问题、“三农”工作、新农村示范点建设、固定资产投产、城镇化建设、环境污染、安全生产、人口和计划生育情况
2010	贯彻落实中央、省、州基础设施建设、基础城镇化建设、工业建设的情况
2011	贯彻落实省委“两加一推”主基调，全面对部门和乡镇开展“三个建设年”“创先争优”、招商引资、项目建设、抗旱救灾、安全生产、电煤供应、整脏治乱情况
2012	落实《国务院关于进一步促进贵州经济社会又好又快发展的若干意见》（国发〔2012〕2号文件）精神、加强创新社会管理解决好涉及群众利益的52个突出问题、重大工程和重点项目建设、教育突破工程、信访维稳、危房改造情况
2013	落实“5个100工程”、招商引资项目及重大工程和重点项目建设、同步小康驻村工作、信访维稳、关于改进工作作风密切联系群众有关规定、整脏治乱、限时完成五嘎冲水库前期工程情况
2014	落实党的群众路线教育实践活动、百日攻坚保卫冲刺、重大工程和重点项目建设、100个示范小城镇改革发展十条意见落实、精准扶贫建档立卡等工作情况
2015	贯彻落实中央“八项规定”、脱贫攻坚工作、省集团帮扶普安项目落实、“四在农家·美丽乡村”六项行动建设、党建约谈·行动培训、电子商务、精准扶贫建档立卡、“两违”清理、重大工程和重点项目建设“双百行动”等工作情况

（二）县委县政府重大决策和事项督查督办

1998—2006年，围绕县委、县政府制定的重点工作规划、方案开展督查督办，对县委、县政府领导签发的督办事项进行督查督办，涉及到经济建设、基层党建、党风廉政、信访维稳等多个方面。2007年，督查督办领域拓宽，许多重大决策和事项在督查督办中得到落实。1998—2015年，平均每年办理领导批示和交办事项10余件40余天（次）。

2007—2015年普安县对同级重大决策和事项督查督办情况表

表12-6-4

年份	督查督办重点
2007	2005—2007年度财政扶贫资金项目的落实、作风教育整顿活动开展、县直重点部门执行保密情况、乡镇“转星”工作、整脏治乱、沼气工程建设等
2008	元旦及春节期间工作落实、集体林权制度改革、教育薄弱学校改造、项目建设、交通事故处理、卫生事故处理、机关作风教育整顿、资源开采、城镇建设征地拆迁、计划生育、国企土地权属界定、地质灾害、人饮工程等
2009	“三农”工作、新农村示范点建设、固定资产投资、城镇化建设、环境污染、安全生产、人口和计划生育、森林防火、新增中央投资项目、家用电器和汽车摩托车下乡、沼气建设、农村危房改造、坡耕地治理等
2010	县委全委会、党代会、常委会明确的重大决策和工作部署、热点难点问题、全县21个重点项目建设、“三农”工作、基础设施建设、基础城镇化建设、工业建设等
2011	加快农业产业化进程、社会主义新农村建设、加大固定资产投资力度、推进城镇化进程、加强环境污染治理和安全生产重大决策的贯彻落实、重大项目实施、“三个建设年”活动、“四帮四促”“万名干部下基层，扎扎实实帮群众”、抗旱救灾、校园安全、森林火灾、危房改造、煤矿安全生产等
2012	信访维稳、农业农村工作及危房改造、教育督导、整脏治乱、秋冬种及产业结构调整、生态移民、棚户区危旧房改造、集群烤房建设等
2013	县委“三化同步”战略、重大工程和重点项目建设、春季农业、同步小康驻村、信访维稳、关于改进工作作风密切联系群众的有关规定、整脏治乱等
2014	全县经济发展增比进位、沪昆高速通道绿化、示范性小城镇建设、保障性住房建设、地质灾害防治工作、招商引资工作、农业产业发展工作、人口和计划生育工作等
2015	全县核桃、烤烟、长毛兔、芭蕉芋、茶叶等五大产业落实、依法治县工作、美丽乡村六项行动、城乡居民医疗保险、重点水利工程建设、城乡低保减量提标、县政府工作报告落实情况、信访维稳工作、江西坡片区集中打造项目落实、群众安全感测评等

（三）督查服务

1998—2015年，为县委、县政府领导到基层开展督查调研做好协调服务20余次，平均每年编发《督查通报》5期。

2008年，制定《关于切实加强政务督查工作的意见》，将各位县长的分管工作，县政府全体（扩大）会议、常务会议、专题会议及全县重要的综合性会议决定需要落实的事项，将每项工作的承办、协办单位细化成表册进行督查办理。全年逐条督办落实102件，对98个信访件和县政府领导交办的重大事项进行督查督办。跟踪督办人大建议112件，政协提案46件。落实州委、州政府的督办件、信访件38件；下发督办通知书14份。2012年，制定《县委常委带队督查工作实施办法》，为县委、县政府领导到基层调研做好协调服务工作10余次。2013年，为州委州政府督查室及有关督查组到普安县开展督查调研做好协调服务5次，为县委、县政府领导到基层开展督查调研做好协调服务10次。2014年，制定《普安县督查结果应用机制》，为州委州政府督查室及有关督查组到普安县开展督查调研做好协调服务7次，为县委、县政府领导到基层开展督查调研做好协调服务13次。2015年，制定《普安县督查工作统筹协调制度》《州委州政府和县委县政府重大决策部署贯彻落实情况积分办法》《州委州政府和县委县政府重大决策部署跟踪落实办法》。

（四）督查调研

1998—2002年，围绕县委中心工作，对计划生育、春耕秋种、烤烟生产、安全生产等问题进行督查调研，对存在问题提出相应建议。2003—2015年，围绕县委、县政府中心工作和社会热点难点问题，制定调研方案，深入部门、乡镇、村组、企业开展调查研究，编写调查研究报告提供给省、州、县各级党委、政府决策参考。

2003—2015年普安县督查调研情况表

表12-6-5

年份	督查调研重点
2003	计划生育、科技兴农、“两基”攻坚、春耕秋种、烤烟生产、农民减负、防汛抗灾
2004	新型农村合作医疗、“两基”攻坚、农民工技能培训、退耕还林、大中专毕业生就业、卫生医疗现状、省“免三减二”政策对普安县黄金产业的影响、镇胜高速公路普安段征地拆迁情况
2005	新型农村合作医疗、退耕还林、农民的生产生活、农资价格、煤炭价格、卫生医疗现状、镇胜高速公路普安段征地拆迁情况
2006	社会主义新农村建设、光照电站移民、远程教育、小水电代燃料试点工程、整脏治乱、矿群关系、集体工业企业发展、镇胜高速公路普安段工程进展、县城房地产价格、农民生产生活用煤
2007	村级整合、茶产业、信访、沼气工程建设
2008	村级整合、集体林权制度改革、茶产业、信访、沼气工程建设、灾后重建、农机购置补贴
2009	返乡回流农民工、电力管理、茶产业、信访、计划生育、沼气池建设、危房改造、非公有制经济
2010	水利建设、信访、柴油供应
2011	森林火灾、危房改造、煤矿安全生产、煤矿标准化建设
2012	生态移民、棚户区危旧房改造、集群烤房建设
2013	重大工程和重点项目建设、信访维稳工作、各级各部门化解落实信访情况
2014	茶业产业、安全生产、人口和计划生育
2015	320国道改扩建、长毛兔养殖培训基地等重大工程重点项目的征拆问题，地质灾害、环境卫生、煤矿安全生产

第二节 组 织

一、基层党建

（一）机关党建

2006年，建立党委定期研究党建工作制度和县乡领导干部党建扶贫联系点制度。2007年，开展机关教育整顿和行风评议等活动，建设“六型”机关（学习型、服务型、效能型、廉洁型、创新型、和谐型），创建党建示范点26个（其中省级示范点1个，州级示范点5个，县级示范点20个），创“五好”（领导班子好、党员队伍好、工作机制好、工作业绩好、群众反映好）基层党组织100个，开展党员承诺活动和创建党员先锋岗活动（全县7800名党员参加党员承诺，创建集体先锋岗43个，个人先锋岗267个），加强流动党员管理。

2008年，开展“治庸治懒治散”专项行动，对全县72个县级“五好”基层党组织进行命名、授牌。

2010年，实施“示范引领工程”，在各行各业组建党员先锋队、民兵骨干队、巾帼建功队、青年突击队4支队伍。2011年，开展“为民服务创先争优”活动，县直机关具有行政审批权限的单位在县政务服务大厅设立办公窗口，开展“一条龙”办公服务。乡镇成立便民利民党务政务服务中心站（点），实行首问责任、一次性告知、服务承诺、限时办结等制度及“一站式”服务。2012年，组织召开矿区、园区、社区、农村、机关和窗口行业单位6个现场推进会，对372个基层党组织进行分类定级，对12

个后进基层党组织开展晋位升级，在流动党员较为集中的昆明市官渡区组建第一个驻外流动党支部。

2014年，深入实施民意调查工作法，通过组织干部入户收集群众意见，召开群众会、小组会等收集民意，把每个人（企业）遇到的矛盾、问题、难题提出来，以党建扶贫为载体，结合领导干部遍访贫困村、贫困户工作，要求机关干部深入联系点、帮扶点与精准扶贫户、计生两户、困难农民工、矛盾诉求户等特殊人群交友结亲。

（二）农村党建

1998年，建立副县级以上领导干部联系基层组织建设点26个，选派70名乡镇干部任村支书或村主任助理，选派25名应届大中专毕业生到村任职，创建“六好”乡镇（建设一个好的领导班子、带出一支好的干部队伍、选准一条好的发展路子、健全一套好的管理制度、保持一种好的工作作风、形成一个好的工作格局）3个。调整66个经济发展缓慢的贫困村支书和主任，调整支委85名，更换支书30名、村主任35名，在167个行政村配备村级后备干部668名，创建“五好”村（好班子、好路子、好队伍、好机制、好制度）25个，新修党员活动室35个、维修16个，村干部报酬平均达110元（最低报酬70元）。

1999年，创建“六好”乡镇4个，在14个乡镇开展村务公开。修建党员活动室134个（新修31个）、卫生室26个，创建“五好”村28个。

2000年，创建“六好”乡镇4个，从县直单位和乡镇选派12名干部到12个村任党支部书记，选派20名县直单位和乡镇干部下驻已创建的“五好”村抓好巩固提高。创建“五好”村22个。通过改选、下派、交流等方式调整村党支部、村委会班子85个，更换支书60人、主任85人。推行村务公开，建村务公开栏167块。

2002年，创建“六好”乡镇3个。创建“五好”村65个，调整村（居、街道）党支部书记75人、主任92人、其他班子成员83人，培养村级后备干部672人，创建党员双文明户723户、党员加工户286户、党员运输户2950户，1900名农民党员获得“农民技术”职称。

2004年，创建典型村党支部17个（其中资源型2个，通道型5个，扶贫攻坚型4个，产业特色型6个）。排查出45个软弱涣散村党支部，调整村支书68个。

2005年，培养党务能力强、带头致富能力强、带领群众致富能力强的“三强”村支书121名。开展三个“双一”活动，即乡镇党员领导干部“双一”活动（乡镇党员领导干部每人创建1个示范点或示范带，帮扶1个贫困户）、党员干部“双一”活动（每个党员干部创建1个示范户，帮扶1个贫困户）、村干部“双一”活动（每个村常务干部帮扶1个贫困户，创建1个示范户），创建产业示范点161个，创建示范户741人，帮扶贫困户936家。乡镇党委书记和乡镇长共25人，村支书和村主任、副主任共501人参加“双述”活动（即乡镇党委书记、乡镇长向各站、股室负责人、各村班子述职述廉；村支书，村主任、副主任向全村党员、村民代表述职，向乡镇党委、政府述职）。

2007年，培养村级后备干部313名，探索“支部+协会+农户”“支部+基地+农户”等经营模式，在白沙乡白沙社区创建群雄科技示范园，建立农村党员示范基地，在14个乡镇创建和拟建45个养殖、果蔬等产业协会。村党支部书记、村主任每月基本工资由原来的100元增加到500元，村统计员、人口和计划生育专干增加到450元，其他“两委”成员、村民组长每月补助100元。在农村党员中开展“创四户”（科技户、文明户、小康户、党员示范户）活动，创科技户150户、文明户133户、小康户128户、党员示范户133户。

2008年，实施特色产业覆盖村、专业协会覆盖村、能人党员覆盖村的“三个覆盖”工程，开展“能人创业竞赛”活动，评选奖励实绩突出的“创业标兵”。

2009年，创建“四户”2180户（其中科技户650户，文明户580户，小康户552户，党员示范户398户）。

组建白沙乡秋锦梨种植协会、江西坡镇白石村养鸡协会、地瓜镇莲花村脱毒马铃薯专业合作社等46个协会组织。

2010年，实施示范引领工程，在乡镇创建14个党建特色示范村。在各行各业组建党员先锋队、民兵骨干队、巾帼建功队、青年突击队4支队伍，实施党员创业带富工程，推进新农村建设和农业产业化进程。制定《村级组织活动场所管理和使用办法》，建成24个村活动室，拨付7800元帮助困难党员，在春节、元旦、“七一”和抗旱抗洪救灾期间发放25万余元慰问生活困难党员。在窝沿乡官田村创建黎明“八人党小组”、罐子窑镇辣子树村创建苗寨党小组。

2011年，在大的自然村寨、少数民族聚居村民组、产业协会、非公有制企业等不同领域设置党小组，鼓励和扶持14个乡镇213名农村党员创业增收致富，将每村每年1万元的村级办公经费纳入县级财政预算。落实村干部基本报酬政策和业绩考核奖励制度，将村（社区）常务干部纳入目标绩效考核内容，对年终考核合格的村（社区）支部书记、主任每年一次性发给奖金6000元，其他村常务干部每年一次性发给奖金4800元。

2013年，推广三板桥镇“让群众当‘镇长’，让干部当‘秘书’”活动。在盘水、江西坡、新店、白沙等乡镇开展“双十”工程（在各个乡镇分别选择10名“领头雁”和10名“特困户”进行集中帮扶）、民意调查工作法试点工作，40名“领头雁”分别得到县、乡各级帮助协调的贷款、技术培训等帮扶，4个试点乡镇共收集群众民意59条，其中民生问题24条、矛盾纠纷12条、工作建议23条。

2014年，制定下发《关于加强普安县少数民族地区基层党建工作的实施方案》，培养100名民族文化传承人、评选100名民族民间艺人、保护好100个民族文化村寨和100处民族建筑为内容的“四个100”工程建设。运用“双十”工程，整合各方帮扶资源壮大农村致富带头人队伍。通过摸底排查将软弱涣散的10个基层党组织列为重点整顿对象。

2015年，根据中央、省、州关于选派优秀干部到村担任第一书记的总体要求，除对软弱涣散村、贫困村增加主任助理外，其余村均选派第一书记，实现全覆盖。全县选派第一书记90人，增派主任助理21人。全县建成以村党支部为主的农村专业合作社33个、签约26个。

（三）社区党建

2004年，将盘水镇4个街道办事处调整为3个社区（南湖社区、普天社区、云盘社区），制定创建社区党建工作方案、措施和创建目标。2007年，开展“四进社区”（党的“三级联创”活动进社区、党员干部现代远程教育进社区、组织活动场所进社区、党员承诺活动进社区）试点工作，创建“四进社区”试点14个（其中州级试点2个，县级试点12个）。2008年，开展社区“四大工程”（即核心工程、平安工程、文明工程、利民工程），在14个社区开展以建设平安社区为主要内容的活动。2012年，在社区打造以“安居、乐居、友居、福居”为主的“四居工程”。2014年，开展“在职党员进社区报到为群众服务”活动，组织在职党员和组建群众“民意直通车”深入社区开展便民利民服务，帮助了解收集民意，解决民困，为社区提供必要的组织和服务，到社区报到的党员人数499人，到社区领取办理的服务项目63个。

（四）非公有制企业党建

1998年，对5个企业党组织班子成员进行调整，建立后备干部12名，非公有制企业建立党团组织占85%。1999年，吟路电力公司党员为企业提出建议168条，70%以上的被采纳。

2000年，在非公有制企业建立1个党总支（吟路电力公司党总支）、4个党支部（吟路电力公司机关支部、一级站支部、二级站支部、电石厂支部）。2001年，对企业和非公有制经济的党建工作进行为期15天的调研，建立1个国有企业工会组织，建立楼下福安煤矿和龙吟大石寨电石厂2个非公有制企业党组织。2002年，在2个非公有制企业建立党组织。2004年，选派14名干部到14个非公有制企业挂职指导党建工作。

2007年，选派26名党建联络员进驻26对有证煤矿指导工作，3个规模以上非公有制企业建立党组织。2008年，楼下镇久丰煤矿成立党支部。2009年，组建3个新经济组织党支部。

2010年，在窝沿乡上寨村宏松煤矿采取企业法人在村党支部任职的方式建立联合党支部，在非公有制企业相对集中的楼下镇探索以“镇企共建、村企共建、企企共建、群企共建”的党组织设置模式，在老虎田煤矿建立党支部。2011年，探索“村企联建、行业共建”党组织设置模式，整合砂石行业、水利行业中的非公有制企业，在行业商会建立党组织，实现非公有制企业党组织全覆盖。2014年，组建非公有制企业党支部48个，其中单独建立13个、联合组建35个，建立工会组织24个，建立共青团组织4个，向企业选派党建工作指导员165人；在30个社会组织中组建党支部28个，其中单独组建19个、挂靠组建9个。创建县级党建工作示范点5个，创建州级非公有制企业和社会组织党建工作示范点1个。2015年，结合企业实际，推动“双万双助”活动开展，选派90名政治素质好、党性强的干部到非公有制企业担任联企干部，帮助企业建立和完善基层党组织建设。在911家非公有制企业、35家社会组织中采取单独、联合、挂靠等方式，组建党支部78个，选派党建指导员119名，实现党组织和党建工作全覆盖。

二、队伍建设

（一）党员发展与结构

1998—2015年，普安县举办入党积极分子培训班，培训入党积极分子，一部分入党积极分子安排脱产培训，有的选派到中央党校、省委党校、州委党校参加培训，在参加培训的积极分子中注重选择生产工作第一线、知识群体、青年、外出务工人员、创业致富能手发展党员；同时，抓好女党员和少数民族党员的发展。17年间，共发展党员3825名，其中发展女党员620名、少数民族党员1187名、35岁以下党员2730名、高中以上文化程度党员3036名。

1998—2015年普安县中共党员发展情况表

表12-6-6　　单位：名

年份	发展党员	其中			
		女党员	少数民族党员	35岁以下党员	高中以上文化程度党员
1998	272	32	81	193	138
1999	355	46	99	254	285
2000	313	55	101	241	276
2001	311	34	112	207	263
2002	254	27	88	189	199
2003	241	41	74	159	196
2004	265	37	76	195	216
2005	183	26	52	135	149
2006	197	28	65	138	160
2007	167	23	55	117	136
2008	123	17	41	86	100
2009	118	16	39	83	96
2010	129	26	45	95	105
2011	291	65	79	196	237

续表12-6-6

年份	发展党员	其中			
		女党员	少数民族党员	35岁以下党员	高中以上文化程度党员
2012	142	30	37	108	116
2013	129	34	36	92	105
2014	159	44	50	120	130
2015	176	39	57	122	129
合计	3825	620	1187	2730	3036

1998年，全县党员总数6521名，其中35岁以下党员1640名，占总数25%；大专以上学历党员480名，占总数7.3%。2014年，党员总数9286名，其中35岁以下党员2027名，占总数21.8%；大专以上学历党员3232名，占总数34.8%。2015年，党员总数9298名，其中35岁以下党员2014名，占总数21.7%；大专以上学历党员3338名，占总数35.9%。

1998—2015年普安县择年度中共党员构成情况表

表12-6-7　　　　单位：名

<table>
<tr><th colspan="2">年　份</th><th>1998</th><th>2001</th><th>2004</th><th>2010</th><th>2013</th><th>2014</th><th>2015</th></tr>
<tr><td colspan="2">党员总数</td><td>6521</td><td>7193</td><td>7595</td><td>8607</td><td>9104</td><td>9286</td><td>9298</td></tr>
<tr><td rowspan="4">构成分类</td><td>正式党员</td><td>6164</td><td>6917</td><td>7268</td><td>8468</td><td>8468</td><td>9066</td><td>9006</td></tr>
<tr><td>预备党员</td><td>357</td><td>276</td><td>327</td><td>139</td><td>139</td><td>220</td><td>292</td></tr>
<tr><td>女党员</td><td>851</td><td>974</td><td>1089</td><td>1268</td><td>1268</td><td>1631</td><td>1684</td></tr>
<tr><td>少数民族党员</td><td>1819</td><td>2007</td><td>2241</td><td>2463</td><td>2463</td><td>2718</td><td>2717</td></tr>
<tr><td rowspan="5">年龄分段</td><td>35岁以下</td><td>1640</td><td>1695</td><td>1786</td><td>1766</td><td>1766</td><td>2027</td><td>2014</td></tr>
<tr><td>36～45岁</td><td>1712</td><td>1812</td><td>1867</td><td>2143</td><td>2143</td><td>2143</td><td>2120</td></tr>
<tr><td>46～55岁</td><td>1292</td><td>1481</td><td>1554</td><td>1708</td><td>1708</td><td>2025</td><td>2054</td></tr>
<tr><td>56～60岁</td><td>630</td><td>619</td><td>700</td><td>824</td><td>824</td><td>933</td><td>883</td></tr>
<tr><td>61岁以上</td><td>1247</td><td>1586</td><td>1688</td><td>2166</td><td>2166</td><td>2158</td><td>2227</td></tr>
<tr><td rowspan="6">入党时间</td><td>1937年7月—1945年9月</td><td>1</td><td>1</td><td>—</td><td>1</td><td>1</td><td>—</td><td>—</td></tr>
<tr><td>1945年9月—1949年9月</td><td>4</td><td>21</td><td>18</td><td>8</td><td>8</td><td>7</td><td>6</td></tr>
<tr><td>1949年10月—1966年4月</td><td>1085</td><td>964</td><td>818</td><td>609</td><td>609</td><td>414</td><td>376</td></tr>
<tr><td>1966年5月—1976年10月</td><td>1286</td><td>1250</td><td>1180</td><td>1031</td><td>1031</td><td>871</td><td>831</td></tr>
<tr><td>1976年11月—2002年10月</td><td>4145</td><td>4957</td><td>5579</td><td>4644</td><td>4644</td><td>4327</td><td>4235</td></tr>
<tr><td>2002年11月及以后</td><td>—</td><td>—</td><td>—</td><td>2314</td><td>2314</td><td>3667</td><td>3850</td></tr>
<tr><td rowspan="8">学　历</td><td>研究生</td><td>2</td><td>4</td><td>10</td><td>20</td><td>20</td><td>26</td><td>26</td></tr>
<tr><td>大学本科</td><td rowspan="2">478</td><td>150</td><td>286</td><td>745</td><td>745</td><td>1587</td><td>1667</td></tr>
<tr><td>大学专科</td><td>663</td><td>1031</td><td>1427</td><td>1427</td><td>1619</td><td>1645</td></tr>
<tr><td>中专</td><td>998</td><td>1192</td><td>1047</td><td>1013</td><td>1013</td><td>812</td><td>805</td></tr>
<tr><td>高中</td><td>533</td><td>532</td><td>491</td><td>635</td><td>635</td><td>653</td><td>656</td></tr>
<tr><td>初中</td><td>1763</td><td>2037</td><td rowspan="3">4730</td><td rowspan="3">4767</td><td>4767</td><td>4589</td><td>4499</td></tr>
<tr><td>小学</td><td>2283</td><td>2266</td><td>—</td><td>3059</td><td>3119</td></tr>
<tr><td>文盲</td><td>464</td><td>349</td><td>—</td><td>—</td><td>—</td></tr>
</table>

续表 12-6-7

<table>
<tr><th colspan="2">年　份</th><th>1998</th><th>2001</th><th>2004</th><th>2010</th><th>2013</th><th>2014</th><th>2015</th></tr>
<tr><td rowspan="8">职　业</td><td>干部职工</td><td>2145</td><td>2397</td><td>2565</td><td>2941</td><td>2941</td><td>4905</td><td>4905</td></tr>
<tr><td>乡镇企业劳动者</td><td>49</td><td>103</td><td>—</td><td>—</td><td>—</td><td>—</td><td>—</td></tr>
<tr><td>农牧渔民</td><td>3818</td><td>4026</td><td>4415</td><td>4692</td><td>4692</td><td>—</td><td>—</td></tr>
<tr><td>民办教师、乡村医生</td><td>61</td><td>—</td><td>—</td><td>—</td><td>—</td><td>934</td><td>951</td></tr>
<tr><td>城镇个体劳动者</td><td>14</td><td>20</td><td>—</td><td>—</td><td>—</td><td>388</td><td>323</td></tr>
<tr><td>离休干部（工人）</td><td>45</td><td>25</td><td rowspan="2">604</td><td rowspan="2">747</td><td>747</td><td>9286</td><td>9298</td></tr>
<tr><td>退休职工</td><td>233</td><td>456</td><td>—</td><td>9066</td><td>9006</td></tr>
<tr><td>其他职工</td><td>156</td><td>166</td><td>11</td><td>227</td><td>227</td><td>220</td><td>292</td></tr>
</table>

（二）党员教育与管理

2000年，培训党员“双带”（带头致富，带领群众致富）能力，创建党员双文明户718户、党员加工户285户、党员运输户940户、党员养殖专业户1310户、党员种植专业户2650户，获得农民技术职称党员1500名。2001年，组建“三个代表”重要思想宣讲团到14个乡镇巡回开展党员教育培训，查处未缴清（足）党费3000余元。2003年4月9日，表彰2001—2003年度优秀党务工作者28名、优秀共产党员90名。

2005年，全县17个党委建立党员、党组织、申请入党人员信息库，将7595名党员基本信息录入计算机。2007年，开展党员承诺活动和创建党员先锋岗活动，全县7800名党员参加，创建集体先锋岗43个，个人先锋岗267个。制定《普安县关于进一步加强流动党员教育管理工作的实施意见》，建立流动党员管理台账，为213名流动党员办理流动党员活动证。2008年，在基层党组织和县直机关各部门集中开展“治庸治懒治散”专项行动，“七一”期间表彰优秀共产党员100名、优秀党务工作者30名。各级党组织采取“三评”（上评下、下评上、平级评）方式，在党员与党员之间、党员领导干部与党员之间、领导班子成员之间开展党员党性定期分析评议工作。四川汶川特大地震发生后，各级党组织和部分党员交纳“特殊党费”38.61万元支援灾区。

2011年，表彰优秀共产党员100名、优秀党务工作者50名，采取政策引导、项目扶持、贷款贴息、提供信息咨询、技术帮助等方式鼓励和扶持14个乡镇213名农村党员创业并示范带动群众增收致富，每年从县财政和县管党费中分别拿出5万元建立党内激励、关怀、帮扶资金帮助解决生活困难党员。2012年，组织宣讲团到14个乡镇巡回宣讲中共十八大精神，选派24名村党支部书记到华西村进行培训学习。在普安县党员流动集中的昆明市官渡区组建第一个驻外流动党支部。2013年，表彰优秀共产党员50名、优秀党务工作者20名。2014年，表彰优秀共产党员20名。2015年，表彰优秀共产党员25名，经与兴义市黄草街道办建设社区党支部协商，采取共建的模式，建立普安县离退休干部职工兴义党支部。

1998—2015年，普安县利用县委党校、乡镇和村（社区）组织党员，围绕党和国家的方针政策、农业科技、农村经济、基层党务工作等方面开展党员教育培训。

1998—2015年普安县党员培训教育情况表

表12-6-8

年份	合计（人）	县级及以上培训		乡镇组织培训		电化教育培训	
		期次（期）	人次（人）	期次（期）	人次（人）	期次（期）	人次（人）
1998	6047	10	400	42	3432	20	2215
1999	5600	15	600	38	2385	20	2615
2000	5909	15	860	40	3004	15	2045
2001	6365	15	2670	40	3215	5	480
2002	6396	8	615	40	4653	8	1128
2003	6482	8	668	38	4854	6	960
2004	6465	3	183	48	5422	5	860
2005	6512	9	580	42	4072	11	1860
2006	6482	9	676	41	4720	7	1086
2007	6918	15	931	39	3855	18	2132
2008	6842	9	580	41	4402	13	1860
2009	6715	24	1230	44	4160	9	1325
2010	7692	34	1520	49	4552	12	1620
2011	8642	30	1209	54	5298	15	2135
2012	11889	9	800	105	6764	20	4325
2013	12534	13	1021	109	6893	22	4620
2014	12957	16	1288	115	7130	21	4539
2015	13484	18	1409	118	7255	24	4820
合计	143931	260	17240	1043	86066	251	40625

三、干部管理

（一）选拔任用

1998年，对乡镇和县直机关领导班子成员进行调整，调整后的乡镇党政领导班子成员中，30岁以下的由17名增到24名，少数民族干部由30名增加到33名，非中共党员干部由8名增加到10名，有2名非中共党员干部担任乡镇长，每个乡镇领导班子成员均有1名妇女干部，14个乡镇均配备专职人大主席或副主席，选派2名干部到宁波市镇海区挂职学习。1999年，提拔正科级干部13名，副科级干部28名。2000年，从年龄、文化、民族等方面优化乡镇领导班子成员结构。

2001年，提拔正科级干部19名、副科级干部63名，提拔的82名副科级以上干部中，年龄在30岁以下的24名，最小24岁，平均32.4岁。对17名干部的任职实行试用制、任期制，对5名副科级及以上干部进行告诫谈话并指出其存在问题和解决的意见、建议，对3名工作岗位调整的副科级以上领导干部进行离任审计。2002年，对乡镇领导班子成员换届和机构改革后缺额的25名副科级领导班子成员进行充实，其中女干部3名，少数民族干部9名，大专以上文化19名，35岁以下14名，明确副主任科员3名，平级任职3名，提拔16名，副主任科员任实职的3名。2003年，提拔科局级干部73名，其中女干部10名，平级交流（转岗）科级干部81名，符合条件的28名干部晋升为主任科员或副主任科员。2004年，提拔正科级干部17名（其中提拔9名，平级转岗4名，晋升主任科员4名），提任副科级干部59名（其中提拔15名，平级转岗25名，晋升副主任科员15名，面向全州公开招考4名）。2005年，对14个乡镇的副科级组织委员、副科级宣传委员和部分单位缺额的领导班子成员进行充实，对县医院、中医院、保健所班子成员进行届中考察。全年提拔科局级干部51名，其中正科级4名，副科级47名，少数民族干部24名，妇女干部5名。

2006年，对7个乡镇、2个县直单位的领导班子成员进行充实，对乡镇副科级组织委员、副科级宣传委员和部分单位试用期满的人员进行考察，对14个乡镇、县直49个单位的447名科级干部、100多名股级干部进行考察。2007年，选派14名副科级干部到乡镇挂任党委副书记（镇长助理），从乡镇提拔交流2名干部到县直机关工作，乡镇与县直机关平级交流干部90名，选拔任用31名长期在基层工作的干部充实到领导班子中，选派4名没有基层工作经历的科局正职到乡镇挂任党委副书记2年，面向社会公开选拔16名30岁以下的副科级领导干部充实到党政机关。建立35岁以下477名科级后备干部库，其中38名经过培养走上领导岗位。结合班子年龄结构、性别结构和民族比例等因素共提拔35岁以下干部30名，妇女干部20名，少数民族干部47名，非中共党员干部20名。2008年，提拔26名科级干部，其中女干部4名，少数民族干部11名，30岁以下的干部3名，非中共党员干部8名。对领导班子缺额的部分单位进行考察，共考察干部37名，其中女干部10名，少数民族13名，其中30岁以下干部3名，非党干部3名。选派146名干部到有关单位挂职，其中选派1名副科级干部到省委组织部挂职，选派3名干部到州委组织部挂职，选派3名干部到村（社区）挂职，从乡镇机关选派1名干部到州委组织部挂职，从县直机关选派89名年轻干部（主要是副科级后备干部）到村（社区）挂职，从乡镇机关选派52名年轻干部（主要是副科级后备干部）到县直机关挂职。从2007年公开选拔30岁以下年轻干部招考入围名单中，以考试的形式选拔30名干部充实到县四大家班子办公室和部分县直机关。2009年，调整科级干部84名，其中提拔43名，平级转任41名。在执行干部考察预告制度、任前公示制度、试用期制、票决制等各项制度的基础上，采取“三提名”——全县领导干部会议提名、县委全委（扩大）会议提名、单位推荐大会提名方式把青山镇党委书记、旅游局局长、经贸局局长、城镇综合执法局局长4个职位放到全县干部大会中进行初始提名投票推荐，将正科级年轻干部、非中共党员干部、妇女干部各10个名额放到县委全委（扩大）会议中进行公开推荐。2010年，对23个职位53名人选实行差额推荐和差额考察，提拔7名副科长级干部，从在乡镇任职的基层一线提拔2名、平级交流3名干部到县直部门任职，将1名因年度考核群众满意度低的干部改任非领导职务，将2名试用期满考察不合格的干部取消正式任职资格，对2名因工作不力的干部进行诫勉谈话。

2011年，从乡镇政府正职或副科级领导干部中提拔、转任乡镇党政正职及人大主席11名。新提拔乡镇领导班子成员副职32名，其中从乡镇科员级干部中考察提拔24名。2012年，提拔调整乡科级干部172名，其中差额民主推荐考察提拔79名，平级调整93名。在全州率先配备14名乡镇副科长级组织委员。2013年，调整乡科级干部190名，其中民主推荐、差额考察提拔94名，平级调整96名。配齐14个乡镇财政分局局长、14个乡镇计划生育和医疗卫生服务中心主任，对5个乡镇的党政正职进行调整，选派14名年轻干部到乡镇挂任党委副书记兼党建扶贫工作队队长。2014年，调整乡科级干部160人，其中民主推荐、差额考察提拔科级干部54人、交流任职106人。考察推荐正科级后备干部160人、副科级后备干部216人。2015年，调整乡科级干部379人，其中民主推荐、差额考察提拔96人、平级交流283人。2015年年底，全县有县管干部797名，平均年龄44.32岁。其中35岁以下90名，占11.29%；36～40岁158名，占19.82%；41～45岁197名，占24.72%；45岁以上352名，占44.17%。大学及以上学历481名，占60.35%；大专学历281名，占35.26%；高中、中专及以下学历35名，占4.39%。

（二）培训教育

1998—2015年，普安县以自主举办培养班、选派参与上级举办的培训班、以会代训、统一集中考试等多种方式，加强干部的培训教育。其中县级举办专题培训班1141期（次），培训教育干部89097人次，选派到省、州等参加培训1934人次。

1998—2015年普安县干部培训教育情况表

表12-6-9

年份	自主举办培训			选派参加培训（名）
	期次（期）	学员（名）	培训班名称	
1998	10	426	乡镇一把手和县直科局长培训班，农业管理干部培训班，党务干部培训班，村级干部培训班，企业管理干部培训班，村级后备干部培训班，非党干部培训班，妇女干部培训班，团干部培训班	66
1999	5	232	村级干部培训班，局级领导干部财税金融读书班，党务干部培训班，中青年干部培训班	
2000	17	762	驻典型村干部培训班，统战理论培训班，党务干部培训班，实施西部大开发专题培训班，青年干部培训班，农村干部培训班，乡镇党委书记培训班，乡镇长培训班，知识分子政治理论学习班	27
2001	7	280	青年干部培训班，新任科级领导干部培训班，纪检、组工干部培训班，草地畜牧干部培训班，创建经济强村干部培训班，村干部培训班	13
2002	8	485	学习贯彻《干部任用条例》培训班，组工信息联络员培训班，青年干部培训班，村干部培训班，新任乡科级干部培训班，第五届村（居）委会主任培训班，乡镇政法、综治干部培训班，县级班子换届工作培训会	—
2003	384	30028	普法骨干培训班，农业适用技术普及培训班，“绿证”培训班，少数民族青年干部培训班，组工干部培训班	—
2004	154	11428	副科级干部培训班，少数民族干部培训班，党代表培训班，中青年干部培训班，妇女非党干部培训班，WTO知识和《行政许可法》培训班，卫生医务人员培训班，中小学教师进行新教材、计算机操作培训班，党的政策法规、党建业务培训班	14
2005	163	12153	副科级干部培训班，少数民族、妇女、非党干部培训班，县级党代表培训班，中青年干部、办公室人员培训班，村支书和村主任培训班，计算机中级培训班	30
2006	106	9620	城建、国土干部培训班，青年干部培训班，“三农”服务团培训班，纪检监察干部培训班，基层组织建设研讨班，村支书、主任培训班，党员教育培训班，公务员通用能力培训班	31
2007	182	16000	少数民族、妇女及非党干部培训班，党代表培训班，组织工作信息员及党建工作宣传联络员培训班，新任副科级干部培训班，远程教育站点操作管理员培训班，村干部培训班及党的十七大精神专题研究班，行业和部门培训班，机关公务员信息化与电子政务培训班，农村党员、农村基层干部、农村实用人才培训班	164
2008	26	1551	中青年干部培训班，少数民族干部培训班，非党干部培训班，妇女干部培训班，远程教育站点操作管理员培训班，村干部培训班，农村党员培训班，农村基层干部培训班，农村实用人才培训班	535
2009	10	650	中青年干部培训班，少数民族、妇女及非党干部培训班，办公室主任教育培训班，党务及组织人事工作者教育培训班，科学发展观专题研讨班，干部人事档案管理员培训班，村（社区）党支部书记教育培训班，农村实用人才教育培训班	74

续表12-6-9

年份	自主举办培训			选派参加培训（名）
	期次（期）	学员（名）	培训班名称	
2010	12	665	十七届四中全会精神专题培训班，中青班，办公室主任培训班，组工信息联络员、宣传通讯员培训班，工会干部培训班，团干部培训班，远程教育工作骨干培训班，村（社区）人口主任培训班，干部自主选学专题培训班，村（社区）党支部书记培训班	321
2011	11	580	十七届五中全会精神专题——村（社区）支书、主任培训班，村（社区）妇女干部培训班，纪检监察干部培训班，党建工作专题——学校党建工作培训班，远程教育管理信息系统培训班，党外代表人士培训班，党建工作专题——园区党建培训班，转变经济增长方式培训班，中青年干部培训班，少数民族干部培训班，十七届五中全会精神专题——科技干部培训班	152
2012	16	1377	贯彻《国务院关于进一步促进贵州经济社会又好又快发展的若干意见》（国发〔2012〕2号文件）精神培训班，领导干部推进工业化能力提升班，农业特色产业培训班，中青年干部培训班，少数民族、妇女、非中共党员干部培训班，基层党建工作研讨班，中共十八大精神读书班，纪检监察干部培训班，远程教育管理信息系统培训班，文书档案整理培训班，干部自主选学专题培训班，医药卫生管理干部高级研修班，旅游规划与文化产业发展高级研修班，环境保护与可持续发展高级研修班，党建科学化高级研修班，清华大学远程教育培训，网络资源在线培训	213
2013	11	1372	中共十八大精神培训班，中青班，同步小康驻村工作研讨班，安全生产、信访维稳专题培训班，党员创业带富培训班，少数民族、妇女、非中共党员干部培训班，党组织负责人培训班，重点领域项目培训班，深入学习习近平总书记系列重要讲话精神专题培训班，“提升沟通能力，打造阳光心态”专题讲座，领导干部的法治思维与法治方式专题讲座	110
2014	9	756	村（社区）干部能力提升培训班，中青年干部培训班，中共十八届三中全会精神培训班，“双十”工程领头雁能力提升培训班，《干部任用条例》专题培训班，“双十”工程特困户创业致富培训班，少数民族、妇女、非党干部培训班，党组织负责人培训班，远程教育管理员培训班	111
2015	10	732	村（社区）第一书记和主任助理培训班，村（社区）支部书记业务能力提升培训班，绿壳蛋鸡专业养殖户培训班，长毛兔专业养殖户培训班，中小学党支部书记业务能力提升培训班，村（社区）农村专业合作社负责人培训班，中青年干部培训班，少数民族、妇女、非党干部培训班，安全生产、信访维稳专题培训班，远程教育站点管理员培训班	73

（三）后备干部培养

2002年，制定《关于民主推荐及考察乡镇和部分县直部门副科级后备干部人选的实施方案》，建立科级后备干部库，推荐科级后备干部70名。2007年，向各级各部门下发《关于做好副科级后备干部队伍工作的通知》，建立后备干部库数据并沿用到2013年，其中通过培养提拔的处级干部20名（党员干部18名、非党干部2名，妇女干部4名、少数民族干部9名）。2014年考察推荐正科级后备干部160名、副科级后备干部216名。2015年乡镇调研中发现优秀科级干部48人，站股（科员）级干部52人。

（四）干部人事制度改革

1999年，实行竞争上岗制。2000年，实行干部任前公示制。2001年，试行县委任用干部无记名投票表决制，拟定《党政领导干部任期内经济责任审计制度》《群众监督领导干部制度》《干部监督巡视、监督员制度》。2002年，在全县14个乡镇和县直单位全面推行中层干部竞争上岗。2003年，纪委、组织部联合制定《普安县领导干部任前廉政教育制度》，试行干部考察书面预告制，采用书面形式对124名干部考察实行考察预告制。2004年，推出公开选拔干部制、试用期制、公示制、差额考察制、干部推荐责任制、干部考察工作责任制、任期经济责任审计制。2005年，制定《普安县选拔任用领导干部工作若干规定（试行）》，修定《普安县选拔任用乡镇站股级干部实施意见》。2011年，制定《普安县县直单位领导班子和县管干部年度考核办法（试行）》。2014年，成立不胜任现职干部领导小组办公室，制定《普安县向惰政宣战、向惰政问责实施意见》《普安县不胜任现职干部召回管理办法（试行）》。2015年，制定《干部职工分级分类管理办法（试行）》《普安县干部工作日志管理规定（试行）》。

（五）知识分子工作

2001年，对22名副高级职称的专业技术人员进行慰问，将50名人员充实到中高级专业技术人才库和乡土人才库。2002年，制定《普安县科学进步和人才工作责任目标分解表》《普安县乡镇党政领导班子科学进步和人才工作目标责任制考核实施办法（试行）》。2003年，将100名科技人才纳入人才库进行管理，1名知识分子获州优秀科技人才表彰。2005年，制订《普安县人才选拔、引用、管理、培养和使用优惠政策（试行）》，建立副县级领导干部联系知识分子人才制度。2006年，制定《普安县引导和鼓励高校毕业生面向基层就业的实施方案》，安排15名大学生到15个村当村支书和村主任助理。县委表彰100名优秀人才（其中优秀党政人才30名，优秀专业技术人才50名，优秀企业经营管理人才10名，优秀乡土人才10名）。2010年，对全县人才资源进行统计，全县共有人才资源14539万名（其中党政人才1277名，企业经营管理人才511名，专业技术人才4226名，技能人才1650名，农村实用人才6875名，高层次人才147名）。2011年，制定《普安县中长期人才发展规划纲要（2010—2020年）》，招考事业编制人员83名（其中卫生系统35名，计生系统8名，教育系统9名，其他单位系统31名），招收特岗教师57名、“一村一大”（一村一名大学生）66名（到村任职相当于公务员待遇的27名，领取事业工资的39名）、公益性岗位139名、高校毕业生28名（乡镇工作）、司法工作25名、文化艺术18名、西部志愿者26名、6名省委选调生。2012年，全县人才资源19089名，每万名人才资源数750名。

2014年，围绕普安县《人才规划纲要》目标制定改革措施，先后出台《普安县人才选拔、引用、管理、培养和使用优惠政策（试行）》《中共普安县委普安县人民政府关于加强人才培养引进加快科技创新的实施意见》《普安县领导干部联系知识分子工作制度》《普安县引导和鼓励高校毕业生面向基层就业的实施方案》等一系列文件。根据动态统计结果和《普安县人才发展报告（2013）》，分析人才总量及结构，针对人才总量小、高层次人才紧缺、人才平均年龄偏大、缺乏中青年学术带头人、基层人才严重缺乏等突出问题，印发《普安县人才引进、使用、培养实施办法（暂行）》《中共普安县委普安县人民政府关于加强人才培养引进加快科技创新的实施意见》，建立普安县人才“一站式”综合服务中心。全年全县有党政人才1515人、专业技术人才4471人、企业经营管理人才2332人、农村实用性人才7825人、技能人才5720人，人才资源总数2.19万人，每万人人才资源数850人。开展“五百村干部进党校”专项培训活动，配合州委组织部开展“金州创富大讲堂 · 乡村能人培训”活动；引进76名急需专业技术人才到县工业园区、县交通局、县住建局、县安监局、县卫食药局、县水务局、县江西坡茶叶发展站工作，最终聘用35人，引进特殊教育教师4人。

2015年，招录公务员85名，招聘各类事业人员184人（其中定向服务生2名，四项目人员1名），大专以上公益性岗位255名，西部志愿者8名，除招录到公安局、法院、检察院工作的公务员及选调生和县直事业单位急需紧缺的专业人才外，其他新参加工作人员拟招录到基层工作人员占招录总数的80%。同时，引进1名农业专业人才到县农业局工作。向省、州推荐“西部之光”“甲秀之光”访问学者人选；做好“万名农业专家服务‘三农’行动”等专家支援活动。共培训1194人次，包括省级公务员初任培训，山东寿光农业产业化培训，农村实用技术培训等12项。全县人才资源2.07万名，每万名人才资源数为811名。

1998—2010年，办理知识分子补贴2318名，接待知识分子来信来访70件（次），解决知识分子争议17件（次）。

1998—2010年普安县办理知识分子补贴和解决来信来访情况表

表12-6-10

年份	办理补贴（名）	接待来信来访（件/次）	解决争议（件/次）
1998	298	70	—
2000	259	—	—
2001	248	—	6
2002	150	—	5
2003	278	—	3
2004	99	—	3
2005	102	—	—
2006	306	—	—
2007	176	—	—
2008	172	—	—
2009	198	—	—
2010	32	—	—
合计	2318	70	17

第三节　宣　传

一、理论学习教育

（一）党委中心组学习

1998年，各级党委（党组）把中心组学习纳入议事日程，2个月开展1次集中学习，每次学习安排专题发言人。将理论学习纳入干部考察依据之一，建立干部学习档案，副县级以上干部理论学习由州委宣传部建立档案，乡镇、县直单位科级干部理论学习由县委宣传部建立档案，一般干部理论学习由所在单位建立档案。1999年，参加中心组学习的人员要整理读书笔记，科级干部在1.5万字以上，县级干部在2万字以上。2000年，普安县委中心学习组学习经验作为全州唯一一个县委中心学习组参加全省党委（党组）中心学习组理论学习经验交流会。2001年，在各个中心学习组设组长、副组长和学习秘书，组长由党委（党组）书记担任，副组长由分管副书记担任，学习秘书由组织委员、宣传委员和办公室负责人共同担任，每月至少开展1次集中学习（全年集中学习不少于12次）。2005年，明确乡镇党委中心学习组由党政领导班子成员和人大主席团正、副主席组成，党政办和站股负责人列席；县直单位党委（党组）中心学习组由单位领导班子成员组成，股室负责人列席。年中和年底，对各级党委（党组）中心学习组组长履行职责情况、中心组成员学习落实情况、集中学习考勤情况、结合理论学习开展调查研究情况、集中研讨发言质量、撰写理论文章或调研报告情况等进行检查。2012年，将各级党委（党组）中心组学习纳入宣传思想工作考核内容，要求有学习安排意见、学习计划、学习记录、学习简报，每月至少开展1次集中学习（全年集中学习不少于12次）。2013年，以县委中心学习组为龙头，推进学习型党组织建设。制定《关于做好2013年各级党委中心组暨干部调查研究工作的通知》《普安县2013年党委中心组学习安排意见》（含学习计划），全县各级党委中心组同时制定中心组学习安排意见及学习计划。2014年，县委中心组组织集中学习6次，全县各级党委中心组组织学习176次。2015年，县委中心组共组织集中学习13次21天，集中学习研讨4次12天，全县各级党委中心组共组织学习260次。

（二）理论宣讲

2002年12月2—6日，组建2个宣讲组到乡镇，对中共十六次代表大会精神进行宣讲。2007年5月25日，在县文化活动中心对省委第十次代表大会精神进行宣讲，报告会后组建宣讲团到乡镇宣讲；6月20日，州委宣讲团到普安开展学习贯彻省第十次党代会精神报告会；11月27日，州委宣讲团到普安宣讲中共十七大精神；28日，州委讲师团到江西坡镇宣讲中共十七大精神。2008年12月12日，州委宣讲团到普安县宣讲中共十七届三中全会、省委十届四次全会精神。2010年12月14日，州委宣讲团到普安宣讲中共十七届五中全会、省委十届十次全会、州委五届十五次全会精神。2011年1月11—14日，组建2个宣讲团到乡镇宣讲中共十七届五中全会、省委十届十次全会、州委五届十五次全会、县委十届八次全会精神。2011年6月21日，州委党校到普安作“资源开发与跨越发展”主题报告；11月16日，宣传部到普安铅厂监狱宣讲胡锦涛“七一”讲话、中共十七届六中全会、省委十届十二次全会精神。2012年3月7日，邀请贵州省社会科学院专家到普安宣讲《国务院关于进一步促进贵州经济社会又好又快发展的若干意见》（国发〔2012〕2号文件）精神；6月1—5日，组建2个宣讲团到乡镇宣讲省第十一次党代会精神；9月13日，州委宣传部、州社科联到普安开展“社科理论下基层”活动，宣讲“发挥能源大县优势、推进普安经济强县建设”主题报告；11月19日，邀请贵州大学法学专家、教授到普安开展依法行政法制专题讲座；12月6—12日，组建2个宣讲团到乡镇宣讲中共十八大精神；12月26日，州委讲师团到三板桥、楼下2个镇宣讲中共十八大精神。2013年7月22日，州委宣讲团到普安宣讲“中国梦·贵州中国梦·我的梦”主题报告；7月29日至8月12日，组建2个宣讲团到乡镇和县属单位宣讲“中国梦·贵州中国梦·我的梦”；9月13日，省社科理论下基层活动组一行到普安开展夜郎考古始末专题讲座；11月9—12日，组建宣讲团到乡镇、县属部门宣讲中共十八届三中全会精神；12月4日，邀请贵州师范大学国际旅游文化学院教授到普安开展普安县文化发展专题讲座。2014年，紧紧围绕中共十八届三中全会、四中全会，结合宣传部长上讲堂活动，推进相关理论巡回宣讲。6月12日，州社科理论走基层活动，州委党校教授分别到普安县城、江西坡镇作“积极推进重要领域和关键环节改革”“学习习近平总书记关于改革的思想”专题讲座。7月28日，邀请贵州财税学院教授到普安县城作“财税体制改革”专题讲座。12月25日，普安县举办中共十八届四中全会、省委十一届五次全会和州委六届六次全会精神专题培训班，州委党校专家作专题培训。组织宣讲团，县委宣传部、县委党校派出4名干部赴全县14个乡镇推进十八届四中全会及省、州、县相关全会精神的宣讲。2015年，开设“名家普安大讲堂”，全年举办10期，5300余人次副科级以上领导干部参训。组建县委宣讲团赴乡镇（街道）、县属单位开展巡回宣讲报告126场2.21万人次，县委、县政府领导班子成员对分管联系的县属部门、乡镇上党课38场。从全县抽调18名干部组成“宣传文化干部上讲堂”巡回宣讲报告团，赴乡镇（街道）和部门开展巡回宣讲189场，利用各级道德讲堂，开展上讲堂132场，宣传社会主义核心价值观。

（三）理论考试

1998—2015年，组织干部职工进行理论学习，学习成果以考试方式进行测试，参考率、合格率达到90%以上，并建立考试成绩档案。

1998—2015年普安县择年度理论考试情况表

表12-6-11

年份	考试内容	参考人数（人）	参考率（%）	合格率（%）
1998	党的十五大精神	4369	98.36	99.04
1999	《建设有中国特色社会主义若干理论问题学习纲要》、江泽民1997年年底以来的重要讲话和重要文章	—	—	—
2000	《党在社会主义建设新时期的主要历史经验》《毛泽东、邓小平、江泽民论思想政治工作》《西部大开发100问》《理想信念教育学习材料》《毛泽东、邓小平、江泽民论干部监督》，时事政治	—	—	—
2001	《“三个代表”重要思想干部读本》《“三个代表”学习问答》、江泽民《论科学技术》	—	—	—
2004	《黔西南州干部理论学习资料汇编——中共十六届三中全会〈决定〉辅导读本》，中共十六届四中全会精神，《中国共产党党内监督条例（试行）》，《中国共产党党纪处分条例》，2004年1—11月国内重大时事	—	—	—
2005	《黔西南州2005年干部理论学习资料》（包括《胡锦涛总书记在贵州考察工作结束时的讲话》《省委书记钱运录在全省党员领导干部大会上的讲话》《州委书记许正维关于认真学习贯彻落实胡锦涛总书记重要讲话的要求》《党的十六届四中全会精神学习问答》等）	—	—	—
2006	《黔西南州2006年干部理论学习资料》	—	—	—
2008	《黔西南州2008年干部理论学习辅导资料》	—	—	—
2012	《普安县干部理论学习资料选编》	5916	98.6	99.69
2013	《普安县干部理论学习资料选编》	6211	—	—
2014	《普安县干部职工理论读本》	6500	—	—

说明：部分年度没有开展理论考试，部分年度理论考试数据失查

（四）理论调研

2008年，将全县各级各部门理论调研文章的撰写和上报作为宣传思想工作年终考核内容之一，要求乡镇党委书记、乡镇长、分管联系宣传思想工作的人员、县属单位主要负责人每年撰写和上报理论调研文章不少于1篇。9月，举办中共十七大精神学习征文活动，评选出一等奖1名，二等奖2名，三等奖3名。2009年，以学习实践科学发展观为主题，县委、人大、政府、政协主要负责人每人负责1个主题的调研活动，其他副职牵头负责多个主题的调研活动，所有调研成果整理成调研文集，并形成指导全县经济社会发展的8个制度和10个产业发展规划。开展“普安发展大家谈”征文活动，各乡镇及县属各单位主要负责人共完成理论调研文章122篇。2012年，开展“解放思想、推动跨越”大讨论活动，形成96个调研报告，精选34篇编印成《普安县“解放思想　推动跨越”大讨论活动文集》，部分调研文章在省、州媒体交流或编印成书，其中1篇调研文章获省委宣传部评比表彰为优秀征文。2013年，开展学习贯彻中共十八大精神征文活动和关于举办“生态文明建设”理论研讨会征文活动。2014年，开展“同步奔小康·共筑中国梦”和“弘扬中华传统文化·推进普安　经济社会发展”主题征文活动，共征集到征文168篇，对相关征文进行评选，其中一等奖1篇，二等奖2篇，三等奖3篇。2015年，在全

县开展“宣传普安、改变普安”征文活动，征集政论作品、宣传作品、文艺作品、摄影作品共980篇，评选优秀作品42篇。在全县开展中共十八届四中全会、中共十八届五中全会、习近平视察贵州讲话精神等征文活动，征集征文112篇，推荐上报州委宣传部36篇。

1998—2007年，每年形成的调研文章获刊用在2篇以上。2008—2015年，在《当代贵州》《贵州宣传》《理论与当代》《社科新视野》《黔西南社会科学》《黔西南日报》等媒体刊发理论调研文章60余篇。

（五）思想政治工作研究会

2010年11月9日，召开普安县思想政治工作研究会成立大会，会员单位83个，会员代表91名，大会通过《普安县思想政治工作研究会章程》，选举会长、副会长、秘书长。思想政治工作研究会成立后，每年制定《思想政治工作研究会工作要点》，组织人员到农村、社区、机关、学校、企业开展思想政治工作调研，形成调研报告，优秀的进行推荐上报，2010—2015年，向州上报思想政治工作调研报告40篇（其中1篇获2011年全州思想政治工作优秀政研文章优秀奖，1篇获2013年全州思想政治工作优秀政研文章一等奖）。

二、对外宣传

（一）宣传活动

1998—2008年，举办“七月颂”诗歌朗诵团体赛、第八套广播体操比赛、改革开放20周年知识竞赛、“交安杯”新闻图片大赛、“迎接新世纪，再创新业绩”系列庆典活动、“讲道德、讲文明”农民读书征文活动、“多彩贵州”旅游商品“两赛一会”——多彩贵州旅游商品设计大赛、旅游商品能工巧匠选拔大赛暨中国（贵州）国际民族民间工艺品·文化产品博览会等宣传活动。

2009年，在江西坡茶场举办三月三采茶节，组织以本地民族特色为主的文艺演出活动，开展以采茶、制茶、品茗、茶艺表演为主要内容的“茶文化一条街”活动，以狗肉汤锅、清真牛肉、豌豆凉粉、糯米饭、糍粑、粽子等特色饮食为主要内容的美食一条街活动，以刺绣、编织、龙溪石砚展示等为主要内容的“民族民间手工艺品展示”活动，以打鏮、射弩、高脚竞速、押珈、织布、打糍粑、山歌对唱等民族风情展示竞技活动；11月29日至12月1日，由65名龙吟苗族农民组成的合唱团到黔东南州凯里参加第四届贵州省少数民族文艺会演。

2010年，湖南电视台、新华社贵州分社、《祖国》杂志社到普安采访抗旱救灾工作；8月26日，组织参加全省“多彩贵州”大赛获“多彩贵州”中天城投杯银瀑奖；8月7日，贵州“越野e族”及州摄影家协会、州报社等摄影爱好者到龙吟箐门口采风；9月14日，中央电视台《民歌中国》栏目组到龙吟普纳山拍摄“歌出苗山”（大花苗多声部合唱、喇叭苗山歌）专辑；12月24日，举行“大爱无疆”——黔西南州非公有制经济人士关怀箐门口民族民俗文化新农村建设捐赠仪式和箐门口民族民俗文化生态新农村建设启动仪式。

2011年1月13—26日，组织20名龙吟大花苗参加2011年“奋进金州”春节联欢晚会；4月1日，在县体育休闲广场举办“2011中国·普安春茶节”活动，以“绿云碧霞山水间”为题、以新创作的主题歌曲《芬芳好日月，我们共拥有》为主旋律组织开展文艺演出，展现普安古夜郎、古茶树、民族风情、山水风光和改革开放以来所取得的成果，中央电视台、香港有限电视台、广州电视台及省、州新闻媒体集中报道开幕式盛况；5月23日，组队参加全州2011“多彩贵州”歌唱大赛，获合唱类三等奖；6月27日，举办全县纪念建党90周年“同心唱红歌·同行跟党走”合唱比赛。

2012年1月18日，举行“龙腾盛世”2012迎新春文艺晚会；3月5日，举行“普安县‘迎州庆、讲文明、树新风、学雷锋’主题实践活动启动仪式”；5月12日，州电视台到普安县组织“寻找中国·金州‘布依族、苗族之花’”海选赛，普安、晴隆2县选手同台竞技；5月19—20日，开展“全县基层组织建设年‘七项技艺展风采’‘十佳民歌选手’‘十佳演讲之星’选拔赛”，150余名选手参赛；7月4日，赴州参加2012“多彩贵州”舞蹈大赛的节目在县文化活动中心举行会演；7月5日，选送的5类10个节目约50人赴州参加2012“多彩贵州”舞蹈大赛选拔赛，组织参赛的《醉美布依妹》《彝家妹子》2个节目分别获“民族民间舞”类三等奖，普安县获组织奖；7月20日，《普安画册》启动编辑工作；8月10日，在龙吟镇举行“中国苗族第一镇”命名大会暨“中国苗族第一镇2012同心节”文艺演出；9月8日，组织38名龙吟苗族农民合唱团参加由云南省民委和中国合唱协会主办、在昆明举办的“中国首届苗族农民合唱艺术大赛”，获铜奖和精神文明奖，被授予“苗族合唱之乡”称号；10月9日，举办“中国苗族第一镇·宏发杯2012苗族风情摄影大赛”，邀请省、州摄影家、作家、记者并组织县内摄影爱好者开展为期2天的采风活动，最后评选出苗族人物类、苗族服饰类、苗族习俗类、苗族节庆类共4类奖项64幅摄影作品。

2013年5月14日，贵州日报通讯工作暨“走普安、看变化、助发展”采访活动在普安举行，贵州日报报业集团班子成员及有关报、网负责人，全省90多名优秀通讯员走进普安；3月8—12日，央视7套《乡土》栏目组到普安采访拍摄《扎旺的心事》专题节目；4月18日，央视7套农业频道栏目组在普安县体育休闲广场拍摄“美丽乡村快乐行——普安古茶香”综艺节目；6月29—30日，举办纪念建党92周年“宜家杯”“颂党恩·唱红歌”大赛；9月30日，组织“颂家乡·唱普安·共筑中国梦”歌咏比赛；10月28—29日，举办2013·普安书画诗词交流活动，全州各县市书画诗词爱好者参与。

2014年，全县在州级以上主流媒体共发稿1100多篇，其中《人民日报》发稿1篇（含3张图片），中央电视台发稿2条（1条为茶祖祭祀暨春茶开园，1条为龙吟镇正月初三“跳坡节”），《工人日报》发稿1篇，《中国矿业报》发稿1篇；贵州电视台播出15条，《当代贵州》发稿2篇，《经济信息时报》发稿1篇（含1张图片），《新华社贵州领导参考》发稿1篇，《贵州日报》发稿68篇，《贵州广播电台》发稿32篇；黔西南电视台播出271条，《黔西南日报》头版头条发稿5篇，《黔西南日报》其他版面发稿667篇。普安县委宣传部被贵州日报社评选为2013年度通讯工作先进集体，普安县3名通讯员被贵州日报社评选为优秀通讯员，撰写的《描绘美好形象创造舒心环境》和《心香一瓣寄思情》2篇新闻作品分别获贵州日报社优秀作品一等奖和二等奖。

2015年，先后选派9名干部分别到州委宣传部、黔西南日报社、省网信办、州电视台跟班学习。微电影《恋·普安》、宣传片《品·普安》、画册《眺·普安》作品在“天下贵州人”活动中展示。贵州日报、贵州商报、中新网、多彩贵州网等媒体在“天下贵州人”活动中作题为《2015“天下贵州人”联谊会摄制组走进普安》《“天下贵州人”相聚北京城》《“天下贵州人”北京三聚首、共商携手助推家乡发展》等宣传报道。在沪昆高速、晴兴高速沿线设置90多幅（次）大型户外广告。龙吟镇大花苗合唱队在全州纪念抗战胜利70周年合唱大赛上获金奖。每月邀请1名知名专家学者到普安讲学，先后邀请中央电视台等40多家媒体记者到普安县开展专题采访。普安《四球古茶生生不息》和《布依族小打音乐》2个专题片，在东南卫视的《海峡两岸》栏目播出；含有普安元素的微电影50多部在全国500多家网站播出。

（二）宣传平台建设

1998年，普安县电视台是普安权威传统电视主流媒体。2008年，县电视台与县网络公司进行台网分离。2012年10月，开办《普安每周要闻手机信息》手机报，以彩信方式在每周星期一发布全县要闻，拥有接收用户1100多人。2013年，全县各级各部门建立政务微博。2014年3月，与原金黔在线报业数字传媒有限责任公司（多彩贵州网）共建“金黔在线普安新闻网”（7月1日金黔在线整合为多彩贵州网，“金黔在线普安新闻网”同步更名为多彩贵州网普安），依托“多彩贵州网”的网络宣传平台，搭上网络宣传“快班车”，提高县域网络新闻宣传的首发速度和传播力，在多彩贵州网普安频道编辑发稿2220余条，部分稿件陆续被县外网站转载，点击率达100万余次。认真办好《普安每周要闻》手机报，每周1期，涵盖全县副科级以上领导、村常务干部等在内的1300多人。建立政务微博56家，认证36个。11月3日，开通普安县委宣传部公共微信平台“夜郎普安”，明确专人负责管理和发布相关信息。2015年4月，普安手机报实现1个工作日发布1期，与“贵州一省一手机报”并网，开放订阅功能，订阅户由原来的1100多人增加到1500人；7月，开通“天下普安”微信公众号，编辑的微信平均阅读量在1000人左右；“多彩贵州网普安新闻”年初完成改版升级，增设栏目40多个，日点击率1000次以上，日处理稿件近20条。

（三）舆论引导

1998—2015年，发动全县各级各部门开展舆情收集工作，确保每个工作日向州委宣传部上报舆情信息1篇以上。按照“网上监测、网下督办，网上回应、网下延伸，网上关注、网下完善”的“三上三下”方式，建立宣传部门监测关注、县委办和县政府办督办落实、各相关责任部门和乡镇主动回应网络舆情的处理流程，妥善处理各种媒体出现涉及普安县的负面舆情。加大网上宣传队伍、网络评论员队伍建设，推进文明办网、上网，依法整治网络谣言，规范网络传播秩序。举办宣传干部暨通讯员培训班、网络舆论引导暨政务微博培训会，邀请省网络新闻宣传处和省州日报社、电视台的领导、专家进行授课。

（四）新闻报道

1998—2015年，加强与贵州日报、贵州广播电台、黔西南日报等各级各类主流媒体的合作，走基层，转作风，改文风，深入实际，深入基层围绕县委、县政府工作大局，加强新闻宣传正面报道，共被国家、省、州主流媒体采用新闻报道1万余篇。

1998—2015年普安县被州级以上主流媒体采用新闻报道情况表

表12-6-12　　　　单位：篇

年份	国家级	省级	州级	年份	国家级	省级	州级
1998	—	52	150	2007	—	119	1111
1999	—	48	200	2008	—	130	1113
2000	—	46	701	2009	—	141	1115
2001	—	38	856	2010	—	169	1117
2002	—	82	915	2011	—	201	1118
2003	5	152	1212	2012	—	268	1119
2004	—	156	1216	2013	12	368	1120
2005	1	168	1005	2014	5	104	943
2006	—	118	1100	2015	2	143	579

三、精神文明建设

（一）精神文明项目建设

精神文明文化活动中心建设　1998—2015年，建成青山镇精神文明文化活动中心、楼下镇精神文明文化活动中心、罗汉乡精神文明文化活动中心、白沙乡精神文明文化活动中心。

农民文化家园建设　2006年，争取贵州省文明办、黔西南州文明办的支持启动农民文化家园建设，当年建设青山镇营山村农民文化家园。2007年，建设江西坡镇白石村农民文化家园。2008年，建设三板桥镇十里村、白沙乡铁厂村、窝沿乡窝沿社区农民文化家园。2009年，建设三板桥镇西陇村、江西坡镇细寨村、罐子窑镇崧岿村、雪浦乡硐口村、地瓜镇岗坡村、高棉乡喜打坪村、龙吟镇高阳村、龙

吟镇石古村农民文化家园。2010年，建设雪浦乡硐口村农民文化家园。2012年，建设盘水镇营盘社区、雪浦乡高箐村、楼下镇泥堡村、新店乡雨核村农民文化家园。2013年，建设白沙乡关厂村、龙吟镇硝洞村、龙吟镇文笔村、江西坡镇江西坡社区农民文化家园。2014年，建设三板桥镇九峰村、青山镇下街社区、江西坡镇茶场社区。2015年，建设青山镇范家寨、高棉乡地泗村、南湖街道保冲村农民文化家园。

“四在农家·美丽乡村”建设 2012年，在江西坡镇联盟村实施“四在农家（富在农家、学在农家、乐在农家、美在农家）·美丽乡村”建设。2013年，三板桥镇九峰村（该点原定于保冲村后改在九峰村五组实施）实施“四在农家·美丽乡村”建设。2014年，罐子窑镇崧岿村实施“四在农家·美丽乡村”建设。2015年，盘水镇红星村实施“四在农家·美丽乡村”建设。

“西部开发助学工程”项目 2000年，启动实施大学助学工程项目，当年推荐上报1名。2003年，启动实施高中“宏志班”助学工程项目，当年推荐上报1名。2012年，实施文明贵州助学工程，当年推荐上报5名。2015年，县文明办联系文明单位开展“文明普安·爱心助学”活动，资助5名贫困大学生，每人资助5000元。

2000—2012年“西部开发助学工程”项目资助学生情况表

表12-6-13 单位：名

年份	宏志班	大学助学	文明贵州助学	年份	宏志班	大学助学	文明贵州助学
2000	—	1	—	2007	2	1	—
2001	—	1	—	2008	1	1	—
2002	—	1	—	2009	1	1	—
2003	1	1	—	2010	1	1	—
2004	—	1	—	2011	1	1	—
2005	—	1	—	2012	—	—	5
2006	3	3	—				

（二）文明单位创建活动

1998—2015年，普安县结合开展“五讲四美”“满意在普安”“多彩贵州·文明行动”“激情普安”等各种主题实践活动，引领人民群众不断加强精神文明建设，全面创建文明单位、文明村镇、文明行业、文明户。

在精神文明主题实践活动中，创建的不同类型主体分别获得国家交通部和省、州、县党委、政府的表彰。2013年，创建省级文明单位（先进单位）6家，省级文明乡镇、村（先进乡镇、村）2个。2014年，创建省级文明单位（先进单位）15家，省级文明乡镇、村（先进乡镇、村）7个。2015年，创建省级文明单位（先进单位）22家，省级文明乡镇、村（先进乡镇、村）4个。

1998—2015年普安县精神文明单位创建统计表

表12-6-14 单位：个（次）

表彰类型	表彰层次			表彰类型	表彰层次		
	省部级	地州级	县处级		省部级	地州级	县处级
文明单位	14	21	48	文明行业	1	—	6
文明村镇	7	15	31	文明户	—	205	308

（三）思想道德建设

1. 未成年人思想道德建设

2011年，争取并启动实施“乡村学校少年宫”建设。到2013年，共争取并建成5个，分别落实在盘水镇民族希望小学、龙吟镇民族希望小学、罐子窑镇兴中中学、江西坡镇民族中学、楼下镇中学。在创建的乡村学校少年宫，音乐、体育、美术、棋类、经典书籍齐备，“祖国好 · 家乡美”系列活动得到正常开展。

2012年，参加全州中学组小合唱比赛，在“金州小雷锋”“学雷锋班级”“学雷锋学校”中，普安均获一等奖。2013年，参加全州文明礼仪知识竞赛中学组获二等奖、小学组获一等奖。2014年“墨香校园 · 中华美德颂”书法绘画大赛，普安县一中高二（4）班学生作品《素描老人》获省级二等奖。开展“文明礼仪知识竞赛”，推荐初中和小学各一个队由县妇联带队参加州竞赛，小学组获得州级比赛第二名。2015年，明礼知耻演讲比赛州级比赛获小学集体二等奖，中学组集体三等奖。“晒晒我的好家风”州级比赛小学组，普安县青山镇青山小学王秀获得二等奖。

2. 社会文化环境净化

1998—2013年，整治校园周边环境26次，检查图书、光碟经营户45户，查缴不合格光碟397盘，图书1万余册。检查网吧29家60余次，查处黑网吧2家，有2家网吧接纳未成年人18人，下发整改通知，要求限期整改。其中，2010年4月16日，贵州省社会文化环境净化暗访组暗访普安县的港湾网吧，发现接纳1名未成年人，处罚5000元。

3. 职业道德建设

结合每年3月的公民道德宣传月、学雷锋活动和9月20日的公民道德宣传日，在各行各业开展社会公德和职业道德教育活动。2008年，确定县国税局、县气象局、县移动公司、普安县高速公路收费站、县医院、县教育局、县人民银行、青山镇派出所等10个单位为“满意在普安”主题活动监测点，以创造优美环境，强化职业道德教育，树立窗口形象为主题。

1998—2015年，共开展职业道德宣传活动20余次，参加人数1000余人次，发放《文明礼仪手册》、健康知识、惠民政策、用电安全、交通安全等资料上万份，受益上万人。

1998—2015年，共接到电话举报46起，口头举报12起，文字举报8起，网络举报20起，县长信箱1起，回复率100%，整改落实率98%。与团县委、县移动公司等部门开展志愿者服务，到县福利院看望鳏寡孤独老人和边远山区留守儿童。在普安收费站、县汽车站进出口设置爱心微笑小屋，开展志愿服务活动。

1998—2015年，普安县共获得“中国好人”省级道德模范（提名奖）、“贵州好人”荣誉称号16人，其中“中国好人”2人、全省道德模范2人、全省道德模范（提名奖）3人、“贵州好人”9人。

4. 主题教育实践活动

1998年起，每年清明节期间，均组织国家机关、企事业单位干部职工、县城中小学生到烈士陵园扫墓，接受革命传统教育。“六一”期间开展“做一个有道德的人”网上签名寄语活动，国庆期间开展“向国旗敬礼”网上签名寄语活动，春节期间在县城开展棋类、猜灯谜比赛，舞龙灯、燃放烟花等系列活动。2014年起，每年均组织国家机关、企事业单位干部职工、县城中小学生到烈士陵园开展公祭活动。

第四节　统　战

一、研究与宣传

（一）理论研究

1998—2015年，共撰写统战理论研究文章63篇，涉及政治、经济、文化、教育、民族宗教等领域，在省、州级统战刊物刊载和重要会议交流发言32篇。

1999年4月，《统战工作要抓大事办实事》在兴仁县召开的黔西南州统战部长会议上做专题发言。2001年7月，《做好统战工作为普安社会经济发展而努力》被县委点题作专题报告。2003年5月，向省委统战部作《关于港澳台同胞及海外华人捐资助学情况调查报告》专题汇报。2008年7月，《贯彻落实科学发展观，推进我县贫困山区社会主义新农村建设》获全县学习宣传贯彻中共十七大精神征文活动三等奖。2009年8月，《抓好农业综合开发建设社会主义新农村》被中共普安县委列入深入学习实践科学发展观活动中形成的指导全县经济发展的“四大报告”之一，在中国共产党普安县第十届委员会第四次全体（扩大）会议上印发。2010年12月，《提高履职新水平，开创工作新局面》被《贵州政协理论研究（第三期）》刊载，推荐到贵州省人民政协理论研究会第三次理论研讨会上作专题发言。2011年3月，《履行职能促发展，践行宗旨解民忧》获省政协办公厅征文活动优秀奖。2013年8月，《找准工作轴点，助推小康建设》在黔西南州统战工作会议上作经验交流。《解决民办学校生均公用经费》《浅议普安县发展现代农业的思路与对策》等7篇理论调研文章，在第六届、七届、八届普安县政协全会上交流发言。2014年，《开创致富之路，同奔小康生活》同步小康征文在多彩贵州网刊登。2015年，《创新工作方法，引领非公经济建设新常态》《依法管理宗教事务面临的问题和对策》《以制度建设凝聚统一战线力量》创新工作机制成果材料，报省委统战部参加评比；推荐楼下清真寺阿訇陈光文撰写的《做一个感恩的穆斯林》参加贵州民族报举办的“民族团结进步”征文活动。

（二）对外宣传

1998—2015年，鼓励政协委员、各族各界代表人士、统战系统干部做好信息与调研工作，办好《普安统战信息》《普安统战调研》，以省州主流媒体、党报党刊和网站为平台，编发《统战信息》400多期，《专报信息》30多期。其中2008年，《贵州政协报》采用6篇，《黔西南日报》采用15篇，其他媒体网站采用23篇。2009年，《人民政协报》采用1篇，《贵州政协报》采用16篇，《黔西南日报》采用19篇，其他媒体网站采用33篇。2010年，《人民政协报》采用2篇，《贵州政协报》采用32篇，《黔西南日报》采用22篇，其他媒体网站采用38篇。2011年，《贵州政协报》采用5篇，《黔西南日报》采用11篇，其他媒体网站采用18篇。2012年，《半月谈》采用1篇，《人民政协报》采用1篇，《贵州政协报》采用15篇，《贵州统一战线》采用4篇，《凝聚力》采用2篇，《黔西南日报》19篇，其他媒体网站采用25篇。2013年，《贵州政协报》采用12篇，《贵州统一战线》采用3篇，《凝聚力》采用2篇，《黔西南日报》11篇，其他媒体网站采用16篇，统战干部稿件收集于《中国重要报纸全文数据库》5篇。2014年，《贵州统一战线》采用3篇，《黔西南州人民政府网》采用15篇，《黔西南日报》采用3篇，《黔西南统一战线》采用6篇，《贵阳网》采用1篇。2015年，《贵州省人民政府网》采用1篇，《贵州统一战线》采用2篇，《贵州政协报》采用4篇，《黔西南日报》采用1篇，《黔西南统一战线》采用12篇，《贵州文明网》采用1篇。

（三）先进表彰

2003年，普安县委统战部获黔西南州委统战部表彰为全州信息工作先进单位。2012年、2013年、2014年，普安县委统战部获贵州省委统战部表彰为全省统战宣传工作优秀单位，获黔西南州委统战部表彰为全州信息工作先进单位，2名统战干部分别获表彰为年度全省统战宣传信息工作先进个人和年度全州统战宣传信息工作先进个人。2015年，1名统战干部获年度全州统战宣传信息工作先进个人。

二、联系党外人士

1998—2015年，中共普安县委举行座谈会、通报会、协商会，邀请工商联和无党派代表人士进行协商51次，参加各族各界代表人士7700人次。

1998年，中共普安县委组织纪念中共十一届三中全会召开20周年座谈会，邀请各族各代表人士28人参加，对全县下半年的工作进行协商，收集到意见和建议8条。2006年，组织各族各界人士座谈会，邀请20个界别的21名代表人士共同协商经济发展问题，收集到意见和建议8条。2010年，县委召开协商会，对城镇化建设进行协商，县政府同意县财政预算安排或贷款500万～1000万资金作为项目规划、征地拆迁等前期费用。2012年3月，组织20名各族各界代表人士座谈会，讨论十六届人民代表大会第二次会议《政府工作报告（征求意见稿）》，提出修改意见10多条。2014年11月，成立县党外知识分子联谊会，通过座谈、走访、调研等方式征求党外人大代表、政协委员、非公有制经济代表人士、无党派人士等对统战工作的建议意见24条。2015年，征求统战群体对统战工作建议意见32条。县委常委会研究决定干部人事问题，人大工作报告、政府工作报告征求党外人士、各界代表人士意见建议常态化，重大节日深入宗教场所、民族聚居地开展走访、座谈常态化。建立副县级以上党员领导干部联系党外人士制度和县委、县政府向党外人士征求、通报县情制度，提升党外人士在全县经济社会发展中的地位和作用。支持和鼓励各民主党派、工商联、无党派代表人士围绕全县的改革、发展、稳定开展调查研究，反映社情民意，通过县政协提案，建言献策，参政议政。

三、培养推荐党外人士

（一）培养推荐党外干部

1998—2015年，普安县委统战部组织推荐党外干部、党外知识分子、妇女干部、少数民族干部共734名参加各种培训班，其中组织推荐参加省外培训9名、省级培训19名、州级培训46名、县级培训660名。

1998—2015年普安县委统战部择年度组织培训干部情况表

表12-6-15　　单位：名

年份	组织培训情况			
	省外培训	省级培训	州级培训	县级培训
1998	—	—	—	60
2000	—	—	—	100
2004	1	1	6	34
2005	—	1	—	—
2006	—	7	—	—
2007	—	—	—	56
2008	—	—	—	60
2009	—	—	—	50
2010	1	4	6	50
2011	—	—	—	50
2012	—	2	—	50
2013	—	—	21	50

续表12-6-15

年份	组织培训情况			
	省外培训	省级培训	州级培训	县级培训
2014	5	4	13	50
2015	2	—	—	50

1998—2007年，普安县委统战部经考察、推荐后任用的党外干部共61名，其中进入州级无党派人士人才库10名，县处级干部5名，乡科级干部46名。

1998—2007年普安县委统战部择年度考察、推荐干部任用情况表

表12-6-16　　单位：名

年份	任用情况		
	进入州级无党派人士人才库	县处级干部	乡科级干部
1998	—	—	2
2000	—	—	14
2002	5	—	1
2003	—	—	7
2005	5	—	—
2007	—	5	22

2015年，全县775名科级干部中，党外干部59名，占7.6%；全县176名人大代表中，党外人大代表63名，占35.8%；21名人大常委中，党外代表人士3名，占14%；7名人大常委会正副主任中，党外副主任1名，占14.3%；全县147名政协委员中，党外委员89名，占60%；32名政协常委中，党外常委21名，占66%；8名政协正副主席中，党外副主席3名，占37.5%；在县政府部门配备党外领导班子34名，在街道乡镇人民政府班子配党外行政正职1名。

（二）推荐政协委员

1. 推荐政协班子成员

1998—2015年，普安县委统战部4次推荐政协班子成员95名，其中推荐政协常委65名，推荐政协主席4名，推荐政协副主席22名，推荐政协秘书长4名。历届推荐的政协领导班子候选人和秘书长候选人，选举中全部当选。

1998—2015年普安县委统战部择年度推荐政协班子成员情况表

表12-6-17　　单位：名

年份	推荐情况			
	政协常委	政协主席	政协副主席	政协秘书长
1998	11	1	4	1
2003	13	1	5	1
2006	15	1	5	1
2011	23	1	7	1
2015	3	—	1	—

2. 推荐政协委员

1998—2015年，普安县委统战部7次考察推荐政协委员559名，其中考察推荐县政协委员511名，

考察推荐州政协委员45名，考察推荐省政协委员3名。

1998—2015年普安县委统战部择年度推荐政协委员情况表

表12-6-18　　　　单位：名

年份	考察推荐情况		
	县政协委员	州政协委员	省政协委员
1998	112	—	—
2002	—	13	—
2003	109	—	1
2006	119	14	1
2011	149	16	1
2012	—	1	—
2013	—	—	—
2014	—	—	—
2015	22	1	—

四、侨胞及港澳台同胞工作

（一）侨胞及港澳台同胞统计

1998—2015年，普安县共有定居外国的华侨5人，新移民同胞及眷属26人，其中香港同胞4人，香港同胞眷属22人。2015年统计，台湾同胞15户，总人数91人，其中第一代21人，第二代42人，第三代11人，公职人员6人，经商人数4人，其他7人；台属共24户157人，其中农村122人，公职人员5人，经商6人，其他24人。

（二）沟通联系

1998年春节期间，组织召开台湾同胞眷属、侨胞眷属座谈会，慰问走访台湾同胞眷属、侨胞眷属，接待台湾同胞3次3人。1999年，接待5名侨胞（同胞）回乡探亲，帮助1位侨胞办理入户手续。2003年，台湾同胞回大陆定居人员3名。2008年1月，推荐出席黔西南州台湾同胞、台湾同胞眷属联谊会第三次代表大会10人，7月推荐出席黔西南州归侨侨胞眷属第五次代表大会4人。2010年，组织台湾同胞及其眷属代表8人参加黔西南州台办成立20周年纪念大会，8县（市）台办主任与州考察团到台湾考察，接待57名台湾参访团到普安参观访问。2012年，接待台湾嘉峪县考察团18人到普安考察，慰问台湾同胞眷属1万余元，慰问起义投诚人员2000元，推荐2名侨胞眷属代表参加“州统一战线人士主体培训班”培训。2013年，推荐出席黔西南州第六次归侨侨胞眷属代表大会代表5人，接待台湾嘉峪县考察团48人到普安考察。2014年，推荐1名统战干部到北京参加全国对台工作培训学习。2015年，推荐1名统战干部到北京参加全国对台工作培训班学习，帮助解决台属杨忠潢的诉求。

（三）联谊合作

2003年，香港主力“教育基金”表彰奖励窝沿大坡小学优秀教师1人。2005年，香港主力“教育基金”表彰奖励龙吟镇吟路小学优秀教师1人。2008年，香港主力“教育基金”表彰奖励边远山区优秀教师2名，宁波市民进会员、美国阳光（国际）集团董事长季荣弟先生捐资100万元人民币建成普安县阳光幼儿园。2010年，香港慈恩基金会向普安一中5名学生捐赠500元人民币，向普安一中高一至高三品学兼优的学生和录取本科的学生发放助学金3.2万元人民币。2011年，香港慈恩基金会捐资10.5万元港币修建龙吟镇高阳村、罐子窑镇辣子树村、雪浦乡龙井村3个卫生室，捐资25万元港币建设雪浦乡红星小学教学楼，捐资30万元港币建设三板桥镇中心小学学生宿舍楼，捐资7.5万元港币建设罐子窑镇兴光社区、红卫村2个卫生室，捐资10.84万元人民币资助普安一中60名、青山中学40名贫困学生。2012年，香港慈恩基金会陈登社会服务基金捐资10万元人民币资助普安一中60名、青山中学40名贫困学生，香港主力“教育基金”捐资2.5万元人民币资助普安县25名贫困高中生。2013年，香港慈恩基金会陈登社会服务基金捐资10万元人民币资助普安一中60名、青山中学40名贫困学生，香港主力“教育基金”表彰奖励白沙乡白水小学优秀教师1名。2014年，香港慈恩基金会陈登社会服务基金捐资10万元资助普安一中60名、青山中学40名贫困学生，越南、柬埔寨、老挝（亚洲）华人团体联合会会长谭德安一行、以色列驻中国大使馆前科技与农业参赞、以色列国家农业公司总经理、农业部国际贸易中心主任欧慕然一行到普安县考察茶叶、种草养羊、芭蕉芋等产业，联合国国际劳工组织（ILO）国际培训师、人力资源和社会保障部国家级优秀培训师、全国知名资深创业教育专家任继成等一行到普安县考察茶产业。2015年，香港慈恩基金会陈登社会服务基金捐资10万元资助普安一中60名、青山中学40名贫困学生，上海爱心人士余晔、吴旭东到普安县一中开展“春阳同心行动”，发放资助金7万余元；统一战线参与黔西南“星火计划、科技扶贫”试验区建设工作联合推动组秘书长单位——民革中央社会服务部，组织北京马连道茶场8家茶企老总到普安召开帮扶黔西南州“星火计划、科技扶贫”试验区普安、晴隆、兴仁茶产业发展座谈会，并到江西坡镇联盟小学捐赠3000元物资。

第五节　政　法

一、政法队伍建设

1998年，举办违法干警学习班1期，参加学习干警4人；对政法系统干警执法进行检查，查出问题53件，其中涉嫌犯罪1人，受政纪处分5人，通报批评19人，拟报请辞退3人。1999年，开展“争创人民满意的政法机关”“人民满意的政法干警活动”，对政法系统4起干警违法违纪案件进行查处。2000年，选送6批19人到国家法官学院、省法官培训中心学习培训。2002年，建立健全政法、综治组织，配齐县政法委、县综治办领导班子成员，乡镇设置政法委、综治委，政法委书记由乡镇党委书记兼任，综治委主任由乡镇长兼任，乡镇配备综治办55人、派出所69人、刑侦中队12人、片区法庭13人、片区司法所12人。2003年，未配备专职政法委副书记兼综治办副主任的6个乡镇进行考察配备，举办为期3天的乡镇政法委专职副书记培训班。2007年，对乡镇政法干部进行4次培训。2009年，培训政法、综治干部3次；9月30日，在乡镇建立综治中心，由乡镇综治办、公安派出所、司法所、人民法庭、信访办、武装部、安监局、国土所等部门组成。2014年10月20日，组织培训乡镇政法委书记、治保主任兼警务助理。

二、案件调处

1998—2015年，普安县政法委全面抓好案件协调办理，对杀人、盗窃、妨碍公务、群体事件、侵占集体资产（资金）等重大案件（事件）进行专题研究和处置，对信访案件和重大矛盾纠纷进行排查，调处各种案件和纠纷11068起，调处成功率92%以上。其中参与处置群体事件109起，召开政法系统专题会议协调和处置重大、疑难案件69件。

三、社会治安综合治理

（一）社会治安责任制

1998—2015年，普安县每年把社会治安综合治理任务和指标制定成责任状，由部门、乡镇签订，考核结果列为绩效考核内容，对不达标的实行“一票否决”。

2002年，县人大常委会第25次会议审议通过《普安县社会治安综合治理第三个五年规划》，县委印发《关于实施社会治安综合治理第三个五年计划的决定》，县政府印发《普安县社会治安综合治理第三个五年规划及实施方案的通知》，县委、县政府印发《关于做好二〇〇二年社会治安综合治理工作的安排意见》。

2005年，制定《普安县社会治安综合治理一票否决权制实施办法》即《普安县关于把社会治安综合治理列为党政领导干部任期目标和干部考核内容的实施办法》《普安县社会治安综合治理领导责任制的实施办法》《关于对发生严重危害社会稳定重大问题的单位领导责任查究的实施意见》。2007年，县委印发《普安县社会治安综合治理第四个五年规划》《普安县社会治安综合治理第四个五年规划实施方案》，制定2007年社会治安综合治理工作要点，建立普安县解决执行难问题联席会议制度。2008年，制定《普安县综治委关于落实综治成员单位督导各乡镇综治工作的实施意见》，建立普安县社会治安综合治理五部委局联席会议制度。

2010年，制定《普安县“迎国庆”社会治安综合治理百日会战实施方案》。2012年，制定《2012年普安县社会治安综合治理工作安排意见》。2013年，制定普安县综治办2013年工作要点。2014年，制定2014年综治《平安建设》工作要点。2015年，制定2015年综治《平安建设》工作要点。

（二）“平安普安”建设

1. 基层组织建设

1999年，在167个行政村（街道办事处）建立治安室，建立治保会167个939人，治保小组1160个2543人，调解会177个782人，调解小组1277个2981人。2002年，成立帮教小组14个134人，为村治安巡逻队723个队3458人配置执勤套1482个、值勤棒1262根、电筒2329把，为联防队175支1386人配执勤套2125个、执勤棒1929根、电筒2642把。

2003年，全县有90个单位成立内部安全保卫组织，保卫人员179人。2004年12月30日，组建100人的巡防大队，其中盘水镇、青山镇、楼下镇组建巡防中队，其他乡镇组建巡防分队，巡防队经费每人每年按6000元的经费列入财政预算，由县、乡镇两级财政各解决50%，全县专职联防队、保安队、村治保委、调解委为公安机关提供破案线索212条，调解治安纠纷626起。

2006年，开展乡村“110”警务活动和设立农村社区警备室，成立城市“110”指挥中心。2009年9月10日，成立由40名队员组成的普安县防暴特警大队，县人武部成立30人的常驻民兵应急分队，楼下、青山、盘水镇成立民兵应急分队，全县89个村（社区）建立综治工作站。

2010年，指导、督促全县10所幼儿园、153所中小学落实内部安全保卫责任制。2011年6月27日，普安县矛盾纠纷调处中心挂牌成立。2012年，设立交通事故损害赔偿调解委员会1个，全县共有兼职调解人员716人，其中县交通事故损害赔偿人民调解委员会调解员5人，社会调解委员会调解员70人，乡镇调解委员会调解员125人，村调解委员会调解员516人；筹建普安县矿区警务室。2013—2015年，组建150人的特巡警队伍，实行24小时不间断的巡逻检查。

2. “平安工程”创建

1998年，开展“安全文明小区、治安模范乡镇、村寨”的平安工程创建，11月对乡镇“平安工程”创建进行考核验收。1999年，从政法机关和县直部门抽调62名干部组成工作队分赴14个乡镇巩固“平安工程”创建成果，对市容市貌、集贸市场、道路交通、文化娱乐场所秩序进行整治，获贵州省社会治安综合治理委员会授予实施社会治安综合治理“平安工程”红旗县（区）称号。

2000年，在青山、楼下、三板桥、江西坡4个乡镇建起“平安工程”红旗县永久性标志牌；创建文明小区、文明村寨201个。2001年，创建安全文明小区64个，安全文明村寨329个。2002年，开展创建社会治安模范县活动，县城118个机关事业单位中有70%的落实人防、物防，楼群院、居民小区看护率72%，安居工程小区、吉园小区、地税小区等23个“平安小区”有专人昼夜值班看护。

2005年，青山镇筹资10多万元在镇人民政府、学校、车站等地安装电子监控器，筹集50多万元在县城盘水镇人口密集场所、案件多发地段、出城路口等安装探头28个。2006年，为乡村“110”购置26辆处警摩托车、定制120块报警求助牌。2007年，对青山、新店、地瓜、盘水、三板桥、楼下、罗汉、白沙、罐子窑9个“平安乡镇”授牌。

2011年，排查14个乡镇89个村（社区）的出租房屋1000家，留宿洗浴场所11个，娱乐服务场所10处，废品收购站7处，网吧10间，车站等人员密集场所8处，检查旅店、公共娱乐场所、网吧等560余家次，盘查社会闲散人员和流动人员4585人次，发现并整改治安隐患27处；在城区实施24小时不间断巡逻巡查，在县城安装250个监控探头；清查暂住人口10281人，清查登记房屋出租775户。2012年，推进“平安和谐四区”创建活动，对楼下镇和谐矿区开展1周的调查，排查出矛盾纠纷31起，处理24起。2013年，从公、检、法、司及楼下镇抽调60人组成5个专项工作组进驻楼下镇，对楼下镇社会治安开展集中整治；在校园、居民较为集中的社区设置警务室，实行全天候值班；新建600个监控点，9个治安卡口和3个制高监控点，建成60个报警点。2014年，有监控点700个（其中新建100个、原建600个），制高点摄像机3个，治安卡口9套，覆盖区域重点路口，监控中心15个，60个报警点。2015年，有监控点800个（其中新建100个、原建700个），制高点摄像机3个，治安卡口9套，覆盖区域重点路口，监控中心15个，60个报警点。

3. 情报信息研判

1998年，搜集情报信息128条，其中敌情5条，社情14条，政情11条，不安定因素23条，其他情报信息75条。2001年，收集情报信息62条，其中社情27条，政情17条，敌情2条，不安定因素16条。2015年，收集信访维稳情报信息126条。

4. 刑事案件查处

1998年，破获刑事案件67起，其中重大案件31起，特大案件2起，摧毁违法犯罪团伙5个，抓获犯罪嫌疑人147人。1999年，破获刑事案件42起，抓获犯罪嫌疑人62人。2000年，破获严重暴力案件和其他典型恶性案件62起，占案发数的89.86%。2001年，破获各类刑事案件198起，其他案件47起，打掉犯罪团伙23个98人。2002年，破获各类刑事案件78起，抓获网上在逃人员123人，清理积案23起，破获积案23起。2004年，破获命案9起，破案率81.8%。2008年，全县发生命案21起破18起，另破命案积案3起，抓获现行命案犯罪嫌疑人18人，抓获命案网上在逃人员8人；排查出“6·04”具有黑恶势力犯罪特征的涉恶涉黑犯罪案件，抓获犯罪团伙成员28人。2011年，立刑事案件249起破157起，抓获犯罪嫌疑人121人，其中“两抢一盗”（即抢劫、抢夺和盗窃）案件立153起破55起，抓获犯罪嫌疑人215人，行政拘留18人。2012年，发生命案11起破9起，另破命案积案5起，抓获命案犯罪嫌疑人14人；排查出涉恶犯罪线索5条，组织打掉2起黑恶势力团伙。2014年，立各类刑事案件1044起，破803起，破案率77.2%。2015年，立各类刑事案件823起，破474起，破案率57.6%。

5. 盗窃整治

1999年，破获偷牛盗马案件21起，查获被盗牛马36头匹；抓获偷牛盗马犯罪嫌疑人14名，破获盗窃案件34起，追回被盗赃物折价21万元，抓获犯罪嫌疑人20名。2002年，破获偷牛盗马案件101起，抓获犯罪嫌疑人56人，摧毁盗抢牛马犯罪团伙5个86人，查明被盗牛马149头（匹），追回被盗牛马53头（匹），为群众挽回损失9万余元。2004年，破获盗抢牛马案件15起，追回被盗牛马22头（匹），挽回群众损失3.96万元；缴获被盗摩托车13辆，价值4万余元。2014年，盗窃577起破364起。2015年，破获多发性侵财案件103起，打掉各类盗窃团伙9个，抓获犯罪嫌疑人50余人，“两抢一盗”发案率同比下降13.7%。

6. 拐卖人口整治

1999年，排查出被拐卖妇女儿童案件线索52起，抓获犯罪嫌疑人18名，报捕3案8人，解救被拐妇女儿童52人。2011年，拐卖妇女案发1起破1起，破积案4起，解救被拐妇女3名。

7. “黄赌毒”整治

1998年，摧毁楼下镇“红发”餐馆卖淫嫖娼窝点，抓获卖淫嫖娼28人。1999年，破获制贩假币案6起，缴获假币8万多元，抓获违法犯罪人员42人（批捕20人，治安处罚22人）。2000年，5个乡镇实现无毒害社区。2001年，缴获海洛因2878.1克，鸦片4150克，抓捕贩毒嫌疑人30名，铲除罂粟60株，强制戒毒38人，劳教11人，抓捕14人，创建无毒社区6个。2002年，破获毒品案件49起，缴获毒品海洛因9253.9克，抓获犯罪嫌疑人70人（逮捕66人，刑拘2人，待处理2人），取缔吸毒窝点3个，强制收戒吸毒人员35名，复吸食毒品报送劳教13人，巩固创建无毒社区8个；缴获盗版光盘3000张，非法出版物21册，查处卖淫嫖娼案35起，查处违法人员92人（警告8人，罚款70人，治安行政拘留14人），查处介绍容留卖淫、嫖宿、嫖娼治安案件55起，查处违法人员425人。2004年，破获毒品案45起，缴获海洛因6348.16克，抓获犯罪嫌疑人61人（逮捕47人，刑拘2人，劳动教养6人，待处理6人），取缔吸毒窝点2个，强制戒毒73人，复吸食毒品报送劳动教养26案26人；查处赌博案件10起，捣毁赌博窝点10个，收缴赌资25800元，收缴赌具电子游戏机3台，麻将6副，抓获涉赌人员45人（罚款14人，治安拘留4人）；查获卖淫嫖娼2起，查处违法人员3人。2010年，破获野外赌博案件2起，查处赌博治安案件13起，抓获涉赌人员90余人（刑事拘留11人，行政拘留13人，罚款23人），取缔野外赌博窝点8个。2011年，打击赌博窝点15个，抓获涉嫌聚众赌博170余人，收缴赌资4.23万元，治安处罚30人；收缴毒品海洛因51.7克，抓获吸毒人员16人。2012年，集中查禁赌博行为9次，驱散取缔野外聚众赌博窝点4个196人，共立涉赌案件19起，抓获犯罪嫌疑人85人（治安处罚80人，其他处理5人）。2014年，打击涉“黄赌毒”违法犯罪活动，出动警力3733人次，车辆954车次，检查场所2883家次，共立“涉黄”案件30起，其中刑事案件13起，抓获人员40人，立“涉黄”治安案件17起，查处人员28人。查禁赌博集中行动4次，驱散取缔野外聚众赌博窝点3个100余人，收缴或销毁赌博机38台，扑克10副，罚款11.03万元。共立涉赌刑事案件1起，破1起，抓获2人，采取强制措施1人，批捕1人，移送起诉1人。共立涉赌治安案件76起，查处人员214人，拘留39人，罚款175人，收缴赌资19.91万元。共破获毒品犯罪案件108起，缴获毒品8956克，抓获犯罪嫌疑人70人，取缔吸贩毒窝点6个。省、州、县组织公开查缉毒品查缉组在普安县镇胜高速开展4次不定期的缉毒查缉行动，破获毒品案件18起，缴获毒品8818.49克，抓获犯罪嫌疑人20人。全年共收戒吸毒人员97人，其中强制隔离戒毒58人，社区戒毒1人，行政拘留9人。2015年，破获毒品案件49起，收缴毒品海洛因20.44千克，抓获犯罪嫌疑人60人。查处赌博治安案件121起，打击处理416人，收缴赌资35.48万元，打掉赌博团伙3个。

8. 治爆缉枪

2001年，缴获民用枪支14支，子弹48发，炸药1061.55千克，雷管4355枚，导火线1675.94米，管制刀具323件。2002年，清查烟花爆竹销售点315个，发现和整治安全隐患30个，收缴烟花爆竹110万响，收缴炸药601.5千克，雷管3103枚，导火索1602米，非法民用枪支12支，子弹28发，管制刀具43件，侦破涉爆涉枪案件3起，抓获犯罪嫌疑人6名。2002年，检查涉爆涉枪、涉剧毒物品单位、场所873个（次），发现和整治安全隐患160处，收缴炸药413.4千克，雷管832发，导火线256米，爆竹57.62万余响；清理整顿烟花爆竹批发部1家，零售点296家；取缔非法生产爆竹作坊12家，销毁生产工具8台，收缴火药枪3支，对涉爆违法人员50人分别给予治安处罚和批评教育。2007年，检查涉爆场点重点单位、部位109处，发现安全隐患39处（限期整改23处，当场整改16处）；收缴炸药245.75千克，雷管1163枚，导火线456.38米，收缴各种管制刀具39把，收缴枪支4支（火药枪），收缴非法购买销售的爆竹成品、半成品16万余响。2013年，检查涉爆从业单位166家，查处各类安全隐患116起，收缴雷管1.81万发，炸药164.75千克，黑火药0.79千克，烟花爆竹726件，收缴火药枪23支，手榴弹1枚、管制刀具86把；销毁过期、报废的枪支和民爆物品6次，销毁炸药164.75千克，电雷管1.81万发，索类爆炸物品624米，烟花爆竹726件；销毁历年收缴的各类枪支53支、管制刀具118把。2015年，检查各类枪支、弹药，选用涉枪典型案例进行学习，对民警领用的枪支不定期进行检查，未发现安全隐患。

9. 道路交通安全和消防工作

2002年，纠正道路交通违章11850人次，罚款8.74万元，治安拘留11人，清除违章占道951次；查处火灾14起，开展消防检查3次，检查单位254户，查明火灾隐患198起。2004年，纠正交通违法行为1.45万起，查获无证车辆556辆，强制报废车辆95辆，破获盗窃摩托车团伙2个，抓获犯罪嫌疑人11名。2007年，清查特种行业、舞厅、网吧30家，在复杂路段和上学时派员维护交通秩序236人次，进行消防检查176次。2011年，查处交通违法1604起，其中无证驾驶168起，酒后驾驶17起，客车超载8起，乱停乱放137起，涉牌涉证交通违法行为304起，其他违法行为970起，行政拘留66人。2013年，查处道路交通违法86起，刑事拘留8人，扣押无证摩托车8辆。2014年，查处交通违法行为1.79万起，暂扣机动车1396辆，暂扣驾驶证21本，行政拘留125人。全县共发生火灾35起，无伤亡事故，直接财产损失5.78万元。2015年，发生统计类道路交通事故52起，死亡4人，受伤17人，直接经济损失22.56万元。消防安全检查，检查单位场所715家，发现火灾隐患或违法行为951处，下发责令改正通知书394份，受理行政处罚案件22起，处罚金10.52万元，临时查封单位5家，责令“三停”（停产停业、停止使用、停止施工）单位3家，拘留5人，发生火灾30起。

第六节　政策研究

一、调　研

（一）调研成果

2008—2015年，普安县委政策研究室围绕县委中心工作开展调查研究，撰写调研文章94篇。其中省、州重大的专题调研课题由县委指定或报县委批准同意，由政策研究室牵头，组织有关部门联合调研，主要有《关于开展2010、2011、2012年农业农村政策落实情况调查》《普安县推进诚信农民建设调研》《普安县产业园区专题调研》《普安县加快县域经济发展存在的问题和对策》《普安县农村土地与人口结构变化课题研究》《关于普安县非公有制经济发展的调研》《关于普安县农业产业组织化的思考与建议》《普安县打造投资软环境探讨》《普安县党代表常任制工作研究》《普安县少数民族地区全面小康建设专题调研》等课题。

（二）调研个案

2010年，对信访体制机制问题进行调研。发现在信访问题上出现民生问题上访多，及时化解难；来信来访规模大，教育劝返难；非正常上访频繁，属地管理难；重信重防、涉法信访突出，息诉分流难等问题。县委、县政府因此加强信访工作力量，设立群众工作中心，建立健全领导接待来访工作，进一步畅通信访渠道，保障群众的合法利益。2011年，对农业产业化问题进行调研。调查发现县内农业产业化经营的不利条件，主要有市场竞争力强的优势龙头企业少，市场信息先导不畅，农业结构调整不快，农业服务体系不完善，农业生产成本高，不具竞争优势。县委、县政府因此进一步拓宽农业产业化投资渠道，强化农业产业化风险保证力度，制定和落实发展农业产业化的优惠政策，改善普安农业产业化经营条件。2012年，对土地流转问题进行调研。发现土地使用权流转中存在农业承包田使用权流转空间狭窄，流转行为不规范，流转认识不够等问题。县委、县政府因此进一步加强土地流转规范管理。按照农业部《农村土地承包经营权流转管理办法》，全县各乡镇迅速建立健全以实施流转合同制为重点的流转管理制度和规程。同时，采取措施支持鼓励流转。鼓励、引导种植方面的开发商到普安县投资、开发。2013年，对安全生产与和谐矿区建设进行调研。发现矿区纠纷高发多发、诉求复杂、对抗性强等问题。通过调研，向县委、县政府提出进一步保护好矿区群众合法利益，加强机构、科技和队伍等要素保障，建立和完善体制机制等建议，和谐矿区建设正有序推进。2014年，对党代表发挥作用问题进行调研，重点总结普安县党代表常任制工作运行情况及成效，针对存在的问题提出建设性意见和建议。2015年，重点对县内少数民族地区全面小康建设工作进行调研，重点围绕少数民族地区全面小康建设进程、取得成效及存在问题进行分析，对下一步工作提出意见建议。

二、政策拟定

2008—2015年，县委政策研究室根据各个时期的工作重点，就农业农村工作、工业企业工作、同步小康创建和全面深化改革等工作向县委、县政府提出政策性意见28个。

2010年，参与制定《关于进一步做好制度"废改立"工作的意见》《关于着力推进2010年重点项目建设的意见》《关于2010年农业农村工作的实施意见》《关于开展依法治村（社区）整体推进普法宣传教育活动的意见》。2011年，参与制定《关于进一步推进人民防空事业发展的实施意见》《普安县中长期人才发展规划纲要（2010—2020年）》《普安县招商引资优惠政策暂行办法》《关于加快推进水利改革发展工作的实施意见》。2012年，参与制定《关于进一步深化人口和计划生育工作确保实现"双降"目标的实施意见》《关于推进"三化"兴"三农"的意见》《关于贯彻落实国务院关于进一步促进贵州经济社会又好又快发展的若干意见的实施意见》《普安县信访维稳工作问责办法（暂行）》。2013年，参与制定《关于认真做好"减贫摘帽"工作的意见》《关于开展同步小康创建活动的实施意见》《关于进一步加强煤矿安全生产工作的实施意见》。2014年，参与制定《普安县不胜任现职干部召回管理办法（试行）》和《关于以改革创新精神抓实推进全县扶贫开发工作的实施意见》。2015年，参与制定《普安县改革重大举措实施规划（2014～2020年）》。

第七节　县直机关党建

一、组织建设

1998—2015年，普安县新建立基层党组织46个，其中机关党委6个，机关总支2个，机关党支部38个。

1998—2015年普安县新建立基层党组织情况表

表12-6-19

党组织名称	成立时间	党组织名称	成立时间
工商局党委	2009.4	编委办支部	2003.6
县医院党委	2009.4	群养工区支部	2004.2
地税局党委	2011.3	运管所支部	2004.4
法院党委	2012.8	养征所支部	2004.4

续表12-6-19

党组织名称	成立时间	党组织名称	成立时间
农业局党委	2012.8	穗丰公司支部	2004.10
一中党委	2012.8	移民局支部	2005.12
经贸局总支	2000.6	信访局支部	2007.4
烟草局总支	2009.12	草地中心支部	2008.6
邮政局支部	1999.1	残联支部	2008.8
物价局支部	1999.7	科协支部	2008.12
国税局第三支部	1999.7	雪浦烟叶站支部	2009.4
移动公司支部	1999.10	青山烟叶站支部	2009.4
老龄委支部	2000.3	新店烟叶站支部	2009.4
经贸局在职职工支部	2000.6	罗汉烟叶站支部	2009.4
经贸局退休职工支部	2000.6	盘水烟叶站支部	2009.4
烟草局机关支部	2000.8	罐子窑烟叶站支部	2011.7
质监局支部	2000.11	海事处支部	2012.6
新华书店支部	2001.5	县园区办支部	2014.2
电影公司支部	2001.5	县城管大队支部	2014.6
图书馆支部	2001.5	县森林公安局支部	2014.8
电视台支部	2001.5	县红十字会支部	2015.6
房管局支部	2002.1	县诗词学会支部	2015.11
药监局支部	2002.10	县离退休干部职工兴义支部	2015.12

二、党员发展

1998年，县直机关党委党员1238名，其中女性党员253名。2015年，县直机关工委党员1511名（1998—2015年期间新成立的6个党委单独开展活动，其党员未统计在内），其中女性党员369名。1998—2015年，共发展党员550名，其中女性党员120名。

1998—2015年普安县直机关工委党员构成情况表

表12-6-20　　单位：名

年份	合计	性别		民族		年龄		文化程度		发展党员	性别	
		男	女	汉族	少数民族	45岁以下	45岁以上	中专以上	高中以下		男	女
1998	1238	985	253	968	270	688	550	677	561	56	44	12
1999	1314	1049	265	1014	300	722	592	747	567	50	39	11
2000	1358	1079	279	1030	328	746	612	775	583	48	40	8
2001	1389	1095	294	1040	349	738	651	880	509	47	39	8
2002	1365	1080	288	1018	347	717	648	906	459	16	12	4
2003	1352	1062	290	1027	352	705	647	883	469	27	17	10
2004	1343	1029	314	992	351	645	698	948	395	22	15	7
2005	1402	1088	314	1021	381	710	692	1030	372	24	18	6

续表12-6-20

年份	合计	性别		民族		年龄		文化程度		发展党员	性别	
		男	女	汉族	少数民族	45岁以下	45岁以上	中专以上	高中以下		男	女
2006	1422	1103	319	1030	392	706	716	1048	374	5	3	2
2007	1548	1211	337	1128	420	821	727	1183	365	35	28	7
2008	1586	1251	335	1158	428	839	747	1227	359	24	22	2
2009	1551	1241	310	1128	423	798	753	1217	334	27	25	2
2010	1604	1279	325	1146	458	819	785	1277	327	36	32	4
2011	1694	1350	344	1210	484	864	830	1348	346	34	23	11
2012	1562	1244	318	1115	447	797	765	1243	319	32	28	4
2013	1478	1135	343	1043	435	754	724	1256	222	16	12	4
2014	1524	1163	361	1069	455	808	716	1298	226	32	21	11
2015	1511	1142	369	1077	434	799	712	1295	216	19	12	7
合计										550	430	120

三、党员教育

1998—2015年，县直机关工委每年例行对党支部书记或支部委员开展党务知识培训，在特殊年度开展一些具有重大教育意义的教育培训。

其中2005年3月31日开展党员先进性教育知识培训，2008年4月1日开展中共十七大精神和《中国共产党章程》知识培训与测试，2009年5月14—15日开展深入学习实践科学发展观党务知识测试，2013年6月27日进行中共十八大精神培训。2014年3月28日，对生产一线党员进行党的知识培训；4月17日，对机关一线党员进行中共十八届三中精神培训；11月19日，对机关党务工作者进行《中国共产党发展党员工作细则》《中国共产党党和国家机关基层组织工作条例》和新形势下如何加强从严治党培训。2015年6月24日，对党务工作者进行入党流程的培训；11月13日，对机关一线党员进行中共十八届五中全会精神培训。

四、表彰先进

1998—2015年，县直机关工委对所属党总支、党支部和党员开展评先选优活动，共表彰先进党组织103个，优秀共产党员1683名。

1998—2015年普安县机关工委表彰党组织和党员情况表

表12-6-21

年份	表彰党组织数(个)	表彰党员数(名)	年度	表彰党组织数(个)	表彰党员数(名)
1998	—	105	2007	—	115
1999	10	102	2008	—	72
2000	12	109	2009	13	110
2001	—	108	2010	7	108
2002	11	115	2011	12	86
2003	11	104	2012	—	94
2004	—	63	2013	10	78
2005	—	103	2014	8	52
2006	—	114	2015	9	45

五、文化建设

2002年7月1日，组织文艺晚会纪念中国共产党成立81周年。2004年6月27日至7月1日，开展“缅怀与展望”音乐诗歌竞赛活动纪念中国共产党成立83周年。2005年7月1日，开展“国防知识”教育活动纪念中国共产党成立84周年。2008年9月29—30日，开展“争做优秀共产党员”演讲比赛。2009年9月22日，开展庆祝新中国成立60周年演讲比赛。2012年5月19日，开展演讲比赛和歌咏比赛。2015年6月27日，组织新党员到楼下泥堡红军长征红色革命教育基地进行入党宣誓；发文到县直机关各支部，要求组织全体党员在“七一”期间到楼下泥堡重走长征路、重温入党誓词。

第八节　离退休干部管理

一、离退休干部统计

1998年，普安县离休干部73人，副处级以上（含副处级）退休干部9人。

2015年，离休干部16人，其中普安县境内居住13人，易地安置3人；抗日战争时期参加革命工作4人，解放战争时期参加革命工作12人；享受科级待遇的5人，享受副处级待遇的8人，享受副地级待遇的3人，副处级以上退休干部28人。

1998—2015年普安县离退休干部情况表

表12-6-22　　单位：名

年份	总计	副处级以上退休干部（含享受待遇）	离休干部								
			合计	安置情况		参加革命工作时间		职务			
				普安居住	易地安置	抗日战争时期参加革命工作	解放战争时期参加革命工作	享受科级	享受副处级	享受副地级	其他干部
1998	82	9	73	65	8	12	61	2	37	5	28
1999	84	13	71	63	8	12	59	2	38	5	26
2000	81	13	68	60	8	12	56	2	35	5	26
2001	74	12	62	54	8	11	51	2	34	5	21
2002	73	13	60	53	7	11	49	19	26	5	10
2003	75	18	57	50	7	11	46	18	24	5	10
2004	77	23	54	47	7	8	46	17	23	4	10
2005	71	23	48	41	7	6	42	15	19	4	10
2006	62	21	41	34	7	5	36	10	18	4	9
2007	62	23	39	32	7	5	34	9	17	4	9
2008	62	25	37	30	7	5	32	9	17	4	7
2009	56	25	31	25	6	4	27	7	15	4	5
2010	54	26	29	23	6	4	25	6	14	4	5
2011	53	26	27	22	5	4	23	6	13	4	4
2012	46	25	21	16	5	4	17	6	12	4	3
2013	44	24	20	15	5	4	16	6	12	4	2
2014	44	27	17	14	3	4	13	5	9	3	—
2015	44	28	16	13	3	4	12	5	8	3	—

二、政治待遇

1998—2015年，组织离退休干部看文件、听报告、政治理论学习、参加重要会议和重要活动106次，县委、县政府定期通报工作情况30次，重大节日组织慰问和召开座谈会56次，订阅报刊824人次，探望因病住院531人次，组织在县境内参观学习30次，看望慰问易地安置10次，组织体检544人次（1998—2004年为2年1次，2005—2015年为1年1次）。

1998—2015年普安县落实离退休干部政治待遇情况表

表12-6-23

年份	组织看文件、听报告、政治理论学习、参加重要会议和重大活动（次）	定期通报情况（次）	重大节日慰问和召开座谈会（次）	订阅报刊（份）	探望因病住院（人）	组织参观学习（次）	看望慰问易地安置（人）	组织体检（人）
1998	2	2	1	73	—	1	1	—
1999	14	2	4	70	—	1	—	—
2000	5	1	3	68	—	1	—	51
2001	3	1	2	64	—	1	—	—
2002	7	2	2	60	20	1	—	—
2003	5	1	1	57	27	1	1	—
2004	8	2	3	54	51	1	—	—
2005	4	2	3	48	23	1	—	53
2006	4	2	2	41	31	1	—	50
2007	5	1	3	37	46	1	—	55
2008	4	2	2	35	51	1	—	43
2009	3	2	5	31	39	2	1	51
2010	2	1	4	31	41	2	—	32
2011	4	2	4	27	40	1	1	53
2012	3	2	4	21	36	1	1	36
2013	7	1	3	21	30	1	2	34
2014	10	2	4	43	40	4	1	43
2015	16	2	6	43	56	8	2	43
合计	106	30	56	824	531	30	10	544

三、离退休干部党组织建设

离退休干部党员，在其离退休前所在单位组织参加基层党的组织生活，在外地居住的离退休干部党员参加所在村（社区）党支部活动和过党组织生活。2015年12月，中共中央组织部下发《关于进一步加强和改进离退休干部党支部建设工作的意见》，普安县成立离退休干部兴义党支部，有党员32名，并同步建成普安县离退休干部兴义活动中心，为全县离退休后长期居住在兴义的老同志搭建起学习交流平台。

四、生活待遇

1998—2015年，清理兑现党政部门、企事业单位拖欠离退休干部离休费和医疗费8.61万元（简称“两费”），协助办理病逝善后事宜58人，办理遗孀生活费问题43人，解决生活不能自理护理费问题221人，协调单位借给到外地住院费35.96万元，协调报销医药费440.36万元，协调解决无工作遗孀医疗费困难补助286人，接待离退休干部及亲属来信来访611件（次），帮扶有特殊困难的离退休干部20人次共6.9万元。

1998—2015年普安县落实离退休干部生活待遇情况表

表12-6-24

年份	清理兑现“两费”（万元）	协助办理病逝善后事宜（人）	办理遗孀生活费问题（人）	解决生活不能自理护理费问题（人）	协调借给住院费（万元）	协调报销医药费（万元）	协调遗孀医疗费困难补助（万元）	接待来信来访（件/次）	老干部帮扶（万元）
1998	1.42	3	5	1	—	—	—	—	—
1999	3.51	4	2	3	—	—	—	50	—
2000	2.18	3	3	—	1.56	—	—	40	—
2001	1.5	2	—	—	—	4	—	30	—
2002	—	4	3	1	1.2	11.36	—	41	—
2003	—	2	1	—	3.2	3	—	35	—
2004	—	6	4	—	4	—	—	46	—
2005	—	7	6	2	8	60	30	51	—
2006	—	2	1	5	18	73	28	48	—
2007	—	2	1	2	—	20	28	25	—
2008	—	6	4	37	—	18	29	38	—
2009	—	2	1	31	—	30	31	31	—
2010	—	2	2	29	—	46	30	28	—
2011	—	5	3	27	—	60	30	41	1.4
2012	—	1	1	21	—	30	32	36	0.6
2013	—	3	2	20	—	30	32	32	0.9
2014	—	3	3	21	—	35	8	23	1.6
2015	—	1	1	21	—	20	8	16	2.4
合计	8.61	58	43	221	35.96	440.36	286	611	6.9

第九节　关心下一代工作

一、基层组织建设

1998—2015年，建立基层关工委269个，走访基层关工委320次，开展家长学校培训489期培训家长4570人次，开展农技培训208期，培训学员3.86万人次，创建“四无两有”（无辍学、无犯罪、无不孝子女、无计划外生育，青年有技术、少年有文化）行政村6个，创建“三无两有”（无辍学、无犯罪、无不孝子女，青年有技术、少年有文化）行政村9个，创建“五好”（领导班子建设好、骨干队伍作用好、制度健全执行好、活动经常效果好、积极探索创新好）关工委56个，调整充实基层关工委组织132个。

1998—2015年普安县关心下一代工作委员会基层建设情况表

表12-6-25

年份	建立基层关工委（个）					走访基层关工委（个）			家长学校		农技培训		“四无两有”村（个）	“三无两有”村（个）	“五好”关工委（个）	调整充实基层关工委（个）
	总数	单位	教育	乡镇	村（社区）	单位	教育	乡镇、村（社区）	培训（期）	人次（人）	期数（期）	人数（人）				
1998	40	26	1	13	—	4	1	3	1	104	—	—	—	—	—	—
1999	6	5	—	1	—	6	1	4	4	110	13	2000	—	—	—	10

续表 12-6-25

年份	建立基层关工委(个)					走访基层关工委(个)			家长学校		农技培训		“四无两有”村(个)	“三无两有”村(个)	“五好”关工委(个)	调整充实基层关工委(个)
	总数	单位	教育	乡镇	村(社区)	单位	教育	乡镇、村(社区)	培训(期)	人次(人)	期数(期)	人数(人)				
2000	1	1	—	—	—	7	1	4	4	213	14	2000	—	—	—	—
2001	—	—	—	—	—	6	1	3	5	246	5	246	—	—	—	—
2002	—	—	—	—	—	5	1	2	—	—	—	—	—	—	—	—
2003	—	—	—	—	—	4	1	—	—	—	—	—	—	—	—	—
2004	—	—	—	—	—	4	1	4	—	—	—	—	—	—	—	9
2005	3	—	—	—	3	6	1	3	3	120	—	—	—	—	—	5
2006	—	—	—	—	—	—	1	3	—	—	—	—	3	—	—	13
2007	25	14	—	—	11	—	1	3	—	—	41	7415	—	—	—	14
2008	46	—	—	—	46	—	1	14	202	900	23	16900	3	—	—	26
2009	11	—	—	—	2	—	15	10	26	251	—	—	—	6	—	—
2010	28	—	—	—	28	2	18	6	43	1123	—	—	—	—	—	—
2011	20	—	—	—	—	2	20	13	1	20	—	—	—	3	9	6
2012	20	—	—	—	—	1	27	9	194	980	86	8136	—	—	10	10
2013	20	—	—	—	—	1	24	9	2	150	2	236	—	—	10	15
2014	20	—	—	-2	—	1	20	12	2	150	12	785	—	—	12	12
2015	29	—	—	—	—	1	21	12	2	203	12	832	—	—	15	12
合计	269	46	1	12	90	50	156	114	489	4570	208	38550	6	9	56	132

二、宣传教育

1998—2015年，普安县关工委组织宣传教育活动，接受宣传教育的学校或乡镇（街道）140所（个），宣传教育237场次，接受宣传教育16.24万人次，组织2987名学生参加全国、省、州、县举办的征文活动，获金奖20篇，银奖80篇；在“中国梦　我的梦”传统书画进校园活动中，普安县12名教师，13名学生获奖开展关爱特困儿童、留守儿童、残疾儿童活动30次。

1998—2015年普安县开展关心下一代活动情况表

表 12-6-26

年份	组织学生参加征文活动(人)	关爱活动	对学生进行宣传教育			
			宣传教育内容	接受宣传教育学校(所)	宣传教育场次(次)	接受宣传教育人数(万人)
1998	—	1	法制宣传教育、爱国主义教育和革命传统教育	11	27	0.55
1999	—	2	法制宣传教育、爱国主义教育和革命传统教育	10	15	1.1
2000	—	2	法制宣传教育、爱国主义教育和革命传统教育	6	16	1.3
2001	—	2	“三好”教育、法制宣传教育和爱国主义教育	14	21	1
2002	—	2	“三个代表”重要思想、公民道德、法制宣传、爱国主义教育	20	27	1.2
2003	—	3	“三个代表”重要思想、公民道德、法制宣传、爱国主义教育	10	22	1.1

续表 12-6-26

年份	组织学生参加征文活动（人）	关爱活动	对学生进行宣传教育			
			宣传教育内容	接受宣传教育学校（所）	宣传教育场次（次）	接受宣传教育人数（万人）
2004	10	3	“学习十六大，弘扬民族精神”，做“四有新人”宣讲活动	8	18	1.6
2005	—	2	“三好”教育和法制宣传教育	7	9	0.7
2006	37	1	“三好”教育和法制宣传教育	3	5	0.5
2007	20	1	“党的十六大”、“三好”教育、革命传统和法制宣传教育	2	11	1
2008	585	1	以德育为主阵线，开展多形式主题教育	11	11	1.1
2009	—	2	“三好”教育、革命传统教育和法制宣传教育	4	9	0.8
2010	690	1	以德育为主阵线，开展多形式主题教育	4	9	0.8
2011	63	1	以德育为主阵线，开展多形式主题教育	4	9	0.8
2012	—	1	以德育为主阵线，开展多形式主题教育	7	9	0.8
2013	—	1	“关爱明天、普法先行”	5	5	0.92
2014	750	2	思想道德建设、法制宣传教育	6	5	0.45
2015	832	2	思想道德教育、感恩教育	8	9	0.52
合计	2987	30		140	237	16.24

三、帮教活动

1998—2015年，县关工委到普安县看守所监狱、戒毒所等开展帮教活动34次，接受帮教犯罪嫌疑人、罪犯和戒毒所学员9923人。

1998—2015年普安县关工委帮教活动情况表

表 12-6-27

年份	帮教地点	帮教对象	帮教内容	帮教次数（次）	受帮教人数（人）
1998	县看守所监狱	罪犯	道德教育和法制教育	2	122
1999	县看守所监狱、戒毒所	罪犯和戒毒所学员	道德教育和法制教育	6	1000
2000	县看守所监狱、戒毒所	罪犯和戒毒所学员	道德教育和法制教育	3	1500
2001	县看守所监狱	罪犯	依法治国和以德治国	2	1000
2002	县看守所监狱	罪犯	“反逃脱，反重新犯罪”	2	700
2003	县看守所监狱	罪犯	道德教育和法制教育	2	900
2004	县看守所监狱	罪犯	学好法律，用好法律	1	182
2005	县看守所监狱	罪犯	遵纪守法，正确行使权利	2	682
2006	县看守所监狱	罪犯	道德教育和法制教育	2	764
2007	县看守所监狱	罪犯	《改造 · 忏悔 · 新生》	2	658

续表 12-6-27

年份	帮教地点	帮教对象	帮教内容	帮教次数（次）	受帮教人数（人）
2008	县看守所监狱	罪犯	《改造 · 忏悔 · 新生》	2	684
2009	县看守所监狱	罪犯	法律适用基本要求和原则	2	564
2010	县看守所监狱	罪犯	《在看守所关押期间我该怎么办》	1	196
2011	县看守所监狱	罪犯	《在看守所关押期间我该怎么办》	1	196
2012	县看守所监狱	罪犯	《悔过自新，重新做人》	1	182
2013	县看守所监狱	罪犯	《在看守所关押期间我该怎么办》	1	207
2014	县看守所	犯罪嫌疑人	法制宣传教育	1	183
2015	县看守所	犯罪嫌疑人	法制宣传教育	1	203
合计				34	9923

第十节　党史地方志

一、党史研究

（一）《中国共产党普安县历史》（第一卷）编写

2004年，初步拟定《中国共产党普安县历史》（第一卷　1935—1978）编写篇目，对资料进行全面、系统收集。2007—2008年，完成初稿试写。2009—2012年，修改完善形成征求意见稿。2014年1月，召开座谈会进行修改意见征集。6月，中共普安县委常委会议初审通过。7月，报送黔西南州史志办公室终审。

（二）资料征集

2009年4月，向离退休干部就“四清”运动、“文化大革命”、拨乱反正时期的普安县“花月事件”进行口述史料征集。2010年，征集胡锦涛任贵州省委书记期间到普安县视察工作（1986年6月14—15日）资料。2012—2013年，到省、州、县档案、政法系统继续征集普安“花月事件”资料。2013年3月，邀请离退休干部就“文化大革命”时期在普安县发生的“文攻武卫”情况进行口述史料征集，走访座谈征集知识青年上山下乡、落实政策工作等情况。2014年，对红军长征过普安的资料进行全面挖掘、整理。

（三）革命遗址普查

2010年7—11月，对普安县18个革命遗址进行普查，按照省、州党史研究部门的要求做好资料收集、整理和报送。《贵州省重要革命遗址通览》记载普安县革命遗址11个，其中《贵州省革命遗址总目录》记载10个，《贵州省其他遗址目录》记载1个。

《贵州省重要革命遗址通览》记载普安县革命遗址情况表

表 12-6-28

序号	名　称	地　址	备　注
1	红一方面军第三军团泥堡革命活动遗址	普安县楼下镇泥堡村	革命遗址
2	红一方面军第三军团抢渡楼下河革命遗址	普安县楼下镇鱼陇村	革命遗址
3	普安县民众教育馆革命遗址	普安县盘水镇人民政府对面	革命遗址

续表12-6-28

序号	名　称	地　址	备　注
4	崧岿寺群力织布厂遗址	普安县罐子窑镇崧岿村	革命遗址
5	裕民染织厂革命遗址	普安县县城劳动街	革命遗址
6	鱼洞河纸厂革命遗址	普安县窝沿乡窝沿社区	革命遗址
7	半坡塘铁厂革命遗址	普安县白沙乡卡塘村	革命遗址
8	黔西南讨蒋自救军第一支队5大队青山战斗遗址	普安县青山镇	革命遗址
9	张立普安县旧居	普安县盘水镇东街肖家巷	革命遗址
10	普安县烈士陵园	普安县盘水镇南湖社区	革命遗址
11	国民党绥靖部队签署和平起义协议遗址	普安县县城肖家巷	其他遗址

（四）纪念场馆建设

2014年6月，参与楼下镇泥堡村泥堡自然寨红军长征纪念馆建设，对红军长征途经路线进行确定，参与场馆的全程设计、组织实施，负责纪念馆所有上墙文字和解说词的草拟、制作。12月31日，举行开馆仪式，同时命名为普安县党史教育基地。

（五）党史宣传

2011年5月13日，举行主题为“学党史、颂党恩、跟党走”的纪念中国共产党成立90周年知识竞赛活动。2012年11月22日，组织乡镇、部门的部分党员在县文化活动中心观看中共党史教育电影《没有共产党就没有新中国》。2013年5—6月，在县委党校举办的“党的十八大精神培训班”上，向第4～6期学员宣讲《中国共产党在普安县的早期革命活动》。2014年，配合县委组织部参与在楼下镇中岭五组（泥堡）建成长征纪念馆，开展革命传统教育。2015年6月25日，与县委宣传部、县教育局、县直工委等单位联合，组织各单位党员代表在盘粮宾馆观看励志电影《冲锋号》。

二、地方志事业

（一）地方志工作

《普安县志》（1999年版）编纂　1998年，县政府将第一轮县志的编写列入全县办理的12件大事之一，3月调整编纂委员会，在宣传部下设办公室，明确专人负责具体事宜，聘请总纂人员。1999年2月，完成部门志稿的总纂；6月，初审定稿；8月，省地方志办公室进行评审，修改完善并验收合格后，交付贵州人民出版社出版。该志上限自事物的发端起源，下限为1997年，全书设地理、民族、政治、司法、军事、国民经济管理、农业、工业交通邮电城建环保、商业贸易、财税金融、教育科技、文化体育广播电视、医药卫生、社会风土、文物名胜等15篇和人物，共140万字，19页插图，16开本，2000册印数，1999年10月出版发行。

《普安县志（1998—2013）》编纂　2007年11月，拟定《普安县志（1978—2007）》编写方案，2008年4月行文至各承编部门，后搁浅。2013年11月，拟定《普安县志（1998—2013）》编写方案、篇目设计暨任务分配方案、行文规范等。2014年1月21日，县委办、县政府办印发《普安县志（1998—2013）编修方案（试行）》《普安县志（1998—2013）篇目设计暨任务分配方案（试行）》《普安县志（1998—2013）行文规范》。2月28日，召开《普安县志（1998—2013）》编纂工作会议。启动二轮县志编纂工作，在确定的110个承编部门中有99个完成相应的志稿编写。2015年，对未完成部门志稿编写的单位进行督促，并完成91个部门志稿的总纂。**（说明，后经县委研究，该志书调为本书）**

（二）旧志整理

2011年8月，对民国《普安县志》（1926年石印本）进行点校，定名为《普安县志（民国）点校本》。2012年9月，由德宏民族出版社公开出版发行，全书27万字，大16开本，500册印数。

（三）部门志及其他地情资料编纂

1998—2015年，普安县共印制、发行部门志和其他地情资料20部，其中部门志8部，其他地情资料12部。

2012年11月，制作完成《普安县志》（1999年版）PDF格式的图片版本、DOC格式的文字版本。

1998—2015年普安县部门志和其他地情资料编纂出版情况表

表12-6-29

序号	志书名称	编修单位	成书日期（年.月）	开本（开）	字数（千字）	印数（册）	备　注
1	普安县军事志（1382—2005）	人武部	2008.9	16	370	1000	内部发行
2	普安县畜牧志（1949—2009）	畜牧局	2010.12	16	270	500	印刷品
3	普安县科学技术志（1978—2008）	科技局	2009.7	16	120	200	印刷品
4	普安县邮电志（　—1998）	邮电局	1998.10	16	160	—	内部发行
5	普安县财政志	财政局	1999.8	16	240	200	内部发行
6	普安县政协志	政协	2003.3	32	—	—	印刷品
7	中国共产党贵州省普安县土地改革史资料（1951—1953）	县委办 县政府办 档案局	2002.6	16	280	—	内部发行
8	中共贵州省普安县　贵州省普安县政军统群系统组织史资料（1949—1978）	组织部	2001.4	16	534	1000	内部发行
9	中共贵州省普安县　贵州省普安县政军统群系统组织史续编资料（1978—1998）	组织部	2002.12	16	266	500	内部发行
10	纵览青山历史文化		2010.2	32	67	500	内部发行
11	奋进中的普安县青山小学	青山小学	2007.8	16	110	2000	内部发行
12	夜郎圣地普安	省写作协会	2006.5	32	150	1000	文化艺术出版社
13	夜郎古今——锦绣普安	县政协	2006.10	16	—	—	印刷品
14	布依族百年实录（普安县文稿选编）	县政协	2006.10	32	—	—	印刷品
15	普安县文史旅游丛书	县政协	2009.9	16	—	—	印刷品
16	多彩贵州的红色记忆普安篇	人武部	2012.12	32	—	—	印刷品
17	龙吟镇·魅力苗乡	龙吟镇	2012.7	16	—	—	印刷品
18	激情山水·美丽的家	宣传部	2013.7	16	—	—	印刷品
19	普安县地方税务志	地税局	2014.8	16	330	520	印刷品
20	普安县人大志（1945—2013）	县人大常委会	2015.3	16	660	2000	贵州人民出版社

（四）协作服务

2007—2008年，完成《黔西南劳模》普安县部分的资料征集、整理和报送。

2011年，与宣传部、各乡镇协作，完成普安县和14个乡镇共15个地名溯源的编写工作。2012年4—5月，受县民政局的委托，组织编写《政区大典·黔西南卷》（普安篇）。2013年2月，抽派3名人员参与对青山历史文化的挖掘、收集和整理；抽派1名人员到州史志办参与编写《黔西南革命史话》；抽派1名人员到宣传部参与做好普安县本土历史文化收集工作；10月，受县地税局委托编纂《普安县地方税务志》（远古—2013）。

1998—2015年，指导和协助县人武部、畜牧局、人大常委会等多个单位完成部门志稿和其他资料征集、编写。

（五）县情宣传

各种地情资料书籍出版后，及时发送到副县级以上领导、四大办及其下设、隶属机构和各单位、乡镇以及热爱研究普安历史的人员；及时做好新任副县级以上领导县情资料的送达；向省内外、州内外、县内外的党史研究、地方志工作部门、科研院校和其他有关部门、专家、学者以及到普安开展重大项目建设、投资商赠送县志、地方综合年鉴；对普安县历史上有记载的人物后裔提供资料查阅、咨询并赠送相应志书；借助县委网页（党委系统网络）开辟史志工作专栏、普安县史志办网络红页、普安史志信息网，及时发布党史研究、地方志工作动态和历史专题，将普安县出版发行的志、鉴上传到网页上，在互联网上借助百度百科和百度文库专栏创建和更新普安县的地情资料；认真研究历史专题、经验总结、理论研究，通过《贵州文化遗产》《史志林》《黔西南工作》《黔西南日报》《黔西南社会科学》等刊物、中国黔西南等网站、普安每周要闻手机信息等载体进行宣传。

2012年10月，向县一中300多名师生作《普安县政区概况暨重大历史事件概述》专题讲座。2013年11月，向县一中300多名师生作《行走在白沙古驿道上的历史》专题讲座。

三、《普安年鉴》编辑出版

2007年7月，启动普安县第一卷地方综合年鉴即《普安年鉴（2007）》的组稿工作，2009年3月公开出版发行。2015年，累计出版发行《普安年鉴》9卷。

2007—2015年《普安年鉴》出版情况表

表12-6-30

年份	年鉴名称	开本（毫米）	字数（千字）	印数（册）	插图（页）	出版社	出版日期（年月）
2007	《普安年鉴（2007）》	787×1092　1/16	350	1000	6	中国文史出版社	2009.3
2008	《普安年鉴（2008）》	880×1230　1/16	467	1000	12	武汉出版社	2009.7
2009	《普安年鉴（2009）》	880×1230　1/16	560	700	12	武汉出版社	2010.11
2010	《普安年鉴（2010）》	880×1230　1/16	560	500	20	武汉出版社	2011.10
2011	《普安年鉴（2011）》	880×1230　1/16	580	500	8	武汉出版社	2011.10
2012	《普安年鉴（2012）》	880×1230　1/16	500	500	24	武汉出版社	2012.12
2013	《普安年鉴（2013）》	889×1194　1/16	600	500	12	云南人民出版社	2014.1
2014	《普安年鉴（2014）》	889×1194　1/16	690	500	16	云南人民出版社	2014.11
2015	《普安年鉴（2015）》	889×1194　1/16	580	500	24	云南人民出版社	2015.12

第十一节　党校教育

一、党校建设

（一）校园建设

1998年，党校校园位于县城西北面（山岔沟），占地面积3600平方米，有集学员宿舍、教室、办公楼为一体的综合楼1幢，学员食堂1幢，建筑面积992平方米，设有教室2个，招收学员定额100名，能容纳住校学员50名。2007年11月，整合党校和职业教育中心校园资源，党校转移到职业教育中心学校校园开展工作，原位于山岔沟的党校校园改造为保障房（惠民小区）。2013年，党校与中等职业学校校园建设列为贵州省“中职百校”大战50所重点扶持建设学校行列，新校园位于G60高速路普安收费站旁，投资1.2亿元，征地10.67公顷，建成教学楼1幢（面积3829.49平方米）、实训楼1幢（面积5768.1平方米）、学生宿舍楼2幢（面积8816平方米）、学生食堂1幢（面积3348.22平方米）、教师宿舍楼3幢（面积7473.03平方米）、绿化面积16536平方米，能容纳学员3000名。2014年8月，县委党校搬到新校区办公。2015年，党校有独立行政办公楼（教学楼）1幢（面积3900平方米）、学员宿舍楼三层（面积为2800平方米）、学员食堂一层（面积为1000平方米）、运动场600平方米，教学楼内有独立的报告厅、多媒体教室等教学设施。

（二）队伍建设

1998—2015年，校长由县委组织部部长或县委常委、县委组织部部长或县委副书记兼任。师资队伍变化较小，大部分是长期从事党校工作的，变动人数在10人以内。

1998—2008年，设立党支部。2008年12月至2010年5月，未设立党支部，与职业教育中心（中等职业学校）党支部一起开展活动。2010年5月，党校重设党支部，正常开展党内活动。

二、教育教学

（一）教育培训

1998—2015年，党校以政治理论、领导干部能力提升、经济社会发展建设等方面知识为主要教育培训内容，聘请州委党校教师和省内外到普安县扶贫、支教领导、专家（学者）以及县级分管该项工作领导、部门主要负责人、在某一个领域有重点研究成果的人员对学员进行授课，共举办教育培训班121期，培训人员7069名。

1998—2015年普安县委党校教育培训班情况表

表12-6-31

年份	班次（期）	学员（名）	培训班名称
1998	11	450	政法干部培训班，乡镇一把手和科局长培训班，党务干部培训班，农业管理干部培训班，企业管理干部培训班，非中共党员干部培训班，村级干部培训班，村级后备干部培训班，妇女干部培训班，团干部培训班
1999	3	156	国有企业改革与发展研讨班，科局级领导干部财税金融知识读书班，村级干部培训班
2000	1	30	中青年干部培训班
2001	2	120	“三个代表”重要思想学习教育乡科级主要领导培训班、中青班
2002	2	86	中青班，计生干部培训班

续表12-6-31

年份	班次（期）	学员（名）	培训班名称
2003	2	129	WTO知识骨干培训班，少数民族青年干部培训班
2004	2	96	中青年干部培训班，村干部培训班
2005	1	30	少数民族妇女干部培训班
2006	5	208	中青年干部培训班，“三农”服务团培训班，城建国土干部培训班，纪检监察干部培训班，基层组织建设研讨班
2007	7	605	少数民族、妇女及非中共党员干部培训班，党代表培训班，组织工作信息员培训班，党建工作宣传联络员及通讯员培训班，新任副科级干部培训班，远程教育站点操作管理人员培训班，村干部培训班，党的十七大精神学习班
2008	9	436	中青年干部教育培训班，妇女干部教育培训班，少数民族干部教育培训班，党外干部教育培训班，非公有制企业负责人培训班，专业技术人员教育培训班，一类重点贫困村干部教育培训班，村（社区）远程教育站点操作管理人员培训班，农村实用人才教育培训班
2009	7	450	远程教育站点维修班，中青年干部培训班，党务干部培训班，少数民族干部培训班，办公室主任培训班，党外干部培训班，档案管理人员培训班
2010	12	631	十七届四中全会精神专题培训班（4期），村（社区）党支部书记培训班，团干部培训班，办公室主任培训班，村（社区）人口主任培训班，基层工会干部培训班，远程教育骨干培训班，组工信息联络员、通讯员培训班，中青年干部培训班
2011	11	580	十七届五中全会精神专题——村（社区）支书、主任培训班，村（社区）妇女干部培训班，纪检监察干部培训班，党建工作专题——学校党建工作培训班，远程教育管理信息系统培训班，党外代表人士培训班，党建工作专题——园区党建培训班，转变经济方式培训班，中青年干部培训班，少数民族干部培训班，十七届五中全会精神专题——科级干部培训班
2012	11	801	贯彻《国务院关于进一步促进贵州经济社会又好又快发展的若干意见》（国发〔2012〕2号文件）精神培训班，领导干部推进工业化能力提升班，农业特色产业培训班，中青年干部培训班，纪检监察干部培训班，基层党建工作研讨班，远程教育管理信息系统培训班，文书档案管理培训班，少数民族、妇女、非党干部培训班，党的十八大精神读书班（2期）
2013	15	1130	中共十八大精神培训班（6期），同步小康驻村工作研讨班，安全生产、信访维稳专题培训班，党员创业带富培训班，中青年干部培训班，少数民族、妇女、非党干部培训班，远程教育上手机骨干人员培训班，党组织负责人培训班，加强群众路线教育专题研讨班，重点领域项目培训班
2014	11	971	全县村（社区）常务干部培训班、中青年干部培训班、双十工程“领头雁”培训班、党组织负责人培训班
2015	9	700	中青年干部培训班，县乡换届考察及乡村换届工作培训班，脱贫攻坚“五人小组”能力提升培训班（2期），新任副科级干部培训班，新任股级干部培训班，新发展党员培训班

（二）函授教育

1. 函授站建立

1999年11月6日，普安县委批准成立省委党校函授大专班普安函授站（简称“普安函授站”）。12月29日，中共贵州省委党校函授学院（简称“省委党校”）批准建立中共贵州省委党校函授学院普安函授站，开设法律、经济管理、行政管理3个专业。2000年，开始举办函授大专班。2001年4月10日，省委党校批准普安设立函授本科班。

2. 函授教育

2000年，普安函授站承担着干部学历培训任务，分别开设法律、行政管理、经济管理、公共管理4个专业的专科、本科函授学历培训。专科、本科学制均为两年半，经考试考核合格，颁发省委党校学历证书。普安函授站2000年开办函授教育培训，2011年培训学员结束，共招收学员1075名，其中法律专业653名（专科354名，本科299名），行政管理专业253名（专科），经济管理专业150名（专科），公共管理专业19名（专科）。

2000—2008年省委党校普安函授站招收学员情况表

表12-6-32　　　　单位：名

年份	合计	专科				本科
		法律	行政管理	经济管理	公共管理	法律
2000	355	109	131	115	—	—
2001	198	99	64	35	—	—
2002	69	40	29	—	—	—
2003	94	—	29	—	—	65
2004	52	—	—	—	19	33
2008	307	106	—	—	—	201
合计	1075	354	253	150	19	299

3. 函授收费和学历

2001年9月，教育培训费本科班每人每学年950元、大专班每人每学年850元（包括录取费、毕业证工本费等），教材资料费本科班每人每学年140元、大专班每人每学年120元。2002年9月，教育培训费本科生每人每学年1000元、专科生每人每学年900元。2004年，贵州省委组织部、贵州省人事厅、贵州省教育厅、贵州省委党校联合下发《关于重申党校函授教育学历待遇的通知》明确："取得党校函授教育学历，待遇参照国民教育相应学历的有关规定。"

（三）理论研究

2011年，撰写的《对普安县依法行政情况的调查与思考》《村级组织建设的对策研究》刊发于《黔西南州委党校学报》等刊物。2012年，撰写的《黔西南州县级党校建设问题探究》《普安走后发赶超之路的现状与对策》刊发于《黔西南州委党校学报》等刊物。2014年，撰写的《普安县干部人事档案管理工作现状及对策》《普安实施"春晖行动"助力新农村建设的思考》等5篇文章刊发于《黔西南州委党校学报》《黔西南社会科学》等刊物。2015年，撰写《完善信访体制机制　规范信访工作初探》《党校要充分发挥依法治国的宣传教育作用》刊发于《黔西南州委党校学报》《文山党校》等刊物。

（四）宣讲教育

1998—2015年，党校组织教师到乡镇宣讲中共十五大、十六大、十七大、十八大精神进行。其中2012年，宣讲《国务院关于进一步促进贵州经济社会又好又快发展的若干意见》、贵州省第十一次党代会精神。2012年12月11日，在普安县检察院宣讲中共十八大精神及预防职务犯罪。2013年，宣讲十八大精神、十八届三中全会精神。2014年，抽调骨干教师到乡镇、部门宣讲中共十八届四中全会精神。2015年，抽调骨干教师到乡镇、部门宣讲中共十八届五中全会精神、习近平总书记视察贵州重要讲话精神。

第十二节　信访　保密

一、信　访

（一）接待制度

1998—2015年，普安县进一步建立和完善信访机制，制定县委、县政府《领导信访接待日制度》《领导包案制度》《信访联席会议制度》《信访突出问题及群体性事件情况上报制度》《矛盾纠纷排查调处制度》和《关于规范信访行为维护社会秩序的通告》，信访局《办理群众来信和接待群众来访工作规划（试行）》《普安县信访局目标管理责任制》，建立县委、县政府、县人大常委会、县政协领导班子成员轮流接访群众日工作制度。

（二）督查督办

1998—2015年，普安县针对特殊疑难信访问题，县委、县政府进行立案调查，对多年形成的“积案”进行“滚动式、拉网式”排查，乡镇排查到行政村（社区）、村民（居民）组、农户，县直部门排查到股室、干部职工，将排查的矛盾纠纷和信访事项明确包案领导、责任人员、责任单位和办结时间，信访部门定期、不定期采取电话催办、上门督办、发督办函等方式，对信访积案化解进行协调和督查督办。

（三）机制建设

县委、县政府对乡镇、县属部门的信访工作实现目标管理考核机制。乡镇建立健全信访工作例会制度，设立群众来访接待室、信访办公室，配备1名信访干部或信息员。

2005年，信访信息接入全省党政综合信息保密网，实现省、州、县信访部门互联互通、信息快速报送机制，建立突发事件信息上报制度。2014年6月，开通“书记、县长—群众交流台”，并安排专人负责“书记、县长—群众交流台”的来信处理，拉近干部群众之间的距离，群众的合理诉求得到及时、快速、有效反映。同时，县信访局明确分工，按省州交办、县级群众来访、县直部门信访事项和14个乡镇信访事项，明确分工到个人头上，负责片区工作，做到事事有跟进。2015年1月，根据省、州的要求，普安县群众工作中心（信访局）开通贵州省网上信访综合业务系统，并正式运行运用。

（四）来信来访

1998—2015年，信访部门受理群众信访8109件，其中来信921件，来访1663批7188人。信访热点主要集中在动拆迁、企业改制、产业结构调整引起的职工安置、高速铁路和高速公路的建设征地、农村山水农田纠纷、下（待）岗职工生活困难、城市建设和管理、矿山开采、环境治理、劳动争议等方面。其中，2010年，群体性矛盾大幅度上升，动拆迁矛盾居各类集体访首位，因动拆迁矛盾进京访7批21人次。

1998—2015年普安县来信来访情况表

表12-6-33

年份	来信（件）	来访		个人上访		集体上访		赴省访		进京访		重复访		不予受理
		批	人	批	人	批	人	批	人	批	人	批	人	件
1998	11	23	35	—	—	—	—	—	—	—	—	—	—	—
1999	20	29	103	28	63	1	40	—	—	1	1	1	1	—
2000	27	59	262	48	83	11	179	—	—	—	—	—	—	—
2001	18	23	71	—	—	—	—	—	—	—	—	—	—	—

续表 12-6-33

年份	来信(件)	来访		个人上访		集体上访		赴省访		进京访		重复访		不予受理
		批	人	批	人	批	人	批	人	批	人	批	人	件
2002	30	28	61	—	—	—	—	—	—	—	—	—	—	—
2003	47	61	182	—	—	—	—	—	—	—	—	—	—	—
2004	64	85	806	—	—	—	—	—	—	—	—	—	—	—
2005	78	79	763	55	205	24	277	—	—	—	—	—	—	—
2006	41	52	388	32	38	10	212	—	—	—	—	—	—	10
2007	99	63	413	46	90	17	323	—	—	—	—	—	—	—
2008	80	364	818	233	524	113	294	—	—	—	—	—	—	—
2009	84	101	431	87	119	14	312	—	—	—	—	—	—	6
2010	104	131	697	97	173	34	524	28	74	7	21	21	63	10
2011	56	129	586	97	160	32	426	8	8	—	—	—	—	—
2012	56	187	772	149	352	29	420	11	44	10	10	7	16	—
2013	46	64	317	57	63	7	254	—	—	1	3	—	—	4
2014	46	63	209	50	90	13	119	—	—	1	1	—	—	7
2015	14	122	274	119	124	3	150	2	82	2	3	2	82	—
合计	921	1663	7188	1098	2084	308	3530	49	208	22	39	31	162	37

（五）来信来访办理

1998—2015年，普安县信访局根据“分级负责、归口办理”和“谁主管、谁负责”的信访工作原则，按照“从源头上预防、过程中解决、善后消化”的工作方法，重点化解、缓解重大疑难信访问题，妥善化解人民内部矛盾，共办结信访案件（含积案办理）1022件（次）。

1998—2015年普安县办理来信来访情况表

表 12-6-34　　单位：件

年份	来信来访	县委、县政府交办	州信访局交办	国家、省信访局交办	办结	不予受理
1998	12	12	—	—	—	—
1999	51	18	25	8	51	—
2000	62	54	8	—	62	—
2001	53	44	7	2	53	—
2002	61	48	11	—	60	—
2003	42	39	3	—	42	—
2004	62	51	8	3	62	—
2005	82	74	6	2	82	—
2006	80	60	9	11	80	—
2007	62	38	13	11	—	—
2008	55	55	—	—	55	—
2009	92	36	34	—	87	—
2010	104	81	—	—	75	23
2011	57	28	22	44	79	18
2012	56	44	31	24	89	12
2013	31	20	25	32	84	—

续表12-6-34

年份	来信来访	县委、县政府交办	州信访局交办	国家、省信访局交办	办结	不予受理
2014	46	12	11	30	86	13
2015	14	—	6	136	156	—
合计	1022	714	219	303	1203	66

二、保　密

（一）制度建设

1998—2015年，建立和完善《普安县定密、密级调整与解密工作规定》《普安县保密工作组织和涉密人员管理规定》《普安县秘密载体保密管理规定》《普安县涉密计算机和移动存储介质保密管理规定》《普安县上网信息提供、发布保密审查制度》《普安县保密宣传教育培训制度》《普安县机要文件管理办法》《普安县保密工作组织和涉密人员管理规定》《普安县定密、密级调整与解密工作规定》等。

（二）宣传教育

1998—2015年，普安县在保密宣传教育中，征订《保密工作杂志》1544份，制作宣传栏10期，悬挂大幅宣传布标17幅，举办4次共5740人次参加的知识竞赛，发放保密学习资料2560份，群发保密提示手机短信1次共10条内容，举办2次共7120人参加的保密知识考试，开展警示教育14场次。

1998—2015年普安县开展保密宣传教育情况表

表12-6-35

年份	保密工作杂志（份）	制作宣传栏（期）	宣传布标（条）	知识竞赛（人）	发放学习资料（份）	群发保密手机短信（次）	保密知识考试（人）	警示教育（期）
1998	70	1	5	580	—	—	—	4
1999	80	—	—	—	120	—	—	—
2000	80	—	—	—	—	—	—	—
2001	82	—	—	—	—	—	—	—
2002	81	—	—	400	115	—	—	1
2003	80	—	—	—	160	—	—	1
2004	80	3	4	2780	13	—	—	—
2005	81	—	—	—	—	—	—	—
2006	82	—	—	—	—	—	—	2
2007	83	—	—	—	—	10	—	—
2008	86	2	—	—	130	—	—	—
2009	86	—	—	—	100	—	—	—
2010	91	—	—	1980	122	—	7000	3
2011	86	—	2	—	—	—	—	1
2012	81	2	—	—	—	—	—	—
2013	100	—	—	—	—	—	—	—
2014	100	1	2	—	800	—	—	1
2015	115	1	4	—	1000	—	120	1
合计	1544	10	17	—	—	—	—	14

（三）保密普查

2013年6月，对涉密单位、保密要害部门及其部位、涉密载体、涉密人员、涉密信息系统和信息设备进行普查，建立管理台账。

（四）督促检查

1998—2015年，每年对高考、中考试卷保密室、试卷存放设施、试卷值班室设施进行检查，派1～2名保密人员参加高考、中考试卷的安全保密管理。监督相关单位销毁废旧文件、资料、刊物40吨多，对乡镇、单位进行保密执法大检查，对废旧物品经营点和造纸、印制等特种行业进行清理。

1998—2015年普安县保密督促检查情况表

表12-6-36

年份	监督销毁资料（吨）	督促检查乡镇（个）	督促检查部门（个）	督促检查废旧物品经营点和造纸、印制等特种行业（个）
1998	5	—	—	—
1999	1	—	40	—
2000	1	—	25	—
2002	2	—	19	17
2003	1.8	14	22	—
2004	1.5	—	40	—
2007	4	14	32	6
2008	1	14	43	—
2009	2	14	36	—
2010	1.2	14	—	8
2011	1.7	14	50	—
2012	3	14	35	—
2013	1	14	21	—
2014	3	14	27	—
2015	1.7	12	15	9

（五）培训教育

1998—2015年，普安县借助举办的全县办公室主任等会议或专题保密培训班等培训，对乡镇和部门的办公室主任、涉密人员进行保密知识培训教育，共培训涉密人员7734人次。其中2001年1月，举办涉密人员培训班，共有66个单位89名涉密人员参加培训，培训结束后颁发保密上岗证。2008年5月，举办全县涉密人员及保密专兼职干部培训班，221名保密人员参加培训。2011年3月，在县委保密委员会成员单位的有关领导和各乡镇分管保密工作的领导及党政办主任会议上，专题进行保密业务知识培训，60名保密人员参加培训。2012年10月，举办保密知识专题培训班，260名涉密人员参加培训。2014年3月19日，对全县各单位及乡镇办公室主任和涉密人员进行保密知识培训，参训人数210人。12月8日，对全县办公室主任及督查员进行保密业务知识培训，参训人数220人。2015年3月26日，对全县各单位及乡镇办公室主任和涉密人员进行保密知识培训，参训人数220人。

第七章 纪检监察

第一节 党风廉政建设

一、全面推进党风廉政建设

1999—2001年，制定进一步改进会务和整顿会风、加强公车管理和使用、清理通信工具和交通工具、接待规定制度。2002年，抓好领导干部出国（境）有关规定以及严禁领导干部配偶、子女经商办企业、党员领导干部廉洁从政若干准则等各项规定的贯彻落实，制定《关于严禁领导干部大操大办婚丧喜庆事宜的规定》，对参与办矿的党员、干部进行清理，抓好乡镇领导干部“走读”现象治理。2003年，制定《建筑工程招投标国有经营性土地招投标拍卖等交易活动备案制度》《关于坚决刹住用公款大吃大喝歪风的紧急通知》，落实不准党员领导干部和国家工作人员借子女升学、乔迁新居、婚丧喜庆等事宜请客送礼、变相敛财的规定，推行《纪委主要负责人同下级党政主要负责人谈话制度》，执行《干部诫勉谈话制度》，对14个乡镇和36个县直单位的党风廉政建设工作完成情况和“三公开”工作进行检查验收，对全县机关党支部书记、先进党员、乡镇组织委员、地税、公安、法院等单位260名党员干部进行廉政教育，组织31名正、副县级领导干部观看警示教育片5部，组织全县1500余名政法、交警、金融、财税、共青团、妇女干部开展5期“三个代表”重要思想及十六大精神理论学习培训班，组织全县340名正科级以上党员领导干部及纪检监察干部参加《党员领导干部廉洁从政手册》学习测试，在青山镇、龙吟镇、盘水镇进行图片展出、宣讲等活动，组织召开普安县首次党风廉政建设和反腐败工作理论研讨会。2004年，推行《领导干部廉政教育制度》《领导干部述职述廉制度》《领导干部个人重大事项报告制度》。

2005年，召开学习贯彻《建立健全教育、制度、监督并重的惩治和预防腐败体系实施纲要》座谈会和培训会33场次，组织全县党员干部及国家公职人员7076人参加《建立健全教育、制度、监督并重的惩治和预防腐败体系实施纲要》学习知识竞赛活动，开展反腐倡廉理论调研活动。2007年，对84个单位、112个党支部、2894名干部职工开展机关作风教育整顿活动，完善规章制度227个。2008年，对各级各项纪检监察工作实行目标量化考核，从全县14个乡镇89个行政村（社区）中选出6个乡镇10个行政村（社区）作为试点乡镇开展农村基层党风廉政建设工作。2009年，在县法院、县委党校、县民政局、县财政局、盘水镇5个单位创建6个教育基地，组织全县460余名领导干部到基地开展警示教育。

2010年，教育党员干部自觉抵制利用婚丧喜庆借机敛财的不良习俗。2011年，制定《关于进一步加强基层党风廉政建设的意见》，确定6个乡镇、10个村（社区）作为开展农村基层党风廉政建设示范点，开展农村基层干部反腐倡廉教育培训131次，开展农村资金、资产、资源的“三资”清理和村干部“勤廉双述”。2013年，加强对工程建设领域突出问题治理工作的监督检查，对违法排污的12家企业负责人进行约谈，督促国土等部门治理违法用地、违法建设，督促检查安全生产工作隐患，对14个乡镇落实人口与计划生育、茶产业、草地生态畜牧业等开展效能监察。

2014年，加强对涉农资金管理使用的监督，构建起“横向到边、纵向到底”的监管网络。全县纳入电子涉农备案单位37个，涉及信息员37个、监督员39个。全年备案项目152个，涉及资金105950.56万元，到位资金14592.47万元。制定《全县新型农村合作医疗政策落实情况专项监察工作方案》，成立普安县“新农合”专项监察工作领导小组，由县纪委书记任组长，领导小组下设办公室在县纪委，从全县纪检监察机关以及审计、财政、人社、卫生等部门抽调22人组成4个工作小组。对6名村卫生室党员对象进行立案处理，涉案金额42.7405万元，收缴违纪资金30.17万元；对其他不是监察对象的57名涉嫌套取资金的人员移交司法机关进行处理，14名涉嫌金额较小的移交行政主管部门进行处理。2014年9月9日制定下发《关于开展教育乱收费、乱办班、乱订教辅资料等问题专项纠治工作的通知》。经查未发现中小学教师向学生推荐、推销（或变相推销）教辅材料、没有以教辅材料作为学生的课外练习作业或家庭作业情况；未收到相关家长及其他群众举报反映。纠正考录和招聘中的不正之风，纪检监察部门从招考酝酿、方案设计等环节入手，全程参与县委、县政府召开的专题会议，监督好招考工作的每一个细节。深入开展会议文件、检查评比、行政收费、节庆活动“四项清理规范”。对庆典、研讨会、论坛活动进行规范，严禁举办已经取消的活动，经批准举办的要严格控制规模，制止和纠正挥霍财政资金，严禁向企业摊派、增加基层负担、形式重于内容的活动。全县未发现有违规举办庆典、研讨会、论坛活动的情况出现。组织相关领导和部门做客《周三政风行风热线》直播间和听众交流，就普安县招商引资情况和一些业务性涉及政风行风等热点问题接受听众投诉或咨询，办理答复州政府纠风办转办的政策性问题2件。制定《普安县2014年民主基层站所工作实施方案》，选聘7名评议员、60名监督员全程参与监督和评议，并对选聘的评议员和监督员进行培训、颁发聘书、明确职责任务。对县政府办、县财政局、县医院等12个被评单位开展基层站所民主评议工作。

2015年，按照“突出重点、深化提升、常规推进”的工作思路，加强节假日期间领导干部廉洁自律监督，督促全县党员领导干部严格遵守《中国共产党党员领导干部廉洁从政若干准则》，在元旦、春节等重要时间节点，印发《2015年元旦春节期间强化监督执纪问责纠正“四风”工作的通知》，明令禁止党员领导干部严禁用公款搞相互走访、送礼、宴请、聚餐等拜年活动；严禁用公款购买赠送贺年卡、台历、挂历及烟酒、土特产、花卉、纪念品、烟花爆竹等年货节礼；严禁用公款吃喝、旅游和参与高消费娱乐健身活动；严禁违规收送礼品、礼金、购物卡和各种有价证券、支付凭证、商业预付卡、电子红包；严禁出入私人会所；严禁借培训中心、内部食堂奢侈浪费；严禁用公款接待走亲访友、外出旅游等非公务活动；严禁利用婚丧喜庆敛财；严禁参与各种形式的赌博活动；严禁公车私用等。开展公务用车专项清理，印发《关于在全县开展公务用车专项清理的通知》。2015年4月13日至6月16日，党风政风监督室对全县71个部门和单位的公务用车进行全面登记自查，重点对违规借用、占用、租用下属单位（企业、个人）车辆，公车套牌，领导干部违规驾驶公务车辆、2013年1月以来新购置公车是否经过审批、是否超编制、超标准等问题进行自查。全县有643辆公务用车，清理出22个单位的31辆公务用车存在超编、借用、落私户、落企业户等违规问题，其中超编8辆、借用14辆（借用企业8辆）、公车落企业户2辆、公车落私户7辆（落村委会户2辆）。在开展公车私用专项检查中，排查出19个单位37辆公务用车涉嫌违规使用公务用车和公车私用。加大违反八项规定案件的查处力度，全县共查处违规使用公务用车，违规发放津补贴或福利，违规公款购买烟酒、土特产，违规操办酒席等违反中央八项规定精神问题7件，处理8人，其中诫勉谈话3人，提醒谈话1人，党政纪处分4人。开展违规收送礼金礼券购物卡专项治理工作，县纪委制定下发《关于在全县开展违规收送礼金礼券购物卡专项治理工作的通知》，全县800余名科级以上党员领导干部向所在单位党组织做出拒收拒送礼金礼券购物卡书面承诺。加强对“三公”费用的动态监管。每季度对各单位“公款出国（境）、车辆购置及运行和公务接待”等“三公”费用支出情况进行动态监管。2015年，全县“三公”经费支出共计1002.71万元，其中车辆购置及运行费用689.62万元，公务接待费用313.09万元。“三公”经费支出同比减少257.28万元。开展党风廉政建设突出问题集中专项整治，按照县委办公室《关于进一步开展党风廉政建设突出问题集中专项整治的实施方案》要求，全县党风廉政建设突出问题集中专项整治工作，共查找出问题线索271条，约谈党员领导干部765人，其中县处级20人，乡科级216人，一般干部人529人，主动报告自身存在违纪问题113人，主动上交违纪所得83.58万元。

二、领导干部廉洁自律

控制会务和接待费　1998年，严格控制召开各种会议，共取消各部门会议21个，节约经费1.92万元；严格控制公款吃喝现象，制定招待费标准并严格按标准执行，使全县招待费用同期减少3.7万元。2008年，对全县56个县直单位和14个乡镇开展公款大吃大喝、公款欠账吃喝和公款自吃自喝专项清理检查。2014年，县委、县政府狠抓文风杀会风，着力精简会议活动和文件简报。严格会议审批制度，从严控制以县委、县政府名义举办的全县性会议活动，做到没有实质内容、不解决实际问题的会议一律不开，参会人员相同或相互交叉的会议一律套开，通过行文已安排部署的工作不再开会，能合并召开的会议一律合并召开。减少下发文件830个，减少召开会议754个，减少评比达标表彰项目15个，减少领导小组和议事机构103个，减少"一票否决"事项5个。出台《关于改进工作作风密切联系群众的八项规定》《贯彻落实〈中共普安县委关于改进工作作风密切联系群众的八项规定〉实施细则的通知》和《关于厉行勤俭节约反对铺张浪费的规定》等一系列文件，严格控制接待经费开支标准；严格执行出国（境）事项审批审核管理制度；严格查处用公款旅游或变相公款旅游行为；严格执行按编制、按标准配置公务车规定，强化公车使用管理。全县"三公"经费支出1182.33万元，同比下降31%，其中公务接待支出440.04万元，车辆购置及运行经费支出742.29万元。2015年，减少下发文件20余个，减少召开会议50余个。为认真贯彻落实《党政机关厉行节约反对浪费条例》和《党政机关国内公务接待管理规定》，每季度对各单位"公款出国（境）、车辆购置及运行和公务接待"等"三公"经费支出情况进行动态监管。截至2015年10月31日，"三公"经费支出共计1002.71万元，同比下降15.2%，其中车辆购置及运行费用689.62万元，公务接待费用313.09万元。

通信工具清理　1998年，对清理出来用公款安装住宅电话246部、移动电话15部（含赠送）、寻呼机17部（总安装费24万元）按一定的金额标准一次性过户给个人。2008年，在全县14个乡镇和59个县直单位开展清理纠正个人小灵通与办公电话捆绑使用专项工作，清理出小灵通捆绑办公电话141部（"一号双机"131部，异号10部），按照规定和时限办理撤机手续。

公务用车管理　1998年，收缴11个违反规定使用公安车的号牌，规范公务用车警报、警灯装置。2002年，查出2名正科级干部违规驾驶公车。2005年，对全县公务用车进行清理，经核实全县64个单位（直管单位没有核实），实有车辆191辆（含粮食局、广电局等下属企业车辆），待报废的46辆。2008年，对全县14个乡镇、46个县直单位开展党政机关及事业单位领导干部驾驶公车、以借为名占用下属或外单位公车情况进行登记，按要求开展自查自纠。2010年，在"五一""十一"长假期间，对1起公车私用情况进行查处；纠正超编制、超标准配备使用小汽车2起，处分1人。2013年，成立7个督查组，查处公车私用6人。2014年，县纪委联合公安、交警和电视台等部门，组成公车私用专项检查组，利用天网工程，查处利用公车接送子女上学、探亲访友，公车上坟、扫墓、祭祀、到风景旅游区或娱乐场所等公车私用行为。共开展公车私用专项检查15天（次），检查公务用车398辆，调查核实100余辆国庆期间出入高速路口的公车，未发现违反规定使用公务用车行为。2015年，通过成立专项检查组，采取上路检查、提取各进出城卡口信息、天网工程视频和图片等相结合的方式，共排查出19个单位37辆公务用车涉嫌违规使用公务用车和公车私用。党风政风监督室和各纪工委监察分局对涉嫌违规使用公务用车和公车私用的情况进行调查核实。对违规使用公车的3人给予党内警告处分，1人给予行政警告处分，并点名道姓通报曝光。对22个单位的31辆公务用车存在超编、借用、落私户、落企业户等违规问题进行处理。查处违规配备使用公务用车问题6件，党政纪处分4人，立案调查1人，诫勉谈话1人。

礼金清理　2001年，落实中央关于领导干部不准收受礼金、有价证券和支付凭证的规定，全县上交礼金7000元，对2名失职渎职人员分别给予党政纪处分。2011年，开展治理领导干部公务活动中接受礼金和各种有价证券、支付凭证工作，对14个乡镇、50个县直行政事业单位进行清理。2014年5月20日，普安县召开2013年度反腐倡廉建设工作情况通报会和党风廉政警示教育大会；6月10日，通报全县1—5月查处违反八项规定典型案件，加强警示教育。检查出利用公款购买赠送礼品问题2个，诫勉谈话1人，提醒谈话1人。2015年，县纪委下发《关于在全县开展违规收送礼金礼券购物卡专项治理工作的通知》，要求各乡镇党委、县属各单位党组（党委）认真落实党风廉政建设主体责任。全县800余名科级以上党员领导干部向所在单位党组织做出拒收拒送礼金礼券购物卡书面承诺。在开展违规收送礼金礼券购物卡专项治理工作中，查处违反财政纪律利用公款购买赠送礼品、“土特产”问题案件2个，诫勉谈话1人，给予党内严重警告1人；查处收受礼金案件1件，给予行政降级处分1人。

公款清缴　2004年，对乡镇企业局（县煤炭工业局）用公款为17人购买商业保险总金额3.2万元进行清退，对18个单位133名干部职工拖欠公款52.89万元进行清理和催还。2014年，查处案件挽回经济损失252.29万元。2015年，查处案件挽回经济损失1125.12万元。

乱收费清理　2002年，开展中小学入学收费情况专项检查，清退预收书费21.3万余元，借读费720元，不足龄费4150元。2015年，查处清退村干部收取危房改造照相费550元。

房屋清查　1998年，清退干部违规住房15套。2010年，清理纠正干部违规购房1户，初步建立健全领导干部住房档案资料库。从2011年起，此项工作由县发改局负责。

廉洁档案建立　2004年，建立59个单位1003个站股级以上领导干部的廉政档案。2007年，对全县国家工作人员中的共产党员1265人（其中县处级23人，乡科级547人，股级695人）开展自查自纠，并分别立卷归档。从2008年起，此项工作由组织部负责。

三、源头治理

政府采购　2000年，对办公设备、楼下镇自来水工程钢筋混凝土管道实施政府统一监督采购，采购总金额123.3万元，节约资金40多万元。2001年，政府统一采购范围扩大到计算机、网络设备、电子软件、公务用车、摩托车、电子监测监控系统、水利工程材料、农村沼气设备、巩固退耕还林炉灶、教学设备、果树、茶苗、办公用品、印刷、保险服务、监理服务等领域。2010年，政府采购规模继续扩大，采购成交额976万元，节约资金125万元。2011年，采购成交额2378万元，节约资金256万元。2012年，采购成交额3633万元，节约资金361万元。2013年，采购成交额6031万元，节约资金277万元。2014年，根据州纪委办公室《关于印发〈黔西南州纪检监察机关“转职能、转方式、转作风”工作方案〉的通知》文件精神，纪检监察机关不再参与政府采购工作。

招投标　2000年，对19个投资在20万元以上的项目进行招投标，招投标资金2368万元，节约资金184万元。2005年，招标46个，招投标资金2265万元，节约资金70万元。2009年，招标土地开发项目4个，招投标资金464.59万元。2009年，招标建设工程25个，招投标资金8764万元。2010年，建设工程招标10个，招投标资金2056.3万元。招标土地开发项目5个，招投标资金785.94万元。2011年，工程建设招投标18个，招投标资金1.03亿元。2014年，根据州纪委办公室《关于印发〈黔西南州纪检监察机关“转职能、转方式、转作风”工作方案〉的通知》精神，纪检监察机关不再参与招投标工作。

“收支两条线”管理和银行账户清理　2002年，对160个行政事业单位银行账户进行清理，检查预算内账户194个，预算外账户80个，撤销不符合规定账户36个。2003年，对66个行政事业单位纳入集中核算管理，加强对报账工作的监督检查，拒付不合理、不合法开支7笔，涉及金额49.22万元；拒

付不符合规定购买手机款2笔，涉及金额4980元；拒付不规范票据1张，涉及金额30万元；取消各单位自行制定的奖金补贴项目款2个，涉及金额7250元；对持有罚没许可证的县公安局等18个执法单位，大额罚款推行“单位开票、银行收款、财政统管”的征管体系。强化收费票据结报管理，全县应纳入财政专户管理38户，实际纳入财政专户管理38户。2005年，拒付不合理、不合格开支18笔，涉及金额达57.35万元；对各单位2004年政府非税收入和私设小金库进行清理，自查行政事业单位36个，自查出各类行政性收费4057万元，其中属于应缴国库预算收入、应缴财政专户的预算外资金均入库、上缴。2006年，69个行政事业单位账户进入会计核算中心管理，设置账户115个，会计核算中心拒付不合理开支7笔9.2万元。2009年，加大监督，退回超标、违规支出12万余元。对25个县直机关单位和4个乡镇的“小金库”进行专项治理，对2个存在“小金库”的现象单位限期整改。2011年，对单位非税收入资金进行监督检查，应纳入非税收入管理的行政事业单位118户全部上线运行，缴存财政非税专户资金9755万元。从2012起，纪检监察机关不再参与清理工作，由县财政局负责。

领导干部任期经济责任审计　2001年，对罐子窑镇、窝沿乡、楼下镇、县茶场的主要行政负责人进行任期经济审计，纠正存在的问题；审计楼下片区人畜饮水工程财务收支情况，规范工程结余资金27.58万元的合理安排。2002年，对1个乡镇、1个部门的领导进行任期经济责任审计。2005年，对高棉乡、白沙乡主要领导进行审计。2011年，对县投资公司进行审计，查出违规违纪资金3.67万元；加强政府性投资项目前置审计工作，审计项目12个，送审金额10686.8万元，审定金额9091万元，查出工程量、单价、机械台班计算有误，主要材料价格过高等问题，审增项目1个，审增资金2.1万元，审增比例1.14%；审减项目11个，审减金额1597.9万元，审减比例14.95%，增减相抵后净核减工程款1595.8万元。2013年，完成政府性投资建设项目前置审计5项。从2012年起，纪检监察机关不再参与审计工作，由县审计局负责。

招拍挂　2002年，对楼下、新店、盘水等乡镇6000平方米的50宗土地使用权出让进行招标拍卖，出让金额156万元。2005年，对国有土地使用权挂牌出让或公开拍卖工作进行督查，共挂牌出让和公开拍卖砂石场14宗，面积6937平方米；挂牌出让或公开拍卖土地20宗，面积5770平方米。2009年，以招标、挂牌、拍卖方式出让国有土地77宗，面积6.13203公顷，成交金额3144.94万元。2010年，执行国有企业产权进场交易制度，实行挂牌拍卖，处置普安县矿冶公司光源铁厂和顶效化肥厂共2处的国有资产（废旧机器设备及钢铁），合计拍卖资金41.8万元，占应进场比例的100%。拍卖、挂牌出让国有土地26宗，面积97168.44平方米，成交金额9623万元；挂牌出让砂石场采矿权9个，出让价款232.1万元。2011年，挂牌拍卖土地19宗，涉及面积4053.40平方米，拍卖金额411.60万元。从2012年起，纪检监察机关不再参与招拍挂工作，由县国土局负责。

乡财县管　2006年，制定《普安县“乡财县管乡用”改革试点方案》，在江西坡镇进行试点。2009年，制定《普安县乡财县管乡用实施方案》，全面构建公共财政框架，实行“预算共编，账户统设，集中支付，采购统办，票据统管，县乡联网”的财政管理方式，加强对乡镇财政管理。从2010起，纪检监察机关不再参与乡财县管工作，由县财政局负责。

规范性文件清理　2009年，对1998年1月1日至2008年6月30日县政府规范性文件、县政府办规范性文件，县直部门规范性文件、乡镇人民政府规范性文件进行清理审核，先后清理文件998件，其中县政府及办公室规范性文件135件，县直部门的规范性文件186件，乡镇人民政府规范性文件4件，需要保留的规范性文件117件，废止的文件206件，需要修改重新制定的规范性文件2件。2014年，清理需要保留的规范性文件529件，其中中央规范性文件6件，省委、省政府、省纪委规范性文件80件，州委、州政府、州纪委规范性文件139件，县委、县政府规范性文件304件。2015年，清理失效规范性文件3件，继续有效文件2件。

行政审批　2011年，对各有关职能部门的行政审批事项进行清理，清理纳入政务服务中心审批161项，便民服务56项，非行政许可106项，项目涉及发改、交通、城建、卫生、民政、工商等25个单位。政务服务中心运行以来，受理82笔，办结11笔，办结率13.41%。2012年，加快项目建设审批和行政审批工作，纳入政务服务中心审批97项，便民服务56项，非行政许可97项，受理各种业务76790笔，办结76498笔，办结率99.62%。同时融入资金230余万元，建成14个乡镇便民服务中心，行政审批和电子监察系统同步开通。2013年，规范县政务服务中心、乡镇便民服务大厅、村便民服务点（代办点）建设，进入行政审批系统管理的行政许可56项，非行政许可审批39项，行政服务事项54项，县政务服务大厅、分厅和乡镇便民服务中心共受理事项71331件，办结71226件，办结率99.85%。从2014年起，纪检监察局不再参与行政审批工作，由县政务中心负责。

干部教育管理　1998年，对在廉洁方面存在问题的7名正、副科级干部进行提醒。2004年，在有关行业开展职务犯罪预防工作，对3名干部进行述职述廉评议，对新上任的48名副科级以上（含副科级）领导干部进行任前廉政谈话。2005年，对出现问题的3名乡科级干部进行责任追究，对各乡镇纪委、各派驻机构负责人共46人进行述职述廉评议。2006年，采取下发文件、播出廉政公告、发廉政贺卡、致廉政信函等方式加强对党员干部的廉政教育。2007年，加强元旦、春节期间领导干部廉洁自律，深入乡镇和县直部门开展节前检查，在县乡换届期间集中对新提拔和交流的226名乡科级领导干部进行任前集体谈话。2008年，开展新提任科级领导干部任前廉政谈话110多人、诫勉谈话26人，乡镇（部门）领导班子、乡镇基层站所负责人、村（居）委书记、主任等述职述廉200多人。2009年，纪委负责人同党政主要领导人谈话36人次，领导干部任前廉政谈话36人次，诫勉谈话43人次，重大事项报告9人次。2010年，对5名责任制落实不力或经考核评为不合格的个人予以相应的责任追究，面向社会开展廉政文化进机关、廉政文化进社区、廉政文化进家庭、廉政文化进学校、廉政文化进企业、廉政文化进农村活动（简称“六进”活动）。2012年，制止党员、领导干部请客送礼大操大办，立案查处3人，制止40多起办酒风。落实报告制度138人次，对24名干部进行诫勉谈话，同下级党政主要负责人进行廉政谈话26人次，任前廉政谈话124人次，领导干部述职述廉737人次，函询11人次。对国家机关工作人员和国有企业负责人投资入股煤矿问题进行清理。2013年，开始打招呼制度，同下级党政主要负责人谈话共25次。开展反腐倡廉教育培训86次2325人次。开展任前廉政谈话、诫勉谈话231人次。2014年，投入资金5万余元对县法院教育基地进行升级改适，组织全县党员干部1500余人次到基地开展学习教育。在全县14个乡镇和20个县直重点单位部门创建廉政风险防控示范点43个；投入资金5万余元，对全县9个煤炭验票站点作为州级示范点重点打造，张贴廉政公益广告90余幅，制作廉政文化长廊4个，建立职工廉洁档案56个。2015年，开展普安县廉政文化作品征集评选活动，共收到音频视频、平面海报、书法摄影等作品110余件，评选出优秀廉政文化作品14件，并颁发证书。投入资金20余万元，在县人民医院建设全省首个职业道德示范教育基地。

第二节　监督与执法

一、党内监督

1998年，对调整后的72个单位295名领导干部在工作思路、取得成绩、存在问题方面进行跟踪考察，拟写考察报告提交组织部掌握情况。考察县直单位、乡镇聘用的财政员、卫生员、在乡镇工作的行政人员53人，取消超生、工作失误共9人的转正资格，合理落选15人，转正录用29人。

2000年，按照《党政领导干部选拔任用工作条例》规定对203名干部进行任前公示，对143名干部实行试用期制，4次运用票决制对51名副科级以上干部实行任免，对县公安局中层领导干部考察实行2天考察预告公告，对新任命的24个政府工作部门的主要领导和67名新调整的科级实职干部进行任前廉政教育培训。2003年，对拟提拔干部进行公示，经公示后取消存在问题的3名拟任股级干部，暂缓任命3名拟任副科级干部。

2006年，采取多种形式广泛开展党性党纪教育，开展学习贯彻党章和社会主义荣辱观教育活动，把反腐倡廉理论学习纳入县委党校的教学计划和各单位党委（党组）中心学习组学习和单位“二五”（星期二、星期五组织学习）学习。2008年，制定《案件处理常委票决制度》，组织党员干部学习《中央纪委关于严格禁止利用职务上的便利谋取不正当利益的若干规定》《国家行政机关公务员处分条例》等党纪政纪条规和国家法律法规，建立科级领导干部日常约谈制度并约谈干部20余人次。2009年，把农村基层党风廉政建设工作融入社会主义新农村建设之中，把农村基层党风廉政建设工作纳入社会主义新农村建设的总体规划。县级联系乡镇领导和乡镇包村干部将中心工作和党风廉政建设工作统筹结合，实行“一岗双责”，逐步建立县、乡镇、村三级联动的工作机制。各村（社区）配备1名纪检信息员，负责抓党风廉政建设的具体工作。

2013年，强化对优化发展环境的监督检查，规范行政审批、行政征收、行政处罚、行政检查等行政执法行为。严肃整治公款吃喝、公款旅游、公车私用、违规购置使用公务车等方面的问题。从严控制党政机关办公楼、接待场所等楼堂馆所建设，禁止违反规定购建、装修办公用房和配置高档办公用品。进一步规范检查考核、评比达标表彰、庆典、研讨会、论坛活动，认真执行领导干部报告个人有关事项制度。制定《建立健全惩治和预防腐败体系建设2013—2017年工作规划》实施意见。

2014年，制定《关于进一步加强纠正损害群众利益不正之风工作的通知》，要求各有关部门认真组织实施。加强对涉农资金管理使用的监督，通过张榜公布、政务村务公开、群众会等公开形式进行公示，严格实行一折通。开展“向惰政宣战、向惰政问责”作风教育整顿活动，开展整治“会所中的歪风”专项治理行动，全县共3000余名党员干部签订承诺书；开展收送网购卡隐形“四风”问题自查自纠活动。全年共抽调12名干部组成专项督查组，定期不定期开展作风督查，将上班时间打瞌睡、聊天、脱岗吃早餐等问题列入督查内容，全年全县共查处各类作风问题案件35件，处理47人。对一些反复出现作风问题的单位领导进行提醒谈话，对违反规定的个人进行立案调查，严厉惩处，全年8人因作风问题被给予党政纪处理。如，对县委群众工作部、水务局、县农业局3名干部上班时间上网斗地主、逛淘宝等违纪问题进行立案调查，农业局、残联2名临聘人员上班时间上网看电视、看小说，安监局“三公”经费中报销礼品烟酒等行为，对县农业局、残联、安监局主要领导进行提醒谈话。更新反腐倡廉警示教育基地、违纪违法教育基地和反腐倡廉示范教育基地展出内容，共有30余个单位组织近1130人次到基地学习教育。向全县科级领导干部发送廉政短信6000余条次。结合教育实践活动，组织300余人到法院审理现场进行旁听，利用身边事教育身边人。

2015年，以县委名义召开县纪委全会、党风廉政警示教育大会等6次全县性会议，系统学习十八届中纪委五次全会精神、违反中央八项规定问题选编、《陈敏尔书记在省委中心学习组“三严三实”第二次专题学习研讨会上的总结讲话》《守纪律讲规矩系列谈之三：自觉做政治上的明白人》《中共中央关于四川南充拉票贿选案查处情况及其教训警示的通报》等内容，教育党员干部令行禁止，真正把纪律挺在前面。全年共查处违反中央八项规定精神问题29件，立案26件，结案24件，处理45人（党政纪处分25人，党政纪立案调查2人，诫勉谈话15人，提醒谈话3人）。其中查处违规配备使用公务用车问题6件，党政纪处分4人，立案调查1人，诫勉谈话1人；违规发放津补贴或奖金问题15件，党纪处分15人，诫勉谈话11人，提醒谈话2人；违规收受礼品、礼金问题3件，降级处理1人，1人被党纪处分，1人被立案调查；违规公款购买烟酒、土特产问题3件，党政纪处分2人，诫勉谈话2人，提醒谈话1人；违规操办酒席问题2件2人，党纪处分1人，诫勉谈话1人。对违反中央八项规定精神问题的5起典型案件，以印发文件及在电视台播放的形式进行点名道姓通报曝光。制定印发《普安县党风廉政建设主体责任和监督责任检查考核办法（试行）》《普安县党风廉政建设签字背书制度实施办法》《普安县民生监督工作责任追究办法》《普安县党风廉政建设责任制追究办法（试行）》，拟定《普安县重要案件线索监督管理暂行办法（试行）》等规章制度。调整县反腐败协调领导小组，全年共召开协调会议9次，成立案件查办工作领导小组，下设9个案件查办组，按照拟立案、初核、谈话函询、暂存、了结五类标准分类处置。接受群众来信、来访、电话及其他方式反映情况122件（次），立案135件145人，结案130件，处分132人，结案率96.29%，移送司法机关案件线索17件。

二、行政监察

（一）民主行风评议

1998—2015年，普安县在全县各乡镇和县属部门，全面开展民主行风评议，以县纠风办牵头，从各个部门抽人组成调查组，在各乡镇和部门自查自纠的基础上，以问卷调查等多种方式深入开展调查，查找各部门存在的问题，针对存在的问题提出整改意见，定期不定期地对整改情况开展督促检查和回头看，全面理顺各单位的工作情况，建立和完善接待、招待等众多工作制度。

2014年，制定普安县2014年民主评议基层站所工作方案。履行公开责任，在政策法规、办事流程、收费标准、办理时限、服务承诺等方面做到公开、透明，应公开的要全部公开。履行职责，严格依法依规办事，无滥用职权、执法不严、办事不公，以及乱收费、乱罚款和各种摊派等问题。服务态度端正，便民利民措施落实，无门难进、脸难看、话难听、事难办和刁难群众、推诿扯皮、效率低下等问题。执行党风廉政建设各项规定，在履行职责中忠于职守、廉洁奉公，无徇私舞弊、以权谋私、吃拿卡要等问题。全年发放社会问卷调查表2880份，收回2880份，发放日常评价测评表2400份，收回2400份，召开座谈会20余次，走访群众4000余人，走访调查村（社区）30个，单位80家，共收征到意见和建议51条。全县12个被评单位量化考核成绩均在80分以上，其中考核成绩80～90分的被评单位1个，占被评单位总数的8.33%；考核成绩90分以上的被评单位11个，占被评单位总数的91.67%。

2015年，按照州政府纠风办《关于州旅游局等23个单位参与2015年上半年“周三政风行风热线”直播互动的通知》要求，党风政风监督室协调组织，县人民政府常务副县长岑华斌、县住建局局长赵西贵、县卫食药监局副局长卓剑波等3人参加《周三政风行风热线》，做客直播间和听众交流，就普安县招商引资情况和涉及政风行风等热点问题接受群众投诉或咨询，办理答复州政府纠风办转办的政策性问题2件。

（二）政务公开

1998年，村务公开工作全面实施。1999年，县政府对各乡镇人民政府村务公开的目标任务、原则、要求、形式及内容监督检查考核等方面做出系统规定，167个行政村全部建立村务公开栏，共公开村务300多期。2000年，制定《乡镇政务公开、村务公开定期报告制度》，乡镇政务公开实行月报、村务公开实行季报，乡镇政务公开工作全面铺开。2001年，全县行政机关全面推行政务公开。2003年，县属部门建起政务公开栏，设置意见箱和举报电话，其中建公开栏34个，设置意见箱31个，未建公开栏的单位采取会议、电视、印发资料等形式进行公开。2004年，把政务公开工作列入乡镇年度考核内容。2006年，全县各单位制定政务公开工作方案。把县政府办、建设局、房管局、国土局、交警大队、教育局、一中、医院、社保局、档案局等10个单位确定为典型示范单位。2007年，将楼下镇、县物价局、建设局、房管局作为政务公开指导单位，结合民主评议行风工作情况进行重点指导。2010年，把政务公开工作纳入年终目标责任状进行考核。2011年，加强党务政务公开，对全县264个基层党组织实行党务公开，督促15家企业实行厂务公开。从2014年起，纪检监察局不再参与政务公开工作，由县委组织部、县总工会负责。

（三）执法监察

1998年，继续监督检查减轻农民负担各项规定的落实，监督检查金融法规、《中华人民共和国建筑法》等有关法律法规执行情况。对龙吟镇电石厂、楼下镇派出所等未按规定建立的办公楼，责令建筑单位和施工单位限期补办手续。进行考风考纪执法监察，参与中考、高考、州民管校招生、公务员过度考试监考。对全县化肥经营情况进行执法检查，对征兵工作和县财政局、卫生局招聘人员专干进行执法监察。

2005年，对国债资金、扶贫资金等专项资金的管理使用进行执法监察，对建设工程的招投标实行报备制。对汽车站乱收费进行调查处理，向客运经营者退还资料工本费、代理费、补票费共3465元。制定干部教育培训班申报审批制度，治理整顿和规范党政机关和行业主管部门乱办班、乱收费、乱发证行为。督促纠正在征用土地、城镇拆迁、企业重组改制过程中损害群众利益、拖欠和克扣农民工工资以及企业违法排污问题，解决拖欠工程款104.38万元。取缔黄金开采不法业主4户，对违法矿山企业处罚金1.8万元。

2010年，对新增中央投资项目实施监察，共组织开展5次集中检查，查出问题21个，纠正问题20个。开展整治违法排污企业保障群众健康环保专项行动，深入工矿企业执法检查600余人次；调查处理信访环境污染案件16件，结案15件；检查“三同时”建设项目23个，督促煤矿企业新建矿坑废水治理设施6套（处理能力200立方米／小时以上）。约谈企业8家，下达行政处罚通知书3份（九龙水泥厂、能通煤矿、兴贵煤矿），共处罚金9万元。适时对土地出让、土地开发整理、采矿权和探矿权的招标拍卖挂牌等工作进行监督。对建设用地容积率、调整规划变更、房屋和市政工程交易、农村危房改造、垃圾填埋场与污水处理厂重点工程进行监督检查。对煤矿、道路交通、非煤矿山、危险化学品、消防、建筑、地质灾害防治等行业和领域进行排查和治理，进行安全检查1835次，查出安全隐患2244条（其中重大隐患67条），完成整改2157条（其中重大隐患67条）；行政处罚17次，对8个存在重大安全隐患企业作停产整顿的行政处罚，共处罚款28.9万元；开具行政执法文书1308份。加强对涉农资金管理使用情况的监督检查，43个涉农单位、218个涉农项目、6.09亿元资金进行备案，从提交的备案资料中发现问题20多个。对社保基金从申报、征缴、支付、监管各个环节进行排查和清理。对抗旱救灾和森林防火应急款物拨付及使用情况进行监管，组织集中专项检查6次，配合省、州检查2次。治理教育乱收费，对检查发现存在的3个问题进行整改，清退学校代收家庭作业和寒假作业辅导学习用书费3.22万元，学前班超标准收费1.56万元。

2011年，对新增中央投资项目实施监察，组织开展集中检查及自纠自查5次，发现问题9个。对项目实施的进度、工程质量、安全措施和作业现场进行监管，重点检查2008年以来500万元以上的项目33个（2011年增加8个项目），排查出问题79个。接受委托并完成价格鉴定94件，涉及标的9560.41万元。对违法排污的普安县九龙水泥厂、铁十三局、兴安煤业等3家企业进行约谈及限期整改。检查企业排污800余个次，对14个乡镇、65家厂矿企业及2家铅锌矿浮选厂尾矿库进行现场监督检查，对违反“环评”及“三同时”、擅自停运污染防治设施的2家企业给予处罚，对未验收投产、长期试生产、污染物超标等违法行为的8家企业提出限期整改要求，督促15个建设项目补办环评手续。

2013年，对14个乡镇和县直相关部门推进农业“四大产业”情况开展督查130余次，提出86条意见和建议。对各乡镇、各部门落实重大项目、“5个100”工程等11项重大决策部署情况进行督促检查，提出38条建议。对35个重大工程和重点项目建设推进情况进行督查，针对部分项目因融资难、项目选址缺乏科学性等问题提出9个方面的建设性意见建议。对烤烟收购纪律进行督查，加大对烤烟收购中的纪律监督力度。对全县14个乡镇住建领域项目有关事宜开展督查，对征地、资金、人员、进度等问题提出意见和建议，督促整改落实。对2011—2012年396.527万元节能减排资金使用情况进行检查，对发现的问题督促整改。对2011—2013年在建BT项目招投标情况进行专项清理。继续开展工程建设领域突出问题治理，重点检查2008年以来500万元以上的项目共35个，排查出问题82个。对277家生产经营企业进行安全检查，查出一般安全隐患2184条，督促整改2139条。对2012年度84家微型企业扶持资金的兑现和运行情况进行专项督查，发现问题5个，提出建议4条。

2014年，重点强化政治纪律执行情况的监督检查，坚决维护党章的权威性和严肃性，坚决维护党的集中统一，未发现领导干部有违反政治纪律的案件。对全县道路交通、煤矿、非煤矿山、建筑工地、校园周边等领域的安全工作开展督查检查90天次，验收并正常生产及技改的煤矿17对。继续对全县涉农资金的监管，全年共有38个涉农单位、144个涉农项目、总资金20008万元进行备案，到位资金4572万元，支付3343万元。全县“三公”经费支出1182.33万元，同比下降31%，其中公务接待支出440.04万元，车辆购置及运行经费支出742.29万元。完善谈话室建设，配备整套高清监控设备系统，并全面进行软包装处理，完善消防设施，建立健全《办案纪律规定》《谈话室管理规定制度》《谈话室陪护人员工作职责》《安全事故应急处理预案》等相关制度和规定，全年未发生案件安全事故。于6月18日正式启动专项监察工作，从纪委、人社、审计、财政等单位共抽调22人组成4个工作小组，与乡镇的民生项目特派组成员结合，采取“全面排查、固定证据、集中核实、重点突破、整体规范”的工作步骤，完成全县14个乡镇中心卫生院、148个村卫生室的扎账、盘存、封存任务。经核查，自2012年实行国家基本药物制度以来，全县148个村卫生室中，有94个村卫生室104名村卫生员涉嫌套取国家新农合基金，套取比例占村卫生室总数的63.5%，套取总额高达878万元，其中涉嫌套取新农合资金的村党员卫生员28人，涉嫌金额223.8万元。对28名党员对象进行立案调查，收缴违纪资金122.69万元；对其他人员移交司法机关进行处理；对涉嫌金额较小的移交行政主管部门进行处理。

2015年，加大专项监察工作力度和核查力度。经查，县中等职业学校2013—2014年度与企业联合办学中，因学校履职不到位导致流失的92名学生涉及的国家资助金15.996万元长期滞留在校企合作的企业方问题。小微企业补贴调查核实发现问题7类，农村低保金管理调查核实发现问题3类。农村养老保险金管理核查发现全县共有76名协管员存在失职渎职，立案41件，结案35件。农村危改资金管理方面，发现改变危改资金用途5000余户，不是低保对象但以其名义享受危改资金30余户，优亲厚友50余户，重复享受7户，享受危改资金未建房3户，涉及“吃拿卡要”6户。

三、纠风执法

1998年，制止和纠正中小学乱收费30万元，减轻中小学费用负担41.5万元。

2000年，在7个部门和14个乡镇推行纠风工作责任制，开展纠正医药购销中的不正之风，对县属医疗单位、药品购销企业、个体诊所、个体药品经营户开展纠风执法检查。给予2人违规超生开除公职的处分，1人警告处分；给予1人无故推诿病人的医务人员停职检查，调查追缴长期占用业务费用不入账资金3.64万元，取缔非法行医2户、卖药1户、流串行医11户，限期整改4户。

2005年，清退中小学多收信息费1.66万元，减免2952名学生学杂费15.91万元。推行药品集中招标采购，县级医疗机构全年85%的药量（折合人民币212.5万元）参加集中招标采购，为患者让利20万元。有证煤矿向8700多户群众低于成本价供煤3.3万吨，减轻农民生活开支。

2010年，抓好民主评议推进政风行风建设，选聘112名评议员、63名监督员，深入乡镇检查指导民主评议基层站所工作，并对督促检查出存在的问题要求限期整改。对43个涉农单位、218个涉农项目、6.08亿元涉农资金进行备案，从提交的备案资料中发现问题20余个，组织集中检查40余人次，查处涉农资金案件2件，涉案4人，处分1人，追回金额7.2万元。对全县81所中小学校（含幼儿园）进行教育收费检查，发现存在问题3个，清退学校代收家庭作业和寒假作业辅导学习用书费3.22万元，学前班超标准收费1.55万元。

2013年，全县纳入电子涉农备案单位37个，有信息员37个、监督员39个，备案285个项目，涉及资金11.7亿元，到位资金2.17亿元。开展涉农资金监督检查，对存在的15个问题进行整改，对3个存在问题的单位主要负责人进行诫勉谈话并在全县进行通报批评，对罗汉镇卫生院违规收取病人水电费5125元上交廉政专户和对该院负责人进行批评教育，解决拖欠工程款和农民工工资17人次。开展种子、肥料、农药、饲料和饲料添加剂、兽药、农机具等农资产品专项整治工作，检查农资经营户（企业）220余个（次），查处违法农业案件15起，查获不合格（含严重不合格）复混肥料2吨多，涉案货值0.3万元，挽回经济损失10万余元。督促县一中退还2012年收取学生的各种费用10.59万元，对全县16个计卫中心和医院的非税收入进行检查，对140余个村卫生室的药物进购渠道、基药的使用情况、药品销售情况等进行督导检查，发现村卫生室存在私自进药销售的现象，督促整改问题4个。受理医疗服务行业不正之风举报5起，调查处理5起，批评教育10余人。立案查处食品安全案件2件，行政处罚金额5000元。开展政府部门中公职人员“占编制、不上班、吃空饷”专项监督检查，全县共纳入清理的政府部门43个。

2014年，成立县民生项目监督特派组工作领导小组，5月20日正式挂牌运行，任命14个民生项目监督组组长、副组长和特派员，乡镇财政分局、社会事务办、经济发展办负责人为兼职特派员，全县总编制达85人。出台《普安县乡镇民生项目监督特派组管理办法（试行）》《监督检查办法（试行）》等22项制度，并将制度汇编成册，发至全县各部门、各乡镇学习宣传落实。制订出台宣传工作方案，利用县电视台、网站、手机信息等媒介宣传特派组工作，在14个乡镇设立宣传栏，在高速、国道显著位置设立3块大型广告牌，制作89个公示牌、158条横幅、1200余幅宣传标语在村（社区）、组进行宣传，印制宣传资料12万份发放到户，使民生特派组工作家喻户晓。全年共开展监督检查、巡查督办38次，涉及项目18个，发现问题435个，涉及金额1122.63万元，整改问题337个，立案44件，结案18件，收缴违纪金额130.69万元，其中危改资金8万元、新农合资金122.69万元。

2015年，调整充实县民生监督特派工作领导小组，形成县纪委监察局、派出纪工委监察分局、12个乡镇（街道）民生监督特派组、82名特派员、267名村级联络员、1264名民生监督特派村民小组信息员的监督力量，构建从县到乡到村组的6级架构管理体系。在全县12个乡镇（街道）安装触控一体机144台，并投入使用。普安县民生监督举报平台窗口与监督民意网络查询举报平台共受理各种投诉举报20起，办结20起，立案3件。向群众发送信息6.8万条次。完成12个乡镇（街道）的示范创建工作，实现“黔西南模式”的全覆盖。按照“整治铸廉三年行动”要求，重点组织开展新农合、中职补、小微企业补贴、农机补贴、农低保、农村养老保险、农村危改资金等专项公共资金管理使用情况的监察。全县12个监督组共发现问题1194个，涉及资金850.9万元，整改问题1194个，立案101件，结案115件，党政纪处分117人。专项监察立案83件，监督举报平台立案3件，群众来信来访立案3件，特派组监督检查立案3件，联络员、信息员反映问题线索立案3件，案件线索举报奖励立案1件，其他立案4件。

第三节　信访受理和案件查处

一、信访受理

1998—2015年，普安县纪检监察机关共收到信访举报2248件，其中来信举报1359件，来访举报611件，电话举报114件，其他举报164件。举报乡科级以上干部450人，一般干部598人，其他人员741人。信访举报属于纪检监察受理业务范围的1384件，非纪检监察受理业务范围的864件。

1998—2015年普安县纪检监察机关信访受理情况表

表12-7-1

年份	举报情况（件/次）					举报对象（人/次）			分类情况（件/次）	
	合计	来信举报	来访举报	电话举报	其他举报	乡科级以上干部	一般干部	其他人员	属纪检监察业务	非纪检监察业务
1998	132	89	36	1	6	3	50	27	58	74
1999	288	131	155	1	1	5	64	219	65	223
2000	103	82	16	5	—	18	37	48	48	55
2001	78	53	17	8	—	14	31	33	28	50
2002	110	76	31	3	—	23	55	32	32	78
2003	104	71	28	5	—	28	45	31	29	75
2004	103	70	27	6	—	26	55	22	47	56
2005	109	73	20	16	—	32	57	20	100	9
2006	99	56	38	5	—	34	37	28	91	8
2007	81	57	20	4	—	23	26	12	61	20
2008	94	65	22	7	—	10	19	42	70	24
2009	48	26	16	5	1	5	9	12	37	11
2010	145	124	8	1	12	48	33	64	131	14
2011	220	119	86	4	11	58	23	61	129	91
2012	121	100	6	1	14	39	18	38	99	22
2013	156	72	28	14	42	56	39	52	142	14
2014	135	40	47	15	33	10	—	—	115	20
2015	122	55	10	13	44	18	—	—	102	20
合计	2248	1359	611	114	164	—	—	—	1384	864

二、案件查处

1998—2002年，普安县共立案查处违反党政纪干部224名（含党纪、政纪双重处分人员），其中党纪处分86名、政纪处分138名，处分乡科级以上干部17名、站股级干部24名、一般干部53名、其他人员67名，开除党籍21名、留党察看6名、撤销党内职务1名，党内严重警告8名、党内警告21名，开除公职53名、撤销职务4名、记大过11名、记过10名、行政警告14名。

2005—2008年，立案查处违反党政纪干部91名（含党纪、政纪双重处分人员），其中开除党籍15名、留党察看3名、撤销党内职务2名、党内严重警告14名、党内警告14名，开除公职12名、撤销职务1名、行政降级4名、记大过3名、记过5名、行政警告16名。

2010—2012年，共立案查处违反党政纪干部84名（含党纪、政纪双重处分人员），其中党纪处分人员46名，政纪处分38名。

2013—2015年，共立案查处违反党政纪干部240名（含党纪、政纪双重处分人员），其中党纪处分人员160名，政纪处分90名，双重处分10名。处分乡科级以上干部38名，一般干部44名，其他人员158名。开除党籍处分51名，留党察看2名，撤销党内职务3名，党内严重警告36名、党内警告68名，开除公职12名、撤销职务3名、降级8名、记大过3名、记过13名、行政警告51名。

1998—2015年普安县立案查处违反党政纪人员情况表

表12-7-2

单位：人

年份	合计	处分类别		干部类型				党纪处分					政纪处分					
		党纪处分人员	政纪处分人员	乡科级以上干部	站股级干部	一般干部	其他人员	开除党籍	留党察看	撤销党内职务	党内严重警告	党内警告	开除公职	撤销职务	行政降级	记大过	记过	行政警告
1998	35	19	16	3	7	14	—	10	5	—	3	1	2	—	—	3	3	3
1999	36	18	18	1	5	17	19	—	—	—	—	18	11	—	—	3	4	—
2000	36	12	24	3	10	15	18	—	—	—	—	—	12	3	—	4	3	3
2001	59	17	42	—	—	—	—	—	—	—	—	—	—	—	—	—	—	—
2002	58	20	38	10	2	7	30	11	1	1	5	2	28	1	—	1	—	8
2003	—	—	—	—	—	—	—	—	—	—	—	—	—	—	—	—	—	—
2004	—	—	—	—	—	—	—	—	—	—	—	—	—	—	—	—	—	—
2005	4	—	—	—	—	—	—	—	—	—	—	—	—	1	1	1	1	—
2006	20	10	10	—	—	—	—	3	2	—	2	3	3	—	1	—	1	5
2007	25	—	—	—	—	—	—	5	—	1	5	5	2	—	1	—	1	5
2008	42	24	18	—	—	—	—	7	1	1	7	6	7	—	1	2	2	6
2009	—	—	—	—	—	—	—	—	—	—	—	—	—	—	—	—	—	—
2010	30	—	—	—	—	—	—	—	—	—	—	—	—	—	—	—	—	—
2011	45	24	21	—	—	—	—	—	—	—	—	—	—	—	—	—	—	—
2012	39	22	17	—	—	—	—	—	—	—	—	—	—	—	—	—	—	—
2013	164	22	34	9	—	14	29	9	—	1	3	9	5	1	4	2	11	11
2014	240	43	39	15	—	15	46	26	—	2	7	8	6	2	3	1	2	25
2015	336	95	17	14	—	15	83	16	2	—	26	51	1	—	1	—	—	15
合计	1169	326	294	55	24	97	225	87	11	6	58	103	77	8	12	17	28	81

说明：立案查处违反党政纪人员含党纪、政纪双重处分人员

第十三篇　政权　政协

1998—2015年，普安县人民代表大会历经第十三届到第十六届，共召开县人民代表大会21次，选举产生县级国家行政机关、审判机关、检察机关，依法讨论和决定行政区域内的重要事项，审议通过县人大常委会、县政府、县法院、县检察院工作报告，审议通过上年国民经济和社会发展计划执行情况、财政预算执行情况的报告，审议通过当年国民经济和社会发展计划（草案）、财政预算（草案）的报告，并做出通过上述报告的决议。会议期间，共收到人大代表提出的议案、建议、批评和意见870件，并全部办结。

普安县人大常委会共召开常委会议143次，议定事项866项。共任命干部382名，免去干部176名，辞去干部4名。接待群众来访3926人次，处理来信974件。组织人大代表开展视察调研、执法检查等活动；指导乡镇人大主席团组织召开一年一次的乡级人民代表大会和做好乡镇人大换届选举工作，对全县人大代表进行培训。

普安县第十三届至第十六届人民政府共召开政府全体组成人员会议45次、政府常务会议325次、县长办公会议80次、政府工作会议83次、政府专题会议1576次，研究政府各项工作。

普安县人民政府按照精简、统一、高效的原则和决策、执行、监督相协调的要求，调整和完善机构设置，逐步理顺职能分工，严格控制编制，推进政府职能、机构和编制的科学化、规范化、法定化。完善决策机制，推进行政审批制度改革，依法行政。坚持改革开放，落实“三农”政策，改善投资环境，推进城镇化建设，建设实事工程，推动地方经济、社会发展。

中国人民政治协商会议普安县委员会历经第五届到第八届，共召开全体会议19次，与会人员列席县人民代表大会，听取县委书记讲话，听取政府工作报告、政协和其他工作报告，对各个工作报告进行审议和协商，提出意见和建议，审议通过全体会议决议。共召开常务委员会会议88次，涉及事项221项。主席会议82次，涉及事项192项，研究政协各项工作。

政协普安县委员会认真履行政治协商、民主监督、参政议政职能职责，组织委员开展视察、调研活动，编辑发行《政协简报》《社情民意反映》《政协信息》《普安文史》等，为普安县经济发展、社会进步做出特有贡献。

第一章　地方人民代表大会

第一节　人民代表大会

一、县人民代表大会

1998—2015年，普安县先后历经4届人民代表大会（第十三届至第十六届），每届代表大会第一次会议选举产生县级国家行政机关、审判机关、检察机关并监督其工作。除选举外，每次代表大会的主要议程有：依法讨论和决定行政区域内的重要事项，审议通过县人大常委会、县政府、县法院、县检察院工作报告，审议通过上年度国民经济和社会发展计划执行情况、财政预算执行情况的报告，审议通过当年国民经济和社会发展计划（草案）、财政预算（草案）的报告，并做出通过上述报告的决议。

（一）第十三届人民代表大会

代表结构　第十三届人民代表大会代表总数180名，其中党员代表114名，占代表总数的64%；非中共党员代表66名，占代表总数的36%；妇女代表38名，占代表总数的21%；少数民族代表47名，占代表总数的26%；工人代表3名，占代表总数的1.7%；农民代表80名，占代表总数的44%。

普安县第十三届人民代表大会代表情况表

表13-1-1

乡镇		人口（人）	选区（个）	代表（名）	其中（名）											备注
					少数民族						非中共党员	妇女	工人	农民	武警	
					小计	布依	苗	黎	回	彝						
盘水镇		19525	19	30	1	—	—	—	—	1	10	6	2	13	1	含县机关
三板桥镇		15794	5	11	1	—	—	—	—	1	4	2	1	4	—	含化肥厂
江西坡镇		22265	8	15	5	5	—	—	—	—	5	3	—	7	—	含茶场
地瓜镇		21099	8	14	3	—	1	1	—	1	5	3	—	6	—	
新店乡		17476	5	11	3	—	1	1	—	1	4	2	—	5	—	
罗汉乡		15199	5	9	1	—	—	1	—	—	4	2	—	4	—	
青山镇		21545	6	14	3	—	—	—	3	—	5	3	—	6	—	
雪浦乡		20161	6	13	4	1	1	2	—	—	5	3	—	6	—	
楼下镇		30868	9	18	9	5	—	3	1	—	7	4	—	8	—	
龙吟镇		17189	5	11	8	1	7	—	—	—	4	3	—	5	—	
罐子窑镇		14568	4	9	2	—	2	—	—	—	4	2	—	4	—	含铅厂
窝沿乡		17548	5	11	1	1	—	—	—	—	4	2	—	5	—	
高棉乡		13214	4	8	3	2	—	—	—	1	3	2	—	4	—	
白沙乡		10024	4	6	3	1	2	—	—	—	2	1	—	3	—	
合计	名额	256475	93	180	47	16	14	8	4	5	66	38	3	80	1	
	%				26	9	8	4	2	3	36	21	2	44	0.2	

第一次会议　1998年3月9—13日在县城召开，出席代表180名，列席100名。选举县人大常委会

主任、副主任、委员，县政府县长、副县长，县法院院长、县检察院检察长；通过各项决议。

第二次会议　1999年3月31日至4月3日在县城召开，出席代表179名，列席147名。

第三次会议　2000年3月1—3日在县城召开，出席代表178名，列席141名。

第四次会议　2001年3月13—16日在县城召开，出席代表178名，列席142名。

第五次会议　2002年3月11—13日在县城召开，出席代表174名，列席148名。选举出席黔西南州第五届人民代表大会代表，补选县检察院检察长。

（二）第十四届人民代表大会

代表结构　第十四届人民代表大会代表总数180名，其中党员代表114名，占代表总数的64%；非中共党员代表66名，占代表总数的36%；妇女代表44名，占代表总数的24%；少数民族代表27名，占代表总数的26%；农民代表80名，占代表总数的44%；工人代表3名，占代表总数的1.7%。

普安县第十四届人民代表大会代表情况表

表13-1-2

乡镇	人口（人）	选区（个）	代表（名）	其中（名）												备注
				少数民族						非中共党员	妇女	工人	农民	知识分子	武警	
				小计	布依	苗	黎	回	彝							
盘水镇	22148	19	24	1	—	—	—	—	1	10	6	2	13	3	1	含县机关
三板桥镇	16791	5	11	1	—	—	—	—	1	4	2	1	4	—	—	含化肥厂
江西坡镇	25928	8	15	5	5	—	—	—	—	5	4	—	7	—	—	含茶场
地瓜镇	22908	8	14	3	—	1	1	—	1	5	3	—	6	—	—	
新店乡	18894	5	11	3	—	1	1	—	1	4	3	—	5	—	—	
罗汉乡	16767	5	10	1	—	—	1	—	—	4	2	—	4	—	—	
青山镇	24343	6	14	3	—	—	—	3	—	5	4	—	6	—	—	
雪浦乡	22155	6	13	4	1	1	2	—	—	5	4	—	6	—	—	
楼下镇	35691	9	18	9	5	—	2	2	—	7	4	—	8	—	—	
龙吟镇	18890	5	11	8	1	7	—	—	—	4	3	—	5	—	—	
罐子窑镇	12416	4	10	2	—	2	—	—	—	4	2	—	4	—	—	含铅厂
窝沿乡	18813	5	11	1	1	—	—	—	—	4	3	—	5	—	—	
高棉乡	13990	4	10	3	2	—	—	—	1	3	2	—	4	—	—	
白沙乡	10569	4	8	3	1	2	—	—	—	2	2	—	3	—	—	
合计 名额	283040	93	180	47	16	14	7	5	5	66	44	3	80	3	—	
合计 %				26	9	8	4	2	3	36	24	2	44	1.7	0.6	

第一次会议　2003年2月19—22日在县城召开，出席代表180名，列席101名。选举县人大常委会主任、副主任、委员，县政府县长、副县长，县法院院长、县检察院检察长，补选出席黔西南州第五届人民代表大会代表。

第二次会议　2004年3月9—11日在县城召开，出席代表180名，列席108名。

第三次会议　2005年3月15—17日在县城召开，出席代表173名，列席101名。表彰2004年度优秀县人大代表。

第四次会议　2006年2月21—23日在县城召开，出席代表172名，列席147名。表彰2005年度优秀县人大代表。

（三）第十五届人民代表大会

代表结构 第十五届人民代表大会代表总数180名，其中党员代表114名，占代表总数的64%；非中共党员代表66名，占代表总数的36%；妇女代表44名，占代表总数的24%；少数民族代表27名，占代表总数的26%；工人代表3名，占代表总数的1.7%；农民代表80名，占代表总数的44%；下选代表34名，占代表总数的18.9%。

普安县第十五届人民代表大会代表情况表

表13-1-3

乡镇	选区（个）	代表（名）	其中（名）														备注
			少数民族						非中共党员	妇女	工人	农民	知识分子	武警	军队	下选代表	
			小计	布依	黎	苗	回	彝									
盘水镇	19	24	2	1	—	—	—	1	10	6	2	13	3	1	1	3	含县机关
三板桥镇	5	11	1	—	—	—	—	1	4	2	1	4	—	—	—	2	含化肥厂
江西坡镇	8	15	6	5	—	1	—	—	5	4	—	7	—	—	—	2	含茶场
地瓜镇	8	14	3	—	1	1	—	1	5	3	—	6	—	—	—	3	
新店乡	5	11	4	—	1	1	1	1	4	3	—	5	—	—	—	2	
罗汉乡	5	10	1	—	1	—	—	—	4	2	—	4	—	—	—	2	
青山镇	6	14	4	1	—	—	3	—	5	4	—	6	—	—	—	3	
雪浦乡	6	13	4	1	2	1	—	—	5	4	—	6	—	—	—	2	
楼下镇	9	18	9	5	2	—	2	—	7	4	—	8	—	—	—	3	
龙吟镇	5	11	8	1	—	7	—	—	4	3	—	5	—	—	—	2	
罐子窑镇	4	10	2	—	—	2	—	—	4	2	—	4	—	—	—	2	含铅厂
窝沿乡	5	11	2	1	1	—	—	—	4	3	—	5	—	—	—	2	
高棉乡	4	10	4	2	—	—	—	2	3	2	—	4	—	—	—	3	
白沙乡	4	8	5	1	—	2	—	—	2	2	—	3	—	—	—	3	
合计 名额	93	180	55	20	8	15	6	6	66	44	3	80	3	1	1	34	
合计 %			32	9	8	4	2	3	36	24	2	44	1.7	0.6	0.6	18.9	

第一次会议 2006年12月24—27日在县城召开，出席代表178名，列席160名。选举县人大常委会主任、副主任、委员，县政府县长、副县长，县法院院长、检察院检察长，出席黔西南州第六届人民代表大会代表。

第二次会议 2007年12月29—31日在县城召开，出席代表170名，列席164名。会议传达学习中国共产党第十七次全国代表大会精神，听取和审议《县人民政府关于县第十五届人民代表大会第一次会议代表提出的议案、建议、批评和意见办理情况的报告》。

第三次会议 2008年5月28—31日在县城召开，出席代表177名，列席157名。

第四次会议 2009年3月10—13日在县城召开，出席代表176名，列席154名。

第五次会议 2010年3月9—12日在县城召开，出席代表176名，列席150名。

第六次会议 2011年3月1—4日在县城召开，出席代表174名，列席149名。

（四）第十六届人民代表大会

代表结构　第十六届人民代表大会代表总数180名，其中党员代表116名，占代表总数的64.7%；非中共党员代表64名，占代表总数的35.6%；妇女代表41名，占代表总数的22.8%；少数民族代表59名，占代表总数的32.8%；工人代表2名，占代表总数的1.1%；农民代表87名，占代表总数的48.3%；军队2名，占代表总数的1.1%；下选代表30名，占代表总数的16.7%。

普安县第十六届人民代表大会代表情况表

表13-1-4

乡镇	选区（个）	人口（人）	代表（名）	其中（名）												
				少数民族						非中共党员	妇女	工人	农民	知识分子	军队	下选代表
				小计	布依	黎	苗	回	彝							
盘水镇	5	24828	13	2	1	—	—	—	1	5	3	1	6	3	—	1
三板桥镇	5	19609	11	1	—	—	—	—	1	4	2	—	5	—	—	2
江西坡镇	6	28414	16	7	5	2	—	—	—	6	4	—	9	—	—	3
地瓜镇	6	27708	15	4	1	1	1	—	1	6	3	—	8	—	1	3
新店乡	6	22291	12	4	—	1	1	1	1	4	3	—	6	—	—	2
罗汉乡	6	20002	12	1	—	1	—	—	—	4	2	—	5	—	—	3
青山镇	7	28521	16	4	1	—	—	3	—	8	5	—	7	—	1	3
雪浦乡	7	26352	15	5	—	2	1	1	1	4	3	—	6	—	—	2
楼下镇	9	37146	21	10	5	2	—	3	—	7	5	1	11	1	—	2
龙吟镇	5	21974	12	10	1	—	9	—	—	4	3	—	6	—	—	2
罐子窑镇	4	15901	9	2	—	—	2	—	—	3	2	—	4	—	—	2
窝沿乡	7	21799	12	1	1	—	—	—	—	4	3	—	7	—	—	2
高棉乡	4	16561	9	4	1	2	—	—	1	3	2	—	4	—	—	2
白沙乡	3	13051	7	4	2	—	1	—	1	2	1	—	3	—	—	1
合计 名额	80	324157	180	59	18	11	15	8	7	64	41	2	87	4	2	30
合计 %				32.8	10	6.1	8.3	4.4	3.9	35.6	22.8	1.1	48.3	2.2	1.1	16.7

第一次会议　2011年12月12—16日在县城召开，出席代表180名，列席164名。选举县人大常委会主任、副主任、委员，县政府县长、副县长，县法院院长、县检察院检察长，出席黔西南州第七届人民代表大会代表。

第二次会议　2012年3月27—29日在县城召开，出席代表170名，列席162名。

第三次会议　2013年3月12—15日在县城召开，出席代表172名，列席152名。

第四次会议　2014年2月25—28日在县城召开，出席代表171名，列席153名。

第五次会议　2015年3月09—13日在县城召开，出席代表173名，列席142名。

第六次会议　2015年6月24—26日在县城召开，出席代表179名，列席146名。

二、乡镇人民代表大会

1998—2015年，普安县14个乡镇历经了第三届到第六届人民代表大会，在召开换届选举代表大会时，选举产生乡镇人大主席团主席、副主席，乡镇人民政府乡镇长、副乡镇长。除选举外，每次代表大会的主要议程有：审议通过乡镇人大主席团、乡镇人民政府工作报告，审议通过上年财政预算执行情况和当年财政预算（草案）的报告，并做出通过上述报告的决议。

（一）第三届乡镇人民代表大会

1998年11月至1999年3月，各乡镇举行第三届换届选举，全县14个乡镇共选出代表709名，其中男594名，女115名，汉族545名，少数民族164名。14个乡镇共选举产生第三届乡镇人大主席团主席12名、副主席5名，乡镇人民政府乡镇长14名、副乡镇长39名。

（二）第四届乡镇人民代表大会

2002年1—2月，各乡镇举行第四届换届选举，全县共选出代表715名，其中男599名，女116名，汉族555名，少数民族160名。14个乡镇共选举产生第四届乡镇人大主席团主席14名、副主席8名，乡镇人民政府乡镇长14名、副乡镇长43名。

（三）第五届乡镇人民代表大会

2006年11月，各乡镇举行第五届换届选举，全县共选出代表732名，其中男607名，女125名，汉族541名，少数民族183名。14个乡镇共选举产生第五届乡镇人大主席团主席14名，乡镇人民政府乡镇长14名、副乡镇长41名。

（四）第六届乡镇人民代表大会

2011年11月，各乡镇举行第六届换届选举，共选出代表729名，其中男569名，女160名，汉族527名，少数民族202名。14个乡镇共选举产生第六届乡镇人大主席团主席14名，乡镇人民政府乡镇长14名、副乡镇长47名。

第二节　县人大常委会

一、组织机构

（一）常委会组成人员

普安县人大常委会由主任1名、副主任和委员若干名组成。第十三届常委会于1998年3月13日选举产生，由15名委员组成，其中主任1名、副主任5名、委员9名；1999年4月3日补选副主任1名、委员2名；2001年3月补选委员2名。第十四届人大常委会于2003年2月22日选举产生，由19名委员组成，其中主任1名、副主任6名、委员12名。第十五届人大常委会于2006年12月27日选举产生，由21名委员组成，其中主任1名、副主任5名、委员15名。第十六届人大常委会于2011年12月16日选举产生，由23名委员组成，其中主任1名、副主任6名、委员16名。

（二）工作机构

1998年，普安县人大常委会下设办公室、代表工作委员会、法制工作委员会、财经工作委员会、教科文卫工作委员会、民族宗教工作委员会。2003年4月，代表工作委员会更名为选举任免联络工作委员会。2006年2月，办公室内设信访股升格为副科级信访办公室。2007年5月，增设环境与资源保护工作委员会。2011年10月，增设农村经济工作委员会。2012年9月，在办公室下设副科级事业单位的代表服务中心。

二、常委会会议

（一）第十二届常委会议

第十二届人大常委会于1998年1—3月共举行2次会议，议定事项6项，其中涉及换届事项5项、人事任免1项。

（二）第十三届常委会议

第十三届人大常委会于1998年5月至2003年2月，共举行35次会议，议定事项231项，其中通过事项185项，研究人事任免22次，表彰先进集体和先进个人2次，研究县、乡镇换届事宜5次，组织述职评议报告（述职报告）4次涉及16人次。

（三）第十四届常委会议

第十四届人大常委会于2003年4月至2006年12月，共举行32次会议，议定事项221项，其中通过事项212项，研究人事任免17次，表彰先进集体和先进个人1次，研究县、乡镇换届事宜3次，组织述职报告3次涉及11人次。

（四）第十五届常委会议

第十五届人大常委会于2007年2月至2011年11月，共举行40次会议，议定事项216项，其中通过事项190项，研究人事任免20次，表彰先进集体和先进个人2次。

（五）第十六届常委会议

第十六届人大常委会于2012年2月至2015年12月，共举行34次会议，议定事项192项，其中通过事项184项，研究人事任免29次。

三、干部任免与视察检查

（一）干部任免

普安县第十三届到第十六届人大常委会共任命干部382名，免去干部176名，辞去干部4名。

任命人大常委会办公室主任4名、副主任2名，工作委员会主任20名、副主任13名；县政府代理县长4名、副县长27名，办公室主任6名，局长162名；法院代理院长2名、副院长8名，庭长29名、副庭长13名，审判委员会委员9名，审判员18名，人民陪审员25名；检察院代理检察长1名、副检察长6名，检察委员会委员16名，检察员17名。

免去人大常委会办公室主任4名、办公室副主任3名，工作委员会主任13名、副主任7名、委员11名；县政府县长2名、副县长18名、办公室主任3名、局长40名；法院院长1名、副院长4名，庭长24名、副庭长4名，审判委员会委员11名、审判员17名、人民陪审员2名；县检察院检察长1名、副检察长1名，检察委员会委员9名、检察员1名。

辞去人大常委会副主任2名、县政府县长1名、法院院长1名。

普安县第十三届到第十六届人大常委会干部任免情况表

表13-1-5　　　　单位：名

任免	单位	职务	十三届	十四届	十五届	十六届	合计
任命	人大常委会	办公室主任	2	—	1	1	4
		办公室副主任	—	1	1	—	2
		工作委员会主任	4	2	5	9	20
		工作委员会副主任	4	3	2	4	13
	县政府	代理县长	1	1	2	—	4
		副县长	2	4	5	16	27
		办公室主任	1	1	2	2	6
		局长	41	31	44	46	162
	法院	代理院长	1	—	1	—	2
		副院长	2	—	2	4	8
		庭长	7	5	8	9	29

续表 13-1-5

任免	单位	职务	十三届	十四届	十五届	十六届	合计
任命	法院	副庭长	9	—	—	4	13
		审判委员会委员	—	—	6	3	9
		审判员	2	—	8	8	18
		人民陪审员	—	—	15	10	25
	检察院	代理检察长	1	—	—	—	1
		副检察长	2	2	1	1	6
		检察委员会委员	13	—	1	2	16
		检察员	3	1	6	7	17
免去	人大常委会	办公室主任	2	—	1	1	4
		办公室副主任	2	—	—	1	3
		工作委员会主任	4	—	3	6	13
		工作委员会副主任	2	—	2	3	7
		委员	2	1	3	5	11
	县政府	县长	1	—	1	—	2
		副县长	3	3	4	8	18
		办公室主任	1	—	1	1	3
		局长	13	4	8	15	40
	法院	院长	1	—	—	—	1
		副院长	1	—	2	1	4
		庭长	6	—	8	10	24
		副庭长	3	—	1	—	4
		审判委员会委员	2	1	4	4	11
		审判员	4	3	1	9	17
		人民陪审员	—	—	2	—	2
	检察院	检察长	1	—	—	—	1
		副检察长	—	—	—	1	1
		检察委员会委员	1	—	—	8	9
		检察员	—	—	—	1	1
辞去	人大常委会	副主任	—	—	2	—	2
	县政府	县长	—	—	1	—	1
	法院	院长	—	—	1	—	1
合计			144	63	155	200	562

（二）视察调研

1998年，分别组织省、州、县在县境内的人大代表开展视察活动，先后对煤炭开发、公路建设、自然保护、水土流失治理、乡镇人大工作、种养业、吟路电站建设、国民经济和社会发展执行情况、财政预算执行情况、扶贫攻坚落实情况进行视察。1999年，选取4个重大案件的执法情况作为个案进行视察，监督依法治县情况。2000年，开展4天视察活动，提出问题5条，建议4条。2001年，组织调研后督促县政府制定和落实《关于开展打黑除恶和打击偷牛盗马工作方案》《关于国有企业改革和下岗职工再就业及基本生活保障落实情况的方案》；将2个重大案件作为个案进行视察，解决1名职工长达4年的上访和1个长达7年的谋杀案件。2003年，对江西坡镇大坪种羊场、下山村连片退耕还林、青山镇基本实施九年义务教育和基本扫除青壮年文盲（简称“两基”攻坚）、楼下镇煤炭开发和生态治理进行视察。2005年，对化肥厂、茶场、“两基”攻坚巩固成果进行视察。2007年，对江（西坡）罐（子窑）油路、罗汉吊洞饮水工程、糯东煤矿、青山煤化工基地、新店草地畜牧业等建设情况进行视察，提出意见和建议12条。2010年，对楼下镇、江西坡镇、三板桥镇、龙吟镇小城镇建设情况及省、州、县重点项目的建设情况进行视察。2011年，对农村危房改造、保障性住房建设、殡仪馆建设等重点民生项目实施情况进行视察。2012年，对河洋大桥建设、县城旧城改造和新区开发、“一园三区”（一园：普安县工业园，三区：青山工业园区、江西坡工业园区、罐子窑工业园区）工作推进、茶产业、核桃产业等重点项目实施情况进行视察，提出建议21条。2013年，对青山工业园区、江西坡轻工业园区的建设情况、全县核桃产业、茶产业、种草养畜产业情况、五嘎冲水库建设情况以及省、州、县部分重点项目建设情况进行视察。2014年，对青山省级示范小城镇、普安县火电厂项目、青山万头生猪规模养殖基地项目、甲金水库项目、罗汉乡长毛兔规模养殖基地项目、县公安局拘留所、看守所工作开展情况、县公安局技侦大楼、县城东方新城城市综合体项目、三板桥美人芋产业基地等项目建设情况进行视察。2015年，对五嘎冲水库项目、普安县火电厂项目、青山普白林场四球古茶树开发保护、青山镇依法行政工作开展情况、青山法庭建设情况、茶业现代高效农业示范园区、小微创业园区建设情况进行视察。

（三）执法检查

1998年，配合州“环保世纪行”活动小组，对普安县环境治理重点单位进行检查，同时成立“环保世纪行”领导小组和办公室工作。1999年，对相关单位贯彻落实《贵州省国防教育条例》《中华人民共和国农业法》等6部法制法规情况进行检查。2000年，对《贵州省计划生育条例》《贵州省测绘管理条例》《村民委员会组织法》等法律法规的贯彻落实情况进行执法检查，配合州人大开展个案监督和2000年“环保世纪行”活动。2001年，对《贵州省计划生育条例》《贵州省科教兴黔发展战略》《中华人民共和国预防未成年人犯罪法》等6部法律法规的贯彻落实情况进行执法检查。2003年，对《中华人民共和国义务教育法》《中华人民共和国妇女权益保障法》《贵州省实施〈中华人民共和国义务教育法〉办法》等7部法律法规的贯彻落实情况进行执法检查。2004年，对《中华人民共和国工会法》《中华人民共和国传染病防治法》《贵州省科学技术普及条例》等12部法律法规的贯彻落实情况和黔西南州“环保世纪行”进行检查。2005年，对《中华人民共和国人口与计划生育法》《贵州省人口与计划生育条例》《中华人民共和国职业病防治法》《中华人民共和国残疾人保障法》等15个法律法规的贯彻执行情况开展执法检查。2009年，对《中华人民共和国文物保护法》《中华人民共和国环境保护法》《中华人民共和国畜牧法》等法律法规的贯彻落实情况进行执法检查。2010年，对《贵州省环境保护条例》《中华人民共和国就业促进法》等法律法规的贯彻落实情况进行执法检查。2012年，配合省、州人大常委会对《中华人民共和国科学技术进步法》《贵州省科学技术进步条例》《中华人民共和国环境保护法》等法律法规的贯彻落实情况进行执法检查，组织人大代表参与“环保行”活动。2014年，对《气象灾害防御条例》《探测环境保护》的落实等情况进行执法检查。2015年，对消防安全责任落实情况、农村消防工作开展情况、城镇消防工作开展情况等进行执法检查。

四、代表议案、建议和意见办理

普安县第十三届至第十六届代表大会期间，共收到人大代表提出的议案、建议、批评和意见870件，均全部办结。其中第十三届代表大会期间，收到人大代表提出的议案、建议、批评和意见262件；第十四届代表大会期间，收到人大代表提出的议案、建议、批评和意见250件；第十五届代表大会期间，收到人大代表提出的议案、建议、批评和意见171件；第十六届代表大会期间，收到人大代表提出的议案、建议、意见187件，提出28件议案作为人大常委会主任会议督办，其他的交由县政府及有关部门办理。

五、信访办理与培训指导

（一）信访办理

1998—1999年，普安县人大常委会接待群众来访106人次，处理来信96件。2000—2015年，接待群众来访3820人次，处理来信878件。

2000—2015年普安县人大常委会信访办理情况表

表13-1-6

年份	来访（人次）	来信（件）	年份	来访（人次）	来信（件）
2000	83	58	2009	176	29
2001	320	118	2010	368	69
2002	128	84	2011	258	69
2003	429	36	2012	215	36
2004	286	48	2013	202	42
2005	314	51	2014	181	32
2006	329	53	2015	121	21
2007	300	102	合计	3820	878
2008	110	30			

（二）培训指导

1998年，指导乡镇人大主席团组织召开一年一次的乡级人民代表大会和做好乡镇人大换届选举，对全县人大代表进行培训。1999年，指导乡镇组织召开人民代表大会、搞好乡镇人大工作。2000年，指导乡镇人大主席团制定和完善制度、创新工作方式，开展自身建设和组织活动。2001年，指导乡镇开展换届选举工作。2002年，指导乡镇选举产生新一届领导班子成员，举办2期培训班分别对乡镇人大主席和秘书、全县第十四届人大代表进行培训，将全县180名县人大代表划分为14个小组分别进行培训。2004年，指导乡镇做好“三评议”工作。2006年，指导乡镇开展换届选举工作。2007年，指导村级整合和2007年度的县直有关部门行风评议工作，举办120余人参加的法律讲座1期。2009年，指导11个乡镇召开人民代表大会补选乡镇人大主席、乡镇长、副乡镇长。2010年，指导乡镇人大补选4名县人大代表。2011年，举办县、乡人大换届选举培训班2期共219人次，指导乡镇完成换届选举。2012年，举办县、乡人大干部培训班1期51人。2013年，指导乡镇人大健全制度，对如何当好乡镇人大主席进行培训和专题讲座。2014年，对乡镇人大代表如何履职进行培训1期48人。2015年，创建代表之家56个，培训乡镇人大主席24人。

第二章　地方人民政府

第一节　机　构

一、县人民政府

（一）组成人员

普安县人民政府由县长1名、副县长若干名组成。第十三届人民政府组成人员于1998年3月13日选举产生，其中县长1名、副县长5名。第十四届人民政府组成人员于2003年2月22日选举产生，其中县长1名、副县长5名。第十五届人民政府组成人员于2006年12月27日选举产生，其中县长1名、副县长6名。第十六届人民政府组成人员于2011年12月16日选举产生，其中县长1名、副县长6名。

1998—2015年，历任县长6名，其中4名先任代理县长，再选任县长；历任副县长33名，其中挂职副县长5名，科技副县长3名。

（二）工作机构

1998年，县政府设置机构26个，分别是人民政府办公室、计委、经济贸易局、民族事务局、监察局、民政局、财政局、人事劳动局、教育局、科协、文体广电局、卫生局、计生局、建设局、国土局、交通局、农业局、林业局、水电局、畜牧局、农业办公室、乡镇企业局、审计局、统计局、工商局、地税局。

1998年普安县人民政府常设机构编制情况表

表13-2-1

机构名称	内设科室（个）	编制人数（名）	实有人数（名）	备注
人民政府办公室	4	25	38	
计委	3	7	12	
经济贸易局	4	12	21	
民族事务局	2	6	8	
民政局	4	15	25	
财政局	7	18	22	
人事劳动局	4	15	16	
教育局	4	15	23	
科协	1	7	9	
文体广电局	3	10	22	
卫生局	3	25	9	
计生局	2	8	8	
建设局	1	6	14	
国土局	4	13	21	
交通局	1	7	13	

续表 13-2-1

机构名称	内设科室（个）	编制人数（名）	实有人数（名）	备注
水电局	3	8	6	
农业办公室	2	11	7	
农业局	1	10	14	
林业局	3	8	38	
畜牧局	1	8	8	
乡镇企业局	3	8	9	
审计局	3	10	11	
统计局	4	10	9	
工商局	3	13	—	
地税局	6	20	—	
监察局	—	20	22	

2010年，普安县政府进行机构改革，设置机构23个（其中1998年设置的机构保留16个），其名称分别为人民政府办公室、监察局(不计机构编制)、发展和改革局、教育局、公安局、民政局、统计局、司法局、财政局、国土资源局、人口和计划生育局、环境保护局、审计局、农业林业和扶贫开发局、水利局、经济贸易和科学技术局、交通运输局、住房和城乡建设局、卫生和食品药品监督管理局、文化体育旅游和广播电影电视局、安全生产监督管理局、人力资源和社会保障局、民族和宗教事务局。

2010年普安县人民政府机构改革情况表

表 13-2-2

序号	机构改革前机构名称	机构改革后机构名称	备注
1	人民政府办公室	人民政府办公室，挂外事侨务办公室、法制办公室、国防教育办公室、人民防空办公室（交通战备办公室）、突发公共事件应急委员会办公室牌子	
2	监察局（与县纪委机关合署办公、不计入县政府机构个数，列入县政府工作部门）	监察局，与县纪委机关合署办公、不计入县政府机构个数，列入县政府工作部门	政府工作部门
3	发展和改革局	发展和改革局，挂县物价局牌子	
4	物价局		
5	教育局	教育局	
6	公安局	公安局	
7	民政局	民政局	
8	统计局	统计局	
9	司法局	司法局	
10	财政局	财政局	
11	国土资源局	国土资源局	
12	人口和计划生育局	人口和计划生育局	

续表13-2-2

序号	机构改革前机构名称	机构改革后机构名称	备注
13	环境保护局	环境保护局	政府工作部门
14	审计局	审计局	
15	农业局	农业林业和扶贫开发局，挂畜牧水产局牌子，	
16	农业办公室		
17	扶贫开发办公室（挂项目办牌子）		
18	林业局		
19	畜牧兽医局		
20	水利局	水利局	
21	经济贸易局	经济贸易和科学技术局，挂知识产权局、粮食局、煤炭局牌子	
22	粮食局		
23	科学技术局	经济贸易和科学技术局，挂知识产权局、粮食局、煤炭局牌子	
24	煤炭局（乡镇企业局）		
25	交通局	交通运输局	
26	建设局	住房和城乡建设局	
27	卫生局	卫生和食品药品监督管理局	
28	文体广电局	文化体育旅游和广播电影电视局，挂新闻出版局、版权局牌子	
29	安全生产监督管理局	安全生产监督管理局	
30	人事劳动保障局	人力资源和社会保障局	
31	民族事务局（宗教事务局）	民族和宗教事务局	
32	供销合作社	供销合作联合社	直属事业机构
33	档案局（档案馆）	档案局（档案馆）	
34	移民开发局	水利水电工程移民局	其他

2011—2015年，部分机构有所变动：

新增设机构：县园区办、青山工业园区、江西坡工业园区、罐子窑工业园区。

改变身份机构：档案局、畜牧水产局。

合并或撤销机构：粮食局、林业局、畜牧兽医局、物价局、经贸局、药监局、煤炭局。

改变名称机构：农业林业和扶贫开发局、水务局、经济贸易和科学技术局、交通运输局、住房和城乡建设局、人力资源和社会保障局、民族和宗教事务局、供销合作联合社、水利水电工程移民局、卫生和食品药品监督管理局。

恢复名称机构：扶贫办、林业局。

2015年普安县人民政府常设机构编制情况表

表13-2-3　　单位：个

机构名称	内设科室	编制人数	实有人数
人民政府办公室	20	47	36
发展和改革局	17	19	19

续表 13-2-3

机构名称	内设科室	编制人数	实有人数
教育局	6	13	11
工业贸易和科学技术局	10	34	36
民族和宗教事务局	4	7	12
公安局	21	265	242
统计局	2	8	9
安全生产监督管理局	9	4	17
民政局	6	17	18
司法局	8	41	38
财政局	14	13	11
人力资源和社会保障局	6	13	12
国土资源局	9	16	18
环境保护局	6	5	5
住房和城乡建设局	8	11	12
交通运输局	2	7	10
农业局	16	24	42
水务局	7	10	8
文体广电旅游局	7	11	9
卫生和计划生育局	15	19	15
林业局	2	9	7
市场监督管理局	13	56	46
扶贫开发办公室	5	8	6
审计局	5	11	10

2015年普安县人民政府工作部门参公事业单位编制情况表

表 13-2-4　　单位：名

序号	机构名称	编制数		实有人数		领导职数		领导配备		备注
		事业编制	工勤编制	事业人数	工勤人数	正职	副职	正职	副职	
	合计	126	26	85	17	7	14	7	12	
1	社保局	12	2	9	2	—	1	—	1	
2	地方海事处	8	2	8	2	1	—	1	—	
3	基层财政管理局	7	3	11	3	—	1	—	1	
4	供销合作社	8	2	8	1	1	1	1	1	
5	水库和生态移民局	10	1	8	1	1	2	1	2	
6	卫生监督所	16	1	7	1	1	1	1	0	
7	档案局	6	2	6	1	1	1	1	1	
8	国库集中支付中心	10	3	10	3	—	1	—	1	

续表13-2-4

序号	机构名称	编制数		实有人数		领导职数		领导配备		备注
		事业编制	工勤编制	事业人数	工勤人数	正职	副职	正职	副职	
9	城管大队	23	8	12	6	—	1	—	1	
10	就业局	7	1	8	1	—	1	—	1	
11	劳动监察大队	8	—	6	—	—	1	—	1	
12	安全生产执法监察大队	16	—	16	—	—	1	—	1	
13	普安县消费者协会	2	—	2	—	—	1	—	1	

二、乡镇（街道）人民政府（办事处）

（一）组成人员

1998年至2015年5月，普安县14个乡镇人民政府由乡镇长1名、副乡镇长若干名组成。2015年6月，普安县12个乡镇（街道）人民政府（办事处）由乡镇长（办事处主任）1名、副乡镇长（办事处副主任）若干名组成。其中，第三届由乡镇长14名、副乡镇长39名组成；第四届由乡镇长14名、副乡镇长43名组成；第五届由乡镇长14名、副乡镇长41名组成；第六届由乡镇长14名、副乡镇长47名组成。

（二）工作机构

2001年12月，普安县对14个乡镇机构设置进行改革。政府机构3个：社会事务办公室（承担民政、文教、卫生、科技体育、广播电视、民族、宗教、老龄、残联等工作），计划生育办公室（承担计划生育与人口管理工作），经济发展办公室（承担经济发展的协调服务、村镇建设和扶贫开发等工作）。群众团体组织2个：共青团，妇联。执法监督机构1个：公安派出所（工商、地税以片区设置）。管理服务机构（事业单位）8个：财政所（其人员列入参照试行公务员制度范围）、计划生育指导站、林业站、国土资源所、教育辅导站、农业服务中心、文化服务中心、卫生院。在盘水镇设置城镇管理办公室。

2010年10月，普安县对14个乡镇机构设置进行改革。政府机构4个：社会事务办公室、人口和计划生育办公室、经济发展办公室、社会治安综合治理办公室。群众团体组织3个：共青团、妇联、工会。事业机构10个：计划生育协会、安全生产监督管理站、财政所、人口和计划生育技术服务站、人力资源和社会保障服务中心（挂新型农村合作医疗管理中心牌子）、农业服务中心、村镇建设服务中心、科技宣教文化信息服务中心、水利站、林业站。执法监督机构1个：公安派出所。

2015年6月，将原14个乡镇调整为12个乡镇（街道），即2个街道2个乡8个镇。政府机构设7个（青山镇设置8个，单独设置综合行政执法办公室，挂综合行政执法队牌子）：党政办公室（挂法制办公室、法律顾问室牌子）、社会事务管理办公室、经济发展办公室、卫生和计划生育办公室、社会治安综合治理办公室（挂群众工作办公室）、规划建设和环境保护办公室、安全生产监督管理办公室。群团组织4个：共青团、妇联、工会、残联。事业机构10个：计划生育协会、农业服务中心（挂农产品质量安全监督管理站、草地畜牧技术服务站和动物卫生监督分所牌子）、人力资源和社会保障服务中心（挂新型农村合作医疗管理站牌子）、科技宣教文化信息服务中心、卫生计生服务中心（挂卫生院、妇幼保健计划生育服务站牌子，实行三块牌子，一套人员管理体制）、扶贫工作站、水利站（挂移民工作站牌子）、林业站、村镇规划建设管理所、政务服务中心。并在青山镇下设青山镇人民政府雪浦政务服务中心（副科级事业单位），隶属青山镇人民政府管理；盘水街道下设盘水街道窝沿政务服务中心（副科级事业单位），隶属盘水街道办事处管理；南湖街道下设南湖街道三板桥政务服务中心（副科级事业单位），隶属南湖街道办事处管理。12月，将各乡镇（街道）卫生计生服务中心（卫生院、妇幼保健计划生育服务站）机构名称调整为乡镇（街道）卫生院（妇幼保健计划生育服务站），不再加挂“卫生计生服务中心”牌子，为财政全额拨款的副科级事业机构，实行“两块牌子、一套人员”的管理体制。

第二节 政 务

一、县人民政府会议

（一）县政府全体组成人员会议

政府全体组成人员会议由正副县长、列入政府系列属县人大常委会任命的委、办、局正职等县政府全体组成人员参加，必要时邀请人大常委会、政协等有关方面负责人列席。会议由县长召集和主持。一般每半年召开1次，遇有重大或特殊事项亦可随即召开。会议的主要任务是传达中共中央、国务院、贵州省委、省政府以及普安县委的重要指示，部署县政府的重要工作，讨论通过按照法律、法规由县政府全体会议决定的事项，讨论并涉及本县全面工作的重要事项。

1998—2015年，共召开政府全体组成人员会议45次。

1998—2015年普安县政府全体组成人员会议召开次数情况表

表13-2-5　单位：次

年份	次数	年份	次数	年份	次数	年份	次数
1998	2	2003	2	2008	2	2013	3
1999	2	2004	2	2009	3	2014	5
2000	2	2005	2	2010	2	2015	5
2001	2	2006	3	2011	2		
2002	2	2007	2	2012	2		

（二）县政府常务会议

政府常务会议由县长、副县长和县政府办主任出席，必要时可请政府有关部门负责人参加。会期不定，遇到紧急任务或需要及时解决的问题，可临时举行会议。政府常务会议必须在应出席人数过半数参加的情况下才能召开。会议由县长召集和主持，或由县长委托的副县长召集和主持。会议的主要任务是传达、讨论中央、国务院、省委、省政府以及普安县委的重要指示、决定，研究提出贯彻意见；讨论提请县人代会和县人大常委会审定的议案和政府工作报告；通报国内外形势；总结和部署县政府阶段性工作；讨论决定县政府工作中的重要问题；研究有关部门报送的人事任免、调动、处分、奖励，重要财经收支方案、计划以及全县性各种专业会议等事项。

1998—2015年，共召开政府常务会议325次。

1998—2015年普安县政府常务会议召开次数情况表

表13-2-6　单位：次

年份	次数	年份	次数	年份	次数	年份	次数
1998	6	2003	44	2008	23	2013	21
1999	3	2004	20	2009	15	2014	17
2000	9	2005	14	2010	13	2015	18
2001	22	2006	16	2011	10		
2002	24	2007	32	2012	18		

（三）县长办公会议

县长办公会议由县长根据需要主持召开，主要处理和协调县政府日常工作中的重要问题。会议由县长、副县长和县政府办主任出席，并视其会议内容，通知有关部门负责人参加。县长办公会议灵活多样，不拘形式，不限时间，有3人即可召开。着重研究贯彻上级指示、决定和县政府大会的决议、决定，准备报请的事项，决定各部门和乡镇政府请示的重大事项，按规定需要县长办公会议的其他事项。

1998—2015年，共召开县长办公会议80次。

1998—2015年普安县县长办公会议召开次数情况表

表13-2-7　　单位：次

年份	次数	年份	次数	年份	次数	年份	次数
1998	4	2003	4	2008	4	2013	6
1999	5	2004	5	2009	4	2014	2
2000	3	2005	6	2010	5	2015	2
2001	5	2006	5	2011	5		
2002	5	2007	5	2012	5		

（四）县政府工作会议

政府工作会议是县政府召开的政府组成部门及乡镇主要负责人出席的大会，此类会议由政府常务会议决定，县长及常务副县长决定并主持召开，政府组成部门主办，要求以县政府名义召开的政府工作大会，由主办的政府组成部门按规定程序报经县政府批准后，由分管副县长主持召开，如果内容重要，并涉及其他乡镇、部门，必须邀请有关副县长和乡镇、局负责人出席的，按规定报经县政府后召开。政府组成部门要求以县政府名义召开的大会和各部门主持召开的全县性大会，一般提前10个工作日行文报县政府办公室，由县政府办公室根据“精减会议、控制人数、充分准备”等原则提出审核意见并报县政府领导审批。

1998—2015年，共召开政府工作会议83次。

1998—2015年普安县政府工作会议召开次数情况表

表13-2-8　　单位：次

年份	次数	年份	次数	年份	次数	年份	次数
1998	3	2003	3	2008	3	2013	4
1999	3	2004	3	2009	5	2014	17
2000	3	2005	3	2010	5	2015	11
2001	3	2006	4	2011	3		
2002	3	2007	4	2012	3		

（五）县政府专题工作会议

县政府专题工作会议是由分管副县长主持召开的会议，主要处理县政府相关部门提出需要解决办理的专项问题。参会人主要由分管副县长、相关部门主要领导、专业人员、县政府办公室主任或副主任参加。会议1个月召开5～10次不等。

1998—2015年，共召开政府专题会议1576次。

1998—2015年普安县政府专题工作会议召开次数情况表

表13-2-9 单位：次

年份	次数	年份	次数	年份	次数	年份	次数
1998	60	2003	82	2008	85	2013	103
1999	42	2004	90	2009	76	2014	130
2000	29	2005	125	2010	77	2015	232
2001	96	2006	65	2011	98		
2002	31	2007	69	2012	86		

二、政府日常事务

（一）机构及职能职责

机　构　1998年，普安县政府办公室下设行政事务股、秘书股、法制督查股、体制改革信息股，人员编制25名，实有37名。2015年，下设综合股、秘书一股、秘书二股、信息督查股、行政事务股、议提案股、督查股、机要股、财会股、接待股、纪检监察室、应急处置股、应急协调股、外事侨务股、人防和交通战备股、国防教育股、法制监督股、行政复议应诉股、行政执法备案审查股、政务中心，人员编制47名，实有37名。

职能职责　县政府办主要履行协调职能、参谋作用、政务信息督办等。政府办服务全县大局，发挥参谋和助手作用。围绕县政府各个时期的重点工作，超前思考，提前研究，先行谋划。在领导决策前，正确理解领导意图和要求，及时组织人员，收集整理所需信息和情况，提供决策依据。在前面掌握情况的基础上，深入研究，提出见解和想法。在县长常务会、县长办公会、专题会或其他政府召开的大型会议前，对所要议定的事项进行分析研究，并向涉及的部门征询意见，综合整理供领导决策参考。加强沟通和协调，发挥协调的桥梁作用。从为领导提供高效服务，努力完成领导交办的各项任务职责出发，加强协作，根据工作需要做到有分有合，日常工作独立完成，重大活动、重要任务全体协作完成。务求严谨，在综合协调过程中，强化“政府工作无小事”意识，胸怀民生，关注民意，做到有问必答、有事必办、有错必纠，凡事周密安排，悉心处理。讲求规范，搞好协调。做好文书处理，严格规范办文，健全公文处理制度，督促文秘人员加强学习，不断提高文字处理水平，并要求在上传下达的文件中不出现失误，各类文件和材料逻辑严谨，语言流畅，保证政策的正确执行。本着一切从俭，禁止铺张浪费，在从俭的基础上组织好每一次会议，每一次活动，尽量做到少花钱、不花钱，多办事、办好事，努力完成重大会议的筹备、服务和有效文件材料的制发工作。统一调度、积极配合有关领导对主要经济指标进行督导，顺利完成全年的目标任务。处理来信来访，帮助协调解决群众反映的热点、难点问题。在处理日常接访和信件的同时，做好老上访户和集体上访、突出上访的接访、处置和劝解、疏导工作，化解矛盾、稳定情绪，组织有关部门现场接访或做好调查、了解和答复，确保事件不扩大升级，努力做到协调有力，答复圆满，做到细心、耐心、诚心。进一步做好后勤保障，调整完善办公室领导带班、工作人员值班、财务及后勤服务等制度，做到工作无疏漏。

（二）行政执法（效能）监察

1998—2000年，组织协调各单位继续监督检查减轻农民负担各项规定的落实，参与水沟河煤窑、楼下煤窑等事故的处理，对工商、供电系统开展民主评议行风，对百货公司营业厅、青山小学教学楼、县地税局综合楼、县公路养护段机修房、安居工程等建筑工程进行执法监察，对龙吟镇电石厂、楼下镇派出所等单位不按规定建立立项的办公楼责令限期补办手续、进行整改，对全县化肥经营情况进行执法检查，对招聘人员进行执法监察，参与跟踪考察72个单位的295名人员，清理收回15套住房并妥善进行分配。对粮食流通体制改革、"关井压产"（取缔"三无"矿井279处，处理越界采矿纠纷9起，帮助现场划界62处，关井61处）开展专项执法监察。联合物价、卫生、财政、行风办组成联合调查组检查20余家医院、诊所和36所中小学、幼儿园，查出违纪资金1213.41元，违规收费13.75万元。清理整顿农村电价，减轻农民用电不合理负担7.58万元，降低药品价格5000元，制止和纠正中小学乱收费47万元。查处在收购农产品中故意压价，减轻农民负担63.64万元。组织协调有关部门开展减轻农民、企业负担和开展医药购销检查、核价等。抓好公路"三乱"（乱设站长、乱罚款、乱收费）和制止中小学乱收费，在中学收费项目中取消收费项目4个，清理不合理收费11.34万元，追究2名校长领导责任。

2001—2005年，对20万元以上的建设工程进行招投标，对全县2000年以来开工的123个总投资1.22亿元的建设项目进行清理稽查。协调有关部门对全县四项保障资金的管理使用情况进行检查，涉及金额共计1000.54万元。对重特大安全责任事故进行调查处理，对煤炭"关井压产"环保等工作开展执法监察。联合计划、财政等部门对2000年以来利用国债资金、国家投资的其他项目资金的管理使用进行检查，涉及项目单位48个，建设项目221个，资金1.04亿元。对国债资金、扶贫资金等专项资金管理使用开展执法监察。对建设工程的招投标实行报备制，共涉及11个工程，中标总价为1041.72万元。从源头上治理公路"三乱"，制定干部教育培训办班申报审批制度，纠正在征用土地、城镇拆迁、企业重组改制过程中损害群众利益、拖欠农民工工资以及企业违法排污问题。

2006—2010年，制定措施从源头上预防新的拖欠农民工工资情况的产生。促进建设、卫生、民政等部门维护群众利益，减轻农民负担。与审计局联合利用审计结果开展效能监察，对建设工程招标实行报备制。落实移民政策，加强移民资金管理，治理商业贿赂。对238个生产经营单位进行安全检查1704次，查出安全隐患1335条，其中煤矿1482条（重大安全隐患101条），行政处罚34次共处罚17.6万元。开展教育收费检查，纠正医药购销和医疗服务中的不正之风，对国家政策执行情况、抗灾救灾款物等专项资金管理使用情况进行监督检查。开展食品药品质量、安全检查。加大环保执法监管，批准建设的38个项目、26对煤矿办理环评手续，征收排污费260万元，抓好县城噪声污染控制。加强对中央扩大内需促进经济增长政策措施落实情况的监督检查，开展5次集中检查，查出问题21个，纠正问题20个。

2011—2015年，对中央投资项目开展集中检查及自纠自查5次，对发现的9个问题全部落实整改措施。对500万元以上的中央投资项目进行监管，重点检查2008年以来500万元以上未完工的项目16个，排查出问题15个。对市场价格调控政策措施落实、节能减排环境保护、节约用地、房地产调控政策措施落实、城乡管理、水利建设政策措施落实情况、安全生产、食品安全进行监督，对教育行政主管部门治理教育乱收费进行检查。对县委、县政府重大项目建设、四大产业发展、"5个100"工程建设等开展行政监察、监督检查。组成检查组对水务局"十二五"以来落实中央、省、州加快水利改革发展决策部署情况及2011—2012年完工、在建、拟建水利工程项目实施情况进行检查。会同县委政府督查室、住建、危改办等部门对14个乡镇住建领域项目有关事宜开展督查。组成检查组对2011—2012年396.527万元节能减排资金使用情况进行检查，对2011—2013年在建BT项目招标情况进行专项清理。检查2008—2013年500万元以上的项目共35个，排查出问题82个。对国有建设用地的违法使用情况进行监督检查，督促国土部门对土地出让和矿山权出让等进行清理，开展保护耕地检查，对国有建设用地使用情况进行清理整改。对277家生产经营企业进行安全检查，查出一般安全隐患2184条。成立安商领导小组，开通安商网站，完成安商百日行动。对采取BT、BOT模式建设的项目土地使用情况进行调研，并对“十二五”时期经济社会的指导思想总体思路和重大举措贯彻落实情况、管理通胀预期、重点产业振兴和技术改造项目、科技项目实施及经费管理情况、政府采购、微企资金兑现和运行情况、行政审批事项贯彻情况进行行政监察和实地督查。开展“整治铸廉三年行动”，重点组织开展新型农村合作医疗、中职学生补助、小微企业补贴、农机补贴、农村低保、农村养老保险、农村危房改造资金等专项公共资金管理使用情况监察。发现问题1082个，整改问题917个，立案105件，结案68件。

（三）协作交流

因公出国（境） 1998年，因公出国（境）手续由公安局、外事侨务办审核批准。2000年起，公安局、外事侨务办对因公出国（境）团组进行审核、非经贸团组报批办理护照签证以及对出国（境）人员进行外事纪律教育，出国（境）人员无违反纪律案件发生。2012年起，中央严格控制公款出国（境）考察、交流，普安县因公出国（境）的批次人数有所减少，因工作需要正常而必要的因公出国（境）照常进行。1998—2015年，经审核批准因公出国（境）人数421人次，其中经贸类事由出国（境）人数占75%。

访问与交流 1998—2015年，普安县接待国家级及省、州领导视察调研40余次，计90余人次，接待本省地区、州县和外省市县到访考察每年2批左右，组织参观活动、交流工作经验，互通经济信息，加强横向联系。

出访学习 普安县政府每年组织相关部门外出考察访问在10次左右。2008年6月17—23日，普安县委、县政府组团赴湖南凤凰县、贵州凯里市、岑巩县、松桃县、兴仁县、晴隆县、贵州英发房地产开发公司考察学习城镇建设方面的先进经验。2009年3月29日至4月6日，组织县有关部门负责人赴浙江杭州市锦江集团和河南考察学习，开展招商引资和洽谈煤炭开发项目等问题。2011年4月10—12日，组织到北京进行招商引资、协调项目、参加学习等。2013年4月25—26日，组团参加黔西南州党政代表团赴黔东南州考察学习园区建设重大项目、路网建设、市政设施等。

建立友好县市 1998年，普安县与宁波市镇海区结为友好县市，普安县成为镇海区帮扶县，这是普安县与外省市最早缔结的友好区县。

友好协作 2008年，普安县一中与宁波市镇海区镇海中学结为友好学校。2009—2013年，普安县人民医院与贵阳市第一人民医院、浙江省湖州市人民医院、解放军175医院结为友好互助医院。

（四）政府法制工作

1998年，县政府办下设法制督查股，具体负责政府法制工作。2002年4月，法制督查股升格为副科级机构并更名为法制办。2004年12月，升格为正科级机构，加挂县人民政府行政复议办公室牌子，内设综合法律事务股、行政执法监督股、行政复议应诉股。2008年12月，法制办（行政复议办）从县政府办脱离出来单独设置，内设监察室、综合股、行政执法监督股（法律事务股）、行政复议应诉股、备案审查股。2010年9月，法制办（行政复议办）划入县政府办，内设法制监督股、行政复议应诉股、行政执法备案审查股。

1. 清理政府文件

2002年4月，开始系统地清理县政府原有的规范性文件。2006年，下发《关于开展行政规范性文件备案审查的通知》。2009年，制定《普安县规范性文件制订备案审查制度》。2009—2010年，对县政府及其所属部门和乡镇政府1979—2010年制定的规范性文件和政策措施进行清理，共审查9.11万份文件，清理出规范性文件374份，宣布废止103份，失效180份，继续有效91份。2010年起，对规范性文件实行统一登记、统一编号、统一公布的“三统一”工作制度。2011年起，县政府的规范性文件一般由法制办参与起草、修改、审核后发布。到2015年，共向州政府报备规范性文件49份。

2. 行政复议

1999年，《行政复议条例》颁布实施后，对申请人因不服行政机关的处罚提出复议申请的案件进行受理。2004年开始，协调处理群众申诉申请，以“便民、救济”为原则，化解行政争议。2009年，制定《普安县人民政府行政复议工作制度》。1998—2015年，累计办结行政复议案件100余件。

3. 执法培训

2000—2010年，全县申请贵州省行政执法证和行政执法监督证的人员达561人。2004—2005年，组织4期共783名机关公务员及执法人员参加培训。2011年6月，对全县行政执法人员324人次进行行政处罚法律文书、听证制度考核，考核成绩作为行证执法人员发证、换证的前提条件。2012年3月，对全县800余名公务员进行考核，考核称职率99%以上。2002—2015年，全县共进行执法培训38期，培训相关部门分管领导、执法者及其他工作人员3123人次。

4. 执法责任制与行政处罚

执法责任制　2006年，在全县46个单位推行行政执法责任制。2008年，制定《普安县行政执法人员十不准制度》，公布全县具有行政职权的法定行政机关38个，法律授权组织8个，行使执法职权3340项，相继制定《关于建立健全行政执法责任制工作配套制度的工作意见》《普安县行政执法评议考核办法》《普安县行政执法过错责任追究暂行办法》等。2010年，开展行政权力网上公开透明运行工作，编制执法流程图、完善执法程序。2014年，全面落实行政执法责任制，确定不同部门及机构、岗位执法人员执法责任，建立责任追究机制。建立健全评议考核制度，完善行政执法案卷的评查制度，加强执法监督。2015年，建立健全《普安县行政执法责任制度》。

行政处罚　2002年，会同人大、司法、工商、国税等部门开展执法检查，督促行政处罚行为规范行使。2004年起，实施重大行政处罚决定备案监督制度。2006年起，每年均组织开展行政执法案件质量评查活动，评出十佳行政执法案件参加全州评选活动。2009—2010年，对5424件卷宗进行案件质量评查，评出优秀卷宗88件。2010年起，在全县执行黔西南州统一制订的行政处罚自由裁定标准。2014年，建立健全行政处罚裁量权基准制度，细化、量化行政处罚裁量标准，规范裁量范围、种类、幅度。行政机关行使自由裁量权的，应当在行政处罚决定或笔录中告知理由。全面推行县、乡镇网上阳光行政处罚，加强行政执法信息化建设和信息共享，提高执法效率和规范化水平。2015年，开展贵州省行政执法证持证人员清理，凡非法持证的一律收回上交州政府法制办处理，共收回非法持有的执法证103个。对全县各级、各部门办理结案的各类行政执法案卷进行评查。自评自查案卷1998卷，其中行政处罚案卷487卷、行政许可案卷861卷、其他案卷640卷。县案卷评查工作小组对县直12个单位进行抽查，合格案卷88%左右，优秀案卷22%以上。各乡镇（街道）共评查行政执法案卷1486件，其中行政许可128件、行政处罚38件、行政确认370件、行政裁决18件、行政征用14件、行政救济490件、行政监督350件、行政公开48件、其他30件，合格率100%。

5. 规范决策

2005年8月，制定《普安县全面推进依法行政工作领导小组工作规则》《普安县全面推进依法行政工作领导小组办公室工作规则》，修订《普安县人民政府工作规则》《普安县人民政府常务会议议事规则》《普安县人民政府廉政承诺制度》。2008年，制定《普安县行政问责暂行办法》。2009年，制定《普安县依法行政工作制度》，该制度共包括《重大决策合法性审查制度》《县政府常务会议学法》等22项制度。2009—2015年，县政府常务会议集中学习有关法律法规30余次。

（五）应急管理

1998年，突发公共事件由县政府办负责统筹管理。2005年11月，组建临时机构的普安县突发公共事件应急委员会负责。2006年12月，设置正科级机构的应急管理办公室负责。

2004—2006年，先后制定30余个公共事件突发事件应急防治预案，成功处理煤矿瓦斯爆炸、透水和重大交通事故。2007年，启动阿岗水库大坝背水面中部下沉约50厘米事故、龙吟镇文笔村发生疑似炭疽病例、江西坡镇中学发生疑似流感疫情、楼下镇贵全煤矿发生透水死亡5人的事故、普安县发生3.4级地震共5个应急预案。2008年8月，制定《关于加强和改进我县公共事件信息报告工作的意见》，将应急预案设置成“红、橙、黄、蓝”四级，制定1个总体应急预案、27个部门预案和18个部门单项预案102个，把山体滑坡、水旱灾害、交通运输、爆矿安全、重大传染病、高致病性禽流感、医疗保险、下岗或改制职工安置、拖欠农民工工资等作为突发公共事件中的监测、预测、预防、预警重点，明确经贸、民政、粮食、农业等部门负责应急物资的储备和调用，建立健全应急物资的调拨紧急配送系统，储存应急粮食100吨，风险基金存款35万元，各乡镇应急资金10万元，县民政局应急资金50万元，应急衣物500套，建立县级应急储备仓库，拟建2500吨县级储备库。2011—2012年，各相关部门根据预案要求相继成立专业或半专业的应急队伍，成立普安县综合应急救援大队（下设5个综合救援中队，一中队由县消防队整编，共22人；二中队由县人武部民兵应急分队整编，共30人；三中队由县公安局防爆大队整编，共40人；四中队由县矿山救护大队整编，共20人；五中队由青山镇政府专职消防队整编，共16人）及办公室，增加应急通信车5辆、消防车5辆、警车50辆、防弹衣40件、扑火拖把1000把、风力灭火器15只、伐木锯10台、呼吸器30台、氧气充填泵3台、高泡机1台、防冰雹高炮10门、应急实用盐500吨、工业盐60吨、大米200吨、棉被1825床、棉衣2122件、衣服1777套、帐篷98顶、应急石油24000升，供电、供水部门储备发动机、电线杆、电线、水管等应急物资。2013年，在县政府总体应急预案的基础上，各乡镇完成总体预案编制。2014年，组织修订普安县突发公共事件总体应急预案和各专项应急预案，协调指导突发公共事件的预防、预警、应急演练、应急处置、调查评估、信息发布、应急保障和应急救援等工作，开展煤矿应急救援演练、防汛演练、消防演练等。2015年，县、乡成立报灾核灾工作领导小组，75个村、15个社区明确报灾联络员，建立报灾核灾网络。进一步修订完善《普安自然灾害救助应急预案》，进一步建立健全灾害应急响应工作机制，明确各级各部门对灾害的响应程序，工作步骤和工作要求。

（六）信息工作

2011年，将下设于县政府办的信息股升格为副科级的县政府信息办公室，推进政府信息公开情况，向社会公布各年度政府信息公开年度报告。

1. 信息平台建设

1998—2015年，县政府相继建立《普安县通讯网站》《普安县政府服务中心网站》《普安县政府协同网站》《普安县政府网站》《普安县政府门户网站》，以及县政府所属部门的各种网站20余个。

2003年，县政府实现与省政府信息联网。2006年，县政府办公协同网开通。2007年8月，制定《关于加强和改进我县突发公共事件信息报告工作的意见》，对公共事件信息报告工作的责任主体、内容、方式、报告时限等做出明确要求。2009年8月，下发《关于印发普安县政务网络信息安全应急预案的通知》。2010年6月，建立突发事件信息上报制度，规定各类事故上报不超过8小时。2014年，将完善信息公开制度和首问负责制、限时办结制、责任追究制等配套制度相结合，明确各项制度的适用范围和内容要求。10月，对县政府门户网站进行改版。2015年，规范评估标准和程序，实现政府信息公开的系统化和标准化，对外公布信息实行领导审定制。

2. 政府信息公开

2011年，政府公开信息5879条，全文电子化率100%。公开重点内容包括县政府工作、招商引资、惠农政策、政府采购及群众关心、关注的热点难点问题；县政府及县政府办制发的不涉密文件，县政府的重大决策、部署，贯彻落实省、州文件精神及交办的工作事项，其他需要公开的事项等。2012年，县政府网站县长信箱收到8件，通过政府网站公开政府信息6万余条。编辑、发行《普安县人民政府公报》12期，发布信息355条，向14个乡镇、57个县直部门和企事业单位赠阅1200余份，省政府网站采用普安县上报信息120篇。2013年，县政府网站公开发布信息2541条，编辑发行《普安县人民政府公报》6期，发布信息82条，向14个乡镇、57个县直部门和多个企事业单位赠阅2800余份，省政府采用上报信息223条、深度调研信息19条，县政府网站县长信箱收到投诉、咨询和建议信件25件。2014年，在普安县政府网站公开发布信息2688条，公开政府信息2688条。2015年，在普安县政府网站公开发布政府信息5082条，公开政府信息5082条，涉及文化教育、就业服务、社会保障、医疗卫生、基础设施、环境保护、应急管理、依法行政等方面，全文电子化率100%。其重点内容包括：在线办事、政务公开、公共服务、招商引资、农业、旅游、政府采购及群众关心、关注的热点难点问题、县政府及县政府办制发的不涉密文件；县政府的重大决策、部署，贯彻落实省、州文件精神及交办的工作事项；其他需要公开的事项。

（七）政务服务中心

2011年4月，成立普安县政务服务中心（简称“政务中心”），核定人员编制8名，其中事业编制7名（管理人员），工勤编制1名；设主任1名，副主任1名。2012年11月，政务中心调整为行政机构，原核定的7名事业编制收回不再使用。2013年10月，“普安县政务服务中心”更名为“普安县人民政府政务服务中心”（简称“政务中心”）。

政务大厅建设　2010年9月，启动政务中心办公大楼建设，位于县政府办公楼后侧，建设规模1473.5平方米，实际使用面积600余平方米（含服务大厅和中心办公室、监控室、机房）。2011年3月，完成地勘；4月26日，启动办公大楼动工建设；7月，大楼主体工程完工；8月，装修完毕；9月20日，电子监察和行政审批系统建成并试运行；9月28日，政务大厅正式运行。大厅常驻部门19个（民宗、司法、工特、发改、安监、民政、住建、国土、环保、交通、贸科、水务、卫食、文体旅广、林业、计生、质监、农业、残联），进驻工作人员38名；联络部门12个（教育、档案、统计、编办、人防、气象、烟草、人行、盐务、财政、公积金管理中心、公路管理段）；分厅6个（公安、国税、地税、交警、工商、人社）。纳入中心集中办理的行政审批事项96项，便民服务项目67项。2014年，在大厅设置投诉受理窗口和举报箱，公布监督投诉电话，建立投诉处理规程，规范行政投诉处理运行机制，统一受理行政投诉。做好招商引资代办服务协调，探索重大项目“联合审批”、特别事项“绿色通道”服务等运行规则。采取“预警督办”“周通报”等方式，对审批服务事项进行跟踪管理，共督办预警事项216件次。2015年，加强基础设施和服务环境建设，强化窗口人员教育管理，推进政务规范化建设。

政务服务　2012年，受理业务8.32万件，办结8.29万件，办结率99.62%，办结事项共用时1.03万天，平均法定办理用时为13.16天，平均实际办理用时为7.44天，实际提前6.12天，行政效率提高82.3%。2013年，受理业务7836件，办结7872件（含2012年未办结事项），办结率100%；分厅窗口办理业务7.24万件，办结率100%。2014年，全年共受理各类审批服务事项78783件，办结78830件（含2013年未办结事项），办结率100%。2015年，进入行政审批系统办理的事项25526件，办结25513件（未办结事项均在承诺时限内），办结率99.95%。

第三节　重要施政纪要

一、建立高效廉洁政府

（一）转变政府职能

普安县人民政府按照精简、统一、高效的原则和决策、执行、监督相协调的要求，调整和完善机构设置，逐步理顺职能分工，严格控制编制，推进政府职能、机构和编制的科学化、规范化、法定化。2001年4月制定《普安县行政机构设置与人员编制管理实施意见》，2001年10月制定《省、州、市、县乡机构改革工作会议精神及我县贯彻实施意见》，2003年11月制定《关于严格机构编制管理工作的通知》，依法对机构设置和人员编制实行严格管理、降低财政供养系数，解决政府内部机构设置不科学、职能划分不清晰的问题。2004年开始，加快转变政府职能工作，即依法调控经济，依法履行市场兼管职能，增强市场监管的科学性、公正性和有效性，初步建成统一、开放、竞争、有序的现代市场体系；按照法治化原则发展和规范各类行业协会、商会等自律性组织，逐步将行业标准制定、行业信息披露等职能移交行业组织，实行行业自律。完善公共卫生、安全生产、社会治安、环境保护、文化教育等社会管理职能；建立统一、公开、公平、公正的现代公共服务体系。进一步规范行政审批行为，优化和简化审批程序，提高审批的公开性和透明度。积极探索利用行政规划、行政指导等方式实现管理目标，探索行政审批取消后的监管方式。实施涉及自然资源开发利用、公共资源配置等行政许可的，应当依法通过招标、拍卖等公平竞争方式做出决定。

完善政府信息公开制度，整合媒体、档案、图书馆、社区服务、电信服务等信息公开渠道，为公众获取提供便利条件。推进政府电子政务，逐步开展网上审批和网上办公，实现政府部门之间信息互通和资源共享。

遵守诚实信用原则，建立受益守信机制，推进社会信用体系建设。完善政府和部门服务承诺制度，落实承诺措施；加强政府采购等方面的信用建设；设立因政府失信、违约给公民、法人和其他组织的合法权益造成直接损失的补偿或赔偿制度。

建立资金来源多元化、保障制度规范化的社会保障体系。完善城镇职工工伤保险、失业保险、城镇职工基本养老保险和基本医疗保险制度，完善城镇最低生活保障制度。探索建立农村养老保险、医疗保险制度。

逐步建立公共财政体制。统筹安排和规范使用财政资金，每年对行政事业性收费等政府非税收入进行清理和规范，依法对行政事业性收费、政府性基金和各项附加以及国有资源出让收入的征收、使用和管理进行规范完善。严格执行“收支两条线”制度，行政事业性收费和罚没收入全部上缴财政，严禁“以收定支”或“收支挂钩”。进一步完善和规范行政机关工作人员工资和津补贴制度。推进政企分开、政资分开、政事分开、政府与市场中介组织分开，把不该由政府管理的事项转移出去，进一步下放管理权限，深化行政审批制度改革，减少行政许可，从制度上更好地发挥市场在资源配置中的基础性作用，更好地发挥公民和社会组织在社会公共事务管理中的作用。切实解决好政府职能越位、错位和缺位的问题。

在全面履行职责的基础上，更加注重有效地贯彻实施中央方针政策、国家法律法规和省委、省政府、州委、州政府决策部署，更加注重全县经济社会事务的统筹协调；更加注重社会管理和公共服务，着力解决民生问题；更加注重强化执行和执法监管职责，增强处置突发事件和社会治安综合治理能力。

改进直接面向基层和群众的“窗口”机构服务与流程，转变服务与管理方式和工作作风，提高工作透明度和办事效率。加大改进事业单位管理力度，严格控制自收自支事业单位审批。从1998年起，县政府不断推进职能转变，把政府不该管的事交给企业、市场和社会组织，发挥社会团体、行业协会、商会、中介机构、工业园区等自身作用。政府在抓好经济调节、市场监管的同时，注重社会管理和公共服务，促进社会事业的发展和建设。

1998—2015年，县政府按照“有所为、有所不为”的政府运行理念，实施行政审批制度改革，扩大乡镇及政府职能部门的经济和社会管理权限，减少和规范行政审批事项；建立自然灾害与突发事件应急处理机制、食品安全监测重大事故、信息发布制度；改进与完善信访机制，引导和促进通过疏导和法定程序解决社会矛盾；加大行业协会、中介机构的建设与管理，引导和培育农村专业经济合作协会的发展，加强公共财政、社会管理、公共服务的建设与管理，提高政府的社会管理和公共服务能力。

（二）完善决策机制

1998—2015年，县政府注重行政决策民主化、科学化建设，不断改革政府管理经济与社会的方式，建立政府重大决策出台前与人大、政协、工商联及有关知名民主人士的征询制度和决策执行后的反馈制度。

2005年8月，县政府制定《普安县全面推进依法行政工作领导小组工作规则》《普安县全面推进依法行政工作领导小组办公室工作规则》，先后修订《普安县人民政府工作规则》《普安县人民政府常务会议议事规则》《普安县人民政府廉政承诺制》等。2007年，制定《普安县2007—2011年依法行政五年规划》。2008年，制定《普安县行政问责暂行办法》。2009年，制定《普安县依法行政工作制度》。2010—2013年，县政府聘请专家学者担任县长决策顾问，邀请律师参加处理涉法事件，恳请民主人士、工商联人士对政府工作提出意见，县政府内部设置科技副县长职位参与有关事项的决策。其间，路桥建设、小城镇建设、企业建设、能源开发以及农业经济园区、工业园区，均在民主和科学决策的前提下实现。2014年，完成政府部门机构改革，乡镇行政区划调整报省审批，启动城乡统一用地市场改革。推进企业登记制度改革，工商登记实行先照后证，注册资本实缴登记制度改为认缴登记制度。强化资源监管体制改革，开展矿产资源“圈而不探、占而不采”专项治理，政府采购进一步完善。2015年，推进事业单位分类改革，落实一系列涉及民生的各项体制改革。

（三）推进行政审批制度改革

普安县逐年采取利民、便民、富民的政策和措施，推进行政审批制度改革。1998—2015年，县政府共取消100余项涉农、涉商、涉企等项目，减少涉及行政的审批手续。

2000年起，对10余家公用事业系统（行业）的“三乱”（乱设卡、乱收费、乱罚款）、“三难”（门难进、脸难看、事难办）等现象实施专项整治，对涉及的人员实行末位淘汰制（后取消）。2008年，县政府设立投资管理服务中心（一门式项目审批），将10余个相关职能部门集中办公。2011年，县政府根据普安经济发展的需要和时代的要求，建立政务大厅，设立县政府政务中心（正科级，归口县政府办），将全县19个进驻部门的行政审批事务集中在政务大厅办理、协调、咨询，窗口服务设置达34个（含临时服务窗口9个），集中办理面向企业、社会和广大群众的各类证照、证明、政策咨询、政务办理以及其他诸多服务事项，并提供各种法律、法规、规章和政策查询，受理各类影响普安县经济与社会发展软环境行为的投诉和服务。2012—2013年，县政府按照非歧视和公开透明原则，对91093份文件进行全面审查，将1998—2013年县政府及其职能部门、乡镇人民政府制定的374份规范性文件进行清理，取消103件，失效180件，继续有效91件。

2013年，县人民政府本着“行政许可于法有据，非许可保留必要，事前备案保留，事后备案取消，能放则放、能并则并、规范审批、集中办理”的行政审批清理原则和“确保审批减少、确保监管到位、确保服务到位”的审批工作目标，由县政府法制办组织有关部门对县级实施的行政审批（行政许可、非行政许可审批）和便民服务项目进行清理。经审核，确认县级现有行政审批项目101项（行政许可61项，非行政许可审批40项），便民服务项目55项。

（四）依法行政

1998年，普安县提出创建“法制先进县”目标，要求执法和行政部门依法办事。

1998—2015年，按照建设行为规范、运转协调、公正透明、廉洁高效政府的方向，县政府先后4次修正《普安县人民政府工作规则》，制定《普安县2007—2011年依法行政五年规划》《普安县行政问责暂行办法》《普安县依法行政考核制度》《县政府领导班子成员指导联系依法行政联络员工作制度》。对全面履行政府职能、实行民主决策，坚持依法行政，加强行政监督、工作安排布局、会议制度、公文审批、作风纪律等提出明确的规定和要求。同时不断加强县政府与县人大、县政协工作联系的规范化、制度化建设，建立县人大常委会对政府职能部门负责人述职评议等工作制，建立县政府与县委、县人大、县政协领导的工作联席会议制度和政府季度工作通报制度等。主动接受县委的领导，县人大的依法监督和县政协的民主监督。建立和完善行政执法体系和行政执法首长责任制，建立与健全执法法律救济制度，规范多头执法、多层执法，推进相对集中的行政执法和综合执法工作，加强行政执法机关的协作与配合，畅通案件移送渠道，建立执法信息互通互用机制，强化行政问责制。

二、实施改革开放政策

（一）扶持乡镇企业

1998年，乡镇企业开始由内向型转为外向型，打破“就地起材、就地生产、就地销售”的格局，在1997年的基础上压缩预建项目36个。为搞活经济，县政府加强对乡镇企业管理，推行多种形式的经济体制，实现速度与效益统一、产值与税利同步增长。当年乡村工业产值2.29亿元，利润0.43亿元，分别占全县工业产值、利润的51.2%。煤炭产业形成一定规模，当年生产能力70万吨。1999年，县政府制定《关于进一步发展乡镇企业有关政策的补充规定》，扶持新企业和新产品，规定企业开办初期不受利润限制，均可免税1年；经济薄弱乡镇年工业利润100万元以下的乡和20万元以下的村，原则上可免税收2年；凡列入上级试制计划的新产品，除财政部规定不能免税的产品外，试制期可全部免缴产品税和增值税，在批量投产初期，也可免缴产品税和增值税2年。2000年，县政府制定《关于发展乡镇企业的若干规定》《关于鼓励科技人员参加乡镇经济建设的若干规定》，加大扶持力度，当年全县乡镇企业总产值达到2.12亿元，营业收入2.03亿元，涌现出武贵复合肥厂、冠和铁合金厂、金鑫煤矿等一大批非公有制企业。2001—2005年，普安县乡镇企业形成一个新的发展高潮，豫黔铁合金厂、龙吟石寨坪电石厂、盘水大桥河砖厂等一批乡镇企业实力不断发展壮大，罐子窑砖厂、盘水镇硅石厂等一批乡镇企业建成投产。2005年，全县有乡镇企业141家，工人1.89万人，产值4.88亿元，利润0.56亿元。2006年，全县乡镇企业营业收入完成7.14亿元，乡镇企业工业总产值完成6.47亿元，乡镇企业增加值完成2.45亿元，工业增加值完成3.12亿元，上缴税金1.48亿元，有规模以上企业25家，规模以上企业总产值完成3.81亿元。2007年，全县共有乡镇企业179户，其中农业企业13户，实现生产总值450万元；采矿业43户，实现产值6.98亿元；制造业84户，实现产值1.54亿元；小水电站10户，实现产值2783万元；建筑业12户，实现产值863万元；批发零售业3户，实现产值502万元；住宿餐饮业7

户，实现产值435万元；服务和娱乐业7户，实现产值202万元；煤炭企业26个。乡镇企业营业收入完成10.06亿元，总产值完成10.02亿元，工业总产值完成9.05亿元，工业增加值完成3.53亿元，上缴税金1.52亿元。2008年，乡镇企业主要以新型环保企业为主，发展农产品加工业和种植业，新发展的有龙吟金山公司、秋锦梨、青山牛干巴等完成前期评估，乡镇企业增加值完成4.2亿元，其中乡镇企业工业增加值完成4亿元，乡镇企业营业收入完成12亿元，乡镇企业从业人员2.75万人，利润总额完成1.3亿元，上缴税金1.68亿元。2009年，普安县乡镇企业总产值完成14.5亿元，其中工业总产值完成14.18亿元，营业收入完成14.08亿元，增加值完成5.8亿元，工业增加值完成5.67亿元，利润完成2.4亿元，上缴税金2.27亿元，乡镇企业从业人员2.9万人。2010年以后，随着集约型规模经济的发展以及私营企业、个体经营企业、小微企业的不断发展壮大，普安县乡镇企业逐步被弱化，纷纷改制或转制。

（二）发展壮大私营及个体经营企业

普安县私营企业及个体经营企业的发展，经历由小到大、由弱到强，并走出一条特色的发展之路。2005年，按照“公司注册资本总额不变、只涉及股东变更或股东之间投资比例变更办理变更，登记时不需提交验资报告”的原则，为普安县吟旺水电开发有限责任公司办理变更登记；按照“允许改制企业延用原企业名称”的原则，为普安县化肥厂办理改制登记，允许使用原企业名称并冠“有限责任公司”字样。2007年，支持发展先进制造业、高新技术产业、服务产业和科技型、外向型个体私营企业，扶持发展普安县上生单采血浆有限公司、普安县腾达免烧砖厂、普安县三板桥华信型煤厂、普安县环宇水泥制品厂等一系列采用先进技术的制造型企业，为迁入具备先进技术和拥有雄厚资本的黔西南州新宜矿业投资开发有限公司办理变更登记。2009年，受全球金融危机的影响，60%以上的企业出现资金周转困难，普安县加强与银行的衔接，发挥股权出质在解决企业特别是中小企业融资难问题上的积极作用；对2008年7月1日以后出资期限到期的无违法记录的普安县普天电冶有限责任公司，因资金紧张无法按时缴付出资的，依企业申请，允许延长出资期限至2009年年底；对于企业生产经营受国际金融危机影响，需要调整经营方向的，积极支持企业利用现有经营条件，开展相关项目的经营，为企业办理经营范围变更登记提供便利；对于受国际金融危机影响，企业成立后超过6个月未开业，或者开业后自行停业连续6个月以上的24户企业，允许其延续至2009年年底。2013年，帮扶企业特别是中小企业解决融资难问题，依法开展股权出质登记和股权出资登记管理。办理受理普安县吟旺水电开发有限责任公司股权出质登记申请，出质股权数额376万元，被担保债权数额1424.08万元。

2015年，全县累计有各类企业1392户，注册资金62.74亿元，从业人员5529人；其中私营企业1114户，注册资金24.63亿元；农民专业合作社254户，注册资金3.5亿元，成员1796人；个体工商户9104户，注册资金5.26亿元，从业人员9420人。

1998—2015年普安县私营及个体经营企业情况表

表13-2-10

年份	企业性质	户数（户）	注册资金（万元）	从业人员（人）	年份	企业性质	户数（户）	注册资金（万元）	从业人员（人）
1998	私营	10	921.3	278	2000	私营	22	2174.38	844
	个体	1318	355	1356		个体	1328	398	1341
1999	私营	17	2029.3	558	2001	私营	30	3648.69	1130
	个体	1209	338	1245		个体	1509	528	1528

续表 13-2-10

年份	企业性质	户数（户）	注册资金（万元）	从业人员（人）	年份	企业性质	户数（户）	注册资金（万元）	从业人员（人）
2002	私营	38	4497.69	1418	2009	私营	240	29179.8	3433
	个体	1643	821	1661		个体	3699	3200	3699
2003	私营	67	11676.19	1703	2010	私营	273	33062.8	3719
	个体	2245	1241	2256		个体	4413	3900	4450
2004	私营	108	17607.99	1992	2011	私营	322	45680.8	3800
	个体	2257	1015	2278		个体	5487	6980	5546
2005	私营	135	21820.41	2278	2012	私营	495	55002.8	4553
	个体	2315	1389	2331		个体	6250	9552	6311
2006	私营	155	25609.06	2564	2013	私营	701	80914.8	5529
	个体	2561	1665	2584		个体	7626	8840.5	7687
2007	私营	188	26681.56	2843	2014	私营	947	138389.8	6860
	个体	2778	2047	2789		个体	8677	13233.4	8739
2008	私营	210	27601.16	3145	2015	私营	1114	246324.4	8099
	个体	2049	3123	2069		个体	9104	52259.2	9858

说明：1999年受1998年金融风暴的影响，企业户数据有所下降；2008年对所有数据进行清理，挤干水分；2009年以后数据以机读数据为准

（三）支持国有及集体企业改革

支持国有集体企业改组改制改造，对私营企业兼并、收购国有、集体中小企业的，执行国有、集体企业改组、改制、改造过程中的登记注册收费减免规定，按办理企业变更登记收费每户50元；简化企业改制登记程序。企业依照《中华人民共和国公司法》改制为公司的，除法律、行政法规规定应按设立登记程序办理登记的外，可按变更登记程序办理改制登记。允许改制企业延用原企业名称。企业整体改制为公司的，允许延用原企业名称并冠以“有限责任公司”或“股份有限公司”字样。对于改制后另起名称，而原企业名称又因特殊原因仍需保留的，可在使用新名称的同时保留原企业名称，保留期限为3年。简化注册登记审批环节，规范注册登记条件和标准，严格依据法律、行政法规和有关规章制度，统一注册登记条件，统一审核标准。规范企业名称、股东资格、住所（经营场所）、法定代表人、注册资本、经营范围等主要登记事项的审批标准。减少审批环节、提高办事效率、缩短办照时间，为企业开辟方便、快捷的准入通道。

1998—2010年普安县国有集体企业情况表

表 13-2-11

年份	企业性质	户数（户）	注册资金（万元）	从业人员（人）	年份	企业性质	户数（户）	注册资金（万元）	从业人员（人）
1998	国有	81	11186.12	580	2000	国有	93	18214.12	806
	集体	67	2792.5	360		集体	77	2852.5	367
1999	国有	89	18199.12	693	2001	国有	97	18632.12	909
	集体	73	2842.5	363		集体	80	2862.5	368

续表 13-2-11

年份	企业性质	户数（户）	注册资金（万元）	从业人员（人）	年份	企业性质	户数（户）	注册资金（万元）	从业人员（人）
2002	国有	104	18632.12	1022	2007	国有	136	66150.12	2238
	集体	89	2915.5	368		集体	132	3115.3	390
2003	国有	117	18722.12	1135	2008	国有	146	66650.12	2842
	集体	100	2915.5	370		集体	133	3125.3	392
2004	国有	127	19930.12	1248	2009	国有	170	66700.12	3328
	集体	108	2967.3	370		集体	135	3125.3	407
2005	国有	131	20760.12	1748	2010	国有	174	66730.12	3516
	集体	110	3002.3	372		集体	135	3125.3	407
2006	国有	133	20780.12	2068					
	集体	132	3115.3	375					

（四）扶持小微企业

2012年，启动扶持小微企业，每户小微企业由财政补助资金5万元。2013年，将扶持小微企业县级配套资金纳入财政预算。县扶持小微企业发展成员单位对每户申办微型企业经营场所进行2次以上实地勘查，查看是否达到创办条件的基本要求。在拨付补助资金之前，组织对小微企业（经营单位）或个人经营点的规模、设备运转、用工、资金使用、证照办理等方面进行核查，召开评审会，签署补助资金是否拨付评审意见。2014年，为解决融资困难，从省财政补助的3.5万元中，抽取10%作为微型企业风险补偿资金，即从省财政补助的3.5万元中抽取0.35万元，每户微企补助资金实际为3.15万元，加上州财政补助的0.5万元和县财政补助的1万元，每户补助资金为4.65万元。2015年，每户按4.5万元（不含贷款风险补偿金0.5万元，此项由省财政负责并已提取）给予投资直接补助，资金由省、州、县三级财政按照7:1:2的比例分担。

2012—2015年，全县扶持小微企业524户，注册资金7059.7万元，财政补助资金2508万元，解决就业人数2725人。其中种养殖业185户（含36户长毛兔养殖户）、加工制造272户、零售批发39户、住宿业4户、餐饮业7户、文化创意7户、其他10户。个人独资企业506户、有限公司7户、合伙企业11户。创意者类型中，返乡农民200人，大中专毕业生29人，失业人员5人，退役军人1人，其他人员307人。经营正常的479户，占91%；未正常开展经营活动的45户，占9%。盈利445户，占93%，总产值7560万元；亏损15户，占2.8%，亏损85万元；尚未盈利的30户，占5.7%。获得信贷资金支持的196户，占37.4%，其中以企业名义贷款的23户，以个人信用贷款的173户；累计对微型企业进行税收奖励共30.02万元。获得贴息贷款的52户，商业贷款39户。纳税89户，占33.7%，其中注册账户征收53户、评定征收36户，纳税总额30.35万元。

2012—2015年普安县扶持小微企业情况表

表 13-2-12

年份	扶持户数（户）	补助资金（万元）	解决就业人数（人）	纳税总额（万元）
2012	130	650	715	6.45
2013	134	670	700	14.63
2014	120	558	610	8.94
2015	140	630	700	0.33

（五）转换企业机制

1998年3月，根据县委、县政府《关于加快企业产权制度改革的决定》，对矿冶公司、煤金公司、物资公司、化肥厂、印刷厂、酒厂、百货公司、民贸公司、烟酒公司、轻工公司、五金公司、顺达公司、盐业公司、医药公司、铁锅厂共15个国有企业进行资产重组，转换企业机制。1999年，企业内部全面推行厂长经理负责制、供销人员承包制、职工报酬计件制，全县20余家企业实行股份合作制试点，县畜牧水产局、粮食局、物资公司、盐业管理局、工业局等相继成立经济实体，由行政管理型向经营管理型过渡。2000—2003年，制定《关于加快推行以厂长任期目标责任制为主的各种形式经营承包责任制的意见》等制度，推进以搞活企业经营机制为重点的改革，"抓大放小"和改制、改组、改造，加强企业管理。2004—2008年，关闭无证煤矿、整理小型矿井、技改中型矿产、发展大型矿产，解决煤矿整合遗留问题，完成小型水电站的整合转换机制。2009—2012年，加大工业园区建设，转换或改变过去小而全、多而散的产业布局。2013—2015年，推进"三个工业园区"建设，抓好煤炭、电力、电冶、建材、黄金五大工业支柱产业，乡镇企业全部完成改制，70%的国有企业、集体企业完成改制。

（六）招商引资

1998年后，陆续引进如焦化厂、硅铁厂、铁合金厂、电石厂、黄金开采公司等产业。

2004年起，逐年减少对高耗能、高污染产业的引进，到2007年共引进加拿大预期年产10万两黄金原生矿的APC公司、240万千瓦火电厂建设项目、年产240万吨的糯东煤矿、普安县普天电冶公司、普安县九龙水泥厂新厂建设落户普安。2008年，加大招商引资力度，完善政策配套，全面整治和优化投资环境，强化招商质量。2009年，引进"普安县清洁化茶叶自动生产线"项目建设，普兴化一体基地普安青山片区60万吨／年煤制甲醇项目获省发改委核准批复。在普安县"三月三"采茶节活动招商引资签约仪式上，签约项目19项，协议意向引资24.8亿元。2010年，与中电国际、永煤集团接洽协商争取加快普安火电厂项目建设，与广西有色金属集团有限公司合作争取加快泥堡金矿建设，与普安铅厂磋商土地置换推进北部工业园区建设，加快推进普天电冶1.25万吨电石技改扩能项目建设，引进贵州同源矿业开发有限公司120万吨洁净型煤加工项目，年产120万吨的地瓜三号井、富洪茶叶加工项目、顺兴阳光新城、宏彬机械制造厂、畔河电站、青山百合片区市政工程等开工建设。

2011年，组团到北京、上海、广东、湖南、湖北、河南、重庆、辽宁、浙江、江苏、山西、山东、贵阳、昆明等地招商引资，累计签约项目10余个，意向引资193.3亿元。同时实行"一个项目，一位领导，一套班子，一个方案，一抓到底"项目建设责任制，推进22个重点项目建设。森林公园温泉度假村、恒泰和能通矿区瓦斯发电、煤矿机械制造、普天电冶异地技改、泥堡金矿黄金生产线、畔河北站、富洪茶叶生产线、普安县闽黔石材加工、工业园区基础设施路区、东南煤矿、楼下洗煤厂等项目开工建设，糯东煤矿一期建成，普安县火电厂项目可行性研究通过国家电规总院评审正式签订煤电联营项目合作开发协议，与宁波市镇海德信兔毛加工厂签订发展长毛兔养殖与产品加工综合开发项目合作备忘录，与上海富程环保工程有限公司、重庆鸿霖建设（集团）公司、上海长芝渠实业有限公司签订青山工业园区路网建设框架性协议，与泰安水泥厂、绿河酒厂签订合作协议。在"2011中国·普安春茶节"招商引资项目签约仪式上，协议引资164.19亿元，涉及项目20个。2012年，制定《普安县招商引资奖励办法》，参加省级招商推荐活动1次，签约项目2个，总投资19.9亿元；参加州级招商推荐活动1次，签约项目3个，总投资1.25亿元；组织到重庆、山西招商项目推介2次，签约项目2个，总投资56亿元；组织参加风能资源开发专题项目推介会，签约5个项目，总投资81亿元。分别与云南省宏鑫矿业有限公司和新加坡星华资源控股有限公司签订CTC红碎茶生产项目投资协议，北部工业园区铁合金生产项目（硅、锰）开工仪式在罐子窑镇举行。全年招商引资项目17个，引资额为164.55亿元。实际到位25.77亿元，是省、州下达任务数22亿元的1.17倍。2013年，招商引资到位资金67.72亿元，是省、州下达任务数44亿元的1.54倍。全年纳入省招商引资管理平台项目80个，重点跟踪招商项目20个，其中2013年新签约项目43个、投资总额21.135亿元；履约项目43个，履约率100%；落地项目39个，落地率90.7%；投产项目21个，投产率48.84%；到位资金18.642亿元，资金到位88.20%。当年引进的重大项目有中电集团拟投资52亿元的2×66万千瓦中电普安电厂，神华集团投资103亿元的普安雪浦6×66万千瓦电厂（一期4×66万千瓦，总投资76.5亿元），贵州国丰煤化工有限公司投资35亿元的年产60万吨煤制乙二醇项目，总投资1000万元的应宏酒厂，普安县荣安矿业公司年入选原矿20万吨萤石矿开发项目，普安县宏鑫CTC红碎茶加工厂项目，普安县乡村农副产品开发有限公司投资的农特产品加工项目，普安县飞羽制衣有限公司投资的服装加工项目，香港商人投资的普安县黔海石材加工项目，普安县凤凰翅茶叶有限公司投资500万元的茶叶精深加工项目，普安天红制衣有限公司同园区签订3000平方米标准厂房10年期租赁合同，投资600万元的年产100万条休闲裤出口订单生产线项目，普安县宏瑞机动车检测有限责任公司投资1500万元的机动车检测项目，贵州凯飞林业产品开发有限公司投资1850万元的家具生产项目，广东东莞市才华手袋有限公司投资5000万元（一期）的普安手袋厂，休闲鞋厂项目，食用菌生产加工项目，普安县颐鑫建材有限公司（北京创世纪经伟投资管理有限公司）莲花岩水泥厂异地技改项目，年产大理石标准板材100万平方米项目，普安县顶效林丰耐磨铸造厂还原铅（12万吨/年）加工生产项目。2014年，全年招商引资到位资金76.02亿元，其中省外、境外、国外到位资金64.88亿元，纳入省招商引资管理平台项目107个，重点跟踪招商项目27个。2015年，引进投资规模1000万元以上省外合同项目46个（投产27个，投产率59%），签约投资总额65.57亿元，新增省外到位资金41.29亿元。

三、落实“三农”政策

（一）深化农村改革

围绕建设社会主义市场经济目标，推进农业适度规模经营，提高农业生产集约经营水平和发挥农业产能效益。抓好第二轮延长土地承包期限的后续完善工作，稳定土地承包关系。探索和推进土地使用权流转的新机制，鼓励农民将土地使用权向有实力的私营业主、生产大户流转，推进土地的合理聚集，让农村能人进入乡镇经商办企业，让生产大户进村入组服务兴农，促进城乡人口的合理流动，推进小城镇建设。调整和优化农业产业结构，鼓励、支持、发展各类农村中介组织，推进农业产业化经营，加强农业基础设施和生态环境建设。巩固和加强农业基础地位不动摇，确保粮食等主要农产品稳定增产，实施科技兴农战略，推广农业适用技术，普及良种良法；强化抗灾夺丰收的思想，改善农业基本生产条件；抓好坡改梯工程，实施渴望工程；搞好农业综合开发；多渠道、多形式增加农业投入；调整种植结构，提高粮食生产水平和质量。以增加农民收入为核心，调整农村经济结构，以突出质量为重点促使烤烟、茶叶等传统农业支柱的优化升级；结合退耕还林还草，抓好养牛、养羊等畜牧基地建设，加快畜牧养殖结构的调整；抓好特色农副产品及经果林的规模发展，调整农业种植结构。推进农业产业化经营，积极扶持龙头企业，围绕县内特色产业，实施龙头带动战略，引导农民进入市场，拓宽农业发展空间和农民增收渠道。以建成珠江上游生态屏障为目标，实施国家生态环境建设综合治理工程，巩固16个自然保护区和生态治理区，争取国家“退耕还林、以粮代赈”配套政策解决粮林（草）争地矛盾。

（二）投入与服务

1998年，投入各类扶贫资金3801万元，农民人均占有粮食330.75千克，人均纯收入1178元，7万贫困人口基本越过温饱线，实现以县为单位基本越过温饱线的目标。完成坡改梯250公顷，新增灌溉面积16.83公顷，恢复灌溉面积758.33公顷。在加大扶贫攻坚的同时，投入1130.4万元资金改善农田水利设施，其中水利事业费545万元，农田水利费9万元，水土保持费8.5万元，防汛抗旱费0.50万元，农电建设费18万元，人员经费40.4万元，基础设施建设及其他经费509万元。

“八七”扶贫攻坚期间，共投入各类扶贫资金2.71亿元，扶持项目260个。其中财政扶贫资金857万元，扶持项目37个；信贷扶贫资金1.23亿元，扶持项目91个；以工代赈资金9335万元，扶持项目118个；宁波对口帮扶资金305万元，扶持项目40个；其他帮扶资金4403万元，完成坡改梯1501.67公顷、人畜饮水工程245处；兴修和完善幸福水库、东风水库等6个水库和海马、德依排洪工程；建成一批小水电站及匹配设施，实现村村通电、通路，村村通程控电话、村村通广播电视；新建和改建中小学58所，建筑面积4.07万平方米；乡镇卫生院10所，建筑面积4620平方米；村卫生室78所，建筑面积1560平方米；建立16个生态自然保护区，植树造林3450公顷，治理水土流失74.51平方千米。2000年，全县工农业总产值达4.11亿元，农民人均占有粮食344千克，农民人均纯收入1194元，贫困人口下降2.97万人。

2005年，制定《关于切实抓好整村推进扶贫工作的实施意见》，决定从2005年起，每年安排10个左右的一类村实施整村推进，力争2010年前全面完成全县36个一类重点村及部分二、三类重点村的整村推进工作。

2011年，制定《关于编制普安县“十二五”扶贫开发规划人口安排意见》，决定到2020年基本消除绝对贫困现象，农民人均纯收入比2008年翻一番，农民人均增幅争取高于全省平均水平。

2013年，全年减少农村贫困人口1.5万人。向省争取财政扶贫项目资金4999.76万元，争取宁波对口资金244.1347万元。共种植核桃666.67公顷，完成核桃产业带400万元基础设施项目建设（在高棉、白沙、窝沿等8个核桃种植区域新修机耕道6.5千米，生产便道27.2千米），完成茶叶园区建设项目33.34公顷（江西坡镇高潮村16.67公顷、细寨村16.67公顷），完成脱毒马铃薯种薯和优质薯种植53.98公顷。完成雨露计划培训1285人（圆梦行动助学50人，产业化技能培训1085人，“三位一体”培训100人，助学工程50人）。下拨贫困农户生产发展项目资金40万元，完成龙吟蜜柚种植面积1.66公顷，修建蓄水池60立方米，埋输水管道5000米和完成相关喷灌附属设施；完成地瓜天麻种植3992平方米，项目扶持农户20户，扶持人口110人。下拨雪浦乡水果（猕猴桃）种植项目资金100万元，落实种植农户50户，其中贫困户35户。下拨青山镇种植项目资金50万元，完成种植面积3公顷。下拨乡村旅游项目资金100万元，完成公园扩建520米，乡村旅馆及附属设施1030平方米，扩建休闲娱乐设施2处，环保垃圾桶12个，景区管理用房15平方米，红星土鸡饲养1万只（羽）。下拨特种养殖项目资金86万元，完成购梅花鹿80只，新建圈舍1000平方米。产业结构得到合理调整，粮经比达到4.3∶5.7。完成州下达蔬菜种植示范点3个，示范面积45公顷；完成果树管理与修剪面积1166.67公顷；全县中药材种植面积达32.5公顷；新发展蔬菜种植户2721户；发展中药材种植专业合作社1个，种植面积16.67公顷。种植烤烟1909.25公顷，种植农户6668户。茶园总面积1300公顷，投产面积672.25公顷。草地生态畜牧业运行良好，羊存栏16.55万只，出栏5.38万只。

2014年，实现粮食总产量完成8.6万吨。实施烤烟、茶叶、草地生态畜牧、核桃、芭蕉芋五大产业。投资2640万元，新增羊圈舍3万平方米，新增羊只1.5万只，发展“10只羊”（一种养殖模式）养殖户1000户，建成标准化养羊小区14个，羊存栏达17.54万只。扶持长毛兔养殖龙头企业1家，发展长毛兔养殖户270户，长毛兔存栏达2.56万只，兔毛产量40吨，产值突破800万元。种植烤烟5573公顷，收购烟叶9600吨，产值达2.24亿元。补植补造核桃苗15.75万株，新增种植面积1773公顷。成功举办全省茶树病虫害绿色防控现场会，新植茶园1000公顷，改造核心标准化茶园333公顷，建成朗寨、江西坡社区等5个茶青交易市场，茶叶产量达5100吨，实现产值9750万元。初步建成以宏鑫茶业公司、布依人家茶叶合作社为主的省级茶叶出口基地，出销额达35万美元，实现全州茶叶出口零突破，成为全州最重要的农产品对外开放平台。引进贵州美人芋公司投资1.2亿元实施芭蕉芋开发项目，发展芭蕉芋种植1620公顷，精深加工厂进入试产。

2015年，粮食总产量完成8.35万吨，粮经比调整优化为56.6∶43.4，农业增加值达14.45亿元。实施烤烟、茶叶、草地畜牧、核桃、芭蕉芋五大农业产业工程。草地生态畜牧业完成投资1000万元，新建小区14个，完成年初任务20个的70%，羊存栏17.31万只，出栏6.83万只，分别是任务17.31万只和5.88万只的1.01倍和1.16倍，新建圈舍2.07万平方米，新增羊1.09万只，完成计划数1.1万只的98.8%；有长毛兔养殖州级龙头企业1个，兔用颗粒饲料厂1个，长毛兔养殖户306户，长毛兔存栏达10.28万只，兔毛产量180吨，产值0.35亿元。种植烤烟5573公顷，收购烟叶9600吨，产值2.24亿元。全县核桃种植面积达16160公顷，投资2500万元的资轻松核桃乳加工厂正常生产。新增茶园1000公顷，茶园总面积达7600公顷，投产5733公顷，有茶叶企业39家，农民专业合作社10家，省级龙头企业2家，州级龙头企业5家，通过QS认证企业5家。芭蕉芋产业，全县11个乡镇（街道）发展种植芭蕉芋1622公顷，生产芭蕉芋8.52万吨，实现产值5109.3万元。兼顾发展中草药、精品水果等其他产业。

（三）农民减负增收

减　负　1998年，制定《关于全面推行农民负担一定三年不变管理办法》，实行“一户一卡一表”制度，控制收费总量。1999年，制定《关于对各乡镇实行购粮指标减免和品种调换的通知》等政策，农民负担在1999—2003年大幅度减轻。2004年，农业税税率按中央一号文件规定调减1个百分点的基础上再减征农业税额的10%，对极贫乡（白沙乡）全部免征农业税。在减免农业税费的同时，加强对农村中小学教育收费等涉农收费的监督检查。2005年，全部免除农业税，此后农民负担逐年减轻，直至农业税、公余粮、农业特产税、牲畜交易税等全部免除。2010—2015年，投资近2亿元顺利完成农村电网改造，为全县农户安装照明电表11025只，脱粒电表8112只，农村电价平均降低50%左右，与县城实现同网同价目标。

增　收　围绕劳务市场需求，整合培训经费和教学资源，形成政府主导、统一协调、各方参与的培训体系，引导农村劳动力转移。抓住黔西南州调整为烟叶收购二价区的机遇，继续稳定南部烟叶种植面积，加快推进“南烟北移”速度，巩固与湖南常德卷烟厂建立的“常安”（常德—普安）优质烟叶基地建设成果。把畜牧业发展与生态建设和沼气池建设结合起来，培育壮大种草养羊、长毛兔养殖，发展生猪饲养、林下养鸡。搞好茶产业园区发展规划，加强茶叶基地建设，做好茶叶精深加工，以江西坡、罗汉和龙吟茶区建设和发展为重点，探索开发无公害茶叶产品、绿色食品茶和有机食品茶。依托已有的种植经验，积极引导农民发展优质、高效、市场前景广阔的特色农产品，进一步调整粮、经、草三元比例。做大特色林果业和地方特色产业，发展林下草、林下药，培育薄壳核桃、红皮大蒜、天麻、银杏、百合等地方优势特色产业。

四、改善投资环境

路桥建设　1998—2015年，普安县乡道、县道、省道、国道等路桥建设发展较快，公路密度由1998年的579.8千米上升到2015年的1386.78千米。河阳大桥，新寨河特大桥，小坡脚公路桥，下厂河石拱桥，楼下大河南环线、东环线、西环线，龙吟至中营公路，马（岭）普（安）公路，盘北公路普安段，镇（宁）胜（境关）高速公路普安段，晴（晴）兴（义）高速公路普安段，普安至楼下油路，江西坡至罐子窑通乡油路，楼下至河阳公路建成通车。累计投资12.98亿元，新建、改造乡道、村道、组道216条2631.74千米，新建、改造客运站5座，新建、改造桥梁48座。

工业园区建设　普安工业园区，按照“一园三区”（一园即普安工业园，三区即中部青山工业园区，北部工业集聚区，东部江西坡轻工业集聚区）进行规划。规划建设青山煤电一体化循环经济工业园区，主要集聚发展火电、煤化工、洁净型煤等项目；规划建设江西坡轻工业园区，主要发展农特产品精深加工产业；规划建设罐子窑北部工业园区，主要开发铅锌矿产资源并延长其产业链。2011年4月，成立园区办。8月，成立青山工业园区、北部工业聚集区、江西坡轻工业园区委员会。2014年，加快推进工业园区建设。新增入园企业16家，其中亿元企业9家、投产企业6家，完成投资26.12亿元。2015年，抓好园区基础设施建设，青山工业园区40米宽园区大道碎石层路面（5.14千米）工程竣工；河道治理一期工程竣工投入使用，入园大道及厂区道路油化、绿化、亮化（路灯）、管网工程竣工投入使用。先后有贵州恒发安全玻璃有限公司、贵州鑫昌塑业科技有限公司、贵州华康鑫电子科技有限公司（第二条生产线）等企业投产、扩建。引进配套项目和企业入园，青山工业园区引进配套项目1个；江西坡工业园区入园企业2个。完成园区重组，对县园区管理办公室下属普安县煤电工业园有限责任公司进行重组和规范，将普安县煤电工业园有限责任公司更名为贵州金州源（实业）有限责任公司。

农业园区建设　2013年4月，成立普安县江西坡农业园区。当年，园区实现销售产值2.77亿元，实现销售利润8990.2万元，生产产品商品率97.5%，实现农民人均纯收入7405元（比全县农民人均纯收入高2400元）。农业园区建设投入资金5.06亿元（其中县级部门项目整合资金和各级财政投入资金共1.15亿元，企业投入资金3.91亿元），完成基础设施建设项目59个（其中县级部门建设项目36个，企业建设项目23个）。园区招商引资签约资金10.08亿，到位资金5.05亿元。入驻企业17家（其中注册资金500万以上的规模企业6家，省级龙头企业3家，州级龙头企业6家），成立农民专业合作社10家。园区茶叶种植面积883.33公顷，成园面积533.33公顷。2014年，江西坡省级现代高效农业示范园区挤进全省重点农业园区之列，建成标准化茶园568公顷，大湾畜牧生态现代高效农业示范园区完成土地流转547.5公顷，羊存栏达1.66万只。2个园区入园企业达15家，完成投资5.85亿元。2015年，打造江西坡茶业现代高效农业示范园区和大湾畜牧生态高效农业示范园区，申报创建2个州级园区和4个县级园区。

五、推进城镇化建设

1998年，对楼下、青山、龙吟、江西坡、三板桥、地瓜等小城镇建设进行规划，推进城镇化建设。2015年，普安县城镇化率29.5%。建成新店镇、罗汉镇小城镇和县城普天大道、云盘商贸区。青山省级示范小城镇路网建成12条6440米，建成中心卫生院、敬老院、农贸市场、廉租房，便民服务中心、公租房、休闲体育广场、现代烟草农业示范区、有机茶叶生产基地等在建设中，文化休闲广场、污水处理厂、垃圾处理场正在设计中。龙吟州级示范小城镇建成总长度1700米、宽12米的市政道路7条，长90米、宽6米步行街1条，建成保障性安居工程、计卫中心、图书馆、幼儿园、敬老院、文化广场。县城东方新城综合体一号路建设总长1.16千米，经贸片区、金桥市场旧城改造建设全面展开。对新店乡新店村、江西坡镇江西坡村、楼下镇坡脚村、青山镇云山村、龙吟镇丫口村、盘水镇文笔村和云盘社区等村寨进行统一设计、统一规划。

六、建设实事工程

1998—2015年，加快公路、水利、电力、学校、医院、通信、小城镇等基础设施建设，共建设实事工程204项。其中：城乡基本建设实事工程最多，共145项；教育卫生建设实事工程次之，共59项。

1998—2015年普安县实事工程建设情况表

表13-2-13

年份	实事工程项目
1998	石桥河一级电站建成投产，日发电量8.5万千瓦时的吟路水电站一号机组投入生产，黄皮塘水电站基本建成，建成“渴望工程”94处、水坝11座、水池145个，引进106地质队在泥堡开办鑫兴金矿，完成G320线保畅镶边工程，14个乡镇全通车，下厂河空腹式石拱桥建成，江西坡商贸区建成投入使用，改造县城南山路，平安工程通过省、州验收，完成县城至14个乡镇光缆工程

续表 13-2-13

年份	实事工程项目
1999	完成楼下至红岩公路一期工程和楼下至糯东公路12千米，改造沙子坡至马岭部分公路，改造G320普安县三板桥过境线1千米，建成吟路三号机组、绿荫滩电站和龙吟、云盘、楼下、三板桥、罐子窑变电站，开工建设长征桥、吟路一组、南京桥电站，完成35千米村级电网建设，完成德依至桃子湾2个排洪隧道及明渠开挖工程，完成西羊城、泡木山、风火砖水库除险加固工程，完成坡改梯1000公顷，治理水土流失5平方千米，建成小水池、小水窖450个和山塘14个共解决2.18万头（匹）牲畜饮水困难，完成县城1.5千米水泥路面改造及60套安居工程立项建设工程
2000	完成幸福水库渠道防渗配套一期工程及德依至桃子湾排洪工程，新建5所农村小学，基本实现电气化县目标并经省、州验收合格，建成4个年产6万吨和2个3万吨煤炭矿井，建设县中医院综合大楼，建成并启动“110”报警系统，完成县城过境公路1.5千米改造，完成沙子坡至马岭部分路段改造，建设大田至东南、花月至箐口公路，完成县城灯光球场、游泳池、精神文明活动中心的建设，改扩建县城供水工程
2001	沙子坡至楼下桥公路改造项目开工建设，完成普安至干河公路镶边改造工程，农网改造项目在7个乡镇启动实施，幸福水库渠道防渗工程竣工，完成楼下片区人畜饮水工程，县城供水改扩建工程基本完成，云盘农贸市场完成工程量65%，第三批90套安居工程建成投入使用，楼下、新店、龙吟、青山等小城镇建设进入实施阶段，实现“村村通”电话和移动电话“乡乡通、路路通”工程，实现电话传输数字化、交换程控化，完成第二批义务教育工程9所学校建设项目的审批立项
2002	完成马岭至普安公路普安段油路改造，完成G320普安段油路改造及镶边，完成县城客车站建设，完成县城主大街、南中路、沿河路和金桥市场改造，县城垃圾填埋场建设工程开工建设，第一、二期安居工程竣工，云盘商贸区第一期工程建成并交付使用，实施渴望工程解决全县60%村民的饮水困难，完成楼下矿区、青山片区人饮工程和幸福水库一、二、三期渠道防渗工程，建成德依、白沙五里坪排洪工程，实现全国第三批农村初级电气化县任务，建成小水电站9座装机容量3万千瓦，建成35KV供电线路285千米、变电站7座，对城乡电网进行改造，完成县城至14个乡镇的光缆工程
2003	糯东、幸福井田、地瓜400万吨大矿立项并开工建设，引进加拿大APAC公司对泥堡矿区黄金进行开发，第二期农网改造工程完成投资2486万元，全县小水电站共建成28座总装机容量5.52万千瓦，完成高棉至白沙、下厂河至罗汉公路镶边改造工程及矿区公路建设和通村公路建设任务，完成沙子坡至兴仁油路改造工程，普安至水城油路改造开工建设，第三期安居小区住房、云盘商贸区、馨园小区建成投入使用，一中新校园、普天大道、云盘公路、县城体育场工程启动建设，开工建设河阳大桥
2004	镇宁至胜境关高速公路（简称“镇胜高速公路”）普安段建设进展顺利，普安至水城油路改造完成进度的50%，开工建设通村公路46.4千米，实施县城东风水库除险加固，完成罐子窑镇人饮工程主体建设，完成第三期农村沼气工程50口“一池六改”（沼气池，改水、改厕、改路、改圈、改厨、改院）精品示范点建设工程，完成第四期农村沼气池600口“一池三改”(沼气池，改圈、改厕、改厨）建设任务，完成基本农田建设117.08公顷，完成县城“普天大道”总投资1338万元中的500多万元，完成县城劳动街、青山文化路、新店、白沙乡集镇道路改造工程，完成楼下镇农贸市场改建工程
2005	完成楼下至普安油路改造，普安至水城油路、镇胜高速公路普安段建设顺利进行，完成第三批农村电气化县建设，开展全国小水电代燃料试点工程建设，楼下110千伏、县城、江西坡、青山、罗汉等35千伏变电站建成，农村电网一、二期改造竣工，全县城镇化率提高到17%，教育“两基”工作顺利通过省人民政府评估验收，12所农村寄宿学校建设工程完工，14个乡镇卫生院新建工程启动，县城体育场及附属设施、体育场主体工程和文化馆建设竣工投入使用
2006	江西坡至罐子窑通乡油路改造建设开工，雪浦中学实验楼立项修建，糯东学校教学楼投资兴建，完成普天大道、云盘路、休闲体育广场及景观带建设，启动县城南中路、南湖路改造，加快小城镇建设进程，配合镇胜高速公路普安段、普安至水城油路普安段和楼下至普安二级公路建设，江西坡至高棉至白沙至罐子窑油路建设开工，地瓜至鲁沟、新店至窑上、江西坡至岱山田公路竣工，吟堡至长流、下厂河至罗汉至南星油路及通村公路开工建设，完成新店乡110千伏输变电工程建设，县一中新校园投入使用

续表 13-2-13

年份	实事工程项目
2007	在8个乡镇建成30个长毛兔养殖示范点，首批草地生态畜牧业化科技扶贫项目在新店实施（新增人工草地196.67公顷，养殖基础母羊1.12万只），各乡镇建成沼气池3013口，完成扶贫搬迁500余人，完成农村富余劳动力转移培训1891人次（转移就业1696人），青山煤电化一体化办事处工程、五嘎冲水利水电前期工程、青山110千伏供电工程开工建设，在建水电站9座总装机容量4.8万千瓦，普安至水城油路普安段建成投入使用，江西坡至罐子窑油路改造建设进展顺利，完成通村公路8条52千米，完成烟水配套工程660多公顷，完成罐子窑人饮工程，完成青山镇营山村小水电代燃料试点工程（成为全国典型），完成龙吟、楼下营运站建设项目，成功引进外商项目3个投资6600万元，在县城、乡镇安装电子监控系统
2008	完成人工种草333.33公顷，改良草地166.67公顷，完成草场公路22千米，建成草场配套水池550口，建猪改点50个（配种1.21万头，新建人工授精点2个，建养殖小区6个），实施青山范家寨农业综合开发土地治理51.33公顷，完成珠防人工造林166.67公顷，封山育林166.67公顷，治理29度以上坡耕地82.68公顷，实施新农村建设项目60余个，新建沼气池1600口，完成农民技术普及培训2.08万人次，五嘎冲导流洞完成73%的工程量，普兴商务会所竣工投入使用，新九龙水泥厂建成投产，投资1500余万元恢复电力设施和实施电网加固工程110千伏线路9.8千米，建成通组公路99千米，全长11.24千米的五嘎冲水库进场四级公路竣工，杨梅山水库除险加固完工，续建的罗汉吊洞引水工程建成使用，实施饮水安全工程24处，完成基本农田配套小水池386口，建成“村村通”工程713座，县城南山坡无线覆盖发射台竣工使用，楼下至雨勒等一批重点项目开工建设
2009	普安至楼下矿区二级公路控制性工程楼下大桥、楼下至雨勒公路动工建设，镇胜高速公路普安收费站至县城连接线贯通，晴隆到兴义高速公路普安段动工建设，普兴商务会所公路油面工程完工，下厂河至凉水油路改造工程及青山至雪浦通乡油路改造工程竣工，县城至下厂河油路大修工程动工建设，杨梅山水库、阿岗水库除险加固工程竣工，五月天池灌区烟水配套工程开工建设，完成投资1029万元的新增农村电网完善工程，建成人工草场5800公顷，开工建设青山百合小区一期工程，普天大道、南湖路竣工投入使用，县休闲体育广场第三期工程完工，实施第二批农村建设沼气900户，第二批农村沼气项目养殖小区和联户沼气工程110户，新增沼气网点1个，扩大小水电代燃料试点（4个乡镇21村），完成石古河流域石漠化综合治理工程15.32千米，完成人工营造林858.33公顷，治理25度以上坡耕地553.33公顷，完成廉租房建设1.2万平方米共240套，实施农村危房改造4800户，完成43个村卫生室、3个乡镇计生服务站建设
2010	完成五嘎冲水库进场路和416米导流洞及施工输电线路建设，江西坡至罐子窑油路建成，完成县城环城路和普天大道G320线接口道路改造，盘水镇大湾村通村油路竣工投入使用，楼下大桥主体工程完工，完成通村公路桥2座、通村公路6.3千米，完成晴隆至兴义高速公路工程施工道路5.2千米，完成吟堡至杨寨公路普安段公路建设，完成楼下至糯东至雨勒四级公路改造，完成地瓜至下厂河油路大修，青山220千伏变电站、新店110千伏变电站开工建设，完成林业局至高速公路收费站接口路段路灯亮化工程，完成青山百合片区市政工程主干道路基工程，启动南中路改造，县城污水处理厂建成投运，柿花树小区顺兴阳光新城开工建设，新建茶园33.33公顷，完成人工种草520公顷，改良草场188.33公顷，新建圈舍3.95万平方米，实施土地开发整理项目38个，新增耕地139.6公顷，建成沼气池650口，实施石漠化治理工程16.66平方千米、林业工程350公顷、珠防工程216.67公顷、坡耕地治理333.33公顷、造林936.67公顷，完成水土保持15平方千米，完成盘水二小整体搬迁工程，县职教中心教学楼完工，崧归寺二期修缮工程完工，完成20户以上自然村2.68万座广播电视村村通站点和17个农民休息健身场地，县医院综合楼和县妇幼保健院与中医院合建工程主体工程完工，青山卫生院建成投入使用

续表 13-2-13

年份	实事工程项目
2011	青山工业园区路网建设一期工程开工建设，江西坡工业园区建成标准厂房1万平方米，畔河电站完成60%工程量，云盘农贸市场建成投入使用，县城“白改黑”及亮化、绿化、美化工程完工，青山百合片区市政工程主干道工程完工，新建茶园333.33公顷，完成人工种草383.33公顷，新建圈舍1.88万平方米，建设核桃育苗基地9.17公顷，完成核桃种植666.67公顷，实施土地开发项目9个新增耕地35.7公顷，建成沼气池1000口，实施石漠化治理面积16.15平方千米，完成5座病险水库除险加固工程，建设村镇供水工程105处，完成渠道防渗27千米，完成通村公路27.5千米，建成通村公路桥11座，完成普安至下厂河油路大修工程，完成青山“建管养运”一体化工程和盘水镇、白沙乡通村油路（水泥路）工程，投资2297万元实施“一事一议”财政奖补项目，累计招商引资签约项目27个引进资金16.5亿元，县一中体育场开工建设，县职教中心教学楼主体工程完工，完成4285座广播电视村村通站点建设，完成14个乡镇综合文化站建设，完成县体育场舞台建设，完成罐子窑卫生院业务楼建设
2012	楼下洗煤厂投入运行，实施青山、江西坡工业园区路网工程及标准厂房建设（建成标准厂房1.72万平方米），红碎茶一期、宏彬机械厂竣工，新增茶园333.33公顷，改造茶园83.33公顷，投放草地生态畜牧业项目资金800万元，建羊舍1.2万平方米，完成核桃种植2355公顷，改造中低产田土73.33公顷，完成土地整治128.25公顷，新增耕地61.23公顷，培育农业龙头企业和农村经济合作组织77家，完成县城路网“白改黑”7.5千米，完成县城主街道房屋立面改造9万平方米，完成青山、新店临街房屋立面改造4.6万平方米，完成江西坡3个村民组102户村庄整治工程，青山百合片区路网工程和龙吟集贸市场建设完工，五嘎冲水库开工建设，高潮、泡木山等病险水库加固工程竣工，褚寨、白家山等山塘治理工程完工，完成饮水安全工程91处解决2.9万人口饮水安全问题，晴隆至兴义高速公路普安段建成通车，中（国）缅（甸）油气管道建设（普安段）顺利推进，实施青山镇农村公路“建管养运”一体化建设试点工程和盘水镇高兴至红星通村油（水泥）路建设，S632地瓜段公路边坡治理工程完工，完成通村油路建设36.77千米，建成通村公路桥5座，实施“一事一议”改造通组路57条171千米，完成220千伏雨雪输变电工程，完成110千伏仙鹤变电工程，新建雨雪变电110千伏线路送出工程和35千伏输电线路、10千伏及以下农村电网工程，建成10千伏线路83条，安装配电变压器156台，解决186户集群烤房点和2100余座烤房供电，完成农村危房改造1828户，实施扶贫生态移民285户1431人，完成石漠化治理12.19平方千米，推进十大教育实施，143所学校实施营养午餐工程，61所学校实施冬季取暖工程，县一中改扩建一期工程、职教中心迁建一期工程完工
2013	宏鑫CTC红碎茶、资轻松核桃乳、楼下洗煤厂项目建成投产，五嘎冲水库还原铅生产、精品手袋厂、县城经贸片区旧城改造、城市棚户区改造、恒润商混、黔海石材、萤石矿选、珍稀食用菌等项目加快建设，3个工业园区水、电、路、标准厂房等基础设施和配套设施建设完成投资10亿元（建成标准厂房3万平方米，入园产业项目24个），河洋大桥、罐子窑镇霸东至红卫、罗汉乡社嘎至落泥、新店至窑上等38千米通村油（水泥）路建成通车，沪昆高速铁路普安段扎实推进，G320改扩建一期工程获批建设，启动县乡公路改扩建工程项目和全县农村公路115个招呼站建设，骨干水利工程固定资产投资完成4.51亿元，重点水源、农村饮水安全、小型农田水利、中小河流域治理、大型灌区建设工程总投资完成1.14亿元，完成病险水库治理2座，完成220千伏银山变电站、110千伏仙鹤变电站输变电续建工程及城乡电网升级改造，开工建设10千伏及以上线路214.43千米，完成广播电视“户户通”1.66万座（套），完成城镇基础设施建设项目投资6.2亿元，示范小城镇完成投资2亿余元，东方新城城市综合体项目进展顺利，经贸片区旧城改造一期工程开工建设，普天大道绿化、亮化工程完成，江西坡现代高效农业示范园区建设扎实推进，新增茶园166.67公顷，珍稀食用菌生态产业科技示范基地项目建设有序推进，完成人工造林66.67公顷，治理石漠化398.33公顷，建成空气环境质量自动监测站1个，建成农村寄宿制攻坚工程9个、学前教育项目9个、学校塑胶运动场2个，县中等职业学校纳入全省中职“百校大战”建设项目（一期工程完成，二期工程启动），建成中小学校教师公租房936套、学校警务室43个，启动盘水七小、青山小学搬迁和青山民族中学（高中部）扩建工程，完成青少年活动中心主体工程建设和5个村、1个乡镇农民体育健身工程建设，启动实施县图书馆工程建设

续表 13-2-13

年份	实事工程项目
2014	恒润商混、海联鞋厂等11个项目建成投产，五嘎冲水库、中电普安电厂、甲金水库等23个项目扎实推进，沪昆高铁（普安段）建设、320国道升级改造一期工程（文笔山至三板桥段）快速推进，普水油路（普安段）提等升级改造工程初设通过州级评审，普安县汽车站可行性研究报告进入州级评审窗口，完成28千米县乡公路改造工程和205千米通村油路（水泥路）建设，开工建设通村油路（水泥路）项目26个、150千米，完成病险水库治理2座，投资4394万元实施中央小型农田水利重点县、中央统筹资金项目县、中小河流治理、小流域水土保持治理等项目，投资2794.31万元建设农村饮水安全工程116处，新建和改造变压器92台并建成配电线路186千米，建成4G站点86个，建成“小康路”233千米、“小康房”300户、“小康寨”8个、“小康水”项目116个、“小康电”配电网项目16个，“小康讯”建成雪浦乡邮政所和实现99%以上自然村寨通电话，合法生产矿井增加至20对，新增入园企业16家，东方新城城市综合体完成地下基础部分、一号路竣工，经贸片区旧城改造（一期）拆迁工作完成，1号、2号、10号楼地下基础部分完成80%，集“古镇、新区、工业园区、美丽乡村”为一体的青山省级示范小城镇建设中的标准卫生院、社区服务中心等项目竣工投用、建成市政道路16条8.7千米，围绕苗族元素建筑风格加快“中国苗族第一镇 · 龙吟”州级示范小城镇建设，楼下、新店、三板桥、罐子窑等乡镇小城镇建设有序推进，实施学前教育项目2个，实现每个乡镇有一所公办幼儿园目标；完成江西坡中学、罗汉中学、楼下中学3所农村义务教育阶段薄弱学校工程；全面启动农村寄宿制学生宿舍、食堂建设，涉及项目学校33所；完成江西坡小学、窝沿小学、雪浦小学、罗汉小学教师周转宿舍建设；强力推进青山小学、楼下羊屯小学迁建工程；有序推进青山中学（高中部）改扩建工程；启动普安县思源实验学校、普安县特殊教育学校和第二批改造薄弱学校工程，启动县卫生监督所、县疾控中心及地瓜、青山两所中心卫生院标准化建设，建成村卫生室11个、村计生服务室6个，完成广播电视“村村通”6302座，启动实施县图书馆建设，完成楼下、青山、新店三个乡镇和10个村级农体工程，启动南山坡广播电视无线发射台改扩建工程，建成茶园观光亭4个、观景长廊1条、景区茶艺展示厅1座，实施观光茶园333公顷，新建景区旅游公路5千米、改造26千米
2015	青山工业园区40米宽园区大道碎石层路面（5.14千米）工程、河道治理一期工程、入园大道及厂区道路油化、绿化、亮化（路灯）、管网工程竣工投入使用，贵州恒发安全玻璃有限公司、贵州鑫昌塑业科技有限公司、贵州华康鑫电子科技有限公司（第二条生产线）等企业投产、扩建，青山工业园区引进配套项目1个，江西坡工业园区入园企业2个，中电普安电厂一期工程（2×66万千瓦）完成主厂区固定端道路路面浇筑、烟囱桩基等工程，国丰煤制乙二醇等重大项目前期工作进展顺利，普安横冲梁子风电项目完成生产综合楼主体、35千伏配电室、主线道路开挖等工程，沪昆高铁（普安段）进入工程后期建设，G320改扩建工程一期（文笔山至三板桥段）、二期（江西坡至文笔山段）全面推进，S313省道改扩建工程顺利开展，楼下关地至打洛田公路、新店至碧痕（普安段）公路改造工程完成，2013年第二批及2014年第一批通村沥青（水泥）路完成项目13个81.84千米，续建2014年第二批通村沥青（水泥）路128.48千米，新建通村沥青（水泥）路10条61.8千米，五嘎冲水库工程累计完成投资3.88亿元，甲金水库完成投资0.5亿元，白水水库、大湾水库、荒田水库等抗旱应急水源工程即将开工，新增城镇道路9.7千米，县城东方新城城市综合体建设全面推进，经贸片区棚户区改造1号楼、2号楼、3号楼、5号楼、10号楼完成主体工程建设，省级示范小城镇青山镇污水处理厂、中电普安火电厂、客运站等13个“8+X”（8+X：示范小城镇建设与土地政治、美丽乡村建设三结合项目，公共停车场，公立幼儿园，公共交通客运站，乡镇商贸中心、直营农村超市或日用消费品配送中心，示范小城镇与高速公路或国省干线的交通联络线，留守儿童之家，寄宿制学校，文化中心（战），镇区供水设施建设，镇区风貌建设，镇区绿化工程，镇区环境政治，乡村旅舍建设，示范小城镇信息化建设，市镇道路安装节能路灯工程。）项目顺利实施，州级示范小城镇龙吟镇综合农贸市场、斗鸟场、苗族特色歌舞表演场等8个项目全面施工，实施普安世界茶源文化广场、国际山地自行车赛道、游客服务中心、景区标识标牌等基础设施项目建设，打造“中国苗族第一镇”，对青山千年古镇文化进行收集和保护，温泉度假景区二期工程中的游客接待中心大楼建成，实施学前教育项目21个，15所学校实施全面改善贫困地区义务教育薄弱学校基本办学条件标准化农村寄宿制学校项目39个，完成4所教师周转宿舍建设和普安县特殊教育学校建设，全面启动农村中小学寄宿制学生宿舍、食堂建设，启动县卫生监督所、县疾控中心及地瓜、龙吟、青山三所中心卫生院标准化建设，建设村卫生室11个

七、小康建设

（一）示范创建

先后启动实施两批小康示范乡镇（街道）、示范村、示范户创建工作。第一批（2013—2014年），州级示范乡镇青山镇和示范村青山镇范家寨村、江西坡镇联盟村以及12个县级示范村和每村10户示范户；第二批（2015—2016年），州级示范乡镇（街道）盘水街道和示范村盘水街道红星村、江西坡细寨村以及10个县级示范村和每村10户示范户。实行副县级以上领导包保创建机制和第一书记驻村联系示范创建工作机制，着力抓好同步小康示范创建。2015年9月17日，第一批示范创建工作通过州级验收。

（二）六项行动计划

小康路　2014年，开工建设通村油路（水泥路）项目22个105千米，完成县乡公路改造和通村油路（水泥路）建设233千米，83.63%建制村通客运车。2015年，总投资1.14亿元，修建通村公路和部分公路维护82.75千米，G320十里村公路改扩建工程5千米，通村公路修建65.25千米，通组公路修建10.5千米，通村公路维修3千米，改扩建乡村公路4千米。

小康水　2014年，总投资2794.31万元，实施工程116处，解决5.47万人饮安全问题。2015年，总投资1.59亿元，完成农村饮水安全项目88个。

小康电　2014年，总投资1002万元，完成投资项目23个，全年供电量3.34亿千瓦时，发电量2.1亿千瓦时。2015年，总投资1.46亿元，新建线路78.305千米，户表置换2.50万块，变压器安装23台。

小康讯　2014年，建设4G站点共83个，实现县城和乡镇4G网络信号全覆盖，总投资0.8亿元。2015年，全县项目总投资达1.08亿元。

小康房　2014年，小康房建设400户，开工建设城镇保障房3352套，农村危房改造6175户。2015年，投资4630万元建设保障房520套，投资493.85万元用于危房改造及400户房屋亮化。

小康寨　2014—2015年，完成190个自然村寨建设，投资789.6万元，实施7896户“三改三治”（改厕、改圈、改厕，治理乱搭乱建、乱堆乱放和污水横流）；投资69.24万元，实施庭院硬化工程1154户；投资400万元，实施4个乡镇垃圾收集处理工程；投资80万元，实施2个集中式水源地保护工程；投资60万元，修建20个行政村的公共厕所；投资368万元，实施46个文体活动场所、农家书屋、村务宣传栏等便民服务设施；投资908.8万元，实施80个自然村寨的污水处理设施；投资481.6万元，安装1376台太阳能照明设施，实现50个自然村寨的照明设施全覆盖。

（三）七项重点任务

县域经济　2015年，完成地区生产总值58.5亿元，同比增长13.5%；财政总收入完成12.47亿元，同比增长1.89%；公共财政预算收入完成8.01亿元，同比增长12.03%；限额以上固定资产投资预计完成73.47亿元，同比增长24.2%；社会消费品零售总额预计完成7.74亿元，同比增长11.7%；金融机构人民币各项存款余额完成50.39亿元，同比增长22.2%，贷款余额完成39.93亿元，同比增长15.9%；综合测评在全省47个非经济强县中排第20位。

基础设施建设　乡镇、建制村通油路（水泥路）率分别达到100%和57.7%，县境内高速公路通车里程达30千米；全县水库总库容达到1120万立方米；完成城乡电网升级改造，城乡4G网络全覆盖，99%以上自然村通电话。县城东方新城城市综合体建设工程直接投资1.44亿元；经贸片区棚户区改造完成投资3.5亿元。省级示范小城镇14个“8+X”项目顺利实施，完成投资3.88亿元；州级示范小城镇8个项目完成投资0.21亿元。

城乡居民生活水平　2015年，实现减少贫困人口1.6万人，5个贫困乡镇“减贫摘帽”，7个贫困村出列。农村低保、城市低保提标增幅均10%以上；五保老人供养率100%；建设保障性安居工程住房7791套，改造农村危房17820户，实施扶贫生态移民工程易地搬迁1211户5673人。

文化教育卫生事业 调整充实乡镇学校校长、副校长25名，“控辍保学”和九年义务教育巩固率控制在省下达的指标之内。建设标准化“农村留守儿童之家”10个，“三残”（智残、体残、肢残）儿童、少年入学率85.62%。全县常住人口自然增长率1.98‰、出生率7.5‰，实现“升位摘帽”和“双降目标”。

创新社会管理 实现90个村（社区）第一书记全覆盖；开展县委常委会人员下基层到农村行动；推进“四位一体”干部管理体系建设，创新实施县委、县政府督导员制度，着力打造干部召回管理“升级版”。利用布依族“六月六”，回族开斋节、古尔邦节等传统民族节日，加强民族宗教政策的宣传。

基层民主法治建设 深入开展“法治普安 · 秩序普安在行动”活动，在县电视台设置“法治普安”专栏，召开依法治县暨“七大行动”万人誓师大会，群众安全感和满意度从81位上升至50位。

美丽乡村建设 在全县首期规划14个新农村社区建设示范点，集中供地121公顷，整合项目资源，集中实施路、水、电等城镇市政工程，采取“6+4+X”（6+4+X “6”：以新农村社区为平台，整合六项小康行动计划和生态移民搬迁等项目资源；“4”通过新农村社区集中解决农村新增人口、重点项目及重大建设拆迁补偿、生态移民搬迁、希望改善居住环境“四类人群”用地需求；“X”：在新农村社区融入电商实体店、幼儿园、卫生室、警务室、农家乐、图书室、农家宾馆等要素设施，进一步完善社区功能。）建设模式，打造新农村建设“升级版”、小城镇建设“缩小版”。

（四）统计监测

2014年，全面小康实现程度82.6%，其中经济发展方面实现程度71.4%、社会和谐方面实现程度84.2%、生活质量方面实现程度86.5%、民主法治方面实现程度81.7%、文化教育方面实现程度86%、资源环境方面实现程度97.4%。2015年，全面小康实现程度85.9%，其中经济发展方面实现程度79.7%、社会和谐方面实现程度83.1%、生活质量方面实现程度89.8%、民主法治方面实现程度87%、文化教育方面实现程度86.5%、资源环境方面实现程度93.6%。

第三章　政协地方组织

第一节　政协普安县委员会

一、全体会议

1998—2015年，中国人民政治协商会议普安县委员会（简称“县政协”）先后历经了4届（第五届至第八届），共召开全体会议19次。在每次全体会议上，与会人员列席县人民代表大会，听取并协商“一府两院”工作报告、审议政协和其他工作报告，提出意见和建议，审议通过全体会议决议。

（一）第五届委员会全体会议

县政协第五届委员会任期为1998年3月至2003年2月，共召开全体会议5次。

第一次会议 1998年3月8—12日在县城召开，应到会委员106名，实到会委员102名，列席人员69名。大会选举政协主席、副主席、秘书长、常务委员。

第二次会议 1999年3月29日至4月2日在县城举行，应到会委员106名，实到会委员103名，列席人员45名。会议重点讨论全县发展非公有制经济和加强生态环境建设方面的问题。

第三次会议 2000年2月28—31日在县城召开，应到会委员105名，实到会委员101名，列席人员50名。

第四次会议 2001年3月11—15日在县城举行。会上，12位政协委员作了专题发言，内容涵盖政治、经济、法律、文化、教育、人事等方面。

第五次会议 2002年3月9—13日在县城召开。

（二）第六届委员会全体会议

县政协第六届委员会任期为2003年2月至2006年12月，共召开全体会议4次。

第一次会议 2003年2月18—22日召开，应到会委员109名，实到会委员108名，列席人员51名。大会选举政协主席、副主席、秘书长、常务委员。

第二次会议 2004年3月8—11日在县城召开。会上，11位政协委员作参政议政和建言献策的专题发言，补选政协常务委员2名。

第三次会议 2005年3月14—17日在县城召开。会上，9位政协委员作专题发言，表彰优秀提案单位2个、优秀提案个人12名、提案办理先进单位6个。

第四次会议 2006年2月20—22日在县城召开，应到会委员108名，列席人员30名。会上，10位政协委员作专题发言。

（三）第七届委员会全体会议

县政协第七届委员会任期为2006年12月至2011年12月，共召开全体会议5次。

第一次会议 2006年12月23—26日在县城召开。大会选举政协主席、副主席、秘书长、常务委员。

第二次会议 2008年5月28—31日在县城召开，应到会委员120名，列席人员26名。会上，11位政协委员作交流发言，选举政协主席、补选政协常务委员4名。

第三次会议 2009年3月9—13日在县城召开，应到会委员119名，列席人员27名。会上，9位政协委员作交流发言，表彰优秀提案委员5名、提案承办单位5个。

第四次会议 2010年3月8—12日在县城召开，应到会委员117名，列席人员34名。会上，7位政协委员作交流发言，表彰优秀提案委员5名。

第五次会议 2011年3月1—4日在县城召开，应到会委员115名，列席人员33名。会议强调“是少数民族委员的，会议期间须着少数民族服装”。会上，8位政协委员作交流发言，表彰优秀委员8名。

（四）第八届委员会全体会议

县政协第八届委员会任期为2011年12月至2015年3月，共召开全体会议5次。

第一次会议 2011年12月12—16日在县城召开，应到会委员149名，实到会委员146人，列席人员52名。大会选举政协主席、副主席、秘书长、常务委员。

第二次会议 2012年3月27—29日在县城召开，应到会委员150名（届中增加1名委员），实到会委员142名。会上，8名政协委员作专题交流发言。

第三次会议 2013年3月12—15日在县城召开，应到会委员150名，实到会委员144名。会上，9名政协委员作专题交流发言。

第四次会议 2014年3月3—7日在县城召开，应到会委员148名，实到会委员142名。会上，8名委员作专题交流发言。

第五次会议 2015年3月9—13日在县城召开，应到会委员145名，实到会委员140名。会上，选举副主席1名；对八届一次会议以来优秀提案、优秀提案个人、提案承办先进单位、提案服务先进单位和个人进行了表彰。

二、常务委员会会议

（一）第五届常务委员会会议

1998年3月至2003年2月，第五届常务委员会召开会议22次，涉及67个事项，其中传达会议精神和组织学习7次，听取13个工作报告、情况说明，人事任免2次，通报工作情况3次，讨论和研究工作、协商事项42项。

（二）第六届常务委员会会议

2003年2月至2006年12月，第六届常务委员召开会议19次，涉及54个事项，其中传达会议精神和组织学习4次，听取15个工作情况报告，人事任免6次，提交建议案2项，讨论和研究工作、协商事项27项。

（三）第七届常务委员会会议

2006年12月至2011年12月，第七届常务委员会召开会议26次，涉及64个事项，其中听取县政府关于经济建设、社会建设、文化建设、重点项目建设等方面的情况通报和年中经济运行情况通报38项（次），提出涉及发展、民生的批评、意见、建议共220条，人事任免6次，传达会议精神和组织学习4次。

（四）第八届常务委员会会议

2011年12月至2015年12月，第八届常务委员会共召开会议21次，涉及36个事项，其中4次主要讨论审议全体委员会议的议程、日程和常委会工作报告、提案工作报告等，5次听取各讨论组汇报讨论情况、研究有关会议事项等，12次例会听取县政府通报、国民经济计划的完成情况、财政预决算执行情况和有关工作情况等，审议县政协专委会的调研报告和常委会建议案、人事任免等。

三、主席会议

（一）第五届主席会议

县政协第五届委员会共召开主席会议8次，涉及41个事项，主要任务是对全县非公有制经济发展情况进行调研，解决离退休干部、租住公房户有关问题，组织驻县的省、州政协委员及部分县政协委员视察，重点督办提案等。

（二）第六届主席会议

县政协第六届委员会共召开主席会议19次，涉及43个事项，主要任务是听取县政府通报委员提案的办理情况，通报农林牧水、国土、教育、卫生、民政、民族宗教等方面的工作情况，研究委员视察、考察、各个工作委员会的调研情况，讨论人事任免，组织学习党的重大方针政策，传达全国、全省、全州人民代表大会、政协全体会议精神，研究主席会议建议案、主席督办案等。

（三）第七届主席会议

县政协第七届委员会共召开主席会议12次，涉及72个事项，主要任务是传达会议精神和组织学习，审议下届委员会的委员名额和人选及界别设置，安排协商活动，对县委、县政府的重大决策和重大工作部署进行研究并提出建议、意见或建议案，审议各个工作委员会的工作计划、工作报告和重要活动方案、调研报告、视察，人事任免等。

（四）第八届主席会议

县政协第八届委员会共召开主席会议43次，涉及36个事项，主要是组织学习，讨论、审议提交政协常委会议的议题及内容，讨论视察等工作安排意见和召开G60高速公路沿线经济协作年会、黔滇两省北盘江流域16县（市、区、特区）政协第二轮协作年会第十一次年会、参加两江一河21县市政协协作年会等重大事项。

四、组织机构

（一）委员界别

普安县政协第五届第一次全体会议委员106名，共16个界别。第六届第一次全体会议委员109名，共15个界别。第七届第一次全体会议委员119名，共15个界别。第八届第一次全体会议委员149名，共15个界别。

第五届至第八届普安县政协第一次会议委员界别情况表

表13-3-1　　单位：名

届别	合计	县委	无党派	团县委	总工会	妇联	工商联	台侨联	文化艺术	科学技术	经济	农林	教育	医疗卫生	少数民族	宗教	特邀人士
第五届	106	7	2	3	4	2	8	4	4	9	8	9	8	6	7	4	21
第六届	109	10	2	3	4	3	10	—	6	8	10	9	9	7	5	3	20
第七届	119	12	3	3	4	3	13	—	5	6	13	11	9	8	8	4	17
第八届	149	15	14	2	4	3	18	—	5	5	17	12	5	5	11	8	25
合计	483	44	21	11	16	11	49	4	20	28	48	41	31	26	31	19	83

（二）常务委员会

县政协常务委员会由主席1名、副主席和委员若干名组成。第五届委员会于1998年3月11日选举产生，其中主席1名、副主席4名、秘书长1名、常务委员12名。第六届委员会于2003年2月21日选举产生，其中主席1名、副主席5名、秘书长1名、常务委员13名，2004年3月11日补选2名常务委员。第七届委员会于2006年12月26日选举产生，其中主席1名、副主席5名、秘书长1名、常务委员15名，2008年5月30日因原主席遭受交通意外死亡后另外选举主席1名、补选常务委员4名。第八届委员会于2011年12月15日选举产生，其中主席1名、副主席8名、秘书长1名、常务委员22名。

（三）工作机构

1998年，县政协设置政协办公室、提案法制委员会、经济委员会、科教文卫体委员会、智力支边办公室5个科级办事机构。2002年1月，设置民族和宗教联谊委员会。2007年，县政协不再配备办公室主任，其办公室工作由秘书长负责。

第二节　履行职能

一、政治协商

（一）协商形式

会议协商　政协全体会议、常务委员会议、主席会议、常务委员专题会议协商；政协党组受县委委托召开的座谈会，秘书长会议，各专门委员会会议，根据需要召开的由政协各组成单位和各界人士代表参加的内部协商会议，政协主席、副主席与政协委员约谈会；政协主要领导与政协委员座谈会。

书面协商　县委、县政府及有关部门以书面形式征求政协意见，政协组织各参加单位和各界代表人士协商讨论，并将意见汇总以书面形式反馈县委、县政府及有关部门；政协就各参加单位如各界代表人士关心的重要问题，以建议案、提案和调研报告、视察报告等形式，向县委、县政府及有关部门提出协商意见和建议。

恳谈协商　县委、县政府领导或有关部门负责人采取约请面谈的形式，约请政协委员中的专家学者，就某些专业技术性强的重要工作沟通情况，听取意见和建议。

在实际工作上，委员提案、政协建议案、政协调研报告、政协委员视察报告、委员大会书面交流发言等，都是政协协商的形式，涵盖“政治协商、民主监督、参政议政”的内容。

（二）协商内容

协商的内容主要涉及县委制定的事关全县的重要决议、决定和意见，县人大起草和修订中的重要地方性规定，政府工作报告、财政预决算报告、法院和检察院工作报告、起草和修订中的重要的政府规范性文件和规章，各人民团体、各族各界人士参加人民政协工作的共同性事务、政协内部的重要事务，爱国统一战线工作的重要问题，县委提出、人大通过、政府任命的领导干部人选和政协机关干部人选，国民经济和社会发展中长期规划、重要专项规划、重大区域经济社会发展战略，重大体制改革方案、行政区域调整方案，事关民生和社会管理及其创新的重大问题、重大建设项目，城市和农村建设重要规划和重点控制性详规等。

1998—2015年，中共普安县委举行座谈会、通报会、协商会，邀请工商联和无党派代表人士进行协商51次，参加各族各界代表人士7700人次。

1998年，中共普安县委组织纪念党的十一届三中全会召开20周年座谈会，邀请各族各界代表人士28人参加，对全县下半年的工作进行协商，收集到意见和建议8条。2006年，召开各族各界代表人士座谈会，邀请20个界别的21名代表人士共同协商经济发展问题，收集到意见和建议8条。2009年，在县政协七届三次会议上，各族各界代表人士对返乡农民工创业就业、应对金融危机、旅游产业、农业科技、新农村建设、城镇建设、产业结构调整等9个方面进行专题发言。县政协七届十三次、十四次常委会议，就坡耕地治理、森林防火、干部医疗保险、全县经济运行情况、旧城改造、取缔县城三轮车启动公交车和出租车等进行协商。2010年，县委召开协商会，对城镇化建设进行协商，县政府同意县财政预算安排或贷款500万～1000万资金作为项目规划、征地拆迁等前期费用。2011年2月，就2011年重大决策部署和《“十二五”规划纲要（草案）》提交县政协七届二十二次常委会议协商，为工业强县、壮大县域经济、城镇化、农业产业化、招商引资、项目建设、节能减排、教育事业、社会保障、基础设施建设、危房改造、生态治理等方面的工作征求意见和建议。2012年3月，召开20名各族各界代表人士参加的座谈会，讨论十六届人民代表大会第二次会议《政府工作报告（征求意见稿）》，提出修改意见10多条。2014年11月，成立县党外知识分子联谊会，通过座谈、走访、调研等方式征求党外人大代表、政协委员、非公有制经济代表人士、无党派人士等对统战工作的建议意见24条。2015年，征求统战群体对统战工作建议意见32条。县委常委会研究决定干部人事问题，邀请政协领导列席会议，听取意见和建议形成常态化，人大工作报告、政府工作报告征求党外人士、各界代表人士意见建议常态化，重大节日深入宗教场所、民族聚居地开展走访、座谈常态化。

二、民主监督

（一）监督形式

全体会议、常务委员会议或主席会议向县委、县政府提出建议案，各专门委员会提出建议或报告；委员视察、委员提案、委员举报、大会发言、反映社情民意或以其他形式提出批评建议；参加党委和政府有关部门组成的调查和检查活动；政协委员应邀担任司法机关和政府部门特约监督人员等。

选择党委、政府和人民群众关注的重大问题，通过组织委员调研、视察、撰写提案、建议案、报送专报信息等形式进行民主监督。探索委员担任社会特邀监察员，为政协常委委派社会监察员的方式，进行民主监督。

（二）监督内容

国家宪法与法律、法规的实施情况，中共中央与国家领导机关制订的重要方针政策的贯彻执行情况，国民经济和社会发展计划及财政预决算执行情况，国家机关及其工作人员勤政廉洁情况，参加政协的各单位和个人遵守政协章程和执行政协决议的情况。

三、参政议政

建立副县级以上党员领导干部联系党外人士制度和县委、县政府向党外人士征求、通报县情制度，提升党外人士在全县经济社会发展中的地位和作用。支持和鼓励各民主党派、工商联、无党派代表人士围绕全县的改革、发展、稳定开展调查研究，反映社情民意，通过县政协提案，建言献策，参政议政。

1998—2015年，县政协四届政协委员共提交提案1184件，立案1125件，委员人均提案7.6件。其中第五届政协委员提提案241件，立案232件；第六届政协委员提提案265件，立案259件；第七届政协委员提提案315件，立案309件；第八届政协委员提案363件，立案319件。委员提案中，非党委员提案746件，占65%。提案内容涉及新型工业化、农业产业化、城镇化、民营化、水利交通基础设施建设、民办教育、义务教育、民族文化、留守儿童、返乡农民工就业创业、社会治安综合治理、坡耕地治理、企业改革、党外干部培养任用、非公有制经济发展等多个方面。县委、县政府、县政协表彰优秀提案7次64件；县政协在“两会”期间形成调查报告113篇。

四、视察调研

1998年3月至2003年2月，县政协第五届委员会组织驻县的省、州政协委员、县部分政协委员（简称“政协委员”）开展专题视察、调研活动16次，会同县人大到浙江、广西调研2次。撰写《关于普安县非公有制经济发展情况调查报告》《关于楼下煤田开发治理的专题报告》《关于划分自然生态保护区势在必行的建议》《关于普安县中小学收费情况的视察报告》《关于普安县煤炭外运市场的调研报告》等16个视察、调研、调查报告，提出意见和建议提交县委、县政府。

2003年2月至2006年12月，县政协第六届委员会组织政协委员对乡镇、村组、企业对煤炭的开发与保护、南烟北移、种草养畜、万亩茶场生产经营情况，新型农村合作医疗试点，小水电代燃料生态保护工程试点，资源开发与环境保护，县城食品加工企业卫生情况和小水电站建设，县城文笔大道、新体育场、一中新校园建设、东风水库扩容加坝工程、县城至龙吟公路的管护情况等进行视察，提出意见和建议供县委、县政府及有关部门、乡镇决策参考。主席会议确定的13个调研课题形成建议案，提交县委、县政府。

2006年12月至2011年12月，县政协第七届委员会组织政协委员对煤炭资源开发、小城镇建设、普安县煤电化办事处工程建设、公路建设、移民安置、生态畜牧业基地建设、新农村建设、民族宗教管理、县城和乡镇市容市貌治理进行视察，应邀到县检察院参与反渎职侵权评议活动。配合州政协组织的委员视察普安糯东煤矿、凝冻灾情和抗灾救灾及灾后重建工作。共向县委、县政府和有关部门提出意见和建议56条。开展视察调研，形成《普安县非公有制经济状况调研》《全县宗教状况调研》《加快城镇化建设调研》等调研报告32个。

2011年12月至2015年12月，县政协第八届委员会组织政协委员对县殡仪馆、江西坡轻工业园区、楼下富民养殖场、普安县天和成宇香猪养殖场等项目进行视察。配合省、州政协在普安县开展的“黄金、水泥产业发展的专题调研”和石漠化治理、高寒地区冬季中小学生取暖情况等视察调研提出建议，得到州委、州政府重视，决定在普安启动海拔1300米以上地区中小学生冬季取暖工程，州、县安排专项资金195.3万元，解决77所学校651个班的冬季取暖问题。在县政协组织开展的调研课题中，形成《县政协关于全县煤矿经营情况的调研报告》《县政协关于普安县城开发建设情况的视察报告》《县政协关于全县“四大产业”实施情况的调研报告》《县政协关于教育振兴规划实施情况的调研报告》《关于草地生态畜牧产业发展的调研报告》《关于促进农村医疗卫生发展的调研报告》《关于全县重大项目、重点工程调研的报告》等10个调研报告。

五、提案办理

1998—2015年，县政协第五届至第八届常务委员会共收到提案932件，其中第五届委员会收到232件，第六届委员会收到259件，第七届委员会收到309件，第八届委员会收到132件。对收到的提案，经提案审查委员会审查立案后，召开提案交办会议、联席会议，对承办单位提出具体办理要求。

2013年，制定《中国人民政治协商会议普安县委员会提案工作制度》，要求进一步抓好提案的办理落实。2014年，县人民政府在提案办理交办过程中，对提案办理做出明确的要求和规范，对交办的提案进行责任分解，实现提案办理"三个转变"，即从"领导批示办理"向"领导带头办理"转变，从"文来文往"向"人来人往"转变，从"答复型"向"落实型"转变。

第五届至第八届普安县政协提案办理情况表

表13-3-2　　单位：件

届次	合计	涉及领域					
		科学教育、文化、卫生、体育	经济、基础设施、交通、城建环资	农田、水利、电力	工业	政法、民宗、统战、人事、其他	建议案
第五届	232	48	52	76	—	56	—
第六届	259	54	98	42	—	65	—
第七届	309	50	70	110	—	69	10
第八届	132	26	45	29	3	29	—
合计	932	178	265	257	3	219	10

六、其他事务

（一）协作年会

1998年3月至2003年2月，县政协第五届委员会组队由主席或副主席带队到六枝、富源、望谟等地参加政协北盘江流域治理开发协作年会。期间，2000年10月16—19日，县政协举办黔、滇2省共14县（市、特区、区）政协北盘江流域治理开发协作会第十次年会，形成《关于北盘江流域治理开发有关具体问题的建议》。

2003年2月至2006年12月，县政协第六届委员会组队参加威宁、关岭、镇宁举行的黔、滇2省16县（市、区、特区）北盘江流域治理协作年会。期间，2003年3月，普安、晴隆2县政协在晴隆县召开主席联席会议，普安县发起并建立沪昆高速公路镇胜段沿线经济发展与协作论坛年会制度，普安县政协于2003年11月19—20日主办第一次年会，会议采取调研论文演讲、县情介绍、参观学习和专题讨论等形式进行，并将年会制度向关岭、盘县推广。会后，普安县政协向沪瑞高速公路关岭县黄果树至盘县胜境关段沿线的县政协发起倡议，争取建立沪昆高速公路镇胜段沿线经济发展与协作论坛年会制度。2004年11月，在晴隆县政协举办第二次年会时，通过镇胜高速公路沿线普安、晴隆、关岭、镇宁、盘县5县政协协作论坛年会制度。

2006年12月至2011年12月，县政协第七届委员会围绕主办方提出的会议主题，撰写10篇调研报告在其他县召开的镇胜高速公路沿线经济发展协作会议、撰写6篇调研报告在黔滇两省北盘江流域16县（市、区、特区）政协协作年会上建言献策，应邀列席在册亨等县召开的黔桂两省（区）沿江8县（市）政协协作会议。期间，2008年11月8日，成功举办列入全州改革开放30周年纪念活动之一的沪昆高速公路贵州境内镇胜段5县政协经济发展与协作会议第六次年会。

2011年12月至2015年12月，县政协第八届委员会组团参加在安龙县举办的黔滇桂三省（区）22个县（市、区）第十五次研讨会、在贞丰县举办黔桂两省（区）沿江10县（市）政协协作会第二十五次年会、在兴仁县举办的黔滇两省北盘江流域16县（市、区、特区）政协第二轮协作会第八次年会、在盘县举办的镇胜高速公路沿线政协协作年会第十次年会。期间，2013年10月16—18日，承办沪昆高速公路贵昆段沿线政协协作会第十一次年会。2015年10月27—28日，承办黔滇两省北盘江流域16县（市、区、特区）政协第二轮协作会第十一次年会。

（二）委员活动

1998年3月至2003年2月，县政协第五届委员会组织50余名委员开展培训研讨班，组织参加望谟桑郎糖厂开业庆典、盘县特区撤区建县迁址（迁到红果）庆祝大会、普安县幸福水库渠道防渗工程竣工验收会议、南京桥电站竣工庆典等活动，交叉视察，对普安县宗教活动进行视察调研，召开愤怒声讨"北约"轰炸中国驻南斯拉夫使馆的暴行座谈会，表彰承办提案单位10个、协助政协工作服务好的单位10个、政协委员60名。

2003年2月至2006年12月，县政协第六届委员会组织到云南省玉溪、通海等地对农业、民族、旅游等项目进行考察学习，重点考察通海蔬菜产供销一体化企业的生产经营情况，从通海带来水果萝卜种子分发到青山小屯等地试种成功。组织到兴仁县、百色、海南、珠海、深圳、厦门、张家界、井冈山、西藏等地考察学习。

2006年12月至2011年12月，县政协第七届委员会组织委员到云南省富源县参观考察学习大河乌猪规模化养殖及现代化加工情况，先后组织机关干部职工和政协委员向汶川地震灾区捐款累计12.778万元，参与由人民日报社编辑的《中国政协60年》大型纪念丛书的出版发行，与统战部协作组织政协委员、各族各界人士代表召开庆祝人民政协成立60周年座谈会，举办"中国共产党领导的多党合作和政治协商制度日趋健全，民主政治健康发展，全县各族人民、社会各阶层团结奋斗，县城经济全面发展"为主题的书法、绘画、摄影作品展活动。

2011年12月至2015年12月，县政协第八届委员会组织委员开展视察、调研活动，选派主席、副主席、委办主任先后参加全国政协组织的地方政协干部（委员）培训班、青岛培训班、省社会主义学院培训班等培训，对第八届全体委员、县政协机关全体干部职工进行集中培训，组织政协委员捐资203万元开展村寨人畜饮水和新农村建设、美丽乡村小广场、助学、慰问困难群众等社会活动。

（三）文史资料工作

1998—2015年，刊发《政协简报》《社情民意反映》《政协信息》，创办《普安文史》共出刊14期16篇约6.1万字，编纂"三书一册"（三书:《政协委员文集》《政协委员提案选编》《布依族百年实录（普安县文稿选编）》；一册:《夜郎古今——锦绣普安》画册），编发《贵州省文史旅游丛书／普安卷》，编印《普安县政协资料汇编》（共5个部分:《政协普安县委员会关于进一步发挥委员主体作用的意见》《政协普安县委员会全体会议工作规则》《政协普安县委员会常务委员会工作规则》《政协普安县委员会常务委员会组成人员守则》《政协普安县委员会关于有关会议请假的规定》）和《县政协密切联系群众制度》。

第十四篇　群众团体

1998—2015年，普安县各群团组织在中共普安县委、普安县人民政府的领导下，组织机构不断健全，紧紧围绕县委、县政府的中心工作，结合自身特点开展丰富多彩的活动，为地方经济发展、文化繁荣、社会稳定发挥积极的作用。

普安县总工会先后召开第七次、第八次、第九次、第十次代表大会。到2015年年底，全县共有工会组织397个，涵盖400余个单位，工会会员5.41万人。开展企业民主管理和职工维权、帮扶困难职工、劳动竞赛与合理化建议、职工教育、职工文体活动等活动。

共青团普安县委员会先后召开第十六次、第十七次代表大会。2015年，全县共有团委、团总支、团支部55个，团员7943名。开展"春晖行动"——贵州"信合"温暖万名贫困母亲活动、西部计划志愿者活动、希望工程、法制宣传与预防青少年犯罪、激情活动年等活动。

普安县妇女联合会先后召开第七次、第八次、第九次妇女代表大会。开展"双学双比"与巾帼建功、信访维权、家庭教育、儿童教育等活动，实施"循环金"项目、"母亲健康快车"项目、"大地之爱·母亲水窖"项目、"贫困母亲两癌救助专项基金"项目、妇女小额担保财政贴息贷款项目等。

普安县工商业联合会（商会）先后召开第八届、第九届会员代表大会。2015年，全县共有行业商（协）会共5个，工商联（商会）会员241个。开展宣传学习培训、参政议政、协调劳动关系、社会公益事业等活动。

普安县残疾人联合会先后召开第一次、第二次、第三次、第四次代表大会。开展残疾人状况调查、评残发证、扶贫解困、教育培训、康复和体育等活动。

普安县红十字会召开第二次代表大会。2015年，全县共有基层红十字会组织82个，会员8018名。共组织3948人次无偿献血，采集全血115万毫升。开展宣传、救灾、贫困救助、救护培训、募捐等活动。

普安县科学技术协会开展科学技术推广、项目审批申报、科技培训、科普等活动。

普安县文学艺术界联合会先后召开第二次、第三次代表大会。2015年，全县共有文学艺术工作者协会11个。2004年6月创办《南山湖》文艺季刊。开展系列文艺活动。

普安县慈善总会成立于2007年8月，开展募捐、慈善救助等活动。

普安县苗学会先后召开第一次、第二次会员代表大会，开展苗族文化研究和社会实践活动。

普安县布依学会先后召开第一次、第二次会员代表大会，开展节日庆祝、民族文化研究、助学济困等活动。

第一章　普安县总工会

第一节　组织机构

一、机构设置

（一）县总工会

1998年，普安县总工会（简称“县总工会”）下设办公室，工会俱乐部。2002年，增设法律与保障股（增挂组织宣教股牌子）、困难职工帮扶中心。2007年，工会主席由县人大1位副主任或县政协1位副主席兼任。2013—2015年，由县人大常务委员会副主任兼任县总工会主席。

（二）乡镇工会联合会

2002年，建立乡镇工会联合会，乡镇配备主席1名（由党委副书记兼任），乡镇工会联合会专职副主席1名（享受股级职级待遇）。2015年，全县12个乡镇（街道）配备主席1名，由乡镇人大主席或党委副书记兼任，乡镇（街道）工会联合会专职副主席1名，享受股级待遇。

（三）工会组织和会员

1998年，全县工会组织136个，工会会员6566人。2003年，建立工会组织149个，工会会员7150人。2012年，建立工会组织238个，工会会员9917人。2013—2015年，在全县开展“两个普遍”（普遍建立工会组织、普遍推行工资集体协商协议）和“党工共建”工作，工会组织组建率和会员入会率逐年上升，到2015年年底，全县工会组织397个，涵盖400余个单位，工会会员5.41万人，其中女会员1.66万人；乡镇工会联合会14个，会员1183人；事业单位140个，会员3914人；机关工会64个，会员3918人；国企15个，会员879人；非公企业88个，会员1.02万人；新经济组织89个，会员3.41万人。

二、县总工会代表大会

（一）第七次代表大会

1998年5月9—10日召开，出席会议代表95名，列席代表15名，特邀代表11名。大会的主要议题是：高举邓小平理论伟大旗帜，全心全意依靠工人阶级，为加快普安经济发展再立新功。大会选举县总工会第七届委员会委员15名（全体委员会议推选工会委员会常务委员7名）、经费审查委员会委员3名，选举主席1名、副主席2名。

（二）第八次代表大会

2003年5月24日召开，出席会议代表91名，列席代表15名，特邀代表18名。大会主要议题是以邓小平理论和“三个代表”重要思想为指导，引导全县职工振奋精神，努力工作，为开创普安经济社会发展的新局面而努力奋斗。大会选举县总工会第八届工会委员会委员21名（全体委员会推选工会委员会常务委员9名）、经费审查委员会委员5名，选举主席1名、副主席2名。

（三）第九次代表大会

2008年3月27日召开，出席会议代表110名，列席代表21名，特邀代表25名。大会的主要议题是：总结经验，创新思路，团结奋进，扎实工作，为开创工会工作新局面而努力奋斗。大会选举县总工会第九届委员会委员23名（全体委员会议推选工会委员会常务委员11名）、经费审查委员会委员5名，主席1名，副主席2名。

（四）第十次代表大会

2013年4月18—19日召开，出席会议代表113名，列席代表16名，特邀代表9名。大会的主要议题是：坚持科学发展，凝聚职工力量，为全面建成小康社会而努力奋斗。大会选举县总工会第十届工会委员会委员23名（全体会议推选工会委员会常务委员11名）、经费审查委员会5名，选举主席1名、副主席2名。

第二节　主要活动

一、民主管理和维权

1998—2015年，在企业推进改革中开展劳动竞赛、职工道德竞赛，为困难企业减亏、扭亏，开展群众性“四技”（技术政策、技术推广、技术攻关、技术开发）活动100余项。开展“两个普遍”（一方面要依法推动企业普遍建立工会组织，实现工会组织对企业的全覆盖；另一方面要依法推动企业普遍开展工资集体协商，推动建立企业职工工资协商共决机制）工作，由政府组织人社局、安监局、工科局、总工会召开联席会议，开展工资集体协商协议要约行动，推进企业民主协商新签和续签集体合同、工资集体协商协议、女职工保护专项集体合同，共签订360家次，合同签订率94.5%，此项工作达到省总工会要求的标准，并受到省、州总工会的表彰。开展民主评议企业领导干部工作，380名企业领导干部接受职工代表大会评议，评议出优秀企业领导干部76名次，称职304名，企业领导干部评议率85%。在企事业单位推行厂务公开制度，实行厂（校、院）务公开的单位有238家（其中学校113所、医疗系统16家，国有、集体及非公有制企业109家）。109家企业（含非公有制企业）建立工会组织、建立劳动争议调解委员会。成立职工法律援助中心，聘请16名法律援助工作者，为开展法律援助工作提供了有力保障。接待职工来信、来电、来访365件次，做到事事有回音、件件有落实。参与劳动争议调解、清欠工资43件，涉及117人、金额300万余元，追讨兑现工资280万元。安全事故调查86起，做好事故调查和善后处理工作，为社会稳定做出了积极的贡献。

二、帮扶困难职工

2002年11月16日，建立普安县困难职工帮扶中心，各乡镇工会联合会、村工会、部分企业、事业也相继成立困难职工帮扶站。2010年，县总工会帮扶中心获得省总工会授予的全省首批16家之一的三星级困难职工帮扶中心荣誉。帮扶中心资金主要来源于政府补贴、州级工会补贴、本级工会自筹，共筹集帮扶资金520万元。

2002—2015年，共慰问特困职工（农民工）2585人次，劳动模范、困难党员和先进工作者146人次，困难职工（农民工）、单亲困难女职工1500人，发放慰问金及救助款160万元。向1315名考上大学的困难职工、农民工子女发放“金秋助学”金120万元。开展“关爱行动”，看望、慰问“两癌”女职工（女农民工）51名，发放医疗救助金13万元。各乡镇、村、企业建立困难职工帮扶站126个。培训下岗职工、农民工1.21万人次，引导和帮扶下岗职工实现再就业5210人次。

三、技术协作与创新

2005年，帮助普安县普天电冶公司开展技术革新扩容，企业总产值由原来的340万元增加到860万元，安置下岗职工及农民工再就业538人。

四、合理化建议与劳动竞赛

1998—2015年，全县各行业开展“我为节能减排做贡献”“五小”（小发明、小革新、小改造、小设计、小建议）竞赛和“金点子”合理化建议活动，职工共提合理化建议5618条，被采纳2137条，为企业创经济效益1.6亿元。组织职工开展以“技术创新显身手，岗位建功当标兵”为主题的岗位练兵、技术比武和劳动竞赛活动，共有1.9万人次参加，有3100名职工晋升技术职称，其中高级职称110名，中级职称460名，获全国劳动模范1名，省级劳动模范和先进工作者5名，获省“五一劳动奖章”10名，获贵州省“五一劳动奖状”3家，获贵州省总工会授予模范职工之家1家、模范职工小家3家。获州劳模14名，州五一劳动奖状12个、州工人先锋号8个。

1998年，组织县供电局、三板桥电力公司职工参加黔西南州总工会举办的全州电力系统爬杆安装竞赛获第三名，并授予全州技术技能比武竞赛先进集体称号。2011年4月，省总工会举办的贵州省采茶工技能大赛，普安县1名职工获优秀奖。2014年，汽车站董事长费永富获全省行业道德标兵称号。

五、职工教育

1998—2015年，全县工会系统共组织职工开展各类技术技能提升培训1.6万人。

2006年，县总工会与省总工会干校配合，借助“阳光工程”项目培训，县总工会共举办煤矿企业职工技术技能培训11期共1160人，餐饮业培训2期共86人，电力职工培训1期126人。

2013—2015年，县总工会与农业局、草地中心、扶贫办、县妇联等单位举办以养殖、种植为主要内容的农民工技能培训，培训农民工1500余人。配合贵州省黔灵女家政服务公司普安支公司举办首届农民工家政服务培训班培训职工135名，培训后的农民工由企业安排就业。

2015年，县总工会与黔西南州职业技术学院联合在普安举办职工素质提升暨家政服务培训班，培训农民工60名，培训经考试合格的由黔西南州职业技术学院发给结业证书，并推荐到相关部门和家庭就业。

六、职工文体活动

1998—2015年，每年春节、“三八”“五一”、国庆等节假日，县总工会与多部门联合组织开展“中国梦、劳动美”、“中国梦、平安情”、弘扬抗战精神、培养社会主义核心价值观、“唱响奋进普安”文艺系列活动；组织职工自办和参加黔西南州总工会举办的篮球、乒乓球、棋类、田径、拔河等比赛项目15场次，参加职工516人；推荐参加全州的职工体育竞赛获得第二名5次、第三名8次，同时获得黔西南州总工会授予普安县总工会“全州职工体育活动组织奖”。

2008年，县总工会举办职工篮球运动会，全县参赛队58个，参赛队员及其后勤工作人员1000余人，历时15天，最后评出冠军5个、亚军3个。

2013年，组织职工参加黔西南州首届职工运动会，普安县女子乒乓球队获团体比赛第二名，男子乒乓球队获团体比赛第六名，女子篮球队获第六名。与宣传部联合组织开展“忠诚跟党走、敬业做贡献”演讲比赛，推荐获得一、二等奖的龙少柔、钟凤岚、廖丹凤参加州总工会演讲比赛，龙少柔获全州二等奖。

第二章 共青团普安县委员会

第一节 组织机构

一、机构设置

（一）团县委

1998年，共青团普安县委员会（简称“团县委”）内设办公室、宣传部、组织部、学生少年部。2015年，增设青少年活动中心办公室（财政全额拨款事业股室，编制2名）。团县委核定编制4名，在职人员4名。

（二）基层团组织

1998年11月4日，全县共有团委、团总支、团支部29个，团干部40名，团员5790名。

2015年，全县团委、团总支、团支部共计55个，团干部51名，团员7943名。

1998—2015年普安县基层团组织情况表

表14-2-1

年份	团委、团总支、团支部（个）	团干部（名）	团员（名）	年份	团委、团总支、团支部（个）	团干部（名）	团员（名）
1998	29	40	5790	2007	43	39	8219
1999	29	31	5989	2008	39	36	6850
2000	34	34	5791	2009	39	36	6720
2001	34	34	6544	2010	41	35	8150
2002	35	37	6740	2011	40	47	8458
2003	35	39	6870	2012	42	47	7451
2004	37	40	7491	2013	50	49	7981
2005	37	40	7619	2014	52	48	7651
2006	39	36	7724	2015	55	51	7943

（三）少先队

1998年，全县共有少先队中队89个、大队114个，少先队员40983名。

2015年，有少先队中队382个、大队71个，少先队员41532名。

1998—2015年普安县少先队组织情况表

表14-2-2

年份	少先中队（个）	少先大队（个）	少先队员（名）	年份	少先中队（个）	少先大队（个）	少先队员（名）
1998	89	114	40983	2007	109	128	42161
1999	104	117	41458	2008	109	128	42691
2000	104	117	41790	2009	109	129	42798
2001	106	122	42246	2010	109	129	42857
2002	109	122	42290	2011	113	129	42890
2003	109	129	38245	2012	113	129	42980
2004	109	129	42490	2013	114	129	43020
2005	109	129	39926	2014	253	85	45151
2006	109	129	42571	2015	382	71	41532

二、共青团代表大会

（一）第十六次代表大会

2002年11月20日召开，选举共青团普安县第十六届委员会委员27名、候补委员7名，其中书记1名、副书记1名。

（二）第十七次代表大会

2008年8月11—13日召开，选举共青团普安县第十七届委员会委员26名、候补委员8名、常务委员7名，其中书记1名、副书记2名。

第二节　主要活动

一、春晖行动

2006年1月15日，首次实施春晖家园计划，与县农村信用合作联社联合举办“春晖行动”——贵州“信合”温暖万名贫困母亲活动，出资1.1万元资助110名贫困母亲。2007年1月22日，出资1.1万元资助110名贫困母亲。2月，开展“春晖映晚晴——一贴通温暖万名老人”“春晖映晚晴——增刊活动”，将“一贴通”和《晚晴》杂志发送给受助人员。7月，建立1000多名普安县在外地人员人才库和修路、沟渠等基础设施建设项目库。10月31日，在地瓜镇屯上村召开“春晖行动”暨新农村建设试点工作群众会（启动会）。2008年，发放春晖行动宣传资料9000多份。2009年，投资7.8万元修建刘家湾春晖文化休闲广场，投资11.66万元修建歹尾至荒田公路。2010年，投资17余万元建设春晖家园计划项目。2月25日，在龙吟镇吟塘村召开春晖乡友座谈会暨春晖行动推进会，由镇政府出资1.5万元、春晖使者协调资金2万元、春晖发展中心出资启动资金5万元开展项目建设。协调新农村建设资金6万余元修建崧岿村立山坪组至柿花树通组公路，由春晖使者协调资金1万元、春晖发展中心出资启动资金5万元发展百亩早熟蔬菜基地。在项目申报中上报团省委春晖家园计划项目6个，礼聘春晖使者35名。2011年，上报经团省委审批实施春晖家园计划项目2个（三板桥镇十里村、江西坡镇下山村），投资10余万元。在三板桥镇十里村、江西坡镇下山村召开春晖乡友座谈会暨春晖行动推进会，礼聘春晖使者50名。2012年，投资10余万元建设春晖家园计划项目，礼聘春晖使者50名。2013年，向团省委争取春晖家园项目启动资金10万元、动员社会力量投资30余万元建设窝沿乡平桥村撒司云组通组路硬化、地瓜镇特种梅花鹿养殖基地。

二、志愿者服务

2003年，首次组织黔南民族医学高等专科学校、兴义民族师范学院等大中专学生假期到各乡镇进行以送卫生、文化、科技为主题的“三下乡”活动，团县委获得2000年度全省大中专学生三下乡活动组织奖荣誉。2005年9月，组织县注册志愿者开展全县中小学普法巡回讲座，受益学生3000余名。2006年3月，启动普安县注册青年志愿者活动，铲除有害生物紫茎泽兰30万株。2007年，1000多名志愿者分赴各乡镇、社区开展计生知识宣传、未婚青年签订计划生育承诺书等活动。2008年4月，组织“西部计划”志愿者、注册青年志愿者1000多名参与“保护母亲河”行动，铲除紫茎泽兰300多万株。5月，组织供电系统志愿者开展主题为“奥运心，南网情，青年志愿者服务”宣传活动，宣传安全用电、节约用电、未成年人保护法等方面的知识。6月，组织在普安县服务的“西部计划”志愿者参加《中华人民共和国禁毒法》知识网络竞赛活动，组织禁毒志愿者到学校、社区、村、组宣传《中华人民共和国禁毒法》。8月起，招募应急志愿者、整脏治乱志愿者、消防等志愿者1000多名。2009年，招募消防、禁毒、应急、旅游、环保、普法等志愿者500多名。3月，招募60名以优秀教师、机关干部职工、“西部计划”志愿者为骨干力量的志愿者参与“三月三”采茶节活动服务。2010年，招募消防、禁毒、应急、旅游、环保、普法等志愿者500多名。5月30日，组织12名志愿者参加全县“综治宣传月”活动。2011年，招募志愿者600名，开展志愿者活动6次。组织志愿者参与共青团重点工作活动，建立非公有制企业团组织30个。对148所学校进行调查，与72所学校的79名农民工子女建立对接帮扶。2013年，招募消防、禁毒、应急、普法等志愿者600多名。组织志愿者参加爱心送考、“综治宣传月”“迎州庆讲文明　树新风　学雷锋”等活动，组织23名“西部计划”志愿者到乡镇、学校等单位开展志愿服务。2014年，联合盘水镇政府组织志愿者到大湾小学开展贫困儿童、留守儿童救助活动；带领志愿者在体育场开展“新春猜谜活动”；在“学雷锋日”，组织县移动公司和县现代医院的青年志愿者们到县福利院慰问老人，帮助打扫卫生，开展义诊等服务；组织志愿者到青山镇协助州群众路线教育小组做好“民意直通——走进普安”的宣传活动；组织青年文明号窗口单位及志愿者到江西坡细寨小学开展关爱留守儿童活动。2015年，联合中国移动、供电局、文明办等单位到村级小学开展慰问活动8次，发放总价值约4万余元的学习礼包、篮球、足球、乒乓球、羽毛球等体育器材和世界名著等精品书籍；中秋节，联合县妇联、扶贫办等十多个部门及企业开展“中秋月圆 · 情暖普安”关爱留守儿童工作，为9个乡镇的留守儿童集中发放月饼和书籍。11月23日，联合县红十字会、普安微公益等单位筹款1.28万元，给留守儿童购买鞋盒礼物；12月14日，联合县教育局在县二中开展“阳光少年 · 暖心普安”手拉手活动；12月31日，联合县文明办、县移动公司到白沙乡卡塘村中箐小学开展“春暖童心”系列活动，为学生捐赠1.5万元的图书和价值约4000元的温暖礼包。

三、希望工程

1999年，同县邮政局联合发行6000套希望工程邮政邮资明信片，所得资金全部上交省青基会用于贫困地区的希望工程，团县委获得全省希望工程邮政邮资明信片发行工作优秀奖、全省希望工程劝募行动攻坚奖。2001年，贵州日报社出资3万余元用于救助楼下镇贫困儿童，国防科工委、省铁路局救助100名学生，州国税局干部职工在罐子窑镇新民小学结对救助27名学生，香港3名爱心人士捐资4万元港币救助失学儿童，1名爱心人士出资15万元人民币修建高潮金禧希望小学，县人武部干部长期救助学生10余名，获得全省希望工程建设奖。2004年，环球私人信托公司在普安县建立明德奖学金，决定连续实施5年，每年出资4.15万元资助92名农村家庭经济困难而品学兼优学生。2005年，环球私人信托公司建立的明德奖学金增加资助学生15名。2006年，争取各类奖学金名额112名，共计资助金额7.87万元。2007年，获得“爱心助学子”“明德奖学金”“芙蓉学子”“圆梦大学”等资助6.5万元，对23名品学兼优的贫困优秀大学生按照0.2万～0.4万元不等的标准进行资助。2008年，为92名小学、初中、高中的贫困优秀学生发放明德奖学金2.08万元。争取省青基会下拨明德奖学金1.5万元、团县委自筹资金3.6万元，资助27名贫困大学生。10月，为罐子窑镇红卫希望小学争取到省青基会资助的体育器材。2009年1月5日，启动“城乡手拉手、爱心构和谐”关爱女孩帮扶活动，结对帮扶近60名贫困少年儿童。4月25日，由香港道德基金会、省教育厅投资30万元修建的白沙乡五里坪希望小学竣工。2010年8月，协调县气象局、煤炭商会、房地产开发有限公司、林城老酒等组织和爱心企业资助51名大学生共8.8万元。2011年，与县移动公司、普安县朝晖制衣厂等企业在“六一”儿童节到白沙小学发放价值6万元的服装，成立1个爱心书屋。筹集资金41.5万元，资助贫困学生173名。2012年，通过“习酒 · 我的大学”“国酒茅台 · 国之栋梁”等活动，资助33名贫困大学生。2013年8月，通过“习酒 · 我的大学”“国酒茅台 · 国之栋梁”活动资助45名贫困大学生共22.5万元。2014年，以“弘扬中华民族扶贫济困的传统美德，共襄爱心之举，共筑助学长城，传播公益理念”为主题，在团州委的关心支持下，地瓜镇岗坡小学希望食堂建成投入使用。协调贵州义酒坊酒文化有限公司到罐子窑红卫小学开展捐赠活动，达成帮扶意向21.56万元，落实5.5万元。“六一”儿童节期间，配合相关部门到江西坡镇高潮小学等学校看望慰问留守儿童、计生贫困户子女等贫困儿童，为孩子们送去近万元的学习用品。协调企业出资1万元为龙吟高云小学修建饮水工程。争取省青基会“希望童园”项目资金8万元，建设高棉乡许打教学点、新店乡向家寨小学幼儿园。通过“习酒 · 我的大学”“国酒茅台 · 国之栋梁”“芙蓉学子”“宏立城”“文明普安助学”等助学活动，共计资助普安县75名大学生，资助金额50.5万元。

2015年，开展“希望工程 · 圆梦大学”，“芙蓉学子”“国酒茅台 · 国之栋梁”助学活动，香港主力教育基金助学活动，宏立城公益基金会助学活动，共资助60余名品学兼优的贫困学子。其中“国酒茅台·国之栋梁”公益助学资助大学生25人，资助金额为12.5万元；香港主力教育助学资助大学生20人，资助金额2万元；宏立城公益基金会助学资助大学生25人，资助金额15万元；“芙蓉学子”助学资助大学生5人，资助金额2.5万元；“希望工程”助学资助大学生12人，资助金额2.8万元。

四、法制宣传与预防青少年犯罪

2003年，首次配合县司法局在“三八”维权周对青少年儿童进行《中华人民共和国未成年人保护法》等有关法律法规的宣传，在盘水、江西坡、窝沿、三板桥、地瓜、青山等乡镇进行巡回宣传，发放资料1000余份(册)，受益群众3万名。2004年，组织黔南医专16名学生到新店、盘水等乡镇开展暑期“三下乡”活动，为群众义诊和宣传卫生知识，发放资料2000余份，为1000多名群众检查身体和进行病情咨询。12月17日，与县委宣传部等有关单位到江西坡卫生院开展送科技、文化、卫生下乡活动，发放资料6000份。2005年，组织法律志愿者为群众提供法律咨询服务，发放资料3000余份。2006年4月，组织开展“跟我来环保”环保宣传活动，发放资料3000余份。2007年，配合有关部门对游戏厅、录像厅、网吧、个体书摊等未成年人出入频率较高的地方进行检查、清理，在全县普及学习《中华人民共和国未成年人保护法》。2008年，组织供电系统志愿者宣传安全用电、节约用电、未成年人保护法方面的知识，发放资料4500余份。2010年，以“综治宣传月”“法制宣传月”为载体，宣传未成年人保护法和预防青少年犯罪的相关法律知识，发放资料3000余份，2013年发放资料5000余份。2014年，共青团普安县委围绕“服务青年活动年”开展活动，同时加强青少年思想道德建设工作，加大对青少年违法犯罪、未成年人保护、青少年法制宣传教育力度，以“综治宣传月”“法制宣传月”为载体，宣传未成年人保护法和预防青少年犯罪的相关法律知识，发放相关宣传资料4000多份。2015年，开展主题教育活动，以“综治宣传月”“法制宣传月”为载体，宣传未成年人保护法和预防青少年犯罪的相关法律知识。组织志愿者在全县12个乡镇（街道）开展宣传活动，向群众宣传禁毒、未成年人保护法等资料，发放《中华人民共和国未成年人保护法》《中华人民共和国禁毒法》等宣传资料3000余份。

五、激情活动年活动

2013年，先后开展“爱心暖冬”“亲友回乡”“雷锋精神”“亮出绝活”“团旗飘扬”“七彩童年”“创业就业”“圆梦大学”“成人责任”“爱在金秋”“动感青春”“爱我中华”激情活动年主题活动。2014年，开展“明理知耻·崇德向善——做文明人”主题演讲比赛、“六一”儿童节关爱行动、“江西坡收费站联谊”活动、“关爱青少年健康成长”活动、“相约青春·缘来是你”联谊活动、“奋斗的青春最美丽”志愿者培训会。2015年，开展“中秋月圆·情暖普安”“阳光少年·暖心普安”“春暖童心”等系列活动。

六、西部计划志愿者活动

2003年7月30日，在全国首次西部计划志愿者支援西部、服务西部活动中，组织招聘21名普安县户籍2年期支教志愿者到各中小学服务。2004年8月2日，有34名西部计划志愿者到普安县从事志愿服务。2005年8月3日，有25名志愿者到各乡镇及各行各业开展志愿服务工作。2006年7月29日，有10名志愿者到普安县各乡镇及各行各业开展志愿服务工作。2007年7月30日，有16名“西部计划”志愿者来到普安县服务，普安县表彰24名优秀志愿者，并推荐上报人员到州级团组织进行表彰。2008年7月28日，有27名“西部计划”志愿者到普安县各乡镇远程办、基层法庭、学校等单位开展志愿服务。2009年8月5日，有26名“西部计划”志愿者到普安县各乡镇远程办、基层法庭、学校等单位开展志愿服务。2010年8月1日，有41名“西部计划”志愿者到普安县各乡镇党政办、基层法庭、学校等单位开展志愿服务。2011年7月29日，有30名“西部计划”志愿者到普安县各乡镇远程办、基层法庭、学校等单位开展志愿服务。2012年8月2日，有24名“西部计划”志愿者，其中新增人员14人，到各乡镇党政办、基层法庭、学校等单位开展志愿服务。2013年，有14名新增“西部计划”志愿者到普安县各乡镇党政办、基层法庭、学校等单位开展志愿服务。2014年12月，有20名西部计划志愿者到各乡镇基层服务，分别奔赴普安县基层党政机关、政法机关、基层支医、支教和支农、法律援助等岗位开展志愿服务。2015年11月3日，有19名“西部计划”志愿者到普安县各乡镇远程办、党政办、学校等单位开展志愿服务工作。

第三章　普安县妇女联合会

第一节　组织机构

一、机构设置

（一）县妇联

1998年，普安县设置正科级的妇女联合会（简称“县妇联”），有在职干部6名，其中主席1名，副主席2名。2002年1月，核定编制5名，其中设主席1名、副主席1名，内设行政股室。2003年，增设妇女儿童工作委员会办公室，增加参公事业编制1名，设主任或副主任1名。2004年9月，增加参公事业编制2名。2015年，有在职人员5名。

（二）乡镇妇联

1998年，全县14个乡镇均建立妇联组织，配专职妇联主席14名，171个村（含4个居委会）均建立村级妇代会，选举村妇代会主任171人。2007年，村级整合后新建村级妇代会89个，村妇代会主任89名。2013年，全县14个乡镇、89个行政村妇女组织均配齐。2015年，全县12个乡镇（街道）、90个行政村（社区）妇女组织均配齐。

二、妇女代表大会

第七次妇女代表大会　2000年8月7—9日召开，出席会议代表151名。大会选举第七届执行委员会委员27名、常委9名，选举主席1名、副主席2名。

第八次妇女代表大会　2007年8月15—16日召开，出席会议代表120名。大会选举第八届执行委员会委员27名、常委7名，选举主席1名、副主席1名。

2007年11月26日，召开第八届执委会第二次全体会议，补选副主席1名。

第九次妇女代表大会　2013年7月15—16日召开，出席会议代表212名。大会选举第九届执行委员会委员26名、常务委员会委员9名，选举主席1名、副主席2名。

第二节　主要活动

一、“双学双比”与巾帼建功

1998年，在农村妇女中开展“学科学、学技术、比成绩、比贡献”（简称“双学双比”）竞赛活动，参加竞赛妇女57831人次，掌握1～2门以上技术妇女45426人次，以种植、养殖业加工为主的女科技示范户6780户。开办扫盲班、科技培训班培训妇女。利用宣传车、广播、墙报、标语、宣传资料等进行宣传培训。2000年4月，组织县直机关妇女干部、农村妇女开展“中华妇女世纪林”植树活动，共种植8万余株，面积20余公顷。2003年，建立农、科、教一体化农民科学技术文化夜校171个，创建农村妇女学校14个，创建“三八绿色工程基地”3个、“双学双比”基地3个。2007年，新建10个巾帼示范村、9个以妇女领头的合作经济组织、13个“妇”字号基地、9个“岗村联动”共建示范点。2008年，实施巾帼素质提升工程，创青山镇营山村“巾帼示范村”1个，建立三板桥十里村半个箐组妇女经济合作组织1个。2009年，创建新店乡细余村“巾帼示范村”1个，新建以妇女为主地瓜镇莲花马铃薯农村合作社1个、江西坡白石村老屋厂组家禽养殖“双学双比”示范基地1个。到白沙乡开展“面对面宣传科学发展观、手把手传授实用技术、心贴心维护妇女权益”活动，邀请专家现场讲解烤烟种植技术。2012年，创建“巾帼示范村”2个，培育农村种植业、养殖业女经纪人4名。2013年，开展创建巾帼示范村、建立妇女经济合作组织、创建巾帼现代农业示范基地和巾帼手工编织促就业示范基地工作。4月，“雪浦乡手工编织”被命名为“黔西南州巾帼手工编织促就业示范基地”。5月，协助在普安县盘水镇创建贵州省黔灵女家政服务公司黔西南店。

1998—2015年，先后推荐全国表彰农村妇女“双学双比”活动女能手1名、全国“三八红旗手”1名、全国妇女创业就业先进集体1个、全国妇女小额担保财政贴息贷款工作先进集体1个。推荐表彰全省农村妇女“双学双比”活动女能手2名、全省“生态建设女标兵”1户、全省“三八红旗集体”1个、全省“三八红旗手”2名、全省创业服务先进个人2名、全省“巾帼扶贫”先进集体1个。推荐表彰全州“三八红旗手”10名、全州“三八红旗集体”5个、全州“巾帼文明示范户”1户、全州“巾帼示范岗”4个、全州优秀妇女干部2名、全州妇女儿童发展规划先进个人2名、全州农村妇女“双学双比”竞赛活动先进集体1个、全州农村妇女“双学双比”竞赛活动先进工作者1名、全州农村妇女“双学双比”竞赛活动优秀女能手2名、全州农村妇女“双学双比”竞赛活动优秀女经纪人1名、全州妇女小额担保财政贴息贷款工作先进集体1个、全州妇女小额担保财政贴息贷款工作先进工作者2名。县级表彰“三八红旗集体”26个、“巾帼文明示范岗”25个、“三八红旗手”29名、“双学双比”先进女能人90名、“巾帼建功”先进单位4个、“巾帼建功”先进个人12名、妇女工作先进单位4个、“双学双比”先进单位2个、“双学双比”先进个人2名、“巾帼建功”女标兵20名、巾帼扶贫先进集体1个、优秀女储蓄员1名、农业科技示范户28户、林业生态建设女标兵16名、养殖女能手28名。举办扫盲班1071班次、脱盲妇女1.19万人，举办各类实用技术培训班3306期次、培训妇女22.92万人次，获得绿色证书妇女2016名，获得技术员职称妇女45名，转移妇女劳动力6120名。

1998—2015年普安县妇女培训情况表

表14-3-1

年份	扫盲班（期）	脱盲妇女（名）	科技培训班（期）	培训妇女（名）
1998	102	598	509	114783
1999	—	—	15	258
2000	209	3100	280	6228
2001	304	3686	285	5735
2002	285	2500	350	28000
2003	171	1980	778	36000
2004	—	—	385	17586
2005	—	—	180	3156
2006	—	—	290	10085
2007	—	—	169	3599
2008	—	—	15	516
2009	—	—	11	465
2010	—	—	21	2122
2011	—	—	6	370

续表14-3-1

年份	扫盲班（期）	脱盲妇女（名）	科技培训班（期）	培训妇女（名）
2012	—	—	8	200
2013	—	—	1	35
2014	—	—	1	50
2015	—	—	2	100
合计	1071	11864	3306	229288

二、信访维权

采取上街设点、以会代训、讲座、广播、报纸、电视、标语等多种形式和渠道，对《中华人民共和国妇女权益保障法》《中华人民共和国未成年人保护法》《中华人民共和国婚姻法》等法律法规进行宣传。设立普法大讲堂，开展送法下乡、法治宣传和咨询服务，开通12338信访代理热线、“流动妇女平安之家”，与县法院联合建立妇女儿童合议庭、参与督办涉及妇女儿童权益的重大要案，与民政局联合建立“反家庭暴力庇护站”和“妇女儿童救助站”等，畅通妇女儿童诉求渠道和维权渠道，维护妇女儿童合法权益。

咨询服务 1999年1月，建立维护妇女儿童合法权益咨询服务部，开展各种法律咨询、卫生保健等综合服务。4月，成立维护妇女儿童合法权益信访接待小组，制定信访接待制度。2002年7月，成立妇女法律援助工作站。2011年，在89个行政村设立“妇女维权岗”。

来信来访 1998—2015年，接到来信、来电、来访532件。

先进表彰 1998年，推荐表彰全州维护妇女合法权益工作先进集体3个、维护妇女合法权益工作先进工作者3名。2011年，推荐表彰全国维权工作先进个人1名。2013年，推荐表彰全州维护妇女儿童权益先进集体2个、全州维护妇女儿童权益先进工作者3名。

三、家庭教育

1998年11月，制定《普安县家庭教育工作“九五”计划》《普安县家庭教育工作评估方案》《普安县家庭教育工作评估指标》。在乡镇中心学校开办家长学校，成立家长委员会，与农村计划生育、农村实用技术培训、扫盲学习、农村普法、社会治安综合治理等结合举办家长培训班、家庭知识竞赛活动。2000年9月，印发《关于认真开展0～3岁婴幼儿家教工作的通知》。新建家庭教育儿童活动场地15个，乡镇建立机构14个。2003年，制定《普安县家庭教育工作“十五”计划》。2015年，县城、乡镇中心学校创办家长学校率100%，农村学校创办率70%，宣传家庭教育覆盖率90%。

1998—2015年，推荐表彰全国“五好”文明家庭1户，全省“五好”文明标兵户1户，全省“最美家庭”1户，“最美贵州妈妈”1人，全省“最美女村官”1人，全省“孝女”1人；全州家庭教育先进集体5个、全州家庭教育先进个人8名、全州“五好”文明家庭7户、全州优秀家庭1户，全州“慈母”8名、“贤妻”8名、“孝女”8名；县表彰“五好”文明家庭106户、平安家庭366户。

四、儿童教育

1998年，采取“希望工程”“春蕾计划”“义教工程”等形式改善教育环境，救助失辍学儿童。2000年，捐助资金6.38万元，创办“春蕾”女童班4个，资助女童140名。由香港社会爱心人士捐助的兴中小学“山区女童班”，50名女童顺利毕业。2008年，建留守儿童省级示范学校1所，建立贫困女童信息库。2009年，争取香港爱心人士捐助资金1.4万元，在白沙乡铁厂小学（云华占美春蕾学校）开展“小书包 大未来——DHL爱心背包”活动，140名小学生分别获赠书包、字典、文具、课外书等。2011年，开展“祖国好 · 家乡美”主题系列活动，推选10幅绘画书法作品参加州妇联比赛，全部获奖。2012年，对7648名留守儿童实行“一对一”帮扶，建立白沙乡小学、高棉小学2所“留守儿童之家”，盘水一小被州妇联授予“儿童之家”称号，中国少儿基金会“蒲公英助学行动”项目捐资1.6万元资助4名贫困女大学生，“2012音乐之声 我要上学 海马汽车 爱@1200助学行动”资助项目资金18万元对青山小学150名贫困儿童进行为期3年的资助（每人每年400元），募集捐款约13.4万元救治花季少女2人，组织阳光幼儿园12名儿童参加省“共享阳光 快乐成长”第三届幼儿基本体操表演赛获组织三等奖，组织开展“祖国好 · 家乡美”“双有”（心中有祖国，心中有他人）活动绘画大赛，100余名中小学生获奖，20余名教师获辅导奖，县妇联获全国“双有”活动先进集体。2013年，新建地瓜镇岗坡小学、高棉小学2所留守儿童之家，争取“奔跑的快乐——给孩子送双运动鞋”活动，为5801名学生送去价值25万元的运动鞋（每人1双），推荐新店小学、普安二中参加全州中小学校开展的“文明礼仪知识竞赛”活动分别获一等奖、二等奖，新店小学代表全州参加全省“文明礼仪知识竞赛”大奖赛获三等奖，组织参加第十八届全国中小学生（幼儿）绘画书法作品比赛38幅作品获奖。2013—2015年，在青山小学开展“音乐之声 · 我要上学”助学活动，发放助学款18万元。2014年，新建盘水一小、红卫小学2所留守儿童之家；组织新店小学、江西坡中学参加全州中小学生文明礼仪知识竞赛，新店小学获一等奖，并参加全省中小学生文明礼仪知识竞赛，获三等奖。组织学生参加“第十九届全国中小学生绘画书法作品比赛”，48名小学生获第十九届全国中小学生绘画书法奖。2015年，组织2所学校参加黔西南州2015年“祖国好 · 家乡美”主题系列活动——“文明礼仪知识”竞赛，青山小学获二等奖，江西坡中学获三等奖。

1998—2015年，在“六一”国际儿童节期间，每年均组织对儿童进行慰问，为部分留守儿童、贫困学生送去书包、文具盒、体育用品、桌椅、衣服、电脑等，共慰问留守儿童、贫困儿童6000余名，发放价值160余万元的慰问品。推荐表彰全省优秀女童1名，推荐表彰“金州好儿童”6名，推荐表彰“普安县好儿童”4名。

五、妇女工作

1998年12月，制定《普安县妇女发展实施方案（1998—2000年）》。同年，全县共有女人大代表39名，占代表总数的21.76%；女政协委员24名，占委员总数的22.86%。2000年，全县妇女干部1202名，其中副科级以上女干部70名；城镇从业人员中女性比例31%、女职工比例23%。2002年，全县女职工1264名，党政领导班子中女干部44名（其中县级3名，科级41名），站股级86名。2013—2014年，完善14个乡镇妇联、89个村（社区）妇代会，“妇女之家”实现全覆盖。盘水镇南湖社区被全国妇联表彰为“先进社区”，推荐盘水镇南湖社区为“贵州省示范妇女之家”，女性就业人数占全县就业总人口的44.98%。2015年，全县有女干部1648名，其中科级以上领导妇女干部126名，县级女干部6名，科级女干部96名。县级党委领导班子中女干部配备率10%，县级政府领导班子中女干部配备率14.3%，乡镇党委领导班子中女性配备率10.7%，乡镇政府领导班子中女性配备率14.3%。县人大代表中女性51名，州妇女代表9名，省妇女代表1名，县政协委员中女性43名。90个村（社区）党支部书记89名、支部委员459名，其中女支部书记5名、女支委委员58名；村委员会成员467名，其中女村主任6名、女村委员会成员75名；社区委员会成员87名，其中女社区主任4名、女社区委员会成员15名。

1998—2015年，在“三八”节期间，与县妇幼保健院、县人民医院、县中医院、现代医院等联合开展免费或部分免费的身体健康检查活动，共检查2万余人次。组织妇女登山、唱歌比赛、舞蹈大赛、大型文艺会演、法律知识竞赛等，参加活动人数达5万余人次。采取设宣传点、咨询台、义诊台等形式，发放《中华人民共和国婚姻法》《中华人民共和国妇女权益保障法》《中华人民共和国未成年人保护法》等宣传资料20余万份。

六、其他活动

“循环金”项目　2000年5月，由联合国儿童基金会出资16万元、县政府匹配10万元的“循环金”

项目启动实施。在楼下镇松林村开展大棚蔬菜种植，建大棚14个，面积1公顷，种植野生蔬菜和特色蔬菜14个品种，扶持贫困户80户（其中示范户16户），帮带周围85户农户种植地膜早菜10公顷。2003年，楼下镇项目循环期结束，收取循环金16万元、项目管理费5700元。“循环金”项目调整到江西坡镇江西坡村实施，主要以发展养殖业为主，扶持贫困户80户（其中示范户16户），帮带户64户，项目年总产值达50万元，增收34万元，户均增收2000多元。2006年，“循环金”项目实施结束，“循环金”、两轮“循环金”项目管理费均上缴联合国儿童基金会。

“母亲健康快车”项目　2003年8月，启动实施“母亲健康快车”项目。2011年，“母亲健康快车”行驶30多万千米，因设备老化停止运行。该项目在实施中结合卫生、计生、法治宣传、禁毒等工作，出动医务人员1000余人次，到14个乡镇开展宣传、咨询、义诊、免费体检、免费送药活动，接受宣传群众15万人次，接待咨询妇女2.61万人次，免费义诊5195人次（其中查血1410人次，B超1210人次，针灸1300人次，妇科检查790人次，查出子宫肌瘤病人5名，其他严重妇科病人480名），发放“母亲健康手册”、计生条例、妇幼健康知识、妇女权益保障法等宣传资料8万余份，发放免费药品2000多元。

“大地之爱·母亲水窖”项目　2004年8月，投资39.86万元的（全国妇女发展基金会投资12万元、省妇联匹配资金27.86万元）“大地之爱·母亲水窖”项目启动实施，在白沙乡五里坪村、罗汉乡旧屋村、金竹林村修建水窖182口，于2005年竣工投入使用，解决1401人、871头（匹）牲畜的饮水问题。

“贫困母亲‘两癌’救助专项基金”项目　2012年，启动实施“贫困母亲‘两癌’救助专项基金”项目。到2015年，共救助27名患者。

妇女小额担保财政贴息贷款项目　2011年，启动实施妇女小额担保财政贴息贷款项目。到2015年，全县2150户群众贷款1.08亿元，帮助8085名妇女实现创业、就业。

第四章　普安县工商业联合会（商会）

第一节　组织机构

一、会员发展

1998年，普安县工商业联合会（简称“县工商联”）下设办公室。2001年，设置工商联党组。2007年8月，成立煤炭行业商会。2011年2月，成立地方电力小水电行业商会；11月，成立非煤矿山行业商会。2012年9月，成立食品生产行业商会。2015年6月，成立茶叶协会。

2015年，全县共成立行业商（协）会共5个，工商联（商会）会员241个，其中企业会员120个、个人会员116个、团体会员5个；在全县非公有制企业中，组建党组织48个，其中单独建立党支部14个、建立联合党支部34个；规模以上企业党组织3个，规模以下企业党组织45个，党员152人；建立非公有制企业工会组织88个，会员10161人。

2015年普安县工商联会员情况表

表14-4-1　　单位：个

门类	企业会员	团体会员	个人会员	合计
农、林、牧、渔业	29	—	—	29
采矿业	38	—	—	38

续表 14-4-1

门类	企业会员	团体会员	个人会员	合计
制造业	11	—	—	11
电力、热力、燃气及水生产	6	—	—	6
建设业	1	—	—	1
信息传输软件和信息技术	1	—	—	1
批发和零售业	2	—	—	2
住宿和餐饮业	11	—	—	11
金融业	3	—	—	3
房地产业	5	—	—	5
原工商业者	—	—	14	14
有关单位代表	—	—	18	18
卫生和社会工作	3	—	—	3
有工作联系的	—	—	2	2
教育	3	—	—	3
个体工商户	—	—	82	82
行业组织	—	5	—	5
合计	120	5	116	241

二、工商联代表大会

第八届会员代表大会 2006年9月召开，选举执行委员69名，常委23名，工商联会长1名，副会长11名(其中7名副会长为非公有制经济人士)，秘书长1名(副会长兼)；商会会长1名，副会长8名(其中4名副会长由工商联专职副会长兼任，4名副会长为非公有制经济人士)。

第九届会员代表大会 2011年10月召开，选举执行委员89名，常委33名，工商联主席1名，副主席11名（其中8名副主席为非公有制经济人士），秘书长1名（副主席兼）；商会会长1名，副会长9名(其中3名副会长由工商联专职副主席兼任，6名副会长为非公有制经济人士)。

第二节 主要活动

一、宣传学习培训

1998—2015年，采取座谈会、茶话会、经验交流会，开展“双思”教育、“理想信念”教育、社会主义核心价值观教育，组织专题培训、印发宣传资料、订送报纸杂志、调研走访等形式，向非公有制经济人士宣传党和国家的方针、政策、理论知识。组织推荐企业家参加清华大学继续教育学院高级研修班、省工商联优秀会员企业家成长计划、省工商联干部培训班、州非公有制经济党建培训班、县委党校企业党建培训班和州、县职能部门的专题培训班等，提高非公有制经济人士的政治思想素质、政策理论水平、业务能力。

二、参政议政

1998—2015年，组织非公有制经济人士围绕全县经济、社会发展中的热点、难点、盲点问题开展调研，分年度形成《普安县煤矿经营状况调研报告》《普安县非公有制经济发展情况调研报告》《普安县非公有制经济发展的几点思考》《普安县非公有制经济存在的困难和问题》《认真履行职能，发挥组织优势，做好民营企业思想政治工作的报告》《普安县关于非公有制经济发展的管理意见》等20多篇专题调研报告。在县人民代表大会、县政协全体会议中，帮助和引导代表、委员结合行业特点，提交《关于加大对长毛兔养殖的建议》《关于要求打击和强行拆除违法违章建筑的提案》《关于要求解决供应电煤存在问题的提案》《建设和谐普安，法治先行的提案》《关于解决盘水镇大湾村林场、高山组、狮子山组人畜饮水的提议》《在普安县城内增设幼儿园，并加大投入改善幼儿园环境的建议》等20多件议（提）案。其中《和谐普安建设法治先行》提案，2015年被县政协评选为优秀提案。推荐非公有制经济代表人士参选为省人大代表2名、州人大代表4名、县人大代表4名（其中常委1名）、州政协委员4名、县政协委员49名（其中常委6名）。

三、联系非公有制经济代表人士

1998年，罐子窑镇、龙吟镇、罗汉乡、窝沿乡人民政府开展县非公有制经济发展情况普查。1999年，推荐5名非公有制经济人士报州委、州人民政府表彰。2000年，推荐4名非公有制经济代表人士报州委、州人民政府表彰；会同有关部门引进重友铁合金有限公司、豫黔铁合金2家非公有制企业，帮助其解决生产经营用地、用电等问题，鼓励非公有企业接收下岗职工、待业青年近百名实现就业；国庆期间邀请外来投资商、非公有制经济代表人士座谈；推荐补选1人为县第六届工商业联合会会长，推荐县工商业联合会常委会常务委员1名，执行委员4名。2001年，在福安煤矿成立党支部、团支部，在冠合铁合金厂成立工会。2002年，向州委统战部汇报《普安县原工商业人员调查情况》《普安县起义投诚的原国民党参政人员调查情况》，对原起义投诚人员进行登记汇总，总人数31人，其中区尉级3人，一般人员和士兵28人。2003年，对全县非公有制经济单位具有中专及以上学历和初级以上专业职称的人员情况进行调查统计，全县非公有制经济单位经营管理和专业技术人员641人。2004年，选派13名优秀党员干部到非公有制经济企业挂职，使非公有制企业有了党务工作者。

2005年，增补县工商联执委23名。2006年，对起义投诚人员开展慰问，赴楼下镇补者煤矿考察贵州省优秀中国特色社会主义事业建设者1名。2007年，抽调34人组成工作队伍到16个部门开展对非公有制经济代表认识综合评价部门评价，成立县煤炭行业商会并组织召开煤炭行业商会第一次会员代表大会。2008年，汇总对非公有制经济代表认识综合评价部门评价资料上报州委统战部。2009年，完成《普安县非公有制经济存在困难和问题的调研报告》向县委、县政府专题汇报，完成《普安县非公有制经济建设工作调研报告》向州委统战部报告。

2010年，县“一企帮一村”签约仪式在地瓜镇老虎田煤矿举行，老虎田煤矿与地瓜社区结成帮扶对子。2011年2月，成立县地方电力小水电行业商会，有企业58个并召开第一次会员代表大会；10月，召开工商联第九届会员代表大会，推荐州工商联第五届兼职副主席1名、常委3名；11月，成立非煤矿山行业商会，有企业58个并召开第一次会员代表大会。2012年，制定《普安县非公有制经济组织和新社会组织人才工程实施方案》；统计“万企助村”活动情况，全县参加活动的企业40家，帮扶项目涉及基础设施、种养殖业，帮扶人数达2.5万人，选派3名非公有制经济人士代表参加州统一战线人士主体班培训。2013年，制定《普安县非公有制经济人士理想信念教育实践活动实施方案》，选派5名非公经济代表人士参加州统一战线人士主体班培训。2014年，开展“致富思源、富而思近”教育活动，企业共投入光彩事业资金100余万元，选派9名非有制公经济代表人士参加省、州学习培训。

2015年，组织非公有制经济企业家40余人开展诚信教育活动，推荐云庄煤矿支部委员会参与“贵州省百家民营企业党建典型推广活动月”活动，被评为全省统战系统百家民营企业党建典型之一；组织民营企业参加第八届中国品牌界暨首届贵州品牌大会，周易农产品精加工厂“雙辰牌”和宏鑫茶叶有限公司“四球野生古树茶”获贵州民营企业特色品牌产品称号；选派7名非公有制经济代表人士参加省、州学习培训，将普安县欣新生物科技有限责任公司列为统一战线“星火计划、科技扶贫”试验区建设示范基地。

四、服务工作

1998—2015年，为部分会员赠订《中国工商时报》《黔西南日报》，收集整理各个时期非公有制经济发展方面的法律、法规、政策资料汇编发给企业，为企业提供政策、市场、科技、招商引资等信息。与广东省贵州商会、东莞贵州商会、深圳贵州商会、宁波贵州商会、镇海区工商联、润州区工商联、曲靖市工商联、平阳县工商联、重庆贵州商会、六盘水市工商联、盘县工商联、兴义电器行业商会和普安籍在外企业家加强联谊交流，与宁波市镇海区工商联、温州市平阳县工商联、镇江市润州区工商联缔结为友好商会，先后组织会员到广东、江苏、宁波、温州、重庆、曲靖、贵阳、遵义、六盘水、盘县、兴义等地考察学习；组织召开回乡普安籍在外企业家座谈会，鼓励回乡投资创业；到广东、宁波与贵州籍企业家座谈交流，开展招商引资；组织行业商会到外地考察学习行业商会管理；邀请宁波、平阳、贵阳、六盘水、盘县、兴义等地企业家来普安考察。在金黔在线、贵州商会、兴义之窗、亮点黔西南等媒体宣传普安县工商联工作，民营企业和民营企业家的先进事迹。邀请金融部门到企业调研，组织银企座谈联谊会；组织会员参加贵阳银行企业贷款互助基金和贵州省中小企业小额贷款互助基金等，为非公有制企业搭建融资平台。以“百日安商行动”为重点，开展非公有制经济人士维权服务。帮助企业调解纠纷，梳理上报企业诉求，协调贷款250多万元，帮助煤矿协调返还维简费500多万元。

五、发展行业商会

先后成立煤炭行业商会、地方小水电行业商会、非煤矿山行业商会、食品生产行业商会。组织召开各行业商会领导班子座谈会，指导和推动行业商会完善法人治理结构、建立健全各项规章制度、规范内部管理，发挥行业商会宣传政策、提供服务、反映诉求、维护权益、加强自律的作用，服务会员。

六、协调劳动关系

协助人事部门、工会组织和有关企业构建和谐劳动关系。引导非公有制企业创造就业岗位，推动就业再就业工作，帮助下岗职工、农村剩余劳动力、返乡农民工、应届大学毕业生等解决就业困难；引导非公有制企业在经营遇到困难的情况下，顾大局、讲奉献，坚持不裁员、不减薪，缓解严峻就业形势；深入企业宣传相关法律法规和政策，培训非公有制企业负责人，引导遵守国家法律、法规、政策，依法维护企业正当权益，尊重和保护劳动者合法权益。

七、社会公益事业

1998—2015年，引导非公有制经济人士投身社会公益事业，全县非公经济人士共捐赠资金和物资1300多万元，其中久丰煤矿、福安煤矿捐资10多万元建立教育扶贫基金会；恒泰煤矿、久丰煤矿向楼下学校各捐资20万元。2012年，开展“万企助村”活动中，组织40个企业结对帮扶21个行政村，共投入帮扶资金4639.37万元，其中楼下镇天普、久丰、福安、安利来、开泰、能通、政忠、恒泰、马刀地9个煤矿投资614.47万元为泥堡片区建饮水工程，郭家地煤矿投资60万元为堵嘎村岩脚组、小寨组建人饮工程，褚宝煤矿、补者煤矿投资1000万元实施补者三、四组地质灾害搬迁工程，嘉龙煤矿投资1000万元解决小河村新寨组人饮工程，向县计生扶助基金捐款27.6万元。2014年，全县非公有制企业（人士）为公益、光彩事业捐资达100多万元，其中煤炭行业商会就捐资52.374万元。

第五章　普安县残疾人联合会

第一节　组织机构

一、机构设置

（一）县残联

1998年，普安县残疾人联合会（简称“县残联”）为隶属于县民政局的正科级单位。2007年12月，县残联独立设置。2008年，内设综合股、残疾人教育就业服务中心。2013年，新增教育就业股、残疾人辅助器具供应站。

（二）乡镇残联

2007年12月，全县14个乡镇成立残疾人联合会，89个村（社区）成立残疾人协会。

二、县残疾人代表大会

第一次代表大会　1998年12月召开，大会选举第一届残疾人联合会主席团主席1名、副主席1名、委员3名，选举理事长1名。

第二次代表大会　2003年5月20—21日召开，出席会议代表133名，其中残疾人代表、残疾人工作者代表85名，特邀代表、列席代表48名。会议选举第二届残疾人联合会主席团委员7名，其中主席1名、副主席2名，选举理事长1名、盲人协会主席1名、聋人协会主席1名、肢残人协会主席1名、智力残疾人及亲友协会主席1名、精神残疾人及亲友协会主席1名。

第三次代表大会　2008年1月28—29日召开，出席会议代表135名，其中残疾人代表、残疾人工作者代表87名，特邀代表、列席代表48名。大会选举第三届残疾人联合会主席团委员21名，其中主席1名、副主席4名，选举理事会7名，其中理事长1名、副理事长1名，选举出席黔西南州残疾人联合会第四次代表大会代表9名，其中残疾人代表7名、残疾人工作者代表2名，推选出席全省残疾人代表大会代表1名。

第四次代表大会　2012年12月27日召开，出席会议代表137名，其中残疾人代表、残疾人工作者代表91名，特邀代表、列席代表46名。大会选举主席团委员23名，其中主席团主席1名、副主席为9名，选举盲人协会主席1名、聋人协会主席1名、肢残人协会主席1名、智力残疾人及亲友协会主席1名、精神残疾人及亲友协会主席1名，推荐、提名执行理事会理事长1名、副理事长1名、理事4名，选举出席黔西南州残疾人联合会第五次代表大会代表13名，其中残疾人代表9名、残疾人工作者代表4名，推选出席全省残疾人代表大会代表2名。

第二节　主要活动

一、评残发证

1998年，全县残疾人1.74万人。2015年，全县残疾人2.18万人。

2009年3月，组织普安县残疾评定工作指导小组，按照《社会福利企业招用残疾职工的暂行规定》中的残疾职工标准，进行残疾评定工作。2011年，以《中国残疾人实用评定标准》评定残疾人3600名，核发第二代残疾人证3600本。2012年，为3708名残疾人办理残疾证。2013年，完成第二代残疾人证换发工作，为4900名残疾人办理残疾证。2014年，为5117人办理残疾证。2015年，为5804人办理残疾证。

1998—2015年普安县残疾人情况表

表14-5-1

年份	总数（人）	办证（本）	肢体残疾（人）	视力残疾（人）	听力残疾（人）	智力残疾（人）	语言残疾（人）	精神残疾（人）	多重残疾（人）	参加合作医疗（人）	纳入低保（人）	具有一定劳动力（人）	在校就读学生（人）
1998	17400	—	9570	4350	870	870	522	696	522	—	—	—	222
1999	17600	—	9600	4380	900	900	552	726	542	—	—	—	—
2000	17800	—	9630	4410	930	930	582	756	562	—	—	—	—
2001	18000	—	9660	4440	960	960	612	786	582	—	—	—	—
2002	18200	—	9690	4470	990	990	642	816	602	—	—	—	—
2003	18700	—	10285	4675	935	935	561	748	561	—	—	—	—
2004	18900	—	10315	4705	965	965	591	778	581	—	—	—	—
2005	19100	—	10345	4735	995	995	621	808	601	—	—	—	—
2006	19300	103	10375	4765	1025	1025	651	838	621	—	—	—	—
2007	19500	89	10405	4795	1055	1055	681	868	641	—	—	—	—
2008	20200	112	11110	5050	1010	1010	606	808	606	—	—	—	—
2009	20400	1850	11140	5080	1040	1040	636	838	626	—	—	—	—
2010	20600	2492	11170	5110	1070	1070	666	868	646	—	—	—	—
2011	20800	3600	11200	5140	1100	1100	696	898	666	—	—	—	—
2012	21570	3708	11863	5392	1078	647	1078	862	650	—	—	—	—
2013	21770	4900	11893	5422	1108	677	1108	892	670	21683	12195	11165	485
2014	21796	5117	11890	5428	1110	680	1113	895	680	—	—	—	—
2015	21809	5804	11900	5430	1112	681	1110	895	681	—	—	—	—

二、残疾人就业

（一）就业保障金征收

1998—2015年，县政府组织协调残联、财政、地税等相关部门，统筹做好残疾人保障金征收工作，共征收残疾人就业保障金662.04万元，其中2000年征收6万元、2007年征收64.1万元、2008年征收116.34万元、2013年征收121.8万元，2014年征收128万元，2015年征收31.3万元，其他年度征收合计194.5万元。

（二）就业安置

1998年，城镇残疾人求职登记166名，安排城镇就业82名，个体就业94名，按比例就业104名，农村就业7902名，稳定就业2488名。2006年，开展分散按比例残疾人就业工作，求职登记51名，安排城镇就业9名。2007年，城镇残疾人就业55名，其中按比例就业10名，集中就业10名，个体就业35名；农村残疾人求职登记80名，就业70名。2009年，农村残疾人就业20名，城镇集中安置10名，按比例安置10名，个体就业35名。2010年，残疾人求职登记107名，推荐到福利企业就业76名，通过各种渠道推荐和安置残疾人就业1055名，其中在机关、团体、企事业单位就业残疾人66名，个体经商就业137名。2011年，开展就业援助月活动，为50名残疾人进行失业登记，走访慰问失业残疾人家庭5户，帮助5名残疾人实现就业或再就业。2013年，城镇新增残疾人就业40名。2014年，帮助100名残疾人实现就业。2015年，帮助90名残疾人实现就业，其中个体户15人，其他就业75人。

三、扶贫解困

（一）扶贫助残

2008年，投资4万元（州残联2万元、县级财政2万元）购买50吨农用物资，帮助801户有残疾人的家庭发展农业生产。2009年，发放5600元（其中物资3600元）给结对帮扶的56户有残疾人的家庭；政府、社会帮扶1480名残疾人解决温饱。2010年，发放6800元结对帮扶贫困残疾人63名，帮助62户农村残疾人申报康复扶贫贷款199万元，利用“彩票公益金项目”、“州级扶残助学”、县级资金重点资助15名贫困残疾人子女就学，发放2.5万元补助50名智力、精神和重度农村贫困残疾人进行“阳光家园”计划居家扶持。2011年，投资2.02万元建立2个扶持残疾人脱贫致富的种养殖示范基地，扶持5名残疾人自主创业，发放5万元补助100名智力、精神和重度农村贫困残疾人进行“阳光家园”计划居家扶持，资助农村贫困重度残疾人低保户参加新型农村合作医疗（残疾人参加新型农村合作医疗率100%），发放3.6万元补助90名残疾人购买机动轮椅车燃油。2012年，发放4.29万元补助165名残疾人购买机动轮椅车燃油，发放5.1万元补助102名重度残疾人、智力和精神残疾人进行“阳光家园”计划居家托养，发放2.1万元补助6名贫困重度残疾人建设无障碍设施。2013年，投资5万元创建残疾人种养殖示范基地1个，发放8.25万元补助165名重度残疾人、智力和精神残疾人进行“阳光家园”计划居家托养，发放3.95万元补助152名残疾人购买机动轮椅车燃油，发放2.8万元补助8名贫困重度残疾人建设无障碍设施。2014年，扶持12户残疾人家庭创业，每户给予扶持资金0.5万元，共计6万元。申报一个残疾人创业就业示范基地，补助创业资金4万元。发放残疾人燃油补助377人，每人补助260元，共计9.8万元。2015年，扶持14户残疾人家庭创业，每户扶持0.5万元，共计7万元。申报一个州、县残疾人创业就业示范基地，州级补助5万元，县级补助3万元。发放一级重度残疾人护理补贴32.04万元。

（二）助残服务

1998—2007年，处理落实来信来访320余件。

2008年，接待残疾人上访件4件，全部进行协调处理。2009年，接待残疾人来信来访件6件，涉及康复、社会救助、维权、机动三轮车等方面，全部进行协调处理。2010年，接到来信21件，来访153件（次），其中反映生活困难的31件、咨询政策法律问题的25件、教育方面的26件、就业咨询的54件、康复医疗的38件，办结165件，办结率95%。2011年，办理残疾人来信来访6件（次）、15人次，领导批示件和信访案件办结率100%。2012年，接待和妥善处理残疾人来信来访件10件，全部进行协调处理。2013年，接待残疾人来信来访件31件，全部进行协调处理。2014年，接待残疾人来访85件，其中教育方面15件、就业咨询20件、反映生活困难40件、法律问题2件、康复医疗8件，办结85件。2015年，接待残疾人来访86件，其中教育方面20件、就业咨询18件、反映生活困难35件、法律问题3件、康复医疗10件，办结85件。

（三）危房改造

2008年，实施农村贫困残疾人危房改造60户，其中新建57户、维修建设3户，落实县级匹配资金4万元。2009年，实施农村贫困残疾人危房改造20户，落实县级匹配资金4万元。2010年，落实农村贫困残疾人危房改造30户，落实县级配套资金4.88万元、专项彩票公益金补助18万元。2011年，实施农村贫困残疾人危房改造70户，落实县级配套资金6.3万元。2012年，落实彩票公益金农村贫困残疾人危房改造30户，落实5.4万元做好扶贫挂帮点残疾人危房改造9户。2013年，落实34.2万元完成彩票公益金农村贫困残疾人危房改造57户。2014年，实施农村残疾人危房改造15户，落实改造资金9万元。2015年，实施农村残疾人危房改造9户，每户补助0.6万元，共计5.4万元。

（四）慰问活动

2006年，向50名残疾人发放棉被20床、单衣30套。2008年，购买价值3500余元的体育用品、学习用具慰问白沙小学、红寨小学等4所学校以及40名贫困残疾儿童，向26名残疾人发放棉被17床、棉衣17套、慰问金2000元。2009年，发放价值5万余元的残疾人轮椅5台、残疾人用品用具50余件，对帮扶点残疾人贫困户发放棉被20床。2010年，救助残疾人特困户235户284人，发放粮食9.57吨、救助金18.5万元。2011年，对150名重度残疾人发放春节慰问品300件。2012年，购买价值5000元的文具用品慰问50名残疾儿童。2013年，购买价值5000元的文具用品慰问残疾儿童50名。2014年，为8名肢体残疾人发放轮椅，发放拐杖20副，坐便器5台，助行器5个，其他康复辅具150余件。为56名出行不便的残疾人上门办证。2015年，慰问帮扶残疾人20户，发放棉被20床、大米20袋。助残日期间发放辅助器具200余件。

四、教育培训

（一）残疾人特殊教育

以县一中、二中、14个乡镇的中小学校为依托，加强与教育部门的联系，将残疾少年儿童入学纳入普及九年义务教育工作范畴，配合搞好残疾儿童入学工作，提高残疾儿童的入学率。1998年，在校残疾儿童少年总数222名，其中盲儿童少年65名、聋儿童少年69名、弱智儿童少年88名，普通学校随班就读学生中弱智生28名、聋哑生10名。2006年，配合教育部门搞好残疾儿童的入学工作，全县残疾儿童义务教育入学率80.93%，在校接受教育的残疾学生201名，接受“扶残助学项目”残疾儿童少年10名。2012年，加强与教育部门的联系，将残疾少年儿童纳入普及九年义务教育工作范畴，全县适龄残疾儿童（残疾人子女）入学301名，入学率86%，争取省、州资金3.6万元资助18名考上大专院校的贫困残疾人家庭子女和残疾大学生，配合教育部门对的14名残疾少年儿童发放学生电脑、实行一对一“送学上门”服务。2013年，争取省、州资金4.2万元资助21名考上大专院校的贫困残疾人家庭子女和残疾大学生，配合教育部门对8名7～15岁智力健全、下肢残疾儿童实行“送学上门”服务，对3名残疾儿童学前教育进行资助（每名每年资助3000元，连续资助3年）。2014年，为26名考上大专以上的残疾家庭子女及残疾学生发放补助资金10.4万元，资助3名学前残疾儿童（每人资助3000元）。配合教育部门做好7～15岁肢体残疾儿童送教上门服务，全县送学上门残疾儿童共计23人。2015年，资助31名残疾家庭子女及残疾人学生，每人资助0.4万元，共计6万元。

（二）残疾人职业技能培训

1998—2015年，委托社会单位举办各类种养业实用技术培训班，先后培训残疾人及残疾人亲属2300余名。选送61名残疾人到省、州参加残疾人盲人按摩、美容美发、电工等职业技能培训。

1998—2015年普安县择年度残疾人技能培训情况表

表14-5-2

年份	县级培训			推荐省、州培训		
	合计（名）	其中		其中		
		城镇（名）	农村（名）	省级培训（名）	州级培训（名）	出资（万元）
1998	120	60	60	—	—	—
2008	140	70	70	—	—	—
2009	130	60	70	6	—	1.1
2010	180	60	120	5	8	—
2011	60	20	40	5	6	—

续表 14-5-2

年份	县级培训			推荐省、州培训		
	合计（名）	其　中		其　中		
		城镇（名）	农村（名）	省级培训（名）	州级培训（名）	出资（万元）
2012	160	70	90	7	—	1.1
2013	160	20	140	11	—	2
2014	180	30	140	10	—	—
2015	180	25	130	15	—	—

说明：部分年度资料失查

五、康复活动

1998年起，残疾人康复从单一的白内障复明、儿麻矫治、聋儿语训（简称“三项康复”）逐步增加康复项目。2008年，制定《普安县2008—2010年集中组织实施白内障复明手术实施方案》，邀请州医院眼科专家到14个乡镇全面筛选疑似白内障患者，对筛选出来的患者实施复明手术，在实施手术中补助往返车费、生活费共1.1万余元。开展大腿、小腿截肢的残疾人调查，对适合安装假肢的残疾人组织到州假肢安装厂进行假肢安装，为患者减免材料费、安装费4万余元。2009年，对实施白内障复明手术患者补助往返车费、生活费1万余元，对安装假肢残疾人由省、州、县三级出资5万余元减免患者材料费、安装费。2010年，与县卫生防疫站组成4个组到12个乡镇开展麻风病患者筛查，组织部分患者到文山州防治站实施麻风矫治手术。2014年，完成160例白内障手术复明工作。2015年，为30名下肢残疾人安装假肢，完成120例白内障患者的筛查工作。

2000—2015年普安县择年度残疾人康复治疗情况表

表 14-5-3

年份	肢体康复训练（人）	智残儿童康复训练（人）	智残儿童康复家长培训（人）	听力儿童康复训练（人）	听力儿童家长培训（人）	抢救性康复训练（人）	盲人定向行走训练（人）	视力康复训练（人）	麻风康复训练（人）	麻风畸康复矫治（人）	麻风矫治手术（人）	白内障复明手术（人）	精神病患者治疗（人）	免唇手术（人）	假脚装配（人）	残疾人辅助器发放（件）
2000	15	10	—	5	5	—	—	—	—	—	—	40	—	21	19	—
2006	—	—	—	—	—	—	—	7	8	25	—	60	—	—	—	141
2007	3	4	1	3	3	—	—	—	—	20	—	68	—	—	5	101
2008	3	4	2	3	2	—	—	—	—	—	—	81	—	—	21	117
2009	3	3	3	3	3	—	—	—	—	—	—	101	—	—	9	117
2010	3	1	—	7	—	—	—	2	—	—	16	160	—	—	12	62
2011	—	—	—	4	5	3	—	—	—	—	—	221	—	—	—	34
2012	4	6	7	—	—	9	27	20	—	—	—	133	24	14	10	173
2013	4	9	12	3	4	9	—	100	—	—	—	160	22	6	9	253
2014	4	7	—	3	—	—	—	—	—	—	—	198	19	—	5	168
2015	4	8	—	4	—	—	—	—	—	—	—	230	23	—	11	207
合计	43	52	25	35	22	21	27	129	8	45	16	1452	88	41	101	1373

说明：部分年度资料失查

六、体育活动

2008年，选送1名残疾学生代表黔西南州参加全省残疾人游泳锦标赛，取得该赛段铜牌。2010年，选送6名残疾人参加全省残疾人运动会，获田径类第二名2人，第三名1人，第四名3人，第六名1人，获乒乓球团体赛第三名；选派2名残疾人代表全县参加全州象棋比赛。2012年，选送5名残疾人运动员参加省残疾人田径游泳锦标赛。2012年，选送7名残疾人运动员参加黔西南州第四届全州体育运动会残疾人赛事，取得2个第一名，3个第二名，4个第三名。2013年，送选1名残疾人运动员参加省、州残疾人田径游泳锦标赛。

第六章　普安县红十字会

第一节　组织机构

一、机构设置

（一）县红十字会

1998年，普安县设立红十字会在县卫生局。2008年11月，县红十字会升格为正科级机构并独立设置，核定事业编制3名。2010年，县红十字会列入参照公务员法管理范围的事业单位，内设办公室、组织宣传办公室、赈济救护办公室、救护培训站，2013年增设筹资与财务办公室和备灾中心两个股室。核定编制11名，其中设会长1名（兼职），常务副会长1名。2014年，增设副会长兼秘书长职数1名。

（二）基层红十字会

2015年，全县共有基层红十字会组织82个，其中乡镇红十字会14个、社区红十字服务站14个、村级红十字会3个、学校红十字会30个、医院红十字会21个。有会员8018名，其中成人会员737名，青少年会员7281名。有志愿者580名，团体会员单位5个，冠名红十字医院2个。

二、代表大会（理事会）

1998—2015年，普安县红十字会召开过1次代表大会（第二次代表大会），2次理事会。

（一）第二次代表大会　2005年10月20日召开，出席会议代表63名，特邀代表6名。会议选举理事63名。

（二）第二次代表大会第一次理事会　2005年10月20日召开，理事选举常务理事13名，常务理事选举会长1名、常务副会长1名、副会长1名。

（三）第二次代表大会第二次理事会　2007年6月28日召开，出席会议原理事33名，代表32名。大会增补、更换32名，理事调整为65名，选举常务理事13名，常务理事选举会长1名、常务副会长1名、副会长1名。

第二节　主要活动

一、宣传活动

1998—2015年，围绕弘扬“人道、博爱、奉献”的红十字精神，借助“5·8”世界红十字日、“5·12”全国防灾减灾日、“6·14”世界献血者日、“12·1”世界艾滋病日、“12·4”全国法治宣传日等，采取悬挂布标、张贴宣传标语、发放宣传资料、制作宣传展板、开展知识竞赛等方式，进社区、进街道、进校园宣传红十字相关知识。共组织3948人次无偿献血、采集全血115万毫升。2014—2015共招募造血干细胞志愿者107人。

2004—2006年度被省卫生厅、省红十字会、省军区后勤部表彰为无偿献血先进单位，2006年度被州卫生局表彰为无偿献血先进单位，2007年度被黔西南州公民献血委员会表彰为无偿献血先进单位。2012年，组织乡镇干部、医务人员、中小学生、红十字会志愿者等5000多人参加防灾减灾知识测试，到窝沿乡大坡小学组织师生参加防灾减灾知识竞赛，防灾减灾知识活动获中国红十字总会最佳组织奖表彰；2012年参加全州红十字会系统初级应急救护技能比赛获二等奖。

二、救灾抗灾

1998—2015年，县红十字会争取和接收贵州省红十字会、社会各界捐助总价值1075万余元的款物，帮助因病、因灾群众，帮助贫困学生、孤儿、留守儿童，慰问生产生活困难群众、学生。2009—2010被县委县政府表彰为抗旱救灾先进集体。

1998—2015年普安县红十字会择年度接收捐赠情况表

表14-6-1

年份	捐赠来源	捐赠资金、物资	捐资原因	用途
1998	贵州省红十字会	价值1万元的药品、衣物	火灾	发放到受灾群众
2002	贵州省红十字会	价值8.63万元的大米、棉被、衣物	低温 旱灾 雹灾	发放到受灾群众
2007	贵州省红十字会	价值30万元的大米、糖、衣被	洪灾	发放到受灾群众
2008	贵州省红十字会	现金16.5万元	凝冻灾害	划拨到龙吟镇高阳村为11户群众建房
2009	贵州省红十字会	价值30万元的大米、棉被、生活用品、药品	洪灾	发放到受灾群众
2010	上海生物制品研究所	现金20万元	旱灾	下拨到白沙乡、罐子窑镇、高棉乡抗旱救灾
	贵州省红十字会	价值30万元的大米、饮料、发电机、抽水机的“春雨”礼包	旱灾	大米、饮料发放到受灾群众，发电机、抽水机交县防汛抗旱指挥部统一使用
		央企援建资金144万元（规定用于购买大米、食油及建设水利项目）	旱灾	购买114万元的大米和食用油，投入30万元修建龙吟镇北盘江村、红旗社区、吟塘村饮水工程
	贵州省红十字会	资金20万元	旱灾	修建新店烂木桥、波汆小渔林、江西坡老屋厂饮水工程
2011	广州洋浦利航物流有限公司	资金3万元		建设龙吟镇人行桥
	黔西南州天地药业贸易有限公司	价值0.37万元的药品		“5·8”博爱周宣传发放
	贵州省红十字会	价值30万元的大米、食用油、抽水机、水管	旱灾	发放到受灾群众，投入防汛抗旱
	香港乐施会	资金41万元（规定用于购买大米、矿泉水）	旱灾	大米发放到窝沿乡受灾群众，矿泉水发放到窝沿各所学校

续表 14-6-1

年份	捐赠来源	捐赠资金、物资	捐资原因	用途
2012	壹基金	价值26万元的温暖包、大米	凝冻	温暖包发放到辣子树、红卫、红岩等小学，大米发放到辣子树村新寨、旧寨、罗古菜坪3个村民组
	上海棋漾装潢设计有限公司	价值7.5万元的羽绒服、鞋子、袜子、食品	凝冻	发放到辣子树小学学生
	香港乐施会	资金50万元（规定用于购买大米）	旱灾	发放到白沙乡受灾群众
	阳光QQ群自愿服务队	价值9.8万元的大米、衣物	凝冻	大米发放到辣子树村新寨、旧寨、罗古菜坪3个村民组，衣物发放到辣子树、红卫、新民、红寨4所小学
2013	壹基金	价值27万余元的温暖包、棉被	凝冻	棉被发放到新店乡原三角树村少数民族村寨，温暖包发放到向家寨小学、部分孤儿
	贵州省红十字会	价值11万元的轮椅、生活包、春节包、大米、毛毯	春节慰问	春节礼包发放到白沙乡五里坪，大米按发放到白沙乡村民，其余物资按规定发放
	贵州省红十字会	价值15万元的药品、服装、大米、食用油	抗旱	发放到受灾群众
	和众泽益公益组织	价值1.2万元的“一千零一个愿望”心愿包		发放到窝沿乡大坡小学、新兴小学的留守儿童
	壹基金	价值23万余元的温暖包	凝冻	发放到高棉拉寨小学、地瓜镇莲花小学、白沙乡中箐小学，窝沿乡大坡小学
	贵州苹果园“冰雪普安温暖行”	价值6万元的衣服、鞋子、手套	凝冻	发放到罗汉乡大地小学、白沙乡五里坪小学、罐子窑镇辣子树小学
2014	香港乐施会	现金24.14万元	冰雹	发放到地瓜镇鲁沟村678户受灾户修复房屋
	贵州省慈善总会	价值309.3万元的医疗设备		县红十字医院和青山红十字医院
	胜利油田	价值10万元的物资		县红十字会
	贵州省红十字会	价值2.08万元的春节慰问物资		发放给贫困老党员、计生户、贫困户、精准扶贫户和低保户
	兴义义工	价值3万元的鞋盒礼物	凝冻	发放到下山小学和盘水五小
	深圳壹基金	价值7.3万元的温暖包	凝冻	发放到部分孤儿和事实孤儿
2015	贵州省红十字会	5.4万元的春节慰问物资，34.8万元的康恩贝药品，80万元的贝因美奶粉		慰问物资发放给贫困老党员、计生户、贫困户、精准扶贫户和低保户，药品发放给贫困前列腺患者，奶粉发放给贫困户
	深圳壹基金	价值39.6万元的温暖包1090个		温暖包发放给贫困儿童和留守儿童
	爱心人士（庞文峰）	价值0.68万元的棉衣68件和0.1万元的学习用品		发放到盘水五小
	兴义义工	价值2万元的鞋盒礼物331份		发放到向家寨小学、地瓜红旗小学
	创维集团	价值6万元的彩电16台、电暖炉16个，电磁炉100个		发放给16个留守儿童之家和部分贫困户

三、贫困救助

（一）医疗救助

2001年，帮助楼下镇小河村建起卫生室，配备2000余元的药品器械，选派人员进行培训。2002年，组织医疗队配备药品到新店乡波余村小凹子组对发生的伤寒疫区饮水进行消毒、患者进行治疗。2010年12月，联合县总工会为1名慢性肾功能衰竭患者募捐资金20余万元；争取香港慈恩基金会捐赠20万元港币，修建高阳、辣子树、博上、红岩、红卫、茅坪6个村卫生室。2011年，联合县卫生食品药品监督管理局、民政局、人口计生局、济康红十字医院对65周岁以下、民政低保对象、优抚对象、农村独生子女户、二女结扎户开展胆囊结石、卵巢囊肿、膀胱结石、成人疝气等疾病的医疗救助，救助标准为扣除新型农村合作医疗报销后余下的医疗费用。2012年，为1名肠癌患者募捐资金3100元；争取中国红十字基金会天使阳光救心行国家彩票公益金31.5万元，邀请第三军医大学大坪医院专家到普安县开展先天性心脏病患儿义诊、筛查，治疗患者19名。2013年3月，筹集慈善款34万余元，联合县红十字医院组织开展为期13天的免费义诊活动，救助白内障患者390名、妇科病患者37名，发放慈善就医卡260张；5月，为1名患先天性肠道狭窄和综合败血症患者募捐资金1.05万元；10月，落实救助资金5万余元，联合县妇联、电视台、普安现代医院对年龄在65周岁以下、民政低保对象、优抚对象、残疾人、留守儿童、空巢老人、农村独生子女户、贫困家庭开展为期2个月的博爱医疗救助活动，共救助患者96名；12月，为2名地中海贫血症患者募捐医疗费6500元。2014年，为新店乡烂木桥村屯脚河尿毒症患者彭明开展募捐，收到捐款1.27万元；争取中华民族团结进步协会组织首都医科大学附属北京同仁医院到普安开展0～14周岁儿童先天性心脏病普查活动，参加筛查人数37人，确诊人数14人，适合做手术的4人到北京同仁医院进行手术治疗，手术费用在普安新型农村合作医疗报销后由同仁医院申请慈善基金给予全额补贴。

（二）助教帮困

2002—2015年，争取助学款222.348万元，资助贫困学生、孤儿、事实孤儿2312人。2011年，壹基金捐赠价值10万余元的净水设备4套（安装在辣子树小学、红岩小学、红卫小学、罐子窑镇中心小学）、文体设施1套（安装在罐子窑镇中心小学）。2012年，福建海源自动化机械股份有限公司李建峰董事捐赠4万元修建红卫小学阅览室。2014年3月，山东省胜利油田胜东房地产公司党委书记高冰等一行给辣子树小学捐赠电脑1台以及体育用品和学习用品。2015年，壹基金捐赠价值80万元的净水设备20台，安装在糯东、磨舍、金塘、红星、群兴、箐口、大地、金竹林杏群园、上木卡、盘水五小、保冲、联盟、阳龙、大榜、大坡、茅坪、白小、中箐、丫口、新华等20所小学；上海爱心人士为辣子树小学捐赠修理门窗等费用1.34万元。

2002—2015年普安县红十字会助教帮困情况表

表14-6-2

年份	助学资金来源	助学方式	资助金额（万元）	资助人数（人）	资助对象
2002	组织会员捐款	一次发放	0.11	11	失学儿童
2011	贵州苹果园儿童助养老工作坊及社会爱心人士	按月发放（每人每月80元）	20.832	217	贫困学生、孤儿和事实孤儿
2012	贵州苹果园儿童助养老工作坊及社会爱心人士	按月发放（每人每月80元）	38.592	402	贫困学生、孤儿和事实孤儿

续表14-6-2

年份	助学资金来源	助学方式	资助金额（万元）	资助人数（人）	资助对象
2012	福建海源自动化机械股份有限公司李建峰董事	协议方式资助6名学生直至大学毕业，1人400元／月、1人350元／月、3人200元／月、1人100元／月	1.74	6	红卫小学贫困学生
	兴义吉祥房地产开发有限公司	一次性发放	1	2	贫困大学生
2013	贵州苹果园儿童助养老工作坊及社会爱心人士	按月发放（每人每月80元）	53.472	557	贫困学生、孤儿和事实孤儿
	广东东莞佳华尼龙塑料有限公司董事长徐老五在三板桥中学设立“徐老五奖学金”	每学年评选一次	0.63	12	三板桥中学优秀学生
2014	贵州苹果园儿童助养老工作坊及社会爱心人士	按月发放（每人每月80元）	52.896	551	贫困学生、孤儿和事实孤儿
	山东省胜利油田胜东房地产公司党组书记高冰	按年发放，直到孩子大学毕业（每人每年600元）	0.18	3	辣子树小学贫困学生
2015	贵州苹果园儿童助养老工作坊及社会爱心人士	按月发放（每人每月80元）	52.896	551	贫困学生、孤儿和事实孤儿
合　计			222.348	2312	

四、救护培训

2005年，选派3名教师到省红十字会参加卫生救护师资培训。2010年9月，邀请贵州省救护培训中心黔西南站的老师对160名村卫生室人员进行初级卫生救护培训，获证人数160名，并到楼下镇泥堡村开展现场培训。2011—2012年，邀请黔西南州救护培训站老师到县开展救护培训班4期共培训836名，发放初级救护培训合格证书836本。2012年，邀请贵州省红十字救护培训中心黔西南站的老师到县卫生局、一中分别开展初级卫生救护知识培训，培训乡镇医务人员57名、学生310名；“9·11”期间组织救护人员参加全州救护大赛获全州第二名。2014年，选派2名村卫生员到贵阳医学院参加为期15天的博爱贵州乡村医生培训班学习；邀请省救护培训中心黔西南站老师到龙吟民中开展初级卫生救护知识培训；邀请县医院急救医生刘孝龙到龙吟民小对社区居民代表、小学六年级学生开展初级卫生救护知识培训。2015年，到学校开展初级卫生救护培训2次，到社区开展救护培训1次。

五、募捐活动

2008—2015年，普安县红十字会先后5次组织募捐活动，共募捐救灾资金125.214万元。

2008—2015年普安县红十字会择年度救灾募捐情况表

表14-6-3　　单位：元

年份	募捐主题	募捐金额
2008	四川汶川地震	60365.90
2010	玉树地震	10610.80
2011	尊老助残、博爱送万家	14406.00
2013	四川雅安地震	772173.20
2014	云南鲁甸地震	394580.00
合　计		1252135.9

六、项目建设

2013年8月，争取省红十字会资金90万元，分别在龙吟镇红旗社区、江西坡镇联盟村各投资45万元新建“绿色家园行动——健康新村”创新救助工作新模式项目。2015年，争取宁波对口帮扶资金12.5万元，5万元用于窝沿乡河边村小坡组人饮项目，7.5万元用于盘水镇望城坡饮水工程。

第七章　普安县科学技术协会

第一节　组织机构

一、县科协

1998年，普安县设立事业单位的正科级科学技术协会（简称“县科协”）。2008年3月，县科协列入参照公务员法管理范围的事业单位，内设办公室，核定编制3名。2012年2月，增加工勤人员编制1名。

二、县级学（协）会

2004年6月，成立普安县药学会。9月，成立普安县畜牧养殖协会。12月，成立普安县小水电代燃料协会。

三、农村专业技术协会

2004年，成立江西坡镇果蔬协会。2007年，成立白石村畜禽养殖协会。2014年，成立普安县林下天麻种植繁育专业技术协会。

第二节　主要活动

一、科学技术推广

1998年，推广天麻引种、换种试验栽培技术，发展天麻种植户15000多户，年产活天麻175吨，产值2000多万元。2010年，中国科协、财政部联合授予普安县江西坡镇果蔬协会全国先进农村专业技术协会荣誉，以奖代补科普资金20万元。2013年，普安县天麻种植繁育科普示范基地获全州全民科学素质领导小组2013年度科普工作先进集体表彰。2014年，普安县气象局、江西坡镇白石村委会、普安县林下天麻种植繁育专业技术协会等3个单位被评为全州科普工作先进集体。

二、项目审批申报

2003年6月2日，同意气象局申报为青少年科技教育示范基地。2010年，申报科普惠农兴村计划项目全国先进农村专业技术协会（普安县江西坡镇果蔬协会）。2011年，申报贵州科技扶贫项目1个。2013年，申报贵州省科技致富二传手项目。2014年，申报贵州科技扶贫项目1个。2015年，申报科普惠农兴村计划项目1个，普安县林下天麻种植繁育科普示范基地获中国科协、财政部奖补资金20万元。申报州“6个三”项目3个：盘水民族希望小学创建科技特色学校、普安县茶叶协会创建科普惠农专业技术协会、细寨村创建科普示范村，获项目资金6万元。

三、科技培训

1998年，培训养鸡、养猪、养鱼、黑山羊和小麦、油菜栽培技术4000多人次。2012年，与县教育局联合推荐4名科技教师参加省、州科协举办的科技辅导员培训。2013年，推荐9名中小学科技教师参加省、州科协分别举办的青少年科技辅导员培训。2014年，举办长毛兔培训班1期，培训养殖户25名，举办天麻种植技术培训班2期，培训天麻种植户124户。2015年，举办天麻、蔬菜种植技术培训3期208人次。

四、科普活动

2004年5月28日，开展科普活动2次，咨询600多人次，悬挂宣传布标3幅、宣传画120幅，组织中小学生到气象局建立的科技教育示范基地进行学习体验。2008年起，每年均组织开展全国科普日系列活动和送科技、文化、卫生“三下乡”活动。是年，制定《普安县〈全民科学素质行动计划纲要（2006～2010）〉实施方案》并启动实施。2010年，开展全县“十一五”全民科学素质工作绩效评估。2011年，在全县创建百万公众网络学习工程示范阅读点12个，举办普安县中学生生物学竞赛，与县关工委、县教育局联合开展科普进校园活动，倡议公众利用贵州数字图书馆每人每年“看一本好书、读十篇文章，通达阅读提高自身素质，进而促进一项工作的改进、一个问题的解决、一种技能的学习、一项创新思维的产生”。2013年，开展贵州省第四次全民科学素质抽样调查，参与组织中国科协十五届年会系列活动，与县教育局联合组织104名学生参与普安县中学生生物学竞赛，继续在全县实施百万公众网络学习工程并组织360名人员参加成效测试。与州科协举办黔西南州科普大篷车万里行巡展走进普安活动，组织普安一中的3000多名学生参加。组织干部职工集中收看以“创新驱动与转型发展”为主题的中国科协五届年会开幕式暨特邀报告会。开展贵州省第四次公民科学素质抽样调查，在全县随机抽出1个镇4个村40户中的18～59周岁公民开展入户调查。2014年，组织开展全国科普日活动，发放宣传资料6000余册（份）；组织70余名小学生到县气象局科普教育基地参观体验。到江西坡中学、县二中、青山中学开展黔西南州科普大篷车进校园活动；组织万名科技专家讲科普报告会，省科协专家王明成、省农科院专家亲临普安县，分别作题为《加强公民科学素质建设，为全面建成小康社会打下坚实基础》《中国特色农业现代化与贵州现代农业建设》的报告；组织103名学生参加中学生生物学竞赛，8名学生进入全省复赛。2015年，组织开展全国科普日、中国科协会员日活动，积极参加科技、文化、卫生“三下乡”和科技活动周活动，全年共发放宣传资料1.5万余册（份），展出展板60幅；组织106名学生参加中学生生物学竞赛，10名学生进入全省复赛。

第八章　普安县文学艺术界联合会

第一节　组织机构

一、县文联

2002年8月14日，普安县文体广电局增挂普安县文学艺术界联合会（简称“县文联”）牌子，配备文联主席1名（由副局长兼任），增加事业编制2名，为县财政全额预算的参照公务员制度管理的事业单位。2003年5月22日，县文联（正科级机构）工作职能从县文体广电局划归县委宣传部管理，与县委宣传部实行两块牌子一套人员体制，设文联主席1名，原文联2名事业编制（参照公务员制度）同时划转，人员经费由县财政全额预算。7月10日，县文联主席职位单列，不再由宣传部副部长兼任。9月18日，成立普安县文联党组，正科级。2012年11月19日，普安县文学艺术界联合会增加事业编制2名（参照公务员制度管理），列入县级财政全额预算。2014年10月8日，设立普安县《南山湖》编辑部，正股级事业机构，事业编制2名，设主任或副主任1名。

二、文学艺术工作者协会

2015年，全县有文学艺术工作者协会11个：诗词楹联学会、文学协会、书法协会、美术协会、摄影协会、音乐协会、舞蹈协会、棋牌协会、盆景园艺协会、民间文艺协会、奇石花鸟协会。

三、代表大会

文学艺术界联合会第二次代表大会 2003年12月31日，普安县文学艺术界联合会第二次代表大会在县城召开，选举主席1名，副主席4名。

文学艺术界联合会第三次代表大会 2009年5月22日，普安县文学艺术界联合会第三次代表大会在县政协会议室召开，选举主席1名，专职副主席1名，兼职副主席5名。

第二节 主要活动

一、创办刊物

2004年1月2日，县文联二届委员会常务主席团向县委分管领导呈送创办《南山湖》文艺季刊的专题报告，获批示后成立编辑委员会及其编辑部，批准任命编委会主任、副主任、主编、副主编。经过半年时间的筹备，于6月30日举行创刊首发式，省、州及周边县（市、区、特区）和普安14个乡镇的100多名干部、文艺工作者和爱好者参加。

二、文艺竞赛

“大双二双”（小品）、“蒲田秀芝”（小品）表演在省、州竞赛中获奖，“魅力的黔西南”（歌曲）、“美丽的普安我的家”等文学音乐作品在省、州竞赛中获一、二等奖。

第九章 普安县慈善总会

第一节 组织机构

一、机构设置

（一）县慈善总会及其办公室

2007年8月，普安县慈善总会经县民政局批准依法注册登记，是由热心慈善事业的公民、法人及其他社会组织自愿参加的全县性非营利公益社会团体的慈善总会。下设副科级事业机构的慈善总会办公室，编制4名。

（二）驻乡镇办事处

2013年12月，在14个乡镇成立慈善总会驻乡镇办事处，由总会任命各个办事处主任，挂牌开展工作。

二、会员代表大会

2007—2015年，普安县慈善总会仅在成立时召开过1次会员代表大会。2007年8月3日召开，出席会议代表120名。大会选举第一届理事会理事67名，选举会长1名、副会长3名、秘书长1名。

第二节 主要活动

一、慈善资金募捐

（一）慈善基金

2007年，慈善总会成立时，筹募创始基金114.47万元（县委、县政府拨款50万元，州慈善总会拨款10万元，县内各单位及个人、企业捐款54.47万元）。

（二）慈善一日捐

2008—2015年，开展“慈善一日捐”活动，共接收到全县各级各部门、干部职工、社会各界爱心人士捐款245.72万元。

2008—2015普安县“慈善一日捐”情况表

表14-9-1 单位：万元

年份	捐款	年份	捐款	年份	捐款
2008	4.9	2011	41.9	2014	52.4
2009	11.2	2012	43.1	2015	49.92
2010	3.8	2013	38.5	合计	245.72

（三）救灾募捐

2008—2015年，开展“5·12”汶川特大地震、全县抗旱、望谟“6·6”洪灾、雅安地震等救灾募捐活动，收到来自各方捐助资金及物资（折款）共计504.86万元。

2008—2015年普安县救灾募捐情况表

表14-9-2 单位：万元

年份	募捐活动名称	募捐资金及物资（折款）
2008	“5·12”汶川地震募捐	125.87
2010	全县抗旱救灾募捐	293.56
2011	望谟“6·6”洪灾募捐	85.3
2013	雅安地震募捐	0.13
合计	—	504.86

二、慈善救助

（一）重大慈善项目救助

2007年，启动实施重大慈善救助项目。贵阳市鸿飞房地产开发有限责任公司捐款50万元修建龙吟镇龙吟小学教学楼，建筑面积457.82平方米，可容纳学生300名。湖南中烟工业公司捐款40万元修建高棉乡东瓜小学教学楼，建筑面积308平方米，可容纳学生200名。2008年，兴义吉祥房地产公司捐款10万元修建高棉乡喜打村小学教学楼，建筑面积215平方米，可容纳学生200名。北京市慈善协会捐款30万元改造江西坡敬老院，增加卫生间、洗澡间，贴外墙砖、地板砖，增设围墙、铁门，硬化地面，受益24人。2009年，县财政局、烟草公司拨出141.25万元救灾补助款补助4000名烤烟受灾群众。宁波捐赠10万元修筑高棉乡地泗村至喜打村的通村路，总长4.88千米，17个村民组4160人受益。2010年，省委扶贫工作队联系扶贫款132万元给县教育局、扶贫办用于教育扶贫，受益500人。2011年，宁波慈善总会捐赠20万元扩建普安县阳光幼儿园，受益2000人。2013年，县烟草公司捐款122.4万元给县农业局用于烤烟农户烤房外电安装困难补助，受益4000人。湖南中烟公司捐款120万元建设青山小学校舍，受益4000人。2014年，贵州中烟公司兴义储运站帮扶青山镇10户困难户，投入帮扶资金15万元，受益50人；普安县烟草公司帮扶白沙乡大小寨村，投入帮扶资金2万元，受益1000人。2015年，县政府拨付60万元用于全县各所幼儿园设施建设，受益5000人；贵州中烟公司兴义储运站帮扶青山镇10户困难户，投入帮扶资金20万元，受益50人；州慈善总会帮扶白沙乡发展养兔项目，投入帮扶资金10万元，受益1000人。

（二）慈善援助

2008年，资助60名秋季新入学大学生12.3万元，资助1名重大疾病患者3万元，向四川汶川地震灾区捐款125.87万元，春节慰问150户困难户3万元，援助公益设施建设3.56万元。2009年，援助公益设施建设5.11万元。2010年，资助13名秋季新入学大学生4.8万元，援助公益设施建设3.3万元，向青海玉树地震灾区捐款2.19万元，援助全县抗旱救灾293.44万元。2011年，援助公益设施建设17.53万元，开展情暖万家活动慰问185户困难户3.7万元，资助5名秋季新入学大学生1.6万元，资助1名重大疾病患者2万元，援助抗旱水源点建设58.63万元。2012年，慰问85户困难户1.7万元，资助8名秋季新入学大学生2.2万元，援助公益设施建设8.5万元，援助全县敬老院13.91万元修缮房屋、购买五保老人生活物资。2013年，慰问贫困户80名1.6万元，资助20名秋季新入学大学生9.9万元。2014年，慈善助学34人10.2万元，助困助教5.26万元。2015年，慈善助学51人16万元，助困82人6.8万元。

2008—2015年普安县慈善援助情况表

表14-9-3

年份	项目名称	援助资金（万元）	受益人数（人/次）	援助事项
2008	助学	12.3	60	资助秋季贫困新入学大学生
	助医	3	1	大病困难资助
	抗震救灾	125.87	50000	四川汶川地震
	情暖万家	3	150	情暖万家活动慰问敬老院院民
	公益事业	3.56	3000	助教设施
2009	公益事业	5.11	5000	助教设施
2010	助学	4.8	13	资助秋季贫困新入学大学生
	公益援助	3.3	3000	助教设施
	玉树抗震	2.19	200	青海玉树地震
	抗旱救灾	293.44	1000000	全县抗旱
2011	公益事业	17.53	50000	助教设施
	助困	3.7	185	情暖万家活动慰问敬老院院民
	助学	1.6	5	资助秋季贫困新入学大学生
	助医	2	1	重大疾病资助
	抗旱	58.63	40000	抗旱水源点建设

续表14-9-3

年份	项目名称	援助资金（万元）	受益人数（人/次）	援助事项
2012	助困	1.7	85	情暖万家活动慰问敬老院院民
	助学	2.2	8	资助秋季贫困新入学大学生
	公益事业	8.5	8000	公益建设
	助老	13.91	210	全县11个乡镇敬老院五保老人
2013	助困	1.6	80	情暖万家活动慰问敬老院院民
	助学	9.9	20	资助秋季贫困新入学大学生
2014	助困	1.26	42	情暖万家活动慰问困难户
	助学	10.2	34	资助秋季新入学贫困大学生
	公益事业	4	4000	雪浦小学教学、小山坡村级设施
2015	助困	6.8	82	情暖万家慰问困难户
	助学	16	51	资助秋季新入学贫困大学生

第十章　普安县苗学会

第一节　代表大会与常务会议

一、代表大会

第一次会员代表大会　2009年9月23日在县城召开，出席会议代表112名，特邀代表13名，列席代表9名。大会选举第一届理事会理事33名，常务理事21名，会长1名，副会长7名，常务副会长5名，秘书长1名，常务副秘书长1名，副秘书长5名。聘请第一届苗学会顾问5名、荣誉会长4名。

第二次会员代表大会　2012年8月10日在县城召开，出席会议代表120名。大会选举第二届理事会理事81名，常务理事45名，会长1名，副会长16名，常务副会长12名，秘书长1名，常务副秘书长5名，副秘书长28名。聘请第二届苗学会顾问5名、荣誉会长9名。

二、常务会议

第一届第一次常务会议　2009年10月12日在苗学会会议室召开，出席会议常务理事19名。会议研究《普安县苗学会2009—2014五年工作规划》。

第一届第二次常务会议　2012年7月2日在苗学会会议室召开，出席会议常务理事21名。会议研究“中国苗族第一镇·龙吟”命名大会暨苗族同心节活动筹备事宜。

第二届第一次常务会议　2012年8月20日在苗学会会议室召开，出席会议常务理事40名。会议研究苗学会年度工作要点、苗族文化调研、办公室管理制度等事宜。

第二节　主要活动

一、苗族文化研究

2010年，组织调研并撰写12篇理论文章或调查报告，其中《对如何改善苗族聚居区教育现状的几点浅见》《普安县喇叭苗地区经济发展浅析》2篇文章，被省苗学会收编入《贵州省苗学会2010年学术年会暨西部方言区苗族文化遗产保护与利用研讨会论文集》。2011年，协助文化部门成功申报白沙苗族芦笙舞为省级非物质文化遗产保护；申报雪浦乡硐口村六斗种苗族村寨由吹跳芦笙舞（老年、中年、少年）、情侣对唱情歌（苗话对唱）、苗族艺人现场铸造银饰、苗族姑娘现场表演刺绣工艺等内容及文化内涵组成的春节苗族采花节，列入省民委的普安苗族庆典节日；推选苗族歌谱《茂德阿娇奴》《咜娜咜娜》参加黔西南州苗族民歌创新大赛；组织《苗族芦笙舞》《苗寨飞歌》《苗歌大合唱》等有地方特色的文艺节目到外地表演。2012年，推荐苗族选手参加贵州苗药杯寻找中国·金州“布依族、苗族之花”活动，普安县2名苗族选手进入总决赛，其中1名获一等奖、1名获优秀奖；争取省扶贫工作组、省社科院支持，7月29日省苗学会授予龙吟镇“中国苗族第一镇”称号，8月10日在龙吟镇举行“中国苗族第一镇·龙吟”命名大会暨苗族同心节庆典活动；组织龙吟镇苗族农民歌唱团参加在云南省举办的“烂漫花山歌如潮——2012‘昊龙杯’中国首届苗族农民合唱艺术大赛”，曲目《姹娜、姹娜》《半个月亮爬上来》获铜奖，并获得大赛组委会授予精神文明奖、优秀组织奖、苗族农民合唱之乡的荣誉。2015年，制定《普安县龙吟镇苗族文化调研活动方案》，就龙吟镇的喇叭、歪梳、大花三大苗族支系的地名、姓氏、民风民俗、历史文化、自然景观、地方特产、苗族医学等开展调研，并提炼形成精品苗学文化调研文章56篇；启动《苗族·喇叭支系口述史》的收集编纂工作，围绕“我们是谁”“我们从哪里来”“我们有哪些主要的姓氏宗支”“我们为国家开疆拓土和长治久安做了些什么”“我们的生产生活有什么样的故事、传奇、技艺”等问题，全面收集黔西南州境内和六盘水部分县（市）关于苗族·喇叭支系历史与文化的口头资料，汇集故事内容和民间智慧，着手编写《苗族·喇叭支系口述史》；参与申报中国社会组织评估，普安县苗学会被评为4A级社会组织。

二、社会实践

2010年，普安县苗学会在龙吟镇高阳村箐门口组的新农村建设捐赠活动上，拨出1000元会费参与捐赠。2010—2011年，在特大旱情期间，组织参与苗族聚居区调研、生产自救，拨出3万元会费帮助解决缺水缺粮、引水设施建设，协调部门筹措资金4万元、大米6吨投入抗旱救灾。2010—2015年，拨出1万元会费、协调部门资金5.7万元，资助考上省内外大学的贫困苗族学生86名。2015年，协助龙吟镇建设“中国苗族第一镇”镇大门、龙吟镇民族文化广场、民族斗鸟场、民族歌舞表演场、苗族射弩场等；配合有关部门争取龙吟镇敬老院、村组公路桥梁建设和发展蜜柚等项目资金121万元；协助龙吟镇抓好乡村文化旅游小城镇规划建设；协助飞龙茶叶有限公司申报州级龙头企业和茶园科技建设；协助友元农产品加工公司申报榛子种植开发项目，获批资金3.5万元，支持龙吟镇开发榛子产业。

第十一章　普安县布依学会

第一节　代表大会与常务会议

一、会员代表大会

第一次会员代表大会　2010年7月9日，在一中大会议室召开布依学会第一次代表大会，出席会议代表92名。大会选举第一届理事会理事33名，常务理事37名，会长1名，常务副会长6名，副会长9名，秘书长1名，副秘书长15名。确定《好花红》为布依学会会歌。聘请第一届布依学会顾问11名、荣誉会长1名。

第二次会员代表大会　2015年12月26日，在政务中心一楼大会议室召开布依学会第二次代表大会，出席会议代表189名。大会选举第二届理事会理事108名，常务理事42名，会长1名，常务副会长7名，副会长10名，秘书长1名。聘请第二届布依学会顾问8名、荣誉会长1名。

二、常务会议

第一届第一次常务会议　2010年12月9日，在县政协二楼会议室召开，出席会议常务理事29名。会议通过《布依学会工作规划和2011年工作要点》《财务管理办法》《领导机构工作分工方案》，聘用副秘书长21名，确定14个乡镇、县属机关、公安局、法院系统、医院系统共18个工作联络组。

第一届第二次常务会议　2011年7月7日，在江西坡镇联盟村大田小学召开，出席会议常务理事23名、理事6名。会议决定成立"六月六"风情节活动领导小组，下设秘书组、后勤保障组、文艺活动组、接待组、现场协调组。

第一届第三次常务会议　2013年12月8日，在县政协二楼会议室召开，出席会议常务理事25名。会议研究决定布依学会会员发展和管理、会员调研、学会会刊、典型案件撰写、民间艺人调查、布依族文物保护、民间文化传承的牵头人和完成时限。

第一届第四次常务会议　2014年6月18日，在县政协二楼会议室召开，出席会议的常务理事20名。会议讨论通过《"六月六"布依风情节展示布依风情及群众精神文化生活活动实施方案》，并成立活动资料组、后勤组、安全保卫组、宣传组。

第一届第五次常务会议　2015年11月19日，在县民族宗教事务局会议室召开，出席会议的常务理事20名。会议讨论《普安县布依学会第一届理事会工作报告》《财务工作报告》《普安县布依学会第二届一次会议选举办法》、学会常务理事名单、第二届会员代表大会主席台就座人员名单，成立普安县布依学会第二届一次会议筹备组和制订工作方案。

第二节　主要活动

一、节日庆祝

2010年7月9日，布依学会在县文化活动中心举行庆祝布依学会成立文艺晚会，晚会演出了20余个布依族民间歌舞节目。2011年2月11日，驻窝沿乡窝沿社区的布依学会会员在尖岩村民组举行"布依同胞新春颂党恩"活动，演出了布依族男女山歌对唱《四帮四促》《干部下基层》《布依儿女热爱党》《渔洞河崖稻谷香》歌颂党的惠民利民政策，唢呐吹奏《社会主义好》《没有共产党就没有新中国》《三大纪律八项注意》，举行木叶、葫芦丝、二胡、古月琴、笛子、哨等布依民族民间乐器和《布依青年》舞蹈演奏以及刺绣工艺、布依服饰展示等，尖岩、黎明、下寨、中寨、上寨共5个村民组的420余名布依族群众到场观看，贵州电视台对庆祝活动进行了报道。2011年3月30日，在"中国·普安春茶节"活动开幕式上，布依学会组织《"三月三"上茶山》《山花烂漫》《大地春深》歌舞节目参演，组织布依族民族民间手工艺品、民族风情展示。7月7日，在江西坡镇联盟大田小学举办"六月六"风情节活动，组织唱红歌、颂党恩以及"温友""温松""温坡"对唱，细寨民族学校、联盟小学、大田小学组织文艺节目参演。2012年1月30日，在江西坡镇细寨村举行民族运动会喜闹新春活动，组织篮球、小打音乐、山歌对唱比赛。5月，组织53名布依姑娘参加普安县举行的"贵州苗药杯"寻找中国·金州"布依族、苗族之花"活动海选赛，其中1名布依姑娘被推荐参加州的海选。7月24日，在楼下镇补者村鱼陇组举行构建和谐社会·欢度"六月六"文艺活动，以舞狮、舞蹈、山歌、小打音乐等形式开展庆祝活动。8月11日，江西坡镇联盟村上南坡组、福山寨组在上南坡开展"六月二十四"庆祝活动，举行祭祀活动，礼敬、祭拜布依族人文始祖布洛陀，祭祀阳光、山水、树木，表演《斗弹达吟》《木叶声声》《布依族欢度六月二十四》等布依族原生态的传统文艺节目，贵州电视台对庆祝活动进行了报道。2013年7月2日，在江西坡镇细寨村举行“六月六”风情节活动，布依群众表演了原生态的布依山歌、“斗弹达吟”器乐、舞蹈。10月2日，在江西坡镇联盟村上南坡举行“九九重阳节”庆祝节活动，展示烤米酒、纺织绣花线、刺绣工艺，开展品酒、敬酒、打粑粑、孝老爱亲活动，贵州电视台对庆祝活动进行了报道。2014年4月2日，在普安县原生态古茶园举行“三月三”开园仪式，布依艺人用月琴、二胡、直箫、木叶、响碗等乐器组合演奏，向来宾展现民族文化。7月2日，江西坡镇细寨村举行“六月六”布依风情节，以展示布依风情及群众精神文化生活为主题，表演布依族传统弹奏节目“斗弹达吟”，布依族山歌对唱和群众自编自演的舞蹈、二胡演奏等近20个节目。2015年7月21日，在江西坡镇联盟村举行布依风情展演活动，活动有祭拜布依族人文始祖布洛陀，祭祀阳光、山水、树木等，传递布依族群众热爱自然的民风民俗，展示布依族传统文化，在活动中表彰江西坡片区各个领域较为突出的10名布依族优秀人才。

二、民族文化

布依文化挖掘 2010—2015年，组织会员对布依族历史文化进行挖掘，先后收录整理《六礼》《样梭》《扫寨子》《祭山》《镶边绣花》《温老》等20余项布依文化。其中“布依族小打音乐”评定为省级非物质文化遗产、《凉亭的来由》刊登于《黔西南日报》、《布依族的‘福娘茶’》刊登于《黔西南日报》、西湖龙井资讯平台，《斗弹达吟》《洪水登天的传说》编入《普安县文史旅游丛书》。

调查研究 2010—2015年，布依学会会员到龙吟、窝沿、江西坡、楼下等乡镇，对布依族村寨的政治、经济、文化、资源等情况进行调研，撰写出12篇调研文章。其中《加强布依族地区自然生态保护调研报告》收录于《国家二级参考文献——中国重要报纸全文数据库》,《关注边远山区留守儿童》刊登于《黔西南日报》,《开发民族地区旅游资源的思考》在县政协八届二次全会作大会专题交流发言,《布依山歌的探索与思考》《打布依文化品牌　塑民族特色城镇》《普安县地道药材保护和利用开发》等参与周边县（市）和州、县布依学会学术研讨交流。

文艺创作 2011—2015年，布依学会会员创作出30余首反映少数民族生产生活歌曲。其中《姹娜姹娜》《玛琅谷　我侬恋的家》《红军长征过泥堡》等歌曲多次参加省、州举办的各种歌唱大赛，《盘江谣》《布依家的日子》《妈妈从梦中走来》《喝碗米酒醉您》《边塞摇篮曲》《山里妹子爱唱歌》《沙枣花儿香》《山乡恋歌》《故乡，我的月亮》《静静的山谷》收录于县委宣传部编辑的《激情山水　美丽的家》普安歌曲集。

民族文化进校园 2011—2015年，争取政府支持在泥堡学校开办民族声乐培训特长班，在楼下学校开办民族音乐班、高台舞狮班、木叶班，在细寨民族学校开办“斗弹达吟”民族声乐培训特长班，在白沙小学开设民族音乐舞蹈班、布依刺绣班，在江西坡大田小学开办民族音乐班，在民族希望小学开展民族民间刺绣和民族民间音乐课程，龙吟镇民族希望小学开展民族民间刺绣和民族民间音乐课程，聘请专业教师和民族民间艺人授课。

三、参政议政

布依学会会员中的人大代表、政协委员，向县人大代表会议、政协全委会提交涉及农业产业化建设、交通基础设施建设、水利基础设施建设、文物保护、支持鼓励民办教育发展、医疗卫生、环境保护、民族文化等共50余件议（提）案，争取40万元在细寨村建起民歌舞台、把渔洞河河堤治理纳入全县重大项目建设规划等。

四、助学济困

2010年8月8日，资助雪浦乡博上村齐田1名录取贵州师范大学生物系的布依族孤儿4000元、1名录取天津大学化工系的布依族特困生4000元。2013年8月，资助楼下镇录取北京大学的1名布依族特困生5000元。2014年8月，资助地瓜镇团田1名录取浙江工商学院特困生4000元。2015年8月，捐助江西坡镇联盟村包包寨1名特困生7000元。

五、助推基础设施建设

2015年，协调交通部门投入资金450万元硬化地瓜镇政府所在地至格拱民族村寨7千米通村公路，协调移民局投入7万元、工科局投入6万元新建地瓜镇屯上村潘家门口便民桥，协调省扶贫办投入70万元启动地瓜镇屯上村民族文化广场综合体建设。

第十五篇　法治　军事

1998—2015年，随着改革开放的不断深入和市场经济的发展，普安县在政法与社会治安等方面出现许多新情况、新问题。公、检、法3个机关在县委政法委的领导下，根据中央关于正确处理改革、发展和稳定关系的精神，把维护社会稳定作为首要任务，开展“严打”和专项行动，依法惩处严重危害社会治安和严重破坏经济的犯罪分子，加强社会治安综合治理，有效维护经济建设与社会事业的正常进行，增强人民群众的安全感。司法机关开展法治宣传、民事调解、公正律师事务等工作，公民的法律意识逐步增强，合法权益得以保障。

普安县公安机关共侦破刑事案件5410起；共立治安案件1.22万起，查处1.15万起；治安处罚1.28万人次，检查、清理特种行业2426家368次；共开展“扫黄打非”“查禁黄赌毒”“查禁卖淫嫖娼”“扫毒风暴”“6·26国际禁毒宣传”等专项治理96次；加强户政管理、交通管理、安全保卫和监所管理。

检察机关共受理公安机关和检察院自侦部门移送审查批捕的各类刑事和经济案件2864件5208人，经审查后批准逮捕2342件4110人，不批准逮捕396件861人，公安机关撤回98件177人，退回公安机关补充侦查36件56人，退回公安机关作撤案处理25件61人。受理贪污、贿赂、挪用公款等案件线索269件284人，立案侦查78件85人，为国家挽回直接经济损失1197.18万元。受理渎职侵权案件线索95件，经初步审查后立案侦查27件；受理群众来信来访1249件（次），受理举报线索298件（次），检察长接待日接访群众272件（次）；受理民事、经济、行政等各类申诉案件179件，立案审查38件。

县人民法院受理各类刑事案件2586件，审结2565件，判决罪犯3114人；受理各类经济纠纷案件272件，审结259件；受理各类民事案件2194件，审结2068件；受理各类民商事案件1.20万件，审结1.16万件；受理各类行政审判案件421件，审结419件；受理各类执行案件7746件，执结7097件。

司法系统先后开展“三五”“四五”“五五”“六五”普法和依法治理工作；排查各类矛盾纠纷8986件，调处成功8867件；法律援助办理各类诉讼案件1706件，解答法律咨询3764人次；办理各类公证1926件。全县法律服务工作者办理各类民事案件1111件、非诉讼案件1640件。

境内驻军和普安县人民武装部在战备训练、民兵工作、兵役工作、人民防空、国防教育、生产建设、抢险救灾、看守执勤、治安保卫等方面做了大量工作，在地方经济建设和社会主义精神文明建设中发挥了重要作用。

第一章　法　治

第一节　公　安

一、组织机构

（一）县公安局

1998年，普安县公安局内设机构有纪律检查委员会、监察室、政工科、秘书科、信访科、政治保卫科、经济文化保卫科、刑事侦查大队、预审科、禁毒科、戒毒所、治安大队、法制科、警务督察队、看守所。2002年7月，内设机构调整为纪律检查委员会、监察室、政工科、办公室（指挥中心）、后勤装备股、信息通讯股、警务督察大队、国内安全保卫大队、禁毒大队、防暴巡逻大队、法制股、治安拘留所、看守所。2006年10月，内设机构调整为纪律检查委员会、监察室、政工科、办公室（指挥中心）、后勤装备科、网监大队、警务督察大队、国内安全保卫大队、经济犯罪侦察大队、治安警察大队、刑事侦察大队、禁毒大队、110防爆巡逻大队、法制室、看守所、治安拘留所。2010年9月，内设机构调整为纪律检查委员会、监察室、政工室、办公室（指挥中心）、警务保障室、公共信息网络安全监察大队、警务督察大队、国内安全保卫大队、经济犯罪侦察大队、治安警察大队、刑事犯罪侦察大队、禁毒工作大队、特（巡）警大队、情报信息研判中心、法制室、看守所、治安拘留所。2011年4月，内设机构调整为纪律检查委员会、监察室、政工室、办公室（指挥中心）、警务保障室、公共信息网络安全监察大队、警务督察大队、国内安全保卫大队、经济犯罪侦察大队、治安警察大队、刑事犯罪侦察大队、禁毒工作大队、特（巡）警大队、情报信息研判中心、出入境管理大队、法制室、看守所、治安拘留所。2013年9月，内设机构调整为纪律检查委员会、监察室、政工室、办公室（指挥中心）、警务保障室、公共信息网络安全监察大队、警务督察大队、国内安全保卫大队、经济犯罪侦察大队、治安警察大队、刑事犯罪侦察大队、禁毒工作大队、特（巡）警大队、情报信息研判中心、出入境管理大队、视频侦察大队、法制室、看守所、治安拘留所。2015年，内设机构调整为纪律检查委员会、监察室、政工室、办公室（指挥中心）、警务保障室、公共信息网络安全监察大队、警务督察大队、国内安全保卫大队、经济犯罪侦察大队、治安警察大队、刑事犯罪侦察大队、禁毒工作大队、特（巡）警大队、法制大队、看守所、治安拘留所、情报信息大队、视频侦察大队、出入境管理大队。

（二）基层派出所

1998—2006年，全县14个乡镇派出所设置无变化，分别为：盘水镇派出所、青山镇派出所、地瓜镇派出所、新店乡派出所、雪浦乡派出所、楼下镇派出所、窝沿乡派出所、高棉乡派出所、罐子窑镇派出所、白沙乡派出所、龙吟镇派出所、三板桥镇派出所、江西坡镇派出所、罗汉乡派出所。2007年，按照公安部关于派出所称谓的规定，原乡镇派出所均去掉“乡”或“镇”，变更为盘水派出所、青山派出所、地瓜派出所、新店派出所、雪浦派出所、楼下派出所、窝沿派出所、高棉派出所、罐子窑派出所、白沙派出所、龙吟派出所、三板桥派出所、江西坡派出所、罗汉派出所。

二、打击犯罪

（一）严打斗争

1998—2015年，普安县坚持“严打”方针，实行“打、防、管、控”一体化，强化治安管理，发挥刑事侦查工作在打击犯罪中的作用，维护社会稳定、保护人民群众生命财产安全。全县共发刑事案件

9016起，侦破5410起。

1998—2015年普安县严打斗争情况表

表15-1-1

年份	发案与侦破	刑事案件总数（起）	杀人（起）	抢劫（起）	强奸（起）	盗窃（起）	伤害（起）	爆炸（起）	放火（起）	绑架（起）	抢夺（起）	诈骗（起）	毒品犯罪（起）	经济犯罪（起）	其他（起）	八类案件（起）	补立年前案件（起）	破获年前案件（起）	抓获犯罪嫌疑人（人）
1998	发	159	7	12	7	62	29	2	—	1	—	1	28	—	10	—	—	—	—
	破	134	5	6	7	48	27	1	—	1	—	1	28	—	10	—			
1999	发	176	—	—	—	—	—	—	—	—	—	—	—	—	—	—	—	—	—
	破	151	—	—	—	—	—	—	—	—	—	—	—	—	—	—			
2000	发	336	23	26	8	138	40	7	—	—	—	8	26	—	60	—	—	—	—
	破	188	14	7	8	34	40	3	—	—	—	3	26	—	53	—			
2001	发	444	12	19	21	228	33	10	—	—	—	12	41	—	63	98	—	—	—
	破	238	10	11	19	62	31	4	—	—	—	7	41	—	51	74			
2002	发	432	16	26	10	234	33	2	6	—	—	10	52	—	41	93	—	—	—
	破	215	13	13	7	54	33	1	0	—	—	4	52	—	38	67			
2003	发	308	9	25	8	222	27	1	6	—	—	6	49	—	27	—	—	—	249
	破	209	8	19	5	77	26	0	1	—	—	5	49	—	19	—			
2004	发	268	9	27	12	123	27	2	—	—	—	1	42	—	25	—	8	14	—
	破	168	7	19	12	41	27	1	—	—	—	0	42	—	25	—			
2005	发	348	9	19	6	196	29	1	6	—	—	4	45	—	33	—	15	24	—
	破	203	7	10	5	80	23	0	4	—	—	2	45	—	27	—			
2006	发	339	14	14	5	173	34	—	—	1	6	3	44	—	42	—	51	76	—
	破	199	14	8	5	61	32	—	—	1	1	2	44	—	28	—			
2007	发	296	6	15	9	161	16	—	—	1	—	8	47	—	31	—	27	39	—
	破	208	6	10	6	92	16	—	—	1	—	3	46	—	26	—			
2008	发	341	15	13	20	141	25	—	5	—	3	—	46	—	29	—	24	45	249
	破	257	14	13	19	64	21	—	5	—	2	—	46	—	23	—			
2009	发	448	5	27	19	245	33	1	6	1	10	7	44	—	50	92	30	28	296
	破	192	4	14	13	47	33	0	3	1	2	2	44	—	39	58			
2010	发	586	9	28	8	362	64	—	10	1	6	7	47	—	44	120	40	50	284
	破	301	11	25	10	108	49	—	8	1	2	1	47	—	39	104			
2011	发	713	17	19	14	441	51	—	6	—	9	30	52	7	67	107	39	93	378
	破	328	15	15	7	90	52	—	4	—	11	6	67	5	56	93			
2012	发	916	10	40	12	476	56	—	3	—	12	50	61	36	160	121	27	69	422
	破	478	11	22	10	152	54	—	5	—	6	11	61	30	116	102			
2013	发	1039	10	—	—	516	86	—	2	—	3	61	83	87	126	142	32	93	424
	破	664	10	—	—	196	82	—	1	—	6	41	83	70	84	113			
2014	发	1044	12	26	19	577	45	—	1	1	1	50	108	30	173	105	—	—	492
	破	803	11	15	18	364	56	—	1	—	1	24	108	47	157	102	—	30	—
2015	发	823	6	2	16	483	48	—	5	—	—	47	49	47	160	76	—	—	295
	破	474	5	0	12	143	51	—	1	—	—	4	49	48	82	67	—	2	—

（二）专项打击行动

1998年，组织打击盗窃专项行动，摧毁盗窃团伙5个，抓获涉案人员147人，缴获被盗价值11万余元的品牌彩电、影碟机、功放机、牛、马、摩托车。1999年，专项斗争破获各类刑事案件122起，其中破获特大案件10起，重大案件49起，一般案件3起，摧毁各类犯罪团伙16个67人。2000年，开展打击拐卖人口、偷牛盗马、制贩假币、反盗窃等专项斗争，破获严重暴力案件62起，解救被拐卖妇女儿童52人，破获偷牛盗马案件21起，破获制贩假币案件6起，破获盗窃案件34起。

2001年，开展治爆缉枪、打黑除恶、反盗窃、打击破坏电力设施等专项行动，破获各类刑事案件198起，破获公安部督办的龙吟镇“5·9”特大爆炸案、万亩茶场“2·26”爆炸未遂案件，并受到省公安厅嘉奖，打掉犯罪团伙23个、涉案52起98人。2002年，开展“春夏扫毒风暴”“打盗抢、清积案、抓逃犯、破大案”“打击两抢”等专项斗争，破获各类刑事案件103起，打掉各类犯罪团伙9个，涉案32起涉嫌34人；抓获网上在逃人员22人，清理积案23起，破23起；破获毒品犯罪案件52起，缴获毒品海洛因12.48千克；打击“两抢”专项斗争中，摧毁抢劫团伙2个，提请逮捕6人。2003年，开展“追逃”“禁毒”“打击黄、赌”专项斗争，抓获网上在逃人员14人；破获偷牛盗马案件101起，抓获犯罪嫌疑人56人，摧毁盗抢牛马犯罪团伙5个86人；破获毒品犯罪案件49起，缴获毒品海洛因9.25千克，抓获犯罪嫌疑人70人，强制收戒吸毒人员35人，复吸食毒品报送劳教13人；收缴盗版黄色光碟3000余张，非法出版物21册；查处卖淫嫖娼案件35起，处罚92人，摧毁赌博窝点28个，查处赌博案件55起，查处违法犯罪人员425人。2004年，开展“追逃”“打击盗抢牛马”“侦破命案”“破坏电力、通信设备”专项斗争，抓获网上在逃人员123人；破获盗抢牛马案件15起；发命案11起，破9起；破获破坏电力、通信设备案件14起，逮捕6人。2005年，开展“打两抢”“命案侦破”专项治理，破获抢劫团伙1个，破获抢劫、抢夺案件11起；破获1起入室抢劫杀害案、1起特大杀人案。

2006年，开展“命案侦破”专项行动，侦破4起杀人案。2007年，专项整治斗争打掉各类犯罪团伙24个，涉嫌犯罪101人，涉案74起。其中盗窃团伙9个，涉嫌犯罪49人，涉案57起；抢劫团伙3个，涉嫌犯罪10人，涉案3起；诈骗团伙1个，涉嫌犯罪3人，涉案1起；其他犯罪团伙11个，涉嫌犯罪39人，涉案13起。2008年，开展“侦破命案积案”“打黑除恶”“两抢一盗”“追逃”专项行动，立命案21起，破18起，破命案积案3起，抓获现行命案犯罪嫌疑人18人，抓获命案网上在逃人员8人；打掉“6·4”涉黑涉恶犯罪团伙1个，抓获团伙成员28人；摧毁盗抢团伙1个，刑拘9人，破案5起；破获抢劫案件13起、盗窃案件141起、抢夺案件3起，打掉盗窃团伙2个、抢劫团伙2个；抓获各类网上在逃人员101人，其中外省在逃人员7人。2009年，立现行命案11起，破命案9起，抓获犯罪嫌疑人19人；打掉涉恶犯罪团伙1个，抓获犯罪嫌疑人16人；破获抢劫、抢夺案件16起、盗窃案件47起；打掉盗窃团伙9个44人涉案26起；打掉拐卖妇女犯罪团伙1个，抓获犯罪嫌疑人5人，解救被拐卖妇女1人；抓获各类网上在逃人员92人。2010年，立现行命案8起，破6起，破积案9起；抓获犯罪嫌疑人6人，在逃人员2人；摧毁涉恶势力团伙2个，涉案9人：打掉组织、强迫妇女卖淫团伙1个，涉案14人；打掉“两抢一盗”团伙16个，破获1起特大抢劫案、1起特大入室抢劫案、1起特大汽车被盗案；抓获各类网上在逃人员77人；打击盗伐林木案件，逮捕2人。

2011年，立现行命案14起，破12起，破命案积案12起；立“两抢一盗”案件469起，破116起，抓获犯罪嫌疑人109人，打掉团伙9个；破获拐卖妇女儿童案件4起，打掉犯罪团伙1个，抓获犯罪嫌疑人3人，解救妇女儿童5人；抓获网上在逃人员76人；立经济犯罪案件7起，破5起，抓获犯罪嫌疑人6人；立涉林犯罪3起，破3起。2012年，开展打击侵财性犯罪的“雷霆行动”，破获侵财性犯罪案件191起，抓获犯罪嫌疑人173人，打掉犯罪团伙8个；侦破命案中，立命案10起，破8起，破命案积案5起；“打黑除恶”行动中，摧毁涉恶势力犯罪团伙5个，抓获犯罪嫌疑人26人，涉及刑事案件24起；网上追逃专项中，抓获网上在逃人员115人；受理经济案件48起，立案36起，破案30起，抓获犯罪嫌疑人37人。2013年，“雷霆行动”中破获侵财性犯罪案件266起，抓获犯罪嫌疑人198人，打掉犯罪团伙2个；命案侦破中，发15起，破15起，破命案积案3起，共抓获犯罪嫌疑人19人，抓获网上命案在逃人员4人，侦破公安部督办案件1起、省公安厅督办4起、省公安厅督捕命案在逃人员2人；“打黑除恶”行动中，打击涉恶势力团伙案件4起，抓获犯罪嫌疑人30人，涉案29起；网上追逃行动中，抓获112人；立林业刑事案件8起，破7起，抓获犯罪嫌疑人7人。2014年，全县立现行命案9起，破获9起，抓获犯罪嫌疑人13人，提请逮捕11人，破命案积案3起；侦破省厅督办案件5起，抓获省厅督捕在逃人员3人。继续深入开展“打黑除恶”工作，全国打黑办认定普安县上报的恶势力战果1起，打击处理24人，涉及案件有寻衅滋事1起，组织、容留妇女卖淫81起，有意伤害4起，非法持有毒品1起。打击多发性侵财犯罪团伙，全年打掉盗耕牛团伙3个，破获案件61起，抓获犯罪嫌疑人33人，扣押作案车辆2辆，追回被盗货运三轮车2辆，被盗耕牛7头，打掉安顺籍流窜犯罪团伙1个，抓获犯罪嫌疑人10人，破获城区系列盗窃摩托车案件5起；打掉盗窃破坏通讯电缆线团伙1个，抓获犯罪嫌疑人12人，破获系列盗窃破坏通讯电缆线案件46起；打掉抢劫、盗窃团伙1个，抓获犯罪嫌疑人4人，破获系列抢劫、盗窃案22起；打掉盗窃摩托车团伙2个，抓获犯罪嫌疑人6人，破获案件30余起；破获系列盗窃小汽车、棺木等一批重大刑事案件。全年共抓获网上在逃人员156名。共破获毒品犯罪案件108起，缴获毒品8956克，抓获犯罪嫌疑人70人，取缔吸贩毒窝点6个，收戒吸毒人员97人，其中强制隔离戒毒58人，社区戒毒1人，行政拘留9人。共破各类经济案件47起，抓获违法犯罪嫌疑人17人，刑拘16人，逮捕3人，移送起诉3人。2015年，发现行命案6起，成功侦破5起，破案率83.3%，破命案积案1起，共抓获犯罪嫌疑人30人，逮捕30人。深化“打黑除恶”，打掉“12·27”恶势力犯罪团伙1个，抓获团伙成员39人，办结恶势力团伙1个，打击处理24人。深化侵财性案件侦防共破获多发性侵财案件103起，打掉各类盗窃团伙9个，抓获犯罪嫌疑人50余人；破获毒品案件49起，收缴毒品海洛因20.44千克，抓获犯罪嫌疑人60人。

（三）打击经济犯罪

1998—2015年，开展市场经济秩序整顿120场次，立经济犯罪案件235起，破221起，抓获犯罪嫌疑人127人，刑拘78人，提请逮捕21人，移送起诉28人，挽回经济损失1968.35万元，涉案金额8883.14万元。

三、治安管理

（一）治安案件查处

1998—2015年，全县共立治安案件1.22万起，查处1.15万起。治安处罚1.28万人次，检查、清理特种行业2426家368次。

1998—2015年普安县治安案件查处情况表

表15-1-2

年份	治安案件（起）		民间纠纷（起）		治安处罚						清理特种行业	
	立案	查处	受理	调解	总数（起）	拘留（人）	罚款（元）	警告（人）	劳教（人）	其他处理（人）	次数（次）	家数（家）
1998	188	187	127	127	523	58	407	9	9	40	77	258
1999	116	115	—	—	248	62	145	10	—	31	—	646
2000	140	110	—	123	190	48	92	12	—	38	8	646
2001	638	629	—	—	690	—	—	—	—	60	68	64

续表 15-1-2

年份	治安案件(起)		民间纠纷(起)		治安处罚						清理特种行业	
	立案	查处	受理	调解	总数(起)	拘留(人)	罚款(元)	警告(人)	劳教(人)	其他处理(人)	次数(次)	家数(家)
2002	616	603	—	—	979	13	608	114	—	244	—	56
2003	509	497	—	—	1034	127	714	62	—	131	—	62
2004	361	349	—	100	616	95	358	60	—	103	—	68
2005	466	442	—	58	440	—	245	63	—	132	—	68
2006	360	333	—	—	404	134	144	30	—	96	—	30
2007	237	215	—	—	276	132	117	5	—	22	—	30
2008	368	352	—	—	328	125	146	35	—	22	48	36
2009	455	399	—	—	325	108	92	21	5	99	21	96
2010	671	620	—	—	636	165	143	37	8	283	—	37
2011	740	702	—	—	519	152	—	32	—	335	—	36
2012	936	830	—	—	579	367	126	7	—	79	—	35
2013	1031	933	—	—	843	310	150	24	—	359	—	84
2014	3462	3355	182	182	3355	453	2558	57	—	287	57	87
2015	915	814	167	167	814	336	262	48	—	168	89	87
合计	12209	11485	476	757	12799	2685	6307	626	22	2529	368	2426

（二）公共场所管理

1998—2006年，检查清理公共娱乐场所、各中小学周边环境、汽车站等公共场所1541家1263场次。签订治安管理责任书2678份，责令停业整顿367家，关闭16家，限期整改36家，培训业主及从业人员3280名。2007—2009年，清理整顿公共娱乐场所346家39次。根据《公共娱乐场所等级评定办法》，对全县公共娱乐场所进行清理整顿，符合条件的8家，评定B级5家，C级3家。组织召开校园秩序整顿联席会议38场次，督促指导全县10所幼儿园、153所中小学落实内部安全责任制。2010年，清理旅馆业84家，检查300次，关闭注销2家，停业整顿9家，处罚25家。培训旅馆信息人员3批84人。2011年，检查公共娱乐场所8家共22次，开展校园周边治理18次，收缴各类管制刀具114把，处罚干扰学校周边秩序违法人员28人，上法治课80节，开展法治宣传120场次。2012年，检查公共娱乐场所8家32次，开展校园周边治理21次，收缴各类刀具41把，到校开展法制教育282次，化解涉校纠纷9起，排查整改安全隐患40处。2013年，清理旅馆业73家，关闭注销2家，停业整顿9家。查处违反管理治安案件29起，整顿娱乐场所11家，治安处罚2家。2014年，清理整顿旅馆业95家，关闭注销14家，整顿娱乐场所9家，发现隐患8起，整顿8起，治安处罚19家。2015年，清理整顿旅馆业97家，其中注销11家，停业16家，整顿娱乐场所11家，取缔1家，治安处罚17家。

（三）危险物品管理

1998—2015年，对危险物品生产、销售、储存、运输、使用等各个环节开展清查检查6019次，整改安全隐患1321处，取缔危险物品生产点89个、销售点30个，收缴火药枪、猎枪、气枪、仿真手枪等非法枪支264支、子弹873发，收缴手榴弹11枚、管制刀具2563把、炸药15.72吨、雷管16.25万枚、导爆索2.27万米、烟花爆竹420.24万枚。与危爆物品经营、储存、使用单位签订民用爆炸物品管理责任书，与涉爆场点业主签订民用爆炸物品安全管理保证说明书，组织涉爆从业人员、申请办证人员参加倍训学习，销毁收缴的枪支、烟花爆竹、管制刀具和过期报废的炸药、雷管、导爆索。

1998—2015年普安县危险物品管理情况表

表15-1-3

年份	收缴管制物品								清查检查涉爆场所		取缔危险物品场所	
	枪支（支）	子弹（发）	手榴弹（枚）	刀具（把）	炸药（千克）	雷管（发）	导爆索（米）	烟花爆竹（团）	检查（次）	整改隐患（处）	生产点（个）	销售点（个）
1998	14	—	—	57	123	322	—	—	—	—	—	—
1999	2	—	—	280	3806	8700	2000	2000	585	40	36	—
2000	—	—	—	68	435.5	140	4	1245100	379	12	38	14
2011	14	48	—	323	1062	4355	1676	299988	—	—	—	—
2002	12	28	—	356	996	3417	1852	1100000	583	70	3	—
2003	3	—	—	—	413	832	156	576230	473	160	12	—
2004	3	14	—	156	335	726	11	381000	727	61	—	—
2005	—	—	—	256	262	2540	—	21000	825	168	—	16
2006	8	—	—	335	262	2628	205	176500	407	31	—	—
2007	4	—	—	39	246	1163	456	160000	109	39	—	—
2008	14	180	8	40	99	402	96	—	350	68	—	—
2009	—	—	—	—	4160	27180	11101	6000	338	75	—	—
2010	75	90	—	—	1185	11465	841	7000	422	149	—	—
2011	7	—	—	—	443	26162	770	73600	292	141	—	—
2012	31	—	—	56	83	582	30	7200	282	114	—	—
2013	23	—	1	86	165	18147	624	145200	166	116	—	—
2014	40	296	—	182	6730	38055	2886	1002	288	131	—	—
2015	14	217	2	329	9646	1559	3	590	231	42	—	—
合计	250	873	11	2563	157179	162451	22689	4202392	6457	1417	—	—

（四）黄赌毒查禁

1998—2015年，共开展“扫黄打非”“查禁黄赌毒”“查禁卖淫嫖娼”“扫毒风暴”“6·26国际禁毒宣传”等专项治理96次。查处卖淫嫖娼治安案件105起，摧毁卖淫嫖娼窝点32个，抓获嫖娼人员162人，卖淫人员161人。取缔播放淫秽录像、光碟场所19个，缴获淫秽光碟1963张，刑事拘留13人，劳教12人，治安处罚155人，拘留50人，罚款139人，警告70人。查处赌博治安案件392起，摧毁赌博窝点（场所）33个，查处赌博违法犯罪人员2921人，报捕53人，采取强制措施18人，移送起诉14人，劳教20人，治安处罚38人，拘留116人，罚款576人，警告14人，批评教育1948人。缴获赌资109.41万元、车辆6台（价值80万元），摧毁赌博工具63套，驱散取缔野外赌博窝点87个。破获毒品违法犯罪案件953起，收缴毒品海洛因114.24千克，冰毒20.52千克，K粉55克，零包943个，鸦片5685克，毒品药片2.68万粒，铲除罂粟1562株，大麻75株。摧毁吸毒窝点116个，缴获犯罪车辆6台、枪支2支、子弹71发、管制刀具781把。抓获犯罪嫌疑人961人，报捕206人，治安处罚32人，警告233人，其他处理369人。查处在饮食中掺入罂粟壳的违法业主8家，查获罂粟壳3402千克。查清掌握吸食毒品人员255人，强制收戒吸毒人员1125人，复吸人员报批劳教30人。

（五）群防群治

1998—2013年，在14个乡镇组建治保会183个748人，治保小组686个1717人，联防队131个809人，护村护寨队698个2247人，警务助理90人，全县治保组织开展治安巡逻3120人次，调解治安纠纷8626起，协助抓获各种违法犯罪嫌疑人215名，为公安机关提供破案线索5432条，协助破获刑事案件365起、治安案件1046起。在14个乡镇举办法制学习班68期，使3986名有轻微违法犯罪人员受到教育和处罚。治保组织反馈一线信息，解决基层安定因素、群体性闹事苗头事件1000余起。

2014年，全县共建立治保会98个295人，治保小组112个346人，治保会共组织治安巡逻328次，调解各种纠纷100余起，协助抓获各种违法犯罪嫌疑人12名。全县共建立健全安全文明小区（村寨）69个，全年共组织巡逻242次，排查化解各类矛盾纠纷197起，开展各种形势法制宣传40次。

2015年，全县14个派出所组织90名警务助理共召开专题会议48次，落实警务助理建设经费120余万元，开展警务助理业务学习和岗位技能培训220人次，警务助理协助当地派出所开展安全防范和法制宣传教育64次、收集当地社会面动态信息或治安信息850余条，协助开展治安检查、治安巡逻、设卡守候、现场秩序维持等工作60余次，参与调解矛盾纠纷130余起，协助破获刑事案件60余起、查处治安案件150余起，协助抓获犯罪嫌疑人16人。

四、户政管理

（一）人口管理

1998年，全县常住人口26.20万人，其中男性13.59万人，女性12.60万人，暂住人口登记828人（发证764人），居民身份证颁证8072人（其中16周岁2642人），办理临时身份证750个，办理准迁证53人。2002年，列帮违法青少年163人。2004年，人口管理工作实行计算机管理，录入计算机人口信息管理27.43万人，纠正身份证重号1.87万人，纠正身份证错号728人，纠正项目差错2935人，出生补登8715人，迁入补登1043人，死亡核销526人，迁出核销1012人。2005年，检测系统人口29.29万人，其中16周岁以上21.15万人，相片采集入库16.96万人，纠正人口重记录875人，纠正身份证重号4737人，新录入人口1.30万人，办理二代居民身份证2854人。2006年，受理二代证制证信息7.38万条。2014年，全县常住人口33.99万人，列帮青少年280人，办理临时身份证3200张，暂住人口6290人、办理暂住证3700个、办理准迁证58人，上传二代证制证信息2.89万条、办理二代居民身份证2.89万人，审核更改年龄220余人，申请更正民族160人，申请更正姓名555人，审批申请省外迁入60人。2015年，全县常住人口34.01万人，列帮青少年310人，办理临时身份证2400张，暂住人口5866人、办理暂住证2100个，办理准迁证84人，上传二代证制证信息3万条，办理二代居民身份证3万人。

1998—2015年普安县人口管理情况表

表15-1-4　　单位：人

年份	人口	列帮青少年	办理居民身份证	办理临时身份证	暂住人口	办理暂住证	办理准迁证	上传二代证制证信息	办理二代居民身份证
1998	261966	56	8072	750	828	828	53	—	—
1999	267738	61	9084	1336	951	951	68	—	—
2000	277182	48	9316	3200	1100	960	73	—	—
2001	283040	59	10030	2600	990	830	78	—	—
2002	286135	163	8040	1461	1082	980	84	—	—
2003	288824	129	10000	1750	5103	4286	73	—	—
2004	287354	110	8000	1000	5327	4100	88	—	—
2005	295714	110	9100	1700	6403	5090	75	2868	2854
2006	301276	117	—	2500	6435	6400	81	73749	5006
2007	311222	117	—	1500	9405	7588	77	33017	33017
2008	317325	130	—	1900	8100	7500	93	20310	23067
2009	321686	89	—	653	8300	7800	69	20310	23067

续表 15-1-4

年份	人口	列帮青少年	办理居民身份证	办理临时身份证	暂住人口	办理暂住证	办理准迁证	上传二代证制证信息	办理二代居民身份证
2010	328392	110	—	2300	7700	6300	87	15194	13573
2011	331867	79	—	3100	6900	6400	89	23408	18260
2012	336781	251	—	3200	6300	5800	101	34600	32509
2013	341578	290	—	2400	6260	4800	86	23264	22323
2014	339904	280	—	3200	6290	3700	58	28889	28880
2015	340109	310	—	2400	5866	2100	84	29990	29989

（二）户籍管理

2002年，换发居民户口簿6000户，换发新的常住人口登记表册23万份，编制军人公民身份证号码285人。2007年，采集户口信息3.16万户，个人信息12.66万人；录入房屋信息1.01万户，个人信息4.09万人。2011年，清理户口档案2563份，复核各类户口卷宗6057份，清理人口管理信息数据6057项，纠正错误数据1120项。清理登记暂住人口1.03万人，其中新增登记人口4526人，录入派基系统人口1万人。2013年，查出精神病人824人，经县精神病人危险性评估小组评估为3级以上的258人，全部录入全国重性精神病人管理系统，由各派出所重点管理。2014年，出生人口4659人，死亡1991人，迁入2409人，迁出3195人，审核申请更改年龄人员251人、申请更正民族人员23人，申请更正姓名人员555人，审批申请省外迁入60余人。2015年，审核申请更改年龄人员420人、申请更正民族人员10人、办理农转非59人。

1998—2015年，清理整顿房屋租赁办证3.43万户（次），办理边境通行证589人次，办理农转非3766人，查验居民身份证18.90万人次，澄清无户口人员底数1.20万人，纠正人口重复记录1.76万人，纠正身份证重号1630个，审核申请更改年龄人口5480人、申请更改民族成分人员1986人，审批超时限出生入户人员及补录5869人。

1998—2015年普安县户籍管理情况表

表 15-1-5

年份	清理整顿房屋租赁办证（户/次）	办理边境通行证（人/次）	办理农转非（人）	查验居民身份证（人/次）	澄清无户口人员底数（人）	纠正人口重复记录（人）	纠正身份证重号（个）	审核申请更改年龄（人）	审核申请更改民族成分（人）	审批超时限出生入户人员及补录（人）
1998	264	54	54	16516	580	930	48	189	79	530
1999	418	103	411	17689	523	1102	88	398	101	487
2000	324	64	489	1245	610	764	57	261	84	321
2001	311	51	315	3245	602	540	30	319	108	258
2002	378	31	288	2543	564	493	29	376	98	199
2003	312	19	320	2341	670	210	51	249	105	211
2004	324	45	220	15620	513	257	20	310	123	256
2005	413	25	180	29781	346	412	36	180	79	187
2006	1056	51	210	13489	1300	100	300	170	146	360
2007	10100	47	220	11301	1500	100	200	150	115	210
2008	3576	21	180	9813	1400	11000	100	140	100	310
2009	2233	19	349	15369	779	821	89	123	129	795

续表 15-1-5

年份	清理整顿房屋租赁办证（户/次）	办理边境通行证（人/次）	办理农转非（人）	查验居民身份证（人/次）	澄清无户口人员底数（人）	纠正人口重复记录（人）	纠正身份证重号（个）	审核申请更改年龄（人）	审核申请更改民族成分（人）	审批超时限出生入户人员及补录（人）
2010	2096	29	58	12357	556	387	84	1331	216	246
2011	775	10	189	8735	641	31	59	237	289	561
2012	3917	11	86	5697	498	68	94	212	162	210
2013	2703	5	99	4896	519	98	87	164	19	312
2014	2741	0	49	12654	258	109	88	251	23	307
2015	2384	4	49	5689	119	203	176	420	10	109
合计	34325	589	3766	188980	11978	17625	1636	5480	1986	5869

（三）出入境及赴中国港澳台地区管理

1998—2015年，审核批准出入中国港、澳地区人员1575人次，出入台湾地区71人次，港、澳地区单程（定居）14人次，出国人员1928人次，办理护照1928本。

五、交通管理

（一）管理机构

1998年，普安县设立副科级机构的交通警察大队（隶属于普安县公安局），下设一中队、二中队、三中队、四中队、综合股，核定编制12名。2011年，核定编制17名。

（二）道路安全管理

2000年，增加安全标志126块。2001年，未发生重特大交通事故。2002年，疏导交通256次，专项清理违章18次。2003年，清理违章点（道）95次，疏导交通290次，交通疏导警卫15次。2004年，交通护卫16次。2005年，交通护卫10次。2006年，交通护卫2次。2007年，交通护卫15次。2008年，交通护卫3次。2009年，一级交通安全护卫1次。2000—2004年，连续评为县级文明单位、州级文明单位。2004—2007年，获全州交警执法质量考核第一名。

1998—2015年，全县发生交通事故484起，死亡161人，受伤272人，直接经济损失211.76万元。纠正、处理交通违章行为为22.13万人次。

1998—2015年普安县道路安全情况表

表 15-1-6

年份	发生交通事故				纠正、处理违章行为（人/次）
	起数（起）	死亡（人）	受伤（人）	直接经济损失（元）	
1998	5	5	6	—	—
1999	3	7	3	—	—
2000	7	5	5	44500	—
2001	—	—	—	—	—
2002	36	42	26	40080	11424
2003	26	11	15	56450	11850
2004	21	12	12	70700	51253
2005	9	5	12	43400	18720
2006	6	12	9	370000	36428

续表15-1-6

年份	发生交通事故				纠正、处理违章行为（人/次）
	起数（起）	死亡（人）	受伤（人）	直接经济损失（元）	
2007	36	7	8	99000	3717
2008	10	4	15	29400	4208
2009	46	5	18	76360	1218
2010	37	6	14	114200	3369
2011	43	3	13	295700	7525
2012	52	6	15	351600	11190
2013	87	3	19	315300	17857
2014	16	13	27	47100	18330
2015	44	15	55	163850	24255
合计	484	161	272	2117640	221344

（三）车辆驾驶员管理

全县通车里程1100千米，其中高速公路22千米、国道320线40千米、省道56千米、县乡公路420千米、乡村公路546千米，通车公路坡陡、岩高、弯多、路窄。登记机动车辆2.35万辆，农用车6789辆，三轮摩托3234辆，两轮摩托5345辆，电动摩托67辆。

1998—2015年，对机动车辆驾驶员开展宣传培训教育，举办培训班95期次，培训2.58万人。对机动车辆驾驶证、行驶证进行年审核查，核发二、三轮摩托车驾驶证1.28万本，办理补换证4772本，办理机动车注册登记2.63万辆，检验二、三轮摩托车8578辆。办理机动车驾驶证4.03万本，注销不合格驾驶证158本、行驶证127本，销毁报废车辆401台。开展重特大交通事故警示教育523次，受教育人数6.56万人次。打击处理交通肇事犯罪38起42人，治安处罚3.69万人次。在危险路段增加交通标志牌3634块，安全防护栏357处，设置红绿警示灯8处、电子监控探测器30个。查处酒驾127起，治安处罚1235人次，追究刑事责任36人。

（四）安全宣传与事故处理

1998—2015年，利用安全月、安全日、春运安全和各种重大活动及节假日开展交通安全宣传整治活动，依托新闻媒体开辟新闻宣传专栏，推进交通安全文明学校建设，与宣传、教育、文化等部门配合通过报刊、电台、广播、宣传车、电子显示屏、QQ、微博等，开展道路交通安全法治宣传活动，重点抓好客运驾驶员、车主、中小学生等重点群体的安全教育。共摆放交通安全宣传展板8957次，悬挂宣传横幅320幅，建永久性宣传墙、牌15幅，联合相关部门到学校上法制课469节次，发放各种交通宣传资料6.45万份，办交通宣传专栏6个共242期，交通宣传车下乡镇宣传816次，受教育人数达9.11万人次。发生交通事故2466起，报捕37人，治安拘留805人，罚款1.53万人，警告和批评教育2.9万人，纠正处理各类交通违章行为17.62万人次。

六、安全保卫

（一）安全警卫

1998—2015年，修改完善《普安县处置突发事件预案》，制定《普安县公安局维护稳定工作意见》，将安全保卫和安全警卫工作纳入目标管理考核，制定责任状，落实到基层科、所、队，责任到人。保卫召开县党代会32次、人代会32次、政协会32次。在春节、元旦、国庆、建党、建军、“五一”、“五四”等重大节假日执行安全保卫132次，高考、中考执行安全保卫36次，执行省、州党政领导及外省、外州县（市）领导到普安县视察、考察、检查、指导工作的交通疏导警卫103次。执行中华人民共和国成立50周年庆典、澳门回归祖国庆典、2000年“5·18”县城供水改扩建工程开工典礼、黔滇2省14县（市、特区、区）政协北盘江流域治理开发协调工作会第十次年会安全保卫，党校函授班招生考试、公开招考中小学教师、全省“双基”工作验收、全国“小水电代燃料试点工作”现场会、糯东煤矿和宏松煤矿、楼下泥堡洗煤厂开工典礼、国庆60周年庆典活动、“三月三”布依族采茶节庆典、两州11县（市、区）门球大赛、宏斌机械厂开工典礼、“红歌”比赛、全州“旅发”招商引资庆典大会等大型群体活动的安全保卫。

（二）防盗报警设施

2003年1月21日，开通110报警服务平台，成立110防爆巡逻大队。2003—2013年，为办案业务部门提供视频监控资料和线索102起。2014年，视侦为各部门提供各类案件线索60余起，利用视频破获案件12起。2015年，视侦为各部门提供各类案件线索110余起，利用视频破获案件23起。

（三）金盾工程

1999年，启动“金盾工程”建设，建设内容包括公安通信基础设施、通信网络、业务应用系统、网络和信息安全保障体系、信息化运行管理体系、公安工作信息化标准规范体系、公共信息网络安全监察管理体系等7个部分。2001年，一期工程基本完成，与县电信部门协商，每年拨付8000元租用其终端线路，开通公安通信网络和业务应用系统，配置350兆通信对讲机350支。二、三期工程投资1150万元，建设平安普安报警与监控系统，在全县13个乡镇（不含楼下镇32个监控点）安装监控摄像头200个。2006年，“金盾工程”基本建设结束。运用“金盾工程”，破获刑事案件345起，抓获网上在逃人员268名。

（四）天网工程

2012年3月，与州政府签订“天网工程”建设目标责任书，确定普安县在2013年年底前建成800个视频监控点（其中新建600个、整合接入原已建成的200个）、60个报警点、9个治安卡点、3个制高监控点。2013年3月29日，与上海华平信息技术股份有限公司签订普安县城市报警与监控系统服务合同，中标价5798万元。2013年4月15日，县委常委会议议定普安县“天网工程”采用租用模式建设，租用期限5年，将每年租用费1291.6万元纳入县财政年度支出预算。2013年7月25日，与大连鸿润信息系统工程监理有限公司签订普安县城市报警与监控系统建设监理服务合同，监理费为30万元。2013年12月，建成600个监控点前端设备、9个治安卡口前端设备、城区2个制高监控点和青山镇1个制高监控点、14个乡镇派出所监控中心前端，平台与州公安局联网对接，可观看视频画面269个。为配套“天网工程”，设立副科级机构的视频大队，设大队长1名，教导员1名。2013年9月，“天网工程”各监控点自调试运行，为10余起案件提供视频破案线索。2015年，全县新增监控100个，报警主机20个。

（五）保安服务

1. 保安公司

2003年8月18日，成立黔西南州保安服务有限公司普安分公司。2013年，公司设有保安服务执勤点25个，在职人员102人，其中县治安大队1人，公司综合部1人，后勤部3人，保安员50人，警犬驯导员25人，金融守押人员10人，修理厂12人。新建汽车修理厂1个，占地面积约2公顷，有职工12人，夯实保安队伍的经济基础。同年6月，保安公司进行脱钩改制，改制后经济不景气，很多业务关闭。2003—2013年，保安公司与23个煤矿签订警犬安全防范协议书，提供警犬保安服务。投资63万元，改建物资公司民爆物品仓库为警犬基地，从公安部昆明警犬基地引进优良犬种24条，面向社会招聘训导员30名，到昆明警犬基地进行专业培训。2011—2013年，发放炸药2211吨，雷管157.18万发，非电导爆管4.38万发。出动保安人员8964人，警犬5678头，协助公安机关执行安全保卫任务89次，处理突发事件16次，夜间巡逻56次。2014年5月，因修理厂征地，保安公司关闭。

2. 守押大队

2010年8月，成立黔西南州金路安守护押运有限公司普安县守押大队，为工行、农行等金融部门库款提供守卫、押运服务。到2015年，守押大队出动运钞车4263台次，行驶路程累计9.14万千米，出动守押队员2.01万人次。

七、监所管理

（一）防范与教化

1998年，普安县看守所申报审批为三级看守所，实行规范化管理。2001年，普安县看守所申报为二级所，省公安厅拨款18万元新建审讯大楼1幢、改修监狱巡视道、新建监狱外围墙。2006年，在管教中深挖犯罪线索20起，送办案部门破获案件18起。2007年，在管教中深挖犯罪线索22条。2013年，深挖犯罪线索26条，查破刑事案件6起，抓获犯罪嫌疑人6人，处理违反监规人员46起，对在押人员进行五项检查390人，个别谈话3769人次，发放日用药品价值6245.33元，巡诊在押人员病情380余人，就诊病例1800余人次。

1998—2015年，邀请检察、法院、司法、关工委、老龄委、妇联、人大、政协等单位到监所上法制教育课72次，观看法治宣传教育片70次。看守所共拘留3349人，新收押5116人，依法定程序处理出所5182人。

1998—2015年普安县看守所（拘留所）关押人员情况表

表15-1-7　　单位：人

年份	年末在押	拘留	新收押	处理出所
1998	172	58	—	—
1999	161	46	244	244
2000	161	46	274	277
2001	164	78	107	104
2002	221	113	215	208
2003	227	127	318	285
2004	143	152	265	311
2005	134	118	98	244
2006	164	175	281	287
2007	96	220	336	406
2008	168	192	402	330
2009	182	210	351	379
2010	227	223	337	372
2011	212	312	348	154
2012	406	455	319	306
2013	419	409	417	460
2014	211	453	419	421
2015	204	336	385	394
合计	3672	3723	5116	5182

（二）缉捕逃犯

1998—2015年，深挖在押人员犯罪线索435条，为侦查办案部门提供信息，协助抓获各类在逃人员110名。

八、行政复议及应诉

（一）培训教育

1998—2015年，选送220人次到省公安厅、州公安局参与执法培训，县公安局组织培训10期228人次。

（二）行政复议及应诉

1998—2015年，认真贯彻执行《贵州省县级公安机关执法质量考评实施方案》《执法质量考评标准》，开展公安内部执法监督检查，加强对基层派出所业务指导工作。共受理治安行政复议案件20起30人次，出庭应诉15起，胜诉14起，驳回裁定2起，败诉2起，当事人撤诉2起。转州公安局复议9件9人，维持7件，撤销2件。未发生因行政诉讼案件败诉而产生国家赔偿案件及其他因民警执法违法被追究办案责任案件。

第二节 检 察

一、组织机构

（一）业务机构

1998年1月，普安县人民检察院（简称“普安县检察院”）设立的检察业务机构有：反贪污贿赂局、法纪科、控告申诉检察科（含举报中心、刑事赔偿办公室）、批捕科、起诉科、监所检察科、民事行政检察科。1999年，设立技术科（副科级）。2002年10月，法纪科更名为反渎职侵权局（副科级），局长高配为正科级。2006年8月，批捕科更名为侦查监督科，起诉科更名为公诉科。2012年5月，设立预防职务犯罪工作局（副科级），从反贪局独立出来；侦查监督科更名为侦查监督局（副科级），公诉科更名为公诉局（副科级），监所监察科更名为监所检察局（副科级）。2013年8月，设立案件管理办公室（副科级）。2014年5月，设立普安县人民检察院生态环境保护检察科（站股级）。2015年12月，监所检察局更名为刑事执行检察局。至此，县检察院设立的检察业务机构有反贪污贿赂局、反渎职侵权局、侦查监督局、公诉局、预防职务犯罪工作局、刑事执行检察局、民事行政检察科、技术科、案件管理办公室、生态环境保护检察科。

（二）行政及党政机构

2015年12月，检察院设立的行政及党政机构有党组、纪检组、监察室、政工科、机关党委、办公室、司法警察大队、计划财务装备科、人民监督员办公室。

二、刑事检察

（一）侦查监督

1998—2015年，受理公安机关和检察院自侦部门移送审查批准逮捕的各类刑事案件2864件5208人，经审查后批准或决定逮捕2342件4110人，不批准逮捕396件861人，公安机关撤回126件237人。在侦查监督活动中，对违法行为提出纠正意见，对超期羁押的案件进行重点监督，在“严打”斗争中，坚持快捕快诉，参加“严打”斗争行动、公捕公判大会，提前介入引导侦查取证，比如提前介入公安交警被杀一案，普安县雪浦乡谭洪宾等20余人恶势力犯罪案件，普安青山“4·02”案件，保证案件质量，促使案件得到公正及时判决。

1998—2015年，立案监督156件270人，对公安机关应当立案而不立案的，要求公安机关说明不立案理由96件170人，公安机关主动立案60件113人；对公安机关不应当立案而立案的，要求公安机关说明立案理由60件100人，公安机关主动撤案21件40人。

1998—2015年普安县批捕审查情况表

表15-1-8

年份	受理案件		批准逮捕		不批准逮捕		公安机关撤回	
	件	人	件	人	件	人	件	人
1998	82	129	76	116	4	5	2	8
1999	116	205	105	171	9	31	2	3
2000	147	260	144	250	2	9	1	1
2001	154	280	133	231	15	29	2	3
2002	205	354	163	255	28	75	2	5
2003	140	339	131	313	6	22	3	4
2004	134	256	129	237	3	17	2	2
2005	150	267	129	231	16	30	5	6
2006	149	246	126	204	12	26	11	16
2007	142	281	111	215	22	44	9	22
2008	191	363	164	308	27	55	5	10
2009	153	309	122	248	28	56	4	12
2010	138	251	108	179	30	72	7	17
2011	138	251	108	179	30	72	8	13
2012	205	354	163	255	28	75	14	24
2013	256	356	169	245	79	98	8	13
2014	189	380	133	259	29	76	18	30
2015	175	327	128	214	28	69	23	48
合计	2864	5208	2342	4110	396	861	126	237

（二）公　诉

1998—2015年，受理起诉案件3031件4846人，向县法院提起公诉2419件3692人，移送州检察院审查起诉315件582人，不起诉145件216人，退回公安机关补充侦查275件558人，公安机关撤回78件144人。

1998—2015年普安县起诉审查情况表

表15-1-9

年份	受理起诉案件		向县法院提起公诉		移送州检察院审查起诉		不起诉		退回公安机关补充侦查		公安机关撤回	
	件	人	件	人	件	人	件	人	件	人	件	人
1998	87	125	71	95	9	20	—	—	—	—	—	—
1999	162	297	179	268	9	22	11	11	—	—	—	—
2000	118	180	97	137	14	36	6	6	8	14	—	—
2001	123	152	98	107	11	26	7	8	7	11	—	—
2002	173	226	126	182	36	64	10	14	—	—	—	—
2003	152	288	105	173	34	87	11	25	1	1	1	2

续表 15-1-9

年份	受理起诉案件		向县法院提起公诉		移送州检察院审查起诉		不起诉		退回公安机关补充侦查		公安机关撤回	
	件	人	件	人	件	人	件	人	件	人	件	人
2004	140	227	104	165	21	44	9	10	3	5	3	3
2005	142	229	103	169	17	31	6	9	9	12	7	8
2006	151	239	114	177	19	32	8	12	5	5	5	13
2007	147	252	124	213	8	10	11	16	2	8	2	5
2008	181	291	150	222	14	28	9	24	—	—	—	—
2009	162	297	129	206	10	31	13	36	8	16	2	8
2010	179	290	142	211	12	17	4	5	8	23	5	13
2011	227	352	180	282	23	28	8	14	13	23	3	5
2012	230	341	185	285	29	33	8	10	42	84	6	11
2013	245	365	184	244	15	25	1	3	—	—	9	24
2014	204	356	175	320	19	25	14	18	92	191	25	35
2015	208	339	153	236	15	23	9	14	77	165	10	17
合计	3031	4846	2419	3692	315	582	145	216	275	558	78	144

三、职务犯罪侦查和预防

（一）反贪污贿赂

1998年起，普安县全面开展查办和预防职务犯罪。截至2015年，共受理各类贪污、贿赂、挪用公款等案件线索269件284人，初查后立案侦查78件85人，其中贪污案件37件42人、贿赂案件21件21人、挪用公款案件17件18人，为国家挽回经济损失1197.18万元。

其中，2012年度立案查办县水利水电移民局会计李某贪污案（涉案金额230余万元），系建院以来查办的涉及贪污金额最大的案件；2015年度查办贞丰县人民政府原副县长刘某受贿案涉案金额130余万元，系建院以来，立案查办的受贿案件中金额最高、涉及范围最广、涉及行贿人员最多的案件。同年，立案查办要案（副处级及以上人员）2件2人，系反贪局成立以来首次查办要案。

1998—2015年普安县贪污贿赂案件查办情况表

表 15-1-10

年份	受理贪污贿赂案件线索		立案侦查		其中						移送起诉		移送不诉		挽回直接经济损失（万元）
					贪污		贿赂		挪用						
	件	人	件	人	件	人	件	人	件	人	件	人	件	人	
1998	8	8	3	3	1	1	—	—	1	1	1	1	1	1	5.5
1999	10	10	5	5	4	4	—	—	1	1	—	—	—	—	14
2000	14	16	6	6	2	2	3	3	1	1	5	5	1	1	—
2001	16	18	4	6	2	4	—	—	2	2	2	4	2	2	—
2002	16	16	9	9	2	2	6	6	1	1	7	7	2	2	85
2003	13	13	4	4	2	2	1	1	1	1	2	2	—	—	38
2004	12	12	4	4	2	2	1	1	1	1	7	7	—	—	5.5
2005	9	9	4	4	3	3	—	—	1	1	4	4	—	—	30
2006	7	7	4	5	2	3	—	—	2	2	4	5	—	—	50
2007	8	8	4	4	—	—	1	1	3	3	3	3	—	—	40
2008	8	8	5	6	3	4	2	2	—	—	5	6	—	—	41

续表 15-1-10

年份	受理贪污贿赂案件线索		立案侦查		其中						移送起诉		移送不诉		挽回直接经济损失（万元）
					贪污		贿赂		挪用						
	件	人	件	人	件	人	件	人	件	人	件	人	件	人	
2009	10	10	4	5	1	1	2	2	1	2	4	5	—	—	92
2010	7	8	4	5	2	3	1	1	1	1	4	5	—	—	20
2011	10	10	1	1	—	—	—	—	—	—	1	1	—	—	20
2012	6	7	2	3	3	3	—	—	—	—	3	3	—	—	230
2013	6	7	4	4	2	2	2	2	—	—	—	—	—	—	180
2014	10	11	2	2	2	2	—	—	—	—	2	2	—	—	11.18
2015	99	106	9	9	6	6	2	2	1	1	9	9	—	—	335
合计	269	284	78	85	37	42	21	21	17	18	63	69	6	6	1197.18

（二）反渎职侵权

1998—2015年，受理渎职侵权案件线索99件，经初查后立案侦查32件。

2000年，侦结公安干警刑讯逼供致1人死亡、2人重伤的重大职务犯罪案件，查清案情后对3名被告人分别判处6年、3年的有期徒刑。2001年，查办的案件为行业部门堵漏建制3起，为国家和集体挽回经济损失8万多元。到浙江、福建、广西、广东，将潜逃多年的3名职务犯罪嫌疑人追捕归案，追缴犯罪金额4万多元。2004年，受理各类渎职侵权案件线索9件，经初查后转有关部门处理的3件，化解的2件，转纪委处理的1件，立案侦查的1件。2005年，受理渎职侵权案件线索9件，经初查均达到立案标准。2006年，受理渎职侵权案件线索6件，初查后有5件不构成渎职侵权案件不予立案。2007年5月21日至6月15日，在全县开展反渎职侵权活动宣传，播放《职务与犯罪》38集电视连续剧，到罗汉、地瓜和县城利用集市交易日进行反渎职侵权工作宣传，召开普安县行政执法机关座谈会并在县电视台播放，向全县各行政执法机关和各乡镇发放《人民检察院直接受理立案侦查的贪污贿赂渎职侵权案件立案标准》1000册。2010年，受理渎职侵权案件线索3件，立案3件5人，侦查终结3件5人，移送审查起诉3件5人，为国家挽回经济损失17万元。2011年，对县房地产管理局工作人员私自向县粮食小区商品房开发商违规办理商品房预售许可证情况进行调查。2012年，立案1件2人，工作成绩突出，被州院考评为全州第一名。2013年，受理渎职侵权犯罪案件线索2件，初查后立案2件5人，侦查终结并移送审查起诉2件5人。2014年，受理渎职侵权案件线索4件，经初步审查后立案侦查1件1人。2015年受理渎职侵权案件线索5件，经初查后立案侦查1件1人。

1998—2015年普安县渎职侵权案件查办情况表

表 15-1-11

年份	受理渎职侵权案件线索		立案侦查		其中								挽回直接经济损失（万元）
					非法拘禁		玩忽职守		滥用职权		刑讯逼供		
	件	人	件	人	件	人	件	人	件	人	件	人	
1998	5	5	1	1	—	—	—	—	—	—	—	—	—
1999	8	11	3	6	2	5	—	—	1	1	—	—	—
2000	5	10	1	3	—	—	—	—	—	—	1	3	—
2001	4	4	2	2	—	—	—	—	—	—	—	—	8
2002	5	8	2	4	—	—	—	—	—	—	—	—	—
2003	6	7	4	5	1	—	—	—	1	—	2	—	—

续表 15-1-11

年份	受理渎职侵权案件线索		立案侦查		其中								挽回直接经济损失（万元）
					非法拘禁		玩忽职守		滥用职权		刑讯逼供		
	件	人	件	人	件	人	件	人	件	人	件	人	
2004	9	10	2	4	—	—	—	—	—	—	—	—	—
2005	9	9	2	3	—	—	—	—	—	—	—	—	—
2006	6	—	1	1	—	—	—	—	1	1	—	—	—
2007	4	2	2	2	—	—	—	—	—	—	—	—	—
2008	5	6	1	1	—	—	1	1	—	—	—	—	—
2009	3	—	2	2	—	—	2	2	—	—	—	—	—
2010	3	5	3	5	—	—	1	2	2	3	—	—	17
2011	4	6	1	2	—	—	—	—	—	—	—	—	—
2012	10	11	1	2	—	—	—	—	—	—	—	—	—
2013	2	5	2	5	—	—	—	—	—	—	—	—	—
2014	4	6	1	1	—	—	1	1	—	—	—	—	—
2015	5	7	1	1	—	—	—	—	—	—	—	—	—
合计	99	115	33	50	3	5	5	6	5	5	3	3	25

（三）预防职务犯罪

1998年，将预防职务犯罪贯穿到刑事诉讼的全过程，结合办案抓好预防。1999年，开展预防职务犯罪和法制宣传，在县茶场、青山电力公司建立预防职务犯罪联系点。2002年，设立普安县人民检察院预防职务犯罪检察科。2004年，制定预防职务犯罪联络员管理制度、工作制度等，对三板桥电力公司南京桥坝后式水电站建设、镇胜高速公路20～25合同段建设工程项目开展专项预防职务犯罪工作，对17个预防职务犯罪工作联系单位的20名预防工作联络员进行培训。2005年，在21个单位和系统开展预防职务犯罪工作的基础上与税务系统、林业、城建等部门建立预防职务犯罪工作长效机制，将预防职务犯罪工作与党风廉政建设、反腐败工作一并纳入各系统、单位和行业纪检监察的整体工作。2007年，在金融、国企、医药、司法、工商、税务、住建、教育等8个行业和18个党委成立预防职务犯罪工作领导小组，与8个系统及相关行业中的26个单位建立预防职务犯罪联系网络，与县国税局等11个主管部门建立预防职务犯罪联席会议制度，对90%以上的大要案开展一案一分析、一案一悔过、一案一教育、一案一建议、一案一回访的“五个一”个案预防工作。2008年，以江西坡至罐子窑通乡油路改造工程重点开展专项预防职务犯罪工作，会同工程建设部门制定《工程建设专项预防职务犯罪工作联系协调制度》，在业主方、施工方、监理办聘任预防职务犯罪工作联络员并制定《联络员规则》《项目领导廉洁自律准则》《工程质量责任追究制度》等，签订廉政合同书、廉政承诺书。与县卫生、人行等6个行业、系统挂牌成立预防职务犯罪联系协调领导小组，建立预防职务犯罪工作长效机制。2009年，到机关、企事业单位开展预防和法制宣传教育、警示教育8次，与贵州兴安煤业公司、青山供电公司等单位建立预防职务犯罪工作长效机制。2010年，开展预防职务犯罪调查11次，与县水利、住建、移动公司等单位建立预防职务犯罪工作长效机制。2011年，开展预防职务犯罪调查2件，案例分析4件，发检察建议3份，开展警示教育12次，进行咨询21次，受理相关部门的行贿犯罪档案查询147次，发现职务犯罪线索1件（移送反贪局）。2012年，开展预防调查8件，撰写案例分析3篇，发检察建议3份，开展预防宣传及法治警示教育55次3669人，开展行贿犯罪档案查询176件次，检察信息被媒体采用40篇。2013年，开展预防调查15件，撰写案例分析13篇，发检察建议15份，开展预防宣传及法治警示教育142次6000余人，开展行贿犯罪档案查询216件次；检察信息被检察日报、黔西南日报、中国预防职务犯罪网等媒体采用89篇。2013年10月，建成全州检察机关第一个预防职务犯罪警示教育基地。2013年，院职务犯罪预防局被黔西南州人民检察院授予集体二等功表彰。2014年，开展预防职务犯罪调查8次，案例分析7篇，检察建议15份，预防宣传和法治警示教育102次，受教育人数3460余人；开展行贿档案查询271人次，完成年度《普安县人民检察院惩治和预防职务犯罪年度报告》1篇，并得到县委、人大、县政府、县政协、县纪委等主要领导的批示；开展对投资9.56亿元的普安县五嘎冲水库工程建设、投资2.6亿元的甲金水库工程建设、投资1.8亿元的320国道线普安境内工程建设三个重点工程开展专项预防工作；同县委党校签订预防职务犯罪教育进党校制度，形成常态机制。2014年，院职务犯罪预防局被黔西南州人民检察院授予集体二等功表彰。2015年，开展预防职务犯罪调查10次，案例分析10篇，检察建议10份，预防宣传和法治警示教育127次，受教育人数6500余人；开展行贿档案查询579人次，完成年度《普安县人民检察院惩治和预防职务犯罪年度报告》1篇，并得到县委、县人大、县政府、县政协、县纪委等主要领导的批示。继续开展对五嘎冲水库、甲金水库、国道320改扩建工程开展重点工程专项预防工作。

四、诉讼监督

（一）宣传与控告申诉

1999年，在茶场召开干部职工法律讲座，到龙吟镇借助集市交易日对民族特点，易发案件类型进行调研。2002年，到乡镇上法制课，检察长发表电视讲话、接受记者采访。2003年，开展检察长接待日接待来访群众。2004年，对2003年决定不起诉的11件25人进行专项复查。2006年，控告申诉检察和宣传工作获州检察院授予三等功。2010年，在全县范围内开展举报宣传活动。2015年，开展刑事被害人救助工作，办理救助案件2件，发放救助金1.6万元。

1998—2015年，受理群众来信来访1249件（次），受理举报线索298件（次），检察长接待日接访群众272件（次）；撰写控告申诉检察调研材料35篇，撰写业务信息和办理简报103篇；开展法律宣传和咨询109场（次），上法制课4次，举办电视讲座5次，在开展法律宣传和咨询活动、巡回宣传中接受群众咨询、发放宣传资料。2014年，受理群众来信来访33件（次），受理举报线索8件（次），检察长接待日接访群众24件（次）；撰写控告申诉检察调研材料1篇，撰写业务信息和办理简报9篇；开展法律宣传和咨询7场（次）。2015年，受理群众来信来访25件（次），受理举报线索17件（次），检察长接待日接访群众22件（次）；撰写业务信息和办理简报10篇；开展法律宣传和咨询8场（次）。

1998—2015年普安县控告检察与宣传情况表

表15-1-12

年份	受理控告申诉			业务调研			法律宣传和咨询						
	来信来访（件/次）	举报线索（件/次）	检察长接待日接访（件/次）	撰写举报材料（份）	撰写调研材料（篇）	撰写业务信息（篇）	开展宣传和咨询（场/次）	上法制课（次）	巡回宣传（次）	接受咨询群众（人/次）	发放宣传资料（份）	举办电视讲座（次）	刊出宣传专栏（期）
1998	138	24	—	2	2	4	15	—	—	450	821	1	1
1999	142	26	—	3	2	4	15	—	—	460	915	2	2
2000	111	23	—	3	—	—	4	—	—	200	500	1	3
2001	122	—	25	2	1	8	8	—	7	—	500	1	8
2002	105	21	—	4	1	8	5	2	—	—	200	—	—
2003	67	12	25	—	1	10	3	2	—	—	200	—	—

续表 15-1-12

年份	受理控告申诉			业务调研			法律宣传和咨询						
	来信来访（件/次）	举报线索（件/次）	检察长接待日接访（件/次）	撰写举报材料（份）	撰写调研材料（篇）	撰写业务信息（篇）	开展宣传和咨询（场/次）	上法制课（次）	巡回宣传（次）	接受咨询群众（人/次）	发放宣传资料（份）	举办电视讲座（次）	刊出宣传专栏（期）
2004	68	25	24	—	—	—	4	—	—	90	—	—	—
2005	62	30	28	—	3	8	4	—	—	—	—	—	—
2006	61	17	—	—	2	8	5	—	—	—	—	—	—
2007	57	27	—	—	2	7	4	—	—	—	—	—	—
2008	11	20	—	—	3	6	4	—	—	—	—	—	—
2009	53	—	26	—	2	5	5	—	—	—	—	—	—
2010	58	18	24	—	—	—	6	—	—	30	1000	—	—
2011	41	12	24	—	1	3	4	—	—	—	—	—	—
2012	54	9	24	—	—	3	4	—	—	30	1000	—	—
2013	41	9	26	—	—	10	4	—	—	23	2000	—	—
2014	33	8	24	—	1	9	7	—	—	13	2000	—	1
2015	25	17	22	—	—	10	8	—	—	10	2000	—	—
合计	1249	298	272	14	21	103	109	4	7	1306	11136	5	15

（二）民事行政案件监督

1998—2015年，受理民事、经济、行政等各类申诉案件179件，立案审查38件，提请贵州省检察院抗诉1件，提请黔西南州检察院抗诉11件，提出检察建议61件，转有关单位处理52件，调解息诉57件，出庭支持抗诉1件。

2014年，受理民事、经济、行政等各类申诉案件1件，立案审查1件。2015年，受理民事、经济、行政等各类申诉案件6件，立案审查6件，提请黔西南州检察院抗诉1件，提出检察建议23件。

1998—2015年普安县民事行政监督情况表

表 15-1-13　　单位：件

年份	受理案件	立案审查	提请省检察院抗诉	提请州检察院抗诉	提出检察建议	转有关单位处理	调解息诉	出庭支持抗诉
1998	7	1	1	1	1	2	3	—
1999	17	2	—	3	3	11	4	—
2000	23	9	—	2	1	17	3	—
2001	9	1	—	1	2	2	6	—
2002	13	1	2	1	1	8	5	1
2003	13	1	2	1	—	—	12	—
2004	12	2	—	—	2	3	5	—
2005	8	—	—	—	1	3	3	—
2006	6	1	—	1	—	—	5	—
2007	6	—	—	2	—	—	4	—
2008	6	—	—	—	—	—	—	—
2009	5	3	2	1	—	1	3	—
2010	34	1	—	2	29	2	3	—

续表15-1-13

年份	受理案件	立案审查	提请省检察院抗诉	提请州检察院抗诉	提出检察建议	转有关单位处理	调解息诉	出庭支持抗诉
2011	3	2	—	1	—	1	—	—
2012	9	6	—	2	—	2	1	—
2013	1	1	—	1	4	—	—	—
2014	1	1	—	2	3	—	—	—
2015	6	6	—	1	23	—	—	—
合计	179	38	11	21	64	52	57	1

（三）案件管理

2013年8月，成立副科级机构案件管理办公室，设主任1名，副主任1名。

案件管理办公室作为专门负责案件管理工作的综合性内设业务机构，主要承担管理、服务、参谋、监督职能，具体承担案件的受理和送达、案件流程监控、办案质量评查、检察统计分析等11项工作职责。

2013—2015年，案件管理办公室共受理各类刑事案件1023件。

五、监所检察

（一）驻监驻所检察

1999年，协助看守所值班40人次，到监管场所组织700人次学习“检务公开”，开展检举揭发、交代余罪等动员大会并收到检举揭发毒品犯罪线索3件破获涉案毒品1000余克。2001年，参加监所场所处理各类事件6件。2005年，在节假日到押犯监区查看和了解狱情，参加狱情分析会17次，提出建议12条。2008年，在凝冻天气期间到县民政局协调100余床棉被、100余件棉衣解决看守所抗冻问题。2009年，参加监狱减刑评审会议4次，评审建议减刑罪犯200余人。2010年，对14个乡镇监外执行罪犯进行3次检察监督，检察监外执行罪犯档案700余件，向县司法局提出管理、教育方面的检察建议15条，所提建议全部得到采纳。2011年，将《人民检察院驻所检察的任务和职责》《看守所的监规》《在押人员行为规范》《在押人员的权利义务》《侦查阶段犯罪嫌疑人的权利义务》《审查起诉阶段犯罪嫌疑人、被告人的权利义务》录制成影视光盘，每天定时播放教育。2013年，处理1起看守所民警将在押人员汇款从邮局取出后未转入在押人员存折情况。2014年，驻所检察室向普安县看守所提出纠正执法管理方面存在的问题和检察建议31条，对在押人员和罪犯进行谈话教育97人次，协助看守所进行安全检查17次，驻所218天，参加清监17次。2015年，驻所检察室向普安县看守所提出纠正执法管理方面存在的问题和检察建议18条，对在押人员和罪犯进行谈话教育85人次，参与看守所进行安全检查13次，参加狱情分析会10次，驻所检察179天，参加清监18次。

1998—2015年，向普安监狱提出纠正执法管理方面存在的问题和检察建议327条、向看守所提检察建议321条，对在押人员和罪犯进行谈话教育和法律宣传2700人次，参加看守所和监狱专题狱情分析会38次，参与监狱、看守所进行安全检查297次，驻监检察1600天、驻所检察4000天，开展法制教育802场，受教育人员4000人次，参加清监检查324次。

普安县人民检察院监所检察科工作分别在2003年度、2005年度获州检察院授予集体三等功表彰。

1998—2015年普安县择年度驻监驻所检察情况表

表15-1-14

年份	提出纠正问题或违法建议（条）		对在押人员进行谈话教育（人/次）	对监狱、看守所进行安全检查（次）	驻监驻所检察（天）		法制教育		参加清监（次）
	监狱	看守所			驻监	驻所	场次（场）	受教人员（人/次）	
1998	60	15	207	19	197	187	7	207	23
1999	40	21	238	16	192	220	9	327	27
2001	30	18	209	12	160	210	5	721	24
2002	67	27	253	17	180	197	4	732	31
2003	21	17	287	10	194	189	7	750	34
2005	44	17	242	14	201	191	11	578	26
2009	5	19	353	17	189	190	5	289	29
2011	—	30	70	26	3	219	6	137	21
2012	—	17	90	19	—	207	5	97	23
2013	—	23	90	17	—	194	4	104	26
2014	—	31	97	17	—	218	7	32	22
2015	—	18	85	13	—	179	12	79	18
合计	327	321	2700	243	1600	4000	132	4090	324

（二）侦办案件

1998—2015年，受理监狱、公安机关移送审查起诉案件32件34人，其中故意伤害或杀人案件3件3人，脱逃案件9件9人，盗窃案件1件1人，越狱案件1件1人，贩卖毒品案件1件1人，破坏监管秩序1件1人，监外执行罪犯再犯罪案件2件2人，监狱移送再犯罪案件2件2人，虐待监管对象案件1件1人，重大事故案件2件2人，2013年自行侦查州院交办的玩忽职守案件1件3人，法院做了有罪判决。向各办案单位发超期羁押检察建议90份236人。

1998—2015年普安县择年度监所侦办案件情况表

表15-1-15

年份	侦查、受理审查起诉案件		故意伤害或杀人		脱逃		盗窃		越狱		贩卖毒品		破坏监管秩序		监外执行再犯		监狱移送再犯		虐待监管对象		重大责任事故		发超期羁押建议	
	件	人	件	人	件	人	件	人	件	人	件	人	件	人	件	人	件	人	件	人	件	人	件	人
1998	2	2	1	1	1	1	—	—	—	—	—	—	—	—	—	—	—	—	—	—	—	—	5	9
1999	2	2	1	1	1	1	—	—	—	—	—	—	—	—	—	—	—	—	—	—	—	—	10	17
2000	3	3	—	—	2	2	—	—	—	—	—	—	—	—	—	—	—	—	—	—	1	1	4	8
2001	5	5	—	—	3	3	1	1	—	—	—	—	1	1	—	—	—	—	—	—	—	—	7	13
2002	6	6	1	1	2	2	—	—	1	1	1	1	—	—	—	—	—	—	—	—	1	1	2	7
2003	1	1	—	—	—	—	—	—	—	—	—	—	—	—	—	—	—	—	—	—	—	—	6	30
2005	1	1	—	—	—	—	—	—	—	—	—	—	—	—	—	—	—	—	1	1	—	—	9	17
2006	4	4	—	—	—	—	—	—	—	—	—	—	—	—	—	—	—	—	—	—	—	—	5	12
2007	5	5	—	—	—	—	—	—	—	—	—	—	—	—	2	2	2	2	—	—	—	—	4	10

续表15-1-15

年份	侦查、受理审查起诉案件		故意伤害或杀人		脱逃		盗窃		越狱		贩卖毒品		破坏监管秩序		监外执行再犯		监狱移送再犯		虐待监管对象		重大责任事故		发超期羁押建议	
	件	人	件	人	件	人	件	人	件	人	件	人	件	人	件	人	件	人	件	人	件	人	件	人
2009	1	1	—	—	—	—	—	—	—	—	—	—	—	—	—	—	—	—	—	—	—	—	1	13
2011	1	1	—	—	—	—	—	—	—	—	—	—	—	—	—	—	—	—	—	—	—	—	7	17
2013	1	3	—	—	—	—	—	—	—	—	—	—	—	—	—	—	—	—	—	—	—	—	8	20
2014	—	—	—	—	—	—	—	—	—	—	—	—	—	—	—	—	—	—	—	—	—	—	13	20
2015	—	—	—	—	—	—	—	—	—	—	—	—	—	—	—	—	—	—	—	—	—	—	9	21
合计	32	34	3	3	9	9	1	1	1	1	1	1	1	1	2	2	2	2	1	1	2	2	90	236

第三节　法　院

一、组织机构

（一）县法院

1998年，普安县人民法院（简称“县法院”）下设正科级机构的政工科、纪检组，副科级机构的执行工作庭，站股级机构的立案庭、法警队、刑事审判庭、书记官室、行政审判庭、审判监督庭、民事审判庭、经济审判庭、监察室、办公室、档案室、研究室。2002年1月，执行工作庭升格为正科级机构并更名为执行工作局（庭），撤销经济审判庭、民事审判庭设民事审判一庭、民事审判二庭。2012年8月，成立副科级机关委员会。

（二）乡镇（街道）法庭

1998年，县法院下设站股级机构的楼下法庭、青山法庭、兴中法庭、地瓜法庭。2003年1月，楼下法庭、青山法庭、兴中法庭、地瓜法庭升格为副科级机构。2011年，设立副科级机构的龙吟法庭、江西坡法庭。

二、刑事审判

（一）法制教育

1998—2015年，对刑事案件的审理重视以案论法，广泛开展法治教育。召开全县性的公判大会和乡镇、案发地或监所等不同类型的公判大会158次。把调解工作贯穿于审判活动全过程，做好自诉案件、刑事附带民事案件的调解。注重掌握案外情况，充分调查了解自诉案件、刑事附带民事案件原告人及被告人的家庭状况、心理状态及经济情况等背景资料，为民事赔偿部分开展调解工作打好基础。对因民间琐事等因素引发的轻微刑事案件，在准确认定被告人法律责任的基础上，通过对被告人的教育引导，促使其知罪认错，真诚悔罪，取得被害人谅解，达到修复关系，化解矛盾的目的。对附带民事诉讼，把被告人主动赔偿作为从轻处罚的酌定因素，力促被告人及其亲属赔偿被害人的损失。在审理此类案件时，贯彻“调解优先、调判结合”原则，注重调解，抓住庭前、庭中和庭后3个环节，把有关民事赔偿的调解工作贯穿于案件审理的全过程，力争附带民事诉讼能以调解方式解决，同时注重款物的实际支付，避免事后再起纷争。

（二）受理刑事案件

1998—2015年，受理各类刑事案件2586件，其中伤害案件196件，占7.58%；杀人案件79件，占3.05%；盗窃案件175件，占6.77%；强奸案件34件，占1.31%；毒品犯罪案件150件，占5.80%；抢劫案件15件，占0.58%；交通肇事案件20件，占0.77%；职务犯罪案件17件，占0.66%；非法持有枪支弹药案件14件，占0.54%；“两抢一盗”案件133件，占5.14%；非法经营犯罪案件15件，占0.58%；其他案件1042件，占40.29%。

（三）审结刑事案件

1998—2015年，审结各类刑事案件2565件，占受理刑事案件数的99.19%，判决罪犯3114人，其中被判处10年以上不满15年有期徒刑150人，被判处5年以上不满10年有期徒刑614人，被判处5年以下有期徒刑881人，被判处3年以下有期徒刑、拘役宣告缓刑1254人。在判处主刑的同时，判处附加罚金319人。

1998—2015年普安县人民法院刑事案件收结案情况表

表15-1-16　　单位：件

年份	总数		伤害		杀人		盗窃		强奸		毒品犯罪		抢劫		交通肇事		职务犯罪		非法持有枪支弹药		“两抢一盗”		非法经营		其他	
	收	结	收	结	收	结	收	结	收	结	收	结	收	结	收	结	收	结	收	结	收	结	收	结	收	结
1998	99	97	34	34	6	6	21	21	5	5	—	—	—	—	—	—	—	—	—	—	—	—	—	—	33	31
1999	105	104	35	35	—	—	21	21	—	—	15	15	—	—	—	—	—	—	—	—	—	—	—	—	34	33
2000	131	131	—	—	—	—	—	—	—	—	—	—	—	—	—	—	—	—	—	—	—	—	—	—	131	131
2001	131	131	—	—	—	—	—	—	—	—	—	—	—	—	—	—	—	—	—	—	—	—	—	—	131	131
2002	137	137	—	—	—	—	—	—	—	—	—	—	—	—	—	—	—	—	—	—	—	—	—	—	137	137
2003	143	143	—	—	—	—	—	—	—	—	—	—	—	—	—	—	—	—	—	—	—	—	—	—	143	143
2004	116	113	—	—	—	—	—	—	—	—	—	—	—	—	—	—	—	—	—	—	—	—	—	—	116	113
2005	114	114	37	37	2	2	26	26	4	4	18	18	4	4	4	4	4	4	—	—	—	—	—	—	15	15
2006	107	107	20	20	5	5	28	28	6	6	17	17	6	6	—	—	4	4	3	3	—	—	—	—	18	18
2007	136	136	—	—	—	—	—	—	—	—	—	—	—	—	—	—	—	—	—	—	—	—	—	—	136	136
2008	157	157	—	—	—	—	—	—	—	—	—	—	—	—	—	—	—	—	—	—	—	—	—	—	157	157
2009	143	143	—	—	—	—	—	—	—	—	—	—	—	—	—	—	—	—	—	—	—	—	—	—	143	143
2010	151	151	—	—	—	—	—	—	—	—	—	—	—	—	—	—	—	—	—	—	—	—	—	—	151	151
2011	184	184	—	—	63	63	—	—	—	—	33	33	—	—	—	—	—	—	6	6	48	48	4	4	30	30
2012	181	181	—	—	—	—	—	—	—	—	—	—	—	—	—	—	—	—	—	—	—	—	—	—	181	181
2013	199	199	—	—	—	—	—	—	—	—	—	—	—	—	—	—	—	—	—	—	—	—	—	—	199	199
2014	163	159	29	28	2	2	37	37	7	7	27	26	3	3	8	8	2	2	1	1	40	40	3	3	44	42
2015	189	178	44	42	1	1	42	40	12	12	40	37	2	2	8	8	7	7	4	4	45	43	5	4	24	20
合计	2586	2562	199	196	79	79	175	173	34	34	150	146	15	15	20	20	17	17	14	14	133	133	12	11	1823	1811

三、经济审判

（一）受理经济案件

1998—2000年，受理各类经济纠纷案件272件，其中借贷纠纷案件106件，占38.97%；拖欠货物纠纷案件30件，占11.03%；工程纠纷案件4件，占1.47%；购销合同纠纷案件3件，占1.10%；货物运输合同纠纷案件3件，占1.1%；合作纠纷案件2件，占0.07%；其他纠纷案件122件，占44.85%。

（二）审结经济案件

1998—2000年，审结各类经济纠纷案件259件。其中借贷纠纷案件102件，占39.38%；拖欠货物纠纷案件28件，占10.8%；工程纠纷案件4件，占1.54%；购销合同纠纷案件3件，占1.15%；货物运输合同纠纷案件3件，占1.15%；合作纠纷案件2件，占0.07%；其他纠纷案件115件，占43.75%。

1998—2000年普安县人民法院经济案件收结案情况表

表15-1-17　　单位：件

年份	总数		拖欠货物		借贷		购销合同		合作纠纷		货物运输合同		工程纠纷		租赁纠纷		联营		其他	
	收	结	收	结	收	结	收	结	收	结	收	结	收	结	收	结	收	结	收	结
1998	153	147	30	28	106	102	3	3	2	2	3	3	4	4	1	1	1	1	3	3
1999	70	63	—	—	—	—	—	—	—	—	—	—	—	—	—	—	—	—	70	63
2000	49	49	—	—	—	—	—	—	—	—	—	—	—	—	—	—	—	—	49	49
合计	272	259	30	28	106	102	3	3	2	2	3	3	4	4	1	1	1	1	122	115

四、民事审判

（一）受理民事案件

1998—2000年，受理各类民事案件2194件，其中婚姻家庭纠纷案件550件，占25.07%；房屋纠纷案件29件，占1.32%；其他不动产纠纷案件126件，占5.74%；相邻纠纷案件32件，占1.46%；赔偿纠纷案件117件，5.33%；债务纠纷案件636件，占28.99%；继承纠纷案件11件，占0.50%；其他案件693件，占31.59%。

（二）审结民事案件

1998—2000年，审结各类民事案件2068，审结率94.25%。其中判决结案866件，占41.88%；调解案件975件，调撤率47.15%；原告撤诉215件，占10.40%；裁定驳回起诉12件，占0.58%。

1998—2000年普安县人民法院民事案件收结案情况表

表15-1-18　　单位：件

年份	总数		婚姻家庭纠纷		房屋纠纷		其他不动产纠纷		相邻纠纷		赔偿纠纷		债务纠纷		继承纠纷		其他	
	收	结	收	结	收	结	收	结	收	结	收	结	收	结	收	结	收	结
1998	842	773	319	298	16	13	69	61	16	12	45	43	362	336	8	6	7	4
1999	741	711	231	226	13	13	57	51	16	13	72	71	274	266	3	3	75	68
2000	611	584	—	—	—	—	—	—	—	—	—	—	—	—	—	—	611	584
合计	2194	2068	550	524	29	26	126	112	32	25	117	114	636	602	11	9	693	656

五、民商事审判

2000年起，民事审判与经济审判合在一起，称为民商事审判。

（一）受理民商事案件

2001—2015年，受理各类民商事案件1.20万件，其中合同纠纷案件2448件，占20.34%；婚姻家庭纠纷案件1896件，占15.75%；侵属侵权纠纷案件1235件，占10.26%；其他案件6458件，占53.65%。

（二）审结民商事案件

2001—2015年，审结各类民商事案件1.16万件，其中婚姻家庭纠纷案件1814件，审结率95.66%；合同纠纷案2310件，审结率94.36%；侵属侵权纠纷案1131件，审结率91.58%；其他案件6352件，审结率98.36%。

（三）调解民商事案件

2001—2015年，注重人民调解，健全调解机制，坚持"民事案件调解、执行案件调解、刑事附带民事诉讼案件调解"并重的调解理念，建立诉调对接调解机制，将调解贯穿到起诉、立案、送达、审理、执行、信访等多个阶段，并形成主审法官、合议庭组成人员、庭长、分管副院长、院长的"全程、全面、全员"的"三全"调解工作格局。在调解过程中，始终坚持"调解优先、调判结合"的工作思路。坚持调解"三部曲"，灵活应用如"亲情感化法""寨老规劝法""将心比心法"多种调解方法，在调解语言表达上，根据不同案件，利用不同的表达方式。

2001—2015年普安县人民法院民商事案件收结案情况表

表15-1-19　　单位：件

年份	总数		婚姻家庭纠纷		合同纠纷		侵属侵权纠纷		其他	
	收	结	收	结	收	结	收	结	收	结
2001	748	729	—	—	—	—	—	—	748	729
2002	592	582	—	—	—	—	—	—	592	582
2003	625	620	—	—	—	—	—	—	625	620
2004	668	655	—	—	—	—	—	—	668	655
2005	542	519	219	215	185	176	138	128	—	—
2006	667	591	184	171	235	219	248	201	—	—
2007	783	703	247	220	354	316	182	167	—	—
2008	1184	1155	259	257	614	593	311	305	—	—
2009	960	941	285	281	—	—	—	—	675	660
2010	837	816	—	—	—	—	—	—	837	816
2011	814	796	—	—	—	—	—	—	814	796
2012	744	742	—	—	—	—	—	—	744	742
2013	755	752	—	—	—	—	—	—	755	752
2014	879	814	318	293	399	371	162	150	0	0
2015	1239	1192	384	377	661	635	194	180	0	0
合计	12037	11607	1896	1814	2448	2310	1235	1131	6458	6352

六、行政审判

（一）受理行政审判案件

1998—2015年，受理各类行政审判案件421件，受理审查非诉行政执行案件462件。

（二）审结行政审判案件

1998—2015年，审结各类行政审判案件419件，结案率99.52%。其中维持行政机关决定39件，占9.31%；部分维持2件，占0.48%；全部撤销39件，占9.31%；部分撤销4件，占0.95%；裁定撤回起诉21件，占5.01%；驳回起诉7件，占1.67%。

1998—2015年普安县人民法院行政审判案件受理审结情况表

表15-1-20

年份	受理(件)	审结(件)	审结率(%)	年度	受理(件)	审结(件)	审结率(%)
1998	21	20	95	2008	8	8	100
1999	21	20	95	2009	12	12	100
2000	13	13	100	2010	18	18	100
2001	5	5	100	2011	23	23	100
2002	11	11	100	2012	18	18	100
2003	14	14	100	2013	12	12	100
2004	9	9	100	2014	105	105	100
2005	8	8	100	2015	99	99	100
2006	11	11	100	合计	421	419	99.52
2007	13	13	100				

七、立案信访

(一)信访接待

1998—2015年，立案工作由立案庭和各人民法庭自行立案，统一编号，信访工作由立案庭负责。2007年，开展领导班子接访活动，在工作日由领导班子成员轮流负责信访接待工作。

(二)信访办理

1998—2015年，立案2.63万件，处理来信来访2.44万人次(件)，化解涉法涉诉案件12件。

1998—2015年普安县人民法院立案信访情况表

表15-1-21

年份	立案(件)	来信来访(人次/件)	说服息诉(件)	年份	立案(件)	来信来访(人次/件)	说服息诉(件)
1998	1580	127	133	2008	1738	—	—
1999	1566	1105	148	2009	1817	—	—
2000	1621	1105	148	2010	1503	—	—
2001	1319	1186	—	2011	1379	148	—
2002	1295	1221	—	2012	1394	2120	—
2003	1215	1354	—	2013	1623	2315	—
2004	1054	1500	—	2014	1663	1654	—
2005	1064	1223	—	2015	2037	1832	—
2006	1116	1253	—	合计	26272	24375	—
2007	1288	1580	—				

八、审判监督

(一)受理申诉案件

1998—2015年，受理申诉案件152件，其中申诉复查案件31件，再审案件84件，重审案件52件。

(二)审结申诉案件

1998—2015年，审结申诉案件168件，审结率98.68%。其中申诉复查案件结案31件，再审案件结案82件，重审案件结案52件。

1998—2015年普安县人民法院审判监督情况表

表15-1-22

年份	总数		申诉复查案件		再审案件		重审案件	
	收	结	收	结	收	结	收	结
1998	3	3	3	3	—	—	—	—
1999	16	16	16	16	—	—	—	—
2000	14	14	—	—	14	14	—	—
2001	—	—	—	—	—	—	—	—
2002	—	—	—	—	—	—	—	—
2003	1	1	—	—	1	1	—	—
2004	13	13	—	—	5	5	8	8
2005	9	9	4	4	1	1	4	4
2006	9	9	5	5	4	4	—	—
2007	4	4	3	3	1	1	—	—
2008	22	22	—	—	22	22	—	—
2009	7	7	—	—	7	7	—	—
2010	21	19	—	—	21	19	—	—
2011	5	5	—	—	5	5	—	—
2012	16	16	—	—	1	1	15	15
2013	12	12	—	—	2	2	10	10
2014	13	13	—	—	3	3	10	10
2015	5	5	—	—	0	0	5	5
合计	170	168	31	31	87	85	52	52

九、执　行

（一）受理执行案件

1998—2015年，受理各类执行案件7746件。

（二）依法执结案件

1998—2015年，执结各类执行案件7097件，执结率91.62%。

1998—2015年普安县人民法院案件执行情况表

表15-1-23

年份	执行案件（件）	执结案件（件）	执结率（%）	年份	执行案件（件）	执结案件（件）	执结率（%）
1998	600	569	94.83	2008	316	313	99.05
1999	613	558	91.00	2009	621	606	97.58
2000	397	369	92.95	2010	423	420	99.29
2001	435	397	91.26	2011	314	308	98.09
2002	555	472	85.05	2012	376	373	99.20
2003	432	368	85.19	2013	496	496	100
2004	256	219	85.55	2014	405	358	88.40
2005	375	219	88.53	2015	512	494	96.48
2006	285	255	89.47	合计	7746	7097	91.62
2007	335	303	90.45				

第四节　司法行政

一、组织机构

（一）县司法局

1998年，普安县司法局（简称“县司法局”）下设副科级机构的政工科、普法依法治理办公室、公证处，设站股级机构的办公室、律师公证工作管理股、法律援助工作管理股、法制宣传教育股、基层工作管理股、监察室、贵州诚服律师事务所。2011年4月，增设社区矫正管理股。

（二）乡镇（街道）司法所

1998年，县司法局派出机构14个，分别为盘水司法所、三板桥司法所、江西坡司法所、高棉司法所、龙吟司法所、白沙司法所、罐子窑司法所、窝沿司法所、地瓜司法所、罗汉司法所、新店司法所、青山司法所、雪浦司法所、楼下司法所。2015年，县司法局派出机构12个，分别为盘水街道司法所、南湖街道司法所、江西坡司法所、高棉司法所、龙吟司法所、白沙司法所、兴中司法所、地瓜司法所、罗汉司法所、新店司法所、青山司法所、楼下司法所。

二、法制宣传教育

（一）“三·五”普法依法治理

1998年1月至2000年12月，属“三·五”普法依法治理期间，在乡镇、县直部门建立普法专职机构39个，确定试点单位20个。以领导干部、行政执法人员、企业经营管理人员、青少年和外来人员为重点教育对象，配合“严打”斗争宣传《中华人民共和国刑法》《关于严惩严重社会治安犯罪分子的决定》等法律法规，参加普法学习25万人次。按规定学习《中华人民共和国宪法》《中华人民共和国合同法》《中华人民共和国土地法》等30余部法律法规，举办领导干部法制讲座17期，各类法治培训班476期，上法制课138次，征订普法读本及宣传资料7万余册。2001年10月15日，召开“三·五”普法工作总结大会，表彰“三·五”普法先进集体16个、先进个人26名。

（二）“四·五”普法依法治理

2001年10月至2007年3月，开展“四·五”普法依法治理，县委、县政府制定普法第四个五年规则，县人大通过普法宣传教育决议，县政府制订工作安排意见。县政府聘请法律顾问小组，施行重大事项决策前的法律论证、听证制度。健全干部学法用法考试考核制度，将领导干部学法用法情况列入干部考核内容，县人大对任命的科级干部进行任前考试。确定25个普法依法治理示范单位、1个示范点。开展“三八”妇女维权周、“四月税法宣传月”“五月综治宣传月”“6·25”土地日、“6·26”国际禁毒日、“12·4”法制宣传日、科技、文化、法律“三下乡”宣传活动。普法讲师团到各级机关、企事业单位、学校、厂矿上法制课，退休干部到中小学开展法制教育及爱国主义革命传统教育，到县看守所、普安监狱等监所开展帮助活动。开展“文明家庭”“五好家庭”“十星级文明户”等典范评比。发放各类宣传资料4万余份，行政执法单位、法制宣传部门、乡镇利用宣传栏、以案释法等方式推进普法工作。表彰14个先进集体、28名先进个人。

（三）“五·五”普法依法治理

2007年3月至2011年3月，开展“五·五”普法依法治理。围绕“和谐普安”“平安普安”的目标要求，以“人文奥运、法治同行”为主题，加大矛盾纠纷排查，抓好“严打”整治，健全社会治安防控体系，黑恶势力、毒品犯罪、经济领域犯罪受到严厉打击。开展以整治校园周边环境、打击非法传销、加强食品卫生监管和农资市场经营秩序专项工作。抓好青少年法制教育，加大文化市场的检查和“扫黄打非”。开展创建依法行政模范机关、诚信守法企业、依法治校示范校等活动，运用法律手段解决人民群众关注的教育收费、医疗卫生、环境保护、食品安全以及征地拆迁等方面反映强烈的热点问题。开展民主法治村、民主法治社区等基层创建活动，“四民主，两公开”（民主选举、民主决策、民主管理、民主监督，村务公开、财务公开）全面落实。组织干部职工、企业管理人员、村干部共2.23万人次参加学法用法考试，发放各类宣传资料10万余份。表彰13个先进单位、14名先进个人。县司法局获全国先进集体表彰，县普法办获全省先进单位表彰，1人获省级表彰，10个单位、17名个人获全州先进集体、先进个人表彰。

（四）“六·五”普法依法治理

2011年3月至2015年12月，属“六·五”普法依法治理期间，普法工作以“法律六进”（法律进机关、进乡村、进社区、进学校、进企业、进单位）活动为抓手，将法制宣传与严打整治、矛盾化解结合，开展重点区域宣传，化解群众聚众阻矿、破坏矿区生产生活秩序、缠访闹访、征地拆迁补偿纠纷及事件，引导村民通过合法渠道和法律途径解决诉求、保护合法权利。共发放宣传资料10万余份，巡回矿山、村组宣传24次，走访群众80余人，与村民召开座谈会8次，对上访人员宣讲国家政策和法律7次。利用集市交易日，设立固定免费法律咨询台，解答群众法律咨询，接待群众2000余人次。

三、人民调解

（一）调解组织

1998年，全县建立各类人民调解委员会96个，其中乡镇人民调解委员会14个，行政村人民调解委员会78个，居委会人民调解委员会4个，人民调解员124人。2015年，全县建立各类人民调解委员会102个，其中乡镇人民调解委员会12个，行政村人民调解委员会76个，社区人民调解委员会13个，道路交通事故调解委员会1个，人民调解员728人。

1998—2015年普安县人民调解组织情况表

表15-1-24

年份	调解委员会（个）	调解员（人）	年份	调解委员会（个）	调解员（人）	年份	调解委员会（个）	调解员（人）
1998	96	124	2004	103	131	2010	104	722
1999	96	124	2005	103	131	2011	104	722
2000	96	124	2006	103	131	2012	104	722
2001	96	124	2007	103	131	2013	104	722
2002	96	124	2008	103	131	2014	104	722
2003	103	131	2009	103	131	2015	102	728

（二）调解纠纷

1998—2015年，全县排查各类矛盾纠纷8986件，主要涉及婚姻家庭、赡养、邻里、损害赔偿、山林土地、合同、交通事故等纠纷，调处成功8867件，调解成功率98.68%。

1998—2015年普安县人民调解委员会调解纠纷情况表

表15-1-25

单位：件

年份	排查纠纷	调处纠纷	年份	排查纠纷	调处纠纷
1998	435	421	2001	448	439
1999	426	419	2002	462	457
2000	437	432	2003	468	463

续表 15-1-25

年份	排查纠纷	调处纠纷	年份	排查纠纷	调处纠纷
2004	477	469	2011	542	536
2005	476	468	2012	547	542
2006	497	491	2013	568	564
2007	503	498	2014	553	549
2008	511	502	2015	562	557
2009	535	528	合计	8986	8867
2010	539	532			

四、法律服务

（一）法律服务机构

1998年6月，设立中心法律服务所和盘水镇法律服务所。2001年5月，省司法厅批准成立普安县中心法律服务所和普安县青山片区法律服务所，有法律服务工作者20人（普安县中心法律服务所10人，青山片区法律服务所10人）。2015年12月，有法律服务工作者20人。

（二）法律服务

1998—2015年，全县法律服务工作者办理各类民事案件1111件、非诉讼案件1640件，代写法律文书2268件，担任法律顾问3家，提供法律援助1226件。

1998—2015年普安县法律服务情况表

表 15-1-26

年份	代理民事诉讼（件）	代理非诉讼（件）	代写法律文书（件）	担任法律顾问（家）	提供法律援助（件）
1998	65	82	127	4	65
1999	62	86	122	5	63
2000	65	87	124	6	67
2001	63	81	109	5	63
2002	66	79	121	4	61
2003	68	104	127	4	59
2004	76	88	112	6	74
2005	72	81	103	6	71
2006	68	79	97	5	68
2007	73	78	92	5	61
2008	71	96	132	7	59
2009	67	89	107	6	61
2010	68	97	126	6	65
2011	64	115	187	8	79
2012	59	107	165	7	69
2013	51	92	128	3	73
2014	32	97	142	3	78
2015	21	102	147	3	90
合计	1111	1640	2268	90	1226

五、安置帮教

（一）安置帮教机构

1999年5月，设立安置帮教工作协调小组办公室在县司法局基层股，各乡镇在司法所相继成立刑释解教人员安置帮教工作协调小组办公室。该机构一直沿用至2015年无更改。

（二）安置帮教工作

2004年，创建普安县岱山田盆景园过渡性安置基地，安置部分刑释解教人员，后撤销该基地。2008年，创建普安县鼎鑫民族工艺石材厂过渡性安置基地。

1998—2015年，全县共接收各类刑释解教人员1806人，其中刑满释放人员1203人，解除劳动教养人员603人。

六、社区矫正

（一）组织机构

2010年10月，开展社区矫正试点工作。2011年4月，成立普安县社区矫正工作委员会办公室与普安县司法局社区矫正管理股合署办公。2011年9月，各乡镇成立社区矫正委员会办公室于司法所，各村（社区）相应成立社区矫正工作站。2013年2月，启用普安县各乡镇社区矫正工作委员会印章。

（二）社区矫正

2012年12月，将剥夺政治权利类社区矫正人员移转公安机关执行。2012年，累计接收矫正对象375人，累计解除矫正128人，在册在矫人员247人，其中缓刑148人、假释27人、暂予监外执行11人、剥夺政治权利61人，城镇户口44人，农村户口203人。2013年5月，与公安机关完成被依法判处管制、被依法宣告缓刑、被裁定假释、被暂予监外执行社区矫正人员交接工作。2015年，累计接收社区矫正2610人，累计解除矫正399人，在册矫正对象185人，其中缓刑134人、假释40人、暂予监外执行9人，城镇户口16人，农村籍户口169人。

2010—2015年普安县社区矫正人员情况表

表15-1-27　　单位：人

年份	在册	缓刑	假释	暂予监外执行	剥夺政治权利	城镇户口	农村户口	累计接收	累计解除
2010	185	118	21	6	40	—	—	—	—
2011	222	134	29	8	52	25	197	280	58
2012	247	148	27	11	61	44	203	375	128
2013	207	148	44	15	39	22	185	490	283
2014	211	143	54	14	0	21	190	610	399
2015	185	134	40	9	0	16	169	709	524

七、法律援助

（一）组织机构

1998年，成立普安县法律援助中心。2015年，依托乡镇司法所、县工会、妇联、残联、老龄委成立法律援助工作站16个。

（二）法律援助

1998—2015年，办理各类诉讼案件1706件，其中刑事诉讼法律援助案件260件，民事诉讼法律援助案件682件，行政诉讼法律援助案件3件，非诉讼法律援助事项593件。解答法律咨询3764人次，免费代理书写法律文书1019份，挽回经济损失1310.3万元，免除各种费用404.6万元。

1998—2015年普安县法律援助情况表

表15-1-28

年份	刑事诉讼（件）	民事诉讼（件）	行政诉讼（件）	非诉讼（件）	解答法律咨询（人/次）	免费代理书写法律文书（份）	挽回经济损失（万元）	免除各种费用（万元）
1998	9	20	—	18	140	26	30	9
1999	10	36	—	24	150	32	40	10
2000	12	35	—	25	160	36	43	11
2001	14	36	—	26	150	40	45	12
2002	13	32	—	20	160	35	50	13
2003	12	31	—	21	150	32	62	13
2004	13	30	—	20	160	30	63	14
2005	14	36	—	30	180	30	70	15
2006	15	35	—	43	206	42	83	18.6
2007	18	32	—	42	208	40	82	18
2008	17	23	—	40	210	38	80	18
2009	15	23	—	45	200	40	83	25
2010	16	20	—	50	210	40	86.3	28
2011	13	44	—	59	230	46	103	30
2012	9	50	1	60	250	62	120	40
2013	31	60	2	57	300	270	150	50
2014	15	60	—	5	200	100	60	20
2015	14	79	—	8	500	80	60	60
合计	260	682	3	593	3764	1019	1310.3	404.6

八、律师事务

（一）律师组织

1998年，在县司法局内设立贵州诚服律师事务所。2014年，贵州尊安律师事务所经贵州省司法厅批准成立，位于普安县气象局旁。2015年，编制6名，其中专业技术人员5名，管理人员1名。2014—2015年，有专职执业律师5人，行政人员1人。

（二）律师事务

1998—2015年，贵州诚服律师事务所办理刑事、民事、行政、非诉讼各类案件2960件，代写法律文书3475件，解答法律咨询1.18万件，帮助追挽回或避免经济损失2924万元。

1998—2015年普安县律师事务情况表

表15-1-29

年份	刑事诉讼辩护（件）	民事诉讼代理（件）	行政诉讼代理（件）	非诉讼法律事务（件）	担任法律顾问（家）	代写法律文书（件）	解答法律咨询（件）	挽回或避免经济损失（万元）
1998	16	56	—	73	—	112	341	68
1999	13	42	—	67	—	101	295	85
2000	21	62	2	79	—	136	403	104
2001	27	48	1	96	—	121	373	110
2002	18	69	5	88	—	177	433	135
2003	22	76	5	74	—	202	278	107

续表 15-1-29

年份	刑事诉讼辩护（件）	民事诉讼代理（件）	行政诉讼代理（件）	非诉讼法律事务（件）	担任法律顾问（家）	代写法律文书（件）	解答法律咨询（件）	挽回或避免经济损失（万元）
2004	26	88	4	85	—	193	362	125
2005	43	78	7	66	—	184	311	100
2006	25	63	3	59	—	283	432	202
2007	17	75	1	48	—	198	734	193
2008	24	94	—	24	—	239	928	270
2009	46	110	—	86	—	361	832	255
2010	39	93	—	98	—	256	1025	240
2011	60	76	5	110	—	334	1222	270
2012	56	41	—	83	2	286	1356	300
2013	35	42	—	123	—	216	1320	290
2014	10	20	—	—	—	30	560	30
2015	12	25	—	—	—	46	600	40
合计	510	1158	33	1259	2	3475	11805	2924

九、公证事务

（一）公证机构

1998年，在县司法局内设副科级事业机构的全县唯一的贵州省普安县公证处。2015年，编制4名，其中专业技术人员3名，管理人员1名。

（二）公证事务

1998—2015年，办理各类公证1926件，其中民事公证1308件、经济公证608件。

1998—2015年普安县公证事务情况表

表 15-1-30　　单位：件

年份	公证数	民事公证	经济公证	年份	公证数	民事公证	经济公证
1998	56	34	22	2008	72	46	26
1999	61	33	28	2009	100	66	34
2000	72	40	32	2010	160	112	48
2001	58	30	28	2011	132	92	40
2002	60	39	21	2012	140	103	37
2003	57	29	28	2013	361	284	77
2004	69	40	29	2014	127	86	41
2005	91	65	26	2015	123	81	42
2006	79	56	23	合计	1926	1308	618
2007	108	72	36				

第二章　军　事

第一节　武装机构

一、人民武装部

（一）县人武部

1998年，中国人民解放军贵州省普安县人民武装部（简称“县人武部”）为正团级单位，干部为现役军人，设部长、政委、副部长，下设军事科、政工科、后勤科。

（二）基层人民武装部

1998年，全县共有14个基层（乡镇）人民武装部，设部长、干事。

二、民　兵

（一）组织建设

1998年起，县人武部每年均对全县普通民兵和基干民兵组织进行整组。2015年，民兵营教导员、连指导员分别由乡镇党委书记、村党支部书记担任，民兵连长由行政村主任担任。

（二）政治教育

1998—2002年，在民兵中开展“四个教育”（爱国奉献、革命人生观、艰苦奋斗、党管武装），开展“四爱”（爱党、爱国、爱军队、爱岗位）、“四带”（带头学科学、带头讲文明、带头守法纪、带头奔小康）、“六不”（不逃避兵役义务，不从事黄、赌、毒活动，不迷信鬼神，不坑蒙拐骗，不打架斗殴，不违法乱纪）、“双争”（争创先进民兵集体、争当优秀民兵）活动。2003年，结合纪念毛泽东“向雷锋同志学习”题词发表40周年，组织开展学雷锋、学英模教育活动。对三板桥镇保冲村“民兵之家”进行考察，协助民兵连争取村委会的支持配齐门牌、书架、课桌、音响等设备。2005年，结合纪念遵义会议70周年、抗日战争胜利60周年、成都军区成立50周年，开展爱国主义和革命英雄主义教育，引导民兵弘扬长征精神、老西藏精神、老山精神，培养民兵、预备役人员的战斗意志，战斗精神和战斗作风。2006年，围绕忠实履行新世纪新阶段军队历史使命主线，发动民兵、预备役人员投入新农村建设活动。2007年，开展学传统、忆传统，树立听党指挥的军魂意识、树立服务人民的宗旨意识、树立英勇善战的使命意识等系列教育活动，结合民兵军事训练开展“爱军精武”教育。2008年，开展“坚定中国特色社会主义信念，有效履行民兵使命任务”主题教育活动，引导民兵投入地方建设中。2009—2011年，开展大力培育当代军人核心价值观主题教育实践活动，引导民兵弘扬抗震救灾精神，培育“忠诚于党、热爱人民、报效国家、献身使命、崇尚荣誉”的优良人生观和价值观。2012年，开展“赞颂科学发展成就、忠诚履行历史使命”主题教育活动。2013年，围绕“坚定信念、筑牢军魂”主题教育活动，结合民兵军事训练开展“爱军精武”教育。1998—2015年，武装工作通讯报道被中央级、省、地级以上报刊、电台录用2150篇。2003—2015年，连续12年被兴义军分区表彰为新闻宣传工作先进单位。

（三）军事训练

1998年，军事训练做到人员、时间、科目、内容四落实。1999—2001年，按照《军事训练大纲》严格开展军事训练，同时抓好指挥自动化系统使用、军事理论、参谋新“六会”技能的学习，抓好应急动员课题的研究和训练。2002年，对《军事训练大纲》进行修改。2003—2005年，按照新修订的《军事训练大纲》开展军事训练，根据新时期军队建设需要，重点以提高高科技信息化理论知识，掌握信息化业务操作及计算机办公技能，突出抓好以"体能、智能、技能"为重点的"三能"训练。2004年，兴义军分区对各县（市）人武部机关军事训练进行检查考核，普安县队列91分、体能85分、多媒体课件制作92分。2006年，县人武部在兴义军分区组织的"三能"比武竞赛中获团体第一名，县人武部被贵州省军区表彰为军事训练先进单位，部长被表彰为军事训练先进个人。2007年，制订《普安县"爱军精武"比武竞赛实施细则》，在全县民兵预备役人员中开展军事训练。组织16名专武干部进行为期12天的基础知识和技能竞赛前期集训，代表分区参加贵州省军区"爱军精武"比武竞赛中获得团体第二名，县人武部被省军区表彰为军事训练先进单位。2008年，对基干民兵进行分批训练，从中选拔出6名民兵参加分区组织的"军事三项"比赛，1名民兵取得"军事三项"比武竞赛轻武器射击第一名。2009—2011年，依据《军事训练大纲》《军人体能训练标准》，按照"三个百分之百"（100%的训练、100%的考核、100%的达标）的要求，组织进行军事理论、轻武器射击、3千米越野考核。结合旱灾、森林火灾救援实际，组织机关干部职工、民兵应急分队队员进行为期2天的野外训练，对野外挖灶做饭、野外搭帐篷住宿、野外车辆抢修等进行全方位训练。对野菜食物鉴别、野外防病、防蛇、虫等基本常识进行讲解。2012年，县人武部在兴义军分区组织开展的民兵"军事三项"比武竞赛中，获团体总分第三，1名民兵获实弹射击第一名，1名民兵获5千米武装越野第一名，1名民兵获手榴弹投掷第二名、个人全能综合第五名。2013年，开展实战练兵军事训练，提升民兵队伍的"双应"能力。2014年，组织干部职工、民兵应急骨干分队进行战备演练4次，首长机关重点学习军事指挥、队列、地形学等常用军事理论、进行手工标图、沙盘堆制和推演、军队文书拟制、实弹射击考核等训练，组织全县专武干部进行为期5天"三能"集训。按照《黔西南州民兵组织调整改革实施方案》要求，对全县基干民兵分队进行重新编组调整。2015年，先后10次组织机关带民兵应急常备分队进行应急战备拉动演练。接受省军地相关部门对"党管武装、双拥工作、国防教育"各项制度落实情况的综合考评，以及动员筹划、3000米越野、轻武器实弹射击、单兵战技组合、森林灭火、挡土墙堆砌、水上救援7个"应战、应急"课目的综合考核，获得6项优秀、3项良好，轻武器实弹射击第5名，综合成绩第10名。

（四）训练基地

2009年6月，在盘水镇大湾林场建成民兵射击场，占地2.22公顷，南北长200米，东西宽100米。场内有库房100平方米和靶档、靶壕、三道射击台等。

（五）少年军校

2000年6月至2013年10月，在普安县第三中学挂牌成立贵州省普安县少年军校。2013年11月，在普安县第二中学挂牌成立贵州省普安县少年军校。军校教员由人民武装部军官、少年军校教师担任，招收全县范围内小学高年级和初中一、二年级学生为"少年兵"，每期军训学习1周，共军训中小学生1.1万人。

三、预备役

（一）预备役登记

根据《中华人民共和国兵役法》规定，年满18～35周岁男性公民，除应征服役外，均编入预备役。基干民兵为第一预备役，普通民兵为第二预备役。退出现役的士兵，由部队确定服预备役的，在回到居住地30天内，到当地兵役机关办理预备役登记。1998—2015年，各乡镇人民武装部每年均对服预备役的退伍军人进行登记，县人武部每年对经过登记确定服预备役的退伍军人变化情况核对一次。

（二）预备役部队

2005年6月，根据贵州省人民政府办公厅、贵州省军区司令部《关于切实做好预备役部队编组布局调整工作的通知》，实行“跨地、州、市编团；跨县、市、区编营；跨乡、镇、街道办事处编连排”进行编组预备役部队。

第二节　驻　军

一、武警中队

（一）武警中队建制

1998—2015年，普安县武警中队，配备中队长、指导员、副中队长、司务长各1名。

（二）武警中队活动

1. 思想政治建设

1998—2015年，落实教育制度，组织学习党的理论，抓好“永远做党和人民的忠诚卫士”系列主题教育活动和每月四课教育活动，开展谈心交心，解决官兵思想问题。

2. 军事训练

1998—2015年，主要开展以新兵入伍、体能、队列、执勤、擒敌术、战术、射击等训练。组织参加各项军事训练30余次，在军事比武考核中，均取得优异成绩。

3. 行政管理

1998—2015年，落实请销假制度，遵守2人同行。落实基层干部严禁私自驾车，公务动用车辆必须报支队首长审批。落实“二人双锁”保管枪弹制度，规定每周擦拭保养。落实禁酒令，干部值班期间不许饮酒，八小时以外以及应酬期间严禁酗酒，战士一律不允许喝酒。落实网络泄密十条禁令，战士一律不允许用手机。被总队评为先进党支部。

4. 看守执勤

1998—2015年，看守所无执勤事故发生。中队参加武装押解勤务20余次，安保勤务20余次，公判大会10余次，武装查缉20余次，被总队评为正规化一级单位1次、正规化执勤优秀单位1次、基层建设先进中队6次。

5. 抢险救灾

1998—2015年，派出人员参加扑灭山林大火、抗洪抢险等，共计扑灭山火100余公顷，挽回经济损失200余万元，转移人民群众800余人次。2008年2月，组织战士参加全县“抗凝冻，除冰灾”救援。2009年2月19日，组织官兵经过4小时成功扑灭大湾林场山林大火。2009年2月21日，组织官兵经过20多个小时扑灭普白林场小河林区山林大火。2012年3月17日，组织官兵经过15个小时，转战3个火灾现场，成功扑灭新店乡下厂林场、乌龙山新寨、小关岭山林火灾。2014年2月，参加扑灭山火行动共计50余小时。2015年2月，组织官兵经过20余小时转战4个火灾现场，扑灭大湾林场、乌龙山新寨、小关岭山林、高棉乡林场火灾。多次评为灭火救援工作先进集体。

6. 驻地警民共建

1998—2015年，为普安一中、二中、职中，林业局，法院等共建单位开展军训60余次，为云盘社区清扫街道30余次。参加普安“慈善一日捐”活动捐助1.5万余元，与公安局、国税局、消防大队等单位举行篮球友谊赛数十次。2000—2015年，连续15年慰问1名对越战争残疾军人。先后被州委、县委评为黔西南州民族团结进步创建活动示范部队、拥政爱民先进单位、普安县双拥工作先进单位。

7. 后勤建设

1998—2015年，种植蔬菜20余种，结余经费3万余元。出栏生猪30余头，结余经费8万余元，被支队评为“农副业生产先进单位”。投入300余万元分别对三级监控指挥网络改造、四防一体化改造、岗楼改造、更换刀刺网、绿化营区、修建训练场、购买训练器材、正规化建设等。

二、消防大队

（一）县消防大队

1998年，普安县设置消防大队（简称“县消防大队”）。2006年3月23日，设置普安县公安消防中队。

（二）消防宣传

1998年起，通过报纸、电视刊播火情公告、消防公益广告、组织游行、张贴流动消防标语、建立固定消防宣传阵地、利用消防宣传车巡回宣传、手机短信发布消防信息等形式进行消防宣传。1998—2015年，利用媒体发表消防新闻稿件904篇，利用网络或手机发布信息2976条，组织宣传活动9.7万次，开展消防志愿服务活动26次，发放宣传资料10万份，播放消防公益广告12.5万条，制作大型消防宣传标语4块，开展消防安全知识培训2.55万人次。

2006—2007年，开展消防青年志愿者在行动、六月安全生产月大型消防宣传活动，组建消防青年志愿者服务队18支约300人，投入1.3万元组织编写和印制《消防工作“四进”教育手册》下发至企业、单位、学校、社区和农户家中。2008年，消防青年志愿者服务队达28支近1400人。2009年，全面宣传贯彻新修订的《中华人民共和国消防法》，狠抓“三月三”“六月六”等民族传统节日，春节、“五一”“十一”等重大节日，学生消防安全教育月、六月安全月、“119”消防宣传周、冬春季节火灾高发期以及各项消防安全专项治理期间的宣传。2012年，以《中华人民共和国消防法》为重点，整合资源，广泛普及消防知识，增强全县干群消防安全意识。组织开展重点单位消防安全责任人和管理人、消防控制室值班操作人员、分管消防安全的乡镇长、村（居）“两委”负责人和保安队伍及电工、电焊工等特殊人员消防安全知识培训。对全县41个“四个能力”（检查消除火灾隐患能力，扑救初起火灾能力，组织人员疏散逃生能力，消防宣传教育培训能力）达标的社会组织和单位，开展社会单位标识化管理。2013年，加强消防宣传教育体系建设，全力提高社会公众的消防安全素质。深入乡镇、村组、企业、事业、学校等单位开展消防安全教育培训，组织开展消防演练，让乡镇长、村（居）民委员会主任、单位职工、企业员工参与实践灭火和逃生。2014年，加强社会消防网格化管理，做好全县14个乡镇一级网格、14个社区二级网格和75个村民小组三级网格的督促。召开全县14个乡镇负责人及42个消防安全重点单位负责人的全县消防工作会议，会上县政府与各部门、单位、场所层层签订责任状。2015年，以十八大精神为指导，突出抓好党委的自身建设。拓宽宣传渠道，借助电视广播、通信网络、开放消防站、消防培训等渠道，播放消防安全公益广告和消防安全宣传常识。推进社会消防网格化管理，落实消防安全重点单位户籍化管理工作，联合公安、工商、安监等部门先后开展第二次清剿火患专项行动、中小旅馆及夜间营业场所专项检查、重大火灾隐患集中整治、“六打六治专项行动”等一系列专项行动。

1998—2015年普安县消防宣传情况表

表15-2-1

年份	媒体发表新闻稿件（篇）	网络或手机发布信息（条）	组织宣传活动（次）	组建青年志愿者服务队		开展消防志愿服务活动（次）	发放宣传资料（万份）	播放消防公益广告（条/次）	制作大型消防宣传标版（块）	消防安全知识培训	
				支	人					期	人/次
1998—2005	24	376	25	—	—	—	—	—	—	—	—
2006—2007	—	—	—	18	300	—	—	—	—	—	—
2008	—	—	—	28	1400	—	—	—	—	—	—

续表 15-2-1

年份	媒体发表新闻稿件（篇）	网络或手机发布信息（条）	组织宣传活动（次）	组建青年志愿者服务队		开展消防志愿服务活动（次）	发放宣传资料（万份）	播放消防公益广告（条/次）	制作大型消防宣传标版（块）	消防安全知识培训	
				支	人					期	人/次
2009	—	—	—	—	—	—	—	—	—	—	—
2010	200	—	—	—	—	6	1.2	57	1	—	—
2011	—	—	—	—	—	—	2.6	40000	—	—	—
2012	—	—	—	—	—	—	2.1	—	—	6	1348
2013	200	—	30000	—	—	—	0.5	—	1	—	8000
2014	220	1200	32000	30	1600	8	1.6	40000	1	6	8000
2015	260	1400	35000	35	1600	12	2.0	45000	1	6	8200
合计	904	2976	97025	111	4900	26	10	125057	4	18	25548

（三）消防安全治理

1998年起，全面开展消防安全大检查，对发现的火灾隐患进行整改，对消防违法行为实施行政处罚。1998—2015年，共检查单位和场所9451个（家），发现火灾隐患和违法行为7554起，整改7397起，行政处罚190起，罚款123.53万元，责令“三停”39家，拘留32人。2006年，结合“一巡两驻”工作部署的整体推进，进一步明确公安派出所消防监督检查的人员、工作内容、工作要求和工作责任，加强农村、社区的消防宣传和消防监督检查。2008年，开展百日消防安全大检查、火灾隐患排查治理、奥运保卫攻坚战、消防安全百日督查、“闪电2号”消防错时专项检查等专项行动，加大对“三合一”、人员密集场所、易燃易爆单位、高层建筑、地下空间、古建筑、漏审漏验工程、商住楼、在建工程、农村50户以上自然村寨的监督检查，深入推进以“打造畅通工程”“打开生命通道”为主题的“双通工程”建设，建立完善重大火灾隐患发现举报机制、公示机制、政府挂牌督办整改机制和重大火灾隐患立、销案制度等机制。2009年，在全县建立“政府领导牵头、部门联动配合、消防督办查改、单位自查整改、媒体参与监督”的排查整治火灾隐患责任机制。2011年起，对消防违法行为实行责令“三停”、查封，对违法人员实行拘留。2014年，加大对辖区派出所消防业务能力培训，全面加强派出所消防执法能力。2015年，加大足浴场所的检查力度，着重排查九小场所消防安全隐患。

1998—2015年普安县消防安全治理情况表

表 15-2-2

年份	检查单位和场所（个/家）	发现火灾隐患和违法行为（起）	整改（起）	行政处罚（起）	罚款（元）	责令“三停”（家）	查封（家）	拘留（人）
1998—2005	1446	1262	1259	18	19050	—	—	—
2006	201	141	138	—	—	—	—	—
2007	219	181	175	—	—	—	—	—
2008	348	138	135	—	—	—	—	—
2009	221	118	115	1	25000	—	—	—
2010	236	82	82	—	—	—	—	—
2011	1712	104	815	50	183000	6	17	3
2012	2660	3437	3250	38	440000	19	38	12
2013	1116	905	902	41	251000	6	11	8
2014	487	62	52	18	175000	4	3	2

续表15-2-2

年份	检查单位和场所（个/家）	发现火灾隐患和违法行为（起）	整改（起）	行政处罚（起）	罚款（元）	责令"三停"（家）	查封（家）	拘留（人）
2015	805	1124	474	24	142200	4	6	7
合计	9451	7554	7397	190	1235250	39	75	32

（四）灭火救援

火灾扑救　1998年起，凡有火灾发生，县消防队均组织人员开展灭火救援。1998—2015年，全县共发生火灾153起，受伤1人，损失折款267.88万元。

1998—2015年普安县火灾情况表

表15-2-3

年份	火灾起数（起）	死亡人数（人）	受伤人数（人）	损失折款（元）
1998	10	—	1	19830
1999	7	—	—	140769
2000	6	—	—	99643
2001	10	—	—	207732
2002	6	—	—	220550
2003	3	—	—	11068
2004	2	—	—	77660
2005	3	—	—	6722
2006	3	—	—	12743
2007	7	—	—	60992
2008	8	—	—	130141
2009	9	—	—	174871
2010	21	—	—	293396
2011	9	—	—	174497
2012	12	—	—	216086
2013	14	—	—	316086
2014	12	—	—	251460
2015	11	—	—	264542
合计	153	—	—	2678788

抢险救援与社会救助　1998—2008年，成功实施"3·17"普安县建筑工地坍塌事故、"8·5"水上救援事故等社会救援。2009年，成功处置"1·3"普安县新店乡悬崖抢险、"8·20"普安县盘水镇大湾村水库水上救援等。2010年，成功处置"8·10"普安县环东路明心汽车修理厂对面房屋倒塌事故、"7·22"水上事故救援等。在连续8个月的重特大旱灾面前，出动警力1263人次、车辆816台次，送水3986余吨，临时解决约12万人民群众的饮水困难。抗旱保苗投入警力1245人、车辆322台次，送水2258吨，浇灌农作物100余公顷。2011年旱情期间，出动警力795人次、车辆277台次，送水1800余吨，解决约10万余人的临时饮水困难，浇灌农作物、经济作物20余公顷。2012年，成功处置普安"6.17"车辆事故救援、普安"7·25"煤矿冒顶事故救援等。2013年，成功处置"4·4"沪昆高速交通事故救援、"4·6"高棉乡翻车救援、"5·11"江西坡水库打捞、"6·9"洞穴救援、"7·4"东风水库打捞等。2014年，处置"1·20"火灾事故、"6·24"民房灭火、"8·26"挖机侧翻事故救援等。2015年，成功处置"4·2"交通事故救援、"5·18"火灾事故处置、"8·25"东风水库打捞等急难险重救援任务。

1998—2015年普安县消防队抢险救援与社会救助情况表

表15-2-4

年份	接警出动（次）	抢险救援（次）	社会救助（次）	抢救被困人员（人）	疏散被困人员（人）	保护财产价值（万元）
1998—2008	236	62	—	—	—	—
2009	15	6	—	—	—	—
2010	101	25	55	—	—	—
2011	—	—	—	—	—	—
2012	23	—	—	19	450	—
2013	68	28	28	26	52	381.8
2014	70	30	30	32	52	390.2
2015	72	32	29	30	50	388.2

（五）拥政爱民

1998年起，全体官兵开展拥政爱民活动和警民共建活动，密切警政警民关系，视驻地为故乡，把人民群众的安危冷暖挂在心上，付诸行动中。2012年，先后投入3万余元在普安县大湾村修建消防惠民水池，解决辖区内大湾村100余户村民饮水问题，将盘水镇大湾村刘信华与刘金山2户困难户列为挂帮结户对象。组织官兵清扫街道卫生，擦拭公益广告牌、护栏和冲洗街道，累计冲洗街道100余次。组织开展慈善一日捐、向四川雅安地震灾区捐款活动，共筹集捐款2万元。每年投入2000余元为普安县盘水镇大湾村、窝沿乡关田村、龙吟镇布路祖、地瓜镇格拱组、地瓜镇莲花组、罐子窑镇红光村大路边组6个50户以上木质连片村寨按照每人5000元保额缴纳火灾保险。2013年，组织成立5人执法服务队，开展登门走访、现场办公、实地指导等服务企业便民利民工作，先后投入警力150余人次，深入社会单位开展服务活动41次，103家单位享受上门服务，设立消防监督服务点2个，共派出联络服务员蹲点12人次，帮助群众解决问题36个。紧抓重点工程，开辟绿色服务通道，实施优先服务，采取重点保护措施，提供技术支持，对重大项目、重点工程、工业园区、“五个100”工程上门指导服务，共开展服务活动11次，服务单位23家，消除消防安全隐患36处，帮助解决问题13个。针对“两节”“两会”“五一”“十一”等重大节日期间，组织官兵慰问困难群众、孤寡老人120次，捐助慰问物资达5万余元，大米2吨多、食油0.5吨。2014年，切实落实好“学雷锋，献爱心，展风采”活动，消防大队前往敬老院，看望慰问孤寡老人，给老人们送上慰问品，深入各单位检查火灾源头，排除火灾隐患100余处。同时，组织成立执法服务队，开展登门走访、现场办公、实地指导等服务企业便民利民工作，先后投入警力150余人次，走访企业和群众家庭50户，设立消防监督服务点4个，帮助群众解决疑难问题100余件。2015年，在普安茶文化节活动期间，消防大队联合县人武部对江西坡工业园区主干道实施冲洗清洁，同时完成首届国际山地旅游大会安保工作。组织社会救援，提供县内居民给水，解决群众缺水问题。在“五一”“十一”等重大节日期间，组织官兵慰问困难群众、孤寡老人10余次，捐助慰问物资达5000余元。

第三节　兵役　人防　国防教育

一、征　兵

（一）征兵机构

普安县征兵工作由县征兵领导小组统一领导，县征兵办公室具体实施。县征兵领导小组由县政府、县人武部领导组成。县征兵办公室由武装、宣传、公安、民政、卫生、教育、纪委、人事等部门组成，下设纪检监察组、秘书组、宣传组、体检组、政审组、优抚组。各基层人民武装部设兵役登记站，在县征兵领导小组、所在镇党委统一部署下开展兵役登记、兵员征集工作。

（二）兵役登记

1998—2015年，每年的兵役登记分三种方式进行：一是利用春节等节假日外出务工人员返乡时机，由专武干部及民兵干部走村串户引导适龄应征青年进行兵役登记；二是利用开展国防教育的时机，在增强适龄应征青年国防观念的同时引导进行兵役登记；三是利用7—8月兵员应征入伍征集期，由专武干部及民兵干部走村串户宣传、发动适龄应征青年进行兵役登记。各乡镇人民武装部兵役登记站，对截至当年12月31日年满18～22周岁、初中以上文化程度、政治素质好、身体健康的适龄男、女青年进行登记，全县适龄青年参与兵役登记率100%。对兵役登记合格人员择优按上年兵员征集数一定比例确定预征对象，登记造册，发给预征通知书，平时由基层兵役机关和基层组织加强教育管理，做好稳定和巩固工作。征兵开始时，重点从预征对象中选送参加正式体检和政治会审。兵役登记结束后，各兵役登记站审查核对登记资料、政审初审、做出登记结论，将登记资料统一汇总报县征兵办公室。县征兵办公室协同县纪委、公安局、教育局等部门就征兵工作展开查思想、查作风、查制度、查行为等活动。黔西南州征兵办公室每年对普安县部分乡镇征兵工作进行抽查，抽查结果均为良好。

（三）兵员征集

1998—2015年，兵员征集原则上坚持集体定兵，把好政治、身体、年龄、文化四关，实行文化程度高者优先，有一技之长者优先，一、二类身体优先，党团员优先，三好学生优先，民兵骨干优先。定兵时党政领导到位，兵役机关主管领导到位，体检和政审责任人到位，接兵干部责任人到位。全县实现37次征兵无责任退兵，名列全州8县（市）前列，多次受到贵州省政府、省军区和黔西南州政府、兴义军分区的奖励和表彰。

二、人防交通战备

（一）机　构

1998年，将人民防空办公室与交通战备办公室合并，组建人防交通战备办公室，由县政府办主任兼主任，交通局局长兼副主任，挂牌在县政府办。2011年，在县政府办设人防与交通战备股，负责人防与交通战备工作。2015年，在县政府办设人防战备股，负责人防战备工作。

（二）人防交通战备

2000—2001年，制定《普安县城市规划区结合民用建筑修建防空地下室管理办法》《结合民用建筑修建防空地下室工作实施细则》《关于办理结合民用建筑防空地下室有关手续的通知》，确定结合民用建筑修建防空地下室。2002年起，加大人防与交通战备法规政策的宣传和人防知识普及。2006年，安装防空警报设施，开展防空警报试鸣演练。2008年，普安县列入省级人民防空重点城市，人民防空建设纳入全县国民经济和社会发展规划，人民防空建设规划纳入城市总体规划。2009年起，人民防空经费按上年度地方财政收入1‰的比例纳入本级财政预算。2010年3月，下发《关于印发普安县城市规划区结合民用建筑修建防空地下室暂行办法的通知》《关于印发普安县城市规划区结合民用建筑修建防空地下室工作实施细则的通知》《关于办理结合民用建筑防空地下室有关手续的通知》等文件，完善相应工作。2011年，人民防空工程建设和易地建设费征收工作启动，在城市建设中抓好人民防空地下室的建设。2012年，下发《关于加强我县人民防空专业队伍建设的通知》。2013年，加强与交通运输、国土、公路管理所等部门及交通道路建设项目业主的协调，加快推进重点建设项目顺利实施，实现乡乡通油路目标。以安全管理和基础设施建设为重点，做好水上交通应急作战准备和运输保障。2014年，搞好应急维护和演练，组织县直各部门负责人进行防空警报试鸣演练，警报鸣响率、鸣响覆盖率100%。2015年，维护管理人防音响警报器，做好人防法律、政策法规宣传，全面推进人防宣传教育工作。搞好防空应急维护和演练，组织县直各部门负责人进行防空警报试鸣演练，警报鸣响率、鸣响覆盖率100%。

三、国防教育

（一）县国防办

1998年，成立国防教育领导小组负责开展全民国防教育。2002年，成立国防教育办公室（简称“县国防办”）。2015年，在县政府办设国防教育股，负责国防教育工作。

（二）国防教育

2002年，组织人员参加全国、全省和全州开展的国防知识竞赛活动，加强以民兵、预备役为主体的国防后备力量建设。2003年起，全民国防教育主要体现在三个面向：面向辖区企事业单位，组织驻地部队、人武部到辖区企事业单位对民兵进行队列、实弹射击、应急防暴等军事训练；面向广大群众，利用乡镇活动中心、学校等地，集中讲授《中华人民共和国国防法》《中华人民共和国防空法》《中华人民共和国国防教育法》；面向青少年，组织青少年开展“爱军、援军、学军”活动和进行军事训练，在学校中开设国防教育课，对学生进行队列、打靶等军事培训。2004年，开设国防教育宣传栏，利用辖区有线电视台、广播等媒体宣传国防知识，结合“八一”“十一”等节日组织学习国防建设文件，进行实弹射击，走访慰问辖区驻军部队，参观军营，召开退伍军人座谈会等。2006年，把国防教育纳入目标管理考核，制定国防教育实施细则，要求各乡镇党委每半年至少开展1次国防教育、学校每周开展1节国防教育课。把国防教育同爱国主义教育、同全民思想教育、同拥军优属教育、同学校的德育教育、同经济建设相结合。2007年，建立镇、街道、村三级国防教育辅导站、“民兵之家”和“青年之家”，聘请14名乡镇国防教育联络员和54名国防教育宣传员。2009年，在全县中小学教师和小学四年级以上的中小学生中开展“国防在我心中”征文竞赛活动，在47所中小学校、3个县直部门聘请50名中小学校国防教育兼职人员，聘请28名乡镇、街道办事处国防教育兼职人员。2013年，将县二中命名为“少年军校”，建成永久性国防知识长廊。编辑“多彩贵州之红色记忆——普安篇”。2014年，结合国防教育月主题宣传活动，利用交易日开展4次集中宣传活动，发放宣传资料2.6万余册（份），接受宣传教育群众6万余人，配合做好征兵工作，无责任退兵现象。2015年，制定印发国防教育实施意见，把国防教育工作纳入县政府工作责任目标考核内容，签订责任状。利用全县武装工作会议时机，为全县12个乡镇（街道）主要领导、武装部长和武装干事上国防教育课2次；利用清明节，组织县属各部门干部职工及一中、二中、县城一小、二小学生1.2万人次祭扫烈士墓；在全县基干民兵中征集国防教育标语30余条；组织学生、干部在《西南民兵》《国防大视野》等杂志发表国防教育文章10余篇；利用国防教育日、国防教育宣传月、敏感节庆日在全县范围开展集中宣传教育活动。各中小学校出国防教育宣传板报200余块，张贴大标语80余幅，小标语1000余幅；悬挂彩旗160余面；印发《中华人民共和国兵役法》《中华人民共和国国防法》《中华人民共和国国防教育法》《贵州省国防教育条例》等宣传资料2万余份；接待群众咨询2万余人次；县电视台在黄金时段播放《亮剑》《雪豹》《挺进中原》《大决战》等10多部爱国主义题材影片和24小时滚动播放“心系国防、爱我中华”公益广告。组织相关部门、乡镇（街道）开展以“弘扬长征精神，建设美丽普安”为主题的“红军从这里走过”纪念活动，活动从3月开始至5月结束。出台《关于印发2015年普安县国防教育工作要点的通知》《关于开展红军从这里走过纪念活动的通知》等文件；配合县国动委抓好省对普安军地联合考评工作，普安县获考评第十名。

第四节　人民武装参与地方建设

一、抢险救灾与经济建设

（一）抢险救灾

2009年2—4月，先后16次组织干部职工、民兵应急分队、基干民兵（简称“官兵”）800人次参加山林火灾扑救工作，灭火面积142公顷。2010年，普安县遭遇百年大旱，县人武部坚决按照军区“持久抗旱、安全抗旱”的指示要求和地方支援请求，组织人民武装部机关15名干部、职工向重灾区捐款3320元；组织官兵950人次协助重庆后勤工程学院到普安县进行水质净化解决龙吟镇、三板桥镇等地人民政府驻地1.26万人、3150头牲口的用水困难；组织官兵265人次为三板桥镇十里村向阳组、马路组、打坝组建设引水工程解决1480人的用水困难；组织官兵125人次为高棉乡嘎坝村修建引水工程解决嘎坝村330人的用水困难；组织官兵1523人次为窝沿乡河边村、罐子窑镇辣子村、江西坡联盟村、三板桥镇十里村等村民送水130吨、浇灌菜地7公顷；组织官兵将省军区慰问的600多桶纯净水送到三板桥镇的一些学生和群众中，协助做好省军区支援三板桥镇20万元抗旱经费的落实和使用。组织官兵1535人次参加因旱灾引发的山林火灾扑救（出动车辆65台次，动用灭火装备1350件套，灭火火线长约5500米，过火面积约210公顷，砍隔离带约2200米，疏散群众230人，挽回经济损失约130万元）。按兴义军分区“立即出兵跨区驰援关岭县乌岗镇大寨村庄山体滑坡抢险救灾”的命令组织官兵21名奔赴灾区参加抢险救灾（成功解救儿童10名，与友邻单位一起转移因灾被困群众88人，搜救遇难群众遗体2具）。组织官兵23名参与普安县三板桥镇麒麟煤矿冒顶事故救援。2011年1月，组织3次共95名官兵、出动车辆9台次为G65高速公路普安段2070～2076千米处撒融冰工业盐3.6吨，清除冰凝2.6吨。2—4月，共10次组织官兵850人次参加山林火灾扑救，出动车辆35台（次），动用灭火装备800件（套），灭火火线长约2500米，过火面积约102公顷，砍隔离带约1210米，疏散群众120人，挽回经济损失约85万元。2012年2—4月，共7次组织官兵650人次参加山林火灾扑救，出动车辆30台（次），动用灭火装备630件（套），灭火火线长约2100米，过火面积约90公顷，砍隔离带约750米，疏散群众135人，挽回经济损失约55万元。6月，组织20名官兵参加雪浦乡石桥河水库“6·17”特大交通事故救援。7月，组织20名官兵参加楼下镇安利来煤矿冒顶事故救援，与地方救援部门成功解救困于地下矿井中的58名矿工。2013年1—4月，共9次组织官兵750人次参加山林火灾扑救，出动车辆30台（次），动用灭火装备700件（套），灭火火线长约2200米，过火面积103公顷，砍隔离带约960米，疏散群众150人，挽回经济损失约75万元。2014年2月4—7日，三板桥镇、地瓜镇辖区突发森林火灾，组织人武部干部职工及民兵应急骨干分队30人赴火灾点完成扑火救灾任务；2月12—18日，盘水镇辖区路段及县城区凝冻雪灾严重，先后组织人武部干部职工及民兵应急骨干分队30人赴灾点完成抗凝防冻及除雪任务。2015年，完成地瓜镇、南湖街道、江西坡镇等4起森林大火扑救工作，挽回直接经济损失50万余元。8月，楼下镇发生特大矿难事故，部长带领干部、职工和民兵骨干第一时间赶到事发地点，清理遇难者遗骸3具，并协助地方政府维护秩序，连续7个昼夜，累计出动人员100余人次。

（二）参与经济建设

1998—2008年，根据贵州省军区《关于发动和组织民兵、预备役部队参加西部大开发的意见》，县人武部提出“西部大开发，民兵当先锋”的宣传动员口号，组织官兵参与地方农田水利建设、乡村公路建设、农村城镇化建设、植树造林、退耕还林、烤烟、茶叶种植以及社会主义新农村建设。开展“连带村，排带组，兵带家”的“三带”扶贫、脱贫奔小康活动。民兵成建制与小型分散用兵参与地方经济建设5500人次，参与农田水利设施和农村城镇化建设35次，修建乡村公路215千米，植树造林、退耕还林150余公顷，帮助群众种植和收获烤烟、茶叶230余公顷。2009年，组织官兵350名帮助群众种植和收获天麻、核桃、茶叶、烤烟10公顷。2010年，组织官兵110名在龙吟镇硝洞村中央财政现代农业茶叶项目启动仪式上冒雨种植茶苗约1公顷，组织官兵1150名帮助群众种植和收获天麻、核桃、烤烟30余公顷。2011—2013年，组织官兵1500名次帮助群众种植和收获天麻、核桃、茶叶、烤烟约50公顷。2014年，坚持以"西开会"（成都军区到贵州省黔西南州召开的一次会议）精神为指导，与4名乡镇党委书记、16名村党支部书记、32名退伍军人（民兵骨干）结对开展活动，单位拿出2万余元为扶贫点订阅《中国民兵》《西南民兵》《当代贵州》《黔西南日报》等报纸杂志，通过刊物向扶贫点宣传党、国家、军队的各项政策。2015年，组织干部职工、民兵300余人次，出车40台次到沪昆高速路两旁植树1.3万株。在军分区启动第二年度植树造林工作后，第一时间开展普安县第二年度民兵植树造林工作。

1998—2015年，县人武部组织官兵共4.03万人次参与地方经济建设及抗旱救灾、抗洪救灾、灭火救灾、地质灾害救援、矿难救援等非战争军事任务，为地方经济建设间接节省3250万元。

二、精神文明建设

（一）军民共建共育

1998年以来，全面开展拥政爱民、拥军优属等组织发动工作。修订下发《普安县驻军拥政爱民工作实施意见》，开展移风易俗树新风活动；宣传建设有中国特色社会主义；开展拥政爱民、拥军优属"双拥"活动；培养"四有"新人和军地两用人才；重视与加强民兵工作。2007年，县人武部组织驻普安部队继承和发扬人民军队拥政爱民的优良传统，开展军民联欢活动。至2015年，全县军民共举行联欢活动19场次。

（二）建立爱民联系点

1998—2015年，与驻地镇、村等建立拥政爱民联系点36个，在镇、企业及学校巡回宣讲国防法，先后派出85名干部、职工、民兵分队人员担任军事教员，帮助驻地党政机关、企事业单位以及学校的1.85万人开展军事训练、学生学农等活动。协调地方民政局、财政局等部门，先后42次于春节、"八·一"建军节、清明节等节日慰问贫困孤寡老人、退伍老军人、伤残军人共计760人，发放棉被980床、大米15吨、粮油1200升、慰问金16万元。

（三）学雷锋做好事

1998—2015年，每年3月5日组织开展学雷锋、做好事、为民服务活动。为群众理发1655人次，清扫城区街道及居民小区巷道15.65千米。解答群众医疗、法律、兵役等咨询2900人次。

（四）维护地方治安

1998—2015年，制定《军民联防方案和各种应急机动预案》《民兵维护社会稳定应急方案》等9个预案。春节前夕，动用民兵配合公安部门进行夜间巡逻。重大活动，出动民兵维护社会秩序。县人武部、基层武装部配合公安机关开展社会治安综合治理和打击刑事犯罪活动共投入民兵2450人次，协助地方公安部门破获各种刑事案件55起，抓获犯罪嫌疑人员90人。

第十六篇　人事　劳动

1998年，普安县机构编制委员会办公室设在县人事劳动局，实行两块牌子、一套人马工作机制。2001年11月，人事劳动局改称人事劳动和社会保障局，机构编制委员会办公室单独设置，列入县委工作部门。2010年，人事劳动和社会保障局改称人力资源和社会保障局。

1998—2015年，行政、事业单位先后分别进行3次机构改革；进一步加强人事管理和劳动管理；机关事业单位进行工资改革，社会保障机构逐步健全，制度不断完善。

2015年年底，全县设党、政、群机构61个。县直党委、政府工作部门（含群团）行政编制381名、参公编制37名、工勤编制151名，实有行政人员484人、工勤人员123人。政法专项编制412名、工勤编制35名，实有政法人员368人、工勤人员19人。乡镇行政编制336名、工勤编制87名，实有行政人员267人、工勤人员38人。全县共有事业单位499个，事业编制9368名，实有5110人。

第一章　编　制

第一节　管理机构

一、县编委办

1998年，普安县机构编制委员会办公室（简称“县编委办”）设在县人事劳动局，实行两块牌子、一套人马工作机制，党委系列正科级机构，主任由县人事劳动局局长兼任，设专职副主任主管机构编制工作，配备办公室工作人员。2001年11月，县编委办单独设置，列入县委工作部门，内设综合股。2005年5月，增设机构编制管理股。2006年11月，增设督查股。2011年4月，增设站股级机构的事业机构编制管理中心。

二、县事登局

2000年12月，成立普安县事业单位登记管理局（简称“县事登局”），在县编委办合署办公，实行两块牌子、一套人马工作机制，对外使用普安县事业单位登记管理局印章。2003年8月，增设事业单位登记管理股。2008年11月，增设事业单位登记业务股。

三、县域名管理中心

2012年11月，设立副科级事业单位的政务和公益域名注册管理中心（简称“县域名管理中心”）隶属县编委办，内设办公室。

第二节　行政机构编制

一、机构编制设置

1998年初，全县设党、政、群工作机构43个（含公检法司和合署挂靠机构），其中党委工作部门8个、政府工作部门26个、群众团体5个、按宪法或党章设置的机构4个（人大、政协、法院、检察院）。行政编制646名（其中公、检、法、司编制225名），实有人数765人（其中公、检、法、司人数241人）。14个乡镇共设党政工作机构139个，其中党的工作机构42个、政府工作机构55个、人大机构14个、群团组织28个，行政编制399名，实有人数487人。

2015年年底，全县设党、政、群机构61个，其中党委工作部门21个（含乡镇〈街道〉12个）、群众团体9个、县政府工作部门24个、直属事业机构2个、其他机构1个、按有关法律和章程设置的机构4个（人大、政协、法院、检察院）。县直党委、政府工作部门（含群团）行政编制381名、参公编制37名、工勤编制151名，实有行政人员484人、工勤人员123人。政法专项编制412名、工勤编制35名，实有政法人员368人、工勤人员19人。乡镇（街道）行政编制336名、工勤编制87名，实有行政人员267人、工勤人员38人。

二、行政机构改革

（一）2002年机构改革

县属部门机构改革　2002年，对县属机构进行改革。机构更名8个：计划局更名为发展计划局，民族事务局更名为民族宗教事务局，水利电力局更名为水利局，人事劳动局更名为人事劳动和社会保障局，老龄委员会更名为老龄工作委员会办公室，农业机械事业局更名为农业机械事业服务中心，畜牧局更名为畜牧水产事业局，县城管中队更名县城管理大队（归口县建设局，副科级事业单位）。新设立单位11个：国土资源局（由原国土局和矿管办合并组建，含移民工作职能），人才交流与大中专毕业生就业指导服务中心（为人事劳动和社会保障局下设副科级事业机构，参照试行国家公务员制度），环境保护局，保密委员会办公室（副科级机构，与保密局实行一套人员、两块牌子），精神文明建设指导委员会办公室（副科级事业机构，设在宣传部，参照试行国家公务员制度），维护社会稳定领导小组办公室（正科级机构，设在政法委），外事侨务办公室、国防教育办公室、人民防空办公室与交通战备办公室、法制办公室（均设在县政府办，除法制办公室为副科级机构外，其他为正科级机构），会计核算中心（为财政局下设副科级事业单位）。加挂牌子5个：发展计划局加挂招商引资局牌子，科技局加挂知识产权局牌子，卫生局加挂红十字会牌子，农业办公室加挂农业综合开发办公室牌子，乡镇企业局加挂煤炭管理局牌子。议事协调机构的常设办事机构1个：农业办公室（挂农业综合开发办公室、扶贫开发办公室牌子，扶贫开发办公室为正科级机构，编制单列。农业区划办公室划归农业办公室管理，副科级事业单位）。受政府委托行使部分行政管理职能的事业机构4个：畜牧水产事业局，档案局（与档案馆实行局馆合一体制，一个机构，两块牌子），供销合作社联合社，房地产管理局。群众团体机构6个：总工会，团委，妇女联合会，工商业联合会，科学技术协会（与科学技术局合署办公），残疾人联合会（挂靠县民政局）。其他机构2个：县委党校，史志办公室（归口县委办管理，副科级事业单位）。

乡镇机构改革　在乡镇，设立党的机构5个：人大主席团，纪律检查委员会机关（监察室与其合署办公，一套工作机构、两个机关名称），政法委员会（社会治安综合治理委员会办公室与其合署办公，一个机构两块牌子），人民武装部，党政办公室（承担文秘、档案、组织、宣传、统战、工会、人事劳动、信访、计划统计等工作）。政府机构3个：社会事务办公室（承担民政、文教、卫生、科技体育、广播电视、民族、宗教、老龄、残联等工作），计划生育办公室（承担计划生育与人口管理工作），经济发展办公室（承担经济发展的协调服务、村镇建设和扶贫开发等工作）。在盘水镇设置城镇管理办公室，在14个乡镇原小乡所在地（即1992年机构改革时乡政府所在地）设置站股级党总支（办事处）。群众团体组织2个：共青团，妇联。执法监督机构1个：公安派出所（工商、地税以片区设置）。管理服务机构(事业单位)8个：财政所(参照试行国家公务员制度)，计划生育指导站，林业站，国土资源所，教育辅导站，农业服务中心，文化服务中心，卫生院。

人大、政协等机关机构改革　人大机关、政协机关分别按照中共贵州省委《关于全省各级人大机关、政协机关机构改革的实施意见》、中共贵州省委《关于印发〈关于贵州地方各级政协机构改革的实施意见〉的通知》文件的规定进行机构改革。人民法院、人民检察院按照贵州省制定的实施意见进行机构改革。

机构设置　党的工作机构8个：纪律检查委员会（监察局与其合署办公，一套工作机构、两个机关名称），县委办公室（含政研室工作职能，机要局、信访办、保密委员会办公室〈保密局〉、史志办等副科级机构均设在县委办），县委组织部（县委离退休干部工作局归口县委组织部管理，不占机构个数），县委宣传部，县委统一战线工作部（含对台工作职能），县委政法委员会（社会治安综合治理委员会办公室与其合署办公，一个机构两块牌子），县委机构编制委员会办公室（另挂事业单位登记管理局牌子），县委直属机关党委。政府工作部门27个：县人民政府办公室（含外事、侨务、旅游、人防战备、国防教育、经济体制改革调研等工作职能；下设机关事务管理局，为副科级事业单位，不占机构个数），发展计划局（含招商引资、西部开发和外协工作职能，另挂招商引资局牌子），经济贸易局（含非国有经济管理工作，安全生产委员会办公室设在经济贸易局，不占机构个数），教育局，科学技术局（另挂知识产权局牌子），民族宗教事务局，公安局（含国家安全工作职能），监察局（与纪律检查委员会合署办公，不占政府机构个数），民政局（老龄工作委员会办公室设在民政局），司法局，财政局（含国有资产管理工作职能），人事劳动和社会保障局（下设人才交流与大中专毕业生就业指导服务中心、社会保险事业管理局，均为副科级事业单位，参照试行国家公务员制度），国土资源局（含移民工作职能），建设局，交通局（含战备支前运输工作职能），水利局，农业局（农业机械事业局成建制划转为农业机械事业服务中心，归口农业局管理，正科级事业单位），林业局，环境保护局，卫生局（含爱国卫生工作职能，挂红十字会牌子），计划生育局，审计局，统计局，粮食局（由原事业单位转为政府工作部门），乡镇企业局（另挂煤炭管理局牌子），文体广播电视局（含文艺界联合会、新闻出版和版权、老年体育协会工作职能），物价局（物价所与其合署办公，一个机构两块牌子，不占政府机构个数）。

改革成果 2002年1月，机构改革完成。全县党政部门之间调整职能87项，其中划出职能20项、划入职能28项、增加职能19项、下放职能5项、转变职能15项。机构改革后，县委工作部门9个，减少1个，精简11%；内设机构由27个精简到24个，精简8.8%。县级政府工作机构33个，与改革前机构个数相等，内设机构由162个精简至138个，精简14.8%；行政编制由266名精简到180名，精简32.3%；政法专项编制由241名精简到224名，精简7.1%；领导职数由104名减少到95名，精简8.6%；股级领导职务职数由164名精简到141名，精简14%。群团机构设置6个，内设机构3个，行政编制由22名精简到13名，精简40%。人大、政协行政编制由32名精简到24名，精简25%。乡镇统一设置党的机构4个，政府机构4个，人大主席团1个，群团机构2个。各乡镇原小乡所在地设立党总支（办事处）。公安、司法、土地管理等机构和人员由乡镇与县主管部门双重领导、以县主管部门管理为主，农业（畜牧）、农机、乡镇企业管理、教育、文化、广播电视、卫生、计划生育等机构和人员由乡镇领导，业务接受县主管部门指导。乡镇行政编制由399名精简到336名，精简15.8%。

（二）2004年机构改革

机构调整 在经济贸易局增加黄金开发管理职责，组建安全生产监督管理局，将计划生育局更名为人口和计划生育局、发展计划局更名为发展和改革局、设在县委办的信访办升格为正科级机构并更名为信访局，设在县政府办的法制办由副科级机构升格为正科级机构。

职能调整与人员划转 将人事劳动和社会保障局承担的企业工资总额、经营者年薪和其他主要负责人工资标准审核工作划入经济贸易局，将原经济贸易局承担的指导国有企业改革的职责划入发展和改革局，将危险化学品经营资格审查、登记发证的职责划入安全生产监督管理局，将原设在经济贸易局的安全生产委员会办公室和安全监察站及其职责连人带编划入安全生产监督管理局，将原县政府办承担的经济体制改革的职责划入发展和改革局，将原归口农业办公室管理的农业资源区划办公室划入农业局管理，将原由县政府管理的直属事业机构房地产管理局划归建设局管理（机构和人员编制单列）。理顺县政府与乡镇行政层级之间的关系，重点调整县级主管部门派驻乡镇机构的管理体制；对技术推广、社会服务等机构和人员，实行乡镇与县主管部门双重管理、尽量以乡镇管理为主；对垂直管理部门设在乡镇的机构，由乡镇加强监督。

机构设置 2004年11月，机构改革完成，重新拟定涉及调整、更名、组建工作部门“三定”方案。机构改革后，县政府设立工作部门25个：县人民政府办公室（外事侨务办公室、国防教育办公室、法制办公室、人民防空办公室和交通战备办公室、移民开发局设在县人民政府办公室，为正科级机构；机关事务管理局设在县人民政府办公室，为副科级机构；移民开发局、机关事务管理局参照试行国家公务员制度），发展和改革局（含外协工作和西部开发职能，挂招商局牌子），经济贸易局（含非国有经济管理、黄金管理工作职能），教育局，科学技术局（另挂知识产权局牌子），民族宗教事务局，县公安局（含国家安全工作职能），监察局（与县纪律检查委员会机关合署办公，不计入政府机构个数），民政局（老龄工作委员会办公室设在民政局），司法局，财政局（含国有资产管理工作职能，下设会计核算中心，为副科级事业机构），人事劳动和社会保障局（下设人才交流与大中专毕业生就业指导服务中心、社会保险事业局，均为副科级事业机构，参照试行国家公务员制度），国土资源局，建设局（房地产管理局归口建设局，人员编制单列，为正科级机构），交通局（含战备支前运输工作职能），水利局，农业局（含农业区划工作职责，农业机械事业服务中心归口农业局管理），林业局，文体广播电视局（挂旅游局、新闻出版〈版权〉局牌子），卫生局（含爱国卫生工作职责，挂红十字会牌子），人口和计划生育局，审计局，统计局，环境保护局，粮食局，乡镇企业局（挂煤炭管理局牌子），物价局（与物价检查所合署办公，一个机构两块牌子，不计入政府机构个数）。议事协调机构1个，即农业办公室（另挂农业综合开发办公室、扶贫开发办公室牌子。扶贫开发办公室编制单列，为正科级机构）。受政府委托行使部分行政管理职能的直属事业机构4个：安全生产监督管理局，档案局（与档案馆实行局馆合一体制），供销合作社联合社，畜牧水产事业局。

改革成果　全县党政机构52个，其中党委工作部门12个，群众团体6个，县政府工作部门25个，议事协调机构1个，受政府委托行使部分行政管理职能的直属事业机构4个，按有关法律和章程设置的机构4个（人大、政协、法院、检察院）。党政机关（含群团）行政编制111名、参公编制43名、工勤编制23名；政府部门行政编制188名、参公编制178名、工勤编制84名；政法专项编制224名。

（三）2010年机构改革

县属部门机构改革　将县政府设置的47个正科级机构缩减为25个，其中工作部门22个（含监察局，列入政府工作部门，不计入政府工作部门个数）、直属事业机构2个、其他机构1个；7个副科级机构缩减为3个。正科级领导职数由46名减少到25名，副科级职数（未含公安系统）由131名减少到78名，减少非领导职数152名。在机构设置上，把政府序列机构按照行政和事业两大类细划，将原政府序列的政府工作部门、挂靠机构、直属事业机构、办事机构、议事协调机构、部门管理机构参照国务院的机构设置模式划分为政府工作部门、直属事业机构、其他机构三大类。通过机构改革后，设县属党政机构49个，其中党委工作部门11个，群众团体9个，县政府工作部门22个，直属事业机构2个，其他机构1个。按有关法律和章程设置的机构4个（人大、政协、法院、检察院）。党政机关（含群团）行政编制133名、群团参公编制40名、工勤编制38名；实有行政及参公人员209人、工勤人员34人。政府部门行政编制313名、工勤编制89名；实有行政人员426人，工勤人员81人。政法专项编制343名，工勤编制35名；实有政法人员327人、工勤人员18人。

乡镇机构改革　设立农业服务中心，将农业农机技术推广站、畜牧兽医站、扶贫开发站、乡企站职责整合划入农业服务中心，将新型农村合作医疗管理中心、劳保所、人力资源开发、农村低保、社会救助、养老保险等服务性工作职责整合设立人力资源和社会保障服务中心，将文化宣传、远程教育、信息收集与传递、图书阅览、思想政治教育等服务性工作职责整合设立科技宣教文化信息服务中心，设立村镇建设服务中心。在各乡镇单独设立水利站、林业站，将原垂直管理部门的畜牧兽医站68名事业编制，林业站54名事业编制、13名工勤编制，水利站32名事业编制、6名工勤编制分别下划到乡镇农业服务中心、水利站、林业站，明确乡镇党委、政府主要履行人事权、财权管理等职责，上级政府部门主要履行业务指导职责。核定乡镇领导职数9名：党委书记1名、人大主席1名、乡镇长1名、副乡镇长3名、纪委书记1名、政法委书记1名、人武部部长1名。通过机构改革后，14个乡镇党的机构设置为：人大主席团、纪律检查委员会机关（监察室与其合署办公，实行一套工作机构、两个机关名称体制）、政法委员会、人民武装部、党政办公室；政府机构设置为：社会事务办公室、人口和计划生育办公室、经济发展办公室、社会治安综合治理办公室；群众团体组织设置为：共青团、妇联、工会；事业机构设置为：计划生育协会、安全生产监督管理站、财政所、人口和计划生育技术服务站、人力资源和社会保障服务中心（挂新型农村合作医疗管理中心牌子）、农业服务中心、村镇建设服务中心、科技宣教文化信息服务中心、水利站、林业站。14个乡镇核定行政编制337名、事业编制874名、工勤编制87名，实有行政人员533人、事业人员489人、工勤人员73人。

三、政务和公益中文域名注册管理

2009年9月，启动全县政务和公益中文域名注册管理工作，对19家建立网站的党政群机关和事业单位办理政务或公益中文域名注册，共注册政务或公益中文域名23个。2010年1月，将未建有网站的单位纳入注册管理范围，对其预留域名。2011年启动全县第二批政务和公益中文域名集中注册，全县21个党群机构和社团组织、26个政府工作部门、18个卫生院所、14个乡镇党委及政府、125个村级完小以上学校和70个隶属管理的股级和副科级以上机构参加注册，共申报注册中文域名274个，注册年限最长的为10年，最短的为3年。2012年，加强政务和公益中文域名体系建设，启动第三批中文域名注册，新注册政务和公益中文域名151个，使全县成功注册政务和公益中文域名440个。2013年，新注册中文域名8个，全县成功注册政务和公益中文域名448个。2014年，新注册中文域名76个，政务和公益中文域名注册共524个。2015年，因乡镇区划调整，注销注册域名21个，政务和公益中文域名注册503个。

第三节　事业机构编制

一、机构编制设置

1998年，设县属事业单位78个，在职人数1037人。其中教育事业单位13个，在职人数401人；科研事业单位5个，在职人数27人；文化、体育事业单位6个，在职人数28人；卫生事业单位7个，在职人数209人；新闻事业单位3个，在职人数26人；农林牧水事业单位25个，在职人数213人；城市公用事业单位2个，在职人数13人；交通事业单位2个，在职人数22人；机关事业单位2个，在职人数22人；其他事业单位13个，在职人数51人。14个乡镇共设事业单位254个。全县事业编制3560名（其中乡镇事业编制2547名）。

2015年，全县有事业单位499个，其中参照公务员法管理的事业单位18个、拟待参公事业单位29个、县属事业单位329个（其中全额319个、差额4个、自收自支6个）、乡镇事业站（所）123个。全县事业编制9368名，实有5110人，其中参照公务员法管理的事业单位编制168名、实有142人；拟待参公事业单位编制460名、实有148人；事业单位编制9368名，实有5110人（其中全额8824名，实有4757人；差额509名，实有333人；自收自支35名，实有20人）；乡镇（街道）事业站（所）1278名，实有631人。

二、事业单位机构改革

（一）2002年机构改革

2002年1月，通过机构改革，成立县属事业单位4个：会计核算中心（财政局下设副科级事业单位），机关事务管理局（县人民政府办公室下设副科级事业单位，不占机构个数），农业机械事业服务中心（由原农业机械事业局成建制划转而成，归口农业局管理，正科级事业单位），人才交流与大中专毕业生就业指导服务中心（人事劳动和社会保障局下设副科级事业单位，参照试行国家公务员制度）。归口划转事业单位1个：农业资源区划办公室划归农业办公室管理，为副科级事业单位。受政府委托行使部分行政管理职能的事业机构4个：畜牧水产事业局，档案局（馆），供销合作社联合社，房地产管理局。乡镇事业站所统一设置为8个（含乡镇卫生院）：财政所（其人员列入参照试行公务员制度范围），计划生育指导站，林业站，国土资源所，教育辅导站，农业服务中心（含乡镇企业、畜牧、农业农经、农机等工作职能），文化服务中心，卫生院。乡镇事业站所由原来的13个精简到8个，精简38.4%；事业编制由677名减少到433名，精简36%。

（二）2003年中小学编制核定工作

2003年11月，全县教育系统共核定教职工编制3123名，其中工勤编制48名。121所中小学校中，正科级2所、副科级4所、正股级26所、副股级89所。实有教职工2232人。

（三）2013年事业单位分类改革

2013年7月，启动分类推进事业单位改革，经分类梳理，全县需纳入分类改革事业单位491个，其中行政职能类39个、公益一类375个、公益二类20个、暂不纳入分类57个。2013年12月，拟定《普安县事业单位分类改革意见》，上报州编办，待省、州编办批准后组织实施。

2014年，根据州事改办《关于普安县承担行政职能事业单位备案等事项的函》精神，批复普安县承担行政职能事业单位6个（县文物局、县路政管理大队、县道路运输局、县公路管理所、县水库和生态移民局、县地方海事处）、公益一类408个、公益二类20个、暂不纳入分类57个，共计491个。

2015年，乡镇区划调整，对原14个乡镇整合为12个乡镇（街道），12个乡镇（街道）的事业机构按省、州文件要求有所变化。垂直管理机构（如土管所、财政分局等）因乡镇的撤并相应撤销。部分中小学幼儿园因地域和乡镇名称的变化要相应地更名。全县需纳入分类改革事业单位减少到484个，其中承担行政职能事业单位6个、公益一类408个、公益二类20个、暂不纳入分类50个。

三、事业单位登记管理

2000年12月，启动事业单位登记管理。2001年1月，普安县首轮符合登记条件的87个事业单位登记完毕。2003年7月，对2000年12月至2001年1月初始登记并颁发证书的87个事业单位法人进行2002年度年审，办理事业单位法人年审76件，办理初始登记2件、变更登记11件，事业单位法人年审、初始登记、变更登记等纳入日常管理。2006年5月起，对事业单位登记管理档案材料按照科学的方式进行立卷归档，完善档案查阅制度。将登记信息录入国家局事业单位登记管理信息系统，建立事业单位登记管理信息数据库，督促事业单位法人依法开展社会活动，事业单位法人年审自当年起一直维持100%。2008年，完成全国事业单位法人登记管理信息系统登记数据录入。2009年，为3家事业单位设立登记、20家事业单位变更登记进行集体公告，为服务单位节约公告费用约1万多元。2011年，举办培训班8期，对全县190家事业单位和事业单位登记管理局新进员工共336人进行网上登记操作业务技能和财务知识培训。2014年，全县事业单位法人数为255个，其中38个不需参加年审，对217个事业单位法人进行年度审验，年审率100%；办理变更登记34个、设立登记2件、证书补领2件、注销登记1件。2015年，事业单位法人年度审验制度改为年度报告公示制度，在国家事业单位登记管理局指定网站上对全县222个事业单位法人进行年度报告公示，公示率100%；办理变更登记58件、注销登记5件，打印、颁发新有效期的事业单位法人证书257套，完成265家登记单位的纸质档案收集整理工作；12月25日，在普安县第一中学多功能会议室对全县202个单位的213名事业单位法人登记业务经办人员进行网上登记实务操作培训。

2003—2015年普安县事业单位法人年审情况表

表16-1-1

年份	年审		初始登记（件）	变更登记（件）	失效重新设立登记（件）	补领证书（件）	注销登记（件）	公告过期失效（件）
	件数（件）	年审率（%）						
2003	76	87.36	2	11	—	—	—	—
2004	71	82.56	2	7	—	—	—	—
2005	78	89.66	6	11	—	—	—	—
2006	88	100	8	61	4	—	—	—
2007	101	100	13	26	—	6	1	1
2008	110	100	46	28	—	—	—	—
2009	166	100	2	17	—	1	—	—
2010	167	100	26	33	—	5	—	—
2011	154	100	9	47	—	2	2	—
2012	180	100	6	—	—	1	2	—
2013	201	100	1	39	—	4	1	—
2014	217	100	2	34	—	2	1	—
2015	222	100	—	58	—	—	5	—

第二章　人力资源和社会保障

第一节　管理机构

一、县人社局

1998年，劳动人事局下设办公室、仲裁办、编委办、养老保险股、安检站、劳动服务公司。1999年，成立社会保险事业管理局（副科级），下设养老保险股、失业保险股、医疗保险股、行政事务股；成立再就业服务中心。2001年11月，人事劳动局改称人事劳动和社会保障局，成立人才交流中心（副科级），县编委办公室、安全委员会办公室及安全监察站划出。2010年，人事劳动和社会保障局改称人力资源和社会保障局（简称“县人社局”）。普安县人力资源和社会保障局辖“两局一院一队四中心”8个副科级二级机构及36个股室（中心）。两局：县社保局、县就业局；一院：县劳动仲裁院；一队：县劳动监察大队；四中心：县人才交流与大中专毕业生就业指导服务中心、县医疗保险管理中心、县城乡居民社会养老保险中心、县人才储备中心。

二、其他机构

社会保险事业管理局　1999年5月，设置副科级单位的机关事业单位社会保险事业局，归口县人事劳动局，编制6人，内设行政事务股、保险基金管理股。1999年7月，更名为社会保险事业管理局。2010年9月，核定为参照公务员法管理的副科级事业单位，编制12名（参照公务员法管理），工勤编制2名，内设综合股、基金财务股、基金征缴稽核股、养老保险待遇审核股、失业保险待遇审核股、医疗保险待遇审核股、工伤生育保险待遇审核股、新型农村社会养老保险股。2011年4月，核定社会保险事业管理局社保中心事业编制8名，其中管理人员2名，专业技术人员6名。2014年4月，成立普安

县医疗保险管理中心，将职工医疗保险待遇审理股、工伤生育保险待遇审理股划归医疗保险管理中心，6月，增设社保档案管理中心，事业编制3名。2015年12月，增设普安县机关事业单位养老保险中心，事业编制7名。

城乡居民社会医疗保险中心　2003年11月，成立站股级事业机构的新型农村合作医疗管理中心，隶属县卫生局管理，核定编制5名。12月，14个乡镇成立新型农村合作医疗管理中心在乡镇卫生院。2006年，在乡镇人民政府设立乡镇合作医疗管理中心，与医疗机构分开设置。2008年11月，县社会保险事业管理局增设城镇居民基本医疗保险股。2011年4月，成立副科级事业机构的县城乡居民和新型农村合作医疗保险管理中心，归口县人社局，核定编制14名，内设综合股、城乡居民医疗保险征缴股、城乡居民医疗保险审理股。6月，组建县城乡居民和新型农村合作医疗保险管理中心，从县卫生局新型农村合作医疗管理中心接管新型农村合作医疗工作。2012年3月，将县城乡居民和新型农村合作医疗管理中心更名为县城乡居民社会医疗保险中心，副科级事业单位，隶属社会保险事业管理局管理，核定编制10名，内设综合股、城乡居民医疗保险基金征缴股、新型农村合作医疗待遇审理股、城镇居民医疗保险待遇审理股。2014年，县城乡居民社会医疗保险中心更名为县医疗保险管理中心（副科级事业单位），隶属县人力资源和社会保障局管理，核定编制15名，内设综合股、基金财务股、基金征缴股、职工医疗保险待遇审理股、生育保险待遇审理股、工伤保险待遇审理股、城乡居民医疗保险待遇审理股、异地就医结算股。

城乡居民社会养老保险中心　2010年9月，在社会保险事业管理局内设新型农村社会养老保险股。2012年3月，设立副科级事业机构的城乡居民社会养老保险中心，隶属社会保险事业管理局管理，内设综合股、城乡居民养老保险基金征缴股、城乡居民养老保险待遇审理股、被征地农民社会保障股，核定事业编制10名。

大中专毕业生就业指导服务中心　2001年成立，为副科级事业单位，归口县人力资源和社会保障局管理。内设办公室、人才市场管理及考试中心、职业介绍服务中心、人力资源市场4个股室。核定事业编制11名（管理人员），工勤编制1名，列入县级财政全额预算。2015年，核定事业编制11名（管理人员8名，专业技术人员3名），工勤编制1名。

劳动人事争议仲裁院　1998年，县劳动人事争议仲裁院属于事业副科级机构，归口县人社局管理。2003年10月，成立4个街道劳动保障服务工作站，抽调19名下岗职工到服务站工作；11月，增设劳动仲裁办公室和劳动监察大队，在乡镇成立14个劳动服务所（无工作人员）。2012年，建成约130平方米的办公场所，完善办公设备，设立综合室、劳动争议立案庭、劳动争议仲裁庭。2013年，劳动人事争议仲裁院有工作人员5名，专职仲裁员8名。2015年，全县建立基层调解组织的事业单位有县一中、县二中、县人民医院和县中医院；国企有移动公司、电信公司；民企有东风医院、现代医院、九丰煤矿（丰联集团）、宜化集团。有工作人员5名，专职仲裁员8名。

劳动监察大队　2004年成立，事业股室，设编制2名。2011年4月，劳动监察大队升为副科级事业单位，归口县人社局管理，核定事业编制8名，工勤编制1名。2012年，增设劳动监察综合股、综合认定股，分别设股长和副股长1名。2013年，劳动监察大队实行参照公务员管理。

就业局　1998年，成立劳动就业办公室。2011年4月，劳动就业办公室升格并更名为就业局，归口县人社局管理，核定事业编制5名。2012年，编制增加到8名。2013年经批准实行参照公务员管理。

第二节　人事管理

一、干部录用

1998—2002年，对大专中毕业生进行安置。2003—2005年，对本科以上毕业生进行安置，对大专以下毕业生进行招考录用。2006—2015年，机关事业单位录用大中专毕业生，通过招考录用。

2001—2015年，全县各类事业人员（管理岗位、专业技术）共聘用2347人，其中公开招聘2047人。2002—2006年，安置本科生196人。2009—2010年，录用定向合同生30人。2011—2013年，“一村一大”（一村一名大学生计划）三年连续优秀转聘3人。2013年，通过“人才引进”33人，“执医转聘”1人。2014年，全县共招聘206人，其中县医院招聘73人、乡镇专项招聘133人。2015年，全县共招聘219人，其中“一村一大”三年连续优秀转聘1人、“农村医学订单定向生”安置2人、公开招聘182人、引进基层医疗卫生人才34人。

2002—2015年普安县干部录用情况表

表16-2-1　　单位：人

年份	招聘单位	招聘人数	县直单位	基层	备注
2002	教育系统	56	—	—	
2003	教育系统	394	—	—	安置10名本科生
2004	教育系统	120	—	—	安置103名本科生
2005	教育系统	100	—	—	安置70名本科生、特需专业人员3名、企业8名
	卫生系统	20	—	—	
2006		147	—	—	
2007	乡镇	90	—	90	
	县直事业单位	42	42	—	
	教育系统	164	—	—	
2008	县直事业单位	3	—	—	
	教育系统	109	—	—	
2009		52	32	20	20名定向合同生
2010		79	51	28	10名定向合同生
2011		83	38	45	
	“一村一大”三年连续优秀转聘	2	—	2	
2012	县直事业单位	82	82	—	
	乡镇	11	—	11	
2013	乡镇事业单位	71	—	71	
	县直事业单位	233	121	—	
	乡镇事业单位	—	—	112	
	“一村一大”三年连续优秀转聘	1	—	1	
	“执医转聘”	1	—	1	

续表 16-2-1

年份	招聘单位	招聘人数	县直单位	基层	备注
2013	人才引进	33	33	—	
	安监招聘	29	—	29	
2014	县医院	73	—	—	
	乡镇专项招聘	133	—	—	
2015	“一村一大”三年连续优秀转聘	1	—	—	
	“农村医学订单定向生”安置	2	—	—	
	公开招聘	182	—	—	
	引进基层医疗卫生人才	34	—	—	

二、公务员管理

（一）公务员录用

2004年，普安县执行公务员考录制度。2005年，公开招考录用公务员10人，其中公安局8人、法院2人。2013年录用公务员32人，其中公安17人，法院1人。2014年录用公务员49人，其中公安18人。2015年录用公务员27人，其中公安9人。

2006—2015年，全县共录用公务员233人。

（二）公务员考核

2006年起，按照干部管理权限，县人社局公务员管理股负责全县机关单位、参照公务员法管理事业单位人员年度考核工作。2011年（包括2011年）以后，副科级以上人员及党群部门人员考核由县委组织部负责考核。2014年，参加考核792人，其中优秀101人、称职634人、不称职1人、未定等次56人。2015年，参加考核891人，其中优秀127人、称职664人、不称职1人、未定等次99人。

2006—2015年普安县国家公务员年度考核情况表

表 16-2-2　　单位：人

年份	考核人数	考核等级				
		优秀	称职	基本称职	不称职	未定等次
2006	1551	175	1361	—	4	11
2007	1503	205	1279	—	—	19
2008	1569	218	1319	—	1	31
2009	1555	197	1339	2	—	15
2010	1565	207	1318	—	3	37
2011	1567	213	1307	—	—	47
2012	1579	212	1339	—	1	27
2013	1577	226	1295	—	2	54
2014	792	101	634	—	1	56
2015	891	127	664	—	1	99

三、人事调配

（一）人员调动

1998—2005年，人员调动情况不详。2006—2015年，调出到县外公务员69人，调入到县内公务员10人。2014年，人员调配111人。2015年，人员调配121人。

（二）大中专毕业生分配

2002—2015年，通过分配、公开招聘进入机关、事业单位的大中专毕业生2325人，其中本科学历882人，大专学历943人，中专学历500人。

2002—2015年普安县大中专毕业生就业情况表

表16-2-3　　　　单位：人

年份	合计	学历			年份	合计	学历		
		本科	大专	中专			本科	大专	中专
2002	187	15	56	116	2009	32	32	—	—
2003	417	21	63	333	2010	79	28	51	—
2004	179	103	76	—	2011	83	38	45	—
2005	196	70	126	—	2012	93	56	37	—
2006	147	80	67	—	2013	305	89	207	9
2007	296	90	164	42	2014	143	122	21	—
2008	112	86	26	—	2015	56	52	4	—

（三）军队转业干部安置

1998—2015年，按照择优录取的原则，通过文化考试和档案考绩评分程序，录用军队复员转业干部15人，安置退伍军人8人。

四、专业技术人员管理

（一）职称评审

1998—2001年，全县有初级职称人员2769人、中级职称人员596人、副高级职称人员44人。2013年，有初级职称人员2142人、中级职称人员1179人、副高级职称人员219人。2014年，全县有初级职称人员1761人、中级职称人员1483人、副高级职称人员253人。2015年，全县有初级职称人员2286人、中级职称人员1711人、副高级职称人员319人。2001—2015年，共有278名技术工人参加晋升初、中、高级技工考试。办理338名技术工人晋升初、中、高级职称的考试工作。

1998—2015年普安县职称评审情况表

表16-2-4　　　　单位：人

年份	总数	副高级	中级	初级
1998—2001	3409	44	596	2769
2002—2008	3674	102	851	2721
2009—2012	3654	167	1204	2283
2013	3540	219	1179	2142
2014	3497	253	1483	1761
2015	4316	319	1711	2286

（二）专业技术人员培训

2010年9月，成立人社局职业能力建设股（教育培训股），2011年5月配备工作人员。2012年，组织2010年1月1日以来全县事业单位新聘用的149名人员进行集中培训，组织4363名专业技术人员、管理人员参加工业强省战略学习测试，组织1456名公务员开展职业道德培训。2013年，第二批工业强省战略学习测试341人，事业单位新进人员初聘培训202人。2014年，事业单位新进人员初聘培训438人，公务员初任培训149人。2015年，事业单位新进人员初聘培训370人，公务员初任培训83人，组织事业单位新聘用的211人进行集中培训，组织340名专业技术人员、管理人员参加工业强省战略学习测试。

第三节　工资改革

一、机关事业单位工资改革

2006年7月，对机关事业单位工资进行套改。参加工资套改单位143个，其中机关62个，按公务员套改1279人，机关工勤107人；全额财政拨款事业单位62个，按专业技术职务套改2547人，管理人员（含工勤人员）358人；财政差额拨款事业单位16个，按专业技术职务套改280人，按管理人员套改（含工勤人员）56人；自收自支单位3个，按专业技术人员套改32人，按管理人员套改（含工勤人员）24人。工资套改中，全县机关事业单位职工人均增长工资236元。

二、企业职工工资

1998年，企业职工工资政策和工资调整与国家机关、事业单位脱钩，企业自主决定内部工资分配制度和分配形式，建立以档案工资为主的基本工资制度，推行岗位技能工资、岗位绩效工资等分配形式，突出工资收入与效益、岗位、技术、实绩挂钩，县属企业职工年人均工资310元。2013年，企业职工工资上升到2088元。2014年，企业职工工资上升到3431元。2015年，企业职工工资上升到3761元。

第四节　人才开发

一、人才市场

（一）人才市场建设

2001年，成立人才市场。2007年6月，投资20万元改造人才市场大厅。2011年，人才市场更名为人力资源市场。2012年，人力资源市场由县人武部对面搬迁到南山路新办公楼一楼。

（二）人才交流

1998—2001年，人才交流、人才引进由人才交流服务中心负责。2001—2015年，举办春季、秋季人才交流会8场次，参加招聘单位241个次，共1.25万人次参加交流会。

2001—2015年普安县举办人才交流会情况表

表16-2-5

年份	举办人才交流会（场次）	参加招聘单位（个次）	参加招聘人员（人次）
2001—2008	3	123	6300
2011	1	32	1870
2013	1	25	1810
2014	1	13	800
2015	2	48	1743
合计	8	241	12523

二、人才引进

2008年，普安县人民医院引进专业技术人才4人。2008年后，实行供需双向选择，相继出台浮动工资等福利政策留住人才。2013年，拟定计划引进各类专业技术人员76人。2014年引进高中教师50人，2015年引进基层医疗卫生人才34人。

第五节　劳动管理

一、劳动争议仲裁

1998—2001年，办理合同制工人转正定级41人次及企业的劳动用工年检。2001年，鉴证劳动合同22份，处理劳动争议案件8起，办理39名合同制工人的工作转移、5名工人的工作调动和58名合同制工人的按期转正定级，对符合条件的880名职工办理升级手续。2004—2015年，受理劳动争议案件194宗，涉及经济的1000多万元，涉及劳动者当事人200余人。

二、劳动监察

2001—2003年，对45家用工企业进行年检，与公安消防、美容、美发和按摩等行业进行执法大检查，办理13名合同制工人的转正定级和5名工人的调动及1名合同制工人的转移手续。2004—2010年，检查企业用工情况305家次，督促企业签订劳动合同4200人次，工资集体协商51家，清退风险抵押金6万元。2011年，检查企业用工24家涉及劳动者2100人，处理举报案件5件，参与处理突发事件24件涉及劳动者2100人，追发劳动者工资20万元涉及劳动者1000人。2012年，检查企业用工87家涉及劳动者8160人，处理投诉案件15件，处理举报案件42件，参与处理突发事件2件涉及劳动者24人，追发劳动者工资390万元涉及劳动者1469人，补签劳动合同4562人。2013年，检查用工企业239家涉及劳动者人数1.32万人，处理投诉案件30件，举报案件6件，参与处理突发事件2件涉及劳动者6人，追发劳动者工资245.56万元涉及劳动者322人。

2014年，以协调劳动关系，维护劳动者合法权益为主要内容，共出动监察人员30余人次，主动监察用人单位数130家，专项检查250家，涉及劳动者人数1.20万人，发放宣传资料3000余份，20人以上企业主动监察覆盖率95%；专职监察员人均监察用人单位125户。处理投诉案件12件，协调处理12件（简易程序处理）。追发劳动者工资41.23万元，涉及劳动者人数140人。全县举报、投诉案件问题重点集中在劳动工资方面，其中被举报、投诉案件企业类型主要集中在私营企业，被举报、投诉案件行业主要集中在建筑业、水务、交通、煤矿业（个别煤矿拖欠工资问题较为突出，次数较多，数额较大），服装纺织业和服务业违反工作时间规定较为突出。

2015年，对各类用人单位进行日常巡查，出动劳动监察人员70多人次，检查用人单位148户，涉及劳动者6440人。审查用人单位规章制度，纠正用人单位违法行为。接受投诉举报案件89件（其中移交县公安局4件1053人，涉及金额741.07万元），协调612件，协调率100%。为2189名劳动者追发工资2095.07万元。开展农民工工资支付情况专项检查，联合公安、民政、国土、卫计、工商、安监、工会等部门，共检查用人单位147户、涉及职工1.51万人，涉及农民工1.08万人，农民工签订劳动合同1.08万人，检查过程中没发现拖欠工资现象。

第六节　劳动就业

一、开发安置

2010年，启动实施公益性岗位。2010—2015年，开发公益性岗位1924人，其中高校毕业生公益性岗位501人，城管队保洁岗位213人，村级劳动保障协管员241人，社区劳动保障协管员130人，社区劳动保障法律监督员40人，小区保洁岗位89人，学校保安岗位210人，司法矫正岗位55人，各行政事业单位公益性保洁岗位425人，公安防暴队岗位212人。

2011—2015年，解聘在公益性岗位上工作年满3年以上的人员411人。

2012年，开通就业信息系统，作为考核就业工作的一项指标。2014年，完成城镇新增就业3470人。2015年，完成城镇新增就业5002人。

二、就业再就业

1998—2015年，城镇新增就业3.2万人，帮助2671名失业人员实现再就业，帮助1292名就业困难人员实现就业，就业安置141人，职业培训7520人，农业劳动力转移就业3.7万人，城镇登记失业率控制在4.2%以内。

2006—2015年，对从事灵活就业的下岗职工发放社会保险补贴，补贴标准为当年缴费基数总额的2/3，最长补贴期限为3年，共发放社会保险补贴金额221万元涉及382人。

2011—2015年，根据企业用工需求和农村劳动力培训意愿，对农村4300余名劳动力开展多种门类、多种形式的培训。完善农民工就业信息服务，与江苏、江西、浙江等地的30余家公司实现劳务对接。

三、职业技能开发

（一）职业技能培训

1998—2001年，培训3359人，其中56人为特种作业人员（电工）。

2011—2015年，开展农民工种植、养殖、家政服务、计算机、烤烟种植、核桃种植、美容美发、摩托车维修、农艺工、电工、焊工等10余种工种的培训，培训农民工6200人。

2013—2015年，创业指导服务中心利用服务平台，为有创业愿望的人员提供一站式创业服务，开展创业培训240人次，职业技能培训6000人。

（二）基层就业工作平台

2009年，14个乡镇劳动保障事务所共有人员31名。2015年，劳动保障事务所有人员12人，配备村级劳动保障协管员111人。

（三）职业技能鉴定与颁证

1998—2015年，为下岗职工、失业人员、农民工、高校毕业生、就业困难人员发布招聘信息2万余条，有组织地输出劳务2405人，职业培训6000余人，办理外出务工许可证600个，办理就失业登记证927个，举办各种招聘会35场，发放宣传资料10万份，接待求职人数6万余人。

2001—2015年，为675名国有企业下岗职工申报办理再就业优惠证，办理207名领取优惠证人员的申报小额贷款和10名企业合同制工人的录用手续。

（四）创业小额担保贷款

2011年3月，成立创业小额担保贷款担保中心，担保中心成立后由州人力资源和社会保障局划拨资金100万元、县财政匹配100万元作为担保中心担保资金，在财政局设立担保资金专户，实行专款专用。

2011—2015年，审批发放贷款1695笔，金额1.29亿元，其中妇女贷款1514笔，金额9295.5万元；经妇联推荐1244笔，金额7353.50万元；其他181笔，金额2663.5万元。带动就业3969人（含业主），涉及种植、养殖、美容、服装生产销售、餐饮服务、石材加工、装饰装修、日用百货经营等行业。

2011—2015年，筹集担保基金1000万元，为创业者贴息1581.08万元。

（五）就业专项资金使用

1998—2015年，筹集就业专项资金7500万元，其中中央划拨6620万元、县级配套580万元。发放岗位补贴5700万元，社保补贴支出1400万元，创业贷款贴息500万元。

第七节　社会保障

一、城镇职工基本养老保险

1998年，继续实行国有企业全员合同制，固定职工缴纳养老保险费参加养老保险，单位缴费比例按在职职工缴费工资（即单基数）的20%，个人缴费比例5%。职工养老保险个人账户按11%建立，个人缴费全部计入个人账户，不足11%的部分从单位缴费中划入。2006年7月，个人缴费比例8%，个人账户全部为职工本人缴费。2014—2015年缴费比例无变化。

1999年，整合财政、民政、卫生和就业办的社会保险经办职能，成立社会保险事业管理局。12月，县财政局经办的机关事业单位养老待业保险移交给县社会保险事业管理局经办。2001年，开始实行社会化发放（全县各企业单位退休人员的养老金统一由社保局发放），全县共37户企业503名退休人员的基本养老金全部纳入社会化发放，社会化发放率99.2%。2002年，养老保险参保人员覆盖到个体工商户及自由职业人员。2007年，养老保险实行州级统筹。

2000—2015年普安县城镇职工基本养老保险情况表

表16-2-6

年份	参保人数（人）	缴费金额（万元）	退休人数（人）	基本养老金支出（万元）
2000	—	174.75	—	169.17
2001	1368	222	503	205
2002	1965	254.59	549	264.5
2003	1122	189.17	549	287.76
2004	1120	212.68	549	302.87
2005	1256	271.52	584	355.26
2006	1427	397.54	620	440.97
2007	1876	563.04	636	515.32
2008	2089	1125.41	732	688.73
2009	2390	1430.9	855	898.25
2010	2350	2083.77	1016	1218.04
2011	3235	2048.56	1104	1557.06
2012	3439	2827.03	1247	1971.75
2013	3550	3398.39	1383	2435.21
2014	5300	2834.6	1383	3023.51
2015	5414	3674	1141	3340

二、失业保险

1998年，企业按职工工资总额的0.6%缴纳待业保险费。1999年1月，待业保险改称失业保险。2000年6月，执行贵州省人民政府发布的《贵州省失业保险条例》。

1999年，成立县社会保险事业管理局。12月，县人事劳动局就业办经办的合同制工人待业保险移交县社会保险事业管理局经办。

1999年，全县参加失业保险1057人，收取失业保险费6.84万元，发放失业救济金0.72万元。2007年，失业保险实行州级统筹。

1998—2015年普安县失业保险收支情况表

表16-2-7

年份	参保人数（人）	缴费金额（万元）	支出（万元）	年份	参保人数（人）	缴费金额（万元）	支出（万元）
1998	—	—	—	2007	4752	58.19	1.84
1999	1057	6.84	0.82	2008	5059	84.83	1.34
2000	1406	10.83	1.12	2009	5162	72.34	1.57
2001	4391	15.93	0.12	2010	5254	68.18	1.65
2002	4394	27.88	0.26	2011	5291	97.49	2.21
2003	4158	31.78	1.88	2012	5502	272.28	1.52
2004	4268	41.65	0.23	2013	5681	367.11	61.13
2005	4306	34.49	0.06	2014	5890	370.69	104.48
2006	4468	50.64	0.6	2015	6027	411	33.9

三、城镇职工基本医疗保险

2003年1月，启动实施医疗保险制度，全县5000多名机关事业单位职工全部参加职工医疗保险。2005年，将国有企业及其职工纳入医疗保险范围，只有少数企业申报缴纳医疗保险费参加医疗保险。2007年11月，医疗保险实行州级统筹，一些困难企业未能参加保险。2011年，将2010年12月以前退休的关闭破产和困难企业的退休人员纳入职工医疗保险，参保资金为一次性筹资，标准为每人1.26万元，其中中央财政承担2500元，基本医疗保险基金承担2020元，地方同级财政承担8080元。2011年1月，撤销县级财政专户，县级收入户资金全额上划州社保局收入户，待遇支出报用款计划由州社保局下拨。

2003年，一般疾病住院费的定额结算标准为县医院和县中医院按每人次平均住院费800元计算，扣除起付标准450元，报85%为297.5元，协议按每人次300元结算；乡镇卫生院按每人次平均住院费500元计算，扣除起付标准450元，报80%为40元，协议按每人次40元结算，但住院费超过800元仍需继续住院治疗的，医院应告知社保局，中心卫生院在1500元以下，其他卫生院在1200元以下，按实际应报金额结算。2004年，不再实行定额结算，实行据实结算。2005年，对县属零售药店进行医疗保险定点资格审查和认定。2006年，对定点医院及药店实行扣取10%保证金年底考核兑现。2008—2011年，使用个人账户管理软件对职工医保个人账户进行管理。2012年，启动全州社会保险信息管理系统，发放《社会保障卡》（医保卡），实行刷卡消费。2015年4月，对所属社保经办机构和定点零售药店按属地管理原则，由所属社保经办机构进行费用结算。

2003—2015年普安县城镇职工基本医疗保险情况表

表16-2-8

年份	参加人数（人）				年缴费（万元）	财政实缴费（万元）	医疗费支出（万元）
	合计	在职	退休	实报			
2003	6180	4913	1148	119	497.18	160	198.18
2004	6665	5393	1153	119	575.40	180	358.38
2005	6866	5609	1159	98	614.72	280	412.82
2006	7072	5734	1243	95	640.34	200	404.8
2007	7280	5876	1279	125	679.64	380	508.05
2008	7700	6284	1289	127	1634.8	450	801.89
2009	7698	6264	1318	116	967.93	500	794

续表16-2-8

年份	参加人数（人）				年缴费（万元）	财政实缴费（万元）	医疗费支出（万元）
	合计	在职	退休	实报			
2010	8890	7154	1618	118	1309	600	1016
2011	10198	7786	2292	120	1337.91	871.44	1478
2012	10287	7981	2306	—	1637	830	1099
2013	10965	8396	2569	—	1797	780	1941
2014	11817	8949	2868	108	1993	860	2416
2015	12001	8632	3369	120	2242	1380	2164

四、工伤保险

2005年9月，启动实施工伤保险，实行州级统筹。普安县各类企业、有雇工的个体工商户参加工伤保险，包括煤炭企业、非煤矿山、建筑施工企业等，按规定缴纳工伤保险费参加工伤保险。2008年11月，启动机关事业单位工伤保险工作，工伤保险费由县财政统一代缴。2011年1月，将事业单位、社会团体、民办非企业单位、基金会、律师事务所、会计事务所等组织纳入参保范围。

2005—2008年，由用人单位缴纳工伤保险费。煤矿企业按煤炭产量分段缴纳工伤保险费，非煤矿山按实名制参保，根据企业风险类别确定缴费费率；建筑施工企业的管理人员按工资总额的1.1%征收工伤保险费，对提不出概算部分按工程总造价的20%为基数，按基数的1.5%征收工伤保险费。2009年，提高煤矿企业工伤保险费率，第二、三类风险行业工伤保险费按照上年度工伤保险费补偿金额占缴费金额的比例实行浮动费率。砖、瓦、灰、砂石场等，按销售收入的1%缴纳工伤保险费。参保职工发生工伤后，享受工伤保险待遇，工伤保险待遇分为医疗康复待遇、伤残待遇和工亡待遇3部分。医疗康复待遇，包括诊疗费、康复性治疗费和药费；工伤职工医疗费，根据工伤保险药品目录和诊疗项目规定审核报销；伤残职工，由工伤保险基金支付伤残待遇，包括一次性伤残补助金和一次性工伤医疗补助金，一至四级伤残职工由工伤保险基金支付伤残津贴；工亡待遇，包括丧葬补助金、一次性工亡补助金和供养亲属抚恤金。2011年1月，扩大制度覆盖范围，提高工伤保险待遇的补偿，新增补偿项目。工伤职工住院治疗工伤的伙食补助费、到统筹地区以外就医的交通食宿费，与用人单位解除劳动合同的五至十级伤残职工，一次性工伤医疗补助金均由工伤保险基金支付。

2005—2015年普安县工伤保险情况表

表16-2-9

年份	参保人数（人）	缴费金额（万元）	享受工伤待遇人数（人）	工伤待遇支出（万元）
2005	2360	208	2	11
2006	4472	80	22	308
2007	4290	399	131	307
2008	5330	487	81	338
2009	9896	380	146	305
2010	11563	1170	121	452
2011	13903	1197	116	550
2012	14028	1331	121	768
2013	18000	1475	192	718
2014	19700	1999	—	777.2
2015	20100	1042	—	955

五、生育保险

2008年1月，启动生育保险，实行州级统筹。生育保险覆盖范围为所有企业、机关、事业单位、社会团体、民办非企业单位、个体经济组织等。机关事业单位在职职工生育保险费跟其他险种统一缴费基数，由县财政统一按0.6%的费率划拨；企业单位在职职工由用人单位按照职工工资总额的0.6%缴纳生育保险费，职工个人不缴纳生育保险费。

女职工妊娠期的产前检查费、分娩期、产褥期内发生的接生费、手术费；女职工怀孕后，胎儿有严重缺陷或严重遗传疾病需终止的或自然流产的、职工因生育、终止妊娠等引起的并发症、参加生育保险单位的职工配偶无工作单位且符合国家或省计划生育政策的生育医疗费均由生育保险基金支付。

符合贵州省基本医疗药品目录、诊疗项目、医疗服务设施项目和省规定的生育项目的门诊费由生育保险基金按70%、住院费按90%、配偶按生育保险待遇职工的50%的比例报销；床位费按每天10元的普通床位给予报销。2013年1月，对符合国家计划生育政策的参保职工发放生育津贴，每人1750元。

2008—2015年普安县生育保险情况表

表16-2-10

年份	参保人数（人）	缴费金额（万元）	享受生育待遇人数（人）	生育待遇支出（万元）
2008	6048	11	—	—
2009	6088	5	103	19
2010	6740	47.8	116	30
2011	7403	12.5	90	19
2012	9006	97	109	24
2013	10008	134	164	42
2014	10000	115.44	—	87.28
2015	9692	149	—	91

六、城镇居民医疗保险

2003年，普安县列入贵州省第一批新型农村合作医疗试点县。2004年1月，正式启动实施。资金实行封闭运行管理，参加新型农村合作医疗的农民就诊住院、转院报账实行定点医疗机构先垫付，上报经县合管中心审核，写出拨款计划到县财政局审核统一拨付到各定点医疗机构。实行新型农村合作医疗网络化管理，参加新型农村合作医疗的农民就医实行一证通。2008年9月，启动实施城镇居民医疗保险，实行州级统筹，全州统一筹资标准和保障待遇。筹资标准为每人每年180元，其中个人缴费为：中小学生和18周岁以下儿童每人每年40元，18周岁以上城镇居民每人每年100元，低保对象、重度残疾人员、低收入老年城镇居民每人每年10元，其余部分由政府补助。2011年1月，整合城乡医疗保险，个人缴费分为30元和100元2个档次，政府补助120元。对按时缴纳医疗保险费的城镇居民生病住院，住院费扣除自费部分和起付标准（一级以下医院60元、二级医院280元、三级医院420元）后，由统筹金按一级以下医院70%、二级医院55%、三级医院45%的比例给予报销。2012年，将全县参加新型农村合作医疗的优抚对象医疗补助纳入“一站式”服务报销。

2014年起，全县城镇居民医疗保险和新农合不再分开收费，统称城乡居民医疗保险，统一使用新农合票据、统一使用新农合医疗证，所筹资金统一存入新农合收入户，统一按新农合报账程序进行报账，统一使用城乡居民医疗保险信息系统，实现城乡居民医疗保险的真正整合。2014年，城乡居民医疗保险个人缴费标准为第一档90元、第二档100元。2015年，城乡居民医疗保险个人缴费标准为第一档70元、第二档100元。

2008—2013年普安县城镇居民医疗保险情况表

表16-2-11

年份	参保人数（人）	基金收入（万元）		基金支出（万元）
		合计	其中征缴收入	
2008	5321	16.66	12.9	—
2009	5456	16.86	9.34	48.67
2010	7496	38.88	16.08	27.38
2011	11968	108.77	16.94	33.66
2012	12000	67.68	17.82	71.78
2013	6776	54.21	22.7	406.64

2004—2013年普安县新型农村合作医疗情况表

表16-2-12

年份	参保人数（万人）	参合率（%）	基金收入（万元）		基金支出（万元）
			合计	其中征缴收入	
2004	11.77	44.8	530.46	302.34	99.18
2005	13.85	51.51	250.28	132.08	333.18
2006	19.57	71.01	803.23	603.72	420.34
2007	23.3	84.63	1307.14	436.78	555.09
2008	26.63	92.41	2298.21	261.05	1227.05
2009	26.86	93.02	2504.69	537.23	2628.51
2010	28.4	93.12	4954.04	1158.66	3870.45
2011	28.6	96.37	6484.44	857.98	5567.2
2012	28.64	—	8478.84	1432.62	6372.3
2013	28.64	—	9305.93	1436.06	9537.95

2015年，全县有参保人数28.80万人，其中由民政部门代为缴费的民政对象7288人。按常住人口计算参保率约96.79%。共筹资13257.90万元，其中农民个人缴费共2001.24万元，各级财政补助资金共1.11亿元（中央拨款7871.95万元、省级拨款2742.77万元、州级拨款195.45万元、县级拨款293.18万元）；利息共102.30万元。基金共计支出1.33亿元，其中购买大病保险支出521.18万元、医疗费用支出1.09亿元（包括住院4.18万人次8315.15万元、门诊79.52万人次支出2605.49万元）。

2014—2015年普安县城乡居民医疗保险情况表

表16-2-13

年份	参保人数（人）	基金收入（万元）		基金支出（万元）
		合计	其中征缴收入	
2014	286417	11232.57	1890.67	12390.74
2015	287975	13257.90	2001.24	13345.21

2004—2013年普安县新型农村合作医疗补偿情况表

表16-2-14

年份	合计报销（万元）	其中				医院减免（万元）
		住院（人次）	合作医疗报销（万元）	门诊就诊（人次）	门诊报销（万元）	
2004	220.1	2417	61.6	71750	158.5	24.65
2005	423.1	6876	215.3	126662	207.8	45.8
2006	650.14	7221	364.54	116138	285.6	80.91
2007	856.96	10025	506.76	140192	350.2	85.33
2008	1863.51	19000	1472.17	137843	391.34	84.27
2009	2628.51	30006	1885.17	220024	743.34	53.62
2010	3870.45	32462	2495.54	524386	1374.91	171.94
2011	6046.4	33200	3625.20	543122	2421.20	—
2012	6372.30	33370	4366.95	735643	2005.34	—
2013	9537.95	40712	6826.12	680883	2239.24	—

2014—2015年普安县城乡居民医疗补偿情况表

表16-2-15

年份	合计报销（万元）	其中			
		住院（人次）	住院报销（万元）	门诊（人次）	门诊报销（万元）
2014	11800.67	49318	9461.90	888536	2338.77
2015	10920.64	41751	8315.15	795191	2605.49

七、新型农村社会养老保险

2011年7月，普安县列为国家第三批新型农村社会养老保险试点县，同步启动实施新型农村社会养老保险、城镇居民社会养老保险(统称为城乡居民社会养老保险)。9月24日，试点工作正式启动实施。

城乡居民社会养老保险缴费标准分为100元、200元、300元、400元、500元、600元、700元、800元、900元、1000元、1200元、1600元12个档次，按照自愿原则，每人每年选择其中一个档次进行缴费。已年满60周岁的人员，每人每月可领取55元基础养老金和个人账户养老金。2014年2月，城乡居民社会养老保险缴费标准分为100元、200元、300元、400元、500元、600元、700元、800元、900元、1000元、1200元、1500元、2000元13个档次，每人每月可领取70元基础养老金和个人账户养老金，该规定从2014年7月开始实施。

2011—2015年普安县城乡居民养老保险情况表

表16-2-16

年份	参加人数（人）		基金收入（人）		基金支出（万元）
	合计	其中60岁以上	合计	其中征缴收入	
2011	93839	30858	1897.31	771.51	687.39
2012	113380	29295	2909.41	456.99	2108.03
2013	126580	31428	2979.23	992.89	1980.50
2014	137440	32318	3550.83	926.37	2125.56
2015	140185	37972	4273.68	1127.32	2939.13

第十七篇　民政　老龄事业　移民安置

1998—2015年，普安县民政工作、老龄工作、移民安置工作全面推进，取得一定成绩。

加强农村基层组织建设。全县村（居）民委员会举行6次（第四届到第九届）换届选举，完成75个村服务站和8个和谐社区建设任务。2005年，普安县获贵州省村民自治模范县称号。2015年8月12日，被省民政厅命名为贵州省农村社区建设全覆盖达标单位和贵州省村务公开民主管理达标单位。

拥军优属工作成绩突出，2006—2010年普安县被评为省级“双拥”模范县。

社会保障水平进一步提高。在全县范围内全面建立实施农村居民最低生活保障制度，农村居民最低生活保障资金每年达2580元。实施城镇居民最低生活保障制度，城市低保金人均每月440元。婚姻登记、殡葬管理、民间组织管理等工作进一步加强。

尊老敬老蔚然成风。每年重阳节即老年节，全县党政机关干部上门慰问老年人。建成普安县老年活动中心老年星光之家，14个乡镇相继建立敬老院，167个行政村、3个社区设立老年活动室。全县兴办老年学校16所。实施“孝心进社区工程”，开展敬老文明村寨评选活动，共评选出84个敬老文明村寨。

2008—2015年，全县共完成176户833人移民安置任务。

第一章　民　政

第一节　组织机构

一、县民政局

1998年，普安县民政局（简称“县民政局”）下设站股级的行政股、社救股、民政股、财务统计股、优抚安置股、福利彩票发行办公室。2010年9月，民政局下设站股级的办公室、优抚股、救灾救济股、社会事务和社会福利股、基层政权和区划地名股、计划财务股。2011年4月，民政局下设站股级的办公室、优抚股、救灾救济股、社会事务与社会福利股、基层政权与区划地名股、计划财务股、流浪乞讨人员救助管理站、婚姻登记站、烈士陵园管理所、社会福利院。

二、事业（福利）机构

殡葬管理局　2003年12月，设立站股级事业机构的殡葬管理所，编制3名。2011年4月，殡葬管理所升格为副科级事业机构的殡葬管理局，编制9名。

慈善总会　2007年8月，普安县慈善总会经县民政局批准依法注册登记，下设副科级事业机构的慈善总会办公室，编制4名。2013年12月，在14个乡镇成立慈善总会驻乡镇办事处，由总会任命各个办事处主任，挂牌开展工作。

社会救助局　2008年，设立副科级事业单位的社会救助局，编制11名，内设办公室、财务室。

烈士陵园管理所　2011年4月，设立站股级机构的烈士陵园管理所，编制2名。

健康医院　1998年8月，设立站股级机构的健康医院，编制15名。2011年4月，升格为副科级机构，编制26名，内设办公室、麻风病防治科、性病艾滋病防治科、美沙酮维持治疗门诊。

流浪乞讨救助管理站　2003年12月，设立流浪乞讨救助管理站。2011年4月，核定事业编制4名。

社会福利院　1998年8月，设立站股级机构的社会福利院，编制5名。2002年机构改革，核定事业编制5人；2008年6月，增加编制4人；2011年4月，核定编制15名。

婚姻登记站　2011年4月，设立站股级机构的婚姻登记站，编制6名。

第二节　农村基层组织

一、村（居）民委员会

（一）村（居）民委员会

1998年，普安县设有167个村民委员会，4个街道办事处。2004年12月，撤销4个街道办事处组建3个社区。2007年9月，将167个村、3个社区整合成75个村、14个社区。2014年3月，江西坡镇新增茶场社区，全县调整为75个村、15个社区。

（二）换届选举

1998—2015年，全县村（居）民委员会历经第四届到第九届，举行过6次换届选举。在选举时，村（居）民委员会成员候选人由选民直接提名，实行差额选举，选举一律采用无记名投票的方法。第九届村（居）民委员会换届选举，采取“两推一选”（党员推荐、群众推荐，党内选举）和“海选”（村民直接提名候选人并根据提名得票多少按照差额选举的原则确定正式候选人）的方式进行，鼓励妇女积极参与选举，并确保村（居）民委员会成员中至少有1名以上妇女。居民委员会的组成人员，由居民代表进行选举。

1998—2015年普安县村（居）民委员会选举情况表

表17-1-1

届别	年份	登记选民（名）	参加投票（名）	村（居）民委员会（个）		村（居）民委员会选举结果（名）															
				村	居	总数	其中		党员	女	少数民族	小学文化	初中文化	高中文化	大专文化	本科文化	30岁以下	31～40岁	41～50岁	51岁以上
四届	1998	138113	131240	167	5	895	主任	168	111	—	—	31	119	18	—	—	8	61	71	28
							副主任和委员	727	74	16	82	172	525	30	—	—	126	258	270	73
五届	2001	153644	134757	167	5	697	主任	160	101	—	44	29	96	34	1	—	14	67	61	18
							副主任和委员	537	243	102	172	132	324	78	2	—	78	270	148	41
六届	2004	156374	134755	167	3	633	主任	155	109		39	20	100	31	1	—	2	72	56	22
							副主任和委员	605	325	21	196	180	358	61	6	—	49	241	195	120
七届	2007	174998	122862	75	14	468	主任	83	319	54	—	355		103	10	—	36	182	169	81
							副主任和委员	385												
八届	2010	200876	143212	75	14	462	主任	82	299	55	—	378		69	12	3	19	162	185	92
							副主任和委员	380												
九届	2013	196431	146065	75	14	554	主任	89	315		—	—		—	—	—	—	—	—	—
							副主任和委员	465												

二、村民自治组织

2005年，贵州省开展村民自治模范县评选工作，普安县获贵州省村民自治模范县称号。2012年，开展村务公开民主管理示范村创建活动，窝沿乡获省级村务公开民主管理示范乡镇称号。2013年，青山镇、新店乡获州级村务公开民主管理示范乡镇称号，建成12个农村社区服务站（下街社区服务站、营山村社区服务站、范家寨村社区服务站、黄家坝村社区服务站、歹苏村社区服务站、下节河村社区服务站、细余村社区服务站、烂木桥村社区服务站、波余村社区服务站、花月村社区服务站、雨核村社区服务站、白石村社区服务站）、4个社区服务中心（青山社区服务中心、新店社区服务中心、南湖社区服务中心、板桥社区服务中心）。2014年，江西坡镇联盟村社区服务站、江西坡社区服务站、高潮村社区服务站、下山村社区服务站、细寨村社区服务站、三板桥镇九峰村社区服务站、十里村社区服务站、西陇村社区服务站、云庄村社区服务站、保冲村社区服务站、盘水镇云盘社区服务站、普天社区服务站、大湾村社区服务站、高兴村社区服务站、红星村社区服务站等15个村（社区）达到城乡社区示范点创建标准，被普安县村务公开民主管理及城乡社区建设工作领导小组命名为“城乡社区建设示范点”。

2015年，全县完成75个村服务站和8个和谐社区建设工作任务。农村社区建设工作和村务公开民主管理工作经省民政厅实地评估、评估委员会评审和公示，于2015年8月12日被省民政厅命名为贵州省农村社区建设全覆盖达标单位和贵州省村务公开民主管理达标单位。

第三节　拥军优属

一、拥　军

1998—2015年，在春节、“八一”建军节等重大节日，组织到驻县部队走访、慰问，召开军政民座谈会、举办军民联欢活动，支援部队工作。向驻县部队拨款1284.86万元建设国防后备力量、购置运兵车辆、营房建设、执勤设备、网络信息建设及生活补贴等。支持部队后勤保障社会化机制，供应部队用粮，发放优抚对象救济救灾粮食500余吨，对烈军属、伤残军人送粮油上门服务20人次。支持县驻军完成战备执勤、训练演习和抢险救灾等多样化军事任务，向人武部拨款398万元建设国防后备力量、成立应急分队、购置运兵车和营房建设。向武警中队拨款500万元建设新营房、购置车辆、执勤设备、网络信息和生活补贴。向消队大队拨款391.36万元解决消防装备、生活、学习、工作等方面费用。支持重点军事工程和军供设施建设，减免武警中队营房建设征地2133.44平方米相关费用。全县先后有6个单位被评为贵州省双拥工作模范先进集体，4人获贵州省拥军优属先进个人称号。2006—2010年，普安县被评为省级“双拥”模范县。2004—2015年，有313名现役士兵立功受奖。

二、优　抚

1998年，继续按照《军人抚恤优待条例》和军人抚恤政策，兑现优抚对象抚恤补助。2005年7月，印发《普安县人民政府办公室关于建立优待抚恤补助标准自然增长机制的通知》，规定“在乡镇革命伤残军人、烈士家属、因公牺牲和病故军人家属，在乡镇老复员军人、带病回乡的退伍军人等重点优抚对象，除领取优待抚恤定补标准外，优待抚恤补助标准随地方经济的增长而同步增长。每年分别以县统计部门公布的上年农民人均纯收入和城镇居民人均可支配收入额为基数，按不低于5%的比例增长。”

（一）优抚对象

1998—2006年，优抚对象包括“三属”（革命烈士、因公牺牲军人、病故军人的家属）、伤残军人、复员军人、带病回乡退伍军人、参战退役人员、农村籍60周岁以上退役人员、现役军人家属。2007—

2011年，优抚对象增加参战人员。2011年，增加60岁以上农村籍退役士兵为优抚对象。2013年，增加60周岁以上烈士子女为优抚对象。

（二）优抚优待金发放

1998—2015年，兑现现役军人家属2428人优待金589.55万元，发放“三属”人员525人抚恤金188.97万元，发放伤疾军人1765人抚恤金817.82万元，发放在乡老复员军人7500人生活补助费1527.47万元，发放带病回乡退伍军人269人生活补助费46万元。

2007—2015年，发放参战退役人员3233人生活补助费1009.8万元。

2012—2015年，发放60周岁以上农村籍退役士兵2474人生活补助费150.74万元。

2013—2015年，发放60周岁以上农村籍烈士子女36人生活补助费5.83万元。

将六级以上的伤残军人纳入公费医疗，七级以下的伤残军人和老复员军人由县财政解决经费，列入新型农村合作医疗保险。对因病造成困难的优抚对象，由民政部门给予一定的医疗救助。

1998—2015年普安县优抚优待金发放情况表

表17-1-2

年份	三属		残疾军人		复员军人		带病回乡		参战人员		60周岁以上农村籍退役士兵		60周岁以上农村籍烈士子女		现役军人家属	
	人数（人）	金额（万元）	人数（人）	金额（万元）	人数（人）	金额（万元）	人数（人）	金额（万元）	人数（人）	金额（万元）	人数（人）	金额（万元）	人数（人）	金额（万元）	人数（人）	金额（万元）
1998	35	3.2	100	4.6	623	6.2	17	0.5	—	—	—	—	—	—	96	10.6
1999	35	4.3	100	6.4	621	6.2	17	0.5	—	—	—	—	—	—	107	11.3
2000	34	5.4	102	6.8	620	38.5	17	0.6	—	—	—	—	—	—	112	12
2001	34	5.8	102	11.6	608	37	16	0.6	—	—	—	—	—	—	145	13.1
2002	34	6.9	102	10.8	596	47.2	15	0.6	—	—	—	—	—	—	114	12.2
2003	34	14.5	101	10.9	554	50	14	0.6	—	—	—	—	—	—	102	10.2
2004	34	10.2	101	10.2	543	51.8	17	1.6	—	—	—	—	—	—	104	10.6
2005	34	10.1	101	12.3	502	61.2	17	2	—	—	—	—	—	—	121	11.2
2006	35	10.2	103	41.9	501	110.8	17	2.1	—	—	—	—	—	—	186	28
2007	34	11.8	103	51	348	98.2	17	2.1	341	51	—	—	—	—	163	25.2
2008	25	7.6	86	24.3	322	90	14	2	293	35	—	—	—	—	130	27.3
2009	25	10.7	93	63.01	299	113	15	3.2	337	35.7	—	—	—	—	142	34.6
2010	24	10.7	95	64.9	287	121.8	15	4	372	97.5	—	—	—	—	130	39.2
2011	23	11.7	93	70.7	254	126.2	15	4.6	379	111.8	—	—	—	—	114	36.5
2012	23	13.5	94	88.1	230	139.3	12	4.4	378	135.1	559	15.8	—	—	128	47.4
2013	21	14	98	102	204	140.6	11	4.6	378	154.8	593	32.6	12	0.9	145	65.6
2014	21	17.07	98	112.31	181	142.3	11	5.4	378	183.6	656	43.8	12	2.1	141	71
2015	20	21.3	93	126	147	147.1	12	6.6	377	205.3	666	58.5	12	2.8	152	123.55
合计	525	188.97	1765	817.82	7440	1527.4	269	46	3233	1009.8	2474	150.7	36	5.8	2332	589.55

三、安　置

1998—2015年，拓宽退伍军人安置渠道，使转业干部、退役士兵、军队离退休干部和无军籍退休职工得到安置。对退役士兵坚持“按系统分配任务，包干安置”的原则，全面推行安置就业、自谋职业、扶持就业等多种形式的安置办法。对符合安置政策的退役士兵，采取文化考试和个人档案考核相结合的办法，进行公正、公开、公平竞争，择优安置，全县共接收退伍军人（包括志愿兵）18批1309人。

从2004年起，自谋职业的144人由政府一次性给予自谋职业补助费144.84万元。

2011—2015年，发放退役士兵199人的自主就业补助金241.51万元。开发使用军地两用人才，对农村退伍军人，采取就地消化与向外推荐就业相结合的安置办法。县农业局为农村退伍义务兵举办培训班4期260人次，县劳动就业服务中心对农村退役士兵进行技能培训116人次，推荐到外地务工296人，回农村发展种、养业的108人。

1998—2015年普安县退伍军人接收安置情况表

表17-1-3

年份	总人数（人）	回农村安置（人）	自主就业补助金（万元）	符合政策安置人员						
				安置总人数（人）	安置对象					
					城镇兵（人）	志愿兵（人）	转业士官（人）	垂管系统（人）	自谋职业（人）	自谋职业补助金（万元）
1998	61	45	—	16	12	1	—	3	—	—
1999	128	110	—	18	18	—	—	—	—	—
2000	53	28	—	25	25	—	—	—	—	—
2001	107	89	—	18	18	—	—	—	—	—
2002	76	53	—	23	23	—	—	—	—	—
2003	102	88	—	14	13	—	1	—	—	—
2004	101	86	—	15	8	—	—	—	7	14
2005	100	86	—	14	7	—	—	—	7	14
2006	88	76	—	12	7	—	—	—	5	10
2007	88	79	—	9	4	—	—	—	5	11.5
2008	53	41	—	12	5	—	—	—	7	14
2009	66	59	—	7	3	—	—	—	4	14.3
2010	53	45	—	8	4	—	—	—	4	14.8
2011	42	34	25.9	8	4	—	—	—	4	17.1
2012	41	30	43.7	11	5	—	—	1	5	22.6
2013	48	41	62.6	7	3	—	1	1	2	12.54
2014	56	54	62.28	2	1	—	—	—	—	—
2015	46	40	47.03	—	—	—	—	—	—	—
合计	1309	1084	241.51	219	160	1	2	5	50	144.84

四、烈士陵园管理

普安县烈士陵园位于盘水镇南湖社区，在普安县城南面的孙家山上，东西北三面为县城，南面为县城水源点东风水库。占地2公顷左右，陵园正门朝北，面对320国道，大门两边是砖石砌成的方形柱子，正门上方镶嵌着“普安县烈士陵园”7个行楷大字。进大门是一处平台，台中建有一圆形花坛，花坛右前方竖有一块大理石碑，上刻铭文，经过47级石台阶，一座高高的白塔矗立坡上，塔由水泥栏杆围护，内置六尊鼓形石磴，塔高19米，呈四棱锥形，实心，厚重稳当，青砖堆砌，水泥抹面，贴白色瓷板，亮丽美观大方。塔的正面书“革命烈士永垂不朽”八字，有烈士墓43座。2000年，对塔进行维修，将塔上原“革命烈士纪念碑”改为“革命烈士纪念塔”。2009年，黔西南州人民政府列为全州第一批爱国主义教育基地，新修陵园内道路，设展厅于县福利院顶楼。10月，县纪委、县委宣传部、县委组织部确定为反腐倡廉优良传统教育基地。2010年6月，县委、县政府立碑命名为爱国主义教育基地、县级文物保护单位。

另外，县内还有散葬的烈士墓25座，分别在楼下镇周家坟、青山镇田家弯、雪浦乡李家山、新店乡牛角山等地。2013年，投入资金17.3万元进行维修和保护。

第四节　社会救助

一、农村扶贫救济

（一）农村最低生活保障

1998年，启动实施农村最低生活保障制度。1998—2001年，发放低保金123.5万元，救助农村低保对象1853人次。2002—2006年，发放救助金650万元，救助4.2万人次。2007年1—6月筹集资金61万元购买救济粮（大米）200吨，解决农村特困群众吃粮困难；下拨临时救助款19.3万元，开展临时救助；下拨农村特困群众定期救助金68.18万元，解决5157户6818人的生活困难。

2007年7月，在全县范围内全面建立实施农村居民最低生活保障制度，原农村特困群众救助资金相应转为农村居民最低生活保障资金。农村居民最低生活保障资金由省、州、县三级财政按比例筹集。普安县以不低10%的增幅提高农村最低生活保障标准，2007年保障标准为693元，2008—2009年785元，2010年1196元，2011年1392元，2012年1620元，2013年1700元，2014年1990元，2015年2580元。

2010年起，实行社会化发放，救助标准以当年最低生活保障标准为基数，减去农村贫困人口年人均纯收入，救助的是未达到保障标准的部分。

2007—2015年普安县农村最低生活保障金发放情况表

表17-1-4

年份	最低生活保障金			年度	最低生活保障金		
	户数（户）	人（人/次）	金额（万元）		户数（户）	人（人/次）	金额（万元）
2007	11019	22080	397.44	2012	28230	56286	5199.44
2008	17231	30618	1466.38	2013	30010	56257	5687.98
2009	18737	30879	2098.71	2014	31652	56379	6252.84
2010	24052	57558	2963.13	2015	31326	52281	8109.76
2011	25037	55773	4437.70				

（二）贫困户危旧房修建

2006年，启动贫困户危旧房维修或翻建，当年下拨受灾群众建房补助金38.7万元，恢复重建受灾群众住房1210间。2007年，发放补助资金349万元，重建、维修受灾群众住房552间。2008年，发放补助资金421.9万元，帮助797户群众因灾倒、损房屋恢复重建，分2次发放建房补助款338.4万元实施300户危房改造。2009年，发放补助资金32.8万元修复受灾群众住房62间。2010年，发放恢复重建资金38.6万元帮助10户受灾群众重建倒塌房屋41间，帮助132户维修受损房屋481间。2011—2015年，危旧房修建由各乡镇（街道）酌情实施。

（三）农村五保供养

2002—2005年，发放五保供养金100万元。2006—2011年，确定老年、残疾或者未满16周岁的村民，无劳动能力、无生活来源又无法定赡养、抚养、扶养义务人，或者其法定赡养、抚养、扶养义务人无赡养、抚养、扶养能力的，享受农村五保供养待遇。按照“本人自愿申请、村（居）民委员会民主评议、乡镇政府审核、县级民政部门审批”的程序，办理符合条件人员享受五保供养待遇的审批手续。分散供养对象年人均供养标准为800元、集中供养对象年人均供养标准为1200元。2012年，对继续保留的五保供养对象依法进行管理，原来未和乡镇签订供养协议的，由五保对象、五保对象委托的近亲属与户口所在地人民政府补签供养协议，按五保对象真实意愿依法处理好五保对象家庭财产、承包土地、山林等问题，明确供养内容、供养义务、日常生活护理及安葬问题，并将五保对象信息及时录入民政管理台账，实行持证管理，每半年审核一次。各乡镇民政办随时了解五保对象生活情况及身体状况，帮助解决五保供养对象吃饭、穿衣、生病等方面遇到的困难和问题。分散供养对象按年人均1200元进行补助，集中供养对象按年人均2400元进行补助。2013年，对五保供养待遇标准按10%的比例提高，分散供养对象按年人均1320元进行补助，集中供养对象按年人均2640元进行补助。2014年，对五保供养对象待遇标准按20%的比例提高，分散供养对象按年人均1584元进行补助，集中供养对象按年人均3168元进行补助。2015年，对五保供养对象待遇标准按20%的比例提高，分散供养对象按年人均1900元进行补助，集中供养对象按年人均3801元进行补助。

2006—2015年普安县农村五保生活保障金发放情况表

表17-1-5

年份	集中供养五保对象		分散供养五保对象		金额（万元）
	户数（户）	人（人/次）	户数（户）	人（人/次）	
2006	105	105	1152	1394	90.00
2007	87	92	906	956	80.60
2008	41	41	1196	1329	88.27
2009	42	42	1225	1336	139.12
2010	36	36	1156	1404	130.98
2011	33	33	1076	1303	110.26
2012	31	31	1016	1185	142.35
2013	54	56	938	1131	190.18
2014	214	216	767	944	210.65
2015	328	328	547	671	248.50

（四）农村低保季节性缺粮户粮食救助

2011年，启动农村低保对象季节性缺粮户粮食救助，救助对象为农村低保户。救助粮发放标准：对年人均自产粮食在105千克以下且无劳动能力、无经济来源的农村低保特别困难户，每人每年发放3个月的口粮45千克；对年人均自产粮食在105～135千克且缺乏劳动力的农村低保中等困难户，每人每年发放2个月的口粮30千克；对年人均自产粮食在135～165千克的农村低保一般困难户，每人每年发放1个月的口粮15千克。纳入粮食救助范围的农村低保家庭中的重病、重残人员，按每人每年45千克标准发放救助粮。农村低保季节性缺粮户的救助粮原则上在每年6—8月由乡镇人民政府按月集中组织发放。老弱病残、行动不便不能自行领取粮食的农村低保对象，由乡镇组织包村干部或村组干部负责送粮上门。

2011—2015年普安县农村低保季节性缺粮户粮食救助情况表

表17-1-6

年份	救助数量			年份	救助数量		
	户数（户）	人（人/次）	数量（吨）		户数（户）	人（人/次）	数量（吨）
2011	4332	8373	289.97	2014	5087	9208	310.965
2012	4664	8974	304.50	2015	5579	9194	310.095
2013	4975	9045	307.74				

二、城镇最低生活保障

1998年，启动实施城镇居民最低生活保障制度。1998—2001年，发放城市低保金60.3万元，救助城市贫困人口1134人次。2002—2005年，发放城市低保金217万元。2006年，对城镇最低生活保障对象进行规范，确定救助标准。2006—2009年，人均每月150元。2010年，人均每月225元。2011年，人均每月260元。2012年，人均每月310元。2013年，人均每月330元。2014年，人均每月370元。2015年人均每月440元。以月补助标准为基准，减去城镇困难户已有收入，救助的是未达到保障标准的部分。

2006—2015年普安县城镇最低生活保障金发放情况表

表17-1-7

年份	最低生活保障金			年份	最低生活保障金		
	户数（户）	人（人/次）	金额（万元）		户数（户）	人（人/次）	金额（万元）
2006	1924	2816	327.13	2011	1918	2798	636.90
2007	1961	2853	353.72	2012	2045	2999	670.27
2008	1971	2860	507.25	2013	2107	3065	1031.33
2009	1985	2834	552.94	2014	2199	3180	997.08
2010	1851	2723	522.12	2015	2145	3087	1508.52

三、城乡救助

（一）城乡居民临时生活救助

2009年7月，制定《普安县城乡贫困居民临时救助实施办法》，启动城乡居民临时生活救助，发放临时救助金146.99万元，救助2099人次。2010年，发放临时救助金92.1万元，救助1350人次。2011年，对因临时性、突发性原因造成基本生活出现暂时困难的城乡低保户、城乡低保边缘户等困难家庭给予非定期、非定量生活救助，参照城乡低保档案管理办法，建立临时救助档案和城乡低保边缘困难群众档案，规范临时生活救助工作，发放临时救助金92.5万元，救助2391人次。2012年，发放临时救助金167.39万元，救助2968人次。2013年，发放临时救助金11万元，救助162人次。2014年，发放临时救助金158.95万元，救助615人次。2015年，发放临时救助金158.95万元，救助615人次。

（二）城乡医疗救助

2004年，启动城乡医疗救助，主要帮助普安户籍的低收入家庭的困难群众解决就医问题。对因卖淫、嫖娼、打架斗殴、酗酒、自杀、吸毒、交通事故及其他责任事故引起的疾病医疗费用不属于救助范围。救助对象为在合作医疗报销后，个人自付在5000元以上，且自付能力差、家庭经济十分困难的。2014年，县政府办公室出台《关于开展城乡困难群众医疗救助“一站式”即时结算服务的通知》，县民政局出台《普安县城乡医疗救助实施办法（试行）》，个人自付部分在5000元（不含5000元）以上的，由乡镇民政股审核上报县级民政局，按个人自付部分的30%给予救助。全年共开展救助2933人次，发放救助金635.2万元。2015年，共开展救助1166人次，发放救助金596.61万元。

2004—2015年普安县城乡医疗救助情况表

表17-1-8

年份	医疗救助		年份	医疗救助	
	人/次	金额(万元)		人/次	金额(万元)
2004	267	3	2010	13060	404.83
2005	361	8.58	2011	6809	560.82
2006	245	6.77	2012	3387	737.66
2007	607	10.79	2013	4271	733.49
2008	3959	132.88	2014	2933	635.2
2009	2470	133.35	2015	1166	596.61

(三)资助城乡居民参加合作医疗

2008年，启动新型农村合作医疗制度，资助对象为农村五保户、农村低保对象中重度残疾人、在乡优抚对象(不含1～6级伤残军人、参战人员)，资助标准为符合条件的对象每人按10元标准资助参保。2009—2010年，资助标准为每人20元。2011年，资助标准为每人30元。2012—2015年，对民政对象(包括城市低保、农村低保、重度残疾人、五保和优抚对象)参加城乡居民医疗保险(包括原新农合和城镇居民医疗保险)，第一档70元标准由民政部门从医疗救助资金中代为缴纳；第二档按30元补助标准予以补助，不足部分由参保人员自行承担。根据各乡镇报送的名单，县民政局将参保资金一次性划转到县城乡居民医疗保险基金账户上。

2008—2015年普安县城乡居民参加合作医疗救助情况表

表17-1-9

年份	资助人员(人)	资助金额(万元)	年份	资助人员(人)	资助金额(万元)
2008	3331	3.33	2013	57485	287.43
2009	6738	10.62	2014	60828	210.39
2010	6877	21.24	2015	63650	219.74
2011	6867	15.18	合计	263537	1056.21
2012	57761	288.31			

四、灾害救济

(一)县内灾害救济

1998—2001年，普安县相继遭受干旱、风雹、病虫、洪涝等各种自然灾害，受灾人口105万人次，粮食减产3.93万吨，因灾受伤、死亡人口15人，死亡大牲畜24头(匹)，倒塌、损坏房屋7084间，直接经济损失2.6亿元。落实各种救灾救济、建房补助款623.4万元，救济受灾人口5.12万人，发放救济粮食3.75万吨，发放衣被10.67万件(套)，恢复住房、建设民政安居房屋3282间。2002—2005年，制定《普安县突发性自然灾害救助应急预案》，县财政投入救灾资金157万元，恢复重建因灾损坏房屋4210间。2006年，遭受干旱、风雹、洪涝等自然灾害，风雹灾最为严重。2007年，农作物受灾面积2413公顷，经济损失达1136万元，其中农业经济损失1042万元。发生雷击多次，造成4人死亡、2人受伤，死亡大牲畜11头(匹)。2008年，出现50年一遇持续低温凝冻天气，受灾人口25.75万人，直接经济损失1.31亿元。其中倒塌房屋1126间、受损房屋11284间，因灾倒损房屋直接经济损失近1500万元。发放救济粮250吨，临时困难救助16.26万元。2009年，先后6次遭受洪涝、风雹灾害。

2010年，遭受严重干旱、洪涝灾害，创建减灾示范社区和减灾示范学校，组织开展防灾减灾日宣传活动。2011—2013年，遭遇低温冷冻、风雹、洪涝、干旱灾害，受灾人口88.62万人次，损坏房屋8743间，直接经济损失3.54亿元。落实各种救济、建房补助款项2023万元，发放救济粮食3777吨，发放衣、被2.39万件（套）。

2014年，普安县先后发生低温冷冻、干旱、风雹、洪涝、滑坡等自然灾害，受灾人口26.8万人，紧急转移安置人口152人，农作物受灾面积1.28万公顷，成灾面积6279.46公顷，绝收面积385.14公顷，因灾倒塌农房13户50间，损坏农房792户2364间，直接经济损失9949.1万元。全年共下拨148万元救灾救济款到各乡镇，冬春期间，发放冬春救助粮食600吨，棉衣5063件、棉被4184床、单衣3883套、帐篷139顶，救助冬春受灾困难群众3.55万人，下拨倒损房屋恢复重建补助资金30.6万元，其中倒塌房屋重建对象17户，补助资金20.4万元，房屋维修22户，补助资金10.2万元。

2015年，普安县不同程度的遭受旱灾、风雹灾、洪涝等自然灾害，受灾人口10.38万人，紧急转移灾民116人；农作物受灾面积4718公顷，成灾面积2963.4公顷，绝收面积121.1公顷，因灾倒塌房屋13户19间、严重损坏房屋55户118间，一般损坏房屋415户867间。造成直接经济损失3997.5万元，其中农业经济损失1742万元、基础设施损失1705.5万元、公益设施损失193.5万元、家庭财产损失356.5万元。全年下拨中央自然灾害资金140万元到各乡镇，用于解决因灾困难群众基本生活；发放救助粮720吨，其中2014—2015年冬春救助粮500吨、临时救灾粮220吨。发放棉被3300床、棉衣3603件、单衣406套、帐篷75顶、简易床71张；发放灾民恢复重建住房补助金14.1万元，新建11户29间、维修7户18间。全年共救助因灾困难群众1067户24077人。

1998—2015年普安县灾害救济情况表

表17-1-10

年份	受灾情况						救济情况				
	受灾人口（万人/次）	粮食减产（吨）	人口伤亡（人）	大牲畜伤亡（头/匹）	损坏房屋（间）	直接经济损失（万元）	救济人口（万人/次）	粮食救济（吨）	发放衣被（套/件）	恢复住房（间）	救济资金（万元）
1998	14.93	7692	—	1	1924	7996	1.9	268	1680	406	163.5
1999	24.67	779	3	10	1836	9815	1.9	37200	37050	1012	150.7
2000	42	25176	2	13	1565	4914	—	—	68000	1303	139.2
2001	23.4	5616	10	—	1759	3308	1.32	20.58	—	561	170
2002—2005	—	—	—	—	—	—	—	—	—	4210	157
2006	28.6	—	4	—	—	1131	—	—	—	1210	193.7
2007	—	—	6	11	—	1136	—	—	—	—	349
2008	25.75	—	—	—	12410	13100	—	250	—	—	16.26
2009	14.76	—	1	3	4146	2300	—	250	—	—	179.79
2010	—	—	—	—	—	—	—	500	—	522	382.58
2011	28.19	—	—	—	—	22800	—	520	—	—	99
2012	32.8	—	—	—	—	5104	—	2320	6422	—	754.9
2013	27.63	—	—	—	8743	7536	—	936.6	17477	—	1168.8
2014	26.79	—	—	—	2414	9949.1	3.5	600	13130	39	30.6
2015	10.3	—	—	—	1004	3997.5	2.4	720	7309	47	154.1

（二）县外灾害救济

2008—2015年，县境外发生重大灾害，县慈善总会募集善款进行支援。先后4次募集善款233.49

万元，支援2008年汶川地震、2010年玉树地震、2011年望谟洪灾、2013年雅安地震开展灾后重建。

五、专项救济

（一）精简职工救济

1998年，全县有三年困难时期精简职工136人。2009—2011年，全县有精简职工44人，每年每人发放救济金600元。2012年，对20世纪60年代精简退职职工进行摸底排查，救济金调整为每人每年2400元。2015年，全县有精简退职职工35人，救济金为每人每年2400元。

（二）重残无业人员救济

2007—2009年，对全县125名重残无业人员实施救助，城镇每人每月150元，农村每人每季度135元。2010—2015年，调整为城镇每人每月225元，农村每人每季度300元。规定每年以不低于10%的标准提高，并资助参加城乡居民医疗保险（包括原新型农村合作医疗保险和城镇居民医疗保险）。

（三）“两释”及在教人员未成年子女救济

1998—2015年，将213名“两释”（劳改、劳教已释放）人员纳入城乡低保、临时救助。

2013—2015年，将在教人员未成年子女5人纳入城乡低保、240人纳入农村低保。

（四）外来人口收容遣送

1998—2003年11月，救助外来流浪乞讨人员和收容遣送工作由县民政局社会科兼管。对流浪到普安县境内的外来流浪乞讨人员（痴、呆、傻、精神病人，“无有效证件、无固定居住地点、无固定工作单位”的“三无”人员），在进行收容、救助、审查、教育的同时，同这些人员所在地的政府民政部门取得联系，做好流浪人员的返乡安置工作，共收容遣送流浪到县的外来人员500余人次。2003年12月，成立流浪乞讨救助管理站对外来人口进行收容遣送，到2015年，共救助流浪到县的外来人员2000余人次。

第五节 社会福利

一、养老机构

（一）社会福利院

1998—2005年，普安县社会福利院建设变化不大。2006年，投入资金27万元重新进行装修，绿化面积200平方米，住房30间、床位30张，配备衣柜等设施。食堂80平方米，建立公共电视室、娱乐室，备有10余种健身器材。配备护理人员、厨师共9人，昼夜为老年人特殊护理，经费由县财政全额拨款。2015年，投入资金2.9万元安装消防自动报警设施，完善社会福利院消防设施。

1998—2015年普安县福利院情况表

表17-1-11

年份	工作人员（人）	实际收养（人）		院民生活费（元）	
		老人	孤儿	老人	孤儿
1998	9	7	—	190	—
1999	8	7	—	190	—
2000	8	7	—	190	—
2001—2004	11	11	—	260	—
2005	9	6	—	260	—
2006	9	8	—	260	—

续表17-1-11

年份	工作人员（人）	实际收养（人）		院民生活费（元）	
		老人	孤儿	老人	孤儿
2007	9	8	—	260	—
2008	12	9	—	260	—
2009	13	9	—	370	—
2010	13	9	—	370	—
2011	9	9	—	370	—
2012	10	9	5	590	1370
2013	10	9	6	590	1370
2014	3	11	7	890	1370
2015	3	12	7	890	1370

（二）敬老院

1998—2008年，将年满18周岁、60周岁以上无赡抚养人或赡抚养人无赡抚能力的人员1166人列入五保对象，其中集中供养92人，分散供养1074人。2009年，启动“霞光计划”农村敬老院建设项目，新建青山镇、高棉乡敬老院，改扩建新店乡敬老院。2010—2011年，对全县敬老院先后进行修缮、扩建，并配置彩电、冰箱、洗衣机，设立老年活动室、浴室等，聘用管理人员照顾院民。2012—2013年，雪浦、楼下、窝沿、江西坡等11个乡镇建立敬老院，共有房屋310间（约6743平方米），床位208张，收养67人（其中五保老人48人，孤儿5人，残疾老人14人），每人每年生活费为6500元。2013年9月，投入646.81万元建设罗汉乡、龙吟镇敬老院，各设60张床位。2014年，全县共有328张床位，收养216人。2015年，全县共有328张床位，收养328人。

1998—2015年普安县乡镇敬老院建设情况表

表17-1-12

敬老院名称	新建、改建年度	占地面积（平方米）	建筑面积（平方米）	床位（张）	实际收养（人）	床位利用率（%）
雪浦乡敬老院	1994	1333	450	12	4	33
楼下镇敬老院	1994	1000	400	12	12	100
窝沿乡敬老院	1995	1000	400	12	12	100
白沙乡敬老院	1996	667	430	12	0	0
江西坡镇敬老院	1998	1000	1120	24	5	21
地瓜镇敬老院	1998	1120	1162	24	2	8
罐子窑镇敬老院	1998	976	400	14	4	28
三板桥镇敬老院	2000	1000	1032	24	6	25
新店乡敬老院	2003	1333	350	24	2	8
青山镇敬老院	2006	1667	423	26	6	23
高棉乡敬老院	2010	1333	423	24	14	58
罗汉乡敬老院	2013	2720	1818.66	60	—	—
龙吟镇敬老院	2013	2464	1818.66	60	—	—
全县	2014	—	—	328	216	66
全县	2015	—	—	328	328	100

二、福利彩票销售

2002年，福利彩票销售23.2万元。2007年，电脑福利彩票投注点5个，销售福利彩票140余万元。2011年，销售福利彩票1216.89万元。2012年，销售福利彩票1357.88万元。2013年，销售福利彩票1290.83万元。2014年，销售福利彩票1077.14万元。2015年销售福利彩票1009.42万元。

第六节 婚姻登记与收养登记

一、婚姻登记

1998—2002年，婚姻登记由各乡镇民政办负责登记，全县共有14个婚姻登记点。2003—2011年，全县调整为7个乡镇民政婚姻登记点。2012—2015年，婚姻登记由民政局办理。2010年，民政局婚姻登记站获民政部授予的全国婚姻登记规范化单位称号。

1998—2015年，全县共办理结婚登记45744对（含复婚、补办结婚），办理复婚登记477对，办理离婚登记1587对。

1998—2015年普安县婚姻登记情况表

表17-1-13 单位：对

年份	结婚登记		离婚登记	年份	结婚登记		离婚登记
	结婚	复婚			结婚	复婚	
1998	1283	27	9	2008	2731	12	73
1999	1605	21	8	2009	2918	17	86
2000	1910	36	11	2010	2726	27	98
2001	2216	24	14	2011	2812	38	151
2002	2461	19	17	2012	2965	51	176
2003	2567	23	26	2013	3019	63	219
2004	2385	35	29	2014	3253	—	249
2005	2497	28	32	2015	3066	—	269
2006	2635	27	64	合计	45744	477	1587
2007	2695	29	56				

二、孤儿生活保障和收养登记

（一）基本生活保障

1998—2010年，对孤儿的救助主要是纳入五保供养范畴。2010—2015年，对孤儿按月发放基本生活费，其供养标准在不同年度又分为社会散居、集中供养2种，其中2013年发放孤儿基本生活费（含元旦、春节一次性生活补贴）0.66万元。2014年，发放孤儿基本生活费49.06万元。2015年，发放孤儿基本生活费57.76万元。

2010—2015年普安县孤儿供养情况表

表17-1-14

年份	孤儿（人）		每人每月补助（元）		补助合计（元）
	社会散居	集中供养	社会散居	集中供养	
2010	46	—	360	—	198420
2011	53	2	600	1000	372600

续表17-1-14

年份	孤儿（人）		每人每月补助（元）		补助合计（元）
	社会散居	集中供养	社会散居	集中供养	
2012	53	5	600	1000	441600
2013	51	9	600	1200	492600
2014	51	11	600	1000	490600
2015	55	15	600	1000	577600

（二）收养登记

2009—2015年，对符合收养条件的5对夫妇办理收养登记手续，其中2009年办理3对，有2对是收养非社会福利机构查找不到生父母的儿童，另1对是收养三代以内同辈旁系血亲的子女；2012年办理1对，该对夫妇是收养非社会福利机构抚养的查找不到生父母的儿童。2015年办理1对，该对夫妇是收养非社会福利机构抚养的查找不到生父母的儿童。

第七节　殡葬管理

一、殡仪馆建设

2011年，在县城西北面采取BT模式新建凤凰山殡仪馆，占地面积5.8公顷，总投资4500万元，建筑面积9188平方米，设有大厅4个，小厅2个，能同时满足6家治丧需要。火化用房634平方米，综合办公楼2726.8平方米，停车场能够容纳车辆200辆。2012年，普安县被确定为黔西南州殡葬改革示范县。2015年，殡仪馆主体工程完工。

二、公　墓

（一）苗圃场公墓

位于县城东面森林公园苗圃场一山丘，面积约1.33公顷，属县属机关、企事业部门死亡职工及家属土葬用地。由于地处林区，在安葬遗体和清明节期间容易引发火灾，于2005年停用。

（二）龙山公墓

2005年，在县城西面3.5千米处的盘水镇大湾村刘家坡征地3.32公顷建设公墓，墓位2000多穴。原名刘家坡公墓，因其名存有家族公墓的意思，后以该公墓后山稍远处为九龙山而更名为“龙山公墓”。龙山公墓建设之初，每穴收2000元。2006—2015年，每穴收2500元。同期与公墓外的土地相比，公墓墓地价格只有一半甚至低到五分之一。至2015年，共出售242穴，安葬212穴，免费安葬已故社会福利院院民1穴。

三、殡葬管理

2011年11月，启动《普安县殡葬管理暂行办法》草拟工作。2012年10月，送县政府进行审定。2013年6月，县政府办发文到各单位对《普安县殡葬管理暂行办法》（讨论稿）征求意见。2014年，凤凰山殡仪馆建设完工。2015年，县政府制订下发《普安县殡葬救助保障实施办法（试行）》《普安县殡葬管理暂行办法》《普安县集中治丧工作实施细则（试行）》，开展殡葬宣传工作。3月，凤凰山殡仪馆竣工验收，4月1日至5月20日殡仪馆试运行，5月21日0时正式运行，全年共集中治丧55例。

第八节　民间组织

一、社会团体登记管理

1998—2015年，全县注册登记社团26个，其中联合性社团11个、学术性社团6个、农村专业经济协会4个、行业性社团5个。

1998—2015年普安县社团登记情况表

表17-1-15　　单位：个

年份	登记数	实有社团数	年份	登记数	实有社团数
1998	—	3	2007	1	7
1999	—	3	2008	1	8
2000	—	3	2009	1	9
2001	—	3	2010	3	12
2002	—	3	2011	3	15
2003	1	4	2012	3	18
2004	2	6	2013	2	20
2005	—	6	2014	4	24
2006	—	6	2015	2	26

1998年，对县境内社会团体成立条件、章程、活动经费等逐项进行复查审核登记。2015年，全县实有社会团体26个，参加年检26个，合格26个。开展行业协会商会类、科技类、公益慈善类、城乡社区服务类等四类社会组织直接登记工作。

1998—2015年普安县社会团体情况表

表17-1-16

社团名称	成立时间	地址	业务主管单位
普安县老年人体育协会	1992.1	盘水镇	老干局
普安县消费者协会	1992.1	盘水镇	工商局
普安县林学会	1992.1	盘水镇	林业局
普安县个体私营企业协会	2003.6	盘水镇	工商局
普安县畜牧养殖协会	2004.9	盘水镇	畜牧局
普安县诗词楹联协会	2004.12	盘水镇	宣传部
普安县慈善总会	2007.8	盘水镇	民政局
普安县江西坡镇果蔬协会	2008.8	江西坡镇	农业局
普安县苗学会	2009.11	盘水镇	民族宗教事务局
普安县茶叶协会	2010.5	盘水镇	茶办
普安县布依学会	2010.6	盘水镇	民族宗教事务局
普安县思想政治工作研究会	2010.11	盘水镇	宣传部
普安县煤炭行业商会	2007.8	盘水镇	工商联合会
普安县食品流通行业商会	2011.12	盘水镇	工商局

续表 17-1-16

社团名称	成立时间	地址	业务主管单位
普安县新店乡薄壳核桃协会	2011.12	新店乡	经科局
普安县非煤矿山行业商会	2012.1	盘水镇	工商联合会
普安县小水电行业商会	2012.1	盘水镇	水利局
普安县食品生产行业商会	2012.9	盘水镇	质量技术监督局
普安县见义勇为协会	2013.7	盘水镇	宣传部
普安县林下天麻种植、繁育专业技术协会	2013.12	雪浦乡	农业局
普安县新店乡灌区用水户协会	2014.3	新店乡	水利局
普安县九龙自行车运动协会	2014.3	盘水镇	文体旅广局
普安县罐子窑镇辣子树村种植养殖农村经济专业协会	2014.6	罐子窑镇	农业局
普安县观赏石协会	2014.12	盘水镇	
普安县党外知识分子联谊会	2015.5	盘水镇	
普安县书法家美术家协会	2015.12	盘水镇	宣传部

二、民办非企业单位登记管理

2009年12月，普安县登记注册普天学校，是全县第一个登记注册的民办非企业单位。2015年，全县共核准登记民办非企业单位10个，9个为教育类，1个为卫生类。

2009—2015年普安县民办非企业单位登记情况表

表 17-1-17

民办非企业单位名称	成立时间	地址	业务主管单位
普安县普天学校	2009.12	盘水镇	教育局
普安县青山文达实验学校	2011.2	青山镇	教育局
普安县盘水镇未来之星幼儿园	2012.8	盘水镇	教育局
普安县楼下镇博文学校	2012.8	楼下镇	教育局
普安县楼下镇新风学校	2012.8	楼下镇	教育局
普安县楼下镇坡脚村星苑幼儿园	2012.11	楼下镇	教育局
普安县楼下镇糯东矿区育才学校	2013.5	楼下镇	教育局
普安县楼下镇言文学校	2013.11	楼下镇	教育局
普安新兴医院	2014	新店乡	卫计局
普安县窝沿乡文武实验学校	2015	窝沿乡	教育局

第二章　老龄事业

第一节　老龄机构

一、县老龄办

1998年，普安县老龄问题委员会下设办公室（简称“县老龄办”），归口老干局管理。2000年3月，建立党支部。2003年8月，普安县老龄问题委员会更名为普安县老龄工作委员会，下设正科级机构的办公室，归口民政局管理，设主任1名（由民政局局长担任，不占编制），专职副主任1名，科员1名。2014—2015年，主任1名、副主任2名，行政工勤人员1名。

二、县老年大学

1998年，普安县老年大学（简称“县老年大学”，归口县委离退休干部工作局管理），设名誉校长1人、校长1人、副校长2人，名誉校长、校长、副校长均由离退休干部担任。先后由县委离退休干部工作局、县老龄委办公室为老年人上课开展服务工作。2004年3月，在县委离退休干部工作局设站股级的县老年大学办公室，设主任或副主任1名；2010年6月，设立正科级事业单位的老年大学，核定编制3人（其中校长或副校长1名，工作人员2名），老年教育工作领导小组办公室仍设在县委离退休干部工作局。2013年，有副校长1名，工作人员1名。2015年8月，中共贵州省委组织部下发《关于黔西南州兴义市老年大学等列入参照公务员法管理范围的通知》，县老年大学列入参照公务员法管理范围，有副校长1名，工作人员1名。

三、老年人体育协会

普安县老年人体育协会（简称“县老体协”），是由县民政局审批、以离退休干部为主体的社团组织。1998年老体协办公室设在县委离退休干部工作局，有10个分协会。2002年由县文体广电局管理，2003年7月由县委离退休干部工作局管理，2007年3月由县老龄委办公室管理，2007年8月至2015年12月由县委离退休干部工作局管理，县委离退休干部工作局明确专人负责各种服务工作。2015年，老体协有14个分协会，协会会员1250人，分别是健身一队、健身二队、健身三队、康乐队、体育健身队、健美协会、星光健身队、门球队、舞蹈队、健身队、钓鱼协会、登山协会、快乐夕阳健身队、太极健身气功队。

四、基层老龄机构

1998年，在14个乡镇设立老龄机构，在167个行政村、3个社区建立老龄协会。2007年9月，在75个行政村、14个社区建立老龄协会。2015年，12个乡镇（街道）90个行政村（社区）建立老年协会。

第二节　老龄工作

一、尊老敬老

1998年起，在农历重阳节即“老年节”，全县党政机关上门慰问老年人，发放慰问金及衣被、大米、食用油等。1999年，全州开展评选表彰，表彰普安县敬老好儿女金榜奖5名，老有所为奉献奖6名，重视老龄工作功勋奖先进集体3名，先进个人3名，老龄工作者爱岗敬业奖先进个人2名，普安县以先进为榜样组织志愿者为老年人打扫卫生、理发、修理家用电器等服务。2004年，建成普安县老年活动中心老年星光之家，14个乡镇相继建立敬老院，167个行政村、3个社区设立老年活动室，其中三板桥村、江西坡村、营山村创建为县级示范型老年活动室。2005年，启动实施孝心进社区工程。2006年，青山镇营山村评选为全国敬老模范村，其余行政村（社区）确定为县级敬老模范村（居）委会。2008—2012年，实施敬老文明村寨评选活动，共评选出84个行政村（社区）。

2008—2015年普安县评选敬老文明村寨情况表

表17-2-1

年份	评选的行政村（社区）名称
2008	青山社区、下街社区、老山田村、金竹林村、白石村、地瓜社区、嘎坝村、新光社区、楼下社区、高兴村、新店社区、红旗社区、窝沿社区、铁厂村、雪浦村、博上村、十里村
2009	范家村、戈余村、细寨村、下山村、莲花村、喜打林、红岩村、小河村、泥堡村、大湾村、细余村、硝硐村、吟塘村、平桥村、白沙社区、兴隆村、九峰村
2010	黄家坝村、凉水村、高潮村、岗坡村、冬瓜村、棉花村、小山坡村、嵫岿村、堵嘎村、补者村、红星村、烂木桥村、北盘江村、大榜村、卡塘村、高箐村、西陇村
2011	歹苏村、海子村、联盟村、木卡村、屯上村、朝阳村、辣子树村、糯东村、偏坡村、波余村、石古村、吟路村、上寨村、官田村、红寨村、硐口村、云庄村
2012	下节河村、罗汉村、鲁沟村、地泗村、棉花村、坡脚村、磨舍村、花月村、雨核村、文笔村、高阳村、田坝村、河边村、大小寨村、哈马村、保冲村
2013	江西坡镇、三板桥镇、白沙乡、青山镇、盘水镇
2014	青山镇范家寨村、江西坡镇联盟村
2015	三板桥镇十里村继续保留“全国文明村镇”荣誉称号

二、为老服务

1998年，普安县法律援助中心对52起老年人有关事宜提供法律援助。2002—2012年，与县红十字会、残联、卫生局联合资助198名白内障老年人患者实施复明治疗。2005年，为全县70岁以上及离退休老年人办理老年优待证，老年人凭证可免费在各医院老年窗口优先挂号、优先诊疗，各项化验优惠收费，减免住院费，外出旅游、乘坐公交车等减半或免收费。全县建成老年活动中心（含星光老年之家）3个，其中设施完备、功能齐全的老年活动中心1个，建设面积1700平方米，年活动人数310人；社会福利院1个，床位数6张，入住老人8人，面积240平方米；乡镇敬老院9个，床位数175张，入住老人132人，面积5400平方米。2011年6月，开展为期1个月的“敬老月”活动，内容包括斗鸟、绘画、钓鱼、登山、舞蹈、书法等。2012年8月6日，启动实施“敬老文明号”创建活动。2013年，县人民医院、地方税务局、国家税务局获州“敬老文明号”创建活动领导小组表彰。2013年3月19日，上报2013年省级农村幸福院建设项目。2014—2015年，组织志愿者到福利院免费义诊，并送慰问品。

三、老年维权

1998年，发生老年纠纷案件6起，全部在乡镇级、村级进行调解。全县老年服务网点15个，指定的法律服务和法律援助机构设立老年人合法权益岗14个，14个乡镇开展老年法律服务业务，全县推行涉老案件“三优先”（优先立案、优先执行和涉老案件陪审员制度）。设有法律援助中心机构1个，配有专（兼）职人员15人，各级老年机构接待老年人来信来访12起，提供法律服务和援助2起。

第三节　老年学校

一、县老年大学

1998年，普安县老年大学面积128平方米，开设时事政治、老年医疗保健、老年书法、老年法律法规、老年文艺等课程。2002年，设立普安县老年教育工作领导小组办公室（设在老年大学），由离任老干部兼任办公室主任或副主任。

1998—2004年，普安县老年大学采取“老年人办、老年人教、老年人学”的方式办学，名誉校长、校长、副校长均由离退休干部担任。2004年，设普安县老年大学办公室为老年人服务。

老年大学每年4月初开学，11月底散学。课程分为公共课和专业课，公共课为政治理论、医疗保健等，专业课则根据教员和学员情况来确定开设班级和课程。上课分为室内课和室外课，室内课每星期1次，主要是理论知识教学；室外课主要是学员自行组织舞蹈、太极拳（剑）等练习。学员主要是离退休干部和社会老年人，学制属长期学不毕业。

1998—2015年，普安县老年大学上课教师人数121人次，学员人数5118人次，上公共课470节（次），重阳节及重大节日开展活动42次，财政共拨给经费19.4万元。2014年，开设5个专业10个班次，有学员426名。2015年，开设5个专业11个班次，有学员429名。

1998—2015年普安县老年大学教学情况表

表17-2-2

年份	开设公共课	开设专业课	授课教师人数（名）	学员人数（名）	室内上课（节）	开展活动（次）	财政划拨经费（万元）
1998	老年人医疗卫生保健，工农业生产知识，老年人权益保障法，文艺体育，老年人养生，时事政治，普安工农业生产和国民经济发展计划	香功，健美，剑术，气功	9	308	29	5	0.6
1999	老年人权益保障法，党的十五届三中、四中全会精神，全县经济运行情况通报，老年人卫生与健康，声讨北约轰炸中国驻南斯拉夫大使馆的罪行，普安改革开放二十年成就，老年人种花草经验交流，禁毒宣传	香功，健美，太极拳（剑），气功，桥牌，书法	7	330	32	2	0.3
2000	李岚清副总理在老龄工作会议上的讲话，老年人卫生知识，县“三讲”教育主要精神，“三讲”教育读本，老年人的价值观，关心下一代的健康成长	健身操，太极拳（剑），诗书画	10	345	20	1	0.3

续表 17-2-2

年份	开设公共课	开设专业课	授课教师人数（名）	学员人数（名）	室内上课（节）	开展活动（次）	财政划拨经费（万元）
2001	西部大开发老同志们怎么办，老年人权益保障法，党的十五大和十五届五中全会精神，全县五年的经济发展规划和普安的经济运行情况，“三个代表”重要思想的要求，民主与法制，巩固和加强农业的基础地位及普安的生态建设，国内与国际形势、新婚姻法的修改情况，家用电器维修与保养，社会主义人生观与价值观	健身操，太极拳（剑），舞蹈	9	345	24	1	0.3
2002	老年人权益保障法，老年人保健知识，“三个代表”重要思想讲座，公民道德建设纲要讲解，农业科学知识，普安2002年政府工作报告和发展情况通报，朱镕基2002年政府工作报告，学习“七一”讲话和西部大开发的有关精神	健身操，太极拳（剑），舞蹈，盆景花卉栽培，书法	10	408	27	4	0.3
2003	公民道德讲座，法制宣传，妇女权益保护法，十六大会议精神，医疗保险有关政策法规，普安的党代会、人代会精神	健身操，太极拳（剑），蔬菜栽培技术，音乐	8	340	29	4	0.3
2004	妇女权益保护法，未成年人思想道德教育，立党为公，执政为民，普安经济发展情况通报，道德与法制，老年人医疗卫生保健，老年人日常生活的养生之道	健身操、太极拳（剑），桥牌	11	350	32	2	0.3
2005	道德与法制，老年人医疗卫生保健，退休生活讲座，全面建设小康社会，构建和谐社会，社会保障知识讲座，以人为本，老年工作有关政策法规，加强党的执政能力建设，老年人养生知识，盘水镇小城镇建设的发展规划	健身操，太极拳（剑），舞蹈，诗词	12	210	29	2	0.4
2006	老年人医疗卫生保健，老年人权益保障法，时事政治，普安工农业生产	健身操，太极拳（剑），舞蹈	10	391	29	2	0.4
2007	时事政治，老年人医疗卫生保健，老年人权益保障法，十七大会议精神	健身操，太极拳（剑），门球，舞蹈	10	391	27	1	0.5
2008		健身（美）操，太极拳（剑），门球，舞蹈	—	—	—	4	1
2009		健身（美）操，太极拳（剑），门球，舞蹈，书法诗词	—	—	—	1	1
2010		健身（美）操，太极拳（剑），门球，舞蹈，柔力球	—	—	—	2	1

续表 17-2-2

年份	开设公共课	开设专业课	授课教师人数（名）	学员人数（名）	室内上课（节）	开展活动（次）	财政划拨经费（万元）
2011		健身（美）操，太极拳（剑）班，门球，舞蹈，柔力球，金钱棒	—	—	—	5	1.2
2012	老年人权益保障法，老年人退休生活常识，老年人医疗卫生保健，时事政治，家电保养知识，妇女权益保护法	舞蹈，书法，音乐班诗词写作，健身（美）操，太极拳（剑），门球	10	420	16	2	1.5
2013	时事政治，法治，老年人医疗保健，"中国梦"，老年人权益保障法	书法诗词，摄影，舞蹈，合唱，健身（美）操，太极拳（剑），门球，柔力球，金钱棒	4	425	32	1	2
2014	时事政治，法制，老年人医疗保健，"中国梦"，老年人权益保障法	书法诗词、舞蹈、合唱、老年门球、时事政治、老年医疗保健知识和相关的法律、法规（如组织老年学员学习新修订的中华人民共和国老年人权益保障法）等	5	426	60	1	2
2015	时事政治，法制，老年人医疗保健，"中国梦"，老年人权益保障法	书法诗词、舞蹈、音乐、柔力球（视频教学）、太极拳剑、时事政治、老年医疗保健知识和相关的法律、法规等	6	429	84	2	6
合计			121	5118	470	42	19.4

2003年，老年学校组织学员开展学习"三个代表"重要思想文艺演出活动，制定评选先进个人7条标准并在年终从各班中评选出20名优秀学员给予表彰。2005年，组织180名学员进行麻将、象棋、桥牌比赛，25名学员分别获得一、二、三等奖。2008年，组织36名老年学员参加黔西南州老年大学建校20周年校庆舞蹈比赛获组织奖。2011年，组织28名学员向望谟灾区献爱心捐赠活动，捐款2550元；组织学员参加庆祝建党90周年文艺联欢活动。

二、乡镇（街道）老年学校

2002年，第一所老年学校在青山镇建成。2011—2015年，在盘水街道建立2所社区老年学校。2015年，全县共建成乡镇、社区老年学校18所，其中乡镇（街道）老年学校12所，社区老年学校6所，共有学员1177名。

1998—2015年普安县乡镇、社区老年学校情况表

表 17-2-3

序号	学校名称	建校时间（年）	建校时学员（名）	2015年学员（名）
1	普安县青山镇老年学校	2002	20	165
2	普安县兴中镇老年学校	2003	20	55
3	普安县地瓜镇老年学校	2005	30	45
4	普安县南湖街道老年学校	2006	60	75
5	南湖街道三板桥社区老年学校	2006	60	55

续表 17-2-3

序号	学校名称	建校时间（年）	建校时学员（名）	2015年学员（名）
6	普安县盘水镇老年学校	2007	30	74
7	普安县新店镇老年学校	2007	50	60
8	普安县罗汉镇老年学校	2008	30	56
9	普安县高棉乡老年学校	2011	30	50
10	普安县白沙乡老年学校	2012	31	56
11	盘水街道窝沿社区老年学校	2012	42	58
12	普安县楼下镇老年学校	2013	50	70
13	普安县江西坡镇老年学校	2013	56	60
14	盘水街道普天社区老年学校	2013	57	65
15	盘水街道营盘社区老年学校	2013	55	65
16	南湖街道南湖社区老年学校	2013	45	68
17	普安县龙吟镇老年学校	2014	48	55
18	江西坡镇江西坡社区老年学校	2014	40	45
合　计			754	1177

乡镇、社区老年学校工作由普安县老年教育协调领导小组及其办公室督促、检查、指导。在督促、检查、指导过程中，要求乡镇（街道）老年学校需有校长或副校长或兼职校长，完善或建立老年学校各项规章制度，加强管理，提高教学质量，指导所辖村（社区）老年学校各项教育教学工作。

第四节　老年人体育

1998—2015年，普安县开展老年人体育运动会（比赛）50次，其中象棋比赛2次，桥牌比赛3次，门球比赛22次，书法（绘画）比赛7次，麻将比赛4次，斗鸟比赛3次，钓鱼比赛5次，参加全州“迎奥运、健步行”运动会1次，普安“千禧老年人运动会”1次，舞蹈比赛4次，太极剑比赛2次。

1998—2015年普安县开展老年人体育运动情况表

表 17-2-4

年份	运动会（比赛）名称	比赛地点（范围）	参赛人数（人）	获奖情况
1998	象棋	普安县城	180	
	桥牌			
	门球			
	书法			
1999	门球	兴义	8	
	麻将	普安县老干局	136	
2000	“千禧老年人运动会”	普安县灯光球场	—	

续表 17-2-4

年份	运动会（比赛）名称	比赛地点（范围）	参赛人数（人）	获奖情况
2001	门球	盘县、兴义	20	
	麻将 斗鸟 钓鱼	普安县城	214	
	“建党80周年书画展”	全省	22	二等奖2名，三等奖3名
2004	象棋 桥牌 麻将 书画 钓鱼	普安县城	363	评出一、二、三等奖45名
2005	门球 “迎奥运、健步行” 太极拳（剑）	兴义	32	
	钓鱼 桥牌 书法	普安县城	380	
2006	门球 太极拳（剑）	兴义	20	
	钓鱼 麻将 书法	普安县城	370	
2007	门球	威宁、兴义	20	
2008	门球	普安、兴义	30	
	钓鱼			
	舞蹈	县文化活动中心	320	评出一、二、三等奖6名
2009	门球	赫章、兴义	20	
	舞蹈	县文化活动中心	300	
2010	门球	六枝、兴义	20	
2011	门球	钟山、兴义	20	
2012	门球	盘县、兴义	20	
2013	门球	水城	10	
2014	门球	威宁	12	
	舞蹈	县文化活动中心	10	
	太极剑	县体育休闲广场	20	
	书画	普安县城	89	
	斗鸟	普安县城	60	

续表17-2-4

年份	运动会（比赛）名称	比赛地点（范围）	参赛人数（人）	获奖情况
2015	门球	纳雍	12	
	舞蹈	县文化活动中心	10	
	太极剑	县体育休闲广场	30	
	书画	普安县城	96	
	斗鸟	普安县城	80	

说明：2002、2003年老体协由县文体广电局管理，未统计数据

2001年，组织老年书法爱好者参加全省“建党80周年书画展”并获二等奖2名、三等奖3名。2005年10月，县老体协荣获全州“沱牌特曲杯”“迎奥运、健步行”大型老年人体育活动优秀奖。2007年，老体协组建门球队4支。2008年5月6—10日，根据六盘水市、毕节地区、黔西南州毗邻八县（区）老年门球协作赛协议精神，由普安县老体协承办的“第七届三地州毗邻八县（区）老年门球协作赛”在普安县城举行，来自威宁县、六枝特区、中山区、盘县、纳雍县、水城县、赫章县、晴隆县、兴仁县、黔西南州、普安县的11个代表队参加比赛，评出一等奖1名、二等奖1名、三等奖1名、体育道德风尚奖1名、组织奖8名。2010年10月26日，成立普安县中老年人登山协会，到2013年，协会每年举办1次运动会。2014年，组织老年门球队到威宁县参加第十三届“三州（市）九县（区）老年人门球协作赛”，到兴仁县等县（市）开展老年人门球技艺交流活动。2015年，组织老年门球队到纳雍县参加第十三届“三州（市）九县（区）老年人门球协作赛”，到晴隆县等县（市）开展门球技艺、手杖操交流活动。2014—2015年，开展老年健身舞活动。

第三章　移民安置

第一节　管理机构

2004年12月，成立普安县移民开发局（简称“县移民局”），内设2个股室，核定事业编制8名，工勤编制1名。2008年12月，列入参照公务员管理单位。2010年9月，更名为县水利水电工程移民局（简称“县移民局”），核定人员编制11名，其中参公事业编制10名，工勤编制1名。2014年，县移民局划入县发改局，设立普安县水库和生态移民局，内设5个股室，核定人员编制13名，其中参公事业编制10名、工勤编制3名。2015年，增设正股级事业单位移民发展服务中心，核定事业编制10名。

第二节　移民安置点

一、河洋水利水电工程移民安置点

系光照电站淹没区安置点。2003年5月，光照电站开始前期施工准备。2004年10月，大江截流。2007年12月30日，下闸蓄水。蓄水后，光照电站淹没普安县龙吟镇城阳、雄阳、文笔村3个行政村的河洋、桥边、城子、大坪、爱国、小泥、黄寨、高枧8个村民组，淹没陆地面积1.97平方千米，淹没耕地178.41公顷、林地43.5公顷、牧草地15.6公顷、难利用地19.33公顷，淹没房屋8835.76平方米。2008年，

光照电站普安库区745米水位线下74户383人直迁移民全部搬迁安置，其中后靠安置（河洋移民安置点）54户284人。库区移民原来居住茅草房、瓦房，搬迁后集中安置点全部建成2层以上的砖混楼房。

二、青山镇博上村马坎水库移民安置点

系普安县五嘎冲水库1337米淹没线下淹没区青山镇博上村桥边组移民，2008年，五嘎冲水库规划水平年搬迁65户277人，罗汉镇罗汉村盘龙湾组规划水平年28户119人、大冲组规划水平年6户26人。2015年，实际搬迁102户450人（65户283人集中安置，37户167人分散安置），其中五嘎冲水库搬迁65户283人，罗汉镇罗汉村盘龙湾组搬迁31户141人、大冲组搬迁6户26人。搬迁移民自建砖混结构平房，多为二层或三层，移民房屋、土地等补偿补助款全部发放到户。

第三节　安置扶持

一、安置稳定

采取座谈会、广播、宣传栏、标语、横幅等形式深入移民安置点宣传移民政策、法律法规，引导和消除群众在征地、拆迁补偿等方面存在的担忧、犹豫、抵触情绪。根据移民群众的意愿，组织研究、起草、修改移民搬迁安置方案。制定《普安县移民维稳工作应急处置预案》，从公安、法院、司法、移民等单位抽调人员组成维护稳定工作领导小组监督和指导移民安置，在安置点涉及的村、组分别明确1～2名维护稳定工作信息联络员负责收集涉及稳定的情况并报告县、乡维护稳定工作领导小组以便及时进行处理。

二、移民扶持

适用技术培训　2010—2015年，邀请专家到移民区开展农业实用技术培训，重点培训适宜河阳气候种植的蜜柚的种植方法、修枝、病虫害防治以及易种植、见效快的生姜、辣椒、白菜等蔬菜种植方法、病虫害防治等方面的知识。

产业帮扶　2011年，安排15万余元资金补助移民群众种植辣椒1.67公顷、生姜4.87公顷、蜜柚46.67公顷，协调资金132万余元发展经济产业。2012年，协调县扶贫办等单位项目资金800万元在桥边组、城子组、大坪组规划核桃育苗基地21公顷。2013年，协调投资商投资40万元发展芭蕉芋种植13.33公顷，协调县扶贫办投入项目资金18万元发展蜜柚种植，争取州纪委协调项目资金20万元发展蜜柚标准化种植示范点6.67公顷，争取贵阳金海公司投资60万元发展核桃种植。2014年，争取帮扶资金66.4万元，其中投入北盘江村林下生态养殖场建设16万元、技能培训2万元、北盘江村商品猪、母猪养殖29万元、文毕村蜜柚种植配套工程19.4万元。2015年，争取帮扶资金160万元，其中投入龙吟镇北盘江村蜜柚种植20万元、白沙乡老苏河水库库区长毛兔养殖10万元、早熟蔬菜种植16万元、板栗种植21万元、北盘江村标准化养殖场投资30万元、砂仁种植18万元、北盘江林下养殖鸡5万元、蜜柚种植21.1万元、手工织布开发18.9万元。

基础设施建设　争取各方资金对移民安置点及库区水、电、路、城阳学校、灌溉沟渠等基础设施进行建设。2013年，争取县水务局投入项目资金18万元建成沟渠2千米，争取州交通局投入项目资金110万元建设安置点道路、投入项目资金2100余万元建设河洋大桥，争取县环保局投入资金40万元建设水质自动监测站。2014年，争取州移民局扶贫资金42万元，其中实施大坪、城子、桥边道路硬化投入25万元，河洋组绿化工程投入7万元、桥边组便民涵建设投入10万元。2015年，争取州移民局扶贫资金244万元，其中建设龙吟镇北盘江村城阳小学进校路面硬化投入37万元、青山金塘山塘治理投入17万元、便民桥投入36万元、河洋移民点板栗种植生产便道投入70万元、产业路便民桥投入4万元、产业生产便道投入80万元。

第十八篇　教育　科技

1998—2015年，普安县教育事业和科学技术都有较大发展。

教育领域提出“振兴经济，教育先行”方略，继续深化教育体制改革和教育教学改革，建立健全分级管理体制，加强教师队伍建设，增加对教育的投入力度，改善办学条件。在继续抓好公办学校的基础上，鼓励民间办学、社会办学，形成学前教育、普通教育、职业教育、成人教育等多层次、多元化的办学体系。

2015年，全县有幼儿园20所、193个班，教职工254人，在园幼儿7770人，分别是1998年的6.67倍、4.49倍、3.58倍、3.81倍。小学105所、教学点15个，教职工3366人，教学班950个，在校学生2.96万人；除教职工比1998年增加1.5倍外，其余各项均比1998年有所减少。初级中学13所，比1998年减少8所；教学班385个，是1998年的2.45倍；在校学生1.62万人，是1998年的1.72倍。高中班93个，在校学生5356人，分别是1998年的3.72倍、3.76倍。普通中学专任教师1226人，是1998年的2.33倍。中职学校教职工55人，学生776人，分别是1998年的1.96倍、4.79倍。

1998—2015年，全县各级实施科技计划项目99个，财政投入科技经费976.53万元。2012—2015年，申请专利109项。各级科技组织广泛开展科技活动周、科技下乡、科技培训等科普活动。

2007年，开通公共气象服务平台，开展全县预报预警信息发布。2012年4月，由州气象局影视中心制作的《普安每日天气预报》在县电视台复播。2014年，增加QQ、微信、微博气象信息发布通道。全县兴建8个防雹增雨炮站，主要分布在南北冰雹路径和烤烟、茶叶等经济作物区，开展人工影响天气和防雷等服务。

第一章　教育体制

第一节　管理机构

一、县教育局

1998年，普安县教育局（简称“县教育局”）内设教育工会、办公室、计财股、政工股、教育股、督导室、教研室、监察室、招生办、教育关工委10个股室。2005年，增设农村远程教育维护管理站（简称“远教站”）。2009年，增设学生资助管理中心、安全和体卫艺股。2010年，增设教育服务中心（副科级事业单位）、干部档案管理中心、职业教育管理中心。2011年，增设考试中心。2013年，增设营养办。2015年，普安县教育局内设教育服务中心（副科级事业单位）、教育工会、办公室、政工股、计财股、教育股、安全股、监察室、教研室、督导办、校财局管办、营养办、关工委、教育考试中心、职教中心、资助中心、档案中心17个股室。核定人员编制64名，其中行政编制10名、事业编制51名、工勤3名，在职人员42名。

二、乡镇（街道）教育辅导站

1993年，设立乡镇教育辅导站，2008年，将全县14个乡镇教育辅导站工作职能及人员划归县教育局管理，核定事业编制60名。2009年，撤销乡镇教育辅导站，在各乡镇设立中心校，原乡镇辅导站60名事业编制分别划拨到辖区内学校。

第二节　管理体制

一、分级管理

1998年3月，普安县拟定全县中小学管理体制改革实施方案。9月，将全县幼儿园、小学、九年一贯制学校、初中、高中按地域划分为城区（县城所在地）、农村（乡镇政府所在地）两级进行管理。各乡镇设立教育辅导站，其业务工作由县教育局指导，乡镇政府明确分管教育领导，负责全乡镇教育工作，城区教育工作由县教育局直接管理。1999年，明确县城所在地中小学（包括幼儿园）、乡镇中学归县级管理，各乡镇小学、幼儿园归乡级管理。县级管理学校有幼儿园2所、小学7所、初级中学3所、高级中学1所，乡级管理学校有幼儿园1所、小学101所、初级中学18所。中小学实行“三制一管理”（校长负责制、教师聘任制、岗位责任制，教育目标管理）体制及运行机制。2002年起，教育实行多元化发展，在乡镇建立寄宿制学校、幼儿园等。2015年，县级管理幼儿园11所、小学15所、初级中学6所、高级中学1所，乡级管理幼儿园9所、小学90所、初级中学7所。

1998—2015年普安县教育管理体制分级管理情况表

表18-1-1　　单位：所

年份		1998	1999	2000	2001	2002	2003	2004	2005	2006	2007	2008	2009	2010	2011	2012	2013	2014	2015
全县合计	幼儿园	3	2	2	2	3	5	5	6	7	5	4	4	4	9	12	21	20	20
	其中民办	1	—	—	—	1	3	3	4	5	3	1	1	1	6	6	6	5	4
	小学	108	111	114	102	100	101	106	109	109	104	105	105	105	105	105	105	104	105
	其中民办	—	—	—	—	—	—	—	—	1	—	—	—	—	—	—	—	—	1
	普通中学	22	22	22	23	22	22	21	22	23	23	24	24	26	26	27	29	30	30
	其中民办	—	—	—	—	—	—	—	—	—	2	3	3	5	5	6	—	9	8
	初级中学	21	21	21	13	11	11	13	13	13	13	13	13	13	13	13	13	13	13
	其中民办	—	—	—	—	—	—	—	—	—	—	—	—	—	—	—	—	—	—
	九年制学校	—	—	—	9	9	9	6	7	8	8	9	9	11	11	12	14	15	15
	其中民办	—	—	—	—	—	—	—	—	2	—	—	—	—	—	—	—	9	9
	完全中学	—	—	—	—	1	1	1	1	1	1	1	1	1	1	1	1	1	1
	高级中学	1	1	1	1	1	1	1	1	1	1	1	1	1	1	1	1	1	1
县级管理	幼儿园	2	2	2	2	3	5	5	6	7	2	3	4	4	6	9	12	11	11
	其中民办	—	—	—	—	1	3	3	4	5	—	1	1	1	3	3	3	2	1
	小学	7	7	7	7	7	11	13	11	11	11	11	11	11	15	15	15	15	15
	其中民办	—	—	—	—	—	—	—	—	1	—	—	—	—	—	—	—	0	—
	普通中学	4	4	3	4	4	10	9	9	9	10	10	10	10	12	13	13	13	14
	其中民办	—	—	—	—	—	—	—	1	2	1	1	1	1	3	4	4	4	4
	初级中学	3	3	2	3	2	6	7	7	7	7	7	7	7	6	6	6	6	6
	其中民办	—	—	—	—	—	—	—	—	—	—	—	—	—	—	—	—	—	—
	九年制学校	—	—	—	—	—	2	—	7	2	1	1	1	1	4	5	5	5	6
	其中民办	—	—	—	—	—	—	—	—	2	1	1	1	1	3	4	4	4	4
	完全中学	—	—	—	—	1	1	1	1	1	1	1	1	1	1	1	1	1	1
	高级中学	1	1	1	1	1	1	1	1	1	1	1	1	1	1	1	1	1	1

续表 18-1-1

年份		1998	1999	2000	2001	2002	2003	2004	2005	2006	2007	2008	2009	2010	2011	2012	2013	2014	2015
乡级管理	幼儿园	1	—	—	—	—	—	—	—	—	3	—	—	—	3	3	9	9	9
	其中民办	1	—	—	—	—	—	—	—	—	3	—	—	—	3	3	3	3	3
	小学	101	104	107	95	93	90	93	98	97	93	94	94	94	90	90	90	89	90
	其中民办	—	—	3	—	—	—	—	—	—	—	—	—	—	—	—	—	—	1
	普通中学	18	18	19	19	18	12	12	12	12	13	14	14	16	14	14	16	17	16
	其中民办	—	—	—	—	—	—	—	—	—	—	2	2	4	2	2	4	5	4
	初级中学	18	18	19	9	9	5	6	6	6	6	6	6	6	7	7	7	7	7
	其中民办	—	—	—	—	—	—	—	—	—	—	—	—	—	—	—	—	—	—
	九年制学校	—	—	—	—	9	7	6	6	6	7	8	8	10	7	7	9	10	9
	其中民办	—	—	—	—	1	—	—	—	—	1	2	2	4	2	2	4	5	5
	完全中学	—	—	—	—	—	—	—	—	—	—	—	—	—	—	—	—	—	—
	高级中学	—	—	—	—	—	—	—	—	—	—	—	—	—	—	—	—	—	—

二、教学督导

1998年，成立普安县人民政府教育督导室（简称“教育督导室”），挂靠县教育局，分年度对教育工作进行专项督导和综合督导。1999年，第一批对全县27所中小学进行综合评估，盘水第二小学（普安县民族希望小学）、青山小学、青山民族中学评估为优秀学校，普安县第三中学、盘水第三小学、地瓜小学、高棉小学、高棉中学、罗汉小学、罗汉中学、新店中学、新店小学、兴中小学、江西坡学校评估为良好学校；三板桥学校、九峰学校、窝沿学校、白沙学校、雪浦小学、龙吟民族小学评估为合格学校。第二批由教育督导室委托各乡镇学校所在地教育辅导站组织对7所小学进行综合评估，窝沿乡大坡小学、青山镇金塘小学评估为优秀小学，盘水镇第五小学、江西坡镇高潮小学、三板桥镇十里小学评估为良好小学，白沙乡白水小学、地瓜镇岗坡小学评估为合格小学。2004—2007年，教育督导室每年定期不定期对全县教育工作进行单项督导和综合督导，共进行单项督导18次，综合督导24次。2008年，按照《贵州省普通小学实施素质教育评价方案（试行）》的要求，对全县中小学素质教育进行第一轮督导评估，青山小学、普安县第二中学评估为优秀学校，地瓜中学评估为良好学校，楼下小学评估为合格学校。2009年，兴中中学、盘水一小评估为优秀学校，青山中学评估为良好学校，罗汉中学评估为合格学校。2010年，楼下中学评估为优秀学校，盘水二小、高棉小学、江西坡中学评估为良好学校。2011年，龙吟中学、地瓜小学评估为优秀学校，高棉中学、窝沿小学、兴中小学、窝沿中学、新店小学评估为良好学校，新店中学评估为合格学校。2012年，实施全县第二轮素质教育综合督导评估，把幼儿园及民办学校纳入督导评估范围，普安县阳光幼儿园评估为优秀幼儿园，盘水一幼、盘水二幼评估为良好幼儿园。2013年，对全县公办中小学进行综合督导评估，盘水镇第一小学、地瓜镇地瓜中学、高棉乡高棉小学、楼下镇楼下小学、青山镇新田小学、地瓜镇坪地小学评估为优秀学校；对8所民办学校进行督导评估，楼下镇新风学校评估为优秀学校，三板桥镇阳光学校、窝沿乡振兴学校评估为合格学校。2014年，实行全县中小学校责任督学挂牌，开展全县“控辍保学”专题督导检查工作，组织并完成2014年春季开学工作督导检查，重点就“十个到位”“控辍保学”“学科教学渗透法制教育”等方面进行督导检查；6月10—13日，完成盘水镇普天学校等3所民办学校的督导评估和窝沿乡文武学校的复查工作。其中青山镇文达学校为“优秀”等次，楼下镇博文学校为“良好”等次，盘水镇普天学校和窝沿乡文武学校为“合格”等次。11月17—24日，对楼下中学、波余小学、新店中学、歹苏小学、地瓜小学、江西坡小学、白石小学、细寨学校、盘水三小、兴中中学等10所学校进行督导评估；11月26—28日，督导考核雪浦乡、罗汉乡、龙吟镇3个乡镇人民政府暨党政主要领导教育工作；督查2014年全县各乡镇推进义务教育均衡发展工作。2015年，回访2014年实施素质教育评估的楼下中学、波余小学、新店中学、歹苏小学、地瓜小学、江西坡小学、白石小学、细寨学校、盘水三小、兴中中学等10所学校；开展责任督学“推门听课”活动；督导评估普安二中、江西坡中学、龙吟中学、罗汉小学、新店小学、九峰学校、龙吟镇石古小学、龙吟镇丫口小学、三板桥镇十里等9所义务教育学校素质教育；督导评估楼下镇糯东矿区育才学校、楼下镇言文学校等2所学校；过程督导2015年实施督导评估的学校；督导评估江西坡镇幼儿园、南湖街道三板桥幼儿园、兴中幼儿园、楼下镇民心幼儿园、楼下镇幼儿园等5所幼儿园。

三、办学体制

1998年起，普安县提出“振兴经济，教育先行”方略，在继续抓好公办学校的基础上，鼓励民间办学、社会办学，形成多元化的办学体制。民办教师由两部分组成，一部分由各乡镇教育辅导站指派，另一部分由村民组招聘。各乡镇教育辅导站指派的教师工资由县财政局按级别职称发放，由村民组招聘的教师工资一部分按国家对民办教师的规定发给、一部分由村民组筹资给予补贴。

民办幼儿园　1999年，普安铅矿幼儿园由集体办转为民办，成为全县首家民办幼儿园。2002年，苗苗幼儿园建立。2003年，新星幼儿园、爱心幼儿园建立，由于办园条件不成熟，未办理到相关手续。2006年，新星幼儿园在盘水镇沿河路建立，设有3个班，其中大班1个、中班1个、小班1个，在园儿童80人，教职工6人，教学科目按教育部颁发的《幼儿园教育指导纲要（试行）》开设，有语言（看图识字）、算数、美工、体育、常识、唱歌、舞蹈、游戏等，上课时间（每节课）大班30分钟、中班25分钟、小班20分钟，教师由园长自聘、教师工资由园长自筹。2008年，新增未来之星幼儿园，位于盘水镇南湖社区，设有5个班，其中大班1个、中班2个、小班2个。2010年，新增楼下镇泥堡村民心幼儿园，位于楼下镇泥堡村，系县教育局批准的第一所民办村级幼儿园，设有4个教学班，其中大班1个、中班1个、小班2个，有教职工9人。办学资金由园长筹集，实行民办公助。新增楼下镇坡脚村星苑幼儿园，位于楼下镇坡脚村，设有6个班级，其中大班2个、中班2个、小班2个，有教职工7人。2010年，新增新店乡晨曦幼儿园，位于新店乡新兴小区，设有3个班级，其中大班1个、中班1个、小班1个。2014年，新增楼下镇民心幼儿园，位于楼下镇泥堡村，开设3个教学班。2015年，新增楼下镇新风幼儿园、思源幼儿园、金色阳光幼儿园，全县共有民办幼儿园9所。

民办九年一贯制学校　2004年，普天学校在盘水镇原打米厂内建立，成为全县首家民办九年一贯制的寄宿制学校，开设一年级至九年级9个班，在校学生348人，教职工50人（其中专任教师24人）。教学科目与公办学校相同，即小学部开设思想品德教育、语文、数学、外语、自然常识、地理常识、历史常识、体育、音乐、美术等，其中四至六年级增设一节乡土教育课，以《美丽富饶的黔西南》一书为教材；中学部开设政治、语文、数学、物理、化学、英语、历史、地理、植物、动物、生理卫生、体育、音乐、美术以及乡土教材《美丽富饶的黔西南》等，之后建立的民办九年一贯制学校，开设的教学科目相同。教职工的工资由学校自筹，由固定工资加绩效工资两部分构成。2006年，阳光学校在三板桥镇原三板桥化肥厂所在地建立，开设18个班，在校学生900人，教职工23人。2008年，普安县文武实验学校在窝沿乡政府所在地建立，开设9个班，在校学生500人，教职工12人。2010年，青山镇文达实验学校在青山镇青山社区建立，开设18个班，在校生1200人，教职工51人。振兴实验学校在窝沿乡窝沿社区建立，开办12个班，在校学生500人，有教职工14人。2012年，楼下镇博文学校在楼下镇糯东村上屯大寨建立，开办18个班，在校学生900人，教职工27人。楼下镇新风学校在楼下镇楼下社区大草坪建立，开办18个班，在校学生900人，教职工25人。楼下镇糯东矿区育才学校在楼下镇糯东矿区建立，开办18个班，在校学生900人，教职工26人。2014年，在楼下镇雨勒村建立言文学校，开设8个教学班，在校学生500人，教职工21人。2015年，在青山镇雪浦村建立三和学校，在校生860人，教职工32人，全县有民办九年一贯制学校10所。

第三节　教育经费

1998年，教育经费投入按贵州省人民政府令第20号公布《贵州省教育经费筹措管理办法》执行，全县教育经费投入，除教师的工资外，另预算内教育经费8908万元，由各级政府用于教育的预算1395万元，企业办学校教育经费157万元，社会产业、社会服务收入用于教育266万元，社会捐资集资办学经费431万元，学费、杂费用于教学1407万元，其他教育经费50万元，合计投入1.26亿元。2013年，全县教育经费投入7.93亿元，比1997年增加6.29倍。

一、财政拨款

2004年，全县小学、初中、高中、职中在校学生6.23万人，教职工3125人，财政拨款4820万元。2005年，全县小学、初中、高中、职中在校学生6.31万人，教职工3150人，财政拨款5091万元。2010年，全县小学、初中、高中、职中在校学生6.30万人，教职工3672人，财政拨款1.89亿元。2014年，全县小学、初中、高中、职中在校学生5.64万人，教职工4351人，财政拨款3.93亿元。2015年，全县小学、初中、高中、职中在校学生5.40万人，教职工4552人，财政拨款5.37亿元。

2004—2015年普安县教育经费财政拨款情况表

表18-1-2

年份	在校学生（小学、初中、高中、职中）（人）	教职工（人）	财政拨款（万元）
2004	62285	3125	4820
2005	63139	3125	5091
2006	64119	3884	6423
2007	61958	3884	5491
2008	62379	3884	13100
2009	64471	3851	18345
2010	62976	3672	18888
2011	64712	3886	19740
2012	57961	3999	31595
2013	56199	4221	32234
2014	56379	4351	39259
2015	53963	4552	53658

说明：1998—2003年，因教育局多次搬迁，档案缺失，无法收集相关数据

二、教育基金

2013年5月，贵州省扶贫工作队捐赠普安县教育局“教育基金”70万元，其中1万元用于资助普安第一中学10名学生，结余资金69万元。9月，收到教育发展基金会“教育基金”50万元。

第二章　普通教育

第一节　教　师

一、教师队伍

幼儿教师　1998年，有幼儿园教职工71人，其中园长3人，专任教师66人，保健员2人。2001年，有教职工35人，其中园长4人、专任教师30人、保健员1人，小学高级职称9人、小学中级职称24人、小学初级职称1人、未评职称1人。2011年，有教职工145人，其中园长12人、专任教师92人、保健员3人、保育员24人、其他人员14人，小学高级职称30人、小学中级职称14人、小学初级职称16人、未评职称85人。2015年，有教职工254人，其中园长24人、专任教师164人、保健员3人、保育员41人、其他22人，小学高级职称32人、小学中级职称20人、小学初级职称17人、未评职称117人。

1998—2015年普安县幼儿园教职工情况表

表18-2-1　　单位：人

年份	教职工总数	其中													
		园长	专任教师	保健员	保育员	其他	学历情况				职称情况				
							本科毕业	专科毕业	学前或幼师毕业	高中及以下	中学高级	小学高级	小学中级	小学初级	未评职称
1998	71	3	66	2	—	—	—	7	47	17	—	—	—	—	—
1999	56	4	52	—	—	—	—	11	16	29	—	—	—	—	—
2000	58	4	54	—	—	—	—	12	18	28	—	—	—	—	—
2001	35	4	30	1	—	—	—	10	1	24	—	9	24	1	1
2002	44	5	33	4	—	2	—	18	6	20	—	12	21	1	10
2003	60	7	42	5	—	6	—	25	11	24	—	11	22	—	27
2004	63	7	45	4	—	7	—	33	22	8	—	7	27	7	22
2005	75	9	50	8	—	8	—	35	24	16	—	13	20	1	31
2006	76	9	50	8	—	9	—	37	33	6	—	17	17	9	33
2007	67	7	48	9	—	3	1	37	12	17	—	16	23	2	26
2008	70	7	55	4	—	4	—	37	19	14	1	15	22	—	32
2009	76	7	64	4	—	1	4	43	15	14	—	22	27	9	18
2010	84	7	64	5	—	8	5	34	36	9	—	24	23	15	22
2011	145	12	92	3	24	14	8	79	41	17	—	30	14	16	85
2012	141	12	96	2	17	14	27	65	33	16	—	33	19	15	74
2013	143	13	92	2	19	17	31	57	55	—	1	33	18	15	76
2014	141	16	87	2	19	17	31	56	16	—	2	33	17	15	36
2015	254	24	164	3	41	22	65	101	22	—	2	32	20	17	117

小学教师　1998年，有小学教职工1345人，其中专任教师1251人、行政人员89人、工勤人员5人，专任教师中小学高级职称教师75人、小学一级职称教师612人、小学二级职称教师407人、小学三级职称教师19人、未评职称教师138人。2012年，有教职工2053人（含九年一贯制学校小学部专任教师187人），其中专任教师1798人、行政人员110人、工勤人员141人、教辅人员4人，专任教师中小学高级职称教师732人、小学一级职称教师656人、小学二级职称教师84人、未评职称教师324人。2015年，有教职工3366人，其中专任教师1842人、行政人员367人、工勤人员102人；专任教师中，中学高级职称教师11人、小学高级职称教师770人、小学一级职称教师466人、小学二级职称教师176人、小学三级教师49人、未评职称教师370人。

1998—2015年普安县小学专任教师情况表

表18-2-2　　单位：人

年份	专任教师总数	学历					专业技术职称					
		研究生	本科	专科	高中	高中以下	中学高级	小学高级	小学一级	小学二级	小学三级	未评职称
1998	1251	—	1	74	858	318	—	75	612	407	19	138
1999	1294	—	2	101	995	196	—	96	669	360	3	166
2000	1315	—	—	106	1132	77	—	104	683	345	3	180
2001	1325	—	3	116	1108	96	—	116	703	316	13	177

续表 18-2-2

年份	专任教师总数	学历					专业技术职称					
		研究生	本科	专科	高中	高中以下	中学高级	小学高级	小学一级	小学二级	小学三级	未评职称
2002	1343	4	5	135	1121	77	—	135	694	332	5	177
2003	1636	—	7	264	1294	71	—	171	669	365	2	429
2004	1646	—	10	434	1149	53	—	238	666	387	6	349
2005	1543	—	9	577	925	32	—	235	629	480	12	187
2006	1566	—	33	705	806	22	—	347	601	456	—	162
2007	1594	—	23	900	645	26	—	409	689	394	—	102
2008	1633	1	40	1040	533	19	—	464	821	223	—	125
2009	1661	—	117	1144	381	19	—	544	772	198	9	138
2010	1693	—	181	1192	310	10	—	591	757	168	6	171
2011	1632	6	325	1029	261	11	9	744	578	126	5	170
2012	1798	3	495	1059	241	—	—	732	656	84	2	324
2013	1520	1	493	820	199	7	2	670	647	95	—	106
2014	1459	23	590	732	113	1	8	782	421	130	—	—
2015	1842	1	846	884	111	—	11	770	466	176	49	370

中学教师　普通中学教师含高级中学教师、完全中学教师、初级中学教师、九年一贯制学校初中部教师，高中教师包括高级中学教师、完全中学高中部教师，初中教师包括初级中学教师、完全中学教师初中部、九年一贯制学校初中部教师。

1998年，全县有中学专任教师526人，其中初中教师448人、高中教师78人，高级职称教师6人、中学一级职称教师70人、中学二级职称教师398人、中学三级职称教师91人、未评职称教师52人。2008年，中学专任教师1007人，其中初中教师827人、高中教师180人，中学高级职称教师65人、中学一级职称教师1515人、中学二级职称教师405人、中学三级职称教师131人、未评职称教师140人。2012年，普通中学专任教师学历全部达标。2015年，普通中学专任教师1226人，其中初中教师930人、高中教师296人，中学高级职称教师204人、中学一级职称教师465人、中学二级职称教师359人、中学三级职称教师11人、未评职称教师187人。

1998—2015年普安县普通中学专任教师情况表

表 18-2-3　　单位：人

年份	专任教师总数	其中																					
		初中	学历					专业技术职称					高中	学历					专业技术职称				
			研究生	本科	专科	高中	高中以下	中学高级	中学一级	中学二级	中学三级	未评职称		研究生	本科	专科	高中	高中以下	中学高级	中学一级	中学二级	中学三级	未评职称
1998	526	448	—	49	313	80	6	2	53	256	87	50	78	—	64	14	—	—	4	17	51	4	2
1999	576	498	—	68	367	60	3	2	53	311	56	7	78	—	68	10	—	—	5	19	52	1	1
2000	627	546	—	67	408	68	3	7	63	314	58	104	81	—	72	9	—	—	4	22	49	2	4
2001	632	550	—	62	437	50	1	6	63	278	76	127	82	1	72	9	—	—	6	27	48	—	1
2002	685	597	—	58	494	44	1	7	84	273	109	124	88	1	85	2	—	—	11	32	40	—	5

续表18-2-3

年份	专任教师总数	其中																					
		初中	学历					专业技术职称					高中	学历					专业技术职称				
			研究生	本科	专科	高中	高中以下	中学高级	中学一级	中学二级	中学三级	未评职称		研究生	本科	专科	高中	高中以下	中学高级	中学一级	中学二级	中学三级	未评职称
2003	821	726	2	88	583	53	—	16	91	270	129	220	95	3	82	10	—	—	14	25	51	3	2
2004	932	812	6	120	650	36	—	31	131	321	120	209	120	29	75	14	2	—	13	47	51	5	4
2005	961	810	—	123	669	18	—	32	143	312	154	167	151	—	128	22	1	—	14	51	71	7	8
2006	982	827	—	175	640	12	—	34	186	306	177	124	155	1	127	26	1	—	15	51	74	7	8
2007	969	799	—	215	571	12	1	44	201	328	143	83	170	1	159	10	—	—	23	56	80	2	9
2008	1007	827	—	309	506	11	1	40	195	335	129	126	180	1	164	15	—	—	25	69	70	2	14
2009	1088	908	—	450	447	11	—	48	224	344	149	143	180	1	174	4	1	—	24	60	63	1	32
2010	1154	968	—	601	356	11	—	61	226	377	138	166	186	1	177	7	1	—	29	56	72	2	27
2011	1156	938	1	579	339	19	—	79	234	385	101	139	218	1	205	11	1	—	33	84	95	1	5
2012	1204	985	—	750	228	7	—	87	238	395	71	194	219	1	201	16	1	—	43	70	100	—	6
2013	1090	866	—	626	233	6	1	88	235	421	27	95	224	1	210	12	1	—	40	80	104	—	—
2014	1087	830	5	615	204	6	—	111	296	313	14	96	257	1	241	15	—	—	54	100	82	5	16
2015	1226	930	—	745	185	—	—	135	355	294	10	136	296	2	280	13	1	—	69	110	65	1	51

二、福利待遇

1998—2005年，全县教师工资由基本工资、津补贴组成。县政府根据国家有关政策，提高教师福利待遇，增加岗位津贴、教龄津贴、课时津贴、班主任津贴，增发10%的教师工资。实行责任工资制的学校除工资外，另有教研组长津贴、体育教师津贴、生化试验教师津贴，增加年终工资性奖金（俗称第13个月工资），标准为上年12月份的基本工资数。连续三年考核优秀的教师，增加一级工资。2006年，根据《贵州省事业单位工作人员收入分配制度改革实施意见》，教师工资由岗位工资、薪级工资、绩效工资、津贴补贴组成，其中岗位工资、薪级工资为基本工资，教师工资在基本工资上提高10%，以此构成教师工资的总数。取得专业技术职称的教师，按级别定岗位工资，即高级职称930元、中级职称680元、初级职称550元。每年对教师进行考核，凡合格以上的教师，增加20～40元薪级工资。

三、教师培训

1998年，启动推进“两基”工作，要求教师具备合格学历，不具备合格学历的教师通过参加培训达到合格学历（幼儿园、小学教师达到幼师、中师、中专学历以上，初级中学教师达到大专学历以上，高中教师达到本科学历以上）。2001年，有102名教师通过学历培训后成为合格教师，其中幼儿教师4人、小学教师60人、初中教师30人、高中教师8人。2004年，对刚进入小学、初中、高中任教的教师，由各校组织培训，学历不合格的由教育局委派到相应学校培训，派出培训108人并全部取得合格学历。2005—2010年，对大专院校新毕业走上教师岗位的，由各校组织培训，即各校抽出有教学经验的教师对新教师进行教学技能培训。2011年起，从幼儿、小学、初中、高中学校抽调教师分别参加国家级、省级、州级、县级和本地学校进行培训。

2011—2015年普安县教师培训情况表

表18-2-4　　　　单位：人

年份	教师类别	培训	其中				
			国家级	省级	州级	县级	本地学校
2011	合计	4235	680	245	155	241	3004
	幼儿教师	142	29	32	9	2	70
	小学教师	2685	426	150	26	137	1946
	初中教师	1455	220	55	90	102	988
	高中教师	—	5	8	30	—	—
2012	合计	8279	538	595	258	171	6717
	幼儿教师	662	—	35	32	2	593
	小学教师	5164	251	301	50	108	4454
	初中教师	2351	287	239	156	61	1608
	高中教师	102	—	20	20	—	62
2013	合计	8282	560	466	332	339	6585
	幼儿教师	831	5	39	25	28	734
	小学教师	4660	173	223	122	197	3945
	初中教师	2775	387	193	184	114	1906
	高中教师	16	4	11	1	—	—
2014	合计	26575	491	419	496	11536	13633
	幼儿教师	2016	15	37	22	674	1268
	小学教师	16918	129	134	172	9901	6582
	初中教师	6022	344	241	276	883	4278
	高中教师	1619	3	7	26	78	1505
2015	合计	37841	451	362	284	18239	18505
	幼儿教师	4456	17	34	15	1804	2586
	小学教师	22701	108	98	140	11815	10540
	初中教师	10176	308	225	96	4394	5153
	高中教师	508	18	5	33	226	226

第二节　学校教育

一、学前教育

幼儿园　1998年，全县有公办幼儿园2所，新增集体办幼儿园（普安铅矿）1所。1999年，普安铅矿幼儿园转为民办，全县3所幼儿园共开办12个班。2002年，增加民办幼儿园2所。2005年，增加民办幼儿园1所。2006年，增加民办幼儿园1所。2008年，对5所民办幼儿园办学条件进行督导检查，取消3所不合格民办幼儿园，普安县阳光幼儿园转为公办幼儿园，公办幼儿园增至3所。2011年，扩大幼儿教育范围，在乡镇新增5所民办幼儿园。2013年，国家加大幼儿教育力度，要求每个乡镇都要开办1所幼儿园，全县创办幼儿园21所，其中公办15所、民办6所。2014年，启动学前教育二期计划。2015年，改扩建江西坡镇细寨幼儿园，开设教学班3个，教职工5人。

学前班　1998年，在乡镇由中心小学、九年一贯制小学部承担学前教育。当年开办幼儿园3所，开办学前教育班级43个，其中学前班30个；入园幼儿1445人，其中学前班1274人；在园幼儿2037人，其中学前班1560人。2003年，开办幼儿园5所，其中公办2所、民办3所；开办学前教育班级163个，其中学前班135个；入园幼儿2286人，其中学前班1952人；在园幼儿2794人，其中学前班2101人；离园832人。2008年，开办幼儿园4所，其中公办3所、民办1所；开办学前教育班级50个，其中学前班31个；入园幼儿2319人，其中学前班1675人；在园幼儿2442人，其中学前班1675人；离园1683人。2013年，开办幼儿园21所，其中公办15所、民办6所；开办学前教育班级180个；入园幼儿4490人，其中学前班2558人；在园幼儿7281人，其中学前班4739人；离园3550人。2015年，开办幼儿园20所，其中公办16所、民办4所；开办学前教育班级193个，其中学前班25个；入园幼儿7178人，其中学前班800人；在园幼儿7770人，其中学前班1025人；离园3370人。

1998—2015年普安县幼儿园（学前班）教育情况表

表18-2-5

年份	幼儿园（所）			班级（个）		入园幼儿（人）		在园幼儿（人）		离园（人）
	合计	公办	民办	合计	学前班	合计	学前班	合计	学前班	
1998	3	3		43	30	1445	1274	2037	1560	—
1999	3	2	1	42	30	1548	1422	1885	1442	—
2000	3	2	1	39	28	1560	1384	1889	1384	—
2001	3	2	1	34	20	1352	1138	1160	1138	711
2002	5	2	3	39	24	1635	1340	1899	1340	863
2003	5	2	3	163	135	2286	1952	2794	2101	832
2004	5	2	3	70	52	3086	2607	3267	2607	1225
2005	6	2	4	89	51	3629	2512	3658	2512	2496
2006	7	2	5	82	57	3322	2764	3836	2929	2649
2007	5	3	2	68	45	3199	1401	3379	2401	2698
2008	4	3	1	50	31	2319	1675	2442	1675	1683
2009	4	3	1	55	34	2522	1905	2904	1915	1490
2010	4	3	1	69	41	3097	2011	3097	2011	1011
2011	9	3	6	130	83	3379	1820	3994	2112	2139
2012	12	6	6	136	—	4600	2947	5164	1947	2219
2013	21	15	6	180	—	4490	2558	7281	4739	3550
2014	20	15	5	135	—	4420	—	5722	—	2723
2015	20	16	4	193	—	7178	25	7770	1025	3370

二、小学教育

1998年，全县开办完全小学108所、教学点118个，有小学教育班级1080个，在校学生4.3万人。1999年，开办小学111所、教学点94个。2000年，开办小学114所、教学点84个。2001年，整合教育资源，全县小学按地域进行调整、撤并，开办小学102所、教学点49个，有小学教育班级966个，在校学生4.46万人。2002年，开办小学100所、教学点29个。2003年，开办小学101所、教学点23个。2004年，开办小学106所、教学点20个。2005年，开办小学109所、教学点17个。2006年，开办小学教育班级1118个，在校学生4.26万人。2007年，开办小学104所、教学点21个。2015年，有小学105所、教学点15个，有小学教育班级950个，在校学生2.96万人。

1998—2015年普安县小学教育情况表

表18-2-6

年份	学校（所）	教学点（个）	班级（个）	毕业生（人）	招生（人）	在校生（人）	毕业班（人）	校内外学龄生（人）	在校学龄生（人）	寄宿生（人）
1998	108	118	1080	4784	7898	42984	4960	34879	34097	—
1999	111	94	1093	4946	6625	43098	5664	34984	34471	—
2000	114	84	1056	5655	7231	43846	6015	34302	33743	—
2001	102	49	966	6018	7924	44587	6469	34832	34185	—
2002	100	29	944	6542	8539	45031	7269	31664	31022	—
2003	101	23	945	7268	6561	42211	6854	35255	34414	—
2004	106	20	1043	6852	5233	40395	6606	38012	34892	—
2005	109	17	1049	6606	7093	40926	6458	38043	35925	—
2006	109	18	1118	6458	8131	42616	6487	38351	36145	2380
2007	104	21	1107	6487	7343	41515	6698	40274	35899	66
2008	105	19	1091	6498	7500	41911	6574	40519	36511	—
2009	105	19	1046	6571	7292	41291	5977	39415	36423	—
2010	105	19	1037	5927	7635	40276	6466	38225	34402	—
2011	105	18	968	6466	7296	37926	6291	36848	31857	—
2012	105	17	1016	6291	6843	35611	6000	—	31529	—
2013	105	17	970	6000	4335	32901	5691	—	28600	—
2014	104	15	900	5662	4243	30783	5238	32932	25676	3360
2015	105	15	950	5238	4418	29611	5317	24952	24880	9696

三、初中教育

1998年，对普安县第一中学（简称“一中”）、普安县第二中学（简称“二中”）进行合并，普安一中办成高级中学，普安二中办成初级中学，原一中初中部划归二中管理，原二中高中部划归一中管理。是年，全县共有高级中学1所，完全中学1所，初级中学21所。初级中学开办班级157个班，在校生9441人。2001年，增设1所民办初级中学，全县初级中学调整为13所，开办班级220个，在校生1.43万人。2002年，合并初级中学2所，民办学校搬迁未招生，开办初级中学11所，开办班级220个，在校生1.61万人。2003年，增加4所民办九年一贯制学校，开办初级中学11所，开办班级234个，在校生1.69万人。2004年，开办初级中学13所，开办班级313个，在校学生1.81万人。2015年，开办初级中学13所，开办班级385个，在校学生1.62万人。

1998—2015年普安县初级中学教育情况表

表18-2-7

年份	初中学校（所）	班级（个）	毕业生（人）	招生（人）	在校生（人）	毕业班（人）	校内外学龄生（人）	在校学龄生（人）
1998	21	157	2626	3566	9441	2743	—	—
1999	21	164	2743	3580	9763	2867	—	—
2000	21	178	2867	4113	10740	3102	—	—
2001	13	220	3102	6993	14255	3263	17404	9844
2002	11	220	3250	5431	16064	5026	18541	12882
2003	11	234	4948	6847	16879	4523	19863	11406

续表 18-2-7

年份	初中学校（所）	班级（个）	毕业生（人）	招生（人）	在校生（人）	毕业班（人）	校内外学龄生（人）	在校学龄生（人）
2004	13	313	4505	6412	18277	5212	19316	12538
2005	13	322	5212	5914	18644	6236	19435	15174
2006	13	332	6236	5600	17672	6228	18577	13140
2007	13	311	6228	5872	16148	4895	18004	10916
2008	13	325	4895	6113	16658	5089	18200	11399
2009	13	310	5072	6459	17323	4985	19360	11912
2010	13	324	4985	5899	17410	5408	20289	12718
2011	13	314	5408	6316	17282	5468	20578	12787
2012	13	313	5468	6296	16589	4698	—	13007
2013	13	307	4698	5700	16232	4908	—	11573
2014	13	296	4906	5317	15635	5054	19398	11507
2015	13	385	5054	4985	16224	6242	16100	12166

四、九年一贯制教育

2001年，对全县小学、中学进行调整、撤并、整合，114所小学调整为102所，21所初级中学调整为13所，调出的12所小学、8所初级中学撤并、整合成9所九年一贯制学校，开办班级54个，在校学生3381人。2004年，九年一贯制学校减少到6所，开设班级59个，在校学生2819人。2005年，增加1所九年一贯制民办学校，全县7所九年一贯制学校开设班级55个，在校学生2879人。2006年，增加1所九年一贯制民办学校，全县8所九年一贯制学校开设班级54个，在校学生2573人。2008年，增加1所九年一贯制民办学校，全县9所九年一贯制学校开设班级52个，在校学生2337人。2010年，增加2所九年一贯制民办学校，全县11所九年一贯制学校开设班级55个，在校学生2354人。2012年，增加1所九年一贯制民办学校，全县12所九年一贯制学校开设班级54个，在校学生2254人。2013年，增加2所九年一贯制民办学校，全县九年一贯制学校14所开设班级55个，在校学生2287人。2015年，全县开办九年一贯制学校15所，其中公办6所、民办9所，开设班级52个，在校学生1976人。

2001—2015年普安县九年一贯制学校教育情况表

表 18-2-8

年份	学校（所）	其中		班级（个）	毕业生（人）	招生（人）	在校生（人）	毕业班（人）
		公办（所）	民办（所）					
2001	9	9	—	54	816	1548	3381	810
2002	9	9	—	55	829	1688	4119	1094
2003	9	7	—	67	1094	1920	4618	1162
2004	6	6	—	59	632	866	2819	801
2005	7	6	1	55	801	877	2879	949
2006	8	6	2	54	949	799	2573	959
2007	8	6	2	53	959	853	2337	714
2008	9	6	3	52	714	887	2337	699
2009	9	6	3	50	699	890	2277	581
2010	11	6	5	55	581	842	2354	709
2011	11	6	5	49	709	878	2373	753

续表 18-2-8

年份	学校（所）	其中		班级（个）	毕业生（人）	招生（人）	在校生（人）	毕业班（人）
		公办（所）	民办（所）					
2012	12	6	6	54	753	873	2254	567
2013	14	6	8	55	567	759	2287	724
2014	15	6	9	51	723	678	2041	703
2015	15	6	9	52	804	642	1976	708

五、高中教育

1998年，一中开设成高级中学，开办高中班级25个，其中高一年级10个，高二年级6个，高三年级9个，毕业生717人，招生671人，在校学生1424人。2002年，青山镇民族中学开办成完全中学，即初中3个年级，高中3个年级。全县2所学校开设高中班级37个，毕业生516人，招生1074人，在校学生2757人。2005年，一中教学楼搬迁到云顶山新校址。2008年，一中向贵州省教育厅申办示范性高中。2009年，一中获贵州省教育厅批准为“示范性普通高中三类学校”并挂牌。2015年，开办高中班级93个，毕业生1421人，招生2196人，在校学生5356人。

1998—2015年普安县高中教育情况表

表 18-2-9

年份	学校（所）			班级（班）			毕业及升学学生（人）			在校学生（人）			毕业班学生（人）		
	合计	高级中学	完全中学	合计	高级中学	完全中学	毕业生	高级中学	完全中学	合计	高级中学	完全中学	合计	高级中学	完全中学
1998	1	1	—	25	25	—	717	717	—	1424	1424	—	379	379	94
1999	1	1	—	25	25	—	379	379	—	1470	1470	—	372	372	129
2000	1	1	—	24	24	—	372	372	—	1793	1793	—	361	361	101
2001	1	1	—	31	31	—	361	361	—	2199	2199	—	516	516	139
2002	2	1	1	37	34	3	516	516	—	2757	2566	191	709	709	201
2003	2	1	1	41	—	—	709	—	—	3203	—	—	936	—	—
2004	2	1	1	50	—	—	936	—	—	3613	—	—	1001	—	—
2005	2	1	1	53	—	—	598	428	70	3789	—	—	1143	—	—
2006	2	1	1	58	—	—	818	743	75	3676	—	—	913	—	—
2007	2	1	1	59	—	—	516	446	70	3577	—	—	745	—	—
2008	2	1	1	66	—	—	695	624	71	3985	2953	1032	920	—	—
2009	2	1	1	67	—	—	848	595	253	4023	—	—	1045	—	—
2010	2	1	1	65	—	—	963	707	256	3765	2838	927	1113	—	—
2011	2	1	1	66	47	19	1113	849	264	3891	—	—	1124	—	—
2012	2	1	1	76	—	—	1124	846	278	4182	—	—	1106	—	—
2013	2	1	1	70	52	18	1106	813	293	4768	3669	1099	1019	—	—
2014	2	1	1	83	64	19	1019	719	300	5415	4404	1011	1494	1224	270
2015	2	1	1	93	66	27	1494	1224	270	5356	3972	1384	1421	1109	312

六、农民工随迁子女与农村留守儿童教育

2007年，普安县做好农民工随迁子女、农村留守儿童特殊群体的入学教育，在校学习期间与本地学生一样，全面享受九年制义务教育的生活、学习待遇。对于农村留守儿童给予一定的生活补助，关注七年级至九年级的思想动向确保无辍学，以保障完成义务教育阶段学业。当年招生中，农民工随迁子女123人、农村留守儿童563人。在校学生中，农民工随迁子女285人、农村留守儿童1540人。2011年，在毕业生中，农民工随迁子女136人、农村留守儿童993人。在招生中，农民工随迁子女99人、农村留守儿童1426人；在校学生中，农民工随迁子女623人、农村留守儿童3576人。2015年，在毕业生中，农民工随迁子女61人、农村留守儿童1144人；在招生中，农民工随迁子女79人、农村留守儿童1304人；在校学生中，农民工随迁子女477人、农村留守儿童7539人。

2007—2015年普安县农民工随迁子女与农村留守儿童教育情况表

表18-2-10　　单位：人

年份	毕业生				招生				在校生				毕业班			
	农民工随迁子女	外省迁入	省内其他县迁入	农村留守儿童	农民工随迁子女	外省迁入	省内其他县迁入	农村留守儿童	农民工随迁子女	外省迁入	省内其他县迁入	农村留守儿童	农民工随迁子女	外省迁入	省内其他县迁入	农村留守儿童
2007	—	—	—	—	124	24	100	1179	594	76	518	6529	65	8	57	835
2008	—	—	—	—	78	1	60	1036	400	64	336	5146	60	8	52	672
2009	—	—	—	—	52	23	29	1014	408	113	295	5524	68	10	58	829
2010	—	—	—	—	179	34	145	1486	935	164	771	7602	162	23	139	1068
2011	136	26	110	993	99	29	70	1426	623	156	467	6576	118	23	95	965
2012	104	27	77	1203	76	24	52	1052	556	164	391	7073	76	17	59	1136
2013	118	23	95	965	127	48	79	1673	690	209	481	7948	104	27	77	1203
2014	48	12	36	760	86	35	51	1138	476	163	313	7465	61	13	48	1144
2015	61	13	48	1144	79	40	39	1304	477	221	256	7539	108	39	69	1182

七、特殊教育

1998年，普安县继续抓好视力残疾、听力残疾、智力残疾等特殊教育，全县未开办独立特殊教育学校、设置特殊教育班，全部随班就读，小学学龄阶段的跟随小学一至六年级就读，初中学龄阶段的跟随七至九年级就读，高中学龄阶段一般只是身体上有残疾的就读。当年特殊教育学生60人，其中毕业生5人，招生6人，在校学生49人。1999年，特殊教育学生277人，其中毕业生4人，招生34人，在校学生239人。2015年，有特殊教育学生55人，其中毕业生9人，招生32人，在校学生55人。

1998—2015年普安县特殊教育情况表

表18-2-11　　单位：人

年份	总计	其中								
		毕业生			招生			在校学生		
		小计	初中	小学	小计	初中	小学	小计	小学	初中
1998	60	5	—	5	6	—	6	49	18	—
1999	277	4	—	4	34	—	34	239	228	11
2000	266	1	—	1	14	—	14	251	237	14
2001	283	22	5	17	52	11	41	209	181	28
2002	300	7	3	4	63	13	50	230	204	26
2003	273	13	—	13	36	1	35	224	219	4
2004	154	4	—	4	6	1	5	144	139	5
2005	146	12	—	12	12	2	10	122	118	4

续表 18-2-11

年份	总计	其中								
		毕业生			招生			在校学生		
		小计	初中	小学	小计	初中	小学	小计	小学	初中
2006	161	9	—	9	15	3	12	137	127	10
2007	230	22	—	—	40	—	—	168	123	45
2008	168	18	—	—	19	—	—	131	100	31
2009	146	9	—	—	21	—	—	116	81	35
2010	—	—	—	—	—	—	—	—	—	—
2011	100	16	—	—	13	—	—	71	55	16
2012	—	—	—	—	—	—	—	—	—	—
2013	61	4	—	—	10	—	—	47	39	8
2014	53	3	1	2	12	6	6	53	43	10
2015	55	6	4	2	32	29	3	55	46	9

八、农民初级教育

1998年，全县14个乡镇的小学承担扫除青壮年文盲、农民技术培训。开设农民初等学校（扫盲班）210个，毕业生3611人，在校生3897人。开设农民技术培训学校14所、教学班123个，毕业生3748人，在校生5547人。采用短期培训方式进行，不设专职教师，由小学老师担任培训教师，共有教职工42人、兼任教师158人。2002年，“两基”（基本扫除青壮年文盲，基本普及九年制义务教育）攻坚工作全面启动。2004年11月，“两基”工作通过省政府验收。全县开设农民初等学校（扫盲班）77所、教学班395个，毕业生1.40万人，招生1.55万人，教职工1464人。开办农民技术培训学校77所、教学班127个，结业生1.09万人，注册学生1.40万人，教职工693人。2005年，“两基”攻坚工作经国家教育部认定为“基本合格”。开设农民初等学校（扫盲班）14个、教学班229个，毕业生3518人，招生3008人，兼任教师288人。开设农民技术培训学校14个、班级197个，结业生1.76万人，注册生1.40万人，兼任教师158人。2010年，对农民初等教育任务完成，对农民的技术培训转由普安县职业中学承担。开设初等学校（扫盲班）75个、教学班130个，毕业生2957人，招生2696人，教职工78人。开设农民技术培训学校107所、教学班141个，结业生9785人，注册生3584人，共有教职工82人、兼任教师23人。

1998—2010年普安县农民初等教育情况表

表 18-2-12

年份	农民初等学校（扫盲班）							农民技术培训					
	学校（所）	班级（个）	毕业生（人）	招生（人）	在校学生（人）	教职工（人）	兼任教师（人）	学校（所）	班级（个）	结业生（人）	注册学生（人）	教职工（人）	兼任教师（人）
1998	—	210	3611	3862	3897	—	604	14	182	9326	4330	42	158
1999	—	164	3142	3959	2932	—	324	14	117	4736	3091	—	223
2000	—	164	3742	—	—	—	—	14	117	4736	—	—	—
2001	—	177	5320	4950	5517	—	413	14	123	3748	5547	—	286
2002	—	—	—	—	—	—	—	—	—	—	—	—	—
2003	—	—	—	—	—	—	—	—	—	—	—	—	—
2004	77	395	13897	18485	—	1464	—	77	127	10864	13966	693	—

续表 18-2-12

年份	农民初等学校（扫盲班）							农民技术培训					
	学校（所）	班级（个）	毕业生（人）	招生（人）	在校学生（人）	教职工（人）	兼任教师（人）	学校（所）	班级（个）	结业生（人）	注册学生（人）	教职工（人）	兼任教师（人）
2005	14	229	3618	3008	—	—	288	14	197	17567	16838	—	158
2006	143	204	5280	5635	—	772	15	146	179	15000	16007	563	71
2007	151	207	8750	9113	—	1010	39	146	191	30000	30257	822	78
2008	157	228	5379	6095	—	868	44	—	—	—	—	—	—
2009	134	177	4784	5602	—	627	33	139	163	12888	10605	502	63
2010	78	130	2957	2696	—	78	—	107	141	9785	3584	82	23

九、重点学校简介

普安一中　1945年，在县城北门外寿福寺创办县立初级中学。1947年，迁至聚点仓库（2015年，盘粮宾馆所在地）。1955年在义家厂（2015年，普安二中所在地）建校，名为普安中学。1958年，发展为完全中学。1979年8月，更名为普安一中。1997年8月，开设为独立高中。1998年，开设为高级中学，实行校长负责制。2006年10月，迁至盘水镇环城西路8号，学校占地面积14公顷，校舍建筑面积4.18万平方米，设置教室88间、办公室58间、体育室2个、理化生实验室11个、音乐教室1个、计算机室3个、多媒体教室18个、通用技术教室3个，设学生宿舍5幢、食堂2幢、教师公租房231套，图书馆藏书13万册。2009年7月，经贵州省教育厅确认为省级三类示范性普通高中。2014年，有教职工241人。有中小学高级教师40人，中小学中级教师66人，在职研究生学历教师14人，全国优秀教师1人，省优秀教师1人，省骨干校长1人，省级骨干教师2人，州级骨干教师2人，县级名教师2人。有高中教学班59个，有学生3600多人。2015年，有教职工249人。有中小学高级教师50人，中小学中级教师78人，在职研究生学历教师14人，全国优秀教师1人，省优秀教师1人，省骨干校长1人，省级骨干教师2人，州级骨干教师2人，县级名教师2人。有高中教学班62个，有学生4105多人。

普安二中　1971年9月建立，原为盘水一小戴帽初中。1973年，更名为普安县盘水区中学（完全中学）。1979年3月，更名为普安二中（完全中学）。1998年，普安一中、二中的初中、高中分离，普安二中开办为初级中学。2006年10月，将原普安二中、三中合并，组建新的普安县第二中学。2006年11月，搬入新校址(原普安一中)，设置教学楼2幢、实验楼1幢、学生公寓2幢、学生食堂2幢、操场2个，图书室藏书5万余册、各类期刊200余种，按标准化装配有仪器室、实验室、微机室、多媒体教室。2014年，有教职工138人，高级教师46人，一级教师54人，专任教师127人，其中省级优秀班主任2人，州级优秀教师、优秀班主任11人，县级优秀教师、优秀班主任、先进教育工作者等26人，名教师7人，县优秀科技人才5人，学科带头人2人，州、县级骨干教师12人。2015年，有教职工146人，高级教师55人，一级教师52人，专任教师136人，其中省级优秀班主任2人，州级优秀教师、优秀班主任12人，县级优秀教师、优秀班主任、先进教育工作者等30人，名教师7人，县优秀科技人才5人，学科带头人2人，州、县级骨干教师17人。

第三章　职业技术教育

第一节　普安县中职学校

一、学校简介

1986年，普安县职业高级中学（简称“县职中”）经贵州省人民政府批准建立，系直属县级人民政府管辖的全日制公办学校。位于普安县盘水镇营盘路46号，占地面积0.69公顷，建筑面积2464平方米，绿化面积20%。校内设多媒体教室1个，电工、焊工实训室各1个，四级采煤模拟实训室1个，服装制作实训室3个、平车100台，食用菌种植实训房500平方米，种植养殖基地1个，图书室1个，藏书2.5万余册，普通教室5个，计算机网络教室5个，电脑190台。1986—1998年共培养中职毕业生2500余人。

2001—2006年，普安县职业高级中学与县一中进行联合办学，下设工会、团支部、教务处、总务处等处室。开设一个专业班43人（畜牧），开展职业技能培训1800余人次，教师主要承担普安一中教育教学任务。

2006年11月，重新组建普安县职业高级中学，更名为普安县职业教育中心，下设办公室、教务处、培训部、招生就业办、工会、团委、保卫处、总务处等处室。2008年开始启动新校园建设（选址在原小岔沟，现城东新区）。2013年，更名为普安县中等职业学校（简称“普安职校”），增设关工委、信息中心、电大工作站3个处室。在全州中等职业学校中居第三位，2013年列入贵州省“中职百校”大战50所重点扶持建设学校。新校建设规模经多次调整，2013年初确定按省级示范性中职学校标准规划建设，占地面积8.4公顷，建筑面积7.3万平方米，总投资为1.2亿元，能容纳中职在校生3000人，年均培训2000人次的教学、生活需要。

2014年9月，完成一期工程建设，并搬迁到新校区办学。建成教学楼1幢、面积3829.49平方米，实训楼1幢、面积5768.1平方米，学生宿舍2幢、面积8816平方米，学生食堂1幢、面积3348.22平方米，教师宿舍3幢、面积7473.03平方米，绿化面积1.65万平方米。2014年12月，启动二期工程建设，建设综合教学楼一幢8400平方米，多功能报告厅1幢1400平方米。同时加大师资队伍建设、实训室建设、专业建设。

2015年，建成电子商务实训室2个、计算机实训室4个、汽车修理实训室2个、服装专业实训室4个、车工实训室2个、钳工实训室1个、电子电工实训室1个、茶叶专业实训室2个、舞蹈实训室1个、形体室1个、琴室1个。专业建设主要有：服装设计与加工、计算机运用、平面设计、电子商务、酒店管理、汽车应用与维修、茶叶生产与加工、现代农业、数控技术、电子电工等专业。

二、教　师

师资队伍　1998—2005年，教职工28人，其中中小学高级教师6人、一级教师12人、二级教师6人、三级教师1人、技工2人、医师1人。2006—2007年，教职工31人，其中中小学高级教师9人、一级教师12人、二级教师6人、三级教师1人、工勤人员2人、医师1人。2008—2012年，教职工42人，其中中小学高级教师7人、一级教师14人、二级教师12人、三级教师5人、工勤人员3人、医师1人。2013年，教职工56人，其中中小学高级教师6人、一级教师13人、二级教师14人、三级教师3人、工勤人员2人、医师1人、未评人员17人。2014年，教职工53人，其中中小学高级教师6人、一级教师13人、二级教师12人、三级教师3人、工勤人员1人、医师1人、未评人员7人。2015年，教职工55人，

其中中小学高级教师9人、一级教师13人、二级教师17人、三级教师15人、工勤人员1人。

教师培训 2008—2015年，参加中职教师培训44人次，其中国家级培训14人次、省级培训19人次、州级培训9人次、县级培训2人次。参加省、州、县教育部门组织的培训72人次，省级培训12人次、州级培训15人次、县级培训45人次。

第二节 中职教育

一、办学模式

1998—2001年，主要招生医学护理专业、畜牧专业、农业种植等专业。2001—2006年，与县一中联合办学。2007—2015年，为弥补办学资源不足，先后与浙江镇海职业教育中心学校、贵州天力电脑学校、重庆北碚职业教育中心、重庆江南职业技术学校、福建双喜职业学校、重庆工商学校、黔西南州职业技术学院等进行联合办学，采取“1+2”的联合办学模式，即第一学年在普安县中等职业学校学习基础文化课，第二、三学年到联合办学的学校学习专业知识、顶岗实习。开设的专业课程有宾馆与旅游服务、机电一体化、服装设计与制作、幼儿师范教育、选矿、汽车应用与维修、数控技术应用、酒店服务与管理、电子仪器调试等10多个专业。

经过多年的摸索逐渐形成“校政合作、校企联合、工学结合、产教融合”的办学模式，培养懂技术、会管理、善经营的综合型人才，培养学生升学、就业、创业能力。实施“道德礼仪、文化基础、专业技能、社会实践”的学分制综合评价教学考核机制。开展中职教育、成人教育、中短期培训。

二、招生办学

1998年，招收初中生3个班112人，中职生1个班50人。1999年招收初中生3个班98人，中职生1个班50人。2000年，招收初中生3个班96人。2001—2004年，共招收中职生1个班43人。2005年停止招生。2006年，招收中职生146人，其中宾馆与旅游服务专业86人、机电一体化专业60人。2007年，招收中职学生527人。2015年，招收中职学生1272人，其中在校就读776人，联办学校就读76人，非全日制学生420人。

1998—2015年普安县中职学校办学情况表

表18-3-1

年份	初中班		中职					中职招生总人数（人）
	班级（个）	人数（人）	全日制		联办学生		非全日制人数（人）	
			班级（个）	人数（人）	班级（个）	人数（人）		
1998	3	112	1	50	—	—	—	50
1999	3	98	1	50	—	—	—	50
2000	3	96	—	—	—	—	—	—
2001	—	—	1	43	—	—	—	43
2002	—	—	—	—	—	—	—	—
2003	—	—	—	—	—	—	—	—
2004	—	—	—	—	—	—	—	—
2005	—	—	—	—	—	—	—	—
2006	—	—	3	—	—	—	—	146
2007	—	—	9	527	—	—	—	527
2008	—	—	3	141	—	—	—	141

续表 18-3-1

年份	初中班		中职					中职招生总人数（人）
	班级（个）	人数（人）	全日制		联办学生		非全日制人数（人）	
			班级（个）	人数（人）	班级（个）	人数（人）		
2009	—	—	3	144	—	—	1190	1334
2010	—	—	3	68	3	108	—	176
2011	—	—	2	103	3	232	—	335
2012	—	—	3	109	3	132	—	241
2013	—	—	6	328	3	126	930	1384
2014	—	—	8	428	3	106	710	1244
2015	—	—	14	776	2	76	420	1272

第三节　成人培训

一、农业技术培训

1998—2000年起，普安县开办中、短期农业技术培训班，针对入职对象、农村劳动力、城市下岗工人等不同的对象，安排相应的培训内容，如“阳光工程”培训开设林下经济、应用文写作、农民信息员、农村经纪人、计算机应用基础、城市生活常识等内容；“雨露计划”培训开设农村电工、农民技术、务工常识等内容；“退耕还林”培训开设果树种植与管理、果树育苗技术、早熟蔬菜种植与管理、务工常识、法律与道德、茶园建设、茶树种植与管理、茶树病虫害防治等课程。

2001年，组织农业技术培训2期120人，其中农村劳动力转移培训2期120人。2010年，组织农业技术培训4期246人，其中“雨露计划”培训7期686人，“阳光工程”培训1期110人，“退耕还林”培训6期608人。2014年，“退耕还林”培训共698人，阳光工程培训共98人。2015年，“退耕还林”培训共554人。

2001—2015年普安县中等职业学校农业技术培训情况表

表 18-3-2

年份	农业技术培训		其中							
	期数（期）	人数（人）	劳动力转移		雨露计划		阳光工程		退耕还林	
			期数（期）	人数（人）	期数（期）	人数（人）	期数（期）	人数（人）	期数（期）	人数（人）
2001	2	120	2	120	—	—	—	—	—	—
2002	4	246	4	246	—	—	—	—	—	—
2003	5	310	5	310	—	—	—	—	—	—
2004	6	370	6	370	—	—	—	—	—	—
2005	6	350	6	350	—	—	—	—	—	—
2006	7	420	7	420	—	—	—	—	—	—
2007	26	2650	26	2650	—	—	—	—	—	—
2008	19	1930	19	1930	—	—	—	—	—	—
2009	14	1353	14	1353	—	—	—	—	—	—
2010	14	1404	—	—	7	686	1	110	6	608
2011	20	1943	—	—	7	693	7	650	6	600
2012	25	2508	—	—	8	760	2	230	15	1518

续表18-3-2

年份	农业技术培训		其中							
	期数(期)	人数(人)	劳动力转移		雨露计划		阳光工程		退耕还林	
			期数(期)	人数(人)	期数(期)	人数(人)	期数(期)	人数(人)	期数(期)	人数(人)
2013	7	580	—	—	5	480	2	100	—	—
2014	—	796	—	—	—	—	2	98	10	698
2015	—	554	—	—	—	—	—	—	9	554

二、就业技术培训

2007年，招收就业培训29人，其中电工培训29人。2008年，招收就业培训750人，其中煤炭安全培训647人。2015年，就业技能培训4期204人。

2007—2015年普安县中等职业学校就业培训情况表

表18-3-3

年份	就业技术培训		其中			
	期数(期)	人数(人)	岗前培训		煤炭安全培训	
			期数(期)	人数(人)	期数(期)	人数(人)
2007	1	29	1	29	—	—
2008	11	750	2	103	9	647
2009	10	545	3	138	7	407
2010	20	1420	12	942	8	478
2011	18	1154	10	699	8	455
2012	12	849	1	60	11	849
2013	6	386	4	282	2	104
2014	5	301	5	301	—	—
2015	4	204	4	204	—	—

三、成人电大学历教育(函授开放式)

2007年开始招生，分春秋两季，主要招专、本科生。2007—2013年共招生1437人，其中2007年招生29人、2008年招生103人、2009年招生138人、2010年招生222人、2011年招生99人、2012年招生160人、2013年招生222人。专业有汉语言文学、法学、学前教育、水利水电、畜牧兽医、行政管理、金融学、会计学等17个专业。该项工作由学校教务处负责。2014年，学校专门成立电大工作站，负责成人开放式学历函授教育工作，直接在黔西南电大的指导下开展各项工作，2014—2015年共招生522人，其中2014年招生298人、2015年招生224人。

第四章　教育教学改革

第一节　德　育

一、爱国主义教育

1998—2015年，每年的清明节，县城初中、小学的全体学生和高一年级的学生由学校组织到烈士陵园扫墓缅怀革命先烈，乡镇中小学以举办演讲赛、作文竞赛等方式缅怀革命先烈。各中小学以举办

“学雷锋，见行动，从我做起”的讲座，弘扬雷锋精神，聘请“五老”（老干部、老战士、老专家、老教师、老劳模）人员到学校开展爱国主义思想教育讲座。国庆节，各中小学举办庆祝活动。

2000年起，每年由教育局关工委组织全县中小学生参加以爱国主义为主题的征文活动。2000年4月，青山镇民族中学获州级表彰为“关心下一代先进集体”。2005年，青山镇新田小学获教育部关心下一代委员会授予的“做诚信人办诚信事集体奖”。2007年7月，普安县教育局获教育部关心下一代委员会授予的“知荣明耻树新风集体奖”。2009年，普安一中获教育部关心下一代委员会授予的“五好”小公民示范学校称号。2013年8月，普安二中、盘水一小、盘水二小分别获教育部关心下一代委员会授予的全国“五好”小公民示范学校称号。2014年，普安县教育局在中国关心下一代工作委员会、中华人民共和国司法部和中央社会治安综合治理委员会办公室联合主办的第二届“关爱明天　普法先行”——青少年普法教育活动中被评为全国青少年普法教育先进单位。8月，普安县地瓜镇地瓜小学、普安县地瓜镇地瓜中学获中国关心下一代工作委员会、中华人民共和国司法部和中央社会治安综合治理委员会办公室授予的零犯罪学校称号。2015年，普安县教育局被中国少先队事业发展中心评为2015年度全国少先队红领巾阅读推广计划优秀组织单位。

二、行为规范教育

1998—2015年，普安县中小学的每个班级利用班会、团会时间，学习中小学学生行为规范。中学生学习《中学生守则》《中学生日常行为规范》，小学生学习《小学生守则》《小学生日常行为规范》，班班制订守则、行为规范。

三、社会实践活动

1998—2015年，全县中小学生参加社会实践活动分为小学学段、中学学段，小学生一般在学校所在地的村组进行，观看农民种田种地劳动场面、工厂工人生产时怎样注意安全，到附近学校参观校园文化建设的情况等。中学生每年为学校所在地的村组做2次社会公益活动服务，县城所在地的中学生每学期到街上帮助清洁工清扫街道等。初一、高一学生，进行为期2周军训，对在军训中表现好的学生进行奖励。高中学生，按高考考生要求由毕业班班主任组织带队参加社会实践活动，成绩记入考生学籍档案。

第二节　教学教材改革

一、教学改革

教学资源　1998年，教学方式把注入式改为启发式，启发式成了教学的定式。2001年，全县中小学均配备电脑，条件较好的学校设置多媒体教室，县城中学建造多功能教室，成立普安县电化教育站。教学中，多种教学方法综合使用。2008年，县一中设置多媒体教室12个，每个教室可容纳60人听课；设置多功能会议厅2个，可容纳1000多学生听课。乡镇中小学相应设置多媒体教室20多个，随着教学软件的不断开发，全县各中小学教师修改、制作课件近千课时，形成演播法、解说法、模拟法、情景法、探究法、师范法、程序法、目标教学法等多种多媒体辅助教学的方法。2014年，落实黔西南州教育信息化工程实施方案，制定全县建设规划及具体实施方案，以县城学校、乡镇所在地中小学、九年制学校和部分村级学校为重点，完成60%以上学校“班班通”建设任务；开展教学点数字教育资源全覆盖项目实施情况调查、总结工作，相关设备运行正常。2015年，实施教学点数字教育资源全覆盖项目22个；开通普安教育网群，接入单位门户网站49个；学籍、资助、营养改善计划、资金管理和使用、项目建设等实现信息化系统管理。围绕提高教育教学质量，深入开展“一师一优课、

一课一名师”活动，利用网络平台看课、评课、晒课，推行网络教研模式，打破时空限制，推动教育现代化进程。

教学方法创新 1998年起，对中小学教师的课堂教学进行评选，在课堂教学中有创新精神的教学个案优先入选，并给予一定的物质鼓励。2000年，全县评出中小学优秀教案30个，其中中学10个、小学20个。2001年，按照《贵州省学科优质课评选办法》要求，全县中小学各学科进行优质课评奖，由学校、县、州、省逐层评出一等奖上报。2004年，中小学所有学科评选活动全部完成，普安县被州评出5个学科各一节课进入省级评奖，其中语文获三等奖，数学、英语获二等奖，政治、生物获优秀奖。2005年，针对不同的教学内容选取不同的教学方法，实行教学以学生为主体、教师为指导。2010年，中小学全部施行新课标，教学方法采用目标教学法，课堂教学中突出“三维目标”（知识目标、能力目标、情感目标）。2014年，在落实《普安县教育振兴规划（2012—2017）》基础上，不断完善创新《普安县义务教育阶段教育教学质量评价办法（试行）》，首次在全县教育教学质量监测评比活动中引入加权系数、标准班额、巩固率等全新概念。首次制作完成《普安县义务教育阶段教育教学质量监测专用评价系列表册》，首次执行乡镇之间交换监考，并把全县义务教育阶段教育教学质量监测活动中的核心环节——评卷，调整为全县统一地点、统一教师进行流水作业。通过同一批教师“一把尺子”的测量，首次掌握全县各校在全县范围内的位置；开展“送教下乡”活动。12月27日，普安县盘水镇第一小学陈光灿主持，邓连志、匡维江、黄虎等13名教师参与的课题小学口语交际创意表达教学研究和普安县盘水镇第二幼儿园丁继芬主持，罗玲、陶珺、吴林、陈芳、徐明英等14名教师参与的《农村幼儿园区角活动在教学中的作用》获得立项。在黔西南州第五届优质课2014年下半年评选活动中，普安县第二中学苏欣获初中物理学科二等奖，普安县第二中学匡维彪获初中化学学科二等奖，普安县第二中学王荣获初中生物学科一等奖，并代表黔西南州到贵阳参加全省的优质课选拔活动。2015年5月，普安县第二中学王宁代表黔西南州到贵阳参加贵州省第五届中学生物优质课评选活动，获三等奖。11月8日，在黔西南州2015年下半年教师职业技能竞赛活动中，普安县盘水镇第一小学石星丽获小学音乐二等奖，普安县第二中学李琳获初中音乐二等奖，普安县第一中学刘彦获高中信息技术一等奖，并代表黔西南州到贵阳参加全省优质课选拔活动。

二、教材改革

小学阶段 1998—2001年，开设课程有语文、数学、思想品德、体育与健康、音乐、美术、美丽富饶的黔西南、实践活动课。2002—2003年，开设课程有语文、数学、品德与生活、体育与健康、音乐、美术、地方课程（学校自选），实践活动课（由学校自行安排）。2004年，参与贵州省基础教育改革试验，课程设置按照省教育厅下达的义务教育课程计划安排。开设课程有品德与生活（一、二年级开设）、品德与社会（三至六年级开设）、语文、数学、英语、科学、体育与健康、音乐、美术、综合实践活动、地方课程。统编教材使用教育部小学教材审定委员会审定、人民教育出版社出版的教材。

初中阶段 1998—2003年，开设的课程有思想品德、语文、数学、英语、历史、地理、生物（初三不开设）、物理（初一不开设）、化学（初三开设）、体育、音乐、美术、《富饶美丽的黔西南》、综合实践活动（由学校自行安排）。2004年课改，原初中和小学合称九年制义务教育，初中称七至九年级。

高中阶段 1998—2004年，开设课程有政治、语文、数字、物理、化学、生物、地理、历史、外语、信息技术、体育等11个学科，使用的教材都是人民教育出版社的版本。2005—2009年，开设课程在2004年的基础上增设音乐、美术、劳动技术等3个学科，共开设14个学科。2010年秋季，高中教

育进入新课程实验，课程开设的基本原则是自主性、科学性、实践性、发展性，课程由3个层次构成，即8个学习领域、12或13个科目、100多个模块。课程分为必修和选修2个部分。选修又分为2个部分：选修一为国家设置的课程，选修二为学校选用课程。课程设置按教育部制定的16个学科标准为依据，选用的教材版本按黔西南州选用的安排。

第三节　招生考试改革

一、小学升初中考试

1998—2000年，小学升初中实行升学考试，科目有语文、数学。命题由招生学校决定，考试时间由各乡镇辅导站安排，考试地点在各乡镇中学，每年的招生人数由教育局下达指标，各中学根据学校实际情况确定招生人数，升学率90%。2001—2015年，实施九年制义务教育，全县小学学生免试升学，就地进入初中学习，升学率100%。

二、初中升学考试

1998—2000年，初中升高中或中职考试分三类进行，一类是师范类，一类是中职类，一类是高中类，考试科目分为语文、数学、英语、政治、化学、物理6科。由黔西南州招生办公室统一命题，录取分数线按各类招生数由高到低划定。2001—2007年，初中升高中考试根据黔西南州教育局的安排，考试科目调整为语文、数学、英语、文科综合（思品、历史）、理科综合（物理、化学）5科。由黔西南州教育局考试办公室命题，各县招生学校（高中）按自己的办学条件确定最低录取分数线，原则上按语文、数学、英语3科总分划定，其余文科综合、理科综合作为参考分，采用闭卷考试的方式进行。2008年起，初中升高中考试按州考办的要求调整，分为考试科目、考查科目，考试科目为语文、数学、英语3科，闭卷考试。考查科目为文科综合（思想品德、历史、地理），开卷考试；理科综合（物理、化学），闭卷考试。录取分数分总分一、总分二，其中总分一的分数由语文、数学、英语3科构成；总分二的分数在总分一的基础上再增加理科综合分数、体育测试分数。录取分数由各中等专业学校、各中学根据办学条件而定。2014年，全县参加中考学生4391人，其中录取高中2978人。2015年，全县参加中考学生4442人，其中录取高中2740人。

三、高　考

1998年，普安县的高考按贵州省教育厅的文件执行，高考命题由教育部统一命题，考试科目设置“3+X”考试，即语文、数学、英语3科加文理科大综合（文科为政治、历史、地理，理科为生物、物理、化学）。2002—2012年，“3+X”科目设置改革，即“3”仍然是语文、数学、英语，“X”改为小综合即文科为政治、历史、地理合卷，理科为生物、物理、化学合卷。总称为“3+小综合考试”，命题由国家考试中心统一命题。

1998年，全县参加高考学生717人，录取本科23人、专科58人。2000年，参加高考学生372人，录取本科134人、专科35人。2004年，参加高考学生1151人，录取本科196人、专科320人。2010年，参加高考学生1045人，录取本科223人、专科703人。2012年，参加高考学生1124人，录取本科322人、专科674人。2015年，参加高考学生1491人，录取本科119人、专科733人。

1998—2015年普安县高考录取情况表

表18-4-1　　　　单位：人

年份	考生	录取				
		本科				专科
		合计	一本人数	二本人数	三本人数	
1998	717	23	—	—	—	58
1999	379	84	—	—	—	30
2000	372	134	—	—	—	35
2001	361	123	16	107	—	40
2002	516	158	17	131	—	55
2003	709	195	20	175	—	70
2004	1151	196	15	181	—	320
2005	1001	109	14	89	6	331
2006	1143	112	8	96	8	450
2007	913	162	41	103	18	510
2008	745	172	27	116	29	458
2009	920	190	25	100	65	647
2010	1045	223	31	163	29	703
2011	1113	280	29	135	116	601
2012	1124	322	28	192	102	674
2013	1106	310	14	191	105	640
2014	1067	852	7	65	47	733
2015	1491	1157	7	65	38	1067

第四节　普通话推广

一、推广普通话宣传

2001年起，普安县要求全县各级各类学校利用每年的“推普周”（每年9月第三周），开展不同形式的推广普通话宣传活动，学校挂横幅，班级挂标语，有的学校组织上街宣传，发放《推广普通话宣传手册》。

二、普通话等级测试

2001年，普安县教师的普通话等级证书，一律以贵州省语言文字工作委员会颁发的《普通话水平测试等级证书》为准，证书有效期限为5年。2002年1月1日起，在县城中小学（幼儿园）实行。2003年1月1日起，在乡镇中小学（幼儿园）实行。2003年起，每年对全县各级各类学校教师的普通水平等级情况进行督查，对凡未达到标准的组织进行培训，参加普通话测试教师逐年增加。2003年，参加普通话培训教师35人。2013年9月，盘水镇民族希望小学评为州级语言文字示范学校，12月，评为省级语言文字示范学校。2014年，全县参加普通话培训教师561人。2015年，全县参加普通话培训教师1010人。

第五章　科学技术

第一节　管理机构

一、县科技局

1998年，普安县科学技术局（简称“县科技局”）与县科协合署办公，实行两块牌子一套人马。2002年，县科技局加挂知识产权局牌子。2006年8月，县科协从县科技局分离单设，县科技局内设办公室、综合股。2007年5月，增设科技信息股。2010年6月，组建县经济贸易和科学技术局，县科技局职责职能整体划入县经济贸易和科学技术局，设立科技计划管理股、知识产权股。2011年6月，县经济贸易和科学技术局更名为普安县贸易和科学技术局，设立科技计划管理股、知识产权股。2012年11月，县贸易和科学技术局增设副科级机构科学技术服务中心，内设办公室。

二、县气象局

1998年，普安县气象局（简称“县气象局”）内设地面观测股、预报股、农气股、避雷装置检测股、服务股。2001年，增设农村信息服务中心。2007年3月，内设机构更改为“一局三办一网”，即气象局、防雷办、人影办、应急办、贵州省农村综合经济信息中心普安分中心（普安农经网）。2013年进行综合改革，实行“局台（站）分设、政事分开、管办分离”。2014年，内设管理机构5个：综合办公室（含文秘、法规、应急与安全、后勤、财务）；直属事业机构2个：气象台（综合气象观测、气象预警预报、公共气象服务、综合气象保障）、防雷减灾中心（防雷审核与风险评估、雷电防护技术服务、政务中心）；地方机构2个：人工影响天气办公室（管理与技术保障、作业指挥、装备维护维修）、农村经济信息服务中心（农经管理、农经信息员）。核定中央编制11名、地方编制4名，其中中央编制参公管理人员3名、事业人员8名，在职人员12名。

第二节　科技应用

一、科技开发

1998—2015年，实施各级科技计划项目99个，财政投入科技经费976.53万元，其中县级项目46个，投入科技经费10.33万元；州级项目22个，投入科技经费56.2万元；省、州合作项目19个，投入科技经费570万元；省级项目11个，投入科技经费140万元；国家级项目1个，投入科技经费140万元。

1998—2015年普安县科技开发项目情况表

表18-5-1　　单位：万元

年份	序号	项目层级				项目名称	承担单位	投入经费
		国家级	省级	州级	县级			
1998	1				√	薄壳核桃引种种植	科技局	
1999	1				√	天麻中药科技产业化商品基地建设	科技局	

续表 18-5-1

年份	序号	项目层级				项目名称	承担单位	投入经费
		国家级	省级	州级	县级			
2000	1				√	县城供水水源污染治理工程	科技局、水电局	42.89
	2				√	新店6.67公顷优质薄壳核桃引种试验	山西农业大学	8
2001	1			√		药用真菌灵芝品种选育	科技局	0.5
2003	1		√			普安县以草代木天麻栽培的开发与示范	科技局	1
2004	1				√	三板桥6.67公顷金银花基地建设	三板桥镇	1.8
	2			√		普安县银鲫原种保护	科技局	0.5
2005	1				√	窝沿乡半夏示范基地	窝沿乡	0.5
	2				√	三板桥金银花示范基地	三板桥镇	0.8
	3				√	“三下乡”科普宣传	县科协	0.5
	4				√	茶叶管理及病虫害防治技术培训	科技局综合股	2
	5				√	新店公路建设	新店乡	0.6
	6				√	普安银鲫原种场鱼种培育	畜牧局	0.6
	7				√	窝沿乡稻田养鱼	窝沿乡	0.7
	8				√	高棉乡葫芦嫁接西瓜示范	高棉乡	0.3
	9				√	农村妇女科技培训		0.5
	10				√	油沙地草滩治理		0.5
2008	1				√	莲花村太子参种植示范		0.14
	2				√	银鲫鱼养殖技术研究	渔业局	4
	3				√	高棉乡桉树示范种植		1
	4				√	白沙乡红富士苹果示范种植		1.5
	5			√		普安县科技局基层科技能力建设	科技局	1
	6		√			普安县乌天麻种子繁育基地项目	科技局	4
	7		√			天麻、果蔬产业灾后重建技术培训	科技局	4
2009	1				√	优质茶叶乌牛早苗木繁育申报材料	江西坡镇农业服务中心	1
	2				√	三板桥蚕桑苗圃基地建设	普安县昌盛蚕桑种养殖场	1.5
	3				√	优质李子苗木繁育申报材料	江西坡镇农业服务中心	0.5
	4				√	地瓜真金竹山优质葡萄干示范科技基地建设申报材料	地瓜镇农业服务中心	0.5
	5				√	生态优质茶土鸡杂交试养示范申报材料	江西坡镇梨园养殖场	1
	6				√	银鲫人工养殖技术研究项目	畜牧局	4
	7			√		萨能奶山羊胚胎工程快繁技术与羊奶产品开发研究	普安县草地畜牧技术服务中心	2

续表 18-5-1

年份	序号	项目层级				项目名称	承担单位	投入经费
		国家级	省级	州级	县级			
2009	8			√		濒危鱼类普安银鲫种质资源保护、繁殖、养殖关键技术研究与推广	普安县普安银鲫原种场	2
	9			√		普安县乌天麻栽培与加工（州科技计划）任务书	贵州省普安县宇红生态农业有限公司	2
	10			√		普安县基层科技能力建设	普安县科技局	1.2
	11		√			优质苹果试验示范种植基地建设	普安县科技局	6
	12		√			普安银鲫种质资源和雌核发育研究与应用	贵州大学	35
2010	1				√	日本甜柿山东大樱桃引种试验种植	普安县地瓜镇莲花山马铃薯专业合作社	0.5
	2				√	续断试验示范种植	普安县晴海药材种植专业合作社	1.5
	3				√	青山镇海马大棚蔬菜项目	普安县青山镇农业服务中心	1
	4				√	生物发酵养殖技术推广	罗汉乡畜牧站	2
	5				√	牛角山乌骨鸡良种保护	普安县青山镇农业服技术务中心	2
	6				√	罗汉乡茶叶种植与管理培训	罗汉乡人民政府	2
	7				√	白沙乡茶叶种植与管理培训	白沙乡人民政府	2
	8			√		普安县基层组织科技能力建设	普安县科技局	1
	9			√		普安县青山特色清真牛干巴深加工技术研究与推广	普安县青山清真牛干巴厂	2
	10			√		66.67公顷优质红皮大蒜种植示范	普安县三板桥镇农业服务中心	2
	11		√			优质肉羊规模化养殖科技扶贫示范	普安县草地畜牧技术服务中心	20
2011	1				√	日本甜柿山东大樱桃引种试验种植	普安县南山农业生态有限公司	1.5
	2				√	红星村花魔芋引种试验示范种植	盘水镇农业服务中心	2
	3				√	云南红豆杉科技种植示范	普安县小坡脚农业科技种植园	0.5
	4				√	桔梗试验示范种植	普安县青山镇农业技术服务中心	0.5
	5				√	竹鼠养殖	普安县青山镇农业技术服务中心	0.5
	6				√	科技养牛示范	普安县青山镇农业服务中心	0.5
	7				√	三板桥种养殖业技术培训	三板桥镇政府	1
	8				√	高棉乡朝阳村茶叶种植及管护培训培训	高棉乡朝阳村	0.5
	9			√		贵州黑山羊在普安县的养殖示范	贵州省普安县聚源种养殖场	5
	10		√			低产茶园改造科技扶贫示范	黔西南州富洪茶叶有限公司	10
	11		√	√		普安黑山羊品系培育基础性研究	普安县草地畜牧技术服务中心	50
	12		√	√		普安县标准化人工草场建植技术与养羊示范	普安县草地畜牧技术服务中心	30

续表 18-5-1

年份	序号	项目层级				项目名称	承担单位	投入经费
		国家级	省级	州级	县级			
2012	1				√	苹果的试验示范种植	普安县龙吟镇果业发展专业合作社	1
	2				√	生物发酵床标准化示范养殖	普安县青云生态养殖场	2
	3				√	三七与灵香草的交替试验种植	罗汉乡小海子三七种植基地	1
	4				√	魔芋引种试验示范种植	罗汉乡小海子三七种植基地	0.5
	5				√	中华绒螯蟹养殖试验示范	普安县金银花种植专业合作社	1
	6				√	关于帮助解决特殊种养殖培训经费的请示	地瓜镇政府	2
	7			√		蜜柚、核桃引种种植与示范	普安县龙吟镇	3
	8		√	√		饲料作物高产栽培综合利用与努黑杂羊育肥技术集成示范应用	普安县高棉乡六猫冲隆吉养殖场	45
	9		√	√		山羊主要传染病流行病学调查与病原诊断关键技术集成示范推广应用	普安县万象生态农业综合开发有限公司	40
	10		√	√		努比亚黑山羊适应性饲养与优势利用	贵州省普安县聚源种养殖场	80
2013	1		√	√		黑山羊饲草型全混颗粒料研究与应用	普安县永盛农牧综合开发示范场	30
	2		√	√		普安县草地生态畜牧业综合管理信息化平台建设	普安县畜牧养殖协会	30
	3		√	√		商品羊快速育肥技术研究集成及推广	普安县绿坡种养殖场	30
	4		√	√		高蛋白牧草冬闲田规模化种植技术研究及储藏利用示范	普安县巴掌岩科技种草养畜示范基地	30
	5		√	√		喀斯特山区肉羊健康养殖与立体农业科技示范	普安县忠才畜牧养殖农民专业合作社	30
	6		√	√		高产牧草栽培、加工、储藏与养羊技术研究	普安县生态种植养殖农业专业合作社	54
	7		√			高寒山区优质杂交水稻无公害高产栽培示范	普安县周易农产品精加工厂	16
	8		√			高新技术在红碎茶生产中的应用	普安县宏鑫茶业开发有限公司	20
	9	√				优质早生绿茶技术集成示范与推广	普安县贸科局	140
2014	1		√			连续清洁化红碎茶生产工艺技术研究	普安县宏鑫茶业开发有限公司	30
	2			√		普安县核桃系列产品加工研发服务平台	贵州资轻松天然食品有限公司	2
	3			√		特色渔业大闸蟹养殖与推广	贵州辉鸿兴水产养殖开发有限公司	2
	4			√		普安县黔早红苹果种植推广示范	普安县绿盛果园综合种植园	2
	5			√		日光萎凋与特殊菌落发酵技术在名优红茶加工中的应用	普安县细寨布依人家茶叶专业合作社	2
	6			√		杜泊羊高海拔山区的饲养与繁育技术研究	贵州普安普杰农业发展有限公司	4
	7		√			红茶生产智能提升技术开发应用	普安县宏鑫茶叶开发有限公司	20
	8		√			饲料作物高产栽培综合利用与努黑杂羊育肥技术集成示范应用	普安县高棉乡六猫冲隆吉养殖场	12

续表 18-5-1

年份	序号	项目层级				项目名称	承担单位	投入经费
		国家级	省级	州级	县级			
2014	9		√			山羊主要传染病流行病学调查与病原诊断关键技术集成示范推广应用	普安县万象生态农业综合开发有限公司	12
	10		√			普安县夏季适生优质牧草生产与供给关键技术研究与示范	贵州省草业研究所	9
	11			√		普安县新品种核桃区域试验与示范	普安县惠民生态乌米核桃开发有限公司	1
2015	1	√				白及组培种茎大田高产栽培技术研究与示范推广	普安县欣新生物科技有限责任公司	80
	2		√			普安县欣新生物科技有限责任公司	普安县永盛农牧综合示范场	15
	3		√			乌蒙山区优质肉猪生态健康养殖关键技术研究与示范	贵州现代生态农业发展有限公司	15
	4		√			普安清水大闸蟹健康养殖试验示范和应用推广	贵州辉鸿兴水产养殖开发有限公司	16
	5		√			细寨布依红茶产品开发研究	普安县细寨布依人家茶叶专业合作社	16
	6			√		有机羊养殖饲料配制研究与应用	普安县高棉乡六猫冲隆吉养殖场	5
	7			√		红花、射干种苗基地建设及种植示范与推广	普安县金源药材种植专业合作社	5
	8			√		天麻育种和多元化小块状仿野生栽培示范与推广	普安县雪浦乡天麻种植农民专业合作社	6
	9			√		生态黑山羊科技健康养殖技术集成示范	普安县誉钧生态养殖场	5

说明：2002、2006、2007年相关资料缺失

二、畜牧业新技术开发应用

1998年，建有普安县新盛饲料厂、普安县普壮饲料厂，以猪、鸡为主的饲料推广到村、组。5月，普安县发生牲畜口蹄疫，开始应用口蹄疫疫苗预防牲畜口蹄疫病。1999年5月，推广EM菌液技术养殖畜、禽。2004年，实施优质肉猪基地建设项目，推广仔猪早期断奶技术、仔猪超前补饲技术。4月，引入南江黄羊种公羊80只。普安黑山羊与南江黄羊杂交改良技术研究取得阶段成果。2004—2006年，利用中草药治疗山羊体外寄生虫的研究与应用科研课题获得成功，应用到养羊产业。2006年3月，在盘水镇刘家坡建成580平方米的连体塑料大棚养鸡场。2006年6月，开展山羊人工授精技术培训，建成人工授精点11个。2007—2012年，投入资金5000余万元实施草地生态畜牧业项目，建草场公路50余千米、人工草地6666.67公顷、羊舍12.7万平方米，养殖山羊10余万只，创产值7000余万元。2007—2013年，实施省、州合作科技项目，普安黑山羊品系培育基础性研究、普安县人工草场建植技术研究与养羊示范、饲料作物高产栽培利用与努黑杂羊育肥技术集成示范应用、山羊主要传染病学调查与病原诊断关键技术集成技术示范推广应用、喀斯特山区肉羊健康养殖与立体农业科技示范、普安县草地生态畜牧业综合管理信息化平台建设、黑山羊饲草型颗粒料研究与应用、高蛋白牧草冬闲田规模化种植技术研究及储藏利用示范、羔羊专用饲料开发及推广转化基地建设等10个课题研究获得成功，应用于养羊生产中。2007年5月，在江西坡、盘水、新店等乡镇推广室内网上平养肉鸡技术。

2008年，普安银鲫原种场在贵州大学、贵州省水产研究所、黔西南州职业学院的支持下，编制普安银鲫系统研究方案，开展普安银鲫的生物学特性、繁衍关键技术、营养价值、饲料配方等方面研究，培育400克以上亲本2000尾，鱼苗50万尾，在青山、雪浦、新店等地养殖（其中，在新店乡开展稻田养鱼研究）。2008年，兽药生产、经营企业经过GMP、GSP规范，现代科学技术生产的新兽药在防治畜、禽疾病中大量应用。2010年，普安鲫鱼异精雌核发育技术研究育出子一代，进行养殖推广。2010年，楼下尤开农业公司引进标准化笼养蛋鸡设备和技术，饲养蛋鸡1万只。2011年，有罗汉乡松竹养殖场、青山镇青云养殖场等运用发酵床养猪技术养猪。2012年8月，贵州普安口天农业公司引进青贮机械设备2套，应用打捆裹包青（黄）贮技术贮存农作物秸秆，发展舍饲养畜。普安万象生态农业综合开发有限公司获北京中安质环认证中心肉羊有机认证。2013年，楼下红祥公司、高棉俊安公司、新店代多元养殖场等购进机械设备，贮备饲草养畜。10月，引进新型建材硅酸钙板制作兔笼，推广到14个乡镇。向中华人民共和国国家知识产权局申报《鲜羊奶面条及其制作方法》发明专利。2014年，在江西坡试验养殖棘胸蛙；在窝沿社区开始建中华鲟养殖基地；开始优良种猪新美系人工授精技术推广，新建人工授精点4个。2015年，中华鲟养殖基地建成；引进巨菌草种苗在青山、罗汉、地瓜等乡镇进行示范种植，种植面积20公顷。

三、林业科技推广

2000年起，推广适地适树、就近就地造林的原则，采取相对集中育苗的方式。到2015年，共培育以杉、柳杉、核桃等为主的裸根苗、营养袋装苗523.92公顷，产苗量8525万株。

争取中央财政林业科技推广示范资金——普安县核桃优质农家品种丰产高效配套栽培技术推广示范项目资金100万元，建设优质丰产早实农家品种繁育技术推广、农家品种优良无性系采穗圃营建和优质丰产高效配套栽培技术试验示范，共计37.33公顷，其中农林混作示范林20公顷、散生栽培示范林4公顷，纯林示范林7.33公顷，试验林2公顷，采穗圃4公顷（含180株不同农家品种对比实验林）。做好科技项目成果转化，围绕普安县核桃优质农家品种丰产高效配套栽培技术推广示范项目和全县核桃产业带规划建设，在县内建设核桃苗圃示范基地3个，面积20公顷，年产优质核桃苗300万株以上。开展地方优良核桃树种选育，挂牌筛选优良核桃母本树423株，以此为基础建立核桃采穗圃28.67公顷。

四、企业技术改造

1999年，对矿冶公司顶效磷肥分厂实施技术改造，共投入技术改造资金309万元，技术改制后年生产能力4万吨。对三板桥黄皮塘电站1200千瓦进行技术改造，共投入技术改造资金121万元。2007年，对普安县九龙水泥厂进行易地迁建。2010年，推进普天电冶有限公司2×25500千伏安电石炉技改项目建设，该项目总投资1.07亿元，将原2×6300千伏安电石炉技改为2×25500千伏安电石炉技改项目，建设年产10万吨电石生产线。推进煤矿机械制造项目建设，拟投资1.2亿元。推进泥堡金矿黄金生产，拟投资5亿元。

五、科学储粮

2011年，安排1500户农户实行科学储粮，其中龙吟镇980户、楼下镇400户、罗汉乡120户。2012年，轮换出库300吨稻谷，向1500户农户发放科技储粮项目彩钢板仓，建成1家县级粮油配送中心、7家放心粮店，14个粮食应急供应点挂牌营业。2013年，争取资金15万元实施粮食应急储备库二期工程建设，向2000户农户发放科技储粮项目彩钢板仓。2014年，新增入库稻谷809吨，菜籽油100吨，大米50吨，新增2个粮食应急供应点挂牌营业。2015年，新增2个粮食应急供应点挂牌营业。

第三节　专利申请与项目申报

一、专利申请

2012年，申请专利46件，其中发明11件，实用新型8件，外观27件。专利授权26件，其中实用新型1件，外观设计25件。2013年，组织申报国家、省、州级项目25项。完成专利申请44件，其中实用新型1件，外观设计43件。专利授权49件，其中实用新型7件，外观设计42件。2014年，申请专利4件，其中发明2件，实用新型1件，外观设计1件。2015年，申请专利15件，其中发明6件，实用新型7件，外观设计2件。专利授权7件，其中发明1件，实用新型2件，外观设计4件。

二、项目申报

2008年，从115户酒类生产流通经营户中，将符合申报条件的42户经营户审批上报申请贵州省酒类生产销售许可证。2010年，申报普安县青山牛干巴厂技改扩能年产100吨牛干巴项目发展专项资金、黔西南州富洪茶叶有限责任公司生产车间技改扩能年产500吨名茶项目发展专项资金、普安县地瓜镇岗坡云海茶叶天麻专业合作社新建年产成品茶288吨项目发展专项资金、普安县周易农产品精加工厂技改扩能项目。普安县地瓜镇莲花村马铃薯专业合作社、三板桥镇农特产品专业合作社、普安县青山清真牛干巴厂向州科技局申报普安县莲花村脱毒马铃薯种薯繁殖基地建设、66.67公顷优质红皮大蒜种植示范基地建设、普安县青山特色清真牛干巴深加工技术研究与推广等项目，并得到批准立项。县草地畜牧技术服务中心向省科技厅申报优质肉羊规模化养殖科技扶贫示范，并获省星火专项资金20万元。2011年，申报普安县石寨坪铁合金有限责任公司异地技改项目，贵州国源矿业开发有限公司60万吨/年洁净型煤球项目，普安县鸿盛源矿业有限责任公司年产20万吨氟化钙精粉项目，新建罗汉、青山、新店、罐子窑、糯东、楼下、宏达、金山加油站项目。组织申报省级科技计划项目2项，分别是低产茶园改造科技扶贫示范、普安县科技特派员制度工作试点县建设。组织申报州级项目8项，分别是精品红茶制作技术研究与推广、饲用木本植物石漠化地区人工扩繁与种植研究、葡萄新品种“超藤”引种试验示范、初中自主高效课堂教学模式研究、优质小河黑山羊品种选育、贵州独有鱼类“普安银鲫”品牌培育研究、马别河上游普安段鲈鲤种质资源保护和驯养技术研究、优质肉牛引种与改良。2012年，组织申报流通基础设施重点项目2项，分别是江西坡农特产品综合市场、普安县青山物流园区。向国家科技部申报优质早生绿茶产业化技术集成与应用项目。普安县高棉乡六猫冲隆吉养殖场向省、州科技部门申报饲料作物高产栽培综合利用与努黑杂羊育肥技术集成示范应用项目，获立项资金165万元。普安县龙吟镇以蜜柚、核桃引种种植与示范项目申报州科技计划项目，获立项资金3万元。普安县畜牧养殖协会、贵州省聚源种养殖场向州科技局申报普安萨能奶山羊胚胎工程快繁技术与羊奶产品开发研究、贵州黑山羊在普安县的养殖示范项目。2012年，组织申报国家、省、州级项目25项，共获国家级立项项目1个，项目支持资金140万元；获省级立项项目2个，支持资金46万元；获州级立项项目1个，支持资金4万元。2014年，组织14家企业申报科技部、省、州科技项目16项，获立项7项，审批资金43万元。2015年，组织县内企业申报各级科技项目38个，申请科技经费2027万元，获批项目9个，审批资金163万元。争取项目工程5个，争取资金4135万元。其中农贸市场建设项目1个，资金35万元，在龙吟实施建设，项目建设竣工，待验收；物流配送基地项目1个，资金70万元，在江西坡轻工业园区实施，项目建设竣工，待验收；跨区域农产品运输项目1个，资金2000万元，由三板桥美人芋有限公司承建，项目资金到位，项目正在建设中；国家级电商项目1个，资金1850万元；普安县市场监督公共服务体系建设项目1个，资金30万元，项目竣工并验收。

第四节　科技普及

一、科技活动周

自2001年起，每年5月的第三周，开展科技活动周宣传培训等科普活动，发放《科学种养》《地震常识》《农村民房抗震设防知识》《防震避震知识读本》《防震减灾宣传手册》《民居抗震设防宣传资料》《中小学校防震减灾知识宣传教育参考材料》《气象知识——校园气象》《中小学气象灾害避险指南》《气象防灾减灾知识图解》《食物中毒传染病防治突发公共卫生事件》《核桃种植技术》《农资打假》等宣传材料14万余册（本）。

二、科技下乡活动

1998—2015年，开展“送科技下乡、为‘三农’服务”大型科普宣传活动，向群众发放核桃丰产栽培实用技术、森林火灾预防与扑救、野生动物保护、森林病虫害防治等预防知识宣传单5.5万张，帮助群众普查核桃枝枯病害面积3333.33公顷。

三、科普培训

利用知识产权宣传周和防震减灾宣传周，举办不同形式和内容的培训班，全面普及知识产权和防震减灾知识，共举办培训班10期，培训500余人次。

第五节　气象科技

一、气象服务

（一）气象观测

观测站建设　2002年12月31日，建成七要素气象观测自动站。2003—2004年，使用自动站与人工站进行平行观测。2005年1月1日，自动站实行单轨运行，正式使用自动站资料。2009年1月1日，自动站更名为国家基本气象站。2013年6月，建成新型自动站并取代自动站资料。

2008年，建成雪浦乡、青山镇、新店乡、地瓜镇、三板桥镇、高棉乡、江西坡镇、罐子窑镇8个区域自动站。2009年，建成楼下镇、罗汉乡、白沙乡、雪浦乡博上村、龙吟镇、窝沿乡6个区域自动站。2010年，建成楼下镇坡脚村、江西坡镇中心村、盘水镇高兴村、三板桥镇保冲村4个重大灾害隐患点区域自动站。2012年，建成盘水镇大湾村、窝沿乡大榜村等23个村级单雨量站。2013年，建成地瓜镇下厂河、白沙乡三岔河2个区域水位站和青山镇营山村、江西坡镇细寨村2个六要素自动站。2015年11月，在江西坡镇现代高效农业示范园区建成农情实景观站，用于观测普安县江西坡现代高效农业示范园区茶叶生长情况。

气象观测　1998—2006年，气象观测项目分为两类，分别为中国气象局确定的基本观测项目、贵州省气象局确定的观测项目。每天8时、14时、20时进行，8时、14时发小图报或加密报2次。11时、17时为补充观测。2007年1月1日，国家气象观测一级站，每天2时、8时、14时、20时定时观测和发布天气预报，5时、11时、17时、23时补充观测和发补充天气报报。观测项目有云、能见度、天气现象、风向、风速、气温、气压、降水、日照、小型蒸发、地温（0厘米、10厘米、15厘米、20厘米）、雪深。2009年，增加电线结冰观测，安顺飞机场预约航空报每日预约时间为8～16时。2014年，增加地温（40厘米、80厘米、160厘米、30厘米）、取消安顺飞机场预约航空报、增加新型站DZZ4设备、增加称重式降水观测仪。2015年，增加能见度观测仪。

（二）气象预报

1998年，使用统一配备的100瓦单边带电台，接收省、州气象局传播的雷达回波信息和天气预报信息。1999年8月，建成并利用PCVSANT单收站平台分析制作天气预报，每天向公众发布24小时短期天气预报1次。2002年，开通州、县两级网络，访问黔西南州气象在线获取预报指导资料。2007年，改为从FTP内部网页上调用天气预报资料，根据普安站气象要素的变化情况，做订正预报。2007年3月，建成TWR－1小型天气雷达，指导开展短时临近预警服务和人工影响天气工作。2010年，建成CMACAST单收站及短时临近预报预警系统。2011年，建成SWAN系统。2014年，建成公共气象服务平台，指导全县预报预警信息发布。

中长期天气预报主要有《一周天气预报》《月天气气候预测》《春季天气气候预测》《夏季气候预测》《秋季气候预测》《冬季气候预测》《年天气气候预测（1—8月）》《天气实况通报》等。2012年，规范为《重要气象信息专报》《气象信息报告》《气象信息快报》，主要是以书面形式发布。2014年，增加决策服务（《专题气象服务》）。

（三）气象信息发布

公众气象信息发布 1999年4月，开通普安县“121”气象信息电话自动答询系统（以下简称“121”），并开始制作电视天气预报节目。2004年8月，“121”系统收归州气象局统一发布和管理。2005年10月，电视天气预报节目因县电视台软、硬件升级后，普安县气象局制作的电视节目与之设备不相适应而停播。2012年4月，由州气象局影视中心制作普安每日天气预报在县电视台复播。

2007年4月，开通气象服务平台，气象预报预警服务覆盖县委、县政府、人大、政协主要领导及相关部门、乡镇领导、村委会成员、学校校长、工矿企业主要负责人、地质灾害隐患点责任负责人、交通安全员、乡镇水利站、农业企业经营负责人等。2008年12月，在县城中心安装1块电子显示屏。2009—2011年，安装龙吟镇红旗社区、江西坡镇中心村、新店乡新店社区、青山镇营山村、窝沿乡、高棉乡、地瓜镇、楼下镇8块电子显示屏。2012年12月，安装三板桥镇十里村、云庄村，盘水镇大湾村，江西坡镇高潮村、细寨村，青山镇范家寨村、下街社区，白沙乡铁厂村、大小寨村，窝沿乡大榜村10个预警大喇叭，开展气象预警预报、气象灾害信息发布。2014年，增加QQ、微信、微博气象服务发布通道。

决策气象信息发布 2004年，在普安县雪浦乡建设临时气象观测站，为普安县火电厂建设进行1年气象观测。2005年4月14日，全国小水电代燃料现场会议在普安县青山镇召开，组织开展重大活动天气预报预测、组织高炮技术进行人工消雨，开展气象保障服务。2006年8月，在盘水镇大湾村开展1年的风能气象资料观测。2007—2008年，为普安煤化工选址、五嘎冲水库建设提供气象依据。2008年1月13日至2月14日，普安县出现五十年一遇的凝冻天气，组织应急队伍做好强降温、凝冻天气过程的监测、预报、预警服务，被省气象局评为全省气象部门抗凝冻先进集体。2009年8月至2010年5月，普安遭遇百年一遇的旱灾，全力做好抗旱救灾气象服务，在第一时间将气象服务、天气实况传递给县委、县政府及相关部门，及时收集气象资料向相关领导汇报，24小时监控TWR-1小型雷达等待降雨云系的到来，开展人工增雨3次。2011年，开展“中国 · 普安春茶节”气象服务保障8次，为青山工业园区的开工、北部轻工业园区的开工服务6次，为火电厂选址、大型煤田勘测、风能开发等大型项目的可行性论证提供气象服务多次。2013年4月，为甲金水库、火电厂建设可行性研究报告提供大量的气象服务资料。

二、防灾减灾

（一）人工影响天气

1998—2002年，建成盘水、高棉、江西坡、白沙、罐子窑、青山、雪浦、博上、罗汉、新店10个防雹增雨作业点，建成盘水火箭增雨作业点。在兴义多普勒雷达和县级WTR-1小型雷达的监控指导下，每年至少开展人工增雨火箭作业3次以上和炮站增雨防雹20次以上。2005年，全省进行标准化炮站建设，盘水炮站未达要求，取消了盘水炮站的人影作业资格。2012年，取消白沙炮站的人影作业资格。2013年，全县共8个炮站，主要分布在南北冰雹路径和烤烟、茶叶等经济作物区。

（二）防雷服务

1998—2015年，每年4月组织气象执法人员对全县的防雷设施开展行政执法检查，对未开展防雷检测或检测需整改的单位下发整改通知书，限时检测整改。每年对全县工矿企业、大型建筑、炸药库、学校以及人员密集场所进行全面检测，年均80家。年均指导防雷工程安装技术15家。2015年6月，取消县级防雷安装工程项目。

（三）气象研究

1998—2015年，普安县开展多项气象科研项目，主要有《云南大叶茶引种试验分析》《普安县“倒春寒”天气气候统计分析》《普安县细寨绿茶气候条件分析》《普安县一次暴雨过程初步分析》《浅谈气象灾害对普安烤烟生产的影响》《普安甘薯高产栽培与气象条件分析》《普安县李树种植与气候条件浅析》《普安县几起雷击事故的分析》《利用Visio绘制能见度目标物分布图》《气象服务为“三农”服务保驾护航》《浅议气象在为农服务中优势作用的发挥》等，共有20余篇研究论文在州级以上各类科技期刊或学术交流会议上发表或交流。

第十九篇　文化　体育

1998—2015年，随着经济的发展和人民群众生活水平的提高，普安县文化、体育事业同时得到较快发展。

群众文化活动丰富多彩。组织经常性大型广场文化活动、春茶节、“宣传大篷车”下乡巡回文艺演出等群众文化活动。开展民歌普查，采录民歌71首，整理出版《普安民歌集》。文化市场发展较快。全县有书店8家，网吧13家，歌舞厅10家，电玩城5家，音像制品店1家。开展非物质文化遗产普查。普安县苗族芦笙舞被评为国家级非物质文化遗产。全县拥有国家级非物质文化遗产1个、省级非物质文化遗产6个、州级非物质文化遗产8个、县级非物质文化遗产19个。县图书馆藏书7.89万册，读者7.57万人次，发放借书证3560张，外借书8.38万册次。开展第三次全国文物普查工作，共登录不可移动文物140处，新发现86处。文物保护工作进一步加强，拥有全国重点文物保护单位3项、县级文物保护单位6项。

1999年，县电视台通过租用电信光缆，对全县所有乡镇进行联网，所有乡镇实现联网，30多套电视节目传输到乡镇。2010年7月，县乡联网工程和数字化整转，实施全县乡镇县乡联网和数字化整转工程。2011年，进行网络优化改造，全县实现通过自有光缆干线全部联网。2013年，实施县城区有线电视双向网络改造工程。2014年，实施“村村通”工程6302座。县电视台在自办节目中，除办好普安新闻外，还开办小城歌星、点歌台、身边人、法制普安、普安新秀歌星选拔赛、小凡说事等栏目。2014—2015年，在中央、省、州媒体播出的电视和广播新闻稿共370条，其中央级媒体播出35条次、省级媒体播出67条次、州级媒体播出268条次。

档案征集、利用工作成效突出。县档案馆共征集档案9145件，向社会提供利用档案1.80万卷（次）；共保管文书档案2.75万卷，新规则整理档案4.11万件，照片档案146张，印章档案856枚，重要图书761册，资料3931本（册）。开展档案法规宣传，加强档案业务的监督指导和档案培训。

兴建普安县老年活动中心，有游泳池、灯光球场及看台；投资200万元，兴建休闲体育广场，有足球场、体育健身中心、篮球场及休闲广场。全县有中小学体育场所140个。

农村体育、学校体育、老年体育全面开展，每年都举办县级体育竞赛活动。普安县荣获国家体育总局授予全民健身宣传周先进单位称号。多次组队参加全州体育赛事并获奖。

第一章　文　化

第一节　机　构

一、县文体广电旅游局

1998年，普安县文化体育和广播电视局（简称“县文体广电局”）内设办公室、文化体育股、广电股。2002年，内设办公室、文化体育股、文化稽查大队。2004年，增加新闻出版（版权）管理职能，加挂新闻出版局（版权局）牌子。2008年，规范县广播电视台（简称“县电视台”）为县文体广电局下辖的副科级事业机构，内设办公室、新闻部、总编室、广播制作室。普安县文物所升格为普安县文物局（简称“县文物局”），属县文体广电局下辖的副科级事业单位。2010年，县旅游局与县文体广电局合并，成立普安县文化体育旅游和广播电影电视局（简称“县文体广电旅游局”），内设办公室、监察室、文化股、体育股、广播电影电视股、旅游股、新闻出版股、文化市场综合执法大队（副科级事业单位，下设综合股、政策法规股、稽查股3个股室）。2011年，机构改革，县文体广电旅游局下属事业机构有县电视台、县广播电视无线发射台、县文物局3个副科级事业单位，增设县广播电视技术服务中心、县图书馆、县文化馆3个正股级事业单位。县电视台内设办公室、新闻部、总编室、广播制作室，县文物局内设综合股、业务股。

二、文化事业机构

县文化馆　1998年，普安县文化馆（简称“县文化馆”）馆址位于普安县文化活动中心二楼，建筑面积500平方米。2010年8月，县文化馆在普安县休闲体育广场旁的新馆落成，共5层，建筑面积1500平方米。馆内设美术、书法、摄影、音乐、舞蹈等活动室及多功能厅、演播厅等。

县电视台　1998年7月，成立副科级事业单位的普安县有线电视台（简称“县电视台”），内设总编室、新闻部、外线工程队。2003年，普安县有线电视台更名为普安县广播电视台（简称“县电视台”），规范县城闭路电视管理，从县农行贷款245万元投入乡镇网络收编，县电视节目通过闭路电视传输到乡镇所在地。2008年3月，实行台网分离，分离出贵州省广播电视信息网络股份有限公司普安分公司（简称“县网络中心”），隶属于省公司垂管，普安县广播电视台作为其股东单位。分离后县电视台搬迁至县民族文化活动中心3～5楼，新建演播室2个、购置摄像机8台、电脑提词器1套、媒资管理系统1套等。

县网络公司　2008年3月，成立贵州省广播电视信息网络股份有限公司普安分公司（简称“县网络公司”），内设综合部、建设运维部，纳入全省有线电视管理体系。5月1日，县网络公司正式运营，新建县城有线电视网络，全部实行电脑收费管理系统，新建乡镇有线电视网络，实现县乡有线电视网络全覆盖。

普安新华书店　1998年，普安新华书店注册地址为普安县盘水镇西街3号。2015年，注册资金264万元，经营项目主要有图书、教材、图片、磁带、定型包装食品兼饮料酒类。

县图书馆　1998年，普安县图书馆（简称“县图书馆”）位于普安县金桥市场内，总面积971.34平方米，藏书2.86万册，阅览座位80个，读者1.71万人次，发放借书证235张，外借书3.43万册次。2015年，藏书7.89万册，读者7.57万人次，发放借书证3560张，外借书8.38万册次。

1998—2015年普安县图书馆业务开展情况表

表19-1-1

年份	藏书（册）	阅览座位（个）	读者（人次）	发放借书证（张）	外借书（册次）	送书下乡（册）
1998	28600	80	17128	235	34256	—
1999	28810	80	18206	241	36412	—
2000	29010	80	18350	250	36702	—
2001	29210	80	17086	232	34172	—
2002	33460	80	16975	205	42437	—
2003	34406	80	16830	216	42075	—
2004	36907	80	16756	208	50268	—
2005	37495	80	16552	180	49656	—
2006	38175	120	16386	176	49158	—
2007	38415	120	16481	185	49443	—
2008	43145	120	15540	150	54390	—
2009	43345	120	15210	130	53235	3554
2010	43575	120	15120	120	52920	—
2011	43815	120	14860	108	52010	—
2012	44095	120	14328	85	50148	—
2013	44395	120	14068	68	49238	5864
2014	5.8952	200	43526	3560	83839	6201
2015	78922	240	75682	3560	83839	8237

县电影院　1998年，普安县电影院（简称“县电影院”）位于盘水镇西街71号，建筑面积1754平方米。到2006年，县电影院没有放映电影。2007年，县电影院放映大厅改造成商场出租，租金作为单位职工基本生活费。

青山电影院　1998年，青山电影院位于青山汽车站门口，建筑面积1398平方米。2006年，青山电影院改成商场出租。

县歌舞团　2010年11月，组建普安县歌舞团（简称“县歌舞团”），有文艺人员26人，全部属于公益性岗位，聘期3年。2013年11月，县歌舞团解散。

乡镇文化站　2012年，建成14个乡镇综合文化站，属乡镇人民政府领导。工作职能为业余文艺创作辅导、群众文化、图书馆管理开放等，人员编制1～5人。2013年12月，全省开展乡镇综合文化站评估定级，龙吟镇综合文化站被评为一级站，三板桥镇综合文化站、江西坡镇综合文化站被评为二级站，盘水镇综合文化站、窝沿乡综合文化站被评为三级站。2014年，青山综合文化站、罗汉综合文化站被评为三级站。2015年，楼下综合文化站被评为二级站。

第二节　文化活动

一、县文化馆

2004年，县文化馆组织近100场次的大型广场文化活动，参与承办普安县春茶节。2011年，文化馆开始举行“宣传大篷车”下乡巡回文艺演出。2012年，在全县开展民歌普查，采录民歌71首，于2013年整理成《普安民歌集》。2014年，全县开展非物质文化遗产普查。2015年，普安县苗族芦笙舞被评为国家级非物质文化遗产。

二、县图书馆

2009年，开展送书下乡活动，共送书下乡3554册，其中窝沿大坡小学144册，崧岿村农家书屋181册，三板桥镇政府1463册，三板桥十里小学88册，龙吟民族中学473册，盘水五小91册，高速公路收费站298册，县政协816册。2012年，开展公共图书服务宣传周活动。2013年，参与社区教育活动，同14个乡镇服务点建立借阅关系。2013年，县城改造，县图书馆被拆除。2014年，开展送书下乡活动，共送书下乡5123册。2015年，开展送书下乡活动，共送书下乡4123册。

三、县电影院

2007年，开展农村公益性放映，每个村每个月不少于1场的公益放映（简称“三个一”工程），放映资金由中央、省、州、县匹配。2011年，组成8支放映队赴全县14乡镇进行公益放映2004场。2012年，公益放映2004场。2013年，公益放映900场。2014年县电影院关闭。

四、县歌舞团

2010—2015年，县歌舞团组团到邻县，到省、州等剧场演出，上演文艺作品有《芬芳好日月　我们共拥有》《玛琅谷　我依恋的家乡》《我到茶山来》等。

第三节　文化市场

全县文化市场主要有图书销售、网络经营、歌舞厅、网吧、打字复印、音像制品等方面的有偿服务。2015年，全县有书店8家，网吧13家，歌舞厅10家，电玩城5家，音像制品店1家。

一、图书市场

普安新华书店　1998年，普安新华书店销售图书122.56万册，其中教材90.45万册、教辅资料31.25万册、一般图书0.86万册。2007年，销售图书131.80万册，其中教材127.43万册、教辅资料5.33万册、学前班图书3.72万册、一般图书0.33万册。2015年，销售图书11.67万册，其中教材10.25万册、教辅资料13.65万册、学前班图书2923册、一般图书2974册。

1998—2015年普安新华书店图书销售情况表

表19-1-2　　单位：册

年份	销售图书	其中			
		教材	教辅资料	学前班图书	一般图书
1998	1225552	904548	312450	—	8554
1999	1380761	985745	385462	—	9554
2000	1338101	975869	354674	—	7558
2001	1343936	987852	347860	—	8224
2002	1265068	936578	318590	—	9900
2003	1173421	927538	239448	—	6435
2004	1160619	1066194	88460	—	5965
2005	1044721	965752	73500	—	5469
2006	1281435	1221340	55520	—	4575
2007	1368055	1274310	53280	37200	3265
2008	1748474	1368922	370236	7200	2116
2009	1616563	1231260	358076	24000	3227
2010	1706751	1372420	304420	26400	3511

续表 19-1-2

年份	销售图书	其中			
		教材	教辅资料	学前班图书	一般图书
2011	1676098	1345402	304420	24000	2276
2012	1565784	1334522	222476	6000	2786
2013	1408279	1225898	176120	3400	2861
2014	1542025	1334524	201230	3150	3121
2015	1166887	1024535	136455	2923	2974

个体户书店 2010年，全县批准成立第一家个体户书店。2012年，批准成立4家个体户书店。2013年，批准成立1家个体户书店。2014年，批准成立1家个体户书店。2015年，无新增个体户书店。

2010—2015年普安县个体户书店情况表

表 19-1-3

书店名称	地址	批准成立日期
青山镇教育书店	青山镇中学路	2010.01.03
普安县楼下镇情英书店	楼下镇街上	2012.04.16
智源书社	盘水镇南大街	2012.04.25
普天购书中心	盘水镇百货公司仓库二楼	2012.04.25
普安县宏玉书屋	盘水镇南大街	2012.04.29
黔西南布依族苗族自治州新华书店有限公司普安分公司	盘水镇西街3号	2013.01.29
普安县新店乡智通书苑	新店乡新店社区新店一组	2014.06.24

二、文化娱乐市场

歌舞厅 2009年，批准成立1家歌舞厅。2010年，批准成立1家歌舞厅。2011年，批准成立3家歌舞厅。2012年，批准成立3家歌舞厅。2013年，批准成立1家歌舞厅。2014年，批准成立1家歌舞厅。2015年，无新增歌舞厅。

2009—2015年普安县歌舞厅情况表

表 19-1-4

歌舞厅名称	地址	批准成立日期
金钻 KTV	盘水镇西街	2009.05.01
鸿嘉春源 KTV	盘水镇东街	2010.01.14
阳光商务会所 KTV	盘水镇南街	2011.05.20
水逸天下 KTV	盘水镇云盘路天和人家	2011.01.01
楼下大酒店 KTV	楼下镇街上	2011.11.01
金鼎 KTV	楼下镇街上	2012.03.19
蓝钻人生 KTV	盘水镇环城北路中段	2012.06.22
帝皇 KTV	楼下镇楼下社区大草坪	2012.11.07
奔腾 KTV	楼下镇老中学门口	2013.09.07
江西坡镇馨悦 KTV	江西坡镇街上	2014.03.10

网　吧　2002年，批准成立2家网吧。2003年，批准成立3家网吧。2004年，批准成立3家网吧。2005年，批准成立2家网吧。2006年，批准成立3家网吧。2006年11月起，停止审批网吧。

2002—2006年普安县批准成立网吧情况表

表19-1-5

网吧名称	地　址	批准成立日期
青山幻龙网吧	青山镇金叶小区	2002.03.31
时代网吧	盘水镇金桥市场	2002.08.10
天堂网吧	盘水镇金桥市场	2003.05.20
蓝色网吧	盘水镇云盘路商住区2号	2003.05.20
立新网吧	楼下镇街上	2003.05.20
新概念网吧	龙吟镇大平二街	2004.01.09
开心网吧	青山镇金叶小区	2004.05.20
情缘网吧	江西坡镇下街	2004.10.05
昊天网吧	盘水镇南中路	2005.05.20
幽灵网吧	盘水镇金桥市场	2005.05.20
港湾网吧	盘水镇五金公司二楼	2006.05.20
飞翔网吧	楼下镇街上	2006.05.20
游龙网吧	楼下镇糯东村	2006.10.10

其他娱乐场所　2004年，批准成立2家电玩城。2006年，批准成立2家电玩城。2013年，批准成立1家电玩城。2014—2015年，无新增电玩城。

2004—2015年普安县电玩城情况表

表19-1-6

名称	地址	批准成立日期
凤祥电玩城	盘水镇南中路街道22号	2004.05.20
贵普电玩城	盘水镇金桥市场	2004.02.20
街头电玩城	青山镇街道中学路	2006.02.20
飞翔电玩城	盘水镇商住城18号	2006.05.20
兴辉动漫城	盘水镇南中路农工部二楼	2013.03.31

三、文化市场管理

2000年，在县公安局和消防大队的配合下，于7月18—19日对县城电脑游戏机室、音像制品、书刊市场及歌舞厅进行突击检查，清理音像制品店9家，查获软包装盗版故事碟738张，硬盒盗版故事碟87盒；清理电脑游戏机室5家，其中1家无证经营、4家接纳未成年人。2010年，与县工商局联合制定《有证网吧及黑网吧接纳未成人违法违规经营举报奖励制度》，鼓励广大人民群众参与网吧管理。对城区网吧、图书音像出租零售摊点、文化娱乐场所进行突击检查，重点整治校园周边文化娱乐场所，检查出接纳未成年人问题网吧2户，接纳未成年人2人，对每个网吧分别处予5000元的罚款并给予警告；收缴盗版光碟等音像制品600余张，盗版图书400余册，并责令业主停止违法行为；对无证照经营广播电视接收设备的一律没收，收缴非法经营的设施40套；拆除未经批准擅自安装的广电接收设施150座。

第四节　文化产业

一、文化产业建设

1998年，普安县文化产业以印刷业、电影业、图书业、广播电视业等传统的文化产业为主。根雕、奇石、鸟笼等制作以小作坊制作为主，种类和数量较少。2006年，普安县鼎兴石材工艺厂建成投产。2007年，电子产品、电子游戏、休闲娱乐项目、建筑设计等新兴文化产品涌现。2011年，普安县鼎兴石材工艺厂争取州级文化产业基金10万元用于石雕工艺制作；10月，以观光休闲为主的综合文化旅游项目，总投资5000万元的贵州省普安县金鹿扶贫开发有限公司注册成立；12月27日，以生产茶叶为主的综合文化产业项目，总投资5.3亿元的普安宏鑫茶业有限公司注册成立。2012年，普安县龙吟苗族文化旅游小镇争取省级文化产业基金20万元用于苗族文化小镇的规划建设。同年，以温泉酒店为代表的一批宾馆酒店、娱乐会所等文化产业项目兴起。2013年，普安宏鑫茶业有限公司投产。2014年，编成《普安县文化产业统计集》，新增教育文化经营培训3家，收入11.8万元，石雕加工企业2家，个体石碑20余家，珠宝饰品行业4家，电子游戏行业1家，文化旅游服务行业3家，茶文化产业3家，字画、盆景3家。2015年，红翠茶、龙溪石砚、民族手工艺品、民族服饰生产加工等新兴文化产品增多。投资200万元（省、州补助专项资金80万元）建成普安嘉禾影院并投入使用，普安有了第一家数字影院；同时，开展江西坡世界茶源文化广场、茶神谷景区、茶源小镇等重点文化产业项目建设以及“普安红”茶品牌的对外宣传和营销。2010—2015年，县内5家文化企业代表分别参加第七届、第八届、第九届、第十届、第十一届深圳文化产业博览会。

二、文化产业统计

2010年，开始对文化产业进行统计，全县文化产业项目50余个，从业人员200余人，文化产业增加值1175万元，占GDP比重0.84%。2011年，文化产业经营行业76个，从业人员500余人，文化产业增加值2757万元，占GDP比重0.94%。2012年，文化产业经营行业134家，从业人员580余人，文化产业增加值3574万元，占GDP比重1%。2013年，文化产业经营行业175家，从业人员950余人，文化产业增加值6433万元，占GDP比重1.50%。2014年，文化产业增加值9300万元，占GDP比重1.83%。2015年文化产业增加值1.5亿元，占GDP比重2.49%。

第五节　文　物

一、文物调查

20世纪80年代，通过时常调查、第一次文物普查、第二次文物普查，全县不可移动文物在《中国文物地图集·贵州分册》上显示64处，列保定级34处，其中省级文物保护单位3处、州级文物保护单位2处、县级文物保护单位29处，消失不可移动文物10处，未列保定级20处。2001年，贵州省考古研究所、县文物所先后调查发现文物5处：扁扁洞遗址（旧石器时代晚期）、大洞遗址（旧石器时代晚期）、新店大白洞遗址（旧石器时代晚期）、倪大箐遗址（战国—汉）、赵家大坡遗址（战国—汉）。2002年，贵州省考古所、县文体广局对铜鼓山遗址进行第二次发掘，发掘面积880平方米，出土有价值的文物600多件。2007年，开展第三次全国文物普查（简称“三普”），共登录不可移动文物140处，其中复查54处（古遗址22处、古建筑12处、古墓葬4处、石窟寺及石刻10处、近现代重要史迹及代表性建筑6处）、新发现86处（古遗址39处、古建筑14处、古墓葬12处、石窟寺及石刻8处、近现代重要史迹及代表性建筑9处、其他不可移动文物4处）。新发现历史文化古镇1处，历史文化民族村寨1处。

2007年普安县第三次全国文物普查新发现不可移动文物情况表

表19-1-7　　单位：平方米

序号	新发现文物名称	类　别	年　代	面　积	所在地址
1	老龟山营盘遗址	古遗址	清代	3500	楼下镇补者村
2	喜打营盘遗址	古遗址	清代	2000	高棉乡喜打村
3	小歹苏营盘遗址	古遗址	清代	5002	地瓜镇屯上村
4	垫草洼古战场遗址	古遗址	清代	2000	江西坡镇高潮村
5	有嘉城遗址	古遗址	明代	20000	江西坡镇江西坡社区
6	靖氛城遗址	古遗址	明代	25	三板桥镇板桥社区
7	小寨蜂洞遗址	古遗址	清代、民国	5000	罗汉乡海子村
8	磨鹧鸪营盘遗址	古遗址	明代	2800	罗汉乡凉水村
9	旧城市遗址	古遗址	明、清	32000	青山镇下节河村
10	大营营盘遗址	古遗址	清代	3317	楼下镇楼下社区
11	凉水碉楼遗址	古遗址	清、民国	80	罗汉乡凉水村
12	城子洞遗址	古遗址	明代	3000	龙吟镇吟塘村
13	海寨城址	古遗址	明代	9430	罐子窑镇红岩村
14	何家寨营盘遗址	古遗址	明代	1320	地瓜镇屯上村
15	穿洞遗址	古遗址	旧石器时代	299	雪浦乡洞口村
16	下桃子湾大洞遗址	古遗址	秦、汉	2000	雪浦乡洞口村
17	高洞遗址	古遗址	战国—汉代	600	雪浦乡哈马村
18	营盘洞遗址	古遗址	待定	500	新店乡波余村
19	双巴洞遗址	古遗址	秦、汉	200	青山镇黄家坝村
20	坪田洞遗址	古遗址	旧石器时代	400	新店乡波余村
21	银子洞遗址	古遗址	待定	200	新店乡细余村
22	下厂河遗址	古遗址	秦、汉	1000	罗汉乡金竹林村
23	窑上制陶作坊遗址	古遗址	宋代	1300	新店乡雨核村
24	鼠场营遗址	古遗址	明代	2698	新店乡新店社区
25	阿岗屯遗址	古遗址	明代	1000	青山镇范家寨村
26	上寨营盘遗址	古遗址	待定	350	雪浦乡哈马村
27	骨糠洞遗址	古遗址	待定	6000	雪浦乡哈马村
28	楼下营遗址	古遗址	明代	900	雪浦乡兴隆村
29	铸钱洞遗址	古遗址	明代	450	龙吟镇吟塘村
30	两路口遗址	古遗址	待定	150	新店乡细余村
31	屯脚遗址	古遗址	新石器时代	150	雪浦乡哈马村

续表 19-1-7

序号	新发现文物名称	类　别	年　代	面　积	所在地址
32	打铁洞遗址	古遗址	新石器时代	280	青山镇下节河村
33	癞子洞洞穴群遗址	古遗址	旧石器时代	1000	雪浦乡哈马村
34	下节河大白洞遗址	古遗址	旧石器时代	7000	青山镇下节河村
35	牛鼻洞岩厦遗址	古遗址	旧石器时代	600	雪浦乡哈马村
36	庙洞遗址	古遗址	旧石器时代	100	雪浦乡洞口村
37	尖密穿洞遗址	古遗址	秦、汉	450	青山镇黄家坝村
38	碓叉营遗址	古遗址	明代	800	龙吟镇硝硐村
39	山王庙遗址	古遗址	清代	65	地瓜镇莲花村
40	乌寨石板墓	古墓葬	明代	13	江西坡镇细寨村
41	龙家坟	古墓葬	清代	30	三板桥镇西陇村
42	陈麟书墓	古墓葬	清代	5	江西坡镇白石村
43	傅荣华墓	古墓葬	清代	2	白沙乡白沙社区
44	谭氏公众坟	古墓葬	清代	5	罐子窑镇新光村
45	千人坟	古墓葬	清代	5	罐子窑镇崧岿村
46	李家湾墓群	古墓葬	明代	8	罐子窑镇新光村
47	小歹苏墓群	古墓葬	明代	100	地瓜镇屯上村
48	龙氏公众坟	古墓葬	清代	50	高棉乡喜打村
49	歹尾墓葬	古墓葬	明代	6	新店乡花月村
50	胡家墓群	古墓葬	清代	350	雪浦乡雪浦村
51	海寨墓葬	古墓葬	明代	9	罐子窑镇红岩村
52	尿水岩桥	古建筑	明代	6.46	江西坡镇细寨村
53	松林凉亭	古建筑	清代	4.4	楼下镇松林村
54	三板桥	古建筑	清代	120	三板桥镇板桥社区
55	江西坡石拱桥	古建筑	明代	17.5	江西坡镇江西坡社区
56	鬼桥	古建筑	明代	23.2	江西坡镇细寨村
57	吉星桥	古建筑	明代	35	江西坡镇联盟村
58	济利桥	古建筑	清代	42	楼下镇松林村
59	卡塘造纸作坊	古建筑	清代	100	白沙乡卡塘村
60	白水石拱桥	古建筑	明代	16	白沙乡大小寨村
61	谭氏宗祠	古建筑	清代	680.86	罐子窑镇新光村
62	营山观音洞	古建筑	清代	700	青山镇营山村
63	梅子山石拱桥	古建筑	清代	40	青山镇青山社区
64	甲子桥	古建筑	清代	100.8	龙吟镇文毕村
65	兴隆寺	古建筑	明代	271	楼下镇坡脚村
66	三家寨界碑	石窟寺及石刻	清代	2	罗汉乡海子村

续表19-1-7

序号	新发现文物名称	类　别	年　代	面　积	所在地址
67	凉水石刻	石窟寺及石刻	清代	80	罗汉乡凉水村
68	老鹰岩石刻	石窟寺及石刻	清代	2	白沙乡卡塘村
69	大生洞题壁	石窟寺及石刻	清、民国	100	三板桥镇保冲村
70	糯东摩岩石刻	石窟寺及石刻	清代	8	楼下镇糯东村
71	尿水岩石刻	石窟寺及石刻	待定	0.84	江西坡镇细寨村
72	郎寨田碑	石窟寺及石刻	清代	2	江西坡镇细寨村
73	小歹苏指路碑	石窟寺及石刻	清代	1	地瓜镇屯上村
74	河边铁索桥	近现代重要史迹及代表性建筑	1964年	113.1	窝沿乡河边村
75	纸河酒厂旧址	近现代重要史迹及代表性建筑	1953年	1491.13	地瓜镇地瓜社区
76	许家院水井	近现代重要史迹及代表性建筑	民国	4	江西坡镇高潮村
77	江西坡大桥遗址	近现代重要史迹及代表性建筑	1941年	278.3	江西坡镇江西坡社区
78	陈亮卿墓	近现代重要史迹及代表性建筑	民国	5	盘水镇南湖社区
79	谭本良墓	近现代重要史迹及代表性建筑	民国	12	罐子窑镇崧岿村
80	凉水碑刻	近现代重要史迹及代表性建筑	民国	1.5	罗汉乡凉水村
81	牛鼻洞烈士墓	近现代重要史迹及代表性建筑	民国	10	雪浦乡哈马村
82	龙国井庄园	近现代重要史迹及代表性建筑	民国	800	雪浦乡哈马村
83	朗寨祭祀场	其他	明代	610	江西坡镇细寨村
84	鱼陇祭祀场	其他	明代	500	楼下镇补者村
85	侯家墓石制品出土点	其他	新石器时代	500	新店乡波余村
86	海马庄动物化石点	其他	更新世晚期	1000	青山镇下节河村

二、重要史迹及代表性建筑

楼下铁索桥　位于普安县楼下镇补者村鱼陇组的河段上。原为楼下进入兴义、盘县及云南的必经之道。民国9年（1920），由罗汉乡名士田昌雯倡议，楼下乡绅黄文统及鱼陇村寨布依族捐款建成，命名为“楼下鱼陇同德铁索桥”。民国24年（1935）4月22日，中国工农红军第一方面军三军团从泥堡出发，经对头岩、铁索桥迂回渡过楼下河。当红军上了西岸的钻天坡、象鼻岭、五股梁子与红军大部队会合，准备往盘县西进云南时，尾追的敌军才赶到，只好空放一阵枪炮后无奈离去。1956年，该桥因年久失修渐朽，贵州省人民政府拨款维修，东西向，跨鱼陇河，桥以6根铁链平行固定于两岸石蹬上，铁链上铺木板，长约35米，宽约2米，具有一定的历史艺术及科学价值。1992年，普安县人民政府公布为县级文物保护单位，公布名称为“楼下铁索桥”。

凉水碑刻　位于普安县罗汉镇凉水村凉水学校大门处，碑镶嵌在学校门口的围墙中，碑宽0.6米，通高1.55米，碑文纵向楷书阴刻9行，满行25字，计174字。民国7年（1918）立，青石质，方首，主记田云章及当地乡绅创建凉水学校一事，校址设于当地城隍庙内，翌年春增办高等班，并取名为“弘济初等高等小学校”，田云章为凉水小学创始人、校长。初建校时为二层楼木瓦房，20世纪80年代改建，仅存碑刻一。具有一定的历史价值。

凉水石刻　石刻位于普安县罗汉乡凉水村凉水学校后山脚。于天然石头上楷书阴刻“慰”“蓝”“磊”

“羅”“英”“多”几个大字。每字高约60厘米，宽约25厘米，无落款年代字迹。据相关史料载：“该处清道光年间建有城隍庙正殿三间。”又据民国《普安县志》载：“在城南七十里，弘济学校在其山麓，校长田昌雯倚树傍崖筑一草亭，曰‘蔚蓝亭’，树色岚光，森然掩映，盛夏溽暑，小坐其间，尘氛净扫，清气袭人。亭右有小石崖四，崱屴分峙，湘人刘镜渟于每石各题一擘窠大字，曰‘磊、落、英、多’”石刻应与建城隍庙、弘济学校时代同时，故石刻应刻于晚清至民国初年。具有一定的历史艺术价值。

落泥王氏碉楼 坐落于普安县罗汉镇落泥古寨中心偏北，始建于民国12年（1923）。原为石木结构，屋顶及装修木材被盗，碉堡呈正六边形，每边等长2.42米，墙厚0.50米，外径为4.12米，内径为3.12米，高10.50米。分三层，共设12个射击孔，第一层设6个机枪射击孔，第二层设6个手枪射击孔。这些射击孔外小内大，在外很难发现，但内部非常工整，机枪射击孔为正方形，二楼的手枪射击孔为长方形。一楼北面设30米长地下暗道一条与土楼相通，东面设防御性大门，从大门进入，需要转2个弯才能进入碉楼内部，建筑十分巧妙。门外置八尺长炮1门。第三层为生活储藏室，是守楼士兵的生活区，设敌情观察窗6个。观察窗窗户为镂空花窗，精美绝伦。

民国11年（1922），盘（县）、普（安）匪患猖獗，落泥王氏家族剿匪有功，贵州省政府黄丕木下令嘉奖并在落泥修建防御碉堡，由王明武、王明文出资并全权负责。随着影响力的扩大，落泥王氏家族与时任云南省政府主席、滇黔西军（云南王）龙云关系日益密切，龙云为落泥王氏家族题写许多匾牌碑铭，其中王明德、王明文祖母八十大寿，龙云题写匾牌“懿德遐龄”“慈竹长春”二方相赠。因公务繁忙，龙云请金平县县长刘德益呈送匾牌，后因历史浩劫，未能保存下来。保存完好的碑刻二方，碑文分别是：“姑懿德王母陈太夫人之墓　龙云题”“第四区区长王公海廷之墓　龙云　南冥题”，丁亥年（1947）建。落泥王氏碉楼及龙云题写碑铭，见证落泥古寨乃至普安县民国年间匪患严重的史实，具有一定的历史、艺术和保护价值。

美国水井 位于普安县江西坡镇高潮村许家院组，G320线2372公桩附近。长4米，宽4米，高1.6米，用石头、混凝土所筑，凿有接水槽。1999—2000年改修。1937年“七七事变”日本发动全面侵华战争后，中国人民抗日战争急需开辟一条新的国际通道，从贵阳、经昆明，至缅甸腊戌，从1937年11月至1938年8月，西南各族人民自带口粮行李，在缺乏机械动力的情况下，劈山开路，仅8个月时间修通此路。“美国水井”是抗日战争时期中美人民共同修筑并启用的生活用水水源。

陈亮卿墓 位于普安县城南山湖畔南侧山腰。坐南朝北，呈圆丘形，土封石围，底径3.1米，封土高2.2米。墓葬保存完好。围石均采用规整青石质料石。近顶部用弧形料石镶嵌圈顶，突出围石面0.96米。墓碑为璧龛式，带龛罩。主碑高1.22米，宽0.78米，两侧龛柱楷书楹联“龙王常伴高仕队，盘溪永濛佳坪流”。墓碑平面呈“八”字形，带底座，长1.9米，高0.48米，厚0.29米，有抱鼓护耳。顶为屋面形宝顶。碑文主记历任黔军营长、团长、旅长、贵州左翼指挥官陈亮卿的经历。

谭本良墓 位于崧岿寺南侧对面山麓，呈圆丘形，土封石围，底径2.2米，封土高1.6米。墓葬保存完好，围石均采用加工后的青石质料石。墓前立碑一通，方首，高1.5米，宽0.87米，厚0.16米，两侧镶嵌对称云固甲耳，高1.1米。带底座，三层，高0.71米，长1.27米，宽0.6米。碑前纵向楷书阴刻“谭公本良之墓”6个大字。碑文主记历任国民军连长、营长、团长、师长、副军长、贵州省第三行政督察兼保安司令谭本良的生平事迹，共计19行666字。主碑后面另有一块小碑，碑额横向楷书阴刻“甲山庚向”四个大字。

牛鼻洞烈士墓 位于普安县青山镇哈马村德依坝子牛鼻洞洞口正前方左侧50米处的一级台地上。墓以土封石围，呈圆丘形，底径2米，围石均采用青石质方整石块垒砌，封土高0.8米。前立青石质墓碑一通，通高1.37米，宽0.9米，厚0.14米，方首，墓向250度。碑额横向楷书阴刻“甲山庚向”四个大字；

纵向楷书阴刻9行，满行22字，共计155字。主记解放战争时期李兴权参加罗盘游击队，在革命斗争中奋不顾身而壮烈牺牲的生平事迹。

龙国井庄园　位于普安县青山镇哈马村大寨组南侧山腰的二级台地上，建于民国初年，为晚清彝族土目龙吉兆之后代龙国井所建。坐南朝北，一正两厢。明间置天井。正房通高12米，面阔五间，通面阔25米；进深三间，通进深13米。每栋厢房通高9米，面阔两间，通面阔13米；进深两间，通进深9米。隔扇门窗、石雕、木雕精湛。正房与两厢均为抬梁式硬山小青瓦顶。中华人民共和国成立后作为德依人民公社办公用房。2011年，转让给龙家后代龙瑞权。整个庄园占地800平方米，建筑面积559平方米。具有一定历史、科学和艺术价值。

红军标语　位于普安县楼下镇泥堡村中岭三组回民桂崇德家后檐墙上。1935年4月21日，中国工农红军第一方面军第三军团在军团长彭德怀、政治委员杨尚昆的率领下经兴仁龙场、三道沟进入普安泥堡村宿营。红军用土红、兰靛在该村屋墙巷道上用横向楷书字体书写“王家烈不打倒，贵州人民不得了”“反对王家烈、犹国才抽丁当兵”等标语。1981年9月，普安县人民政府公布为县级文物保护单位。

芭蕉关摩崖　位于普安县盘水街道白石村芭蕉关组崖壁上，黔滇公路（320线）经崖下而过。民国25年（1936）3月18日，民国政府交通部部长曾养甫在滇黔公路竣工时，检查路段于此，见山势险要，于是凿岭开路，亲笔手书“芭蕉关”3字，落款留名镌刻于崖上石壁，观之如匾，里人称之为“石匾”。石匾离地4米，呈长方形，方首，高0.9米，宽2.6米。横向楷书阴刻“芭蕉关”3字，每字0.5米见方。右下角落款：“民国二十五年三月十八日曾养甫”。1966年，“曾养甫”3字被凿掉，其余均完好。

张范氏墓　位于普安县青山镇下节河村桥边组，民国26年（1937）里人张锦芳为其母范氏所修。上刻云贵总督刘显潜诗书。墓北向，占地289平方米。墓以土封石围，呈圆丘形，底径5米许，高3.8米。墓前有200平方米宽的半圆形供台，侧有帏子两个。墓台基高1米，上雕金鱼戏水、花卉、宝刀、龙、凤、佛像，墓顶土上栽有兰草花卉，刘显潜七律一首刻在墓碑右上侧。青石质墓碑，高2米许，宽1米许，厚0.2米，碑文楷书阴刻54行，满行33字，共计1600余字。记范氏坎坷经历及守节事。1986年12月，普安县人民政府公布为县级文物保护单位。

江西坡大桥　位于普安县城东23千米的普安县与晴隆县交界处的江西坡河段上。原系木桥，东西跨。始建于明代。清雍正五年（1727）被洪水冲坍，乾隆八年（1743）知县江佑台捐资重建，道光二十一年（1841）又坍，安南（晴隆）黄昌炯捐修。经几度水毁，几经修复。民国28年（1939）因桥为公路要冲，复建为钢架木面桥，次年又毁于水。民国30年（1941）4月重建，为下承式石台钢架木面桥，全长50.6米，宽5.5米，距水面高7.7米。全桥为4孔净跨，两端孔各为6.9米，中西孔各为9.4米。中华人民共和国成立后，每年均检查维修。

签署和平起义协议旧址　位于普安县盘水街道劳动街80号，原为王姓住宅，现属县粮食局。坐北朝南，系穿斗式木结构，青砖墙。由正房、两厢、照壁组成四合院，占地228平方米。至2015年仅存正房四间，通面阔14.25米，进深二间，通进深9.3米，高7.6米。左次间外侧有通道，宽1.5米，杉木楼板，前有廊，宽1米，廊外有木栏，壁和望板均用杉木枋、板装嵌。当年曾为国民政府陆军第八十九军军部。1949年11月中旬，中国人民解放军解放贵阳。数日后，贵州省人民政府成立。12月7日，国民政府陆军十九兵团司令王伯勋，八十九军军长张涛，陆军四十九军司令王景渊，贵州省西南绥靖司令、贵州省第三行政督察区专员兼保安司令谭本良，贵州省西北绥靖区司令刘鹤鸣代表所率部队和政府机构，在此正房楼上，签署“和平起义”协议，并分别向中国人民解放军西南军政委员会和贵阳市军事管制委员会发出起义电。

起义电文系白棉纸质，纸长0.72米，宽0.66米，石印，楷书竖排，计21行，安龙县档案馆存1份，基本完好。电文如下：

陆军第十九兵团司令部
陆军第八十九军司令部
陆军第四十九军司令部　　　布告
贵州西南绥靖区司令部
贵州西北绥靖区司令部

一、黔西地区业已和平解放，各界人士应各安生业、遵守秩序，毋自惊扰，并严防反动分子造谣生事。

二、各军事及地方行政机关暨交通公共事业工作人员应各守原岗位照常工作，并妥为保管所经管业务上之财物、文卷，以备移交人民政府接管。

三、本学期尚在办理之各中小学应即恢复，照常上课。

四、已破坏之道路、桥梁、电信应赶日修复。

五、各地预备兵团一律撤销，预备兵一律复员，所有一切游击队及地方临时组织队伍一律停止活动并解散其组织，武器公物应集中保管，准备移交。

六、各地除国省县税款照常征收外，其余临时征派之自卫特捐、应变费一律取消。

七、希各军民人等一体遵照。

司令官　王伯勋
军　长　张　涛
司　令　王景渊　谭本良　刘鹤鸣

一九四九年十二月

1990年5月，县人民政府将王姓住宅公布为县级文物保护单位。

凤凰山碉堡　位于普安县城盘水街道普天社区320国道北侧的凤凰山上。碉堡地处险要，建筑高大，雄伟而壮观。1986年，县人民政府公布为文物保护单位。

1950年初，中国人民解放军一四七团三营驻扎盘水镇，开展剿匪斗争，在凤凰山上修建碉堡。石木结构，圆柱形，内分4层。底径7.5米，墙厚1.25米，高7.5米。墙上有枪孔和观察孔。外墙完好，碉堡内木构件已毁。碉堡设有大门1道，高1.5米，宽0.7米，门对县城。左右设有护门石墙，呈弧形，墙长1.8米，厚0.66米，左边留有枪眼1个，长方形，大门通道宽0.88米。整个工程全系青石块砌成。具有一定的历史价值。是普安当年人民解放军与国民党残余浴血奋战的历史见证。

烈士陵园　位于普安县城西街民政局旁。1950年，中国人民解放军一四七团三营在剿匪中牺牲的43位战士安葬于此。1953年，建烈士陵园，占地1.7万平方米。纪念碑为砖混结构，通高12.24米。塔基为须弥座，高1.61米，宽1.68米。正面镌刻43位烈士姓名。塔身六棱形，白色瓷砖贴面，高10.63米，每边宽1.28米，正面镶嵌红色有机玻璃书“革命烈士永垂不朽”7字，每字0.85平方米。塔顶四面嵌瓷质红色五角星。塔右凉亭1座，高5.9米，六角攒尖顶砖木结构，上盖琉璃瓦。陵园南面为烈士墓地，共43座，依山势排列。1981年，普安县人民政府公布为县级文物保护单位。2009年，中共黔西南州委、黔西南州人民政府命名为爱国主义教育基地。2010年6月，中共普安县委、普安县人民政府命名为爱国主义教育基地。

纸河酒厂旧址　位于普安县地瓜镇地瓜社区下纸河组，坐东向西。原酒厂始建于1953年，旧址位于纸河下游岸边，隶属普安县轻工业局，管理人员5人，职工1000多人，年产白酒800余吨，产品品牌酒——纸河银杏酒享誉县内外，总面积近1500平方米。1994年，酒厂停产后，职工分散生产经营。

至2015年，仅存厂房1栋，面阔8间，通面阔32米，通高4.5米，东西向；进深两间，通进深8米，穿斗式木结构小青瓦顶。现以唐光志等3家酒厂最为出名。

河边铁索桥　位于盘水街道河边村境内，毗邻盘县。1964年，由普安县原窝沿公社牵头修建而成。桥全长39米，宽2.9米，高11米，由10根铁索构成骨架，4根承载木板，系两岸人民往来的交通要道。后由于钢丝锈损，木板朽烂，过往行人困难，1984年，窝沿乡党委、政府，争取社会各界资助，进行翻修。

幸福水库纪念塔　位于普安县青山镇范家寨村铜鼓山组北侧1千米处，为纪念幸福水库竣工而建。坐南向北，通高19.58米。为二重檐，塔身六角菱形，顶圆锥状，系青料石镶成。一层正面楷书“幸福水库纪念塔”7字，每字0.7平方米。左面、背面记建库经过，右面有名人题词、建塔日期。幸福水库1958年始建，纪念塔1988年建成。

海马庄动物化石点　位于普安县青山镇下节河村海马坝子落水洞旁的1个洞中，当地人称“万人坑”。洞向190度，洞口高约8米，宽约20米，进深约50米（未见底）。洞口有晚清残墙痕迹。在进深约30米处有一天窗。洞内有大量石灰岩垮塌堆积，交接层厚1米以下划线，发现有碎骨（已石化），无红烧土及灰屑，同时发现晚清的陶瓷等文化遗物。洞中曾有人熬过硝，洞中南北高，中间低。2009年普安县“三普办”调查发现。同年11月经省考古所王新金一行调查核实，初定为更新世晚期时代遗址。

侯家墓石制品出土点　位于普安县新店镇波余村侯家屋基西北侧形如“老虎”的山脚，葬于“老虎”尾巴处，坐北朝南。墓葬封土面积约30平方米，封土堆前为两块耕地，耕地中发现疑似石器和陶模，有的石器人为钻孔后，装有一种粉红色物质；有的人为在石头上刻有不规则的石槽，个别形状如女人头上的发钗。封土堆上有石板、大小不一的石头，尤其后半部分有若干砣大石压着，高约3米。古墓葬正前方左侧为营盘洞，洞内发现磨制石器、陶片；右侧为石膏洞，一股清泉流入洞中。

朗寨祭祀场　位于普安县江西坡镇细寨村朗寨组，共有2棵古树，一棵是银杏树，树脚圆周长6米，冠覆410平方米，树旁修有护栏、石磴，为县民宗局援建；另一棵是柏树，树高约12米，冠盖面积200平方米。细寨村村民每年六月六日在此举行祭祀仪式。细寨村一带95%以上为布依族人，其民族风俗是普安县保存最完整的，传统盛大节日有“三月三”采茶节，“六月六”更有香甜爽口的布依便当酒和柴火狗肉。

鱼陇祭祀场　位于普安县楼下镇补者村鱼陇组寨中。古树为樟木树（常年青树），树高约35米，树冠面积约500平方米，树脚圆周长5.6米，树旁有凉亭（屏碰）。当地聚居布依族。据当地人介绍，祭祀此树的活动是每年过年后的第一个蛇场和六月二十日。活动场面大，村民通过祭祀活动，祈求一年风调雨顺，国泰民安。

泥堡清真寺　位于普安县楼下镇泥堡村中岭子。始建于清光绪二十五年（1899），为砖瓦结构的四合院，占地515平方米，建筑面积235平方米。存有光绪年间马光烈题“阿文中堂”和马永贞书“阿文中堂”匾，是贵州回民稀有的宗教文化金石古籍珍品，寺坐西向东。2007年改修，改修后为钢筋混凝土结构，设有礼堂、餐厅、殡仪室、伙房、会议室、卫生间等。两间厢房的二楼为阿訇宿舍。楼梯间设在正房和厢房的结合部，楼梯顶上修有宝顶。从一楼到屋顶的走廊由六根马蹄形的粉红色水泥圆柱支撑，二楼用瓷瓶镶着安全防护栏，每两根水泥柱之间的上方，都为草绿色月牙门。

历史古镇·青山　位于县境南部，距县城47千米。古时，青山镇周围全是大箐林子，古名“箐山”。后因人口逐年增加，逐渐演变为青山。它有普安县保存得较为完整的老街，故称古镇。中华人民共和国成立前，青山就被列为盘江八属第一历史文化古镇，素有“头青山，二者相（贞丰县），三龙广（安龙县）”之称。青山老街由上街、下街、平街、后街、盐行街、铁匠街、榨子门、朱家巷、水巷口组成。

主街长1000米，宽6～10米，总街区面积2.6平方千米，常住人口约9000人。

青山老街基本保持着明清时期的传统格局和风貌。街区尚存有四合院65座。始建于明，大多为清至民国时期所建。明洪武十四年（1381），普安卫设青山左千户所，调北征南战事结束，来自江、浙、闽、湘等地军人，就地开垦，其中的范、刘、孙、瓦、常等姓较早落籍于青山。在当地修建四合院，清一色楸杉、屋顶青瓦，四周五面青石封砌，地板青石镶嵌。山墙多为凸形，飞檐翘角。正房台基较高，厢房稍矮。门窗、穿枋、石柱础、裙板石等雕刻人物、花卉及“福”字等图案。有一正两厢或三正四厢。2015年，存青山清真寺、青山观音寺等13处文物古迹及数百户民居。

盘县商贾蒋伟山曾在青山杨氏客房题打油诗《看青山》：“一坡马牛羊，两岸皮货商，四排食品摊，八条土布巷。”清宣统二年（1910）至民国24年（1935），先后有青山人保云喜等分批相约吆骡马“撞彝方”（到中缅边贸），卖了骡马，买回熊胆、犀牛角等货物，利润丰厚。由于青山人买骡马出价较高，加上周边地区回民用牛量大，便吸引了邻近各县的牛马贩子来到青山交易，大家都把青山牛马市场喻为“交易天堂”。

“牛干巴”是青山回民的传统特色食品，也是回民待客、节庆的必备菜肴，千百年来，一直为回族人民所喜爱，香味醇正，松脆适口，酥软受吞。青山百合是青山的特产，落户青山已有几百年的历史。此外，青山“云片糕”、月饼、荞酥、荞糕、面精粑、绿河酒等，成为四乡八屯各族百姓时尚礼品中必不可少的地方特产。

由于青山四周地势平缓，土地肥沃，独特的伊斯兰文化、苗族文化与汉族文化相融，吸引着大江南北的商贩接踵而来，落户经商，成了方圆百里吞吐量最大的商品交易中心。今天，老街仍以字画古玩，民族工艺品、传统工艺制作销售为主，依然是周边区域的商品集散地。

历史民族村寨·朗寨 位于普安县江西坡镇细寨村。明洪武年间“调北征南”时期，江西籍人士调入该处后，由军屯改为民屯，隶属云南布政使司，永乐十一年（1413）改隶贵州布政使司管辖。中原文化与西南少数民族文化得以相互促进、融合，并产生“斗弹达吟”等特有的音乐韵律与结构。数百年来，“斗弹达吟”音乐演奏世代承袭，演奏曲目日益丰富，朗寨是普安县境内布依小打音乐的发源地，2013年公布为省级非物质文化遗产。当地有古树、田碑、古桥、碑刻、石板墓等文物。当地民风淳朴，现有80多户布依人居住在绿树成荫的古寨中，有丰富的民族特色。

三、重点文物

国家重点文物申报 2009年，申报普安铜鼓山遗址、茶马古道—贵州—打铁关至罐子窑古道（普安段）、茶马古道—贵州—松岿寺为第七批全国重点文物保护单位。

国家重点文物公布 2013年3月，国务院公布普安铜鼓山遗址、茶马古道—打铁关至罐子窑古道（普安段）、茶马古道—松岿寺3处文物为第七批全国重点文物保护单位。

县级文物保护单位公布 2012年7月，普安县人民政府公布“三普”新发现的卡塘古法造纸作坊、屯上遗址、鼠场营营盘遗址、坪田洞遗址（新店乡）、大白洞遗址（青山镇）、美国水井6处文物点为县级文物保护单位。

四、文物保护

馆藏文物 2015年，县文物局保存文物有易晓岚瓷像、玉佛、笔筒等可移动文物10余件（其中部分残缺）。保存的零散文物有普安县第三次全国文物普查采集的石制品、陶片、动物碎骨化石等文化遗物300多件；盘水街道莲花村村民平整屋基发现并经省考古所核实为动物化石（200块），年代为2万年左右；县公安局、检察院、法院移交的贵州龙化石10余块（其中部分残缺）。文物局设置馆藏文物室，配备铁皮柜、档案柜及ABC干粉灭火器对所有文物进行分类管理，明确专人负责。

地面文物　1998年，经贵州省、黔西南州文物部门同意，将碧云寺搬迁至县城南山坡。2008—2009年，投入资金160万元（省文物局投入资金100万元、县政府自筹60万元），完成省级文物保护单位崧岿寺第一、二期工程的修缮，并聘请文物保护员看守崧岿寺、九峰寺、碧云寺。2014—2015年，争取州文物局资金10万元，完成州级文物保护单位青山清真寺的修缮。

第六节　非物质文化遗产

一、非物质文化遗产展示场所建设

2011年，在县文化馆设置非物质文化遗产展示厅。

二、非物质文化遗产普查

2008—2015年，深入全县各乡镇开展"非遗"调查，共采集"非遗"项目130个，拍摄图片1200余幅，刻录光盘80个，形成有重要价值的项目文本（初稿）80个，并编制保护名录。

国家级非物质文化遗产　2014年，国务院公布普安苗族芦笙舞为国家级非物质文化遗产代表性名录。

省级非物质文化遗产　2009年，省人民政府公布彝族嗨马舞、歪梳苗芦苼棒舞、江西坡布依族小打音乐、龙溪石砚制作技艺4个项目为第三批省级非物质文化遗产代表性名录。2015年，省人民政府公布苗族服饰、苗族武教戏2个项目为第四批省级非物质文化遗产代表性名录。

州级非物质文化遗产　2014年，州人民政府公布普安小花苗服饰制作技艺、小花苗医药、四球茶土法制作技艺、回民牛干巴制作技艺、卡塘土法造纸技艺、龙吟苗族大歌、喇叭苗武教戏、河阳布依族服饰制作技艺8个项目为州级非物质文化遗产代表性名录。

县级非物质文化遗产　县级第一批非物质文化遗产有彝族嗨马舞、歪梳苗芦苼棒舞、江西坡布依族小打音乐、龙溪石砚制作技艺等19个。

非物质文化遗产代表性传承人　代表性传承人有：彝族嗨马舞代表性传承人毛大龙、歪梳苗芦苼棒舞代表性传承人李光得、江西坡小打音乐代表性传承人潘荣和、龙溪石砚制作技艺代表性传承人李大全，小花苗服饰制作技艺代表性传承人杨合芬、郭真英、杨映，小花苗医药代表性传承人王兴田，四球茶土法制作技艺代表性传承人江海涛，牛干巴制作技艺代表性传承人马德明、马信贵，卡塘土法造纸技艺代表性传承人王佳良、费大友，龙吟苗族大歌代表性传承人马荣志、张恩祥、杨红军，喇叭苗武教戏代表性传承人王乐胜、邓泽军，河阳布依族服饰制作技艺代表性传承人柏云香、陆胜琼、王艳。

2013年，贵州省文化厅公布毛大龙为省级非物质文化遗产彝族嗨马舞代表性传承人。2015年，贵州省文化厅公布郭真英为省级非物质文化遗产苗族服饰代表性传承人。黔西南州文体广电新闻出版局公布邓泽军、王乐胜为州级非物质文化遗产苗族武教戏代表性传承人。

三、县级非物质文化遗产对外文化交流

2007年起，大花苗多声部合唱团先后参加国家、省、州、县举办的文艺演唱并获奖，贵州电视台称其为北盘江畔的"音乐村"，西部开发报等多家媒体进行报道。2012年9月，在烂漫花山歌如潮——2012"昊龙杯"中国首届苗族农民合唱艺术大赛中获铜奖。2015年，参加抗日战争胜利70周年文艺演出比赛，获县级金奖、州级金奖、省级优秀奖。

四、非物质文化遗产生产性保护基地

2006年，由省级非物质文化遗产名录龙溪石砚制作技艺代表性传承人李大权、景诗剑创建普安县鼎鑫石雕民族工艺厂，位于三板桥镇十里村，占地4000平方米，有职工20人，主要生产龙溪石砚，附带碑刻、石狮、石栏杆及各种工艺品，主要销往广东等沿海城市，每年可为国家提供税收20余万元。2014年，公布为省级非物质文化遗产生产性保护基地。

五、非物质文化遗产进校园

2009年，龙吟镇民族中学建成黔西南射弩示范基地，培养一批青少年射弩选手，参加过贵州省少数民族运动会和全国射弩邀请赛。龙吟镇土坎子歪梳苗主要擅长刺绣、芦笙舞、口弦演奏等。2012年，申请县政府解决1名公益性岗位名额，安排1名歪梳苗青年到龙吟镇新华中心学校任教，专门负责歪梳苗传统文化的教授和双语教学工作，形成以芦笙、大鼓为乐器的一系列舞蹈和传统的板凳舞。

第七节　普安县诗词楹联书画学会

一、组织机构

（一）机构设置

1998年，普安县在老体协中设立普安诗书画影协会。2004年12月，成立普安县诗词楹联学会（简称“县诗联学会”），由县委宣传部主管，挂靠在县委离退休干部工作局办公，会员127名。2012年5月，普安县诗词楹联学会更名为普安县诗词楹联书画学会（简称“县诗联学会”）。2012年7月，成立中共普安县诗联学会党支部。

（二）会员代表大会

第一次会员代表大会　2004年12月21日在县城召开，出席会议代表80名。会议宣读关于成立普安县诗词楹联学会的批复，听取和审议通过《普安县诗词楹联学会章程（草案）》。选举理事会成员27名，常务理事15名，会长1名，副会长3名，秘书长1名，副秘书长5名，办公室主任1名，聘请顾问6名。

第二次会员代表大会　2010年7月在县城召开。会议听取诗联学会工作报告，修改、增补《普安县诗词楹联学会章程》。选举理事会成员20名，常务理事13名，会长1名，副会长5名，秘书长1名。

第三次会员代表大会　2015年10月22—23日在县城召开。应参会代表86名，实到会代表76名。会议选出第三届理事会成员32名，经理事会第一次会议选举常务理事19名，其中会长1名、副会长7名、秘书长1名。由秘书长提名，选出副秘书长1名、办公室主任1名。

二、主要活动

（一）会员发展

2005年，会员127名。2009年，会员208名。2014年，会员212员。2015年，会员184名。

2005—2015年普安县诗联学会会员情况表

表19-1-8　　单位：名

年份	会员	年份	会员	年份	会员	年份	会员
2005	127	2008	130	2011	208	2014	212
2006	127	2009	208	2012	208	2015	184
2007	128	2010	208	2013	208		

（二）《普安诗联》创办

2005年6月，创办《普安诗词》第一辑，以后每年发行一辑。2012年5月，《普安诗词》更名为《普安诗联》。2015年，累计发行《普安诗联》11辑（含《普安诗词》）。

2005—2015年《普安诗联》出版发行情况表

表19-1-9

发行日期	期数	来稿	采用							印数（册）
			合计	其中						
				诗词（首）	楹联（副）	新诗（首）	书法（幅）	绘画（幅）	摄影（张）	
2005.6	第一辑	884	387	344	24	15	—	—	4	800
2006.7	第二辑	1068	955	857	75	20	1	—	2	1400
2007.12	第三辑	1100	579	512	37	24	4	—	2	1000
2008.10	第四辑	1181	974	874	67	27	4	—	2	800
2009.10	第五辑	1112	973	888	62	11	—	—	12	900
2010.10	第六辑	1210	702	604	49	39	6	—	4	900
2011.10	第七辑	1310	536	464	59	10	—	—	3	900
2012.10	第八辑	1256	757	638	85	16	12	2	4	900
2013.12	第九辑	1555	1152	1064	67	3	12	2	4	900
2014.10	第十辑	1230	772	645	85	24	11	3	4	800
2015.11	第十一辑	963	494	436	43	15	—	—	—	800

（三）友好往来

2004年11月5日，普安县组织3名代表参加黔西南州诗联学会第五次会员代表大会。2012年7月，普定县诗联学会交流采风团到普安县交流采风；9月，普安县诗联学会组织代表到晴隆县参加州书画协会、诗联学会举办的“书画诗词联展”活动；11月，组织普安县诗联学会交流采风团到普定县交流采风。2013年8月，接待兴仁县诗联学会交流采风团到普安县交流采风；10月28日，全州“2013普安·书画诗词交流活动”在普安举办，来自黔西南州8县（市）的80多名书画诗词代表人员在体育休闲广场开展书画诗联交流活动，共收到书画诗词作品1000多首（幅），选出256首（幅）进行装裱和展板展出，活动结束后结集出版《书画诗词情飞扬》普安书画诗词联展作品专辑。2014年10月，普安县诗联学会组织代表到兴仁县参加全州“书画诗词联展”活动。2015年11月，普安县诗联学会组织代表在兴义市参加全州“书画诗词联展”活动。

（四）其他活动

2002年，组织参加全省大中学生诗词大赛，县一中1名学生的1首诗获优秀奖表彰。2012年4月，表彰奖励“庆建州、颂普安”诗词楹联竞赛的作者26名；10月，经过1年半时间的征集走访、查阅史料，收集整理上限至明清时期、下限至2012年的171位作者编写的楹联作品946副，编辑成《中国对联集成·贵州普安卷》。2011年起，每年春节期间，组织学会会员参与县委宣传部组织的“春联送万家”活动，为群众书写春联。2015年，推进诗词进校园、进机关、进农村、进企业、进社区，促进诗词全面发展。诗词进校园以普安一中、普安二中、青山民族中学和文达实验学校为重点，每期刊物设置“校园新声”栏目，采用学生、农民和工人的作品。元宵节灯会活动中，开展楹联征对竞赛活动，由县文联和诗联学会拟出上下联出句30联，征求答对。收到对联948副，作者142人，组织11名评委进行评选，评出10位作者进行奖励。在“七一”建党94周年和抗日战争胜利70周年纪念活动中，分别开展诗歌朗诵活动；老干部参加关心下一代、老年体育协会等工作，到学校、农村做好青少年帮教，到监狱给犯罪人员讲课，资助品学兼优的农村留守儿童。

第二章　档　案

第一节　档案局（馆）

一、县档案局（馆）

1998年6月，恢复成立普安县档案局，实行局（馆）合一，沿用“一套人马、一个机构、两块牌子合署办公”，内设行政股、档案管理股，撤销业务股。2008年12月，档案局列为参公管理事业单位。2010年9月，档案局为县人民政府工作职能部门，恢复业务股。2012年1月，档案局（馆）列为县人民政府直属参公管理事业单位。截至2015年，全县有48个机关、12个乡镇（街道）建立档案室，均明确专职或兼职档案管理人员。

二、县档案馆建设

1998年，投资25万元新建档案库房，建筑面积700平方米，新馆内设库房、资料室、阅览室、办公室、对外服务部。2002—2009年，县档案馆分别购置档案密集架组共31组200.22立方米，旧档案柜架不再使用。2013年，档案馆购置设备有吸尘器1台、消毒机1台、去湿机3台、灭火器6个、温湿度计3个。

第二节　档案管理

一、文书档案

档案保管　2015年，县档案馆共保管文书档案2.75万卷，其中永久卷1.94万卷、长期卷8151卷；新规则整理档案4.11万件，其中永久保存档案3.44万件、30年期档案6755件；照片档案146张，印章档案856枚，重要图书761册，资料3931本（册）。

国家重点档案抢救　2011—2013年，县档案局分别对民国普安县政府（001全号）、民国普安县军法室（003全宗）、民国普安县局司法处（012全宗）进行全文数字化处理，其中2012年全文数字化扫描012全宗211盒500卷共8000张。2014年抢救民国普安司法处（012全宗）档案1504卷，裱糊档案1.64万张，拟写目录2.74万条，打印目录2.69万条，同时开展档案鉴定、更换卷盒、卷皮、装订等工作。2015年，共抢救民国司法处（012全宗）2号目录档案800卷，案卷号405～1205卷，共拟写案卷级目录800条，拟写及打印文件级目录1.46万条，同时开展鉴定、更换卷盒、卷皮、装订等工作。

二、监督指导

2012年10月，由县委办、人大办、政府办、政协办、档案局、司法局、保密局联合组成档案业务指导监督执法检查小组，对全县各部门档案工作进行检查，好的单位占15%，较好的占20%，一股的占50%，差的占15%；13个部门受到通报表扬，4个单位受到通报批评。2013—2015年，每年至少组织对各乡镇（街道）、全县各部门开展档案业务指导工作1次。

三、档案法规宣传

刊登简报　1998—2015年，利用《档案工作简报》宣传档案法规，围绕档案工作动态、档案新人新事、档案经验介绍、档案资料利用、乡镇档案信息等内容，刊登简报50余期，发放《中华人民共和国档案工作简报》900余份。

办专栏 1998—2012年，档案局（馆）出刊专栏19期，共编写档案工作法规、档案开放与利用等方面文章80余篇。

媒体宣传 1998—2015年，利用广播、多媒体专题片和电视新闻以及宣传标语等宣传《中华人民共和国档案法》和相关业务知识，共开展宣传30次。

四、档案业务培训

1998—2015年，县档案局每年对机关和乡镇档案专兼职人员采用集中培训、分片培训、个别培训等方式，从档案法规到档案收集、整理、立卷归档、上架、保管、保护等各环节进行培训，共培训专（兼）职基层管理人员800余人次；先后派出县档案局业务人员共21人次到省、州及四川省档案学校学习培训。

第三节 档案征集与利用

一、档案征集

1998年，共征集档案218卷（永久卷142卷、长期卷76卷）。2003年，共征集档案146卷（永久卷133卷、长期卷13卷）4651件（永久件4341件、30年件310件）。2009年，要求全县各单位将单位保存的1999年以前的档案移交县档案馆，共征集档案660卷（永久卷337卷、长期卷323卷）。2015年，按2015年《归档文件整理规则》共征集档案9146件（永久件4132件、30年件5014件）。

1998—2015年普安县档案馆接收档案情况表

表19-2-1

年份	永久卷（卷）	长期卷（卷）	永久件（件）	30年件（件）	卷总数（卷）	件总数（件）
1998	142	76	—	—	218	—
1999	204	128	—	—	332	—
2000	266	—	—	—	266	—
2001	376	185	—	—	561	—
2002	194	28	95	32	222	127
2003	133	13	4341	310	146	4651
2004	—	—	92	27	—	119
2005	184	91	80	52	275	132
2006	—	—	515	253	—	768
2007	121	19	157	75	140	232
2008	71	1	64	29	72	93
2009	337	323	33	10	660	43
2010	707	883	—	—	1590	—
2011	1327	730	2044	329	2057	2373
2012	806	284	22340	171	1090	22511
2013	133	—	5066	—	133	5066
2014	52	142	5647	12290	194	17937
2015	—	—	4132	5014	—	9146

二、档案利用

1998—2015年，档案馆对开放的档案整理编目，供利用者自行查阅，并复制部分查阅、利用频繁的档案及档案资料代替原件提供利用。县档案馆共向社会提供利用档案1.80万卷（次），其中民国档案3216卷（次）、中华人民共和国成立后档案1.63万卷（次）。县档案馆为各部门在编史修志、个人养老保险、土地纠纷、兑现补贴等方面提供历史资料。如普安县龙吟镇丫口村、雄阳村新庄组与水城县花嘎村鹿白、沙田、脚通3个组接壤的马槽凹发生土地纠纷，根据两县档案部门提供的档案资料，于2003年6月13日在龙吟镇召开两县有关乡镇村组负责人会议，对“马槽凹”的归属进行协商解决，并重新达成书面协议。

1998—2015年普安县档案馆档案利用情况表

表19-2-2

年份	查阅（人次）	档案（卷次）	年份	查阅（人次）	档案（卷次）
1998	154	865	2007	230	952
1999	323	1126	2008	950	1650
2000	247	1052	2009	210	960
2001	220	1052	2010	245	1001
2002	228	1006	2011	680	1200
2003	102	219	2012	235	980
2004	131	284	2013	356	1362
2005	56	183	2014	650	1250
2006	205	353	2015	1042	1612

第三章　体　育

第一节　体育设施

一、休闲体育场所

休闲体育广场　2005年，建设普安县休闲体育广场，总投资200万元，占地面积6.4公顷，建设足球场1个（含4×100米砂石路面跑道）、体育健身中心1个1200平方米、篮球场2个及休闲广场。2014年10月，普安县文体广电旅游局对体育场进行改造，将400米跑道改造成塑胶跑道。

老年活动中心　1998年，建设普安老年活动中心，内部设施有游泳池、灯光球场及看台。2015年，新建普安县老年门球场。

二、中小学体育设施

1998年，投资20万元建设白沙乡五里坪小学、白沙乡铁厂小学、楼下镇羊屯小学、三板桥镇三板桥中学、罐子窑镇茅坪小学共5个篮球场。2006年，投资40万元在普安一中建成1个有3台跑步机、2台多功能训练器械的健身房，投资34.6万元建成中小学篮球场9个。2010年，投资144.9万元建成中小学篮球场10个、小运动场（盘水镇民族希望小学塑胶跑道）1个、乒乓球场2个、（排）羽毛球场1个。2015年，全县有中小学体育场所140个。

1998—2015年普安县中小学体育场所及设施建设情况表

表19-3-1

年份	场所名称	单位（个）	设施名称	总投资（万元）
1998	篮球场	5	篮球架	20
1999	篮球场	4	篮球架、单双杠、乒乓球桌等	23.9
2000	篮球场	3	篮球架、学生运动场地	5.5
	爬杆	1	爬杆	0.41
	单杠	1	单杠2个	0.3
2001	篮球场	8	篮球架、篮球板	23.85
2002	篮球场	6	篮球架、篮球板	22.4
2003	篮球场	5	篮球架、篮球板	24.4
	乒乓球场	2	乒乓球桌2个	1
	排球场	1	网球架	1.5
2004	篮球场	22	篮球架、单双杠、操垫、爬杆、乒乓球桌等	69.66
2005	篮球场	9	篮球架、单双杠、操垫、爬杆、乒乓球桌等	31.3
	篮球场／田径场	1	篮球板2个	3
	篮球场／田径场／足球场	1	篮球板4个	60
	乒乓球场	2	乒乓球桌	4.5
2006	篮球场	9	篮球架	34.6
	健身房	1	跑步机3台、2台多功能训练器械	40
2007	篮球场	8	低单杠、爬杆、跳高架、乒乓球桌、篮球架等	30
2008	运动场	1		3
	篮球场	5	一般器材	17.6
2009	篮球场	5	篮球架、乒乓球桌	13.5
	乒乓球场	1	乒乓球桌4个	0.6
2010	篮球场	10	篮球架	78.4
	小运动场	1	塑胶跑道	60
	乒乓球场	2	乒乓球桌	1.5
	（排）羽毛球场	1	（排）羽毛球架	5
2011	篮球场	7	低单杠、体操垫、爬杆、跳高架、乒乓球桌、篮球架等	18.2
2012	篮球场	6	篮球架	29.8
	乒乓球场	1	乒乓球桌	1
2013	篮球场	8	篮球架、球板、塑胶跑道、塑胶篮球场、塑胶羽毛球场、塑胶排球场	144.5
	足球场	1		100
2014	篮球场	2	篮球架	6
2015	无			

三、农村体育

农体工程 2006年起，实施以行政村为主要对象，以经济实用的小型公共体育健身场地设施建设为重点，把体育健身场地和体育健身器材建设送到农民身边的“农民体育健身工程”（简称“农体工程”）。当年，投资4万元实施罗汉乡磨鸪村农体工程，场地面积610平方米，建设内容包括1对篮球架、2张乒乓球桌。2010年，投资27万元实施高棉乡朝阳村、盘水镇大湾村、楼下镇糯东村、罐子窑镇辣子树村、龙吟镇石古村和硝洞村，青山镇青山社区、白沙乡铁厂村、窝沿乡上寨村和官田村农体工程。2015年，实施江西坡镇大田村、三板桥镇垭口村、高棉乡阳龙村、新店乡花月村、楼下镇上屯村、青山镇刘家冲村、龙吟镇者恩村农体工程。

2006—2015年普安县农体工程情况表

表19-3-2 单位：万元

年份	实施地点	投入资金
2006	罗汉乡磨鸪村	4
2007	楼下镇坡脚村、雪浦乡博上村、青山镇营山村和下街村、高棉乡地泗村、新店乡三角树村	20
2008	窝沿乡河边村、白沙乡大小寨村、青山镇小屯村、罗汉乡金竹林村、罐子窑镇红卫村、龙吟镇布路村	24
2009	龙吟镇高阳村和雄阳、地瓜镇岗坡村、青山镇歹苏村、罗汉乡凉水村	16
2010	高棉乡朝阳村、盘水镇大湾村、楼下镇糯东村、罐子窑镇辣子树村、龙吟镇石古村和硝洞村、青山镇青山社区、白沙乡铁厂村、窝沿乡上寨村和官田村	36
2011	江西坡镇细寨村、联盟村和东南村，地瓜镇下厂河村，罐子窑镇新光社区	16
2012	新店乡花月村、雪浦乡高箐村、三板桥镇十里村、窝沿乡大榜村、江西坡镇白水村	20
2013	青山镇范家寨村、下节河村，新店乡细余村、波余村，江西坡镇下山村	20
2014	龙吟镇乡镇级农体工程，江西坡镇联盟村、中心村、高潮村、白石村，龙吟镇文笔村，新店乡雨核村、细余村，楼下镇补者村，雪浦乡高箐村，窝沿乡平桥村	70
2015	江西坡镇大田村、三板桥镇垭口村、高棉乡阳龙村、新店乡箐口村、楼下镇上屯村、青山镇刘家冲村、龙吟镇者恩村	28

路径工程 2002年起，各级体育行政部门利用体育彩票公益金，在村（社区）、公园、绿地等建设由室外健身器材组成、占地不多、经济实用、可免费使用的全民健身路径工程（简称“路径工程”）。当年在县文体广电局办公用房周边建设路径工程。2009年，建设盘水镇体育场、龙吟镇新华小学路径工程。2015年，建设盘水街道河边村、云盘社区，青山镇下节河村路径工程。

2002—2015年普安县择年度路径工程建设情况表

表19-3-3 单位：万元

年份	实施地点	投入资金
2002	县文体广电局	1
2005	盘水镇南湖社区	1
2009	盘水镇体育场、龙吟镇新华小学	2
2010	普安县盘水镇惠民小区、楼下镇坡脚村	2
2011	三板桥镇十里小学	1
2012	罐子窑镇新光社区、白沙乡白沙小学	2

续表 19-3-3

年份	实施地点	投入资金
2013	地瓜镇坪地小学	1
2015	盘水街道河边村、云盘社区，青山镇下节河村	3

说明：2014年，未实施路径工程

第二节 体育赛事

一、县级举办赛事

1999年12月25—31日，在普安县灯光球场举办跨世纪“地电杯”篮球运动会。2008年9月20—29日，在普安县体育休闲广场举办普安县2008年迎国庆“青电·天普”杯男子篮球运动会；11月2日，举办“荣御天下”杯全民健身“健步走”活动。2009年8月8日，在普安县休闲体育广场举办普安县“新农村篮球运动会”。2010年10月1日，在普安县休闲体育广场举办普安县2010年国庆篮球运动会。2011年8月8日，举办2011年全民健身日登山活动。2012年8月8日，举办2012年全民健身日登山活动。2013年8月8—13日，在普安县休闲体育广场和盘水镇民族希望小学举办2013年全县教职工篮球运动会。2014年8月8日举办全民健身日乒乓球比赛活动。2015年8月8日举办全民健身日乒乓球比赛活动。

二、参与上级赛事

1998年，组织参加全民健身宣传周活动，获国家体育总局授予“98全民健身宣传周”先进单位称号。2008年7月，参加贵州醇水墨金州杯黔西南州首届运动会，获体育道德风尚奖、足球获第四名。2011年7月，参加“热烈庆祝中国共产党建党90周年黔西南州乒乓球”邀请赛，获女子团体第二名；参加“中国体育彩票杯”黔西南州2011年全民健身日系列活动，获4×100米接力赛第四名、集体跳绳第二名；参加黔西南州“医三甲杯”乒乓球比赛，获女子团体第二名。2012年，参加黔西南州全民健身日系列活动，获第九套广播体操比赛组织奖、首届健身气功比赛三等奖；参加黔西南州2012年第二届“能源杯”职工篮球运动会，获第八名；参加黔西南布依族苗族自治州第二届运动会足球比赛，获第三名。

第四章 广播 电视

第一节 广 播

一、南山坡调频台

1998年，调频台发生故障，南山坡无线发射台停播。2007年6月，恢复重建南山坡调频台，投入资金120万元，新建45米高铁塔、20平方米机房，安装50KVA变压器一台，维修用房100平方米，购置转播设备，安装4芯光缆3千米，12月竣工并投入使用。2007年起，播出中央电视台一套、七套，贵州卫视、黔西南广播电视台综合频道四套，黔西南交通旅游广播、黔西南新闻广播节目。

二、应急调频广播

2010年，实施应急调频广播工程，在白沙、高棉2个乡镇建成应急调频广播系统，覆盖2乡镇90%的村组。

第二节　电　视

一、县电视台

1998—2003年，电视台在自办节目中，除办好《普安新闻》外，分别开办《小城歌星》《点歌台》等栏目。外宣作品有《菜篮子又回到市民的手中》《2002年省考古重大发现——铜鼓山榜上有名》等。节目制作初步购买非线性编辑机替代线性编辑机编辑节目。2004—2008年，除办好《普安新闻》外，还开办《身边人》等栏目。新闻作品有《普安银鲫鱼倍受专家青睐》《橘子包装身价高》等；在外宣工作中有561条电视新闻上省、州电视台联播；在专题片制作中，有《山情水映秀普安》《携手绘蓝图》等30多部专题片被省、州电视台或县台采用播出。2009年11月8日，《普安新闻》改版为周五新闻，自办节目有《法制普安》《普安新秀歌星选拔赛》《小凡说事》等栏目。2008—2013年，在中央、省、州台播出电视新闻稿1653条，其中中央台和新华社电视台8条、省联播和2频道5频道197条、州台1448条。如《普安人民的大水缸快干涸了》在央视新闻联播中播出，《普安四球茶世界唯一中国独有》被央视新闻频道和财经频道采用，《布依村寨过大年》等等被省新闻联播采用。获省、州表彰的作品有《青山黑洞发现大规模军事设施》《小水电代燃料染绿荒山点亮生活》《歪梳苗寨的水桶下岗了》《歌唱生活的小叫雀》《深山大爱》《普安养殖大户走环保路赚绿色钱》《印象普安》等33条。拍摄专题片65部，其中《布依山寨好扎脉》获省人大一等奖，《茶山上的那个小阿妹》获省委组织部、省委宣传部、省记者协会三等奖。2014—2015年，在中央、省、州媒体播出的电视和广播新闻稿共370条，其中央级媒体播出35条次、省级媒体播出67条次、州级媒体播出268条次。其中《肇事者留下电话让车主找麻烦》《江西坡小喇叭架起干群连心桥》《背读妈妈》等作品荣获省级表彰。

二、网络建设

（一）有线电视网络建设

省干电视网络建设　2009年6月，开工建设普安至晴隆17.2千米、普安至盘县11.3千米光缆线路工程，为省二干普安县干线网的建设，由广东中人集团施工，普安县分公司负责监理，2009年7月完工。

县级电视网络建设　1999年，县电视台通过租用电信光缆，对全县所有乡镇进行联网，30多套电视节目传输到乡镇。由于电信光缆损耗大，且仅有1芯光纤可供使用，光缆经常出现故障。2002年，除青山外，其余乡镇的网络均瘫痪。2003年，对县城网络进行改造，架设城区光缆19.3千米，新增24芯32芯大芯数4条，新增光点15个。

县乡电视联网建设　2010年7月，县乡联网工程和数字化整转，实施全县乡镇县乡联网和数字化整转工程。2011年，进行网络优化改造，落实网络划转、机房安排、杆路使用等，对全县13个乡镇本地网络进行升级改造，新建县乡干线光缆168千米，投入建设总资金200余万元，其中县政府匹配资金80万元，全县实现通过自有光缆干线全部联网。

村级电视网络延伸建设　2012年，争取普安县行政村网络延伸建设项目资金75万元，完成楼下镇堵嘎村、泥堡村、坡脚村，青山镇营山村、范家寨村、下节河村，雪浦乡高箐村共7个行政村有线电视覆盖工程。

县城区双向电视网络建设　2013年，贵州省广播电视信息网络股份有限公司统一部署投入300万元，普安县分公司自行设计实施县城区有线电视双向网络改造工程，县城有线电视网络升级至第三代广播电视网（HFC+EPON），支持多种终端、多种平台的互动点播回看功能和宽带上网功能。

（二）电视“村村通”“户户通”工程建设

2009年，启动电视“村村通”工程建设，实施“村村通”4103座。2013年，启动“户户通”建设，实施“户户通”16625座。2014年，“村村通”“户户通”覆盖率73.49%。2015年，未实施“村村通”“户户通”。

2009—2014年普安县电视“村村通”“户户通”工程建设情况表

表19-4-1

年份	工程名称	龙吟（座）	白沙（座）	罐子窑（座）	窝沿（座）	盘水（座）	高棉（座）	江西坡（座）	地瓜（座）	罗汉（座）	新店（座）	青山（座）	雪浦（座）	楼下（座）	合计（座）
2009	村村通	1938	—	1665	42	—	—	368	40	40	—	—	10	—	4103
2010	村村通	1034	1612	622	1828	1359	1526	2722	2753	1990	2574	2465	2121	2385	26801
2011	村村通	350	180	100	479	253	216	502	—	330	330	248	395	502	4285
2012	村村通	80	80	80	80	80	80	80	80	80	80	80	80	80	1120
2013	村村通	384	220	—	1290	398	342	1000	300	331	365	328	350	550	6188
	户户通	1349	317	523	1093	646	1163	1103	1427	607	892	1709	1280	2806	16625
2014	村村通	100	500	600	700	600	300	202	450	450	450	450	500	600	6302
合计		5235	2909	3590	5512	3336	3627	5977	5050	3828	4691	5280	4736	6923	65424
覆盖率		99.1	83.9	79.7	103	30.06	85.4	81.3	75.1	70.1	82	67	76.7	70.1	73.49

三、网络传输

（一）网络信息传输

1999—2008年3月，通过租用电信光缆，采用模拟1310光信号和同轴电缆混合方式传输网络信息，传送范围为全县14个乡镇政府所在地，传送34套模拟电视节目。2009年9月，数字电视信号源直接由贵州省广播电视信息网络股份有限公司用波分和SDH方式下传信号至黔西南州分公司，黔西南州分公司再通过1550光信号送到县分公司，数字电视信号在全县范围内开通。2013年，网内共传输了基本数字电视频道74个台，增值数字电视频道89个台，数字高清节目42个台，广播节目14个台，同时开通全省地州级版《贵州新闻荟萃》以及全州县级电视台的《黔西南州新闻荟萃》频道。通过数字电视机顶盒可以查阅各种资讯信息，向用户发送电子邮件飞字通知等内容，实现电视节目的点播、回看、上网等多种功能。2014—2015年，继续推进乡镇双向网络整改，在全县所有乡镇实现双向全覆盖，全面实现用户从看电视向用电视转变。

（二）无线电视

2015年，全县累计有“村村通”6302户、“户户通”16625户，“村村通”能接收52套全国卫星直播广播电视节目和27套广播节目，能在任意地方随意安装收视；“户户通”“村村通”功能基本相似，差距在于“户户通”是通过电信运营机站实行定位安装，只能在初始化后的定点安装位置收视，且收视收听节目数量在“村村通”基础上增加中央电视台3（音乐频道）、中央电视台5（体育频道）、中央电视台6（电影频道）、中央电视台8（电视剧频道）4套加密频道。

第二十篇　医疗卫生

1998—2015年，普安县医疗卫生工作进一步改革，各级增加对卫生事业的投入，医疗条件逐步改善，卫生事业进一步发展。

2015年，普安县疾控中心、卫生监督所、计划生育妇幼保健服务中心、皮肤病性病防治中心（县健康医院）等4家公共卫生机构共有在编人员66人。县人民医院、县中医院2家公立医院共有人员532人，开放床位403张。14个乡镇（街道）卫生院共有人员313人，开放床位441张。村（社区）卫生室113个，卫生人员183名。民营医疗机构6个，人员169人，开放床位239张。注册个体诊所9所。医疗、防疫、保健体系和县、乡镇（街道）、村（社区）三级医疗卫生网络进一步健全。

县人民医院开设内科、外科、产科、妇科、五官科、儿科、重症医学科、感染科、中医康复理疗科等临床科室，县中医院设内科、儿科、外科、骨伤科、针灸科、妇产科、中医肛肠科等，医疗医技水平不断提高。

预防、保健工作进一步加强。2015年，传染病发病率430.85/10万，其中甲、乙类传染病发病率324.22/10万，死亡率2.34/10万。城乡居民健康档案纸质档案建档率72.38%，电子档案建档率100%。65周岁以上老年人建档率5.82%。孕产妇建卡率93.67%，产检率92.91%。

利用中央资金防氟改良炉灶9.19万户，改良炉灶率100%，覆盖84个行政村，受益人口24.37万人。全面开展地氟病防治健康教育活动，接受地氟病防治相关知识125万人次。氟斑牙检出率由原来的68.60%下降到10.25%。

加强医药卫生监督管理，在城乡广泛开展爱国卫生运动，城乡卫生面貌不断改善，各种疾病能有效治疗，城乡人民健康水平明显提高。

第一章　卫生机构

第一节　行政管理机构

一、县卫食药监局

1998年，普安县设置正科级机构卫生局（简称“县卫生局”），内设行政事务股、业务股、法规股、财会股，兼设爱国卫生运动委员会办公室（简称“县爱卫办”）、红十字会办公室（简称“县红十字会”），在编人员12名。2000年12月12日，增设站股级事业机构卫生执法监督大队。2001年，药政、药检职能交由普安县食品药品监督管理局（简称“县食药监局”）承担，公费医疗管理职能交由县社会保险事业局承担。10月22日，卫生执法监督大队升格为副科级事业单位并更名为卫生监督所。2003年10月，增设股级事业单位县新型农村合作医疗管理中心（简称“县合管中心”）。2004年10月，增设纪检组。2008年11月，县红十字会升格为正科级机构事业单位，从县卫生局分离单设。2010年4月，撤销县卫生局、县食品药品监督管理局，设立普安县卫生和食品药品监督管理局（简称“县卫食药监局”），内设办公室、监察室、规划财务股、医政股（中医管理股）、食品安全股、药品监督管理股、法规股、医疗纠纷调解办公室、预防保健股9个行政股室和爱国卫生运动委员会办公室、农村卫生管理中心、网络信息管理中心、干部档案管理中心、卫生职业技术学校、卫生应急协调服务中心6个事业股室，将原县食品药品监督管理局综合协调食品安全、组织查处食品安全重大事故和药品、医疗器械监督管理、食品卫生许可、餐饮业、食堂等消费环节食品安全监管及生活饮用水监督管理的职责划入县卫生监督所。2011年2月，将县合管中心划入县人社局。2011年4月，增设副科级事业单位（参公）县卫生和食品药品监督管理局稽查大队，县卫校归属县卫食药监局的事业股室。2014年9月，政府职能转变和机构改革，将县卫生和食品药品监督管理局卫生行政管理职责、县人口和计划生育局职能整合，组建县卫生和计划生育局，下设办公室、规划与信息股、政策法规股、宣传教育股、疾病预防和干部保健股、医政医管股、农村卫生指导股、食品安全标准与监测评估股、综合监督股、计划生育家庭发展股、流动人口计划生育服务管理股、目标管理股、科技教育股、中医药管理股、财务股、监察室、爱国卫生运动委员会办公室、卫生应急协调服务中心、干部档案管理中心、卫生和计生网络信息管理中心、药具站、综合治理出生人口性别比偏高办公室。

二、县食药监局

1998年，成立县食药监局。2010年9月，县食药监局划到县市场监管局。

第二节　公共卫生机构

一、县疾控中心

1998年，普安县卫生防疫站（简称“县防疫站”）内设计免科、流行病科、检验科、食品卫生科、办公室，在编人员17名。2002年6月，撤销县防疫站，组建直属于县卫生局的副科级事业机构普安县疾病预防控制中心（简称“县疾控中心”），核定事业编制17名，由原防疫站带编划入，在编人员17名，其中卫生专业技术人员14名，初级职称9名、中级职称5名，医（士）师12名、检验（士）师2名。2010年，县疾控中心机构升格为正科级事业单位，内设办公室、突发公共卫生事件应急处理办公室、慢病科、流病科、免规科、地病科、监测检验科、结防科，核定编制51名，卫生专业技术人员16名，其中初级职称9名、中级职称3名、副高级职称1名、其他3名，医（士）师11名、检验（士）师3名。2015年，在编人员21名，其中卫生专业技术人员19名，副高级专业技术人员3名、中级专业技术人员3名、初级专业技术人员11名、其他2名，医（士）师12名、检验（士）师4名、其他3名。

2002—2015年普安县疾控中心卫生专业技术人员情况表

表20-1-1 单位：名

年份	卫生技术人员合计	职称结构情况					专业职称结构情况					
		初级	中级	副高级	正高级	其他	医（士）师	护（士）师	药剂（士）师	检验（士）师	影像（士）师	其他
2002	14	9	5	—	—	—	12	—	—	2	—	—
2003	14	9	5	—	—	—	12	—	—	2	—	—
2004	14	9	5	—	—	—	12	—	—	2	—	—
2005	13	8	5	—	—	—	11	—	—	2	—	—
2006	12	7	5	—	—	—	10	—	—	2	—	—
2007	14	9	4	1	—	—	12	—	—	2	—	—
2008	14	9	4	1	—	—	12	—	—	2	—	—
2009	13	9	3	1	—	—	11	—	—	2	—	—
2010	13	9	3	1	—	—	11	—	—	2	—	—
2011	16	9	3	1	—	3	11	—	—	3	—	—
2012	18	12	3	2	—	1	14	—	—	3	—	—
2013	19	12	1	3	—	3	15	—	—	4	—	—
2014	19	11	2	3	—	2	12	—	—	4	—	—
2015	19	11	3	3	—	2	12	—	—	4	—	3

二、县卫生监督所

2002年3月，在县卫生局设立副科级事业机构普安县卫生监督所（简称“县卫生监督所”），下设业务股，核定编制8名，由原县卫生局执法监督大队5名人员连人带编划入。2008年，下设办公室、业务一股、业务二股。2009年，核定编制16名，其中事业（参公）编制8名。2010年9月，下设办公室、业务一股、业务二股、职业卫生股、卫生监督稽查股。2015年，在职在编人员7名。

三、县妇幼保健中心

1998年，设立正科级事业单位普安县妇幼保健所（简称“县妇幼保健所”）。在编人员15名，其中初级职称10名、中级职称5名，医（士）师9名、检验（士）师1名、其他5名。2007年12月27日，县妇幼保健所更名为普安县妇幼保健院（简称“县妇幼保健院”），内设妇保科、儿保科、办公室、治疗室。在编人员15名，其中初级职称10名、中级职称5名，医（士）师7名、护（士）师1名、检验（士）师1名、其他5名。2010年12月20日，县妇幼保健院与县计划生育技术指导站整合，更名为普安县计划生育妇幼保健服务中心（简称“县妇幼保健中心”），保留普安县妇幼保健院牌子。计划生育服务工作归县计生局管理，妇幼卫生工作归县食药监局管理。县妇幼保健中心内设办公室、计划生育服务科、妇幼保健科（妇女保健室、儿童健康保健室、健康教育与信息资料室）、药品药具管理科、医技科、妇儿科、宣传教育科、早期教育办公室、后勤财务科。核定编制57名，其中事业编制53名（管理人员15名，专业技术人员38名），工勤编制4名。在编人员12名，其中初级职称6名、中级职称5名、副高级职称1名，医（士）师5名、护师1名、检验师1名、其他5名。2014年，核定事业编制26名，其中管理人员编制4名、专业技术人员编制20名、工勤人员编制2名。2015年，核定事业编制26名，其中管理人员编制4名、专业技术人员编制20名、工勤人员编制2名；在编人员31名，其中初级职称25名、中级职称5名、副高级职称1名，医（士）师15名、护（士）师7名、检验（士）师4名、其他5名。县计妇中心业务用房面积5000平方米。1998年，编制床位8张，实际开放床位2张。2011年，编制床位25张，实际开放床位10张。2015年，编制床位30张，实际开放床位30张。

1998—2015年普安县计划生育妇幼保健服务中心（县计妇中心）卫生专业技术人员情况表

表20-1-2

年份	卫生技术人员总数	职称级别结构					职称专业结构					
		初级	中级	副高级	正高级	其他	医（士）师	护（士）师	药剂（士）师	检验（士）师	影像（士）师	其他
1998	15	10	5	—	—	—	9	—	—	1	—	5
1999	15	10	5	—	—	—	8	1	—	1	—	5
2000	15	10	5	—	—	—	8	1	—	1	—	5
2001	15	10	5	—	—	—	8	1	—	1	—	5
2002	15	10	5	—	—	—	8	1	—	1	—	5
2003	15	10	5	—	—	—	8	1	—	1	—	5
2004	15	10	5	—	—	—	8	1	—	1	—	5
2005	15	10	5	—	—	—	8	1	—	1	—	5
2006	15	10	5	—	—	—	8	1	—	1	—	5
2007	14	9	5	—	—	—	7	1	—	1	—	5
2008	14	9	5	—	—	—	7	1	—	1	—	5
2009	14	8	5	1	—	—	6	1	—	1	—	6
2010	12	6	5	1	—	—	5	1	—	1	—	5
2011	29	20	8	1	—	—	13	3	—	4	—	9
2012	28	19	8	1	—	—	12	3	—	4	—	9
2013	30	21	8	1	—	—	15	4	—	5	—	6
2014	32	26	5	1	—	—	15	7	—	5	—	5
2015	31	25	5	1	—	—	15	7	—	4	—	5

四、县皮肤病性病防治中心（县健康医院）

1998年，普安县设皮肤病性病防治中心（简称“县皮肤病性病防治中心”），挂普安县健康医院（简称“县健康医院”）牌子，一个机构两块牌子。在编人员14名，其中初级职称9名、中级职称3名，医（士）师1名、其他1名。2011年，县健康医院为副科级事业单位，归口县民政局管理，内设办公室、麻风病防治科、性病艾滋病防治科、美沙酮药物维持治疗门诊。核定事业编制26名，其中管理人员编制4名、专业技术人员编制20名、工勤人员编制2名。在编人员15名，其中初级职称8名、中级职称2名，医（士）师3名、其他2名。2014年，核定事业编制26名，其中管理人员编制4名、专业技术人员编制20名、工勤人员编制2名。2015年，核定事业编制26名，其中管理人员编制4名、专业技术人员编制20名、工勤人员编制2名。在编人员7名，其中初级职称3名、中级职称1名，医（士）师2名、其他1名。

1998—2015年普安县皮肤病性病防治中心（县健康医院）卫生专业技术人员情况表

表20-1-3　　单位：名

年份	卫生技术人员总数	职称结构					专业结构					
		初级	中级	副高级	正高级	其他	医（士）师	护（士）师	药剂（士）师	检验（士）师	影像（士）师	其他
1998	14	9	3	—	—	2	1	—	—	—	—	1
1999	14	9	3	—	—	2	1	—	—	—	—	1
2000	16	9	3	—	—	4	3	—	—	—	—	1
2001	17	9	3	—	—	5	4	—	—	—	—	1
2002	17	9	3	—	—	5	4	—	—	—	—	1
2003	17	10	3	—	—	4	3	—	—	—	—	1
2004	18	10	3	—	—	5	3	—	—	—	—	2
2005	18	10	3	—	—	5	3	—	—	—	—	2
2006	18	10	3	—	—	5	3	—	—	—	—	2
2007	18	10	3	—	—	5	3	—	—	—	—	2
2008	18	10	3	—	—	5	3	—	—	—	—	2
2009	18	10	3	—	—	5	3	—	—	—	—	2
2010	16	8	3	—	—	5	3	—	—	—	—	2
2011	15	8	2	—	—	5	3	—	—	—	—	2
2012	15	8	2	—	—	5	3	—	—	—	—	2
2013	12	7	2	—	—	5	2	—	—	—	—	1
2014	11	6	2	—	—	3	2	—	—	—	—	1
2015	7	3	1	—	—	3	2	—	—	—	—	1

第三节　医疗机构

一、县人民医院

机构设置　1998年，普安县人民医院（简称“县人民医院”）设办公室、保卫科、医务科、护理部、院感科、内儿科、外科、妇产科、门诊部、收费室、财务科、供应室、药房等科室。2010年，挂牌成立爱婴医院。2011年1月24日，县人民医院接管铅厂医院，挂牌为普安县人民医院铅矿分院。5月，县人民医院通过贵州省卫生厅组织的创二级甲等医院评审。2012年7月30日，确定县人民医院为结核病定点诊断治疗医院及红十字会医院。2013年6月，县人民医院将铅矿分院移交罐子窑镇人民政府管理。2015年，县人民医院设置办公室、保卫科、医务科、护理部、院感科、预防保健科、二甲办、总务科、信息科、财务科、医保科、设备科、拓展部、收费室、供应室、感染科、内二科、五官科、内一科、儿科、体检科、病理科、输血科、检验科、肿瘤科、“120”急救中心、影像科、药剂科、急诊科、妇科、特检科、外一科、外三科、中医康复理疗科、外二科、产科、重症医学科、麻醉科等科室。同年10月，开始实施公立医院改革。

人员编制　1998年，县人民医院在编人员110人。卫生专业技术人员105名，其中初级职称60名、中级职称37名、副高级职称8名，医（士）师38名、护（士）师44名、药剂（士）师3名、检验（士）师4名、影像（士）师7名。2011年，在编人员126名、聘用人员40名。在编人员中卫生专业技术人员101名，其中初级职称49名、中级职称41名、副高级职称11名，医（士）师35名、护（士）师45名、药剂（士）师4名、检验（士）师4名、影像（士）师6名。2012年，在编人员178名、聘用人员167名。

在编人员中卫生专业技术人员127名，其中初级职称60名、中级职称60名、副高级职称7名，医（士）师48名、护（士）师64名、药剂（士）师4名、检验（士）师5名、影像（士）师6名。2015年，在编人员254名、聘用人员163名。在编人员中卫生专业技术人员236名，其中初级职称158名、中级职称61名、副高级职称17名，医（士）师96名、护（士）师107名、药剂（士）师6名、检验（士）师14名、影像（士）师9名。

床位编制　1998年，县人民医院编制床位120张，实际开放床位120张。2005年，编制床位160张，实际开放120张。2009年，编制床位250张，实际开放200张。2013年，编制床位250张，实际开放273张。2015年，编制床位250张，实际开放303张。

1998—2015年普安县人民医院人员、床位情况表

表20-1-4

年份	人员（名）			床位（张）	
	总数	在编人员	聘用人员	编制床位	实际开放床位
1998	110	110	—	120	120
1999	110	110	—	120	120
2000	110	110	—	120	120
2001	110	110	—	120	120
2002	110	110	—	120	120
2003	110	110	—	120	120
2004	110	110	—	120	120
2005	160	125	35	160	120
2006	166	126	40	160	120
2007	166	126	40	160	120
2008	186	128	58	160	160
2009	223	132	91	250	200
2010	291	131	160	250	200
2011	312	146	166	250	200
2012	345	178	167	250	200
2013	347	181	166	250	273
2014	409	246	163	250	303
2015	417	254	163	250	308

1998—2015年普安县人民医院卫生专业技术人员情况表

表20-1-5　　单位：名

年份	卫生技术人员总数	职称结构					专业结构					
		初级	中级	副高级	正高级	其他	医（士）师	护（士）师	药剂（士）师	检验（士）师	影像（士）师	其他
1998	105	60	37	8	—	—	38	44	3	4	7	—
1999	105	60	37	8	—	—	38	44	3	4	7	—
2000	105	60	37	8	—	—	38	44	3	4	7	—
2001	105	60	37	8	—	—	38	44	3	4	7	—
2002	105	60	37	8	—	—	38	44	3	4	7	—
2003	105	60	37	8	—	—	38	44	3	4	7	—
2004	105	60	37	8	—	—	38	44	3	4	7	—

续表20-1-5

年份	卫生技术人员总数	职称结构					专业结构					
		初级	中级	副高级	正高级	其他	医(士)师	护(士)师	药剂(士)师	检验(士)师	影像(士)师	其他
2005	101	49	41	11	—	—	35	45	4	4	6	—
2006	101	49	41	11	—	—	35	45	4	4	6	—
2007	101	49	41	11	—	—	35	45	4	4	6	—
2008	101	49	41	11	—	—	35	45	4	4	6	—
2009	101	49	41	11	—	—	35	45	4	4	6	—
2010	115	55	49	11	—	—	45	49	4	4	6	—
2011	132	68	58	6	—	—	46	71	4	5	6	—
2012	127	60	60	7	—	—	48	64	4	5	6	—
2013	117	54	52	11	—	—	46	60	4	5	6	—
2014	225	166	46	13	—	—	93	103	6	12	8	—
2015	236	158	61	17	—	—	96	107	6	14	9	—

医疗设备　2003年6月，县人民医院购入第1台超过50万元的彩色B超医疗设备，后来50万元以上医疗设备逐年增加。2015年，全院共有50万元以上医疗设备16台。

医疗业务　1998年，县人民医院住院1327人次，门诊4.16万人次，手术261人次，急诊103人次。2012年，住院1.25万人次，门诊7.86万人次，手术1911人次，急诊1598人次。2015年，住院1.78万人次，门诊11.79万人次，手术4107人次，急诊3756人次。

1998—2015年普安县人民医院医疗业务情况表

表20-1-6　　单位：人次

年份	住院	门诊	手术	急诊	年度	住院	门诊	手术	急诊
1998	1327	41638	261	103	2007	5246	50468	684	523
1999	1259	35684	294	115	2008	5563	52397	1128	650
2000	936	22172	348	117	2009	6718	56080	1645	732
2001	1546	26581	386	159	2010	7741	49833	1595	1056
2002	2011	26111	461	205	2011	9686	71149	1761	1235
2003	2859	33695	566	229	2012	12488	78602	1911	1598
2004	4068	42462	687	232	2013	14175	87505	2270	2032
2005	4667	44885	812	312	2014	16409	109386	2542	2833
2006	5112	48971	902	385	2015	17837	117943	4107	3756

二、县单采血浆站

1998年1月，建有普安县血站(简称“县血站”)。主要采全血和血浆，全血供普安县医疗单位使用，血浆供上海生物制品研究所。4月，县血站更名为普安县单采血浆站（简称“县单采血浆站”），为自收自支的站股级事业单位。县单采血浆站只能采血浆，不再采全血，普安县医疗机构所用全血和成分血统一由黔西南州中心血站供给。2000年，县单采血浆站搬迁到普安县第二中学对面。2007年3月，县单采血浆站转制为企业单位，地方卫生行政部门不再设置单采血浆站。普安县人民医院与上海生物制品研究所签订普安县单采血浆站转制协议，将县单采血浆站转制为血液制品生产企业，并将原县单采血浆站更名为普安县上海生物研究所单采血浆有限公司。原县单采血浆站内所有的仪器设备全部由上海生物制品有限公司收购。县单采血浆站在编工作人员，由县人民医院按照优先安置、择优录用的原则进行适当安置。2011年7月，普安县不再设置单采血浆站，县单采血浆有限公司停止各项业务。

三、县中医院

机构设置 1998年，普安县设有中医院（简称“县中医院”）。2013年12月，通过贵州省中医药管理局评审升格为国家二级甲等中医医院。

1998年，县中医院设门诊部、住院部、手术室、供应室、药房、检验科、办公室等科室。2015年，设办公室、后勤设备科、医务科（含病案室）、护理部、院感科、预防保健科、财务科、医保科、信息科、保卫科、急诊科、内科、外科、骨伤科、针灸推拿科、妇产科、肛肠科、手术室（挂消毒供应室和麻醉科牌子）、检验科、特检科（挂放射科牌子）、药械科、治未病科等科室。配备有CT、CR、彩色B超、全自动生化分析仪、血球计数仪、电子胃镜等检查设备，诊疗设备。建立并完善护士工作站、药品管理系统、门急诊挂号系统、门急诊划价收费系统、住院病人入出转管理及收费系统、财务管理系统等现代化医院信息管理系统。

人员编制 1998年，县中医院在编人员23名、聘用人员7名。卫生专业技术人员27名，其中初级职称17名、中级职称8名、副高级职称2名，其他3名；医（士）师9名、护（士）师10名、药剂（士）师2名、检验（士）师2名、影像（士）师2名、其他5名。2014年12月，普安县中医院撤销外妇科，单独设立妇产科、外科（肛肠科）。2015年，县中医院在编人员72名、聘用人员43名。卫生专业技术人员101名，其中初级职称77名、中级职称19名、副高级职称5名，其他14名；医（士）师44名、护（士）师40名、药剂（士）师7名、检验（士）师4名、影像（士）师6名、其他14名。同年7月，通过省中医药管理局二级中医医院持续改进检查评估。

床位编制 1998年，县中医院编制床位50张，实际开放床位50张。2013年，编制床位100张，实际开放床位100张。2015年，编制床位100张，实际开放床位100张。

1998—2015年普安县中医院人员、床位情况表

表20-1-7

年份	人员（名）			床位（张）	
	总数	在编人员	聘用人员	编制床位	实际开放床位
1998	30	23	7	50	50
1999	30	23	7	50	50
2000	34	28	6	50	50
2001	34	28	6	50	50
2002	34	28	6	50	50
2003	38	30	8	50	50
2004	40	30	10	50	50
2005	48	37	11	50	50
2006	49	37	12	50	50
2007	52	37	15	50	50
2008	52	37	15	50	50
2009	52	40	12	50	50
2010	54	40	14	50	50
2011	58	44	14	50	50
2012	64	44	20	50	50
2013	94	68	26	100	100
2014	101	68	33	100	100
2015	115	72	43	100	100

1998—2015年普安县中医院择年度卫生专业技术人员情况表

表20-1-8　　　　单位：名

年份	卫生技术人员总数	职称结构					专业结构					
		初级	中级	副高级	正高级	其他	医（士）师	护（士）师	药剂（士）师	检验（士）师	影像（士）师	其他
1998	27	17	8	2	—	3	9	10	2	2	2	5
2000	27	17	8	2	—	3	9	10	2	2	2	5
2002	31	21	8	2	—	3	10	12	2	2	2	6
2003	31	21	8	2	—	3	10	12	2	2	2	6
2004	31	19	10	2	—	3	8	14	2	2	2	6
2005	32	20	10	2	—	4	9	17	2	2	2	6
2006	34	22	10	2	—	4	12	16	2	2	2	6
2007	43	30	11	2	—	4	17	17	4	2	2	6
2008	43	30	11	2	—	5	14	19	4	2	2	8
2009	47	34	12	2	—	5	17	19	4	2	2	8
2010	49	36	12	2	—	6	17	21	4	2	2	8
2011	52	37	14	1	—	6	19	23	4	2	2	8
2012	58	43	14	1	—	6	21	26	5	2	2	8
2013	84	58	25	1	—	10	39	32	9	3	3	8
2014	89	69	16	4	—	12	38	34	9	3	5	12
2015	101	77	19	5	—	14	44	40	7	4	6	14

医疗业务　1998年，县中医院门诊3.86万人次，住院453人次，手术110人次，急诊20人次。1999年，门诊4万人次，住院498人次，手术121人次，急诊23人次。2002年，门诊5.03万人次，住院634人次，手术98例，急诊26人次。2009年，门诊2.98万人次，住院1950人次，手术54人次，急诊116人次。2015年，门诊4.64万人次，住院2271人次，手术204人次，急诊14286人次。

1998—2015年普安县中医院医疗业务情况表

表20-1-9　　　　单位：人次

年份	门诊	住院	手术	急诊	年份	门诊	住院	手术	急诊
1998	38560	453	110	20	2007	45921	1035	61	76
1999	40050	498	121	23	2008	33143	1185	49	102
2000	45002	526	109	31	2009	29810	1950	54	116
2001	46251	582	116	22	2010	39180	1987	69	153
2002	50317	634	98	26	2011	44014	1516	85	175
2003	52286	682	95	45	2012	45815	2124	94	183
2004	52489	671	87	52	2013	42730	1826	83	230
2005	49953	703	92	48	2014	50938	1975	54	14202
2006	52263	643	52	53	2015	46411	2271	204	14286

四、乡镇（街道）卫生院

机构设置　1998年1月，14个乡镇均设置有卫生院，其中罐子窑镇、青山镇、地瓜镇设置为中心卫生院，楼下镇、雪浦乡、新店乡、罗汉乡、盘水镇、江西坡镇、高棉乡、龙吟镇、白沙乡、窝沿乡、三板桥镇设置为普通卫生院，中心卫生院对周边普通乡镇卫生院有技术指导义务。7月，楼下镇、江西坡镇、龙吟镇3个普通卫生院设置为中心卫生院。2013年4月，14个乡镇计生和卫生机构整合，命名为计划生育和医疗卫生服务中心（简称“计卫服务中心”），为副科级财政全额拨款事业单位，实行两块牌子一套人员，隶属乡镇人民政府管理，由县计生、卫生部门进行双线业务指导和考核，人员工资由县级财政直接划拨到乡级财政，由乡镇人民政府管理发放。2015年7月，乡镇（街道）行政区划调整、医疗卫生制度改革，对乡镇（街道）卫生医疗机构进行调整，设置盘水街道、南湖街道、青山镇、罗汉镇、新店镇、龙吟镇、兴中镇、江西坡镇、地瓜镇、白沙乡、高棉乡、楼下镇卫生院，撤销窝沿乡卫生院、雪浦乡卫生院。

人员编制　1998年，乡镇卫生院在编人员160名、聘用人员17名。卫生专业技术人员171名，其中初级职称138名、中级职称5名、其他28名，医（士）师124名、护（士）师37名、药剂（士）师1名、检验（士）师2名、影像（士）师1名、其他6名。2013年，乡镇计卫服务中心在编人员173名、聘用人员103名。卫生专业技术人员248名，其中初级职称144名、中级职称28名、副高级职称5名、其他71名，医（士）师152名、护（士）师61名、药剂（士）师5名、检验（士）师3名、影像（士）师1名、其他26名。2015年，乡镇（街道）卫生院在编人员179名、聘用人员134名。卫生专业技术人员283名，其中初级职称132名、中级职称28名、副高级职称5名、其他118名，医（士）师118名、护（士）师61名、药剂（士）师4名、检验（士）师7名、影像（士）师1名、其他92名。

床位编制　1998年，乡镇卫生院编制床位181张，实际开放床位140张。2003年，编制床位250张，实际开放156张。2008年，编制床位351张，实际开放床位310张。2015年，乡镇（街道）卫生院编制床位408张，实际开放床位441张。

1998—2015年普安县乡镇（街道）卫生院择年度人员、床位情况表

表20-1-10

年份	人员（名）			床位（张）	
	总数	在编人员	聘用人员	编制床位	实际开放床位
1998	176	160	17	181	140
1999	176	160	17	181	140
2001	177	161	16	181	140
2002	170	161	9	—	—
2003	165	144	21	250	156
2004	182	152	31	—	—
2005	180	152	28	250	280
2006	180	152	28	—	—
2007	182	150	33	250	280
2008	173	141	34	351	310
2009	177	138	41	351	310
2010	201	146	55	351	310
2011	220	150	70	351	320
2012	243	159	84	351	325
2013	270	173	103	351	325
2014	184	173	11	328	341
2015	313	179	134	408	441

1998—2015年普安县乡镇（街道）卫生院择年度专业技术人员情况表

表20-1-11　　　　单位：名

年份	卫生技术人员合计	职称结构				专业结构					
		初级	中级	副高级	其他	医（士）师	护（士）师	药剂（士）师	检验（士）师	影像（士）师	其他
1998	171	138	5	—	28	124	37	1	2	1	6
1999	170	137	5	—	28	123	37	1	2	1	6
2001	168	123	7	—	38	114	39	3	2	1	9
2002	168	123	7	—	38	114	39	3	2	1	9
2003	159	114	9	—	36	106	39	3	3	1	7
2004	159	114	9	—	36	106	39	3	3	1	7
2005	175	121	11	—	43	118	42	3	3	1	8
2006	175	121	11	—	43	118	42	3	3	1	8
2007	173	112	13	—	28	115	43	0	4	1	10
2008	165	105	14	—	46	107	43	0	4	1	10
2009	170	107	17	—	46	111	44	1	4	1	9
2010	189	107	18	—	64	126	40	4	3	1	15
2011	207	115	23	—	69	141	43	4	3	1	15
2012	224	131	24	—	69	145	50	4	3	1	21
2013	248	144	28	5	71	152	61	5	3	1	26
2014	172	34	28	5	108	108	29	4	5	1	25
2015	283	132	28	5	118	118	61	4	7	1	92

（一）盘水街道卫生院

医院概况　2015年，盘水街道卫生院建成集内科、外科、妇科、儿科、五官科及预防保健为一体的综合医院。有B超机、X光机、阴道内窥镜、臭氧治疗仪及其生化检验等医疗设备。核定人员编制38名，在编人员33名。其中主治医生4名、一般医生8名、助理医生7名、医士4名、护师3名、护士6名、财会1名。全院占地面积385平方米，业务用房385平方米。床位编制25张，实际开放床位25张。

医疗业务　1998年，门诊1.2万人次，住院876人次，手术10人次。2005年，门诊3.66万人次，住院1721人次，手术36人次。2006年，门诊4.86万人次，住院2150人次，手术36人次。2007年，门诊5.62万人次，住院3210人次，手术17人次。2009年，门诊6.5万人次，住院3865人次，手术19人次。2015年，门诊10.48万人次，住院983人次。

1998—2015年盘水街道卫生院医疗情况表

表20-1-12　　　　单位：人次

年份	门诊	住院	手术	年份	门诊	住院	手术	年份	门诊	住院	手术
1998	12000	876	10	2004	19852	1682	15	2010	64210	4201	10
1999	15652	954	12	2005	36597	1721	32	2011	59630	5104	37
2000	17825	1002	22	2006	48596	2150	36	2012	67852	5340	10
2001	18010	988	21	2007	56241	3210	17	2013	68520	5976	45
2002	17993	1120	25	2008	56286	3647	17	2014	105461	980	—
2003	18525	1421	20	2009	65240	3865	19	2015	104758	983	—

（二）南湖街道卫生院

医院概况　2015年，南湖街道卫生院（原三板桥镇卫生院）设有内科、外科、儿科、放射室、检验室、公卫站、院长办公室、财务办公室。有X光机、半自动生化分析仪、血球计数仪等医疗设备。核定人员编制28名，在编人员9人、聘用人员5名。其中初级职称4名、中级职称1名，执业医师2名、执业助理医师3名、护师2名。全院占地面积2270平方米，业务用房面积780平方米。床位编制15张，实际开放床位4张。

医疗业务　1998年，门诊9358人次，住院354人次。2004年，门诊1.29万人次，住院613人次。2015年，门诊1.54万人次，住院86人次。

1998—2015年南湖街道卫生院医疗情况表

表20-1-13　　单位：人次

年份	门诊	住院	手术	年份	门诊	住院	手术	年份	门诊	住院	手术
1998	9358	354	—	2004	12946	613	—	2010	18564	6251	5
1999	7398	224	—	2005	11032	1246	—	2011	16586	3537	3
2000	8142	382	—	2006	10389	1382	—	2012	15449	2573	—
2001	8329	398	—	2007	11246	1432	—	2013	14355	1953	—
2002	8467	421	—	2008	11938	2278	—	2014	12237	117	—
2003	9846	598	—	2009	12752	5137	—	2015	15423	86	—

（三）青山镇卫生院

医院概况　青山镇卫生院是一所集医疗、预防、保健为一体的一级甲等乡镇卫生院。设有业务科（含内外妇儿科）、检验科、放射科、药房、收费、后勤、公共卫生站等科室。有电子胃镜、体外碎石机、CR操作系统、麦迪逊彩色B超、全自动生化分析仪等设备。2015年，核定人员编制47名，在编人员22名、聘用人员24名。其中初级职称6名、中级职称2名、副高级职称2名、其他36名，医师8名、护（士）师14名、药剂（士）师4名、检验（士）师2名、影像（士）师1名、其他7名。全院业务用房2704平方米。床位编制57张，实际开放床位60张。

医疗业务　1998年，门诊1.46万人次，住院2523人次，手术41人次。2004年，门诊2万人次，住院2176人次，手术97人次。2007年，门诊3.09万人次，住院2974人次，手术206人次。2010年，门诊4.36万人次，住院4693人次，手术381人次。2015年，门诊5.20万人次，住院3477人次，手术286人次。

1998—2015年青山镇卫生院医疗情况表

表20-1-14　　单位：人次

年份	门诊	住院	手术	年份	门诊	住院	手术	年份	门诊	住院	手术
1998	14605	2523	41	2004	20055	2176	97	2010	43617	4693	381
1999	14738	2597	38	2005	20831	2385	102	2011	31285	4027	276
2000	14925	2632	49	2006	29941	2984	191	2012	31906	3021	249
2001	15682	2879	58	2007	30906	2974	206	2013	36088	4535	360
2002	17547	2823	54	2008	36275	3894	306	2014	60841	3854	185
2003	19383	2319	83	2009	35428	4130	322	2015	51934	3477	236

（四）罗汉镇卫生院

医院概况　2015年，罗汉镇卫生院设有行政科室、业务科室、后勤科室，其中行政科室设有院长办公室、财务科、防保站等，业务科室设有内科、外科、儿科、超声室、检验室等，后勤科室设有药剂科。核定人员编制36名，在编人员12名、聘用人员21名。其中初级职称2名、中级职称1名，助理医师2名、护师1名、护士2名。全院占地面积2010平方米，建筑面积990平方米，业务用房570平方米。编制床位10张，实际开放床位24张。有200毫安X光机、显微镜、B超机、彩超机、全自动生化分析仪、电解质分析仪等医疗设备。

医疗业务 1998年，门诊300人次，住院58人次。2004年，门诊2712人次，住院436人次，手术5人次。2012年，门诊1.35万人次，住院441人次。2015年，门诊3.17万人次，住院1436人次。

1998—2015年罗汉镇卫生院医疗情况表

表20-1-15　　单位：人次

年份	门诊	住院	手术	年份	门诊	住院	手术	年份	门诊	住院	手术
1998	300	58	—	2004	2712	436	5	2010	7240	412	—
1999	350	50	—	2005	2879	412	6	2011	8520	536	—
2000	322	45	—	2006	2861	396	20	2012	13541	441	—
2001	489	45	—	2007	3465	423	5	2013	15812	1687	—
2002	523	36	—	2008	5864	706	—	2014	24324	1726	—
2003	2462	394	—	2009	5923	518	—	2015	31673	1436	—

（五）新店镇卫生院

医院概况 2015年，新店镇卫生院设有行政科室、业务科室、后勤科室，其中行政科室有院长办公室、财务室、会议室、公共卫生管理站、卫生协管站，业务科室有内科、外科、妇儿科、放射科、超声室、心电图室、检验室。有200AM X光机、B超机、心电图机、血细胞分析仪，尿液分析仪、全自动生化分析仪等医疗设备。核定人员编制33名（包括1名工勤人员），在编人员7名、聘用人员9名。在编人员中，卫生专业技术人员6名（初级职称2名、中级职称3名、副高级职称1名，执业医师3名、执业助理医师1名、其他2名），会计1名。全院占地面积4000余平方米，业务用房2栋，建筑面积为900余平方米。床位编制20张，实际开放床位20张。

医疗业务 1998年，门诊2315人次，住院29人次，手术6人次。2012年，门诊2.25万人次，住院386人次，手术61人次。2015年，门诊4.87万人次，住院312人次，手术45人次。

1998—2015年新店镇卫生院医疗情况表

表20-1-16　　单位：人次

年份	门诊	住院	手术	年份	门诊	住院	手术	年份	门诊	住院	手术
1998	2315	29	6	2004	5098	98	20	2010	7956	143	32
1999	2985	39	9	2005	6865	108	27	2011	9350	132	57
2000	3098	41	11	2006	6758	132	26	2012	22501	386	61
2001	3245	48	14	2007	6987	137	24	2013	28292	677	67
2002	3648	49	13	2008	7065	138	24	2014	46757	265	23
2003	3982	56	15	2009	7253	140	26	2015	48706	312	45

（六）龙吟镇卫生院

医院概况 2015年，龙吟镇卫生院设有门诊、公共卫生管理站、化验室、照片室等。核定人员编制33名，在编人员9名，其中助理医师3名、护师1名、护士1名，聘用人员5名。全院占地面积2215

平方米，业务用房1660平方米，其中危房2栋600平方米。有200MA-X光机、全自动生化仪、血球计数仪、尿检测仪、心电图机等医疗设备。病床编制20张，实际开放床位10张。

医疗业务 1998年，门诊4037人次，住院55人次。2008年，门诊8246人次，住院539人次，手术11人次。2010年，门诊1.06万人次，住院576人次。2015年，门诊3.20万人次，住院511人次。

1998—2015年龙吟镇卫生院医疗情况表

表20-1-17 单位：人次

年份	门诊	住院	手术	年份	门诊	住院	手术	年份	门诊	住院	手术
1998	4037	55	—	2004	4006	108	—	2010	10573	576	—
1999	4264	61	—	2005	4119	203	—	2011	9756	407	—
2000	3756	48	—	2006	4259	276	—	2012	9043	415	—
2001	2591	12	—	2007	4826	327	—	2013	9877	534	—
2002	2527	10	—	2008	8246	539	11	2014	24289	589	—
2003	2150	18	—	2009	7658	376	—	2015	31987	511	—

（七）兴中镇卫生院

医院概况 2015年，兴中镇（原罐子窑镇）卫生院设有设有门诊、公共卫生管理站、化验室、照片室等。核定人员编制32名，在编人员9名、聘用人员16名，其中初级职称9名（住院医师1名、护师2名、药师1名、士级5名）、中级职称1名。全院占地面积4000平方米左右，有业务用房1323平方米。有救护车、300毫安X光机、CMPA8020全自动生化分析仪、黑白B超机、Ys-100型外科手术床、产科手术床、“冷光型”九孔无影灯、冰箱等医疗设备。编制床位60张，实际开放床位42张。

医疗业务 1998年，门诊7835人次，住院223人次，手术25人次。2006年，门诊1.01万人次，住院396人次，手术34人次。2010年，门诊2.22万人次，住院689人次，手术38人次。2013年，门诊3.35万人次，住院1763人次，手术33人次。2015年，门诊6.25万人次，住院2208人次，手术78人次。

1998—2015年兴中镇卫生院医疗情况表

表20-1-18 单位：人次

年份	门诊	住院	手术	年份	门诊	住院	手术	年份	门诊	住院	手术
1998	7835	223	25	2004	9756	365	36	2010	22186	689	38
1999	7352	301	34	2005	9615	389	32	2011	21078	886	36
2000	8523	336	35	2006	10108	396	34	2012	23421	1430	31
2001	9532	420	45	2007	10868	418	38	2013	33458	1763	33
2002	9836	396	49	2008	16781	536	41	2014	47293	1975	56
2003	9876	381	56	2009	18390	652	46	2015	62523	2208	78

（八）江西坡镇卫生院

医院概况 2015年，江西坡镇卫生院设有门诊、公共卫生管理站、化验室、妇科等科室。在编人员48名、聘用人员18名，其中初级职称5名、执业医师3名、执业助理医师2名。全院占地面积1200平方米，业务用房1600平方米。有全自动生化仪、DR成像、DR操作系统、电子阴道镜、妇科三氧治疗仪、彩色B超机、短波治疗仪、利普刀治疗仪、盆腔治疗仪、保育箱制氧机、光治疗仪、全自动生化仪、酶标仪、血球分析仪、血凝仪、电解质分析仪、尿液分析仪、离心机等医疗设备。床位编制35张，实际开放床位40张。

医疗业务 1998年，门诊2760人次，住院11人次，手术55人次。2010年，门诊1.25万人次，住院1092人次，手术8人次。2012年，门诊2万人次，住院2142人次，手术56人次。2013年，门诊3.1万人次，住院2098人次，手术101人次。2015年，门诊2.22万人次，住院1234人次。

1998—2015年江西坡镇卫生院医疗情况表

表20-1-19 单位：人次

年份	门诊	住院	手术	年份	门诊	住院	手术	年份	门诊	住院	手术
1998	2760	11	15	2004	1774	19	10	2010	12484	1092	8
1999	966	13	7	2005	6506	4	6	2011	19135	1553	12
2000	1733	31	9	2006	5691	12	5	2012	20084	2142	56
2001	1225	3	10	2007	7256	256	2	2013	31045	2098	101
2002	1456	5	42	2008	5991	977	5	2014	23640	1623	—
2003	1656	16	15	2009	9040	1405	11	2015	22160	1234	—

（九）地瓜镇卫生院

医院概况 2015年，地瓜镇卫生院设有内科、儿科、外科、妇科等科室。核定人员编制42名，在编人员10名、聘用人员9名。其中初级职称4名、中级职称1名、其他14名，执业助理医师4名、主管护师1名、医士3名、护士6名、检验师1名、药剂士3名，后勤及清洁工人2名，驾驶员1名。全院业务用房400平方米。有500毫安高频X光机、B超机、数码B超机、全自动生化分析仪、三分类血球分析仪、电解质分析仪、尿分析仪等医疗设备和多功能产床及手术床、五菱急救车、公共卫生用车。编制床位20张，实际开放床位20张。

医疗业务 1998年，门诊1.26万人次，住院362人次，手术15人次。2009年，门诊2.01万人次，住院608人次。2013年，门诊3.21万人次，住院1229人次。2015年，门诊2.82万人次，住院301人次。

1998—2015年地瓜坡镇卫生院医疗情况表

表20-1-20 单位：人次

年份	门诊	住院	手术	年份	门诊	住院	手术	年份	门诊	住院	手术
1998	12564	362	15	2004	13673	428	8	2010	21520	625	—
1999	13096	328	18	2005	14389	406	5	2011	25088	738	—
2000	13892	365	23	2006	16973	452	7	2012	26862	1257	—
2001	13159	320	20	2007	18579	569	—	2013	32121	1229	—
2002	12786	373	21	2008	19365	589	—	2014	31505	596	—
2003	12938	268	16	2009	20134	608	—	2015	28209	301	—

（十）白沙乡卫生院

医院概况 2015年，白沙乡卫生院设有内儿科、普外科、检验科、公卫科等科室。核定人员编制25名，在编人员7名、聘用人员8名、后勤人员1名，其中初级职称1名、副高级职称1名，执业助理医师4名、医士4名、护士5名、清洁工人1名。全院占地面积4200平方米，业务用房面积990余平方米。有全自动生化分析仪、尿液分析仪、心电图机等医疗设备。编制床位8张，实际开放床位3张。

医疗业务 1998年，门诊1898人次，住院5人次。2013年，门诊1.43万人次，住院654人次，手术4人次。2015年，门诊1.84万人次，住院275人次。

1998—2015年白沙乡卫生院医疗情况表

表20-1-21　　单位：人次

年份	门诊	住院	手术	年份	门诊	住院	手术	年份	门诊	住院	手术
1998	1898	5	—	2004	3015	—	—	2010	3659	21	—
1999	2018	8	—	2005	3427	—	—	2011	3812	18	—
2000	1995	10	—	2006	2866	3	—	2012	9867	426	—
2001	2132	12	—	2007	3219	11	—	2013	14256	654	4
2002	2796	8	—	2008	3045	16	—	2014	18753	736	—
2003	1846	—	—	2009	3144	19	—	2015	18384	275	—

（十一）高棉乡卫生院

医院概况　2015年，高棉乡卫生院核定人员编制24名，在编人员12名、聘用人数4名，其中初级职称1名、中级职称1名、助理医师5名、护师1名。全院占地面积2000平方米，建筑面积1300平方米，业务用房800平方米。有心电图机、洗胃机、高压消毒锅、半自动生化仪、多功能抢救床、多功能手术床、立式多头无影灯等医疗设备。床位编制10张，实际开放床位7张。

医疗业务　1998年，门诊598人次。2003年，门诊4813人次，住院16人次。2008年，门诊1452人次，住院150人次，手术2人次。2015年，门诊3.19万人次，住院754人次，手术12人次。

1998—2015年高棉乡卫生院医疗情况表

表20-1-22　　单位：人次

年份	门诊	住院	手术	年份	门诊	住院	手术	年份	门诊	住院	手术
1998	598	—	—	2004	5564	105	—	2010	1984	254	4
1999	653	—	—	2005	5876	98	—	2011	2308	308	1
2000	736	—	—	2006	5124	90	—	2012	2395	632	2
2001	926	—	—	2007	8097	82	—	2013	2671	684	1
2002	1098	—	—	2008	1452	150	2	2014	28461	702	8
2003	4813	16	—	2009	1765	243	1	2015	31928	754	12

（十二）楼下镇中心卫生院

医院概况　2015年，楼下镇卫生院设有党支部、公共卫生管理站、办公室（兼财务室、网络中心包括医院管理系统及病历管理系统）、口腔科、临床、护士站、放射室、B超室、化验室、药房、收费室等。核定人员编制58名，在编人员34名、聘用人员15名。其中初级职称26名、中级职称5名、副高职称1名，执业助理医师8名。全院占地面积1.2公顷，业务用房面积5000平方米。有急救车3辆、公共卫生车2辆、C臂X光机、630毫安DR光机、阿洛卡彩色B超、美国EC黑白B超、多功能麻醉机、腹腔镜、胃镜、肛肠治疗仪、电子数码阴道镜、新生儿蓝光治疗仪、心电监护仪、全自动血球计数仪、全自动生化仪、尿液分析仪、酶标仪、电解质分析仪等医疗设备。编制床位50张，实际开放床位50张。

医疗业务　1998年，门诊9164人次，住院765人次，手术47人次。1999年，门诊1.11万人次，住院689人次，手术52人次。2001年，门诊2.15万人次，住院1056人次，手术58人次。2005年，门诊3.02万人次，住院1648人次，手术268人次。2009年，门诊4.51万人次，住院3168人次，手术292人次。2015年，门诊5.35万人次，住院2622人次，手术382人次。

1998—2015年楼下镇卫生院医疗情况表

表20-1-23　　单位：人次

年份	门诊	住院	手术	年份	门诊	住院	手术	年份	门诊	住院	手术
1998	9164	765	47	2004	28187	1562	198	2010	44189	3241	308
1999	11058	689	52	2005	30195	1648	268	2011	38803	2608	275
2000	16097	806	50	2006	31266	1786	304	2012	25042	2976	298
2001	21498	1056	58	2007	32416	1981	288	2013	43977	3776	330
2002	26393	1241	97	2008	35629	2216	297	2014	50618	2860	368
2003	29561	1455	137	2009	45127	3168	292	2015	53468	2622	382

五、村（社区）卫生室

1998年，全县有村卫生室112个，卫生人员165名。2008年，对全县村（社区）卫生室进行改造，每个卫生室建房3间约50平方米，将诊断室、药房、注射室、换药台分开使用。各卫生室统一配备听诊器1副、血压计1台、体温表20只、诊断床1张。2011年，原则上每个行政村（社区）设置1所村（社区）卫生室，人口较多或者居住分散的行政村（社区）酌情增设；乡镇卫生院所在地的行政村原则上不设村（社区）卫生室。2015年，全县设置村（社区）卫生室113个，卫生人员113名。

2015年普安县各乡镇（街道）村（社区）卫生室设置情况表

表20-1-24

乡镇（街道）	村（社区）卫生室（个）	卫生人员（名）	乡镇（街道）	村（社区）卫生室（个）	卫生人员（名）
盘水街道	13	13	江西坡镇	12	12
南湖街道	6	6	地瓜镇	8	8
青山镇	16	16	白沙乡	7	7
罗汉镇	8	8	高棉乡	7	7
新店镇	6	6	楼下镇	17	17
龙吟镇	8	8	合计	113	113
兴中镇	5	5			

2015年，普安县村医报酬分别由政府定额补助、年终考核奖励等组成。其中政府定额补助、年终考核奖励等资金来源分别由省级补助、州级补助、县级补助等组成。一般村医每月每人300元，执业助理医师或大中专生每月每人800元，原集体卫生人员每月每人717元（县财政全额解决），年终考核奖励每人1200元。

2015年普安县村医补助情况表

表20-1-25

项目	补助对象	单位	补助金额（元）	补助人数（人）	补助资金来源（元）		
					省级	州级	县级
政府定额补助	一般村医	月／人	300	143	50	20	230
	执业助理医师或大中专生	月／人	800	74	50	240	510
	原集体卫生人员	月／人	717	65	—	—	717
年终考核奖励	全体村医	年／人	1200	193	50	20	30

说明：2015年，普安县实有村医113人，原集体所有制卫生人员待遇由县级财政全额解决，每人每月717元，从2012年11月起执行

六、民营医院（诊所）

（一）民营医院

2006年6月，普安济康医院经县卫生局批准设置，成为全县首家民营医院。2011年5月、2012年6月，先后设置普安东风医院、普安县现代医院。

2006—2015年普安县民营医疗机构情况表

表20-1-26

年份	机构数（个）	人员结构（人）			卫生专业技术人员结构（人）						床位（张）	
		总数	卫生技术人员	其他人员	医（士）师	护（士）师	药剂（士）师	检验（士）师	影像（士）师	其他	编制床位	开放床位
2006	1	43	39	4	16	20	0	2	0	1	60	100
2007	1	44	40	4	17	20	0	2	0	1	60	100
2008	1	44	40	4	17	20	0	2	0	1	60	100
2009	1	47	43	4	18	22	0	2	0	1	60	100
2010	1	46	43	4	20	19	0	2	0	2	60	100
2011	2	92	81	11	39	35	0	2	0	5	120	160
2012	3	118	101	17	42	43	0	2	0	14	180	220
2013	3	123	103	20	45	42	0	2	0	14	180	220
2014	5	162	125	37	50	54	2	2	0	17	220	220
2015	6	169	132	37	54	57	2	2	0	17	239	239

普安济康医院 2006年6月，经县卫生局批准设置。是一所集预防、医疗、保健为一体的综合性一级乙等医院，是全县首家民营医院，是部分单病种定点就治医院和城乡居民合作医疗定点医院。位于盘水街道交通路66号（原七一饭店对面），租用民房作为医疗场所，占地面积400平方米，建筑面积3200平方米。开设外科、内科、妇产科、口腔科、影像科、检验科、预防保健科、手术室等临床科室。配备有大型DR、彩色B超机、腹腔镜、体外震波碎石机、钬激光碎石系统、牙床、自动生化分析仪、自动血球分析仪、自动尿液分析仪、麻醉机、呼吸机、心电监护仪、激光肛肠治疗仪等医疗设备。能够开展各种普外科手术，如单孔腹腔镜胆囊摘除术、牙齿正畸术、股骨交锁髓内针内固定术、胫骨髓内针内固定术、肱骨自锁髓内针内固定术、经输尿管镜钬激光碎石取石术、经尿道膀胱镜钬激光碎石取石术。2015年，有副主任医师2名、主治医师2名、执业医师8名、执业助理医师4名、执业护士22名、检验师1名、检验士1名。床位编制60张，实际开放床位100张。

2006年，门诊2301人次，住院328人次，手术98人次，业务收入62.43万元。2007年，门诊2.93万人次，住院2328人次，手术532人次，业务收入225.76万元。2015年，门诊30276人次，住院2543人次，手术596人次，业务收入578.1万元。

2006—2015年普安济康医院医疗情况表

表20-1-27

年份	门诊（人次）	住院（人次）	手术（人次）	业务收入（万元）
2006	2301	328	98	62.43
2007	29303	2328	532	225.76
2008	26166	2495	573	268.4

续表20-1-27

年度	门诊（人次）	住院（人次）	手术（人次）	业务收入（万元）
2009	29354	2697	565	386.99
2010	30069	2382	591	358.34
2011	30607	2198	549	422.4
2012	29994	2233	534	472.76
2013	29486	2485	601	556.92
2014	29517	2617	583	562.3
2015	30276	2543	596	578.1

普安东风医院 2011年5月，经县卫生局批准设置的民营医院。是集预防、医疗、保健为一体的综合性一级乙等医院，是城乡居民合作医疗定点医院。位于盘水镇街道普天大道，租用民房作为医疗场所，占地面积346平方米，建筑面积2200平方米。设有内科、外科、妇产科、预防保健科、耳鼻喉科、麻醉科、医学影像科（包括心电图室、X光室、彩超室）、医学检验科等科室。配备有全自动生化分析仪、尿液分析仪、血液分析仪、200毫安X光机、德国进口数字化彩色超声诊断仪、多导心电图机、液压综合手术台、麻醉工作站、呼吸机、病人监护仪、德国进口LEEP利普刀、多频段超声治疗仪等医疗设备。2015年，全院有职工38名，其中高级职称2名、中级职称5名、初级职称13名。床位编制60张，实际开放床位100张。

2011年，门诊2133人次，住院202人次，手术28人次，业务收入30.3万元。2012年，门诊5243人次，住院658人次，手术49人次，业务收入105.28万元。2015年，门诊4322人次，住院1054人次，手术43人次，业务收入202.36万元。

2011—2015年普安东风医院医疗情况表

表20-1-28

年份	门诊（人次）	住院（人次）	手术（人次）	业务收入（万元）
2011	2133	202	28	30.3
2012	5243	658	49	105.28
2013	5762	1477	89	284.32
2014	5636	1387	78	271.02
2015	4322	1054	43	202.36

普安县现代医院 2012年6月，经县卫生局批准设置的民营医院，是集预防、医疗、保健为一体的综合性一级乙等医院，是城乡居民合作医疗定点医院。位于南湖街道南山路体育场旁，租用民房作为医疗场所，占地面积500平方米，建筑面积3000平方米。设有内科、外科、妇产科、预防保健科、耳鼻喉科、麻醉科、医学影像科（包括心电图室、X光室、彩超室）、医学检验科等科室。配备有全自动生化分析仪、腹腔镜、韩国麦迪逊彩超、80倍电子数码阴道镜、智源肽前列腺治疗仪、CRS超导治疗仪、光电离子治疗仪、肛肠治疗仪、多媒体胃肠超声影像检查仪等医疗设施。2015年，全院有职工46名，其中级职称2名，初级（医师）6名，护士12名，床位编制60张，实际开放床位88张。

2012年，门诊3610人次，住院140人次，手术2人次，业务收入146万元。2013年，门诊4890人次，住院770人次，手术4人次，业务收入253万元。2014年，门诊2080人次，住院1427人次，手术6人次，业务收入409万元。2015年，门诊3127人次，住院1594人次，手术9人次，业务收入357万元。

2012—2015年普安县现代医院医疗情况表

表20-1-29

年份	门诊（人次）	住院（人次）	手术（人次）	业务收入（万元）
2012	3610	140	2	146
2013	4890	770	4	253
2014	2080	1427	6	409
2015	3127	1594	9	357

（二）个体诊所

1998年，全县个体诊所较多，由于规模小、技术力量薄弱不符合开办医疗条件逐步被取缔，对符合开办医疗条件的由卫生行政部门批准开设。8月1日，批准开设时芳中医诊所。2009年后，批准开设的个体诊所逐步增加。2015年，全县有注册个体诊所9所。

1998—2015年普安县个体诊所情况表

表20-1-30

个体诊所名称	个体诊所设置地	法人代表	批准日期
时芳中医诊所	青山镇二街二组	张时芳	1998.08.01
岑氏诊所	青山镇下街社区	岑　平	2009.01.01
晁忠云诊所	普安县金桥商场	晁忠云	2009.01.01
张盛林中医诊所	普安县中心商场35号	张盛林	2010.01.01
张定勤妇科诊所	青山镇金叶小区	张定勤	2012.01.01
普安昌银口腔诊所	盘水街道北中路9号	詹昌银	2013.05.21
黄丽中西医诊所	盘水街道南山路	黄　丽	2013.05.21
康复诊所	青山镇金叶小区	范元雄	2014.06.19
健康诊所	青山镇上街	陈孝敏	2014.06.19

第二章　西　医

第一节　医疗技术

一、县人民医院

2003年起，在解放军175医院、贵阳市一医的对口帮扶下，县人民医院医疗技术逐步提高。2015年，开设内科、外科、产科、妇科、五官科、儿科、重症医学科、感染科、中医康复理疗科等临床科室。

（一）内　科

分设消化内科、呼吸内科、心血管内科。

消化内科　开展消化系统疾病的诊断治疗，常规开展胃、肠镜检查、肺功能监测、幽门螺旋杆菌监测。开展良、恶性食管狭窄扩展术、食管支架放置术、非静脉曲张性上消化道出血药物注射治疗、食管静脉曲张套扎及注射硬化剂治疗、消化道息肉切除术、上消化道异物取出术、结肠透析、经肠镜等。

心血管内科 开展对冠心病、风湿性心脏病、心肌病、高血压性心脏病、甲亢性心脏病、病毒性心肌炎、急性脑出血、急性脑梗塞等疾病的诊治。

（二）外 科

分设普外科、泌尿外科、烧伤科、骨科、神经外科及心胸外科。

普外科 开展外科常见病、多发病的诊治，外科一般手术。

泌尿外科 开展泌尿系统疾病的诊断和治疗。2007年，引进钬激光治疗泌尿系结石技术，加上微创外科技术，开展经皮肾镜钬激光泌尿系碎石取石术、经尿道等离子体前列腺电切术、膀胱肿瘤电切术、窥镜下尿道狭窄及输尿管狭窄钬激光内切开术等。

骨外科 开展颈、胸、腰椎前后路手术（椎间盘突出、椎体爆裂骨折、椎体滑脱）、经皮椎体成形术、骨盆骨折手术及严重的四肢骨折、骨缺损、骨不连手术，各种皮瓣转移术，髋、膝关节置换术，神经、血管、肌腱吻合及各种矫形手术，关节镜下膝关节的诊断及治疗。2008年12月，首次开展PEEP模式治疗多发性肋骨骨折合并ARDS获得成功。2009年1月，颈椎后路手术治疗寰椎爆裂骨折成功。2012年9月，开展经皮椎体成形术和关节镜手术。

神经外科 开展各种创伤性脑外科手术、颅骨缺损修复术、浅表肿瘤切除术、颅内血肿微创碎吸引流术。

胸外科 开展多根肋骨骨折内固定术、开胸探查术。

微创外科 开展的微创手术有腹腔镜胆囊切除、腹腔镜阑尾切除、腹腔镜小儿疝孔闭锁、腹腔镜成人无张力疝修补、腹腔镜消化性溃疡穿孔修补术。

（三）儿 科

2011年3月，设置儿科独立科室，按儿内科、门诊、急诊、新生儿病区布局建设，新生儿室实行全程无陪护。开展各种多发病、常见病诊断治疗，实现对危重症抢救、早产儿、低体重儿进行救治。

（四）产 科

2012年6月，妇产科分设办公，产科包括病房、产科门诊。主要开展围产期保健、建卡及产后访视等。开展产科各种手术、计划生育手术及产科疾病的诊治、子宫肌瘤剔除术、子宫全切、附件切除、子宫修补及剖宫产（包括新式剖宫产）、阴道难产助产、新生儿窒息复苏、失血性休克、子痫抢救等。

（五）妇 科

对各种妇科急腹症处理，对妇科疑难危重病人诊治。开展子宫颈癌与癌前病变规范化筛查和各种妇科手术，如计划生育手术、子宫肌瘤剔除术、宫外孕手术、子宫全切、附件切除、无痛人流术等。配备美国进口LEEP刀，开展治疗尖锐湿疣、宫颈肥大、宫颈息肉、宫颈上皮内瘤变以及宫颈创伤、宫颈糜烂等手术。

（六）感染性疾病科

是县内唯一对感染性疾病集中医治专科。该科对慢性乙型病毒性肝炎及丙型肝炎抗病毒治疗，采取国际“金标准”疗法治疗，减少肝硬化和肝癌发生率。对各种病毒性肝炎、药物性肝炎、酒精性肝炎、脂肪肝、肝硬化、顽固性腹水等进行治疗。

（七）麻醉科

2000年，成立麻醉科。有层流手术间4间，其中万级1间、十万级3间。开展心脏病人非心脏、大面积烧伤、脊柱爆裂性骨折、关节置换、小儿、老年病人、腔镜等手术的麻醉。开展无痛胃镜、无痛人流术及术后镇痛等。2013年，麻醉科引进腰硬联合麻醉技术，是脊麻与硬膜外麻醉的结合，主要用于经腹盆腔手术。

（八）康复理疗科

2012年6月，成立中医康复理疗科，针对老年病、各种急慢性疾病而导致的功能障碍，采用中西医康复方法。手法治疗面瘫、颈肩腰腿痛患者运动疗法训练。

（九）重症医学科

重症医学科为层流病房，其流程设计得到省重症医学分会专家的肯定。2013年，购进德国贝朗CRRT（持续肾脏替代治疗仪）及血液透析机，开展急性中毒、脓毒症、脓毒性休克、严重创伤、急慢性肾功能障碍、多器官功能障碍等治疗。

（十）五官科

2008年，成立五官科，是眼、耳鼻喉、口腔为一体的综合科室，配备有进口莱卡手术显微镜、日本尼德克超声乳化仪等医疗设备。

眼　科　开展上下睑内外翻倒睫矫正、眼睑眼眶肿瘤切除、泪道探通、泪道穿线、翼状胬肉切除+自体角膜缘干细胞移植术、角结膜肿物切除、角膜异物取出、青光眼小梁切除、白内障超声乳化吸出+人工晶体植入术、手法小切口白内障囊外摘除+人工晶体植入术、泪囊摘除、眼球摘除术、眼外伤清创术等。

耳鼻喉科　开展鼻内镜、喉镜、耳内镜检查，微波治疗鼻出血、鼻骨骨折复位术、鼻中隔偏曲矫正、鼻中隔穿孔修补术，下鼻甲部分切除、鼻息肉、鼻腔肿物切除术，经鼻内镜鼻窦手术、耳前瘘管切除术、扁桃体摘除术等。

口腔科　开展拔牙、补牙、镶牙、黄黑牙美白、隐形义齿、活动义齿、固定义齿、钢牙、活动支架、铸造冠、精密附着体、烤瓷牙、全瓷牙、根管治疗、颌面外伤、颌面整形美容、颌面包块、颌面肿瘤切除术、唇裂修补、下颌骨骨折切开复位内固定、口腔正畸等。

二、乡镇（街道）卫生院

乡镇（街道）卫生院医疗技术是以公共卫生服务为主，综合提供预防、保健和基本医疗等职能，向辖区居民提供基本医疗服务和公共卫生服务。主要开展内科、儿科、妇产科、五官科等各种常见、多发病进行系统的诊治。中心卫生院妇产科开展接生、引产及子宫全切术、剖宫产术、卵巢囊肿切除术、宫外孕手术等。外科开展复合固定治疗下肢胫腓骨及股骨开放性粉碎骨折、交锁髓内钉治疗四肢骨折、肠切除术、肠吻合术等手术、腹腔镜胆囊切除术、腹腔镜阑尾切除术、腹腔镜小儿疝闭锁术、腹腔镜女扎术及腹腔镜宫外孕手术、腹腔镜卵巢囊肿摘除术，无张力疝修补术等。内儿科开展对慢性支气管炎、肺心病、冠心病、心功能不全、高血压、中风、婴幼儿腹泻及新生儿疾病的诊治。

第二节　医疗救护与用血

一、急诊救护

1998年起，县人民医院急救工作由急诊科承担。2006—2010年，医院救护车在县辖区内免费接诊。2013年12月，成立县人民医院“120”急救中心，有救护车3辆，其中车载呼吸器急救车2辆，急救箱5个，24小时为百姓提供院前急诊、急救、转诊、护送服务。

2008年，急诊科出动车辆859车次，急救病人835人次。2011年，出动车辆1009车次，急救病人1018人次。2015年，出动车辆3548车次，急救病人3756人次。

2008—2015年普安县人民医院急诊救护情况表

表20-2-1

年份	出动车次	急救人次	年份	出动车次	急救人次	年份	出动车次	急救人次
2008	859	835	2011	1009	1018	2014	2712	2833
2009	915	908	2012	1163	1169	2015	3548	3756
2010	985	978	2013	1261	1269			

二、医疗用血

1998年起，普安县医疗机构所用全血和成分血统一由黔西南州中心血站供给。县人民医院制定管理制度，规范输血管理操作流程。成立输血管理委员会，建立健全临床质量管理体系，制订输血标准操作规范，提倡成分输血、科学合理用血，严格执行用血审批制度和输血同意书签字制度等规章制度。

1998年，县人民医院用全血1600毫升。2010年，用悬浮红细胞590单位，全血2200毫升，血浆2.68万毫升。2012年，用悬浮红细胞865单位，全血1.69万毫升，血浆800毫升。2013年，用悬浮红细胞1102单位，全血3.02万毫升，血浆1400毫升。2015年，用悬浮红细胞1202单位，血浆4.22万毫升。

1998—2015年普安县人民医院医疗用血情况表

表20-2-2

年份	悬浮红细胞（单位）	全血（毫升）	血浆（毫升）	年份	悬浮红细胞（单位）	全血（毫升）	血浆（毫升）
1998	—	1600	—	2007	—	1200	—
1999	—	—	—	2008	—	2400	—
2000	—	3000	—	2009	—	1400	—
2001	—	—	—	2010	590	2200	26800
2002	—	2400	—	2011	781	3200	10400
2003	—	—	—	2012	865	16900	800
2004	—	2800	—	2013	1102	30200	1400
2005	—	—	—	2014	1262.5	—	40400
2006	—	3600	—	2015	1202	—	42200

第三章　中　医

第一节　医疗技术

中医医疗技术集中体现在县中医院，分设为内科、儿科、外科、骨伤科、针灸科、妇产科、中医肛肠科等。

内　科　应用中西医结合开展危、急、重病人的抢救，常见病及疑难病症的治疗。2011年11月，引进CT，为脑梗疾病的确诊提供科学依据，采用中西医结合办法治疗脑梗病人。

儿　科　开展小儿常见病、多发病治疗。以推拿治疗小儿慢性腹泻、嗝食引起的持续性发热、小儿疳积治疗等，采用针灸治疗小儿嗝食。

外　科　应用中西医结合开展腹部外科，如肠梗阻、阑尾炎、膀胱结石、胃肠穿孔手术修补、胃大部切除手术等。

骨伤科　开展骨折手术复位和手法复位，常见外伤及创口缝合处理。

针灸科　利用针灸治疗各种疑难杂症，如面瘫、中风、颈椎病、肩周炎、腰痛、腿痛及各种风湿引起的疼痛。

妇产科　开展剖宫产、引产、宫外孕手术、子宫肌瘤切除、产后流血不止及各种妇科常见疾病的治疗。

中医肛肠科　开展手术治疗内痔、外痔、混合痔、环痔、肛瘘、肛裂、肛周脓肿、直肠黏膜下脓肿、直肠息肉、肛门狭窄、尖锐湿疣等疾病。

第二节　特色疗法

穴位注射疗法　快捷、简便，疗效突出，既能治疗常见病、多发病，又能治疗疑难重症、颈肩腰腿痛等。县境内及毗邻的盘县、兴仁、晴隆、水城等县的患者前来就诊。同时，穴位注射疗法在内科、外科、妇科、儿科、眼科等方面得到广泛应用。

放血疗法　有开窍泄热、通经活络、活血消肿、消肿止痛的功效，在急性高热、惊厥、急性腰扭伤、关节扭伤、痔疮、天行赤眼、痛风等方面用放血疗法。2012年，全院收治毒蛇咬伤5人，用放血疗法配合中药内服外敷，均获痊愈。放血疗法还运用于其他重危患者，如肺心病、缺氧的患者等。

中医中药　采用中医药治疗常见病、多发病疗效突出，在疑难病症治疗方面具有明显优势，如肺结核病人，采用中药配方打粉口服治疗，获得预期的治疗效果。

针灸疗法　常采用针灸疗法对常见病、多发病进行治疗。引进CT后，对脑梗塞、脑溢血后遗症、颈椎病诊断更加明确，针对诊断结果采用针灸疗法、中药等治疗。

小儿推拿手法　主要是用于久治不愈小儿慢性腹泻、小儿疳积、食积发热、外感发热等。

骨伤科　采用小夹板固定，用中药内服、外敷，运用于重症患者肋骨骨折、骨盆、股骨干、胫腓骨多发性骨折等。

外　科　开展痔疮治疗、肠梗阻、阑尾炎、膀胱结石等。

第四章　预防　保健

第一节　传染病防治

一、传染病报告

2004年起，对规定的甲、乙、丙37种法定传染病，实行网络系统直报。2015年，加上手足口病、甲型H1N1流感，通过网络系统直报的传染病共39种。此外，将不明原因的肺炎纳入报告范围。不同传染病报告时限不同，医疗机构在诊断鼠疫、霍乱两种甲类传染病以及乙类传染病中的肺炭疽、非典、脊髓灰质炎、人感染高致病性禽流感及不明原因疾病暴发等需要在2小时内报告，其他乙类、丙类传染病需要在24小时内报告。

二、传染病发病

2002年，发生甲、乙传染病958例、发病率342.89/十万。2003年，发生甲、乙传染病932例、发病率323.31/十万，死亡4例、死亡率1.39/十万。2006年，发生传染病538例、发病率195.99/十万，其中甲、乙传染病490例、发病率178.51/十万，死亡29例、死亡率10.56/十万。2015年，发生传染病1103例，发病18种、发病率430.85/十万，其中甲、乙传染病830例、发病率324.22/十万，死亡6例、死亡率2.34/十万。

2002—2015年普安县传染病发病情况表

表20-4-1　　单位：（/十万）

年份	发生传染病		其中			
			甲、乙传染病		死亡	
	例	发病率	例	发病率	例	死亡率
2002	958	342.89	958	342.89	—	—
2003	932	323.31	932	323.31	4	1.39
2004	935	319.3	618	211.05	3	0.34
2005	673	246.96	606	222.38	10	3.66
2006	538	195.99	490	178.51	29	10.56
2007	777	280.89	714	258.12	12	4.34
2008	833	300.57	588	212.17	3	1.08
2009	1186	424.09	951	340.06	5	1.79
2010	925	290.29	814	290	9	3.2
2011	678	266.58	471	185.19	2	0.78
2012	1099	432.85	462	181.96	4	1.57
2013	978	383.95	584	229.27	1	0.39
2014	1220	476.49	698	272.61	—	—
2015	1047	408.98	773	301.95	6	2.34

2002—2015年普安县传染病前十位发病情况表

表20-4-2　　单位：例

年份		传染病前十位发病情况									
		1	2	3	4	5	6	7	8	9	10
2002	病种	痢疾	肝炎	伤寒副伤寒	麻疹	肺结核	梅毒	淋病	乙脑	疟疾	流脑
	发病数	349	198	167	125	66	28	10	8	6	1
2003	病种	痢疾	肺结核	肝炎	伤寒副伤寒	麻疹	乙脑	疟疾	梅毒	淋病	流脑
	发病数	336	264	139	112	41	15	7	7	7	2
2004	病种	流感	痢疾	肺结核	伤寒副伤寒	腮腺炎	麻疹	疟疾	梅毒	淋病	新破
	发病数	270	208	188	72	45	27	12	5	5	4
2005	病种	肺结核	痢疾	肝炎	腮腺炎	伤寒副伤寒	乙脑	流感	梅毒	淋病	狂犬病
	发病数	314	172	80	52	28	13	11	8	6	5
2006	病种	肺结核	痢疾	肝炎	腮腺炎	狂犬病	伤寒副伤寒	梅毒	淋病	麻疹	流感
	发病数	172	158	92	40	28	15	8	7	5	5

续表20-4-2

年份		传染病前十位发病情况									
		1	2	3	4	5	6	7	8	9	10
2007	病种	肺结核	肝炎	痢疾	腮腺炎	伤寒副伤寒	梅毒	狂犬病	感染性腹泻	淋病	HIV
	发病数	264	207	148	54	42	28	10	7	6	5
2008	病种	肺结核	腮腺炎	肝炎	痢疾	伤寒副伤寒	梅毒	新破	HIV	感染性腹泻	风疹
	发病数	267	232	167	92	23	19	7	6	5	5
2009	病种	肝炎	肺结核	风疹	痢疾	腮腺炎	梅毒	甲感	流感	伤寒副伤寒	感染性腹泻
	发病数	440	263	131	105	68	47	41	20	19	9
2010	病种	痢疾	肺结核	乙肝	流腮	梅毒	手足口病	甲肝	丙肝	淋病	伤寒副伤寒
	发病数	339	259	100	82	43	21	16	15	11	9
2011	病种	肺结核	流腮	乙肝	痢疾	梅毒	手足口病	伤寒副伤寒	淋病	丙肝	流感
	发病数	243	182	77	55	50	14	14	11	11	4
2012	病种	手足口病	肺结核	流腮	乙肝	痢疾	梅毒	其他感染性疾病	丙肝	流感	风疹
	发病数	488	264	113	58	53	41	19	18	8	5
2013	病种	手足口病	肺结核	乙肝	梅毒	痢疾	流腮	丙肝	伤寒副伤寒	其他感染性腹泻	戊肝
	发病数	328	251	119	90	63	54	20	11	7	7
2014	病种	手足口	肺结核	乙肝	梅毒	痢疾	流腮	丙肝	猩红热	流感	淋病
	发病数	455	279	183	133	56	45	23	11	9	7
2015	病种	肺结核	手足口	乙肝	梅毒	痢疾	流腮	丙肝	淋病	伤寒副伤寒	流感
	发病数	264	200	230	153	64	44	42	17	17	13

三、重点传染病防治

疟疾防治　1998—2015年，全县共报告疟疾31例，均是在外地感染后返回到普安，无本地病例报告。

“非典”防控　2003年，全国暴发“非典”疫情，县疾控中心加强疫情监测，做好密切接触者追踪与个案调查，在各乡镇设立医学观察点，县境内未发现“非典”病例。

结核病防治　1998—2003年，结核病患者自行到各医疗机构诊治。2003年3月，普安县争取到世行贷款——英国捐款中国结核病控制项目，总投资23.24万元，开展结核病防治。2005年3月，县疾控中心设立单独的结防科。2012年7月，确定县人民医院为结核病定点收治医院，开展黔西南州第一个结核病防治定点医院试点工作，县人民医院负责病人诊疗，县疾控中心负责病人追踪、培训、健康教育等综合项目管理，乡镇卫生院及村卫生室负责病人的发现、转诊、追踪、管理“三位一体”的新型结核病防治服务体系。

2003—2015年，县疾控中心每年围绕世界结核病防治日为主题进行结核病宣传，共发放宣传资料16.2万份。每年开展对乡镇（街道）卫生院结核病防治督导，累计督导乡镇（街道）924个（次）。

2005—2015年，开展非结防机构网报肺结核病人追踪，追踪未到位肺结核病人1299例，追踪到位1025例；免费收治肺结核病人2221例，其中初治涂阳肺结核病人1019例，治愈率88.5%，规则治疗率88.4%。

2005—2015年普安县结核病防治追踪情况表

表20-4-3

年份	有效网报病人（例）	转诊到位病人（例）	应追踪病人（例）	实追踪病人（例）	追踪到位病人（例）	追踪到位率（%）	总体到位率（%）
2005	163	77	86	86	40	46.5	71.8
2006	78	12	66	66	47	71.2	75.6
2007	190	36	154	139	88	63.3	65.3
2008	278	41	237	237	177	74.7	78.4
2009	313	80	233	233	187	80.3	85.3
2010	281	109	172	172	155	90.1	93.9
2011	274	95	179	179	168	93.9	95.9
2012	212	105	107	107	95	88.8	94.3
2013	133	53	80	80	68	85	90.9
2014	147	71	76	76	68	89.5	94.6
2015	217	174	47	47	43	91	88.6

2003—2015年普安县治疗管理肺结核病人情况表

表20-4-4　单位：例

年份	初治涂阳		复治涂阳		涂阴病人		收治病人合计
	收治病人	治愈	收治病人	治愈	收治病人	完成疗程	
2003	61	41	12	8	22	17	95
2004	51	37	14	10	22	16	87
2005	86	79	17	13	49	39	152
2006	85	74	32	25	35	21	152
2007	87	82	19	17	112	87	218
2008	110	100	19	16	122	111	251
2009	110	101	29	24	113	106	252
2010	108	98	28	24	116	112	252
2011	109	101	20	17	103	96	232
2012	106	95	27	23	139	131	272
2013	106	96	19	16	133	126	258
2014	92	90	20	16	147	133	259
2015	50	48	15	13	213	209	278

艾滋病防治　2003年，检出首例艾滋病感染者。2015年，全县累计收到报告艾滋病病毒感染者和病人49例，其中艾滋病病人11例，收到死亡报告9例。对艾滋病的防治，主要采取宣传教育，每年“12·1艾滋病日”和“6·26禁毒日”开展防治艾滋病、禁毒宣传活动，向干预对象开展宣传教育培训，

在乡镇（街道）卫生院设立宣传专栏、张贴宣传画。对本地检出和外地报告的感染者和病人开展流行病学调查，建立档案，所有流动调查资料、随访资料及时进行网络直报并保密管理。

2008—2015年，对娱乐场所服务人员、吸毒人员、监管人员、综合医院术前病人、临床可疑病人、艾滋病感染者／病人的配偶或性伴侣等人群进行检测，累计检测3000余例。

2013—2015年，接受艾滋病防治干预服务，累计免费提供安全套17万个。开展清洁针具交换，用新的注射器交换吸毒人员使用过的注射器，减少共用注射器进而减少艾滋病和其他疾病的传播。在青山镇设有1个清洁针具交换点，聘请针具交换同伴教育者2名，覆盖57名注射吸毒者。累计发放清洁针具3510具，回收针具3266具。

2015年，全县累计治疗美沙酮维持414例，在治152例，平均每天服药83例。

麻风病防治　1998—2015年，采取多种形式宣传麻风病早期症状、防治知识、报病奖励制度和报病方法等。鼓励广大干部群众积极提供麻风病可疑线索，将线索向县皮肤病性病防治中心（简称“县皮防中心”）报告。村卫生人员走访群众，了解村内有无麻风可疑病人，将可疑病例线索报县皮防中心。对近10年发现有新病人的乡镇（街道）所在地的中小学生进行皮肤检查，对近10年来发现的新病人家属、现症病人居住地周围邻居的密切接触者进行医学检查，发现可疑线索，报县皮防中心进行体检复核。县皮防中心将各乡镇（街道）上报的可疑线索病人进行体检复核，对确诊病人进行规范治疗和管理。

1998—2015年，全县麻风病人复发总数为80人，应查家属285人，实查330人。对全县19中学所、152所小学的5.55万名学生进行体检。

2015年，全县有存活麻风病人392人，完成调查表392份，完成调查率100%。办理低保381人，Ⅱ级畸残麻风受累者161人，由健康院帮助办理残疾证138人。

有现症病人29人，疫点应查495人，实查495人。完成12个乡镇（街道）村民的走访及皮肤病检查，共检查7.97万人。全县收到可疑线索116条，可疑病人116人，追访116人，对4例可疑病人进行查菌，确诊麻风病人2人，上报系统病例2人。

甲型H1N1等流感　2009年5月9日，制定《普安县防治甲型H1N1流感疫情应急处置预案》《普安县防治甲型H1N1流感救治方案》。在全县各医疗机构设立门诊预检分诊处，成立医疗救治专家组、负反应领导小组等。实行甲型H1N1流感疫情“零”病例报告制度，加强应急值守，安排专人24小时值班，保证联络畅通。实行首诊负责制，发生疑似病例和确诊病例，做好登记、转诊、上报及消毒。除正常监管外，对托幼机构、学校等重点区域、重点人群的疫情，一经发现立即采取流调、消毒、封园、随访等措施。2009年11月1日，普安县一中、二中、二小10名学生被确诊为第一批甲型流感患者。甲型流感疫情出现后，多次组织对相关人员进行防治甲型H1N1流感疫情知识培训，提高甲型H1N1流感疾病的临床特征、诊断标准、治疗原则、防护措施、流调、疫情处置、现场消杀、个人防护等能力。发放甲型H1N1流感宣传资料6000余张，在各乡镇张贴甲型H1N1流感防治知识宣传画。为应对突发疫情，县政府拨付8万元购买消毒药物、防护服等防护用品。要求各乡镇政府划拨甲流工作专项资金，加强甲流防控工作。对甲流患者进行流行病学调查，全面对密切接触者进行追踪调查，轻症病例采取居家隔离治疗，体温大于38.5度的住院治疗，要求发生甲型H1N1流感病例的3所学校在15天内停止一切集体活动，对学校环境进行彻底消毒和清扫。2009年11月30日，报告30例甲流病例，其中12例实验室确诊病例（2例重症病例），18例临床诊断病例。2例重症病例治愈出院，无死亡病例。2010—2015年，无新发病例。

第二节　慢性病防治

一、防治体制

2010年，开展慢性病防治，主要开展Ⅱ型糖尿病、高血压病人发现与管理，做好65岁以上老年人健康管理及重性精神病的排查确诊与管理。Ⅱ型糖尿病、高血压患者管理工作由县疾控中心组织实施，重性精神病患者管理工作由县皮防站组织实施。2010年12月，县疾控中心成立慢性病防治科，负责全县的慢性病防治工作。2012年6月，县皮防站将重性精神病管理移交给县疾控中心组织实施。

二、防　治

高血压患者管理　对确诊的高血压患者进行登记管理，提供随访和健康指导。2011年，应管理高血压患者8250人，已管理高血压患者6823人。2015年，应管理高血压患者3.83万人，已管理高血压患者人1.29万人。

2011—2015年普安县高血压患者管理情况表

表20-4-5　　单位：人

年份	应管理患者	已管理患者	年份	应管理患者	已管理患者
2011	8250	6823	2014	38251	14264
2012	8250	11018	2015	38300	12884
2013	11400	12199			

Ⅱ型糖尿病患者管理　对确诊的Ⅱ型糖尿病患者进行登记管理，提供随访，每次随访均询问病情、进行空腹血糖和血压测量等检查，对用药、饮食、运动、心理等提供健康指导。2011年，应管理糖尿病患者2890人，已管理糖尿病患者295人。2015年，应管理糖尿病患者17850人，已管理糖尿病患者2345人。

2011—2015年Ⅱ型糖尿病患者管理情况表

表20-4-6　　单位：人

年份	应管理患者	已管理患者	年份	应管理患者	已管理患者
2011	2890	295	2014	17858	1709
2012	2890	363	2015	17850	2345
2013	3200	1307			

重性精神病管理　对重性精神疾病患者，每年至少随访4次，每次随访对患者进行危险性评估，检查患者的精神状况，包括感觉、知觉、思维、情感、意志行为、自知力等，询问患者的躯体疾病、社会功能情况、服药情况及各项实验室检查结果等。根据患者的危险性分级、精神症状是否消失、自知力是否完全恢复，工作、社会功能是否恢复，以及患者是否存在药物不良反应或躯体疾病情况对患者进行分类干预。在患者病情许可的情况下，征得监护人与患者本人同意后，每年进行1次健康检查，可与随访相结合。内容包括一般体格检查、血压、体重、血常规（含白细胞分类）、转氨酶、血糖、心电图。2012年8月28日至9月4日，县卫食药监局、县公安局组织在全县14个乡镇开展重性精神病诊断复核和危险性评估，筛查、确诊、登记管理822人，网络直报822人。2014年，应管理重性精神疾病患者756人，已管理重性精神疾病患者756人。2015年，应管理重性精神疾病患者1020人，已管理重性精神疾病患者811人。

第三节　地方病防治

一、地氟病防治

基线调查　2001年，对全县燃煤污染型氟中毒流行现状进行调查。2002年，对青山、地瓜、新店、罗汉、雪浦等乡镇的地氟病流行现状进行调查。2003年，对3个乡镇150名氟骨症患者进行拍片。2004年，对青山、新店、雪浦3个乡镇地氟病患者进行临床体征检查，地氟病检出率分别98%、86%、96%。2008年，组织14个乡镇人民政府、卫生院、村民委员会共同开展地氟病流行因素调查，调查3～6年级学生10891人，检出氟斑牙（极轻—重度）5480人，发病率50.32%；调查居民（极轻—重度）720人，检出氟斑牙603人，发病率83.75%。

防氟改炉灶项目　2009—2010年，实施中央资金地氟病防治改炉灶项目，利用中央资金对全县14个乡镇农户开展防氟改炉灶，改良炉灶9.19万户，改良率100%，覆盖84个行政村，受益人口24.37万人。

地氟病监测　2009—2013年，在全县开展为期5年的地氟病国家级监测。共监测40个村次，监测学生氟斑牙3300人次，采集尿标本450份，采集玉米、辣椒标本450份，对3个乡镇150名氟骨症患者进行拍片。

地氟病防治健康教育　2009—2015年，在乡镇（街道）的89个村开展地氟病防治专项健康教育活动，接受地氟病防治相关知识的学生3.7万人次；通过小手牵大手活动传播地氟病防治相关知识20万人次；通过各乡镇（街道）卫生院、村（社区）卫生室工作人员利用赶集、工作环境等进行人际传播地氟病防治相关知识，接受地氟病防治相关知识12万人次；县、乡镇（街道）人民政府（办事处）通过广播、电视、宣传栏、传单、巨型标语等多种形式进行地氟病防治相关知识宣传，接受地氟病防治相关知识125万人次。

地氟病防治项目后期管理　2011—2015年，对全县改炉改灶项目农户进行后期管理，完成改良炉灶9.19万项目户数据录入和技术指导，县疾控中心每年对乡镇（街道）地病办、中心小学、卫生院、卫生室进行1～2次督导。

地氟病防治项目实施效果评价　2011年，敞烧煤灶现象基本消除。2015年，家庭主妇地氟病防治知识知晓率由原来的15%～25%提高到85%～95%，在校学生地氟病防治知识知晓率由原来的10%～15%提高95%～100%，群众食物干燥、储存、淘洗、炉具正确使用率由原来的50%～75%提升到95%～100%，氟斑牙检出率由原来的68.60%下降到监测点的10.25%。

二、碘缺乏病防治

1998年起，每年3—5月开展居民食用盐碘含量监测，以此防治因缺碘导致人群智力低下现象。

1998年，检测居民食用盐288份，其中合格碘盐267份、不合格碘盐15份、非碘盐6份。2015年，检测居民食用盐300份，其中合格碘盐286份、不合格碘盐12份、非碘盐2份。

2002—2015年普安县碘盐检测情况表

表20-4-7　　单位：份

年份	检测份数	合格份数	不合格份数	非碘盐
2002	288	267	15	6
2003	288	280	8	0
2004	288	275	13	0

续表20-4-7

年份	检测份数	合格份数	不合格份数	非碘盐
2005	288	275	13	0
2006	288	271	17	0
2007	288	269	19	0
2008	288	275	6	7
2009	288	285	0	3
2010	288	285	2	1
2011	288	249	30	9
2012	300	286	11	3
2013	300	294	5	1
2014	300	287	7	6
2015	300	286	12	2

第四节　计划免疫

一、监　测

AFP病例监测　2002年起，不断完善AFP（急性弛缓性麻痹）监测系统，加强AFP病例快速报告和常规报告特别是“零病例”报告，做好对高危AFP病例的判断。对监测出的AFP病例，及时进行流行病学调查、标本采集、送检、随访，病例调查率、标本采集率、送达率均100%，各项件指标均达到卫生部和世界卫生组织的标准要求，没有发现高危AFP病例。

2002年，监测出AFP病例1例。2015年，监测出AFP病例3例。

2002—2015年普安县AFP病例监测情况表

表20-4-8　　单位：例

年份	AFP病例监测	年份	AFP病例监测	年份	AFP病例监测
2002	1	2007	3	2012	1
2003	1	2008	1	2013	1
2004	6	2009	2	2014	1
2005	3	2010	2	2015	3
2006	4	2011	1	合计	30

麻疹监测　1998年起，进一步完善麻疹疫情监测系统，做好麻疹疾病的监测，落实麻疹疫情的预测、报告、应急接种等防治措施。对所有疑似病例进行流行病学调查和血清标本的采集送检，同时对疫点进行易感儿童麻疹疫苗的应急接种和查漏补种，控制麻疹疫情的扩散和蔓延。

1998年，监测出麻疹疑似病例55例。1999年，监测出麻疹疑似病例111例，其中死亡1例。2015年，监测出麻疹疑似病例3例，无死亡病例。

1998—2015年普安县麻疹监测情况表

表20-4-9　　单位：例

年份	麻疹监测	死亡	年份	麻疹监测	死亡	年份	麻疹监测	死亡
1998	55	—	2005	1	—	2012	11	—
1999	111	1	2006	1	—	2013	6	—
2000	49	1	2007	2	—	2014	2	—
2001	19	—	2008	9	—	2015	3	—
2002	95	—	2009	113	—	合计	515	2
2003	—	—	2010	5	—			
2004	27	—	2011	6	—			

病毒性肝炎监测　2007年起，开展病毒性肝炎监测，把病毒性肝炎监测纳入脊灰、麻疹监测系统，加强病毒性肝炎病例的主动监测和搜索。

2007年，监测出病毒性肝炎病例229例，其中乙肝病例163例、甲肝38例、未分型肝炎23例、15周岁以下肝炎31例。2015年，监测出病毒性肝炎病例263例，其中乙肝病例215例、甲肝2例、未分型肝炎1例、15周岁以下肝炎12例。

2007—2015年普安县病毒性肝炎监测情况表

表20-4-10　　单位：例

年份	发病总数	其中			
		乙肝	甲肝	未分型肝炎	15周岁以下肝炎
2007	229	163	38	23	31
2008	320	165	39	50	15
2009	453	397	25	9	74
2010	165	128	16	6	13
2011	103	89	3	11	3
2012	89	6	3	23	5
2013	156	124	3	29	12
2014	179	158	2	3	22
2015	263	215	2	1	12
合计	1957	1445	131	155	187

二、儿童预防接种信息化管理

2004年，开展入托、入学儿童查验接种证，查漏补种。2007年起，对未补种所需针次的对象，在后续补种完成，使各种疫苗的补种率达到100%。2010年，国家实行儿童预防接种信息化管理系统，全县14个乡镇实现儿童预防接种信息系统录入。

2007年，查验接种证小学校140所、托幼机构4所，查验托幼儿童、学生8728名，接种证持有人数7039名，持证率80.70%。2015年，查验接种证学校162所，查验托幼儿童、学生8905名，接种证原持有人数8337名，持证率93.62%，补证率100%、补种率100%。

2007—2015年普安县儿童预防接种信息化管理情况表

表20-4-11

年份	查验接种证学校（所）	查验托幼儿童、学生（名）	接种证持有人（名）	持证率（%）	补证率（%）	补种率（%）
2007	144	8728	7039	80.7	99	99
2008	148	8686	6162	70.94	94.65	100
2009	148	8839	7966	90.12	100	99
2010	148	8327	6858	82.36	100	100
2011	106	7635	5991	78.46	100	99
2012	106	7635	5991	78.46	100	99
2013	181	8516	7687	90.26	100	99
2014	145	6900	6229	90.27	100	100
2015	162	8905	8337	93.62	100	100

三、预防接种

2007年，国家实施扩大免疫规划，普安县的儿童预防接种疫苗从4种疫苗扩增到11种疫苗。县疾控中心修建冷库1个，14个乡镇卫生院配备冰柜、冰箱1～2个，村卫生室配备小冰箱1个（没有配备小冰箱的村卫生室配备冷藏箱），建立健全县、乡、村三级预防接种网络。

2006年，卡介苗接种4801针次，乙肝苗接种1.31万针次，百白破基础免疫接种1.49万针次、加强接种3147针次，百白破二联接种670针次，脊灰苗基础免疫接种1.46万针次、加强接种2626针次，麻疹类基础免疫接种5531针次、加强接种3171针次。2007年，卡介苗接种5019针次，乙肝苗接种1.42万针次，百白破基础免疫接种1.49万针次、加强接种4923针次，百白破二联接种4231针次，脊灰苗基础免疫接种1.55万针次、加强接种4337针次，麻疹类基础免疫接种5490针次、加强接种6756针次，乙脑苗基础免疫接种186针次、加强接种45针次，流脑A疫苗基础免疫接种3497针次、加强接种1191针次，流脑A+C3岁接种0针次、6岁接种0针次，甲肝疫苗接种0针次。2013年，卡介苗接种2351针次，乙肝苗接种1.91万针次，百白破基础免疫接种1.50万针次、加强接种6518针次，百白破二联接种5199针次，脊灰苗基础免疫接种1.53万针次、加强接种7485针次，麻疹类基础免疫接种6272针次、加强接种6887针次，乙脑苗基础免疫接种5311针次、加强接种5411针次，流脑A疫苗基础免疫接种5268针次、加强接种4883针次，流脑A+C3岁接种6773针次、6岁接种4965针次，甲肝疫苗接种4261针次。

2006—2015年普安县各类疫苗预防接种情况表

表20-4-12

年份		2006	2007	2008	2009	2010	2011	2012	2013	2014	2015
卡介苗	接种（人次）	4801	5019	4470	4689	2587	3510	3597	2351	1889	2224
	接种率（%）	96.3	98.7	96.4	93	99.1	99.6	99.7	99.2	99.8	99.8
乙肝苗	接种（人次）	13134	14191	13202	11225	10977	14330	14363	19111	10539	8190
	接种率（%）	98.3	99.38	98	98	99.2	99.6	99	98.8	99.7	99.8
百白破	基础免疫接种（人次）	14885	14922	11545	11325	11176	15480	16160	14969	12382	10202
	接种率（%）	98	99.41	98.3	97	99.2	99.2	99	99.3	99.4	99.7
	加强接种（人次）	3147	4923	3641	3881	3782	5838	6138	6518	5094	4027
	接种率（%）	98.2	99.01	99.5	93.0	99.4	99.2	99.1	99.2	90.9	99.7

续表 20-4-12

年份		2006	2007	2008	2009	2010	2011	2012	2013	2014	2015
百白破二联	接种（人次）	670	4231	7192	6434	976	2313	3541	5199	5018	4278
	接种率（%）	99.1	95.02	99.9	95	99.2	99.7	99.5	98.3	99.8	99.8
脊灰苗	基础免疫接种（人次）	14612	15523	13848	11393	12009	15926	16873	15314	12188	19880
	接种率（%）	98.7	99.5	98.6	98.0	99.6	99.5	99.0	99.4	99.5	99.8
	加强接种（人次）	2626	4337	4731	5601	3925	6019	6152	7485	5572	4027
	接种率（%）	98.4	99.0	98.5	91	99.4	99.2	99.6	99.1	99.5	93.9
麻疹类	基础免疫接种（人次）	5531	5490	6141	3811	4358	6195	5873	6272	4291	3779
	接种率（%）	98.9	99.2	96.9	95	99.5	99.5	99.6	99.5	99.6	99.8
	加强接种（人次）	3171	6756	1756	3224	3586	6122	6172	6887	5360	4383
	接种率（%）	98.5	99.0	99.1	75	99.1	98.7	99.6	99.4	99.6	99.8
乙脑苗	基础免疫接种（人次）	—	186	393	2970	4277	5564	5456	5311	4126	3765
	接种率（%）	—	93.9	98	94	99.1	99.7	99.1	99.4	99.4	99.7
	加强接种（人次）	—	45	351	2087	2916	4811	5495	5411	4827	3991
	接种率（%）	—	90.0	95.4	31	98.8	99.4	99.5	99.3	99.7	99.6
流脑A疫苗	基础免疫接种（人次）	—	3497	1814	2818	4674	5494	6406	5268	3959	3459
	接种率（%）	—	91.4	99.6	92	99.8	99.5	99.1	99.4	99.6	99.8
	加强接种（人次）	—	1191	736	1914	3461	4893	4211	4883	3832	3471
	接种率（%）	—	91.5	98.5	29	99.2	99.5	98.5	99.3	99.7	99.0
流脑A+C	3岁接种（人次）	—	—	2716	3654	4611	6171	5398	6773	5124	4534
	接种率（%）	—	—	97.3	60	98.5	99.4	99.2	99.1	99.2	99.7
流脑A+C	6岁接种（人次）	—	—	950	2268	2138	2721	5491	4965	4277	4109
	接种率（%）	—	—	98.8	74	99.1	99.7	99.1	99.5	99.4	99.7
甲肝疫苗	接种（人次）	—	—	—	6320	3422	5357	5989	4261	5076	4020
	接种率（%）	—	—	—	87	97.8	99.5	5974	98.5	99.5	99.7

四、强化免疫与应急接种

（一）麻疹强化免疫

2008年12月，启动对全县8月龄至8岁儿童的麻疹疫苗强化免疫。2011年12月起，实行查漏补种麻疹疫苗。

2008年12月8—14日、2009年1月8—14日，常住和流动儿童中应种麻疹疫苗3.26万人，实种3.16万人，接种率97%。2015年，应种疫苗1566人，实种1535人，接种率98.02%。

2008—2015年普安县麻疹免疫情况表

表 20-4-13

年份	应接种（人）	实接种（人）	接种率（%）
2008—2009	32605	31561	97
2010	21213	20195	95.2
2011	4330	4114	95.01

续表20-4-13

年份	应接种（人）	实接种（人）	接种率（%）
2012	10807	10483	97.00
2013—2014	11211	10760	95.98
2015	1566	1535	98.02

（二）乙脑强化免疫

2006年5月，在全县14个乡镇开展乙脑疫苗普种，应种5.43万人，实种5.17万人，接种率95.21%。

（三）乙肝强化免疫

2010年，开展15周岁以下儿童乙肝疫苗查漏补种工作，与学校合作摸清全县15岁以下1～8年级4.99万名儿童乙肝疫苗接种情况，实际补种乙肝疫苗2.47万人。2011年，开展15周岁以下儿童乙肝疫苗第3针查漏补种，应种2.44万剂次，实种2.34万剂次。

（四）甲肝疫苗应急接种

2010年5月，启动对农村寄宿制学校学生甲肝疫苗预防接种。2015年，全县累计实施农村寄宿制学校学生甲肝疫苗应急接种8426人次，接种率98.28%。

（五）甲型H1N1流感疫苗接种

2009年10—12月，对5.62万人进行甲型H1N1流感疫苗接种、信息录入上传国家平台。其中一线医务人员接种413人，教师2873人，党委、政府相关部门（含公交等服务人员）4197人，中、小学学生及托幼机构4.74万人，其他人员1278人。

（六）脊灰强化免疫

2002年1月、12月，启动并分别开展脊灰强化服苗免疫。2004年1月起，开展2003—2004年度脊灰疫苗的第二轮强化免疫。2006年12月，对全县14个乡镇计划免疫薄弱村、组进行脊灰强化免疫查漏补种。

2002年1月、12月，分别开展脊灰强化服苗，应服4.51万人次，实服4.36万人次，服苗率96.67%。2011年11月、12月，第一轮登记服苗1.62万人次，实种1.55万人次，服苗率95.68%；第二轮登记服苗1.68万人次，实种1.61万人次，服苗率96.49%。2015年，第一次登记服苗1.26万人次，实种1.24万人次，服苗率98.41%；第二次登记服苗人1.29万人次，服苗率96.9%。

2002—2015年普安县脊灰免疫情况表

表20-4-14

年份	一轮强化服苗			二轮强化免疫		
	应服苗（万人次）	实服苗（万人次）	服苗率（%）	应服苗（万人次）	实服苗（万人次）	服苗率（%）
2002	4.51	4.36	96.67	—	—	—
2003	4.51	4.36	96.67	2.22	2.11	95.05
2004	2.67	2.58	96.63	4.59	4.53	98.69
2005	2.13	2.07	97.18	2.17	2.13	98.16
2006	2.21	2.14	96.83	2.23	2.15	96.41
2007	2.23	2.1	94.17	2.18	2.10	96.33
2008	1.71	1.67	97.66	1.73	1.68	97.11
2009	1.58	1.52	96.20	1.72	1.66	96.51

续表 20-4-14

年份	一轮强化服苗			二轮强化免疫		
	应服苗（万人次）	实服苗（万人次）	服苗率（%）	应服苗（万人次）	实服苗（万人次）	服苗率（%）
2010	1.53	1.48	96.73	1.75	1.69	96.57
2011	1.62	1.55	95.68	1.68	1.61	95.83
2012	1.65	1.58	95.76	1.71	1.65	96.49
2013	1.49	1.47	98.66	1.53	1.48	96.73
2014	1.35	1.30	96.3	0.1003	0.0957	95.41
2015	1.26	1.24	98.41	1.29	1.25	96.9

第五节　城乡居民健康档案管理

一、建立城乡居民健康档案

2009年，普安县开展农村居民健康档案建档试点，规范城市居民健康档案。2011年，启动建立居民健康电子档案。

2009年，农村居民健康档案试点建档率5%，城市居民健康档案规范建档率30%。2015年，全县建成纸质档案18.46万份，建档率72.38%，电子档案25.72万份，建档率1.01倍。

2009—2015年普安县城乡居民健康档案情况表

表 20-4-15

年份	累计建成居民档案（万份）	农村居民建档率（%）	城市居民建档率（%）	居民健康电子档案	
				建档（万份）	建档率（%）
2009	—	5	30	—	—
2010	4.9	—	—	—	—
2011	22.12	30	50	21.11	—
2012	22.12	—	—	—	—
2013	23.31	—	—	—	99.89
2014	18.45	—	100	18.45	100
2015	25.71	—	100	25.71	100

二、建立老年人健康档案

2009年起，结合建立居民健康档案，对全县65周岁及以上老年人进行登记管理，对所有登记管理的老年人免费进行1次健康危险因素调查、一般体格检查、空腹血糖测试，提供自我保健、伤害预防、自救等健康指导。开展老年人健康干预，对存在危险因素且未纳入其他疾病管理的老年人进行定期随访，告知1年后进行下一次免费健康检查。2015年，65周岁以上老年人管理应建档2.59万人，建档1.33万人，建档率51.35%。

第六节　健康教育与妇幼保健

一、健康教育

2002年起，县疾控中心利用世界结核病防治日、全国预防接种宣传日等卫生节日，利用设点咨询宣传、电视宣传、专栏宣传、专题讲座、卫生展览等形式，开展疾病预防控制等健康教育、科普知识宣传。

2002年，发放宣传资料2.55万份，举办宣传栏6期、卫生展览1次、卫生知识讲座27次、科普宣传咨询12次。2015年，发放宣传资料4万份（本），播放电视视频4条，共720次，宣传栏4期、卫生展览12次、卫生知识讲座6次、科普宣传咨询10次，开办专业培训2次。

2002—2015年普安县疾控中心健康教育开展情况表

表20-4-16

年份	发放宣传资料				电视宣传（次）	宣传栏（期）	卫生展览（次）	卫生知识讲座（次）	科普宣传咨询（次）	专业培训（次）
	传单（份）	书籍（本）	宣传画（份）	其他（份）						
2002	24000	—	1500	—	—	6	1	27	12	—
2003	31000	—	—	—	2	4	—	3	2	—
2004	16000	—	200	—	—	4	—	—	3	5
2005	21000	—	48	475	24	8	—	—	4	5
2006	46000	—	—	—	1	8	—	—	2	—
2007	12000	—	—	—	1	8	1	—	2	—
2008	21000	—	—	—	1	9	2	2	5	1
2009	1000	—	—	—	—	8	—	—	2	—
2010	1200	—	—	—	—	9	—	—	5	—
2011	5000	—	—	—	—	9	—	—	2	—
2012	30000	15000	25000	—	2	6	—	3	4	—
2013	28000	8000	30000	—	4	4	—	2	4	—
2014	30000	7000	30000	—	4	4	—	2	4	—
2015	30000	7000	30000	—	4	4	—	2	4	—

二、妇幼保健

（一）孕产期保健（含孕产妇健康管理和住院分娩）

1998年起，做好妇幼专干、村保健员动态监控孕妇的孕期情况，对高危孕妇进行动态管理。开展项目培训，加强健康教育宣传，提高农村妇女对“降消”项目绿色通道的认识，开展母亲健康快车免费接送孕产妇等各项优惠政策，降低孕产妇死亡率。

1998年，全县出生4389人，产妇4391人。在孕产妇保健管理中，孕产妇建卡121人，建卡率2.76%；产前检查2944人，产检率67.08%。2010年，增加孕产妇艾滋病病毒检测，检测922人。2011年，增加产妇乙肝表面抗原检测，检测1094人，其中阳性45人。2013年，全县出生3334人，产妇3323人。在孕产妇保健管理中，孕产妇建卡3154人，建卡率94.91%；产前检查3182人，产检率95.44%；产妇艾滋病毒检测1842人，感染2人；产妇梅毒检测1842人，感染4人；产妇乙肝表面抗原检测1842人，阳性42人。2015年，出生3329人，产妇3321人。在孕产妇保健管理中，孕产妇建卡3017人，建卡率93.67%；产前检查3000人，产检率92.91%；产妇艾滋病毒检测2022人，无人感染；产妇梅毒检测2022人，感染6人，产妇乙肝表面抗原检测2022人，阳性47人。

1998—2015年普安县孕产妇择年度保健和健康情况表

表20-4-17

年份	出生（人）	产妇（人）	孕产妇保健管理									
			建卡		产妇产前检查		艾滋病病毒检测		产妇梅毒检测		产妇乙肝表面抗原检测	
			建卡（人）	建卡率（%）	产检（人）	产检率（%）	产妇检测（人）	孕产妇感染（人）	检测（人）	感染（人）	检测（人）	阳性（人）
1998	4389	4391	121	2.76	2944	67.08	—	—	—	—	—	—
2000	4435	4389	2805	63.24	2805	63.24	—	—	—	—	—	—
2002	4950	4950	3710	74.95	3710	74.95	—	—	—	—	—	—
2004	3960	3980	3609	90.68	3609	91.14	—	—	—	—	—	—
2006	3428	3428	2900	84.59	3100	90.43	—	—	—	—	—	—
2007	3683	3702	3001	81.06	3020	81.6	—	—	—	—	—	—
2008	3740	3732	3162	84.05	3232	86.6	—	—	—	—	—	—
2009	3521	3521	2445	69.44	2501	71.03	—	—	—	—	—	—
2010	3311	3308	2631	79.53	2917	88.1	922	—	—	—	—	—
2011	3792	3783	3604	95.27	3604	95.04	—	—	—	—	1094	45
2012	3420	3420	3278	95.85	3085	90.2	—	—	—	—	—	—
2013	3334	3323	3154	94.91	3182	95.44	1842	2	1842	4	1842	42
2014	3244	3238	3111	96.08	3107	95.78	4262	0	4262	0	4262	52
2015	3221	3229	3107	93.67	3000	92.91	3008	1	3008	2	3008	2

1998年，孕产妇产后访视2796人、产妇系统管理118人，住院分娩活产280人、非住院分娩中新法接生活产3388人、新法接生活产3668人，高危产妇109人、高危产妇管理9人，孕产妇死亡8人、死亡率18.23/十万。2010年，增加剖宫产活产162人。2015年，孕产妇产后访视2877人、产妇系统管理2837人，住院分娩活产3189人、剖宫产活产382人、非住院分娩中新法接生活产40人、新法接生活产3244人，高危产妇124人、高危产妇管理124人，孕产妇死亡1人、死亡率30.97/十万。

1998—2015年普安县孕产妇择年度保健管理情况表

表20-4-18

年份	孕产妇保健管理（人）		接生（人）				孕产妇高危管理（人）		孕产妇死亡	
	产后访视	产妇系统管理	住院分娩活产	剖宫产活产	非住院分娩中新法接生活产	新法接生活产	高危产妇	高危产妇管理	死亡（人）	死亡率（/十万）
1998	2796	118	280	—	3388	3668	109	89	8	18.23
2000	2480	2480	750	—	560	560	36	36	4	9
2002	3710	3310	591	—	3919	3710	142	142	5	10.1
2004	2580	1150	1239	—	2568	3807	202	202	3	7.525
2006	3150	2800	1535	—	1665	3200	240	207	4	11.66
2007	2553	2671	1298	—	1937	3235	356	256	—	—
2008	3081	2390	2121	—	1510	3631	207	186	—	—
2009	2934	2325	2385	—	1069	3521	275	205	—	—
2010	2787	2260	2649	162	627	3276	344	283	—	—
2011	3394	3265	3603	351	130	3733	279	279	—	—
2012	3082	2958	3326	396	94	3420	374	374	1	0.2024

续表20-4-18

年度	孕产妇保健管理（人）		接生（人）				孕产妇高危管理（人）		孕产妇死亡	
	产后访视	产妇系统管理	住院分娩活产	剖宫产活产	非住院分娩中新法接生活产	新法接生活产	高危产妇	高危产妇管理	死亡（人）	死亡率（/十万）
2013	3129	3078	3277	349	57	3334	357	355	1	29.994
2014	2976	2842	3189	455	55	3244	371	371	0	—
2015	2877	2837	3189	382	40	3229	124	124	1	30.97

（二）妇女常见病防治

2000年，开展妇女常见病筛查，筛查妇女565人，筛查率37.66%，其中患病妇女110人，患病率7.33%。2010年，筛查妇女1.13万人，筛查率17.02%，其中患病妇女282人，患病率25.78%。2015年，筛查妇女1000人，筛查率16.7%，其中患病妇女4321人，患病率43.21%。

2000—2015年普安县妇女择年度常见病防治情况表

表20-4-19

年份	实查（人）	筛查率（%）	患病妇女（人）	患病率（%）	其中					
					阴道炎（人）	宫颈炎（人）	尖锐湿疣（人）	宫颈癌（人）	乳腺癌（人）	卵巢癌（人）
2000	565	37.66	110	7.33	56	55	4	—	—	—
2002	—	—	—	—	—	—	—	—	—	—
2004	—	—	—	—	—	—	—	—	—	—
2006	—	—	—	—	—	—	—	—	—	—
2007	1977	—	797	40.31	184	613	—	—	—	—
2008	1914	2.59	528	27.58	121	407	—	—	—	—
2009	6602	9.51	1255	19.01	608	647	—	—	—	—
2010	11290	17.02	282	25.78	1625	1297	7	—	—	—
2011	11444	13.49	2922	44.23	2464	2591	1	—	—	—
2012	8254	13.81	3598	43.59	2132	1456	—	—	—	—
2013	10482	19.01	3784	36.1	2465	1309	—	10	—	—
2014	10000	16.7	4321	43.21	1668	2111	6	7	—	—
2015	10000	14.7	3350	33.50	1354	1886	10	2	—	—

婴幼儿保健（含0～6岁儿童健康管理） 2006年起，实行0～3岁儿童系统管理基本公共服务项目。2011年起，实行0～6岁儿童基本公共服务项目，项目实行免费服务，新生儿出生进行系统管理和新生儿采血筛查，预防苯丙酮尿和甲减，开展随访服务，建立儿童保健档案，按《儿童管理操作规范》要求，定期保健检查。

学龄前儿童保健 1998年起，每年9月开学前，对每所幼儿园教职工和入园儿童进行健康体格检查，发放健康证，按《托幼机构管理办法》要求进行膳食平衡、疾病预防、意外伤害幼儿安全管理指导，培训幼儿教师儿童保健知识。

1998年，5岁以下新生儿死亡255人，死亡率57.1‰；6个月内婴儿母乳喂养1345人，喂养率66.45%；新生儿访视2796人。2008年，对新生儿苯丙酮尿症进行筛查，共筛查210人。2015年，5岁以下新生儿死亡33人，死亡率10.22‰；6个月内婴儿母乳喂养2686人，喂养率99.93%；新生儿访视

2838人，新生儿苯丙酮尿症筛查2725人、可疑8人。

1998—2015年普安县7岁以下儿童择年度保健和健康情况表

表20-4-20

年份	5岁以下儿童死亡		6个月内婴儿母乳喂养		新生儿访视（人）	新生儿苯丙酮尿症筛查	
	新生儿死亡（人）	死亡率（‰）	母乳喂养（人）	喂养率（%）		合计（人）	可疑（人）
1998	255	57.1	1345	66.45	2796	—	—
2000	131	29.54	721	55.42	2480	—	—
2002	250	50.5	1279	81.83	3710	—	—
2004	83	9.34	1224	87.43	2580	—	—
2006	65	12.83	2750	88.7	2710	—	—
2007	16	4.34	5679	95.78	2553	—	—
2008	27	7.23	6081	95.99	3082	210	—
2009	—	—	6129	96.93	2933	512	—
2010	26	7.85	6178	95.87	2783	644	—
2011	13	3.43	4308	97.93	3121	789	—
2012	19	5.56	3839	96.1	2919	824	—
2013	17	5.1	3159	100	3159	1175	3
2014	28	8.63	4015	98.83	2888	1405	—
2015	33	10.22	2688	99.93	2838	2725	—

第五章　医药卫生监督管理

第一节　医政管理

一、医疗机构设置审查

2015年，全县有医疗卫生保健机构24所，其中县直医疗卫生保健机构3所（县人民医院、县中医院、妇幼保健院），公共卫生机构3所（疾控中心、卫生监督所、稽查大队），乡镇（街道）卫生院12所，私营医院6所（济康医院、现代医院、东风医院、惠民医院、康民医院、新兴医院）。医疗技术人员521人，其中县级卫生单位272人，乡镇（街道）卫生院146人，民营医院169人。村卫生室113个，村医113名。

2006年，对提出设置医疗机构申请的单位或个人，开展医疗机构设置审查，审查私立医院1所。2010年，审查村卫生室75所。2011—2012年，审查私立医院2所。2013年，审查个体诊所2所、医务室1所。2015年审查私立医院1所，个体诊所1所。

2006—2015年普安县医疗机构设置审查情况表

表20-5-1　　单位：所

年份	村卫生室	私立医院	个体诊所	医务室
2006	—	1	—	—
2007	—	—	—	—

续表20-5-1

年度	村卫生室	私立医院	个体诊所	医务室
2008	—	—	—	—
2009	—	—	—	—
2010	75	—	—	—
2011	—	1	—	—
2012	—	1	—	—
2013	—	—	2	1
2014	—	—	—	—
2015	—	1	1	—

二、医疗机构执业许可证校验

2003年，启动实施全县医疗机构执业许可证校验，当年校验公立医院17所、村卫生室137所、社区卫生站（医务室）1所。2009年，校验公立医院17所、私立医院1所、村卫生室125所、个体诊所1所、社区卫生站（医务室）1所。2015年，校验公立医院16所、私立医院5所、村卫生室113所、个体诊所8所、社区卫生站（医务室）2所。

2003—2015年普安县医疗机构执业许可证校验情况表

表20-5-2

单位：所

年份	公立医院	私立医院	村卫生室	个体诊所	社区卫生站（医务室）
2003	17	—	137	—	1
2004	17	—	137	—	1
2005	17	—	137	—	1
2006	17	1	125	—	1
2007	17	1	125	—	1
2008	17	1	125	—	1
2009	17	1	125	1	1
2010	17	1	125	5	1
2011	17	2	153	5	1
2012	17	3	153	5	1
2013	17	3	153	7	2
2014	—	—	—	—	—
2015	16	5	113	8	2

三、母婴保健专项技术服务许可

2003年，开展对全县母婴保健专项技术服务许可审查，当年对县人民医院、县中医院、10所乡镇卫生院、县妇幼保健院进行母婴保健专项技术服务许可审查。2011年，对县人民医院、县中医院、10所乡镇卫生院、1所私立医院、县妇幼保健院进行母婴保健专项技术服务许可审查。2013年，对县人民医院、县中医院、10所乡镇卫生院、2所私立医院、县妇幼保健院进行母婴保健专项技术服务许可审查。2015年，对县中医院、2所私立医院（惠民医院、新兴医院）进行母婴保健专项技术服务许可审查。

2003—2015年普安县母婴保健专项技术服务许可审查情况表

表20-5-3 单位：所

年份	县人民医院	县中医院	乡镇（街道）卫生院	私立医院	县妇幼保健院
2003	1	1	10	—	1
2004	1	1	10	—	1
2005	1	1	10	—	1
2006	1	1	10	—	1
2007	1	1	10	—	1
2008	1	1	10	—	1
2009	1	1	10	—	1
2010	1	1	10	—	1
2011	1	1	10	1	1
2012	1	1	10	1	1
2013	1	1	10	2	1
2014	—	—	—	—	—
2015	—	1	—	2	—

四、医疗纠纷处置

1998年5月，县政府成立医疗事故鉴定委员会。2010年1月，县卫生局成立医疗纠纷事故协调处理小组，下设办公室在业务股。9月，县卫食药监局设立医疗纠纷调解办公室，承担医疗机构医疗服务的监管和协调处理医疗事故、解决医疗纠纷等。2014年12月，政府职能转变和机构改革，将县卫生和食品药品监督管理局卫生行政管理职责、县人口和计划生育局职能整合，组建县卫生和计划生育局，为政府工作部门，设立政策法规股，负责协调处理医疗事故、解决医疗纠纷等职责。

县人民医院医疗纠纷 2002年，县人民医院发生医疗纠纷2件，调解2件。2010年，发生医疗纠纷6件，调解5件、法院判决1件。2012年，发生医疗纠纷6件，调解5件、医学鉴定裁决1件。2014—2015年，未发生医疗纠纷。

2002—2015年普安县人民医院医疗纠纷情况表

表20-5-4 单位：件

年份	医疗纠纷	处理情况		
		调解	医学鉴定裁决	法院判决
2002	2	2	—	—
2003	3	3	—	—
2004	2	2	—	—
2005	2	2	—	—
2006	1	1	—	—
2007	3	3	—	—
2008	7	7	—	—
2009	2	2	—	—
2010	6	5	—	1
2011	7	7	—	—
2012	6	5	1	—
2013	6	5	1	—

续表20-5-4

年份	医疗纠纷	处理情况		
		调解	医学鉴定裁决	法院判决
2014	—	—	—	—
2015	—	—	—	—

普安济康医院医疗纠纷 2006年，普安济康医院发生医疗纠纷2件，调解2件。2010年，发生医疗纠纷1件，医学鉴定裁决1件。2014—2015年，未发生医疗纠纷。

2006—2015年普安济康医院医疗纠纷情况表

表20-5-5 单位：件

年份	医疗纠纷	处理情况		
		调解	医学鉴定裁决	法院判决
2006	2	2	—	—
2007	1	1	—	—
2008	—	—	—	—
2009	1	1	—	—
2010	1	—	1	—
2011	1	1	—	—
2012	—	—	—	—
2013	1	—	1	—
2014	—	—	—	—
2015	—	—	—	—

乡镇（街道）卫生院医疗纠纷 2001年，乡镇卫生院发生医疗纠纷1件，调解1件。2004年，发生医疗纠纷1件，医学鉴定裁决1件。2006年，医疗纠纷1件，法院判决1件。2007年，医疗纠纷2件，调解2件。2009年，医疗纠纷5件，调解4件、医学鉴定裁决1件。2014年，医疗纠纷1件，调解1件。2015年，医疗纠纷1件，调解1件。

2001—2015年普安县乡镇（街道）卫生院医疗纠纷情况表

表20-5-6 单位：件

年份	乡镇（街道）卫生院	医疗纠纷	处理情况		
			调解	医学鉴定裁决	法院判决
2001	楼下镇卫生院	1	1	—	—
2002					
2003					
2004	楼下镇卫生院	1	—	1	—
2005					
2006	青山镇中心卫生院	1	—	—	1
2007	地瓜镇压中心卫生院	1	1	—	—
	青山镇中心卫生院	1	1	—	—

续表20-5-6

年份	乡镇（街道）卫生院	医疗纠纷	处理情况		
			调解	医学鉴定裁决	法院判决
2008	青山镇中心卫生院	1	1	—	—
2009	楼下镇卫生院	1	1	—	—
	青山镇中心卫生院	1	1	—	—
	三板桥镇卫生院	1	—	1	—
	白沙乡卫生院	1	1	—	—
	江西坡镇中心卫生院	1	1	—	—
2010	楼下镇卫生院	1	1	—	—
	新店乡卫生院	1	1	—	—
2011	青山镇中心卫生院	1	1	—	—
	盘水镇卫生院	1	1	—	—
2012	三板桥镇卫生院	1	1	—	—
	江西坡镇中心卫生院	1	1	—	—
	白沙乡卫生院	1	1	—	—
	盘水镇卫生院	1	1	—	—
2013	楼下镇卫生院	1	1	—	—
	盘水镇卫生院	1	1	—	—
2014	青山镇卫生院	1	1	—	—
2015	青山镇卫生院	1	1	—	—

第二节　药业管理

一、药品集中采购与管理

（一）药品采购

1998—2015年，通过政府建立的非营利性药品集中采购平台采购药品。根据各个医疗机构药品使用目录，编制采购计划，签订采购合同，明确采购品种。医疗机构原则上不得购买药品集中采购入围药品目录外的药品，有特殊需要的须经药事管理与药物治疗委员会审批同意。药品发票由药品会计负责收集并核对发票上药品采购实价是否与采购清单上价格相符，不符的应先与采购员核实后冲减或从发票中核减并将清单附在相应发票后，月底交采购员签字，然后交药剂科主任签字确认，再交财务科进行审计，审计合格后交院长签字再交财务科。与药品采购相关的原始资料由相应人员妥善保存，并按年度装订成册。

（二）药品管理

1998—2015年，制定医疗机构《药品处方集》和《基本用药供应目录》，编制药品采购计划，按规定购入药品。临床使用的药品由药学部门统一采购供应，经药事管理与药物治疗委员会（组）审核同意，核定医学科可以购用、调剂所需的放射性药品，其他科室或者部门不得从事药品的采购、调剂活动，不得在临床使用非药学部门采购供应的药品。定期对库存药品进行养护与质量检查。化学药品、生物制品、中成药和中药饮片应分别储存，分类定位存放；易燃、易爆、强腐蚀性等危险性药品应另设仓库单独储存，并设置必要的安全设施，制定相关的工作制度和应急预案。麻醉药品、精神药品、医疗用毒性药品、放射性药品等特殊管理的药品，均按照有关法律、法规、规章的相关规定进行管理和监督使用。药学专业技术人员认真审核处方或者用药医嘱，经适宜性审核后调剂配发药品。发出药品时告知患者用法用量和注意事项，指导患者合理用药。除药品质量原因外，药品一经发出，不得退换。门急诊药品调剂室实行大窗口发药。住院（病房）药品调剂室对注射剂按日剂量配发，对口服制剂药品实行单剂量调剂配发。肠外营养液、危害药品静脉用药实行集中调配供应。

二、医疗器械采购与管理

1998—2015年，医疗器械采购需严格审核医疗器械及销售人员的资质证明，从资质齐全的合法企业进货。执行集中采购中标价格，凡属于集中采购范围内的医疗耗材均采购中标品种，并由中标配送商配送。所有采购的医疗器械有合法的票据，做到票货相符。按照《医疗器械临床使用安全管理规范》，属于《大型医用设备配置与使用管理办法》规定的甲、乙类品目的大型医用设备，按照规定申请配置许可。医院制订《医疗设备管理办法》，按规定进行设备（包括耗材）的采购、出入库、保养、维修、更新及报废，抢救设备（急诊科、ICU、手术室、产房）完好率100%。

第三节　卫生监督管理

一、公共卫生监督

2002—2015年，出动卫生监督员开展食品放心、餐饮专项整治、职业卫生、饮用水卫生、学校卫生、传染病防控、打击非法行医和非法采供血等公共卫生专项整治。执行行政处罚案件1063起、罚款112.63万元，对26起举报投诉案件、17起食物中毒事件、5起其他事故进行调查处理。2002年，办理食品卫生许可证787份、公共场所卫生许可证450份。2004年，办理食品卫生许可证951份、从业人员健康证明1196份。2009年，办理食品卫生许可证189份、公共场所卫生许可证48份、医疗机构执业许可证24份。2010年，办理餐饮服务许可证169份、医疗机构执业许可证121份、公共场所卫生许可证57份。2010年，办理放射诊疗许可证14份。2012年，办理餐饮服务许可证195份、公共场所卫生许可证83份、生活饮用水卫生许可证2份。2013年，办理餐饮服务许可证124份、公共场所卫生许可证46份、生活饮用水供水单位卫生许可证2份、餐饮具集中消毒单位监督审核合格证1份。2015年，办理公共场所卫生许可证67份、生活饮用水供水单位卫生许可证1份、餐饮具集中消毒单位监督审核合格证1份。

2002—2015年普安县卫生行政许可办理情况表

表20-5-7　　　　单位：份

年份	许可内容及证明	份数
2002	食品卫生许可证	787
	公共场所卫生许可证	450
2003	食品卫生许可证	678
	公共场所卫生许可证	121
2004	食品卫生许可证	951
	从业人员健康证明	1196

续表20-5-7

年份	许可内容及证明	份数
2005	食品卫生许可证	785
	公共场所卫生许可证	77
2006	食品卫生许可证	758
	公共场所卫生许可证	81
2007	食品卫生许可证	870
	公共场所卫生许可证	69
2008	食品卫生许可证	353
	公共场所卫生许可证	58
2009	食品卫生许可证	189
	公共场所卫生许可证	48
	医疗机构执业许可证	24
2010	餐饮服务许可证	169
	医疗机构执业许可证	121
	公共场所卫生许可证	57
	放射诊疗许可证	14
2011	餐饮服务许可证	221
	公共场所卫生许可证	117
	医疗机构执业许可证	41
2012	餐饮服务许可证	195
	公共场所卫生许可证	83
	生活饮用水卫生许可证	2
2013	餐饮服务许可证	124
	公共场所卫生许可证	46
	生活饮用水供水单位卫生许可证	2
	餐饮具集中消毒单位监督审核合格证	1
2014	餐饮服务许可证	109
	公共场所卫生许可证	39
2015	公共场所卫生许可证	67
	生活饮用水供水单位卫生许可证	1
	餐饮具集中消毒单位监督审核合格证	1

二、学校卫生监督

2002年，对4个学校食堂18名员工进行健康体检，对学校周边饮食摊点进行整治。2003年，对学校食堂进行巡回监督检查，取缔学校周边不符合卫生要求摊点。2005年，对县城4所学校食堂进行量化分级管理。2008年起，以学校食品卫生、周边饮食摊点、传染病防治、饮用水卫生为重点，开展巡回监督检查。2015年，监督检查4(次)，检查学校620(所次)。

2002—2015年普安县学校卫生监督情况表

表20-5-8

年份	监督检查（次）	检查学校（所次）	检查校园内医疗点（个）	检查学校食堂（家次）	检查学校周边饮食摊点	
					检查（家次）	取缔（家）
2002	1	—	—	4	—	—
2003	4	—	—	7	—	1
2004	—	—	—	5	—	—
2005	—	—	—	4	—	—
2006	4	—	—	—	24	—
2007	8	—	—	—	70	—
2008	10	225	—	—	—	—
2009	6	260	—	—	—	—
2010	5	94	—	—	—	—
2011	4	288	—	—	—	—
2012	4	764	—	—	—	—
2013	4	600	—	—	—	—
2014	4	750	—	158	—	—
2015	4	620	—	—	—	—

三、饮用水卫生监督

2007年，启动对饮用水卫生进行监督，对供水单位进行检查。2008年，对乡镇生活饮用水、学校自备水进行抽检。2010年，印发宣传资料。2011年，对桶装水生产公司进行检查。2013年，对普安县给排水公司进行3次量化评分，经黔西南州卫生局复核、评定，达B级评审标准，授予B级标识牌。2014年，检查集中式供水单位3家（6家次），学校学生饮水120所次，抽检水样2份，并对普安县给排水公司进行量化评分。2015年，检查集中式供水单位3家（10家次），对水源水和出厂水进行抽检送检，共抽检水样11个，对普安县青山供水有限责任公司提供不符标准饮用水的违法行为进行立案查处，罚款0.3万元。

2007—2015年普安县饮用水卫生监督情况表

表20-5-9

年份	检查							
	供水单位（家）	饮用水检查（次）	桶装水生产单位（家次）	桶装水销售单位（家）	乡镇生活饮用水（个）	学校用水（所次）	集中供水单位（家）	抽水送检（个）
2007	22	—	—	—	—	—	—	—
2008	16	5	1	5	11	3	—	—
2009	—	—	—	—	—	134	4	—
2010	33	—	—	—	—	—	—	17
2011	6	—	2	—	—	73	—	31
2012	18	—	2	—	—	—	4	8
2013	16	—	—	—	—	—	—	—
2014	132	2	—	—	9	120	3	2
2015	150	2	—	—	9	138	3	11

四、食品卫生监督

2003—2015年，普安县食品卫生监督管理主要是开展专项整治，巡回监督检查食品卫生市场，对学校食堂进行量化考核，抽检食品样品，对餐具进行集中消毒等。

2003—2014年普安县食品卫生监督情况表

表20-5-10

年份	监督检查情况
2003	没收不合格卫生要求食品240千克，价值1300元
2004	专项检查餐饮业68户、食品加工业20户、副食店137户，发放《散装食品卫生管理规范》《餐饮业管理办法》等资料900余份
2005	检查食品生产企业30余次、药店60余次、保健品200余批次、奶及奶制品经营户100余户次200余批次、食品添加剂使用户30余次，抽检农贸市场食品样品93个（合格91个，合格率97%）
2006	检查食品生产经营645户1800余户次，下达卫生监督意见书307份，抽检餐具316个（合格163个，合格率51.8%）、食品119份（合格106份，合格率89.1%）
2007	对县城以上120家餐饮服务单位、全县所有学校食堂实行食品卫生监督量化分级管理，学校食堂量化率100%，餐饮业91%。全年抽检样品121个（合格94个，合格率78%）、餐具（357个，合格165个，合格率46.2%）
2008	检查餐饮经营户2516户次、副食品经营户1480户次、餐饮单位304户次、学校食堂34所次。检查保健品经营单位200家次，抽检样品131个（合格122个，合格率93%）
2009	检查食品生产经营单位139家，抽检样品13份（合格11份，合格率84.6%）。检查餐饮经营单位996户次，抽检餐具1962个（合格1393个，抽检合格率71%）。检查食品生产经营户225户，送检样品25个（合格24个，合格率96%）。检查保健食品经营单位25家、糕点店6家、包子店5家、油条店3家、学校2所，查出不合格泡打粉56袋（1袋500克），全部予以没收并销毁
2010	检查餐饮经营单位998户次，抽检餐具331个（合格254个，合格率78%）
2011	组织培训餐饮服务单位负责人55人次。巡回监督餐饮服务单位2620户次，抽检餐饮具样品955个（合格776个，合格率81%）。对持有餐饮服务许可证的382家餐饮服务单位进行量化评分，餐饮服务单位量化率96%。检查餐饮具集中消毒单位4家次，对其出厂的餐用具进行抽检，抽检样品44个（合格44个，合格率100%）
2012	检查餐饮服务单位295户次、学校食堂172所次、餐饮具集中消毒单位1家次。对持有餐饮服务许可证的393家餐饮服务单位进行餐饮服务量化动态等级评定，量化率97%。对持有餐饮服务许可证的44所学校（持有餐饮服务许可证学校51所，应量化44所）进行量化动态等级评定，学校食堂量化分级管理率100%。印发农村集体聚餐备案宣传资料1200份（张贴到村组），受理农村自办宴席集体聚餐备案申报1548起（备案率100%），对申报备案的1548起农村自办宴席集体聚餐进行现场监督指导（备案指导率100%）
2013	开展餐饮服务环节燃气安全、打击假冒食盐、禽流感防控、肉及肉制品安全等专项整治及元旦春节、五一、中秋国庆等节假日期间餐饮服务食品安全专项检查，巡回监督检查餐饮服务单位2000余户次
2014	开展餐饮服务行业摸底清查，查明经营单位数(其中餐饮单位428户，学校食堂158个)。开展餐饮单位纸巾安全、食用油安全专项检查及元旦春节和五一、中高考期间餐饮服务食品安全专项检查，巡回监督检查餐饮服务单位2400余户次，对餐饮服务许可证在有效期间内的42所学校食堂、247家餐饮单位进行量化动态等级评定
2015	检查公共场所经营单位526家次，抽检公共用具99个，合格30个，合格率30%，下达卫生监督意见书426份。检查集中式供水单位3家（10家次），抽检水样11个，合格5个，合格率45.5%。对9家涉水产品经营单位进行监督检查，向6家未按照规定索取涉水产品卫生许可批件的单位下达卫生监督意见书要求其严格执行涉水产品进购索证索票制度。检查消毒产品经营单位（药店）42家，下达卫生监督意见书42份。巡回监督检查各类医疗卫生机构784家次，重点对医疗机构依法执业、传染病防控、医疗废物处置、母婴保健、临床用血、放射诊疗安全等内容进行检查，下达卫生监督意见书、卫生监督协管服务意见书696份。巡回监督检查各类中小学及托幼机构300余所次，下达卫生监督意见书、卫生监督协管服务意见书224份。检查餐饮具集中消毒单位2家（6家次），下达卫生监督意见书4份。查办各类卫生违法案件770件，罚款59.89万元（公共场所违法案件286件，罚款19.1万元；饮用水卫生违法案件1件，罚款0.3万元；传染病防治违法案件457件，罚款30.24万元；放射卫生违法案件4件，罚款1.6万元；医疗监督案件22件，罚款8.65万元）

五、医疗卫生监督

2003年，检查医疗机构68家次，立案调查2家、罚款1600元，查出无证行医4人，取缔流动牙医摊点、地下"黑诊所"7家。2007年，检查医疗机构74家次，停止执业16家，立案调查3家罚款6500元，查出无证行医2人。2009年，检查医疗机构85家次，责令改正违规行为33家次，立案调查3家罚款5万元，查出无证行医5人，取缔流动牙医摊点、地下"黑诊所"27家。2011年，检查医疗机构158家次，责令改正违规行为121家次，查出无证行医6人次，取缔流动牙医摊点、地下"黑诊所"1家。2013年，检查医疗机构200家次，责令改正违规行为95家次，立案调查6家罚款4.8万元，查出无证行医1人，取缔流动牙医摊点、地下"黑诊所"15家。2015年，检查医疗机构768家次，责令改正违规行为680家次，立案调查55家罚款7.95万元，查出无证行医2人，取缔流动牙医摊点、地下"黑诊所"2家。

2003—2015年普安县医疗卫生监督情况表

表20-5-11

年份	检查医疗机构（家次）	责令改正（家次）	停止执业（家）	立案调查（家）	罚款（元）	无证行医（人）	取缔流动牙医摊点、地下"黑诊所"（家）
2003	68	—	—	2	1600	4	7
2004	72	7	—	4	9000	6	7
2005	68	20	—	6	9500	4	1
2006	77	37	—	—	—	—	1
2007	74	—	16	3	6500	2	—
2008	57	7	—	11	32800	4	—
2009	85	33	—	3	50000	5	27
2010	32	17	—	—	—	4	2
2011	158	121	—	—	—	6	1
2012	182	46	—	4	49000	5	5
2013	200	95	—	6	48000	1	15
2014	300	125	—	55	79500	4	2
2015	768	680	—	205	281800	2	2

第六章　爱国卫生与职业技术教育

第一节　卫生城市创建

一、宣传教育

2010年起，普安县爱国卫生委员会办公室（简称"县爱卫办"）与县整脏治乱办配合，加大整脏治乱力度，开展防治地氟病、手足口病、艾滋病、高血压、糖尿病等多方面爱国卫生知识宣传。组织县疾控中心、卫生监督所、保健院、健康医院、乡镇（街道）卫生院等，利用节日、集市交易日等开展健康咨询活动，发放健康知识宣传资料，开展除"四害"（老鼠、麻雀、苍蝇、蚊子）知识讲座，在乡镇（街道）人民政府（办事处）所在地开展除"四害"活动。开展卫生评比活动，建立奖惩机制。

二、城市环境整治

2010年起，组织各单位开展街道、河沟、卫生死角、农村积存垃圾集中清理。建设垃圾收集站，购置垃圾收集箱、垃圾清运车，建设垃圾填埋场、污水处理厂、县城排污管道、县城道路白改黑、卫生公厕。增加保洁员，做好街道日常卫生清扫。

第二节　农村改厕及用水监测

一、农村改厕

2004年起，开展农村改厕工作。争取到改厕项目后，结合新农村建设、危房改造等进行。将任务分配到乡镇（街道）后，选定示范村、示范户组织实施。

2004年，争取项目资金2万元，改厕200座。2008年，争取项目资金38.75万元，改厕1000座。2010年，争取项目资金113.4万元，改厕2800座。2015年，争取项目资金335万元，改厕1.30万座。

2004—2015年普安县农村改厕情况表

表20-6-1

年份	争取项目资金（万元）	改厕（座）	年份	争取项目资金（万元）	改厕（座）
2004	2	200	2010	101.2	2500
2005	0.6	60	2011	12.0	300
2006	2.13	213	2012	15.9	300
2007	—	—	2013	31.2	600
2008	38.75	1000	2014	35	700
2009	4.64	100	2015	335	13009

二、农村用水监测

2010年，监测农村集中供水点18个，州级拨付水质监测资金0.57万元。2011年，监测农村集中供水点15个，提取水样60份，州级拨付水质监测资金0.5万元，水质合格率74.9%。2015年，监测农村集中供水点54个，提取水样54份，州级拨付水质监测资金0.7万元，水质合格率100%。

2010—2015年普安县农村用水监测情况表

表20-6-2

年份	争取项目资金（万元）	改水（点）	年份	争取项目资金（万元）	改水（点）
2010	0.57	18	2013	0.7	11
2011	0.5	12	2014	0.7	12
2012	0.7	14	2015	1.2	15

第三节　普安县卫生职业技术学校

一、学校沿革

1998年，普安县卫生职业技术学校为中等专业技术学校，继续抓好常年班学生教学。2000—2006年，学校未开展教学，学校职工统一由县卫生局调配使用。2007年3月，学校与黔西南州民族职业技术学院签订联合办学协议，明确普安县卫生职业技术学校为黔西南州民族职业技术学院教学点，负责组织生源，自行招聘任课教师，学生按教学计划完成学业，经考试、考核、实习成绩合格后，报黔西南州民族职业技术学院核实，由黔西南州民族职业技术学院颁发全日制中等专业技术毕业证书。2013

年，生源扩大到四川、云南等地。2014年12月，普安县人民政府决定普安县卫生职业技术学校并入普安县中等职业学校。

二、学历教育

1999年，毕业54名社区医学专业学生。2007—2010年，招收49名社区医学专业学生，毕业49名。2010—2013年，招收48名社区医学专业学生，毕业48人。2012年，招收53名农村医学专业学生。2013年，分别招收22名农村医学专业学生、53名护理学专业学生。2014年，招收34名农村医学专业学生。

1999—2014年普安县卫生职业技术学校招生情况表

表20-6-3

年份	招生（名）	毕业（名）	专业	学制（年）	教材	备注
1999	54	54	社区医学专业	3	中等卫生“社区医学”专业教材	毕业54人
2007—2010	49	49	社区医学专业	3	社区医学专业教材	农村基层中专学历教育项目，毕业49人
2010—2013	48	48	社区医学专业	3	社区医学专业教材	农村基层中专学历教育项目，毕业48人
2012	53	53	农村医学专业	3	中等专业技术教材	全日制中等专业毕业53人
2013	22	22	农村医学专业	3	中等专业技术教材	全日制中等专业毕业22人
2013	53	53	护理学专业	3	中等护理技术专业教材	全日制中等专业毕业53人
2014	31	31	农村医学专业	3	中等卫生农村医学专业教材	农村基层中专学历教育项目，毕业31人
2014	42	—	护理学专业	3	中等护理技术专业教材	全日制中等专业毕业，2017年7月毕业

三、短期培训

2009年，普安县启动卫生业务知识短期培训，以内儿科为主要内容培训165名乡镇卫生技术人员。随后，以乡镇及村卫生技术人员、卫生院负责人、防保组长、妇产科医师、公共卫生管理部部长为对象进行培训。

2009—2015年普安县卫生业务短期培训情况表

表20-6-4

年份	培训（名）	培训科目	培训（天）	学时	培训对象
2009	165	内儿科	5	40	乡镇卫生技术人员
2010	148	脊柱脊椎损伤急诊急救，初级卫生救护知识	5	40	乡镇及村卫生技术人员
2011	75	公共卫生服务专项培训	5	40	乡镇卫生院负责人、防保组长
2011	150	乡村医生妇产科及基本药物目录培训	5	40	乡镇卫生院负责人、妇产科医师
2012	75	村卫生室信息化建设项目培训	1	4	乡镇卫生院院长及村卫生室人员
2013	220	乡村医生业务、公共卫生知识培训	3	24	乡镇卫生院院长、公共卫生管理站站长
2014	210	乡村医生业务、公共卫生知识培训	2	16	镇卫生院院长、公共卫生管理站站长及管理人员，村卫生室人员
2015	235	乡村医生业务、公共卫生知识培训	3	24	镇卫生院院长、公共卫生管理站站长及管理人员，村卫生室人员

人　物

人物传略

陈益明（1949—2006） 男，汉族，重庆市涪陵人，1970年8月参加工作，1979年8月加入中国共产党，大学文化，企业政工师。

1970年9月至1971年9月，江西坡公社杨梅山知青。1971年9月至1973年9月，普安县钢铁厂工人。1973年9月至1977年1月，在成都工学院学习。1977年2月至1980年9月，普安县钢铁厂任技术员。1980年9月至1983年3月，普安县委组织部工作。1983年3—9月，任楼下公社党委书记。1983年9月至1985年7月，贵州省委党校学习。1985年7—11月，普安县委整党办工作员。1985年11月至1987年9月，任盘水区委副书记、区长。1987年9月至1993年3月，任普安县人民政府副县长（其间：1989年10月至1994年，普安县化肥厂从事二期技改工作，任厂长、书记等职）。1993年3月至1997年10月，普安县人民政府党组副书记。1997年10月至1998年2月，普安县政协党组成员。1998年2月至2003年1月，普安县政协副主席。2003年1月至2006年12月，普安县第十四届人大常委会党组书记、主任。2006年12月1日去世。

在楼下工作期间，协助公安机关破获反革命组织"大同党"。在盘水区工作期间，完成2000公顷茶场的土地征收、承包等工作。在县政府工作期间，组织实行普安化肥厂二期技改，普安至花贡公路修建、泥堡金矿的筹建；争取将普安列为国家第三批初级电气化县，建成110千伏输变电工程，建成110千米35千伏输变电线路，建成石桥河、吟路、楼下、云盘等变电站。在县政协工作期间，组织编印《普安文史》，争取上海和省民进组织进行智力和资金扶持，举办滇、黔2省14个县（市、区）北盘江流域协调研讨会。在人大常委会工作期间，组织召开常委会32次，听取和审议专题、专项报告73个，围绕"两基"攻坚、退耕还林、煤炭开发、烤烟生产、城镇建设、医疗保险、小水电和省、州、县部分重点项目建设推进情况，组织省、州、县三级人大代表视察调研活动24次。

曾任贵州省第十届人民代表大会代表，黔西南州第五届人民代表大会代表，黔西南州第五届人大常委会委员。

柳登甫（1959—2007） 男，彝族，贵州省普安县新店镇鼠场营人，1984年10月加入中国共产党，大学文化。

1981年7月至1984年4月，波余乡秘书、管委会副主任。1984年4月至1986年6月，凉水乡乡长。1986年6月至1988年5月，新店乡党委书记。1988年5月至1989年5月，地瓜区委办公室主任。1989年5月至1990年6月，地瓜区派出所干警。1990年6月至1991年6月，普安县纪委监察室副主任。1991年6月至1997年6月，普安县纪委监察室主任。1997年6月至1998年5月，楼下镇党委书记。1998年6月至2003年1月，普安县农业办公室主任。2003年1月至2004年3月，普安县委常委、统战部部长、县农办主任。2004年3月至2006年4月，任普安县人民政府副县长、县农办主任。2006年4—12月，普安县人民政府副县长。2006年12月至2007年4月，普安县政协党组书记、主席。2007年4月24日，在新店乡小白洞处因交通事故逝世。

谢光学（1968—2010） 1968年5月6日出生于普安县三板桥镇九峰村六组（后迁至三组居住），男，汉族，中共党员，高中文化，原普安县三板桥镇（今南湖街道）人民政府科员。

1989年3月，参加工作。1991年11月，加入中国共产党。1989年9月，当选普安县保冲乡第七届人民代表大会代表。先后任普安县三板桥镇团委书记、文卫办主任、九峰管理区主任、西陇总支书记、三板桥镇人民政府科员等职务。1990年，被评为州、县两级人口普查先进工作者。1995年、1996年、2007年、2008年、2009年，年度考核评为优秀。

2010年2月27日，三板桥镇九龙山上发生火情，谢光学最早发现，他来不及等镇里召唤，便带领本村7个村民直奔梭沙坡地段着火点。梭沙坡地段野草丛生，山高坡陡，经大火烧过的山体较为疏松，岩石容易滚落，危险性大。但谢光学知道自己是党员、是干部，这个险只能自己去冒。他手提橡胶拖把，迅速翻过地坎，扑向熊熊火焰，经过拼搏，火势就要扑灭时，从山顶崩塌下来数立方米石头，一块巨石硬生生地砸在他的胸脯上，谢光学当场不幸牺牲。

2010年4月，中共贵州省委追授他为优秀共产党员，贵州省人民政府追认他为革命烈士；6月，谢光学被中共贵州省委政法委、宣传部评为全省道德模范先进个人；10月，贵州省总工会授予他全省五一劳动奖章。

陈俊莅（1974—2011） 男，汉族，1974年10月出生于普安县三板桥镇云庄村，大专文化，1996年7月加入中国共产党，大专文化。

1995年7月，黔西南州农校农学专业毕业。1995年11月至1996年12月，普安县龙吟镇政府工作员。1996年12月至1999年7月，普安县龙吟镇计生股副股长。1999年7月至2002年4月，普安县龙吟镇计生股股长（2000年9月至2003年3月，在贵州省委党校函授学院行政管理大专班学习毕业）。2002年4月至2006年6月，普安县窝沿乡计生办主任。2006年6—10月，普安县窝沿乡田坝党总支书记。2006年10月至2007年8月，普安县窝沿乡武装部干事。2007年8—10月，普安县窝沿乡民政办主任。2007年10月至2011年3月，普安县环境保护局环境监察大队工作员、地瓜环境监察中队队长、环保局生态环评股股长。2011年3月，因病去世。

2008—2010年，在第一次全国污染源普查工作中，陈俊莅认真贯彻落实科学发展观，努力参与建立资源节约型、环境友好型社会。全面体现出精诚合作、密切配合的大局意识，展现了勤勤恳恳、忘我奉献的崇高品质。

2010年3月，被国务院第一次全国污染源普查领导小组办公室、环境保护部、国家统计局、农业部评为第一次全国污染源普查先进个人。

胡　洪（1986—2013） 男，汉族，1986年2月出生于贵州省兴仁县鲁础营乡犀牛河村暗河组，2007年5月加入中国共产党，大专文化。

2007年7月，从兴义师范专科学校毕业回到兴仁考上公益性岗位。2011年9月，通过考试成为公务员，分配到普安县公安局交警大队。后主动申请到主要产煤乡镇，运输车辆和摩托车较多，任务重、压力大的楼下镇（楼下中队）。

在参加工作不到2年的时间里，胡洪参与处理各种交通违法案件4704起，交通事故案件17起，办理行政拘留案件49起。

2013年8月26日8时许，胡洪像往常一样与中队战友一起，到楼下镇摆布村路段疏导交通，查处违章车辆。9时许，一辆无牌摩托车搭载4人进入民警视线。出于警察职业敏感和安全角度的考虑，执勤民警将车拦下，示意驾驶员出示相关证照。经查，驾驶员彭某无牌无证，且涉嫌危险驾驶，民警将其车辆依法扣押，并当面通知彭某下午到楼下四中队接受处理。18时，胡洪和1名战友值班，彭某与4名男子来到四中队，还没接受处理就要求胡洪放车，不由分说便冲到距办公室5米远的停车场，试图强行夺走被暂扣的摩托车。胡洪见状走过去制止，并试着做其思想工作，没想到却遭遇彭某一阵谩骂。另外4名男子还拦住了战友兰祥钦，分散了胡洪的注意力。彭某趁胡洪不备，拔出藏在身上的卡子刀扎中胡洪的左胸部。胡洪想跑到值班室求援，刚关上门就昏倒在血泊之中，5名男子见状迅即逃离现场。兰祥钦一边拨打120求援，一边向楼下镇派出所报警。胡洪被战友们送往医院抢救，终因左肺破裂、肋间血管破裂，导致血气胸及急性失血性休克不治身亡。胡洪牺牲后，安葬在兴义市福禄山公墓，碑柱两侧书有“壮志未酬身先死，留取丹心照汗青”挽联。

2013年，中共普安县委授予他为优秀共产党员。2014年3月，公安部追授他为全国公安系统二级英雄模范。

人物简介

李殿云 男，汉族，1926年12月出生，河北省南县人，1946年8月加入中国共产党，高小文化。

1944年9月至1945年2月，参加李怀游击队。1945年3月至1946年8月，编入兰县支队二连，副班长。1946年9月至1947年2月，51团5连班长。1947年3月至1948年7月，127师384团5连副排长。1948年8月至1949年9月，128师教导队学习。1949年10月至1950年3月，128师通讯电台台长。1950年4月至1951年1月，384团警卫连排长。1951年2月至1953年2月，河南信阳步校学习。1953年3月至1955年2月，384团八连连长。1955年3月至1959年6月，384团1营参谋长。1959年7月至1966年6月，384团1营少校营长。1966年7月至1967年2月，册亨县财办副主任。1967年3月至1968年4月，普安县“四清”工作队政治部主任。1968年4月至1969年3月，册亨县财办副主任。1969年4月至1971年2月，册亨县核心领导小组成员、县革委副主任。1971年3月至1972年2月，中共册亨县委副书记。1972年3月至1981年2月，中共普安县委副书记。1981年3月至1984年2月，中共普安县委副书记、普安县人民政府县长。1984年3月至1986年5月，普安县政协主席。1986年5月，离休，享受副地级政治、医疗、用车待遇。

李殿云离休后，始终关心普安县的发展建设，经常向中共普安县委、普安县人民政府提出合理的建议，积极参加全县开展的各项活动，多次组织开展革命传统教育，注重和关心下一代的成长。

1997年，被国家民政部、劳动部、全国总工会、共青团中央、全国妇联、中国老龄协会评为全国老有所为奉献奖。2004年，被中共中央组织部评为全国老干部先进个人。2010年，被中国关工委、中央文办评为全国关心下一代工作先进工作者。

姚元炳 男，1933年10月生，贵州玉林人，中专学历，中共党员。

自1987年9月到普安县政协工作以来，认真贯彻执行党的路线方针政策。积极钻研业务，努力工作，认真履行政治协商、民主监督、参政议政职能，为普安经济社会的发展献计献策，吃苦在前，享乐在后，充分发挥了党员的先锋模范作用。

1992年被贵州省政协评为全省政协工作先进个人；2000年9月被贵州省关心下一代工作委员会评为全省关心下一代优秀工作者。

罗方德 男，汉族，1937年9月出生，贵州省普安县地瓜镇莲花山村人，1961年8月加入中国共产党，大专文化。

1961年8月至1962年2月，黔东南州凯里一中教师。1962年2—8月，黔东南州文教局教育科工作员。1962年8月至1963年3月，普安县文教局工作员。1963年3月至1965年10月，普安县委审干办、普安县委组织部工作员。1965年10月至1967年3月，共青团普安县委副书记。1967年3月至1971年8月，普安县革委领导小组和县革委办负责人。1971年8月至1973年5月，普安县兴中区党的核心领导小组副组长。1973年5月至1981年2月，普安县委宣传部副部长。1981年2月1990年9月，普安县人民政府副县长。1990年9月至1993年1月，普安县人大常委会党组副书记、常务副主任。1993年1月至1998年3月，普安县政协党组书记、主席。1998年6月，退休。

兴义地区第一次党员代表大会代表，黔西南州首届人民代表大会代表。

杨国林 男，白族，1940年12月出生，贵州普安人，1976年4月加入中国共产党，大学文化。

1962年8月至1964年8月，盘水小学教师。1964年9月至1968年12月，贵阳师院学习。1968年12月至1972年2月，兴义地区革委办工作员。1972年2月至1973年6月，普安县细寨公社工作员。1973年7月至1985年12月，普安县委宣传部干事、科长。1985年12月至1987年10月，普安县委办公室主任。1987年10月至1990年8月，普安县委常委、办公室主任。1990年8月至1993年4月，普安县委副书记。1993年4月至1997年3月，普安县委副书记。1997年3月至1998年3月，普安县人大常委会党组书记、主任，曾先后兼任县委机要局局长、县保密委员会主任、县委党校校长。1998年3—5月，黔西南州政协科教文卫委员会工作。1998年5月，黔西南州政协第四届委员会经济委员会主任。2002年7月，退休。

贵州省第八届人民代表大会代表。

王春好 男，布依族，1943年12月出生，贵州省普安县楼下镇泥堡村人，1971年6月加入中国共产党，初中文化。

1962年3月至1968年9月，中国人民解放军某部队服役，担任战士、班长。1968年9月至1971年5月，青山区泥堡乡工作员。1971年5月至1975年8月，先后担任青山区泥堡公社党委副书记、磨舍公社工党委书记。1975年8月至1981年7月，中共普安县委副书记。1981年7月至1982年3月，青山区委书记兼泥堡乡党委书记。1982年3月至1996年1月，先后担任青山区委书记、区长，青山镇党委书记，普安县人大常委会副主任。1996年1月至1998年2月，普安县人大常委会副主任。1998年2月至2003年3月，任普安县政协党组书记、主席。2003年3月，退休。

彭永忠 男，汉族，1945年5月生，贵州省松桃县人，高中文化，中共党员。

1963年10月入伍以来，先后在安顶公安部队、兴义公安部队任战士，在普安县中队任排长，在普安县人武部先后任助理员、参谋、副科长、副部长、部长等职。1996年6月从军队退休。

彭永忠在工作中，一贯坚持学习政治业务，坚持原则，能够较好地完成上级交给的各项工作任务。在1992年6月带领县民兵赴兴义参加军事比武，夺得全州四个第一（团体总分第一、女子对抗赛第一、男队个人速射第一、女队个人速射第一和男子手榴弹投远第二名），受到省军区、兴义军分区的表彰。

1993年1月被贵州省军区评为1992年度军事训练先进个人。2005年12月被中华计生协会评为全国计划生育协会先进志愿者。

李春芳 男，汉族，1946年1月出生，贵州省普安县地瓜镇下木卡村人，1967年10月加入中国共产党，大学文化。

1964年12月至1970年1月，中国人民解放军某部队60分队服役，担任战士、班长。1970年1月至1971年11月，地瓜区波余公社下木卡大队革委会主任。1971年11月至1972年8月，罗汉公社管委会副主任兼武装部长。1972年8月至1976年4月，罗汉公社党委副书记。1976年4月至1979年6月，地瓜区区委秘书。1979年6月至1985年10月，地瓜区委副书记。1985年10月至1987年9月，地瓜区委书记。1987年9月至1993年1月，普安县委常委、纪委书记。1993年1月至1997年9月，普安县委副书记、纪委书记。1997年9月至1998年1月，普安县委副书记、县人大党组书记。1998年1月至1998年8月，普安县人大常委会主任。1998年8月至2003年2月，普安县人大常委会党组书记、主任。2003年2月至2006年12月，普安县政协党组书记、主席。2007年1月，退休。

余元文 男，汉族，1951年4月生。

1971年参加工作，任普安县白石公社秘书，1977年调盘水镇任秘书；1980年调普安县统计局任农村专职统计员；1984年起在普安县农村抽样调查队工作，先后任副队长、队长。

1993年，被国家统计局授予“全国农村社会经济调查队先进工作者称号”。在1995年全国1%人口抽样调查工作中，被全国人口抽样调查办公室评为全国1%人口抽样调查先进个人；1998年5月，被国家统计局农村社会经济调查总队评为农调系统先进工作者。

刘华雄 男，汉族，1953年2月出生，贵州省普安县江西坡镇下山村人，1971年1月加入中国共产党，大专文化。

1971年至1975年11月，生产队会计（其间，1974年，白石公社水利辅导员）。1975年12月至1981年1月，大湾乡、白石乡、县委组织部工作员。1981年1月至1986年6月，白石、高兴、江西坡等乡工作，担任党委书记职务。1986年6月至1991年4月，盘水区副区长。1991年4月至1997年7月，高棉乡、江西坡镇等乡镇乡长、党委书记。1997年7月至1998年3月，普安县人大代表工委主任。1998年3月至2008年3月，普安县人大常委会副主任。2008年3月2011年11月，普安县政协党组书记、主席。2011年12月2013年6月，普安县政协正处级调研员。2013年8月，退休。

汤龙英 女，汉族，1953年8月生，普安县盘水镇人，大专学历，中共党员。

1974年4月参加工作。曾任普安县盘水区江西坡乡革委会副主任、妇联主任，盘水镇妇联主席、人大秘书、纪委委员等职。1993年3月任普安县盘水镇民政办主任。

汤龙英在工作中、生活中没有惊人的豪言壮语，也没有可歌可泣的英雄事迹，她那干一行爱一行，特别是在民政工作战线上，她默默地工作着，把党和政府的关怀送到每个民政对象的家中，用自己满腔热情去体贴群众的疾苦，发挥了共产党员先锋模范作用。

2000年4月，全国妇联授予她全国“三八红旗手”称号。

李耀星　男，苗族，1953年9月出生，贵州普安人，中共党员，大专文化。

1968—1974年，龙吟公社者恩生产队会计。1974—1980年，龙吟公社吟路大队团支部书记。1977年，龙吟吟路75千瓦电站工程总负责人。1978—1996年，龙吟电站站长。1993年5月至1995年12月，龙吟镇人民政府副镇长。1996年1月至1998年3月，龙吟镇人民政府镇长。1998年4月至2001年12月，龙吟镇党委书记。2004—2006年，普安县民政局党组书记。2006年，普安县龙吟镇正科级干部。

1993年，开发龙吟镇普纳茶场，建成茶园20公顷。1996年，通过自筹、向国家申请补助、向银行贷款、招商引资等多种方式，建立云路电力公司。1996年3月，投资500万元，修建龙吟镇石寨坪电厂，于2007年建成。10月，投资70多万元，建设蒲天种植场经果林67公顷。先后捐资建学校，资助贫困学生入学，“六一”儿童节向龙吟镇民族希望小学捐资过节，捐资修建者恩、罗家坪2个提灌站，修通原竹溜坪村、者恩村、吟路村村组公路，并且给予各村民组电价上的优惠，给予特困户、五保户的电费减免。在建党节、春节、国庆节、五一劳动节，捐资举办运动会等各类活动。

1996年10月，被贵州省人民政府评为全国农田水利基本建设先进工作者。1998年，被国家民族事务委员会和贵州省人民政府评为全国民族团结进步先进个人。1999年9月，荣获贵州省第四届“科技兴农人才奖”。2000年5月，被评为全国劳动模范。2001年，被水利部评为全国农村电气化建设先进个人。

刘冠芬　女，汉族，1954年2月生，初中文化，中共党员。

自1978年1月，先后任普安县泥堡公社妇联主任、雪浦公社妇联主任、雪浦乡乡长、糯东乡副乡长、金塘乡乡长、新回乡副书记兼人大主席、青山镇妇联主席等职。2002年1月至2006年1月，任青山镇人大副主席。

刘冠芬不论在什么岗位工作，始终踏踏实实、任劳任怨，能出色完成工作任务，在小水电代燃料、烤烟生产发展、计划生育等各项工作中成绩突出。

2005年4月，贵州省人民政府授予她先进工作者称号。

杨修隽　男，回族，1955年3月26日（农历）出生，普安青山人，无党派人士，大学文化。

1971年2月至1972年8月，参加兴义民兵师抢修盘西铁路。1972年8月至1974年8月，兴义地区师范学校学习。1974年8月至1975年8月，兴中区窝沿学校教师。1975年8月至1979年8月，盘水区高兴学校教师。1979年8月至1981年8月，普安县教育局教研室工作员。1981年8月至1983年7月，贵阳教师进修学院中文科学习。1983年7月至1984年1月，普安县教育局工作员。1984年1月至1987年12月，普安县民族事务委员会副主任（其间：1986年3—12月，任兴中区丫口乡扶贫工作队长、副乡长）。1987年12月至1990年8月，普安县民族事务委员会主任。1990年8月至1993年3月，普安县政协副主席、民族事务委员会主任。1993年3月至1998年3月，普安县人民政府副县长（其间：1997年5—11月，挂任江苏省启东市市长助理）。1998年3月至2014年8月，普安县政协副主席。2014年9—10月，黔西南州民宗委调研员。2014年11月，普安县政协退休。

贵州省政协第九届、第十届委员，黔西南州人大第二届、第三届、第四届代表，黔西南州政协第五届、第六届委员、常委。

王实普 男，汉族，1955年10月出生，贵州盘县人，1982年7月加入中国共产党，大专学历。

1975年9月至1978年3月，普安县高兴乡小丫口知青。1978年3月至1979年3月，兴义师专物理班学习。1979年3月至1981年9月，普安县地瓜中学教师。1981年9月至1988年1月，普安县科委办公室副主任。1988年1月至1992年9月，任普安县科委副主任。1992年9月至1994年3月，任普安县计委副主任、区划办副主任。1994年3月至1996年7月，任普安县委办公室副主任。1996年7月至1997年6月，任普安县畜牧局局长。1997年7月至1998年3月，任普安县政府党组成员、政府办主任。1998年3月至2006年8月，任普安县委常委、盘水镇党委书记、人大主席。2006年8—10月，普安县委常委。2006年10—12月，任普安县副县级干部。2006年12月至2015年8月，任普安县人大常委会主任、党组书记。2015年8月，退休。

贵州省第十一届、第十二届人民代表大会代表。

严修元 男，汉族，1955年11月出生，普安楼下人，1976年11月加入中国共产党，大专文化。

1975年12月至1976年12月，参加普安县委路线教育工作队，新田公社工作。1977年1—12月，参加普安县委路线教育工作队，糯东公社工作队秘书。1978年1—7月，糯东公社秘书。1978年8月至1983年9月，普安县委组织部工作。1983年9月至1985年5月，黔西南州委党校大专班学习。1985年6月至1986年11月，普安县整党办工作。1986年12月至1989年10月，普安县委办副区级秘书、办公室副主任。1989年11月至1998年11月，普安县委调研室主任。1998年11月至2003年3月，普安县教育局党组成员、副局长。2003年4月至2011年9月，普安县工商联党组书记、会长。2011年10月至2015年11月，普安县政法委正科级干部。2015年12月，退休。

2003年，严修元到普安县工商联工作后，认真组织对全县非公有制经济工作进行走访调研，采取措施把县内有实力、有影响力的非公有制经济人士选拔进入工商联班子，对工商联班子成员进行选优配强，增加非公有制经济人士在普安发展的信心，增强工商联班子的凝聚力和战斗力，让普安县非公经济得到迅速发展。2006年，普安县非公经济在全县经济总量中占比80以上，得到中华工商联的肯定。

2008年，被贵州省人事厅、贵州省工商业联合会评为贵州省工商联系统先进工作者，中华全国工商业联合会评为全国工商联系统先进个人。

龙昌旺 男，汉族，1956年10月生，普安县高棉乡人，高中文化，中共党员。

1976年在贵阳武警部队服役，曾任代排长、支委委员等职；1982年在家务农；1988年任普安县高棉乡冬瓜村民委员会副主任；1998年任普安县高棉乡冬瓜村党支部书记；2002年任中共普安县第九届县委委员、高棉乡冬瓜村党支部书记。

很多人说，当村干部报酬低、事不少，是贴本生意。而在龙吕旺看来“当好村干部，群众得实惠，自己也受益。当不好村干部，让群众的利益受损，才是真正的贴本啊！”在这种观点指引下，龙昌旺带领广大群众，使冬瓜村告别了贫困，全村经济实力明显增强。2007年，全村人均纯收入2750元，人均占有粮食360千克，300多户人家住进了宽敞的平房，手机、电视机、摩托车等消费品进入了寻常百姓家。

2005年，龙昌旺被贵州省人民政府授予贵州省劳动模范称号。先后被推选为县、州党代表和州级文明户。

徐少书　男，汉族，1957年1月出生，贵州普安人，中共党员，本科文化。

1980年1月至1985年4月，晴隆县鸡场乡卫生院院长。1985年5月至1988年8月，普安县人民医院医师。1988年8月至1991年8月，普安县人民医院内儿科主任。1991年8月至2006年1月，普安县人民医院副院长。2006年1月至2009年4月，普安县人民医院院长。2009年4月起，普安县人民医院党委书记、院长。

1980年，徐少书在贵阳医学院毕业后，放弃留校机会到晴隆县鸡场卫生院工作，因医风医德良好受到当地群众爱戴。1985年，调入普安县人民医院工作，成为外科、内儿科的学科带头人。2006年，任职院长后，以医院为家，推动医院改革发展，带领全院职工于2011年通过二甲医院评审，是贵州省首家通过二甲评审的医院。2014年，医院业务收入突破8000万元，建筑面积2.4万平方米，职工人数426人，综合实力在全州县级医院名列前茅。

2006年，被中共贵州省委评为优秀共产党员。

陈　嵘　男，1957年8月生，1978年7月参加工作，曾任普安县窝沿乡知青、普安县地瓜区公所计生专职干部、普安县计生委办公室副主任。1994年11月任普安县文化体育广播电视局办公室主任。

广播电视村村通工程实施以来，陈嵘认真负责地做好广播电视接收设备的贮运、保管、发放、安装调试等工作。

2001年3月被国家广播电影电视总局、国家发展计划委员会评为“全国村村通广播电视工程建设先进个人”。

朱彦英　女，汉族，1958年12月出生，山东金乡人，1987年9月加入中国共产党，高中文化。

1978年3月，晴隆县沙子公社知青。1980年2月，普安县史志办公室工作员。2007年5月，普安县史志办公室科员。2014年1月，退休。

朱彦英长期工作在党史研究、地方志工作战线，在20世纪八九十年代担任单位打字员，参与《普安史志》（内部资料）的收集、打字、印发，负责单位档案管理、日常事务处理等事宜。参与做好《普安县志（1999年版）》《〈普安县志〉（民国）点校本》《普安县志（1998—2015）》《中国共产党普安县历史（第一卷　1935—1978）》（初稿）、《普安年鉴》（2007—2013年）的编纂、革命遗址普查等工作的联络、资料收集、档案归集、地情资料的提供等各个方面的服务。

2012年2月，中共中央党史研究室授予她“从事党史工作20年，为党史事业做出贡献”荣誉称号。

陈安宁　男，汉族，1959年8月出生，贵州兴义人，中专文化。

黔西南州工商联副会长、普安县工商联副会长、普安久丰煤矿总经理。

贵州省第十一届人民代表大会代表。

孔祥顺　男，汉族，1960年1月出生，普安县人，1991年6月加入中国共产党，大专学历。

1978年11月至1979年11月，普安县江西坡豆角坪知青。1979年11月至1983年1月，部队服役。1983年1—6月，普安县卫校工作员。1983年6月至1989年4月，普安县就业办工作员。1989年4月至1994年9月，普安县委宣传部科员。1994年9月至1997年1月，普安县矿冶公司党委副书记。1997年1—6月，普安县委宣传部副部长。1997年6月至1998年10月，窝沿乡党委书记。1998年10月至2003年2月，普安县委宣传部部长。2003年2—4月，普安县政府党组成员。2003年4月至2007年8月，普安县政府党组成员、县政府办主任。2007年8月至2010年3月，普安县政府党组成员，县政府办主任、党组书记。2010年3—4月，普安县人大常委会副主任，县政府党组成员，县政府办主任、党组书记。2010年4月，普安县人大常委会副主任。

孔祥顺在担任县政府办主任期间，作为上传下达、指导协调、具体办事的主要领导，从西南成品油管道普安段的建设开始，就对管道的安全保护工作给予很多的关注。在构建政企联动机制、强化安全监管、安全保护宣传、督促检查、隐患排查倾注大量心血，协调处理管道违章占压30多处，组织拆除影响管道安全的房屋及其他设施5处。在处理其他问题中，本着法大于情的理念，扎实工作，尽职尽责地去做好管道安全保卫工作。通过多方的共同努力，西南成品油管道普安段如期顺利建成。

2008年3月，被公安部等11个部委评为2007年整治油气及输油气管道生产治安秩序专项行动先进个人。

黄益良　男，汉族，1960年3月出生于普安县白沙乡卡塘村滑石板组，中共党员，高中文化。

1990年9月至2000年7月，白沙乡小学教师、卡塘村滑石板组组长。2000年9月至2002年1月，白沙乡卡塘村村主任助理、白沙乡卡塘村任教。2002年1月至2004年9月，卡塘村村主任。2004年10月起，卡塘村支部书记。

1997年，黄益良争取当地党委、政府的支持，让滑石板组的水、电、路一并进组。2000年，开办卡塘村小学，解决周边学生入学远难题。制定发展党员总体规划，2012年培养入党积极分子6名，发展预备党员2名，转正党员1名。2013年，带领卡塘村群众种植核桃40公顷，种植烤烟4公顷。带动全村群众发展畜牧业，主要以绿荫滩养殖场、吴家坪养殖场为示范，以点带片全面发展。

2015年10月，被中共贵州省委评为先进个人。

岑天会　女，布依族，1960年6月出生，贵州普安人，高中文化。

2001年9月至2013年11月，窝沿乡窝沿村支部支书。2013年11月起，窝沿乡窝沿社区主任。

贵州省第十一届人民代表大会代表。

付贵林　男，汉族，1962年1月生，四川威远人，1984年7月加入中国共产党，贵州省委党校研究生学历。

1981年9月至1984年1月，兴义市林业局技术员。1984年2月至1986年8月，兴义市泥凼区副区长。1986年8月至1988年10月，兴义市泥凼区区委副书记、区长。1988年10月至1990年8月，兴义市泥凼区区委书记。1990年9月至1996年9月，兴义市政府副市长、党组成员。1996年10月至2002年3月，普安县委副书记、代理县长、县长。2002年3月至2006年12月，黔西南州政府副州长、党组成员。2007年1月至2011年11月，黔西南州委常委、常务副州长、州行政学院院长。2011年12月至2012年7月，黔西南州委副书记、州委党校校长。2012年8月至2014年3月，贵州省发展和改革委员会党组成员、副主任、省扶贫生态移民办公室主任。2014年3月至2015年10月，贵州省有色金属和核工业地质勘查局党委书记、党委委员。2015年10月，贵州省地质矿产勘查开发局党委书记、局长。

王克忠　男，汉族，1962年3月生，大专学历，中共党员。

1980年7月参加工作。曾任普安县盘水粮管所三板桥粮站站长，普安县盘水粮管所副所长、所长、党支部书记，普安县穗丰粮食购销公司副经理兼盘水分公司经理、盘水分公司党支部书记。2007年7

月任普安县盘水粮食购销有限责任公司董事长兼总经理、党支部书记。

1998年，王克忠任盘水粮管所所长时即遇粮食流通体制改革，他发动职工带头自己搬运粮食，凭着苦干、实干加巧干，企业效益大幅度提高，1999—2001年企业实现连续减亏20多万元。随着粮改的逐步深入，王克忠抓住国家西部大开发机遇，扩建盘粮宾馆2600多个平方米，创利税收入180多万元，连续5年每年接纳安排30多人再就业。在国有粮食企业产权制度改革中，王克忠以大局为重，积极参与国有粮食企业改制工作，认购资产总额达700多万元。改制后的企业运转正常，履行和发挥着粮食流通主渠道作用。

2000年5月，被贵州省人民政府授予贵州省劳动模范荣誉称号。

李贵荣　女，满族，1962年12月出生于贵州省兴仁县，中专文化，中共党员。

1984年8月至1995年1月，青山镇医院工作。1995年1月至2006年4月，普安县计划生育指导站站长。2006年4月至2015年1月，普安县人口和计划生育局副局长。2015年1月起，普安县卫生和计划生育局副局长。

李贵荣自参加工作以来，主要从事人口和计划生育的基础理论研究、重大科技攻关、应用研究、新技术和新产品开发等。在工作中深入细致地开展技术服务，为育龄群众计划生育、生殖健康需求积极贡献。

2000年，被中国计划生育协会评为全国计划生育协会先进志愿者。2003年，被国家人口和计划生育委员会评为全国人口和计划生育科技工作先进个人，黔西南州计划生育局评为2002—2003年度全州人口计生系统先进工作者。2005年，被中共贵州省委、贵州省人民政府评为贵州省人口和计划生育先进工作者。

杨　燕　女，汉族，1963年4月生，中学高级教师。

自1980年8月，先后在普安县地瓜镇莲花学校、地瓜中学、普安县第三中学、第二中学、第一中学任教。

杨燕从教多年，无怨无悔，把全部青春献给教书育人事业，汗水浇艳万千花朵。一分耕耘，一分收获。多年的诲人不倦，多年的呕心沥血，得到学生的认可、家长的好评、社会的赞誉。

2005年，被贵州省妇联评为省“三八红旗手”，2008年被全国妇联评为全国“三八红旗手”。

高振敏　男，汉族，山东蓬莱人，1963年7月出生，在职大学学历，1986年7月加入中国共产党。

1983年8月至1985年5月，贞丰县建设局工作员。1985年5月至1987年12月，贞丰县自来水公司副经理。1987年12月至1990年12月，贞丰县自来水公司经理。1990年12月至1992年12月，贞丰县建设局副局长兼自来水公司经理。1992年12月至1995年3月，贞丰县建设局副局长。1995年3—11月，贞丰县者相镇党委副书记。1995年11月至1997年5月，贞丰县龙场镇党委副书记、镇长。1997年5—12月，贞丰县珉谷镇党委书记。1997年12月至2001年11月，贞丰县珉谷镇党委书记、镇人大主席。2001年11月至2003年1月，册亨县人民政府副县长。2003年1月至2011年7月，册亨县委常委、常务副县长。2011年7月至2015年5月，中共普安县委副书记、县长。2015年5月，黔西南州发展和改革委员会党组书记、主任。

贵州省第十二届人民代表大会代表。

支太琼 女，汉族，1964年生，贵州省普安县新店乡烂木桥村人。

1997年烂木桥村两委换届，其丈夫当选为副主任，之后任村支部书记。长期在村里工作，她耳濡目染，掌握了不少政策和知识，于是当起了不是村干部的村干部，积极向广大妇女传达党和国家的方针政策，同时还积极参加农业、农村实用技术的培训，变成了一个地地道道的土专家。引导全村妇女种植烤烟，积极推广科技种植和养殖。使许多妇女有了一技之长，她们有的靠种植烤烟发了家，有的靠养殖致了富。2007年全村党员、干部开展结对帮扶和关爱留守儿童活动，她不是党员，也非干部，但她却用实际行动帮扶贫困户和关爱留守儿童。

2008年被全国农村妇女"双学双比"活动领导小组评为全国农村妇女"双学双比"女能手。

吴应阜 男，汉族，1964年1月生，普安县雪浦乡人，中共党员。

1991年3月至1996年11月，先后任普安县雪浦乡烤烟辅导员、雪浦总支副书记、老地村委会主任；1996年11月至2001年11月，先后任普安县高棉乡人民政府副乡长、党委副书记、乡长；2001年11月任普安县新店乡党委书记；2012年2月至今，普安县民政局局长。

吴应阜是一个勤政廉政、求真务实、谦虚谨慎、扎实肯干的基层干部。特别是走上乡镇领导岗位后，以实干的精神和优良的工作作风带动一方经济的快速发展，赢得广大干部和人民群众的好评，曾多次受到省、州、县等各级各部门的表彰。

2006年7月，中共贵州省委授予他全省优秀党务工作者称号。

谭隆祥 男，汉族，1964年3月出生，普安县人，1992年3月加入中国共产党，本科学历。

1982年9月至1984年9月，龙吟学校教师。1984年9月至1987年8月，贵州广播电视大学黔西南分校电子技术与应用专业学习。1987年8月至1988年8月，兴中中学教师。1988年8月至1993年10月，普安县第二中学教师。1993年10月至2003年10月，普安县教育局科员。2003年10月至2004年3月，窝沿乡党委委员、人民政府副乡长候选人。2004年3月至2006年12月，窝沿乡党委委员、人民政府副乡长。2006年12月至2007年3月，普安县人口和计划生育局副科级干部。2007年3—8月，普安县计划生育协会秘书长。2007年8月至2011年8月，普安县计划生育协会秘书长、县人口和计划生育局党组成员。2011年8—9月，普安县人口和计划生育局党组成员。2011年9—11月，普安县人口和计划生育局党组成员、副科级干部。2011年11月至2013年9月，普安县人口和计划生育局副局长、党组成员。2013年9月至2014年12月，普安县文化体育旅游和广播电影电视局副局长、党组成员。2014年12月，普安县文体广电旅游局副局长、党组成员。

谭隆祥在从事计划生育协会工作期间，全面履行职责，组织宣传相关的法律、政策和优生优育、性与生殖健康、家庭保健等知识，倡导科学、文明、进步的婚育观念和健康的生活方式。组织开展生殖健康咨询、优生优育指导、计划生育家庭帮扶和流动人口服务等，提高群众健康素养和家庭发展能力。做好计划生育困难家庭和特殊家庭的生活、生产、生育扶助和精神慰藉等服务，倾听群众意见，反映群众诉求，维护育龄群众和计划生育家庭合法权益。

2010年12月，被中国计生协会评为先进个人。

谭龙焱 男，汉族，1964年7月生，贵州普安人，中共党员。

1983年7月至1985年11月在兴仁县水电局工作；1985年11月调普安县政府办公室工作，先后任秘书、科长；1993年6月调普安县窝沿乡任乡长助理；1997年任普安县文化体育广播电视局副局长。

1997年以来，普安县广播电视发展迅猛，一方面是国家下达年度发展指标，另一方面是群众积极自觉发展，三是国家在实行西部大开发中实施的“村村通广播电视工程”。谭龙焱作为广文体广电局的分管领导，从材料的组织到建站安装，带领职工足迹遍布14个乡镇。5年多来，先后完成建站任务200余座，使普安县电视人口覆盖率从1997年的50%提高到90%以上。

谭龙焱作为广播电视行政执法人员，率领其他执法队员，先后到楼下、青山、罗汉、三板桥、盘水、窝沿等乡镇，在宣传《广播电视管理条例》的同时，对违反广播电视管理条例安装的地面卫星收转站进行清理整顿，5年来共整顿查处了50余座，补办证照30余家。

2000年11月被国家广播电影电视总局评为1996—2000年广播影视系统“三五”法治宣传教育先进个人。

柏连忠　男，布依族，1965年1月出生，贵州普安人，大专文化。

1984年10月至1988年1月，青山供销社工作员。1988年1月至1994年1月，普安县烟草局工作员。1994年1月至1997年6月，普安县烟草局生产股副股长。1997年6月至1999年12月，普安县烟草局专卖股股长。1999年12月至2002年1月，普安县烟草局综合办公室主任。2002年1月至2016年12月，盘水烟叶站站长。

贵州省第九届人民代表大会代表。1999年，贵州省烟草局评为先进管理工作者。

保定荣　男，回族，1965年1月生，普安县盘水镇人，中共党员。

1983年7月至1991年2月在普安县水利局工作，任水利工程技术员、科员（其间：1990年3月至1993年3月任政协普安县第三届委员会委员）；1991年2月起在普安县农业办公室工作，任农村经济管理股股长（其间：1993年3月至1998年3月任政协普安县第四届委员会委员、1995年10月至1999年12月贵州大学自学考试行政管理专业毕业）。

保定荣在普安县农业办公室，主要从事基本农田建设及配套小水池建设、农民技术培训、社会主义新农村建设等业务工作。多年来，他严格要求自己，坚持拥护和贯彻党和国家的各项方针政策，廉洁自律，克己奉公，认真做好各项业务工作和农办党支部组织委员的党务工作，得到组织和同事的好评。

1998年2月被贵州省人民政府评为全省坡改梯工作先进工作者。

李真平　男，苗族，1965年2月出生，普安盘水人，1995年6月加入中国共产党，本科文化。

1985年8月至1992年6月，普安县城乡建设环境保护局工作员；1992年6月至1994年9月，普安县城乡建设环境保护局排污监理站副站长；1994年9月至1997年6月，普安县建设局综合股股长；1997年6月至2001年11月，普安县建设局副局长；2001年11月至2012年8月，普安县环境保护局副局长；2012年8月，普安县环境保护局党组成员、正科级干部。

李真平自参加工作以来，一直战斗在环境保护工作战线上，一生致力于环境保护。特别是在环境保护信访工作中，以精良的业务、细致的服务、周到的解答，成功地处理了多起困扰群众生态环境保护的问题，成绩较为突出。

2010年3月，被评为全国环境信访工作荣誉工作者。

农文海　男，布依族，1965年2月出生，贵州贞丰人，1988年7月加入中国共产党，在职研究生学历。

1983年9月至1987年2月，贵州省贞丰县二中教师、校团总支书记。1987年2月至1990年12月，贞丰县政协办公室工作员（1988年9月至1990年7月，贵州省委党校党的学说与党的建设专业学习〈脱产本科〉）。1990年12月至1992年8月，贞丰县政协办公室科员（其间：1991年1月至1992年9月，抽调贞丰县社教办工作）。1992年9月至1994年8月，贞丰县委宣传部科员。1994年8—11月，贞丰县委宣传部副局级理论教员（其间：1994年3—11月，贞丰县平街乡科技扶贫工作队队长）。1994年11月至1997年3月，黔西南电视台副主任科员、记者（其间：1996年11月至1997年3月，借调州政府办公室工作）。1997年3—8月，黔西南州政府办公室副科级干部。1997年8月至1999年12月，黔西南州政府办公室副主任科员。1999年12月至2002年5月，黔西南州政府办公室业务四科副科长。2002年5月至2005年8月，黔西南州政府办公室秘书一科科长。2005年8—11月，黔西南州政府办公室副主任、党组成员、秘书一科科长。2005年11月至2007年4月，黔西南州政府办公室副主任、党组成员。2007年4月至2010年12月，黔西南州政府副秘书长、州政府办公室党组成员（其间：2010年7月至2010年12月，黔西南州驻晴隆县农村党建扶贫工作队队长、挂任晴隆县委常委）。2010年12月至2011年11月，望谟县委常委、县政府副县长。2011年11—12月，望谟县委副书记、县政府副县长、代县长。2011年12月至2015年1月，望谟县委副书记、县长。2015年1月至2015年9月，普安县委书记。2015年9月，普安县委书记，县工业园区党工委书记（兼）。

胡书明 男，1965年11月生，1987年8月参加工作，中国工商银行普安支行办公室主任兼保卫股长。

从1995年起，胡书明就从事全行的安全管理工作。为抓好此项工作，保证普安支行各项业务工作的顺利开展，保障国家财产和职工的生命安全，积极投身消防事业，认真贯彻消防法规，服从消防主管部门的管理，认真履行工作职责，落实好消防工作的管理，搞好消防安全防范工作。消防安全管理措施落实到位，各要害部位安全消防设施配置齐全，各部门认真履行安全消防职责，普安支行连续6年无火灾、无爆炸、无雷击的好成绩，受到上级行和消防部门的多次表彰。

2001年12月被贵州省人民政府评为全省消防工作先进个人。

解传才 男，汉族，1966年5月生，云南通海人，大学学历，中共党员，上校。

1983年9月参军。曾任合肥炮兵学院学员，炮兵某部排长（副连职）、副政治指导员、政治指导员，某集团军团政治处干事、股长，团政治处副主任、主任、副政治委员，某集团军炮兵团副政治委员，望谟县人武部政治委员等职。2005年3月任普安县人武部部长。

1995年12月荣立三等功一次；2007年12月被贵州省军区评为“军事训练”先进个人。

沈吉先 男，汉族，1966年12月出生，普安县人，1997年8月加入中国共产党，本科学历。

1983年2月至1986年7月，普安县政府招待所工作人员。1986年7月至2003年7月，普安县政协工作人员。2003年7月至2004年10月，普安县政协科教委办公室副主任。2004年10月至2011年9月，普安县政协科教委办公室主任。2011年9月，任普安县政协机关副主任科员。

沈吉先长期在普安县政协机关工作，负责做好相关的各项工作。在担任科教委办公室副主任、主任、副主任科员期间，重点从事政协文史资料的收集、挖掘、整理。

2009年7月，政协全国委员会办公厅、全国政协文史和学习委员会在纪念人民政协文史资料工作50周年之际，向在此岗位工作20年以上的文史工作者颁发荣誉证书，沈吉先获得该殊荣。

张盛琦　男，汉族，1967年7月出生，贵州省普安县三板桥镇人，1987年4月加入中国共产党，大学学历。

1985年9月至1989年3月，普安县三板桥小学教师。1989年3—7月，普安县盘水区九峰乡工作员。1989年7月至1990年12月，普安县盘水区九峰乡武装部长。1990年12月至1993年7月，普安县盘水区团委书记（其间：1991年9月至1993年7月，黔西南州委党校行政管理专业学习〈脱产大专〉）。1993年7月至1994年3月，普安县三板桥镇政府办公室主任。1994年3月至1995年11月，普安县三板桥镇副镇长。1995年11月至1996年1月，普安县三板桥镇党委副书记（主持镇政府工作）。1996年1月至1998年10月，普安县三板桥镇党委副书记、镇长。1998年10月至2001年11月，普安县窝沿乡党委书记。2001年11月至2003年2月，普安县房地产管理局局长。2003年2月至2011年9月，普安县人民政府副县长。2011年9—12月，普安县政协党组书记。2011年12月，普安县政协主席、党组书记。

陈明义　男，布依族，1968年2月出生于贵州省普安县青山镇，中共党员，大专文化。

1990年8月至1992年1月，青山区金塘乡政府工作员。1992年1月至1995年6月，青山镇金塘总支办事员。1995年6月至1996年5月，青山镇下节河村支部书记。1996年5月至1997年12月，青山镇金塘总支部办事员。1997年12月至2004年7月，青山镇副股级司法助理员。2004年7月起，普安县司法局青山司法所所长。

陈明义牢记宗旨、信念坚定，忠诚履行司法行政职责使命；扎根基层、为民服务，自觉践行党的群众路线；积极进取、敢于担当，努力创造一流业绩；勤政廉洁、无私奉献，始终保持艰苦奋斗的优良作风。

2015年11月，被国家司法部评为全国模范司法所长。

颜　涛　女，汉族，1968年7月出生，贵州普安人，1996年10月加入中国共产党，本科文化。

1989年8月至1991年8月，普安县三板桥学校教师。1991年8月至2006年10月，普安县第三中学教师。2006年10月起，普安县第二中学办公室主任（中小学高级教师）。

颜涛在教学中，善于总结后进生与优等生的心理状况，鼓励后进生增强信心。在课堂上想方设法调动学生的学生积极性，采取小组学习竞赛法，注重学生能力的培养和素质的提高。担任普安县第二中学办公室主任后，早上班晚下班、没有休息日是真实写照，虽患上严重颈椎病、胃病依然坚守岗位，高质高效保证学校的一切运转。廉洁奉公，严格执行公务接待标准、物品采购制度。拟定《普安二中岗位竞聘方案》《普安二中教职工在岗工作考核方案》（试行）、《普安二中奖励性绩效工资计发实施方案》（暂行）、《普安二中职称评审推荐方案》（试行）等一系列实施方案，经教职工代表大会讨论通过，为全体教职工提供公平、公正、公开的工作平台。参与指导学校教研工作，“十二五”重点科研课题《作文批改与教学生学会修改作文》经国家级课题组专家委员会审核验收结题。

2001年9月，被黔西南州人事局、教育局评为州级优秀班主任。2014年9月，被教育部评为全国优秀教师。

蒋文飞　女，汉族，1968年10月出生，贵州普安人，本科文化。

1986年8月，德依乡小学教师。1998年9月至1999年10月，雪浦乡小学教师。1999年10月起，青山镇妇联主席。

贵州省第九届人民代表大会代表。

徐珍荣 男，汉族，1968年12月生，贵州普安人，大专学历，中共党员。1992年8月至1997年10月在普安县三板桥镇财政所工作；1997年10月调普安县财政局工作；2003年1月调普安县会计核算中心工作，先后任会计核算股副股长、资金股股长。

2001—2002年，抽调到县农村税费改革领导小组办公室工作，积极参加对土地、常年产量等农村税费改革指标的调查、录入、上报等工作。

2005年8月被中共贵州省委、省人民政府评为贵州省2001—2005年农村税费改革试点工作先进工作者。

桂宝璞 女，回族，1968年12月出生于普安县青山镇，大学文化，中共党员。

1988年3月至1992年9月，青山区新田乡、德依乡从事计生专干工作。1992年10月至1999年2月，青山镇人民政府工作。1999年2月至2015年1月，普安县人口和计划生育局工作。2015年1月—12月，普安县卫生和计划生育局工作。

桂宝璞在普安县卫生和计划生育局工作期间，经常下乡走村串户为育龄群众排忧解难，全心全意为广大育龄群众服务，耐心细致为育龄人员讲解有关计划生育政策和为计生贫困户寻找脱贫之路。

2003年12月，被国家计生协会评为计生协会先进志愿者。2004年，被贵州省人口计生委、贵州省人事厅评为全省人口计生系统抗击非典工作先进个人。2008年，被贵州省人口和计划生育委员会评为《人口与家庭》统一采编、分发、使用工作先进个人。

罗　敏 女，布依族，1968年12月生，贵州省普安县人，大学学历，高级农艺师，民盟盟员。

1987年7月至1989年12月分别在普安县农业局、土地管理局任技术员。1989年12月调入黔西南州农业局土肥站，先后任助理农艺师、农艺师、高级农艺师，州农业局土肥站副站长、站长，民盟黔西南州科技支部主委，民盟黔西南州委委员，民盟黔西南州委秘书长、组织部长等职务。黔西南州第一届、第六届政协委员，第六届政协常委，兴义市第六届人大代表。

罗敏从2000年以来共参与办农业实用技术培训班500多场，发放自编技术资料2万多份，办各种示范点201个，其中水稻、玉米和小麦等粮食作物示范点125个，马铃薯、油菜、薏仁米、早熟蔬菜等经济作物示范点76个，为黔西南州农业可持续发展、农民增产增收，做出积极的贡献。在盟务工作中，认真履行参政议政和民主监督职能。她带领下的民盟科技支部多次受到表彰，获得2008年度、2009年度民盟州委先进支部和2009年度民盟省委先进支部。

2006年被国家农业部评为测土配方施肥先进个人；2008年1月被全国妇联、全国农村妇女双学双比竞赛活动领导小组评为全国农村妇女"双学双比"活动先进工作者；被中共黔西南州委、州人民政府授予黔西南州第四批优秀科技人才称号。

李忠贵 男，汉族，1969年2月生，普安县青山镇三街二组人。

1994—1997年，在普安县青山电力公司楼下供电所工作；1998年至2004年7月，在普安县青山电力公司用电科工作；2004年8月调普安县青山电力公司线路管理所工作。

李忠贵同志15年来工作在基层一线，为电力事业默默奉献，无怨无悔。从担任线路班班长以来，他切实履行组织赋予的神圣职责，忠于职守，不畏艰险，努力完成每一项任务。在2008年的50年一遇的冰灾面前，他不分昼夜，克服万难，冲锋在前，对工作的热爱，更是对"主动承担社会责任"的最佳诠释，在平凡的岗位上创造出不平凡的业绩。

2008年4月，被中共贵州省委、省人民政府评选为抗凝冻保民生工作先进个人。

李如晴　男，布依族，1969年9月出生，贵州安龙人，1993年12月加入中国共产党，大学法学学士、工程硕士。

1990年8月至1991年10月，安龙县委办公室工作员。1991年10月至1993年4月，安龙县委办公室科员。1993年4月至1994年10月，共青团安龙县委副书记。1994年10月至1997年4月，共青团安龙县委书记。1997年4月至1999年5月，共青团黔西南州委副书记（其间：1998年6月至1998年12月，挂职任江苏省红豆集团公司总经理助理）。1999年5月至2001年11月，共青团黔西南州委副书记、州青年联合会副主席（其间：2000年12月至2001年11月，抽调任黔西南州“学教办”副主任）。2001年11月至2002年5月，晴隆县委常委、组织部部长。2002年5—11月，晴隆县委副书记、组织部部长、党校校长。2002年11月至2008年1月，晴隆县委副书记、党校校长（其间：2007年3—9月，挂职任天津市汉沽区区委书记助理）。2008年1—5月，普安县委副书记、副县长、代理县长。2008年5月至2011年4月，普安县委副书记、县长。2011年4—8月，普安县委书记、县长。2011年8月至2015年1月，普安县委书记。2015年1—2月，政协黔西南州委员会党组成员、办公室主任。2015年2月，政协黔西南州委员会党组成员、秘书长、办公室主任。

刘国松　男，汉族，1969年10月生，贵州普安人，大专学历。

1987年10月至1990年12月，在35601部队服役；1991年4月至2003年3月在普安县财政局工作，先后任普安县财政局农业股副股长、股长；2007年4月，任普安县财政局副局长。

刘国松自1991年从部队转业分配到县财政局工作以来，热爱本职工作，爱岗敬业，勤于学习本职业务知识；努力钻研业务，积极主动地开展本职业务工作，服务领导安排，创造性地完成各项工作任务。

2005年8月被中共贵州省委、省政府评为贵州省2001—2005年农村税费改革试点工作先进工作者。

谭代宽　男，汉族，1969年11月出生，普安县新店镇烂木桥村人，中共党员，贵州省委党校研究生。

1990年8月至1993年4月，普安县国土局工作员。1993年4月至1995年6月，楼下镇国土所工作员。1995年6月至1997年9月，楼下镇国土所所长。1997年9月至1999年10月，楼下镇副镇长、国土所所长。1999年11月至2001年2月，楼下镇副镇长。2001年2—11月，罐子窑镇党委副书记、镇长。2001年11月至2002年1月，罐子窑镇党委书记、镇长。2002年1月至2006年8月，罐子窑镇党委书记、人大主席。2006年8—12月，罐子窑镇人大主席。2006年12月至2007年2月，普安县政协正科级干部。2007年2月至2010年4月，普安县文体广电局局长。2010年4月至2014年12月，普安县文化体育旅游和广播电影电视局党组书记、局长。2014年12月至2015年11月，普安县文体广电旅游局党组书记、局长。2015年11月起，普安县市场监督管理局党组书记、局长。

在普安县文体广电旅游局工作期间，负责全县广播电影电视安全播出监督管理，以安全播出为前提，做到系统严密、管理严明，认真履行安全播出主体责任。在中共十七大播出期间，为了让全县人民都能收听收看到十七大盛况，始终紧紧依靠县委、县人民政府和上级主管部门，团结全局人员，精心组织、扎实工作，一手抓卫星广播电视接收设施转星工作，一手抓安全播出工作，确保党的十七大安全播出任务的圆满完成。

1996年，获国家土地管理局三等奖表彰。2008年8月，获国家广电总局授予党的十七大安全播出三等奖。2011年10月，被黔西南州委、黔西南州人民政府评为承办第六届贵州旅游产业发展大会先进个人。2012年5月，被黔西南州委、黔西南州人民政府评为黔西南布依族苗族自治州建州30周年庆祝活动先进个人。

毛仕诚 男，布依族，1969年12月出生，贵州贵阳人，1990年10月加入中国共产党，大学学历。

1988年7—8月，毕业待分配。1988年8月至1991年2月，贞丰县鲁贡区者冗小学、鲁贡中心小学教师。1991年2月至1994年8月，贞丰县委离退休干部工作局工作员（其间：1992年9月至1994年7月，贵州大学管理科学系政治管理专业学习〈脱产大专〉)。1994年8月至1995年3月，贞丰县关心下一代工作委员会办公室副主任。1995年3月至1996年2月，贞丰县鲁贡镇党委组织委员。1996年2月至1997年10月，贞丰县鲁贡镇党委副书记、组织委员。1997年10月至1998年11月，贞丰县鲁贡镇党委书记。1998年11月至2003年2月，贞丰县鲁贡镇党委书记、人大主席。2003年2月至2011年9月，贞丰县政府副县长（其间：2004年4—9月，挂职任天津市西青区区长助理）。2011年9月至2013年3月，晴隆县委常委、县政府副县长。2013年3月至2014年8月，晴隆县委常委、县政府副县长、县行政学校校长。2014年8—9月，安龙县委副书记。2014年9月至2015年5月，安龙县委副书记、县委党校校长。2015年5—6月，普安县委副书记、副县长、代理县长。2015年6—9月，普安县委副书记、县长。2015年9月，普安县委副书记、县长，县工业园区党工委副书记、管委会主任（兼）。

费悲鹏 男，布依族，1969年12月生，普安县地瓜镇人，大专学历，中共党员。

1988年12月在普安县岗坡乡政府参加工作。1993年7月后在普安县地瓜镇先后任团委书记、人大秘书、银杏集团负责人；1998年10月在普安县新店乡工作，任党委宣传委员、副乡长；2006年7月任普安县楼下镇纪委书记。

费悲鹏在地瓜镇工作期间，利用当地银杏资源优势，把银杏作为主要产业来抓。按照团省委提出的“开发上山、开放出山、实业兴团、实力助团”的工作思路，紧紧围绕带领农村青年脱贫致富奔小康为目的，成立地瓜镇绿色开发集团，任集团负责人，走山区农业综合开发扶贫致富路。经过几年的艰辛和努力，截至1997年底，万亩银杏全面种植完成，比原计划提前3年。此外，1996年底还率领广大青年团员种植666.67公顷杜仲及其他经济果林。

1998年5月、8月，分别被团中央、国家科委和团省委、省科委授予全国青年星火带头人标兵称号和全省青年星火科技带头人称号。

孙彦隆 男，汉族，1970年1月出生，普安县地瓜镇人，本科文化，中共党员。

1991年8月至1994年4月，普安县计划委员会工作员。1994年4月至1999年3月，普安县计划统计局办事员。1999年3月至2002年12月，普安县统计局科员。2002年12月至2007年12月，普安县统计局办公室主任。2007年12月至2012年11月，普安县统计局纪检组长。2012年11月至2015年12月，普安县统计局副局长。

从事统计工作20多年，他一直以坚定的信念和无言的行动，为普安统计事业做出突出贡献。在第五、六次全国人口普查，第二次全国农业普查，第一、二、三次经济普查期间，均任县普查办主任，主要负责全县普查工作的统筹协调、安排部署，业务指导，县普查办的筹建等工作。对业务工作认真负责、一丝不苟，常常深入到乡镇指导基层统计建设工作，到相关企业调研，核查上报数据。撰写反映县域经济发展动向和趋势的统计分析，组织编写《全县国民经济和社会发展统计公报》《领导干部统计手册》，历次普查资料等，用翔实的统计数据反映全县经济、社会发展现状；围绕县委、县政府不同时期工作重点及社会广泛关注的热点问题，深入开展调查研究，为全县经济发展建言献策。

2006年4月，被国家统计局评选为2001—2005年统计法制宣传教育工作先进个人。2008年4月，被国务院第二次全国农业普查领导小组、国家统计局评选为第二次全国农业普查先进个人。

朱恩江 男，汉族，1970年9月生，大专学历，小学高级教师，中共党员。

曾任普安县新店乡花月小学、地瓜镇下厂河小学、罗汉乡罗汉小学教师；2001年12月任普安县罗汉乡教育辅导站工会主席。

朱恩江在“两基”工作中，勤于思考，勇于探索，认真负责，特别是在2004年的攻坚期间，严格执行“两基”按月推进表，从不分“上下班”“双休日”“节假日”。由于他的努力，带动各校业务人员及全体教师共同努力，加上乡党委政府的高度重视，罗汉乡的“两基”工作顺利通过省人民政府的验收。

2006年6月，中共黔西南州委授予他“全州优秀共产党员”称号。同年，中共贵州省委、贵州省人民政府授予他全省“两基”攻坚工作先进个人称号；被中共黔西南州委、州人民政府评选为黔西南州第四批优秀科技人才。

李永明 男，回族，1970年12月出生，普安县南湖街道人，本科文化，中共党员。

1989年8月至2003年8月，普安县人民医院外科住院医师，2003年8月至2014年10月，先后任普安县人民医院外科副主任、外一科副主任、外一科主任，外科大主任（总管外一、外二科管理工作），医务科副主任、创甲办副主任、医务科主任，分管医疗质量与安全管理工作。2014年10月至2015年12月，普安县中医院副院长。长期从事骨科临床工作，曾先后多次到贵阳医学院附属医院、解放军第175医院等医疗机构骨科临床进修学习。具有丰富的临床工作经验，擅长脊柱、关节置换、复杂创伤骨折及脱位、骨病等治疗。有医学论文《锁骨外侧锁定钢板治疗锁骨远端骨折分析》发表于《健康必读》2013年第6期。

2006年10月，被中国人民解放军总后勤部、卫生部评选为军队医院支援西部地区医院工作（2001—2006）先进个人。

杜增广 男，黎族，1971年9月生，贵州普安人，大学学历，中共党员。

1992年8月至2000年3月，在普安县地瓜中心卫生院工作任医士、医师、副院长；2000年4月至2002年2月，在普安县建设局环境监理站工作；2002年3月调普安县环境资源保护局工作，2004年1月任综合业务股股长。

杜增广始终站在打击环境违法行为活动的第一线，艰苦拼搏，开拓进取，在工作中认真学习和宣传环境资源保护法律法规，做到严格执法，对环境违法行为的查处，本着公正、公平、合理的原则，以事实为依据，以法律为准绳。对群众反映的问题不拖、不推，能办的马上办，暂时不能办理的说明原因。

2005年1月，国家环境保护总局授予他全国打击环境违法行为先进个人荣誉称号；2006年5月，被国家环境保护总局环境监察局评为2005年全国排污费征收工作先进个人。

罗时灿 男，汉族，1971年11月出生，中共党员，楼下镇计卫中心主任。

2006年10月，被中国农村卫生协会评为2006年度全国乡镇卫生院优秀院长。

欧阳昌华 男，汉族，1972年9月出生，普安县楼下镇人，大专文化，中共党员。

1993年7月至1995年5月，白沙乡计划生育服务站工作员。1995年5月至2000年2月，楼下镇计划生育服务站工作员。2000年2月至2005年5月，新店乡计划生育服务站工作员。2005年5月至2015年12月，楼下镇计生服务站站长。

在工作中，遵纪守法，认真贯彻执行党的路线、方针、政策，爱岗敬业，工作任劳任怨，不计较个人得失，严格依法办事，按章操作，无工作责任事故，无违法违纪行为。工作期间，大胆管理，敢于负责，组织下发各种计生宣传工作资料1000余份，参与免费妇科普查普治5000余人次，为全镇6000多名育龄妇女作生殖健康咨询。

2006年6月，被国家人口和计划生育委员会评为全国人口和计划生育科技工作先进个人。

田　维 女，布依族，1972年11月出生，贵州普安人，本科文化。

1995年10月至1998年9月，雪浦乡土管站工作人员。1998年9月至2000年4月，江西坡土管站工作人员。2000年4月至2006年10月，地瓜国土所所长。2006年10月至2015年10月，普安县国土资源局副局长。2015年10月起，普安县委统战部副科长级干部。

贵州省第十届人民代表大会代表。

瓦金龙 男，回族，1973年10月出生，普安县青山镇人，大专文化，无党派人士。

1993年8月至1999年7月，高棉乡人民政府工作员。1999年7月至2008年3月，普安县统计局工作员。2008年3月至2009年6月，普安县统计局科员。2009年6月至2013年5月，普安县统计局普查股股长。2013年5月至2015年12月，普安县统计局业务股股长。

主要从事乡镇计生、统计普查、名录统计、统计执法等工作。在全国第三次农业普查工作期间，身兼多职，并带领农普工作队员勤奋学习、刻苦钻研业务，学习统计期刊，了解最新工作动态及各地区先进经验，并结合普安县农普工作实际，创新农普工作方法。在名录工作与统计执法工作中，按时按要求维护更新目录库，充实名录信息；在统计执法工作中坚持按法律法规办事不徇私枉法，坚持原则。

2012年12月，被国家统计局评选为全国企业“一套表”联网直报先进个人。

瓦　玮 男，回族，1976年9月生，贵州普安人，大学学历，中共党员。自1996年10月一直在普安县公安局工作，曾任禁毒科（大队）副大队长、教导员等职。2008年6月，任普安县公安局法制室主任。

瓦玮在普安县公安局缉毒工作11个年头，始终忠诚于党的公安事业，牢记人民公安为人民的宗旨，爱岗敬业，任劳任怨，无私奉献，以高度的责任感和使命感，把满腔的热血默默地倾注在自己深爱的事业中，用青春和汗水谱写了一位缉毒警察真诚奉献的忠诚之歌，展现了一位一线缉毒警察的本色。

瓦玮在缉毒工作中，3次荣立个人三等功，并多次受到普安县禁毒委表彰和县局嘉奖。2001年2月，被国家公安部评为全国优秀人民警察。

潘永吉 男，汉族，1977年7月生，贵州普安人，大学学历，中共党员。1997年11月至2000年9

月任普安县白沙乡农技站技术员、助理农艺师；2000年9月至2006年7月先后任普安县白沙乡农业服务中心主任、白沙乡安全生产监督管理站站长、保障事务所所长、白水总支负责人；2006年7月任普安县白沙乡党委委员、副乡长。

潘永吉在10年一次的农业普查工作中，他带领普查员，认真宣传，培训，耐心询问。逐项登记，保证数据真实可靠。审核时，他带领农普办人员对各表格一一审核。所有表格都得到上级认可，保质保量接按时完成，使白沙乡农普工作得到国家级表彰。

2008年8月，被国务院第二次农业普查小组和国家统计局评为第二次农业普查先进个人。

蒋颖慧 女，汉族，1981年4月出生，广西桂林人，2002年1月加入中国共产党，研究生。

2004年7月至2005年8月，全国大学生志愿者服务于晴隆县人民检察院。2005年9月至2006年3月，普安县国税局信息中心科员。2006年3月至2007年8月，黔西南州国家税务局办公室工作（上挂）。2007年8月至2008年11月，普安县国家税务局计划征收股工作。2008年11月至2014年11月，普安县国家税务局办公室主任。2014年12月，普安县国家税务局盘水税务分局局长。

蒋颖慧自参加工作以来，致力做好各项工作。2007年，主动申请到办税服务厅工作，时值普安县率先在全州国税系统推行全职能服务窗口建设，她与同事共同实现纳税人所有涉税事宜在一个窗口办理、一次性办结，并把每一项日常涉及的税收业务梳理出操作流程供自己参考和其他办税服务人员借鉴。在税收工作中，她勇于创新，将办理税务登记所需资料设计成名片样式的“办理税务登记提示卡”前置工商登记环节，全面节省纳税人的纳税成本；她秉持用心服务、用情服务的理念，践行预约服务、延时服务，架起与纳税人的“连心桥”，被誉为普安纳税服务的“形象大使”。2008年调整到普安县国税局办公室工作后，她更是亲力亲为做好为领导服务、为职工服务、为纳税人服务的每一件事，一人兼任文秘、出纳、固定资产管理、党总支、妇工委等多岗位工作于一身，各项工作井然有序，多次获得上级组织的肯定。多次评为普安县国税局先进个人、全县百优机关干部、全州国税系统优秀共产党员、感动黔西南国税十佳人物、全省国税系统优秀共产党员，连续4年评为优秀公务员，记三等功1次。

2015年3月，被全国妇联评为巾帼建功女标兵。

陈美荣 女，汉族，1982年7月出生，贵州盘县人，中共党员，本科文化。

2009年9月，罐子窑辣子树红卫小学教师。2014年3月，罐子窑兴中小学教师。2015年12月，兴中镇兴中小学教师。

陈美荣在红卫小学任教后，看到大部分学生胆怯、孤僻、学习成绩较差，于是逐一对全班学生进行家访，全面了解农村教育教学现状。根据每个学生的情况，开展不同形式的教育教学。对经常调皮犯错误的学生，重点进行关心和教育，慎重对待。对有偷摸行为的学生，秘密处理和私下教育，尊重学生的人格与自尊。记下每一个学生的生日，组织全班同学进行庆祝，营造集体观念。对留守学生，进行重点辅导，通过视频通话方式让学生与家长沟通感情，为学生营造健康的心理。将成绩好的与差的学生进行分组，通过一帮一的组团方式和积分制课外阅读管理，提升学生成绩，建立团队意识。联系爱心人士，捐赠图书建立图书室，增强教学资源。深入麻风病患者居住地家访，在麻风病患者居住地吃饭，用实际行动消除群众对麻风病患者及后代的歧视心理和谈“麻”色变的意识。

2011年10月，陈美荣参加贵州省中小学师德论坛并作典型发言。2012年2月，中央电视台记者实地采访陈美荣，其事迹在中央电视台英语新闻频道、国际中文频道报道。2013年4月，贵州省总工会授予她贵州省五一劳动奖章；9月，被贵州省教育厅、贵州省人力资源和社会保障厅评为优秀教师。

2014年9月，被国家教育部评为全国优秀教师。

谭化江 男，汉族，1983年2月出生，普安县罗汉镇人，大学文化，中共党员。

2004年10月至2007年4月，普安县政协办公室工作员；2007年4月至2007年11月，普安县委组织部工作员；2007年11月至2008年3月，地瓜镇政府工作员；2008年3月至2010年3月，地瓜镇政府科技副镇长（其间：2008年3月至2009年3月挂职任贵州省委组织部干部一处〈公务员管理处〉副主任科员）；2010年3月至2012年2月，普安县委组织部部务委员；2012年2—3月，龙吟镇党委副书记；2012年3月至2014年6月，龙吟镇党委副书记、镇长；2014年6—8月，楼下镇党委副书记、龙吟镇人民政府镇长；2014年8月至2015年5月，楼下镇党委副书记、镇长；2015年5—12月，楼下镇党委书记、镇长；2015年12月，楼下镇党委书记。

2012年2月，选派到少数民族人口占总人口的99.2%、苗族人口占总人口96.5%的龙吟镇工作。工作中贯彻落实党的基本路线、方针、政策，执行党的民族政策，遵守国家法律法规。经常深入村组调查了解情况，摸清镇情、村情、组情和民情。把龙吟镇打造成为“中国苗族第一镇”，组织完成《中国苗族第一镇 · 龙吟经济社会发展战略规划》《中国苗族第一镇 · 龙吟文化旅游发展规划》《龙吟镇城镇建设总体规划》《龙吟镇苗族风情商贸街修建性详细规划》《龙吟镇扶贫工作规划（2013—2017）》等工作。重视民族文化宣传、推介，组织印刷《魅力苗乡》宣传册1000册，组织推荐的喇叭苗支系山歌小品剧《生要连来死要连》获得多彩贵州总结赛“银瀑奖”，大花苗《多声部合唱》走进中央电视台《民歌中国》栏目，组织的“中国苗族第一镇”苗族农民合唱队参加首届中国苗族农民合唱艺术大赛获铜奖，同时获2012“昊龙杯”中国首届苗族农民合唱艺术大赛组委会“苗族合唱之乡”和“精神文明奖”。

2013年10月，被中共贵州省委、贵州省人民政府评为贵州省民族团结进步模范个人。

熊　毅 男，汉族，1983年9月出生，盘县老厂人，2008年9月加入中国共产党，本科文化。

2006年11月至2010年9月，盘县老厂镇新盘居委会副支书，“一村一大”。2010年9月至2012年7月，云南司法警官职业学院法律事务专业学习。2012年7月至2015年3月，普安县司法局罗汉司法所任负责人。2015年3—6月，普安县司法局罗汉司法所长兼司法局办公室负责人。2015年6月，驻罗汉镇罗汉村第一书记、普安县司法局罗汉司法所长兼司法局办公室负责人。

2006年，熊毅大学毕业后参加“一村一大”工程，选聘到盘县老厂镇新盘居委会任副支书，参与当地政府调解矛盾纠纷上百起，2008—2009年林业改革期间，参与该居委会林地纠纷调处，表现极为突出。2012年，进入司法行政系统后，积极为党委、政府创造和谐稳定的社会环境，2012年组织调处各类纠纷26起，2013年调处各类矛盾纠纷31件，2014年调处各类矛盾纠纷33件，2015年调处各类矛盾纠纷69起，使罗汉镇的司法行政工作呈现出一片生机，为全镇社会经济发展做出应有贡献。

2015年11月，被贵州省人民政府评为2015年度全省优秀人民调解员。

王　瑶 女，布依族，1988年5月出生，贵州普安人，初中文化。

2004年1月至2006年7月，湄潭百道茶叶有限公司学习茶叶制作。2006年12月至2007年1月，苏州学习刺绣。2007年1月至2008年1月，上海松江区从事水果批发。2008年1月至2009年1月，贵阳从事服装经营。2009年1月，布依人家合作社技术指导。2010年建立福娘茶厂加工合作社为六分厂。

贵州省第十二届人民代表大会代表。

廖德祥　男，畲族，1988年7月生，江西省泰和县人，团员，高中文化，2006年12月入伍，上等兵警衔，武警黔西南州支队普安县中队副班长。

2008年2月10日，中队接到救援电话，称一辆轿车在从兴义返回普安时，在莲花路段被冰雪所困。当时因患感冒正在输液的廖德祥听到中队紧急集合的哨声后，一把拔掉针头，要求参加抢险突击队。他说："现在群众有困难，我这点小病怎么能成为推卸的借口，中队不是经常教导我们轻伤不下火线吗？"中队干部被他的精神所感动，就带上他一道赶往救援现场。看到一个小孩双手冻得发紫，他赶忙脱下手套戴在他手上。当车子在爬一个小陡坡时原地打滑，进退不得，廖德祥急中生智，冒着危险将自己身上的大衣垫在车轮底下，止住了后退的车子。在破冰除冰抢险中，按照中队的分工，2人一组，1人挖撬，1人铲除，每组半个小时一换，但廖德祥坚持自己一人挖撬、铲除。

2007年被武警黔西南支队评为优秀士兵，并受嘉奖一次；2008年3月被武警贵州总队评为学雷锋标兵，同时被中共贵州省委、省人民政府记一等功一次。

人物表

1998—2015年普安县获地厅级表彰先进个人（按受表彰时间排序）表

表21-3-1

姓　名	性别	出生年月	籍贯	政治面貌	文化程度	现（原）工作单位及职务	授予称号	授予单位	授予年月
胡　杰	男	1969.12	贵州盘县	无党派人士	大专	普安县公安局经济犯罪侦察大队民警	打拐先进个人	贵州省公安厅	1998
沈吉元	男	1967.4	贵州普安	中共党员	大专	普安县公安局监察室主任兼纪委副书记	严打整治先进个人	贵州省公安厅	1998
于祖迪	男	1947.3	贵州盘县	中共党员	专科	普安县政协退休干部	全省文化、科技、卫生“三下乡”先进个人	中共贵州省委宣传部、科委、农业厅、文化厅、广播电视厅、卫生厅、计划生育委员会、新闻出版局、科协、团省委	1998.6
杨志勇	男	1967.11	四川叙永	中共党员	本科	普安县工商联党组书记、副主席，普安县委统战部副部长	1999—2000年人民满意的司法行政干警	贵州省司法厅	2001.2
曾明祥	男	1968.12	四川宜宾	中共党员	本科	普安县总工会党组书记、副主席	2000年度全州统战工作先进工作者	中共黔西南州委、黔西南州人民政府	2001.6
黄兆熙	男	1969.5	贵州普安	中共党员	大学	普安县工业贸易和科学技术局	优秀党务工作者	中共黔西南州委员会	2001.7
陈明义	男	1968.2	贵州普安	中共党员	大专	普安县司法局青山司法所所长	1999—2000年度人民调解先进个人	黔西南州人民政府	2001.8
谭龙淼	男	1967.8	贵州普安	中共党员	大专	普安县司法局政工科长	“三五”普法依法治理工作先进个人	中共黔西南州委、黔西南州人民政府	2001.8
陈美光	男	1968.8	贵州普安	中共党员	大专	普安县文体广电旅游局文物局局长	全省村村通广播电视工程建设先进个人	贵州省广播电视局、贵州省发展计划委员会	2001.11
余昌龙	男	1970.10	贵州普安	中共党员	本科	普安县公安局经济犯罪侦察大队教导员	省级优秀责任区民警	贵州省公安厅	2002

续表21-3-1

姓　名	性别	出生年月	籍贯	政治面貌	文化程度	现（原）工作单位及职务	授予称号	授予单位	授予年月
孙　谦	男	1974.11	贵州普安	中共党员	本科	中共普安县第五纪工委书记、县纪委派驻县教育局纪检组长、江西坡镇民生监督组组长	全州2002年扩大农村税费改革试点工作先进个人	中共黔西南州委、黔西南州人民政府	2002.12
罗方平	男	1966.8	贵州普安	中共党员	本科	普安县公安局党委委员、副局长	贵州省优秀青年卫士	贵州省团省委	2003
景　玲	女	1960.9	山东莱芜	中共党员	大专	普安工行副行长	“管理女模范”	中国工商银行股份有限公司贵州省分行	2003.3
张仕琨	男	1959.6	贵州普安	中共党员	本科	普安县卫生和计划生育局副处级	黔西南州“非典”防治工作先进工作者	中共黔西南州委、黔西南州人民政府	2003.8
张　艳	女	1974.12	贵州普安	中共党员	大专	普安县卫生和计划生育局医政医管股负责人	黔西南州“非典”防治工作先进工作者	中共黔西南州委、黔西南州人民政府	2003.8
刘　江	男	1969.8	贵州普安	中共党员	本科	普安县人民医院党委书记、院长	黔西南州“非典”防治工作先进工作者	中共黔西南州委、黔西南州人民政府	2003.8
安　垚	男	1974.11	贵州普安		中专	楼下镇城管站站长	黔西南州“非典”防治工作先进个人	中共黔西南州委、黔西南州人民政府	2003.8
罗时灿	男	1971.11	贵州普安	中共党员	中专	楼下镇计卫中心主任	黔西南州“非典”防治工作先进工作者	中共黔西南州委、黔西南州人民政府	2003.8
李　贤	男	1972.9	贵州普安	中共党员	本科	盘水街道党工委书记	抗击“非典”先进个人	中共贵州省委组织部、贵州省人事厅、贵州省卫生厅	2003.9
李　贤	男	1972.9	贵州普安	中共党员	本科	盘水街道党工委书记	计划生育协会先进工作者	贵州省计划生育协会	2004.1
刘　毅	男	1976.10	贵州普安	中共党员	本科	楼下镇党委委员、人大主席	争做育龄群众贴心人活动先进个人	贵州省人口计生委、省人事厅、省民政厅	2004.10
舒腾学	男	1964.3	贵州普安	中共党员	本科	普安县卫生和计划生育局主任科员	全省人口计生系统作风建设先进个人	贵州省人口和计划生育委员会	2004.11
陈明义	男	1968.2	贵州普安	中共党员	大专	普安县司法局青山司法所所长	贵州省司法行政系统人民满意的司法助理员	贵州省司法厅	2004.12
张金绿	男	1964.4	贵州普安	中共党员	初中	楼下镇堵嘎村支部书记	2004—2005年十星级文明户	中共黔西南州委、黔西南州人民政府	2005

续表21-3-1

姓名	性别	出生年月	籍贯	政治面貌	文化程度	现（原）工作单位及职务	授予称号	授予单位	授予年月
田有才	男	1977.9	贵州普安	中共党员	本科	普安县史志办公室主任	2004年度全省党委系统优秀信息员	中共贵州省委办公厅	2005.3
梅再发	男	1964.9	贵州遵义	中共党员	本科	普安县农业局高级农艺师、普安县农业资源区划办负责人	2004年度全省农广校系统先进工作者	贵州省农民科技教育培训中心、贵州省农业广播电视学校	2005.3
朱琨	女	1963.8	贵州普安	中共党员	专科	普安县国家保密局局长	贵州省“四五”保密法制宣传教育先进工作者	中共贵州省委保密委员会办公室、贵州省国家保密局、贵州省依法治省工作领导小组办公室	2005.11
梅再发	男	1964.9	贵州遵义	中共党员	本科	普安县农业局高级农艺师、普安县农业资源区划办负责人	贵州省跨世纪青年农民科技培训工程办公室先进个人	贵州省农业厅、贵州省农业厅科技教育处	2005.11
康元英	女	1973.9	贵州普安	中共党员	本科	中共普安县委宣传部副主任科员	全省妇联系统“四五”普法先进个人	贵州省妇女联合会	2006.1
田有才	男	1977.9	贵州普安	中共党员	本科	普安县史志办公室主任	2005年度全省党委系统优秀信息员	中共贵州省委办公厅	2006.2
王金才	男	1966.10	贵州普安	中共党员	本科	普安县审计局局长	全省党政系统机要密码工作二等功	贵州省委办公厅	2006.2
黎俊	男	1962.1	贵州普安	中共党员	本科	普安工行原行长	贵州省分行2005年度中间业务先进个人	中国工商银行股份有限公司贵州省分行	2006.4
韩军	男	1968.9	贵州普安	中共党员	本科	中共普安县纪委正科级干部、县纪委派驻县政法委纪检组长	全州优秀纪检监察干部	中共黔西南州委员会	2006.6
王金才	男	1966.10	贵州普安	中共党员	本科	普安县审计局局长	全省保持共产党员先进性教育活动先进工作者	贵州省委保持共产党先进性教育活动领导小组	2006.7
陈明义	男	1968.2	贵州普安	中共党员	大专	普安县司法局青山司法所所长	黔西南州“四五”普法依法治州工作先进个人	黔西南州委、黔西南州人民政府	2006.9
张金绿	男	1964.4	贵州普安	中共党员	初中	楼下镇堵嘎村支部书记	2006—2007年十星级文明户	中共黔西南州委、黔西南州人民政府	2007
安明方	男	1974.12	贵州普安	中共党员	本科	中共普安县纪委信访室主任	贵州日报优秀通讯员二等奖	贵州日报社	2007.3
刘必能	男	1972.5	贵州普安	中共党员	本科	普安县残联副理事长	全省民政系统先进工作者	贵州省民政厅、贵州省人事厅	2007.5
韩淑慧	女	1967.3	贵州普安	中共党员	本科	普安县残联副理事长	全省妇联系统先进工作者	贵州省人事厅、贵州省妇联	2007.12

续表 21-3-1

姓　名	性别	出生年月	籍贯	政治面貌	文化程度	现（原）工作单位及职务	授予称号	授予单位	授予年月
黄贵兰	女	1968.4	贵州普安	无党派人士	大专	普安工行员工	2007年度优质文明服务标兵	中国工商银行股份有限公司贵州省分行	2008.1
安明方	男	1974.12	贵州普安	中共党员	本科	中共普安县纪委信访室主任	2007年度黔西南新闻宣传奖	中共黔西南州委、黔西南州人民政府	2008.4
李龙金	男	1976.9	贵州普安	中共党员	大专	盘水街道窝沿政务服务中心主任	第二次全国农业普查先进个人	贵州省农业普查领导小组办公室、贵州省统计局	2008.4
余明江	男	1974.8	贵州普安	中共党员	大学	普安县公安局党委委员、副政委	全省公安政治工作先进个人	贵州省公安厅政治部	2008.4
陈其昂	男	1971.9	贵州普安		大专	楼下镇安监站工作员	第二次全国农业普查先进个人	贵州省农业普查领导小组办公室、贵州省统计局	2008.4
田文帮	男	1965.9	贵州普安	中共党员	本科	普安县环保局办公室主任	贵州省环境宣传教育先进个人	贵州省环境保护局	2008.10
邓　峰	男	1971.12	贵州普安	中共党员	大专	普安县疾病预防控制中心主任	抗震救灾医疗卫生先进个人	贵州省卫生厅	2008.11
吕宏高	男	1965.4	贵州普安	中共党员	本科	兴中镇农业综合服务中心主任	黔西南州第四批优秀科技人才	中共黔西南州委员会、黔西南州人民政府	2008.11
保建邦	男	1964.5	贵州普安	中共党员	本科	中共普安县纪委第六纪工委副书记、监察分局局长、县纪委派驻县水务局纪检组长、青山镇民生监督组组长	全州第五次民族团结进步先进个人	中共黔西南州委、黔西南州人民政府	2008.12
余海波	男	1979.6	贵州普安	中共党员	本科	普安县公安局雪浦派出所教导员	2006—2008年度全省公安机关“三基”工程建设先进个人	贵州省公安厅	2008.12
柏连登	男	1971.11	贵州普安	中共党员	本科	普安县文联主席	全州第五次民族团结进步先进个人	黔西南州委、黔西南州人民政府	2008.12
贺浩凌	男	1972.4	贵州普安	中共党员	本科	楼下镇人民政府主任科员	全州第五次民族团结先进个人	中共黔西南州委、黔西南州人民政府	2008.12
胡书明	男	1965.11	贵州普安	中共党员	大专	普安工行纪检专员	保卫工作先进个人	中国工商银行股份有限公司贵州省分行	2009.3
饶吉昌	男	1942.8	贵州普安	中共党员		黔西南州财贸学校退休干部	贵州省关心下一代工作先进工作者	贵州省关工委	2010

续表21-3-1

姓名	性别	出生年月	籍贯	政治面貌	文化程度	现（原）工作单位及职务	授予称号	授予单位	授予年月
王和风	男	1970.10	贵州普安	中共党员	本科	普安县人民法院党组成员、副院长	三等功	贵州省高级人民法院	2010.1
胡书明	男	1965.11	贵州普安	中共党员	大专	普安工行纪检专员	2009年度印章管理先进个人	中国工商银行股份有限公司贵州省分行	2010.3
罗时灿	男	1971.11	贵州普安	中共党员	中专	楼下镇计卫中心主任	黔西南州抗旱救灾工作优秀共产党员	中共黔西南州委	2010.6
吴　祥	男	1978.12—2015.10	贵州晴隆	中共党员	大专	普安县公安局交通警察大队副大队长兼四中队中队长	嘉奖	贵州省公安厅	2011
王金才	男	1966.10	贵州普安	中共党员	本科	普安县审计局局长	2000年度密码工作先进工作者	贵州省委办公厅	2011.1
田有才	男	1977.9	贵州普安	中共党员	本科	普安县史志办公室主任	全省地方志系统先进工作者	贵州省地方志编纂委员会办公室	2011.2
王和风	男	1970.10	贵州普安	中共党员	本科	普安县人民法院党组成员、副院长	全省法院调解能手	贵州省高级人民法院	2011.2
吴朝良	男	1969.4	贵州普安	中共党员	本科	普安县人民法院正科级审判员	全省法院办案能手	贵州省高级人民法院	2011.2
韩　军	男	1985.12	贵州遵义	中共党员	大专	普安县公安局特（巡）警大队副教导员	全省公安优秀教育训练工作者	贵州省公安厅	2011.3
胡书明	男	1965.11	贵州普安	中共党员	大专	普安工行纪检专员	2010年度印章管理先进工作者	中国工商银行股份有限公司贵州省分行	2011.3
陈增凯	男	1971.10	贵州普安	中共党员	大专	普安县司法局副局长	2006—2010年全省普法依法治理先进工作者	贵州省依法治省工作领导小组	2011.5
刘衍贤	男	1959.6	贵州兴仁	中共党员	大专	普安县总工会党组书记、副主席	贵州省“五一劳动奖章”	贵州省总工会	2011.5
康启富	男	1971.12	贵州普安	中共党员	大专	中共普安县纪委第二监察分局副局长、县纪委派驻县统计局纪检组长	全省纪检监察系统先进个人	中共贵州省纪律监察委员会、贵州省人力资源和社会保障厅	2011.6
吕宏高	男	1965.4	贵州普安	中共党员	本科	兴中镇农业综合服务中心主任	黔西南州优秀共产党员	中共黔西南州委员会	2011.7
聂兴龙	男	1968.11	贵州普安	中共党员	本科	普安县教育局教育考试中心主任	贵州省“十一五”（2006—2010年）中小学教师继续教育工作先进管理工作者	贵州省教育厅	2011.7

续表21-3-1

姓　名	性别	出生年月	籍贯	政治面貌	文化程度	现（原）工作单位及职务	授予称号	授予单位	授予年月
曹付能	男	1969.10	贵州普安	中共党员	大专	兴中镇中心校干部	贵州省“十一五”（2006—2010年）中小学教师继续教育工作先进辅导教师	贵州省教育厅	2011.7
柏连登	男	1971.11	贵州普安	中共党员	本科	普安县文联主席	黔西南州优秀党务工作者	中共黔西南州委员会	2011.7
贺浩凌	男	1972.4	贵州普安	中共党员	本科	楼下镇人民政府主任科员	黔西南州优秀党务工作者	中共黔西南州委	2011.7
保定琼	女	1963.9	贵州普安	中共党员	大专	普安县卫生和计划生育局副科级纪检员	贵州省消除燃煤污染氟中毒危害先进个人	贵州省地氟病防治工作领导小组	2011.9
兰俊坤	男	1970.1	贵州普安	中共党员	大专	普安县工业贸易和科学技术局	第六届贵州旅游产业发展大会先进个人	中共黔西南州委、州人民政府	2011.10
谭代宽	男	1969.11	贵州普安	中共党员	研究生	普安县市场监管局局长	承办“第六届贵州旅游产业发展大会”先进个人	黔西南州委、黔西南州人民政府	2011.10
章先才	男	1983.6	贵州盘县	中共党员	大专	普安县公安局情报信息研判大队大队长	全国公安机关主题教育实践活动知识竞赛个人一等奖	公安部宣传局	2011.11
张　坤	男	1960.1	贵州普安	中共党员	本科	普安县残联党组书记	贵州省残疾人工作先进个人	贵州省残联	2011.11
景　玲	女	1960.9	山东莱芜	中共党员	大专	普安工行副行长	2011年三季度“大联动、大营销”活动先进个人	中国工商银行股份有限公司贵州省分行	2011.11
吉　艳	女	1970.10	贵州普安	中共党员	大专	普安县人民医院办公室主任	2010年全省优质护理服务考核优秀个人	贵州省卫生厅	2011.12
黄啸华	男	1980.9	贵州普安	中共党员	本科	普安县公安局党委委员、盘水派出所所长	全省优秀人民警察	贵州省公安厅	2011.12
冯　斌	男	1978.6	贵州普安	中共党员	本科	盘水街道党工委副书记	全省纪检监察系统集中开展领导干部“三访”活动先进个人	贵州省信访工作领导小组（代）、中共贵州省纪委、贵州省监察厅	2012.1
张　驰	男	1979.10	贵州普安	中共党员	本科	楼下镇党委副书记	2009—2011年全省党务系统优秀信息员	中共贵州省委办公厅	2012.2
景　玲	女	1960.9	山东莱芜	中共党员	大专	普安工行副行长	2011年账户营销明星	中国工商银行股份有限公司贵州省分行	2012.2

续表21-3-1

姓名	性别	出生年月	籍贯	政治面貌	文化程度	现（原）工作单位及职务	授予称号	授予单位	授予年月
蒋宪	男	1964.9	贵州晴隆	无党派人士	大专	普安工行员工	2011年柜面业务分流能手	中国工商银行股份有限公司贵州省分行	2012.2
黄焕	男	1977.7	贵州普安	中共党员	本科	中共普安县纪委正科级纪检监察员	黔西南布依族苗族自治州建州30周庆祝活动先进个人	中共黔西南州委、黔西南州人民政府	2012.5
谭代宽	男	1969.11	贵州普安	中共党员	研究生	普安县市场监管局局长	黔西南州布依族苗族自治州建州30周年庆祝活动先进个人	黔西南州委、黔西南州人民政府	2012.5
梅再发	男	1964.9	贵州遵义	中共党员	本科	普安县农业局高级农艺师、普安县农业资源区划办负责人	全省粮食增产工程和粮油高产创建工作先进个人	贵州省农业委员会	2012.6
戎安华	男	1974.8	贵州普安	中共党员	本科	普安县人民医院党委委员、副院长	全州创先争优优秀共产党员	中共黔西南州委员会	2012.7
徐莉芳	女	1964.11	贵州普安	无党派人士	大专	普安县疾病预防控制中心流病科科长	贵州省2011年医疗卫生机构传染病报告管理督导检查先进个人	贵州省疾病预防控制中心	2012.8
孔令云	女	1973.12	贵州普安	无党派人士	本科	普安县科学技术协会副主任科员	贵州省第三届（2010—2011年度）科普工作先进个人	贵州省科学技术协会	2012.8
孔令云	女	1973.12	贵州普安	无党派人士	本科	普安县科学技术协会副主任科员	贵州省科协系统先进个人	贵州省人力资源和社会保障厅、贵州省科学技术协会	2012.8
龚桂英	女	1979.2	贵州普安	无党派人士	本科	中国邮政集团公司贵州省普安县分公司	第三届贵州省敬业奉献道德模范	贵州省文明委	2012.10
刘应刚	男	1965.3	贵州普安	中共党员	大专	中共普安县委党校常务副校长	全省人力资源社会保障系统先进个人	贵州省人力资源和社会保障厅	2012.12
张磊	女	1972.12	贵州普安	无党派人士	大专	普安县人民医院院感科主任	2012年度全国医院感染感染横断面调查先进个人	卫生部全国医院感染监测网、全国医院感染监控管理培训基地	2012.12
张仕珩	男	1971.10	贵州普安	中共党员	本科	普安县公安局网络安全监测大队大队长	通报表扬	贵州省公安厅	2013
潘飞	男	1969.11	贵州普安	无党派人士	大专	普安县史志办公室副主任	2012年度全省统战宣传信息工作先进个人	中共贵州省委统战部	2013.1
刘江	男	1969.8	贵州普安	中共党员	本科	普安县人民医院党委书记、院长	贵州省结核病防治先进个人	贵州省防痨协会	2013.1

续表21-3-1

姓名	性别	出生年月	籍贯	政治面貌	文化程度	现（原）工作单位及职务	授予称号	授予单位	授予年月
景玲	女	1960.9	山东莱芜	中共党员	大专	普安工行副行长	2012年结算与现金管理业务先进个人	中国工商银行股份有限公司贵州省分行	2013.1
陈美光	男	1968.8	贵州普安	中共党员	大专	普安县文体广电旅游局文物局局长	贵州省第三次全国文物普查先进个人	贵州省文化厅、贵州省人力资源和社会保障厅、贵州省文物局	2013.2
黄荣波	男	1983.10	贵州普安	中共党员	本科	贵州省普安县青山派出所所长	优秀驻校民警	贵州省综治委校园及周边治安综合治理专项组办公室、贵州省公安厅治安总队	2013.2
黎俊	男	1962.1	贵州普安	中共党员	本科	普安工行原行长	2011—2012年党风廉政和案件防范工作先进个人	中国工商银行股份有限公司贵州省分行	2013.2
王丽	女	1962.7	贵州普安	中共党员	大专	普安县人民医院退休职工	2012年贵州省“巾帼建功”先进个人	贵州省“巾帼建功”活动协调小组、贵州省妇女联合会	2013.3
刘勇	男	1974.5	贵州普安	无党派人士	本科	普安县人社局劳动监察大队大队长	2012年度劳动保障监察工作先进个人	贵州省人社厅	2013.5
黄荣波	男	1983.10	贵州普安	中共党员	本科	贵州省普安县青山派出所所长	2012年度全省优秀社区民警	贵州省公安厅政治部	2013.6
王佳	女	1970.12	贵州普安	中共党员	初中	普安县青山镇下节河村副主任	最美女村官	中共贵州省委宣传部、贵州省商务厅、贵州省文明办、贵州省中小企业局、贵州省妇联	2013.9
费大益	男	1959.8	贵州普安	中共党员	大专	普安县公安局刑事犯罪侦察大队技术室副科级退休干部	个人二等功	贵州省公安厅	2013.9
赵兵	男	1968.4	贵州普安	中共党员	大专	普安县公安局治安拘留所教导员	生态文明贵阳国际论坛2013年年会安全保卫先进个人	贵州省公安厅	2013.9
贺瑾	女	1968.1	贵州普安	中共党员	本科	普安县环保局副局长	第十一批贵州省绿色学校创建先进个人	贵州省环境保护厅、贵州省教育厅	2013.12
王锦辉	男	1986.6	贵州贞丰	中共党员	本科	普安县人民法院刑庭庭长	全省法院办案能手	贵州省高级人民法院	2013.12
黎俊	男	1962.1	贵州普安	中共党员	本科	普安工行原行长	2013年度“收入目标＋挖潜增收”中间业务竞赛活动先进个人奖	中国工商银行股份有限公司贵州省分行	2014.3

续表21-3-1

姓名	性别	出生年月	籍贯	政治面貌	文化程度	现（原）工作单位及职务	授予称号	授予单位	授予年月
龚桂英	女	1979.2	贵州普安	无党派人士	本科	中国邮政集团公司贵州省普安县分公司	贵州省“五一”巾帼标兵	贵州省总工会	2014.3
龚桂英	女	1979.2	贵州普安	无党派人士	本科	中国邮政集团公司贵州省普安县分公司	贵州省“五一”劳动奖章	贵州省总工会	2014.4
金先春	男	1959.6	贵州普安	中共党员	大专	普安县公安局治安警察管理大队副科级干部	2013年度石油、天然气长输管道安全保护先进个人	贵州省公安厅	2014.5
张荣高	男	1979.9	贵州普安	中共党员	本科	普安县公安局禁毒委员会办公室专职副主任	2013年度全省石油、天然气长输管道安全保护先进个人	贵州省公安厅	2014.5
侯　润	女	1971.12	贵州普安	无党派人士	专科	南湖街道民族希望小学教师	贵州省优秀少先队辅导员	共青团贵州省委、贵州省教育厅、贵州省少工委	2014.7
廖丹凤	女	1982.9	贵州普安	无党派人士	本科	南湖街道民族希望小学副校长	贵州省优秀教师	贵州省教育厅、贵州省人力资源和社会保障厅	2014.9
王家红	男	1984.9	贵州普安	中共党员	本科	南湖街道民族希望小学教师	2014年度优秀教师	中共黔西南州委、黔西南州人民政府	2014.9
张顺琦	男	1973.11	贵州普安	中共党员	大专	普安县青山镇青山小学校长	优秀校长	中共黔西南州委、黔西南州人民政府	2014.9
周　青	女	1983.3	贵州普安	中共党员	本科	普安县青山镇民族中学团委书记	优秀班主任	中共黔西南州委、黔西南州人民政府	2014.9
唐　明	女	1979.3	贵州普安	中共党员	本科	普安县青山镇雪浦小学办公室主任	优秀教师	中共黔西南州委、黔西南州人民政府	2014.9
董　凌	女	1967.4	贵州普安	中共党员	本科	普安县妇联党组书记、主席	2014年度尊师重教先进个人	中共黔西南州委、黔西南州人民政府	2014.9
于　广	男	1982.11	贵州普安	无党派人士	本科	南湖街道民族希望小学教师	贵州省中小学省级骨干教师	贵州省教育厅	2014.11
景尤刚	男	1976.12	贵州普安	中共党员	本科	普安县公安局党委委员、楼下派出所所长	全省执法标兵	贵州省公安厅	2014.11
王才彬	男	1962.7	贵州普安	中共党员	大专	普安县公安局办公室（指挥中心）机要股股长	个人三等功	贵州省公安厅政治部	2015.1

续表21-3-1

姓　名	性别	出生年月	籍贯	政治面貌	文化程度	现（原）工作单位及职务	授予称号	授予单位	授予年月
吴鹏飞	男	1987.8	贵州六盘水	中共党员	大专	普安县公安局龙吟派出所副所长	全省优秀社区民警（个人三等功）	贵州省公安厅	2015.7
王　英	女	1966.10	贵州普安	中共党员	大专	普安县统计局副主任科员	贵州省第一次经济普查先进个人	贵州省第一次经济普查领导小组	2015.7
贺　军	男	1984.4	贵州普安	中共党员	本科	普安县青山镇雪浦中学校长助理兼办公室主任	优秀班主任	中共黔西南州委、黔西南州人民政府	2015.9
金先春	男	1959.6	贵州普安	中共党员	大专	普安县公安局治安警察管理大队副科级干部	2014年度石油、天然气长输管道安全保护先进个人	贵州省公安厅	2015.9
张　将	男	1980.1	贵州普安	中共党员	本科	普安县计划生育协会办公室主任	2015年度《贵州人口》统一采制、分发、使用工作先进个人	贵州省人口信息中心	2015.12

说明：表中空格，系资料失查

1998—2015年普安县选举产生的黔西南州党代会代表表

表21-3-2

姓 名	性别	民族	出生年月	籍贯	政治面貌	文化程度	当选时所在单位及职务	届 次
万高山	男	彝族	1959.9	浙江杭州	中共党员	研究生	普安县委副书记、县长	第五次党代会代表
王金才	男	汉族	1966.10	贵州普安	中共党员	大学	地瓜镇党委书记	第五次党代会代表
王帮翠	女	苗族	1965.10	贵州普安	中共党员	大学	普安县审计局副局长	第五次党代会代表
龙昌旺	男	汉族	1956.10	贵州普安	中共党员	高中	高棉乡冬瓜村党支部书记	第五次党代会代表
李 徽	男	汉族	1964.5	贵州普安	中共党员	大学	三板桥镇党委书记	第五次党代会代表
李冬梅	女	汉族	1972.3	辽宁	中共党员	大学	青山镇民中教师（中学高级）	第五次党代会代表
李本艳	女	苗族	1976.1	贵州普安	中共党员	中专	龙吟镇吟路电力公司职工	第五次党代会代表
李学琼	女	苗族	1964.10	贵州普安	中共党员	大专	普安县医院护士	第五次党代会代表
吴应阜	男	汉族	1963.12	贵州普安	中共党员	大专	新店乡党委书记	第五次党代会代表
张 祥	男	汉族	1966.6	山东	中共党员	大专	楼下镇党委书记	第五次党代会代表
张 强	男	汉族	1954.3	贵州普安	中共党员	中师	普安县直属机关党委书记	第五次党代会代表
张会荣	男	苗族	1959.5	贵州普安	中共党员	大专	普安县党代表工作室主任	第五次党代会代表
张成刚	男	汉族	1960.10	江苏南京	中共党员	大学	普安县委书记	第五次党代会代表
陈太阳	男	汉族	1969.9	贵州普安	中共党员	大学	龙吟镇党委书记	第五次党代会代表
陈建林	男	苗族	1974.12	贵州普安	中共党员	大专	窝沿乡党委书记	第五次党代会代表
林明权	男	汉族	1956.3	贵州遵义	中共党员	大专	普安县委副书记	第五次党代会代表
罗 文	男	汉族	1970.8	贵州普安	中共党员	研究生	罐子窑镇党委书记	第五次党代会代表
罗定超	男	布依族	1966.4	贵州安龙	中共党员	大学	普安县委常委、组织部部长	第五次党代会代表
周荣贵	男	汉族	1959.12	贵州普安	中共党员	大专	普安县水利局副局长（工程师）	第五次党代会代表
项 超	男	布依族	1972.2	贵州普安	中共党员	大学	雪浦乡党委书记	第五次党代会代表
赵显良	男	汉族	1968.9	贵州普安	中共党员	大学	罗汉乡党委书记	第五次党代会代表
胡月红	女	彝族	1976.8	贵州普安	中共党员	大学	普安县公安局政工科组织人事股股长	第五次党代会代表
徐发俊	男	汉族	1960.7	贵州普安	中共党员	大专	江西坡镇党委书记	第五次党代会代表
黄思勇	男	布依族	1975.10	贵州册亨	中共党员	大学	普安县委常委、县纪委书记	第五次党代会代表
黄康国	男	布依族	1969.7	贵州普安	中共党员	大学	高棉乡党委书记	第五次党代会代表
常碧书	男	苗族	1955.11	贵州普安	中共党员	大学	普安县中医院院长（副主任医师）	第五次党代会代表
彭永忠	男	汉族	1945.5	贵州松桃	中共党员	高中	退休干部	第五次党代会代表
韩淑慧	女	布依族	1967.3	贵州普安	中共党员	大学	普安县妇联副主席	第五次党代会代表
蒙万林	男	布依族	1962.8	贵州贞丰	中共党员	大学	普安县委常委、政法委书记、公安局党委书记、局长	第五次党代会代表
谭化成	男	汉族	1959.10	贵州普安	中共党员	研究生	普安县一中校长（中学高级）	第五次党代会代表
谭代武	男	汉族	1969.12	贵州普安	中共党员	大学	盘水镇党委书记	第五次党代会代表
黎为忠	男	汉族	1961.9	贵州普安	中共党员	大专	青山镇党委书记	第五次党代会代表

续表21-3-2

姓　名	性别	民族	出生年月	籍贯	政治面貌	文化程度	当选时所在单位及职务	届　次
戴洪涛	男	回族	1970.11	贵州普安	中共党员	大学	白沙乡党委书记	第五次党代会代表
王金才	男	汉族	1966.10	贵州普安	中共党员	大学	地瓜镇党委书记	第六次党代会代表
刘万虎	男	彝族	1968.10	贵州普安	中共党员	大学	江西坡镇党委书记	第六次党代会代表
牟庆芳	女	汉族	1966.7	贵州安顺	中共党员	大学	普安县委副书记	第六次党代会代表
李如晴	男	布依族	1969.9	贵州安龙	中共党员	大学	普安县委书记	第六次党代会代表
李春芳	男	汉族	1946.1	贵州普安	中共党员	初中	普安县政协原主席	第六次党代会代表
吴应阜	男	汉族	1964.1	贵州普安	中共党员	大学	新店乡党委书记、普兴煤化工业园（普兴城镇集群）管理委员会副主任	第六次党代会代表
岑华斌	男	布依族	1964.7	贵州册亨	中共党员	大学	普安县委常委、县纪委书记	第六次党代会代表
邹永祥	男	汉族	1969.3	贵州普安	中共党员	大学	罗汉乡党委书记	第六次党代会代表
邹诗机	男	汉族	1973.4	贵州普安	中共党员	大学	普安县财政局党组副书记、局长、县会计核算中心主任	第六次党代会代表
张会荣	男	苗族	1958.4	贵州普安	中共党员	大专	普安县信访局党组书记、局长	第六次党代会代表
张建蒙	男	满族	1964.1	内蒙古呼和浩特	中共党员	大学	普安县委党校常务副校长、县职业教育中心主任	第六次党代会代表
张洪洋	男	汉族	1968.3	贵州普安	中共党员	大专	楼下镇党委书记	第六次党代会代表
张家萍	女	彝族	1975.7	贵州兴义	中共党员	大学	三板桥镇党委书记	第六次党代会代表
张普兴	男	汉族	1964.11	贵州普安	中共党员	大专	高棉乡党委书记	第六次党代会代表
陈太阳	男	汉族	1969.9	贵州普安	中共党员	大学	普安县龙吟镇党委书记	第六次党代会代表
武　俊	男	汉族	1967.2	湖北孝感	中共党员	大学	普安县委常委、县委组织部部长、县委党校校长	第六次党代会代表
罗刚贤	男	汉族	1972.3	贵州普安	中共党员	大学	罐子窑镇党委书记	第六次党代会代表
周　进	男	汉族	1972.9	贵州普安	中共党员	大专	盘水镇党委书记	第六次党代会代表
保　波	男	回族	1974.10	贵州普安	中共党员	大学	雪浦乡党委书记、普兴煤化工业园（普兴城镇集群）管理委员会副主任	第六次党代会代表
高振敏	男	汉族	1963.7	山东蓬莱	中共党员	大学	普安县委副书记、县政府代理县长	第六次党代会代表
郭　锐	男	布依族	1969.5	贵州晴隆	中共党员	大学	窝沿乡党委书记、普兴煤化工业园（普兴城镇集群）管理委员会副主任	第六次党代会代表
黄康国	男	布依族	1969.7	贵州普安	中共党员	大学	普安县贸易和科学技术局局长	第六次党代会代表
王　兰	女	仡佬族	1987.7	遵义正安	中共党员	大学	青山镇农业服务中心工作员	第六次党代会代表
邓　晖	女	苗族	1973.7	贵州普安	中共党员	大学	普安县发改局党组成员、节能减排监察大队队长	第六次党代会代表
卢佳惠	女	布依族	1971.9	贵州安龙	中共党员	中专	青山镇中心卫生院副院长	第六次党代会代表
冯　峰	男	汉族	1975.10	贵州普安	中共党员	初中	白沙乡白沙社区党支部书记	第六次党代会代表

续表21-3-2

姓名	性别	民族	出生年月	籍贯	政治面貌	文化程度	当选时所在单位及职务	届次
李倩	女	苗族	1982.11	贵州普安	中共党员	大学	罐子窑镇专职纪委副书记、文化活动中心负责人	第六次党代会代表
李本艳	女	苗族	1976.1	贵州普安	中共党员	中专	吟路电力公司工人	第六次党代会代表
李银雪	男	苗族	1978.12	贵州普安	中共党员	中专	白沙乡党委委员、乡人民政府副乡长	第六次党代会代表
罗玲	女	苗族	1968.12	贵州普安	中共党员	大专	盘水镇第二幼儿园园长	第六次党代会代表
罗其忠	男	布依族	1954.6	贵州普安	中共党员	小学	窝沿乡官田村党支部书记	第六次党代会代表
胡月红	女	彝族	1976.8	贵州普安	中共党员	大学	普安县公安局副科级侦查员、政工科组织人事股股长	第六次党代会代表
柏连登	男	布依族	1971.11	贵州普安	中共党员	大学	地瓜镇党委副书记兼纪委书记	第六次党代会代表

说明：第四次党代会党代表资料失查

1998—2015年普安县选举产生的黔西南州人民代表大会代表（按届次排序）

表21-3-3

姓名	性别	民族	出生年月	籍贯	政治面貌	文化程度	当选时所在单位及职务	届别
支明祥	男	汉族	1960.6	贵州普安	中共党员	初中	江西坡镇人民政府镇长	第四届
韦鸿祥	男	布依族	1933.12	贵州安龙	中共党员	初中	普安县人大退休干部	第四届
邓修宇	男	苗族	1966.1	贵州普安	中共党员	大学	新店乡党委副书记	第四届
孔令琴	女	汉族	1955.9	贵州普安	无党派人士	大专	普安县一中教师	第四届
龙明富	男	黎族	1964.9	贵州普安	中共党员	大专	地瓜镇人民政府镇长	第四届
卢应坚	女	彝族	1953.12	贵州普安	无党派人士	大专	普安县人民医院门诊部、妇产科、内科病房护士长	第四届
付贵林	男	汉族	1962.1	贵州兴义	中共党员	大专	普安县人民政府县长	第四届
杨修隽	男	回族	1955.3	贵州普安	无党派人士	大专	普安县人民政府副县长	第四届
赵兴	男	彝族	1960.8	云南泸西	中共党员	中专	普安县公安局副局长	第四届
龚修明	男	汉族	1952.2	贵州贞丰	中共党员	大专	普安县委书记	第四届
韩利祥	男	汉族	1956.2	山西陵川	中共党员	中专	普安县计划局局长	第四届
吴文星	男	汉族	1953.7	贵州普安	中共党员	大专	普安县委常委、盘水镇党委书记	第四届
李春芳	男	汉族	1946.1	贵州普安	中共党员	初中	普安县委副书记	第四届
杨国林	男	白族	1940.12	贵州普安	中共党员	大学	普安县委副书记、县人大常委会主任	第四届
李跃兴	男	苗族	1953.9	贵州普安	中共党员	初中	龙吟镇人民政府镇长	第四届
潘方霖	男	布依族	1955.12	贵州普安	中共党员	大专	窝沿乡人民政府乡长	第四届
吴应阜	男	汉族	1963.11	贵州普安	中共党员	初中	高棉乡人民政府乡长	第四届
蒋先江	男	汉族	1958.6	贵州普安	中共党员	大专	罐子窑镇人民政府镇长	第四届
常英齐	男	汉族	1949.7	贵州普安	中共党员	初中	青山镇人民政府镇长	第四届
赵显书	女	汉族	1959.7	贵州普安	无党派人士	初中	楼下镇务农	第四届

续表21-3-3

姓名	性别	民族	出生年月	籍贯	政治面貌	文化程度	当选时所在单位及职务	届别
陈　芳	女	汉族	1965.6	贵州普安	无党派人士	高中	盘水镇文笔村妇代会主任	第四届
罗其美	男	汉族	1953.6	贵州普安	中共党员	大专	白沙乡人民政府乡长	第四届
张安理	男	汉族	1954.1	贵州普安	中共党员	初中	罐子窑镇红卫村党支部书记	第四届
张盛琦	男	汉族	1967.11	贵州普安	中共党员	大专	三板桥镇人民政府乡长	第四届
李怀芝	女	苗族	1964.9	贵州普安	无党派人士	初中	龙吟镇排楼村委委员	第四届
刘志勇	男	回族	1956.2	贵州普安	中共党员	大专	罗汉乡人民政府乡长	第四届
朱龙芳	女	汉族	1955.12	贵州普安	无党派人士	中专	普安县畜牧局畜牧兽医师	第四届
李　瑾	女	汉族	1962.9	贵州普安	无党派人士	中专	普安县国土资源管理局用地管理股副股长	第四届
李　辉	男	满族	1951.2	吉林辉南	无党派人士	初中	普安县供电局工作人员	第四届
余祖鹏	男	汉族	1950.10	贵州普安	中共党员	初中	普安县经济贸易局局长	第四届
王实普	男	汉族	1956.10	贵州盘县	中共党员	大专	普安县委常委、盘水镇党委书记	第五届
付贵林	男	汉族	1962.1	四川威远	中共党员	大专	普安县委副书记、县长	第五届
刘万虎	男	黎族	1968.10	贵州普安	中共党员	大学	窝沿乡人民政府乡长	第五届
刘代斌	男	汉族	1957.11	贵州晴隆	中共党员	大学	罐子窑镇人民政府镇长	第五届
刘　坤	男	汉族	1963.3	贵州普安	中共党员	大专	楼下镇党委书记、人大主席	第五届
刘春鸿	男	汉族	1965.11	贵州普安	中共党员	大学	雪浦乡党委书记	第五届
刘冠芬	女	汉族	1954.3	贵州普安	中共党员	高小	青山镇党委委员	第五届
李　季	男	汉族	1955.6	四川	中共党员	大学	普安县矿冶公司工程师	第五届
李国奉	男	苗族	1973.3	贵州普安	无党派人士	大专	龙吟镇人民政府镇长	第五届
李春芳	男	汉族	1946.1	贵州普安	中共党员	初中	普安县人大常委会主任	第五届
李殿云	男	汉族	1926.12	河北唐山	中共党员	高小	普安县政协原主席	第五届
李耀星	男	苗族	1953.9	贵州普安	中共党员	初中	吟路电力公司经理	第五届
吴应阜	男	汉族	1963.1	贵州普安	中共党员	高中	新店乡党委书记	第五届
宋克生	男	汉族	1956.6	贵州普安	中共党员	大专	普安县委常委、副县长	第五届
张治坤	男	彝族	1967.9	贵州普安	中共党员	中专	普安县茶场农艺师	第五届
张　俊	男	汉族	1966.1	贵州普安	中共党员	大专	高棉乡党委书记	第五届
范仕隆	男	汉族	1968.5	贵州普安	中共党员	中专	江西坡镇党委书记	第五届
罗长艳	女	汉族	1959.12	贵州晴隆	无党派人士	中专	普安县人民政府副县长	第五届
罗定超	男	布依族	1966.4	贵州安龙	中共党员	大专	县委常委、组织部部长	第五届
罗静坤	男	汉族	1970.7	贵州盘县	中共党员	大专	罗汉乡党委书记	第五届
保正康	男	回族	1953.10	贵州普安	无党派人士	中专	普安县审计局副局长	第五届
贺　瑾	女	京族	1968.1	贵州普安	中共党员	大专	罐子窑镇纪委书记	第五届
桑维亮	男	汉族	1962.12	贵州安龙	中共党员	大学	普安县委副书记、常务副县长	第五届
龚修明	男	汉族	1952.2	贵州贞丰	中共党员	大专	普安县委书记	第五届
韩利祥	男	汉族	1956.2	山西	中共党员	中专	普安县计划局局长	第五届

续表21-3-3

姓 名	性别	民族	出生年月	籍贯	政治面貌	文化程度	当选时所在单位及职务	届 别
程红蔚	女	布依族	1961.5	河南祁阳	中共党员	大学	三板桥镇党委书记、人大主席	第五届
程 宏	男	汉族	1966.5	四川	中共党员	大专	地瓜镇人民政府镇长	第五届
鲍茂刚	男	汉族	1967.10	贵州普安	中共党员	大学	青山镇人民政府镇长	第五届
谭化成	男	汉族	1959.5	贵州普安	中共党员	大学	普安县一中校长	第五届
黎为忠	男	汉族	1964.10	贵州普安	中共党员	中专	青山电力公司总经理	第五届
潘泽文	男	布依族	1962.11	贵州普安	中共党员	大专	白沙乡人民政府乡长	第五届
孔祥龙	男	彝族	1950.5	贵州普安	无党派人士	高小	三板桥镇干冲子村主任	第五届
卢 毅	男	汉族	1964.1	贵州	中共党员	大学	普安县林业局工程师	第五届
刘志宏	男	回族	1962.2	贵州普安	中共党员	大专	普安县财政局局长	第五届
李 萍	女	布依族	1973.11	贵州普安	无党派人士	中专	江西坡镇管理区工作人员	第五届
赵 春	女	汉族	1974.3	贵州普安	中共党员	大专	楼下镇妇联主席	第五届
姜文静	女	黎族	1966.12	贵州普安	无党派人士	大专	普安县扶贫办副主任	第五届
常碧书	男	苗族	1955.11	河南	中共党员	大专	普安县中医院主治医师	第五届
曾 丽	女	汉族	1967.10	贵州普安	中共党员	大专	罗汉乡纪委书记	第五届
张成刚	男	汉族	1960.10	江苏南京	中共党员	大学	普安县委书记	第六届
万高山	男	彝族	1959.9	浙江杭州	中共党员	研究生	普安县人民政府县长	第六届
林明权	男	汉族	1956.3	贵州遵义	中共党员	大专	普安县委副书记	第六届
柳登甫	男	彝族	1959.5	贵州普安	无党派人士	大学	普安县人民政府副县长	第六届
罗定超	男	布依族	1966.4	贵州安龙	中共党员	大专	普安县委常委、组织部部长	第六届
王实普	男	汉族	1956.10	贵州盘县	中共党员	大专	普安县人大常委会主任	第六届
刘华雄	男	苗族	1954.6	贵州普安	中共党员	大专	普安县人大常委会副主任	第六届
李殿云	男	汉族	1926.12	河北唐山	中共党员	高小	普安县政协原主席	第六届
罗 立	女	布依族	1969.9	贵州安顺	中共党员	大专	白沙乡人民政府乡长	第六届
刘玉芬	女	汉族	1963.5	河南林县	中共党员	大专	三板桥镇人民政府镇长	第六届
陈 晋	男	汉族	1977.12	贵州普安	无党派人士	大学	罗汉乡人民政府乡长	第六届
杨 雄	男	黎族	1973.1	贵州普安	中共党员	本科	地瓜镇人民政府镇长	第六届
陈华伦	男	苗族	1963.2	贵州普安	中共党员	大专	龙吟镇人民政府镇长	第六届
邹永祥	男	汉族	1969.8	贵州普安	中共党员	大专	罐子窑镇人民政府镇长	第六届
张普兴	男	汉族	1964.11	贵州普安	中共党员	大专	高棉乡人民政府乡长	第六届
罗刚贤	男	汉族	1972.5	贵州普安	中共党员	本科	新店乡人民政府乡长	第六届
邓维付	男	苗族	1964.9	贵州普安	中共党员	本科	窝沿乡人民政府乡长	第六届
邹诗机	男	汉族	1973.4	贵州普安	中共党员	本科	江西坡镇党委书记	第六届
郭 锐	男	布依族	1968.5	贵州普安	中共党员	大专	青山镇人民政府镇长	第六届
保 波	男	回族	1975.1	贵州普安	中共党员	本科	雪浦乡人民政府乡长	第六届
张洪洋	男	汉族	1968.3	贵州普安	中共党员	大专	楼下镇人民政府镇长	第六届

续表21-3-3

姓　名	性别	民族	出生年月	籍贯	政治面貌	文化程度	当选时所在单位及职务	届　别
黄　剑	男	汉族	1971.9	贵州普安	中共党员	本科	盘水镇人民政府镇长	第六届
杨应珍	女	苗族	1972.8	贵州普安	无党派人士	初中	罐子罐镇辣子树村	第六届
范　华	男	汉族	1965.12	贵州普安	无党派人士	高中	青山镇营马砂厂负责人	第六届
匡正跃	男	汉族		贵州普安	无党派人士	初中	窝沿乡白果村主任	第六届
胡合洲	男	汉族	1957.8	贵州普安	中共党员	高中	盘水镇红星村党支部书记	第六届
董家敏	女	汉族	1972.10	贵州普安	无党派人士	初中	三板桥镇十里村民委员会主任	第六届
王　辉	女	汉族	1969.7	贵州普安	无党派人士	大专	江西坡镇党政办公室工作员、工会副主席	第六届
王克忠	男	汉族	1962.3	贵州普安	无党派人士	中专	普安县盘粮宾馆经理	第六届
罗志琼	女	布依族	1965.5	贵州晴隆	无党派人士	初中	普安县矿冶公司技术员	第六届
纪尊海	男	汉族	1964.11	山东淄博	无党派人士	本科	楼下兴安煤业公司经理	第六届
李春丽	女	回族	1966.2	贵州普安	无党派人士	大专	普安县民宗局副局长	第六届
戴　丹	女	彝族	1973.12	贵州普安	无党派人士	本科	普安县医院妇产科主任	第六届
胡曰中	男	汉族	1962.1	贵州普安	无党派人士	本科	普安县一中教师	第六届
梁祖文	男	汉族	1966.8	广西玉林	无党派人士	本科	普安县林业局副局长	第六届
刘明喜	男	汉族	1965.2	贵州普安	无党派人士	大专	普安县司法局股长	第六届
何　江	男	汉族	1967.7	贵州普安	无党派人士	本科	普安县中医院副院长	第六届
田　维	女	布依族	1972.11	贵州普安	无党派人士	大专	普安县国土资源管理局副局长	第六届
郑登艳	女	黎族	1962.11	贵州普安	无党派人士	大专	普安县工商联副会长	第六届
李如晴	男	布依族	1969.9	贵州安龙	中共党员	研究生	普安县委书记	第七届
王实普	男	汉族	1955.10	贵州盘县	中共党员	大专	普安县人大常委会主任	第七届
高振敏	男	汉族	1963.7	山东蓬莱	中共党员	大学	普安县委副书记、县长	第七届
牟庆芳	女	汉族	1966.7	贵州安顺	中共党员	大学	普安县委副书记	第七届
黄思勇	男	布依族	1975.10	贵州册亨	中共党员	大学	普安县人民政府常务副县长	第七届
武　俊	男	汉族	1967.2	湖北孝感	中共党员	大学	普安县委常委、组织部部长	第七届
李佳封	男	回族	1974.7	贵州普安	中共党员	大学	新店乡党委书记	第七届
王天河	男	汉族	1977.10	贵州普安	中共党员	大专	青山镇人民政府镇长	第七届
戴　松	男	彝族	1975.6	贵州普安	中共党员	大学	三板桥镇党委书记	第七届
袁　敏	女	汉族	1974.12	贵州普安	中共党员	大学	新店乡人民政府乡长	第七届
陈　晋	男	汉族	1977.12	贵州普安	党外人士	大学	罗汉乡人民政府乡长	第七届
任　贤	男	汉族	1974.11	贵州普安	中共党员	大学	地瓜镇党委书记	第七届
陈英胜	男	汉族	1977.3	贵州普安	中共党员	大学	普安县委组织部副部长	第七届
姚　朗	男	汉族	1968.5	贵州普安	中共党员	大专	三板桥镇人民政府镇长	第七届
潘　伟	男	布依族	1978.6	贵州普安	中共党员	大学	江西坡镇党委书记	第七届
姜文静	女	黎族	1966.1	贵州普安	无党派人士	大学	普安县人民政府副县长	第七届
郭世龙	男	汉族	1972.8	贵州晴隆	中共党员	大学	窝沿乡人民政府乡长	第七届

续表21-3-3

姓　名	性别	民族	出生年月	籍贯	政治面貌	文化程度	当选时所在单位及职务	届　别
杨明友	男	汉族	1968.1	贵州普安	中共党员	大学	普安县民政局副局长	第七届
苏　燚	男	彝族	1974.12	贵州普安	中共党员	大学	白沙乡党委书记	第七届
陈华伦	男	苗族	1963.2	贵州普安	中共党员	大专	龙吟镇党委书记	第七届
杨安岚	女	汉族	1989.8	贵州兴仁	无党派人士	大学	—	第七届
郭真英	女	苗族	1968.12	贵州普安	无党派人士	初中	雪浦乡硐口村育龄妇女组长	第七届
马智健	男	回族	1975.7	贵州普安	中共党员	大专	青山镇青山社区主任	第七届
欧庭贵	男	汉族	1963.11	贵州晴隆	中共党员	大学	普安县发改革局党组书记、局长	第七届
孟　丹	女	苗族	1984.9	贵州普安	无党派人士	大专	普安县财政局工作人员	第七届
张　森	女	回族	1977.8	贵州普安	中共党员	大学	普安县文联副主席、秘书长	第七届
韦力幼	女	布依族	1984.4	贵州普安	无党派人士	大专	普安县人民医院儿科护士长	第七届
周科春	男	汉族	1963.8	贵州龙里	中共党员	大专	普天电冶公司董事长	第七届
王政明	男	汉族	1963.11	贵州普安	无党派人士	初中	政忠煤矿副总经理	第七届

说明：表中空格，系资料失查

1998—2015年普安县选举产生的黔西南州政协委员（按届次排序）

表21-3-4

姓　名	性别	民族	出生年月	籍　贯	政治面貌	文化程度	当选时所在单位及职务	届　别
陈安宁	男	汉族	1959.8	贵州晴隆	无党派人士	中专	普安县工商联（商会）副会长	第五届
陆胜相	男	布依族	1965.3	贵州晴隆	无党派人士	大专	普安县气象局副局长	第五届
何广文	男	汉族	1960.12	贵州普安	无党派人士	中专	普安县建设局规划室主任	第五届
谭代武	男	汉族	1954.11	贵州普安	中共党员	本科	普安县国税局局长	第五届
王　强	男	汉族	1954.11	贵州普安	无党派人士	本科	三板桥镇镇长	第五届
郑　毅	女	布依族	1964.8	贵州普安	无党派人士	大专	普安县盘水一小教师	第五届
张权珍	女	汉族	1964.6	贵州晴隆	无党派人士	中专	普安县人民医院主治医师	第五届
何　江	男	汉族	1967.7	贵州普安	无党派人士	本科	普安县中医院副院长	第五届
杨修隽	男	回族	1955.3	贵州普安	无党派人士	本科	普安县政协副主席	第五届
黄玉能	女	苗族	1966.7	贵州普安	无党派人士	大专	普安县卫计局副局长	第五届
陈光文	男	回族	1967.9	贵州兴义	无党派人士	初中	旧营清真寺阿訇	第五届
李春芳	女	汉族	1946.1	贵州普安	无党派人士	大学	普安县政协副主席	第五届
蒋　静	女	黎族	1963.3	贵州普安	中共党员	大学	普安县委统战部部长	第五届
万高山	男	汉族	1959.9	贵州普安	中共党员	—	—	第五届
黄政权	男	汉族		贵州普安	中共党员	—	—	第五届
陈安宁	男	汉族	1959.8	贵州晴隆	无党派人士	中专	州工商联副会长、普安县工商联副会长、普安久丰煤矿总经理	第六届
严修元	男	汉族	1956.1	普安晴隆	无党派人士	大专	普安县商会会长	第六届

续表21-3-4

姓　名	性别	民族	出生年月	籍　贯	政治面貌	文化程度	当选时所在单位及职务	届　别
余正华	男	布依族	1974.12	贵州贞丰	无党派人士	大学	普安县人民政府副县长	第六届
王玉明	男	汉族	1958.11	贵州贵阳	无党派人士	中专	普安县乡镇企业局副局长	第六届
谭代武	男	汉族	1954.11	贵州普安	中共党员	研究生	普安县国税局局长	第六届
徐　敏	女	汉族	1971.12	贵州普安	无党派人士	大专	罗汉乡副乡长	第六届
张　力	女	汉族	1979.1	贵州普安	无党派人士	大专	普安县一中教师	第六届
王安仙	女	布依族	1975.4	贵州普安	无党派人士	中专	楼下镇中心卫生院妇产科主任	第六届
戴　丹	女	彝族族	1973.12	贵州普安	无党派人士	本科	普安县医院妇产科主任	第六届
杨修隽	男	回族	1955.3	贵州普安	无党派人士	本科	普安县政协副主席	第六届
桂锦龙	男	回族	1968.4	贵州普安	无党派人士	大专	青山清真寺主持阿訇	第六届
黄玉能	女	苗族	1966.7	贵州普安	无党派人士	本科	普安县政协副主席	第六届
柳登甫	男	彝族	1959.1	贵州普安	中共党员	本科	普安县政协副主席	第六届
李永跃	男	汉族	1959.6	四川	中共党员	本科	普安县政协副主席、扶贫办主任	第六届
张胜琦	男	汉族	1968.7	贵州普安	中共党员	大专	普安县政协副处级干部（县政协主席人选）	第七届
叶劲松	男	彝族	1968.12	贵州晴隆	中共党员	大学	普安县委常委、副县长	第七届
李国奉	男	苗族	1973.3	贵州普安	无党派人士	大专	普安县政协副主席、县工商业联合（商会）主席	第七届
罗　立	女	布依族	1969.9	贵州安顺	中共党员	本科	普安县委常委、县委宣传部部长、统战部部长	第七届
王　英	女	黎族	1980.12	贵州普安	无党派人士	大学	普安县科协副主席	第七届
王玉明	男	汉族	1958.11	贵州贵阳	无党派人士	中专	普安县工业和特色产业局副局长、县煤炭局副局长、煤炭管理中心主任（正科级）	第七届
黄友军	男	汉族	1979.6	浙江平阳	无党派人士	大专	普安县云庄煤矿董事长、县工商联副主席	第七届
任　祥	男	汉族	1963.4	贵州普安	无党派人士	高中	普安县惠安房地产开发公司董事长	第七届
林德俊	男	汉族	1977.9	浙江平阳	无党派人士	大学	贵州丰联集团董事长（普安县）	第七届
邓施忠	男	苗族	1968.4	贵州普安	中共党员	大学	罐子窑镇人大主席	第七届
杨　峰	男	布依族	1965.3	贵州普安	无党派人士	大学	楼下镇中学副校长	第七届
陈　磊	男	汉族	1975.11	贵州普安	无党派人士	大学	普安县二中副校长	第七届
陈　玲	女	壮族	1983.11	贵州普安	无党派人士	大专	普安县医院五官科护士长	第七届
余正华	男	布依族	1974.12	贵州贞丰	无党派人士	大学	州科协副主席（普安县人民政府原副县长）	第七届
刘　勇	男	苗族	1974.5	贵州普安	无党派人士	大学	普安县人力资源和社会保障局劳动监察大队大队长	第七届
桂希刚	男	回族	1967.1	贵州普安	无党派人士	大学	普安县卫生和食品药品监督管理局副股长	第七届

说明：表中空格，系资料失查

1998—2015年中共普安县委领导班子名录（按届次排序）

表21-3-5

届别（时间）	职　务	姓　名	性别	族别	任职起止时间
第七届（　—1998.2）	书　记	龚修明	男	汉族	—1998.2
	副书记	李春芳	男	汉族	—1998.2
		付贵林	男	汉族	—1998.2
		董克荣	男	汉族	—1998.2
		谭隆荣	男	苗族	—1998.2
	常　委	马礼成	男	汉族	—1998.1
		钱州元	男	汉族	—1998.2
		段正学	男	汉族	—1998.2
		张祥基	男	汉族	—1998.2
		唐五二	男	汉族	—1998.2
		陈振寰	男	汉族	—1998.2
		曾孔祥	男	汉族	—1998.2
		蔡玉龙	男	汉族	—1998.2
		周方兴	男	汉族	—1998.2
		桑维亮	男	汉族	—1998.2
		康　惠	女	汉族	—1998.2
		夏明金	男	汉族	—1998.2
第八届（1998.2—2003.1）	书　记	龚修明	男	汉族	1998.2—2003.1
	副书记	李春芳	男	汉族	1996.10—1998.2
		付贵林	男	汉族	1998.3—2002.4
		谭隆荣	男	苗族	1998.2—1998.5
		秦仲良	男	汉族	1998.3—?
	常　委	蔡玉龙	男	汉族	1998.2—2003.1
		桑维亮	男	汉族	1998.2—2002.8
		周方兴	男	汉族	1998.2—2001.11
		夏明金	男	汉族	1998.2—1999.5
		王实普	男	汉族	1998.2—2003.1
		曾孔祥	男	汉族	1998.2—1998.5
第九届（2003.1—2006.10）	书　记	龚修明	男	汉族	2003.1—2005.6
		王茂敏	女	布依族	2005.6—2006.8
		张成刚	男	汉族	2006.8—2006.10
	副书记	王茂敏	女	布依族	2003.1—2006.8
		蔡玉龙	男	汉族	2003.1—2003.5
		袁建林	男	汉族	2003.1—2006.10
		林明权	男	苗族	2004.12—2006.10
		万高山	男	汉族	2005.6—2006.10

续表21-3-5

届别（时间）	职 务	姓 名	性别	族别	任职起止时间
第九届（2003.1—2006.10）	常 委	杨学华	男	布依族	2003.1—2004.9
		蒋 静	女	汉族	2004.4—2006.10
		王实普	男	汉族	2003.1—2006.10
		宋克生	男	汉族	2003.1—2006.10
		黄政权	男	汉族	2004.9—2006.10
		罗定超	男	布依族	2003.1—2006.10
		吴贞亮	男	苗族	2003.1—2006.10
		梁龙甫	男	布依族	2003.1—2006.10
		柳登甫	男	彝族	2003.1—2004.4
第十届（2006.10—2011.10）	书 记	张成刚	男	汉族	2006.10—2011.4
		李如晴	男	布依族	2011.4—2011.10
	副书记	万高山	男	汉族	2006.10—2008.1
		林明权	男	苗族	2006.10—2010.12
		李如晴	男	布依族	2008.1—2011.4
		高振敏	男	汉族	2011.7—2011.8
		牟庆芳	女	汉族	2011.9—2011.10
		姚 远	—	—	2011.3—?
	常 委	罗定超	男	汉族	2006.10—2007.5
		武 俊	男	汉族	2007.5—2011.10
		蒋 静	女	汉族	2006.10—2009.10
		黄政权	男	汉族	2006.10—2008.12
		吴芳奎	男	汉族	2008.12—2011.10
		蒙万林	男	汉族	2006.10—2011.9
		刘志宏	男	汉族	2006.10—2009.3
		叶劲松	男	彝族	2009.3—2011.10
		袁金富	男	汉族	2006.10—2010.11
		岑华斌	男	布依族	2011.6—2011.10
		黄思勇	男	汉族	2006.10—2011.10
		孙有林	男	汉族	2011.9—2011.10
		李汉文			挂职（任职起止时间不详）
		赵震海			挂职（任职起止时间不详）
		李启斌			挂职（任职起止时间不详）
		仇绪勇			挂职（任职起止时间不详）
第十一届（2011.10— ）	书 记	李如晴	男	布依族	2011.10—2015.1
		农文海	男	布依族	2015.1—
	副书记	高振敏	男	汉族	2011.10—2015.5
		毛仕诚	男	布依族	2015.05—

续表21-3-5

届别（时间）	职 务	姓 名	性别	族别	任职起止时间
第十一届（2011.10— ）	副书记	牟庆芳	女	汉族	2011.10—2014.9
		徐祖荣	女	汉族	2014.12—
		李 渡			2012.3—2013.3
	常 委	黄思勇	男	汉族	2011.10—2013.1
		龙 强	男	苗族	2014.12—
		武 俊	男	汉族	2011.10—2013.6
		何 杨	男	汉族	2013.8—2014.12
		吴立社	男	汉族	2015.5—
		吴芳奎	男	汉族	2011.10—2012.5
		解传才	男	汉族	2012.5—2013.12
		岑华斌	男	布依族	2011.10—2014.12
		张六海	男	苗族	2014.5—
		孙有林	男	汉族	2011.10—
		叶劲松	男	彝族	2011.10—2014.9
		陈建林	男	苗族	2011.10—2014.12
		陈建林	男	苗族	2015.11—
		林昌平	男	布依族	2014.9—2015.5
		石 鹏	男	汉族	2012.4—2014.4
		刘启万	男	汉族	2012.11—2014.11
		叶胜奇	男	汉族	2014.3—
		黄旭东			2011.10—2012.10
		栾 雁	男	汉族	2014.8—2015.8
		罗 立	女	布依族	2014.12—
		孙仁海	男	汉族	2015.7—
		黄诚克	男	汉族	2015.4—

说明：表中空白，系资料失查。任职时间栏，“—”之前无时间的系在1998年1月1日以前已担任该职务，“—”之后无时间的系在2015年12月31日后继续担任该职务，“—”之后标注“?”的系时间失查

1998—2015年普安县人大常委会领导班子名录（按届次排序）

表21-3-6

届别（时间）	职 务	姓 名	性别	族别	任职起止时间
第十二届（ —1998.3）	主 任	杨国林	男	白族	—1998.3
	副主任	王春好	男	布依族	—1998.3
		孔令金	男	汉族	—1998.3
		李光禄	男	汉族	—1998.3
		张 琼	女	彝族	—1998.12

续表21-3-6

届别（时间）	职　务	姓　名	性别	族别	任职起止时间
第十三届（1998.3—2003.2）	主　任	李春芳	男	汉族	1998.3—2003.2
	副主任	孔令金	男	汉族	1998.3—2003.2
		田国帮	男	布依族	1998.3—2003.2
		刘华雄	男	汉族	1998.3—2003.2
		杨德玉	男	布依族	1998.3—2003.2
		张　琼	女	彝族	1998.3—2003.2
		江文明	男	汉族	1999.4—2003.2
第十四届（2003.2—2006.12）	主　任	陈益明	男	汉族	2003.2—2006.12
	副主任	张　琼	女	彝族	2003.2—2006.12
		田国帮	男	布依族	2003.2—2006.12
		刘华雄	男	汉族	2003.2—2006.12
		刘　坤	男	汉族	2003.2—2006.12
		王　强	男	汉族	2003.2—2006.12
		杨廷奉	男	苗族	2003.2—2006.12
第十五届（2006.12—2011.12）	主　任	王实普	男	汉族	2006.12—2011.12
	副主任	刘华雄	男	汉族	2006.12—2008.5
		田国帮	男	布依族	2006.12—2009.8
		王　强	男	汉族	2006.12—2011.12
		刘　坤	男	汉族	2006.12—2011.12
		张建英	女	汉族	2006.12—2011.12
		孔祥顺	男	汉族	2006.12—2011.12
第十六届（2011.12—　）	主　任	王实普	男	汉族	2011.12—
	副主任	杨廷奉	男	苗族	2011.12—
		王　强	男	汉族	2011.12—
		张建英	女	汉族	2011.12—
		孔祥顺	男	汉族	2011.12—
		李学富	男	汉族	2011.12—
		王邦翠	女	苗族	2011.12—

说明：任职时间栏，“—”之前无时间的系在1998年1月1日以前担任该职务，“—”之后无时间的系在2015年12月31日后继续担任该职务

1998—2015年普安县人民政府领导班子名录（按届次排序）

表21-3-7

届别（时间）	职 务	姓 名	性别	族 别	任职起止时间
第十二届（ —1998.3）	县 长	付贵林	男	汉族	—1998.3
	副县长	宋克生	男	汉族	—1998.3
		杨修隽	男	回族	—1998.3
	科技副县长	桑维亮	男	汉族	—1998.3
		陈振寰	男	汉族	—1998.3
	副县长	白志元	男	布依族	—1998.3
		刘民祥	男	汉族	—1998.3
		邓修宇	男	苗族	—1998.3
第十三届（1998.3—2003.2）	县 长	付贵林	男	汉族	1998.3—2002.6
	代理县长	王茂敏	女	布依族	2002.6—2003.2
	副县长	桑维亮	男	汉族	1998.3—2002.6
		宋克生	男	汉族	1998.3—2002.6
		白志元	男	布依族	1998.3—2002.12
		邓修宇	男	苗族	1998.3—2004.9
		刘民祥	男	汉族	1998.3—2002.12
		罗长艳	女	汉族	2002.6—2003.2
		王才祥	男	汉族	2002.12—2003.2
第十四届（2003.2—2006.12）	县 长	王茂敏	女	布依族	2003.2—2005.6
	代理县长	万高山	男	彝族	2005.6—2006.12
	副县长	宋克生	男	汉族	2003.2—2006.10
		邓修宇	男	苗族	2003.2—2006.12
		王才祥	男	汉族	2003.2—2006.12
		刘志宏	男	回族	2003.2—2006.8
		柳登甫	男	彝族	2004.4—2006.11
		舒万柏	男	汉族	2004.12—2006.12
		钟 瑜	男	汉族	2003.11—2006.12
		张盛琦	男	汉族	2003.2—2006.12
		袁金富	男	汉族	2006.10—2006.12
		余正华	男	布依族	2006.10—2006.12
第十五届（2006.12—2011.12）	县 长	万高山	男	汉族	2006.12—2007.11
		李如晴	男	布依族	2008.11—2011.7
	代理县长	李如晴	男	布依族	2008.5—2008.11
		高振敏	男	汉族	2011.8—2011.12

续表21-3-7

届别(时间)	职 务	姓 名	性别	族 别	任职起止时间
第十五届(2006.12—2011.12)	副县长	袁金富	男	汉族	2006.12—2010.11
		张盛琦	男	汉族	2006.12—2008.1
		龙明富	男	汉族	2006.12—2009.7
		余正华	男	布依族	2006.12—2013.12
		张 桂	女	回族	2006.12—2011.11
	科技副县长	黄代波	男	汉族	2007.9—2011.12
第十六届(2011.12—)	县 长	高振敏	男	汉族	2011.12—2015.5
		毛仕诚	男	布依族	2015.6—
	代理县长	毛仕诚	男	布依族	2015.5—2015.6
	副县长	黄思勇	男	布依族	2011.12—2013.12
		叶劲松	男	彝族	2011.12—
		余正华	男	布依族	2011.12—
		黄代波	男	汉族	2011.12—
		谭代武	男	汉族	2011.12—
		罗 立	女	布依族	2011.12—
		石 鹏	男	苗族	2012.1—2014.5
		刘启万	男	汉族	2012.12—2014.11
		姜文静	女	黎族	2013.8—
		岑华斌	男	布依族	2013.11—

说明：任职时间栏，“—”之前无时间的系在1998年1月1日以前担任该职务，“—”之后无时间的系在2015年12月31日后继续担任该职务

1998—2015年普安县政协委员会领导班子名录(按届次排序)

表21-3-8

届别(时间)	职 务	姓 名	性别	族 别	任职起止时间
第四届(—1998.3)	主 席	罗方德	男	汉族	—1998.3
	副主席	马开礼	男	回族	—1998.3
		罗时祥	男	汉族	—1998.3
		谢厚文	男	汉族	—1998.3
		周跃星	男	汉族	—1998.3
第五届(1998.3—2003.2)	主 席	王春好	男	布依族	1998.3—2003.2
	副主席	陈益明	男	汉族	1998.3—2003.2
		周跃星	男	汉族	1998.3—2003.2
		杨修隽	男	回族	1998.3—2003.2
		杨建奎	男	苗族	1998.3—2003.2

续表21-3-8

届别（时间）	职 务	姓 名	性别	族 别	任职起止时间
第六届（2003.2—2006.12）	主 席	李春芳	男	汉族	2003.2—2006.12
	副主席	杨建奎	男	苗族	2003.2—2006.12
		杨修隽	男	回族	2003.2—2006.12
		龙明富	男	黎族	2003.2—2006.12
		黄玉能	女	苗族	2003.2—2006.12
		李国奉	男	苗族	2003.2—2006.12
第七届（2006.12—2011.12）	主 席	柳登甫	男	彝族	2006.12—2007.4
		刘华雄	男	汉族	2008.1—2011.12
	副主席	杨建奎	男	苗族	2006.12—2011.12
		杨修隽	男	回族	2006.12—2011.12
		黄玉能	女	苗族	2006.12—2011.12
		李永跃	男	汉族	2006.12—2011.12
第八届（2011.12— ）	主 席	张盛琦	男	汉族	2011.12—
	副主席	刘 坤	男	汉族	2011.12—
		杨建奎	男	苗族	2011.12—
		杨修隽	男	回族	2011.12—2014.10
		黄玉能	女	苗族	2011.12—2015.12
		李国奉	男	苗族	2011.12—2015.12
		李永跃	男	汉族	2011.12—2014.5
		赵显良	男	汉族	2011.12—2015.12
		保 波	男	回族	2011.12—2015.12
		邹诗机	男	汉族	2015.3—2015.12

说明：任职时间栏，“—”之前无时间的系在1998年1月1日以前担任该职务，“—”之后无时间的系在2015年12月31日后继续担任该职务

1998—2015年普安县属部门（正科级机构）党政主要负责人名录（按任职时间先后排序）

表21-3-9

单位名称	党委（组）负责人	行政负责人	
		主要负责人	常务副职
县委办		保安华、罗静坤、陈建林、陈太阳	郭真向、余 勇、陈太峰、刘远辉
政策研究室		保正邦、周 灿、杨宝林	
政府办		王实普、张应家、孔祥顺、李学富、翁 静、张 祥	
人大办	鲍茂刚、黄昌富	杨显伦、李品敬、鲍茂刚、黄昌富	林仕雄、匡维普
代表工作委员会		刘华雄、胡琪英	

续表21-3-9

单位名称	党委（组）负责人	行政负责人	
		主要负责人	常务副职
法制工作委员会		江文明、易应超、刘志勇、柏连波	
财经工作委员会		李自成、罗其美、姜文静、张绍华	
教科文卫委员会		任道宇、谢清元、余武训、黄昌富、杨昌义	
选举任免联络工作委员会		胡琪英、任登云	
民族宗教工作委员会		杨尚成、柏万香、张天敏	
环资工作委员会		张时凤、罗嗣黎	
农村经济工作委员会		匡维普	
政协办		张绍华、李清高、王　荣、王东平	
政协办公室		谢清普、朱　英、李清高	
政协提案法制委员会		张绍华、罗其飞、赵翼龙、王忠帮、刘玉芬	
政协经济委员会		罗其飞、余华成、李庭超、卓丽平	
政协科教文卫体委员会		薛忠敏、张兴建、于祖迪、石　琴	
政协智力支边办公室		唐文英、朱　瑛、罗嗣凯、岑吉尧	
政协民族宗教联谊委员会		王　荣、罗荣沛	
史志办		田有才	
人民法院	袁建林、杨　宏、王　柱	袁建林、杨　宏、王　柱	
检察院	周方兴、贺儒华、龚德雄	周方兴、贺儒华、龚德雄	
组织部		曾孔祥、罗定超、武　俊、何　杨、吴立社	
统战部	杨建奎、柳登甫、蒋　静、李永跃、张应芳	杨建奎、柳登甫、蒋　静、李永跃、叶劲松、陈建林、罗　立	
宣传部		康　惠、孔祥顺、梁龙甫、蒋　静、陈建林	
文明办		罗时焱、张　俊	
人武部	杨学华、黄政权、吴芳奎、姜元武、郭　位	罗　勇、王桂海、解传才、叶胜奇	
纪委（监察局）	蔡玉龙、吴贞亮、林明权、黄思勇、岑华斌、张六海	邓志书、谢远志、戴洪涛、路禧海	
政法委		周方兴、袁建林、蒙万林、孙有林	
编委办		罗嗣凯、王　健、张　艳、刘玉芬、周　进	
党校	毛　翔、保正邦、龙昌美	保　锐、康　惠、曾孔祥、罗定超、武　俊、林明权、何　杨、徐祖荣	
县委离退局		秦家伦、董艳均	

续表 21-3-9

单位名称	党委（组）负责人	行政负责人	
		主要负责人	常务副职
信访局	罗荣沛、张会荣、彭德建	罗荣沛、李春丽、张会荣、彭德建	
财政局	谢光耀、周　进	刘志宏、谢光耀、邹诗机、郭真向、周　进	
公安局	谢合元、张成昆、蒙万林、孙有林	谢合元、张成昆、蒙万林、孙有林	
安监局	蒋诗梁、刘锦坤、陈世政、任　贤	蒋诗梁、刘锦坤、陈世政、任　贤	
发改局	韩利祥、李学富、欧庭贵、王天河	韩利祥、李学富、欧庭贵、王天河	
物价局	余洪军	余洪军	
工商局	刘明义、刘　刚、谭景斌	刘明义、刘　刚、谭景斌	
市场监管局	任　贤、谭代宽	任　贤、谭景斌（主持工作）、谭代宽	
工业和特色产业局	张　祥、卢凤刚（主持工作）、苏　燚	张　祥、卢凤刚（主持工作）、苏　燚	
工业贸易和科学技术局	苏　燚	陆时禹、王玉明、谭伯骅、苏　燚	
国土资源局	蒋先江、刘兴朝、杨　雄	刘兴朝、刘龙书（主持工作）、杨　雄	
环保局	欧庭贵、罗富达、鲍茂刚	邹强华、欧庭贵、罗富达、鲍茂刚	
人口和计划生育局	杨尚林、李本新、汪高权、李忠平	杨尚林、李本新、李忠平	
卫生和食品药品监督管理局	田国帮、罗嗣国、方　智、李忠平	田国帮、罗嗣国、方　智、李忠平	
教育局	徐大猷、陈胜和、程红蔚、封　进、刘玉芬、魏余富	陈胜和、程红蔚、封　进、魏余富	
乡镇企业（煤炭工业）局	陆时禹、李　薇、张　祥	冷春武、陆时禹、李　薇、张　祥	
经贸局	余祖鹏、吕有江	余祖鹏、吕有江、黄康国、卢凤刚、李　季、谭伯骅	
贸科局	陆时禹	黄康国、张　祥、王玉明、卢凤刚、李国英、谭伯骅	
粮食局	罗成林、王代兵、李国英	罗成林、王代兵、李国英	
科技局	颜忠亮、罗富达、陆时禹	颜忠亮、罗富达、陆时禹	
民政局	黄益亮	黄益亮、吴应阜	
民宗局	杨廷奉、岑吉尧、刘仕祥、黄康国	杨廷奉、岑吉尧、刘仕祥、黄康国	

续表21-3-9

单位名称	党委（组）负责人	行政负责人	
		主要负责人	常务副职
人社局	罗嗣凯、刘应刚	罗嗣凯、刘应刚	
审计局	罗大芬、余祖贵、谢光耀、王邦翠、王金才	罗大芬、余祖贵、谢光耀、王邦翠、王金才	
水务（利）局	保　锐、邹强华、邓志书	保　锐、邹强华、邓志书	
司法局	纪承隆	刘志勇、纪承隆	
统计局	余祖耀、陶昌训、郭真向	余祖耀、陶昌训、郭真向	
投资促进局		时　俊、郭世龙	
文体广电旅游局	谭代宽、黄　斌	于祖迪、刘春鸿、谭代宽、黄　斌	
移民局	程　宏、潘泽文	程　宏、潘泽文	
建设局	张爱国、龙明富、王　健	周荣富、龙明富、王　健	
房地产管理局		王德荣、张盛琦、王　健、方　智	
住房和城乡建设局	赵西贵	赵西贵、王德荣、冯　羽	
交通局	朱天才、唐凤元、侯永贤、戴洪涛、张洪洋	唐凤元、侯永贤、戴洪涛、张洪洋	
畜牧（兽医、水产）局	李庭超	李庭超	
农业林业和扶贫开发局	卓丽平	刘仕祥	
农办	杨德玉、李永跃	杨德玉、柳登甫、冷春武、卓丽平	
农机局		孙佑宣	
农业机械事业服务中心		张爱国	
农业局	李清高、刘仕祥、卓丽平、潘泽文	李清高、刘仕祥、潘泽文	
消防大队	杨乾坤、王显高、杨裕轲	罗福松、张正才、王　鼎、吴登彪、胡洪冰、罗正学、张应龙	
供销社	封实林、刘仕祥、姚　朗、李修富	张合忠、欧庭贵、封实林、陈　晋、姚　朗、李修富	
残联	张　坤	贺官学、胡书云、张　坤	
团县委	罗静坤、罗　文、陈英胜、刘　桢、王　帅(主持工作)	罗静坤、罗　文、陈英胜、刘　桢、王　帅（主持工作）、王　兰（主持工作）	
妇联	程红蔚、刘玉芬、董　凌	张　琼、张建英、程红蔚、刘玉芬、董　凌	
工商联	董艳均	严修元、李国奉	

续表21-3-9

单位名称	党委（组）负责人	行政负责人	
		主要负责人	常务副职
红十字会		谭隆荣、蔡玉龙、张　桂、罗　立	张大俊、罗嗣国、李本新
计生协会		牟庆芳	陈远勋、纪忠邦
科协	黄　斌、封　进、汪高权	刘仕祥、黄　斌、封　进、汪高权	
中等职业学校		张合忠、毛　翔、谭化成、张建蒙	
总工会	刘衍贤、程红蔚	刘衍贤、刘　坤、李学富	
国税局	聂卫国、谭代武、覃如意	聂卫国、谭代武、覃如意	
气象局		陆胜相、杨支义、刘　颢	
盐务局		沈国怀、曾明安、吴修林、陈　萍	
地税局	彭华坤、彭　义、文新洪、贾　荣	彭华坤、彭　义、文新洪（主持工作）、贾　荣	
公积金管理部		陈　敏、巫　华	
扶贫办	李永跃、潘泽文、岑吉尧、罗刚贤	李永跃、潘泽文、岑吉尧、罗刚贤	
金融办		刘国松	
茶叶发展中心		保　虎、余泽泓、王忠帮	
档案局	舒　静、纪承隆、杨昌义、张普兴	舒　静、纪承隆、杨昌义、张普兴	
海事处		刘万虎、何　俊、杨明友	
老龄委		杨明友	
林业局	陈仲文、黄　斌	舒吉智、卢　毅、黄　斌	
调查队		余元文、王　峰	
投资中心		韩利祥、谭伯骅、刘国松	
武警中队		王美强、周　磊、张永杰、叶新桥、沈　浩、周礼鹏	
县直机关工委		张　强、王东平、陶昌训、陈华伦	
烟草局	张合刚、杜才仁、蒋诗栋、张大信	张合刚、杜才仁、蒋诗栋、张大信	
银监办		曾　刚、杨　桦、黎元江	
园区办		赵显良、罗富达	
质监局	徐金贵、赵立雄、陈　昆	刘明义、徐金贵、赵立雄	
草地服务中心		李庭超、潘泽文、李　勇	
文联		安　科	

续表21-3-9

单位名称	党委（组）负责人	行政负责人	
		主要负责人	常务副职
供电局	冯全学、王时繁、代　卫、严　忠、彭　祥、田　水	余春林、张昆湖、瞿　铅、胡绍勇、严　忠、彭　祥	
邮政局	刘云生、戴清泽、范文胜、唐广尧、肖远华	刘云生、陈世平、戴清泽、范文胜、唐广尧、李　翔、黄　燕、肖远华、刘大伟	
电信局		陈世平、杜祖国、范元虎	
工商银行		陈学剑、黎　俊、朱复伟	
农业银行		刁成贵、唐颂文、龙　华、王　勇、刘　杨、蒋诗波	
信用合作联社		邹伦琪、刘冠俊、刘　翀、陈顺武	
人寿保险公司		高正书、高　源、张　阳、刘　宏	
财产保险股份有限公司		高建宾	
人行	程　晋、陈友林	程　晋、陈友林	
联通公司		范学俊、冷忠英、张春雨、周维元、彭晟源	
移动公司		王良学、唐　浩、龚显刚、卢　波、龚胜福、杨　颖	
物资公司		谭伯骅、颜　欢、张合刚	
邮政银行		谭　旭	

1998—2015年普安县各乡镇（街道）党政主要负责人名录（按任职时间先后排序）

表21-3-10

乡镇（街道）名称	党委（党工委）书记	人大主席（主任）	乡镇长（办事处主任）
盘水街道(盘水镇)	王实普、谭代武、周　进	王实普、祝永奎、李　贤	梁龙甫、谭代武、黄　剑、陈英胜、杨　雄
南湖街道	邹永祥、刘庆荣	陶支虎、王思鸿	刘庆荣、陶支虎
龙吟镇	李耀星、李本新、杨昌义、张　进、陈太阳、陈华伦	邓吉辉、邓吉思	李本新、李国奉、陈华伦、谭化江
兴中镇(罐子窑镇)	邹强华、谭代宽、罗　文、罗刚贤、潘　伟	谭隆金、李仕富、谭代宽、杨明友、邓施忠	欧廷贵、谭代宽、刘代兵、纪承龙、邹永祥、杨明友、邓　凯
江西坡镇	罗富达、范仕隆、徐发俊、邹诗机、刘万虎、潘　伟、时　俊	罗富达、徐金贵、罗荣沛、洪开俊、曾明祥、费悲鹏	张绍华、徐发俊、邹诗机、汪高权、潘　伟
三板桥镇	程红蔚、陈建林、李　薇、周　进、张家萍、戴　松	程红蔚、黄国雄	王　强、桂宝章、王　强、刘玉芬、张家萍、姚　朗
地瓜镇	龙明富、侯永贤、李学富、王金才、任　贤、刘礼坤	谢光益、邓定龙、侯永贤、王金才、潘　伟、吴克军、柏连登	徐金贵、吴永健、程　宏、龙　敏、杨　雄、李修富、任　贤
青山镇	陶昌训、吕有江、黎为忠、赵显良	陈国恒、吕有江、刘冠芬、李开贤、刘　胜	张权礼、鲍茂刚、郭　锐、王天河、孟成雄

续表21-3-10

乡镇（街道）名称	党委（党工委）书记	人大主席（主任）	乡镇长（办事处主任）
楼下镇	刘　坤、张　祥、张洪洋、谭化江	杨显伦、刘　坤、杨家林、邓　伟	李品敬、张　祥、张洪洋、李佳封、杨显华、余　勇、谭化江、邹　广
白沙乡	张爱国、刘仕祥、岑吉尧、潘泽文、戴洪涛、罗　立、苏　燚、张崇睿	刘凡江、代　松	刘仕祥、岑吉尧、潘泽文、黄　斌、戴洪涛、罗　立、苏　燚、张崇睿
高棉乡	黄益亮、邓志书、张　俊、黄康国、张普兴、赵　伟	鲍茂亮、罗荣沛、张　俊、王正洪	吴应阜、黄康国、翁　静、张普兴、姜文静、胡焕欣
窝沿乡	张盛琦、李　薇、陈建林、刘玉芬、郭　锐	罗其美、易应超、黄昌富、李福荣	黄昌富、刘万虎、邓维付、郭世龙
罗汉镇（罗汉乡）	王清福、吕友江、罗静坤、魏余富、赵显良、邹永祥、袁　敏	丁廷甫、张仕砦、高太宽	蒋诗良、罗长艳、魏余富、赵显良、陈　晋、陈明跃
新店镇（新店乡）	张仕昆、吴应阜、李佳封	蔡春学、吴永健	陈　宏、张　桂、罗刚贤、袁　敏
雪浦乡	王清福、刘春鸿、方　智、项　超、保　波	刘仕华、王清福、于泽洪、罗　杰	张世砦、项　超、保　波、戴　松、吴登发

附　录

2015年6月（普安县实际调整日期，贵州省人民政府批准调整日期2015年1月），对全县行政区划进行调整，三板桥镇、窝沿乡、雪浦乡被撤销后其区划并入其他乡镇（街道），为保存资料的完整性，对1998—2014年三板桥镇、窝沿乡、雪浦乡的一些情况附录在此。其中三板桥镇1998—2015年的相关数据，并入南湖街道；窝沿乡、雪浦乡1998—2014年相关数据列于此，2015年数据并入相关乡镇（街道）。

三板桥镇

名称来历　传说被从九峰流来河水隔开的东西两岸民众用三块木板搭在河上通行，故得名。

地理位置　位于普安县中西部，地处北纬25°46′～25°48′，东经104°53′～104°57′之间。东连盘水镇，南连地瓜镇、盘县马场乡，西与盘县英武乡、旧营乡隔河相望，北连窝沿乡。镇人民政府驻板桥社区十四组，东北距县政府驻地7.5千米（通行公路为G320，里程12千米），邮政编码561506。

窝沿乡

（一）政区概况

名称来历　曾因炼铅得名窝铅厂，后因该地是一个周围环山、中间低凹的盆地，像一个窝巢，且"铅"字又与"沿"字较为相似，故更名为窝沿。

地理位置　位于普安县北部，地处北纬25°25′～25°55′，东经104°00′～104°54′之间。东连高棉乡、江西坡镇，南连盘水镇，西南连三板桥镇，西与盘县羊场布依族苗族乡隔河相望，西北连盘县保基苗族彝族乡，北连罐子窑镇，东北连白沙乡。乡人民政府驻窝沿社区袁家组，南距县政府驻地8.3千米（通行公路为X636或称为S216，里程14.9千米），邮政编码561507。

区划演变　1998年，辖窝沿、田坝、上寨、坪桥4个管理区，下设新花、平桥、大榜、富强、田坝、白果、河边、大坡、上寨、官田、黎明、窝沿12个行政村，87个村民组。

1998年窝沿乡辖管理区、行政村、村民组名称表

表22-1-1

管理区名称	行政村名称	村民组名称
田坝管理区	田坝村	颜家组、胡家组、大凹三组、大凹四组、半坡组
	白果村	黄泥水井组、小竹山组、祖坟箐组、河底下组、白果树组、弯子头组
上寨管理区	上寨村	上街组、中街组、下街组、谭家弯组、洪冲组、蒋家坡组、牌坊组、湾子组、马鞍组
	大坡村	大坡组、中寨组、新桥组、小坡组、草坪组、新田组、长田组
	官田村	上油房组、中油房组、下油房组、红花组、小寨组、社牛郎组、沙田组

续表22-1-1

管理区名称	行政村名称	村民组名称
窝沿管理区	窝沿村	罗家寨组、上杨家组、谭家寨组、下杨家组、凹子组、袁家寨组、梁家寨组、黑石头组、尖岩组
	新花村	高坡组、东瓜林组、半坡组、新花组、大田组、青岩组
	河边村	上木浪田组、下木浪田组、茶林组、大地组、坪冲组、河边组
窝沿管理区	富强村	白秧坪组、代家上寨组、箐沟组、沙沟组、潘家下寨组、张家下寨组
	黎明村	黎明组、麻地组、小青山坡一组、小青山坡二组、小青山坡三组、小烂田组、大湾组、小坝组
坪桥管理区	坪桥村	白泥塘组、梳草塘组、苏家院组、郭家院组、平洞组、打磨沟组、把田组、姜家院组、弯地组、撒司营组、丫口田组、二层岩组
	大榜村	大榜一组、大榜二组、大榜三组、大榜四组、大榜五组、大榜六组

2007年9月，撤销设置的4个管理区，将12个行政村整合为平桥、大榜、田坝、河边、上寨、官田6个行政村和窝沿1个社区，下设74个村民组、13个居民组。2015年6月，窝沿乡（除田坝村）并入盘水街道。

2007年窝沿乡辖行政村（社区）、村（居）民组暨自然村寨名称

表22-1-2

行政村（社区）名称	村（居）民组暨自然村寨名称
河边村	上木浪组、下木浪组、河边组、大地组、茶林组、坪冲组、小坡组、新桥组、大坡组、草坪组、新田组、长田组、中寨组
上寨村	蒋家坡组、上寨上街组、上寨中街组、上寨下街组、谭家湾组、洪冲组、牌坊组、湾子组、马鞍山组
官田村	麻地组、烂田组、大湾组、黎明组、青山坡一组、青山坡二组、青山坡三组、小坝组、跃进组、下油坊组、中油坊组、上油坊组、红花组、沙田组、小寨组
大榜村	大榜一组、大榜二组、大榜三组、大榜四组、大榜五组、大榜六组、沙沟组、箐沟组、张家组、代家组、潘家组、白杨坪组
坪桥村	二层岩组、丫口田组、苏家院组、郭家院组、姜家院组、湾地组、白泥塘组、梳子塘组、坝田组、高坡组、打磨沟组、平洞组、撒司营组
田坝村	胡家组、颜家组、东瓜林组、大洼三组、半坡组、大洼四组、祖坟箐组、河底下组、黄泥水井组、湾子组、白果树组、小竹山组
窝沿社区	袁家组、罗家组、谭家组、下杨家组、梁家组、黑石头组、上杨家组、洼子组、尖岩组、新花组、大田组、青岩组、半坡组

人口面积 1998年，总人口4068户1.77万人，其中男性9428人，占总人口的53.13%，女性8317人，占总人口的46.87%；农业人口1.75万人，占总人口的98.66%，非农业人口238人，占总人口的1.34%；18岁以下4968人，占总人口的28%，18～60岁1.10万人，占总人口的62%，60岁以上1775人，占总人口的12%；有布依族、苗族、彝族、白族、黎族等5个少数民族，少数民族人口1491人，占总人口的8.4%。

2014年，总人口6935户2.24万人，其中城镇常住人口3899人，城镇化率17.37%；另有流动人口528人。总人口中，男性1.18万人，占总人口的52.5%；女性1.07万人，占总人口的47.5%；18岁以下6764人，占总人口的30.14%；18～60岁1.32万人，占总人口的59.02%；60岁以上2422人，占总人口的10.8%。总人口中，汉族2.04万人，占总人口的91.07%；有布依族、苗族、彝族、黎族、白族等5个

少数民族，共2010人，占总人口的8.96%；超过1000人的少数民族有布依族，人口为1668人，占少数民族人口的83%。

1998—2014年窝沿乡人口情况表

表22-1-3

年份	年末总人口（人）	男性（人）	女性（人）	农业（人）	非农（人）	出生人口（人）	死亡人口（人）	18岁以下（人）	18～60岁（人）	60岁以上（人）	少数民族人口	
											人数（人）	比例（%）
1998	17745	9428	8317	17507	238	109	56	4968	11002	1775	1491	8.4
1999	18324	9494	8830	18077	247	245	118	5130	11371	1823	1557	8.5
2000	18515	9752	8763	18253	262	409	211	5184	11477	1854	1583	8.55
2001	18782	9903	8879	18418	364	281	134	5258	11644	1880	1596	8.5
2002	18939	9938	9001	18569	370	295	142	5297	11751	1891	1617	8.5
2003	18942	9929	9013	18556	386	174	71	5290	11585	2067	1667	8.6
2004	19099	10023	9076	18747	352	278	79	5306	11680	2113	1680	8.8
2005	20428	10755	9673	20019	409	328	140	6374	11888	2166	1746	8.55
2006	21154	11131	10023	20730	424	310	122	6407	12554	2193	1818	8.6
2007	21525	11326	10199	21080	445	296	121	6662	12664	2199	1872	8.7
2008	21536	11350	10186	21091	445	117	74	6629	12753	2154	1895	8.8
2009	21769	11482	10287	21297	472	394	102	6641	12961	2167	1904	8.75
2010	21909	11569	10340	21434	475	394	102	6665	13056	2188	1941	8.86
2011	22278	11758	10520	21833	445	305	140	6693	13214	2371	1985	8.85
2012	22322	11775	10547	21849	473	215	126	6712	13237	2373	1986	8.87
2013	22374	11801	10573	21898	476	208	155	6761	13238	2375	1998	8.88
2014	22442	11837	10605	21958	484	211	143	6774	13246	2422	2010	8.96

辖区东西最大距离10.56千米，南北最大距离6.94千米，总面积63平方千米。其中陆地面积62.6平方千米，占99.4%；水域面积0.4平方千米，占0.6%。

（二）自然条件

地形地貌 地处乌蒙山南麓，地势东高西低。地形以山地为主，层峦叠嶂，西部成盆地形。境内主要山峰有五个坡、张武昌峰、白虎山、青龙山、撒司云大坡。最高峰位于东北部边缘五个坡的岩鹰嘴，海拔1962米；最低点位于西北面的畔河水电站，海拔1182米。

水　文 境内河道属珠江水系，有北盘江主要支流的乌都河，以及乌都河的支流鱼洞河（窝沿河）、汪家河、上寨湾河等，其中鱼洞河流域面积32.2平方千米，占48%；汪家河流域面积17平方千米，占27%。主要河道有五级河道一条，总长13.6千米。河流总长度26千米，河网密度0.41千米/平方千米。境内最大的河流为乌都河，从南京桥至畔河流经境内上寨、河边2个行政村，长13.6千米，境内流域面积63平方千米，年均流量26立方米/秒，主要支流有鱼洞河（窝沿河）和汪家河。

矿藏及其他自然资源 矿产资源主要有煤炭、黄金、白云石、石灰石、硅矿和玛瑙石等，能源主要有水能、地热能和风能等，其他资源主要有卡斯特岩溶地质景观。

（三）经济概况

农　业 1998年，耕地面积2217公顷（其中水田345公顷，旱地1872公顷）；可利用草地面积27公顷，林地面积356.8公顷。粮食作物以稻谷、玉米、小麦为主，生产粮食5659吨，其中稻谷1640吨，玉米3313吨，小麦706吨，人均粮食319千克；主要经济作物有烤烟、蔬菜、花卉等，烤烟种植面积

49公顷，产量53吨；反季节蔬菜种植面积93公顷，产量1662吨。畜牧业以猪、牛、羊、鸡为主，年末生猪存栏数6110头，牛存栏数3305头，羊存栏数180只，家禽存栏数1.73万羽；肉产量328吨，蛋产量8吨。实施“珠防工程”造林259公顷，林地面积356.8公顷；水果园面积12公顷，投产果园4公顷，产量57吨。农业总产值1349万元。

2014年，耕地面积934公顷（其中水田340公顷，旱地594公顷）；可利用草地面积54公顷，林地面积1252公顷。生产粮食5841吨，其中稻谷1660吨、玉米3471吨、小麦710吨，人均粮食260千克；主要经济作物有烤烟、蔬菜等，烤烟种植面积131公顷，产量142吨；反季节蔬菜种植面积143公顷，产量2537吨。生猪饲养量8807万头，年末存栏8507头；羊饲养量1026只，年末存栏754只；牛饲养量3580头，年末存栏3270头；家禽饲养量8.92万羽，家禽上市交易3.48万羽，年末存栏5.44万羽；肉类产量809吨，禽蛋49吨。林地面积1252公顷；累计造林1030公顷；干果和水果种植面积728.4公顷，主要品种有梨、桃、核桃、柑橘等。农业总产值6530万元。

1998—2014年窝沿乡农业情况表

表22-1-4

年份	耕地面积（公顷）	草地面积（公顷）	林地面积（公顷）	造林面积（公顷）	粮食总产量（吨）	生猪存栏（头）	牛存栏（头）	羊存栏（只）	家禽存栏（羽）	肉产量（吨）	蛋产量（吨）	农业总产值（万元）
1998	2217	27	356.8	259	5659	6110	3305	180	17324	328	8	1349
1999	1958	27	423	50	6085	6286	3764	127	17571	418	10	1356
2000	1908	27	513	—	5825	7393	2967	110	16904	361	12	1423
2001	1907	27	543	263	5438	7834	3312	135	12836	416	13	1274
2002	1644	27	706	144	5332	10720	3037	235	11707	444	28	1069
2003	1529	27	850	136	5424	8831	3513	420	18258	575	32	1268
2004	1393	27	986	—	5457	8978	3485	390	19268	446	—	2138
2005	1349	27	986	166	6044	9192	3833	622	44083	654	—	2276
2006	1124	27	1152	—	6163	9980	3988	798	44760	658	—	2389
2007	1051	27	1152	—	6400	7340	2494	164	34558	650	32	2555
2008	1030	27	1152	—	6532	7888	3165	360	45560	671	40	2643
2009	936	30	1152	—	6551	7785	3203	500	45815	723	41	3267
2010	936	40	1152	—	5694	7601	3196	871	47589	904	43	3628
2011	935	54	1152	—	5764	7784	3268	1022	51193	738	40	4536
2012	934	54	1152	712	5802	8069	3116	1066	52364	756	43	5443
2013	934	54	1252	16.4	5838	8556	3107	2382	53080	763	47	6491
2014	934	54	1252	—	5841	8507	3270	754	54410	760	49	6530

工　业　1998年，工业企业4个（私营钢铁厂、大理石厂、焦化厂、煤矿各1个）；工业总产值992万元。

2014年，工业企业10个，其中煤矿1个（在建）、水电站4个、石灰石砂石场2个、免烧砖水泥砖厂2个、建筑业1个；工业总产值1.46亿元。

商业贸易　1998年，商铺8个、饭店4个；社会商品销售总额447万元。

2014年，商铺126个。商品销售总额4170万元。

财政金融　1998年，财政总收入76万元，农民人均纯收入1233元。各类存款余额194万元，各项贷款余额180万元。

2014年，财政总收入793.6万元，农民人均纯收入6438元。各类存款余额6258万元，各项贷款余额4304万元。

1998—2014年窝沿乡经济情况表

表22-1-5

年份	工业总产值（万元）	比上年增长（%）	财政总收入（万元）	比上年增长（%）	农民人均纯收入（元）	比上年增长（%）	存款余额（万元）	比上年增长（%）	贷款余额（万元）	比上年增长（%）
1998	992	16.6	76	0.64	1233	—	194	13.2	180	11
1999	1205	21.6	192	152.6	1233	—	240	24.2	204	14.4
2000	462	-62	130	-32.3	1233	—	283	18	240	17.6
2001	350	-24	157.5	21.15	1233	—	337	19.2	320	33.3
2002	572	63.4	166.4	5.65	1234	—	401	19	388	21.3
2003	863	50.8	187.6	12.74	1323	7.21	478	19.1	412	8.5
2004	987	14.3	198.2	5.65	1437	8.617	570	19.2	450	9.2
2005	838	-13	203.6	7.61	1539	7.1	710	24.6	530	17.8
2006	856	2.15	214.9	5.55	1643	6.7	1025	44.4	629	18.7
2007	870	1.63	298.2	38.76	1749	172.4	1169	14	685	8.9
2008	877	0.8	324.2	8.72	2045	16.92	1850	58.3	959	40
2009	990	12.9	407.8	25.79	2245	9.78	2290	23.8	1566	63.3
2010	9701	880	423.5	3.85	2575	14.7	2620	14.4	1907	21.8
2011	11055	14	464	9.56	3285	27.69	3687	40.7	3051	60
2012	12412	12.3	527.5	13.68	4608	40.27	3666	-0.6	3480	14.1
2013	13947	12.4	766.47	45.3	5995	30.1	4702	28.3	3796	9.1
2014	14632	4.91	793.6	3.54	6438	7.4	6258	33.1	4304	13.4

（四）社会发展

文化艺术 1998年，文化站1个，村级文化活动中心12处，各类文化专业户1户，公共图书馆（室）1个。

2014年，乡级文化服务中心1个，村级文化活动中心7处，各类文化专业户1户，公共图书馆（室）8个，藏书2.16万册；音乐、美术、书法、摄影及文学业余创作队伍1个9人。

教　育 1998年，小学8所，在校生2082人，专任教师79人，小学适龄儿童入学率100%；初中1所，在校生414人，专任教师24人，小升初升学率、九年义务教育覆盖率96%。

2014年，小学8所，在校生2150人，专任教师105人，小学适龄儿童入学率100%；初中2所，在校生839人，专任教师64人，初中适龄人口入学率99.7%，小升初升学率100%、九年义务教育覆盖率100%；各级各类民办学校和教育机构2所，在校生340名，专任教师17名，服务资费（民办学校政策内收费）40.8万元。

1998—2014年窝沿乡教学情况

表22-1-6

年份	幼儿园（所）	在园幼儿（人）	专任教师（人）	小学（所）	在校学生（人）	专任教师（人）	初中（所）	在校学生（人）	专任教师（人）
1998	—	—	—	8	2082	79	1	414	24
1999	—	—	—	7	2080	89	1	504	24
2000	—	—	—	7	2259	65	1	544	25

续表22-1-6

年份	幼儿园（所）	在园幼儿（人）	专任教师（人）	小学（所）	在校学生（人）	专任教师（人）	初中（所）	在校学生（人）	专任教师（人）
2001	—	—	—	7	2331	72	1	572	27
2002	—	—	—	7	2353	76	1	620	34
2003	—	—	—	7	2705	77	1	912	32
2004	—	—	—	7	2822	103	1	956	45
2005	—	—	—	7	2813	107	1	1031	47
2006	—	—	—	8	2543	86	1	1037	44
2007	—	—	—	9	2649	94	1	98	41
2008	—	—	—	9	2556	104	1	840	43
2009	—	—	—	9	2643	118	1	855	49
2010	—	—	—	9	2548	115	1	848	54
2011	—	—	—	9	2503	113	1	964	65
2012	—	—	—	8	2321	111	2	1039	59
2013	—	—	—	8	2167	107	2	939	68
2014	—	—	—	8	2150	105	2	839	64

1998年，财政预算内教育经费39万元，预算内教育经费占财政总支出比例33.91%。

2014年，财政预算内教育经费246万元，预算内教育经费占财政总支出比例31%。

医疗卫生 1998年，各级医疗卫生机构7个，其中卫生院1所，村级卫生室6个；床位15张；执业（助理）医师3人。

2014年，各级医疗卫生机构8个，其中卫生院1所，村级卫生室7个；病床24张，其中公立卫生机构床位15张；专业卫生人员9人，其中执业医师2人，执业助理医师3人；新型农村合作医疗参保人数20646人，参保率91%；农村安全饮用水普及率100%；财政预算内医疗卫生经费72万元，占本级财政预算的9.2%。

体　育 1998年，体育场地8处，各级社会体育指导员1人；经常参加体育活动的人员占常住人口的1.2%。

2014年，体育场地12处，各级社会体育指导员2人；经常参加体育活动的人员占常住人口的1.6%。

广播电视 1998年，乡人民政府驻地开通有线电视，属模拟信号，效果较差，其他地方系12户用户共同使用1套卫星电视接收设备来收视电视节目，各村组群众收看电视率20%。

2014年，窝沿社区袁家组开通有线数字电视，其他村、组以卫星电视接收机接收电视信号，共接收国内52个电视频道节目，覆盖率100%。

社会保障 1998年，城镇最低生活保障户29户33人，支出3.83万元；医疗救助105人，其中城市医疗救助3人，农村医疗救助102人，共支出3.15万元；农村最低生活保障户数407户436人，支出8.06万元；农村五保集中供养5人，支出0.68万元；农村五保分散供养97人，支出9.48万元；农村医疗救助213人次，支出2.81万元；农村临时救济140人，支出0.8万元。

2014年，城镇最低生活保障户31户39人，支出14.97万元；医疗救助371人，其中城市医疗救助11人，农村医疗救助360人，支出21.38万元；民政部门资助参加合作医疗34人，支出10.2万元。农村最低生活保障户2645户4232人，支出403.2万元；农村五保集中供养17人，支出11.9万元；农村五保分散供养95人，支出14.98万元；农村临时救济149人，支出8万元；国家抚恤、补助各类优抚对象

107人，抚恤事业费支出36.72万元；参加城镇基本养老保险289人，参加基本养老保险的农民工1.08万人，参加城镇基本医疗保险482人，参加工伤保险130人，参加生育保险97人。

1998—2014年窝沿乡社会保障情况表

表22-1-7

年份	低保			五保		医疗救助		资助参加合作医疗		临时救助		优抚对象	
	户数（户）	人数（人/次）	发放金额（万元）	人数（人/次）	发放金额（万元）	人数（人/次）	救助金额（万元）	人数（人/次）	资助金额（万元）	人数（人/次）	救助金额（万元）	人数（人/次）	支出金额（万元）
1998	407	438	8.06	102	4.392	213	2.81	—	—	140	0.8	43	3.41
1999	409	443	8.15	102	4.392	275	3.22	—	—	101	0.96	43	3.41
2000	411	445	8.19	102	4.392	224	2.69	—	—	199	1	43	3.41
2001	413	450	8.28	99	3.92	209	3.135	—	—	152	1.22	42	3.33
2002	413	449	9.43	99	4.06	182	3.76	—	—	186	1.04	42	3.40
2003	417	462	9.7	97	3.98	166	3.32	—	—	227	1.33	41	3.32
2004	421	478	10.04	98	4.12	120	3.6	413	0.41	275	1.4	39	3.16
2005	433	523	10.1	98	4.12	133	4.12	413	0.41	204	1.20	39	3.16
2006	522	562	11.7	76	4.94	137	5.4	411	0.41	252	0.84	38	3.3
2007	522	562	14.13	76	6.32	164	8.2	411	0.41	273	1.06	37	8.0
2008	1417	2300	80.60	96	6.72	217	8.98	411	0.41	353	2.2	26	3.28
2009	1417	2300	156.4	96	9.81	312	13.1	411	0.82	90	2.2	27	8.52
2010	2377	4500	256.19	96	8.82	436	18	411	0.82	149	5	55	16.13
2011	2490	4500	352.83	96	9.8	427	23.12	439	1.317	126	5	55	21.57
2012	2618	4452	332.92	96	11.99	254	15.99	4285	21.43	242	10	107	27.36
2013	2801	4358	360.55	97	16.328	166	12.1	4346	21.72	138	6	107	32.40
2014	2645	4232	403.2	102	26.88	371	21.38	4362	21.81	149	8	107	36.72

（六）基础设施

交通运输 1998年，县乡级公路6条，总长39千米，其中县级柏油路1条（三级），8.5千米；乡级公路5条，30.5千米；12个行政村中，11个行政村通公路；32个村民组通公路，通组公路率36%。

2014年，县乡级公路13条，总长87.5千米，其中县级柏油路1条（三级），8.5千米；乡级公路12条，79千米；通组公路率96.6%。

邮政电信 1998年，邮政网点1个，投递国内函件1.93万件，国内汇票业务0.84万笔，国内异地特快专递信件130件，征订报纸4745份、杂志252册，业务收入29万元。电信企业服务网点1个；电话交换机总容量500门，固定电话用户49户，家庭电话普及率0.8%；寻呼机23户。

2014年，邮政网点1个，投递国内函件2.37万件，国内异地特快专递信件1593件，征订报纸8760份、杂志1296册，业务收入2.19万元。电信企业服务网点4个；电话交换机总容量2700门，固定电话用户388户；移动基站13座，移动电话用户4854户1.06万人，移动电话（户）普及率47.2%；光缆线路总长16.5千米，主干电缆29对千米，互联网端口总数2000个，其中已用端口103个，宽带接入用户381户；电信（含所有无线通信）业务收入395.2万元。

雪浦乡

（一）政区概况

名称来历 因驻地有地名谢浦，后以谐音得名雪浦。

地理位置 位于普安县南部，地处北纬25°29′～25°33′，东经104°55′～104°59′之间。东连青山镇，南连楼下镇，西与盘县新民乡隔河相望，西北连罗汉乡，北连新店乡。乡人民政府驻高庆村老地组，北距县政府驻地30.7千米（通行公路为X632、S313，里程48.7千米），邮政编码561503。

区划演变 1998年，辖雪浦、博上、德依3个管理区，下设雪浦、隔界河、高庆、老地、蒿枝地、博上、龙井、兴隆、高云、硐口、独树、哈马、德依13个行政村，103个村民组。

1998年雪浦乡辖管理区、行政村、村民组名称

表22-1-8

管理区名称	行政村名称	村民组名称
德依管理区	德依村	大寨组、屯脚组、德依组、河边组、干沟组、马家坪组、母树沟组、托家地组、旧屋基组
	哈马村	上寨组、鸡洞组、龙洞组、哈马箐组、河坝组
	独树村	上独树组、下独树组、王架岩组、上桃子弯组、下桃子弯组、六斗种组
	硐口村	马龙组、上补马组、下补马组、坪箐组、旧寨组、洞口组、小干沟组、卡房组、新寨组
	高云村	小旧营组、高山箐组、芭蕉凹组、梅子树组
	兴隆村	庙边组、大地组、新屋基组、屯丫口组、马路河组、大寨组、小寨组、鸡关山组、洗马脚组、团箐组、楼下营组、二道岩组
雪浦管理区	雪浦村	雪浦组、小岩组、坪上组、仙人洞组、杨家水井组、龙潭口组、场坝组、石关沟组、马鞍山组
	隔界河村	小箐组、梁子上组、湾子头组、密秧田组
	高庆村	高箐一组、高箐二组、裸朵黑组、青岗林组
	老地村	老地组、陈家寨组、大山组、大水井组、水桥组、宰地组、上高寨组、水淹坪组、沙坑组
	蒿枝地村	篙枝地组、王架岩组、海子组、慢坪地组、箐门口组、蛇马湾组、上柳格组、下柳格组、马路冲组
博上管理区	博上村	博上一组、博上二组、博上三组、桥边组、火石山组、水淹潭组、窝包箐组、丫古老组、大地头组、倒马坎组、丫口组、铁厂组、高林组
	龙井村	龙井组、十二相组、齐田组、新寨组、杜家寨组、梨大箐组、旧屋基组、黄鸡箐组、豹子田一组、豹子田二组

2007年9月，撤销设置的3个管理区，将13个行政村整合为雪浦、高箐、博上、兴隆、硐口、哈马6个行政村，下设103个村民组。

2007年雪浦乡辖行政村、村民组暨自然村寨名称

表22-1-9

行政村名称	村民组暨自然村寨名称
雪浦村	小岩组、坪上组、仙人洞组、杨家水井组、雪浦组、场坝组、龙滩口组、马鞍山组、隔界河一组、隔界河二组、隔界河三组、隔界河四组、石关沟组

续表22-1-9

行政村名称	村民组暨自然村寨名称
高庆村	高庆一组、高庆二组、高庆三组、高庆四组、海子组、慢坪地组、王架组、蛇马湾组、马路冲组、上柳格组、下柳格组、箐门口组、蒿枝地组、宰地组、陈家寨组、水桥组、沙坑组、水淹坪组、大山组、老地组、大水井组、上高寨组
博上村	高林组、丫古老组、大地头组、铁厂组、丫口组、桥边组、包箐组、火石山组、马坎组、水淹滩组、一组、二组、三组、倪大庆组、杜家寨组、黄鸡箐组、十二相组、齐田组、龙井组、旧屋基组、新寨组、豹子田一组、豹子田二组
兴隆村	屯丫口组、二道岩组、马路河组、团箐组、庙边组、新屋基组、小寨组、楼下营组、鸡关山组、大地组、洗马脚组、大寨组、芭蕉凹组、梅子树组、小旧营组、高山箐组
硐口村	硐口组、干沟组、旧寨组、卡房组、马龙组、平箐组、上补马组、下补马组、新寨组、六斗种组、上独树组、下独树组、上桃子湾组、下桃子湾组、王架岩组
哈马村	大寨组、干沟组、德依组、河边组、旧屋基组、马家坪组、母树沟组、屯脚组、托家地组、哈马组、河坝组、鸡洞组、龙洞组、上寨组

2015年6月，雪浦乡并入青山镇。

人口面积　1998年，总人口2.05万人，其中城镇常住人口201人。总人口中，男性1.06万人，占总人口的51.65%，女性9924人，占总人口的48.35%；18岁以下3998人，占总人口的19.48%，18～60岁1.30万人，占总人口的63.33%，60岁以上3528人，占总人口的17.19%。

2014年，总人口2.99万人，其中城镇常住人口1.87万人，城镇化率62.5%；另有流动人口9304人。总人口中，男性1.54万人，占总人口的51.6%；女性1.45人，占总人口的48.4%；18岁以下8819人，占总人口的29.5%；18～60岁1.69万人，占总人口的56.6%；60岁以上4141人，占总人口的13.8%。总人口中，汉族2.41万人，占总人口的80.7%；有黎族、苗族、布依族、彝族等10个少数民族共5765人，占总人口的19.28%。

1998—2014年雪浦乡人口情况表

表22-1-10

年份	年末总人口（人）	男性（人）	女性（人）	农业（人）	非农（人）	出生人口（人）	死亡人口（人）	18岁以下（人）	18～60岁（人）	60岁以上（人）	少数民族人口	
											人数（人）	比例（%）
1998	20524	10600	9924	20323	201	350	220	3998	12998	3528	—	—
1999	20654	10696	9958	20442	212	376	219	4005	13028	3621	—	—
2000	21957	11501	10456	21718	239	551	170	4165	13452	4340	—	—
2001	22338	11561	10777	22093	245	152	100	4206	13645	4487	—	—
2002	22390	11588	10802	22128	262	391	77	4305	13925	4160	—	—
2003	22601	11696	10905	22318	283	312	100	4450	14007	4144	—	—
2004	22885	11866	11019	22543	342	320	104	4505	14165	4215	—	—
2005	23195	12037	11158	22844	351	325	94	7191	13689	2315	—	—
2006	23732	12345	11387	23333	399	406	105	6629	14667	2436	3899	16.43
2007	24353	12677	11676	23901	452	550	96	7369	14432	2552	—	—
2008	24521	12761	11760	24068	453	335	104	7404	14534	2583	—	—
2009	26488	13765	12723	25858	630	1321	755	9057	15187	2244	3908	14.75
2010	26628	13874	12754	25988	640	350	150	9005	15205	2418	—	—

续表22-1-10

年份	年末总人口（人）	男性（人）	女性（人）	农业（人）	非农（人）	出生人口（人）	死亡人口（人）	18岁以下（人）	18～60岁（人）	60岁以上（人）	少数民族人口	
											人数（人）	比例（%）
2011	26812	13915	12897	26159	653	444	40	9015	15261	2536	—	—
2012	26872	13973	12899	26207	665	268	85	8794	15435	2643	—	—
2013	26992	14084	12908	26308	684	370	114	8591	15607	2794	6271	23.23
2014	29879	15421	14458	18681	11198	290	111	8819	16919	4141	6873	23.00

辖区东西最大距离8.5千米，南北最大距离19.5千米，总面积128.7平方千米。其中陆地127.1平方千米，占98.52%；水域1.9平方千米，占1.48%。

（二）自然条件

地形地貌 地处云贵高原向黔中过渡的梯形级状斜坡地带，地形以陡坡、山谷为主。最高峰位于德依杉树林，海拔1768米；最低点位于南部大马箐，海拔1641.1米。

水 文 境内河流属南盘江流域。主要河流有平塘河、石桥河、德依河，最大河道为平塘河，从北至南流经高林、黄家桥、二道岩，长11.5千米。

矿藏及其他自然资源 境内已探明地下矿藏有煤炭，其他自然资源有砂石、陶瓷黏土、水能等。有白龙潭、石桥河、隔界河、绿阴滩4个水电站。2014年，发电量2417.56亿千瓦时。

（三）经济概况

农 业 1998年，耕地面积1557公顷；可利用林地面积2701公顷。粮食作物以玉米、小麦为主，生产粮食6797吨，其中玉米4520吨，小麦2277吨，人均331.2千克。畜牧业以猪、牛、羊、家禽为主，年末生猪存栏7288头，牛存栏6310头，家禽存栏6266羽。林地面积2701公顷，造林211公顷。农业总产值802.2万元。

2014年，耕地面积1683公顷；可利用林地面积5506.8公顷，实有林地面积39.8公顷。生产粮食8652吨，人均258千克；主要经济作物为烤烟，种植面积1114.87公顷，产量2280吨（3.8万担），产值4209.56万元。生猪饲养量1.10万头，年末存栏5200头；牛饲养量8860头，年末存栏4187头；羊存栏3089只；家禽饲养量5.55万羽，上市家禽2.3万羽；生产肉类1002.9吨。林木覆盖率28.7%。水果种植面积182公顷，产量2050吨，主要品种有梨、猕猴桃、葡萄、桃等。农业总产值1.41亿元。

1998—2014年雪浦乡农业情况表

表22-1-11

年份	耕地面积（公顷）	林地面积（公顷）	造林面积（公顷）	粮食总产量（吨）	生猪存栏（头）	牛存栏（头）	羊存栏（只）	家禽存栏（羽）	肉产量（吨）	蛋产量（吨）	农业总产值（万元）
1998	1557	2701	211	6797	7288	6310	516	6266	439	48	802.2
1999	3072	2912	—	6817	8355	6262	510	6324	635	47	1607.3
2000	3052	2912	4	7568	8920	6360	550	6245	597	49	951
2001	3050	2916	—	7712	8928	6380	590	6650	602	50	968
2002	3117	2916	67	7983	16470	6670	1344	115700	599	52	924
2003	3112	2983	—	8075	17150	6860	1820	77420	594	45	827
2004	3117	2983	68	8243	17614	6932	4092	130194	635	48	962
2005	3117	3051	147	8347	19483	7639	6579	111983	721	44	1090
2006	3121	3198	—	8602	17022	7205	9078	127813	1051	50	2933

续表22-1-11

年份	耕地面积（公顷）	林地面积（公顷）	造林面积（公顷）	粮食总产量（吨）	生猪存栏（头）	牛存栏（头）	羊存栏（只）	家禽存栏（羽）	肉产量（吨）	蛋产量（吨）	农业总产值（万元）
2007	2936	3198	—	8881	14598	5877	1441	79335	940	55	3232
2008	2875	3198	100	8682	15693	5984	1253	86795	970	57	3284
2009	2845	3298	60	9468	14565	6127	5228	78910	1306	58	4791
2010	3063	3358	—	8537	15297	6042	8587	86820	983	57	5739
2011	2000	3358	—	5128	16210	6120	11126	63359	120	80	9140.4
2012	1980	3708	350	7511	16201	5905	11026	63952	110	70	10004.7
2013	1683	3908	200	8000	16250	6040	9850	65420	130	90	12091.8
2014	1683	—	5506.8	—	8652	16380	4187	3089	1002.9	96	14100

财政金融　1998年，农民人均纯收入1201元（1998年，财政总收入、金融机构各类存款余额、各项贷款余额资料失查）。

2014年，财政总收入978万元，农民人均纯收入6310元。金融机构各类存款余额6800万元，各项贷款余额7400万元。

1998—2014年雪浦乡经济情况表

表22-1-12

年份	工业总产值（万元）	比上年增长（%）	财政总收入（万元）	比上年增长（%）	农民人均纯收入（元）	比上年增长（%）	存款余额（万元）	比上年增长（%）	贷款余额（万元）	比上年增长（%）
1998	—	—	—	—	1201	7.01	—	—	—	—
1999	—	—	—	—	1494	24.40	—	—	—	—
2000	—	—	—	—	1509	1.00	—	—	—	—
2001	—	—	—	—	1602	6.16	—	—	—	—
2002	—	—	—	—	1684	5.12	—	—	—	—
2003	—	—	—	—	1693	0.53	315.69	—	590.05	—
2004	—	—	—	—	2004	18.37	526.76	66.8	693.34	17.5
2005	—	—	—	—	2149	7.24	565.26	7.3	800.74	15.5
2006	—	—	331	—	2274	5.82	782.75	38.4	1050.52	31.2
2007	—	—	400	21.1	2551	12.18	1184.26	51.3	1213.98	15.6
2008	—	—	638.6	6	2959	15.99	1970.1	66.4	1659.47	36.7
2009	—	—	658	4.2	3357	13.45	2278.81	15.7	2498.64	50.1
2010	—	—	712	8.1	3850	14.69	2776.62	21.8	4102.8	64.2
2011	—	—	655	-8.1	4512	17.19	3864.34	39.2	4611.05	12.4
2012	—	—	756	15.1	5990	32.76	4639.66	20.1	4748.94	2.9
2013	—	—	784	3.5	7079	18.18	6218.7	34.1	5022.63	5.8
2014	—	—	978	24.7	6310	-10.8	6800	9.3	7400	47.3

（四）社会发展

文化艺术　1998年，无文化设施；民间特色文化，六斗种小花苗芦笙舞蹈。

2014年，文化服务中心1个，村级农家书屋6个，藏书5000册。

教　育　1998年，小学12所，在校生2691人，专任教师83人，小学适龄儿童入学率98%。

2014年，小学7所，小学在校生1972人，专任教师89人；初中1所，在校生994人，专任教师46人，初中适龄人口入学率91.35%，小升初升学率、九年义务教育覆盖率100%。

1998—2014年雪浦乡教学情况表

表22-1-13

年份	幼儿园（所）	在园幼儿（人）	专任教师（人）	小学（所）	在校学生（人）	专任教师（人）	初中（所）	在校学生（人）	专任教师（人）	高中（所）	在校学生（人）	专任教师（人）
1998	—	—	—	12	2691	83	—	—	—	—	—	—
1999	—	—	—	12	2966	85	—	—	—	—	—	—
2000	—	—	—	12	3191	88	—	—	—	—	—	—
2001	—	—	—	12	3326	82	—	—	—	—	—	—
2002	—	—	—	12	3473	87	—	—	—	—	—	—
2003	—	—	—	12	3390	109	—	—	—	—	—	—
2004	—	—	—	12	3253	118	1	533	18	—	—	—
2005	—	—	—	12	3193	106	1	855	31	—	—	—
2006	—	—	—	12	3116	116	1	964	40	—	—	—
2007	—	—	—	12	2898	116	1	1061	40	—	—	—
2008	—	—	—	12	2920	121	1	1099	46	—	—	—
2009	—	—	—	11	2998	115	1	1031	51	—	—	—
2010	—	—	—	10	2705	111	1	1010	53	—	—	—
2011	—	—	—	10	2344	103	1	1028	49	—	—	—
2012	—	—	—	10	2261	116	1	1087	53	—	—	—
2013	—	—	—	9	2231	117	1	1004	43	—	—	—
2014	—	—	—	7	1972	89	1	994	46	—	—	—

1998年，财政预算内教育经费8万元，预算内教育经费占财政总支出比例25%。

2014年，财政预算内教育经费1231.15万元，预算内教育经费占财政总支出比例75%。

医疗卫生　1998年，卫生院1所；床位5张；执业（助理）医师2人。

2014年，各级医疗卫生机构14个，其中卫生院1个，村级卫生室13个；床位18张；执业（助理）医师1人；新型农村合作医疗参保人数16543人，参保率82.3%。

体　育　1998年，学校操场12个。

2014年，文化活动中心1个，学校操场10个。

广播电视　2011年，启动广播电视接收工作，地面卫星接收器用户4652户，电视综合覆盖率100%。

2014年，安装地面卫星接收器用户5241户，电视综合覆盖率100%。

社会保障　2006年，农村最低生活保障户77户77人，发放低保金3.14万元。2008年，发放国家抚恤金，补助各类优抚对象49人，抚恤费支出13.19万元。2011年，启动城镇基本养老保险工作，参保6737人。

2014年，农村最低生活保障户2757户4797人，支出494.19万元；农村五保分散供养69人，支出11.59万元；农村医疗救助527人，民政部门资助参加合作医疗246人，共支出11.57万元；农村临时救济577人，支出10万元；发放国家抚恤、补助各类优抚对象104人，抚恤事业费支出64.67万元；参加城镇基本养老保险7018人。

2006—2014年雪浦乡社会保障情况表

表22-1-14

年份	低保			五保		医疗救助		资助参加合作医疗		临时救助		优抚对象	
	户数（户）	人数（人/次）	发放金额（万元）	人数（人/次）	发放金额（万元）	人数（人/次）	救助金额（万元）	人数（人/次）	资助金额（万元）	人数（人/次）	救助金额（万元）	人数（人/次）	支出金额（万元）
2006	77	77	3.14	—	—	—	—	—	—	2006	77	77	3.14
2007	409	450	4.5	77	3.14	—	—	—	—	2007	409	450	4.5
2008	722	1444	82.8	77	6.28	—	—	—	—	2008	722	1444	82.8
2009	1404	2200	147.82	74	6.26	109	6	526	1.05	2009	1404	2200	147.82
2010	1735	4500	220.3	74	6.26	192	10	1809	3.62	2010	1735	4500	220.3
2011	2071	4363	292.69	76	6.12	486	27	2196	6.59	2011	2071	4363	292.69
2012	2490	4844	349.94	73	5.88	365	19	2614	13.07	2012	2490	4844	349.94
2013	2715	4896	409.6	71	9.37	230	12	5030	16.07	2013	2715	4896	409.6
2014	2757	4797	494.19	69	11.59	527	—	246	—	577	10	104	64.67

说明：1998—2005年，雪浦乡社会保障情况资料失查

（五）基础设施

交通运输　1998年，县乡道1条，总长7.7千米；通村公路5条；通组公路60条。

2014年，县乡道1条，总长7.7千米；通村公路6条；通组公路80条。客运总量19万人次，货运总量45万吨。

《普安县志（1998—2015）》撰稿人员、提供图片单位和人员

表22-1-15

单位名称	撰稿人	单位名称	撰稿人
盘水街道（镇、窝沿乡）	夏钰萍、罗　敏	南湖街道（三板桥镇）	王　兵、徐孟连、石灵霞
龙吟镇	王加仁	江西坡镇	吴　军
兴中镇（罐子窑镇）	蒋　旭、吴朝广、陈　进	地瓜镇	任泽勇
青山镇（雪浦乡）	张　凯、罗忠应、肖化云、邓志明、彭　玲	楼下镇	吴永彪
白沙乡	余云飞、刘　宇	高棉乡	龙昌礼
新店镇（乡）	王条虎	罗汉镇（乡）	陈华忠
史志办	田有才	草地服务中心	徐科礼、陈　芳、张　珏
扶贫办	罗其荣、蒋　旭	国土资源局	邓安莉
统计局	江开伦、周国印	人口和计划生育局	张晋源
民宗局	潘　飞、安　鑫、杨　军、洪开俊、谢　过、贺万清	环保局	倪德贵、陈　彬、田文帮
纪委	潘　飞、倪德贵、杨修普、吴　军、陈　彬、路禧海、简晓英、唐凤琼、吴光菊	水务局	陈官卿、王　平、黄先怀、李自奇、谭　玲、吴　贤、李奇凤、刘凡将、王大伦
县委办	王培霖、唐　海、姜　翔、龙昌浩	统战部	陈建华、潘　飞、张应芳、张传波
住房和城乡建设局	黄丙洪	保密局	朱　琨、孙远斌、郭加贵
政法委	严修元、黄成云	政策研究室	保正邦、杨保林
县委离退局	杜光文、袁　歆	关工委	袁　歆
老年大学	杜光文、袁　歆	老体协	袁　歆
党校	张　毅	银监办	李　魁
人大	杨廷奉、罗嗣黎、黄昌富、周　立、谭代全、罗道伟	教育局	谭化成、易应奎、景诗弘、张　洪、朱以坤、黄礼琴、潘昌雄
县委政府督查室	王永安、刘远辉、周　鹏、吴永彪	文明办	康元英
党代表工作室	桑秀文、支　曦、罗尚来	信访局	黄　奎、纪雄邦
组织部	龙　雨、丁成华、王　娜、帅　云、崔　策、周程杰、胡　蝶、保安波、李　伟、杨　云	中等职业学校	刘天应、张时勇
政府办	陈　峰、谭枭潇	工商联	李国奉、刘　萍
政协	王东平、李清高、王　荣、石　琴、肖化云	公安局	孙有林、黄仕虎、余明江、张　军、谭　璞
总工会	刘衍贤、李春红	团县委	涂贤志、查忠稳
妇联	李　琼	残联	潘　飞、杨修普、王　鑫、杨　颖

续表 22-1-15

单位名称	撰稿人	单位名称	撰稿人
红十字会	张时荣	科协	汪高权、桑真栋
文联	岑　聪	苗学会	陈酒浓
布依学会	潘　飞、潘芬霖、柏万香	诗联学会	谭代乾
林业局	黄　斌、曹　俊、李自荣、宋顺平	检察院	龚德雄、王振英、张应寿、倪德贵、张洪光、孙　斌
法院	阳大艳	海事处	邓　平、侯　军
人武部	肖纯红、张　宁	武警中队	张　晖
消防大队	张　敏	民政局	倪德贵、张普渊、刘必专
老龄办	程明军	移民局	张沥化
编委办	孔令忠、董江洪、李　倩	人社局	陈昌隆、杨雪芳
发改局	郑金江、杨修普、郝　洪	投资促进局	王宪轩、田福坤
调查队	敖文峯	工商局	管　娅
审计局	邢　晶、张　艳	质监局	陈丽芳
安监局	余名晖、肖广波	财政局	欧阳棋、胡其林
国税局	宋克江、蒋颖慧、代太花、成凤瑶、马后祥、吴永贵	工业和特色产业局	瓦云峰、陶　杰、左成友、汤绍波、谭化兴
供电局	邓　贵	园区办	陆永颖
司法局	陈增凯、杨玉伟、杨　朗、李维华、朱　莎、李　恒、蔡　剑	人行	陈友林、保安勇、刘　霞、潘业康、陈亚梅、卢应召、王兰英、李　凯、陈宽红、倪清茂
公积金管理部	瓦云仁、邓献周	茶业发展中心	黄琚能、张　钧
工行	胡书明、田有才、陈　彬	农业银行	韦文才
联社	任军霏	邮政银行	曹翔翔、张　勇
人险公司	陈华汉	财险公司	张兴成
交通局	侯永贤、任　贤、倪德贵、刘　磊、李　瑾、李明凯、江　浩、蒋先波、马林国、陈　彬、黎之蝶、张　龙、陈本磊、罗　斌	农业局	谭代乾、杜昌洪、李光祥、李加林、吴应璋、谯述黔、杨修文、郭传普、崔显能
邮政局	王　瑛	电信公司	王正伟
移动公司	岑　江	联通公司	赵宝元
工科局	吴文忠、吴　刚、黄兆熙、甘正刚	供销社	封实林、任泽勇
投资中心	邓定华	物资公司	于泽莉
盐务局	花合林	烟草局（烟草公司）	黄　建、韩　静、蒋南祥
档案局	陈　峰、陈令萍、曾太能、安晓丽、陈桂先	市场监管局	张定钞、侯应富

续表22-1-15

单位名称	撰稿人	单位名称	撰稿人
地税局	田有才、倪德贵、席帮飞、谭　纯、王　松、谭　阳、孟　睿	宣传部	杨家贤、康元英、杨成志、刘朝俊
县直机关工委	徐　雄	气象局	刘　颢、曹　飞、张　进
卫生和食品药品监督管理局	周家萍、李孔章、蒋泽虎、张时荣、陈家龙	文体广电旅游局	谭代宽、蔡进国、谭隆祥、陈美光、易晖棚、陈编辑、王金州、张　鳌、陈　琨、张　萍、江君成
金融办	赵　云	小康办	范本治
提供图片单位和人员	县委办、县委宣传部、县一中、县二中、县文物局、县医院、县草地中心、县茶办、县烟草局、盘水街道、江西坡镇、楼下镇、青山镇、地瓜镇、兴中镇、王加仁、方成皆、邓志明、田　刚、田有才、令狐荣邲、刘元付、杨家贤、肖华云、吴仁基、何癸儒、张　进、张仕琨、陈华刚、陈美光、罗　坚、赵　兴、胡　宇、铁　垒、黄　菊、常必鹏、彭刚善、潘　飞		

索　引

说　明

一、本索引采用主题分析方法，索引范围包括各部类条目和表格。按主题词汉语拼音顺序排列。

二、索引的主题词后面的数字表示内容所在页码。

条目索引

A

B

C

D

E

F

G

H

J

K

L

M

N

O

P

T

W

X

Y

Z

非音序

表格索引

编纂始末

2008年4月2日，根据贵州省地方志办、黔西南州史志办的部署，中共普安县委办公室、普安县人民政府办公室印发《普安县第二轮地方志续修工作方案》《普安县志（1978—2007）篇目设计暨任务分配方案》(试行)。当时，普安县史志办公室为副科级机构，编制3名，实际在岗人员仅有主任田有才、科员朱彦英，由于修志队伍等方面的条件尚未成熟，该次启动的修志工作除《普安县军事志》《普安县畜牧志》《普安县科学技术志》印制成册外，其他全部搁浅。

为进一步探索和积累二轮修志工作经验，普安县于2007年启动普安县地方综合年鉴的编写，并坚持一年一鉴、公开出版发行，参与普安县的地情资料如政区大典、地名溯源以及《普安县地方税务志》等的编写。2011年9月，启动民国《普安县志》点校，点校后更名为《〈普安县志〉(民国)点校本》，2012年9月公开出版发行。2012年7月，聘请县史志办退休人员倪德贵参与史志工作。坚持在干中学、在学中干的方式，全面积累修志工作经验。与此同时，抓好修志工作的配套基础建设，2010年1月，普安县史志办公室列入参照公务员法管理范围；2011年10月，机构升格为正科级，核定编制6名，设主任、副主任各1名，内设党史研究股、地方志工作办公室。

2013年11月，在具备一定的修志工作基础条件后，组织人员到省地方志办业务四处进行学习，重新拟定《普安县志（1998—2013）编修方案（试行）》《普安县志（1998—2013）篇目设计暨任务分配方案（试行）》《普安县志（1998—2013）行文规范》，呈请省方志办原副主任周声浩、业务四处处长伍启林给予指导后进行修改完善，筹备启动二轮修志。

2014年1月，行文部署《普安县志（1998—2013）》编修任务。同时，将县史志办从约30平方米集资料室、仓库室、办公室为一体的工作场所扩大到150平方米左右，单独设置资料室、办公室、仓库，增添复印机、电脑、打印机、档案柜、办公桌椅、电话等一系列设备。副主任潘飞到任，抽调县发展和改革局杨修普，江西坡镇吴军（前2个月)、陈彬（接替吴军）到县史志办工作，会同聘请的倪德贵，修志工作队伍发展到6名（2月，朱彦英退休)。2月，召开会议全面部署修志工作。修志工作启动后，建立专用QQ群提供编写地方志书的基础知识学习资料下载；对1个部门提供1个编写参考模板，对乡镇制定统一的编写模板、填空题式的完善内容；对每1个承编部门，建立1个台账按月进行调度；对每1个承编部门，均明确1名业务人员进行指导；将业务人员分成2个工作组，分别到各个承编部门通过座谈的方式，共商推进部门志稿编写需要采取的行政措施，对如何编写部门志稿资料进行综合的业务指导。制定部门志稿审查方案，每个承编部门的志稿，均需要通过承编部门初审、县史志办终审、验收后才作为县志的使用资料，对于初审、终审、验收分别出具书面意见。将二轮修志工作纳入县对单位和乡镇的目标绩效考核，通过一系列的措施加快二轮修志的进度，提升质量。12月，在确定的110个承编部门中，有99个完成相应的志稿编写任务，同时启动总纂。

2015年，人员更替较大，工作推进较为迟缓。抽调的杨修普、陈彬期满，聘请的倪德贵辞聘，副主任潘飞抽调到普安县党的建设领导小组办公室工作；3月，在县委办工作的王艳返回县史志办；9月，在县扶贫开发办工作的秦汉娣调到县史志办。是年，对2014年未按时间、质量要求完成志稿编写的部门进行督促，确定承编志稿的110个单位中，有107个单位完成编写和送交；同时，由田有才完成91个部门志稿的总纂，由秦汉娣、王艳进行校核。

2016年1月18日，中共普安县委常委会研究决定，将《普安县志（1998—2013）》下限时间后延2年，调整为《普安县志（1998—2015）》。6月，聘请倪德贵、马德林对原来收集的部门志稿，即《普安县志（1998—2013）》进行梳理和校核，由田有才、秦汉娣进行总纂。其需要延伸2年期限的内容，由田有才、秦汉娣调整成具有提示性、填空题式样的模块。

2017年5月24日，召开全县史志工作会议，对需要延伸的下限内容进行部署，同时进行业务培训。在督促、指导乡镇（街道）、部门抓好志书下限延伸资料补充完善中，采取边收集资料边进行编纂的方式加快修志工作，对在编纂过程中发现存在问题的内容及时进行修改完善。在此期间，王艳重点负责催收承编部门的资料，潘飞重点负责汉族风俗和大事记的收集整理，田有才、秦汉娣重点负责总纂和完善。8月11日，召开专题座谈会对民风民俗入志资料征集意见后进一步修改完善。10月27日，通过普安县政务办公网、普安办公网络平台QQ群同时发布《普安县志（1998—2015）》初稿，向各乡镇（街道）、县属各部门征求修改完善意见。10月30日，县委办、县政府办再次行文通知，要求各乡镇（街道）、县属各部门按照人物传略、人物简介、人物表的要求，进一步收集入志人物资料。11月21日，普安县电视台播出征集二轮县志入志人物资料的情况，将入志人物资料征集截止时间由11月3日延至12月31日。11月22日，在加强人物入志资料征集工作中，启动县级初审。之后，分别制作省终审稿、州复审稿。12月12日，州级复审通过。14日，省级终审通过。25日，到曲靖市麒麟区聘请云南省地方志专家库专家、曲靖市麒麟区史志办原主任吴乔贵进行打磨，打磨内容主要是根据地方志书的有关要求、质量规定和省、州、县的审查意见对志书进行修改完善，调整框架结构，规范志稿行文，检查志稿构件和内容，提炼全志的综述、每篇的无题序。

2018年9月，通过省地方志办验收。10月，启动出版、印制事宜，同时聘请云南省曲靖市史志办张鑫进行审校。

本轮县志的编修，在中共普安县委、普安县人民政府的领导下，得到省、州、县各级领导和有关部门、社会各界人士的大力支持，是集体智慧的结晶，是众手修志的成果。在此，向所有对本轮修志工作倾注精力和心血的人员一并致谢！

该轮修志历时较长，几经调整，数易其稿。由于在反复调整和修改完善过程中初稿撰写人员的变动、县史志办的人员更替等，加上编者水平有限，错漏在所难免，敬请读者批评指正，亦望后贤补遗匡正。

编　者

2018年10月